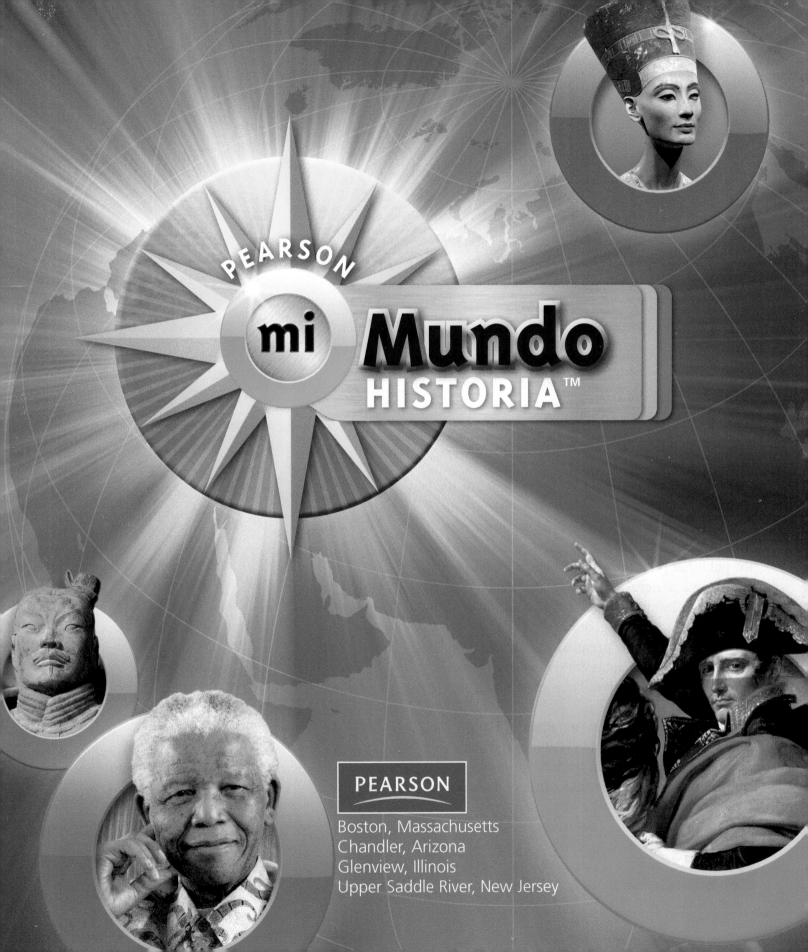

PEARSON

mi Mundo
HISTORIA™

PEARSON

Boston, Massachusetts
Chandler, Arizona
Glenview, Illinois
Upper Saddle River, New Jersey

ISBN-13: 978-0-13-372709-8
ISBN-10:   0-13-372709-2

2 3 4 5 6 7 8 9 10 V092 16 15 14 13 12

Autores del programa

Frank Karpiel teaches at the Citadel Military College in South Carolina and earned his Ph.D degree in history from the University of Hawaii. His focus of study is world history and how cross-cultural interactions shape present-day human society. In addition to writing articles on a variety of historical topics for academic journals, newspapers, and magazines, he has helped develop Web sites focusing on comparative cultural history/geography.

Kathleen Krull received a B.A. in English from Lawrence University in Appleton, Wisconsin. Today she is well known for her innovative approach to biographies for young readers. Her recent books include *Lincoln Tells a Joke: How Laughter Saved the President (and the Country)* (Harcourt); *Lives of the Pirates: Swashbucklers, Scoundrels (Neighbors Beware!)* (Harcourt); *The Brothers Kennedy: John, Robert, Edward* (Simon & Schuster); *The Boy Who Invented TV: The Story of Philo Farnsworth* (Knopf); and more as featured at www.kathleenkrull.com. Forthcoming books include *Charles Darwin,* next in her "Giants of Science" series (Viking) and *Kubla Khan: The Emperor of Everything* (Viking). Kathleen lives in San Diego, California, with her husband, children's book writer and illustrator Paul Brewer, and from there travels frequently to speak about the craft and pleasures of writing biographies.

Consultor del programa

Grant Wiggins is the President of Authentic Education in Hopewell, New Jersey. He earned his Ed.D. degree from Harvard University and his B.A. from St. John's College in Annapolis, Maryland. Wiggins consults with schools, districts, and state education departments on a variety of reform matters; organizes conferences and workshops; and develops print materials and Web resources on curricular change. Over the past 20 years, Wiggins has worked on some of the most influential reform initiatives in the country, including Vermont's portfolio system and Ted Sizer's Coalition of Essential Schools. He is the coauthor, with Jay McTighe, of *Understanding by Design* and *The Understanding by Design Handbook,* the award-winning and highly successful materials on curriculum published by ASCD. He is also the author of *Educative Assessment* and *Assessing Student Performance*, both published by Jossey-Bass.

Revisores académicos

Barbara B. Brown
African Studies Center
Boston University
Boston, Massachusetts

Christopher Key Chapple
Department of Theological
   Studies
Loyola Marymount University
Los Angeles, California

J. P. Dessel
Department of History
University of Tennessee
Knoxville, Tennessee

J. Michael Francis
Department of History
University of North Florida
Jacksonville, Florida

Judy E. Gaughan
Department of History
Colorado State University
Fort Collins, Colorado

Brent Isbell
Department of Religious Studies
University of Houston
Houston, Texas

Geoffrey Koziol
University of California
Department of History
Berkeley, California

Huping Ling
Department of History
Truman State University
Kirksville, Missouri

Gordon Newby
Department of Middle Eastern
   and South Asian Studies
Emory University
Atlanta, Georgia

Thomas J. Sanders
Department of History
United States Naval Academy
Annapolis, Maryland

Douglas Skopp
Department of History
State University of New York at
   Plattsburgh
Plattsburgh, New York

David Webster
Department of Anthropology
Pennsylvania State University
University Park, Pennsylvania

Maestros y autores colaboradores

George F. Sabato
Past President, California Council for
  the Social Studies
Placerville Union School District
Placerville, California

Michael Yell
Past President, National Council for
  the Social Studies
Hudson Middle School
Hudson, Wisconsin

Maestros revisores

Maureen Andreadis
School for Creative and
  Performing Arts
Cincinnati, Ohio

Richard Coop
Shadow Ridge High School
Las Vegas, Nevada

Doug Fillmore
Bloomington Junior High School
Bloomington, Illinois

Marc Fleming
Greece Central School District
North Greece, New York

Kristin Fox
Bernards Township Public
  Schools
Bernards Township, New Jersey

Marla Horwitz
Carl Sandburg Junior High
Rolling Meadows, Illinois

Lauryn Humphris
Jackson Middle School
Villa Park, Illinois

Bonnie Lock
La Center School District
La Center, Washington

Lester Lurie
Casey Middle School
Boulder, Colorado

Charles Ogdan
Sycamore Junior High
Cincinnati, Ohio

Janie Phelps
Orange County Public Schools
Orange County, Florida

Tiferet Reilly
Parkland Magnet Middle School
Rockville, Maryland

Chuck Schierloh
Lima City Academy of Learning
Lima, Ohio

Patricia Shelton
Odle Middle School
Bellevue, Washington

Chris Taylor
Liberty Elementary School
Boise, Idaho

Amy Thornhill
Parkway School District
Saint Louis, Missouri

Chuck Triplett
Lindbergh School District
Saint Louis, Missouri

v

Contenido

Manual de Conceptos básicos

Unidad 1 Orígenes

Unidad 2 El Antiguo Oriente Próximo

Unidad 3 La Antigua India y la Antigua China

Unidad 4 La Antigua Grecia

Unidad 5 La Antigua Roma

Unidad 7 Civilizaciones de África y Asia

Unidad 8 Civilizaciones de las Américas

Unidad 9 Europa en la Edad Media

Unidad 10 El ascenso de Europa

Unidad **11 Período moderno temprano**

Unidad 12 El mundo moderno

mi Historia

Conéctate con las historias de figuras históricas a través del tiempo. my worldhistory.com

Escenas de *Juana de Arco: Las voces de la victoria*

Aprendizaje del siglo XXI

Aprende nuevas destrezas a través de actividades interactivas. my worldhistory.com

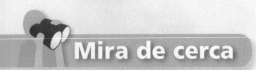

Mira de cerca

Las fotografías, los mapas, las tablas, las ilustraciones y el texto te ayudarán a acercarte al mundo.

Fuentes primarias

Comparar puntos de vista con historias de testigos presenciales y documentos.

Tablas, gráficas y diagramas

Los diagramas y los datos te ayudan a visualizar la información importante.

Tablas, gráficas y diagramas (continuación) my worldhistory.com

Citas de fuentes primarias

Citas de fuentes primarias importantes te unen a las personas que hicieron y vieron la historia. my worldhistory.com

Citas de fuentes primarias (continuación) my worldhistory.com

Citas de fuentes primarias (continuación) my worldhistory.com

Mapas my worldhistory.com

Los mapas interactivos te ayudan a aprender y comprender tu mundo.

RELACIONA

Prepárate para tus viajes de *miMundo* explorando las características de tu libro de texto con las siguientes actividades divertidas.

Preguntas esenciales

Cada capítulo comienza con una pregunta esencial que te ayuda a relacionar la historia con tu mundo actual. Un ejemplo es:

"¿Cuáles son las consecuencias de la tecnología?"

Piensa en la tecnología actual. ¿Cómo influye en tu vida diaria? Ahora, piensa en la tecnología de hace 4,000 años. Parece difícil imaginar que hace tantos años había tecnología en el mundo.

BUSCA: La Pregunta esencial del capítulo titulado "El Creciente Fértil".

PISTA: La Pregunta esencial aparece en la primera página del capítulo.

miHistoria

Si se hiciera una novela gráfica con la historia de tu vida, ¿cómo sería?

BUSCA: ¿Qué mi **Historia** relaciona la pregunta esencial: *"¿Cuáles son las consecuencias de la tecnología?"* con Ciro el Grande?

PISTA: La primera parte del Contenido muestra lo que contiene cada unidad. Después de estas páginas hay un Contenido especial que te permite identificar rápidamente dónde puedes encontrar las mi **Historia** y otras secciones interesantes.

Línea cronológica

¿Qué sucesos importantes aparecerían en la línea cronológica de tu vida?

BUSCA: La línea cronológica con información sobre la antropóloga Mary Leakey. Ella descubrió los restos del primer *Homo habilis*, que significa "hombre hábil" en latín.

PISTA: Las líneas cronológicas se encuentran al principio de cada unidad. El título de la unidad que trata sobre Mary Leakey es "Orígenes".

COMPRENDE
MENTA

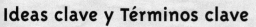

Ideas clave y Términos clave

¿Cómo empiezas un proyecto? ¿Haces una lista de las palabras e ideas importantes o reúnes todo tu conocimiento en un organizador gráfico?

BUSCA: Las ideas y los términos clave de la sección Las sociedades de cazadores-recolectores. ¿Qué te hacen pensar sobre la Pregunta esencial: *"¿Cuáles son las consecuencias de la tecnología?"*?

PISTA: Las ideas y los términos clave están en la primera página de cada sección. La sección de Las sociedades de cazadores-recolectores está en el mismo capítulo que Mary Leakey.

Fuentes primarias

Dentro de 100 años, ¿crees que las personas recordarán lo que pensaste y dijiste?

BUSCA: La Fuente primaria que se refiere a la invención de la rueda. ¿Cuál fue la consecuencia de este invento? ¿Cuántas veces al día usas algo que contiene una rueda?

PISTA: Busca en el Contenido especial la Fuente primaria titulada "Excavar en busca de pistas".

Mira de cerca

Si alguien mirara de cerca tu vida, ¿qué encontraría?

BUSCA: La actividad Mira de cerca sobre Desenterrar el pasado. ¿Cómo desentierra la tecnología de los arqueólogos la tecnología que se usó en el pasado?

PISTA: Busca en el Contenido especial la lista y los números de página de las actividades Mira de cerca.

Culture Close Up

¿Hay jardines en tu vecindario? ¿Cómo crees que habrá sido vivir cerca de los jardines colgantes de Babilonia?

BUSCA: El Culture Close-Up de los jardines colgantes de Babilonia.

PISTA: El Contenido especial incluye una lista de los Culture Close-Ups.

Actividad de Aprendizaje del siglo XXI

¿Estás preparado para tener éxito en el siglo XXI?

BUSCA: La Actividad de Aprendizaje del siglo XXI "Debate sobre el futuro digital". ¿Cuáles son las consecuencias del tipo de tecnología que se comenta?

PISTA: Busca en la página xxiii la lista de Actividades de Aprendizaje del siglo XXI. La destreza que se refiere a *Debate sobre el futuro digital* es *Resolución de problemas*.

Manual de Conceptos básicos

Las tres partes de los Conceptos básicos que siguen te darán a conocer los conceptos básicos de historia, geografía, gobierno, economía y cultura. Te ayudarán a entender el material que aparece en el resto del libro.

Las destrezas fundamentales de estudios sociales y los conceptos que se enseñan en este manual son esenciales para entender el mundo que te rodea. Después de leer los Conceptos básicos, serás capaz de entender un mapa de carreteras, comparar sistemas de gobierno, explicar cómo funcionan los bancos y comprender diferentes culturas.

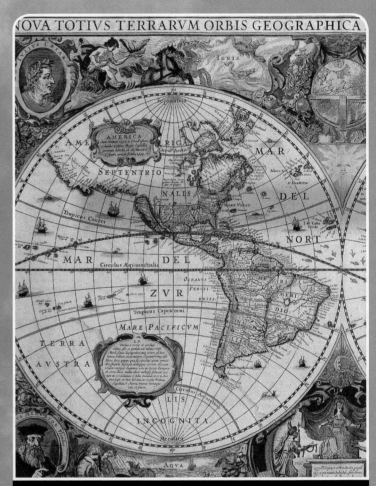

Parte

1 Historia y Geografía

Examina las maneras en que las personas estudian la historia y comprenden nuestro planeta, la Tierra. Conecta con el contenido al leer sobre Brian McCray, un joven arqueólogo que ayudó a examinar los restos del Imperio Inca.

página 2

Parte

2 Civismo y Economía

Parte

3 Cultura

Aprende cómo las personas organizan los gobiernos, qué hacen los gobiernos y cómo las personas toman decisiones económicas. Conecta con el contenido al leer sobre Anne Marie Sutherland, quien trabajó como pasante para un senador de los Estados Unidos.

página 18

Comprende cómo las prácticas de un pueblo constituyen su cultura y cómo la cultura puede cambiar con el tiempo. Conecta con el contenido al leer sobre Joanna Baca, una joven navajo que trabaja para preservar sus tradiciones.

página 40

1

Historia y Geografía

Ruinas incas en Perú

Un arqueólogo hace un bosquejo de una excavación en Lima, Perú.

2

Arqueólogos en una excavación

Brian McCray

Excavar en busca de pistas

Reportaje de Miles Lemaire para miMundo Historia

A Brian McCray le gusta excavar. Es un arqueólogo que ha viajado por todo el mundo desenterrando objetos del pasado para aprender más sobre las personas que los hicieron.

Hacer una excavación arqueológica no se reduce a escoger un lugar, tomar una pala y comenzar a cavar, dice Brian. Él investiga la historia del sitio antes de hincar la pala en la tierra. Estudia mapas, ve fotografías y lee descripciones del área. Quiere saber todo lo que pueda sobre el lugar antes de comenzar a explorarlo.

Al hacer una excavación arqueológica, los arqueólogos como Brian examinan todos los objetos que encuentran en el sitio. Luego, registran y guardan los objetos para investigaciones futuras. Llevar buenos registros es muy importante. Se hacen bosquejos y mapas de todos los sitios arqueológicos; también se incluye información sobre dónde se encontró cada objeto. Puede tomar meses o años en examinar todos los artefactos, u objetos que se encuentran en un sitio arqueológico.

"Casi siempre, los objetos que se encuentran a mayor profundidad son más antiguos que aquellos que están cerca de la superficie —dice Brian—. Llevamos un registro de cada capa de suelo y lo que encontramos allí".

La investigación de Brian le ha permitido viajar por todo el continente americano. Ha estudiado sitios en el norte de los Estados Unidos, el Caribe y el oeste de América del Sur. Brian ha trabajado con el *Digital Archaeological Archive of Contemporary Slavery*. Esta investigación ha ayudado a los historiadores a saber más de la vida de los esclavos africanos en América del Norte y el Caribe. Pero su descubrimiento más interesante lo realizó en la cordillera de los Andes en América del Sur. En los Andes, Brian estudió algo que los investigadores todavía no comprenden del todo.

"Era algo que realmente parecía ser una piscina —dice Brian—. Los incas lo construyeron al final del Imperio Inca". Esto fue hace casi 500 años.

"¿Para qué se usaba la *piscina*? ¿Cómo saberlo? —dice Brian—. Era un gran patio hundido con mampostería fabulosa tallada en piedra y el agua llegaba por cinco o seis canales desde la cima de la montaña... Hace demasiado frío allá arriba como para que alguien quisiera nadar tan seguido".

Pero aunque Brian y sus colegas todavía no saben por qué los incas construyeron esta piscina, puedes estar seguro de que van a seguir cavando en busca de la respuesta. ¿Quién sabe? Tal vez Brian será el que descubra finalmente la verdad.

Medir el tiempo

Puede ser difícil describir el concepto del tiempo. Pero los **historiadores**, quienes estudian los sucesos del pasado, saben que organizar el tiempo es importante para comprender el pasado.

Usar una línea cronológica

Los historiadores usan las líneas cronológicas como herramientas. Una **línea cronológica** es una línea marcada con sucesos y fechas. Los historiadores las usan para hacer una **cronología**, una lista de sucesos organizados en el orden en el que ocurrieron.

Las líneas cronológicas son flexibles. Pueden cubrir un día, un año, una década (diez años), un siglo (cien años), un milenio (mil años) o cualquier otro período. Un **período** es un lapso de tiempo que se destaca por un suceso específico ocurrido en ese tiempo. Éste también se conoce como una era o época. Los historiadores los usan para organizar y describir las actividades humanas.

La línea cronológica en esta página muestra sucesos decisivos: puntos importantes en la historia. El período de 1940 a 1949 es un ejemplo de una década, o un período de diez años. Abajo, una piedra con escritura sumeria. ▼

1945 D.C. Termina la Segunda Guerra Mundial.

| 1940 | 1941 | 1942 | 1943 | 1944 | 1945 | 1946 | 1947 | 1948 | 1949 |

3200 A.C. Los sumerios desarrollaron la primera forma conocida de escritura.

| **3000** A.C. | **2000** A.C. | **1000** A.C. | **1** D.C. | **1000** D.C. | **2000** D.C. |

1766 A.C. Comienza la dinastía Shang de China.

250 D.C. Comienza el período clásico maya en México y América Central.

1492 D.C. Cristóbal Colón navega a las Américas.

Organizar el tiempo

El pasado usualmente se divide en dos partes: la prehistoria y la historia. La **prehistoria** es el tiempo antes de que se inventara la escritura. La *historia* se refiere a la historia escrita, que comenzó hace unos 5,200 años.

La historia también se organiza comenzando con un suceso clave. Ahora, en casi todo el mundo se usa la fecha en que se cree que nació Jesús como un suceso clave. Los años antes de este suceso se rotulan A.C. por "antes de Cristo" o A.E.C. por "antes de la era común". Los años posteriores se denominan D.C. que significa *después de Cristo*. También se les conoce como E.C. por "era común".

El calendario judío cuenta los años a partir de la creación del mundo, según su tradición. El calendario islámico data a partir del año en que el profeta Mahoma migró a la ciudad de Medina.

Las sociedades han usado diferentes calendarios. Los mayas y los aztecas hicieron calendarios para la agricultura y fines religiosos. Actualmente, la mayoría usa el calendario gregoriano, que tiene un año de 365 o 366 días. Se basa en el movimiento de la Tierra alrededor del Sol. El año judío, basado en el Sol y en la Luna, varía de 353 a 385 días para ajustarse al año solar. El año islámico parte de los ciclos de la Luna y dura unos 354 días.

Sistemas de calendarios

Los calendarios parten de los movimientos de la Tierra, la Luna, las estrellas o una combinación de estos. A través de la historia, las personas han usado diferentes métodos para crear calendarios. Aquí se muestran diferentes objetos que sirvieron para medir el paso del tiempo.

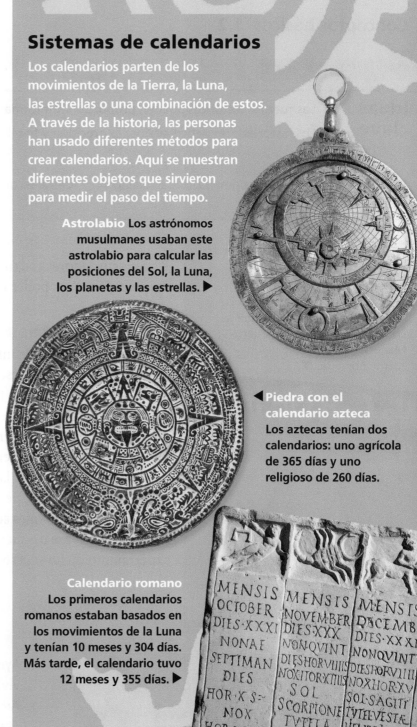

Astrolabio Los astrónomos musulmanes usaban este astrolabio para calcular las posiciones del Sol, la Luna, los planetas y las estrellas. ▶

◀ **Piedra con el calendario azteca** Los aztecas tenían dos calendarios: uno agrícola de 365 días y uno religioso de 260 días.

Calendario romano Los primeros calendarios romanos estaban basados en los movimientos de la Luna y tenían 10 meses y 304 días. Más tarde, el calendario tuvo 12 meses y 355 días. ▶

Evaluación

1. ¿Cómo organizan el tiempo las personas?
2. Si crearas una línea cronológica de todo lo que hiciste ayer, ¿qué suceso elegirías para ser el primero? ¿Cuál sería el último suceso? ¿Cómo decidirías qué sucesos son lo suficientemente importantes como para incluirlos en la línea cronológica?

Fuentes históricas

Ideas clave
- Las fuentes históricas pueden proporcionar información importante.
- Los historiadores deben evaluar la precisión y fiabilidad de las fuentes.

Términos clave • fuente primaria • artefacto • fuente secundaria • prejuicio  Visual Glossary

Los historiadores tratan de comprender y describir el pasado con precisión. Para poder hacerlo, estudian las fuentes históricas.

Fuentes primarias y secundarias

Una **fuente primaria** es la información que proviene directamente de alguien que vivió un suceso. Consiste en lo que la persona escribe, dice o crea sobre el suceso. Las fuentes primarias incluyen cartas, diarios, discursos, fotografías y artefactos. Un **artefacto** es un objeto hecho por una persona, como una herramienta o un arma. Usamos las fuentes primarias para comprender los sucesos desde el punto de vista de las personas que vivieron en la época en que ocurrieron.

Los libros, artículos, películas y otras fuentes que describen el pasado son las fuentes secundarias. Una **fuente secundaria** es información sobre un suceso que proviene de alguien que no experimentó dicho suceso.

Este cartel estadounidense que se creó durante la Segunda Guerra Mundial es un ejemplo de una fuente primaria. ▼

Fuentes primarias

Las cartas escritas por los soldados son fuentes primarias.

66 Ayer, 7 de diciembre de 1941, una fecha que vivirá en la infamia, los Estados Unidos de América fueron súbita y deliberadamente atacados por las fuerzas navales y aéreas del Imperio Japonés... No importa cuánto nos tome sobreponernos de esta premeditada [planeada] invasión, los estadounidenses, con la justicia de nuestro lado, triunfaremos con una victoria absoluta 99.

—Presidente Franklin D. Roosevelt, 8 de diciembre de 1941

Evaluar fuentes históricas

Las fuentes históricas no siempre dan una explicación verdadera de los sucesos. Incluso las fuentes primarias pueden ser incorrectas. Las opiniones personales de un autor pueden influir en lo que él o ella registra. A veces el autor no puede recordar el suceso acertadamente. Un historiador debe decidir qué tan confiable es una fuente primaria.

Éste también debe tener cuidado al usar fuentes secundarias. No todas son igual de fiables. Por ejemplo, la Internet contiene artículos, libros y otras fuentes secundarias fiables. Pero cualquier búsqueda en la Internet también proporcionará muchos sitios Web poco precisos.

Los historiadores y los estudiantes de la historia deben evaluar una fuente para determinar su fiabilidad. Al examinar fuentes primarias y secundarias, hazte preguntas como estas:

- ¿Quién creó el material original? Un testigo puede ser más fiable que alguien que recuerda el suceso después de que éste ocurrió. Sin embargo, un erudito o una publicación de buena reputación también son fuentes fiables.

- ¿Es la información un hecho o una opinión? Un hecho es algo que se puede demostrar como verdadero o falso. Una opinión es una creencia personal. Las opiniones son valiosas, no como fuentes de hechos, sino como indicios de los juicios o sentimientos del autor.

- ¿Da el material la impresión de tener prejuicios o ser parcializado? Un **prejuicio** es una preferencia injusta a favor de algo o un disgusto por algo. Un material prejuicioso omite hechos que no respaldan el punto de vista del autor.

La pintura y el artículo de abajo son fuentes secundarias. ▼

Fuentes secundarias

66 Aviones japoneses atacaron la base naval estadounidense en Pearl Harbor, Hawai, el 7 de diciembre de 1941. . . . Esto provocó que los estadounidenses apoyaran la participación de los Estados Unidos en la guerra 99.

—*History of Our World*, Prentice Hall, 2008

Evaluación

1. ¿Qué es una fuente primaria?
2. ¿Cómo te ayuda la fuente secundaria citada arriba a comprender la fuente primaria citada a la derecha?

Conceptos básicos 1.3

Arqueología y otras fuentes

Idea clave

● La arqueología y otras fuentes históricas ofrecen pistas sobre cómo era la vida en el pasado distante.

Términos clave
- arqueología
- antropología
- tradición oral

Visual Glossary →

Machu Picchu, Perú, es una ciudad inca abandonada desde el siglo XVI y olvidada hasta el siglo XIX.

El Templo de las Inscripciones en Palenque, México, contiene la tumba del gobernante maya Pakal, que murió en 683 D.C. ▼

Los arqueólogos Louis y Mary Leakey encontraron muchos restos fósiles de ancestros humanos en la garganta de Olduvai, África.

Con el tiempo, gran parte del mundo antiguo ha desaparecido. Grandes ciudades se han desplomado y hoy quedan sólo ruinas. Los edificios han quedado bajo capas de tierra o cubiertos por densos bosques. Los artefactos que describen la vida en los tiempos antiguos están enterrados u ocultos. La arqueología tiene como objetivo desenterrar esa historia oculta. La **arqueología** es el estudio científico de las culturas antiguas a través del examen de artefactos y otras evidencias.

Arqueólogos y antropólogos

Los arqueólogos son como buscadores de tesoros y detectives. Exploran donde las personas vivieron y buscan artefactos como herramientas, armas y alfarería. Estudian los objetos que encuentran para aprender del pasado.

Los artefactos nos ayudan a identificar los recursos que las personas del pasado tenían. Nos ayudan a entender cómo usaban la tecnología y cómo se adaptaron a su medio ambiente.

La antropología también ayuda a los historiadores a comprender el pasado. La **antropología** es el estudio de todos los aspectos de la humanidad, especialmente el desarrollo y la cultura. Los antropólogos quieren comprender el origen del ser humano y su desarrollo. Este campo requiere el estudio de fósiles, huesos y otros restos conservados en rocas.

Los antropólogos también estudian la formación y el desarrollo de las culturas humanas. Las pistas sobre el pasado pueden provenir de las tradiciones orales de una cultura. La **tradición oral** es el trasfondo cultural e histórico de una comunidad, transmitido en relatos orales y canciones.

Los maoríes de Nueva Zelanda han transmitido muchos aspectos de su cultura a través de la tradición oral.▼

Miles de estatuas de arcilla fueron enterradas en la tumba del primer emperador Qin de China en 210 A.C.

4

5

Evaluación

1. ¿Qué hacen los arqueólogos?

2. ¿Cómo nos enseñan el pasado la arqueología y la antropología?

Los cinco temas de geografía

Ideas clave

- El uso de los cinco temas te puede ayudar a darle sentido a la geografía.
- El tema de la ubicación sirve para describir dónde está un lugar, mientras que los otros temas describen las características de un lugar.

Términos clave • ubicación absoluta • ubicación relativa • lugar • región

• movimiento • interacción humanos-medio ambiente

→ Visual Glossary

El estudio de las características humanas y no humanas de la Tierra se llama geografía. Para estudiarla, usamos cinco temas diferentes, o maneras de razonar. Éstos son la ubicación, el lugar, la región, el movimiento y la interacción humanos-medio ambiente. Nos ayudan a responder dos preguntas básicas: ¿Dónde están ubicadas las cosas? ¿Por qué están allí? Puedes entender los temas al mirar el ejemplo de nuestra capital, Washington, D.C.

Ubicación

Los geógrafos comienzan a estudiar un lugar buscando dónde está, o su ubicación. Hay dos maneras de hablar sobre la ubicación. La **ubicación absoluta** es la posición exacta de un lugar en la Tierra según la longitud y latitud, líneas imaginarias trazadas alrededor de la Tierra para ayudar a los geógrafos a describir los lugares. Las líneas de latitud van de este a oeste, y las líneas de longitud van de norte a sur. Con estas líneas podemos describir la ubicación absoluta del centro de Washington, D.C., que está en la intersección de la línea de latitud norte 38°54' y la línea de longitud oeste 77°2'. También podemos usar la **ubicación relativa**, o ubicación de un lugar con respecto a otro.

Lugar

Los geógrafos también estudian el lugar. El **lugar** es la combinación de características humanas y no humanas en un sitio determinado. Por ejemplo, podrías decir cuántas personas viven allí y el tipo de trabajo que realizan. Podrías mencionar que un lugar es montañoso o que tiene un clima húmedo. Como lugar, Washington, D.C. está a la orilla del río Potomac. Tiene un clima húmedo, con inviernos fríos y veranos calurosos. Es el centro de gobierno de los Estados Unidos.

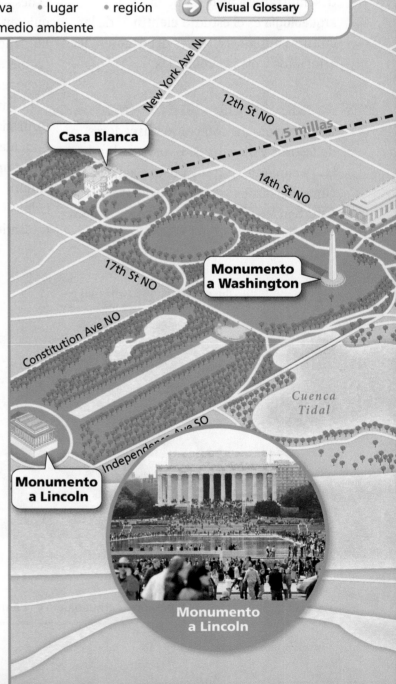

Casa Blanca

Monumento a Washington

Monumento a Lincoln

Monumento a Lincoln

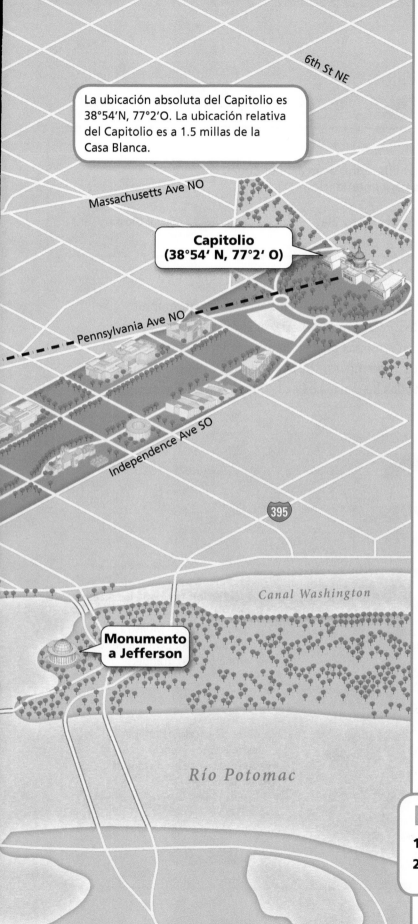

La ubicación absoluta del Capitolio es 38°54'N, 77°2'O. La ubicación relativa del Capitolio es a 1.5 millas de la Casa Blanca.

6th St NE

Massachusetts Ave NO

**Capitolio
(38°54' N, 77°2' O)**

Pennsylvania Ave NO

Independence Ave SO

395

Canal Washington

**Monumento
a Jefferson**

Río Potomac

Región

Los geógrafos usan el tema de la región para agrupar lugares que tienen algo en común. Una **región** es un área con al menos una característica física o humana en común, como el clima, los accidentes geográficos, la población o la historia. Washington, D.C. es parte de una región llamada Área Metropolitana de Washington, que incluye también sus suburbios. Esta región comparte un mercado laboral, una carretera y red ferroviaria. Las nuevas tecnologías, como los ferrocarriles de alta velocidad, pueden crear nuevas características y conexiones unificadoras. Esto puede cambiar la manera de percibir las regiones.

Movimiento

El tema del **movimiento** explora cómo las personas, los bienes y las ideas van de un lugar a otro. Un movimiento diario de camiones y trenes abastece a las personas de Washington con alimentos, combustible y otros bienes básicos.

Interacción humanos-medio ambiente

El tema de la **interacción humanos-medio ambiente** es la manera en la que los seres humanos alteran su medio ambiente, o su entorno natural, y cómo éste influye en ellos. El movimiento del agua del río Potomac al sistema de agua de Washington es un ejemplo de este tema.

Evaluación

1. ¿Cuáles son los cinco temas de geografía?

2. ¿Cuál es la diferencia entre la ubicación de tu ciudad y tu ciudad como un lugar?

Entender los mapas

Ideas clave
- Los mapas tienen partes que ayudan a leerlos.
- Aunque mapas diferentes muestran cosas diferentes acerca de un lugar, se pueden usar las mismas herramientas para entenderlos.

Términos clave • leyenda • mapa localizador • barra de escala • rosa de los vientos

Visual Glossary

Mira los mapas de estas dos páginas. Uno es un mapa físico del estado de Colorado. El otro es un mapa de carreteras de Colorado. Estos mapas cubren la misma área, pero muestran diferente tipo de información. A pesar de sus diferencias, ambos mapas tienen todas las partes básicas que se deben encontrar en cualquier mapa.

El mapa tiene un título que indica el tema del mapa.

Partes de un mapa: Mapa físico

LEYENDA
Altitud

Pies	Metros
10,000	3,048
6,000	1,829
3,000	914

— Límite estatal

La **leyenda** del mapa explica los símbolos y áreas sombreadas del mapa. Esta leyenda muestra los sombreados que corresponden a elevaciones o altitudes diferentes.

Este mapa tiene un **mapa localizador**. Un mapa localizador muestra un área más grande que el mapa principal. Muestra dónde se ubica el área del mapa dentro de esta área más grande.

Una **rosa de los vientos** es el diagrama de una brújula que indica la dirección.

La **barra de escala** del mapa muestra cuánto espacio en el mapa representa las distancias reales del terreno.

Este mapa utiliza una cuadrícula que muestra las líneas de longitud y latitud que pueden ayudar a ubicar lugares.

Nebraska

Fuerte Collins

Río South Platte

Meseta de Roan

Denver ★ Aurora

Río Colorado

Monte Elbert 14,433 pies (4,399 m)

Utah

Pico Pikes ▲ 14,110 pies (4,301 m)

● Colorado Springs

Kansas

Pueblo ●

Montañas Sangre de Cristo

Cordillera Sawatch

Cadena central

MONTAÑAS ROCOSAS

0	50 Millas
0	50 Kilómetros

Proyección cónica equivalente de Albers

Leer un mapa

Mira el mapa de abajo. Es un mapa de carreteras del estado de Colorado. Este mapa es diferente del mapa físico de Colorado que acabas de estudiar. Sin embargo, tiene las mismas partes que te ayudan a leerlo. De hecho, puedes usar la leyenda, la barra de escala y otras herramientas del mapa que has aprendido para leer casi todos los mapas.

Busca la leyenda en este mapa. ¿Puedes encontrar el número de ruta de la autopista interestatal que conecta a Denver y Colorado Springs, Colorado? Usa la barra de escala para calcular la cantidad de millas entre estas dos ciudades. Usa la rosa de los vientos para averiguar la dirección para ir de Denver a Colorado Springs. ¡Ya aprendiste a leer un mapa de carreteras!

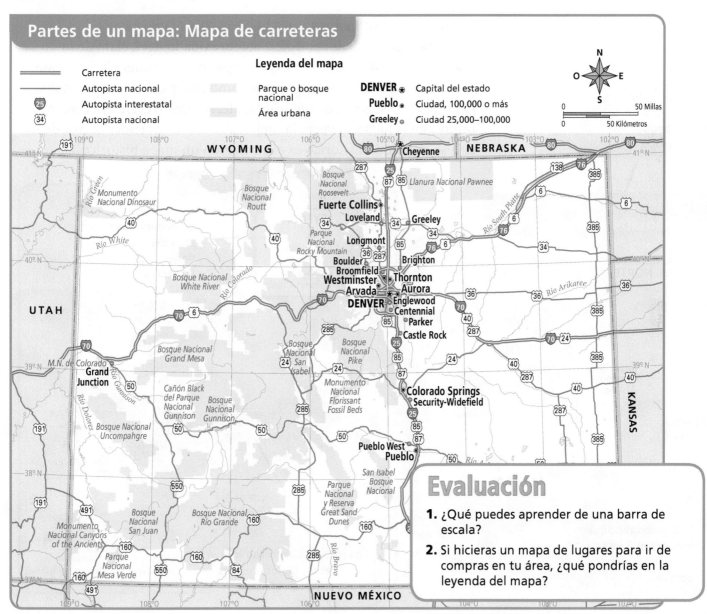

Partes de un mapa: Mapa de carreteras

Leyenda del mapa

Carretera
Autopista nacional
Autopista interestatal
Autopista nacional

Parque o bosque nacional
Área urbana

DENVER ⊛ Capital del estado
Pueblo ◉ Ciudad, 100,000 o más
Greeley ◉ Ciudad 25,000–100,000

0   50 Millas
0   50 Kilómetros

Evaluación

1. ¿Qué puedes aprender de una barra de escala?

2. Si hicieras un mapa de lugares para ir de compras en tu área, ¿qué pondrías en la leyenda del mapa?

Conceptos básicos **1.6**

Mapas históricos

Ideas clave

- Los mapas históricos son representaciones visuales de información histórica.
- Los mapas históricos muestran información sobre lugares durante ciertas épocas.

Término clave • mapa histórico

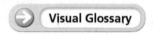

Visual Glossary

Cuando lees sobre un suceso histórico como una batalla importante, puede ser difícil obtener una imagen clara de lo que realmente sucedió. Puede que tengas que entender el efecto que tuvieron los accidentes geográficos como ríos y colinas en la batalla. O tal vez la ubicación de una ciudad, ferrocarril o carretera cercana influyó en la lucha. A veces la mejor manera de aprender acerca de un suceso o período histórico es examinando un mapa histórico.

El título identifica el tema del mapa y su período de tiempo.

El Imperio Romano, aproximadamente 117 D.C.

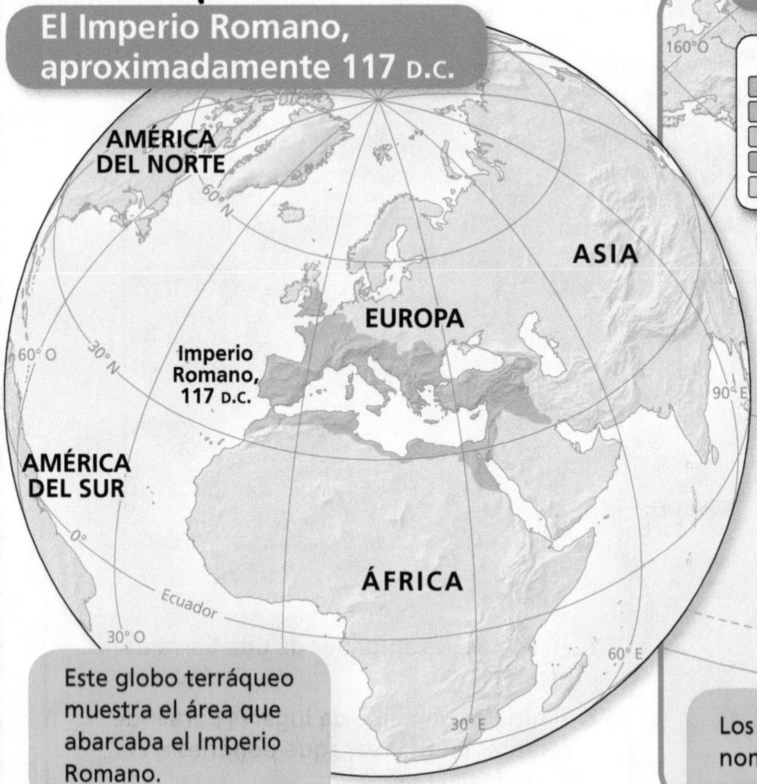

AMÉRICA DEL NORTE
60° N
ASIA
EUROPA
Imperio Romano, 117 D.C.
60° O
30° N
90° E
AMÉRICA DEL SUR
0°
ÁFRICA
Ecuador
30° O
60° E
30° E

Este globo terráqueo muestra el área que abarcaba el Imperio Romano.

América del Norte, 1783

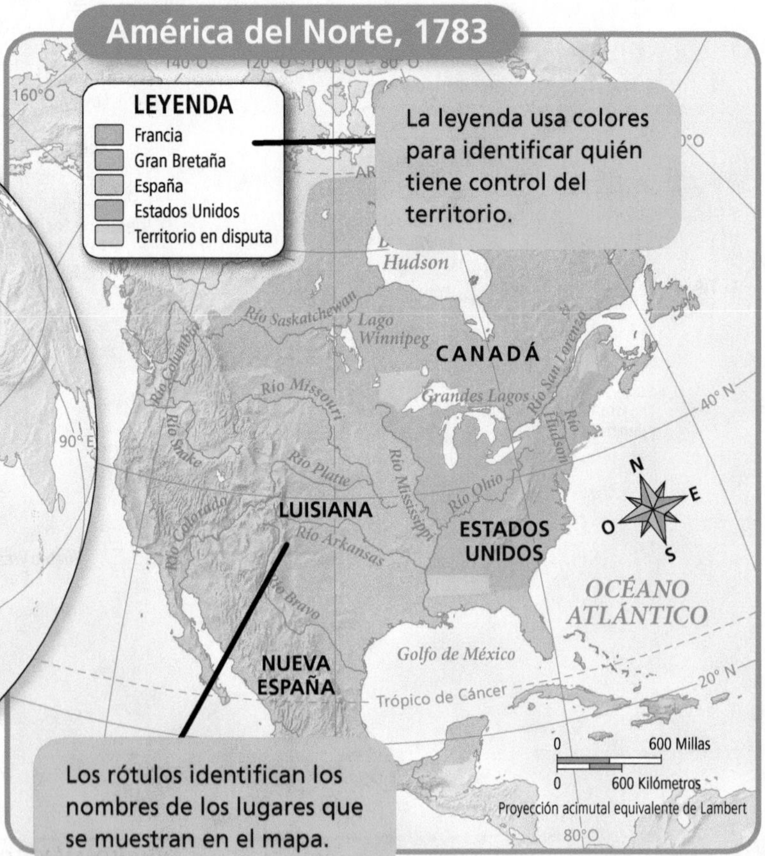

160° O
140° O
120° O
100° O
80° O
LEYENDA
Francia
Gran Bretaña
España
Estados Unidos
Territorio en disputa
Hudson
Río Saskatchewan
Lago Winnipeg
CANADÁ
Río Columbia
Río Snake
Río Missouri
Grandes Lagos
Río San Lorenzo
Río Hudson
40° N
Río Platte
Río Mississippi
Río Ohio
Río Colorado
LUISIANA
Río Arkansas
ESTADOS UNIDOS
N
E
O
S
OCÉANO ATLÁNTICO
Río Bravo
Golfo de México
NUEVA ESPAÑA
Trópico de Cáncer
20° N
0
600 Millas
0
600 Kilómetros
Proyección acimutal equivalente de Lambert
80° O

La leyenda usa colores para identificar quién tiene control del territorio.

Los rótulos identifican los nombres de los lugares que se muestran en el mapa.

Un **mapa histórico** es un mapa temático o de propósito particular. Informa sobre un lugar en determinado momento de la historia. Muestra datos como la migración, los patrones de comercio, etc.

Tienen características similares. La mayoría tiene un título y una leyenda. Tienen colores y símbolos para indicar los recursos, el movimiento, la ubicación u otras características. Usa los siguientes pasos para familiarizarte con estos mapas.

1. Lee el título. Observa la fecha, el período de tiempo u otra información sobre el tema. Si hay un mapa localizador, examínalo para ver qué región se muestra.

2. Estudia el mapa rápidamente para tener una idea general de lo que muestra. Lee los nombres de los lugares y otros rótulos. Observa cualquier accidente geográfico.

3. Examina la leyenda. Elige el primer símbolo u otra entrada, lee lo que representa y encuentra un ejemplo en el mapa. Repite este proceso con las demás entradas hasta que las entiendas todas.

4. Estudia el mapa más a fondo. Asegúrate de entender la imagen que representa el mapa. Si necesitas ayuda, vuelve a leer la sección correspondiente de tu libro de texto o examina el mapa de nuevo.

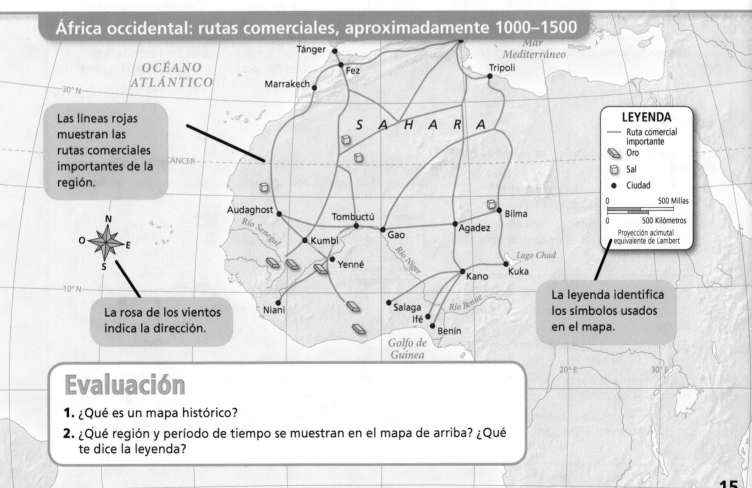

África occidental: rutas comerciales, aproximadamente 1000–1500

Las líneas rojas muestran las rutas comerciales importantes de la región.

La rosa de los vientos indica la dirección.

LEYENDA
— Ruta comercial importante
Oro
Sal
• Ciudad
0   500 Millas
0   500 Kilómetros
Proyección acimutal equivalente de Lambert

La leyenda identifica los símbolos usados en el mapa.

Evaluación

1. ¿Qué es un mapa histórico?

2. ¿Qué región y período de tiempo se muestran en el mapa de arriba? ¿Qué te dice la leyenda?

Evaluación de la Parte 1

Términos e ideas clave

1. **Describir** ¿Cuáles son algunas características de los temas de geografía de **lugar** y **región**?

2. **Resumir** ¿Qué es la **arqueología**?

3. **Identificar** Cuando una persona describe un suceso que no experimentó, ¿es su descripción una **fuente primaria** o una **fuente secundaria**?

4. **Recordar** ¿Cuáles son las partes básicas de un mapa y qué indica cada parte a los lectores?

5. **Identificar causa y efecto** ¿Qué hacen los arqueólogos con los **artefactos**?

6. **Comentar** ¿Qué muestra la **barra de escala** de un mapa?

7. **Sintetizar** ¿Cómo muestran las **líneas cronológicas** los sucesos o períodos históricos?

Razonamiento crítico

8. **Tomar decisiones** Piensa cómo crear un mapa que muestre antiguas rutas comerciales. Menciona tres cosas que incluirías en la leyenda del mapa.

9. **Sacar conclusiones** ¿Cómo crees que el trabajo de los arqueólogos y antropólogos puede ayudar a las generaciones presentes y futuras?

10. **Inferir** ¿Por qué crees que todavía hoy existen tantos calendarios diferentes?

11. **Categorizar** Relaciona cada característica con el tema correcto de geografía: un paisaje muy llano, cuatro trenes que entran y salen de la ciudad todos los días, los desechos de las fábricas que fluyen en un río local, la gran población hispana en tres estados y 42° S 147° E.

Identificar

Usa el mapa para responder las preguntas siguientes.

12. ¿Qué área se muestra en el mapa? ¿Dónde encuentras esta información?

13. ¿Qué representan los puntos amarillo claro? ¿Dónde puedes encontrar esta información?

14. ¿Qué período de tiempo se muestra en el mapa?

15. ¿Qué colores representan los huracanes de mayor velocidad?

16. ¿Qué gran masa de agua limita con Texas y Luisiana?

17. ¿Está Georgia al norte o al sur de la Florida? ¿Qué parte del mapa te lo dice?

18. ¿Cuántos azotes de huracanes categoría 5 se muestran en el mapa?

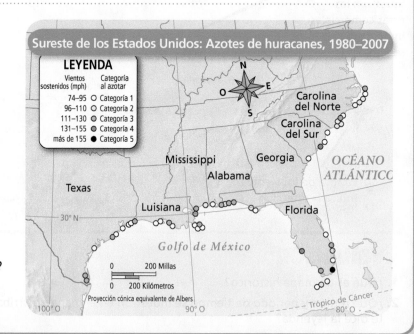

Sureste de los Estados Unidos: Azotes de huracanes, 1980–2007

LEYENDA

Vientos sostenidos (mph)	Categoría al azotar
74–95 ○	Categoría 1
96–110 ○	Categoría 2
111–130 ◒	Categoría 3
131–155 ◒	Categoría 4
más de 155 ●	Categoría 5

Carolina del Norte

Carolina del Sur

Mississippi   Georgia   OCÉANO ATLÁNTICO

Alabama

Texas

Luisiana   Florida

30° N

Golfo de México

0   200 Millas
0   200 Kilómetros

Proyección cónica equivalente de Albers

Trópico de Cáncer

100° O   90° O   80° O

Actividad en el Cuaderno

Completa el organizador gráfico en tu Cuaderno del estudiante.

Demostrar la comprensión Completa la actividad En conclusión en tu cuaderno para demostrar tu comprensión de historia y geografía. Cuando completes la actividad, comenta con un grupo pequeño tu plan para usar los recursos históricos. Asegúrate de respaldar tu plan con información de las lecciones.

La tradición oral sigue siendo una parte importante de muchas culturas. Investiga una canción o relato que se siga transmitiendo por tradición oral, ya sea en tu propia cultura o en otra. Luego, comparte la canción o relato con la clase. Asegúrate de abordar los siguientes temas:
- orígenes de la canción o historia
- significado cultural de la canción o relato

Preguntas basadas en documentos

Success Tracker™
En línea en myworldhistory.com

Usa tu conocimiento de historia y geografía y los Documentos A y B para responder las Preguntas 1 a 3.

Documento A

Maryland
Distrito de Columbia
Virginia
0   5 Millas
0   5 Kilómetros

Documento B

LEYENDA
- Aliados, 1918
- Potencias Centrales, 1918
- Naciones neutrales
- ●●●● Primera línea 1914
- ▬ ▬ Primera línea 1915–1916
- — Primera línea 1917
- ▬ Primera línea 1918
- ⚡ Sitio de batalla

1. ¿Cuál de los cinco temas de geografía representa mejor este mapa?

   A ubicación

   B lugar

   C región

   D interacción humanos-medio ambiente

2. El Documento B es una leyenda de un mapa histórico que muestra Europa durante la Primera Guerra Mundial. ¿Qué información no da este mapa?

   A la ubicación de la primera línea en 1917

   B las ubicaciones de las batallas

   C los miembros de las Potencias Centrales en 1918

   D el resultado de la Primera Guerra Mundial

3. **Tarea escrita** Si hicieras un mapa de tu escuela, ¿qué elementos incluirías en la leyenda? Explica tu respuesta con oraciones completas.

my worldhistory.com

Self-Test

Civismo y Economía

Partidarios sostienen letreros de campaña.

Un grupo de pasantes del Congreso

Votantes en las elecciones presidenciales de 2008

Anne Marie Sutherland

Servir a su país

Reportaje de Miles Lemaire para miMundo Historia

Anne Marie Sutherland ha tratado de convencer a las personas de que voten desde antes de que tuviera la edad para poder votar ella misma.

Anne Marie es la hija de un maestro de gobierno de escuela secundaria. Desde niña se interesó en la política. Su primera experiencia en una campaña política fue en las elecciones presidenciales de los Estados Unidos en 1996, cuando tenía apenas nueve años de edad. "[M]is amigos y yo hicimos algunos carteles y caminamos juntos por la calle antes de las elecciones —dice Anne Marie—. Hablábamos con las personas y nos quedamos despiertos toda la noche para ver quién ganaba".

Con el tiempo, su interés en el proceso político aumentó. En 2000 y 2004, trabajó como voluntaria en las campañas presidenciales de George W. Bush. En las elecciones primarias presidenciales de 2008 ayudó a gestionar la campaña del candidato Mitt Romney en Atlanta, Georgia.

"Hicimos mucha labor política de base —dice Anne Marie sobre su trabajo en la campaña de Romney—. Hablamos con diferentes personas, colocamos carteles y trabajamos en algunas estrategias para el área".

Cuando Romney no ganó la nominación, Anne Marie trabajó para el candidato republicano de 2008, John McCain. Dice que su trabajo en las campañas de Romney y McCain fue una gran experiencia. Lo que más le gustaba era comentar asuntos políticos con las personas.

"Logré trabajar directamente con los votantes —dice Anne Marie—. Eso no es algo que se puede hacer en la política sin antes ascender y empezar a asumir papeles más importantes".

Anne Marie pronto comenzó a asumir papeles más importantes, obteniendo una pasantía con el senador estadounidense Saxby Chambliss. Como pasante, Anne Marie ayudó a otros jóvenes a alcanzar sus propias metas. Como explica: "Cada año, un senador designa a cierto número de graduados de [secundaria] a las academias militares de Estados Unidos.... así que me dedico a trabajar en ese proceso".

"Me encanta porque lo que hago es [ayudar a] preparar a nuestros futuros líderes militares desde temprana edad.... [A]veces cuando estoy trabajando con ellos, pienso: 'Este joven realmente podría ser nuestro futuro presidente, o podría dirigirnos en una guerra, o podría ser el líder de cualquiera de las ramas de las fuerzas armadas'. Nunca se sabe".

A sus 22 años, Anne Marie está a punto de graduarse de la universidad en Ciencias Políticas. No se conforma con ayudar a otros a alcanzar sus sueños. "Tal vez me postule en el futuro —dice ella—. Haría cualquier cosa por servir a mi país".

Fundamentos de un gobierno

Ideas clave
- Los gobiernos se crean para mantener el orden en una sociedad y satisfacer las necesidades comunes de las personas.
- Los poderes del gobierno son limitados o ilimitados.

Términos clave • gobierno • constitución • gobierno limitado • gobierno ilimitado • tiranía

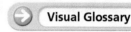
Visual Glossary

El Código de Hammurabi es un conjunto de leyes creadas en la antigua Babilonia, el actual Iraq, alrededor de 1760 A.C. El código fue tallado en una gran losa de piedra, que aparece abajo. La foto de la parte inferior de la página muestra las ruinas de la antigua Babilonia. ▼

El **gobierno** es un grupo de personas de un país o un área que crean y hacen cumplir las leyes. El propósito del gobierno es mantener el orden, prestar servicios y proteger el bien común, o bienestar de las personas. Los gobiernos crean y hacen cumplir las leyes para mantener el orden. La protección del bien común puede incluir la construcción de carreteras y escuelas, o la defensa del país. Los gobiernos también recaudan impuestos, o requieren pagos, de las personas y las empresas. Utilizan estos impuestos para pagar los bienes y servicios que proporcionan. El propósito del gobierno no ha cambiado mucho a lo largo de la historia.

Orígenes del gobierno

Mucho antes de que existieran los gobiernos modernos, las personas vivían en grupos. Éstos tenían líderes que mantenían el orden y tomaban decisiones por el grupo. Era una forma de gobierno simple.

Los gobiernos más complejos aparecieron en el suroeste de Asia hace más de 5,000 años. Para entonces, las personas habían comenzado a asentarse. Las aldeas se convirtieron en ciudades. Las personas necesitaban una manera organizada de resolver los problemas y supervisar tareas como la reparación de los canales de riego y la distribución de alimentos. Formaron gobiernos para administrar esas tareas.

Poderes del gobierno

Hoy en día, la mayoría de los gobiernos tienen una constitución. La **constitución** es un sistema de reglas y principios básicos que establece la organización de un gobierno. La constitución también identifica los poderes que tiene el gobierno. Los poderes del gobierno son limitados o ilimitados.

Gobierno limitado

Personas se reúnen frente al Capitolio de los Estados Unidos.

Hoy en día, la mayoría de las constituciones requieren un gobierno limitado. El **gobierno limitado** es una estructura gubernamental cuyas acciones están limitadas por la ley. Los gobiernos limitados trabajan para proteger el bien común y satisfacer las necesidades de las personas.

En los Estados Unidos, las acciones del gobierno están limitadas con el fin de proteger las libertades individuales de las personas. Generalmente, las personas que viven bajo un gobierno limitado pueden reunirse libremente para expresar sus opiniones y trabajar para cambiar las políticas gubernamentales.

Gobierno ilimitado

La policía china arresta a un manifestante.

Un **gobierno ilimitado** es aquél en donde no existen límites sobre las acciones del gobierno. En un gobierno ilimitado, como el de China, un gobernante o un grupo dirigente tiene el poder de tomar todas las decisiones de un país o sociedad. Tanto poder puede llevar a la **tiranía**, que es el uso injusto del poder.

Los gobiernos ilimitados a menudo no protegen los derechos básicos de los ciudadanos. Pueden censurar, o restringir, el acceso de los ciudadanos a la Internet y a otras formas de tecnología de las comunicaciones.

Evaluación

1. ¿Cómo limitan las constituciones los poderes del gobierno?

2. ¿En qué se diferencian los gobiernos limitados y los ilimitados?

Sistemas políticos

Ideas clave
- Los tipos de estado han variado a lo largo de la historia.
- Hay muchos tipos diferentes de gobierno.

Términos clave
- estado
- ciudad-estado
- imperio
- democracia
- estado-nación
- monarquía
- autoritario
- comunismo

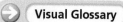 Visual Glossary

Un **estado** es una región que comparte un gobierno común. Los primeros estados verdaderos, llamados ciudades-estado, se desarrollaron en el suroeste de Asia hace más de 5,000 años. Una **ciudad-estado** es un estado independiente formado por una ciudad y el territorio aledaño. Más tarde, algunos líderes militares conquistaron grandes áreas y las gobernaron como imperios. Un **imperio** es un estado que incluye varios países. Las características geográficas, como los ríos y las montañas, a veces ayudaban a los gobiernos a controlar su territorio, ya que lo protegían de invasiones.

Un hombre vota en las elecciones presidenciales en Kenia de 2007.

Democracia

Ejemplos Democracia directa: la antigua Atenas; democracia representativa: los Estados Unidos

- La **democracia** es una forma de gobierno en la que los ciudadanos tienen el poder político; los ciudadanos son la fuente definitiva del poder y la autoridad del gobierno.

- En una democracia directa, los ciudadanos se reúnen para aprobar leyes y elegir líderes.

- En una democracia representativa, los ciudadanos eligen a sus representantes para que tomen decisiones de gobierno.

- Los poderes del gobierno democrático suelen estar limitados.

La reina Isabel II del Reino Unido

Estados-nación

Hoy en día, casi todos los estados son estados-nación. Un **estado-nación** es un estado independiente. Los Estados Unidos son un ejemplo de un estado-nación. A menudo usamos las palabras *nación* o *país* para referirnos a estos estados.

Todos los estados-nación tienen algunas características comunes. Por ejemplo, tienen un territorio específico con fronteras claramente definidas. También tienen gobiernos, leyes y autoridad sobre los ciudadanos. Muchos se dividen en pequeños estados o provincias que incluyen ciudades y pueblos.

Formas de Gobierno

Cada estado tiene un gobierno, pero hay muchas formas diferentes de gobierno. A lo largo de la historia, la mayoría de ellos han sido autocracias (gobernadas por una sola persona) u oligarquías (gobernadas por un grupo pequeño). Pero ahora, muchos estados tienen alguna forma de democracia en la que los ciudadanos tienen el poder político.

Una enorme estatua del ex líder Kim Il-Sung se erige por encima de las personas en la Corea del Norte comunista.

Monarquía

Ejemplos Monarquía absoluta: Arabia Saudita; monarquía constitucional: Reino Unido

- Una **monarquía** es un gobierno en que el Estado está regido por un monarca.
- Un monarca es generalmente un rey o una reina.
- El poder es heredado.
- Los monarcas absolutos tienen poder ilimitado.
- Los monarcas en las monarquías constitucionales están limitados y comparten el poder con otras ramas del gobierno.
- Los poderes de una monarquía pueden ser limitados o ilimitados.

Gobierno autoritario

Ejemplos la Alemania nazi, Cuba, Corea del Norte

- En un gobierno **autoritario** todo el poder es ejercido por un individuo o grupo pequeño.
- El gobierno puede controlar todos los aspectos de la vida.
- Una forma común de gobierno autoritario es el **comunismo**, un sistema en el que el gobierno posee toda la propiedad y toma todas las decisiones económicas.
- Los poderes de este gobierno son ilimitados.

Evaluación

1. ¿Qué son los estados, las ciudades-estado y los estados-nación?
2. ¿Qué forma de gobierno depende principalmente de los ciudadanos? Explica tu respuesta.

Estructuras políticas

Ideas clave

- Las estructuras políticas ayudan a los gobiernos a funcionar de una manera organizada.
- El gobierno de los Estados Unidos sigue los principios democráticos básicos.

Términos clave • sistema unitario • sistema federal

Visual Glossary

Gobierno central

Los gobiernos centrales son responsables de los asuntos nacionales.

Capitolio de los Estados Unidos

Gobierno regional

Los gobiernos regionales incluyen los gobiernos estatales o provinciales.

Capitolio del estado de Texas

Gobierno local

Los gobiernos locales incluyen los gobiernos de los condados, las ciudades y los pueblos.

Ayuntamiento de Trumbull, Connecticut

Los países distribuyen el poder entre el gobierno central y unidades más pequeñas. Podemos obtener más información sobre cómo funciona un gobierno al examinar su estructura y sus principios.

Sistemas de gobierno

Los gobiernos pueden distribuir el poder en tres formas básicas: el sistema unitario, el sistema federal y el sistema confederado. En el **sistema unitario**, el gobierno central crea todas las leyes. En el **sistema federal**, el poder se reparte entre los gobiernos central, regionales y locales. En un sistema confederado, un grupo de estados independientes se unen y dan poderes limitados a un gobierno común. La mayoría de países tienen un sistema unitario. Los Estados Unidos y algunos otros países tienen un sistema federal. El sistema confederado es raro.

Principios del gobierno

Todos los gobiernos tienen principios básicos que afectan la forma en que sirven a su pueblo. Los gobiernos autoritarios controlan todos los aspectos de la sociedad, incluyendo las acciones y creencias de las personas. Por ejemplo, limitan el uso de tecnologías de las comunicaciones, como la Internet. La mayoría de los gobiernos democráticos protegen los derechos individuales y el bien común.

En los Estados Unidos, el gobierno sigue los principios democráticos básicos. El gobierno se rige por el imperio de la ley. Es decir, sus poderes están definidos por leyes que limitan sus acciones. Además, el gobierno toma decisiones de acuerdo a la ley de la mayoría. Una ley no puede ser aprobada a menos que la mayoría vote por ella. Asimismo, la mayoría no puede negarles los derechos y libertades básicas a grupos minoritarios o individuos. El gobierno debe equilibrar la ley de la mayoría con los derechos de las minorías.

Poderes del gobierno

Bajo la Constitución de los Estados Unidos, el poder se divide entre tres poderes, o ramas, del gobierno: legislativo, ejecutivo y judicial. Esta división se llama separación de poderes. La Constitución también establece un sistema de controles y equilibrios que limita el poder de cada rama. Cada rama tiene cierto poder para modificar o cancelar las acciones de las otras ramas.

Poder legislativo

El poder legislativo establece las leyes. En una democracia representativa, como los Estados Unidos, los ciudadanos eligen a sus representantes legislativos para que tomen decisiones por ellos. El poder legislativo también impone los impuestos, o pagos requeridos. Los impuestos se usan para pagar por los servicios y bienes públicos, como carreteras, parques, departamentos de bomberos y defensa nacional. Los bienes públicos son propiedad de todos en el país.

Congreso de los Estados Unidos

Poder ejecutivo

El poder ejecutivo lleva a cabo, o hace cumplir, las leyes. También proporciona la defensa del país, lleva a cabo la política exterior y gestiona los asuntos cotidianos. Los Estados Unidos y algunos otros países tienen un sistema presidencial con un presidente electo como jefe del poder ejecutivo. Otras democracias, como el Reino Unido, tienen un sistema parlamentario. En este sistema, el parlamento, o poder legislativo, elige un primer ministro como jefe del ejecutivo.

El Presidente de los Estados Unidos, Barack Obama

Poder judicial

El poder judicial toma decisiones en casos de disputas. Lo hace a través de los tribunales. Estos tribunales pueden ir desde los tribunales penales locales hasta el tribunal supremo del país. En los Estados Unidos ese tribunal se llama Corte Suprema. Entre otras cosas, la Corte Suprema interpreta las leyes. Es decir, juzga cómo se debe aplicar una ley y si viola la Constitución.

La Corte Suprema de los Estados Unidos

Evaluación

1. ¿Cuáles son los tres poderes del gobierno?

2. ¿Cuáles son los tres principios democráticos clave?

Conceptos básicos 2.4

Civismo

Los Estados Unidos son una democracia representativa. El poder político proviene de los ciudadanos. Un **ciudadano** es un miembro legal de un país. En los Estados Unidos, la mayoría son ciudadanos por haber nacido allí. Los inmigrantes pueden convertirse en ciudadanos a través de la naturalización.

Derechos y responsabilidades

Los derechos y responsabilidades de los ciudadanos provienen de las constituciones, las tradiciones culturales y las leyes religiosas.

Los derechos de los estadounidenses están protegidos por la Declaración de Derechos. Ésta y otras leyes protegen la libertad de expresión, religión, entre otras. Los ciudadanos pueden luchar contra la injusticia en los tribunales. Quienes no son ciudadanos también gozan de estos derechos, con algunas excepciones.

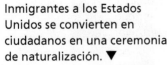

Inmigrantes a los Estados Unidos se convierten en ciudadanos en una ceremonia de naturalización. ▼

Los estadounidenses también tienen responsabilidades. Tenemos el derecho de hablar libremente, pero también la responsabilidad de permitir que otras personas lo hagan. Nuestras responsabilidades incluyen el deber de participar en el gobierno y en la **vida cívica**, o las actividades que tienen que ver con nuestra sociedad y comunidad. Votar es un derecho y una responsabilidad para los ciudadanos de los Estados Unidos.

Los derechos y las responsabilidades varían mucho en diferentes países. Aunque la mayoría de los gobiernos democráticos protegen los derechos humanos, los gobiernos no democráticos a menudo no lo hacen. Los ciudadanos que viven en autocracias u oligarquías no pueden participar en el gobierno ni expresar sus opiniones abiertamente.

La ciudadanía en todo el mundo

Las ideas sobre los derechos y las responsabilidades cambian con el tiempo. Muchos países se han convertido en democracias en los últimos 200 años. Ahora protegen los derechos humanos básicos. Algunos de estos países no protegían estos derechos en el pasado o no estaban garantizados para todos.

Hoy en día, el comercio internacional, el transporte y las comunicaciones han vinculado a los pueblos del mundo. Por eso, algunos piensan que somos ciudadanos de una comunidad global. Creen que debemos apoyar los derechos humanos y la igualdad para todos.

Participación cívica

El voto es una forma de **participación cívica**, o de tomar parte en el gobierno. Éstas son algunas otras:

- Mantenerse informado sobre los asuntos locales, estatales y nacionales
- Comunicarse con los funcionarios electos, como un legislador estatal o un miembro del Congreso
- Expresar opiniones en reuniones locales
- Participar en reuniones públicas, protestas o manifestaciones
- Firmar una petición, una solicitud formal para que el gobierno haga algo
- Postularse para cargos públicos
- Involucrarse en un partido político, es decir, un grupo que apoya a los candidatos a cargos públicos
- Unirse a un grupo de interés, que es un grupo que busca influir en la política pública sobre ciertos asuntos

Evaluación

1. ¿Cuál es la fuente principal de los derechos básicos de los ciudadanos estadounidenses?

2. ¿Cómo varían los papeles y las responsabilidades de los ciudadanos de países democráticos y los no democráticos?

Fundamentos de la economía

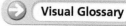
La **economía** estudia la manera en que las personas satisfacen sus deseos y necesidades. Es necesario responder tres preguntas básicas:

1. ¿Qué bienes y servicios se deben producir?
2. ¿Cómo se deben producir los bienes y servicios?
3. ¿Quién usa o consume esos bienes y servicios?

Los recursos que se usan para producirlos se llaman factores de producción. Los tres factores principales son la tierra, el trabajo y el capital. Los geógrafos estudian la ubicación de estos factores.

Toma de decisiones

No hay límite para las cosas que deseen las personas, pero hay límites a lo que se puede crear. Esta diferencia crea **escasez**, una cantidad limitada de recursos para satisfacer deseos ilimitados. Las personas tienen tiempo y dinero limitados, y deben elegir lo que deseen más.

Factores de producción

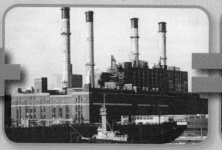

Empresario
Un empresario es la persona que combina recursos para crear nuevos negocios.

Tierra, trabajo, capital
Los tres principales factores de producción son la tierra, el trabajo y el capital, o los bienes hechos por el hombre como herramientas.

Bienes y servicios
Los empresarios usan los factores de producción para producir bienes y servicios.

Elegir una opción implica un **costo de oportunidad**, el costo de lo que se pierde al tomar una decisión. La economía incluye la demanda y la oferta. La **demanda** es el deseo de un bien o servicio. La **oferta** es la cantidad disponible de un bien o servicio. La oferta y la demanda están relacionadas con el precio. Cuando el precio de un producto aumenta, las personas comprarán menos. Es decir, la demanda disminuirá. Si el precio disminuye, la demanda aumentará.

La oferta funciona igual. Si el precio aumenta, se produce más de ese producto. Si el precio disminuye, se produce menos. El precio en el que la demanda es igual a la oferta es el precio de mercado, o el precio de compensación de mercado.

Las decisiones económicas afectan a todo el mundo. Por ejemplo, la alta demanda de oro o petróleo provocan la exploración y la colonización.

Producción de bienes y servicios

Las economías reúnen a productores y consumidores. Los **productores** son quienes fabrican y venden productos. Los **consumidores** son quienes los compran o consumen. Los productores atraen a los consumidores con mejores productos a precios más bajos. Si venden más, aumentan la producción. Pero estos no

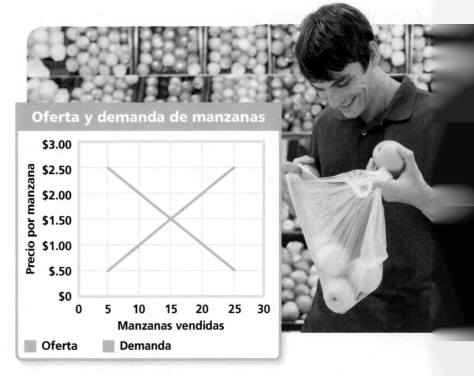

Oferta y demanda de manzanas

fabricarán más productos si el precio de venta es menor que el costo marginal. El costo marginal es el costo de producir una unidad más del producto. Por tanto, el costo marginal del productor fija un precio mínimo para el producto.

Las empresas fabrican productos debido a incentivos económicos. Un **incentivo** es un factor que motiva a las personas a actuar de cierta manera. El dinero es un incentivo. El deseo de ganar dinero es un incentivo para que la mayoría de los productores fabriquen y vendan productos. El incentivo de ahorrar dinero lleva a la mayoría de los consumidores a buscar precios más bajos.

Evaluación

1. En la gráfica lineal de esta página, ¿cuál es el precio de compensación del mercado?

2. ¿Cómo podría un cambio en el precio de un bien o servicio producir cambios en los precios de otros bienes o servicios?

29

El proceso económico

Ideas clave
- Los productores y consumidores intercambian bienes y servicios en un mercado.
- La competencia es una parte clave del proceso económico.
- La actividad económica funciona en cuatro sectores.

Términos clave • mercado • ganancias • ingreso • especialización • competencia • inflación • recesión

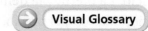 Visual Glossary

El proceso económico es complicado, pero su idea básica es simple: los productores y los consumidores intercambian bienes y servicios en un mercado. Un **mercado** es un intercambio organizado de bienes y servicios entre productores y consumidores.

Intercambio de bienes y servicios

A lo largo de la historia, las personas a menudo han participado en el trueque, el intercambio de bienes y servicios por otros bienes y servicios. Hoy en día, el medio de intercambio en un mercado suele ser el dinero. Los gobiernos emiten dinero en forma de moneda corriente, o billetes de papel y monedas de metal. Diferentes países utilizan diferentes monedas. Los países deben establecer el valor relativo de sus monedas con el fin de comerciar. También deben establecer un sistema para intercambiar las diferentes monedas.

Los negocios y el proceso económico

Los negocios quieren obtener ganancias. Las **ganancias** son el dinero que sobra después de deducir los costos de operar el negocio. Para obtener ganancias, los negocios tratan de reducir los gastos y aumentar el ingreso. El **ingreso** es el dinero recaudado de la venta de bienes y servicios. El precio de los recursos afecta los ingresos y las ganancias. Si los recursos se vuelven más caros, el costo de la fabricación de los bienes también se incrementará. Las ganancias disminuirán.

Las compañías pueden aumentar las ganancias y los ingresos mediante la **especialización**, la concentración en una cantidad limitada de bienes o actividades. Esto permite que los recursos se usen mejor y aumentar la producción y el consumo.

Las ganancias se ven afectadas por la **competencia**, que es la lucha entre los productores por el dinero de los consumidores. Si una compañía

Los economistas clasifican la actividad económica en cuatro sectores, como puedes ver en esta tabla. ▼

Sectores de la actividad económica	
Sector primario	Reúne los recursos de la naturaleza. Ejemplos: agricultura, minería
Sector secundario	Usa materias primas para crear productos nuevos. Ejemplo: manufactura
Sector terciario	Proporciona servicios a las personas y a las industrias secundarias. Ejemplos: bancos, restaurantes
Sector cuaternario	Se centra en la investigación y la información. Ejemplo: educación

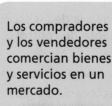

Los productores usan los recursos para fabricar distintos bienes y servicios.

Los compradores y los vendedores comercian bienes y servicios en un mercado.

La competencia entre compradores y vendedores afecta el precio, la calidad y el mercadeo del producto.

aumenta sus precios, otra compañía podría vender bienes similares a un precio más bajo para acrecentar su negocio. Las compañías usan la publicidad para aumentar la demanda y competir con otras compañías.

Las organizaciones sin fines de lucro no pretenden obtener ganancias. Éstas son iglesias, museos, hospitales y otros organismos.

Una economía crece si las empresas producen y venden más bienes y servicios.

En una economía en crecimiento, los precios pueden aumentar. Esta alza de los precios se llama **inflación**.

Las economías no siguen creciendo siempre. La actividad económica disminuye a medida que la producción se desacelera y los consumidores compran menos. Esto puede generar un aumento del desempleo. Una disminución en el crecimiento económico por un período de seis meses o más se conoce como **recesión**.

Evaluación

1. ¿Necesita siempre dinero una persona para obtener bienes o servicios?

2. ¿Cómo afecta la competencia a los productores y a los consumidores?

Sistemas económicos

Ideas clave
- Diferentes sociedades tienen diferentes tipos de sistemas económicos.
- La mayoría de las sociedades tienen sistemas económicos con algún elemento de control gubernamental.

Términos clave
- economía tradicional
- economía de mercado
- economía dirigida
- economía mixta

Visual Glossary

Todas las sociedades tienen un sistema económico en el que se producen y distribuyen bienes y servicios. Hay cuatro sistemas económicos básicos: tradicional, de mercado, dirigido y mixto. La función de los individuos, las empresas y el gobierno varía en cada sistema. Las metas económicas, incentivos y regulaciones del gobierno también pueden variar.

Economías tradicionales

Una **economía tradicional** es cuando las personas toman decisiones económicas basadas en sus costumbres y hábitos. Satisfacen sus necesidades a través de la caza o la agricultura, como sus ancestros. Las personas por lo general no quieren cambiar su forma de vida. Hoy en día, estas economías no son comunes.

Los fulanis o fulbés, en Níger, son pastores de ganado. ▶

Economías de mercado

Una **economía de mercado** es cuando los consumidores y productores toman las decisiones económicas. También se llama capitalismo, o libre mercado. Las economías de mercado motivan a los empresarios a establecer nuevos negocios al darles libertad económica.

Una consumidora hace una compra en una tienda de abarrotes. ▶

Economías dirigidas

Una **economía dirigida** es cuando el gobierno central toma todas las decisiones económicas. Este tipo de sistema también se conoce como economía de planificación centralizada. En una economía dirigida, los consumidores y los productores no toman las decisiones económicas básicas.

◄ En Corea del Norte, los líderes del gobierno toman la mayoría de las decisiones económicas.

Flujo circular en una economía mixta

- Recursos
- Pagos

- Bienes y servicios
- Salarios

Negocios

Hogares

- Bienes y servicios
- Impuestos

- Recursos
- Impuestos

- Servicios
- Pagos

- Servicios
- Salarios

Gobiernos

Economías mixtas

Las economías de mercado o dirigidas puras no existen. La mayoría de las sociedades tienen economías mixtas con diferentes niveles de control. Una **economía mixta** es una que combina elementos de la economía tradicional, de mercado y dirigida. El diagrama de la izquierda muestra el flujo circular de la actividad económica en una economía mixta.

Países como los Estados Unidos tienen economías mixtas similares a la economía pura de mercado. En estos países, el gobierno toma algunas decisiones económicas. Por ejemplo, aprueba leyes para proteger los derechos de los consumidores. Los fondos del gobierno y los impuestos proporcionan empleos y servicios, e influyen en el crecimiento económico.

Países como Corea del Norte y Cuba tienen economías mixtas similares a la economía dirigida. En estos países, el gobierno posee y controla la mayoría de las empresas.

Evaluación

1. ¿Cuáles son las diferencias entre la economía tradicional, dirigida y de mercado?

2. ¿Cuáles son algunas posibles ventajas del sistema de libre mercado usado en los Estados Unidos y otros países?

Conceptos básicos 2.8

Comercio

Ideas clave
- Las personas y los países comercian entre sí para obtener las cosas que necesitan y quieren.
- Muchos países están trabajando para eliminar las barreras comerciales.

Términos clave • comercio • exportación • importación • arancel
• barrera comercial • libre comercio

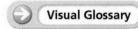 Visual Glossary

En el pasado, las personas cultivaban o cazaban sus propios alimentos. Hacían su ropa. Construían sus casas. En fin, hacían casi todo por sí mismas. Sin embargo, ahora la mayoría de las personas dependen de otras para el suministro de los bienes y servicios que necesitan. Nuestro mundo es interdependiente. Las personas y los países dependen unos de otros para obtener bienes y servicios.

Comercio y geografía

Para obtener los productos que necesitamos y queremos, nos involucramos en el comercio. El **comercio** es el intercambio de bienes y servicios en un mercado. Los individuos se involucran en el comercio para obtener algo de dicho comercio. El comercio beneficia tanto al comprador como al vendedor.

La ubicación geográfica puede dar a un país o región ventajas en el comercio. Una región cerca de un océano puede enviar mercancías más fácilmente al extranjero. Una fábrica lejos de un mercado tendrá que añadir los costos de transporte a sus productos y sus precios serán más altos.

Los buques de contenedores, como los de esta foto, transportan la mayor parte de los bienes del mundo de un puerto a otro. ▼

Tipos de comercio

La compra y venta que se realiza en un país se conoce como comercio nacional. Éste involucra a los productores y consumidores dentro del mismo país.

Los productores y consumidores también pueden participar en el comercio internacional, el comercio con productores y consumidores extranjeros. Éste incluye exportaciones e importaciones. Las **exportaciones** son bienes y servicios producidos en un país para vender fuera del país. Las **importaciones** son bienes y servicios que se venden en un país producidos en otro. El comercio internacional requiere de un sistema de intercambio de monedas.

Barreras comerciales y libre comercio

Si los bienes importados son más baratos que los nacionales, se venderán más. Esto puede dañar a los productores nacionales al reducir sus ventas. Pero los gobiernos los protegen con aranceles. Un **arancel** es un impuesto a las importaciones o las exportaciones. Son barreras comerciales. Una **barrera comercial** es una restricción que limita el comercio internacional.

Muchos países quieren el **libre comercio**, o eliminar las barreras comerciales. Esto permite precios más bajos y más opciones. Los productores nacionales pueden sufrir cuando los productos importados son más baratos.

Estados Unidos y China: comercio

Bienes exportados de China
a los Estados Unidos
• Artículos para el hogar, $58.4 mil millones
• Computadoras, $53.7 mil millones
• Ropa y calzado, $51.5 mil millones

Bienes exportados de los
Estados Unidos a China
• Computadoras, $8.6 mil millones
• Aeronaves, $7.5 mil millones
• Maquinaria, $7.2 mil millones

Evaluación

1. ¿Cómo puede influir la geografía en la ubicación de las actividades económicas?

2. ¿Cómo puede la escasez fomentar el comercio internacional y hacer a los países interdependientes?

Administración del dinero

Ideas clave
- Las personas deben administrar el dinero para tener suficiente para satisfacer sus necesidades y deseos.
- Muchas personas ahorran e invierten el dinero.

Términos clave • presupuesto • ahorrar • interés • crédito • invertir • acción • bono

Visual Glossary

El dinero es algo que se acepta como pago de bienes y servicios. Es un recurso escaso que las personas deben administrar para tener suficiente para satisfacer sus necesidades y deseos. Las necesidades, deseos e ingresos pueden cambiar, y es importante planear con anticipación.

Presupuesto, ahorro y préstamo

Una herramienta para administrar el dinero es el presupuesto. Un **presupuesto** es un plan que muestra los ingresos y los gastos para un período de tiempo. El ingreso debe ser igual o superior a los gastos. Un presupuesto debe incluir el dinero para el ahorro. **Ahorrar** es reservar dinero para el futuro. Muchos ahorran en los bancos. Un banco guarda el dinero, hace préstamos y ofrece otros servicios financieros. Las cooperativas de crédito son bancos sin fines de lucro, cuyos propietarios son los socios.

Un hombre utiliza un cajero automático para acceder a su cuenta bancaria. ▼

Cómo funcionan los bancos

Depósito · BANCO · Préstamo

Depositante · Interés · Pagos · Prestatario

Quienes ahorran en los bancos lo hacen a través de cuentas de cheques o de ahorros. Los bancos pagan intereses sobre el dinero depositado. El **interés** es el precio que se paga por el dinero prestado. Es un incentivo para que las personas ahorren.

Los bancos usan los depósitos para dar préstamos. Estos préstamos ayudan a las personas a comprar casas o realizar otras compras importantes. Ayudan a que se inicien negocios o a que crezcan. Los bancos son una parte importante del crecimiento económico.

Los préstamos son una forma de crédito. El **crédito** permite al consumidor comprar algo y pagarlo durante un plazo de tiempo, por ejemplo, una tarjeta de crédito. Los bancos cobran intereses sobre los préstamos a los prestatarios. Por eso, cuesta más comprar un bien a crédito que pagarlo en efectivo.

Invertir

Invertir es usar el dinero para obtener ganancias futuras. Algunos invierten en acciones, bonos o fondos de inversión. Una **acción** es una porción de una compañía. Un **bono** es un certificado emitido por una empresa o el gobierno que promete pagar el dinero prestado con intereses. Un fondo de inversiones es una empresa que invierte dinero en acciones, bonos y otras inversiones.

▲ Los corredores de bolsa compran y venden acciones y bonos para los inversionistas en lugares como la Bolsa de Valores de Nueva York.

Las inversiones ofrecen diferentes niveles de riesgo y rendimiento: el dinero que un inversionista podría obtener. Las inversiones más seguras ofrecen un rendimiento más bajo. Una cuenta de ahorros es muy segura, pero paga una tasa baja de interés. Las acciones son más riesgosas, pero pueden ganar más dinero. Pero las acciones pueden disminuir en valor y valer menos de lo que el accionista pagó. Los bonos son menos riesgosos, pero ofrecen un rendimiento más bajo.

Evaluación

1. ¿Cómo funcionan los bancos?
2. ¿Por qué invierten dinero las personas en acciones, bonos y fondos de inversión?

Evaluación de la Parte 2

Términos e ideas clave

1. Recordar Hay dos tipos de democracia: directa y representativa. ¿Qué tipo de **democracia** son los Estados Unidos?

2. Identificar ¿Qué sector de la actividad económica incluye a la minería? ¿Qué sectores incluyen a la manufactura?

3. Comparar y contrastar ¿En qué difieren los poderes del **gobierno ilimitado** de los del **gobierno limitado**?

4. Describir ¿Cómo equilibra el gobierno de los Estados Unidos a los poderes legislativo, ejecutivo y judicial?

5. Parafrasear Explica la relación que existe entre los **ingresos**, las **ganancias** y los costos de hacer negocios.

6. Identificar causa y efecto ¿Qué papel desempeña el riesgo en la inversión?

7. Identificar Nombra dos maneras en las que los **ciudadanos** estadounidenses pueden participar en el proceso político.

Razonamiento crítico

8. Inferir Considera que tú puedes leer libremente sobre las acciones y políticas de tu gobierno en la Internet. ¿Cómo podría diferir el acceso a la Internet en un país con un gobierno autoritario?

9. Sacar conclusiones ¿Quién crees que es más probable que se pronuncie contra el gobierno: un ciudadano en un gobierno limitado o un ciudadano en un gobierno ilimitado? Explícalo.

10. Tomar decisiones ¿Cómo se organizan y toman decisiones las sociedades acerca de la producción de bienes y servicios?

11. Resumir ¿Cómo afectan las políticas del gobierno a las economías de libre mercado, como la economía de los Estados Unidos?

Identificar

Usa el mapa para responder las preguntas siguientes.

12. ¿Qué país miembro de la Unión Europea se ubica más al occidente?

13. ¿Qué miembros de la Unión Europea limitan con Letonia?

14. Enumera a los miembros de la Unión Europea con territorio ubicado al norte de la latitud de 60°N y al este de la longitud 0°.

15. ¿Qué miembros de la Unión Europea limitan con Eslovenia?

16. ¿Cuántos miembros conformaban la Unión Europea en 2009?

17. ¿Qué mar limita con España y Grecia?

Actividad en el Cuaderno

Completa el organizador gráfico en tu Cuaderno del estudiante.

Demostrar la comprensión Completa la actividad En conclusión en tu cuaderno para demostrar tu comprensión del civismo y la economía. Después de completar la actividad, comenta tus respuestas con la clase. Asegúrate de respaldar tus respuestas con información de las lecciones.

Analiza el contenido de los medios de comunicación

Los gobiernos autoritarios usualmente permiten poca libertad de prensa. Busca artículos de noticias políticas de países autoritarios y democráticos. Luego compáralos y contrástalos en un ensayo corto. Recuerda
- incluir extractos de una variedad de artículos.
- comentar cómo el gobierno puede influir en lo que se publica.

Preguntas basadas en documentos

Success Tracker™
En línea en myworldhistory.com

Usa tu conocimiento de civismo y economía y los Documentos A y B para responder las Preguntas 1 a 3.

Documento A

Oferta y demanda del producto X

Precio (dólares) / Cantidad

Oferta   Demanda

Documento B

" No es a la benevolencia [bondad] del carnicero, el cervecero o el panadero a lo que debemos nuestra cena, sino a su preocupación por sus propios intereses. Apelamos no a su humanidad, sino a su amor propio, y nunca les hablamos de nuestros menesteres [necesidades], sino de lo que obtienen en beneficio".

—Adam Smith, *La riqueza de las naciones*

1. Examina el Documento A. ¿Cuál de las siguientes afirmaciones es verdadera?

 A A medida que el precio del producto X aumenta, su demanda disminuye.

 B A medida que el precio del producto X disminuye, su oferta aumenta.

 C A medida que el precio del producto X aumenta, su demanda aumenta.

 D A medida que el precio del producto X disminuye, su oferta no cambia.

2. Lee el Documento B. ¿Por qué cree Adam Smith que las personas hacen negocios unas con otras?

 A porque se benefician del comercio

 B porque el gobierno las obliga a hacerlo

 C porque es lo que se debe hacer

 D porque están interesadas en los negocios

3. **Tarea escrita** ¿Estás de acuerdo o en desacuerdo con Adam Smith? Escribe un ensayo corto en el que respondas a Smith. Explica claramente tu posición, apoyándola con información de las lecciones.

Cultura

Tipis en un *powwow* (reunión) de indígenas norteamericanos

Danzantes indígenas norteamericanos

Joanna Baca (derecha) danza en un powwow.

Joanna Baca

EXPLORAR LA CULTURA A TRAVÉS DEL BAILE

Reportaje de Miles Lemaire para miMundo Historia

Cuando Joanna Baca se mudó con su familia de la reservación para indígenas norteamericanos navajo en Shiprock, Nuevo México a Las Vegas, Nevada, buscó cosas que le recordaran su hogar y su cultura navajo.

"Casi toda nuestra familia se quedó en casa —dice Joanna—. Cuando nos mudamos aquí [Las Vegas], pensamos que no había indígenas norteamericanos y nos tomó tiempo encontrar a alguien que conociéramos".

Para que su nueva ciudad se sintiera como su hogar, Joanna y su familia buscaron organizaciones comunitarias que promovieran la cultura indígena norteamericana. Finalmente, Joanna descubrió el *Las Vegas Indian Center*. Entre otras cosas, esta organización ayuda a los estudiantes indígenas norteamericanos a presentar solicitudes y ser aceptados en las universidades.

"[El Centro ayuda] a los indígenas norteamericanos a hallar universidades que les convengan —dice Joanna—. Nos enseñan que es posible que los indígenas norteamericanos asistan a la universidad, y no sólo los que viven en la reservación, sino también los que viven en la ciudad".

Entre más tiempo pasaba Joanna en la organización, más cerca se sentía de su cultura navajo. Decidió que quería participar en más aspectos de la cultura indígena norteamericana, sobre todo en las formas de danza tradicional.

Joanna creció asistiendo a *powwows*. Un *powwow* es una reunión donde los indígenas norteamericanos danzan, cantan y honran su cultura. "Veía a todos los danzantes y lo hermosos que eran" —recuerda Joanna. Decidió aprender más sobre la danza indígena norteamericana. "Yo ya bailaba ballet, jazz y hip-hop, y me parecían divertidos —dice ella—, pero quería hacer algo cultural, porque la danza es una parte importante de mi cultura".

Han pasado varios años desde que Joanna comenzó a estudiar e interpretar danzas indígenas norteamericanas. Le encanta cómo la danza la ayuda a conectarse con su cultura. Pero también piensa que es una manera maravillosa para que las personas que no son indígenas norteamericanos aprendan más sobre la cultura indígena.

"Asistimos a eventos donde hay danzantes de todo el mundo y cada uno trae un poco de su cultura —dice Joanna—. Así que compartimos alimentos y formamos parte de las danzas, y muchos decían: '¡Ah, qué bonito!, nunca antes había visto ese tipo de danza, ¿qué es?' Les decíamos que era navajo, o indígena y... les parecía muy interesante. Algunos asistían de nuevo, sólo para ver nuestra parte de la actuación y averiguar de qué se trataba".

¿Qué es una cultura?

Ideas clave
- Cada cultura tiene un conjunto de rasgos culturales distintivos.
- En la Tierra existen miles de culturas diferentes.

Términos clave • cultura • rasgo cultural • norma
• región cultural • paisaje cultural

 Visual Glossary

Región cultural francesa de Quebec

CANADÁ   Quebec

N
O   E   **ESTADOS UNIDOS**
S

0   500 Millas
0   500 Kilómetros
Proyección acimutal
equivalente de Lambert

120° O   110° O   100° O   90° O   80° O   70° O
50° N
40° N
30° N

Regiones culturales

Una **región cultural** es un área en la que domina una sola cultura o rasgo cultural. En el Canadá, la cultura canadiense francesa domina gran parte de la provincia de Quebec. Los habitantes de Quebec que tienen esta cultura se identifican como francocanadienses o quebequenses.

Todos tienen las mismas necesidades y deseos básicos, como alimentos, ropa y vivienda. Pero las diferentes culturas responden a esas necesidades y deseos de diferentes maneras. La **cultura** son las creencias, costumbres, prácticas y comportamientos de un grupo de personas o una nación.

De dónde viene la cultura

Las características de una cultura se conocen como rasgos culturales. Un **rasgo cultural** es una idea o manera de hacer las cosas que es común en una cultura determinada. Éstos incluyen el idioma, las leyes, la religión, los valores, los alimentos, entre otros. Los niños aprenden los rasgos culturales de sus padres y otros adultos. Las personas también aprenden los rasgos culturales de los medios de comunicación y de organizaciones como escuelas, clubes sociales y grupos religiosos. Los rasgos culturales comunes se llaman normas. Una **norma** es un comportamiento considerado normal en una sociedad determinada.

Paisajes culturales

Las actividades humanas crean **paisajes culturales**, o áreas geográficas que han sido moldeadas por las personas.

◀ Bolivia

A la izquierda, Egipto; abajo, Ucrania

Algunos rasgos culturales se mantienen constantes por muchos años. Pero la cultura cambia con el tiempo a medida que se adoptan nuevos rasgos culturales. Por ejemplo, la ropa de los estadounidenses de hoy es muy diferente a la que se usaba hace 100 años.

El medio ambiente también influye en la cultura. Por ejemplo, el medio ambiente de una región influye en la manera en que las personas viven y se ganan la vida. Los seres humanos también pueden moldear su medio ambiente al crear paisajes culturales. Éstos reflejan cómo satisfacen las personas sus necesidades básicas de alimentos, ropa y vivienda. Difieren de una cultura a otra.

Cultura y geografía

La Tierra tiene miles de diferentes culturas y regiones culturales. En una región cultural específica, las personas comparten rasgos culturales como la religión o el idioma.

Las regiones culturales a menudo son diferentes de las unidades políticas. Una región cultural puede abarcar todo un país. En el Japón, casi todos hablan el mismo idioma, comen los mismos alimentos y siguen las mismas costumbres. Un país puede incluir más de una región cultural. Por ejemplo, la región cultural francocanadiense de Quebec es una de las regiones culturales del Canadá.

Las regiones culturales pueden abarcar más allá de las fronteras políticas. Por ejemplo, muchas de las personas en el suroeste de Asia y el norte de África son árabes musulmanes, practican la religión del islam. También comparten otros rasgos culturales, como el idioma, los alimentos y otras formas de vida. Esta región cultural abarca varios países.

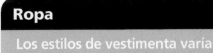

Ropa

Los estilos de vestimenta varían en las diferentes culturas.

Una sueca nacida en España practica el flamenco, una danza tradicional española. ▶

▲ Una mujer de Arabia Saudita

Bodas en el Japón (arriba) e Indonesia (izquierda)

Evaluación

1. ¿Forma cada país una sola región cultural? Explícalo.

2. ¿Cuáles son algunos de los elementos del paisaje cultural del área donde se ubica tu escuela?

Alimentos

Personas de diferentes culturas comen diferentes tipos de alimentos.

◀ Un hombre vende verduras en Arabia Saudita.

Mujeres de Ucrania venden papas y otros productos.

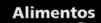

43

Religión

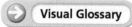
Judaísmo

El judaísmo se basa en la creencia en un solo Dios. Sus enseñanzas están anotadas en la Biblia hebrea. Inició en Oriente Medio alrededor del año 2000 A.C. Para el año 100 D.C., los judíos estaban dispersos por Europa, el suroeste de Asia y África del norte. El estado judío de Israel se estableció en 1948. Hay unos 14 millones de judíos.

Cristianismo

El cristianismo se basa en las enseñanzas de Jesús, que los cristianos creen fue el hijo de Dios. La Biblia cristiana es su texto sagrado. Surgió en el suroeste de Asia alrededor de 30 D.C. y se extendió a Europa y África. Luego se extendió al resto del mundo. Hay unos 2 mil millones de cristianos.

Islamismo

El islamismo se basa en el Corán, un texto sagrado que contiene lo que los musulmanes consideran la palabra de Dios revelada a Mahoma a partir de 610 D.C. El islam se extendió a través del suroeste de Asia y África del norte, luego al resto del mundo. Hay unos 1.25 mil millones de musulmanes.

Un aspecto importante de las culturas es la religión. La **religión** es un sistema de culto y creencias sobre la naturaleza de un dios o dioses. Ayuda a responder preguntas sobre el significado de la vida. También puede guiar a las personas en cuestiones de **ética**, o normas de comportamiento. Las creencias religiosas y los valores moldean las culturas.

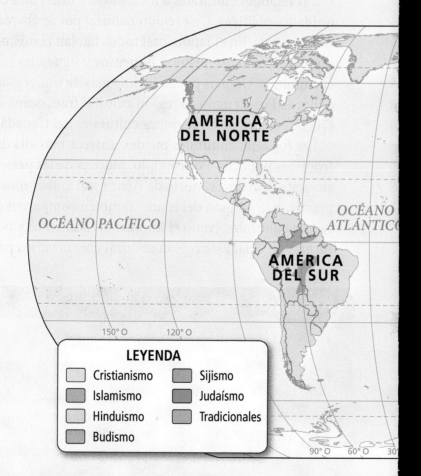

AMÉRICA DEL NORTE

OCÉANO PACÍFICO

OCÉANO ATLÁNTICO

AMÉRICA DEL SUR

150° O   120° O

LEYENDA
- Cristianismo
- Islamismo
- Hinduismo
- Budismo
- Sijismo
- Judaísmo
- Tradicionales

90° O   60° O   30

Existen muchas religiones. Judíos, cristianos y musulmanes creen en un solo Dios. Los miembros de otras religiones pueden creer en varios dioses.

Todas las religiones tienen oraciones, rituales y fiestas religiosas. Por ejemplo, los judíos celebran el nuevo año en Rosh Hashana y su huída de la esclavitud de Egipto en la Pascua. En Yom Kippur, se reconcilian con sus pecados. Los cristianos celebran el nacimiento de Jesús en la Navidad y su regreso a la vida en la Pascua. Para los musulmanes, el mes del Ramadán es un momento en que se evitan los alimentos durante el día, dedicado a orar y leer el Corán.

Las principales religiones del mundo surgieron en Asia. El hinduismo, el budismo y el sijismo se desarrollaron en la India. El judaísmo, el cristianismo y el islamismo surgieron en el suroeste de Asia antes de que se extendieran por todo el mundo.

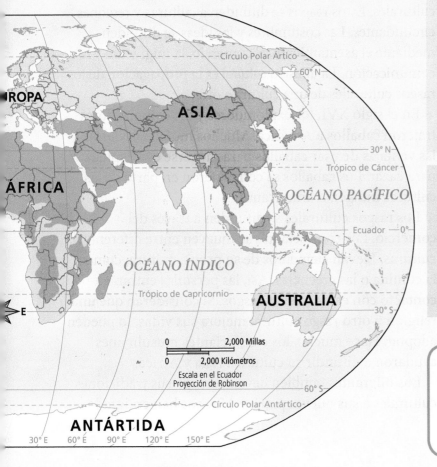

Hinduismo

El hinduismo evolucionó durante miles de años en Asia del sur. Tiene varios textos sagrados. Los hindúes creen que todos son parte de un ciclo continuo de nacimiento, muerte y renacimiento. Hay unos 837 millones de hindúes.

Budismo

El budismo se basa en las enseñanzas de Siddharta Gautama, conocido como el Buda, que nació en la India alrededor de 563 A.C. Sus enseñanzas incluyen la búsqueda de la iluminación, o una comprensión de la naturaleza de la realidad. Hay unos 400 millones de budistas.

Sijismo

El sijismo se basa en los escritos de varios gurús, o maestros religiosos. El Gurú Nanak fundó el sijismo alrededor de 1500 D.C. en Asia del sur. Sus enseñanzas incluyen el ciclo del renacimiento y la búsqueda de la iluminación. Hay unos 24 millones de sijs.

Religiones tradicionales

Las religiones tradicionales incluyen miles de religiones particulares. Tienden a transmitirse oralmente y no mediante textos sagrados. Cada una tiene su propio conjunto de creencias. Ejemplo de ello son las muchas religiones africanas.

Evaluación

1. ¿Cómo ayuda la religión a moldear la cultura?
2. ¿Qué te dice el mapa sobre la religión principal del lugar en el que vives?

Difusión cultural y cambio

Ideas clave
- Las culturas cambian con el tiempo.
- Los rasgos culturales pueden difundirse de una cultura a otra.

Términos clave
- corazón cultural
- difusión cultural
- diversidad

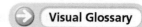
Visual Glossary

En Francia, personas de origen chino celebran el Año Nuevo Chino.

Las culturas cambian con el tiempo. Sus rasgos culturales cambian. Para que una cultura adopte un rasgo cultural nuevo, debe ofrecer algún beneficio con respecto a un rasgo existente.

Cómo se difunden los rasgos culturales

El **corazón cultural** es donde se originan los rasgos culturales. Estos rasgos se difunden a culturas y regiones circundantes. Las costumbres y las ideas se difunden mediante el asentamiento, el comercio, la migración y la comunicación. La **difusión cultural** es la propagación de los rasgos culturales de una cultura a otra.

En el siglo XVI, los exploradores y los colonizadores trajeron caballos a América. Muchos indígenas vieron las ventajas de usar caballos para moverse con rapidez y para cazar. Los caballos se convirtieron en parte de las culturas indígenas americanas.

Los rasgos culturales se difunden a través del comercio. Los comerciantes se mueven entre diferentes culturas. Llevan elementos de su propia cultura, como la comida o las creencias. Así, las personas entran en contacto con estos nuevos rasgos. Si consideran que una religión u otro rasgo cultural mejora sus vidas, lo pueden adoptar. Hace mucho, los comerciantes musulmanes ayudaron a difundir su cultura a Asia y África.

Los migrantes también llevan consigo sus tradiciones culturales a sus nuevas patrias. Muchos han emigrado a los Estados Unidos. Los inmigrantes traen sus alimentos, idiomas, música, ideas y otros rasgos culturales. Estas nuevas formas de hacer las cosas son ahora parte de la cultura estadounidense.

Tecnología y cultura

La tecnología también ayuda a difundir la cultura. La Internet ha hecho que la comunicación instantánea sea común. Hoy en día, los estadounidenses pueden descubrir al instante lo que las personas en lugares como el Perú, la India o el Japón usan, comen o crean. Si nos gustan algunos de estos rasgos, los podemos hacer parte de nuestra cultura.

Las tecnologías de transporte rápido, como los aviones, hacen que sea más fácil trasladarse por todo el mundo. A medida que viajan, las personas llevan sus rasgos culturales a las diferentes regiones.

El cambio cultural tiene ventajas y desventajas. Si las costumbres cambian muy rápido, las personas pueden sentir que su cultura está amenazada. A algunos les preocupa que la comunicación rápida esté creando una nueva cultura global que amenaza la diversidad. La **diversidad** es la variedad cultural. Estas personas temen que las cosas que hacen que las personas y las culturas sean únicas puedan desaparecer. Les preocupa que pueda llegar a haber una sola cultura en todo el mundo.

Evaluación

1. ¿Por qué cambian las culturas?

2. ¿Qué rasgos culturales has tomado prestados en los últimos años?

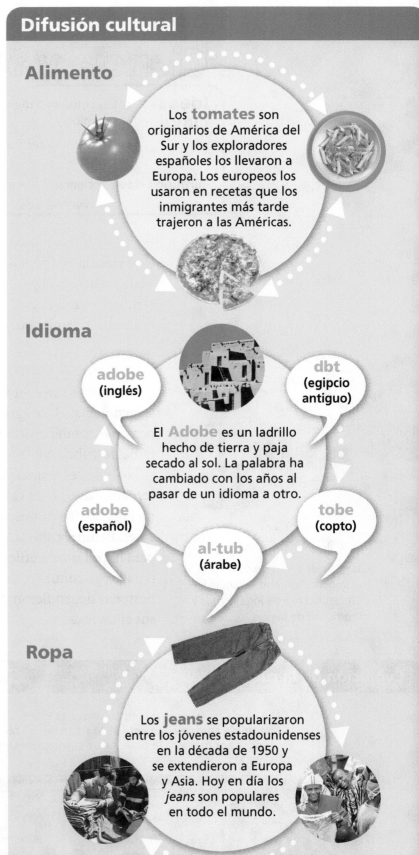

Difusión cultural

Alimento

Los **tomates** son originarios de América del Sur y los exploradores españoles los llevaron a Europa. Los europeos los usaron en recetas que los inmigrantes más tarde trajeron a las Américas.

Idioma

adobe (inglés)

dbt (egipcio antiguo)

El Adobe es un ladrillo hecho de tierra y paja secado al sol. La palabra ha cambiado con los años al pasar de un idioma a otro.

adobe (español)

tobe (copto)

al-tub (árabe)

Ropa

Los **jeans** se popularizaron entre los jóvenes estadounidenses en la década de 1950 y se extendieron a Europa y Asia. Hoy en día los *jeans* son populares en todo el mundo.

Ciencia y tecnología

| **Ideas clave** | • Las culturas a menudo se desarrollan junto con la ciencia y la tecnología. |
| | • Los avances tecnológicos han cambiado enormemente la vida humana. |

Términos clave • ciencia • irrigar • nivel de vida

 Visual Glossary

La ciencia y la tecnología son partes importantes de la cultura. La **ciencia** es el proceso activo de obtener conocimientos sobre el mundo natural. La tecnología es la forma en la que las personas usan las herramientas y máquinas.

Tecnología y progreso

Los primeros seres humanos realizaron avances graduales en la tecnología. Hace aproximadamente 3 millones de años, las personas aprendieron a hacer herramientas y armas de piedra. Más tarde descubrieron la forma de controlar el fuego.

Los avances tecnológicos cambiaron las culturas. Los primeros seres humanos eran cazadores y recolectores que viajaban de un lugar a otro en busca de alimentos. Más tarde, las personas aprendieron a cultivar. Aprendieron también a adaptar las plantas para hacerlas más útiles. Domesticaron a los animales salvajes para la agricultura o los usaron como alimento. Con el tiempo, las personas dependieron de la agricultura para obtener la mayoría de sus alimentos.

Las miles de millas de carreteras del Imperio Romano facilitaron el desplazamiento de los ejércitos y el comercio de bienes.

Evolución de la rueda

La rueda transformó la cultura. Abajo, el Estandarte real de Ur, de aproximadamente 2600 A.C., muestra carretas tiradas por burros; a la derecha, un carruaje cubierto del siglo XIX.

La agricultura proveía de alimentos y permitía a las personas asentarse en un solo lugar. Cuando surgieron las ciudades, se comenzaron a crear leyes y gobiernos, y se desarrolló la escritura. Esto originó las primeras civilizaciones, o sociedades complejas, hace unos 5,000 años.

Las primeras civilizaciones desarrollaron tecnologías para producir más cultivos. Se inventaron herramientas como el arado para aumentar la producción. Construyeron canales y acequias para **irrigar**, o suministrar agua a los cultivos. Quienes carecían de la escritura se desarrollaron más lentamente. La agricultura y la civilización se difundieron por todo el mundo.

Tecnología moderna

En el siglo XIX, se desarrollaron tecnologías que funcionaban con maquinaria de motor. Fue la Revolución Industrial. Produjo el crecimiento de las ciudades, la ciencia y los negocios. Así, se desarrollaron tecnologías más avanzadas, como los automóviles, los aviones, las computadoras y los viajes espaciales.

Todo esto ha cambiado las vidas de las personas, y ha aumentado su nivel de vida. El **nivel de vida** es el grado de comodidad de un individuo o una sociedad. La tecnología conecta a las personas, los productos y las ideas.

Las decisiones políticas y los sistemas de creencias afectan el uso de la tecnología. El gobierno chino ha limitado el uso de la Internet. Es un intento por controlar a la población. Las religiones utilizan la tecnología como parte de sus prácticas. Los grupos religiosos usaron la imprenta para imprimir la Biblia hebrea, la cristiana, el Corán y otros libros. Algunas organizaciones religiosas usan la radio, la televisión y la Internet para difundir sus creencias.

Tecnología y cultura	
Avances tecnológicos	**Efectos en la cultura**
Dominio del fuego	Permitió a los seres humanos cocinar alimentos, tener luz y protegerse de los animales
Irrigación	Aumentó la producción de alimentos; permitió a las personas realizar otros trabajos además de la agricultura; produjo el crecimiento de las ciudades
Rueda	Condujo a una mejora en el transporte como carretas y carruajes; después llegaron los trenes, carros y otros vehículos
Imprenta	Permitió la producción masiva de libros; difundió conocimientos e ideas, aumentando el número de personas educadas
Máquina de vapor	Las máquinas de vapor realizaban el trabajo que antes era manual; las personas se mudaron a las ciudades para trabajar en las fábricas
Refrigeración	Mantuvo los alimentos frescos y seguros por más tiempo; permitió que los alimentos se transportaran a grandes distancias de las granjas a las ciudades

Evaluación

1. ¿Qué son la ciencia y la tecnología?
2. ¿Cómo crees que la tecnología podría cambiar a la cultura en el futuro?

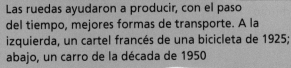

Las ruedas ayudaron a producir, con el paso del tiempo, mejores formas de transporte. A la izquierda, un cartel francés de una bicicleta de 1925; abajo, un carro de la década de 1950

Evaluación de la Parte 3

Términos e ideas clave

1. **Definir** ¿Qué es la **cultura**?

2. **Recordar** ¿Qué es la **religión**?

3. **Recordar** ¿Qué tienen en común todas las religiones?

4. **Resumir** ¿Produce la migración la **difusión cultural**? Explica por qué.

5. **Conectar** ¿Qué papel desempeñan los **corazones culturales**?

6. **Conectar** ¿Son todos los **rasgos culturales** también **normas**? Explícalo.

7. **Secuencia** Explica la relación que existe entre la tecnología y el **nivel de vida**.

Razonamiento crítico

8. **Inferir** A medida que la tecnología hace más fácil que las personas viajen a diferentes países, ¿cómo podrían cambiar las regiones culturales del mundo?

9. **Tomar decisiones** ¿Qué otros aspectos de la cultura podrían vincular a las personas en un país que practica diferentes religiones?

10. **Identificar la evidencia** Da dos ejemplos de maneras en que las culturas de hoy están influenciadas por las culturas del pasado.

11. **Sacar conclusiones** ¿Cómo crees que la ética determina las leyes de un país?

Identificar

Usa el mapa para responder las preguntas siguientes.

12. ¿Qué muestra este mapa?

13. Nombra un país principalmente cristiano.

14. ¿Cuál es la religión mayoritaria en casi toda la India?

15. ¿Qué representa el color naranja en el mapa?

16. ¿Es la religión mayoritaria en Arabia Saudita el budismo o el islamismo?

17. ¿Está el islam más extendido en la parte oriental u occidental de Asia?

18. El budismo se fundó en la India. ¿Qué te dice esto sobre la difusión cultural?

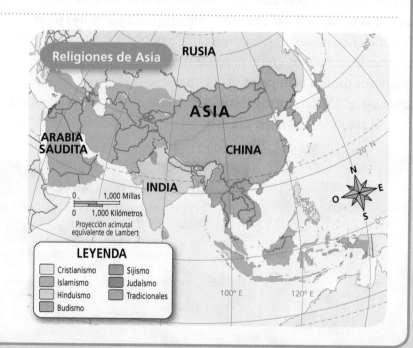

Religiones de Asia

RUSIA

ASIA

ARABIA SAUDITA

CHINA

INDIA

0   1,000 Millas
0   1,000 Kilómetros
Proyección acimutal
equivalente de Lambert

100° E   120° E

LEYENDA

- Cristianismo
- Islamismo
- Hinduismo
- Budismo
- Sijismo
- Judaísmo
- Tradicionales

Actividad en el Cuaderno

Completa el organizador gráfico en tu Cuaderno del estudiante.

Demostrar la comprensión Completa la actividad En conclusión en tu cuaderno para demostrar tu comprensión de la cultura. Después de completar la actividad, comenta tu dibujo con un compañero. Asegúrate de respaldar tus respuestas a las preguntas con información de las lecciones.

Aprendizaje del siglo XXI

Trabaja en equipo

Trabaja con un compañero para elegir un país que nadie en tu grupo conozca. Luego investiga y crea un folleto informativo ilustrado sobre la cultura del país. Asegúrate de
- proporcionar ejemplos del arte del país.
- identificar y describir las principales religiones e idiomas del país.

Preguntas basadas en documentos

Success ⭐ Tracker™
En línea en myworldhistory.com

Usa tu conocimiento de cultura y los Documentos A y B para responder las Preguntas 1 a 3.

Documento A

Idioma principal hablado en los hogares estadounidenses, 1980-2000

Porcentaje / Año

FUENTE: Oficina del Censo de los Estados Unidos

■ Inglés ■ Otros

Documento B

" La imprenta sin duda [produjo] una 'revolución en la información' similar a lo que ha hecho la Internet hoy. La imprenta podía y de hecho difundió nuevas ideas rápidamente y con mayor impacto".

—Historiador Steven Kreis

1. Examina el Documento A. ¿Cuál de las siguientes afirmaciones es probablemente verdadera?

   A La difusión cultural está disminuyendo en los Estados Unidos.

   B La difusión cultural está aumentando en los Estados Unidos.

   C La difusión cultural no está relacionada con la disminución del uso del inglés en casa.

   D La difusión cultural ya no ocurre en los Estados Unidos.

2. Lee el Documento B. ¿Con cuál de las siguientes oraciones probablemente estaría de acuerdo Steven Kreis?

   A La imprenta no fue un invento importante.

   B La imprenta es más importante que la Internet.

   C La imprenta fue importante porque ayudó a difundir nuevas ideas.

   D El cambio tecnológico no afecta las vidas de las personas.

3. **Tarea escrita** Piensa en avances tecnológicos recientes y cómo se han difundido. Elige el que crees que es el más importante y escribe un párrafo que justifique tu elección.

my worldhistory.com

Self-Test

51

Orígenes

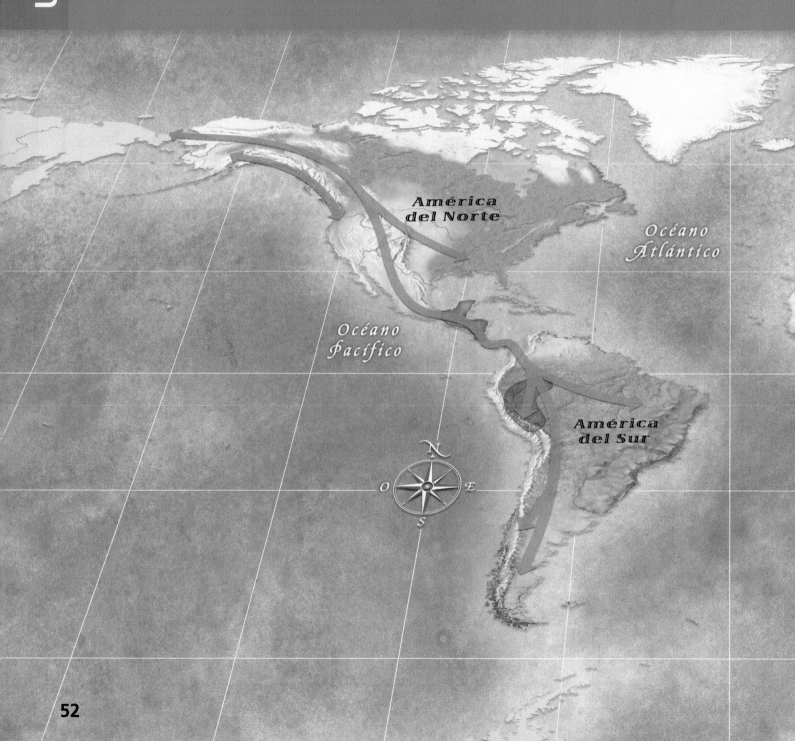

América
del Norte

Océano
Atlántico

Océano
Pacífico

América
del Sur

N
O · E
S

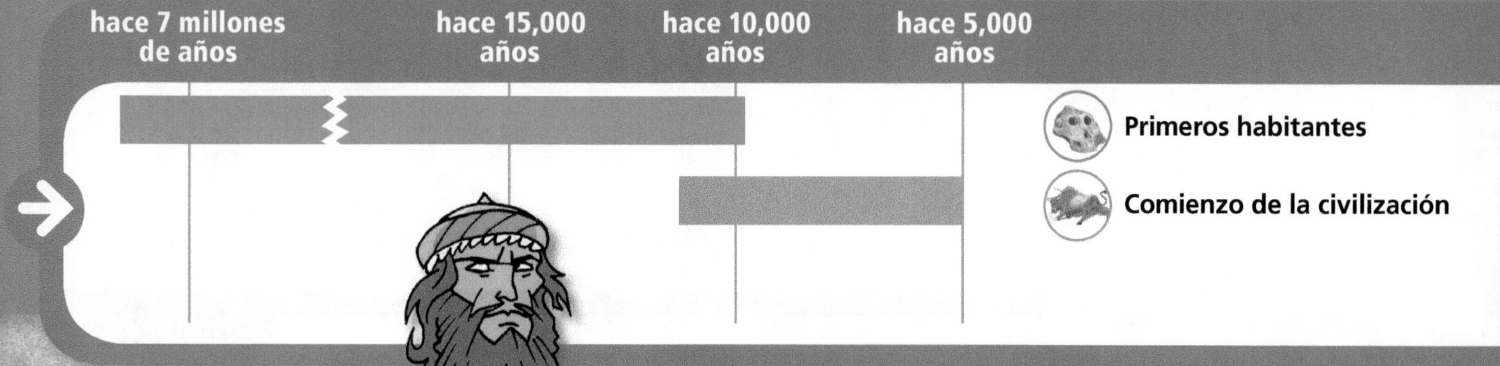

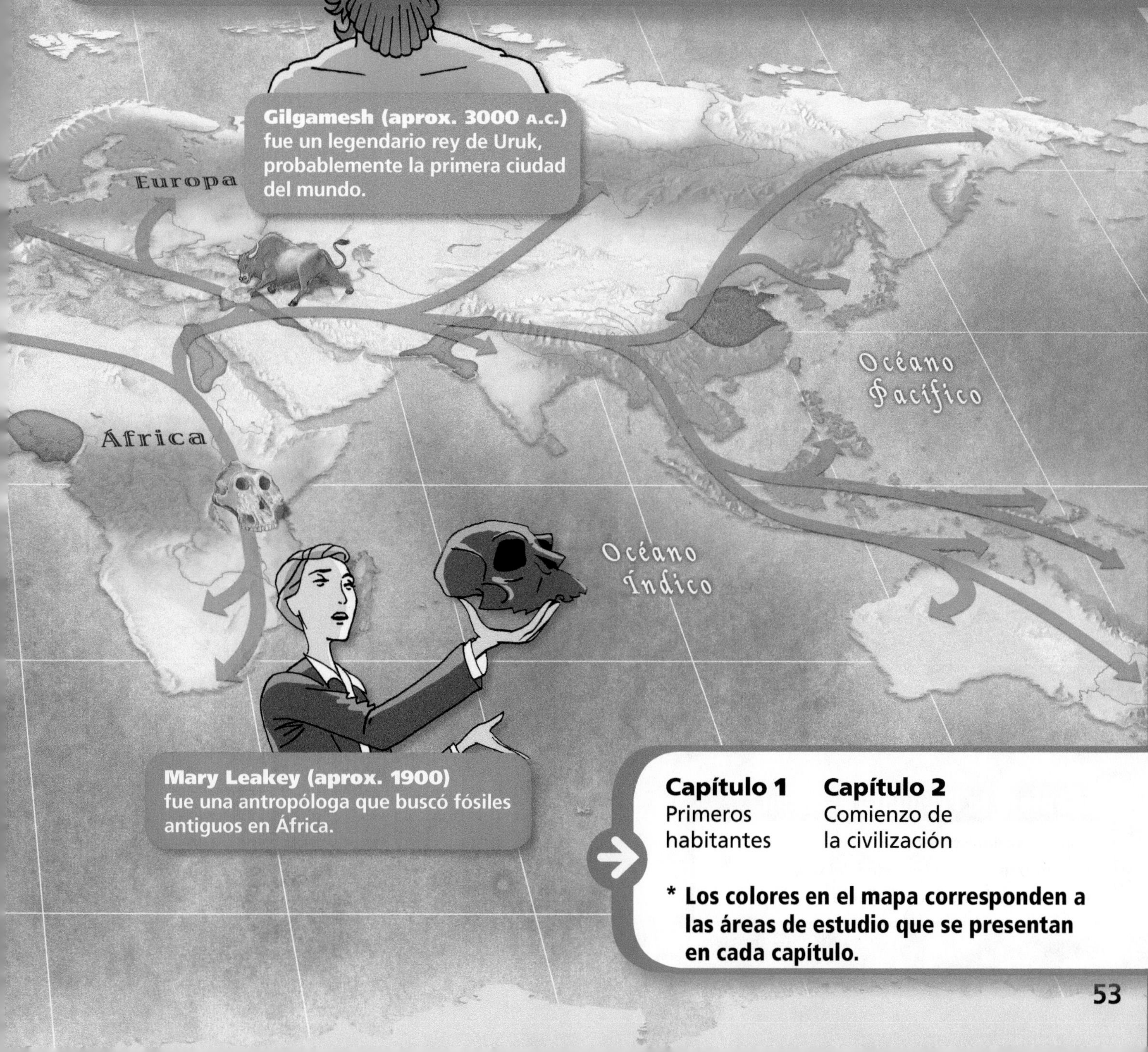

hace 7 millones de años

hace 15,000 años

hace 10,000 años

hace 5,000 años

Primeros habitantes

Comienzo de la civilización

Gilgamesh (aprox. 3000 a.c.) fue un legendario rey de Uruk, probablemente la primera ciudad del mundo.

Europa

África

Océano Pacífico

Océano Índico

Mary Leakey (aprox. 1900) fue una antropóloga que buscó fósiles antiguos en África.

Capítulo 1
Primeros habitantes

Capítulo 2
Comienzo de la civilización

* Los colores en el mapa corresponden a las áreas de estudio que se presentan en cada capítulo.

Capítulo 1

Primeros habitantes

Pregunta esencial

¿Cuáles son las consecuencias de la tecnología?

▲ Este arte rupestre se encontró en el Sahara, un extenso desierto de África del norte.

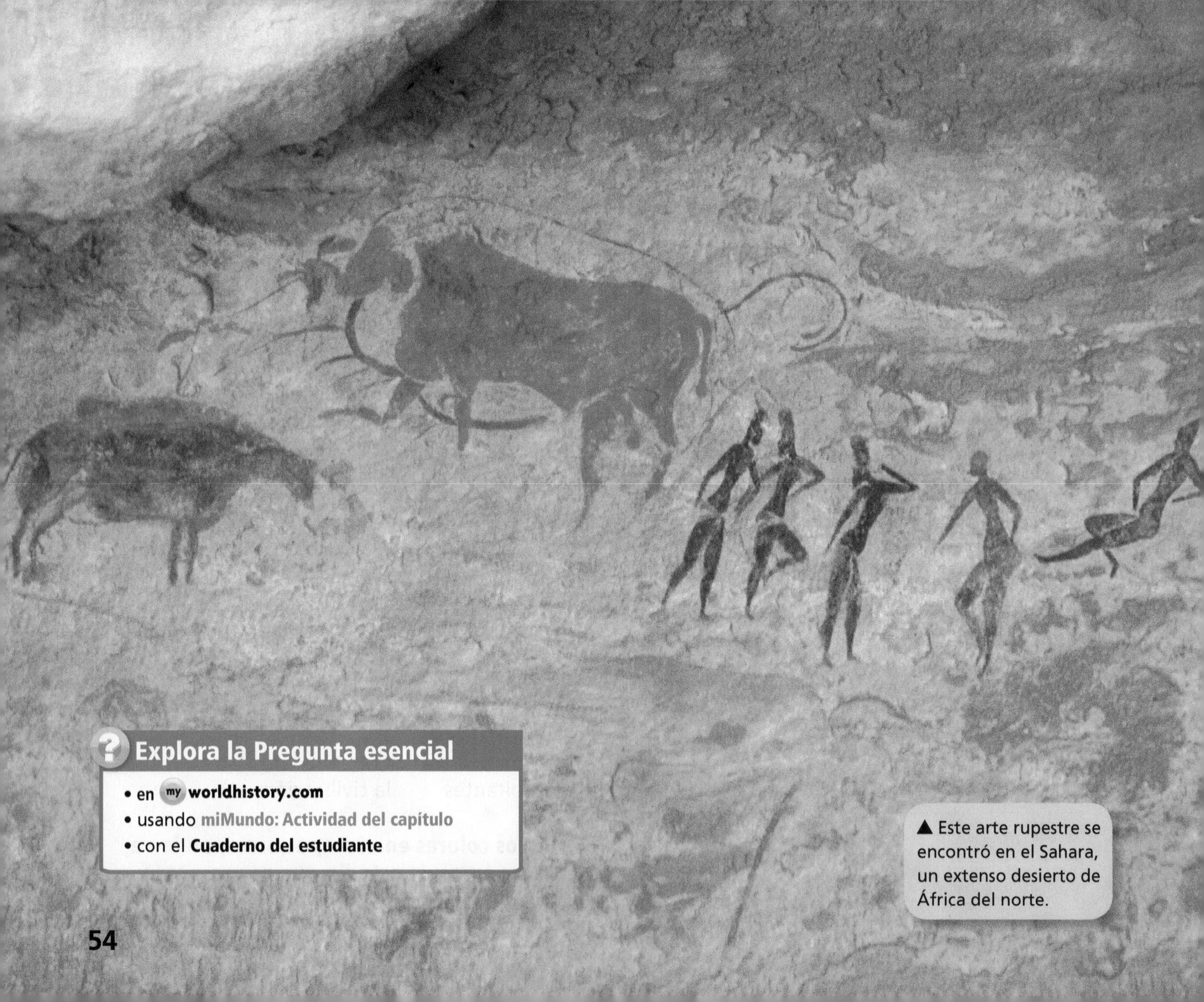

Explora la Pregunta esencial

- en my **worldhistory.com**
- usando **miMundo: Actividad del capítulo**
- con el **Cuaderno del estudiante**

La vida humana en la Edad de Piedra

Las personas hacen herramientas de piedra; comienza el Paleolítico.	Aparecen los Neandertales.	Aparecen los seres humanos modernos.	Comienza la última edad de hielo.
hace 2.5 millones de años	hace 200,000 años	hace 100,000 años	hace 70,000 años

Mary Leakey:
Explorando la Edad de Piedra

La joven Mary Nicol no era una típica colegiala inglesa. Era hija de un artista y le encantaba dibujar. Estaba obsesionada con la prehistoria. A los 12 años quedó fascinada con las sorprendentes pinturas rupestres del suroeste de Francia. ¡Algunas tenían más de 10,000 años de antigüedad! La primera vez que ganó dinero fue por dibujar herramientas prehistóricas. Pero sentía que su vida en Inglaterra era poco interesante. "Si pudiera —dijo—, preferiría vivir en una tienda de campaña que en una casa".

Su deseo se cumplió cuando se casó con Louis Leakey, un antropólogo que trabajaba en áreas remotas de África. Eligiendo una carrera poco común para las mujeres de su época, decidió formar parte de su equipo, e hizo muchos descubrimientos con él y por su cuenta. Mary Leakey también se convirtió en una de las expertas más reconocidas del mundo en el dibujo y la clasificación de herramientas de piedra antiguas.

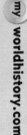

my worldhistory.com

Timeline / On Assignment

Mary Leakey y su equipo buscan indicios de los primeros seres humanos en la garganta de Olduvai. Todos los días, pasan largas horas excavando cuidadosamente bajo el ardiente sol africano.

Rodeada de un espectacular paisaje, Mary Leakey dirigía la excavación en la garganta de Olduvai en la llanura del Serengeti en Tanzania, África del este. La inmensa sabana brillaba y cambiaba de color cuando salía y se ponía el sol, mientras en la distancia deambulaban leopardos, leones, jirafas y elefantes. Trabajaba con su personal y con sus tres hijos en la búsqueda de los primeros habitantes.

De regreso en el laboratorio, Mary observa mientras su esposo Louis examina los hallazgos más recientes de huesos y herramientas de piedra.

La vida en el campamento no es sólo trabajo. Mary se relaja jugando con sus tres hijos, sus perros y los diversos animales salvajes con los que la familia había hecho amistad.

Bajo el sol ardiente, picaban la tierra y tamizaban las cenizas de volcanes extintos hace mucho tiempo en busca de huesos fosilizados.

Su trabajo valió la pena. Un día en 1960, encontraron los restos del primer miembro conocido del *Homo habilis*, que significa "hombre hábil". Los Leakey determinaron que el *Homo habilis* vivió entre 1.8 y 1.2 millones de años atrás.

Había evidencia de que el *Homo habilis* usaba herramientas. Ningún antropólogo había encontrado algún usuario de herramientas tan antiguo. Las herramientas, formadas al golpear una piedra contra otra, les permitían raspar la carne de los cadáveres de animales. Ahora la carne formaba parte de su dieta. El *Homo habilis* era tanto una presa como un cazador. Eran parte de la dieta regular de grandes carnívoros como leopardos y leones.

Los primeros científicos tenían ideas discrepantes sobre dónde y cuándo había comenzado la vida humana. Ahora, gracias a los Leakey y a otros que los siguieron, los científicos piensan que, alrededor de la época del *Homo habilis*, los primeros seres humanos empezaron a desplazarse de la región central de África a Europa y Asia. En este lento desplazamiento por diferentes medio ambientes, inventaban más y mejores herramientas.

Era emocionante hallar herramientas hechas por el *Homo habilis*, pero esto no era frecuente. Probablemente les llevó mucho menos tiempo hacerlas que el que a Mary Leakey y su equipo les llevó encontrarlas. Cuando Mary no estaba trabajando, jugaba con sus hijos, su querida manada de dálmatas, así como con los monos y otros animales salvajes que deambulaban por el campamento.

Los investigadores, incluido su propio hijo Richard, continuaron sus investigaciones y realizaron nuevos descubrimientos. Pero, sin duda, fue Mary Leakey quien cambió la forma en que pensamos sobre los orígenes humanos. Ella dijo: "Básicamente, me movía la curiosidad". La emoción del descubrimiento la alentó a querer saber más y más.

Según esta historia, ¿por qué crees que los descubrimientos de Mary Leakey provocaron tanta emoción? Mientras lees el capítulo que sigue, piensa en lo que la historia de Leakey indica sobre la búsqueda de los primeros seres humanos.

 myStory Video

Aprende más sobre los descubrimientos de Mary Leakey y su familia.

Estudio del pasado remoto

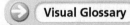

Los científicos estudian fósiles como este cráneo para obtener información sobre la vida de los primeros seres humanos. ▼

A todos nos interesan las personas. Pero algunas personas, llamadas antropólogos, han hecho del estudio de las personas una ciencia. La **antropología** es el estudio de cómo se comportan los seres humanos, cómo actúan juntos, de dónde vienen y qué hace que un grupo de personas sea diferente de otro.

En esta sección estudiaremos el trabajo de un grupo específico de antropólogos, conocidos como arqueólogos. Los **arqueólogos** estudian la vida de los humanos del pasado mediante el examen de los objetos que dejaron las personas.

El estudio de los primeros seres humanos

Obtener información sobre los primeros seres humanos no es fácil. Hasta hace unos 5,000 años, las personas no tenían manera de escribir. Para estudiar la **prehistoria**, o la época anterior a los registros escritos, los arqueólogos buscan los lugares en donde pudieron haber vivido personas.

Buscar fósiles Para obtener más información sobre los primeros seres humanos, los arqueólogos cuentan principalmente con los fósiles. Los **fósiles** son restos o huellas endurecidas de seres vivos que existieron hace mucho tiempo. Estos restos pueden ser de plantas, plumas, huesos e incluso huellas que tienen millones de años de antigüedad.

Los fósiles se forman de varias maneras. Por ejemplo, cuando un ser vivo muere, puede quedar rápidamente cubierto de arena o barro. Una vez cubierto, las partes blandas de la planta o del animal se pudren.

Las partes más duras, como huesos, dientes o tallos leñosos, duran más tiempo. Con los años, los minerales de la tierra sustituyen este material que alguna vez estuvo vivo. Lo que queda es una copia del original que es duro como una roca.

No es fácil encontrar huesos fosilizados de los primeros seres humanos y menos un esqueleto fósil completo. Los buscadores de fósiles suelen hallar un hueso aquí o un diente allá. Pero un diente puede mostrar qué comían los primeros habitantes. Los huesos dan información sobre el tamaño y la estructura de sus cuerpos.

Datación de restos antiguos Los arqueólogos usan varios métodos para determinar las edades de los fósiles y otros objetos prehistóricos. Usan información valiosa de los **geólogos**, los científicos que estudian los materiales físicos de la Tierra, como el suelo y las rocas.

En un método de datación se comparan objetos encontrados en capas similares de roca o suelo. Los que están en las capas inferiores suelen ser más antiguos que los encontrados en las capas superiores. Los arqueólogos también pueden comparar un objeto con un fósil o artefacto similar cuya edad conocen.

Otro método es la datación radiactiva. Tanto los seres vivos como las rocas contienen elementos radiactivos que se desintegran, o se descomponen, con el tiempo. Al medir la cantidad de material radiactivo que queda, los científicos pueden saber cuándo se formó un objeto.

Los científicos han desarrollado otros métodos para estudiar los fósiles. Comparan el ADN de restos humanos del pasado con personas que viven hoy en día. La evidencia genética ha revelado información sobre cómo han cambiado las personas y cómo se desplazaban de un lugar a otro.

En busca de artefactos Los primeros seres humanos vivieron hace millones de años. Para estudiar a pueblos más recientes, los arqueólogos buscan asentamientos antiguos, como aldeas o campamentos usualmente enterrados bajo capas de tierra. Deben excavar cuidadosamente, o desenterrar, estos sitios para obtener información sobre las personas que vivieron allí.

Gracias a la tecnología avanzada, como la datación radiactiva, averiguar la edad de los fósiles y otros restos ya no es producto de simples conjeturas. ▼

This one's old, that one's really old... oh, and that one there is really super old.

Rock Historian

Éste es viejo, aquel es muy viejo... ¡Ah! Y ese de allá es súper viejísimo.
— Historiador de rocas

Las herramientas de corte y puntas de flecha hechas de pedernal son los artefactos de los indígenas americanos más comunes que se han hallado en América.

evidencia, *sust.,* algo que puede ser utilizado como prueba

Al excavar un sitio, los arqueólogos, buscan artefactos como herramientas, cerámica o armas. Los **artefactos** son objetos hechos y usados por los seres humanos. Luego, examinan los artefactos que encuentran en un mismo lugar y tratan de identificar patrones. Los artefactos de un campamento antiguo les ayudan a entender cómo cazaban y qué comían sus habitantes.

Pero el estudio de los artefactos no responde todas las preguntas. Por ejemplo, los arqueólogos han encontrado huesos de animales tallados con diseños extraños. Pueden identificar de qué animales provienen los huesos y describir las herramientas usadas para tallar los diseños, pero no pueden explicar por qué se crearon.

Verificar la lectura ¿Qué tipos de objetos estudian los arqueólogos para obtener información sobre el pasado?

En busca de los primeros humanos

¿En qué parte de la Tierra aparecieron personas por primera vez? Los científicos no pudieron llegar a un acuerdo al respecto.

Hasta que en 1960, los arqueólogos británicos Mary y Louis Leakey descubrieron un pedazo de un cráneo que parecía humano en la garganta de Olduvai en África del este. Lo llamaron *Homo habilis* ("hombre hábil") porque la <u>evidencia</u> mostraba que estos primeros seres humanos hacían y usaban herramientas. Las pruebas indicaron que los fósiles tenían al menos 1.75 millones de años. Desde entonces, la búsqueda de los orígenes de la humanidad se ha centrado en África.

Los comienzos en África El 30 de noviembre de 1974, el buscador de fósiles estadounidense Donald Johanson realizó un descubrimiento que ayudó a los científicos a aclarar la historia antigua de los primeros humanos. Johanson llevaba tres años buscando restos de los primeros humanos en Etiopía, un país de África del este. Él recordó años después:

> ❝ Encontramos restos fosilizados de todo tipo de animales. Elefantes, rinocerontes, gacelas, monos, etc. Pero nuestro objetivo principal era encontrar la mayor cantidad posible de fósiles de ancestros humanos.... Esa mañana de noviembre, al mediodía, me dirigía al Land Rover para regresar al campamento. Se me ocurrió mirar por encima de mi hombro derecho. Vi el fragmento de un hueso que reconocí como proveniente de la región del codo de un esqueleto.... Había un pedazo de pierna, uno de pelvis, había otro de mandíbula, y otro más que formaba parte de un cráneo. Me di cuenta casi al instante de que teníamos parte de un esqueleto. Por lo general, nos hace felices hallar un simple fragmento de mandíbula, dientes aislados, un pedazo de brazo o de cráneo. Pero hallar partes relacionadas del cuerpo es extremadamente raro ❞.
> — Donald C. Johanson, achievement.org, 25 de enero de 1991

Después de dos semanas de cuidadosa búsqueda, Johanson y su equipo habían descubierto centenares de piezas de hueso. Dedujeron que pertenecían a un solo individuo porque no hallaron dos ejemplos de un mismo tipo de hueso; era una mujer de 3.5 pies de altura. Johanson la llamó "Lucy", por la canción de los Beatles.

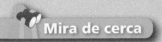
Mira de cerca

DESENTERRAR EL PASADO

En una excavación arqueológica, las personas usualmente trabajan en espacios muy reducidos. Hacen un mapa del sitio, dividiéndolo en cuadrículas. Tamizan las capas de tierra y preservan y dibujan lo que encuentran. El gran hallazgo del día podría ser el fragmento de una olla. Pero cada hallazgo nos cuenta algo más sobre el pasado.

RAZONAMIENTO CRÍTICO **¿Por qué es importante para los arqueólogos hacer mapas detallados del sitio? ¿Qué actividades puedes ver en esta ilustración?**

Utilizando un pincel, el arqueólogo remueve cuidadosamente la tierra que rodea a un artefacto.

Los pinceles, cinceles y picos son parte importante de la caja de herramientas de un arqueólogo.

my **worldhistory**.com

Primary Source

61

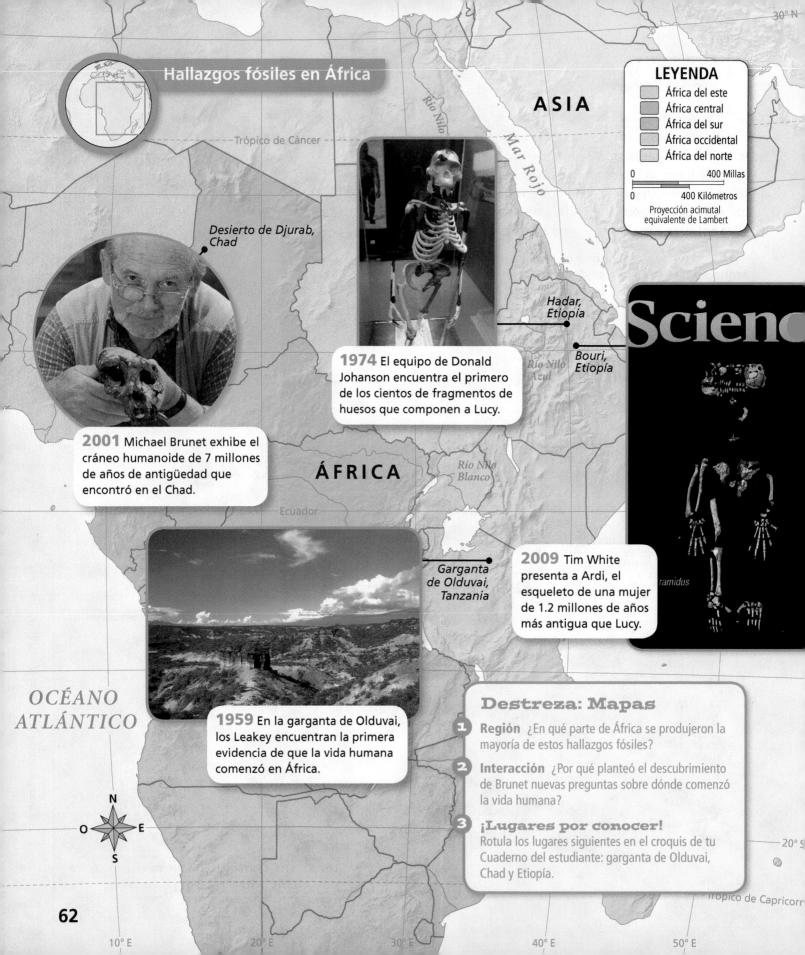

Hallazgos fósiles en África

ASIA

ÁFRICA

Río Nilo
Mar Rojo
Trópico de Cáncer
Ecuador
Río Nilo Azul
Río Nilo Blanco

Desierto de Djurab,
Chad

Hadar,
Etiopía

Bouri,
Etiopía

1974 El equipo de Donald
Johanson encuentra el primero
de los cientos de fragmentos de
huesos que componen a Lucy.

2001 Michael Brunet exhibe el
cráneo humanoide de 7 millones
de años de antigüedad que
encontró en el Chad.

Scienc

ramidus

Garganta
de Olduvai,
Tanzania

2009 Tim White
presenta a Ardi, el
esqueleto de una mujer
de 1.2 millones de años
más antigua que Lucy.

OCÉANO
ATLÁNTICO

1959 En la garganta de Olduvai,
los Leakey encuentran la primera
evidencia de que la vida humana
comenzó en África.

N
O   E
S

Destreza: Mapas

1 **Región** ¿En qué parte de África se produjeron la
mayoría de estos hallazgos fósiles?

2 **Interacción** ¿Por qué planteó el descubrimiento
de Brunet nuevas preguntas sobre dónde comenzó
la vida humana?

3 **¡Lugares por conocer!**
Rotula los lugares siguientes en el croquis de tu
Cuaderno del estudiante: garganta de Olduvai,
Chad y Etiopía.

Trópico de Capricornio

El equipo de Johanson encontró un 40 por ciento del esqueleto de Lucy. Los huesos de sus piernas, pelvis, tobillo y columna vertebral sugieren que, como nosotros, caminó erguida en dos piernas. Ella vivió hace 3.2 millones de años.

Se hallaron fósiles más antiguos en África. En 1992, el antropólogo estadounidense Tim White encontró restos humanos en Etiopía de hace por lo menos 4.4 millones de años. Descubrieron un diente y luego más fragmentos. En 2009, White presentó un esqueleto casi completo de una mujer que llamó "Ardi". Más de un millón de años más antigua que Lucy, era más alta y más pesada. Probablemente caminó erguida, pero lenta y torpemente.

La búsqueda del "más antiguo" Estos hallazgos han llevado a la mayoría de los científicos a <u>concluir</u> que la humanidad comenzó en África del este hace unos 4.5 millones de años. No todos están de acuerdo. Algunos sostienen que la vida humana comenzó en diferentes partes del mundo. Otros, que comenzó en África, pero en una región diferente.

El buscador de fósiles francés Michael Brunet cree que la vida humana comenzó en otra parte de África. En 2001, encontró en el Chad un cráneo marrón parecido al de un humano. Se demostró que el cráneo tenía casi 7 millones de años. Eso lo convierte, según Brunet, en "el más antiguo".

Este descubrimiento planteó muchas preguntas. El Chad está en África central. ¿Comenzó allí la humanidad en lugar de en África del este? El cráneo es mucho más antiguo que todos los demás fósiles humanos descubiertos. ¿Significa esto que la humanidad es más antigua de lo que los científicos pensaban? El cráneo del Chad parece más simiesco que otros cráneos humanos antiguos. ¿Significa esto que tal vez no es un cráneo humano antiguo?

Los científicos aún buscan respuestas y también antiguos fósiles humanos. "Éste es el principio de la historia —dice Brunet sobre su trabajo en el Chad—, sólo el principio".

Verificar la lectura ¿Dónde creen la mayoría de los científicos que comenzó la vida humana?

miMundo: Actividad
¡Difunde las noticias!

concluir, *v.,* decidir como resultado de pensar o razonar

Evaluación de la Sección 1

Pregunta esencial

Términos clave

1. Para cada término clave, escribe una oración explicando su importancia para el estudio de la vida humana en el pasado.

Ideas clave

2. ¿Cómo datan los científicos los fósiles y los artefactos?

3. ¿Cómo buscan los arqueólogos evidencia sobre los primeros habitantes?

4. ¿Por qué se consideran importantes los descubrimientos de los Leakey y de Donald Johanson?

Razonamiento crítico

5. Identificar la evidencia ¿Qué evidencia crees que sea más fiable, los artefactos o los registros escritos? Explícalo.

6. Inferir ¿Por qué crees que los científicos tratan de averiguar más sobre cómo y dónde vivían los primeros seres humanos?

¿Cuáles son las consecuencias de la tecnología?

7. Los arqueólogos modernos usan tanto herramientas manuales como equipo científico avanzado. ¿Por qué crees que son necesarios ambos tipos de tecnología? Anota la respuesta en tu Cuaderno del estudiante.

my worldhistory.com

Places to Know

Las sociedades de cazadores-recolectores

Ideas clave

- El desarrollo de nuevas destrezas permitió que sobrevivieran las sociedades de cazadores-recolectores.
- Los seres humanos modernos y los Neandertales aparecieron a finales de la Edad de Piedra.

Términos clave • cazador-recolector • tecnología • cultura • nómada

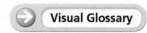 Visual Glossary

 Destreza de lectura Analizar causa y efecto Toma notas usando el organizador gráfico en tu Cuaderno.

Las escenas de abajo y de la siguiente página son de exhibiciones de museos. A pesar de que se basan en evidencia arqueológica, no podemos estar seguros de cómo se veían en realidad las personas de la Edad de Piedra. Sabemos que aprendieron a hacer y usar el fuego. ▼

Los primeros seres humanos eran **cazadores-recolectores**, es decir, vivían de la caza de animales y la recolección de plantas. En esta sección, leerás sobre las sociedades que formaron y los desarrollos que permitieron su supervivencia.

Cómo vivían los primeros cazadores-recolectores

Los arqueólogos saben poco acerca de los primeros cazadores-recolectores como Lucy. Pero sí saben que sus vidas eran difíciles. Muchos grupos vivieron un tiempo y se extinguieron. Para sobrevivir, los primeros humanos desarrollaron **tecnología**, herramientas y destrezas para satisfacer sus necesidades y deseos.

El desarrollo de herramientas Hace unos 2.5 millones de años, los primeros humanos fabricaron herramientas de piedra. Esto fue tan importante que los arqueólogos llaman a este período el Paleolítico, o la Edad de Piedra Antigua. (*Paleolítico* proviene del griego y significa "antiguo" y "piedra"). Duró desde hace unos 2.5 millones de años hasta hace 10,000 años.

Al principio, las herramientas eran simples. Partían piedras para hacer herramientas de corte para talar árboles pequeños, cortar carne o limpiar pieles de animales.

▲ Esta exhibición de museo muestra un grupo de cazadores-recolectores preparándose para cocinar un venado.

Con el tiempo, los fabricantes de herramientas se hicieron más hábiles. Hicieron hojas de piedra más finas y afiladas. Algunas se usaban como puntas de lanzas y flechas. También comenzaron a fabricar armas con huesos y astas. Conforme sus destrezas y armas mejoraban, los cazadores del Paleolítico lograron pasar de la caza de animales pequeños a la de animales más grandes, como los venados.

El uso del fuego En algún momento durante el Paleolítico, las personas aprendieron a usar el fuego. Ésta era una tecnología que tenía muchos usos. Con el fuego, las personas podían tener luz por la noche. Podían cocinar la carne y las plantas, y usar las llamas para ahuyentar a los animales peligrosos.

Producir fuego también tuvo importantes efectos a largo plazo. A continuación, un arqueólogo británico explica por qué fue un paso importante en el desarrollo humano. (Igual que muchos escritores anteriores, el arqueólogo utiliza el término *hombre* para referirse a la humanidad):

66 Dominar el fuego fue probablemente el primer gran paso en [la liberación] del hombre de la esclavitud de su medio ambiente... Ya no está limitado a moverse en pocos climas, y sus actividades no están completamente determinadas por la luz del sol. Pero con el dominio del fuego, el hombre controlaba una poderosa fuerza física 99.

—V. Gordon Childe, *Man Makes Himself*

El fuego hizo que los cazadores-recolectores vivieran en lugares que de otra manera hubieran sido muy fríos.

▲ Las herramientas de piedra eran sencillas, pero ayudaban a sobrevivir. Es posible que se hayan usado para raspar y limpiar la carne de los huesos de los animales.

65

elemento, *sust.,* parte fundamental de un todo

Hordas errantes La cultura de las sociedades tempranas era simple. La **cultura** son los diversos <u>elementos</u> que componen la forma de vida de un pueblo. Éstos incluyen la organización social y familiar, las creencias y los valores, la tecnología, el refugio y la ropa, las actividades comunes, la narración de cuentos, los rituales y el arte.

Los cazadores-recolectores vivían en pequeñas hordas, o grupos. Una horda incluía a diez o doce adultos y sus hijos. Muchos eran **nómadas**, personas que se mudan de un lugar a otro con las estaciones. Después de recolectar alimentos en un área, se desplazaban a un nuevo campamento. A veces utilizaban las cuevas como refugios. También construían chozas temporales con ramas o tiendas con pieles de animales, otro avance importante.

Pasaban muchas horas buscando alimentos. Los hombres y los niños cazaban. Las mujeres y las niñas recolectaban frutas, granos, semillas y frutos secos. Recolectaban huevos y miel y atrapaban lagartijas o peces. Es posible que hayan recogido hierbas para medicinas.

Verificar la lectura **¿Qué tecnología ayudó a los seres humanos del Paleolítico a sobrevivir?**

Los pueblos a finales de la Edad de Piedra

Al final del Paleolítico, aparecieron dos grupos con cerebros más grandes. Ambos tuvieron culturas más desarrolladas que los anteriores. Pero sólo uno sobreviviría más allá de la Edad de Piedra.

Neandertales vs. *Homo sapiens*

Tanto el *Homo sapiens* como los *Neandertales*

- hacían herramientas de caza
- usaban el fuego
- enterraban a sus muertos
- tenían cerebros grandes
- vivieron en las mismas regiones hace aproximadamente 30,000 a 40,000 años

▲ Cráneo de Neandertal ▲ Cráneo de *Homo sapiens*

Neandertales	Homo sapiens
• aparecieron por primera vez hace aproximadamente 200,000 años	• aparecieron por primera vez hace aproximadamente 100,000 años
• tenían esqueletos cortos y robustos	• tenían cuerpos más altos y más delgados
• tenían destrezas lingüísticas muy simples	• tenían habilidades lingüísticas complejas
• no hacían arte o música	• hacían arte y música
• tenían prácticas funerarias simples	• tenían prácticas funerarias más complejas

Neandertales Los Neandertales aparecieron en Europa y partes de Asia hace unos 200,000 años. Su nombre proviene del valle de Neander, en la actual Alemania, donde se encontraron sus restos fósiles.

Algunos arqueólogos creen que fueron los primeros en enterrar a sus muertos. Restos de flores y otros objetos en los lugares de entierro pueden ser evidencia de que enterraban los cuerpos y que quizás creían en la vida después de la muerte. Otros arqueólogos no están de acuerdo porque sus prácticas funerarias eran mucho más simples que las de los pueblos posteriores.

Seres humanos modernos Hace unos 100,000 años, apareció el último nuevo grupo de humanos. Su nombre científico es *Homo sapiens*, que significa "personas sabias". Fue el primer ser humano moderno, o persona como nosotros.

Eran como los Neandertales en algunos aspectos. Ambos hacían herramientas, usaban el fuego y cazaban animales. Pero los humanos modernos eran más altos y menos musculosos. También desarrollaron una poderosa destreza: un lenguaje <u>complejo</u>.

Probablemente los Neandertales no podían formar palabras. Producían un sonido parecido al croar de una rana o a un eructo. En cambio, el *Homo sapiens* sí podía hacerlo. Esto les dio una gran ventaja. Podían organizar la cacería, advertir del peligro o transmitir sus conocimientos y destrezas a sus hijos.

Los Neandertales y los seres humanos modernos vivieron cerca unos de otros, pero los Neandertales al final desaparecieron. Se cree que lucharon con los recién llegados y perdieron. Otros piensan que los grupos se mezclaron. Pero no hay ninguna evidencia fósil de los Neandertales en Europa después de hace unos 28,000 años.

Verificar la lectura ¿Qué destreza dio a los seres humanos modernos una ventaja sobre los Neandertales?

miMundo: Actividad
¡Obtén la tuya ahora!

complejo, *adj.,* que tiene muchas partes relacionadas; no simple

Evaluación de la Sección 2

? **Pregunta esencial**

¿Cuáles son las consecuencias de la tecnología?

Términos clave

1. ¿Cómo obtenían los primeros cazadores-recolectores lo que necesitaban para sobrevivir?

2. Da dos ejemplos de tecnología del Paleolítico.

3. ¿Cuáles son algunos elementos de una cultura?

Ideas clave

4. ¿Cómo obtuvo su nombre el Paleolítico?

5. ¿Cómo estaba organizada la sociedad del Paleolítico?

6. ¿En qué se diferenciaban los Neandertales y el *Homo sapiens* de los pueblos anteriores?

Razonamiento crítico

7. **Sacar conclusiones** ¿Cuál crees que fue la destreza más importante desarrollada por los cazadores-recolectores? Explica tu respuesta.

8. **Solucionar problemas** ¿Cómo podrían haberse comunicado los Neandertales sin tener un lenguaje complejo?

9. Elige un avance tecnológico de esta sección. ¿Cómo benefició a los pueblos de la Edad de Piedra? ¿Cuáles fueron sus consecuencias inesperadas? Anota la respuesta en tu Cuaderno del estudiante.

Poblamiento de la Tierra

Ideas clave	• Con el tiempo, los humanos modernos poblaron casi todas las regiones del mundo.	• A medida que migraban, los seres humanos aprendían a adaptarse a diferentes medio ambientes.	• El arte y otras evidencias revelan que las sociedades humanas se hicieron más complejas y desarrollaron creencias religiosas.

Términos clave • poblar • migración • medio ambiente • adaptarse

• clan • animismo

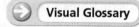

Visual Glossary

Destreza de lectura Secuencia Toma notas usando el organizador gráfico en tu Cuaderno.

▼ Estos mongoles modernos son nómadas que emigran de un lugar a otro siguiendo las estaciones.

Durante millones de años, aparecieron muchos grupos de seres humanos y luego se extinguieron. El *Homo sapiens,* o ser humano moderno, fue el último en aparecer. Los científicos todavía tienen mucho que aprender sobre el desarrollo de los primeros seres humanos modernos. Pero esto es claro: estas "personas sabias" de grandes cerebros se desplazaban a menudo. Durante miles de años, se desplazaron para **poblar,** o ser habitantes de, casi todas las áreas del mundo.

La migración humana

Muchos arqueólogos están de acuerdo en que el *Homo sapiens* ha habitado la Tierra por sólo unos 100,000 años. Pero no se ponen de acuerdo sobre el origen de los humanos modernos o cómo se propagaron por el mundo. Para saberlo, estudian los fósiles y la información genética, o las cualidades físicas que se transmiten de una generación a otra. Han desarrollado dos teorías principales, o posibles explicaciones, sobre el desplazamiento de los primeros humanos.

Dos teorías sobre la migración Algunos científicos piensan que el *Homo sapiens* se originó en África. A partir de allí, argumentan que comenzó una larga migración a otras regiones del mundo. La **migración** se produce cuando las personas dejan su tierra para vivir en otro lugar. Los científicos que apoyan la teoría de

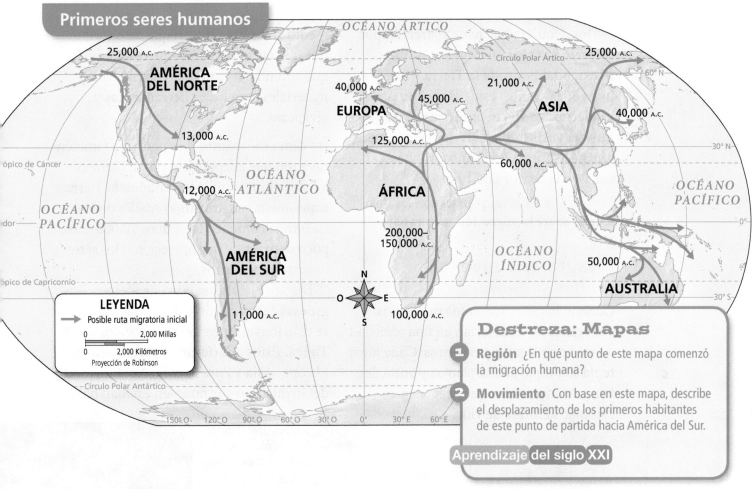

Primeros seres humanos

25,000 A.C.

AMÉRICA DEL NORTE

OCÉANO ÁRTICO

Círculo Polar Ártico

25,000 A.C.

60° N

40,000 A.C.

EUROPA

45,000 A.C.

21,000 A.C.

ASIA

40,000 A.C.

13,000 A.C.

Trópico de Cáncer

125,000 A.C.

30° N

OCÉANO ATLÁNTICO

ÁFRICA

60,000 A.C.

OCÉANO PACÍFICO

OCÉANO PACÍFICO

12,000 A.C.

Ecuador

0°

AMÉRICA DEL SUR

200,000– 150,000 A.C.

OCÉANO ÍNDICO

Trópico de Capricornio

50,000 A.C.

N

O   E

S

11,000 A.C.

100,000 A.C.

AUSTRALIA

30° S

LEYENDA

→ Posible ruta migratoria inicial

0   2,000 Millas

0   2,000 Kilómetros

Proyección de Robinson

Círculo Polar Antártico

150° O   120° O   90° O   60° O   30° O   0°   30° E   60° E

Destreza: Mapas

1 **Región** ¿En qué punto de este mapa comenzó la migración humana?

2 **Movimiento** Con base en este mapa, describe el desplazamiento de los primeros habitantes de este punto de partida hacia América del Sur.

Aprendizaje del siglo XXI

"fuera de África" sugieren que a medida que migraron de África a nuevos lugares, sustituyeron poco a poco a los grupos más antiguos que ya vivían ahí.

No todos los científicos están de acuerdo con esta teoría. Algunos sostienen que los seres humanos de cerebro grande se desarrollaron por separado en diferentes partes del mundo. Creen que a medida que las poblaciones se mezclaban entre sí, los diferentes grupos se convirtieron en el grupo que se conoce hoy como el *Homo sapiens*.

Nueva evidencia Durante años, hubo poca evidencia fósil para apoyar estas teorías. Pero en los últimos años ha surgido nueva evidencia. En 2007, los científicos analizaron un cráneo que se encontró en África del sur.

Se demostró que el cráneo tenía alrededor de 36,000 años de antigüedad. Era igual a los cráneos encontrados en Europa en el mismo período. Esto sugiere que los seres humanos ya tenían su forma moderna cuando migraron desde África.

En 2008, los científicos hicieron un estudio genético de casi un millar de personas en el mundo. Se encontró la mayor variedad genética en las comunidades más cercanas a África. Este hallazgo apoya la idea de que, a medida que las personas emigraban de África, los grupos se ramificaban para poblar nuevas áreas. Esto da un impulso a la teoría de "fuera de África". Todavía hay muchas preguntas sin respuesta sobre este tema.

Dondequiera que haya aparecido por primera vez el *Homo sapiens*, al final se extendió por toda la Tierra. Hace unos 30,000 años, estos seres humanos modernos ya vivían en África, Asia, Europa y Australia. La evidencia sugiere que hace unos 12,500 años ya vivían al sur y en el centro de Chile.

Verificar la lectura **¿Cuáles son las dos teorías sobre la migración temprana?**

Adaptarse a diversos medio ambientes

Cuando los seres humanos modernos emigraban, se establecían en una variedad de **medio ambientes** y entornos. Cada lugar tenía su propio clima, plantas y animales. Las personas tenían que **adaptarse**, o cambiar su forma de vida, a su nuevo medio ambiente. Tenían que descubrir qué plantas se podían comer. Tuvieron que aprender a cazar y buscar nuevos materiales para hacer herramientas y viviendas.

Un clima cambiante Las personas también tuvieron que adaptarse al clima. Durante los dos últimos millones de años, la Tierra experimentó cuatro largas edades de hielo. La última comenzó hace unos 70,000 años, poco después de que aparecieron los seres humanos modernos.

Durante la última edad de hielo, gruesas capas de hielo, llamadas glaciares, se distribuyeron en grandes regiones de la Tierra. Éstos cubrieron la parte norte de Europa, Asia y América del Norte. Partes del hemisferio sur también estaban bajo

Los cazadores prehistóricos tallaron estas piezas de marfil de mamut en forma de pájaros voladores. ▶

Cazadores de la edad de hielo

Simulation

◀ Puntas de lanza más grandes y más resistentes como ésta hicieron posible la caza de presas grandes.

▲ ¿Cómo podían derribar los cazadores de la edad de hielo presas tan grandes como un mamut? Esta pintura muestra tres ventajas que tenían las personas. En primer lugar, los cazadores trabajaban juntos. En segundo lugar, habían desarrollado armas fuertes y afiladas. Finalmente, utilizaban su inteligencia para poner trampas.

el hielo. Los glaciares crearon muchas de las montañas, lagos y ríos del mundo.

Las lluvias disminuyeron pues una gran cantidad de agua estaba congelada en los glaciares. Las áreas que habían sido praderas bien regadas se convirtieron en desiertos. El nivel de los mares bajó, dejando al descubierto "puentes terrestres", donde había estado el océano. Muchos animales tuvieron que migrar en busca de alimentos. Quienes dependían de esos animales tuvieron que seguir a las manadas.

Mantenerse calientes Los cazadores-recolectores de la edad de hielo se adaptaron al cambio climático de muchas maneras. A medida que los inviernos se alargaban, aprendían a usar cualquier

material que encontraban para construir refugios. En Europa oriental construían chozas con huesos de mamut. Los mamuts eran enormes animales peludos, parientes de los elefantes, que vivieron durante la edad de hielo. Para protegerse del viento y la nieve, los cazadores cubrían estas chozas con pieles de animales.

Las personas encontraron otras maneras de mantenerse calientes. Usaban agujas de hueso para coser ropas de pieles y cueros de animales. Mantenían el fuego ardiendo en sus hogares día y noche.

Formación de comunidades más grandes
Algunos grupos se adaptaron mediante la formación de comunidades más grandes. Así, podían juntarse para cazar animales como el mamut. También podían defender mejor sus comunidades.

miMundo: Actividad
¿Qué necesito?

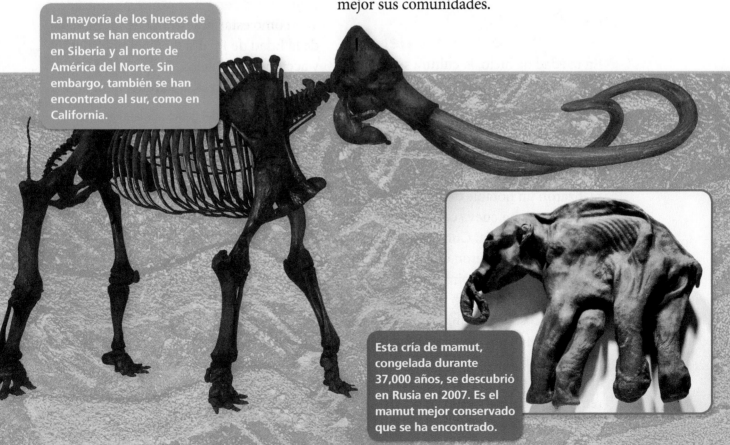

La mayoría de los huesos de mamut se han encontrado en Siberia y al norte de América del Norte. Sin embargo, también se han encontrado al sur, como en California.

Esta cría de mamut, congelada durante 37,000 años, se descubrió en Rusia en 2007. Es el mamut mejor conservado que se ha encontrado.

my worldhistory.com   Simulation

71

Las comunidades se organizaron en **clanes**, o grupos de familias con un ancestro común. Podían estar compuestos por unas 25 a 50 personas. Los líderes tomaban las decisiones, como la organización de las cacerías. En donde se desarrollaba una sociedad humana, las <u>redes</u> de clanes o familias desempeñaban un papel vital en la creación de comunidades sólidas.

red, *sust.,* grupo de personas o cosas estrechamente vinculadas entre sí

Las comunidades de la Edad de Piedra comenzaron a comerciar entre sí con piedras especiales o conchas marinas. Probablemente también intercambiaban información sobre dónde encontrar alimentos en tiempos difíciles.

Verificar la lectura **¿Cómo cambió el medio ambiente en el que vivían las personas durante la última edad de hielo?**

Desarrollo de culturas complejas: evidencia del arte

En la edad de hielo, la cultura se hizo más y más compleja. Uno de los indicios es la existencia de obras de arte como pinturas y estatuas.

potencial, *n.,* la posibilidad de crecer o cambiar en el futuro

Pinturas en las cuevas En 1940, cuatro adolescentes franceses y su perro realizaron un notable descubrimiento. Exploraban una cueva cerca de Lascaux, en el sur de Francia. Con la tenue luz de sus lámparas, vieron que las paredes estaban cubiertas de pinturas de caballos, bisontes, toros y otros animales prehistóricos. Otras pinturas mostraban figuras humanas o diseños abstractos.

Los científicos determinaron que las pinturas rupestres de Lascaux se remontaban unos 16,000 años, a la última edad de hielo. Algunas imágenes estaban talladas en la piedra, pero la mayoría estaban pintadas. Los artistas hicieron los pigmentos al moler minerales de colores.

Se han encontrado pinturas rupestres más antiguas en otras partes de Francia, así como en España. También se ha encontrado arte en cuevas y en rocas en otras partes del mundo donde vivieron los primeros habitantes. Por ejemplo, las pinturas en piedra mostradas al principio de este capítulo son del Sahara, un vasto desierto en África del norte.

Los artistas de la Edad de Piedra también tallaron pequeñas estatuas. Muchas de estas piezas talladas representan animales. Otras representan mujeres embarazadas.

¿Qué nos dicen? Las primeras obras de arte como éstas muestran que los pueblos de la Edad de Piedra tenían pensamientos y acciones complejos. Después de visitar una cueva francesa, un arqueólogo dijo:

> 66 La muestra del genio humano está aquí, en toda su extensión, con su inmenso y eterno misterio, y con todo su <u>potencial</u> de esperanza en el éxito de la aventura del hombre moderno. Somos modestos en este entorno; una gran sensación de atemporalidad [proviene] de ellos. Cuando regresamos a la superficie, no podemos dejar de preguntarnos qué hay detrás de la creación de esos frescos. Imaginar lo inimaginable. En cualquier caso, en su contemplación sentimos la presencia ... de una enorme e intensa voluntad creativa 99.

—Robert Begouën,
Cueva de Chauvet-Point-D'Arc

Las cuevas de Altamira

En 1868, un cazador encontró unas pinturas en la cueva de Altamira en España. Fueron las primeras pinturas rupestres del Paleolítico descubiertas en tiempos modernos. Las pinturas representan animales salvajes y manos humanas. Las pruebas científicas realizadas en 2008 mostraron que las pinturas tienen entre 25,000 y 35,000 años de antigüedad. Las magníficas pinturas tuvieron influencia en artistas famosos como Pablo Picasso e incluso inspiraron un libro de historietas español.

RAZONAMIENTO CRÍTICO Al principio, la mayoría de los expertos se negaron a creer que las pinturas de Altamira fueran realmente el trabajo de los pueblos prehistóricos. ¿Por qué crees que fue así?

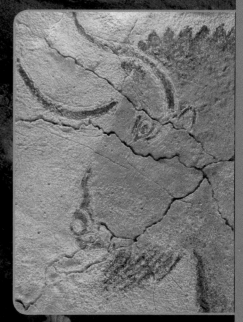

▲ Este poderoso bisonte es la imagen más famosa de Altamira.

▲ La mayoría de las pinturas se encuentran cerca de la entrada a las cuevas.

▲ Para los visitantes, vale la pena torcerse el cuello con tal de ver las pinturas.

No sabemos las razones exactas por las que las personas de la Edad de Piedra crearon estas obras de arte. Tal vez los cazadores-recolectores creían que la creación de una imagen de un animal les daría poder sobre ese animal durante la caza. Las estatuas de las mujeres embarazadas podrían haber tenido la intención de traer buena suerte a las mujeres a punto de dar a luz.

Verificar la lectura ¿Qué temas mostraron las personas de la Edad de Piedra en su arte?

Desarrollo de culturas complejas: creencias y prácticas religiosas

Las pinturas rupestres y otras artes proporcionan una sólida evidencia de que las culturas de los pueblos de la Edad de Piedra se hicieron más complejas con el tiempo. Otro indicio de una cultura más compleja es el desarrollo de creencias y prácticas religiosas. Muchas de estas prácticas se relacionan con la muerte y los entierros.

Entierros en la Edad de Piedra

Puedes aprender mucho sobre los pueblos prehistóricos al observar la forma en que trataban a sus muertos. ¿Preparaban cuidadosamente los cuerpos para el entierro? ¿Enterraban a todos los muertos en un solo lugar? Muchos expertos consideran que estas prácticas funerarias son un indicio de que las personas creían en la vida después de la muerte.

RAZONAMIENTO CRÍTICO **Observa las dos fotografías de esta página. ¿Qué te sugieren acerca de la cultura de estas personas?**

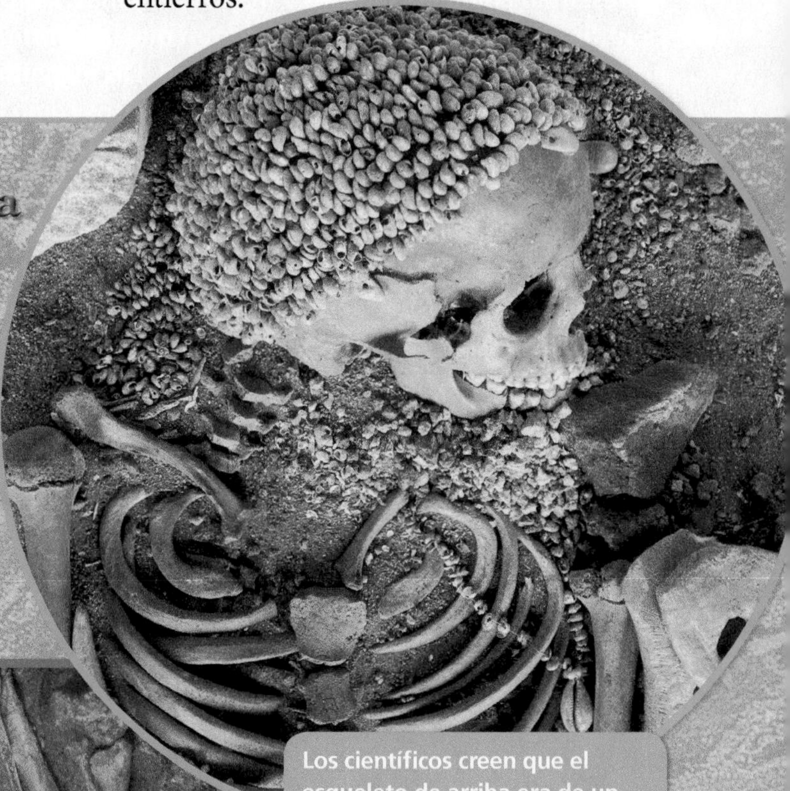

Los científicos creen que el esqueleto de arriba era de un muchacho de aproximadamente 18 años de edad. Fue enterrado con una gorra y un collar de caracoles.

Estos dos esqueletos se encontraron en un sitio funerario del Paleolítico en Italia.

Prácticas funerarias Se ha encontrado evidencia para demostrar que los pueblos de la edad de hielo enterraban a sus muertos. Una tumba encontrada en la actual Rusia contenía los cuerpos de dos niños, un niño de unos 13 años y una niña de unos 8 años. Ambos estaban cubiertos con miles de cuentas de marfil. El niño llevaba un colgante de marfil tallado en forma de un animal. La niña llevaba una gorra y un broche de marfil.

Prácticas religiosas tempranas
Las pinturas rupestres, estatuas y lugares de entierro podrían indicar cómo reaccionaban los primeros humanos ante lo que consideraban fuerzas misteriosas y poderosas. Estos rituales y símbolos eran parte de la cultura. Van más allá de la supervivencia y expresan significados más profundos del mundo.

Estos primeros habitantes creían que la naturaleza está dotada de alma, una creencia conocida como **animismo**. Para ellos, los animales que cazaban tenían espíritus. También los árboles, las rocas, el agua y el clima tenían espíritus. Quizás pintaron imágenes de animales para honrar a los espíritus de los animales y pedirles perdón por tener que matarlos.

El siguiente gran cambio Al final del Paleolítico, los humanos habitaban muchas regiones del mundo. Tenían un lenguaje hablado complejo, aprendieron a hacer herramientas y armas, y se habían adaptado a diferentes medio ambientes. Pero en muchos aspectos importantes, su vida no había cambiado. Todavía vivían en grupos pequeños como cazadores-recolectores, siguiendo a los animales de los que dependían para su supervivencia.

Luego, hace unos 10,000 años, aprendieron una destreza que cambió su vida. Esto marcó el fin del Paleolítico y el comienzo del Neolítico o la Nueva Edad de Piedra. En el siguiente capítulo, aprenderás sobre el nacimiento de la agricultura.

Verificar la lectura **¿Qué creencias religiosas desarrollaron los pueblos de la Edad de Piedra?**

Evaluación de la Sección 3

Pregunta esencial
¿Cuáles son las consecuencias de la tecnología?

Términos clave
1. Describe la teoría de "fuera de África" de la migración humana.
2. ¿Cuáles son algunas de las cosas que forman el medio ambiente de una persona?
3. ¿Qué vinculaba a las familias que eran miembros del mismo clan?

Ideas clave
4. ¿Qué tipo de evidencia se usa para estudiar la migración?
5. ¿Cómo ayudó la formación de comunidades a la supervivencia?
6. ¿Cuáles son dos indicios de que las personas desarrollaron culturas más complejas?

Razonamiento crítico
7. **Inferir** ¿Qué destrezas y herramientas se necesitarían para hacer pinturas rupestres? ¿Qué sugiere esto sobre las personas que las crearon?
8. **Predecir** ¿Cómo crees que la agricultura podría haber cambiado la vida humana?
9. ¿Qué tecnología ayudó a las personas a adaptarse a la última edad de hielo? ¿Qué otras destrezas y herramientas habrían ayudado a sobrevivir a las personas de la edad de hielo? Anota la respuesta en tu Cuaderno del estudiante.

Evaluación del capítulo

Términos e ideas clave

1. Explicar ¿Cómo nos ayudan los **arqueólogos** y **geólogos** a obtener información sobre el pasado?

2. Recordar ¿Qué descubrimientos realizaron Mary Leakey, Donald Johanson y Michael Brunet?

3. Describir ¿Cómo sobrevivían los **cazadores-recolectores** en el Paleolítico?

4. Comparar y contrastar Identifica dos maneras en que los Neandertales se diferenciaban de los seres humanos modernos.

5. Recordar ¿Qué evidencia apoya la teoría de que la **migración** de los seres humanos modernos comenzó en África?

6. Describir ¿Cómo se **adaptaban** las personas a las cambiantes condiciones climáticas durante la última edad de hielo?

7. Explicar ¿Qué es el **animismo**?

Razonamiento crítico

8. Preguntar Eres un antropólogo que trabaja en una parte de África donde nunca se han encontrado fósiles humanos. Descubres huesos que podrían ser humanos. Haz una lista de tres preguntas que quisieras responder al estudiar los huesos.

9. Analizar fuentes primarias y secundarias Vuelve a leer la cita de Robert Begouën en la Sección 3. ¿Qué experiencia está describiendo? ¿Qué emociones experimentó? ¿Qué conclusiones sacó acerca de los pueblos de la Edad de Piedra?

10. Comparar y contrastar Con base en lo que has leído, ¿cómo crees que se diferenciaban las personas de la Edad de Piedra de nosotros? ¿En qué se parecían a nosotros?

11. Conceptos básicos: Ciencia y tecnología Un viejo dicho afirma: "La necesidad es la madre de la invención". Formula este dicho con tus propias palabras. Después, da dos ejemplos de este capítulo que se ajustan al dicho.

Analizar elementos visuales

Usa la caricatura para responder las preguntas siguientes.

12. ¿Quiénes son los hombres de la caricatura? ¿Qué están haciendo?

13. ¿Dónde es probable que se esté llevando a cabo esta escena?

14. ¿Por qué uno de los hombres piensa que el hallazgo es "sospechoso"?

15. Basándote en lo que has leído, ¿cómo es probable que se viera un hallazgo auténtico?

"Es un maravilloso hallazgo. Sin embargo, es un tanto sospechoso".

"IT'S A WONDERFUL FIND, AND YET THERE'S SOMETHING SUSPICIOUS ABOUT IT."

my worldhistory.com

Self-Test

Success Tracker™
En línea en myworldhistory.com

Preguntas basadas en documentos

Usa tu conocimiento del Paleolítico y los Documentos A y B para responder las Preguntas 1 a 3.

Documento A

Documento B

" Hasta 1,700 visitantes recorrían Lascaux a diario, pero a finales de la década de 1950, la presencia de tantos cuerpos de sangre caliente exhalando dióxido de carbono alteró el clima de la cueva hasta el punto en que los depósitos de calcita y líquenes estaban amenazando las pinturas. . . . La amenaza de un daño permanente se volvió tan seria que el Ministro de Cultura [de Francia] ordenó que se cerrara la cueva".

—James Graff, "Saving Beauty", *Time*, 7 de mayo de 2006

1. Esta pintura rupestre de Lascaux es evidencia de que los pueblos del Paleolítico

   A. cazaban caballos y toros para alimentarse.

   B. montaban a caballo cuando cazaban.

   C. eran artistas.

   D. migraron de África.

2. ¿Por qué se cerraron las cuevas de Lascaux?

   A. Las pinturas habían sido destruidas.

   B. Los turistas afectaron el clima de las cuevas.

   C. A Francia no le preocupaba la preservación de las cuevas.

   D. No había interés en visitar las cuevas.

3. **Tarea escrita** ¿Por qué tantas personas visitaban Lascaux? Explica los motivos a favor y en contra del cierre de las cuevas.

Comienzo de la civilización

? Pregunta esencial

¿Qué deberían hacer los gobiernos?

Los restos de una ciudad antigua en el valle del río Indo ▼

? Explora la Pregunta esencial

- en **my worldhistory.com**
- usando **miMundo: Actividad del capítulo**
- con el **Cuaderno del estudiante**

De la agricultura a la civilización

Termina la última edad de hielo.

Se asienta en Turquía la aldea agrícola más antigua que se conoce.

Se establece Uruk, la primera ciudad, en el suroeste de Asia.

hace 12,000 años	hace 10,000 años	hace 8,000 años	hace 6,000 años	hace 4,000 años

Las personas aprenden a cultivar; comienza la revolución agrícola del Neolítico.

La Epopeya de Gilgamesh

Hace casi 3,000 años, un escritor grabó en tablillas de arcilla la historia de Gilgamesh, el legendario rey de Uruk. Uruk fue una ciudad real del antiguo Oriente Medio. Y probablemente existió un rey llamado Gilgamesh que alguna vez gobernó Uruk.

Pero el Gilgamesh descrito en las tablillas de arcilla no era un rey común ni un hombre ordinario. Él era dos partes dios y una parte mortal, y medía alrededor de 10 pies de altura.

El escritor de las tablillas dice que no había hombre tan fuerte o guapo como Gilgamesh, y ninguna ciudad era tan grande y hermosa como Uruk. Estaba rodeada por una muralla de seis millas de largo y en el interior estaban todas las riquezas y el arte del mundo civilizado. El poderoso Gilgamesh reinaba sobre todas las cosas.

Gilgamesh era un rey cruel y egoísta. Para construir los magníficos edificios públicos de Uruk obligaba a los hombres a trabajar hasta que caían muertos de agotamiento. Dejaba a las familias desoladas y hacía que el pueblo viviera con miedo constante.

Un día, los ciudadanos pidieron a los dioses que hicieran algo, lo que fuera, para protegerlos de Gilgamesh. "¡Ayúdenos! —les rogaron—. ¡Nuestro rey está arruinando nuestras vidas!".

my worldhistory.com

Timeline / On Assignment

El poderoso Gilgamesh obliga a su pueblo a construir la gran ciudad de Uruk.

El pueblo de Uruk pide a sus dioses que los protejan de su cruel rey, Gilgamesh.

El narrador escribe que los dioses se apiadaron del pueblo de Uruk. Decidieron que Gilgamesh necesitaba un compañero que fuera su igual en fuerza, apetito y sed de aventura. Creían que con un amigo, dejaría en paz a su pueblo.

Así que los dioses crearon a Enkidu. Como Gilgamesh, Enkidu no era un hombre común. Era salvaje. Era enorme. Estaba cubierto de pelo. Vivía con los animales y vagaba por el campo. Sin embargo, poco a poco

Enkidu dejó su condición salvaje y se incorporó a la civilización. Ayudó a los pastores de las afueras a proteger sus ovejas por la noche. Los tigres y lobos no eran rivales para el poderoso Enkidu.

Un día, Enkidu escuchó que Gilgamesh se iba a llevar a la novia de un ciudadano de Uruk. Enkidu se horrorizó. Juró que impediría que Gilgamesh maltratara a sus propios súbditos. Cuando Enkidu confrontó a Gilgamesh, inmediatamente comenzaron a luchar. Gilgamesh nunca había

Gilgamesh y Enkidu comienzan a luchar tan pronto como se encuentran. A pesar de esto, más tarde se volverán amigos.

Gilgamesh llora la muerte de su amigo Enkidu.

sido desafiado por alguien tan fuerte como Enkidu. Gilgamesh necesitó de todas sus fuerzas para derrotar a Enkidu ¡y Gilgamesh era parte dios! En el fondo, sabía que Enkidu, que *no* era parte dios, era su igual. Después de la lucha, se respetaron mutuamente y se volvieron amigos inseparables.

Después, escribe el narrador, Gilgamesh y Enkidu tuvieron muchas aventuras. Derrotaron a Khumbaba, un gigante feroz. Un día, Gilgamesh enfureció a la diosa Ishtar, por lo que envió al toro del cielo tras él. El toro podía matar a 600 soldados con sólo un resoplido de su aliento de fuego. Sin embargo, Gilgamesh y Enkidu mataron a la bestia. Cada vez eran más amigos y enfrentaban a enemigos cada vez más grandes. Eran imparables. . . casi.

Un día, los dioses decidieron que Enkidu debía morir. Al poco tiempo, Enkidu enfermó. Se debilitó en pocos días. Enkidu estaba enojado porque no iba a morir de manera heroica, pero su ira no podía cambiar su destino.

Gilgamesh estaba desolado por la muerte de su amigo. Si alguien tan fuerte como Enkidu podía morir, entonces seguramente esto significaba que un día ¡*él* moriría!

Gilgamesh no quería morir. Quería vivir para siempre, así que viajó hasta los confines de la Tierra en busca de la inmortalidad. Durante su búsqueda comenzó a aceptar que incluso él moriría.

A su regreso a Uruk, Gilgamesh era un rey más humilde que ya no maltrataba a sus ciudadanos. Aprendió una lección importante. Comprendió que la inmortalidad no provendría de escapar de la muerte. Viviría en Uruk y en su pueblo. El verdadero camino para alcanzar la inmortalidad era ser recordado de buena manera por sus súbditos.

Así termina la leyenda de Gilgamesh. ¿O no? La ciudad de Uruk es ahora sólo una ruina. Pero las tablillas de arcilla que cuentan la historia de Gilgamesh sobreviven. Gilgamesh sigue viviendo en una historia que ha existido durante miles de años.

En esta sección, leíste acerca de un legendario rey de la ciudad de Uruk. ¿Qué sugiere esta historia sobre el gobierno y la religión de la antigüedad? A medida que leas el siguiente capítulo, fíjate cómo la historia ilustra algunas características de las primeras civilizaciones.

→ (myStory Video)

Aprende más sobre la leyenda de Gilgamesh.

Comienzo de la agricultura

Ideas clave
- La vida humana cambió radicalmente desde que las personas aprendieron a cultivar y a domesticar a los animales.
- La agricultura permitió a las personas asentarse en un lugar y desarrollar destrezas especializadas.

Términos clave • revolución • domesticar • superávit • especialización

 Visual Glossary

 Destreza de lectura Analizar causa y efecto Toma notas usando el organizador gráfico en tu Cuaderno.

Hace aproximadamente 9,000 años, las personas comenzaron a criar ganado. ▼

Los pueblos del Paleolítico, o la Edad de Piedra Antigua, vivían como cazadores-recolectores. No podrían haber imaginado muchas de las cosas a las que estamos acostumbrados. Usualmente seguían a las manadas de animales y no podían asentarse mucho tiempo en un solo lugar. Tenían pocas posesiones, sólo las que podían transportar fácilmente. La disponibilidad de alimentos era incierta. La vida era corta y peligrosa. La supervivencia era un trabajo de tiempo completo.

Hace unos 10,000 años, la vida cambió. Los cambios se produjeron durante un período de 2,000 a 4,000 años. Llamamos a este período el Neolítico, o la "Nueva" Edad de Piedra. (El prefijo *neo* significa "nuevo"). Durante este período, las personas aprendieron a cultivar.

Con el tiempo, la mayoría de los cazadores-recolectores dejaron de desplazarse en busca de alimentos y se asentaron en un solo lugar. La vida todavía era difícil y la supervivencia seguía siendo la principal preocupación. Con los asentamientos, el mundo comenzó a tomar muchas de las características que conocemos hoy en día. De hecho, el cambio de la caza a la agricultura fue tan importante que los historiadores lo llaman la revolución agrícola del Neolítico. Una **revolución** es un cambio total en la forma de pensar, trabajar o vivir.

El nacimiento de la agricultura

La última edad de hielo terminó hace unos 12,000 años. Las temperaturas aumentaron y los patrones de lluvia cambiaron. Los glaciares comenzaron a reducirse. Conforme el hielo se derretía, los niveles del océano aumentaban.

La mayoría de las plantas y los animales se adaptaron al cambio. Los abetos, que sobreviven en climas fríos, se extendieron hacia el norte en regiones antes cubiertas de hielo. Algunos animales grandes de la Edad de Hielo no pudieron adaptarse y se extinguieron. Las personas que los cazaban tuvieron que buscar otra cosa para comer. Algunas se adaptaron al buscar nuevas fuentes de alimento. Cazaron animales más pequeños. Las personas que vivían cerca de ríos o lagos dependieron más de la pesca.

Modificar el medio ambiente Otros aprendieron a modificar su medio ambiente para obtener alimentos. Por ejemplo, desmontaron los árboles y arbustos al prenderles fuego. Los nuevos pastos atraían a animales como el venado.

Es probable que las personas hayan notado que, si las semillas se esparcían, crecerían nuevas plantas. Esto las llevó a buscar maneras de fomentar el crecimiento de plantas alimenticias silvestres.

Domesticación de plantas y animales Con el tiempo, las personas domesticaron plantas y animales, especialmente los que se usan para la alimentación. **Domesticar** significa cambiar el crecimiento de las plantas o la conducta de los animales para hacerlos útiles para los seres humanos. La domesticación marcó el nacimiento de la agricultura.

Incluso antes de la revolución agrícola, los lobos salvajes se desarrollaron en perros, que fueron domesticados. Los perros ayudaban en la caza y servían como compañía y protección.

Historia de la domesticación

Cuándo	Qué
hace 20,000–15,000 años	Perros
hace 11,000 años	Higueras Arroz
hace 10,500–10,000 años	Ovejas Cabras Cebada Trigo
hace 9,000 años	Cerdos Ganado
hace 8,000 años	Pollos Mijo
hace 7,000 años	Papas Aguacates Maíz Garbanzos
hace 6,000 años	Burros Pimientos Sandías Cobayos
hace 5,500–5,000 años	Caballos Camellos Llamas Gatos Gusanos de seda Abejas Granadas

83

Las plantas domesticadas, o cultivos, fueron una fuente de alimento nutritiva y <u>fiable</u>. El trigo, el arroz o el maíz eran los alimentos principales de sociedades enteras. Muchos animales proporcionaban carne, huevos, leche e incluso miel. Los caballos y los bueyes se convirtieron en animales de trabajo. Las ovejas y las llamas se usaban para hacer ropa.

Al principio, había poca diferencia entre las plantas silvestres y las domesticadas. Pero, las personas seleccionaron las semillas que producían los mejores cultivos para sembrarlas. Así, estas plantas produjeron alimentos más abundantes y mejores. Un tomate silvestre, por ejemplo, es del tamaño de una cereza. Un tomate domesticado es como una naranja. En contraste, algunas razas de cabras, cerdos y ganado domesticado son más pequeñas que sus antepasados salvajes. Es posible que hayan sido más fáciles de manejar.

Nuevas herramientas Los agricultores inventaron nuevas herramientas. Usaban hachas para talar los árboles y ganar tierra cultivable y hoces para cosechar granos. Molían el grano en harina con molinillos de piedra o molinos de mano.

Estas herramientas eran de piedra. Conforme los pueblos desarrollaron nuevas tecnologías, crearon herramientas más eficientes de bronce y hierro. Por eso los historiadores se refieren a estas etapas como la Edad de Piedra, la Edad del Bronce y la Edad del Hierro.

Verificar la lectura **¿Por qué fue importante la domesticación de plantas y animales?**

Esta pintura muestra agricultores egipcios usando hoces para cosechar el trigo. ▼

Las primeras hoces estaban hechas de piedra o pedernal.

Las hoces de bronce eran más ligeras que las de piedra y estaban más afiladas.

El desarrollo del hierro permitió a los agricultores hacer hoces más fuertes.

Evolución de las herramientas de labranza

Los agricultores antiguos desarrollaron herramientas para cortar cultivos de cereales como el trigo y la cebada. Las herramientas se hicieron más eficientes a lo largo de los siglos, pero el trabajo sigue siendo el mismo.

Las segadoras mecánicas actuales hacen el mismo trabajo que las hoces de arriba. ▼

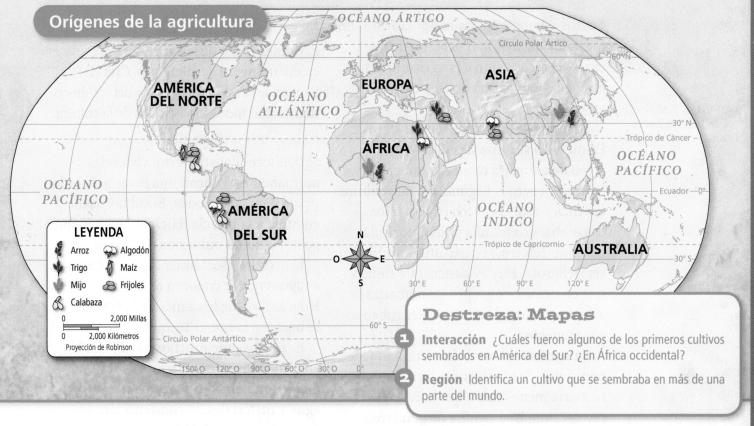

Orígenes de la agricultura

LEYENDA

- Arroz
- Trigo
- Mijo
- Calabaza
- Algodón
- Maíz
- Frijoles

0   2,000 Millas
0   2,000 Kilómetros
Proyección de Robinson

Destreza: Mapas

1 Interacción ¿Cuáles fueron algunos de los primeros cultivos sembrados en América del Sur? ¿En África occidental?

2 Región Identifica un cultivo que se sembraba en más de una parte del mundo.

La difusión de la agricultura

Nadie sabe con exactitud dónde se comenzaron a plantar las semillas para alimentarse. Hay evidencia que sugiere dónde comenzó la agricultura y cómo se propagó. Además hay información de cómo era la vida en las primeras comunidades agrícolas.

Los primeros centros de agricultura Se cree que hace unos 10,000 años, el suroeste de Asia fue el primer centro de agricultura. Allí, se han descubierto semillas de plantas de trigo domesticadas enterradas. Son similares a las variedades que aún crecen en el área.

El mapa muestra que posiblemente la agricultura se extendió desde el suroeste de Asia hacia el oeste, hasta África. Es posible que se también se haya extendido hacia el norte en Europa y hacia el este en el valle del río Indo en Asia del sur.

Otros centros de agricultura aparecieron en diferentes sitios. En el suroeste de Asia, se cultivaban el trigo y la cebada. Estos cultivos luego se extendieron a Egipto. En el sur de la actual China, se cultivaba el arroz. Más al norte, un grano llamado mijo fue el primero en ser domesticado.

En las Américas comenzó con la domesticación de las calabazas en el actual México. En América del Sur, se cultivaban papas, frijoles y calabazas. En África, comenzó con el sorgo y la batata.

Costos y beneficios de la agricultura En todos los lugares, la transición de la caza y la recolección a la agricultura fue gradual. Cada forma de vida tuvo costos y <u>beneficios</u>.

Algunos de los costos fueron claros. Primero, la siembra de cultivos y el arreo de animales requerían mucho tiempo y energía. Segundo, la agricultura era incierta. Si la cosecha de un año fracasaba, una familia podía morir de hambre. Tercero, la agricultura podía ser peligrosa. Hay evidencia que sugiere que en ocasiones grupos de nómadas atacaban a los agricultores y les robaban sus alimentos.

La agricultura también ofrecía muchos beneficios. Producía más alimentos y requería menos tierra que la caza y la recolección. Una familia de granjeros necesitaba sólo 6 ó 7 hectáreas de terreno para cultivar suficiente trigo o maíz para alimentarse un año. Una familia de cazadores-recolectores necesitaba unas 20,000 hectáreas para alimentarse por un año.

Como resultado de la agricultura, se construyeron viviendas permanentes y aldeas agrícolas. También surgieron nuevos materiales para ropa. (Más adelante, podrás leer sobre los nuevos tipos de viviendas y la ropa que se inventó en el Neolítico).

Algunos grupos se dedicaron a la agricultura durante un tiempo y luego regresaron a la caza y la recolección. Al final, la mayoría de las personas optaron por seguir siendo agricultores.

Verificar la lectura **¿Dónde comenzó la agricultura y cómo se difundió?**

beneficio, *sust.,* provecho; resultado favorable

▲ Los arqueólogos encontraron esta estatua en las ruinas de Çatal Höyük.

Nuevas formas de vida

El primer efecto de la agricultura fue en el suministro de alimentos. Con el tiempo, la revolución agrícola del Neolítico transformó todos los aspectos de la cultura.

Nuevos tipos de viviendas Los agricultores construyeron viviendas permanentes. Usaron una mezcla de lodo y paja para las paredes. El sol horneaba y endurecía la mezcla. Hicieron techos con postes y ramas cubiertos con barro.

Uno de los asentamientos agrícolas más antiguos que se conocen es la aldea Çatal Höyük. Data de hace más de 8,000 años y se ubica en la actual Turquía.

Es posible que muchos hayan vivido en Çatal Höyük en su apogeo. El medio ambiente les daba fuentes de agua y materiales de construcción. Un arqueólogo describió las casas de dos pisos del asentamiento:

> 66 Las casas de Çatal Höyük estaban tan apiñadas que había pocas calles o no había calles. El acceso al interior era por los techos de madera y cañas, cubiertos de barro, y por escaleras. Enterraban a sus muertos debajo de los pisos. En los interiores tenían muchas obras de arte: pinturas murales, relieves y esculturas, incluidas imágenes de mujeres que algunos interpretaron como evidencia de un culto a una diosa madre 99.

— Ian Hodder, "This Old House"

Cada casa tenía su cocina y área de almacenamiento de alimentos. Las personas cultivaban granos y criaban ovejas y cabras.

Çatal Höyük

Ubicada en el sur de Turquía, Çatal Höyük es la aldea más grande y mejor conservada del Neolítico. El asentamiento está compuesto casi enteramente por viviendas particulares. No hay grandes edificios públicos.

RAZONAMIENTO CRÍTICO **¿Cómo crees que haya beneficiado a las personas de Çatal Höyük el hecho de vivir juntas de esta manera?**

Las personas entraban en los edificios por las escaleras de los techos.

Muchas viviendas tienen pinturas como éstas. Los científicos no están seguros de lo que significan.

Los techos estaban hechos de postes cubiertos por capas de barro y cañas.

Las personas se reunían en la sala del santuario para rendir culto.

Usaban pieles de animales secadas al sol para hacer ropa.

Los arqueólogos que excavan en Çatal Höyük han encontrado restos humanos enterrados en fosas debajo de los pisos de las casas.

Los restos de Çatal Höyük fueron excavados por primera vez en la década de 1960. El trabajo continúa hasta la fecha.

Nuevos tipos de ropa La agricultura también cambió la forma de vestir de las personas. Para los cazadores-recolectores, los materiales más importantes eran las pieles y los cueros de los animales. La agricultura proporcionó nuevos materiales más ligeros y fáciles de trabajar. Desde Egipto y la India hasta las Américas, los agricultores domesticaron la planta de algodón. Aprendieron a hacer la tela de las fibras vegetales. El lino también se usó para hacer telas.

Los animales domesticados, como las ovejas y los yaks, proporcionaban materiales para ropa. Se usaba la lana y otros pelajes de animales para hacer hilos. En China, se criaban los gusanos de seda.

Superávit y especialización Conforme los cultivos y los rebaños mejoraban, aumentó la cantidad de alimentos. Algunas familias generaron un **superávit**, o más de lo que necesitaban para alimentarse. El superávit podía mantener a una población en crecimiento. El tamaño de las aldeas agrícolas aumentó.

Cuando había un superávit de alimentos, no todos tenían que cultivar. Algunos podían especializarse. La **especialización** es cuando las personas trabajan la mayor parte de su tiempo en un solo oficio. Pueden comerciar los bienes que hacen gracias al superávit de los agricultores. Los fabricantes de herramientas convertían las piedras en hachas y cuchillos pulidos. Los alfareros moldeaban la arcilla en tazones. Los tejedores hilaban la lana para hacer telas. Otros se especializaron en la metalurgia. Los primeros trabajadores del metal calentaban las menas para extraer, o sacar, metales como el cobre y el estaño.

Organización social Las primeras comunidades agrícolas eran pequeñas. Igual que la caza, la agricultura requería de una estrecha cooperación entre los

Efectos de la agricultura

Los cazadores-recolectores deben viajar para conseguir alimentos. En los pequeños grupos de nómadas, todos están involucrados en la obtención de alimentos.

↓

La agricultura se desarrolla. Las personas domestican plantas y animales y forman comunidades asentadas.

↓

Las herramientas y los cultivos mejoran. Las personas pueden cultivar más alimentos y obtener superávits.

↓

Las poblaciones se hacen más grandes.

↓

Con más personas y alimentos suficientes, no todos tienen que participar en la agricultura.

↓

Se desarrolla la especialización. Las personas se convierten en alfareros, tejedores, fabricantes de herramientas, curanderos, contadores de historias, etc.

Destreza: Gráficas

¿Por qué sería difícil la especialización en una sociedad de cazadores-recolectores?

Aprendizaje del siglo XXI

miembros de la comunidad. Los jefes de las familias tomaban decisiones importantes, como cuándo sembrar y cosechar, qué hacer con los superávits o cómo proteger a la comunidad.

Los arqueólogos han desenterrado los restos de varias aldeas del Neolítico como Skara Brae, en Escocia (derecha). Allí, todas las casas eran casi del mismo tamaño. Por eso, quizás no existían grandes diferencias de posición social.

Un lugar permanente para vivir significaba tener más posesiones. Los primeros agricultores llenaban sus casas con muebles, herramientas, vasijas de barro y otros bienes demasiado pesados para desplazarse de un campamento a otro. Con el tiempo, algunas familias acumularon más posesiones que otras.

A medida que los superávits aumentaban y las personas se especializaban, surgían diferencias sociales. Leerás más sobre este desarrollo en la siguiente sección.

Verificar la lectura ¿Cómo condujo la agricultura a la especialización?

▲ La aldea de Skara Brae estaba compuesta por varias casas de una habitación como ésta.

Evaluación de la Sección 1

? Pregunta esencial

Términos clave

1. Para cada término clave, escribe una oración que explique su relación con el desarrollo de la agricultura en el Neolítico.

Ideas clave

2. ¿Qué nuevas destrezas hicieron posible la agricultura?

3. Identifica un costo y un beneficio de la agricultura para los primeros habitantes.

4. ¿Cómo cambió la agricultura los tipos de comunidades en las que vivían las personas?

Razonamiento crítico

5. Categorizar Haz una lista de animales domesticados y clasifícalos según su uso. Algunos irán en más de una categoría.

6. Sacar conclusiones ¿Cuáles son algunas ventajas y desventajas de la especialización?

¿Qué deberían hacer los gobiernos?

7. ¿Cómo crees que cambió la toma de decisiones a medida que las personas pasaban de ser grupos de cazadores-recolectores a grandes comunidades agrícolas? Anota la respuesta en tu Cuaderno del estudiante.

Ciudades y civilizaciones

Ideas clave	• A medida que crecieron las poblaciones, las aldeas agrícolas se convirtieron en ciudades.	• En varios valles fértiles junto a los ríos, las ciudades dieron lugar a las primeras civilizaciones del mundo.	• Las primeras civilizaciones tenían ciertas características en común.

Términos clave • economía • civilización • recurso • religión • clase social   **Visual Glossary**

Destreza de lectura Resumir Toma notas usando el organizador gráfico en tu Cuaderno.

Esta estatua se encontró en los restos de la antigua ciudad de Uruk. ▼

A medida que se difundió la agricultura, aparecieron muchos asentamientos pequeños. Con el tiempo, algunas aldeas se convirtieron en ciudades. En esta sección, leerás sobre las primeras ciudades y la aparición de las primeras civilizaciones.

Las primeras ciudades

Las primeras ciudades del mundo comenzaron como aldeas agrícolas en Oriente Medio. A medida que las aldeas crecían, comenzaron a comerciar unas con otras. El comercio, igual que la agricultura, se convirtió en una importante fuente de riqueza.

La ciudad de Uruk Al principio de este capítulo, leíste una historia sobre la antigua ciudad de Uruk. Aunque la historia es una leyenda, la ciudad era real. Muchos historiadores consideran que Uruk fue la primera ciudad del mundo. Se fundó hace unos 6,000 o 7,000 años.

Uruk era diferente de Çatal Höyük y de otras aldeas agrícolas más antiguas. Una diferencia era el tamaño. Çatal Höyük ocupaba cerca de 32 hectáreas y residían no más de 6,000 personas. Cuando Uruk estaba en su apogeo, más de 40,000 personas vivían allí. Uruk ocupaba una superficie de casi 1,000 hectáreas y tenía casas, jardines y grandes edificios públicos, como templos.

Otra diferencia era la forma de gobierno de Uruk. Aldeas como Çatal Höyük no necesitaban un gobierno complejo. La gente actuaba y tomaba decisiones según las antiguas costumbres de la aldea. El consejo de la aldea solucionaba la mayoría de las disputas. Una ciudad grande como

Uruk no se podía dirigir de esa manera. Uruk tenía un gobierno fuerte y bien organizado. Los primeros gobernantes de la ciudad probablemente fueron los sacerdotes del templo. Más tarde, los líderes militares más poderosos gobernaron Uruk como reyes. Estos gobernantes tenían mayor poder que el consejo de la aldea.

Centros de riqueza Una ciudad como Uruk tenía una economía más compleja que la de las primeras aldeas agrícolas. Una **economía** es el sistema usado por una comunidad para producir y <u>distribuir</u> bienes y servicios. La economía de una sociedad o una nación se define por la respuesta a tres preguntas básicas. ¿Qué bienes y servicios se deben producir? ¿Cómo se deben producir los bienes y servicios? ¿Quién debe obtener y usar los bienes y servicios?

En las primeras comunidades humanas, las respuestas a estas tres preguntas económicas eran bastante simples. Cada grupo producía los bienes y servicios que eran necesarios para su supervivencia. Los obtenía mediante la caza y la recolección. La comunidad compartía estos productos y servicios.

La economía de Çatal Höyük se basaba principalmente en la agricultura. En contraste, la economía más compleja de Uruk se basaba tanto en la agricultura como en el comercio. Los talleres que producían todo tipo de productos flanqueaban las calles de la ciudad. Los negociantes de Uruk viajaban mucho. Los arqueólogos han encontrado alfarería y otros productos comerciales de Uruk en muchos lugares de Oriente Medio.

La riqueza de Uruk y otras ciudades atrajo a muchos. Las personas se mudaron del campo a las ciudades. Muchas ciudades antiguas construyeron murallas para protegerse de los invasores. Uruk estaba rodeada por una gruesa muralla de 6 millas. Esta muralla indica que era una ciudad rica que valía la pena proteger.

Verificar la lectura **¿Dónde aparecieron las primeras ciudades?**

distribuir, *v.,* dividir y repartir

Incluso las ruinas de Uruk dan una idea de la gran ciudad que era hace 7,000 años. ▼

91

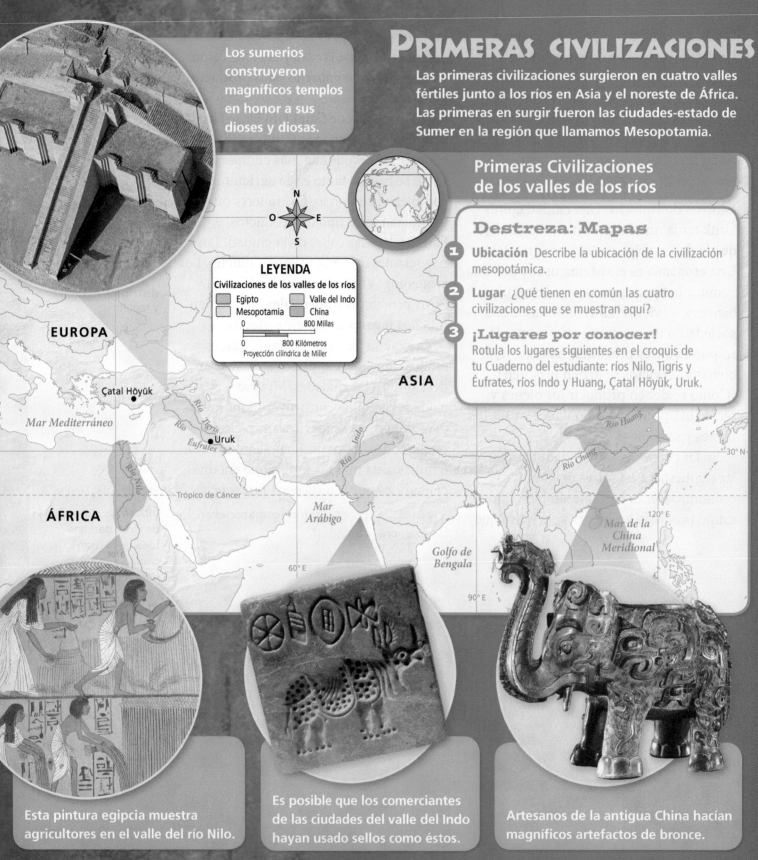

Los sumerios construyeron magníficos templos en honor a sus dioses y diosas.

PRIMERAS CIVILIZACIONES

Las primeras civilizaciones surgieron en cuatro valles fértiles junto a los ríos en Asia y el noreste de África. Las primeras en surgir fueron las ciudades-estado de Sumer en la región que llamamos Mesopotamia.

Primeras Civilizaciones de los valles de los ríos

Destreza: Mapas

1 **Ubicación** Describe la ubicación de la civilización mesopotámica.

2 **Lugar** ¿Qué tienen en común las cuatro civilizaciones que se muestran aquí?

3 **¡Lugares por conocer!**
Rotula los lugares siguientes en el croquis de tu Cuaderno del estudiante: ríos Nilo, Tigris y Éufrates, ríos Indo y Huang, Çatal Höyük, Uruk.

LEYENDA
Civilizaciones de los valles de los ríos
Egipto
Mesopotamia
Valle del Indo
China
0   800 Millas
0   800 Kilómetros
Proyección cilíndrica de Miller

N
O·E
S

EUROPA

Çatal Höyük

Mar Mediterráneo

Río Tigris

Río Éufrates

Uruk

ASIA

Río Indo

Río Huang

Río Chang

30° N

-Trópico de Cáncer-

Río Nilo

ÁFRICA

30° E

60° E

Mar Arábigo

Golfo de Bengala

90° E

120° E

Mar de la China Meridional

Esta pintura egipcia muestra agricultores en el valle del río Nilo.

Es posible que los comerciantes de las ciudades del valle del Indo hayan usado sellos como éstos.

Artesanos de la antigua China hacían magníficos artefactos de bronce.

El surgimiento de las civilizaciones

A medida que las primeras ciudades crecieron en tamaño y poder, algunas se convirtieron en centros de las civilizaciones. Una **civilización** es una sociedad compleja con ciudades, un gobierno organizado y trabajadores con destrezas especializadas. La palabra *civilización* proviene de la palabra en latín *civis*, que significa "residente de una ciudad".

La importancia de los recursos El surgimiento de las primeras civilizaciones dependía de la creación de un superávit de alimentos. Éste dependía de la capacidad de las personas para administrar sus recursos. Un **recurso** es el suministro de algo que puede usarse según se necesite.

Los más importantes eran tierra fértil, agua dulce y semillas. Valían poco había mano de obra y las herramientas necesarias para producir alimentos suficientes. Administrarlos bien requería de planificación y organización, que marcó una nueva etapa en la sociedad humana.

Ubicación de las civilizaciones La primera civilización también apareció en el suroeste de Asia, en la ciudad-estado de Sumer. (Leerás más sobre la civilización sumeria en el Capítulo 3). Con el tiempo, otras civilizaciones aparecieron en diferentes partes del mundo.

Cuatro de estas civilizaciones se desarrollaron en los valles fértiles que rodeaban a los ríos: el Nilo en el noreste de África; el Tigris y el Éufrates en el suroeste de Asia; el Indo en Asia meridional; y el río Huang en China. (Puedes ver su ubicación en el mapa de la página opuesta).

Los valles de los ríos eran un buen entorno para los asentamientos permanentes. Cada año, los ríos crecían e inundaban las tierras cercanas. Cuando las aguas bajaban, quedaba una nueva capa de suelo fértil que los agricultores podían usar para cultivar.

No todas las civilizaciones antiguas surgieron en los valles de los ríos. La civilización griega surgió en una península rocosa en el sureste de Europa y en islas en el este del mar Mediterráneo. La civilización maya surgió en las selvas tropicales del actual México y América Central. La civilización inca surgió en la cordillera de los Andes en América del Sur.

Verificar la lectura **¿Por qué surgieron muchas de las primeras civilizaciones en los valles de los ríos?**

Características de las civilizaciones

Aunque las primeras civilizaciones diferían en muchos aspectos, compartían ocho características básicas: ciudades; gobiernos organizados; religión establecida; especialización en el trabajo; clases sociales; obras públicas; artes y arquitectura; y un sistema de escritura.

Ciudades Las ciudades surgieron cerca de los centros de cultivo. A medida que el superávit de alimentos generó un crecimiento demográfico, las aldeas se convirtieron en ciudades. Eran centros de religión, gobierno y cultura. Algunos antiguos centros poblados como Damasco, Siria, siguen siendo ciudades importantes.

mi Mundo
CONEXIONES

Muchas ciudades estadounidenses como Boston, Nueva York y Nueva Orleans fueron primero puertos comerciales de mar o ríos.

my worldhistory.com

Places To Know

Gobiernos organizados La segunda característica era un gobierno bien organizado. Una de sus funciones es administrar los recursos de la sociedad para que las personas obtengan lo que necesitan para sobrevivir. Un gobierno sólido puede formar y entrenar un ejército para defender a la sociedad de ataques o para extender sus fronteras.

A medida que las poblaciones crecieron, gobernar fue más difícil. Los gobernantes llegaron a contar con un gran número de funcionarios públicos encargados de diferentes funciones.

Religión establecida La tercera característica era una **religión** establecida, o un conjunto de creencias compartidas sobre los poderes sobrenaturales que crearon y gobernaron el mundo. La religión a menudo estaba vinculada al gobierno. Los gobernantes de las primeras civilizaciones afirmaban que su derecho a gobernar provenía de los dioses. En China, por ejemplo, los emperadores eran llamados "Hijos del cielo".

establecido, *adj.,* creado oficialmente

En la mayoría de las primeras civilizaciones, las personas creían en muchos dioses y diosas que controlaban la mayoría de los sucesos de sus vidas. Aunque temían a sus dioses, esperaban que los protegieran. Para mantener a sus dioses y diosas felices, los sacerdotes ofrecían sacrificios y dirigían oraciones. Esta oración es del antiguo Sumer:

> ❝ ¡Que la ira del corazón de mi dios se apacigüe!
> ¡Que el dios que conozco se apacigüe!
> ¡Que la diosa que conozco se apacigüe!
> ¡Que el dios conocido y desconocido se apacigüe!
> ¡Que la diosa conocida y desconocida se apacigüe!
> El pecado que he cometido no lo conozco. . . .
> ¡Mi dios, mis pecados son siete veces siete; perdona mis pecados!
> ¡Mi diosa, mis pecados son siete veces siete; perdona mis pecados! ❞
>
> — "Salmos penitenciales", traducido de la versión al inglés de Robert F. Harper

Destreza: Gráficas

¿Qué característica crees que era la más importante para una civilización exitosa? ¿Por qué?

Las ocho características de la civilización

- Ciudades
- Gobierno bien organizado
- Escritura
- Religión establecida
- **Civilización**
- Arte y arquitectura
- Especialización en el trabajo
- Obras públicas
- Clases sociales

La religión contiene creencias sobre la vida después de la muerte, así como reglas sobre el trato entre personas y cómo vivir una vida moral.

Especialización en el trabajo La mayoría de las personas eran agricultores. Producían alimentos suficientes para mantener a muchos trabajadores especializados, como sacerdotes, gobernantes, militares, artesanos y otros. Los sacerdotes se especializaban en las actividades religiosas. Los gobernantes y los soldados se especializaban en el mantenimiento del orden y la protección de amenazas externas. Los artesanos se especializaban en la producción de bienes y los negociantes y comerciantes en la compra y venta de bienes. Esto permitía que las personas desarrollaran destrezas y talentos para crear y mantener una civilización.

Clases sociales Una quinta característica era un sistema de clases sociales. Las **clases sociales** son grupos de personas que ocupan diferentes rangos o niveles en la sociedad. Las estructuras de clases parecían pirámides, con la menor cantidad de personas en la punta y la mayor cantidad en la base.

La clase social más alta en las primeras sociedades estaba compuesta por sacerdotes y gobernantes. Tenían más poder y riqueza.

En el medio estaban los agricultores, comerciantes y trabajadores especializados. Los miembros variaban en riqueza y estatus de una sociedad a otra. En muchas sociedades, los esclavos eran la clase

Carpinteros en el antiguo Egipto

Especialización en el trabajo

En las primeras culturas, la mayoría de las personas eran cazadores, recolectores o agricultores. A medida que la civilización se hizo más compleja, el número de funciones especializadas aumentó.

Un panadero en la Europa medieval

Una terapeuta física en los Estados Unidos actuales

my **worldhistory**.com

Primary Source

más baja. Los esclavos eran a menudo prisioneros capturados o personas que se vendían para pagar sus deudas.

Obras públicas Los gobiernos organizaban a los trabajadores para construir proyectos como carreteras, sistemas de agua, murallas para la ciudad y graneros para almacenar alimentos. Su construcción era costosa, llevaba tiempo y a menudo era peligrosa. Con frecuencia, los trabajadores se lesionaban o morían. Pero las obras públicas beneficiaban a la sociedad.

Arte y arquitectura La arquitectura está relacionada con las obras públicas. Los primeros pueblos construyeron y decoraron templos, tumbas y palacios.

Estos edificios servían una función pública, pero también eran objetos de belleza.

Las primeras civilizaciones también desarrollaron otras formas de arte. Los artesanos producían artículos de lujo para las clases altas, como joyas de oro y cajas de perfume. La música y la literatura enriquecían la vida y se convirtieron en un signo de una civilización avanzada.

Obras públicas

Los proyectos a gran escala generalmente los organiza y construye el gobierno para el beneficio de la sociedad.

→ **Culture Close-Up**

Una escuela pública norteamericana moderna

Parte del sistema de carreteras inca en América del Sur

Un baño público en la ciudad del valle del Indo de Mohenjo-Daro

Escritura

Todas las civilizaciones han desarrollado un sistema para llevar registros escritos.

Inscripciones en un hueso de la antigua China

Un libro medieval árabe, escrito e ilustrado a mano

Un libro en un lector electrónico moderno

Sistema de escritura La última característica común de las civilizaciones era un sistema de escritura. Las formas de escritura variaban, de una escritura hecha de dibujos a símbolos que representaban sonidos y letras.

En algunas de las primeras sociedades, la escritura se desarrolló por primera vez principalmente para registrar cantidades, como la cantidad de grano cosechado. Sin embargo, al final las personas usaron la escritura para preservar todo tipo de información. Registraban leyes, escribían oraciones a los dioses y describían las maravillas que hacían los gobernantes.

Los historiadores han aprendido mucho sobre las primeras civilizaciones a partir de los registros escritos que dejaron. Con el desarrollo de la escritura, pasamos de la prehistoria a la historia.

Verificar la lectura ¿Cuáles son las ocho características básicas de la civilización?

miMundo: Actividad
Aprueba el examen de la civilización

Evaluación de la Sección 2

Pregunta esencial
¿Qué deberían hacer los gobiernos?

Términos clave

1. ¿Qué tres preguntas definen la economía de una sociedad?

2. ¿Cuál es la primera característica que tienen en común todas las civilizaciones?

3. ¿Qué clases sociales eran comunes en la mayoría de las primeras civilizaciones?

Ideas clave

4. ¿En qué difiere Uruk de las comunidades agrícolas anteriores?

5. ¿Qué relación había entre los recursos naturales y el crecimiento de la civilización?

6. ¿Qué son las obras públicas? Da dos ejemplos.

Razonamiento crítico

7. Inferir ¿Por qué crees que las personas de las primeras ciudades comenzaron a comerciar con otras ciudades?

8. Sintetizar ¿Cuál es la relación entre la especialización en el trabajo y el surgimiento de clases sociales?

9. ¿Cómo se vinculaba un gobierno sólido con las obras públicas? ¿Crees que organizar este tipo de proyectos era algo que los primeros gobiernos tenían que hacer? Anota la respuesta en tu Cuaderno del estudiante.

myworldhistory.com Culture Close-Up

Evaluación del capítulo

Términos e ideas clave

1. Resumir ¿Qué fue la **revolución** agrícola del Neolítico?

2. Recordar ¿Qué región creen los historiadores que fue el primer centro de agricultura?

3. Explicar ¿Cómo condujo la agricultura al **superávit** de alimento?

4. Describir ¿Por qué consideran los historiadores que Uruk fue la primera ciudad?

5. Recordar ¿Cuáles son las ocho características básicas de una **civilización**?

6. Explicar En las primeras civilizaciones, ¿cuál era la relación entre el gobierno y la **religión**?

Razonamiento crítico

7. Tomar decisiones Si fueras uno de los primeros habitantes, ¿habrías preferido vivir como cazador-recolector nómada o como agricultor asentado? Justifica tu respuesta.

8. Analizar causa y efecto ¿Cómo permitió el nacimiento de la agricultura que las personas tuvieran más posesiones? ¿Cómo crees que las posesiones estaban relacionadas con el desarrollo de las clases sociales?

9. Analizar causa y efecto ¿Crees que podría haber existido la civilización sin el desarrollo de la agricultura? Explícalo.

10. Conceptos básicos: Los fundamentos del gobierno ¿Qué ocurrió con los gobiernos a medida que las personas pasaron de grupos de cazadores-recolectores a comunidades agrícolas y a civilizaciones? ¿Cómo se relaciona el gobierno con la toma de decisiones?

Analizar elementos visuales

Para cada civilización de los valles de los ríos, escribe la letra del mapa que muestra la ubicación de cada lugar.

11. civilización egipcia (río Nilo)

12. civilización china (río Huang)

13. civilización del valle del Indo (río Indo)

14. civilización mesopotámica (ríos Tigris y Éufrates)

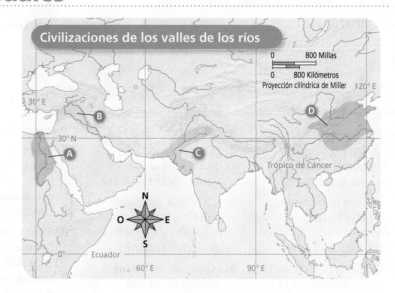

Civilizaciones de los valles de los ríos

Pregunta esencial

miMundo: Actividad del capítulo

El camino a la civilización Sigue las instrucciones de tu maestro para estudiar las primeras culturas humanas. Interpreta el papel de un escriba para registrar y analizar pistas sobre una cultura y decidir cuándo existió. Después, trabaja en equipo para sacar conclusiones y elaborar una línea cronológica viva que ponga en secuencia varias culturas diferentes en el tiempo.

Aprendizaje del siglo XXI

Resolución de problemas

Divídanse en pequeños grupos. Cada grupo será una comunidad agrícola antigua que enfrenta uno de estos problemas: (1) Grupos nómadas atacan sus cultivos. (2) Hay escasez de agua. (3) Su tierra produce trigo en el otoño, pero no en el invierno. Hagan un plan para resolverlo. Consideren qué tecnología o destreza pueden desarrollar y cómo puede su pueblo trabajar mejor.

Preguntas basadas en documentos

Usa tu conocimiento del Neolítico y los Documentos A y B para responder las Preguntas 1 a 3.

Documento A

Documento B

" Se seleccionaron los pollos para que fueran más grandes, ganado salvaje (uros) para ser más pequeño. . . . los animales domésticos. . . tienen cerebros más pequeños y sentidos menos agudos que sus ancestros salvajes. Buenos cerebros y vista perspicaz son esenciales para sobrevivir, pero son una. . . pérdida de energía en el corral, en lo que respecta a los intereses de los seres humanos".

—Jared Diamond, *Nature*, 8 de agosto de 2002

1. ¿Por qué crees que el cerdo salvaje de la izquierda se ve diferente del cerdo domesticado de la derecha?

   A. Las personas criaban a los cerdos para que tuvieran más carne.

   B. Los cerdos más grandes eran más fáciles de domesticar.

   C. Los cerdos más grandes eran más baratos de alimentar.

   D. Los cerdos salvajes y domesticados no están relacionados.

2. De acuerdo con el Documento B, los animales se domesticaban de cierta manera para que

   A. fueran más grandes.

   B. tuvieran sentidos más agudos.

   C. fueran más útiles para las personas.

   D. sobrevivieran mejor en el mundo salvaje.

3. **Tarea escrita** El Documento B explica cómo se criaban los pollos y el ganado. ¿Cómo beneficiaba esto a los seres humanos? Escribe un párrafo que describa cómo se benefician las personas de hoy de la domesticación de los animales.

Excavar en busca de pistas

Idea clave
- Los arqueólogos interpretan la evidencia basándose en pistas y descubrimientos sobre los diferentes pueblos y civilizaciones.

Al estudiar los orígenes de los seres humanos, los historiadores dependen de pistas, ya que no existen fuentes primarias de los tiempos prehistóricos. Recuerda, una fuente primaria es un relato de primera mano de un suceso. Debido a que los primeros seres humanos no tenían un sistema de escritura, no dejaron registros escritos. El primer extracto describe cómo los arqueólogos deben hacer un trabajo de detectives para hallar e interpretar pistas sobre los primeros pueblos y civilizaciones. El segundo extracto es un ejemplo del tipo de información que los arqueólogos pueden obtener de sus estudios.

Un arqueólogo descubre un artefacto.

Lee el texto de la derecha. Haz una pausa en cada letra encerrada en un círculo. Luego, responde la pregunta con la misma letra que está a la izquierda.

Ⓐ **Inferir** ¿Por qué es tan importante para los arqueólogos la "documentación exhaustiva"?

Ⓑ **Analizar fuentes primarias** ¿Por qué crees que el autor incluye la frase "crea luz donde había oscuridad"?

Ⓒ **Resumir** ¿En qué sentido los arqueólogos son como detectives?

criminología, *sust.,* el estudio científico del crimen

incontrovertible, *adj.,* que no admite duda

material, *adj.,* físico

rastro, *sust.,* un signo o evidencia de algo pasado

Los arqueólogos como detectives

❝ A menudo se ha argumentado que el arqueólogo trabaja como detective. . . . tanto la arqueología como la <u>criminología</u> hacen uso de evidencia <u>material</u> aparentemente <u>incontrovertible</u>, que se interpreta como pistas importantes en cuanto a lo que realmente ocurrió. Estas pistas a menudo las proporcionan <u>rastros</u> reveladores que quedaron abandonados en el sitio. Ya que cualquier cosa puede ser significativa, la documentación Ⓐ exhaustiva es de suma importancia. . . . Los arqueólogos están capacitados y tienen experiencia en el registro, el estudio y la interpretación de esos rastros y de manera rutinaria integran los resultados de los análisis de expertos. . . .

El arqueólogo es, por tanto, el detective del pasado. Al igual que el detective, el arqueólogo resuelve misterios y es a menudo Ⓑ retratado como el que crea luz donde había oscuridad por Ⓒ encontrar pistas y revelar verdades ❞.

—Cornelius Holtorf, de *From Stonehenge to Las Vegas: Archaeology as Popular Culture*, 2005

Lee el texto de la derecha. Haz una pausa en cada letra encerrada en un círculo. Luego, responde la pregunta con la misma letra que está a la izquierda.

D Identificar los detalles ¿Qué evidencia de un transporte antiguo con ruedas descubrieron los arqueólogos?

E Identificar las ideas principales ¿Cómo describe este pasaje la invención de la rueda?

F Analizar causa y efecto ¿Qué efectos tuvo la rueda en el comercio y la cultura?

milenio, *sust.,* período de 1,000 años

evolución, *sust.,* proceso de cambio continuo

sin precedentes, *adj.,* nuevo, único, que ocurre por primera vez

difusión, *sust.,* el acto de ser difundido, propagación

La invención de la rueda

" **La cuestión de los orígenes del transporte con ruedas requiere un análisis de la historia de la transportación. . . . La aparición del transporte con ruedas. . . está documentada por los descubrimientos de las ruedas, los fragmentos de los vehículos, los modelos de vehículos y los pares de**

D **ganado de tiro. . . .**

La invención de la rueda es uno de los

E **descubrimientos más importantes de la historia de la humanidad. Durante cinco <u>milenios</u> ha determinado en gran medida la <u>evolución</u> de nuestra civilización. El uso del transporte con ruedas aumentó considerablemente la productividad del trabajo tanto en la agricultura. . . como en la ganadería, ya que permitió a los pastores seguir a su ganado en busca de nuevos pastos. . . . Pero, ante todo, promovió la expansión <u>sin precedentes</u> del intercambio, que a su vez promovió los contactos culturales entre las regiones remotas y aceleró la <u>difusión</u> de ideas,**

F **y, por consiguiente, condujo a grandes cambios históricos. Por tanto, el estudio de la evolución del transporte con ruedas es de gran interés científico** "

— E. E. Kuzmina, *The Prehistory of the Silk Road,* 2008

Analizar los documentos

1. **Sacar conclusiones** Utilizando evidencia del texto, explica cómo se relaciona la primera cita con la segunda.

2. **Tarea escrita** Supón que eres un arqueólogo que acaba de descubrir una rueda hecha hace miles de años en Oriente Medio. En una carta a otro arqueólogo, explica tu razonamiento sobre los efectos a largo plazo de la invención de la rueda.

La rueda, que se muestra en este artefacto del antiguo Egipto, tuvo una gran influencia en las primeras culturas.

Celebrar una feria agrícola

Tu misión Investiga en la Internet el desarrollo de la agricultura. Luego presenta tus hallazgos en una feria agrícola de la clase. Divídanse en cuatro grupos para investigar uno de los siguientes temas: la domesticación de plantas y animales, las primeras herramientas y la tecnología, la agricultura antigua y la vida en la aldea, y las técnicas modernas de cultivo. Trabajen en grupo para planificar su puesto de información para la feria.

El estudio de los pueblos primitivos y las herramientas de labranza y tecnologías que usaban nos pueden dar pistas sobre su desarrollo. Por ejemplo, los primeros habitantes domesticaban a los animales para que pudieran producir sus alimentos en lugar de cazarlos. A medida que las personas comenzaron a quedarse en un solo lugar para cultivar, se desarrollaron las aldeas y las ciudades.

Usa la Internet para buscar datos sobre el desarrollo de la agricultura desde la antigüedad hasta hoy. En tu búsqueda, usa palabras o frases que se relacionen con el tema. (Coloca las frases entre comillas para que obtengas resultados más específicos). Durante tu investigación, piensa en formas de presentar la información en la feria agrícola. En grupo, diseñen un puesto para la feria que incluya una exposición sobre su tema.

PASO **1**

Investiga tu tema.

Elabora con tu grupo una lista de preguntas o ideas sobre tu tema que tu investigación deba responder. Luego, pídele a tu maestro una lista de sitios Web fiables que podrían ser buenas fuentes para el tema de tu grupo. Al buscar información en la Internet, piensa en las posibles preguntas que podría hacer tu audiencia durante la feria agrícola. Asegúrate de encontrar las respuestas a esas preguntas.

PASO **2**

Recopila tus resultados.

Una vez que encuentres las respuestas a tus preguntas, organiza la información de tu grupo sobre el tema. Decide qué información es la más importante, y la más interesante, para tu audiencia.

PASO **3**

Prepara y presenta.

Planifica cómo presentarás eficazmente los datos de tu tema. Puedes ilustrar los datos con fotos, tablas, gráficas o líneas cronológicas. Tal vez desees elegir a uno o dos miembros de tu grupo como presentadores. Prepárate para responder las preguntas de tu audiencia. Cuando visites los puestos de información de otros grupos, anota cualquier pregunta que puedas tener y plantéala cuando la presentación haya terminado.

my worldhistory.com

21st Century Learning

El Antiguo Oriente Próximo

Europa

África

Hatshepsut (aprox. 1400 A.C.) fue una faraón que gobernó Egipto cerca de 20 años.

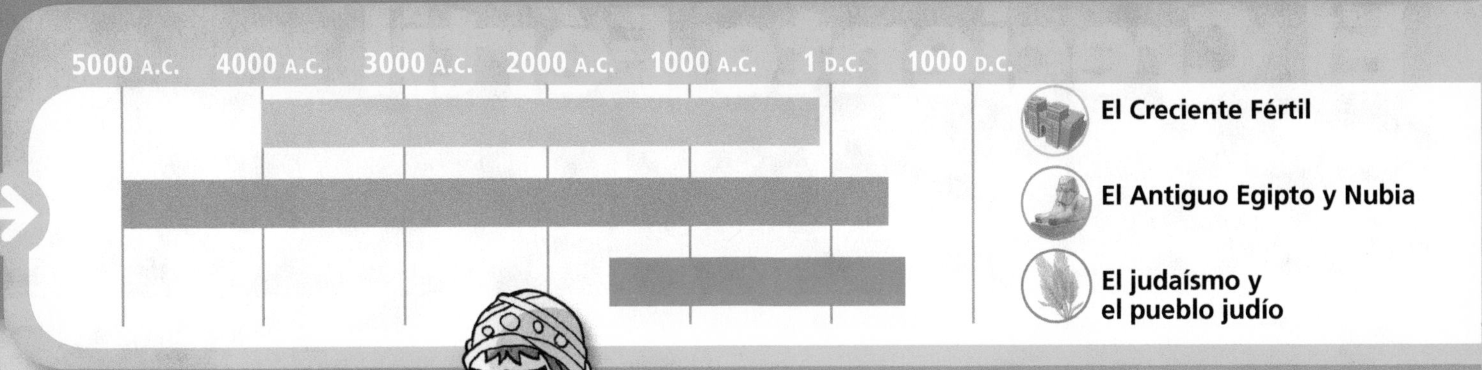

5000 A.C.	4000 A.C.	3000 A.C.	2000 A.C.	1000 A.C.	1 D.C.	1000 D.C.

El Creciente Fértil

El Antiguo Egipto y Nubia

El judaísmo y el pueblo judío

Asia

Ciro el Grande (aprox. 500 A.C.) fue un poderoso líder que hizo de Persia el imperio más grande que el mundo jamás había visto.

Ruth (aprox. 1000 A.C.), figura central del libro de Ruth de la Biblia, se convirtió al judaísmo y viajó a Belén.

Capítulo 3
El Creciente Fértil

Capítulo 4
El Antiguo Egipto y Nubia

Capítulo 5
El judaísmo y el pueblo judío

* **Los colores en el mapa corresponden a las áreas de estudio que se presentan en cada capítulo.**

105

El Creciente Fértil

Pregunta esencial

¿Cuáles son las consecuencias de la tecnología?

Ruinas del palacio de Darío el Grande, gobernante del Imperio Persa, en Persépolis, Irán

? Explora la Pregunta esencial

- en (my) **worldhistory.com**
- usando **miMundo: Actividad del capítulo**
- con el **Cuaderno del estudiante**

Los imperios de Mesopotamia

3500 A.C. Se forman las ciudades-estado sumerias.

2750 A.C. Inicio de la civilización Fenicia.

539 A.C. Inicio del Imperio Persa.

3500 A.C.　　　　**2500 A.C.**　　　　**1500 A.C.**　　　　**500 A.C.**

2334 A.C. Inicio del Imperio Acadio.

934 A.C. Inicio del Imperio Asirio.

Ciro el Grande: El rey del mundo

Esta miHistoria es un relato ficticio de los sucesos en la vida de una persona real de este capítulo.

En el 539 A.C., Ciro el Grande se declaró rey del mundo. Pocas personas se habrían atrevido a contradecirlo. Ciro era el gobernante del poderoso Imperio Persa y sus tropas acababan de conquistar Babilonia, la ciudad más grande de esa época. En 50 años, el Imperio Persa creció hasta abarcar cerca de 3 millones de millas cuadradas. Era el mayor imperio que el mundo jamás había visto.

Al igual que otros gobernantes, Ciro usó su ejército para expandir su territorio. Pero también usaba su ingenio. Usó una estrategia inteligente cuando atacó al rico reino de Lidia, en lo que hoy es Turquía. Ciro sabía que los caballos a menudo se asustaban por el olor de los camellos. Hizo que sus soldados reunieran a todos los camellos que había usado el ejército persa para llevar las provisiones y que los llevaran al frente.

En la noche, Ciro hace que sus soldados caven zanjas para drenar el agua del río Éufrates.

El nivel del río baja lo suficiente para que el ejército persa lo cruce y entre en Babilonia.

Cuando los caballos lidios vieron y olieron a los camellos, escaparon aterrados. Como resultado, los persas derrotaron rápidamente al ejército lidio, duplicando el tamaño del Imperio Persa.

La conquista de Babilonia fue uno de los triunfos más brillantes de Ciro. Babilonia era una ciudad-estado fabulosamente rica ubicada justo al sur de la actual Bagdad, Iraq. Sus ingenieros eran hábiles para crear nuevas tecnologías de construcción. Construyeron torres altas y grandes palacios y templos, rodeados de paredes cubiertas con coloridos azulejos. Para sustentar su agricultura, los babilonios usaron un sistema de canales para llevar agua desde el río Éufrates.

Miles de tropas persas cruzan con Ciro la puerta de Ishtar en Babilonia.

Los habitantes de Babilonia honran a Ciro, su nuevo gobernante.

Los habitantes de Babilonia estaban descontentos con su actual gobernante, por lo que Ciro pensó que sería fácil ganar su apoyo una vez que tomara el poder. Pero primero tenía que entrar en la ciudad. Babilonia estaba protegida en parte por un brazo del río Éufrates que presentaba fuertes corrientes y peligrosos rápidos. El ejército persa no podría entrar en Babilonia, a menos que Ciro encontrara una manera segura de cruzar el río.

Ciro organizó sus tropas en varias unidades. Al caer la noche, hizo que cada unidad cavara en secreto una zanja estrecha. Estas zanjas permitieron drenar el agua del Éufrates a un antiguo embalse vacío fuera de las murallas de la ciudad. Esa noche, mientras los residentes de la ciudad estaban ocupados celebrando un festival babilonio, el Éufrates se vaciaba lentamente.

Cuando el nivel del río bajó hasta la altura de los muslos de los soldados, Ciro ordenó a sus soldados que marcharan por el agua hacia Babilonia. Los invasores persas entraron sin pelear y tomaron la ciudad rápidamente. La poderosa Babilonia había caído, gracias al ingenio de Ciro para usar la tecnología para drenar el río.

Días más tarde, Ciro hizo su entrada triunfal en Babilonia. Cabalgó a través de la inmensa puerta de Ishtar de Babilonia, de más de 40 pies de altura y decorada con coloridos azulejos y ladrillos con figuras de dragones y toros. Después de Ciro, ingresaron miles de soldados persas, armados con espadas y lanzas.

Ciro anunció a los babilonios que Marduk, el dios supremo de Babilonia, lo había designado como gobernante. Proclamó su victoria en tablillas de arcilla en las que se leía: "Soy Ciro, rey del mundo, el gran rey, el rey poderoso, rey de Babilonia, rey de Sumer y Acad, rey de las [cuatro esquinas del mundo]". Por supuesto, Ciro no controlaba realmente todo el mundo. Pero ese día en que los babilonios lo reverenciaron en la Puerta de Ishtar, debió haberse sentido como la persona más poderosa del mundo.

Basándote en este relato, ¿cómo crees que el uso que hizo Ciro de la tecnología influyó en su conquista de Babilonia? Mientras lees el capítulo que sigue, piensa en lo que el relato de Ciro indica sobre la vida en el Creciente Fértil.

⊙ myStory Video

Aprende más sobre la vida de Ciro el Grande.

my worldhistory.com

myStory Video

Sección 1

La Civilización Sumeria

Ideas clave
- La tierra fértil entre los ríos Tigris y Éufrates sustentó la primera civilización conocida.
- Los sacerdotes y los reyes tenían gran poder en las ciudades-estado de Sumer.
- Los logros sumerios incluían nueva tecnología, una lengua escrita y poesía épica.

Términos clave • Creciente Fértil • Mesopotamia • irrigar • ciudad-estado • trueque • politeísmo • zigurat • cuneiforme

⊙ **Visual Glossary**

Destreza de lectura **Identificar las ideas principales y los detalles** Toma notas usando el organizador gráfico en tu Cuaderno.

Escultura de bronce sumeria de una cabeza de toro ▼

El **Creciente Fértil** es una región del Oriente Medio que se extiende en forma de una gran curva como media luna desde el golfo Pérsico hasta el mar Mediterráneo. El Creciente Fértil incluye **Mesopotamia**, una llanura amplia y plana en el actual Iraq. Esta llanura se encuentra entre dos grandes ríos, el Tigris y el Éufrates. De hecho, *Mesopotamia* significa "tierra entre los ríos" en griego. Aquí, hace miles de años, comenzó a formarse la primera civilización del mundo. Esta fue la civilización de Sumer.

La agricultura en Mesopotamia

El suelo del Creciente Fértil es rico y fértil. Algunas de las tierras más productivas de la región están en Mesopotamia. Esto permitió a los agricultores sumerios cultivar muchos granos y verduras. También criaban ovejas, cabras y vacas.

La geografía de Mesopotamia El norte de Mesopotamia incluye las estribaciones de las cadenas de montañas Taurus y Zagros. Hacia el sur, éstas se nivelan para convertirse en llanuras que se extienden por el sureste hacia el golfo Pérsico.

El sur de Mesopotamia es una región calurosa y seca con poca lluvia. A primera vista parece un desierto. Pero el suelo no es el suelo del desierto. De hecho, es rico en nutrientes.

La parte sur de Mesopotamia debe su buen suelo a los ríos Tigris y Éufrates. Estos ríos nacen en las montañas del sureste de Turquía y fluyen hacia el sur y el este, a través del actual Iraq. Los ríos se unen en el sur de Iraq y continúan hasta el golfo Pérsico como una sola vía fluvial conocida como el Shatt-al-Arab.

Durante años, estos ríos han llevado suelo fértil fino llamado cieno de las montañas. Cada primavera, los ríos inundan sus bancos, esparciendo sus aguas y el cieno a través de la llanura. Después, dejan una nueva capa de tierra húmeda y fértil, perfecta para los cultivos.

La geografía también representó muchos retos para los agricultores. Las inundaciones podían deslavar los cultivos e incluso aldeas enteras. En el verano, el sol dejaba el suelo duro como roca. Con escasa lluvia, las plantas morían.

Cultivar la tierra A pesar de los retos, los sumerios usaron la tecnología para convertir el territorio en tierra de cultivo productiva. Recuerda que la tecnología es la aplicación práctica de los conocimientos para llevar a cabo una tarea.

mi Mundo CONEXIONES

Los cultivos principales del Creciente Fértil eran la cebada y el trigo. Ambos se cultivan hoy en los Estados Unidos, principalmente en las Grandes Llanuras.

Los ríos Tigris y Éufrates son una parte importante de la vida en el Creciente Fértil. ▼

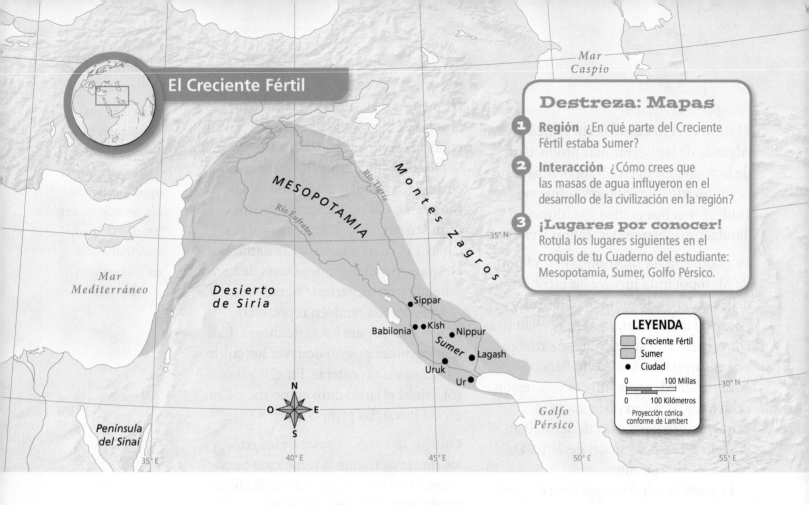

MESOPOTAMIA

Río Tigris

Río Eufrates

Montes Zagros

Mar Caspio

Mar Mediterráneo

Desierto de Siria

Sippar

Babilonia • • Kish

Nippur

Sumer

Lagash

Uruk

Ur

Golfo Pérsico

Península del Sinaí

35° N

30° N

35° E

40° E

45° E

50° E

55° E

Destreza: Mapas

1 **Región** ¿En qué parte del Creciente Fértil estaba Sumer?

2 **Interacción** ¿Cómo crees que las masas de agua influyeron en el desarrollo de la civilización en la región?

3 **¡Lugares por conocer!** Rotula los lugares siguientes en el croquis de tu Cuaderno del estudiante: Mesopotamia, Sumer, Golfo Pérsico.

LEYENDA

Creciente Fértil

Sumer

• Ciudad

0   100 Millas

0   100 Kilómetros

Proyección cónica conforme de Lambert

Los sumerios usaban la tecnología para **irrigar**, o suministrar agua, a sus cultivos. Cavaron canales de irrigación para llevar agua desde los ríos hasta sus campos. Así, los cultivos podían recibir agua aun durante el árido y caluroso verano.

También desarrollaron una nueva manera de sembrar los cultivos. Los primeros agricultores usaban un arado tirado por bueyes para hacer un surco largo, o zanja, en el suelo. Luego tiraban las semillas en el surco. Pero los agricultores desarrollaron un embudo para semillas que sujetaban a sus arados. El arado se movía hacia adelante y las semillas caían del embudo al suelo. Esto hizo la siembra más rápida y fácil.

Verificar la lectura **¿Cómo influyó la geografía en los sumerios?**

Las ciudades-estado de Sumer

Las técnicas agrícolas de los sumerios los ayudaron a producir más alimentos. Con un suministro de alimentos confiable, la población empezó a crecer. Alrededor de 3400 A.C., se formaron ciudades en el sur de Mesopotamia.

Surgen las ciudades La primera ciudad mesopotámica fue Uruk, que tenía una población de más de 40,000 habitantes. Otras de las primeras ciudades fueron Ur, Lagash y Nippur. Algunas llegaron a ser grandes y poderosas. Se convirtieron en las primeras ciudades-estado del mundo. Una **ciudad-estado** es un estado independiente que incluye una ciudad y el territorio aledaño. Cada una tenía su propio gobierno, leyes y dios principal.

112

Los comerciantes de Mesopotamia usaban barcos para transportar bienes entre ciudades-estado como Uruk (al fondo).

El comercio Cada ciudad-estado era también un centro de comercio. Aunque el sur de Mesopotamia tenía suelo fértil, había poca madera, piedra y minerales metálicos. Los sumerios viajaban lejos para conseguir estos recursos importantes y llevarlos a sus ciudades. La mayor parte del comercio se hacía por medio del trueque. El **trueque** es un sistema de comercio en el cual las personas intercambian bienes directamente sin usar dinero.

Los primeros comerciantes usaban a menudo los ríos y canales principales para transportar sus bienes. Cargaban los bienes en barcazas, o balsas grandes. Los trabajadores en tierra usaban cuerdas para tirar de las barcazas por el agua.

Igual que con la agricultura, los sumerios utilizaron nuevas tecnologías para facilitar la expansión del comercio. Por ejemplo, usaban ruedas en sus carros y velas en sus barcos. Así, pudieron transportar cebada, trigo, dátiles y tela a tierras lejanas. También podían llevar a Sumer mercancías como madera, metales y piedras preciosas.

Las clases sociales Los sumerios desarrollaron un orden social de tres clases. Las personas de cada clase tenían <u>distintas</u> funciones dentro de la sociedad. La clase alta incluía al gobernante, sus funcionarios, los sacerdotes, los comerciantes ricos y los propietarios de grandes terrenos. Los agricultores y los trabajadores especializados formaban la clase media. La clase baja eran los esclavos. Los gobiernos de las ciudades-estado y las creencias religiosas, que estaban firmemente conectados, contribuían a mantener este orden social.

distinto, *adj.*, separado, diferente

Verificar la lectura **¿Por qué era importante el comercio para las ciudades-estado sumerias?**

Zigurat sumerio

Esta ilustración muestra cómo probablemente se veía un zigurat sumerio original. Los zigurats eran torres en forma de pirámide hechas de ladrillo. El mayor zigurat que existe mide 335 pies (102 metros) de cada lado y se estima que medía más de 150 pies (45 metros) de altura cuando se construyó.

La religión sumeria

Como gran parte de los pueblos antiguos, los sumerios practicaban el **politeísmo**, la creencia en más de un dios. Creían que estos dioses controlaban todos los aspectos de la vida, incluidos la lluvia, el viento y otros elementos de la naturaleza. Algunos representaban la agricultura u otras actividades.

Creían que los dioses se comportaban como las personas. Pensaban que éstos comían, bebían, dormían y se casaban. Pero también creían que los dioses vivían para siempre y tenían gran poder. Si los dioses estaban contentos con las oraciones y las ofrendas, traerían buena suerte. Si no, podrían traer guerra, inundaciones u otros desastres. Por eso, sentían que debían mantenerlos contentos para que sus ciudades crecieran y <u>prosperaran</u>.

Los sumerios creían que sólo los sacerdotes podían comunicarse con los dioses. Dependían de ellos para saber lo que los dioses querían. Por eso, los sacerdotes tenían una función importante. Vivían en los templos y los dirigían. Las personas adoraban a los dioses en los templos.

En las ciudades más grandes, los templos eran torres en forma de pirámide llamados **zigurats**. Tenían hasta siete pisos de altura. Se erigían escalonados y cada nivel era más pequeño que el de abajo. Tenían hermosas pinturas y estatuas.

El área alrededor de un templo incluía grandes áreas de tierra de cultivo. Los sacerdotes guardaban los granos y otros bienes en grandes almacenes.

Verificar la lectura ¿Por qué eran poderosos los sacerdotes en la sociedad sumeria?

prosperar, *v.*, obtener riqueza

La escritura sumeria

Los sacerdotes necesitaban un sistema para llevar un registro de sus bienes. Al principio dibujaban pictografías en arcilla. Éstas son dibujos sencillos que representan objetos. Para anotar el número de peces dados a un templo los sacerdotes dibujaban un pez. Luego agregaban marcas para representar el número de peces. Esta forma de llevar registros se convirtió en el primer sistema de escritura del mundo.

Cuneiforme Hacia 3400 a.c., los sacerdotes sumerios crearon un sistema de escritura llamado cuneiforme. El **cuneiforme** es un sistema de escritura que usa símbolos triangulares para representar ideas o cosas.

En la escritura cuneiforme se hacen marcas de forma triangular en tablillas de arcilla. Al combinarlas de diferentes maneras, se podían crear miles de símbolos.

Epopeya de Gilgamesh La escritura cuneiforme se usó originalmente para registrar ventas, impuestos y acuerdos. Luego, se usó para llevar registros. Alrededor de 2000 a.c., apareció el largo poema *Epopeya de Gilgamesh*. Habla de las aventuras de un héroe mesopotámico llamado Gilgamesh. La primera tablilla presenta a Gilgamesh:

> 66 Supremo por encima de los otros reyes, señorial en apariencia, él es el héroe, nacido de Uruk, el. . . toro salvaje. Camina al frente, el líder, y camina en la retaguardia, tiene la confianza de sus compañeros. Poderosa red, protector de su pueblo, ¡furiosa ola que destruye hasta paredes de piedra! 99.
>
> —*Epopeya de Gilgamesh*,
> traducido de la versión al inglés
> de Maureen Gallery Kovacs

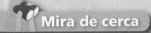

Mira de cerca

Cuneiforme

Los sumerios desarrollaron un sistema de escritura llamado cuneiforme. Los escribas, las personas que podían escribir, usaban un instrumento parecido a un lápiz llamado estilo para hacer marcas en forma de cuña en arcilla húmeda. Éstas representaban palabras, conceptos o sonidos. Los sumerios desarrollaron miles de símbolos diferentes.

RAZONAMIENTO CRÍTICO ¿Por qué fue un logro importante el desarrollo de la escritura cuneiforme?

Una tablilla cuneiforme sumeria ▶

◀ Esta escultura griega antigua muestra a un escriba que usa un estilo para escribir.

◀ La *Epopeya de Gilgamesh* se escribió en escritura cuneiforme en doce tablillas de arcilla.

115

▲ El Estandarte real de Ur es un mosaico de alrededor de 2500 A.C. Esta sección muestra a los líderes sumerios realizando un banquete para celebrar una victoria militar.

miMundo: Actividad
Un estandarte para los tiempos modernos

Los relatos sobre Gilgamesh son mitos, o cuentos inventados sobre dioses y héroes. Pero algunos eruditos creen que pudo haber sido un rey real. Ellos piensan que gobernó la ciudad-estado Uruk en algún momento después de 3000 A.C.

Verificar la lectura **¿Cómo se desarrolló la escritura sumeria?**

El gobierno sumerio

Los primeros líderes eran sacerdotes, no reyes. Cuando surgieron conflictos entre las ciudades-estado, cambió la forma en que se gobernaban las ciudades.

El desarrollo de la realeza A medida que las ciudades-estado crecieron, las personas de distintas ciudades comenzaron a discutir por el control de la tierra y el agua. Esto llevó a la guerra.

En tiempos de guerra, los sacerdotes elegían a la persona adecuada de la ciudad-estado para dirigir la ciudad en la batalla. Cuando la guerra terminaba, el líder debía renunciar a su poder y regresar a la vida normal. Pero algunos líderes militares mantuvieron el control incluso después de la guerra. Éstos se convirtieron en los primeros reyes.

Reyes y sacerdotes Para mantenerse en el poder, los reyes necesitaban el apoyo de los sacerdotes. Por eso, respetaban los derechos y los poderes de los sacerdotes. A su vez, los sacerdotes declararon que los dioses habían enviado al rey para gobernar. Esta idea de que los dioses elegían a los reyes se volvió común en Sumer. Juntos, reyes y sacerdotes, crearon ceremonias religiosas que apoyaban el poder real.

Los reyes sumerios se hicieron cargo de muchas tareas que antes hacían los sacerdotes. Mandaron construir nuevos canales, templos y caminos. El rey ejercía como legislador y juez de la ciudad.

Las leyes escritas Algunos gobernantes reunieron las leyes en un código, o conjunto de leyes escritas. El primero que se conoce lo emitió Ur-Namu, el rey de Ur, alrededor de 2100 A.C. El Código de Ur-Namu incluía leyes sobre el matrimonio, la esclavitud y causar daño a otros. Una ley decía: "Si un hombre daña el ojo de otro, debe pagarle una mitad de mina de plata". (Una mina es una unidad de peso que varió con el tiempo, pero era casi una libra).

Logros Bajo el gobierno de los sacerdotes y los reyes, hubo muchos avances tecnológicos. Ya leíste sobre las mejoras que hicieron los sumerios al arado y su uso de la irrigación, la rueda y la vela de los barcos. Por medio del comercio, muchos avances se difundieron a otras tierras.

Otro avance tecnológico importante fue el desarrollo del bronce. Los sumerios fueron de los primeros en hacer bronce al mezclar cobre y estaño. El bronce es un metal más duro que el cobre, mejor para fabricar herramientas y armas. Las armas de bronce desempeñarían una función importante en la evolución de las ciudades en estados poderosos.

Verificar la lectura ¿Cómo reemplazaron los reyes a los sacerdotes como gobernantes de las ciudades-estado sumerias?

Las artes sumerias

Los artesanos especializados sumerios hacían joyas y otras hermosas obras de oro, plata y piedras preciosas. Los sumerios también eran conocidos por sus esculturas realistas, muchas de las cuales fueron hechas de marfil o madera.

◀ Los artistas usaron oro para crear una cabeza de toro en este instrumento musical.

Este casco ceremonial es de oro macizo. ▶

◀ Una escultura de bronce de un hombre sumerio

Una vasija de bronce ▼

Evaluación de la Sección 1

Pregunta esencial

¿Cuáles son las consecuencias de la tecnología?

Términos clave

1. ¿Qué es el politeísmo?

2. ¿Qué es una ciudad-estado?

3. ¿Qué forma se usa para crear la escritura cuneiforme?

Ideas clave

4. ¿Quiénes tenían más poder en Sumer?

5. ¿Cómo se llama el área entre los ríos Tigris y Éufrates?

6. Nombra dos avances que ayudaron a la civilización a expandirse.

Razonamiento crítico

7. **Identificar la evidencia** ¿Cómo se ayudaban los sacerdotes y los reyes de Sumer?

8. **Sacar conclusiones** ¿Cómo influyó la irrigación en Sumer?

9. ¿Cómo ayudó la tecnología a que se desarrollara la civilización sumeria? Anota la respuesta en tu Cuaderno del estudiante.

Los primeros imperios

Ideas clave
- Sargón formó el primer imperio del mundo al conquistar las ciudades-estado sumerias.
- El emperador babilónico Hammurabi creó un código legal importante.

Términos clave
- imperio
- aliado
- rasgo cultural
- Código de Hammurabi
- imperio de la ley

 Visual Glossary

 Destreza de lectura **Analizar causa y efecto** Toma notas usando el organizador gráfico en tu Cuaderno.

▲ Un busto de cobre del rey acadio Sargón

A medida que las ciudades-estado independientes de Sumer crecían, entraban en conflicto. Durante cientos de años, las ciudades-estado pelearon entre sí. Con el tiempo, los gobernantes fuertes conquistaron toda la región, creando los primeros imperios del mundo. Un **imperio** es un estado que contiene varios países o territorios.

La conquista de Sumer

Como los reyes sumerios se enfrentaban por el poder, era común el combate entre las ciudades-estado. Esto debilitó a las ciudades-estado sumerias, y llevó a la conquista de Sumer.

El conflicto en Sumer El combate entre las ciudades-estado de Uma y Lagash es un ejemplo del conflicto en Sumer. Durante muchos años, Uma y Lagash y sus aliados pelearon por el control de una región fértil en su frontera común. Un **aliado** es un estado independiente que trabaja con otros para lograr un objetivo militar o político común.

Alrededor de 2450 A.C., los ejércitos de Lagash y Uma se enfrentaron en una gran batalla. Los soldados usaron hachas de bronce y lanzas con puntas de metal afiladas. Miles murieron en el combate antes de que Lagash ganara la batalla. Para celebrar su victoria, los soldados saquearon y quemaron Uma. Capturaron prisioneros de Uma para venderlos como esclavos.

Tomó años para que Uma se recuperara. Alrededor de 2375 A.C., un poderoso rey de Uma derrotó a Lagash y a otras ciudades-estado sumerias. Pero su gobierno pronto llegó a su fin.

Sargón construye un imperio Mientras las ciudades-estado sumerias luchaban por el poder, una nueva sociedad surgió en Mesopotamia. El pueblo acadio vivía al noroeste de Sumer, pero no estaban relacionados con los sumerios. Hablaban una lengua diferente y tenían costumbres diferentes.

Hacia 2300 A.C., un acadio llamado Sargón se convirtió en rey de la ciudad-estado sumeria de Kish. Cambió el lenguaje que usaba el gobierno al acadio. Bajo el gobierno de Sargón, el ejército acadio conquistó otras ciudades-estado de Mesopotamia. Puso acadios leales en puestos importantes del gobierno y religiosos. Por ejemplo, eligió a su hija como sacerdotisa de la ciudad-estado de Ur. Estas estrategias lo ayudaron a consolidar su poder. Luego Sargón unió gran parte de Mesopotamia bajo su gobierno, creando el primer imperio del mundo: el Imperio Acadio.

La cultura acadia Los acadios y los sumerios compartían algunos rasgos culturales. Un **rasgo cultural** es una idea o manera de hacer las cosas que es común en una cultura determinada. Por ejemplo, ambos tenían prácticas religiosas similares y usaban el sistema de escritura cuneiforme.

Mientras las tropas de Sargón se desplazaban por todo el Creciente Fértil, llevaron sus rasgos culturales con ellos. Además, comerciaban con pueblos lejanos en el valle del Indo en el actual Pakistán. Así, las maneras acadia y sumeria de hacer las cosas se difundieron por toda la región.

El Imperio Acadio llega a su fin Para controlar un imperio tan grande, Sargón designó gobernantes locales. Cada uno fungía como rey de la tierra que supervisaba. Sargón pudo controlar el Imperio Acadio por más de 50 años.

Una maza de bronce, o porra, cubierta con picos ▼

La guerra en Sumer

La guerra era común en Sumer ya que las ciudades-estado rivales peleaban por el poder y el territorio. La imagen del fondo muestra una talla de soldados hecha para celebrar la victoria de Lagash sobre Uma alrededor de 2450 A.C. La daga ceremonial de oro de la izquierda fue enterrada con una reina sumeria alrededor de 2500 A.C.

119

El auge y la caída de los imperios

Con el tiempo, los gobernantes poderosos construyeron imperios poderosos en el Creciente Fértil. Pero cada imperio finalmente se colapsó a medida que pueblos invasores combatían por controlar las ricas ciudades-estado de la región. Este patrón de imperios ascendiendo y cayendo continuó durante cientos de años.

◀ **El Imperio Acadio**
Este bajorrelieve de una victoria militar acadia muestra al rey Naram-Sin, nieto de Sargón, de pie sobre sus enemigos derrotados. Pero el Imperio Acadio pronto se colapsó.

Lagash ▶
Las ciudades-estado sumerias se hicieron fuertes mientras el Imperio Acadio se desmoronaba. Esta estatua muestra a Gudea, rey de Lagash, alrededor de 2100 A.C.

Después de la muerte de Sargón en 2279 A.C., el Imperio Acadio enfrentó muchas rebeliones e invasiones. Antes de 100 años, el imperio se había colapsado. Los guerreros de los montes Zagros, al este del río Tigris, tomaron el control de la región.

Alrededor de 2100 A.C., Sumer se unificó de nuevo, esta vez bajo Ur-Namu, gobernante de Ur. Ur-Namu emitió el primer código de leyes conocido del mundo. Ur prosperó bajo el mandato de Ur-Namu y los gobernantes posteriores. Luego, un levantamiento de rebeldes lograron destruir Ur y capturar a su gobernante. Esto puso fin al dominio de Ur en Sumer. Una vez más, las ciudades-estado sumerias pelearon por el poder.

Verificar la lectura ¿Por qué puso Sargón acadios en puestos importantes?

El Imperio Babilónico

Después de la destrucción de Ur, muchos grupos invadieron Sumer. Uno de ellos, los amorritas, llegó desde el norte de Mesopotamia. Tomaron el control de varias ciudades sumerias, incluida Babilonia. Babilonia era una ciudad pequeña, sin importancia, en el río Éufrates, cerca de la actual Bagdad, Iraq. Pero, bajo el mandato de un rey llamado Hammurabi, Babilonia se convertiría en el centro de un nuevo imperio de Mesopotamia.

Se forma el imperio Alrededor de 1792 A.C., Hammurabi se convirtió en rey de Babilonia. Durante 30 años, consolidó su poder y formó su ejército. Luego lanzó ataques contra otras ciudades-estado de Mesopotamia. En pocos años unió el sur de Mesopotamia en lo que ahora

El antiguo Imperio Babilónico

Después de cientos de años de lucha entre las ciudades-estado de Mesopotamia, Hammurabi (a la derecha) unificó gran parte de la región bajo el control de Babilonia (extremo a la derecha). Creó un código de leyes para gobernar su imperio.

llamamos el antiguo Imperio Babilónico, o Babilonia.

Hammurabi fue un líder militar excelente y también un hábil gobernante. Como Sargón, después de construir su imperio, Hammurabi tuvo que crear un gobierno fuerte para mantenerlo unido. Envió a sus propios gobernantes, recaudadores de impuestos y jueces para gobernar las ciudades distantes. Dispersó sus tropas por el imperio. Hammurabi también supervisó una serie de proyectos de construcción pública y fomentó el crecimiento del comercio.

El Código de Hammurabi Actualmente, Hammurabi es más recordado por su creación del **Código de Hammurabi,** un conjunto de leyes que regían la vida en el Imperio Babilónico. Muchas de estas leyes existían desde la época sumeria, pero

Hammurabi quería asegurarse de que todos en Babilonia conocieran las leyes por las que se iban a regir. En la introducción a su código, Hammurabi escribió que quería

> 66 . . . llevar el imperio de la rectitud a la tierra, para destruir a los malvados y a los que hacen el mal, para que el fuerte no perjudique al débil, para que yo pueda . . . promover el bienestar de la humanidad 99.
> —Código de Hammurabi

El Código de Hammurabi contiene cerca de 300 leyes. Algunas tienen que ver con delitos como el robo y el asesinato. El código establece castigos específicos para estos delitos. Por ejemplo, una ley dice: "Si un hombre le saca un ojo a otro hombre, se le sacará un ojo a él". Aunque algunos castigos parecen crueles para los estándares modernos, éstos fomentaron el orden social.

Código de Hammurabi:
Ojo por ojo

El mejor ejemplo que aún existe del Código de Hammurabi está tallado en un pedazo de piedra de basalto que mide más de siete pies de altura. En la parte superior, una imagen tallada muestra a Hammurabi (de pie) recibiendo las leyes de Shamash, el dios del sol y de la justicia. Debajo de esta imagen está el texto de 282 leyes talladas en escritura cuneiforme en la lengua acadia. Cada ley sigue el mismo patrón básico, primero se describe un delito y luego aparece el castigo.

Razonamiento crítico ¿Qué nos indica el Código de Hammurabi sobre la vida en Babilonia?

Si cualquier hombre, sin el conocimiento del propietario de un jardín, corta un árbol en un jardín, pagará la mitad de una mina en dinero.

Si un hombre le saca un ojo a otro hombre, también se le sacará un ojo a él.

Si alguien alquila bueyes y los mata por malos tratos o golpes, deberá indemnizar al propietario: bueyes por bueyes.

Si alguien está cometiendo un robo y se le captura, entonces se le dará muerte.

Si alguien rompe el hueso de otro hombre, también se le romperá el hueso a él.

Si un constructor construye una casa para alguien, y no la construye adecuadamente, y la casa que construyó se cae y mata a su dueño, entonces se le dará muerte al constructor.

Otras leyes del Código de Hammurabi se refieren a asuntos privados, tales como contratos de negocios, impuestos, matrimonio y divorcio. Muchas de estas leyes tratan a diversos grupos de personas de manera diferente. Por ejemplo, el castigo por dañar a alguien del mismo rango en la sociedad era mayor que dañar a alguien de rango inferior, como un esclavo.

El Código de Hammurabi era más detallado que el Código de Ur-Namu. De hecho, fue el primer intento importante de organizar y escribir todas las leyes que gobiernan una sociedad. Establece e impone el **imperio de la ley,** o la idea de que todos los miembros de una sociedad, incluso los ricos y poderosos, deben obedecer la ley. Esta idea es una parte fundamental de los principios democráticos modernos.

La vida diaria en Babilonia El Código de Hammurabi y otros escritos babilónicos proporcionan mucha información sobre la vida en Babilonia. La vida de la mayoría giraba en torno a la agricultura. Los alimentos debían cultivarse y distribuirse. Los canales de irrigación tenían que estar libres de cieno. La lana debía reunirse y tejerse para hacer textiles, o tela.

En las ciudades, algunos compraban y vendían bienes. Usaban nuevas tecnologías para hacer herramientas, armas, cerámica, perfumes y medicinas. Los artistas eran conocidos por sus esculturas de piedra y bronce. También usaban oro y piedras preciosas para hacer joyas.

El legado de Sumer La cultura sumeria permaneció viva en Babilonia, como en el Imperio Acadio bajo el mandato de Sargón. Pero, pese a los esfuerzos de Hammurabi para construir un gobierno fuerte, el Imperio Babilónico colapsó después de su muerte, en 1750 A.C. En los años que siguieron, la gran civilización sumeria se extinguió.

La influencia de Sumer, sin embargo, no desapareció. Muchos pueblos aprendieron de ella. Llevaron ideas y costumbres de Sumer hasta sus países de origen. De esta manera, los avances sumerios en tecnología, agricultura, escritura, aprendizaje y las leyes perduraron.

Verificar la lectura ¿Qué era el Código de Hammurabi?

miMundo: Actividad
Ojo por ojo

gobernar, *v.,* controlar o influir de manera firme

Evaluación de la Sección 2

Pregunta esencial

¿Cuáles son las consecuencias de la tecnología?

Términos clave

1. ¿Qué rasgos culturales sumerios compartían los acadios?

2. ¿Quién creó el primer imperio de Mesopotamia?

3. ¿Qué es el imperio de la ley?

Ideas clave

4. ¿Cómo se formó el Imperio Acadio?

5. ¿Por qué fue importante el Código de Hammurabi?

6. ¿En qué se parece el Código de Hammurabi a las leyes modernas?

Razonamiento crítico

7. Sacar conclusiones ¿Cómo influyó la cultura sumeria en pueblos posteriores?

8. Comparar y contrastar ¿Cómo mantuvieron Sargón y Hammurabi el control de grandes imperios?

9. ¿Cómo crees que las tecnologías sumerias contribuyeron a la formación y expansión de los imperios posteriores? Anota la respuesta en tu Cuaderno del estudiante.

Los Imperios Asirio y Persa

Ideas clave
- Los ejércitos asirios conquistaron un vasto imperio que se extendía desde Mesopotamia en dirección suroeste hasta Egipto.
- El Imperio Persa equilibró el autogobierno local con el poder central.
- Las culturas de Mesopotamia crearon una rica tradición artística.

Términos clave • caballería • ejército regular • tributo • moneda corriente • estela

 Visual Glossary

Destreza de lectura Resumir Toma notas usando el organizador gráfico en tu Cuaderno.

Esta talla en marfil de la cabeza de una mujer fue probablemente un regalo dado a un rey asirio alrededor de 700 A.C. ▼

Los invasores entraron rápidamente en Mesopotamia después de la muerte de Hammurabi en 1750 A.C. Transcurrieron cientos de años antes de que los asirios, un pueblo del norte de Mesopotamia, unificaran la región otra vez. Con el tiempo, el Imperio Asirio dio paso al poderoso Imperio Persa.

Los Imperios Asirio y Caldeo

Asiria estaba al norte de Babilonia, a lo largo del río Tigris. Al igual que gran parte de Mesopotamia, cayó bajo la influencia de Sumer. Más tarde, Asiria fue parte de los imperios Acadio y Babilónico.

Un estado militar Después de que cayó Babilonia, los asirios pelearon contra un flujo constante de invasores. Algunos de éstos conquistaron Asiria, pero durante mucho tiempo los asirios permanecieron libres.

Los conflictos frecuentes convirtieron a los asirios en guerreros temibles. Los ejércitos de Asiria contaban con una de las primeras **caballerías** del mundo, o soldados que combaten montados a caballo. Los asirios usaban armas y herramientas de hierro, mucho más fuertes que las de bronce que usaban los pueblos anteriores. Los asirios aprendieron la fundición de hierro de los hititas, un pueblo que había invadido Mesopotamia desde Asia Menor.

Los asirios crearon un estado militar fuerte a mediados del año 800 A.C. En menos de 200 años, convirtieron ese estado en un imperio. A mediados del año 600 A.C., el Imperio Asirio se extendía hacia el norte desde el Golfo Pérsico a lo largo del Creciente Fértil y al suroeste a Egipto.

Gobernar el imperio Al igual que Sargón y Hammurabi, los gobernantes asirios descubrieron que controlar un gran imperio era difícil. Los asirios dividieron el imperio en unas 70 unidades de gobierno más pequeñas llamadas provincias. Asignaron un gobernador a cada una. Cada gobernador informaba directamente al gobernante asirio. Esto ayudó al gobernante a mantener el control de tierras lejanas.

Un gobernante asirio llamado Asurbanipal hizo de Nínive la ciudad capital. Allí construyó una biblioteca y la llenó con tablillas cuneiformes. Éstas contenían textos y cartas de Sumer y Babilonia sobre temas de derecho, literatura, matemáticas y ciencias. Todavía existen unas veinte mil tablillas. Son una importante fuente de conocimiento sobre la historia de Mesopotamia.

Babilonia restaurada Después de la muerte de Asurbanipal, la guerra civil y los ataques enemigos debilitaron el Imperio Asirio. En 604 A.C., Nabucodonosor II se convirtió en rey de Babilonia. Extendió su poder hacia el oeste hasta Egipto. También tomó Jerusalén, destruyó el Templo Judío y exilió a muchos judíos a Babilonia. Su imperio se conoce como el Imperio Caldeo.

Nabucodonosor gastó mucho dinero en grandes proyectos de construcción. Construyó grandes murallas, puertas y templos. Su proyecto más famoso fue el de los jardines colgantes de Babilonia. Eran jardines muy elaborados, construidos sobre una serie de terrazas de piedra.

Verificar la lectura **¿Cómo organizaron los asirios su gobierno?**

Una ilustración de 1853 muestra cómo pudo haber sido Nínive en la época de Asurbanipal.

125

Los Imperios Asirio y Persa

Los poderosos ejércitos de Asiria erigieron un imperio en todo el Creciente Fértil. El Imperio Persa se convirtió en el más grande que el mundo había visto.

Destreza: Mapas

1 **Región** Describe las áreas que abarcaron los imperios Asirio y Persa.

2 **Interacción** ¿Cómo crees que la Gran Ruta Real Maurya ayudó a conectar a las personas en todo el Imperio Persa?

Persia Una escultura de una cabeza de toro del palacio de Darío el Grande en Persépolis

Persia Una copa de oro en forma de león alado

Asiria Una puerta reconstruida hacia la antigua ciudad de Nínive

Asiria El poderoso ejército asirio usaba carros de guerra contra sus enemigos en la batalla.

Asiria Una talla en marfil de un guerrero asirio

El ascenso del Imperio Persa

Los muros y las fuertes puertas de Babilonia no pudieron contener a los nuevos conquistadores. En 539 A.C., Babilonia y el resto de Mesopotamia cayeron bajo el control del Imperio Persa. En unas décadas, el Imperio Persa se convirtió en el más grande que el mundo había visto.

Ciro el Grande Persia se formó al este de Mesopotamia, en lo que hoy es Irán. Los persas habían sido gobernados por sus vecinos del norte, un pueblo llamado los medos. Los medos controlaban un imperio que se extendía desde lo que hoy es el noroeste de Irán hasta los montes Zagros. Pero en 550 A.C., Ciro el Grande llevó a los persas a la victoria sobre los medos. Al conquistar a los medos, los persas ganaron un imperio.

Ciro soñaba con construir un imperio más grande. Comenzó en Asia Menor, en lo que hoy es Turquía, donde fue a la guerra con el reino de Lidia. Derrotó al rey de Lidia, Creso. Luego Ciro fue hacia el sur a Jonia, una región colonizada por los griegos. Conquistó las ciudades-estado de Jonia. Después, amplió la frontera de Persia en el este, hacia la India. En ese momento el Imperio Persa llegaba hasta dentro de Asia.

El rápido crecimiento de Persia se debía a su gran y altamente calificado ejército regular. Un **ejército regular** es un ejército permanente compuesto por soldados profesionales. El núcleo de este ejército era una fuerza de 10,000 soldados <u>de élite</u> conocidos como los "Inmortales".

La conquista de Babilonia Como ya leíste, Ciro y el ejército persa capturaron Babilonia en 539 A.C. Bajo su gobierno, Babilonia se convirtió en la provincia más rica del Imperio Persa. Ciro trataba bien a los babilonios y a otros pueblos conquistados. Les permitía conservar sus costumbres y religiones en lugar de obligarlos a adoptar las maneras persas. Cuando Ciro conquistó Babilonia permitió que los judíos regresaran a Jerusalén y reconstruyeran su Templo.

Una mayor expansión Ciro murió en una batalla en 530 A.C. Su hijo Cambises II continuó el sueño de su padre de aumentar el tamaño del Imperio Persa. Cambises trasladó sus tropas al noreste de África y conquistó Egipto. Desde allí, viajó al sur para tratar de invadir Kush.

La invasión de Kush fue un fracaso. Cambises dirigió el ejército persa a través del desierto con poca comida y otras provisiones. Sus hombres tuvieron que matar y comer sus animales de carga. Muchos murieron de hambre antes de que Cambises pusiera fin a la desastrosa invasión.

Después de la muerte de Cambises, Darío tomó el trono por la fuerza. Bajo su mandato, Persia creció más y Darío fue conocido como Darío el Grande. Extendió el dominio persa al este hasta el valle del Indo. En el oeste, el ejército persa derrotó a Tracia, la primera victoria persa en Europa. Pero las campañas posteriores contra Grecia terminaron en la derrota persa en la Batalla de Maratón. Leerás más acerca de Darío en un capítulo posterior.

de élite, *adj.*, que representa lo mejor

Verificar la lectura ¿Qué líder persa conquistó Babilonia?

Los pueblos del Creciente Fértil

Nombre	Período	Principales logros
Sumerios	3500 A.C. a 2004 A.C.	Usaron la irrigación y el arado para la agricultura; desarrollaron la escritura cuneiforme, formaron gobiernos; fabricaron herramientas y armas de bronce; la ciudad sumeria de Uruk fue la primera ciudad del mundo.
Acadios	2334 A.C. a 2193 A.C.	Sargón formó el primer imperio del mundo.
Antiguos babilonios	1900 A.C. a 1600 A.C.	Formaron un sistema de leyes y gobierno bajo el mandato de Hammurabi.
Asirios	934 A.C. a 612 A.C.	Construyeron un estado militar poderoso; el gobernante asirio Asurbanipal edificó la ciudad de Nínive.
Caldeos	626 A.C. a 539 A.C.	Nabucodonosor II expandió Babilonia hasta las fronteras de Egipto; también restauró Babilonia al levantar un puente de piedra sobre el río Éufrates y construir los jardines colgantes.
Persas	539 A.C. a 331 A.C.	Ciro expandió el imperio hasta Asia Menor, Jonia, la India y Babilonia; Cambises y Darío después expandieron más el imperio.

FUENTE: *Handbook to Life in Ancient Mesopotamia*, 2003; *Encyclopaedia Britannica*

Destreza: Gráficas

¿Cuál de los pueblos del Creciente Fértil construyó la primera ciudad del mundo?

Aprendizaje del siglo XXI

▲ Una talla asiria

El gobierno y la religión de Persia

reformar, v., mejorar

El vasto Imperio Persa incluía pueblos con culturas muy diferentes. Los gobernantes debían encontrar una manera de unificarlo. Podrían haber tratado de obligar a las personas a seguir las mismas costumbres y obedecer las mismas leyes. Pero adoptaron un enfoque diferente. Darío creó una estructura política que daba a la población local control sobre su propio gobierno.

Autogobierno local Darío dividió su imperio en satrapías, o provincias, y eligió un líder para cada una. Los líderes tenían gran independencia. Darío les permitió conservar sus leyes y tradiciones y tomar decisiones.

Control central Darío también reformó el gobierno central, o general, del imperio. Primero, mejoró sus finanzas. Los pueblos conquistados siempre tenían que enviar tributo al gobernante persa. El **tributo** es el pago hecho para mostrar lealtad a un poder mayor. Pero el monto del tributo lo determinaba el gobernante sin importar lo que una región podía pagar. Darío creó un sistema más justo en el que cada provincia pagaba de acuerdo a su riqueza.

Después, Darío creó una moneda corriente común. La **moneda corriente** es dinero que se usa como medio de intercambio, usualmente en forma de billetes y monedas. Darío introdujo monedas de oro, impresas con una imagen de sí mismo, que se aceptarían en todo el Imperio Persa. Esto unificó la economía persa al facilitar el comercio entre provincias distantes.

Nuevos caminos Darío usó parte de la gran riqueza de Persia para construir caminos. Las mercancías y el tributo se transportaban por ellos. Lo mismo hacían los ejércitos, los funcionarios del gobierno y los mensajeros reales.

Los persas establecieron estaciones postales a lo largo de las 1,500 millas de la Gran Ruta Real Maurya. Mensajeros a caballo llevaban mensajes de una estación a otra. Un mensaje tardaba tres meses en llegar de un extremo a otro. Sin embargo, este sistema era el sistema de comunicación más rápido del mundo antiguo. El historiador griego Heródoto escribió:

> 66 Ningún mortal viaja tan rápido como estos mensajeros persas. . . . [E]stos hombres no se ven obstaculizados para abarcar a su mayor velocidad la distancia que tienen que recorrer, ya sea en la nieve, o la lluvia, o el calor, o en la oscuridad de la noche 99.
>
> —*Guerras médicas* de Heródoto, de la traducción al inglés de George Rawlinson

La religión En la antigüedad muchas personas adoraban a varios dioses. Pero a partir de 600 A.C., un persa conocido como Zoroastro enseñó que había un dios supremo, Ahura Mazda, que tenía un rival malvado. Con el tiempo, estas creencias se convirtieron en el zoroastrismo que llegó a ser la religión oficial del Imperio Persa.

El texto sagrado del zoroastrismo es el Avesta, que incluye oraciones, himnos y otros escritos. La creencia principal del zoroastrismo es que el universo está en un estado de lucha entre las fuerzas del bien y del mal. Los zoroástricos creen que todos tienen una función importante que desempeñar en este conflicto, trabajando para el bien. También creen en la existencia de una vida después de la muerte. Los historiadores creen que estas enseñanzas influyeron en el judaísmo, el cristianismo y el islam.

Verificar la lectura ¿Cómo cambió Darío al Imperio Persa?

Una talla del dios zoroástrico Ahura Mazda ▼

La antigua capital persa de Persépolis, en lo que hoy es Irán, incluye muchas tallas detalladas. Abajo, personas llevan un tributo al rey persa Darío el Grande. ▼

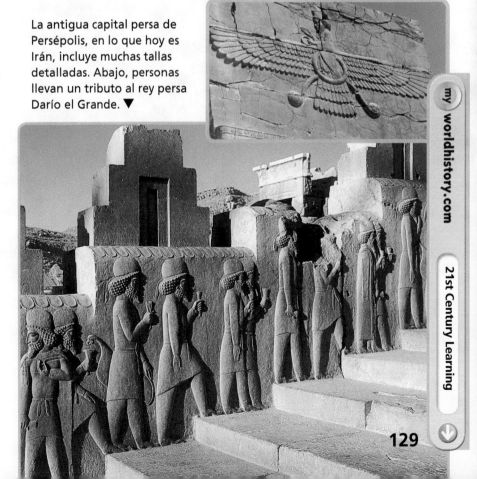

Los jardines colgantes de Babilonia

Según los antiguos escritores griegos, la rica ciudad de Babilonia tenía hermosos jardines en terrazas cubiertas de plantas exóticas. Un elaborado sistema de irrigación regaba las plantas. Esta ilustración muestra cómo podrían haber sido los jardines colgantes de Babilonia.

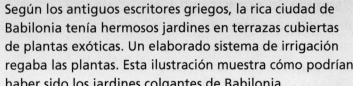

→ **Culture Close-Up**

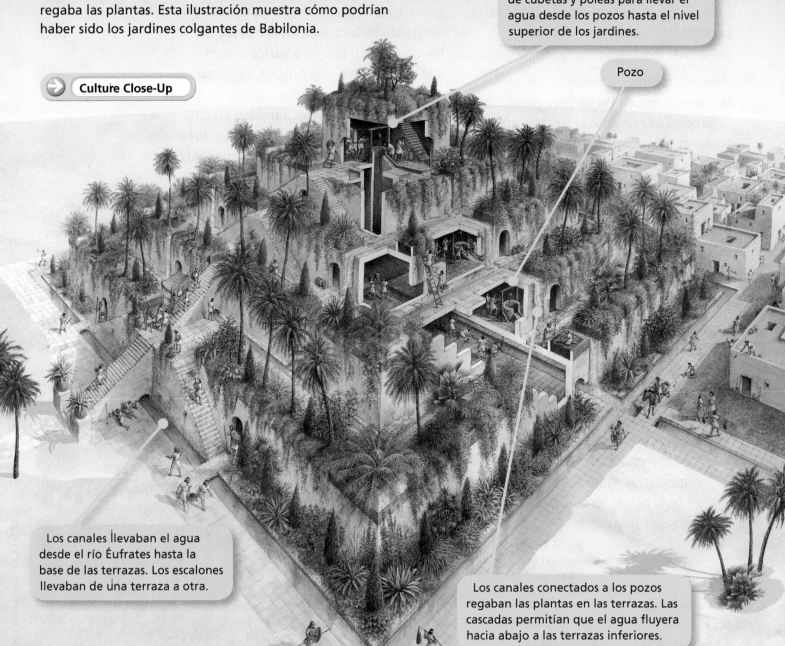

Los babilonios usaban un sistema de cubetas y poleas para llevar el agua desde los pozos hasta el nivel superior de los jardines.

Pozo

Los canales llevaban el agua desde el río Éufrates hasta la base de las terrazas. Los escalones llevaban de una terraza a otra.

Los canales conectados a los pozos regaban las plantas en las terrazas. Las cascadas permitían que el agua fluyera hacia abajo a las terrazas inferiores.

miMundo: Actividad
Reconstruir Babilonia

Las artes de Mesopotamia

A diferencia del arte de las primeras culturas del mundo, las artes de la antigua Mesopotamia nos dan una idea de la vida diaria. Mostraban personas y actividades de diversas sociedades.

Los sellos Los sumerios usaban sellos tallados en piedra para identificar al propietario de un objeto, especialmente antes del desarrollo de la escritura cuneiforme. Un sello dejaba la marca del propietario, como un animal o una forma geométrica, estampada en arcilla. Por ejemplo, un saco con mercancías podría cerrarse amarrándolo con una cuerda. Luego, el dueño cubría el nudo con arcilla húmeda y la estampaba con el sello.

Algunos tenían forma de cilindros. Cuando se rodaban sobre arcilla húmeda, dejaban la imagen de una escena completa.

Las esculturas Los sumerios tallaban estatuas de personas que, por primera vez en la historia, se veían como seres humanos reales. Otros pueblos crearon una forma de escultura conocida como relieve. En ésta, la escena sobresale de la superficie de la materia prima.

Se puede ver una escultura en relieve en una estela. Una **estela** es una losa o pilar de piedra tallada que se levanta en uno de sus extremos. Un ejemplo es la estela de Hammurabi, que viste en la Sección 2. En la parte superior hay un relieve que muestra a Hammurabi y al dios babilonio Shamash. Abajo está el Código de Hammurabi, tallado en escritura cuneiforme en la lengua acadia.

Los asirios crearon relieves coloridos en los edificios. Estructuras como la puerta de Ishtar en Babilonia, estaban decoradas con azulejos y ladrillos coloridos formando patrones e imágenes de toros, dragones y otros animales. También decoraban las paredes con piezas en forma de cono de barro cocido pintado en blanco, negro y rojo.

Verificar la lectura ¿Para qué eran los sellos de piedra?

Un león hecho de ladrillos de colores, de la puerta de Ishtar en Babilonia▼

Evaluación de la Sección 3

Términos clave

1. ¿Cómo cambió Darío el sistema persa del tributo?

2. ¿Qué es un ejército regular?

3. ¿Qué es la caballería?

Ideas clave

4. ¿Cómo crearon un imperio los asirios?

5. ¿Cómo unificó Darío al Imperio Persa?

6. Describe un relieve.

Razonamiento crítico

7. **Resumir** ¿Cómo trataban los líderes persas a los pueblos conquistados?

8. **Analizar causa y efecto** ¿Cómo podría un sistema eficaz de comunicación beneficiar a una nación?

Pregunta esencial

¿Cuáles son las consecuencias de la tecnología?

9. ¿Cómo usaron la tecnología los gobernantes asirios, babilonios y persas para ampliar y unificar sus imperios? Anota la respuesta en tu Cuaderno del estudiante.

Los fenicios

Una estatua de un dios fenicio, alrededor de 700 A.C. ▼

El mar Mediterráneo forma el límite occidental del Creciente Fértil. La civilización fenicia nació aquí, en una delgada franja de tierra a lo largo de la costa mediterránea. Al igual que Sumer, Fenicia consistía en ciudades-estado. Aunque Fenicia era pequeña en tamaño, tuvo una influencia importante en la historia de la región.

El pueblo fenicio

Los fenicios fueron navegantes intrépidos que guiaban barcos llenos de mercancías por las aguas del océano. Durante cientos de años, dominaron el comercio marítimo en el Mediterráneo, así como lo había hecho el antiguo pueblo minoico griego.

Los orígenes La sociedad fenicia se desarrolló a partir de los antiguos cananeos. Los cananeos fueron un pueblo que vivió en partes de lo que hoy son Israel, Jordania, el Líbano y Siria. El cercano Egipto tuvo una fuerte influencia en Canaán. De hecho, Egipto controló partes de Canaán por épocas durante muchos años a partir de aproximadamente 1500 A.C.

El dominio egipcio terminó alrededor de 1150 A.C., y comenzó el surgimiento de la sociedad fenicia. Las ciudades-estado fenicias independientes prosperaron. En general, los gobernantes de las ciudades-estado fenicias eran reyes-sacerdotes. Pero cada rey-sacerdote compartía el poder del gobierno con las principales familias comerciantes y una asamblea ciudadana.

La agricultura y la manufactura La geografía influyó mucho en el desarrollo de Fenicia. La cordillera del Líbano formaba la frontera oriental de Fenicia. Esta cordillera cubierta de bosques descendía cerca de la costa mediterránea, dejando poco terreno plano para la agricultura.

Los fenicios fabricaban una serie de bienes. Los tejedores hacían tela que coloreaban con una rara tintura púrpura que hacían con diminutos caracoles marinos. Vendían esta tela púrpura a precios altos. Los artesanos fenicios especializados hacían objetos de cerámica, vidrio y metal. También usaban los árboles para hacer muebles de madera y otros artículos.

Los comerciantes fenicios Como Fenicia tenía pocos recursos naturales, los fenicios comerciaban recursos y bienes con otras culturas. Los comerciantes fenicios traían muchas importaciones. Una **importación** es un bien o servicio vendido en un país que se produce en otro país. La mayoría de las importaciones fenicias eran materias primas, incluyendo oro, plata, estaño, cobre, hierro, marfil y piedras preciosas.

Los artesanos fenicios usaban las materias primas que importaban para hacer muchos artículos, como vasijas de bronce y de plata, herramientas y armas de hierro y joyas de oro. Los comerciantes enviaban estos bienes, así como troncos de pino y de cedro, vino, aceite de olivo, sal, pescado y otros bienes, como exportaciones a puertos en todo el Mediterráneo. Una **exportación** es un bien o servicio producido dentro de un país que se vende fuera de las fronteras del país.

Verificar la lectura **¿Qué bienes y materiales comerciaban los fenicios?**

Los artesanos fenicios hacían hermosos jarrones de cerámica. ▼

Rutas comerciales fenicias

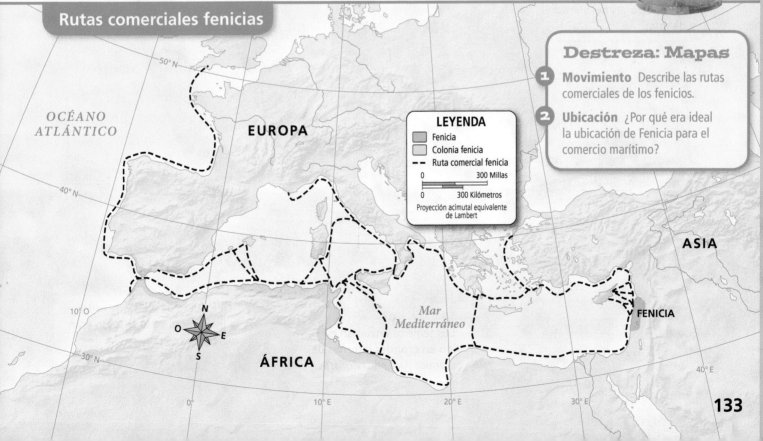

LEYENDA
- Fenicia
- Colonia fenicia
- - - Ruta comercial fenicia

0   300 Millas
0   300 Kilómetros
Proyección acimutal equivalente de Lambert

OCÉANO ATLÁNTICO

EUROPA

ASIA

Mar Mediterráneo

ÁFRICA

FENICIA

Destreza: Mapas

1. **Movimiento** Describe las rutas comerciales de los fenicios.

2. **Ubicación** ¿Por qué era ideal la ubicación de Fenicia para el comercio marítimo?

133

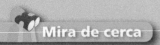

UN BARCO COMERCIAL FENICIO

Los navegantes fenicios conducían barcos llenos de mercancías desde Asia occidental a toda la región mediterránea. Algunos fenicios viajaron hasta el Atlántico y navegaron hacia el norte por la costa europea o al sur a África occidental. Sus barcos variaban en tamaño, pero podían llegar a medir 60 pies de largo.

RAZONAMIENTO CRÍTICO ¿Por qué muchas personas de Asia y la región mediterránea llegaron a depender de los fenicios para el comercio?

Los barcos fenicios podían impulsarse por una vela o por remeros por medio de remos.

Los marineros fenicios eran navegantes expertos con gran conocimiento de los patrones del viento y del mar.

Los fenicios enviaban el vino en grandes jarrones de cerámica llamados *ánforas*.

La madera de pino y de cedro, la tela púrpura y el pescado eran mercancías comunes.

Los fenicios y el mar

La ubicación de Fenicia era ideal para el comercio. Estaba en la orilla occidental de Asia, a poca distancia navegando de Europa y África. Varias rutas comerciales terrestres del este terminaban en Fenicia. Como resultado, muchas personas llegaron a depender de los fenicios para enviar sus mercancías a través del mar Mediterráneo.

La navegación Debido a la ubicación de Fenicia, entre el Mediterráneo y la cordillera del Líbano, los fenicios eligieron el mar para comerciar. Se volvieron expertos en la **navegación,** o el arte de conducir un barco de un lugar a otro. Los navegantes fenicios desarrollaron un conocimiento profundo de los patrones del viento y las corrientes marinas.

Se cree que los navegantes fenicios fueron los primeros en usar la estrella polar para orientarse. En el hemisferio norte, la estrella polar parece inmóvil mientras parece que otras estrellas se mueven por el cielo. Los navegantes fenicios usaban la posición de la estrella polar para calcular su ubicación.

Explorar aguas desconocidas Desde Fenicia, los fenicios navegaron al sur y al oeste pasando Egipto y a lo largo de la costa del norte de África. Otros viajaron al norte y al oeste pasando las penínsulas Balcánica e Itálica. Exploraron las islas mediterráneas de Sicilia y Cerdeña. Los fenicios llegaron a Iberia, en el extremo occidental del mar Mediterráneo. Estas tierras incluyen lo que hoy en día son España y Portugal.

Los marineros fenicios salieron del Mediterráneo hacia el océano Atlántico. Algunos navegaron al norte a lo largo de la costa ibérica y unos cuantos viajaron hasta la Gran Bretaña. Otros se dirigieron hacia el sur hasta el África occidental.

Los fenicios mostraron gran valentía al navegar en aguas lejanas y desconocidas. Pero, ¿por qué siguieron viajando cada vez más lejos? Algunos historiadores piensan que los fenicios se vieron obligados a buscar metales preciosos. De hecho, comerciaban plata en Iberia y oro en el África occidental. Un historiador griego describió cómo se beneficiaron del comercio de la plata:

beneficiarse, *v.,* obtener una ganancia

> 66 Bueno, los indígenas ignoraban el uso de la plata, y los fenicios. . . la compraban a cambio de otros [bienes] de poco o ningún valor. Así, los fenicios, que transportaban esta plata a Grecia y Asia y a todos los demás pueblos, obtuvieron una gran riqueza 99.
>
> —Diodoro Sículo, *Biblioteca histórica*

Las colonias y las ciudades-estado Los fenicios descubrieron muchos puertos protegidos a lo largo de la costa mediterránea. Al principio, servían como puestos comerciales. Se detenían allí para recoger agua, alimentos y otras provisiones.

Las áreas fértiles atrajeron a los agricultores fenicios y otros colonos. Esos asentamientos se convirtieron en colonias. Una **colonia** es un área gobernada por un país lejano. Cuando los asirios y otros atacaron Fenicia a partir del año 800 A.C., muchos fenicios dejaron Fenicia. Emigraron a sus colonias por seguridad.

DESARROLLO DEL ALFABETO

Los comerciantes fenicios desarrollaron lo que es tal vez el primer alfabeto del mundo. Éste se convirtió rápidamente en uno de los sistemas de escritura más usados del mundo. Con el tiempo, otros pueblos modificaron el alfabeto. Hoy, las 29 letras que usamos en la lengua española se basan en el alfabeto fenicio original.

RAZONAMIENTO CRÍTICO ¿Cómo facilita la comunicación un alfabeto usado en muchas partes?

▲ La escritura fenicia viene de la escritura cuneiforme (a la izquierda).

Caracteres del alfabeto fenicio

*	B	G	D	H	W	Z
H	T	Y	K	L	M	N
S	*	P	S	Q	R	SH	T

* No hay equivalente en inglés
FUENTE: BBC Online

Unas colonias fenicias se convirtieron en ciudades-estado ricas. Una de ellas fue Cartago, en la costa del norte de África. Cartago llegó a ser rica y poderosa, estableció sus propias colonias y peleó tres guerras contra los poderosos romanos. En la última, los romanos destruyeron Cartago. Después, el Imperio Romano se hizo cargo de todas las ciudades-estado y colonias fenicias.

Verificar la lectura **¿Por qué era ideal la ubicación de Fenicia para el comercio?**

El legado de los fenicios

Fenicia no sobrevivió, pero sus logros perduraron. Grecia y Roma absorbieron elementos clave de la cultura fenicia en un proceso conocido como difusión cultural. La **difusión cultural** es la propagación de los rasgos culturales de una región a otra. El legado de los fenicios incluyó la difusión de su cultura y una nueva forma de escritura.

La difusión de la cultura Mediante el comercio, los fenicios enlazaron a los diversos pueblos y culturas de toda la región mediterránea y más lejos aún. Así, los fenicios contribuyeron a difundir las ideas. Transmitieron partes de su cultura a los griegos, quienes usaban el estándar fenicio de pesos y medidas. Luego, la cultura griega se extendió por toda la región mediterránea y su influencia continúa en la actualidad.

El alfabeto Los griegos también adoptaron la escritura fenicia. Antes, el sistema principal de escritura en el antiguo Oriente Próximo era el cuneiforme. En la escritura cuneiforme, los símbolos representan sílabas o palabras completas. Para escribir, hacía falta conocer cientos de símbolos.

Los fenicios desarrollaron un alfabeto. Un **alfabeto** es un pequeño conjunto de letras o símbolos, y cada uno representa un sonido. Este alfabeto tenía 22 símbolos. Cada uno representaba un sonido consonante. Ahora,

Los griegos modificaron el alfabeto fenicio, agregaron vocales (izquierda). Más tarde, el alfabeto romano realizó más cambios (abajo).

◄ Las letras que usamos hoy en español están basadas en el alfabeto fenicio.

en lugar de tener que memorizar cientos de símbolos diferentes, una persona sólo tenía que saber 22 símbolos para escribir. Este alfabeto hizo que fuera más fácil escribir.

Las personas que comerciaban con los fenicios aprendieron su alfabeto para comunicarse con ellos. Hacia 750 A.C., los griegos habían comenzado a usar el alfabeto fenicio. Alrededor de 500 A.C., los griegos añadieron letras para representar las vocales.

También dieron nombres a las letras. La palabra *alfabeto* viene de las dos primeras letras del alfabeto griego: alfa y beta.

Alrededor de 100 A.C., los romanos adoptaron el alfabeto griego. Los romanos cambiaron algunas letras. El resultado fue un alfabeto que se parece mucho al nuestro.

Verificar la lectura ¿Cuál fue el impacto cultural de los fenicios?

miMundo: Actividad
Un alfabeto de sonidos

Evaluación de la Sección 4

 **Pregunta esencial**

¿Cuáles son las consecuencias de la tecnología?

Términos clave

1. ¿Cómo usaban los fenicios las importaciones?

2. ¿De dónde viene la palabra *alfabeto*?

3. ¿Qué es la difusión cultural?

Ideas clave

4. ¿Cómo influyó la geografía en el desarrollo de la civilización fenicia?

5. ¿Cómo influyeron los fenicios en los pueblos posteriores?

6. ¿Cómo comerciaron los fenicios con otros pueblos?

Razonamiento crítico

7. **Inferir** ¿Cómo el hecho de que la estrella polar parece permanecer inmóvil facilita la navegación marítima?

8. **Sintetizar** ¿Por qué querrían los egipcios comprar troncos a Fenicia?

9. ¿Cómo dependía la economía fenicia de la tecnología? Anota la respuesta en tu Cuaderno del estudiante.

Evaluación del capítulo

Términos e ideas clave

1. Resumir ¿Por qué es **Mesopotamia** un nombre apropiado para el lugar en el que comenzaron las civilizaciones del Creciente Fértil?

2. Comentar ¿Cómo estableció el **Código de Hammurabi** el **imperio de la ley**?

3. Describir ¿Qué es una **estela**?

4. Recordar Menciona tres **importaciones** fenicias y tres **exportaciones** fenicias.

5. Describir ¿Qué es la escritura **cuneiforme**?

6. Resumir ¿Cómo creó Sargón el imperio acadio?

7. Explicar ¿Por qué fue el **ejército regular** de Persia un factor importante en el rápido crecimiento de Persia?

Razonamiento crítico

8. Inferir ¿Por qué crees que los fenicios fueron mejores que otras civilizaciones en la navegación y el comercio?

9. Secuencia Coloca los pueblos siguientes en orden cronológico, comenzando con los más antiguos: acadios, asirios, sumerios y persas.

10. Sacar conclusiones ¿Por qué el alfabeto fenicio facilitó la escritura y fue más eficiente que la escritura cuneiforme?

11. Conceptos básicos: Fuentes históricas ¿Por qué los arqueólogos y los historiadores tratan de encontrar artefactos y escritos de las antiguas civilizaciones?

Analizar elementos visuales

12. ¿Qué civilización que se muestra en el mapa abarcó el área más grande?

13. Compara y contrasta el tamaño y la ubicación del Imperio Babilónico y Fenicia.

14. ¿Cómo crees que la ubicación de los ríos en el Creciente Fértil influyó en la fundación y crecimiento de Sumer?

15. ¿En qué se diferencia Fenicia de las otras civilizaciones que se muestran en este mapa?

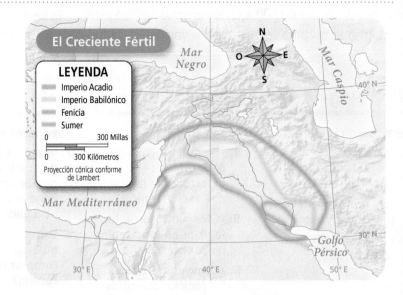

El Creciente Fértil

LEYENDA
Imperio Acadio
Imperio Babilónico
Fenicia
Sumer

0   300 Millas
0   300 Kilómetros
Proyección cónica conforme de Lambert

Mar Negro
Mar Caspio
Mar Mediterráneo
Golfo Pérsico

Pregunta esencial

miMundo: Actividad del capítulo

El comercio y el transporte de Mesopotamia
Sigue las instrucciones de tu maestro para investigar y describir el comercio en la antigua Mesopotamia ya sea como comerciante o periodista. Trabaja con tu grupo para recopilar y organizar la información sobre el comercio y el transporte. Escribe y presenta un guión para un documental sobre un mercado de Mesopotamia.

Aprendizaje del siglo XXI

Busca información en la Internet

En la Internet, busca e imprime un croquis político que muestre el suroeste de Asia. Anota los nombres de los países modernos. Luego busca mapas históricos que muestren Sumer, Acad, Babilonia, Asiria y Persia. En tu croquis, usa un color o patrón diferente para marcar la ubicación de cada civilización antigua. Compara los mapas con un compañero y explica cualquier diferencia que notes.

Preguntas basadas en documentos

Success Tracker™
En línea en myworldhistory.com

Usa tu conocimiento del Creciente Fértil y los Documentos A y B para responder las Preguntas 1 a 3.

Documento A

" De todos los poderes en Asia, el reino de Ciro se mostraba como el más grande y glorioso. Al este limitaba con el mar Rojo, al norte con el Ponto Euxino, al oeste con Chipre y Egipto y al sur con Etiopía. Y sin embargo, todo este enorme imperio estaba gobernado por la mente y la voluntad de un solo hombre, Ciro: sus súbditos por los que se preocupaba y a los que quería como un padre podría cuidar de sus hijos, y quienes quedaban bajo su dominio lo reverenciaban como a un padre".

—Jenofonte, *Ciropedia: La educación de Ciro,* alrededor de 370 A.C.

1. En el Documento A, ¿qué sugiere el autor acerca de la relación de Ciro con los pueblos que conquistó?

A Los ignoraba y se concentraba sólo en las personas que vivían en su ciudad capital.

B Fue un gobernante cruel.

C Tenía poco poder sobre sus vidas.

D Se preocupaba por los pueblos conquistados y los gobernaba con amabilidad.

Documento B

" [L]uego [los dioses] Anu y Bel me llamaron por mi nombre, Hammurabi, el príncipe exaltado, temeroso de Dios, para llevar el imperio de la rectitud a la tierra, para destruir a los malvados y a los que hacen el mal, para que el fuerte no perjudique al débil,… para asegurar el bienestar de la humanidad".

—Introducción al Código de Hammurabi, alrededor de 1780 A.C.

2. De acuerdo con el Documento B, ¿cuáles son las razones principales de Hammurabi para publicar su código de leyes?

A mejorar el comercio

B poner fin al comportamiento malvado y proteger a los débiles

C ampliar el territorio de Babilonia

D describir la historia de Babilonia

3. Tarea escrita ¿Creían Ciro y Hammurabi lo mismo sobre la responsabilidad que tiene un gobernante hacia el pueblo? Explícalo.

my worldhistory.com Self-Test

El Antiguo Egipto y Nubia

Pregunta esencial

¿Cuánto influye la geografía en la vida de las personas?

Un templo construido por el faraón Ramsés II, ahora en Abu Simbel ▼

? Explora la Pregunta esencial

- en *my* **worldhistory.com**
- usando **miMundo: Actividad del capítulo**
- con el **Cuaderno del estudiante**

El auge y la caída del antiguo Egipto

3100 A.C. El primer faraón de Egipto unifica el Alto y el Bajo Egipto.

1475 A.C. Hatshepsut se convierte en faraón.

343 A.C. Invasores persas derrotan al último faraón egipcio.

4000 A.C.　　　**3000** A.C.　　　**2000** A.C.　　　**1000** A.C.　　　**1** A.C.

2450 A.C. Se construye la Gran Pirámide de Giza.

730 A.C. Un faraón nubio conquista Egipto.

HATSHEPSUT:
Tomar el poder con estilo

Éste es un relato novelado de sucesos en la vida de Hatshepsut, una faraón egipcia real.

Hace más de 3,000 años, cuando tenía unos 30 años, Hatshepsut se coronó rey, o faraón, de Egipto en una lujosa ceremonia.

No tuvo opción acerca de su título masculino. No había una palabra en el egipcio antiguo para una faraón mujer, aunque algunas mujeres ya habían sido faraones.

Como pocas mujeres habían gobernado Egipto, tenía pocos ejemplos. Una vez que se puso la pesada corona doble roja y blanca de los dos Egiptos, el Alto y el Bajo, supo exactamente qué hacer. Había observado cómo educaban a sus tres hermanos, ya fallecidos, para ser faraones.

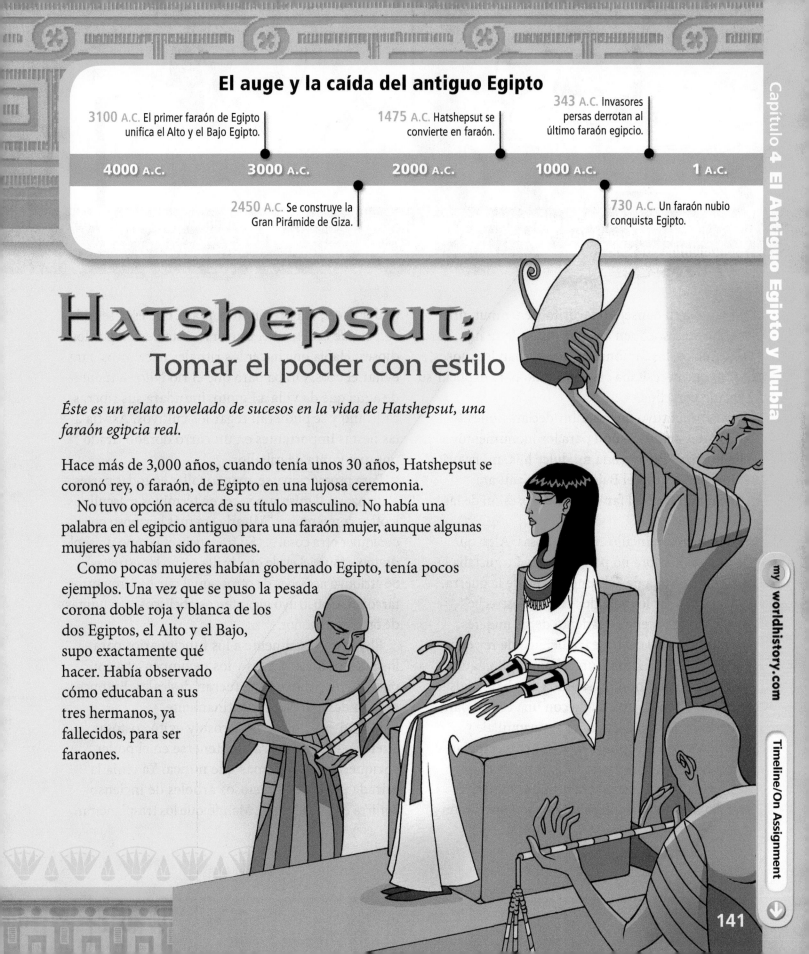

Hatshepsut y su escriba idean grandes declaraciones para alabarla. Hará que tallen estas declaraciones en monumentos por todo Egipto.

Hatshepsut se ve a sí misma como Sekhmet, la diosa de la guerra con cabeza de león.

Llamó a su consejero favorito, Senenmut, un escriba famoso, buen amigo y tutor de su hija. Para los egipcios, los faraones representaban los dioses, por lo que necesitaba crear un mito para explicar su vínculo con ellos.

Senenmut tuvo que escribir declaraciones atribuidas al dios Amón para los monumentos a ella misma: "Bienvenida mi dulce hija, mi favorita, el Rey del Alto y del Bajo Egipto, Maatkara, Hatshepsut. Eres el faraón, toma posesión de las Dos Tierras".

También se vinculó con las diosas. Algo que un faraón hombre no podría hacer. Le gustaba la imagen de leona de Sekhmet, diosa de la guerra.

Dejó de usar los vestidos largos y estrechos que restringían el movimiento de las mujeres. En público usaba el traje tradicional de rey que consistía en una falda y un collar amplio. Igual que los faraones hombres, usaba una barba falsa, tejida con hilo de oro, atada con una correa para la barbilla. Siguió usando joyas, maquillaje y perfumes exóticos, como lo hacían los egipcios ricos, hombres y mujeres.

La vida en el desierto era difícil y frágil. Su trabajo más importante, algo que sólo un faraón podía hacer, era preservar el maat, que es el sentido egipcio de orden en el universo, establecido por los dioses. Había que hacer los rituales necesarios para evitar el caos. Oraba para que el río Nilo, la fuente de agua que da vida a Egipto, inundara sus riberas cada año y se pudieran regar los cultivos. Asistía a las fiestas importantes en un carro dorado tirado por una yunta de caballos.

Para promocionarse, mandó tallar en todas partes alabanzas a sí misma, a veces en términos masculinos y otras como mujer: "Mirarla era más hermoso que cualquier otra cosa. . . . Su fragancia era como un soplo divino. . . su piel es de oro, brilla como las estrellas". Se atribuyó acciones de otros, igual que hicieron otros faraones. Construyó gigantescos obeliscos, con puntas de oro, en su honor.

Elegía personalmente a los funcionarios para los puestos importantes y los recompensaba con plata y oro, a menos que fueran desleales. Entonces, podían desaparecer repentinamente.

Mantuvo a Egipto poderoso y evitó costosas guerras. Prefirió, para mantenerse en el poder, enriquecer a Egipto más que nunca. Ya tenía la mirada puesta en preciosos árboles de incienso y mirra en otros países. Mandó que los trasplantaran

Hatshepsut aparece en público, en un carro, usando la barba y el cuello de un faraón hombre.

Hatshepsut hace que se lleven a un escriba desleal, al que nadie vuelve a ver jamás.

en Egipto para que proporcionaran una fuente de incienso y perfumes divinos. Emprendió un ambicioso programa de construcción, incluido un magnífico templo en la ribera oeste del Nilo en Luxor.

Fomentó el comercio con otros países. Intercambió las abundantes provisiones de granos de Egipto por los productos que Egipto no podía producir, como madera, piedras y metales preciosos.

Inmediatamente después de convertirse en faraón, inició los preparativos detallados para su propio entierro, como lo habían hecho otros faraones. Planeó una tumba muy elegante, llena de riquezas, en medio de los escarpados acantilados del valle de los Reyes. Allí se convertiría en uno de los dioses.

La muerte no llegaría en otros 20 años más o menos, pero no iba a tomar por sorpresa a esta poderosa y práctica mujer.

¿Qué conexiones ves en este relato entre la geografía y la vida de los antiguos egipcios? Mientras lees el capítulo que sigue, piensa en lo que el relato de Hatshepsut indica sobre la vida en el antiguo Egipto.

myStory Video

Acompaña a Hatshepsut mientras se hace cargo de Egipto.

Hatshepsut mira su tumba en construcción.

Egipto bajo los faraones

<table>
<tr>
<td>**Ideas clave**</td>
<td>● La geografía única de Egipto ayudó a dar forma a su civilización y a sus métodos de cultivo.</td>
<td>● Los faraones, que pertenecían a dinastías, gobernaron Egipto y eran considerados dioses.</td>
<td>● Los egipcios adoraban a muchos dioses.</td>
</tr>
</table>

Términos clave • catarata • delta • artesano • faraón • dinastía
• burocracia • momia

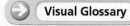 **Visual Glossary**

Destreza de lectura Identificar las ideas principales y los detalles
Toma notas usando el organizador gráfico en tu Cuaderno.

Máscara del faraón
Tutankamón en su ataúd ▼

Al igual que el Creciente Fértil, Egipto fue cuna de una de las primeras grandes civilizaciones del mundo. Como en el Creciente Fértil, la civilización de Egipto se desarrolló en un valle de río con un suelo fértil. Sin embargo, la geografía y la cultura de Egipto diferían en muchos aspectos de las del Creciente Fértil.

El valle del río Nilo

Los antiguos egipcios atesoraban el río Nilo. Sabían que, sin el Nilo, su tierra no sería más que un soleado desierto de brillante cielo azul y arena seca.

El río más largo del mundo El Nilo es el río más largo del mundo. Nace en el África del este y fluye cerca de 3,500 millas al norte hasta el mar Mediterráneo.

Este gran río tiene dos afluentes principales: el Nilo Blanco y el Nilo Azul. El Nilo Blanco fluye desde el lago Victoria. El Nilo Azul se precipita desde las tierras altas de la actual Etiopía. Los dos ríos se encuentran en el actual Sudán. En la antigüedad, el norte del Sudán era conocido como Nubia o Kush.

En Nubia y Egipto, el Nilo fluye a través del Sahara, un vasto desierto que se extiende por la mayor parte del norte de África. Antes de llegar a Egipto, en tiempos antiguos el río rodaba estrepitoso a través de seis **cataratas**, o formaciones de rápidos rocosos. Las cataratas rocosas hacían imposible que las personas viajaran en barco río arriba desde Egipto.

El Alto y el Bajo Egipto Pasando las cataratas, el Nilo fluye a través de un estrecho valle bordeado por acantilados. Es la región del Alto Egipto, porque está río arriba del mar Mediterráneo.

El río lleva cieno, partículas minerales finas que pueden formar suelo fértil, desde sus orígenes en el África del este. Cerca del final de su recorrido, el Nilo se vuelve lento y se despliega como en abanico formando muchos arroyos y zonas pantanosas. A medida que se desacelera, el río deposita su cieno. Este cieno se ha acumulado por miles de años formando un gran delta. Un **delta** es una zona de sedimento —suelo o minerales arrastrados por el agua— depositado en la desembocadura de un río. El delta del Nilo forma la región del Bajo Egipto.

Las inundaciones y la Tierra negra Una estrecha franja de suelo fértil bordea ambas riberas del Nilo y cubre su delta. Este rico suelo oscuro era tan importante para los egipcios que llamaban a su país *Kemet*, que significa "la Tierra negra".

La inundación anual del Nilo creó la Tierra negra. Cada verano, las lluvias torrenciales en el África del este se vertían en los afluentes del Nilo. Las aguas inundaban partes de Egipto. Cuando las aguas se drenaban, dejaban atrás una capa de suelo fresco.

Las inundaciones del Nilo eran impredecibles. Demasiada agua provocaba un desastre natural que arrasaba el suelo.

Muy poca agua podía significar una sequía, o escasez de agua. La sequía acababa con los cultivos y generaba hambrunas.

La Tierra roja A cada lado de la Tierra negra hay vastos desiertos. Los egipcios llamaban a estos desiertos "la Tierra roja". A diferencia de la Tierra negra, ésta era un lugar mortífero, de arenas ardientes.

Verificar la lectura **¿Cuáles son las fuentes del río Nilo?**

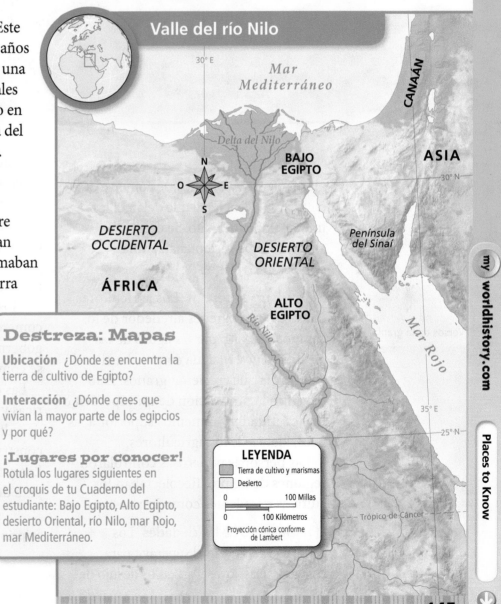

Valle del río Nilo

30° E

Mar Mediterráneo

CANAÁN

Delta del Nilo

BAJO EGIPTO

ASIA

30° N

DESIERTO OCCIDENTAL

DESIERTO ORIENTAL

Península del Sinaí

ÁFRICA

ALTO EGIPTO

Río Nilo

Mar Rojo

35° E

25° N

Destreza: Mapas

1 **Ubicación** ¿Dónde se encuentra la tierra de cultivo de Egipto?

2 **Interacción** ¿Dónde crees que vivían la mayor parte de los egipcios y por qué?

3 **¡Lugares por conocer!** Rotula los lugares siguientes en el croquis de tu Cuaderno del estudiante: Bajo Egipto, Alto Egipto, desierto Oriental, río Nilo, mar Rojo, mar Mediterráneo.

LEYENDA
Tierra de cultivo y marismas
Desierto

0   100 Millas
0   100 Kilómetros
Proyección cónica conforme de Lambert

Trópico de Cáncer

145

Las tierras de cultivo del valle del Nilo durante la inundación anual

Las mismas tierras de cultivo después de la inundación

Se desarrolla la civilización

Hace más de 7,000 años, se comenzó a cultivar la tierra fértil que dejaban las inundaciones del Nilo. Se cultivaron alimentos que sustentaban a una población creciente.

**miMundo: Actividad
Versos de la granja**

Cultivar un superávit Los agricultores construyeron paredes alrededor de los campos para atrapar las aguas de las inundaciones. El agua empapaba el suelo y permitía que crecieran granos. Esto permitió la producción de un superávit o una cantidad de alimentos superior a las necesidades de los agricultores.

Las personas poderosas controlaron regiones de Egipto. Recolectaban los cultivos excedentes como impuestos.

El nacimiento de las ciudades Los gobernantes usaban el superávit para comprar telas, joyas y artículos de lujo de los comerciantes y **artesanos**, o trabajadores especializados con un oficio manual.

El superávit sustentaba a estos artesanos. Algunos trabajaban a tiempo completo, como hiladores y alfareros. Los productos de los artesanos especializados eran superiores a aquellos fabricados por los agricultores. Los artesanos y los comerciantes se establecieron cerca de los gobernantes locales. Estos asentamientos se convirtieron en ciudades.

Las ciudades reunieron a personas ricas y especializadas. Eran centros de cultura y poder. Los arquitectos construyeron edificios impresionantes. Los artistas crearon grandes obras de arte para decorarlos.

Verificar la lectura **¿Por qué podían algunos egipcios tener trabajos fuera de la agricultura?**

Los imperios de Egipto

Durante los años 3000 A.C., dos reinos se desarrollaron en Egipto. Los reyes del Alto Egipto usaban coronas blancas. Los reyes del Bajo Egipto usaban coronas de color rojo.

La unificación de Egipto Se dice que Menes unificó los dos reinos alrededor de 3000 A.C. Esto lo convirtió en el primer **faraón**, o rey, de un Egipto unificado. Usaba una corona doble roja y blanca y fundó la dinastía más antigua de Egipto. Una **dinastía** es una familia gobernante.

El poder se heredaba dentro de una dinastía. A veces una nueva dinastía llegaba al poder. La historia de Egipto se divide en períodos con base en imperios y dinastías.

Los Imperios Antiguo y Medio El Imperio Antiguo duró desde alrededor de 2686 A.C. hasta 2125 A.C. Como los imperios posteriores, fue un período de prosperidad, fortaleza política y logros culturales.

Después de un período de guerras civiles, inició el Imperio Medio. Duró desde alrededor de 2055 A.C. hasta 1650 A.C. Los faraones enfrentaron un gran reto <u>medioambiental</u>: las inundaciones del Nilo. Construyeron canales que podían drenar las peligrosas aguas e irrigar nuevas tierras de cultivo.

Punto más alto y decadencia El Imperio Nuevo siguió a más guerras civiles e invasiones. El Imperio Nuevo duró desde alrededor de 1550 A.C. hasta 1070 A.C. Los faraones conquistaron tierras en Asia y África. Este fue el punto más alto del

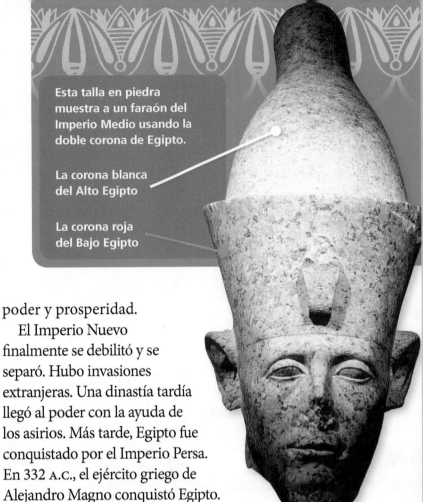

Esta talla en piedra muestra a un faraón del Imperio Medio usando la doble corona de Egipto.

La corona blanca del Alto Egipto

La corona roja del Bajo Egipto

poder y prosperidad.

El Imperio Nuevo finalmente se debilitó y se separó. Hubo invasiones extranjeras. Una dinastía tardía llegó al poder con la ayuda de los asirios. Más tarde, Egipto fue conquistado por el Imperio Persa. En 332 A.C., el ejército griego de Alejandro Magno conquistó Egipto.

El gobierno egipcio El faraón contaba con una **burocracia**, o sistema de funcionarios que manejan el negocio del gobierno. El jefe era un oficial llamado visir. La burocracia recaudaba impuestos de los agricultores. Pagaban los impuestos con los cultivos excedentes.

La burocracia se quedaba con parte de esto. Distribuía el resto a los sacerdotes, al faraón, y a los artesanos y comerciantes que trabajaban para el faraón. La burocracia y el sistema de impuestos de Egipto fueron un modelo para gobiernos posteriores, incluyendo los actuales.

Verificar la lectura ¿Cuál de los imperios de Egipto fue el más poderoso?

medioambiental, *adj.,* relacionado al entorno natural

ASIA

Río Éufrates

Río Tigris

SIRIA

Mar Mediterráneo

BAJO EGIPTO

CANAÁN

○ Avaris

N
O E
S

30° N

LEYENDA

Imperio Egipcio

○ Ciudad

0   200 Millas

0   200 Kilómetros

Proyección cónica conforme de Lambert

ALTO EGIPTO

Mar Rojo

Tebas ○

ÁFRICA

Trópico de Cáncer

Río Nilo

20° N

NUBIA

20° E   30° E   40° E

Destreza: Mapas

1 **Región** Usando la barra de escala, mide la distancia desde la punta sur del Imperio Egipcio hasta la punta norte.

2 **Lugar** ¿Qué países incluía el imperio además de Egipto?

▲ El faraón Ramsés II derrotando a los enemigos de Egipto

Dos grandes gobernantes

Los grandes faraones de Egipto fueron poderosas figuras que dieron forma a su historia. Hatshepsut y Ramsés II fueron dos famosos faraones del Imperio Nuevo.

Hatshepsut Leíste sobre Hatshepsut, una de las pocas mujeres que gobernaron Egipto. Fue la hija de un faraón, y la esposa de otro. Cuando su esposo murió, éste dejó un hijo que era demasiado joven para gobernar. Así que Hatshepsut se nombró nuevo faraón de Egipto.

Algunos egipcios no querían reverenciar a una mujer. Para obtener su apoyo, Hatshepsut realizó todos los rituales que se esperaban de un rey. Sus estatuas la mostraban vestida como un

rey. Incluso usaba la barba postiza que era un símbolo del poder del faraón. Aunque era mujer, la mayor parte de los egipcios llegaron a aceptar su reinado:

❝ Hatshepsut, la esposa del dios, ejecuta los asuntos de las Dos Tierras de acuerdo con sus consejos. Egipto trabajaba para ella, con la cabeza inclinada. . .❞

—De "The 18th Dynasty Before the Amarna Period", por Betsy M. Bryan, en *The Oxford History of Ancient Egypt*

El reinado de Hatshepsut fue pacífico. Incrementó la riqueza y el poder de Egipto mediante el comercio. Envió comerciantes por mar a una tierra llamada Punt, situada en el África del este. Volvieron con maderas preciosas, marfil, oro y perfumes. Hatshepsut registró el relato de este viaje en los muros de piedra de un templo enorme que mandó construir.

Ramsés II Ramsés II, quien gobernó unos 200 años después de Hatshepsut, fue un tipo diferente de faraón. Ramsés decidió hacer, por medio de la guerra, lo que ella había hecho gracias al comercio. Pasó la primera mitad de su reinado peleando en Canaán y Siria, en el Creciente Fértil.

En 1275 A.C., Ramsés II dirigió a su ejército contra los poderosos hititas. Los dos ejércitos pelearon en Kadesh, en la actual Siria. Se perdieron muchos soldados a manos de los hititas en la Batalla de Kadesh. Más tarde, hizo la paz con los hititas al negociar una frontera.

Ramsés II fue un gran constructor. Durante su reinado, construyó más monumentos que cualquier otro faraón.

Verificar la lectura ¿Cómo obtuvo el poder Hatshepsut?

La sociedad egipcia

Para controlar Egipto, los faraones necesitaban la lealtad y el trabajo del pueblo. El orden social de Egipto proporcionaba ambos.

La sociedad era como una pirámide. El faraón estaba en la cima. Los egipcios creían que los dioses controlaban todo. El faraón controlaba Egipto, por lo que las personas lo veían como un rey-dios.

Luego estaban los nobles, sacerdotes y funcionarios, que ayudaban a gobernar Egipto. Lo mismo hacían los escribas, que llevaban los registros de la burocracia.

Los comerciantes y artesanos constituían un nivel medio. En Egipto, los pintores, canteros y constructores trabajaban en los templos y tumbas.

Los agricultores estaban más abajo. La mayoría de los habitantes eran agricultores. Durante la temporada de cultivo, ellos cosechaban los alimentos. El resto del año, eran peones en las construcciones del faraón. Muchos lo hacían por <u>devoción</u> religiosa. Creían que si ayudaban al rey-dios, serían recompensados después de la muerte.

Los esclavos estaban en la base de la pirámide social. Muchos eran prisioneros de guerra o deudores que eran liberados después de servir por un tiempo. Los esclavos hacían trabajos forzados.

Verificar la lectura **¿Por qué eran fieles los egipcios al faraón?**

devoción, *sust.,* un fuerte sentimiento de amor, lealtad o compromiso

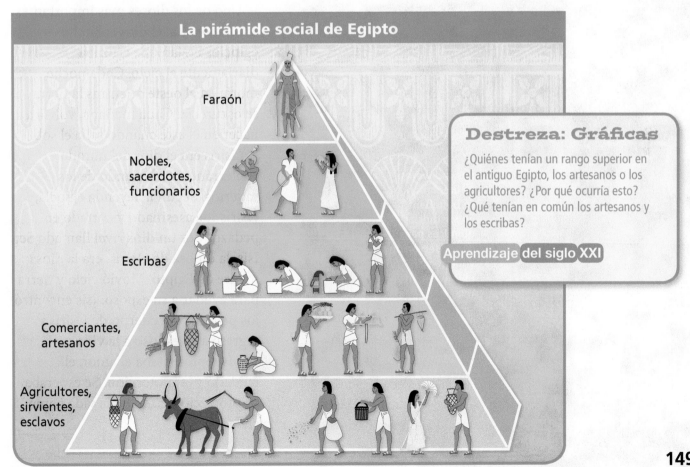

La pirámide social de Egipto

- Faraón
- Nobles, sacerdotes, funcionarios
- Escribas
- Comerciantes, artesanos
- Agricultores, sirvientes, esclavos

Destreza: Gráficas

¿Quiénes tenían un rango superior en el antiguo Egipto, los artesanos o los agricultores? ¿Por qué ocurría esto? ¿Qué tenían en común los artesanos y los escribas?

Aprendizaje del siglo XXI

Las momias y la momificación

Para los antiguos egipcios, era muy importante preservar el cadáver para que pudiera albergar el espíritu de una persona después de la muerte. Los egipcios preservaban los cadáveres mediante un proceso llamado momificación: hacer momias, o cadáveres preservados.

▲ Ganchos usados para extraer el cerebro a través de las fosas nasales

▲ La momia de Ramsés II

Los cadáveres se limpiaban, se bañaban en sustancias químicas para su conservación y luego se envolvían en tela. ▶

◀ Las momias se colocaban dentro de ataúdes que encajaban uno en otro.

La religión egipcia

La religión desempeñaba una importante función en la vida de los egipcios. Creían que sus dioses controlaban todo desde las inundaciones del Nilo hasta la muerte de un niño. Sus dioses podían ser buenos o peligrosos. Para complacerlos, les construían templos y les ofrecían oraciones y regalos.

Muchos dioses Al igual que los sumerios, los antiguos egipcios eran politeístas. Adoraban a cientos de dioses, muchos de los cuales estaban asociados con animales. Las estatuas u otras obras de arte a menudo muestran a un dios con cabeza o cuerpo de león, cocodrilo u otra criatura. Creían que los dioses compartían las cualidades de estos animales, como su fuerza, velocidad o mal humor.

Uno de los dioses más importantes era Amón-Ra, el dios solar. Los egipcios creían que cruzaba diariamente el cielo. Cada noche, moría en el oeste mientras la tierra se oscurecía. Cada mañana, volvía a nacer en el este cuando salía el sol.

Osiris era el dios del mundo subterráneo, o el mundo de los muertos. Según la leyenda egipcia, Osiris fue asesinado y cortado en pedazos por un dios rival llamado Set. Isis, la esposa de Osiris, era la diosa madre de Egipto. Movió cielo y tierra para ayudar a su esposo. Isis encontró los pedazos del cuerpo de Osiris y regresó a su esposo a la vida.

Isis representaba el amor, el cuidado y la protección. Se esperaba su protección tanto en la vida como en la muerte.

Horus era el hijo de Isis y Osiris. Las leyendas egipcias hablan de grandes batallas entre Horus y Set. Cuando Horus derrotó a Set, unificó las dos tierras de Egipto. Como resultado, se pensaba que cada faraón era Horus en forma humana.

La religión y la sociedad La creencia de que el faraón era un dios en la Tierra contribuyó al poder del faraón. La gente obedecía al faraón y a sus funcionarios por temor a enojar a un dios. Los sacerdotes también eran poderosos, porque se creía que podían ayudar a obtener el favor de los dioses. Los sacerdotes del Templo de Amón-Ra en la ciudad de Tebas eran muy poderosos.

La preparación para la otra vida Los egipcios creían que podían, como Osiris, vencer a la muerte. La vida en la Tierra podía llevar a la otra vida, o la vida después de la muerte. Esto requería preparación.

La primera manera de prepararse para la otra vida era vivir una vida de bien. Los egipcios creían que Osiris decidía quién iría a la otra vida. Los que llevaron una vida de bien, vivirían para siempre, los pecadores serían destruidos.

La preservación de los muertos La segunda manera de prepararse era preservar el cuerpo después de la muerte. Se creía que había que preservar el cuerpo para ir a la otra vida, pues el espíritu necesitaría reconocer su cuerpo preservado y usarlo como morada.

Los egipcios hacían grandes esfuerzos para preservar los cuerpos de sus muertos. Los pobres eran enterrados en el desierto, donde la arena caliente y seca los secaba rápidamente. Los egipcios ricos hacían que convirtieran sus cuerpos en momias. Una **momia** es un cadáver preservado mediante un proceso especial. El conocimiento de este proceso fue uno de los grandes logros del antiguo Egipto. Los científicos han aprendido mucho sobre la vida y la muerte de las momias en el antiguo Egipto.

Verificar la lectura ¿Por qué eran poderosos los sacerdotes?

▲ Thot, el dios egipcio del pensamiento y la moralidad con cabeza de babuino

Evaluación de la Sección 1

Términos clave

1. Define las palabras *faraón, dinastía* y *burocracia.*

2. Describe las cataratas y el delta del Nilo.

3. Usa las palabras *artesano* y *momia* en una oración.

Ideas clave

4. ¿Cómo influyó la geografía de Egipto en sus métodos de cultivo?

5. ¿Cómo influyeron las dinastías en el gobierno egipcio?

6. Describe la importancia del dios Osiris en la religión del antiguo Egipto.

Razonamiento crítico

7. **Inferir** Explica cómo la religión del antiguo Egipto sustentaba el poder del faraón.

8. **Comparar y contrastar** Compara y contrasta las maneras en que los agricultores, artesanos y escribas contribuían a la civilización del antiguo Egipto.

¿Cuánto influye la geografía en la vida de las personas?

9. ¿Qué aspectos de la civilización del antiguo Egipto estaban basados en su geografía? Anota la respuesta en tu Cuaderno del estudiante.

Arte, arquitectura y conocimientos en Egipto

Ideas clave
- Los egipcios desarrollaron uno de los primeros sistemas de escritura y parte de la literatura más antigua del mundo.
- Los egipcios construyeron pirámides impresionantes y produjeron hermosas obras de arte.
- Los egipcios fueron expertos matemáticos y científicos.

Términos clave • jeroglífico • papiro • pirámide • escultura • anatomía **Visual Glossary**

 Destreza de lectura Resumir Toma notas usando el organizador gráfico en tu Cuaderno.

Un escriba egipcio escribe sobre papiro, aproximadamente 2500 A.C. ▼

Al igual que los sumerios, los antiguos egipcios fueron grandes inventores. En la escritura, literatura, arte, arquitectura, matemáticas y ciencias, los egipcios hicieron avances que prepararon el camino para las civilizaciones posteriores.

La escritura y la literatura

Los antiguos egipcios desarrollaron uno de los primeros sistemas de escritura del mundo. La escritura egipcia preservó algunos de los registros y trabajos literarios más antiguos.

La escritura jeroglífica Los antiguos egipcios desarrollaron las primeras formas de escritura hacia 3200 A.C. Casi en la misma época, los sumerios desarrollaban su propio sistema de escritura. Los eruditos no están seguros quién desarrolló la escritura primero. Tampoco saben si un grupo tomó prestada la idea del otro, o si a cada pueblo se le ocurrió por separado.

Sin embargo, la escritura egipcia era diferente de la escritura cuneiforme sumeria. La escritura egipcia usaba jeroglíficos. Un **jeroglífico** es un dibujo o símbolo que representa una palabra o un sonido. Pocos egipcios sabían escribir. Los escribas, o funcionarios que sabían escribir, eran valorados por su conocimiento. La escritura les permitió compartir y preservar los conocimientos. Esta habilidad hizo posible su compleja civilización y avanzada tecnología.

El papiro Los egipcios inventaron un material muy similar al papel. Este material se llama **papiro** y se hacía con la caña de papiro que crecía a lo largo del Nilo. Nuestra palabra *papel* viene de la palabra *papiro*. Los escribas escribían con tinta sobre hojas de papiro. Era más fácil que presionar letras en arcilla húmeda como hacían los sumerios. También eran más fáciles de transportar que las piezas de arcilla.

Las hojas de papiro tenían otra cualidad importante. Podían durar mucho tiempo en el ambiente seco de Egipto. Muchos documentos escritos en papiro, incluidos libros de medicina, calendarios, relatos, poemas y oraciones, han <u>sobrevivido</u> hasta el presente. Las pinturas en las paredes muestran cómo vivían los egipcios; pero los registros escritos dan una mejor idea de lo que había en sus corazones y mentes.

La literatura egipcia La literatura del antiguo Egipto incluía enseñanzas, cuentos, poemas, textos religiosos e historias. La literatura egipcia se escribió en hojas de papiro, se talló en monumentos de piedra y se pintó en los ataúdes de las momias.

Un famoso texto, el *Libro de los Muertos*, es una guía para las almas de los muertos. *La historia de Sinuhé* cuenta la historia de un funcionario egipcio. Al enterarse del asesinato del faraón, huye de Egipto por temor a que lo culpen por el crimen:

> 66 Mi corazón se pasmó, mis brazos se extendieron, mis miembros temblaban. Huí, saltando, para buscar un escondite 99.

—De *The Tale of Sinuhe*, traducido de la versión al inglés de R.B. Parkinson

Verificar la lectura ¿Por qué eran valorados los escribas?

sobrevivir, *v.,* seguir viviendo, seguir existiendo

Jeroglíficos en la pared de una tumba egipcia

La escritura egipcia

El sistema de escritura del antiguo Egipto era complejo, con más de 800 jeroglíficos diferentes. Representaban palabras, ideas o a veces sonidos. Los jeroglíficos egipcios son los antecesores de muchas de las letras de nuestro alfabeto.

Este jeroglífico egipcio se usaba para la palabra egipcia *det* o "mano" y para el sonido *D* con el que comienza esa palabra.

La letra fenicia *kaph*, o "mano", que se usaba para el sonido *K* tomó su forma del jeroglífico egipcio para "mano".

El jeroglífico de "mano" y la letra fenicia *kaph* son la base de nuestra letra *K*.

▲ Para escribir sobre papiro, los egipcios usaban formas más fluidas de escritura, como la escritura demótica que aquí se muestra.

153

Las grandes pirámides

Las pirámides de Giza son una maravilla de la ingeniería del antiguo Egipto. La pirámide más grande, la Pirámide de Keops, medía 481 pies (147 metros) de altura cuando se construyó.

RAZONAMIENTO CRÍTICO **¿Cómo muestran las pirámides la habilidad en ingeniería de los egipcios?**

Los trabajadores construyeron las enormes pirámides usando sólo herramientas manuales.

▲ La Esfinge es una enorme escultura que vigila las pirámides de Giza.

miMundo: Actividad
Las matemáticas y las pirámides

Arquitectura y arte

Los egipcios construyeron templos para sus dioses y tumbas para sus faraones. El complejo del templo en Karnak contiene las ruinas de los templos más grandes del mundo, construidos con grandes bloques de piedra. Estos grandes edificios, y el arte que contienen, siguen inspirando a los artistas en la actualidad.

Las pirámides Las tumbas de los primeros gobernantes eran cámaras, o habitaciones, subterráneas. La cámara funeraria contenía artículos que el gobernante podría querer en la otra vida.

Imhotep, un arquitecto, diseñó un nuevo tipo de tumba para su faraón, con seis montículos superpuestos de piedra.

Se conoce como pirámide escalonada. Arquitectos posteriores hicieron los lados lisos para crear una verdadera **pirámide**, o estructura con lados triangulares.

En el Imperio Antiguo, tres enormes pirámides de Giza se construyeron para el rey Keops, su hijo Kefrén y su nieto Micerino. La más grande es la Gran Pirámide de Keops. Durante casi 4,000 años, fue el edificio más alto del mundo. Muy cerca está la Esfinge, una estatua famosa. La Esfinge vigilaba el camino a la pirámide de Kefrén.

Cuando se construyeron, eran las estructuras más grandes de la Tierra. Fueron un gran logro. Muestran el domino que tenían los egipcios de las matemáticas y técnicas avanzadas de construcción.

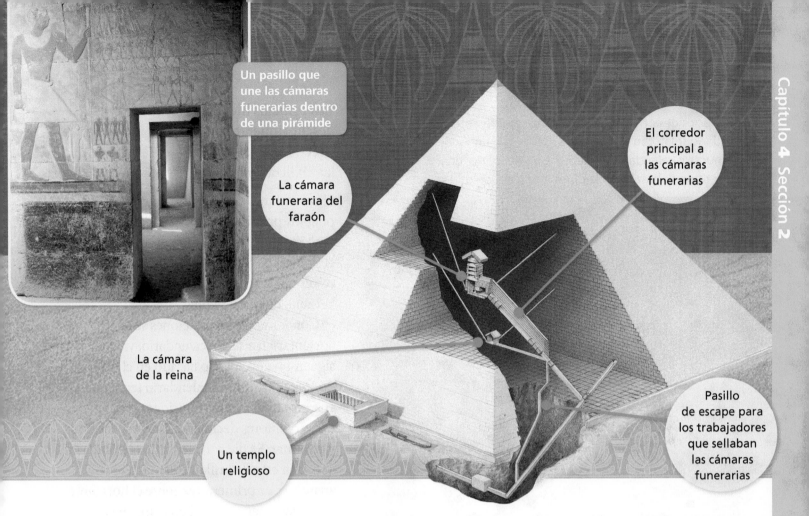

Un pasillo que une las cámaras funerarias dentro de una pirámide

El corredor principal a las cámaras funerarias

La cámara funeraria del faraón

La cámara de la reina

Pasillo de escape para los trabajadores que sellaban las cámaras funerarias

Un templo religioso

La construcción de las pirámides requirió el trabajo de miles de trabajadores que cortaron y colocaron las enormes piedras a mano. Antes, los eruditos pensaban que los trabajadores eran esclavos, ahora creen que no fue así.

La gran época de la construcción de pirámides terminó alrededor de 2200 a.c. Los faraones que gobernaron después tallaron enormes tumbas en los acantilados al borde del valle del Nilo. Las enormes tumbas y templos muestran que los egipcios valoraban los monumentos a los dioses, incluidos los faraones.

Pintura y escultura Los egipcios eran hábiles artistas, así como constructores. Mucho de lo que sabemos sobre la vida en Egipto viene de pinturas encontradas en las paredes de las tumbas. Aunque muestran a los egipcios trabajando y jugando, su propósito no era la decoración. Se crearon para que la persona enterrada en la tumba tuviera todos los objetos y los placeres mostrados en las paredes.

Los artistas egipcios también crearon esculturas maravillosas. Una **escultura** es una estatua u otra pieza de arte hecha de arcilla, piedra o materiales similares. Había estatuas colosales de dioses en los templos. Se colocaban pequeñas estatuas de las personas en las tumbas junto con sus momias. Si una momia se destruía, la estatua la reemplazaba como morada para el espíritu de la persona muerta.

Verificar la lectura **¿Por qué hacían los antiguos egipcios pinturas en las tumbas?**

mi Mundo
CONEXIONES

La Gran Pirámide medía **481** pies de altura cuando se terminó. El edificio más alto en los Estados Unidos mide **1,730** pies de altura.

155

El calendario egipcio

Los egipcios desarrollaron dos calendarios diferentes. Un calendario solar, con 12 meses y 365 días, fue un modelo para nuestro calendario moderno. Un calendario lunar más antiguo se basaba en la observación del cielo.

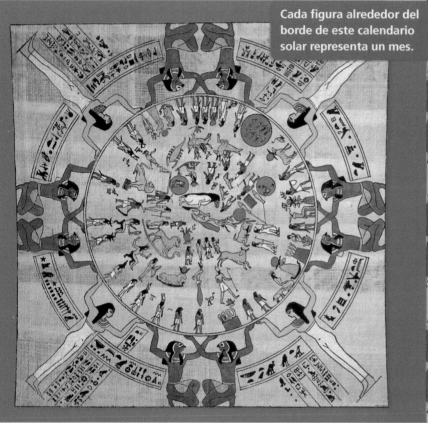

Cada figura alrededor del borde de este calendario solar representa un mes.

Los antiguos egipcios usaban una herramienta llamada merjet para observar las estrellas y otros objetos en el cielo. La línea y el peso les permitían medir ángulos.

POLE ★ STAR

Ciencias y matemáticas

Los egipcios hicieron muchos grandes descubrimientos en ciencias, matemáticas y tecnología que después desarrollaron las civilizaciones posteriores.

El calendario egipcio Como muchos pueblos primitivos, los egipcios prehistóricos probablemente medían el tiempo por los ciclos de la Luna. El resultado sería un año lunar, o basado en la Luna, de casi 354 días.

Con los años, las estaciones se adelantarían a dicho calendario, ya que siguen un año solar, o basado en el Sol, de 365.2422 días. El calendario tenía que corresponder con las estaciones para que los agricultores decidieran cuándo sembrar y cosechar. Se dieron cuenta de que, cada año, una estrella brillante llamada Sirio aparecía por primera vez sobre el horizonte antes del amanecer, casi en la misma época del año que ocurría la inundación del Nilo. Por ello, observaban cuidadosamente el cielo para detectar la aparición de Sirio.

A veces, la primera aparición de Sirio ocurría muy cerca del final del año lunar. Entonces, se agregaba un mes a ese año para que pudiera coincidir con las estaciones.

Cada año tenía un número diferente de días. Eso dificultaba los registros y la planificación. Por ello, hicieron un calendario solar con 365 días exactamente. Lo usaban para los registros oficiales.

Las estaciones cambiaban a lo largo del calendario solar, así que los antiguos griegos agregaron años bisiestos cuando gobernaron Egipto en el siglo III A.C. Nuestro calendario moderno se basó en este calendario solar.

Matemáticas Los antiguos egipcios desarrollaron una sólida comprensión de las matemáticas. Su habilidad para edificar las grandes pirámides demuestra su dominio de la aritmética, o suma, resta, multiplicación y división. También muestra su destreza en la geometría, o la medición de las dimensiones.

Ciencia, tecnología y medicina

Los antiguos egipcios también lograron avances en las ciencias, la tecnología y la medicina. Sabían que la estrella Sirio aparecía por primera vez en el cielo matutino en la misma época del año que la inundación del Nilo. Esto fue parte de sus conocimientos de astronomía: el estudio de las estrellas y otros objetos en el cielo.

Las grandes pirámides muestran la maestría de los antiguos egipcios en ingeniería. Ninguna otra civilización planificó y construyó estructuras tan grandes o de forma tan perfecta.

También realizaron muchos de los primeros descubrimientos en química que generaron nuevos inventos. Éstos incluían las primeras formas de vidrio, mortero para colocar piedras y ladrillos, así como muchos tipos de cosméticos.

Las grandes pirámides no fueron el único ejemplo de ingeniería. Para llevar el agua del Nilo a sus campos, crearon complejos sistemas de irrigación, o formas de regar la tierra.

Los egipcios tenían los conocimientos médicos más avanzados de su época. De su trabajo con las momias, aprendieron mucho sobre la anatomía humana. La **anatomía** es el estudio de la estructura del cuerpo y sus órganos. Eran cirujanos expertos. Los médicos egipcios estudiaron las enfermedades y desarrollaron medicamentos eficaces para tratarlas o curarlas.

Verificar la lectura ¿Cómo contribuyó el trabajo con las momias al avance de la medicina egipcia?

edificar, *v.,* construir o fabricar

Herramientas usadas por los cirujanos egipcios ▼

Evaluación de la Sección 2

Pregunta esencial

¿Cuánto influye la geografía en la vida de las personas?

Términos clave

1. Describe cómo usaban los egipcios los jeroglíficos y el papiro.

2. Usa las palabras *pirámide* y *escultura* en una oración.

3. ¿Cómo crees que ayuda a los médicos tener un conocimiento de anatomía?

Ideas clave

4. ¿En qué se diferenciaba la escritura egipcia de la escritura sumeria?

5. ¿Por qué se consideran las pirámides uno de los mayores logros del antiguo Egipto?

6. Describe algunos de los logros del antiguo Egipto en matemáticas, ciencias y tecnología.

Razonamiento crítico

7. Inferir ¿De qué manera la invención de la escritura ayudó a que fueran posibles otros logros egipcios?

8. Identificar la evidencia ¿Qué revelan sobre sus intereses y habilidades los diferentes calendarios desarrollados por los antiguos egipcios?

9. ¿Cuál era la conexión, si es que había alguna, entre la geografía de Egipto y sus logros? Anota la respuesta en tu Cuaderno del estudiante.

Egipto y Nubia

Ideas clave
- El comercio llevó a una difusión cultural entre Egipto y las tierras vecinas.
- Nubia tenía una relación cercana con Egipto y compartía elementos de su cultura.
- Nubia también fue una civilización africana única que tuvo sus propios logros.

Términos clave
- comercio
- marfil
- interdependencia
- escritura meroítica
- ébano

 Visual Glossary

 Destreza de lectura **Analizar causa y efecto** Toma notas usando el organizador gráfico en tu Cuaderno.

Príncipes nubios y sus sirvientes llevan oro a Egipto. ▼

Al sur de Egipto, más arriba del río Nilo, estaba un territorio que los egipcios llamaban Kush. Hoy conocemos esta región como Nubia. En la actualidad, Nubia se extiende desde el sur de Egipto hasta el norte del Sudán. El comercio unió a Egipto y Nubia.

El comercio en el antiguo Egipto

Egipto tenía mucho sol y suelo fértil, pero carecía de bosques, minerales, caballos y otros recursos naturales útiles que había en Nubia y en otros países. Los habitantes del antiguo Egipto tenían que obtener estos recursos mediante el comercio con los países vecinos. El **comercio** es la compra y venta de bienes y servicios.

A medida que el país aumentaba su riqueza, los egipcios también querían comprar artículos de lujo de otras tierras. Los artículos de lujo son bienes costosos que no son necesarios, pero que hacen la vida más agradable. Los artículos de lujo egipcios incluían piedras preciosas y perfumes. El comercio dio a Egipto acceso a bienes que de otro modo no tendría.

El comercio en el Mediterráneo oriental Los faraones enviaban comerciantes y funcionarios a otras tierras para promover el comercio. Ya en el Imperio Antiguo, un faraón llamado Snefru promovió el comercio con tierras en el este del mar Mediterráneo.

El actual Líbano, en el Mediterráneo oriental, tenía bosques que Egipto no tenía. Los egipcios querían comprarles madera de cedro. En otras tierras mediterráneas, compraban aceite de oliva y metales como estaño y cobre.

El comercio en el valle del Nilo Snefru también impulsó el comercio entre Egipto y Nubia. Bajo las dinastías posteriores, este comercio se incrementó.

Los productos más valiosos que los egipcios compraban en Nubia eran oro y colmillos de elefante, de los que obtenían el **marfil,** un material blanco duro. A cambio, vendían granos, tela, papiro, vidrio y joyería.

Egipto <u>dependía</u> del oro de Nubia y Nubia dependía de los granos de Egipto. El comercio creó **interdependencia,** o dependencia entre países o grupos.

El comercio hizo que los nubios estuvieran en contacto más estrecho con el antiguo Egipto. Con el tiempo, los nubios adoptaron elementos de la cultura egipcia, incluida la religión.

Verificar la lectura **¿Por qué querían los egipcios comerciar con Nubia?**

depender, v., contar con, confiar

Un modelo de un barco egipcio para alta mar ▶

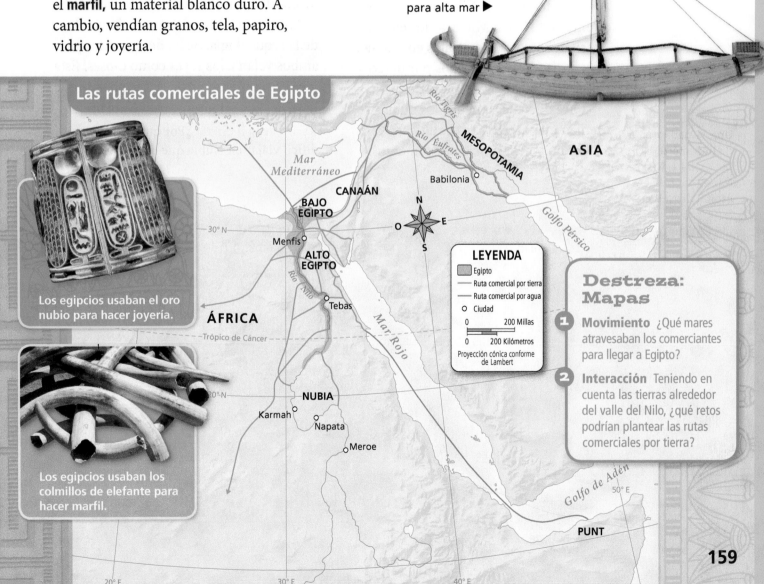

Las rutas comerciales de Egipto

Los egipcios usaban el oro nubio para hacer joyería.

Los egipcios usaban los colmillos de elefante para hacer marfil.

Río Tigris

Río Éufrates

MESOPOTAMIA

ASIA

Mar Mediterráneo

Babilonia

CANAÁN

BAJO EGIPTO

Golfo Pérsico

30° N

Menfis

ALTO EGIPTO

Río Nilo

ÁFRICA

Tebas

Trópico de Cáncer

Mar Rojo

20° N

NUBIA

Karmah

Napata

Meroe

Golfo de Adén

50° E

PUNT

LEYENDA
Egipto
Ruta comercial por tierra
Ruta comercial por agua
○ Ciudad
0   200 Millas
0   200 Kilómetros
Proyección cónica conforme de Lambert

Destreza: Mapas

1 **Movimiento** ¿Qué mares atravesaban los comerciantes para llegar a Egipto?

2 **Interacción** Teniendo en cuenta las tierras alrededor del valle del Nilo, ¿qué retos podrían plantear las rutas comerciales por tierra?

20° E   30° E   40° E

159

La tierra de Nubia

Como Egipto, Nubia tenía una cultura antigua. Sus geografías eran similares en algunos aspectos y diferentes en otros.

La geografía de Nubia En Nubia no llovía mucho. Los desiertos rodeaban el valle del Nilo de Nubia, que dependía del río Nilo y sus inundaciones anuales. Sus habitantes cultivaban una estrecha franja de tierra fértil a lo largo del Nilo. Sus métodos de cultivo generaban un superávit, aunque era menor que el de Egipto. Este superávit sustentaba ciudades con artesanos y comerciantes.

Las cataratas del Nilo se encontraban dentro de Nubia. Mientras los egipcios usaban barcos, las cataratas en Nubia no permitían los viajes largos por barco. Era necesario viajar a pie por el desierto.

Otra diferencia era que los nubios tenían menos tierra para cultivar. A veces no tenían suficientes alimentos.

Comerciaban oro, hierro y otros productos por el grano de Egipto.

Nubia también estuvo en contacto más estrecho que Egipto con los pueblos de África al sur del Sahara. Intercambiaron mercancías e ideas con estos pueblos como lo hacían con los egipcios.

Fuentes de información sobre Nubia
Se han usado los registros históricos y la evidencia arqueológica para aprender sobre Nubia. Los registros de Egipto documentan el comercio con Nubia. Describen un poderoso reino en Nubia inspirado en el reino de Egipto.

Algunas pruebas del comercio vienen de la arqueología. Se ha descubierto que ambos veían a los reyes como dioses. Esta idea era común en África y es posible que haya llegado a Egipto desde Nubia.

Verificar la lectura **¿Por qué era más difícil viajar en Nubia que en Egipto?**

generar, *v.,* producir, crear

Una delgada franja de tierra fértil bordeaba el Nilo en Napata, la primera capital de Nubia. ▼

Simulation

160

Nubia y Egipto

Mediante el comercio, los egipcios descubrieron que Nubia era rica en recursos, incluido el oro. Los egipcios se dieron cuenta de que entre más oro tuvieran, más madera y otros recursos podían comprar en el Mediterráneo oriental.

Egipto conquista Nubia Egipto conquistó gran parte de Nubia para controlar sus riquezas, primero en el Imperio Medio y luego en el Imperio Nuevo. Los nubios conquistados tuvieron que pagar tributo al faraón. Un año de tributo al faraón Tutmosis III incluía cientos de libras de oro, ganado, esclavos, marfil y plumas de avestruz de Nubia.

Después del reinado de Ramsés II, Egipto se debilitó, y terminó el Imperio Nuevo. Los líderes rivales de diferentes ciudades pelearon por el control de Egipto. Mientras tanto, Nubia se convirtió en un reino independiente gobernado por reyes nubios.

Nubia conquista Egipto A mediados del siglo VIII A.C., un rey nubio conquistó la ciudad egipcia de Tebas. El siguiente gobernante, un rey llamado Piye, o Peye, extendió el Imperio Nubio al conquistar varias ciudades egipcias. Piye se declaró faraón de Egipto y Nubia unidos.

> 66 Oh poderoso, poderoso Soberano, Peye, oh poderoso Soberano, [vienes] de haber adquirido el dominio de las tierras del norte. . . . [Vas] hacia la eternidad, [tu] asombrosa resistencia, oh Soberano, amado de Tebas 99.

—Inscripción del monumento de la victoria de Piye, traducido de la versión al inglés de James Henry Breasted

Una pintura moderna de un faraón nubio llamado Taharqa ▶

Los faraones de Nubia gobernaron Egipto durante casi cien años. Los gobernantes nubios fomentaron las costumbres tradicionales egipcias que habían aprendido bajo el mandato de los faraones anteriores. Construyeron templos para honrar a los dioses nubios y egipcios.

Es probable que los gobernantes nubios hayan podido permanecer en el poder si hubieran gobernado sólo Egipto. En su lugar, trataron de expandir su poder. Entraron en guerra con los asirios, guerreros hábiles que recientemente habían conquistado el Creciente Fértil. Este error de juicio llevó a la caída de los nubios. Las tropas asirias invadieron Egipto alrededor de 665 A.C. Después de perder muchas batallas, los nubios se retiraron de Egipto a Nubia.

Verificar la lectura ¿Por qué Egipto conquistó Nubia?

miMundo: Actividad
El mejor consejo

El arte y la arquitectura nubios

El arte y la arquitectura de la antigua Nubia refleja sus vínculos con el vecino Egipto y, más tarde, con el Imperio Romano. Sin embargo, el arte y la arquitectura de Nubia también tuvieron características originales.

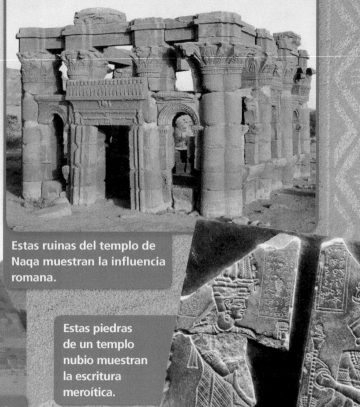

Estas ruinas del templo de Naqa muestran la influencia romana.

Estas piedras de un templo nubio muestran la escritura meroítica.

Las pirámides nubias tenían diferente forma que las pirámides egipcias.

▲ Los nubios hicieron hermosa joyería de oro.

La civilización nubia

Nubia siguió siendo una civilización avanzada por casi mil años después de que perdió Egipto. Desarrolló su propio sistema de escritura, economía y gobierno.

Nubia independiente En 591 A.C., los egipcios destruyeron Napata, la capital de Nubia. Los nubios trasladaron su capital al sur a la ciudad de Meroe, que era más fácil de defender.

Meroe quedaba cerca de depósitos de hierro y en una ruta comercial de África central. Esta región recibía más lluvia que la mayor parte de Nubia. Esta lluvia sustentaba el crecimiento de madera que los nubios podían quemar para fundir, o derretir, el hierro de una roca llamada mena de hierro.

Los nubios convirtieron Meroe en el primer centro de fundición de hierro de África. Las herramientas y armas de hierro eran más fuertes que las herramientas de bronce de Egipto. Los nubios siguieron haciendo joyería y otros hermosos objetos de oro.

Los nubios construyeron cientos de pirámides en Napata y Meroe. Estas pirámides se construyeron con un ángulo pronunciado. Las pirámides contenían las tumbas de los reyes y las reinas madre de Nubia.

Las reinas madre de Nubia también se conocen por su nombre romano: *candaces*. Las candaces fueron poderosas, a veces más que los reyes, en la historia de Nubia.

Los nubios crearon la **escritura meroítica**, uno de los primeros alfabetos del mundo. Los eruditos han aprendido a leer este alfabeto, pero todavía no entienden las palabras.

Los vínculos de Nubia con África y el mundo Nubia desempeñó un papel importante en la antigua África. Es posible que hayan controlado un área más grande que el Imperio Egipcio. Nubia tenía tecnología de fundición de hierro. Los nubios comerciaban bienes de hierro, tela y oro con otros pueblos africanos. A cambio, compraban **ébano**, una madera negra, en África occidental, y colmillos de elefante, valorado como una fuente de marfil, en África oriental y central. También vendían esclavos de otras partes de África a los egipcios.

Los nubios también comerciaron con el Egipto griego y romano. Los nubios vendían ébano, marfil, oro y bienes de hierro y compraban granos y tela en Egipto. Los nubios usaban la irrigación para cultivar más alimentos para sus activas ciudades, pero todavía tenían que comerciar para satisfacer algunas de sus necesidades de alimentos.

Los antiguos griegos y romanos conocían a los nubios por sus habilidades en metalistería y valoraban sus herramientas y armas de hierro. Los puertos en el mar Rojo permitían a los nubios comerciar con países tan lejanos como la India.

Hacia el siglo III D.C., la guerra con el Imperio Romano, que controlaba Egipto, debilitó a Nubia. Mientras, los pueblos del desierto atacaron las ciudades de Nubia e interrumpieron su comercio. Por último, en el siglo IV D.C., Nubia fue conquistada por el reino de Axum, en el centro de lo que hoy es Etiopía al sureste.

A lo largo de su historia, Nubia había vinculado el África al sur del Sahara con otras civilizaciones antiguas. Los nubios crearon patrones de comercio y agricultura que continuaron después de la conquista de Aksum. Estas tradiciones han seguido en la región hasta nuestros días.

Verificar la lectura **¿Por qué trasladaron los nubios su capital a Meroe?**

Una jarra de cerámica nubia ▼

Evaluación de la Sección 3

? Pregunta esencial

¿Cuánto influye la geografía en la vida de las personas?

Términos clave

1. Explica por qué era importante el comercio para los egipcios.

2. Explica cómo llevó a la interdependencia el comercio entre Egipto y Nubia.

3. ¿Qué era diferente acerca de la escritura meroítica de Nubia?

Ideas clave

4. ¿Cómo estuvo vinculado el comercio con la difusión de la cultura y las ideas entre Egipto y Nubia?

5. ¿Qué tipo de similitudes había entre las culturas de Nubia y Egipto?

6. ¿Cómo fue que los logros de la civilización nubia la distinguieron de la civilización egipcia?

Razonamiento crítico

7. **Sacar conclusiones** ¿Cómo benefició el comercio tanto a Egipto como a Nubia?

8. **Inferir** ¿Por qué crees que los nubios dependían más del comercio que los egipcios?

9. Da ejemplos de cómo la geografía ayudó a dar forma a la civilización de Nubia. Anota la respuesta en tu Cuaderno del estudiante.

Evaluación del capítulo

Términos e ideas clave

1. **Definir** ¿Qué son las **cataratas** del Nilo?

2. **Describir** ¿Qué hacían los **artesanos**?

3. **Recordar** ¿Por qué eran vistos los **faraones** de Egipto como dioses?

4. **Describir** Usa la palabra **burocracia** en una oración que describa el gobierno del antiguo Egipto.

5. **Comentar** ¿Por qué eran importantes el **papiro** y los **jeroglíficos** en el antiguo Egipto?

6. **Explicar** ¿Qué logros muestran las habilidades matemáticas de los egipcios?

7. **Definir** ¿Qué es la **anatomía**?

8. **Explicar** ¿Por qué se describe la relación entre Egipto y Nubia como una de **interdependencia**?

9. **Describir** ¿Cómo cambió la relación política entre Egipto y Nubia con el paso del tiempo?

10. **Definir** ¿Qué es la **escritura meroítica**?

Razonamiento crítico

11. **Inferir** ¿Por qué crees que los antiguos egipcios querrían controlar las aguas de las inundaciones del Nilo?

12. **Sintetizar** ¿Cuál era la conexión entre la religión del antiguo Egipto y la práctica de la momificación?

13. **Analizar causa y efecto** ¿Cuáles eran las razones por las que los antiguos egipcios adoptaron sus dos sistemas de calendario?

14. **Comparar y contrastar** ¿En qué se parecía y se diferenciaba la civilización nubia de la civilización del antiguo Egipto?

15. **Conceptos básicos: Medición del tiempo** ¿Cómo dividen los historiadores la historia del antiguo Egipto en períodos?

Analizar elementos visuales

Usa la pintura de la derecha para responder las preguntas siguientes.

16. Observa que en la parte superior de esta pintura están cortando el grano. ¿Qué crees que hay en las pilas de color amarillo en la parte inferior de la pintura?

17. Basándote en lo que sabes acerca de la sociedad egipcia, ¿quiénes son los hombres vestidos con túnicas blancas?

18. Nombra por lo menos dos actividades que estos hombres parecen estar haciendo.

Una pintura en una tumba egipcia

Pregunta esencial

miMundo: Actividad del capítulo

El agua en el desierto Sigue las instrucciones de tu maestro para escribir un artículo o sitio Web para un diario de geografía sobre el impacto de la geografía en el antiguo Egipto. Asegúrate de que tu artículo describa el antiguo Egipto a un lector moderno que no sabe nada sobre él.

Aprendizaje del siglo XXI

Trabaja en equipos

En equipo, hagan un mapa que muestre el comercio de Egipto con los países vecinos. Cada miembro debe tener una tarea. Uno podría dibujar las costas y el curso del río Nilo. Otro podría usar el libro de texto o la Internet para investigar los bienes que comerciaban los egipcios. Otro podría dibujar los bienes y colocarlos en el mapa.

Preguntas basadas en documentos

Success Tracker™
En línea en myworldhistory.com

Usa tu conocimiento del antiguo Egipto y Nubia y los Documentos A y B para responder las Preguntas 1 a 3.

Documento A

" Distingue al superintendente que dirige del obrero, porque el trabajo manual es poco elevado; la inactividad de las manos es honorable".

—de "Precepts of Ptah-Hotep" escrito por un escriba egipcio, traducido de la versión al inglés de Charles F. Home

Documento B

" El fabricante de sandalias es totalmente desdichado. . . El cazador es totalmente débil. . . Te menciono también al pescador. Él es más miserable que uno de cualquier otra profesión. . . . Ve, no hay un oficio libre de supervisores, excepto el de escriba. ¡Él es el supervisor! Pero si entiendes los escritos, entonces ésta será para ti mejor que las profesiones que te he presentado".

—de *The Literature of the Ancient Egyptians,* traducido de la versión al inglés de Adolf Erman

1. De acuerdo con el Documento A, ¿cómo veían los escribas del antiguo Egipto a los trabajadores?

   A Respetaban a los trabajadores.

   B Sentían pena por los trabajadores.

   C Pensaban que los trabajadores eran flojos.

   D Despreciaban a los trabajadores.

2. ¿Para quién es más probable que esté escrito el Documento B?

   A un rey

   B un escriba en formación

   C un fabricante de sandalias infeliz

   D un pescador

3. **Tarea escrita** Basándote en los Documentos A y B, escribe un párrafo que comente las posiciones de las diferentes clases sociales en el antiguo Egipto y las relaciones entre ellas.

my worldhistory.com

Self-Test

El judaísmo y el pueblo judío

¿Cómo se relacionan la religión y la cultura?

יהודה דן לוי זבולון

אשר בנימין גד יוסף

Vitrales de los símbolos de las 12 tribus de Israel, los antepasados del pueblo judío

ראוב נפתלי ש/מעון שכר/יש

? **Explora la Pregunta esencial**

- en (my) **worldhistory.com**
- usando **miMundo: Actividad del capítulo**
- con el **Cuaderno del estudiante**

Fechas clave en la historia judía

aprox. 1700 A.C. Dios le habla a Abraham, según la Biblia.

aprox. 900 A.C. Israel se divide en los reinos de Israel y de Judá.

586 A.C. Los babilonios conquistan Judá, destierran a sus habitantes y destruyen el Primer Templo.

70 D.C. Los romanos destruyen el Segundo Templo; muchos judíos huyen de la región.

| 2000 A.C. | 1400 A.C. | 800 A.C. | 200 A.C. | 400 D.C. |

aprox. 1000 A.C. Se funda el reino de Israel y se construye el Primer Templo.

720 A.C. Los asirios conquistan Israel.

538 A.C. Los judíos regresan a Judá y construyen el Segundo Templo.

La historia de Ruth

Esta historia de Ruth se basa en el libro de Ruth. Este relato de la Biblia hebrea o Tanaj, *nos ayuda a entender la cultura y la religión del pueblo judío en la antigüedad. Todas las citas son traducciones al español de citas directas de* Tanakh, *Jewish Publication Society (1985).*

Un día, hace miles de años, Ruth estaba llorando en un camino de Moab, la actual Jordania. Había estado casada con su marido por diez años y ahora él había muerto, al igual que los maridos de Noemí, su suegra, y Orpá, su cuñada. Las tres mujeres enfrentaban peligros sin protección masculina.

Noemí tenía un plan. Una hambruna en Belén, en el cercano reino judío de Judá, fue lo que había llevado originalmente a Noemí y su marido a Moab. Pero ahora Noemí sabía que la hambruna había terminado y estaba decidida a volver a su tierra natal.

Ruth le dice a Noemí:
"Adonde tú vayas, iré yo".

Ruth y Noemí llegan a las puertas
de la ciudad de Belén.

Sus dos nueras eran gentiles, es decir, no eran judías. Noemí les pedía que se quedaran en su propio país y buscaran nuevos maridos: "Regresen cada una a casa de su madre. Que el Señor tenga misericordia de ustedes, como ustedes han tenido con los que murieron y conmigo. ¡Que el Señor conceda a cada una que encuentre la seguridad de un nuevo marido!".

Les dio un beso de despedida. Pero, llorando, las mujeres más jóvenes alzaron la voz: "No, contigo hemos de volver a tu pueblo".

Noemí insistió: "¡Váyanse, hijas mías! ¿Por qué habrían de venir conmigo?".

Las tres sollozaban mientras conversaban. De mala gana, Orpá tomó su decisión. Le dio a su suegra un último abrazo y se marchó. Pero Ruth siguió sujetando el brazo de Noemí.

"Mira, tu cuñada se ha vuelto a su pueblo y a sus dioses —dijo Noemí—. Ve y sigue a tu cuñada".

Pero el amor y la lealtad de Ruth hacia su suegra eran demasiado grandes como para que cediera. Eligió dejar a sus padres y a su pueblo y seguirla, diciendo: "Adonde tú vayas, iré yo; donde te alojes, me alojaré; tu pueblo será mi pueblo, y tu Dios será mi Dios".

La voluntad de Ruth de adoptar la religión de Noemí la conmovió profundamente. Las dos mujeres viajaron a Belén. Cuando por fin llegaron, la cosecha de cebada apenas había comenzado. Ellas no tenían trabajo, ni protección y se morían de hambre.

Ruth se propuso hacerse cargo de las dos. Dijo: "Me gustaría ir a los campos y recoger entre las espigas". Fue a trabajar recogiendo el grano en los campos de un hombre rico llamado Booz.

Ese día Booz preguntó a su siervo que estaba a cargo de los hombres que cosechaban el grano: "¿De quién es esa joven?".

"Es una joven moabita que regresó con Noemí —respondió el siervo—. Ha estado de pie desde que llegó esta mañana".

Booz dio a Ruth cebada adicional, más algo para Noemí y le ofreció su protección: "No vayas a espigar a otro campo. Ni te alejes de aquí, únete a mis criadas".

Ruth estaba agradecida, pero desconcertada por su amabilidad. Booz le explicó: "Me han informado de todo lo que hiciste por tu suegra después de la muerte de tu marido, y de cómo abandonaste a tu padre y a tu madre y la tierra donde naciste, para venir a un pueblo que no conocías —y agregó—. ¡Que recibas una total

Ruth se agacha en el campo a espigar, o recoger los granos que quedan después de que los hombres han cosechado.

Booz da a Ruth una canasta llena de granos.

recompensa [premio] del Señor, el Dios de Israel, bajo cuyas alas has buscado refugio!".

Con el tiempo, Booz y Ruth se casaron y tuvieron un hijo. Esto trajo alegría a todo el mundo, especialmente a Noemí. Porque, como las otras mujeres señalaron: "Será tu consuelo y el sostén de tu vejez, ya que la que ha dado a luz es tu nuera, que tanto te ama y que para ti es mejor que siete hijos".

La mayoría de los personajes en la Biblia hebrea son hombres. Pero Ruth se convirtió en una de sus heroínas y su historia se convirtió en el libro de Ruth. Sus abnegadas palabras: "Adonde tú vayas, iré yo", han tocado a tantas personas que en la actualidad a menudo se usan en las ceremonias de boda.

¿Qué conexiones ves en esta historia entre la religión y la vida del pueblo judío en la antigüedad? Mientras lees el capítulo que sigue, piensa en lo que la historia de Ruth indica sobre el mundo del pueblo judío en la antigüedad.

myStory Video

Acompaña a Ruth mientras deja su patria para vivir en otro país.

Los orígenes del judaísmo

Ideas clave
- La creencia de los israelitas en un solo Dios se convirtió en la religión que se conoce como judaísmo.
- Los judíos creen que Dios liberó a los israelitas de la esclavitud después de enviar a Moisés para guiarlos.
- Los israelitas finalmente se establecieron en Canaán, su Tierra Prometida.

Términos clave • monoteísmo • ética • Torá • alianza • Éxodo • mandamiento

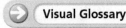 **Visual Glossary**

Destreza de lectura Resumir Toma notas usando el organizador gráfico en tu Cuaderno.

 Abraham respresentado por un artista moderno ▼

El judaísmo se desarrolló por primera vez como religión hace más de 3,000 años en el Creciente Fértil. Fue la primera religión del mundo que se basaba en un solo Dios, quien estableció leyes sobre el bien y el mal. El judaísmo ha contribuido a dar forma a las religiones del cristianismo y el islam, así como a las ideas modernas acerca de la ley y los derechos humanos.

Los primeros israelitas y la adoración de un Dios

Los israelitas estaban relacionados con otros pueblos del Creciente Fértil, pero desarrollaron una cultura única. Aunque sus vecinos adoraban a muchos dioses, los israelitas practicaban el **monoteísmo**, o la creencia en un solo Dios. Creían que Dios creó a cada persona a su imagen. Creían que Dios les pedía que actuaran de acuerdo con la **ética**, o ideas del bien y del mal. Sus enseñanzas y prácticas se conocieron como judaísmo, la religión del pueblo judío. El judaísmo es una de las religiones más antiguas del mundo.

Fuentes La mayoría de los judíos creen que los orígenes de su religión provienen de la Torá. La **Torá** se compone de los primeros cinco libros de la Biblia hebrea. (Éstos también son los primeros cinco libros del Antiguo Testamento cristiano, que se compone de todos los libros de la Biblia hebrea.) La arqueología y la historia de los lugares bíblicos en Egipto y Mesopotamia también nos ayudan a comprender el mundo de la Torá.

La alianza de Abraham La Torá habla de un hombre llamado Abraham, que se cree vivió alrededor de 1700 A.C. Pastoreaba rebaños de ovejas y otros animales. Su hogar era Ur en Mesopotamia.

De acuerdo con la Torá, Dios dijo a Abraham que dejara Ur y viajara con su familia a una tierra llamada Canaán, en la costa del mar Mediterráneo. La Torá dice que Dios entonces estableció una **alianza**, o pacto vinculante, con Abraham. La tierra de Canaán pertenecería a los descendientes de Abraham, por lo que se conoce como la Tierra Prometida.

> 66 Respetaré mi alianza contigo, y con tu descendencia después de ti, de generación en generación: una alianza perpetua, para ser yo tu Dios y el de tu descendencia después de ti 99.
>
> —Génesis 17:7

Los patriarcas La Torá dice que Abraham guió a su pueblo a Canaán, donde vivieron durante mucho tiempo. Abraham, su hijo Isaac y el hijo de Isaac, Jacob, son conocidos como los patriarcas, o los antepasados del pueblo judío.

Según la Torá, el nieto de Abraham, Jacob, tuvo doce hijos. Cada uno se convertiría en el ancestro de al menos un gran grupo de familias relacionadas llamado tribu. Jacob, más tarde, fue llamado Israel. Por ello, las doce tribus se conocieron como los israelitas.

Los eruditos creen que las historias de los patriarcas se transmitieron oralmente durante cientos de años. <u>Finalmente</u>, se escribieron en el Génesis, el primer libro de la Torá.

finalmente, *adv.,* después de un tiempo

Verificar la lectura **¿Por qué se conoce a Canaán como la Tierra Prometida?**

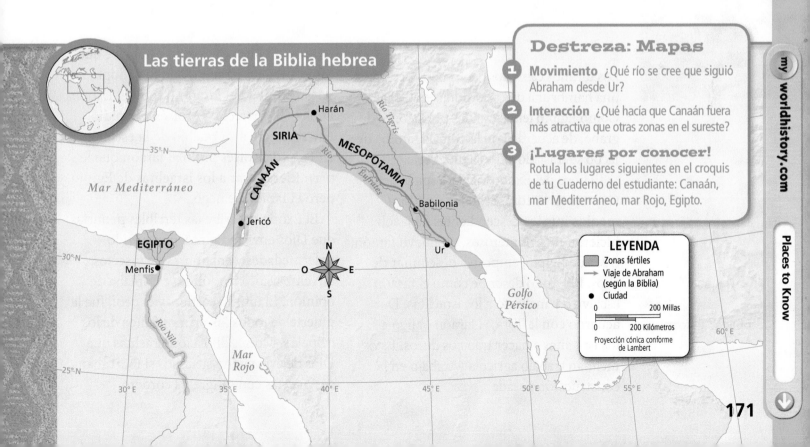

Las tierras de la Biblia hebrea

Harán
SIRIA
Río Tigris
MESOPOTAMIA
Río Éufrates
CANAÁN
Mar Mediterráneo
Jericó
EGIPTO
Menfis
Babilonia
Ur
N O E S
Golfo Pérsico
Río Nilo
Mar Rojo

35°N · 30°N · 25°N
30°E · 35°E · 40°E · 45°E · 50°E · 55°E · 60°E

LEYENDA
Zonas fértiles
Viaje de Abraham (según la Biblia)
• Ciudad

0   200 Millas
0   200 Kilómetros
Proyección cónica conforme de Lambert

Destreza: Mapas

1 **Movimiento** ¿Qué río se cree que siguió Abraham desde Ur?

2 **Interacción** ¿Qué hacía que Canaán fuera más atractiva que otras zonas en el sureste?

3 **¡Lugares por conocer!** Rotula los lugares siguientes en el croquis de tu Cuaderno del estudiante: Canaán, mar Mediterráneo, mar Rojo, Egipto.

my worldhistory.com

171

El Éxodo

Según la Biblia, los israelitas viajaron durante 40 años desde Egipto, a través de la península del Sinaí, hasta la Tierra Prometida de Canaán. En el camino, Moisés recibió los Diez Mandamientos en el monte Sinaí.

RAZONAMIENTO CRÍTICO **¿Cómo influyó el éxodo en los israelitas?**

1
Moisés le pide al faraón que permita que los israelitas dejen la esclavitud y Egipto.

LEYENDA

➡ Ruta del Éxodo (según la Biblia)

El Éxodo

Los últimos capítulos del Génesis describen una hambruna que se produjo en Canaán. Como Egipto tenía grandes provisiones de grano, de acuerdo con la Torá, la familia de Jacob se trasladó allí y siguió creciendo.

El libro del Éxodo viene después del Génesis en la Torá. Según el Éxodo, a medida que los descendientes de Jacob se hicieron más numerosos, un nuevo faraón, o rey de Egipto, empezó a desconfiar de ellos. El Éxodo describe cómo el faraón esclavizó y maltrató a los israelitas. De acuerdo con la Torá, el faraón <u>obligó</u> a los israelitas a hacer trabajos duros. Éstos incluían trabajo agrícola y trabajo en la construcción pesada.

obligar, *v.,* forzar

Moisés El libro de Éxodo establece que Moisés era un israelita que fue adoptado por la familia del faraón. Según el Éxodo, Dios se le apareció a Moisés y le pidió que rescatara a su pueblo de la esclavitud en Egipto. Moisés pidió al faraón que le permitiera sacar a los israelitas de Egipto, pero el faraón se negó.

El Éxodo describe las terribles penurias que Dios envió a Egipto, incluyendo enfermedades y enjambres de insectos. Sin embargo, el faraón no cambiaba de opinión. El último castigo, y el peor, fue la muerte de todos los primogénitos de los egipcios. Moisés dijo a los israelitas que Dios dejaría vivir a sus hijos si marcaban sus puertas con sangre de cordero.

2 Según la Biblia, las aguas del mar Rojo se separan para permitir que los israelitas escapen de Egipto.

4 Los israelitas llevan las tablas que contienen los Diez Mandamientos en una caja llamada el Arca de la Alianza.

3 Los israelitas reciben desde el cielo una especie de alimento llamado maná.

5 Moisés ve la Tierra Prometida desde el monte Nebo, antes de morir.

Finalmente, el faraón permitió a los israelitas salir de Egipto. Moisés llevó a los israelitas a la península del Sinaí, fuera del alcance del faraón. El escape de los israelitas de la esclavitud en Egipto se llama el **Éxodo**. Cada año, los judíos celebran la Pascua para conmemorar que Dios los liberó de la esclavitud en Egipto.

La experiencia en el desierto

Tradicionalmente se cree que el Éxodo ocurrió durante el siglo XIII A.C. De acuerdo con la Torá, después de que los israelitas salieron de Egipto, vivieron en el desierto del Sinaí por 40 años. Durante este tiempo, Dios preparó a los israelitas para la vida en la Tierra Prometida.

Recibieron una serie de instrucciones de Dios. También aprendieron maneras de adorar a Dios y crearon importantes objetos religiosos.

En el viaje por el desierto a Canaán, según la Torá, los israelitas enfrentaron condiciones difíciles. En ocasiones, los israelitas pelearon contra otros pueblos.

Algunos israelitas cuestionaron el liderazgo de Moisés o incluso de Dios. Sin embargo, llegaron a creer que si obedecían las órdenes de Dios, Dios los ayudaría. La Torá afirma que durante el viaje, Dios les proporcionó agua y alimento provenientes del cielo.

Verificar la lectura ¿Qué celebra la Pascua?

miMundo: Actividad
Entrevistar a Moisés

173

Los Diez Mandamientos

De acuerdo con la Biblia hebrea, Dios llamó a Moisés a la cima del monte Sinaí y le dio los Diez Mandamientos. El texto siguiente es un resumen de los mandamientos como los agrupan los judíos.

1) Yo soy el Señor, tu Dios.
2) No tendrás otros dioses delante de mí, y no harás ídolos ni les rendirás culto.
3) No pronunciarás en vano el nombre del Señor, tu Dios.
4) Recuerda el día del sabbat para santificarlo.
5) Honrarás a tu padre y a tu madre.
6) No matarás.
7) No cometerás adulterio.
8) No robarás.
9) No darás falso testimonio contra tu prójimo.
10) No codiciarás la casa, la mujer ni las pertenencias de tu prójimo.

Los Diez Mandamientos

El Éxodo dice que los israelitas se detuvieron al pie del monte Sinaí durante su viaje. Moisés subió a la montaña para encontrarse con Dios. Dios le dio las leyes, incluyendo las que hoy se conocen como los Diez Mandamientos. Un **mandamiento** es una orden de hacer algo. La Torá contiene muchas otras leyes, pero los Diez Mandamientos son las más importantes.

Leyes para la vida Los Diez Mandamientos y otras leyes indicaban a los israelitas cómo comportarse con Dios y entre ellos. Estas leyes siguen siendo importantes para los judíos. Los judíos creen que tienen una alianza con Dios. Esto significa que tienen el sagrado deber de seguir las enseñanzas éticas de la Torá.

El impacto de las leyes de Dios Como creen que cada persona es creada a imagen de Dios, los judíos tienen un fuerte sentido del valor de cada persona. También creen que cada persona tiene la responsabilidad de hacer lo correcto.

Los Diez Mandamientos y otras leyes hicieron más profunda la relación de los israelitas con Dios y entre ellos. De acuerdo con estas leyes, comportarse bien con los demás es un deber hacia Dios.

Los relatos del Éxodo y los Diez Mandamientos son importantes para los judíos, cristianos y otros. Para ellos, la lección del Éxodo es que si las personas creen en Dios y obedecen las leyes de Dios, Dios los protegerá y los apoyará.

Verificar la lectura **¿Qué son los Diez Mandamientos?**

Regreso a la Tierra Prometida

Después de que los israelitas recibieron las leyes de Moisés, de acuerdo con la Torá, continuaron su viaje hacia la Tierra Prometida. El propio Moisés murió antes de entrar en la Tierra Prometida. Después de que Moisés murió, su asistente, Josué, tomó su lugar como el líder de los israelitas.

Según el libro de Josué en la Biblia, los israelitas entraron a Canaán desde el este, bajo el liderazgo de Josué. Una de las primeras ciudades que conquistaron fue la ciudad amurallada de Jericó. Después de la derrota de Jericó, los israelitas conquistaron otros reinos de Canaán.

Luego, cada una de las tribus descendientes de los hijos de Jacob se estableció en una zona diferente. Las tribus de Judá, Simón y Benjamín se establecieron en el sur, cerca del mar Muerto. Las otras tribus se establecieron en las tierras del norte, a lo largo del río Jordán.

A diferencia de los israelitas, los cananeos, o habitantes de Canaán, adoraban a muchos dioses. Éstos incluían a los dioses Baal y El y a la diosa Asherah. Los cananeos adoraban ídolos, o imágenes talladas, de sus dioses. Es posible que algunos adoraran un solo dios, pero aceptaban la existencia de otros.

Según la Biblia, los israelitas mantuvieron su identidad. A veces pecaban y eran castigados, pero siempre volvían a las enseñanzas de la Torá, incluida la creencia en un solo Dios.

Verificar la lectura
Según la Biblia, ¿quién guió a los israelitas a la Tierra Prometida?

La Biblia dice que las murallas de Jericó se derrumbaron cuando gritaron los israelitas. ▼

Evaluación de la Sección 1

Términos clave

1. Explica la relación entre el judaísmo y el monoteísmo.

2. Usa las palabras *mandamiento* y *ética* en una oración sobre el judaísmo.

3. ¿Qué es una alianza?

Ideas clave

4. Describe la relación entre los israelitas y su Dios.

5. ¿Cuál fue la lección del Éxodo, según la Torá?

6. ¿Qué hicieron los israelitas después de que llegaron a Canaán?

Razonamiento crítico

7. **Sacar conclusiones** Explica la conexión, según la Biblia hebrea, entre la alianza de Abraham con Dios y la creencia de los israelitas sobre Canaán.

8. **Sintetizar** ¿Cuál es la conexión entre las creencias judías sobre la valoración individual y la idea moderna de la igualdad ante la ley?

Pregunta esencial

¿Cómo se relacionan la religión y la cultura?

9. Explica cómo contribuyó la religión a formar la cultura de los antiguos israelitas, según se presenta en la Biblia hebrea. Anota la respuesta en tu Cuaderno del estudiante.

Las enseñanzas del judaísmo

Ideas clave
- La Biblia hebrea es la base de la enseñanza y la práctica judías.
- El pueblo judío da especial importancia al estudio y la comprensión de las leyes de Dios.
- Las enseñanzas del judaísmo se ocupan de la manera en que las personas deben relacionarse con Dios y entre ellas.

Términos clave • Escritura • profeta • rabino • Talmud • rectitud • justicia • sabbat

 **Visual Glossary**

 Destreza de lectura Analizar causa y efecto Toma notas usando el organizador gráfico en tu Cuaderno.

Judíos leen la Torá frente al sagrado Muro de las lamentaciones de Jerusalén. ▼

Las alianzas de Dios con los israelitas y sus mandamientos para su pueblo se describen en la Torá. Forman la base de la religión judía y sus enseñanzas. Estas enseñanzas tienen que ver principalmente con la manera en que las personas deben relacionarse con Dios y entre ellas.

La Biblia hebrea

La tradición escrita es muy importante en el judaísmo. Los judíos valoran mucho la erudición y el aprendizaje. De hecho, a los judíos a menudo se les llama "Pueblo del Libro". Las **Escrituras**, o textos sagrados, son la fuente de las enseñanzas judías. Las Escrituras judías también se conocen como la Biblia hebrea o Tanaj. Para los judíos, la Biblia no es sólo una historia de sus ancestros. Creen que revela la voluntad de Dios según se llevó a cabo en los acontecimientos humanos. Este relato compartido une a los judíos de todo el mundo con un conjunto común de enseñanzas. La Biblia hebrea también forma la base para el Antiguo Testamento cristiano, que incluye los libros de la Biblia hebrea, pero en un orden diferente.

La Biblia hebrea describe sucesos que se cree ocurrieron cientos de años antes de que se escribiera la Biblia. Por tradición, los libros de la Biblia hebrea se dividen en tres secciones.

La Torá Como ya aprendiste, los primeros cinco libros de la Biblia hebrea se llaman Torá. La Torá comienza contando la historia de la creación del mundo y las primeras personas por parte de Dios. Narra la historia de un hombre llamado Noé, que escapó de una gran inundación en un arca, o barco. Habla de la vida de Abraham y la alianza que Dios estableció con él.

Luego, la Torá se centra en el hijo de Abraham, Isaac, su nieto Jacob y los descendientes de Jacob, los israelitas. La Torá sigue el camino que tomaron desde Egipto para regresar a la Tierra Prometida. La Torá también se conoce como la Ley de Moisés. No sólo contiene los Diez Mandamientos, sino también muchas otras reglas y leyes.

Los Profetas La siguiente sección se llama los Profetas. Contiene los libros escritos por o acerca de los profetas judíos. Un **profeta** es una persona de quien se cree ha sido elegida por Dios como mensajero para enseñar la verdad a las personas. Los profetas eran predicadores, poetas y reformadores. Recordaban a las personas que obedecieran las leyes de Dios. Les decían cómo relacionarse con Dios, con otras personas, con la tierra en que vivían e incluso con ellas mismas.

Los Profetas describe la historia del judaísmo y del pueblo judío. Empezando con el libro de Josué, continúa la historia de los israelitas desde la Torá, que describe su llegada a la Tierra Prometida. Otros libros tratan de la creación del reino de Israel, que se describe en la Sección 3.

Los Escritos La última sección de la Biblia hebrea es los Escritos. Es una muestra de la literatura hebrea, como los Salmos, los Proverbios y el Cantar de los cantares. Los Salmos son poemas o canciones que ofrecen alabanzas y oraciones a Dios. El libro de Proverbios contiene dichos sabios. Muchos dan consejos a los jóvenes, como este ejemplo:

66 No envidies al hombre violento ni elijas ninguno de sus caminos 99.

—Proverbios 3:31

Otros Escritos hablan de héroes, como Ester, Ruth y Job. Los Escritos también contienen libros, como las Crónicas, una historia del pueblo judío antiguo.

Verificar la lectura **¿Qué parte de la Biblia hebrea abarca las alianzas y las leyes?**

miMundo: Actividad
Voces de la Biblia

Tres profetas

Los judíos creen que los profetas transmitían mensajes de Dios. La Biblia hebrea registra sus mensajes. Estas imágenes son representaciones de artistas de los profetas.

▲ Isaías instó a las personas a actuar moralmente.

▲ Ezequiel predijo que los judíos sobrevivirían penurias.

Jeremías condenó a aquellos que eran infieles a Dios. ▶

177

▲ Este Talmud se escribió a mano en la Europa medieval.

◀ Los estudiantes tradicionalmente estudian el Talmud en parejas.

Mandamientos. Muchas son instrucciones para rituales religiosos. Otras describen cómo tener una sociedad justa, ayudar a los necesitados, e incluso cómo proteger la salud de la comunidad a través de la limpieza y la higiene.

Muchos siglos después de la época de Moisés, prominentes **rabinos**, o maestros religiosos judíos, registraron las leyes orales que creían que provenían de las enseñanzas de Moisés. Otros rabinos discutieron cómo deberían interpretarse las leyes en diferentes situaciones. Finalmente, escribieron sus comentarios, o discusiones, acerca de las leyes. El **Talmud**, un texto terminado alrededor de 600 D.C., es un conjunto de enseñanzas orales y comentarios sobre la Biblia hebrea y la ley judía. Los judíos todavía lo estudian y comentan.

La necesidad de estudiar La Biblia hebrea y el Talmud son fundamentales para la enseñanza y la práctica judías. Como resultado, los judíos valoran el estudio de estos textos religiosos. Los eruditos judíos todavía escriben comentarios acerca de las Escrituras.

La Biblia hebrea está escrita en su mayoría en idioma hebreo. Como resultado, muchos judíos tratan de aprender a leer hebreo. Algunos también aprenden arameo, el idioma de la mayor parte del Talmud.

Verificar la lectura **¿Por qué valoran los judíos la Biblia hebrea y el Talmud?**

La importancia de la ley y el aprendizaje

comentario, *sust.,* un conjunto de observaciones o una discusión registrada acerca de algo

La Biblia hebrea y los <u>comentarios</u> sobre la Biblia son sumamente importantes para los judíos. Son la fuente de las enseñanzas más importantes, incluída la ética.

Las leyes, el Talmud y los comentarios El respeto a las leyes de Dios es fundamental para el judaísmo. Al gran líder Moisés se le conoce como "Moisés nuestro maestro". La Torá contiene muchas leyes además de los Diez

Enseñanzas básicas

La idea que los judíos tenían acerca de Dios era única en el mundo antiguo. En otras religiones antiguas, las personas adoraban a muchos dioses; tenían imágenes de estos dioses en madera, piedra, cerámica o metal. Creían que cada dios vivía en un lugar determinado. Por el contrario, el Dios de los israelitas no vivía en piedras, rocas o el mar. No tomaba una forma humana o animal. Era invisible, pero estaba en todas partes.

> " ¿Acaso yo soy Dios sólo de cerca
> —dice el Señor—
> y no soy Dios de lejos?
> ¿Puede un hombre esconderse en
> un lugar secreto sin que yo lo vea?
> —dice el Señor.
> ¿Acaso no lleno el cielo y la tierra?
> —declara el Señor ".
>
> —Jeremías 23:23–24

El monoteísmo ético Según la Biblia, en el desierto del Sinaí los israelitas hicieron una alianza con Dios para seguir un código de leyes, incluidos los Diez Mandamientos. Además siguen otras enseñanzas de la Torá, según las interpretan en el Talmud y otros comentarios. Muchas de estas enseñanzas tienen que ver con la ética.

El monoteísmo ético es probablemente la enseñanza más importante del judaísmo. Ésta es la idea de que hay un Dios que establece reglas éticas, o reglas sobre el bien y mal. Ser fiel a Dios significa seguir estas reglas.

Las enseñanzas clave del judaísmo

La tabla muestra las enseñanzas clave del judaísmo. *¿Qué enseñanzas ilustran las siguientes fotos?*

▲ Judíos estadounidenses en el Muro de las lamentaciones en Jerusalén

▲ Una voluntaria judía

1. *El monoteísmo ético*
Hay un solo Dios. Dios quiere que las personas lleven una vida moral. Todas las personas son creadas a la imagen de Dios, por lo que todas son importantes por igual.

2. *El cumplimiento de la ley*
La Biblia hebrea y el Talmud tienen leyes que indican a los judíos cómo vivir y tratar a otras personas. Importa más lo que uno hace que lo que cree.

3. *El amor por los demás*
La Biblia hebrea indica: "Amarás a tu prójimo como a ti mismo". Hay que ayudar a los demás, luchar contra la discriminación y dar a la caridad.

4. *El día de descanso semanal*
El judaísmo tiene un día de descanso semanal, o sabbat.

5. *El compromiso con el estudio y la oración*
El estudio de la Biblia hebrea lleva a la sabiduría y las buenas obras. El conocimiento es valioso. Las personas se comunican con Dios mediante la oración.

6. *La conexión con la Tierra de Israel*
La Tierra de Israel, donde se originó el judaísmo y el pueblo judío, es central en la Biblia hebrea y es el hogar de los sitios más sagrados del judaísmo.

Una familia judía en el sabbat ▼

Las tradiciones judías

El judaísmo incluye tradiciones que tienen lugar tanto dentro como fuera del hogar. Algunas son el sabbat, una comida especial de Pascua y el Bar/Bat Mitzvá, ceremonia que tiene lugar cuando un(a) joven se convierte en miembro pleno de la comunidad judía.

▲ Un plato del Seder de la Pascua contiene alimentos que se comen en esta cena especial de la Pascua.

◄ Una mujer enciende velas del sabbat.

Una niña judía lee la Torá en su Bat Mitzvá.

Culture Close-Up

Una familia comparte un Seder de la Pascua.

Rectitud y justicia El monoteísmo ético pide a los judíos que conozcan la diferencia entre el bien y el mal. Las acciones deben basarse en la rectitud y la justicia. La **rectitud** es la cualidad de comportarse o vivir de una forma éticamente correcta y obedecer la ley de Dios.

Los judíos creen que cada persona es valiosa porque es creada a la imagen de Dios. Junto con el valor <u>individual</u>, viene la responsabilidad individual hacia Dios. Cada individuo es responsable de actuar con rectitud ante los ojos de Dios.

La rectitud era una preocupación clave de los profetas. Recordaban a las personas

que tenían que ser honestas y amables. Criticaban a los gobernantes que eran crueles con los pobres y los débiles. Instaban a las personas a trabajar por la **justicia** —equidad o trato equitativo— para todos. También esperaban que todos ayudaran a los necesitados.

El cumplimiento de la ley Las leyes y otras reglas que siguen los judíos se consideran parte de la alianza del pueblo judío con Dios. De acuerdo con la Torá, Dios tenía una relación especial con los israelitas. A cambio, los israelitas creían que tenían la responsabilidad de obedecer las leyes y los mandamientos de Dios.

individual, *adj.,* que tiene que ver con una sola persona o cosa

La idea judía de la responsabilidad individual significa que estas leyes y mandamientos se aplican por igual a todos los judíos. Las leyes de Dios se aplican a los líderes como Moisés y a las personas comunes. Esta idea de igualdad ante los ojos de Dios ayudó a dar forma a los sistemas modernos de derecho.

El amor por los demás La Biblia hebrea ordena: "Amarás a tu prójimo [ser humano] como a ti mismo". Los judíos tienen la obligación de ayudar a los demás. Como resultado, los judíos han estado involucrados en muchos esfuerzos para luchar contra la discriminación. La caridad es parte de esta enseñanza. Estas ideas han influido en el pensamiento moderno de los derechos humanos.

Otras enseñanzas clave Otra enseñanza judía importante es cumplir con el **sabbat**, o día de descanso semanal. El sabbat es el séptimo día de la semana, o sábado. De acuerdo con las enseñanzas judías, debe ser un día libre de trabajo. Muchos países han adoptado la idea de un día de descanso semanal.

La enseñanza judía también hace hincapié en la importancia del estudio y la oración. Ya has aprendido sobre la importancia de estudiar las Escrituras y los comentarios sobre éstas, como el Talmud. Los judíos también valoran la oración como una forma de comunicarse con Dios.

Las enseñanzas judías también incluyen los lazos del pueblo judío con la Tierra de Israel. La tierra que le fue prometida a Abraham, de acuerdo con la Torá. Incluye el estado moderno de Israel. Muchos judíos sienten una profunda conexión con esta tierra por su importancia en las Escrituras y la historia judías.

Verificar la lectura ¿Qué es el monoteísmo ético?

Una caja usada por los judíos para recolectar donaciones para obras benéficas. ▼

Evaluación de la Sección 2

Pregunta esencial

¿Cómo se relacionan la religión y la cultura?

Términos clave

1. Explica quiénes eran los profetas judíos.

2. Describe las relaciones entre las Escrituras, el Talmud y las ideas judías de rectitud y justicia.

3. ¿Qué enseñanza judía tiene que ver con el sabbat?

Ideas clave

4. ¿Cuáles son las tres partes principales de la Biblia hebrea y en qué se diferencian?

5. ¿Por qué es tan importante para los judíos estudiar la Biblia hebrea y los comentarios como el Talmud?

6. Explica cómo siguen los judíos la enseñanza: "Amarás a tu prójimo [ser humano] como a ti mismo".

Razonamiento crítico

7. **Resumir** ¿Por qué podría considerarse el monoteísmo ético como la enseñanza judía más importante y cómo se relaciona con otras enseñanzas judías?

8. **Sintetizar** ¿Cómo se relacionan las alianzas de Dios con el pueblo judío con las enseñanzas judías sobre la ética y la justicia?

9. Da ejemplos de maneras en las que el judaísmo como religión ha dado forma a la cultura judía. Anota la respuesta en tu Cuaderno del estudiante.

El pueblo judío

Pintura de un artista moderno del rey Salomón de Israel en la inauguración del Primer Templo ▼

Después de que los israelitas se establecieron en la Tierra de Israel, vivieron como un grupo de tribus separadas antes de unirse para formar un reino. Después de unos 70 años, el reino se dividió y los israelitas fueron conquistados más tarde por imperios extranjeros. Los descendientes de los israelitas, conocidos como judíos, se dispersaron más tarde a muchas partes del mundo.

El reino de Israel

Mucho de lo que sabemos sobre la historia judía antigua proviene de la Biblia hebrea. Los arqueólogos han encontrado evidencia de algunos de los sucesos mencionados en la Biblia antes de 900 A.C. Después de esa fecha, hay más evidencia de otras fuentes escritas y de la arqueología.

La época de los jueces Como has leído, La Biblia hebrea dice que Josué guió a los israelitas en la conquista de Canaán. Después de su muerte, los israelitas vivían como un grupo de tribus sin un gobierno común. Tuvieron conflictos con otros pueblos.

En tiempos difíciles, los israelitas se organizaban en torno a jueces. Un **juez**, en el sentido en que el término se usa en la Biblia, era un líder que podía organizar a los israelitas para defender su tierra. Los jueces a menudo eran guerreros o profetas. Los jueces no pasaban el liderazgo a sus descendientes.

Algunas mujeres se volvieron muy conocidas en la época de los jueces. La profetisa Débora, que inspiró a un ejército a ganar una gran batalla, fue la única mujer juez. Otra mujer fue Ruth, que llegó de Moab y se casó con un israelita que vivía en su país. Cuando su esposo murió, Ruth siguió a su suegra Noemí de regreso a la Tierra de Israel. Allí, aceptó la religión de Noemí y se convirtió en miembro de la tribu de Judá.

Según la Biblia, la época de los jueces terminó cuando el guerrero Saúl se convirtió en el primer rey de Israel.

David y Salomón La Biblia hebrea establece que uno de los mejores guerreros de Saúl era David, un joven pastor y músico. David se convirtió en rey alrededor de 1000 A.C. David capturó la ciudad de Jerusalén y la hizo su capital. Extendió las fronteras del reino. También se cree que David escribió hermosos salmos —poemas o canciones en la Biblia— como éste:

◀ El rey David, según la escultura de Miguel Ángel

> 66 El Señor es mi pastor,
> nada me falta….
> Aunque cruce por el más oscuro
> de los valles,
> no temo mal alguno,
> porque tú estás conmigo:
> tu bastón y tu cayado me confortan 99.

—Salmo 23:1, 4

Salomón, hijo de David, reinó después de él. <u>Comisionó</u> el gran Primer Templo de Jerusalén. Según la tradición, Salomón escribió muchos de los dichos sabios del libro de Proverbios de la Biblia.

comisionar, *v.*, ordenar la creación de

El reino se divide El reino de Israel se dividió en dos partes después de la muerte de Salomón, alrededor de 900 A.C. Los descendientes de Salomón gobernaron el reino de Judá en el sur. Por el nombre *Judá*, la religión de los israelitas llegó a ser conocida como judaísmo y a los descendientes de los israelitas se les conoció como judíos.

Destreza: Mapas

1. **Movimiento** ¿En qué dirección habría viajado David desde Jerusalén para conquistar Aram?

2. **Región** ¿Cómo cambió la región gobernada desde Jerusalén entre 966 y 722 A.C.?

Israel bajo el mandato del rey David

LEYENDA
- Reino de Israel
- Otras regiones controladas por Israel
- Frontera del imperio de David, 966 A.C.
- ● Ciudad

0 — 100 Millas
0 — 100 Kilómetros
Proyección Transversal de Mercator

Israel y Judá

LEYENDA
- Reino de Israel
- Reino de Judá
- Imperio Asirio
- ● Ciudad
- Fronteras, 722 A.C.

0 — 100 Millas
0 — 100 Kilómetros
Proyección Transversal de Mercator

183

Un reino rival, o contrario, en el norte conservó el nombre del reino de Israel. Alrededor de 722 A.C., el Imperio Asirio conquistó el reino de Israel. Los asirios fueron gobernantes brutales. Miles de israelitas fueron enviados a lugares distantes del imperio. Otros israelitas evitaron su captura al huir al sur a Judá.

Cien años después, la ciudad-estado de Babilonia, en el actual Iraq, se rebeló contra Asiria y comenzó el segundo Imperio Babilónico. El más grande emperador de Babilonia, Nabucodonosor, conquistó Judá. Alrededor de 587 A.C., los babilonios destruyeron Jerusalén, incluyendo el Templo de Salomón.

El cautiverio babilónico

Los babilonios se llevaron a miles de personas de Judá, más tarde conocidos como judíos, a la lejana Babilonia. Muchos profetas judíos instaron a los judíos a obedecer las Escrituras hebreas mientras vivían en el exilio. **Exilio** significa separación de la patria. Según la Biblia, algunos judíos, como Daniel, se volvieron personas importantes en el Imperio Babilónico. Sin embargo, la mayor parte de los judíos deseaban regresar a su patria.

Ciro el Grande, rey de los persas (en el actual Irán), conquistó el Imperio Babilónico. Ahora controlaba la mayor parte del suroeste de Asia. En 538 A.C., Ciro permitió a los judíos regresar a casa. Muchos volvieron a Judá. Los líderes judíos comenzaron a construir el Segundo Templo que se terminó en 515 A.C. Más tarde reconstruyeron las murallas de Jerusalén.

Verificar la lectura ¿Quién mandó construir el gran Primer Templo en Jerusalén?

rechazar, *v.*, decidir en contra, no aceptar

La diáspora

El exilio en Babilonia fue decisivo en la historia judía. Comunidades de judíos ahora vivían en todo el Imperio Babilónico, que se extendía por todo el Creciente Fértil. A estas comunidades fuera de la Tierra de Israel se les llamó **diáspora**, o conjunto de comunidades judías que viven fuera de su antigua patria. *Diáspora* es una palabra griega que significa dispersión.

Las tierras de la diáspora

Después de que los persas conquistaron Babilonia, su imperio se extendía por todo el suroeste de Asia. El Imperio Persa incluía la Tierra de Israel, pero también incluía Egipto, Asia Menor (actual Turquía), Mesopotamia, lo que ahora es Irán y partes de Asia central. Los judíos se dispersaron por estas regiones.

Ester fue una judía destacada. Según la Biblia, se casó con el emperador persa. Uno de los consejeros del emperador planeaba matar a todos los judíos. Ester convenció al rey persa de rechazar este plan.

En 330 A.C., Alejandro Magno, de la actual Grecia, conquistó el Imperio Persa. Después de su muerte, varios imperios griegos gobernaron la Tierra de Israel, el resto del suroeste de Asia, Egipto y partes del sur de Europa. En los años siguientes, los judíos se establecieron en todas estas regiones. Algunos fueron más al sur, a Arabia y África. Otros al este, a muchas partes de Asia.

Para ese entonces, millones de judíos vivían dentro y fuera de la Tierra de Israel. Sin embargo, los judíos de todas partes todavía consideraban a Jerusalén como su hogar espiritual.

Mira de cerca

La diáspora

Después de 725 A.C., una serie de imperios conquistaron la Tierra de Israel. Algunos judíos se trasladaron a otras tierras en Asia, África y Europa. En los tiempos modernos, se han trasladado a otros continentes.

RAZONAMIENTO CRÍTICO ¿Por qué crees que los judíos dejaron Europa en los tiempos modernos?

Migraciones judías

La Gran Sinagoga en Budapest, Hungría

Ester, una reina de la antigua Persia

Ana Frank, una niña judía asesinada debido a los prejuicios

LEYENDA
→ Migraciones judías
● Ciudad
0   2,000 Millas
0   2,000 Kilómetros
Proyección cilíndrica de Miller

EUROPA

AMÉRICA DEL NORTE

OCÉANO ATLÁNTICO

Jerusalén

ASIA

Maimónides, filósofo de la Edad Media

OCÉANO PACÍFICO

AMÉRICA DEL SUR

ÁFRICA

Ecuador

OCÉANO ÍNDICO

OCÉANO ATLÁNTICO

AUSTRALIA

30° S

N O E S

30° E   60° E   90° E

La Gran Sinagoga de Ciudad de El Cabo, Sudáfrica

Albert Einstein, un físico germano-estadounidense

El templo Emanu-El en la ciudad de Nueva York

185

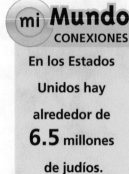

Nuevas formas de culto La diáspora trajo cambios en la forma en que los judíos rendían culto. Muchos judíos vivían demasiado lejos de Jerusalén.

Antes, la mayor parte de los judíos podía rendir culto en el Templo de Jerusalén. A causa de la diáspora, tuvieron que practicar su fe dondequiera que estuvieran.

Algunos judíos ya acostumbraban reunirse en una **sinagoga**, o lugar de reunión. Allí podían orar y comentar las Escrituras. Alguien que conocía bien las Escrituras se convertía en el rabino, o maestro, del grupo. En la diáspora, las sinagogas se volvieron aún más importantes.

La dominación griega y romana

Después del exilio babilónico, los judíos en la Tierra de Israel se esforzaron por vivir de acuerdo con su religión. Sin embargo, enfrentaron un trato duro e injusto por parte de los imperios Griego y Romano.

Los judíos se rebelaron contra la dura dominación griega. En el siglo II A.C., una familia, los Macabeos, se rebelaron y ganaron su independencia de los gobernantes que trataron de prohibir partes importantes del judaísmo. Hanukkah conmemora su victoria y la recuperación del Templo.

En 6 D.C., la Tierra de Israel se volvió parte del Imperio Romano. En esta época se le llamaba Judea, o "tierra del pueblo judío". La intolerancia al judaísmo hizo que los judíos se rebelaran. En respuesta, en 70 D.C., los romanos destruyeron Jerusalén, incluido el Segundo Templo.

Más dispersiones Los romanos mataron o esclavizaron a miles de judíos. Miles más huyeron a otras tierras.

Durante la guerra, un maestro del Segundo Templo llamado Johanan ben Zakkai visitó en secreto al comandante romano. Recibió permiso para establecer un centro para los eruditos judíos en otra parte de Judea. El templo ya no existía, pero el aprendizaje sobrevivió y siguió siendo importante para los judíos.

Luego de otra rebelión, los romanos cambiaron el nombre de la provincia en 135 D.C. a Palestina, por los enemigos de los antiguos israelitas, los filisteos.

Verificar la lectura ¿Por qué fueron importantes las sinagogas en la diáspora?

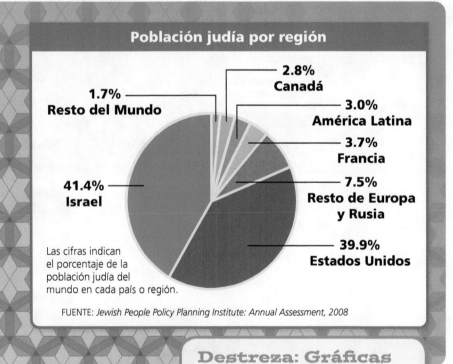

Población judía por región

- **2.8%** Canadá
- **1.7%** Resto del Mundo
- **3.0%** América Latina
- **3.7%** Francia
- **41.4%** Israel
- **7.5%** Resto de Europa y Rusia
- **39.9%** Estados Unidos

Las cifras indican el porcentaje de la población judía del mundo en cada país o región.

FUENTE: *Jewish People Policy Planning Institute: Annual Assessment, 2008*

Destreza: Gráficas

1. ¿Qué país tiene el mayor número de judíos?

2. ¿Muestra la gráfica qué país tiene el menor número de judíos?

Aprendizaje del siglo XXI

186

El legado del judaísmo

Hoy, casi 14 millones de judíos viven en todo el mundo. Una gran mayoría vive en los Estados Unidos o en Israel.

Los legados del judaísmo, o conceptos y valores que ha dado al mundo, incluyen las enseñanzas sobre un Dios supremo e invisible que creó todas las cosas. Cristianos, musulmanes y judíos, honran a Abraham como figura fundadora y a Moisés como mensajero de Dios. Todos creen en un Dios único. Las enseñanzas éticas del judaísmo han influido en líderes espirituales de todo el mundo.

La Biblia hebrea es otro legado del judaísmo. Su hermoso lenguaje y dramáticos personajes, como Moisés, David y Ester, la hacen un clásico de la literatura mundial.

Uno de los mayores legados es la tradición judeocristiana. Ésta es el conjunto de valores compartidos por el judaísmo y el cristianismo que forman parte de una duradera tradición moral y ética. Los valores judeocristianos forman una base para las sociedades democráticas modernas como los Estados Unidos. Estos valores incluyen la importancia por igual de cada individuo, la libertad y la responsabilidad individuales, la responsabilidad de la comunidad y la importancia de los derechos humanos y la justicia.

Verificar la lectura **¿Qué es la tradición judeocristiana?**

miMundo: Actividad
Explorar la dispersión

Rabinos judíos se reúnen con sacerdotes y ministros cristianos. ▼

Evaluación de la Sección 3

Pregunta esencial
¿Cómo se relacionan la religión y la cultura?

Términos clave

1. Define la palabra *juez* como se usa en la Biblia hebrea.

2. Explica qué fue el exilio en Babilonia y cómo llevó a la diáspora.

3. ¿Qué son las sinagogas?

Ideas clave

4. ¿Qué ocurrió finalmente con los reinos de Israel y de Judá y sus habitantes?

5. ¿Por qué abandonaron muchos judíos la Tierra de Israel, y en qué otro lugar se establecieron?

6. Describe algunas de las maneras en que el judaísmo ha influido en las sociedades democráticas modernas.

Razonamiento crítico

7. Sacar conclusiones ¿Cómo influyó en la historia judía la ubicación de la Tierra de Israel en una región conquistada por varios imperios antiguos?

8. Sintetizar ¿Cómo conservaron los judíos sus tradiciones culturales y religiosas en la diáspora?

9. Explica cómo dio forma el judaísmo a la cultura de los judíos en la diáspora. Anota la respuesta en tu Cuaderno del estudiante.

Evaluación del capítulo

Términos e ideas clave

1. **Describir** ¿Qué fue el **Éxodo?**

2. **Comentar** ¿Cuál es la conexión entre la **Torá** y la **ética** judía?

3. **Recordar** Según la **Torá**, ¿qué es la Tierra Prometida?

4. **Definir** ¿Qué es el **sabbat**?

5. **Comentar** ¿Cuál es la función del **rabino** en el judaísmo?

6. **Explicar** ¿Por qué es el estudio una parte importante del judaísmo?

7. **Describir** ¿En qué se centran las enseñanzas básicas del judaísmo?

8. **Definir** ¿Qué es la **diáspora**?

9. **Describir** ¿Qué ocurrió con el primer reino de Israel?

10. **Enumerar** ¿Cuáles son algunos de los legados del judaísmo?

Razonamiento crítico

11. **Sintetizar** ¿Por qué son importantes las leyes y la ética en el judaísmo?

12. **Identificar la evidencia** ¿Cuál es la fuente principal de las enseñanzas básicas del judaísmo? Apoya tu respuesta con evidencia del texto.

13. **Resumir** ¿Qué papel desempeñaron las alianzas en el desarrollo del judaísmo?

14. **Analizar causa y efecto** ¿Por qué abandonaron muchos judíos la Tierra de Israel después de 750 A.C.?

15. **Inferir** ¿Cómo influyó en el judaísmo la dispersión de los judíos lejos de la Tierra de Israel?

16. **Conceptos básicos: Religión** ¿Cuáles son algunas similitudes y diferencias entre el judaísmo y otras religiones del mundo?

Analizar elementos visuales

Usa el mapa de la derecha para responder las preguntas siguientes.

17. ¿En qué parte de este mapa estaban la Tierra Prometida y el primer reino de Israel?

18. De acuerdo con la Biblia hebrea, ¿en qué parte de este mapa mantuvieron a los israelitas como esclavos?

19. ¿En qué parte de este mapa vivieron los judíos durante la diáspora?

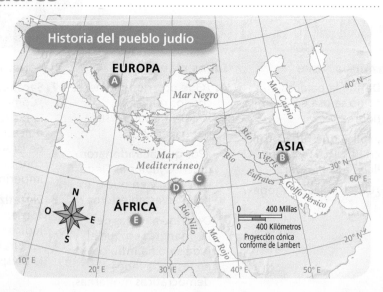

Historia del pueblo judío

Pregunta esencial

miMundo: Actividad del capítulo

Muro de la Fama Sigue las instrucciones de tu maestro para crear carteles acerca de cinco judíos famosos de la historia. Tus carteles presentarán el mundo en el que cada persona vivió y mostrarán por qué es famosa.

Aprendizaje del siglo XXI

Desarrolla conciencia cultural

Formen pequeños grupos. Siguiendo las instrucciones de su maestro, consideren y comenten las siguientes preguntas con su grupo. Luego, presenten las conclusiones de su grupo a la clase.

- Identifiquen una enseñanza judía que sea similar a un valor estadounidense.
- ¿Qué valor estadounidense es similar?
- ¿De qué manera son similares?

Preguntas basadas en documentos

Success Tracker™
En línea en myworldhistory.com

Usa tu conocimiento del judaísmo y el pueblo judío y los Documentos A y B para responder las Preguntas 1 a 3.

Documento A

" Es la Sabiduría que llama,
… grita:…
'Todas mis palabras son justas,
no hay en ellas nada perverso o torcido;
todas son exactas para el que
sabe entender
y rectas para los que han hallado
conocimiento'".

—de Proverbios 8, *Tanakh*,
The Holy Scriptures.
The Jewish Publication Society

Documento B

" Sólo aquellos que cultivan tanto las prácticas religiosas como las matemáticas, la lógica, las ciencias naturales y la metafísica [pensamientos sobre la naturaleza de la existencia] tienen el privilegio de entrar en el patio interior de Dios. Sólo después de haberlo comprendido a Él y a Sus obras. . . puede el hombre. . . fortalecer el vínculo que une al hombre con Él, es decir, el intelecto humano [la razón]".

—de Maimónides, *La guía de los perplejos,*
de la traducción al inglés en
His Wisdom for Our Time,
Gilbert S. Rosenthal (editor)

1. De acuerdo con el Documento A, ¿quién puede hallar sabiduría?

A quienes son perversos

B quienes son torcidos

C quienes tienen conocimiento

D quienes son justos

2. De acuerdo con el Documento B, ¿por qué es importante el aprendizaje?

A Aumenta las destrezas matemáticas.

B Ayuda a conectar a una persona con Dios.

C Revela la naturaleza de la existencia.

D Aumenta las destrezas de razonamiento.

3. Tarea escrita Basándote en los Documentos A y B, comenta en un párrafo la importancia del conocimiento y aprendizaje en el judaísmo.

my worldhistory.com

Self-Test

Politeísmo y monoteísmo

Idea clave
- Las creencias religiosas de los antiguos egipcios eran muy diferentes de las ideas expresadas en las Biblias hebrea y cristiana.

El Libro de los Muertos es una colección de hechizos, rezos y dibujos que los antiguos egipcios a menudo enterraban con sus muertos. Los egipcios creían que estos textos ayudarían a los muertos a encontrar la felicidad en la otra vida. Las creencias religiosas egipcias son un ejemplo de politeísmo, o la creencia en más de un dios. El monoteísmo, o la creencia en un dios, se expresa tanto en la Biblia hebrea como en la cristiana, de la que proviene el segundo extracto. En los Salmos 23 y 24, el escritor compara a Dios con un pastor que vela por sus ovejas.

Ilustraciones del Libro de los Muertos

Lee el texto de la derecha. Haz una pausa en cada letra encerrada en un círculo. Luego, responde la pregunta con la misma letra que está a la izquierda.

A Analizar fuentes primarias ¿Qué palabras indican que la persona que habla cree en más de un dios?

B Inferir ¿Por qué crees que la persona que habla dice que ha "destruido la maldad"?

C Resumir Con tus propias palabras, explica el significado de las últimas cuatro líneas.

homenaje, *sust.,* respeto, honor

contemplar, *v.,* mirar, ver, observar

oprimido, *v.,* aplastado o agobiado por el abuso de poder

forjado, *v.,* producido, formado, hecho

Libro de los Muertos

"Homenaje a ti, Gran Dios, . . .
He venido a ti, mi Señor,
he llegado aquí para contemplar tu belleza.
Te conozco y conozco tu nombre,
A y conozco los nombres de los cuarenta y dos dioses,
que viven contigo en el Salón de las Dos Verdades,
que encarcelan a los pecadores y se alimentan de su sangre. . .
B Y he destruido la maldad por ti.
No he cometido mal a los hombres.
No he oprimido a los miembros de mi familia.
No he forjado el mal en lugar de la justicia y la verdad.
No he conocido a hombres inútiles.
No he provocado mal alguno. . . .
No he propuesto mi nombre para ser alabado.
C No he oprimido a los sirvientes.
No he despreciado a dios alguno".

—de *The Egyptian Book of the Dead,* traducido de la versión al inglés de Wallace Budge

Lee el texto de la derecha. Haz una pausa en cada letra encerrada en un círculo. Luego, responde la pregunta con la misma letra que está a la izquierda.

D **Analizar los detalles** ¿Qué lenguaje en estas líneas indica un tono pacífico?

E **Sacar conclusiones** ¿Qué sugiere este pasaje sobre el punto de vista del autor acerca de Dios?

F **Inferir** ¿Qué muestran estas líneas acerca de la fe y la creencia en Dios del autor?

faltar, *v.,* necesitar, requerir

ungir, *v.,* aplicar aceite como en un rito sagrado

Salmos de David

66 El SEÑOR es mi pastor, nada me <u>faltará</u>. Él me hace descansar en
D verdes praderas, me conduce a las aguas tranquilas y repara mi alma. Me guía por el recto sendero, por amor de su nombre. Aunque cruce por el más oscuro de los valles, no temeré mal
E alguno, porque tú estás conmigo: tu bastón y tu cayado me confortan. Tú preparas ante mí una mesa, frente a mis enemigos; <u>unges</u> con óleo mi cabeza y mi copa rebosa. Tu bondad y tu
F gracia me acompañan todos los días de mi vida; y habitaré en la casa del SEÑOR a lo largo de toda mi vida.

Del SEÑOR es la tierra y todo lo que hay en ella, el mundo y todos sus habitantes, porque él la fundó sobre los mares y la estableció en los ríos. ¿Quién podrá subir a la montaña del SEÑOR y permanecer en su recinto sagrado? Los que tienen las manos limpias y puro el corazón; los que no rinden culto a los ídolos ni juran falsamente. Ellos recibirán la bendición del SEÑOR, la recompensa de Dios, su salvador. Así son los que buscan al SEÑOR, los que buscan el rostro del Dios de Jacob 99.

—Salmos 23 y 24

Analizar los documentos

1. **Comparar y contrastar** ¿En qué se parecen y se diferencian los dos documentos?
2. **Tarea escrita** ¿Qué sugieren los dos documentos acerca de las creencias religiosas antiguas? Explica tu opinión en un párrafo corto.

La creación de los animales, Jacopo Tintoretto, 1550

191

Resolver una escasez de agua

Tu misión Investiga las tecnologías de irrigación, pasadas y actuales, que se usan para manejar los problemas de escasez de agua. En un grupo pequeño, escribe un informe acerca de cómo distintos pueblos han manejado la escasez de agua. Hagan una lluvia de ideas sobre una manera de encargarse de una escasez de agua en la vida real. Luego, con toda la clase, desarrollen una solución como propuesta para presentarla a una organización o persona que podría ayudar.

Supón que tienes que pasar la mayor parte de tu día buscando agua limpia para beber o cocinar. En algunas partes del mundo, eso es lo que las personas deben hacer para sobrevivir. Tierra fértil y agua suficiente pueden sustentar una sociedad, pero ¿qué pasa cuando se acaba el agua potable? Las sequías pueden acabar con los cultivos, provocar hambruna y muerte generalizadas.

Tener muy poca agua limpia es un problema grave. ¿Pueden tus ideas ser parte de la solución?

PASO 1

Investiga soluciones.

Usa la información de esta unidad y fuentes confiables impresas o en línea para investigar problemas de escasez de agua en diferentes partes del mundo. Identifica las maneras en las que estas regiones están manejando asuntos de abastecimiento de agua, como el uso de tecnologías de irrigación o de purificación del agua. Luego, elige una crisis del agua para el informe. Considera cómo los gobiernos y las personas en otras partes del mundo podrían ayudar a resolver este problema.

PASO 2

Presenta los resultados.

Después de que tu grupo haya completado su investigación, recopilen información y prepararen un informe sobre sus resultados. Su informe debe incluir detalles sobre la crisis del agua que eligieron, como dónde tiene lugar, sus causas y sus efectos en las personas que viven en la región. Los informes también deben incluir cualquier obstáculo que enfrenta la región, como el clima o la geografía. Presenten su informe a la clase.

PASO 3

Haz una lluvia de ideas para una solución.

Después de que todos los grupos hayan presentado sus informes, trabajen como clase para identificar un problema actual de escasez de agua que les gustaría ayudar a resolver. Trabajen juntos para hacer una lluvia de ideas de soluciones posibles al problema. Luego, escriban una carta o correo electrónico en grupo a una organización o individuo que pueda ayudar, que describa cómo sus ideas pueden ayudar a mejorar la vida de las personas.

La Antigua India y la Antigua China

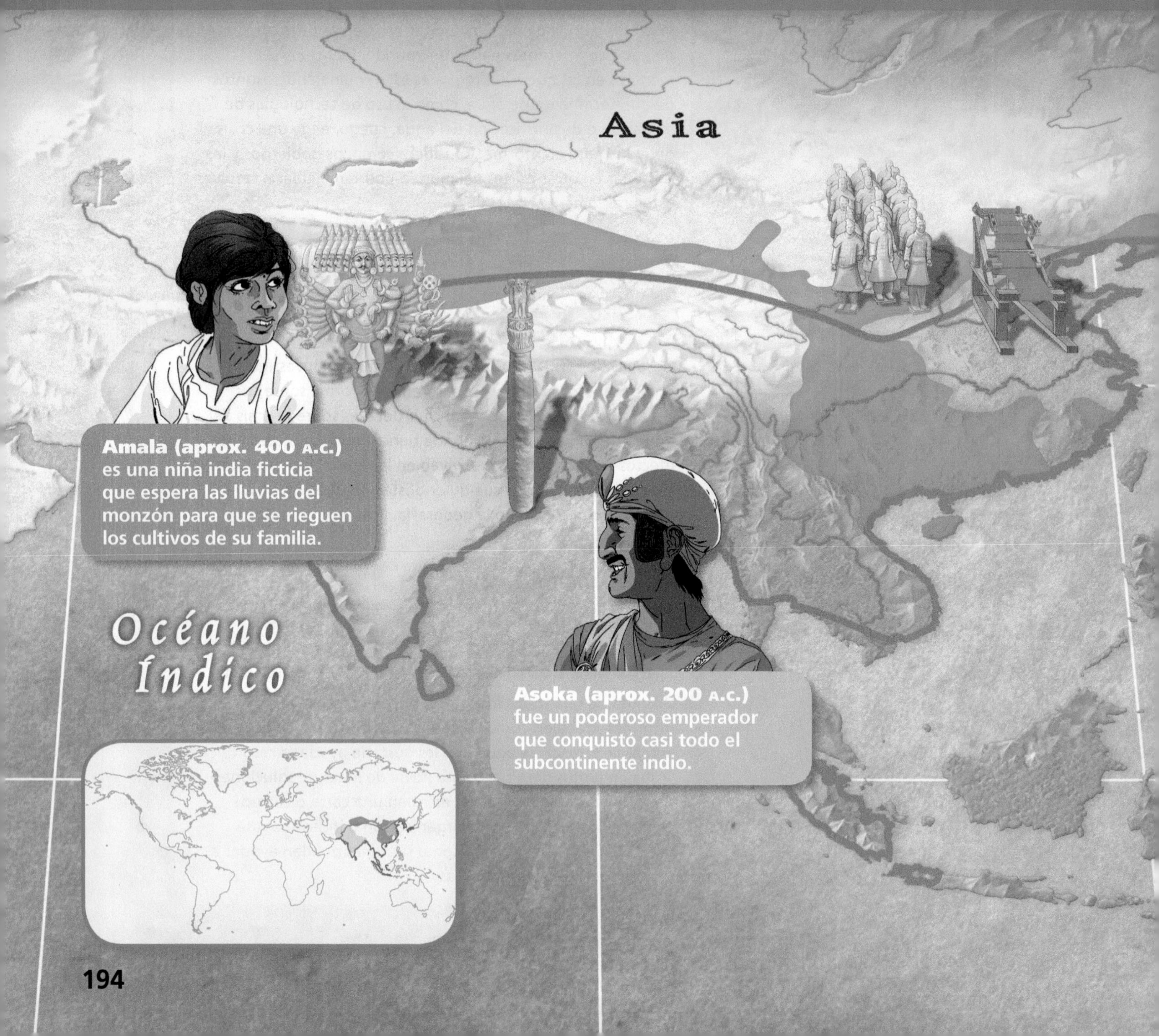

Asia

Amala (aprox. 400 A.C.) es una niña india ficticia que espera las lluvias del monzón para que se rieguen los cultivos de su familia.

Océano Índico

Asoka (aprox. 200 A.C.) fue un poderoso emperador que conquistó casi todo el subcontinente indio.

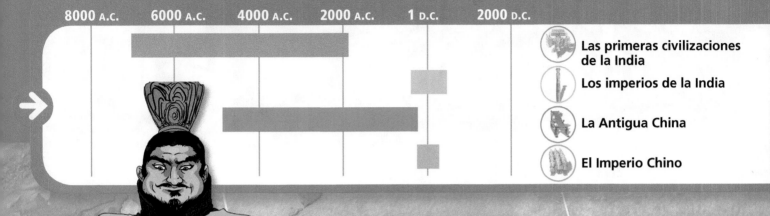

8000 A.C.	6000 A.C.	4000 A.C.	2000 A.C.	1 D.C.	2000 D.C.

Las primeras civilizaciones de la India

Los imperios de la India

La Antigua China

El Imperio Chino

Qin Shi Huangdi (aprox. 200 A.C.) fue el primer emperador de China. Hizo que le construyeran una gran tumba llena de estatuas de soldados y caballos de tamaño natural.

Zhang Shi (aprox 300 A.C.) inspiró a su hijo Mencio para que se convirtiera en uno de los eruditos más famosos de la historia china.

Océano Pacífico

N
O   E
S

Capítulo 6	**Capítulo 7**	**Capítulo 8**	**Capítulo 9**
Las primeras civilizaciones de la India	Los imperios de la India	La Antigua China	El Imperio Chino

* Los colores en el mapa corresponden a las áreas de estudio que se presentan en cada capítulo.

195

Las primeras civilizaciones de la India

? Pregunta esencial

¿Cuánto influye la geografía en la vida de las personas?

▲ El río Ganges de la India ha sido sagrado para los hindúes desde la antigüedad.

? Explora la Pregunta esencial

- en (my) **worldhistory.com**
- usando **miMundo: Actividad del capítulo**
- con el **Cuaderno del estudiante**

Fechas fundamentales de la Antigua India

2600 A.C. Se desarrolla la civilización del valle del Indo.

1700 A.C. Se desintegra la civilización del valle del Indo.

500 A.C. Se desarrolla el hinduismo.

3000 A.C.	2000 A.C.	1000 A.C.	1 A.C.

1600 A.C. Los arios empiezan a componer los Vedas.

400 A.C. Buda alcanza la iluminación.

Amala y Trijata

Éste es el relato ficticio de Amala, una joven que vivió en la India después de 500 A.C.

Una mañana, la madre de Amala tenía dolor de cabeza. Cuando Amala, de trece años, le preguntó qué le pasaba, su madre le dijo que le preocupaba que las lluvias del monzón no llegaran y que todos los cultivos del valle se iban a secar y el viento se los llevaría.

Amala no supo qué decirle. Se sentaron juntas frente a la choza. Luego, su madre le pidió que trajera un poco de agua del río para refrescarse la frente.

Amala caminó colina abajo hacia el río junto a los brotes inclinados de trigo. Las plantas parecían tener sed. El sol caía a plomo sobre el suelo duro y seco. Amala recogió un puñado de tierra polvorienta. Tal vez su madre tenía razón, tal vez la lluvia no vendría. ¿Qué harían entonces?

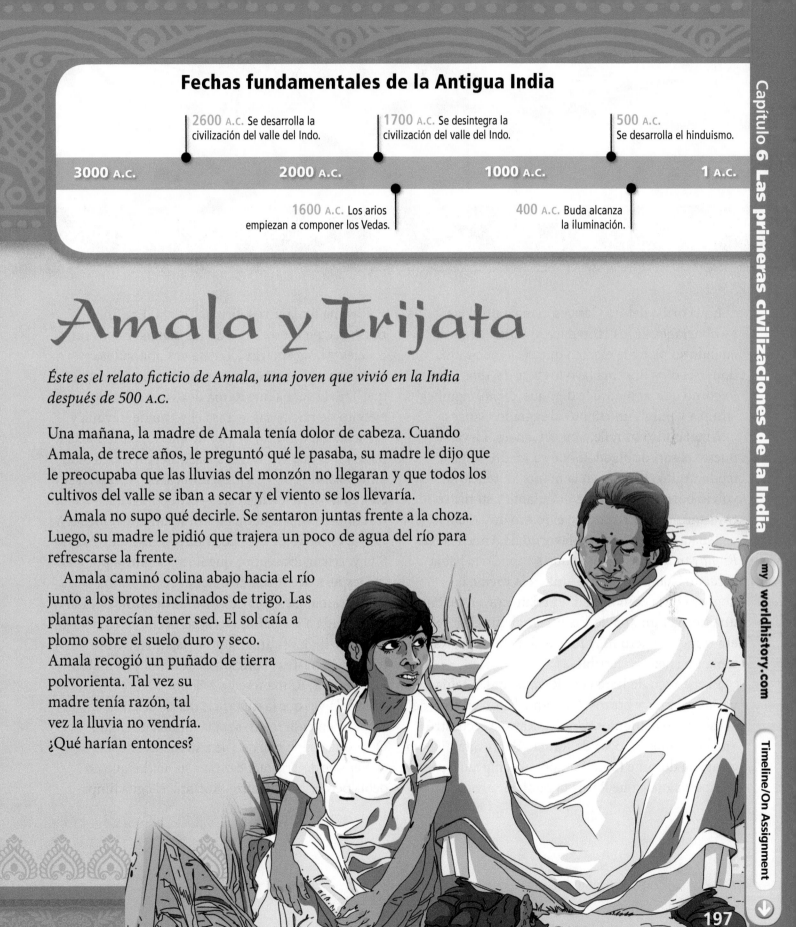

my worldhistory.com

Timeline/On Assignment

197

Amala sueña despierta a la sombra de un árbol.

Ravana secuestra a Sita y se la lleva en su carruaje.

En la orilla del río Ganges, Amala miró las estribaciones de los Himalaya al norte. Recordó cuando su padre le explicó que el río nacía allá, donde el dios Brahma lavó los pies del dios Visnú. Recordó que su madre le dijo que *Amala* significaba "limpia y pura", un tributo al sagrado Ganges.

Amala miró su reflejo en el Ganges. Llevaba puesto el sari de algodón que su madre le había tejido. Agitó el agua con la mano. Su reflejo se volvió borroso en el agua ondulante y su rostro se transformó en otro rostro: el rostro de Trijata.

Trijata era el personaje favorito de Amala en el *Ramayana*, el largo relato que su abuelo le había contado bajo las estrellas junto a la *yagna*, la hoguera de la comunidad. El relato era sobre Rama, una forma humana de Visnú. Igual que el río, Rama era tranquilo pero muy fuerte. Sin embargo, Rama tenía un enemigo terrible.

El enemigo de Rama era Ravana, quien tenía varias cabezas y brazos. Comandaba un ejército de rakshasas o demonios. Un día, Ravana secuestró a Sita la hermosa esposa de Rama. ¡Pobre Sita! Estuvo atrapada durante tanto tiempo que empezó a perder la esperanza de que Rama la pudiera salvar.

Ravana tenía una sobrina, Trijata. Era una rakshasa, pero no era como los demás. Ellos eran crueles y sanguinarios, Trijata era bondadosa y compasiva. A Amala le gustaba mucho la parte en que Trijata sueña que Rama destruye a Ravana y su ejército de rakshasas, arrasa el reino de Ravana y salva a Sita. Cuando Trijata despierta, corre hacia el patio en el que varios rakshasas aterrorizan a Sita, amenazando con desgarrarle la carne y comérsela en pedazos. "¡Deténganse! —ordenó Trijata—. Si no tratan bien a Sita, ¡Rama los destruirá! ¡En mi sueño vi que esto sucedería!" Los rakshasas se alejaron de Sita y Trijata le aseguró que Rama vendría por ella.

Después de enfrentar muchos retos, Rama pelea con Ravana. Después de dos días de combate, Rama pide ayuda a Dios. Entonces, su flecha se convierte en el misil de Brahma. Rama dispara su arma y ésta vuela hasta el corazón de Ravana y lo mata. Finalmente, Rama rescata a Sita.

Amala vio que la superficie del río se alisaba. Nuevamente, su rostro se veía nítido en el agua. De pronto, supo qué decirle a su madre. Repetiría el mensaje de Trijata. Le diría a su madre que no debía perder la esperanza. Rociaría el agua limpia y

Trijata advierte a los rakshasas que se mantengan alejados de Sita.

Rama mata a Ravana disparándole una poderosa flecha al corazón.

pura del Ganges sagrado en la frente de su madre y le diría: "La lluvia llegará, madre. Al igual que Rama a Sita, la lluvia llegará".

En este relato, leíste acerca de Amala, un personaje ficticio situado en el mundo de la antigua India. Basándote en este relato, ¿qué importancia crees que tuvo la geografía, incluyendo el clima, para el pueblo de la antigua India? Mientras lees el capítulo que sigue, piensa en lo que indica el relato de Amala sobre la vida en la antigua India.

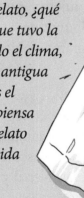

 myStory Video

Acompaña a Amala mientras aprende sobre la importancia de la esperanza.

Sección 1

Civilización del valle del Indo

Ideas clave

- La primera civilización del subcontinente indio se desarrolló a lo largo del río Indo.

- La civilización del valle del Indo tenía ciudades grandes y bien planificadas, un gobierno fuerte y una extensa red comercial.

- No podemos entender la escritura de la civilización del valle del Indo, por lo que su política, religión e historia siguen siendo un misterio.

Términos clave • subcontinente • sistema fluvial • monzón • granero • ciudadela

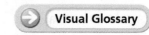 **Visual Glossary**

 Destreza de lectura Identificar las ideas principales y los detalles Toma notas usando el organizador gráfico en tu Cuaderno.

L as primeras civilizaciones surgieron cerca de los ríos. Una de estas civilizaciones surgió en la India. Sus habitantes cultivaban a lo largo del río Indo. Los agricultores produjeron muchos alimentos y creció la población. Con el tiempo, algunas de las personas se asentaron en pueblos y ciudades, y formaron gobiernos.

La civilización del valle del Indo se desarrolló cerca de las riberas del río Indo. ▼

El subcontinente indio

Los geógrafos dividen el continente asiático en regiones. Una de esas regiones es Asia del sur. Parece un enorme triángulo que se adentra en el océano Índico. Hoy en día, abarca los países de la India, el Pakistán, Bangladesh, Sri Lanka, Maldivas, Nepal y Bután. La India es, de lejos, el país más grande de la región.

Durante gran parte de su historia, a toda Asia del sur se le conoció simplemente como la India. Todavía se le llama el subcontinente indio. Un **subcontinente** es un territorio amplio que se distingue del continente al que pertenece. El subcontinente indio se extiende casi 2,000 millas de norte a sur y, en similar medida, en algunos lugares de este a oeste. El subcontinente está separado del resto de Asia por las elevadas cordilleras del Himalaya y del Kush Índico al norte.

Los sistemas fluviales El río Indo corre a través del noroeste del subcontinente. El Indo forma parte de un **sistema fluvial** o un río principal y los ríos y arroyos que desembocan en él. Estos ríos se forman cuando la nieve y el hielo de las montañas se derriten y fluyen hacia el mar.

La primera civilización de la India se desarrolló en torno al valle del río Indo. En una zona que casi todo el año permanece seca. Los desbordes del río dejaban suelo fértil a su paso, y sus aguas permitían a los agricultores obtener abundantes cosechas que alimentaban a las ciudades.

Al este del Indo, el río Ganges recorre más de 1,500 millas a través de la parte norte del subcontinente. Las inundaciones del Ganges creaban una fértil llanura que luego se convirtió en el centro de otra antigua civilización india.

El clima La mayor parte del subcontinente indio tiene un clima tropical. Casi todo el año, su suelo arde bajo un sol abrasador. Los vientos estacionales, conocidos como **monzones**, ayudan a configurar la vida en esta región.

En el invierno, los vientos secos del monzón soplan de la tierra al mar. Cae poca lluvia. En el verano, este patrón se invierte. Los vientos húmedos del océano soplan hacia la tierra. Traen la lluvia proporcionando agua para los cultivos. Proporcionan, además un descanso del calor intenso.

En la India, la agricultura depende del monzón de verano. Si las lluvias llegan a tiempo, todo está bien. Si tardan en llegar, o no llegan, los cultivos mueren y las personas pueden morir de hambre.

Verificar la lectura **¿En qué estación cae más lluvia en el subcontinente indio?**

Un hombre del valle del Indo ▶

El subcontinente indio

Kush Índico

Río Indo

Harappa

Mohenjo-Daro

HIMALAYA

Río Ganges

Río Brahmaputra

Trópico de Cáncer

20° N

Mar Arábigo

Lothal

OCÉANO ÍNDICO

Golfo de Bengala

10° N

LEYENDA
Civilización del valle del Indo 2600 A.C.–1900 A.C.
○ Ciudad

0   400 Millas
0   400 Kilómetros
Proyección cónica conforme de Lambert

60° E   70° E   80° E   90° E   100° E   110° E

Destreza: Mapas

1 Ubicación ¿Qué cordillera estaba al norte y al oeste de la civilización del valle del Indo?

2 Lugar ¿Por qué crees que Mohenjo-Daro se construyó en el lugar en el que estaba?

3 ¡Lugares por conocer! Rotula los lugares siguientes en el croquis de tu Cuaderno del estudiante: río Indo, río Ganges, Himalaya y Harappa.

201

Una civilización avanzada

Los agricultores cultivaron en las colinas cercanas al sistema fluvial del Indo, alrededor de 7000 A.C. La población creció gracias a la abundancia de alimentos. Después de 3000 A.C., surgieron ciudades en el valle del Indo. Alrededor de 2500 A.C., las ciudades eran los centros de la civilización. Pero alrededor de 1700 A.C., casi toda la civilización había desaparecido.

Los arqueólogos han descubierto mucho de lo que sabemos de esta civilización. En la década de 1920, descubrieron las ruinas de dos grandes ciudades: Harappa y Mohenjo-Daro. Desde entonces, han encontrado más de 1,000 ciudades y aldeas de esta civilización.

La tecnología Las ciudades estaban bien organizadas. Construyeron murallas a su alrededor. También construyeron montículos de tierra y ladrillos en sus ciudades. Durante las inundaciones, éstos quedaban por encima del agua.

Muchas casas tenían un cuarto de baño y retrete. Las aguas residuales de las casas fluían por canales de alcantarillado revestidos de ladrillos. Fueron los primeros sistemas de alcantarillado urbano del mundo. También había un vertedero para la basura que daba a un contenedor de la calle.

Muchos de esos <u>logros</u> indican un conocimiento de las matemáticas. Tenían calles anchas y rectas que seguían un patrón de cuadrícula. Contaban con un avanzado sistema de pesos y medidas que usaba múltiplos de diez, igual que el sistema métrico moderno.

La agricultura en el valle del Indo El seco valle del Indo no podía depender siempre de las lluvias monzónicas. Por eso, construyeron canales y zanjas de irrigación que llevaban agua de río a los campos de trigo y cebada. Algunos piensan que almacenaban sus cosechas excedentes en un **granero**, un edificio usado para almacenar granos. Quizás fueron los primeros en cultivar algodón para hacer telas.

También criaban vacas, ovejas, cabras y pollos para la alimentación. Usaban bueyes o vacas para tirar de carros. Los animales eran importantes para los habitantes. Tallaban animales de madera y hacían dibujos de animales en su cerámica.

El comercio Su medio ambiente era rico en recursos. Los joyeros hacían hermosas joyas con piedras preciosas. Los comerciantes las vendían en lugares lejanos. También vendían telas de algodón y teca, una madera valiosa. Las ciudades prosperaron con el comercio.

Los comerciantes escribían en sellos de piedra para identificar sus productos. Los estampaban en cuadrados de arcilla blanda que ataban a sus bienes. Los pesos y las medidas exactos ayudaron en el comercio.

Los escritores sumerios mencionan que comerciaban con personas del valle del Indo. El comercio difundió las ideas entre las dos civilizaciones.

Verificar la lectura ¿Cuáles son las dos actividades económicas principales que sustentaron la civilización del valle del Indo?

---

miMundo: Actividad
Explorar Harappa

logro, *sust.*, éxito obtenido al hacer un esfuerzo

Los logros del valle del Indo

La civilización del valle del Indo inventó algunas de las tecnologías más avanzadas de su tiempo. Las ciudades, como Mohenjo-Daro, cuyas ruinas se muestran abajo, tenían muchos atributos que promovían la salud.

RAZONAMIENTO CRÍTICO **¿En qué se parecían y diferenciaban las ciudades del valle del Indo de las ciudades modernas?**

▲ Los dados más antiguos del mundo provienen del pueblo del valle del Indo, que probablemente inventó el juego.

▲ Las paredes en primer plano son parte de las ruinas de Mohenjo-Daro. El montículo a la distancia es una ruina posterior.

▲ Estos sellos de arcilla muestran ejemplos de la escritura y el arte del valle del Indo. Se usaban para marcar las mercancías. La escritura en cada sello podría ser el nombre del dueño de las mercancías.

▲ Esta foto muestra una alcantarilla bien construida, una de las primeras del mundo.

203

Rutas comerciales desde el valle del Indo

La figura de arcilla de abajo es un modelo de un carro tirado por bueyes del valle del Indo. ▼

LEYENDA

- Egipto
- Mesopotamia
- Civilización del Indo

— Ruta comercial
○ Centro urbano

0 — 400 Millas
0 — 400 Kilómetros
Proyección cónica conforme de Lambert

Destreza: Mapas

1 **Lugar** ¿En qué se parecen las ubicaciones de las tres civilizaciones en este mapa?

2 **Movimiento** ¿Sería más fácil transportar bienes de Mohenjo-Daro a Mesopotamia por mar o por tierra? Explícalo.

Los misterios del valle del Indo

En el valle del Indo se han encontrado artefactos y ruinas que proporcionan mucha información. Los eruditos, sin embargo, aún tienen muchas preguntas sobre esta civilización. Quieren saber más acerca de sus gobernantes, religión y escritura. Se preguntan por qué desapareció y adónde se fueron sus habitantes.

El gobierno y la religión Los habitantes del valle del Indo estaban bien organizados. Sus ciudades muestran un gran nivel de planificación. En todas se usaba un sistema común de pesos y medidas. Esto sugiere que tenían un gobierno central fuerte. Pero no se han encontrado estatuas o tumbas de reyes.

Por eso, es poco probable que el valle del Indo estuviera gobernado por reyes. Sin más evidencias, no es posible saber qué tipo de gobierno tenía el valle del Indo.

Casi todas las ciudades tenían una enorme **ciudadela** o área fortificada. La ciudadela amurallada se construía sobre una plataforma elevada de tierra y ladrillo para protegerla de inundaciones o ataques. Quizás era un centro de gobierno, religioso o ambas cosas.

La religión es otro aspecto sobre el que se sabe poco. No se han encontrado templos ni indicios de la presencia de sacerdotes.

Sin embargo, algunas estatuas se parecen a dioses venerados en el hinduismo, una religión que se desarrolló después en esta región. Además, algunos grabados parecen personas meditando, algo importante en el hinduismo de hoy.

La escritura Aún no se ha descubierto la manera de leer los símbolos en los sellos de piedra y la cerámica del valle del Indo. Hay pocos ejemplos de cada uno y no podemos estar seguros de su significado. Se cree que estas marcas son una forma de escritura. Pero no se sabe si son nombres, registros de ventas o algo más.

Desaparición El mayor misterio es qué fue lo que causó que esta civilización desapareciera. En algún momento antes de 1700 A.C., los habitantes del valle del Indo comenzaron a abandonar sus ciudades. Después de esto, la civilización decayó rápidamente. Nadie sabe por qué.

Hay muchas explicaciones. Hay evidencia que sugiere que el agua estancada de los desagües pudo haber cultivado mosquitos que transmitieron enfermedades y debilitaron a la población. Es posible que los habitantes hayan acabado con los bosques, quedándose sin madera para la construcción o el combustible. Esto podría haber causado graves inundaciones que dañaron las ciudades. Es posible que a consecuencia de un sobrepastoreo de la tierra el suelo haya quedado sin vegetación provocando hambrunas.

Se cree que el cambio climático puso fin a la civilización. La sequía habría hecho imposible alimentar a la población. Quizás murieron de hambre, se trasladaron a otro lugar o las invasiones los debilitaron. Nadie sabe qué pasó, pero pasaron mil años antes de que surgiera una nueva civilización en el subcontinente indio.

Verificar la lectura **¿Qué religión actual puede estar relacionada con la religión del valle del Indo?**

evidencia, *sust.*, información que se usa para probar algo

Evaluación de la Sección 1

Pregunta esencial

Términos clave

1. Explica por qué a la India se le llama subcontinente.

2. Explica qué es un granero y los monzones.

3. Describe las ciudadelas de la civilización del valle del Indo y su posible función.

Ideas clave

4. ¿Cómo usaban los antiguos agricultores el agua del sistema fluvial del Indo para cultivar?

5. ¿Cuáles fueron algunas de las características avanzadas de la civilización del valle del Indo?

6. ¿Por qué saben tan poco los arqueólogos sobre el gobierno o la religión de la civilización del valle del Indo?

Razonamiento crítico

7. **Identificar la evidencia** ¿Qué tipo de evidencia podría ayudar a probar o refutar las posibles causas de la caída de la civilización del valle del Indo?

8. **Comparar y contrastar** ¿Cuáles son algunas similitudes y diferencias entre la civilización del valle del Indo y otras civilizaciones antiguas de un valle de río?

¿Cuánto influye la geografía en la vida de las personas?

9. Da ejemplos de cómo la geografía ayudó a dar forma a la civilización del valle del Indo. Anota la respuesta en tu Cuaderno del estudiante.

Período védico de la India

Ideas clave

- Casi todos los historiadores creen que nómadas indoarios incursionaron en el subcontinente indio y se mezclaron con los habitantes locales.

- La escrituras sagradas conocidas como los Vedas nos enseñan sobre la religión y las costumbres arias.

- En la India surgió un sistema de castas que dividía a los indios en grupos basados en el nacimiento y la ocupación.

Términos clave • Vedas • casta • brahmán • chatría • vaishia • sudrá • dalit

 → **Visual Glossary**

Destreza de lectura **Resumir** Toma notas usando el organizador gráfico en tu Cuaderno.

El dios ario Brahma sostiene una página de los Vedas. ▼

Hacia 1500 A.C., ya había otro grupo de personas viviendo en el valle del Indo. Ellos se llamaban arios que, en su idioma, quiere decir "los nobles". También se les llama indoarios, por su idioma. Introdujeron una nueva estructura social. Su religión tenía muchos dioses. Expresaban sus creencias en himnos y escrituras sagradas conocidas como Vedas. Por eso, esta época de la historia de la India se llama período védico.

Orígenes de los indoarios

Hay varias opiniones sobre su origen. Antes, muchos historiadores aceptaban la teoría de la invasión aria. Según ésta, los arios eran guerreros nómadas que cruzaron las montañas hacia la India. Iban en carros tirados por caballos y usaron armas de hierro para derrotar a la población local. Luego, se establecieron en el valle del Indo y se extendieron a otras partes de la India.

Otros creen que los arios no fueron invasores. En cambio, dicen que fueron los habitantes originales de la India. Piensan que si los indoarios procedieran de otro lugar, los Vedas incluirían referencias a ese lugar. Los Vedas no mencionan ese lugar.

La mayoría opina que ninguna de las teorías anteriores es correcta. Proponen una tercera teoría. Sugieren que los arios fueron nómadas que criaban ganado y caballos en los pastizales de lo que hoy es Afganistán y Asia central.

A lo largo de muchos años, <u>migraron</u> a la India con su ganado. En la India, se mezclaron con la población local y adoptaron las creencias locales. Los habitantes locales adoptaron la mezcla del idioma y la religión aria y se llamaron a sí mismos arios. Con el tiempo, las personas de una gran parte de la India llegaron a considerarse arias.

Los Vedas Después de establecerse en la India, los arios compusieron los Vedas. Cada **Veda** es una colección de cientos de himnos sagrados.

Los sacerdotes memorizaban y cantaban estos versos durante las ceremonias. Los Vedas solicitaban ofrendas de las personas a sus dioses.

Las ofrendas típicas podían ser cebada, mantequilla o leche.

Durante mil años, los indios transmitieron los Vedas de manera oral. Los cantaban en un idioma indoario llamado sánscrito, pariente lejano del inglés. Hoy, el sánscrito sigue siendo un idioma de la literatura sagrada. El sánscrito es el ancestro de muchos idiomas indios modernos. Alrededor de 500 A.C., los indios vuelven a aprender el arte de escribir. Comenzaron a recopilar los Vedas y los escribieron.

El más conocido de los Vedas es el Rigveda. Incluye más de 1,000 himnos. La mayoría alaban a los dioses y diosas arios que representan fuerzas naturales, como el cielo, el sol y el fuego.

migrar, *v.*, trasladarse de una región a otra con el fin de vivir allí

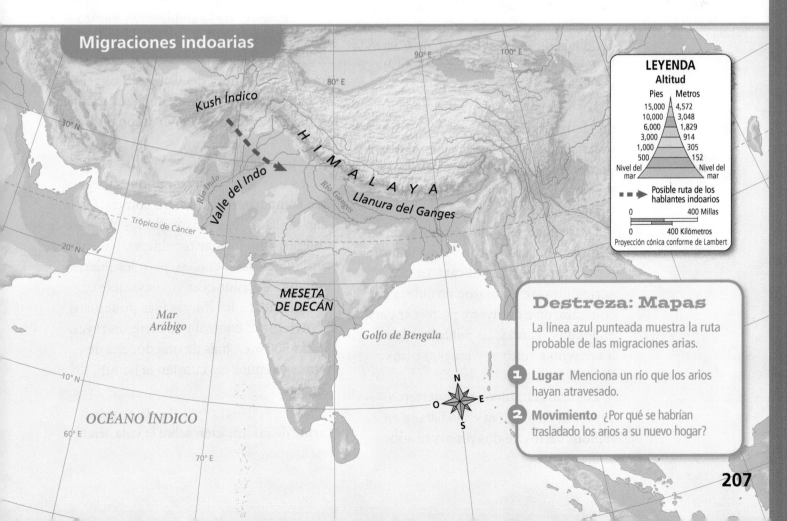

Migraciones indoarias

Kush Índico

HIMALAYA

Río Indo

Valle del Indo

Río Ganges

Llanura del Ganges

Trópico de Cáncer

30° N

20° N

10° N

60° E

70° E

80° E

90° E

100° E

Mar Arábigo

MESETA DE DECÁN

Golfo de Bengala

OCÉANO ÍNDICO

LEYENDA
Altitud

Pies	Metros
15,000	4,572
10,000	3,048
6,000	1,829
3,000	914
1,000	305
500	152
Nivel del mar	Nivel del mar

Posible ruta de los hablantes indoarios

0   400 Millas
0   400 Kilómetros
Proyección cónica conforme de Lambert

Destreza: Mapas

La línea azul punteada muestra la ruta probable de las migraciones arias.

1 **Lugar** Menciona un río que los arios hayan atravesado.

2 **Movimiento** ¿Por qué se habrían trasladado los arios a su nuevo hogar?

207

▲ Los primeros arios cuidaban rebaños de ganado, de forma similar a la de este pastor indio moderno.

por caballos. Luchaban con los pueblos cercanos. También peleaban entre ellos.

Los Vedas muestran que los habitantes disfrutaban la vida diaria. Les gustaba la música y el baile. Hacían carreras de carros y disfrutaban los juegos de azar. También tenían debilidades. El siguiente pasaje de un himno del Rigveda describe la reacción de una familia hacia un hombre que jugaba demasiado:

> 66 Mi esposa me rechaza, su madre me odia; para un hombre con este problema no hay piedad: 'Creo que un hombre que juega no es más útil que un caballo viejo que está a la venta' 99.
>
> —Rigveda, adaptación de las traducciones al inglés de R.T.H. Griffith y A.A. MacDonell

La vida aria El Rigveda y los otros textos sagrados proporcionan un registro no sólo de los dioses arios, sino también de los propios pueblos. Casi todo lo que sabemos sobre la vida aria en el subcontinente indio proviene de los Vedas.

Los primeros arios vivían como pastores nómadas. Criaban reses, caballos, cabras y ovejas. Las reses tenían especial importancia porque proporcionaba alimentos y ropa. Los arios medían su riqueza por el tamaño de sus rebaños.

Después de muchos años de vivir en la India y mezclarse con los agricultores locales, los arios se dedicaron a la agricultura. Se asentaron en aldeas y comenzaron a cultivar y pastorear ganado en los alrededores. La población local les enseñó a cultivar y muchas otras destrezas.

Los arios también eran guerreros expertos. Acometían en la batalla en rápidos carros de dos ruedas tirados

El crecimiento de la civilización védica

Durante cientos de años, la cultura aria se dispersó lentamente hacia el este a través de la llanura del Ganges. Los arios limpiaron bosques para establecer granjas y aldeas. Algunas se convirtieron en pueblos y ciudades.

Al principio, estaban divididos en clanes o grupos de personas que creen que comparten un ancestro común. Cada clan tenía un jefe. Más tarde, los clanes se unieron para formar repúblicas. No eran verdaderas democracias, pero los líderes tomaban decisiones en una asamblea.

Finalmente, los líderes más poderosos obtuvieron el control y se hicieron reyes. Hacia 500 A.C., más de una docena de reinos y repúblicas cubrían la llanura del Ganges.

Verificar la lectura ¿Cuál es la principal fuente de información sobre la vida aria?

El sistema de castas

La India desarrolló una estructura social basada en la casta. Una **casta** es una clase social fija en la que nace una persona. Las personas heredaban la casta de sus padres. Permanecían en esa casta toda su vida. Los miembros de castas diferentes no se mezclaban socialmente. No podían comer juntos y rara vez se casaban entre castas. Esto se conoce como sistema de castas.

Dos tipos de castas Las castas se agrupaban de dos maneras. La básica era por ocupación. El término para este tipo de casta es jati, que significa "grupo de nacimiento". Se cree que las castas empezaron como familias extensas que tenían una empresa u ocupación familiar. Hoy en día hay cientos de jatis en la India.

Estos jatis se agruparon en grandes castas. Los Vedas identifican cuatro varnas o castas basadas en el estatus religioso. Los sacerdotes, o **brahmanes**, eran la varna más alta. Luego venían los **chatrías** o gobernantes y guerreros. Después, estaban los **vaishias** o terratenientes, banqueros y comerciantes. En la parte inferior estaban los **sudrás**, que realizaban el trabajo agrícola y otros trabajos manuales.

A los hombres de las tres varnas más altas se les consideraba "dos veces nacidos". Primero, experimentaban el nacimiento físico. Después de estudiar el sánscrito y los Vedas, tenían un nacimiento espiritual. Esto significaba que podían practicar la religión védica y participar en ciertas ceremonias religiosas. Éste era un gran honor.

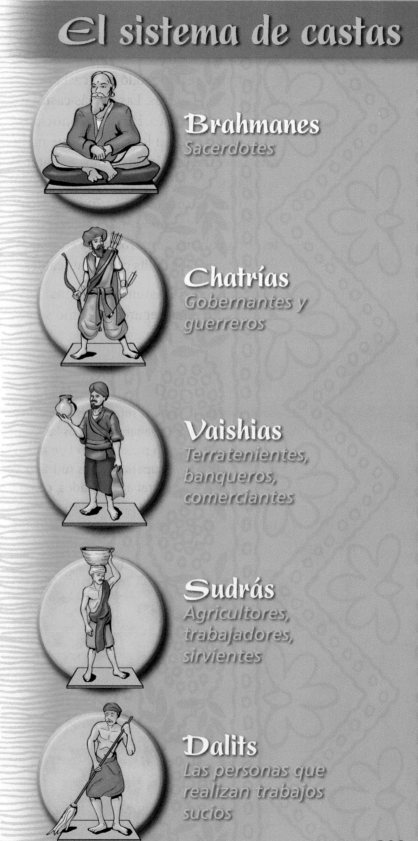

El sistema de castas

Brahmanes
Sacerdotes

Chatrías
Gobernantes y guerreros

Vaishias
Terratenientes, banqueros, comerciantes

Sudrás
Agricultores, trabajadores, sirvientes

Dalits
Las personas que realizan trabajos sucios

209

El varna más bajo eran los sudrás, que cuidaban los cultivos o eran sirvientes de las personas de los varnas superiores.

Después, se desarrolló una casta por debajo de los sudrás. Las demás castas los llamaban intocables. Hoy son conocidos como **dalits**, hacían los trabajos que nadie quería, como limpiar los baños o matar animales. Los miembros de los varnas superiores se consideraban "puros". No tenían contacto con los intocables, por temor a volverse impuros. Hoy en día, es ilegal tratar a los dalits como intocables.

La evolución del sistema de castas Los eruditos no están seguros de cómo se desarrolló el sistema de castas. No saben si se desarrollaron primero los varnas basados en el estatus o los jatis basados en la ocupación. Quizás se desarrollaron durante cientos de años cuando los arios se asentaron en aldeas. Al establecerse, desarrollaron trabajos especializados para los sacerdotes, guerreros, comerciantes y trabajadores agrícolas.

Es posible que al principio las castas se hayan basado en la ocupación o la familia. Quizás los niños se movían a una casta diferente a la de sus padres. Con el tiempo, se volvieron más rígidas. A cada casta se le dio un estatus particular. Las personas nacían en una casta y no podían salir de ella.

La casta y la vida diaria

Los indios de los varnas superiores, como la mujer chatría de la izquierda, consideraban "impuros" a los dalits. Los dalits no podían utilizar un pozo como el de abajo si lo usaban indios de las castas superiores. Los sudrás y los dalits estaban obligados a realizar trabajos pesados, como las mujeres a la derecha. La mujer que apila ladrillos abajo a la derecha es una dalit. *¿Qué grupo crees que limpiaba las calles?*

En teoría, las castas no tenían miembros nuevos excepto por nacimiento y nunca perdían miembros excepto por muerte. La evidencia sugiere que las familias podían pasar de un varna a otro. Los invasores extranjeros a veces se convertían en chatrías. Posiblemente también hubo matrimonios entre castas.

El sistema de castas se convirtió en la base de la estructura social de la India. El sistema llevó costos y beneficios. Por ejemplo, el sistema limitaba la libertad de las personas. Los patrones de su vida quedaban establecidos al nacer.

Algunos creen que el sistema de castas ayudó a la India a desarrollarse. Consideran que llevó estabilidad a la sociedad. Los bienes indios se hicieron famosos porque los miembros de las castas perfeccionaron sus destrezas. También permitió que los diferentes grupos siguieran sus propias creencias.

Hoy en día, la ley prohíbe la discriminación de castas. Los trabajos de las personas ya no dependen sólo de su casta. Los brahmanes o los chatrías pueden trabajar con sus manos. Los dalits pueden ser profesionales.

Verificar la lectura **¿Qué ocupaciones desempeñaban tradicionalmente los chatrías?**

teoría, *sust.,* una explicación o descripción ideal o propuesta

K.R. Narayanan, a la derecha, fue el primer presidente dalit de la India. ▶

Evaluación de la Sección 2

? Pregunta esencial
¿Cuánto influye la geografía en la vida de las personas?

Términos clave

1. Explica por qué son importantes los Vedas.

2. Explica el significado del término *casta* en la historia de la India.

3. Describe los diferentes trabajos realizados por los brahmanes, chatrías, vaishias, sudrás y dalits.

Ideas clave

4. ¿Quiénes eran los arios y cómo crees que llegaron a la India?

5. ¿Qué nos enseñan los Vedas acerca de la cultura aria?

6. ¿Cómo moldeaban las castas la vida de sus miembros?

Razonamiento crítico

7. **Identificar la evidencia** ¿Qué evidencia ofrecería pruebas de las diferentes teorías sobre los orígenes de los arios?

8. **Comparar y contrastar** ¿Cuáles son las similitudes y las diferencias entre jati y varna?

9. ¿Cómo cambió la vida de los arios a medida que se trasladaron de los pastizales secos, al oeste del río Indo, hasta la húmeda llanura del Ganges? Anota la respuesta en tu Cuaderno del estudiante.

Hinduismo

Ideas clave

- El hinduismo surgió del brahmanismo.
- Los hinduistas creen en un Dios supremo, Brahman, que es la fuente de todas las cosas.
- Los hinduistas creen que las acciones de las personas determinan su reencarnación.
- El hinduismo se difundió por toda la India y el sureste de Asia y ha tenido un impacto duradero en esas regiones.

Términos clave • brahmanismo • gurú • Brahman • reencarnación • karma • dharma • ahimsa • moksha

 Visual Glossary

Destreza de lectura Secuencia Toma notas usando el organizador gráfico en tu Cuaderno.

Un templo hinduista en Benarés, India ▼

El hinduismo es una de las religiones más antiguas del mundo. Comenzó en la India durante el período védico en una forma llamada brahmanismo. Luego se transformó en el hinduismo.

Las raíces del hinduismo

Durante los últimos 2,000 años, el hinduismo ha sido la religión principal de la India. *Hinduismo* significa "la religión del pueblo de la India".

Las creencias y prácticas del período védico Los Vedas son los textos religiosos más antiguos de la India. En el período védico, los brahmanes o sacerdotes memorizaban estas obras y las transmitían oralmente. Las escribieron alrededor de 500 A.C.

Los Vedas contienen himnos a muchos dioses. Describen los rituales para complacerlos. Éstos incluyen sacrificios u ofrendas a dioses específicos, como Agni, el dios del fuego.

Brahmanismo Los eruditos llaman **brahmanismo** a la religión del período védico. Se basa en sacerdotes y rituales, sobre todo en sacrificios a los dioses. Los brahmanes estudiaban los Vedas. También eran los únicos que podían realizar los rituales. Creían que tenían que realizarlos perfectamente o enojarían a los dioses. Esto dio gran poder a los brahmanes en la antigua sociedad india.

Verificar la lectura ¿Por qué era importante el sacrificio en el período védico?

La evolución del hinduismo

A partir de 500 A.C., mientras los indios se adaptaban a la vida en los pueblos y aldeas, sus creencias comenzaron a cambiar. Los antiguos dioses fueron menos importantes. Las personas no creían que los rituales precisos fueran tan importantes. Otros se preguntaban: ¿Por qué hemos nacido? ¿Cómo debemos vivir? ¿Qué pasa cuando morimos? El hinduismo evolucionó a partir de los esfuerzos de los indios por responder estas preguntas.

Nuevas enseñanzas Para encontrar esas respuestas, los pensadores y profesores conocidos como **gurús** dejaron sus hogares para vivir en el bosque, pensar y hablar sobre ideas religiosas. Estos gurús y sus alumnos fundaron el hinduismo.

Sus ideas sobreviven en los escritos conocidos como Upanishads. Éstos establecen conexiones entre las fuerzas celestiales y la vida de las personas. Junto a los Vedas, los Upanishads se convirtieron en las escrituras sagradas. Los más antiguos datan de 800 ó 700 A.C. Los pensadores continuaron produciéndolos por muchos años.

Los Upanishads ayudaron a las personas a relacionarse con la religión hinduista. Sólo los brahmanes debían interpretar los Vedas. Pero todos podían estudiar los Upanishads. Estos escritos sagrados trataban cuestiones de la vida y la muerte o del bien y el mal que preocupaban a todos.

el culto hinduista

Aunque el hinduismo se ocupa de preguntas profundas, también incluye actos de culto, como ofrecer velas, como se muestra aquí a lo largo del río Ganges en la India.

Una mujer hace ofrendas a Dios en la forma de Shiva.

Los hinduistas hacen hermosos dibujos en el suelo con polvo de arroz de colores durante el festival de Divali.

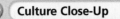

Culture Close-Up

Esta ilustración histórica muestra una escena de batalla del *Mahabharata*. ▶

asunto, *sust.*, problema o tema a ser discutido o decidido

Poemas épicos Todos podían aprender y estudiar dos poemas épicos muy importantes. Un poema épico es un largo relato de héroes contado en verso. Ambos poemas tomaron forma unos cientos de años después de 1 D.C. Estos poemas épicos son el *Ramayana* y el *Mahabharata*. Ayudaban a explicar cómo debían vivir las personas sus vidas como hinduistas.

El *Ramayana* es la historia de un rey llamado Rama y su bella esposa, Sita. Este es el poema épico que recuerda Amala en el relato al comienzo de este capítulo. Ravana, el rey demonio, secuestra a Sita. La sobrina de Ravana, la demonio Trijata, protege a Sita. Finalmente, Rama rescata a Sita. Este poema épico ofrece lecciones morales sobre el bien y el mal. Una de esas lecciones es la importancia de la lealtad y el respeto.

Es posible que el *Mahabharata* sea el poema más largo del mundo. Tiene 200,000 versos. Cuenta la historia de dos familias en guerra por el control de un reino. Al igual que el *Ramayana*, trata <u>asuntos</u> morales. Estos incluyen el conflicto entre la lealtad a la familia y el deber.

La parte más sagrada del *Mahabharata* es el *Bhagavadgita*. Esto significa "Canto de Dios". Algunos eruditos consideran que el *Bhagavadgita* es el texto religioso más importante del hinduismo.

Este texto trata creencias clave del hinduismo. Estas creencias tienen que ver con la naturaleza del alma, de la vida y de Dios, y con la importancia de diversas prácticas hinduistas.

Verificar la lectura **¿Quién podía estudiar los Upanishads?**

Las creencias acerca de Dios

El hinduismo es como un gran río. Muchas creencias y tradiciones han confluido en él. Por eso, los hinduistas pueden tener diferentes prácticas. Pero comparten ciertas creencias básicas.

Los Upanishads contienen dos creencias que están en el corazón del hinduismo. La primera es que existe una conciencia cósmica suprema, fuerza espiritual o Dios conocido como **Brahman.** Los Upanishads enseñan que todos los dioses que adoran los hindúes son formas de Brahman y que éste es el origen de todas las cosas.

Muchos hinduistas adoran a dioses o diosas como formas de Brahman. Algunos lo adoran como Visnú. Otros lo adoran como Shiva. Y otros lo adoran como la diosa Sakti. Estos pueden tener otras formas con nombre. Por ejemplo, el dios Krishna es una forma de Visnú.

La segunda creencia es que todos nacen con un alma, que es también una forma de Brahman. Según los Upanishads:

> 66 Mi alma que está dentro del corazón es más pequeña que un grano de arroz.... Mi alma… es más grande que la tierra,… más grande que el cielo…. Mi alma… es Brahman 99.

—*Los trece Upanishads principales*

Verificar la lectura **¿Qué creen los hinduistas acerca de sus diferentes dioses y el alma?**

Las formas de Dios

Tres de los dioses más importantes del hinduismo son Brahma, Visnú y Shiva. Los hinduistas consideran a cada uno de estos dioses una forma del Dios supremo, Brahman.

Los hinduistas consideran a Shiva un dios del poder, el cambio, la creación y destrucción.

Para los hinduistas, Brahma es el creador del universo y la humanidad.

Los hinduistas consideran a Visnú un dios que preserva y mantiene la creación.

Creencias sobre la vida

Las escrituras hinduistas como los Upanishads y el *Bhagavadgita* también enseñan importantes creencias del hinduismo acerca de la vida.

La reencarnación y el karma El hinduismo enseña que al morir, la mayoría de las personas reencarnan. La **reencarnación** es el renacimiento del alma en un nuevo cuerpo.

En el *Bhagavadgita*, el dios Krishna explica el proceso de la reencarnación a Arjuna, el héroe del *Mahabharata*:

> 66 Así como un hombre desecha las ropas gastadas para ponerse unas nuevas y diferentes, así el yo encarnado (alma) desecha sus cuerpos gastados para tomar otros nuevos 99.
>
> —*Bhagavadgita*

La ley del karma determina cómo renace una persona. El **karma** es el efecto de las acciones de una persona en esta vida y en las anteriores. Un mal karma, o las malas acciones, da como resultado renacer en una casta inferior o incluso como un animal. Un buen karma da como resultado renacer en una casta superior.

Cuatro objetivos Los hinduistas creen que hay cuatro objetivos básicos en la vida y que todos deben cumplirlos. Pero no todos los logran en una vida.

El primero es hacer lo correcto. Para los hinduistas, el **dharma** es el deber de una persona o lo que es correcto. Incluye las obligaciones que vienen con la casta o la edad o posición en la vida. También incluye la regla del **ahimsa** o evitar hacer daño a otros. Seguir el dharma trae buen karma. Violarlo trae mal karma.

El segundo objetivo es luchar por el bienestar o ganarse la vida con dignidad. Esto puede ser llevar una vida de bien y tener una familia, o crear o dirigir un negocio honesto. Sin embargo, creen que el bienestar material por sí solo no trae la verdadera felicidad.

El tercer objetivo es el placer. Incluye los placeres físicos, como comer una buena comida o darse un baño caliente. Sin embargo, creen que sólo buscar el placer deja una sensación de vacío.

El objetivo final es el **moksha**, la liberación de la reencarnación. Cuando esto sucede, el alma de una persona se vuelve una con Brahman. Para ellos, el propósito de la vida es alcanzar el moksha. Un alma que lo alcanza está libre de la necesidad, el miedo y el dolor. Vive siempre en un estado de alegría.

Abajo, Krishna, cuya piel es azul, explica la naturaleza de la vida y la realidad, como está registrado en el *Bhagavadgita*. ▼

MOKSHA
(liberación)

Renacimiento
en un nivel
superior

Buen karma

Sigue el dharma

NACIMIENTO

No sigue
el dharma

Mal karma

Renacimiento
en un nivel
inferior

Destreza: Gráficas

1 ¿Qué creen los hinduistas que le sucederá a una persona si sigue su dharma?

2 ¿Cómo influirá esto en su progreso hacia el moksha?

Tres senderos al moksha El hinduismo establece tres senderos diferentes al moksha. Éstos son formas de yoga, que es una manera de buscar el moksha. El primer sendero es el camino del conocimiento. El segundo es el camino de las obras. El tercero es el camino de la devoción. Los hinduistas pueden tratar de seguir los tres.

Tradicionalmente, los brahmanes elegían el camino del conocimiento. Para quienes siguen este camino, el moksha implica una verdadera comprensión de su alma y su unidad con Brahman o Dios. Los Upanishads dicen que no es fácil.

El camino de las obras significa realizar los rituales religiosos y las obligaciones que mejorarán el karma de cada uno. La mayoría ha elegido este camino. Para seguirlo, tienen responsabilidades dentro de su familia. También ofrecen oraciones y comida a los dioses. Los que hacen buenas acciones sin esperar ninguna recompensa son elogiados.

El camino de la devoción también se conoce como el sendero del amor. Las personas en este sendero <u>se consagran</u> a amar a Dios. Seguir el sendero del amor significa adorar a uno de los dioses o diosas del hinduismo. Éstos tienen formas y personalidades humanas. Se pueden amar como a un padre o hijo.

El camino de la devoción toma muchas formas. Las personas en este camino pueden repetir el nombre de su dios todo el día. Pueden presentar ofrendas a su dios en un templo o viajar a los lugares sagrados para su dios. Los hinduistas tratan de acercarse a Dios en todas estas formas.

Verificar la lectura ¿Cuáles son los tres senderos al moksha en el hinduismo?

consagrarse, *v.*, dedicarse, dejar a un lado algo para cumplir un propósito

Primary Source

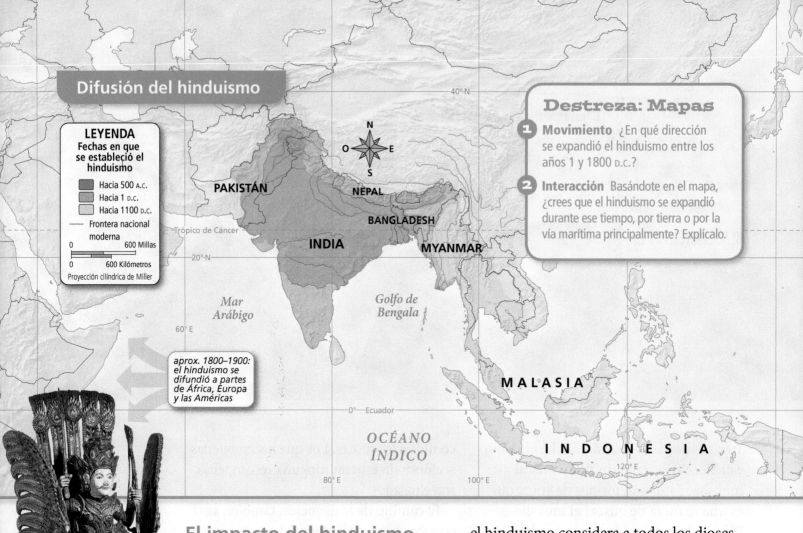

Difusión del hinduismo

LEYENDA
Fechas en que se estableció el hinduismo

- Hacia 500 A.C.
- Hacia 1 D.C.
- Hacia 1100 D.C.
- —— Frontera nacional moderna

0 _____ 600 Millas
0 _____ 600 Kilómetros
Proyección cilíndrica de Miller

PAKISTÁN

NEPAL

Trópico de Cáncer

BANGLADESH

INDIA

MYANMAR

40°N

20°N

60° E

Mar Arábigo

Golfo de Bengala

aprox. 1800–1900: el hinduismo se difundió a partes de África, Europa y las Américas

0°—Ecuador

OCÉANO ÍNDICO

MALASIA

INDONESIA

120° E

80° E   100° E

Destreza: Mapas

1. **Movimiento** ¿En qué dirección se expandió el hinduismo entre los años 1 y 1800 D.C.?

2. **Interacción** Basándote en el mapa, ¿crees que el hinduismo se expandió durante ese tiempo, por tierra o por la vía marítima principalmente? Explícalo.

▲ Esta escultura de Bali en Indonesia muestra a Visnú volando en un pájaro mítico.

El impacto del hinduismo

Hoy, más de mil millones de personas viven en la India. Alrededor del 80 por ciento sigue el hinduismo. Los hinduistas también viven y rinden culto en muchos lugares fuera de la India. Su difusión ha tenido un impacto duradero en la India y en el mundo.

La difusión del hinduismo Hace mucho tiempo, los habitantes de la India vivían bajo el mandato de muchos gobernantes por separado. Hablaban lenguas diferentes. Adoraban a muchos dioses diferentes. Sin embargo, la mayoría de los indios se volvieron hinduistas.

Varias cosas ayudaron al desarrollo del hinduismo. Una fue su flexibilidad. Como el hinduismo considera a todos los dioses formas de un Dios único y supremo, acepta a dioses nuevos. Las personas no tuvieron que renunciar a su religión cuando se convirtieron en hinduistas. El hinduismo adoptó sus tradiciones y dioses o consideró a sus dioses como otras formas de los dioses hinduistas.

El hinduismo tampoco requería la asistencia regular a servicios religiosos. Los hinduistas podían rezar o hacer ofrendas a los dioses en un templo local durante las celebraciones especiales o cuando era conveniente. También podían rezar o hacer ofrendas en altares en sus hogares. Un altar es un lugar de veneración para un objeto o ser sagrado. Los indios, podían practicar fácilmente su religión en cualquier lugar.

El hinduismo se difundió a otras tierras. Por más de mil años después de 1 D.C., los comerciantes y sacerdotes llevaron el hinduismo al sureste de Asia. Éste dejó una influencia duradera en Tailandia e Indonesia, donde los poemas épicos como el *Ramayana* siguen siendo populares. Hoy, casi todos los habitantes de la isla indonesia de Bali son hinduistas.

Los indios también llevaron el hinduismo con ellos cuando se trasladaron por los mares. Muchos migraron a la Gran Bretaña, los Estados Unidos y el Canadá. Más de un millón de hinduistas viven en los Estados Unidos.

Las tradiciones hinduistas Hoy los hinduistas viven en unos 150 países. Pero la mayoría sigue viviendo en la India. Las tradiciones son una parte importante de la vida en la India. Por ejemplo, los festivales atraen grandes multitudes. Un festival tiene lugar en el río Ganges. Es uno de los sitios más sagrados de la India. Cada año, millones se alinean a lo largo del Ganges y se bañan en sus aguas. Creen que así se lava el mal karma y se curan las enfermedades.

La apertura del hinduismo a otras religiones ha moldeado el sistema político de la India que garantiza la libertad religiosa.

El hinduismo también ha influido en el arte y la literatura. Hermosas tallas de dioses y diosas decoran las paredes de los templos hinduistas. Los templos son lugares de veneración religiosa y también sirven como centros de arte, música y danza.

El *Mahabharata* y el *Ramayana* fueron la primera gran literatura de la India. Han inspirado al resto de la literatura. En la India, los cómics y las películas todavía cuentan sus historias.

Verificar la lectura ¿Qué aspectos del hinduismo contribuyeron a su difusión?

> miMundo: Actividad
> **Muro de palabras hinduistas**

Una mujer lleva en bote velas de flores por el sagrado río Ganges en Benarés, India. ▼

Evaluación de la Sección 3

? Pregunta esencial

¿Cuánto influye la geografía en la vida de las personas?

Términos clave

1. Describe cómo contribuyeron los gurús a que el hinduismo surgiera del brahmanismo.

2. Explica el significado de los términos *ahimsa* y *dharma* en el hinduismo.

3. Usa los términos *Brahman, karma* y *moksha* para describir las creencias hinduistas.

Ideas clave

4. ¿Cómo contribuyeron los Upanishads y los poemas épicos hindúes a que el hinduismo surgiera del brahmanismo?

5. ¿Cómo tratan los hinduistas de alcanzar el moksha?

6. ¿Cómo se difundió el hinduismo al sureste de Asia?

Razonamiento crítico

7. **Sacar conclusiones** ¿Qué características del hinduismo lo hacían más accesible que el brahmanismo?

8. **Sintetizar** ¿Por qué es importante el comportamiento moral para los hinduistas?

9. **Analizar causa y efecto** ¿Por qué querría un hinduista ofrecer comida o flores a un dios como Shiva?

10. ¿Cuánta importancia tiene la geografía de la India para las creencias del hinduismo? Anota la respuesta en tu Cuaderno del estudiante.

Budismo

Ideas clave

- El Buda renunció a una vida de lujo para buscar la verdad y finalmente encontró la iluminación.

- Los budistas creen que la raíz del sufrimiento es el deseo y que, siguiendo un camino de ocho pasos, pueden terminar con el sufrimiento y el deseo.

- El budismo se difundió en Asia y tuvo un impacto en otras partes del mundo.

Términos clave • meditar   • iluminación   • nirvana   • monasterio   • budismo teravada   • budismo mahayana

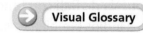 **Visual Glossary**

⊂⊃ **Destreza de lectura Comparar y contrastar** Toma notas usando el organizador gráfico en tu Cuaderno.

Monjes budistas y una estatua del Buda cerca de Bodh Gaya, el lugar en la India donde se cree que el Buda alcanzó la iluminación. ▼

El budismo, al igual que el hinduismo, surgió en la antigua India. El budismo es una religión basada en las enseñanzas de Siddhartha Gautama, un líder espiritual indio. Siddhartha llegó a ser conocido como el Buda. A su seguidores se les llama budistas.

La vida del Buda

Los eruditos tienen pocos datos concretos sobre el Buda. La historia de su vida proviene principalmente de los textos budistas. Dichos textos incluyen las enseñanzas del Buda, que sus seguidores memorizaron y transmitieron de manera oral. Pero también incluyen muchas leyendas.

Una juventud consentida Siddhartha Gautama nació probablemente en 400 A.C. en lo que hoy es Nepal. Como fue un príncipe hindú, fue criado en la riqueza y el lujo. Según la leyenda, su madre soñó que un elefante blanco llegaba desde el cielo. Basándose en el sueño, un profeta predijo que el niño al crecer sería un hombre santo errante. Esto perturbó al padre de Siddhartha. Quería que su hijo fuera un gobernante.

Para evitar que Siddhartha se convirtiera en un hombre santo, su padre lo protegía de cualquier cosa desagradable o molesta. El príncipe nunca vio a alguien que fuera pobre o que estuviera triste o enfermo. Cuando salía del palacio en su carruaje, los guardias iban adelante para quitar a los mendigos y enfermos de las calles.

Las leyendas dicen que un día, cuando Siddhartha tenía unos 29 años, salió del palacio sin guardias. En ese paseo, Siddhartha

vio a un anciano encorvado y sin dientes apoyado en un bastón. En un segundo paseo, vio a un hombre encogido por la enfermedad. En un tercero, vio a un hombre muerto. Siddhartha se sorprendió. Aprendió que él también debía enfrentarse a la vejez, la enfermedad y la muerte.

Unos días más tarde, Siddhartha salió del palacio de nuevo. Se topó con una cuarta visión, un hombre santo errante. Éste no tenía hogar pero parecía contento. Siddhartha quiso tener la misma sensación de paz que mostraba el hombre santo.

Una búsqueda de la verdad Esa noche, se cortó el pelo y cambió su ropa rica por la túnica simple de un buscador religioso. Salió a buscar la verdad sobre la vida, el sufrimiento y la muerte.

Comenzó estudiando con los gurús hindúes. Le enseñaron que la vida era un ciclo de nacimiento, muerte y renacimiento. Luego se unió a un grupo de ascetas religiosos. Éstos se niegan comodidades físicas para alcanzar una meta espiritual.

Siddhartha vistió ropa áspera y ayunaba, o se quedaba sin comer, durante largos períodos. Perdió peso y se volvió muy débil. Después de seis años, se dio cuenta de que ir a tales extremos no era el camino a la verdad.

El encuentro con la iluminación
Siddhartha renovó su búsqueda. Un día se sentó bajo una higuera a meditar. **Meditar** significa calmar o aclarar la mente, mediante la concentración. La higuera llegaría a conocerse como el árbol bodhi o árbol del conocimiento.

Se dice que Siddhartha meditó allí 49 días. Así, comprendió el ciclo de nacimiento, muerte y renacimiento. Finalmente, alcanzó una conciencia que lo liberó de sus vínculos con el mundo. Entró en una nueva vida libre de sufrimiento. Había alcanzado la **iluminación**, un estado de perfecta sabiduría. Se había convertido en el Buda, que significa "el Iluminado".

▲ Esta pintura tibetana muestra al joven Siddhartha, sentado en un carruaje, observando a un hombre muerto al lado del camino.

221

Una pintura del Buda bajo el árbol bodhi, arriba; una mujer rezando en frente de una estatua del Buda, a la derecha.

Según los textos budistas, el Buda se había liberado de la "rueda de la existencia". Pudo haber evitado el sufrimiento del mundo. En cambio, regresó al mundo para enseñar a otros lo que había aprendido.

Durante los siguientes 45 años, el Buda viajó por la India transmitiendo su mensaje. Atrajo a muchos seguidores y estudiantes. Capacitó a algunos de ellos para ser maestros y líderes religiosos.

consecuencia, *sust.*, resultado de una acción, efecto

El Buda murió a los 80 años. Según la leyenda, las últimas palabras a sus seguidores fueron éstas:

> 66 Éste es mi último consejo. Todas. . . las cosas del mundo cambian. No son duraderas. Trabajen duro para conseguir su propia salvación 99
>
> –Rev. Siridhamma, *La vida del Buda*

Verificar la lectura ¿Qué esperaba encontrar Siddharta cuando dejó su vida de riqueza?

Las creencias budistas

Los budistas creen que cuando el Buda alcanzó la iluminación, tuvo un momento de revelación. Entendió por qué sufren las personas. También vio cómo las personas pueden escapar del ciclo de muerte y renacimiento.

El Buda aceptaba la idea del karma hinduista: la idea de que las acciones de una persona tienen <u>consecuencias</u> en esta vida o en las futuras. Sin embargo, el Buda no aceptaba la idea hinduista de un alma permanente. Creía que un "yo" podía renacer en un nuevo cuerpo, pero pensaba que el "yo" era una ilusión. Creía que desaparecía y dejaba de existir cuando una persona lograba la iluminación.

El Buda se alejó más de otras creencias hinduistas. Por ejemplo, no creía en la existencia de ningún dios. Tampoco aceptaba el sistema de castas. El Buda creía que las acciones de las personas eran más importantes que la casta. Creía en seguir lo que él llamaba el Sendero medio.

El Sendero medio El Buda vivió en el lujo, como un príncipe rico. También vivió en la pobreza, como un asceta. Una fue "una vida entregada a los placeres". La otra fue una vida de sufrimiento. Ninguno de estos dos modos de vida lo había llevado a la iluminación. Para alcanzarla, aconsejaba seguir un Sendero medio. Ese modo de vida exigía aceptar cuatro verdades.

Las Cuatro Nobles Verdades Estas Cuatro Nobles Verdades estaban entre las revelaciones que tuvo el Buda cuando alcanzó la iluminación bajo el árbol bodhi.

La primera es que todo en la vida implica sufrimiento. El nacimiento, la enfermedad, la vejez y la muerte traen sufrimiento.

La segunda es que querer o desear las cosas causa sufrimiento. No todos los deseos son malos. No es malo desear la felicidad de los demás. Sin embargo, los deseos egoístas llevan al sufrimiento.

La tercera es que las personas pueden poner fin a su sufrimiento si renuncian a todos los deseos egoístas.

La cuarta es que se pueden superar los deseos egoístas. La manera de hacerlo es seguir el Camino Óctuple.

El Camino Óctuple era otra de las revelaciones del Buda. Creía que, siguiendo este camino, las personas podían poner fin a sus deseos y sufrimiento. Enseñó que este camino era para todos. Las personas de cualquier casta podían seguirlo.

◄ Dentro de estas ruedas de oración budistas del Tíbet hay oraciones escritas. Girarlas es una forma de orar.

Las Cuatro Nobles Verdades

Según la tradición budista, el Buda descubrió las Cuatro Nobles Verdades. Estas verdades ofrecen a los budistas una manera de entender y superar el sufrimiento.

1 Todo en la vida implica sufrimiento.

2 El sufrimiento es causado por los deseos egoístas.

3 La manera de poner fin al sufrimiento es superar los deseos egoístas.

4 La manera de superar los deseos egoístas es seguir el Camino Óctuple.

223

El Camino Óctuple

	Los dos primeros pasos implican preparar la mente para una nueva forma de vida.
1. Creencia correcta	El primer paso es creer en las Cuatro Nobles Verdades y comprenderlas.
2. Propósito correcto	El segundo paso es hacer del crecimiento espiritual el propósito de la vida propia.
Los siguientes tres pasos implican hacerse cargo del comportamiento propio.	
3. Lenguaje correcto	La tercera tarea es tomar conciencia de lo que uno dice. Esto significa evitar mentiras o declaraciones que perjudiquen a otros.
4. Conducta correcta	La siguiente tarea es comprender la conducta y el trabajo de uno para mejorarlo. Conducta correcta significa no matar, robar, mentir ni lastimar a otros.
5. Ocupación correcta	Incluye elegir un medio de vida, u ocupación, que apoye el crecimiento espiritual. Una persona debe ganarse la vida de una manera que no dañe a otros seres vivos.
Los últimos tres pasos ayudan a entrenar la mente para alcanzar la iluminación.	
6. Esfuerzo correcto	El sexto paso implica hacer un esfuerzo por evitar malos pensamientos y para tener sólo buenos pensamientos.
7. Atención correcta	Estar atento significa tomar conciencia de lo que uno piensa y siente. Una persona que ha alcanzado la atención correcta controla sus pensamientos y emociones en lugar de que éstos la controlen a ella.
8. Concentración correcta	El último paso es practicar el tipo de meditación que puede llevar a la iluminación. Los budistas dicen que los que completan este paso a menudo se sienten como si hubieran despertado de un sueño para experimentar una nueva realidad.

Destreza: Gráficas

1 ¿Qué harían primero los budistas: dejar de mentir o mejorar su meditación?

2 ¿Cómo podrían los pasos de este camino ayudar a los budistas a superar los deseos egoístas?

miMundo: Actividad
¿En qué paso estoy?

El Camino Óctuple El Camino Óctuple toma su nombre de sus ocho pasos. Estos pasos llevan a tres cualidades.

Los dos primeros son creencia correcta y propósito correcto. Implican preparar la mente para el crecimiento espiritual. Producen la primera de las tres cualidades: la sabiduría.

Los siguientes tres son lenguaje correcto, conducta correcta y ocupación correcta. Requieren hacerse cargo del comportamiento de uno. Incluyen el respeto y compasión por los demás. Producen la cualidad de la moral o conducta ética.

Los últimos tres son esfuerzo correcto, atención correcta (conciencia de los pensamientos) y concentración correcta o meditación. Éstos ayudan a entrenar la mente para alcanzar la iluminación. La tercera cualidad es la misma que el octavo paso: la meditación.

Alcanzar el nirvana El objetivo de quienes siguen el Camino Óctuple es alcanzar el nirvana. El **nirvana** es un estado de paz beatífica sin deseo o sufrimiento. Quienes alcanzan el nirvana están en paz consigo mismos. No tienen que pasar por la reencarnación. Una persona puede alcanzar el nirvana sin morir pero no renacerá después de morir.

Algunos budistas creen que el nirvana siempre trae la iluminación. Otros creen que la iluminación es una forma de sabiduría que a veces sigue al nirvana.

Verificar la lectura **¿Cuáles son las tres cualidades?**

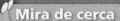
Mira de cerca

Hinduismo **y** budismo

SIMILITUDES

Ambas religiones creen en el karma y en el renacimiento. Usan la meditación, ya sea como una manera de poner fin a la ilusión de uno mismo o para unir el alma con Dios.

▲ Un monje budista rezando

▲ Un brahmán hinduista rezando

DIFERENCIAS

Hinduismo	Budismo
• Hay muchos dioses que son formas de Brahman, el Dios supremo.	• Siddhartha Gautama (el Buda) no es un dios y no creía en ningún dios.
• El objetivo es alcanzar el moksha, un estado de alegría cuando el alma de un individuo se vuelve uno con Brahman.	• El objetivo es alcanzar el nirvana, un estado de paz beatífica cuando uno ve que uno mismo es una ilusión y deja de existir.
• El hinduismo hace hincapié en seguir una obligación y vivir una vida moral para alcanzar el moksha.	• El budismo hace hincapié en renunciar a los deseos egoístas y seguir las enseñanzas morales del Camino Óctuple para alcanzar el nirvana.

RAZONAMIENTO CRÍTICO   **¿En qué se parecen y diferencian el moksha y el nirvana? ¿Cómo se relacionan estas diferencias con otras diferencias entre las dos religiones?**

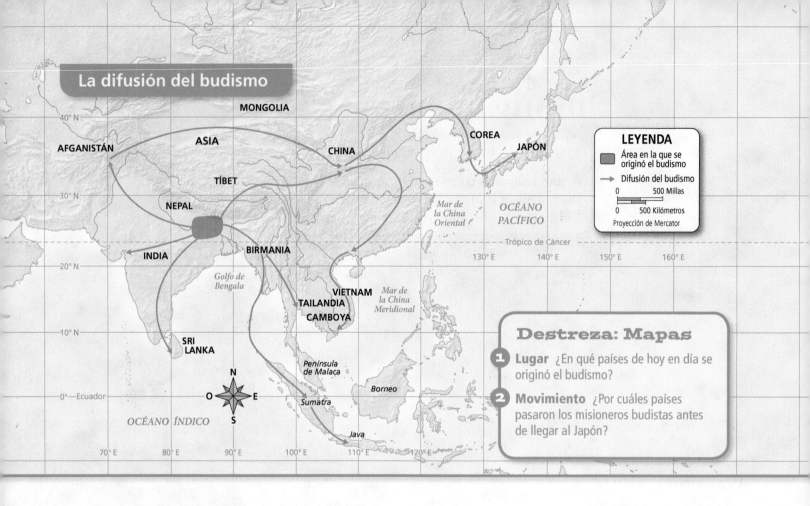

La difusión del budismo

MONGOLIA
ASIA
AFGANISTÁN
CHINA
COREA
JAPÓN
TÍBET
NEPAL
Mar de
la China
Oriental
OCÉANO
PACÍFICO
INDIA
BIRMANIA
Golfo de
Bengala
VIETNAM
Mar de
la China
Meridional
TAILANDIA
CAMBOYA
SRI
LANKA
Península
de Malaca
Borneo
Sumatra
OCÉANO ÍNDICO
Java

LEYENDA
Área en la que se
originó el budismo
Difusión del budismo
0   500 Millas
0   500 Kilómetros
Proyección de Mercator

Trópico de Cáncer

Destreza: Mapas

1 **Lugar** ¿En qué países de hoy en día se originó el budismo?

2 **Movimiento** ¿Por cuáles países pasaron los misioneros budistas antes de llegar al Japón?

La difusión del budismo

Durante cientos de años, los seguidores del Buda memorizaron sus enseñanzas. Después, escribieron esas enseñanzas, que constituyen las escrituras sagradas del budismo en la actualidad. Las diferentes ramas del budismo aceptan diferentes colecciones de estas escrituras. Sin embargo, todos aceptan las Cuatro Nobles Verdades y el Camino Óctuple.

Monasterios y misioneros A medida que el Buda predicaba, sus seguidores aumentaban. Al principio lo seguían de un lugar a otro. Después, el Buda buscó lugares para quedarse durante la temporada de lluvias. Estos se convirtieron en **monasterios** o comunidades religiosas budistas. Los más devotos vivían en los monasterios. Allí podían estudiar y meditar.

El Buda pidió a sus seguidores que llevaran sus enseñanzas a todas partes. Una persona que difunde las ideas religiosas es un misionero. Después de la muerte del Buda, los misioneros budistas llevaron primero el budismo por la India y Sri Lanka.

Más tarde, llevaron sus enseñanzas por Asia. Algunos viajaron al norte, a Asia central. Desde allí, los misioneros siguieron las rutas de comercio al este hacia China. Desde China, el budismo se difundió a Corea y Japón. Más tarde, el budismo llegó al Tíbet.

mi **Mundo**
CONEXIONES

Hay alrededor de

2.2 millones de

budistas en los

Estados Unidos.

Dos escuelas A medida que se difundió el budismo, sus seguidores se dividieron en dos ramas o sectas principales. Las dos ramas comparten creencias básicas. Pero ven la vida y las enseñanzas del Buda de manera diferente.

Una rama es el **budismo teravada**. Esta secta se concentra en la sabiduría del Buda. Sus miembros piensan que el mayor logro del Buda fue su iluminación y la entrada en el nirvana.

El **budismo mahayana** es la otra rama. Se concentra en la compasión del Buda. Para sus miembros, el mayor logro del Buda fue regresar del nirvana para compartir su sabiduría por compasión hacia los demás. Sus miembros también veneran o consideran sagrados a los bodhisattvas o seres que han logrado la iluminación y que, por compasión, tratan de ayudar a los demás.

El legado del budismo En la actualidad, hay cerca de 400 millones de budistas. La mayoría viven en Asia. El budismo teravada es la religión principal de Sri Lanka, Myanmar (o Birmania), Tailandia y Camboya. El budismo mahayana está <u>extendido</u> en Bután, Vietnam, China y Taiwán, Mongolia, las dos Coreas y el Japón.

Más de 2 millones de budistas viven en los Estados Unidos. Aunque quedan pocos budistas en la India, lugar de nacimiento de la religión, las enseñanzas del Buda tuvieron un impacto duradero en el hinduismo.

El budismo ha inspirado arte y arquitectura de gran belleza. Ha sido una fuente de sabiduría, incluso para personas que no son budistas.

Verificar la lectura ¿Qué hacían las personas en los monasterios budistas?

extendido, *adj.*, común, difundido en un área grande

Estos jóvenes y niños tibetanos se preparan para ser monjes budistas. ▼

Evaluación de la Sección 4

Términos clave

1. Usa los términos *meditar* e *iluminación* en una oración.

2. Explica el significado del término *nirvana* para el budismo.

3. Describe la diferencia entre el budismo teravada y el budismo mahayana.

Ideas clave

4. ¿Por qué decidió Siddhartha Gautama abandonar su vida de lujo?

5. ¿Por qué tratan los budistas de seguir el Camino Óctuple?

6. ¿Cómo se difundió el budismo?

Razonamiento crítico

7. **Comparar y contrastar** ¿En qué se parecen y se diferencian el budismo y el hinduismo?

8. **Sintetizar** ¿Cuáles son las enseñanzas morales, o enseñanzas del bien y del mal, del budismo?

? Pregunta esencial

¿Cuánto influye la geografía en la vida de las personas?

9. ¿Influyó la geografía en la difusión del budismo? Si fue así, ¿cómo influyó? Anota la respuesta en tu Cuaderno del estudiante.

Evaluación del capítulo

Términos e ideas clave

1. Recordar ¿Por qué eran importantes los **monzones** para las primeras civilizaciones de la India?

2. Describir ¿Qué muestran las ruinas de las ciudades del Indo sobre las destrezas de planificación y tecnología de sus habitantes?

3. Explicar ¿Cuáles son dos teorías sobre la decadencia de la civilización del valle del Indo?

4. Comparar y contrastar ¿Cómo cambió la cultura aria a través del tiempo?

5. Explicar ¿Cuáles son los dos tipos de **castas**?

6. Describir ¿Cuáles fueron los dos poemas épicos que describían cómo deben vivir los hinduistas y qué lecciones dan estos poemas?

7. Resumir ¿Cuál es la relación entre el **dharma** y el **karma** para los hindúes?

8. Explicar ¿Cómo se relacionan las Cuatro Nobles Verdades con el Camino Óctuple?

9. Explicar ¿Cómo se relaciona la **meditación** con el **nirvana**?

Razonamiento crítico

10. Sacar conclusiones Nombra dos conclusiones que puedes sacar acerca de la civilización del valle del Indo a partir de la existencia de graneros.

11. Inferir ¿Qué podemos inferir sobre la sociedad aria a partir de pasajes de los Vedas sobre ganado y carruajes tirados por caballos?

12. Categorizar Coloca las siguientes formas de ganarse la vida en el varna o casta correcto: terrateniente, soldado, siervo, sacerdote, gobernante, trabajador de la construcción, comerciante, recolector de basura.

13. Sintetizar En el hinduismo, ¿qué relación hay entre el karma y el moksha?

14. Comparar puntos de vista ¿Cómo difieren el budismo y el hinduismo sobre la idea del alma?

Analizar elementos visuales

Usa la gráfica de la derecha para responder las preguntas siguientes.

15. ¿Qué porcentaje de personas en el mundo son hinduistas? ¿Qué porcentaje son budistas?

16. Compara el número de hinduistas y budistas a los de otras religiones.

17. ¿Cuáles son las tres religiones más numerosas del mundo?

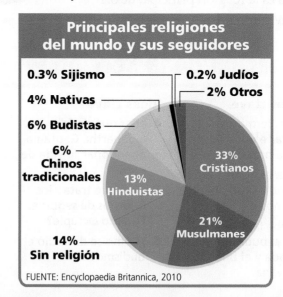

Principales religiones del mundo y sus seguidores

0.3% Sijismo
0.2% Judíos
2% Otros
4% Nativas
6% Budistas
6% Chinos tradicionales
13% Hinduistas
33% Cristianos
21% Musulmanes
14% Sin religión

FUENTE: Encyclopaedia Britannica, 2010

Pregunta esencial

miMundo: Actividad del capítulo

Un viaje por la India Crea un folleto de viaje que describa cinco sitios relacionados con las primeras civilizaciones de la India. Para cada sitio en tu folleto, explica si la geografía es importante para entender ese sitio.

Aprendizaje del siglo XXI

Desarrollar conciencia cultural

Describe tres características que consideres que debe tener un amigo. Luego busca en línea a Lakshmana o Hanuman, dos personajes importantes del poema épico hindú *Ramayana.* Escribe un párrafo que describa las fortalezas del personaje que seleccionaste. Explica si las fortalezas del personaje coinciden con las que tú admiras en un amigo. ¿Qué te dice esta comparación acerca de la cultura hindú?

Preguntas basadas en documentos

En línea en myworldhistory.com

Usa tu conocimiento las primeras civilizaciones de la India y los Documentos A y B para responder las Preguntas 1 a 3.

Documento A

" La música de las ranas surge en concierto, como las vacas que mugen con sus crías a su lado. Cuando, con la llegada de las lluvias, el agua se ha derramado sobre ellas que la ansiaban y que tenían sed, una busca a la otra mientras habla y la saluda con gritos de placer como un hijo a su padre".

—Extractos del *Rigveda,* Himno CIII

Documento B

" Ella [Kulfi] podía oír el sonido de los vítores del bazar [mercado]. Y miraba a los niños en las calles saltando como ranas, incapaces de quedarse quietos en su entusiasmo. . . . Kulfi miró con incrédula euforia [alegría] como el olor de la lluvia que se acercaba atravesó el aire como una flor, a medida que las nubes. . . se aproximaban".

—De *Alboroto en el guayabal* de Kiran Desai,1999

1. De acuerdo con el documento A, ¿por qué hacen tanto ruido las ranas?
   A. Encontraron alimento.
   B. Las capturaron.
   C. Las vacas están entrando en su campo.
   D. La lluvia ha apagado su sed.

2. ¿Cuál de estas opciones describe MEJOR por qué las personas descritas en el Documento B están tan emocionadas?
   A. Las lluvias han inundado las calles.
   B. Llegaron los monzones.
   C. Terminó el invierno.
   D. Comenzó la temporada de fiestas hinduista.

3. **Tarea escrita** Escribe un párrafo que explore los sentimientos de los hindúes hacia el monzón y las causas posibles de esos sentimientos.

my worldhistory.com

Self-Test

229

Los imperios de la India

▲ El emperador Asoka ordenó la construcción de este templo budista en la India.

? **Explora la Pregunta esencial**

- en **my** worldhistory.com
- usando **miMundo: Actividad del capítulo**
- con el **Cuaderno del estudiante**

Los imperios Maurya y Gupta

321 A.C. Se funda el Imperio Maurya.

185 A.C. Muere el último emperador Maurya.

320 D.C. Se funda el Imperio Gupta.

400 A.C.   **200** A.C.   **1** D.C.   **200** D.C.   **400** D.C.   **600** D.C.

268 A.C. Asoka se convierte en emperador.

540 D.C. El Imperio Gupta deja de existir.

El emperador Asoka
y el regalo de tierra

Esta es la historia de Asoka, un emperador real que gobernó la antigua India. Aunque está basada en una leyenda, esta historia nos ayuda a comprender la India en los tiempos de Asoka.

Un día, el emperador Asoka caminaba por el reino de Kalinga, que su ejército acababa de destruir por completo. Asoka llevaba ocho años como emperador y Kalinga era su última conquista. Más de 100,000 personas habían muerto en su despiadado camino por tomar el reino. Al final, Kalinga fue derrotada. Ahora todos y todo lo que había en el reino le pertenecían.

Pero, ¿qué era exactamente lo que poseía? La tierra bajo sus pies estaba manchada de sangre. Los únicos movimientos a su alrededor eran los buitres sobrevolando en círculos el lugar y el humo de los edificios en llamas.

Luego vio a las mujeres y los ancianos llorando mientras buscaban los cuerpos de sus maridos, hermanos e hijos. Había ganado una victoria decisiva, pero ¿el poder y el territorio que había obtenido justificaban tanta sangre y miseria?

Los buitres vuelan en círculos mientras Asoka observa la devastación en Kalinga. ▼

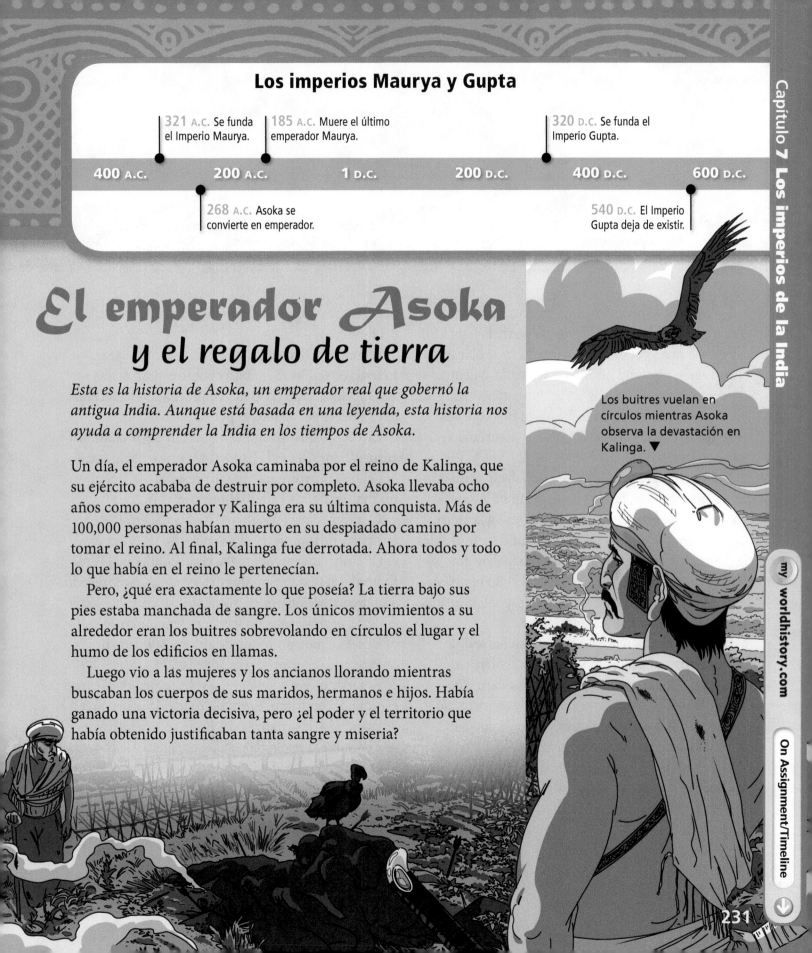

my worldhistory.com

On Assignment/Timeline

231

"¡Él es el elegido!" decían los monjes budistas que curaban a Asoka. Lo veían como la reencarnación de un niño llamado Jaya.

El Buda compartía sus enseñanzas. Jaya lo reverenciaba. Quería darle algo al Buda. Agarró, rápidamente, un puñado de tierra.

De pronto, Asoka recordó algo ocurrido tiempo atrás, cuando aún era príncipe. Su padre lo había enviado a una provincia del sur para controlar una sublevación y resultó herido en la batalla. Mientras se recuperaba de sus heridas en un monasterio budista, aprendió sobre el budismo. También notó que los monjes del monasterio lo miraban y susurraban entre sí: "¡Él es el elegido!".

Cuando les preguntó qué querían decir, le dijeron que antes de nacer, había vivido como un niño llamado Jaya. Un día, el gran Buda llegó a la aldea del pequeño. Todos los hombres y mujeres de la aldea le dieron la bienvenida al Buda. Escuchaban con reverencia todo lo que decía. Jaya escuchó también y estaba asombrado de estar ante la presencia de una persona tan tranquila y sabia.

Cuando el Buda se levantó para marcharse de la aldea, todos los hombres y las mujeres le ofrecieron comida y bebida para llevar. Jaya quería darle algo al Buda también, pero no podía pensar en un regalo apropiado. Deseoso de mostrar su agradecimiento, pero sin saber qué más hacer, agarró un puñado de tierra y lo puso en el tazón de madera del Buda. El Buda le sonrió a Jaya, porque sabía que su regalo de

tierra era una expresión pura del amor y la bondad del niño.

Entonces el Buda dijo: "Cien años después de mi muerte, este niño va a renacer como el gran emperador Asoka. Gobernará la tierra y honrará al Buda. Su fama se extenderá por su interés por su pueblo".

Eso era lo que los monjes querían decir cuando susurraban: "Él es el elegido". Querían decir que él era el niño cuyo renacimiento se aguardaba y que un día sería emperador y honraría al Buda.

Cuando estaba en Kalinga, Asoka se percató de que parte de la profecía se había hecho realidad: él era el emperador y gobernaba el subcontinente. Pero, ¿honraba al Buda? ¿Se había extendido su fama debido a su preocupación por su pueblo o a su crueldad hacia ellos? Sí, él gobernaba un vasto imperio, ¿pero le había ofrecido al Buda un regalo de amor y bondad tan bueno como el tazón de tierra de Jaya?

A partir de ese momento, Asoka se dedicó al estudio del budismo. El resto de su vida gobernó siguiendo las enseñanzas del Buda sobre el dharma, que enfatiza la tolerancia, la generosidad y las buenas obras. Hizo amistad con los reinos vecinos en lugar de combatir contra ellos. Trató de mejorar la vida de

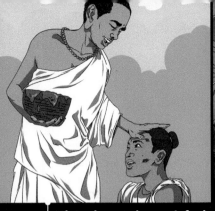

El Buda estaba satisfecho con el regalo afectuoso de Jaya. El Buda predijo que Jaya renacería como emperador.

Al observar la muerte y destrucción que había causado, Asoka se estremeció. Sus acciones no eran dignas del Buda. Tenía que cambiar su comportamiento.

todos al construir carreteras, excavar pozos y plantar árboles. Construyó hospitales, prohibió la caza y pidió a todos tratar a los animales con bondad.

Erigió grandes pilares de piedra con mensajes grabados para su pueblo. En estos pilares se disculpó por su comportamiento anterior. Decía que sentía "un profundo remordimiento por haber conquistado a los kalinga". También motivaba a las personas a ser tolerantes y a tratarse con respeto. Enfatizaba que la conquista pacífica a través del dharma era la única conquista importante.

La historia de Asoka comenzó antes de que naciera, cuando un niño puso un puñado de tierra en el tazón de madera del Buda. Mucho tiempo después, su historia continúa. Sus palabras todavía están con nosotros y también su emblema: el dharmachakra, o la rueda de la ley del Buda, que adorna la bandera de la India y es un recordatorio de cómo la historia nos moldea y cómo pensamos de nosotros mismos.

Mientras lees este capítulo, piensa en lo que la historia de Asoka indica sobre la vida, la religión y la cultura en los imperios de la antigua India.

myStory Video

Observa cómo Asoka cambia su comportamiento.

233

El Imperio Maurya

Ideas clave

- Chandragupta usó la estrategia militar para unificar por primera vez gran parte de la India.

- Chandragupta desarrolló una burocracia, un sistema fiscal y un sistema de espías para gobernar su imperio.

- El emperador Asoka cambió la guerra por la paz, promovió el crecimiento del budismo y alentó la moralidad entre sus súbditos.

Términos clave • estrategia • provincia • burocracia • súbdito • tolerancia

→ (Visual Glossary)

 → **Destreza de lectura Analizar causa y efecto** Toma notas usando el organizador gráfico en tu Cuaderno.

Este timbre indio honra a Chandragupta Maurya, el primer gobernante de toda la India. ▼

4.00 चन्द्रगुप्त मौर्य भारत
CHANDRAGUPTA MAURYA INDIA

A finales del período védico, muchos reinos y cacicazgos se extendían por toda la India. El reino más poderoso era Magadha. Aproximadamente en el año 321 A.C., un ejército rebelde derrocó al rey de Magadha. El líder de los rebeldes era un joven llamado Chandragupta Maurya.

Chandragupta unifica a la India

Casi todo lo que sabemos de la vida de Chandragupta proviene de escritos, cuentos y leyendas antiguas. Algunas de estas leyendas dicen que nació en el seno de la familia real de Magadha, pero que cuando era joven se fue con unos agricultores pobres. Otras dicen que nació en una familia kshatriya al oeste de Magadha. Tal vez los historiadores nunca lleguen a conocer la verdad.

321 A.C. Chandragupta conquista Magadha y funda el Imperio Maurya.

297 A.C. Bindusara se convierte en emperador y el imperio se extiende hacia el sur.

268 A.C. Asoka se convierte en emperador.

350 A.C.

300 A.C.

250 A.C.

303 A.C. Chandragupta expulsa a los griegos y completa su conquista del noroeste de la India.

260 A.C. Asoka conquista Kalinga.

256 A.C. Asoka comienza a promover los valores budistas.

Tomar el poder De joven, Chandragupta dependía de los consejos de un sabio brahmán llamado Kautilya. Se cree que Kautilya estaba buscando a un líder para expulsar a los griegos del noroeste de la India. Otros creen que Kautilya vio a Chandragupta jugando de niño y supo que se le podía capacitar para líder.

Kautilya ayudó a Chandragupta a conformar un ejército y a desarrollar una estrategia para ganar poder. Una **estrategia** es un plan para obtener un objetivo. Su estrategia era tomar el control del noroeste de los griegos y luego atacar Magadha desde el noroeste.

Éxito en el campo de batalla Kautilya capacitó bien a su alumno. Chandragupta era un brillante líder militar. Armó a sus hombres con armas poderosas, incluyendo el enorme arco hindú, que era tan alto como un hombre. Una flecha suya podía perforar un escudo.

Se cuenta que una vez Chandragupta vio a una madre regañar a su hijo por empezar a comer del centro del plato. Le dijo que el centro estaba muy caliente. Por eso, Chandragupta decidió atacar primero las fronteras de Magadha y luego acercarse a la ciudad capital.

Después de conquistar Magadha, se trasladó a otros reinos. Para el año 305 a.c., gobernaba gran parte del subcontinente indio. También había expulsado a los griegos del noroeste de la India. Su Imperio se extendía desde el golfo de Bengala hasta el actual Afganistán. Por primera vez, un estado controlaba el norte de la India.

Verificar la lectura **¿Qué parte de Magadha atacó primero Chandragupta?**

El ejército de Chandragupta usaba elefantes para dominar a sus oponentes en la batalla.

232 A.C. Asoka muere. Emperadores más débiles gobiernan después de él.

250 A.C.

200 A.C.

150 A.C.

185 A.C. El último emperador Maurya es asesinado.

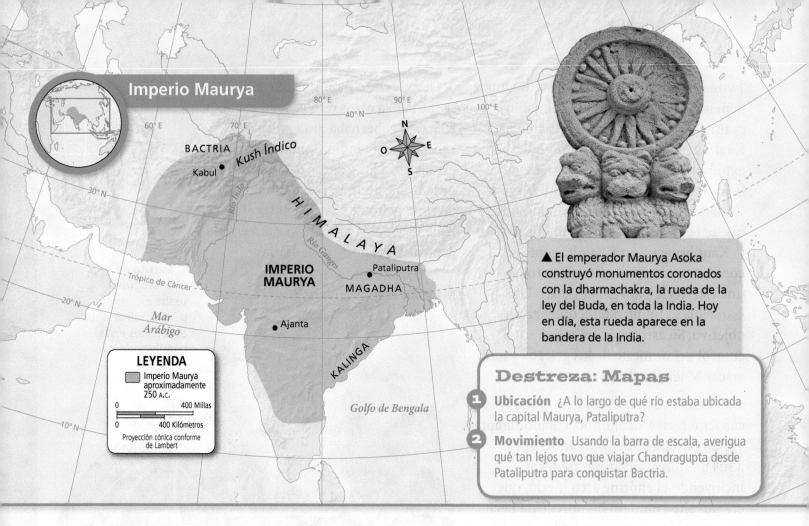

Imperio Maurya

BACTRIA
Kabul
Kush Índico

Río Indo

H I M A L A Y A

Río Ganges

IMPERIO MAURYA

Pataliputra

MAGADHA

Ajanta

Mar Arábigo

Trópico de Cáncer

KALINGA

Golfo de Bengala

LEYENDA

Imperio Maurya aproximadamente 250 A.C.

0 — 400 Millas
0 — 400 Kilómetros

Proyección cónica conforme de Lambert

▲ El emperador Maurya Asoka construyó monumentos coronados con la dharmachakra, la rueda de la ley del Buda, en toda la India. Hoy en día, esta rueda aparece en la bandera de la India.

Destreza: Mapas

1 **Ubicación** ¿A lo largo de qué río estaba ubicada la capital Maurya, Pataliputra?

2 **Movimiento** Usando la barra de escala, averigua qué tan lejos tuvo que viajar Chandragupta desde Pataliputra para conquistar Bactria.

mi Mundo
CONEXIONES

Si el Imperio Maurya se ubicara en los Estados Unidos, se extendería desde Montana hasta Pennsylvania y Texas.

Gobernar un imperio

Chandragupta enfrentó el mismo problema que otros constructores de imperios: ¿Cómo gobernar un área extensa con tantas necesidades y tradiciones diferentes?

Construir un gobierno Chandragupta resolvió este problema al dividir su imperio en cuatro regiones. Dividió cada región en provincias más pequeñas. Una **provincia** es una región que tiene su propio gobierno.

Estableció una **burocracia**, oficinas que cumplían las normas y reglamentos del gobierno. Los funcionarios de cada región, provincia y aldea hacían cumplir las órdenes del emperador. Así, podía controlar todo el imperio.

Chandragupta también estableció un sistema fiscal. Los trabajadores fiscales recolectaban el 25 por ciento de los productos de los agricultores. También recolectaban un impuesto sobre la venta de bienes. Los impuestos se usaban para pagar a los trabajadores del gobierno. También mantenían al ejército y el costoso estilo de vida del emperador.

Este sistema le dio al Imperio Maurya un gobierno eficiente. Pero su fuerza dependía del poder y la autoridad del gobernante. El poder del gobierno dependía del poder del emperador.

Súbditos y espías Chandragupta gobernaba un vasto imperio, pero les temía a sus enemigos. Sus sirvientes debían probar su comida para ver si estaba envenenada. Dormía en una cama diferente cada noche.

Para aliviar sus temores, Chandragupta tenía mujeres guerreras que custodiaban su palacio. Estableció una red de espionaje para vigilar a sus **súbditos**, o personas bajo su gobierno. Incluso contrató espías para vigilar a otros espías. Dedicaba una parte del día a recibir sus informes. Sus súbditos no tenían derecho a la privacidad ni a la libertad de expresión.

La esclavitud existía en la India Maurya. Los esclavos eran prisioneros de guerra o personas que no podían pagar sus deudas. A diferencia de otros países, las leyes protegían a los esclavos de malos tratos.

Consejos de Kautilya Muchas de las ideas de Chandragupta sobre el gobierno provenían de su consejero Kautilya, autor de un libro llamado el *Arthashastra*. El libro ofrece consejos sobre cómo ser un buen gobernante. El *Arthashastra* dice: "El deber primordial de un rey es la protección de sus súbditos".

> 66 En la felicidad de sus súbditos se encuentra la felicidad del rey. En el <u>bienestar</u> de sus súbditos, su bienestar. El bien de un rey no es lo que le agrada a él, sino lo que les agrada a sus súbditos 99.
>
> —Kautilya, *Arthashastra*

bienestar, *sust.*, felicidad, comodidad, prosperidad

Pero el *Arthashastra* aconseja al gobernante hacer lo que sea para mantener el poder. Dice que no se puede confiar en nadie y sugiere castigos severos.

Verificar la lectura **¿Cómo conseguía dinero Chandragupta para pagar por su gobierno?**

▲ Una moneda del Imperio Maurya

◀ Pintura que muestra a un gobernante del período Maurya

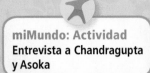

miMundo: Actividad
Entrevista a Chandragupta y Asoka

El emperador Asoka, cuya conquista de Kalinga dejó miles de muertos ▼

Asoka opta por la paz

Cuando Chandragupta envejeció, se convirtió en jainista: un seguidor del jainismo. El jainismo es una religión india. Como los budistas, los jainistas buscan la iluminación. Pero como los hinduistas, aceptan la existencia del alma. Se dice que Chandragupta renunció a ser emperador para internarse en un monasterio jainista.

El poder pasó a su hijo, Bindusara, quien expandió el Imperio Maurya a través de la India. Después, su hijo Asoka tomó el poder.

Asoka llega al poder Asoka era uno de los hijos de Bindusara. Se dice que Bindusara no lo quería. Cuando Asoka tuvo edad para tener un empleo, Bindusara lo envió a gobernar una provincia lejana.

Cuando Bindusara murió, se desató una lucha por el trono. Dice una leyenda que Asoka mató a sus hermanos para convertirse en emperador. Después de cuatro años de luchas, Asoka se convirtió en el tercer emperador Maurya.

Asoka dedicó los siguientes ocho años a fortalecer su poder. Luego, fue de nuevo a la guerra. Quería el reino de Kalinga, que se había resistido a la conquista. La guerra fue larga y terrible. Al final, Asoka conquistó Kalinga, pero pagó un terrible precio. Murieron miles de soldados.

El nuevo camino de Asoka

Asoka comenzó su reinado como un cruel conquistador y terminó como un mecenas de la paz. Pocos gobernantes han tenido un cambio tan impresionante.

Los guerreros de Asoka usaban arcos enormes tan altos como un hombre para disparar sus flechas a las filas del enemigo.

Más tarde en su vida, Asoka se convirtió en seguidor del Buda y El Noble Camino Óctuple budista. Rechazó la violencia e hizo un llamamiento a la tolerancia.

Otras 150,000 personas fueron capturadas y enviadas a otras partes del imperio.

Asoka estaba horrorizado por el sufrimiento causado por la guerra. Más tarde escribió: "La masacre, muerte y aprisionamiento de personas es motivo de profundo dolor y pesar para su sagrada majestad".

Nuevas reglas para el imperio Esto hizo que Asoka pensara mucho acerca de cómo quería gobernar. Decidió seguir los valores budistas. Se apartó de la violencia. También rechazó algunas de las enseñanzas severas del *Arthashastra*.

Cuando podía, sustituía el principio de la fuerza por un mandato basado en el dharma, o la ley moral. Esta ley incluía tres principios. El primero era el principio de ahimsa, la creencia de que no se debe lastimar a un ser vivo. Asoka renunció a la caza y prohibió el trato cruel hacia los animales.

El segundo era la tolerancia. La **tolerancia** es el respeto a las creencias y costumbres diferentes. Asoka era budista, pero respetaba el hinduismo, el jainismo y otras religiones.

El tercero era el bienestar de las personas. Asoka creía que un gobernante debía gobernar bien a su pueblo. Tomó muchas decisiones para hacer que su imperio fuera un mejor lugar para vivir.

Pilares de piedra de Asoka Para compartir sus ideas, Asoka colocó pilares de piedra, o columnas, a lo largo de su imperio. Cada pilar medía 40 metros de altura y pesaba 50 toneladas. Hoy en día, algunos todavía siguen en pie.

Los pilares no eran sólo decorativos. Asoka hizo grabar mensajes en los pilares pulidos. En algunos mensajes, <u>aseguraba</u> a sus súbditos que estaba muy atento a su bienestar. Se disculpó por hacer la guerra a Kalinga y explicó sus nuevos objetivos. Alentaba el respeto a los padres, la generosidad a los demás y el respeto por todas las religiones. Asoka hacía hincapié en vivir según la moral.

asegurar, *v.*, prometer, convencer

El budismo se expande Aunque Asoka respetaba todas las religiones, seguía el budismo. Esto ayudó a que la religión se propagara. Con el respaldo de Asoka, los budistas construyeron monasterios y santuarios en toda la India.

Los budistas también enviaron misioneros a países vecinos, como Sri Lanka. El apoyo de Asoka dio prestigio a la religión. Esto alentó a otros gobernantes a adoptarla.

Verificar la lectura **¿Por qué se apartó Asoka de la violencia?**

Asoka hizo que se construyeran columnas de piedra como ésta en toda la India. ▶

▲ Esta inscripción es uno de los mensajes que Asoka grabó en estas columnas. Sus mensajes hacían un llamado a la paz y al respeto para todas las personas.

239

La vida en las aldeas indias

En la época del Imperio Maurya, la mayoría de los indios conformaban familias numerosas que vivían en aldeas agrícolas. Esto continúa así hasta el día de hoy. Muchos de los patrones de vida de las aldeas indias se remontan a los tiempos del Imperio Maurya.

RAZONAMIENTO CRÍTICO ¿Qué podría explicar la supervivencia de tantas prácticas de las aldeas de la antigüedad?

La choza que se muestra en esta pintura del *Ramayana* es similar a las chozas de la aldea india que se muestra en la foto de abajo.

Danzar durante los festivales religiosos es una antigua tradición de las aldeas. ▼

◄ En la antigüedad, los indios acarreaban sus productos al mercado en canastas, como lo muestra este relieve. La mujer de la izquierda lleva una canasta con algodón. Abajo se muestran costales y canastas de especias en un mercado actual de la India.

Si bien la vida en las aldeas indias es similar en algunas maneras a la vida hace 2,000 años, existen diferencias importantes. Hoy en día, la mayoría de los niños indios van a la escuela, a diferencia de los de la antigüedad. La mayoría reciben algún tipo de moderno cuidado de la salud. Además, camiones y autobuses conectan las aldeas indias con las ciudades modernas.

El desenlace de Asoka

Asoka gobernó por casi 40 años. Durante ese tiempo, mejoró la vida de su pueblo. Estableció hospitales y excavó pozos. Construyó un excelente sistema de carreteras.

Las carreteras impulsaron el comercio dentro del imperio. También incrementaron el comercio con tierras vecinas, como los reinos griegos del suroeste de Asia.

La más larga, la Gran Ruta Real Mauruya, se extendía por más de mil millas a través del norte de la India. En la carretera, los árboles daban sombra a los viajeros. Había alimento y refugio en casas de descanso.

Gracias a Asoka, la India prosperó y reinaba la paz. Había poca delincuencia. La gente podía salir de sus casas y viajar por el país sin temor.

Asoka murió en 232 A.C. Después, el Imperio Maurya enfrentó dificultades. Los siguientes emperadores eran débiles. El gobierno Maurya dependía de la capacidad del emperador para tomar

▲ Asoka construyó esta carretera para los viajeros a pie y los animales de carga.

buenas decisiones e inspirar lealtad. Conforme los emperadores perdían el control del imperio, perdían apoyo. En 185 A.C., el último gobernante fue asesinado. Así, después de 136 años, el Imperio Maurya llegó a su fin.

Verificar la lectura ¿Por qué terminó el Imperio Maurya?

Evaluación de la Sección 1

? Pregunta esencial

¿Cómo se relacionan la religión y la cultura?

Términos clave

1. Usa los términos *burocracia, súbdito* y *tolerancia* para describir el gobierno Maurya.

2. ¿Cómo le sirvió la estrategia a Chandragupta Maurya para llegar al poder?

3. Usa el término *tolerancia* para describir el reinado de Asoka.

Ideas clave

4. ¿Cómo conquistó Chandragupta Maurya Magadha?

5. ¿Cómo ayudaba la burocracia a los emperadores Maurya a gobernar?

6. ¿Cómo promovió el budismo el reinado de Asoka?

Razonamiento crítico

7. **Inferir** ¿Cuál era la relación entre el gobierno Maurya y las personas a las que gobernaba?

8. **Comparar puntos de vista** Compara las opiniones de Asoka y Kautilya sobre la finalidad del gobierno.

9. ¿Qué impacto tuvo la religión en el Imperio Maurya? Anota la respuesta en tu Cuaderno del estudiante.

El Imperio Gupta

Ideas clave
- La dinastía Gupta fundó el segundo imperio indio más importante.
- Los Gupta gobernaron una India que desarrolló las artes, las ciencias y las matemáticas, incluyendo nuestro sistema numérico moderno.

Términos clave • ciudadanía • número • sistema decimal • metalurgia

 Visual Glossary

 Destreza de lectura **Resumir** Toma notas usando el organizador gráfico en tu Cuaderno.

Chandragupta II, quien gobernó el Imperio Gupta en su apogeo. ▼

Después del colapso del Imperio Maurya, la India se dividió en muchos reinos pequeños. Ejércitos del norte y el oeste invadieron la India en varias ocasiones. Mientras tanto, el comercio puso en contacto a los indios con China, el sureste de Asia y el Imperio Romano. Los invasores y negociantes llevaron nuevas ideas de los antiguos griegos y otros pueblos. Los indios desarrollaron estas ideas para realizar sus propios avances en el arte, la literatura, las matemáticas y la ciencia.

Un nuevo imperio en la India

Unos 500 años después de los Maurya, la dinastía Gupta volvió a unificar el norte de la India. Es posible que Chandragupta I, el primer gobernante Gupta, haya recibido su nombre en honor al fundador del imperio Maurya, Chandragupta. Al igual que el primer emperador Maurya, Chandragupta I soñaba con construir un imperio. Consiguió el poder de un reino en la cuenca del Ganges y gobernó aproximadamente de 320 D.C. a 335 D.C. Expandió su territorio a través de la cuenca del Ganges mediante alianzas y guerras de conquista.

Su hijo, Samudra Gupta, conquistó la mayor parte de los pequeños reinos restantes del norte de la India, haciéndose llamar el "exterminador de reyes". Samudra Gupta también conquistó tierras al sur y al oeste.

Bajo el reinado del hijo de Samudra, Chandragupta II, el Imperio Gupta alcanzó su mayor extensión. Conquistó áreas a lo largo de la costa oeste. Después, al igual que Asoka, trató de llevar paz y prosperidad a la India.

A diferencia de los Maurya, los Gupta no trataron de gobernar directamente todo su imperio. En cambio, dejaron la mayoría de las decisiones en manos de los líderes locales. Los gobernadores controlaban las provincias. Los consejos de la aldea y de la ciudad tomaban las decisiones a nivel local.

En cada aldea, las familias más importantes enviaban representantes al consejo. En las ciudades, los gremios, o grupos de comerciantes o artesanos que trabajaban en la misma línea de negocios, enviaban representantes al consejo de la ciudad. Las personas que vivían en el Imperio Maurya eran súbditos y tenían el deber de obedecer. Las personas del Imperio Gupta también eran súbditos, pero algunas también tenían una especie de **ciudadanía**, o una condición con derechos y obligaciones políticas.

Un monje budista chino llamado Fa Xian visitó la India mientras reinaban los Gupta. Él escribió:

> 66 Las personas son numerosas y felices. . . . Si quieren irse, se van. Si quieren quedarse, se quedan. El rey gobierna sin. . . castigos corporales [físicos]. 99
> —Fa Xian, *Relación de los reinos budistas*

Bajo los gobernantes posteriores a Gupta, el imperio enfrentó nuevos invasores del occidente. Se separaron partes del imperio. El último gobernante Gupta murió alrededor del año 540.

Verificar la lectura ¿Cómo se inició el Imperio Gupta?

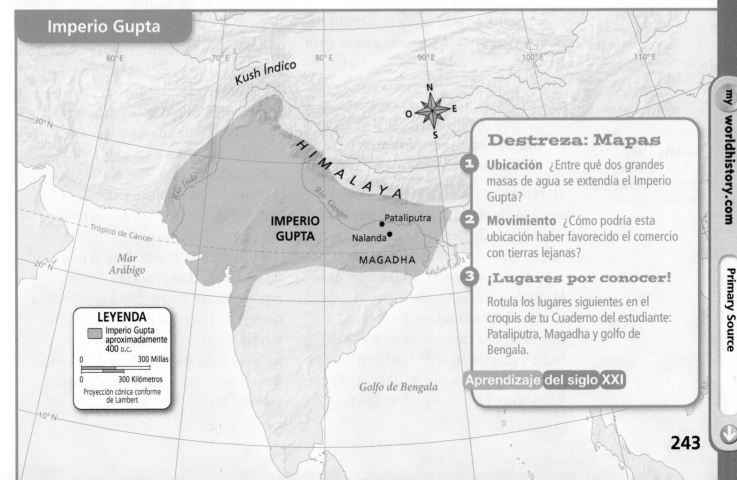

Imperio Gupta

Destreza: Mapas

1. **Ubicación** ¿Entre qué dos grandes masas de agua se extendía el Imperio Gupta?

2. **Movimiento** ¿Cómo podría esta ubicación haber favorecido el comercio con tierras lejanas?

3. **¡Lugares por conocer!**

Rotula los lugares siguientes en el croquis de tu Cuaderno del estudiante: Pataliputra, Magadha y golfo de Bengala.

Aprendizaje del siglo XXI

LEYENDA

Imperio Gupta aproximadamente 400 D.C.

0   300 Millas
0   300 Kilómetros
Proyección cónica conforme de Lambert

La India tiene una rica tradición de artes escénicas. Algunas de estas formas artísticas se remontan a la época Gupta. El dibujo histórico y la foto de la derecha muestran formas tradicionales de danza.

En la danza tradicional india, los gestos con las manos pueden tener significados. El gesto de esta mujer significa "bandera". ▶

Culture Close-Up

▲ Los intérpretes del Kathakali usan maquillaje para destacar sus expresiones faciales. Esta forma artística combina la danza, la música y los relatos.

drama, *sust.*, obras de teatro o presentaciones que cuentan relatos

Una rica cultura

En la época de los Gupta, se produjo gran literatura, pintura y arquitectura. El arte y la literatura de este período siguen influyendo en la cultura de la India.

Gran parte de este arte era religioso. Aunque el budismo siguió siendo importante bajo el reinado de los Gupta, éstos favorecían el hinduismo.

Florecimiento de la literatura Bajo el reinado Gupta, la literatura floreció. El escritor más destacado fue el poeta Kalidasa, que escribió obras de teatro y poesía.

Una forma popular de literatura era la fábula, un cuento con una moraleja, o lección. Una fábula india describe a dos ranas que cayeron en un balde de leche y no podían salir. Nadaron mucho tiempo. Entonces, una se dio por vencida y se ahogó. La otra siguió nadando.

Finalmente, su nadar convirtió la leche en mantequilla y pudo saltar hacia afuera. La lección es seguir intentándolo, incluso cuando sea difícil.

Música, danza y entretenimiento También la música y la danza prosperaron. Los danzantes creaban obras basadas en la literatura. Los músicos tocaban instrumentos de cuerda y tambores.

Algunas formas de drama indio combinaban relatos, danza y música. Artistas con maquillaje y vestuario elaborados contaban historias a través del canto y la danza.

El ajedrez se inventó bajo el reinado de los Gupta. Las primeras piezas representaban un ejército indio. Incluían un rey, carruajes de guerra, soldados a caballo, elefantes y soldados a pie. El juego se difundió a lo largo de las rutas de comercio en otras partes de Asia, el Oriente Medio y Europa.

Arquitectura y pintura Los hinduistas y budistas construyeron muchos templos y monasterios. Los canteros tallaban los edificios de los templos en una roca enorme en el suelo. Los arquitectos también hicieron impresionantes construcciones convencionales de templos y monasterios. Ambos muestran buenas destrezas de ingeniería.

Después del período Gupta, los hindúes tallaron templos y monasterios en las rocas de los acantilados. Los templos de Ellora en la región central de la India tienen espectaculares esculturas y pinturas.

Verificar la lectura ¿Qué formas de arte combinaba el drama indio?

Matemáticas y ciencia

Durante este tiempo, el comercio y las invasiones llevaron los conocimientos de Grecia y Persia a la India. Los eruditos usaron este aprendizaje para realizar avances en las matemáticas y las ciencias.

El sistema decimal Un avance fue el desarrollo del cero como **número**, o símbolo usado para representar una cantidad. Probablemente el mayor avance de los matemáticos indios fue el **sistema decimal**, un sistema basado en unidades de diez. Estos avances fueron la base de los números arábigos, usados hoy en todo el mundo.

Este obelisco, o pilar tallado, de Ellora mide 50 pies (15 metros) de altura. Fue tallado en una sola roca sólida.▼

Los templos de Ellora fueron tallados en roca sólida poco después de los Gupta. Sus torres escalonadas y pilares ricamente tallados son típicos de los templos hindúes en toda la India.

▲ Este moldeado en cerámica Gupta muestra un pescador.

Hace 1,500 años, los matemáticos Gupta de la India desarrollaron los numerales que todavía usamos. Aunque las formas de los numerales han cambiado con los años, el sistema sigue siendo el mismo.

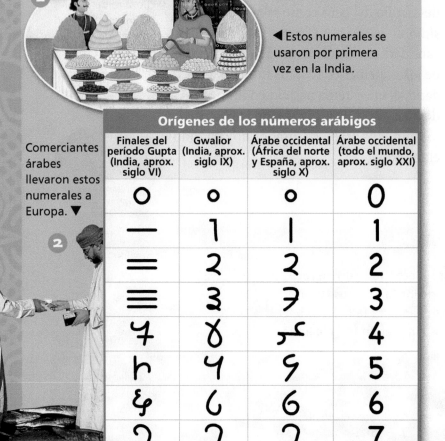

◄ Estos numerales se usaron por primera vez en la India.

Comerciantes árabes llevaron estos numerales a Europa. ▼

Orígenes de los números arábigos			
Finales del período Gupta (India, aprox. siglo VI)	Gwalior (India, aprox. siglo IX)	Árabe occidental (África del norte y España, aprox. siglo X)	Árabe occidental (todo el mundo, aprox. siglo XXI)
O	o	o	0
—	1	I	1
=	2	2	2
≡	3	7	3
૪	8	5	4
૮	4	9	5
૬	6	6	6
7	7	7	7
૩	૮	8	8
૭	9	9	9

Los europeos trajeron los numerales arábigos a América, donde forman parte de la vida diaria. ▶

Un nuevo mundo de matemáticas

La combinación del sistema decimal con el numeral del cero transformó las matemáticas. La multiplicación y la división eran muy difíciles de realizar con los números romanos. Con el nuevo sistema indio, fueron mucho más fáciles. Esto allanó el camino para otros avances como el álgebra.

Aryabhata era un importante astrónomo y matemático indio. En 499 D.C., escribió un libro sobre los campos matemáticos de la aritmética, el álgebra y la trigonometría. Años más tarde, los matemáticos europeos usaron el trabajo de Aryabhata para calcular el área de los triángulos y el volumen de las esferas.

Astronomía Aryabhata fue el primer astrónomo en afirmar que la Tierra rota, o gira, sobre su propio eje para crear el día y la noche. Dijo que los eclipses eran causados por el movimiento de la Tierra y la Luna. También descubrió que la Luna brilla al reflejar la luz del Sol.

Medicina Los doctores indios también realizaron avances en la medicina. Desarrollaron un sistema de medicina llamado ayurveda.

Los textos médicos ayurvédicos describen más de un millar de enfermedades. Explican cómo hacer medicinas a partir de plantas, animales y minerales. Explican cómo curar problemas médicos, como huesos rotos y la ceguera.

Logros de la Antigua India
Desarrollo de los numerales del 0 al 9
Creación del sistema decimal
Desarrollo del álgebra y la trigonometría
Explicación del cálculo para área y volumen
Descubrimiento de la rotación de la Tierra
Explicación del brillo de la Luna y la causa de los eclipses
Creación de medicamentos para curar enfermedades
Desarrollo de técnicas quirúrgicas
Destrezas superiores para trabajar los metales

miMundo: Actividad
Libro de logros Gupta

▲ Hierbas, frutas y vegetales usados en la medicina india.

Destreza: Gráficas

1 ¿Cuáles son dos logros que cambiaron la forma en que realizamos las matemáticas?

2 ¿Qué logro cambió nuestra visión del día y la noche?

Metalurgia Los artesanos Gupta también realizaron avances en la **metalurgia**, la ciencia que se ocupa de la <u>extracción</u> de metales y su uso en la creación de objetos útiles. Estos artesanos producían compuestos de metal de gran calidad. El pilar de hierro de Delhi es un famoso ejemplo de esa destreza. Esta columna de 23 metros de altura fue hecha con una sola pieza de hierro. Ha estado en el exterior por más de 1,500 años sin oxidarse.

extraer, v., remover, sacar

Verificar la lectura **¿Cuáles fueron dos avances clave en astronomía en la época Gupta?**

Evaluación de la Sección 2

? Pregunta esencial

¿Cómo se relacionan la religión y la cultura?

Términos clave

1. Usa el término *ciudadanía* en una oración que describa el sistema de gobierno Gupta.

2. ¿En qué se diferencia un numeral de un número?

3. ¿Qué avances Gupta estaban relacionados con el sistema decimal y la metalurgia?

Ideas clave

4. ¿Cómo construyeron su imperio los Gupta?

5. ¿Qué tradiciones Gupta siguen influenciando el arte de la India de hoy?

6. Explica cómo el sistema numérico Gupta llevó a otros avances en las matemáticas.

Razonamiento crítico

7. Comparar y contrastar ¿En qué se diferenciaba el sistema de gobierno Gupta del sistema de gobierno Maurya?

8. Analizar causa y efecto ¿Cómo abrió el camino el sistema numérico que se desarrolló en la antigua India para los avances modernos en la ciencia y la tecnología?

9. ¿Qué aspectos de la civilización Gupta estaban relacionados con la religión? ¿Cuáles no lo estaban? Anota la respuesta en tu Cuaderno del estudiante.

Evaluación del capítulo

Términos e ideas clave

1. **Recordar** ¿Quién fue Kautilya y cuál fue su **estrategia**?

2. **Describir** ¿Cómo conquistó Chandragupta Magadha?

3. **Describir** ¿Cómo funcionaba la **burocracia** de Chandragupta?

4. **Explicar** ¿Cuál era la actitud de Chandragupta hacia sus **súbditos**?

5. **Comentar** ¿Cómo trató Asoka de llevar la paz y la prosperidad a su imperio?

6. **Explicar** ¿Qué influencia tuvo el gobierno de Asoka en el budismo?

7. **Recordar** ¿Qué avances realizó Asoka en la vida de la India?

8. **Explicar** ¿Qué derechos de **ciudadanía** tenían las personas en el Imperio Gupta?

9. **Recordar** ¿Cuándo y dónde se inventó nuestro sistema numérico?

10. **Describir** ¿Qué información descubrieron los astrónomos Gupta?

Razonamiento crítico

11. **Solucionar problemas** ¿Crees que un gobierno necesita una burocracia? ¿Por qué?

12. **Analizar fuentes primarias y secundarias** Vuelve a leer la subsección "Consejos de Kautilya" en la Sección 1. ¿Con qué consejo estás de acuerdo? ¿Con cuál no estás de acuerdo? ¿Por qué?

13. **Analizar causa y efecto** ¿Por qué Asoka habrá hecho hincapié en la tolerancia de religiones distintas al budismo?

14. **Inferir** ¿En qué se diferencia la burocracia Gupta de la burocracia establecida por el emperador Maurya?

15. **Conceptos básicos: Ciencia y tecnología** ¿Por qué los descubrimientos en la metalurgia son importantes para una civilización?

Analizar elementos visuales

Usa el mapa de la derecha para responder las preguntas siguientes.

16. ¿Qué imperio abarcaba más territorio: el Maurya o el Gupta?

17. ¿Por qué los dos imperios querían poseer costas tanto en el mar Arábigo como en el golfo de Bengala?

18. Pataliputra era la capital tanto del Imperio Maurya como del Imperio Gupta. ¿Por qué su ubicación la convertía en una buena opción para una ciudad capital?

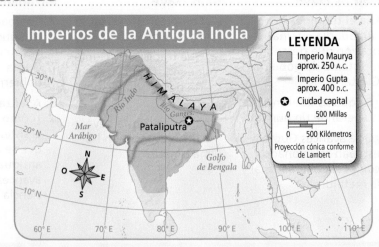

Imperios de la Antigua India

LEYENDA
- Imperio Maurya aprox. 250 A.C.
- Imperio Gupta aprox. 400 D.C.
- ★ Ciudad capital

0   500 Millas
0   500 Kilómetros
Proyección cónica conforme de Lambert

HIMALAYA

Río Indo

Río Ganges

Mar Arábigo

Pataliputra

Golfo de Bengala

Pregunta esencial

miMundo: Actividad del capítulo

Hacer un esquema de un documental Sigue las instrucciones de tu maestro para recopilar información sobre cinco personas importantes de la antigua India. Usa la información para hacer un esquema de la trama de un documental sobre una de estas figuras. Asegúrate de que tu documental aborde la relación de tu personaje con las religiones de la India.

Aprendizaje del siglo XXI

Resolución de problemas

Trabajando en pequeños grupos, enumera dos ventajas y dos desventajas de la burocracia. Luego busca en la Internet para obtener más información sobre la burocracia de tu gobierno estatal o la burocracia de por lo menos un organismo estatal. Sugiere formas en las que tu estado o uno de sus organismos podría aumentar las ventajas y reducir las desventajas de la burocracia.

Preguntas basadas en documentos

Success Tracker™
En línea en myworldhistory.com

Usa tu conocimiento del Imperio Maurya y los Documentos A y B para responder las Preguntas 1 a 3.

Documento A

" **Los deberes de un rey**

Cuando está en su corte, nunca debe hacer que sus peticionarios [las personas que buscan su ayuda] esperen en la puerta, porque cuando un rey se hace [inaccesible] a su pueblo y confía [pasa] su trabajo a sus funcionarios inmediatos, puede estar seguro de que [generará] confusión en los negocios y provocará así [hostilidad] pública, haciéndose presa [víctima] de sus enemigos."

—de *Arthashastra*, por Kautilya, Libro I, Capítulo 19

1. ¿Qué aconseja el Documento A que haga un rey?

A Hacer que las personas esperen en la puerta.

B Permitir a las personas que busquen directamente su ayuda.

C Generar confusión en los negocios.

D Confiar su trabajo a sus funcionarios inmediatos.

Documento B

" Se debe atender [escuchar] al padre y la madre; de manera similar, el respeto a los seres vivos debe estar firmemente establecido; la verdad debe ser dicha. Estas son las virtudes de la Ley de la piedad [o dharma], que se deben practicar. Del mismo modo, el maestro debe ser reverenciado [respetado y valorado] por el discípulo y se debe mostrar la cortesía [amabilidad] apropiada hacia los parientes [familiares]".

—Del segundo Edicto menor en roca de Asoka

2. ¿A quién le ofrece consejo Asoka en el Documento B?

A a un rey

B a los padres

C a los maestros

D a los ciudadanos

3. **Tarea escrita** Escribe un edicto en el que des un consejo que refleje cómo crees que un líder debe gobernar a la sociedad estadounidense actual.

my worldhistory.com

Self-Test

La Antigua China

¿Cuánto influye la geografía en la vida de las personas?

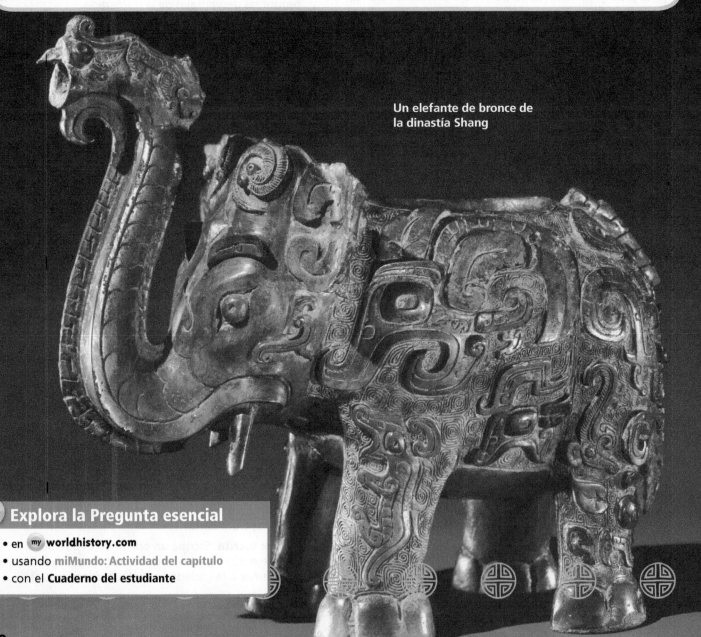

Un elefante de bronce de
la dinastía Shang

 Explora la Pregunta esencial

- en **my** **worldhistory.com**
- usando **miMundo: Actividad del capítulo**
- con el **Cuaderno del estudiante**

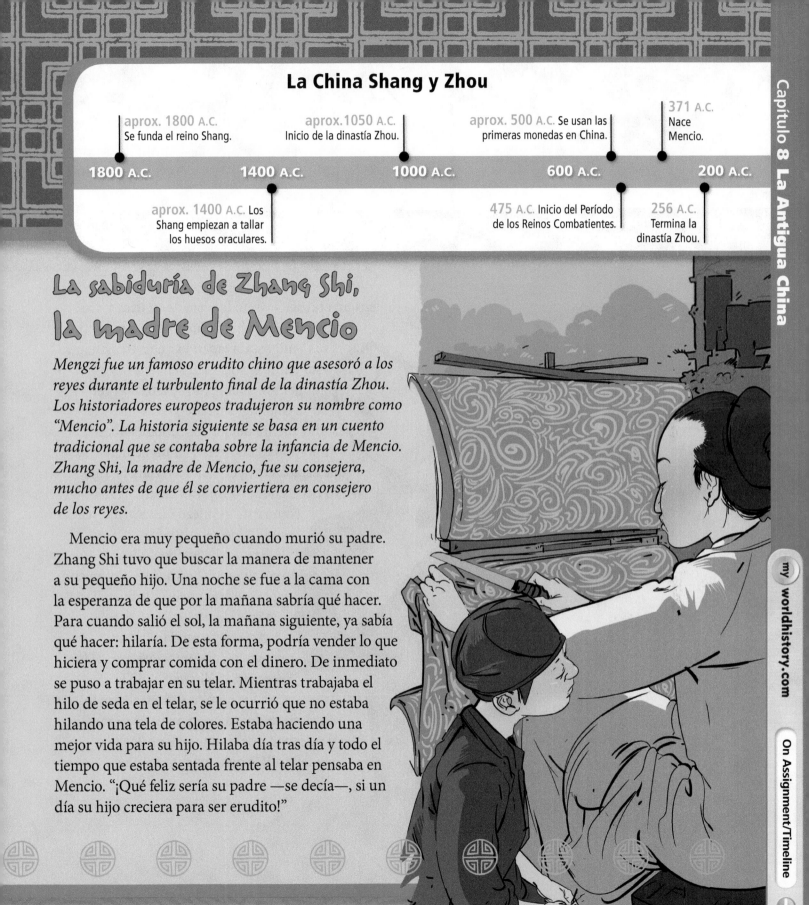

La China Shang y Zhou

aprox. 1800 A.C.
Se funda el reino Shang.

aprox.1050 A.C.
Inicio de la dinastía Zhou.

aprox. 500 A.C. Se usan las
primeras monedas en China.

371 A.C.
Nace
Mencio.

| 1800 A.C. | 1400 A.C. | 1000 A.C. | 600 A.C. | 200 A.C. |

aprox. 1400 A.C. Los
Shang empiezan a tallar
los huesos oraculares.

475 A.C. Inicio del Período
de los Reinos Combatientes.

256 A.C.
Termina la
dinastía Zhou.

La sabiduría de Zhang Shi, la madre de Mencio

Mengzi fue un famoso erudito chino que asesoró a los reyes durante el turbulento final de la dinastía Zhou. Los historiadores europeos tradujeron su nombre como "Mencio". La historia siguiente se basa en un cuento tradicional que se contaba sobre la infancia de Mencio. Zhang Shi, la madre de Mencio, fue su consejera, mucho antes de que él se conviertiera en consejero de los reyes.

Mencio era muy pequeño cuando murió su padre. Zhang Shi tuvo que buscar la manera de mantener a su pequeño hijo. Una noche se fue a la cama con la esperanza de que por la mañana sabría qué hacer. Para cuando salió el sol, la mañana siguiente, ya sabía qué hacer: hilaría. De esta forma, podría vender lo que hiciera y comprar comida con el dinero. De inmediato se puso a trabajar en su telar. Mientras trabajaba el hilo de seda en el telar, se le ocurrió que no estaba hilando una tela de colores. Estaba haciendo una mejor vida para su hijo. Hilaba día tras día y todo el tiempo que estaba sentada frente al telar pensaba en Mencio. "¡Qué feliz sería su padre —se decía—, si un día su hijo creciera para ser erudito!"

myworldhistory.com

On Assignment/Timeline

Mencio y su amigo imitan a los trabajadores del cementerio cerca de la casa de Mencio.

Mencio y su amigo riñen como los comerciantes del mercado.

Pero una tarde, levantó la vista de su telar y vio que Mencio jugaba un juego inquietante con sus amigos. Cavaban lo que parecían ser tumbas y fingían ser cadáveres y dolientes. Zhang Shi se alteró al ver a su hijo jugar tal juego. Entonces se dio cuenta de que los niños estaban imitando lo que veían en un cementerio que estaba cerca de donde vivían. Se dijo: "No debo educar a mi hijo en un lugar como éste. ¡Quiero que mi hijo sea erudito, no sepulturero!"

Esa noche le dijo a Mencio que se mudarían a un lugar en el que tendría mejores influencias en su vida.

Así que se mudaron a un nuevo hogar, junto a un animado mercado. A Zhang Shi no le gustaban los hombres que trabajaban en el mercado, ya que a menudo discutían y peleaban por el dinero. Pero Mencio era feliz allí, e hizo muchos amigos.

Zhang Shi toma un cuchillo y rasga la tela que estaba hilando.

Zhang Shi empaca sus pertenencias para mudarse de nuevo.

Mencio trabaja mucho en sus estudios.

Durante un tiempo, todo estuvo bien, y cuando Zhang Shi trabajaba en su telar pensaba de nuevo en lo feliz que sería su esposo si su hijo creciera y se convirtiera en erudito.

Pero una tarde, levantó la vista de su tejido y vio a Mencio y a sus nuevos amigos insultándose y dándose puñetazos, ¡igual que los hombres que trabajaban en el mercado! Zhang Shi frunció el ceño y empezó a empacar inmediatamente.

Esta vez, se mudaron junto a una escuela. Mencio miró a los niños que aprendían a leer y escribir y le preguntó a su madre si podía unirse a ellos. Ella sonrió. "Por fin —se dijo—, he encontrado un lugar que es adecuado para mi hijo. Ahora puede crecer para ser erudito".

A Mencio le iba bien en la escuela y a Zhang Shi le iba bien con su tejido. Sus piezas eran más grandes y más hermosas que nunca.

Pero una tarde, Zhang Shi notó que Mencio había vuelto de la escuela antes de lo normal. Lo miró detenidamente y le preguntó qué había aprendido en la escuela ese día.

—No mucho. Lo mismo que ayer —se ruborizó Mencio.

Zhang Shi sabía que Mencio había faltado a la escuela. Así que tomó un cuchillo y rasgó la tela que había estado tejiendo. ¡Su hermoso trabajo cayó al suelo en jirones!

—¡No! —gritó Mencio—. ¿Qué estás haciendo?

Zhang Shi dijo que había cortado su tejido para mostrarle el error que él estaba cometiendo.

—Faltar a la escuela es lo mismo que si corto mi tejido. Si no estudias y cultivas tu carácter, terminarás siendo un ladrón o un esclavo. Si no tejo, también terminaré siendo una ladrona o una esclava. Es lo mismo. ¿No te das cuenta?

Desde ese momento, Mencio estudió mucho en la escuela y se convirtió en uno de los eruditos más famosos de la historia china. Mencio dijo una vez que aquel que atiende a su yo superior se convierte en un gran hombre, y aquel que atiende a su yo inferior se convierte en un hombre pequeño. Éstas son sabias palabras, en efecto, y una lección aprendida de su madre.

Basándote en esta historia, ¿cómo influyó el lugar en Mencio? Mientras lees el capítulo, piensa en qué te indica la vida de Mencio sobre la antigua China.

 myStory Video

Aprende más sobre Zhang Shi y Mencio.

Asentamientos a lo largo del río Huang

Ideas clave

- Los accidentes geográficos aislaron a la antigua China de otras civilizaciones antiguas.
- Los asentamientos de agricultores a lo largo del río Huang fueron el inicio de la civilización china.
- Los logros de la dinastía Shang incluyeron el trabajo avanzado del bronce y el desarrollo de la escritura.

Términos clave • loes • dique • hueso oracular • pictografía

 Visual Glossary

Destreza de lectura Resumir Toma notas usando el organizador gráfico en tu Cuaderno.

 Culture Close-Up

Los artesanos Shang crearon hermosas estatuas de bronce.

La civilización china surgió a lo largo del río Huang, también llamado río Amarillo. Alrededor de 5000 A.C., los agricultores se asentaron en aldeas en este valle de río. Con el tiempo, poderosos gobernantes las unificaron para crear grandes reinos. Entre estos, el reino Shang fue el más influyente.

La geografía de China

Hoy, China es un país enorme, similar a los Estados Unidos. Gran parte de China está cubierta de montañas y desiertos. Los primeros habitantes encontraron los recursos que necesitaban en los valles de los ríos de China.

Los sistemas fluviales Los ríos ayudaron al desarrollo de China. China tiene dos ríos principales: el Huang y el Chang. Éstos proporcionan agua para la agricultura. Las personas transportan bienes a lo largo de estas vías fluviales.

Ambos ríos nacen en las altas montañas del oeste de China. El Chang es el río más largo, pero el río Huang fue importante para la historia antigua de China. Fluye hacia el este hasta el mar Amarillo. En el camino, cruza la llanura del norte de China.

Los vientos del desierto de Gobi llevan loes hacia el valle del río Huang. El **loes** es un material polvoroso fino que puede formar tierra. El río Huang atraviesa profundos depósitos de loes y lo recoge.

El loes hace que el río sea turbio y lo vuelve amarillo. El nombre del río Huang proviene de este lodo. En chino, *huang* significa amarillo.

Cuando el río se desborda, deposita el loes en la llanura circundante. Este suelo fértil hace que la llanura del norte de China sea muy apropiada para la agricultura. Incluso con herramientas sencillas, los antiguos agricultores podían plantar fácilmente sus cultivos en el suelo blando. Esta llanura fue en donde se crearon los primeros asentamientos grandes de China.

Aislamiento Casi toda China está rodeada por barreras físicas. Dos grandes desiertos, el Takla Makan y el Gobi, se encuentran al norte y al oeste de China. La altitud del Himalaya forma una pared entre China y la India. Al sur se encuentran más montañas y al este se extiende el vasto océano Pacífico.

Los viajes y el comercio entre China y otras civilizaciones eran difíciles. Es probable que algunas antiguas innovaciones, como el caballo domesticado y el carruaje, llegaran a China desde el oeste de Asia. Sin embargo, la antigua China estaba muy aislada de otras civilizaciones. Desarrolló sus propias tradiciones y forma de vida.

Verificar la lectura ¿Qué barreras naturales aislaron a China de otras civilizaciones?

mi Mundo
CONEXIONES

El río Chang es casi dos veces más largo que el río Missouri, el río más largo de los Estados Unidos.

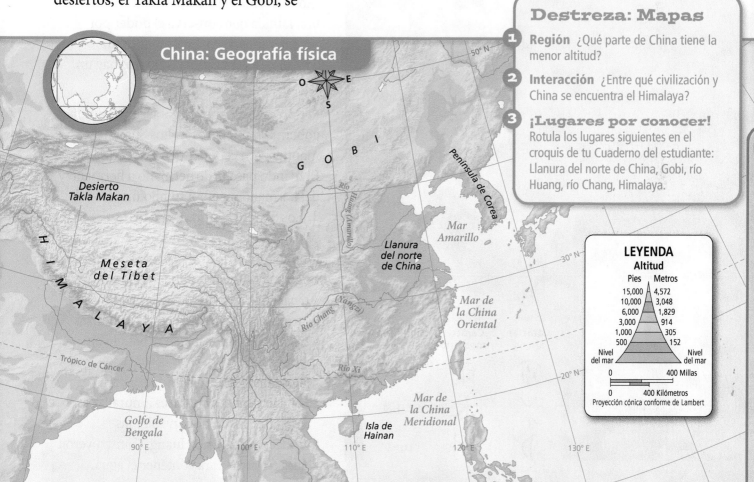

China: Geografía física

O · E
S

G O B I

Desierto
Takla Makan

Río Huang (Amarillo)

Península de Corea

H I M A L A Y A

Meseta
del Tíbet

Llanura
del norte
de China

Mar
Amarillo

(Yangzi)

Río Chang

Mar de
la China
Oriental

Trópico de Cáncer

Río Xi

Golfo de
Bengala

Isla de
Hainan

Mar de
la China
Meridional

50° N

30° N

20° N

90° E   100° E   110° E   120° E   130° E

LEYENDA
Altitud

Pies	Metros
15,000	4,572
10,000	3,048
6,000	1,829
3,000	914
1,000	305
500	152
Nivel del mar	Nivel del mar

0   400 Millas

0   400 Kilómetros
Proyección cónica conforme de Lambert

Destreza: Mapas

1 **Región** ¿Qué parte de China tiene la menor altitud?

2 **Interacción** ¿Entre qué civilización y China se encuentra el Himalaya?

3 **¡Lugares por conocer!**
Rotula los lugares siguientes en el croquis de tu Cuaderno del estudiante: Llanura del norte de China, Gobi, río Huang, río Chang, Himalaya.

my worldhistory.com

Culture Close-Up

255

Los huesos oraculares

Los adivinos Shang escribían preguntas a los ancestros sobre un hueso de animal o un caparazón de tortuga. Este se calentaba hasta agrietarse y luego se interpretaba el patrón de las grietas. Un rey Shang usó este método para predecir el resultado de un conflicto entre otros dos reinos.

RAZONAMIENTO CRÍTICO ¿Por qué querría el rey saber el resultado de un conflicto entre otros dos reinos?

Muchos caracteres chinos modernos se remontan a la escritura en huesos oraculares. ▶

Escritura china

Carácter Shang	Carácter moderno	Significado
雨	雨	Lluvia
木	木	Árbol
月	月	Luna

La dinastía Shang

Desde los primeros asentamientos a lo largo del río Huang, el reino Shang dominó gran parte de la región. Su idioma y cultura tendrían una influencia duradera en China.

El auge Shang A lo largo del río Huang crecieron aldeas de agricultores. Las personas usaban herramientas y hacían cerámica y tela de seda. Algunas aldeas tenían gobernantes que organizaban a los trabajadores y a los guerreros. Algunos jefes dirigieron a sus guerreros para controlar las aldeas cercanas, creando reinos pequeños.

Alrededor de 1700 A.C., uno de los reinos comenzó a expandirse. Un gobernante fundó la dinastía Shang. Una dinastía es una familia que conserva el poder por muchos años. Esta dinastía duró unos 600 años. Es la primera de la que hay un registro escrito.

El gobierno Shang El gobierno lo dirigían gobernantes poderosos. Los Shang mantuvieron el poder dentro de la familia. El mando pasaba de hermano a hermano y del hermano menor a su hijo mayor.

Los Shang organizaron a los agricultores para desmontar y preparar nuevas tierras. Obtuvieron cosechas más grandes. Lograron alimentar a más soldados. Atacaron las tierras vecinas y ampliaron su territorio. Peleaban con arcos, lanzas y hachas. Algunos iban a la batalla en carruajes.

Los Shang usaron su riqueza para construir grandes ciudades amuralladas. También trataron de controlar las inundaciones del río Huang. Construyeron **diques** o muros para contener el agua.

Escritura Los primeros registros escritos de China son los **huesos oraculares** de la dinastía Shang. Estos son huesos de animales o caparazones de tortuga tallados con caracteres que los reyes Shang usaban para tratar de predecir el futuro.

Las preguntas se escribían en el hueso, que se calentaba hasta agrietarse. El rey o un sacerdote <u>interpretaba</u> las grietas para obtener una respuesta. Nadie sabe exactamente cómo se leían las grietas.

Los huesos oraculares también servían para registrar sucesos importantes relacionados con sus preguntas. Los eruditos han aprendido mucho de la antigua China y sus gobernantes a partir de estos registros.

Los Shang no usaban un alfabeto para sus palabras escritas, que se llaman caracteres. Algunos caracteres eran **pictografías**, es decir, imágenes que representan palabras o ideas. Otros eran una combinación de símbolos. Algunos símbolos representaban el significado de la palabra y otros el sonido.

Hacia 1300 A.C., los Shang tenían un sistema de escritura desarrollado. Muchos caracteres se convirtieron en la escritura que los chinos usan hoy. El sonido cambió, pero su significado puede entenderse. Hoy, el chino escrito tiene miles de caracteres y es un <u>reto</u> aprenderlo.

Este sistema es útil en un país en el que se hablan muchos dialectos. El chino hablado es diferente en todo el país, pero todos los hablantes usan los mismos caracteres. Los caracteres son como los números. Un número tiene el mismo significado en varios idiomas, incluso si la palabra usada para ese número es diferente en cada uno de ellos.

Metalistería en bronce Los artesanos crearon cerámica y tallas en jade, pero son conocidos por su metalistería en bronce. Estos objetos incluyen ollas, tazas y armas finamente decoradas.

La mayoría de los utensilios no eran de bronce. Los Shang usaban los costosos y hermosos bronces en las ceremonias religiosas. Los sacrificios humanos y animales se preparaban con cuchillas de bronce. También ofrecían comida y vino a sus dioses y ancestros con la esperanza de que estos espíritus los ayudaran.

Verificar la lectura ¿Cuánto tiempo duró la dinastía Shang?

reto, *sust.,* algo que es difícil o que requiere esfuerzo

interpretar, *v.,* explicar, dar el significado de

miMundo: Actividad
Una olla de bronce cuenta una historia

Evaluación de la Sección 1

Pregunta esencial

¿Cuánto influye la geografía en la vida de las personas?

Términos clave

1. ¿Qué es el loes?

2. Usa los términos *huesos oraculares* y *pictografía* para describir el idioma chino.

Ideas clave

3. ¿Cuáles son los dos ríos principales de China?

4. ¿Cuáles fueron dos logros de la dinastía Shang?

5. ¿Cómo aumentaron su poder los líderes de la dinastía Shang?

Razonamiento crítico

6. Sacar conclusiones ¿Por qué estudiaron los eruditos los huesos oraculares?

7. Comparar y contrastar ¿En qué se diferencia el chino del español?

8. ¿Cómo influyó el río Huang en la vida de los chinos que se asentaron en sus riberas? Anota la respuesta en tu Cuaderno del estudiante.

China bajo la dinastía Zhou

Ideas clave
- La dinastía Zhou derrotó a la dinastía Shang aproximadamente en 1050 A.C.
- Los Zhou desarrollaron la idea del Mandato Celestial, que explica el auge y la caída de las dinastías.
- Los reyes de la dinastía Zhou ampliaron su imperio, pero tuvieron dificultades para controlar su vasto territorio.

Términos clave • Mandato Celestial • señor de la guerra • caos • Período de los Reinos Combatientes

  Visual Glossary

Destreza de lectura **Identificar las ideas principales y los detalles** Toma notas usando el organizador gráfico en tu Cuaderno.

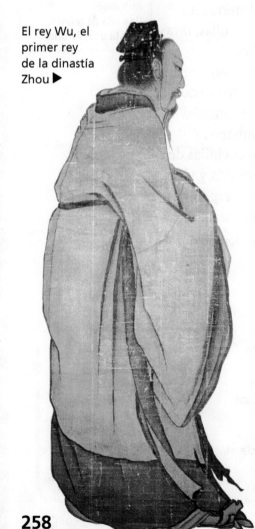

El rey Wu, el primer rey de la dinastía Zhou ▶

Alrededor de 1050 A.C., un grupo llamado los Zhou atacó al reino Shang desde el oeste. Los Zhou derrocaron al gobernante Shang y establecieron una nueva dinastía. La dinastía Zhou gobernó durante unos 800 años. Sin embargo, durante gran parte de la segunda mitad de su gobierno, los Zhou lucharon para mantener unido su gran reino.

Auge y caída de los Zhou

Casi todo lo que se conoce de la caída de los Shang proviene de fuentes escritas durante la dinastía Zhou. Según estas fuentes, los Zhou obtuvieron el poder porque los reyes Shang se habían vuelto corruptos. El último rey Shang gobernó mal. Sólo se preocupaba de su placer y muchas personas se molestaron con él. Cuando los Zhou atacaron a los Shang, muchos guerreros Shang se negaron a pelear. Se rindieron y aceptaron al rey Zhou como su nuevo gobernante.

El derecho a gobernar Después de tomar el poder, los líderes Zhou declararon que su éxito demostraba que contaban con el apoyo del Cielo. Según ellos, el Cielo era la más alta fuerza de la naturaleza que concedía a las dinastías el derecho a gobernar. Llamaban a este derecho el **Mandato Celestial**. Si una dinastía no actuaba correctamente, perdía este derecho. Este mandato luego pasaría a una nueva dinastía. El Mandato Celestial permitía a un líder tomar el control por la fuerza, si era necesario. La victoria servía como prueba de que el Cielo apoyaba el cambio de liderazgo.

Sin embargo, para permanecer en el poder, los gobernantes tendrían que actuar virtuosamente. Tendrían que ser buenos y justos y servir a los intereses del pueblo. El concepto del Mandato Celestial se convirtió en una tradición del gobierno chino. Bajo esta tradición, al gobernante se le llamaba Hijo del Cielo. Si desempeñaba bien su función, habría armonía entre el Cielo y la Tierra.

Una fuente china antigua, el *Clásico de la historia*, explica por qué los reyes Zhou recibieron el Mandato Celestial:

> 66 . . . nuestros reyes de Zhou trataban bien a las personas. . . y presidían los servicios a los espíritus y al Cielo. El Cielo, en consecuencia, instruyó a los reyes Zhou, los eligió. . . y les dio el decreto para gobernar 99.
>
> —*Clásico de la historia*

Los emperadores debían cuidar al pueblo y eliminar la corrupción. Las revueltas y los desastres naturales eran vistos como presagios posibles de que la dinastía había perdido el Mandato Celestial.

Gobernar a los Zhou Con la conquista, los Zhou ampliaron sus tierras. En su apogeo, los Zhou gobernaban un territorio que llegaba hasta el río Chang.

Este gran reino incluía muchas culturas. Para mantener el control, el rey puso miembros de la familia a cargo de las distintas regiones o estados. Con el tiempo, los lazos entre el rey y los nobles locales se debilitaron.

En 771 A.C., un grupo de nobles se unió a los invasores nómadas para tratar de derrocar al rey. Con la ayuda de otros nobles, los Zhou <u>sobrevivieron</u>. Pero el poder del rey Zhou disminuyó. Los reyes Zhou se debilitaron y dependieron de los nobles que los habían ayudado.

Los estados que habían estado vinculados a los Zhou se hicieron más independientes. Estalló el combate entre los señores de la guerra. Los **señores de la guerra** son los gobernantes militares de estados pequeños. A pesar de que estos señores se decían leales al rey, a menudo esperaban ganar poder para ellos mismos.

miMundo: Actividad
Aviso de poder

sobrevivir, *v.*, durar, seguir viviendo

La China Shang y Zhou

LEYENDA
Civilización Zhou, 1000 A.C.
Área principal de la dinastía Zhou
● Última capital Shang
○ Última capital Zhou

0   300 Millas
0   300 Kilómetros
Proyección cónica conforme de Lambert

Río Huang (Amarillo)

Anyang ●
○ Luoyang

Mar Amarillo

Mar de la China Oriental

Río Chang (Yangzi)

OCÉANO PACÍFICO

30° N

Trópico de Cáncer

100° E   110° E   120° E   130° E

Destreza: Mapas

1 **Ubicación** ¿Controlaron los Zhou las tierras principales de los Shang?

2 **Lugar** ¿Por qué crees que ambas capitales, la Shang y la Zhou, se ubicaron a lo largo del río Huang?

menor, *adj.,* no serio, no importante

Los Reinos Combatientes Con el tiempo, las batallas <u>menores</u> se convirtieron en una gran guerra. China entró en un período de **caos**, o desorden y confusión total. Este período, de 475 A.C. a 221 A.C. aproximadamente, se conoció como el **Período de los Reinos Combatientes**. Un conflicto brutal y destructivo marcó el período. Las batallas asolaron el campo. Murieron millones de personas.

Los reinos más fuertes conquistaron a los más débiles. Con el tiempo, surgieron algunos reinos grandes. Los Zhou se quedaron sin seguidores y en 256 A.C., se derrocó al último gobernante. El combate siguió hasta que una nueva dinastía unificó China.

Verificar la lectura **¿Qué hizo que fuera difícil gobernar el reino Zhou?**

La sociedad Zhou

Los Zhou adoptaron gran parte de la cultura Shang. Obedecían las mismas leyes básicas, usaban ropa similar y hablaban la misma lengua. Produjeron arte en bronce que rivalizaba con el de los Shang. También ocurrieron grandes cambios. Por ejemplo, los reyes abandonaron la práctica de sacrificios humanos y dejaron de usar los huesos oraculares.

La estructura de la sociedad Los reyes Zhou, al igual que los gobernantes Shang, ocupaban el centro de gobierno. Los Zhou dieron más poder a los estados individuales y a los nobles que los dirigían. Esos estados establecieron su propia ciudad capital amurallada, desde la que controlaban las tierras de los nobles menos importantes. Los nobles debían servir al rey y formar ejércitos para apoyarlo.

Surge una nueva dinastía.
• Un gobernante fuerte derrota a otros gobernantes locales.
• La nueva dinastía expande las fronteras de China.

La nueva dinastía gobierna.
• Restaura la paz.
• Elige funcionarios leales.
• Hace reformas.

Sigue un período de violencia.
• Los gobernantes locales luchan por el poder.

La dinastía se debilita.
• Es difícil gobernar un imperio grande.
• Se pagan altos impuestos para proyectos y lujos.
• Los funcionarios se vuelven corruptos.

La dinastía pierde el Mandato Celestial.
• Rebelión e invasión
• Inundaciones, hambruna, terremotos
• La dinastía cae.

El auge y la caída de las dinastías

Muchas de las dinastías de China surgieron y cayeron siguiendo un patrón similar. Los chinos creían que cada dinastía primero ganaba el Mandato Celestial y luego lo perdía.

Destreza: Gráficas

1 ¿Por qué se debilitan las dinastías?

2 ¿Por qué crees que los chinos veían las inundaciones y los terremotos como prueba de que una dinastía había perdido el Mandato Celestial?

Aprendizaje del siglo XXI

La mayoría de las personas, como en muchas sociedades antiguas, eran campesinos. Cultivaban la tierra y servían como soldados.

Además, en la sociedad Zhou había un pequeño número de comerciantes, artesanos y esclavos. Algunas personas eran vendidas como esclavos cuando su familia pasaba por tiempos difíciles. La esclavitud también se usaba como castigo.

Las relaciones familiares Los antiguos chinos valoraban mucho a la familia. La sociedad exigía lealtad a la familia. Los mayores tenían más poder y privilegios que los más jóvenes. Como en muchas sociedades antiguas, los hombres tenían un estatus más alto que las mujeres.

Economía y tecnología Durante la dinastía Zhou, se realizaron muchos avances tecnológicos. Una invención importante fue la ballesta. Los artesanos aprendieron a fabricar hierro, que es más fuerte que el bronce. Lo usaban para fabricar armas.

Las innovaciones también ayudaron a fortalecer la economía. Se usó hierro para hacer herramientas agrícolas más fuertes y eficaces. El rendimiento de los cultivos aumentó debido al uso de la irrigación y fertilizantes en las tierras. Construyeron una red de caminos, que mejoró los viajes y el comercio. Surgieron nuevas ciudades.

Las monedas también se usaron por primera vez en la dinastía Zhou. Las monedas facilitaron el comercio en el gran imperio Zhou.

La vida cultural Fue una época de gran creatividad. Como los líderes competían por influencia, apoyaron a poetas y artistas. Buscaron hombres sabios para que los ayudaran a gobernar. Los escritos de los pensadores se convirtieron en la base del pensamiento chino durante siglos.

Verificar la lectura ¿Cuáles fueron dos avances de la sociedad Zhou?

Las monedas Zhou se hacían con diferentes formas, incluidos cuchillos y espadas. ▶

Evaluación de la Sección 2

Pregunta esencial

¿Cuánto influye la geografía en la vida de las personas?

Términos clave

1. ¿Qué es un señor de la guerra?

2. Usa los términos *caos* y *Período de los Reinos Combatientes* para escribir una oración acerca de China bajo la dinastía Zhou.

Ideas clave

3. ¿Cómo estableció la dinastía Zhou su derecho a gobernar China?

4. ¿Cómo cambió el poder del rey durante la dinastía Zhou?

Razonamiento crítico

5. Comparar y contrastar ¿En qué se parecían y se diferenciaban la dinastía Zhou y la dinastía Shang?

6. Inferir ¿Cómo facilitó el comercio la invención de la moneda?

7. ¿Por qué la geografía de China no ayudó a que los reyes Zhou mantuvieran unido a su gran reino? Anota la respuesta en tu Cuaderno del estudiante.

Religiones y creencias en la Antigua China

Ideas clave
- Las creencias tradicionales chinas se centraban en los espíritus y la importancia de los ancestros.
- El confucianismo y el taoísmo fueron filosofías importantes desarrolladas durante la dinastía Zhou.

Términos clave
- filosofía
- culto a los ancestros
- confucianismo
- amor filial
- taoísmo

 Visual Glossary

 Destreza de lectura **Comparar y contrastar** Toma notas usando el organizador gráfico en tu Cuaderno.

◄ Se cree que los ruidosos petardos ahuyentan a los malos espíritus. El crepitar de los fuegos artificiales se puede escuchar durante toda la noche en la víspera de Año Nuevo en algunas ciudades chinas.

Aislada por su geografía, la antigua China tenía una cultura única. Dos importantes sistemas de creencias, el confucianismo y el taoísmo, se desarrollaron durante la dinastía Zhou. Cada uno es una **filosofía**, es decir, un conjunto de creencias sobre el mundo y cómo vivir. Estas filosofías influyeron en todos los aspectos de la sociedad. Prácticas religiosas, como la adoración de ciertos dioses, se relacionaron con estas filosofías. Hoy, templos taoístas y confucianos se encuentran en toda China. Antes de que aparecieran estas filosofías, los chinos seguían antiguas tradiciones espirituales.

Tradiciones espirituales

Algunos antiguos chinos veían a la Tierra como un cuadrado plano. El cielo se extendía por encima. Tanto el cielo como la Tierra estaban poblados por una variedad de espíritus.

Muchos espíritus Los antiguos chinos veían al cielo como el hogar de los espíritus del Sol, la Luna, las estrellas y las tormentas. En la Tierra, los espíritus vivían en las colinas, los ríos, las rocas y los mares. Estos espíritus gobernaban la vida diaria de las personas. Los espíritus buenos hacían que llegaran las lluvias y que crecieran los cultivos. Ayudaban a los navegantes a viajar seguros en el mar. Llevaban felicidad.

No todos eran amables. Los espíritus dañinos hacían las calles peligrosas por las noches. Podían esconderse en una casa, llevando mala suerte a los que vivían allí. Durante los festivales, las personas usaban sonidos fuertes para alejarlos.

Honrar a los ancestros Los espíritus más importantes para muchos chinos antiguos eran los de sus ancestros. Creían que los miembros de la familia vivían después de la muerte en el mundo de los espíritus y continuaban siendo parte de la familia.

Como eran parte de la familia, había que apoyar y cuidar a los ancestros. Si los vivos lo hacían, estos los protegerían y guiarían. Pero también podrían causar problemas. Para evitarlo, los vivos debían honrar a los muertos.

Los chinos desarrollaron muchos rituales para honrar a sus ancestros. Las familias tenían sepulcros con tabletas con sus nombres. Colocaban alimentos en ocasiones especiales para darles la bienvenida a casa. Cuando se empezó a usar el papel moneda, quemaban dinero "espiritual" falso para darles un <u>ingreso</u> en la otra vida. Estas prácticas se conocen como **culto a los ancestros**. Muchos de estos rituales todavía se realizan en días festivos y funerales en China.

ingreso, *sust.,* pago de dinero

Verificar la lectura **¿Por qué era importante para los chinos honrar a sus ancestros?**

Los espíritus en el hogar

Hoy, muchos chinos creen que las antiguas ideas acerca de los espíritus son supersticiones. Sin embargo, las decoraciones chinas muestran la influencia de las ideas tradicionales acerca de los espíritus buenos y malos.

Algunos chinos decoran sus puertas con pinturas de un par de generales. Los generales evitan que los malos espíritus entren a la casa.

El Dios de la Cocina es un espíritu amigable que vive en la cocina de la familia. Da informes a un poderoso espíritu conocido como el Emperador de Jade. En el Año Nuevo, la familia cuelga una imagen del Dios de la Cocina y le pone miel en los labios para que le diga al Emperador de Jade cosas "dulces" sobre la familia.

263

Ser buenos:
Predicar con el ejemplo

El pensador Confucio deseaba enseñar a sus alumnos a ser sabios y buenos. Quería que los gobernantes siguieran su consejo y se convirtieran en ejemplos de buen comportamiento para sus súbditos. Las personas sólo aprenderían a ser buenas si las gobernaba un gobernante justo. Confucio creía que la educación y el ritual eran dos maneras de enseñar valores.

RAZONAMIENTO CRÍTICO ¿Por qué creía Confucio que era importante que los gobernantes actuaran de manera apropiada?

> 66 Si las personas se dejan guiar por las leyes. . . tratarán de evitar el castigo, pero no tendrán el sentimiento de vergüenza. Si se dejan guiar por la virtud [bondad]. . . tendrán el sentimiento de vergüenza y se volverán buenas 99.
>
> —Confucio, *Analectas*

Ritual

Confucio creía que seguir los rituales tradicionales ayudaba a las personas a enfocarse en los valores importantes. Por ejemplo, argumentaba que después de que moría un padre, el hijo debía guardar luto por tres años. Durante este tiempo, el hijo vivía una vida más sencilla. Este ritual era un tributo al amor y al cuidado que el padre dio al hijo. Arriba, los dolientes encienden velas y dinero espiritual en un funeral.

Educación

Confucio instaba a sus alumnos a estudiar no sólo la escritura y las matemáticas, sino también la música. La música era fundamental para las ceremonias Zhou. Podía llenar al oyente con la sensación de belleza y armonía e inspirar la buena conducta. A la izquierda, un músico golpea una campana de bronce. Se hicieron grandes campanas de bronce como éstas durante la dinastía Zhou.

Las enseñanzas de Confucio

El **confucianismo**, las enseñanzas del pensador Confucio, es una de las filosofías más importantes que se desarrollaron en China. Confucio vivió justo antes del Período de los Reinos Combatientes. Los reyes Zhou ya se habían debilitado. Confucio y los pensadores posteriores buscaron soluciones a los problemas de China. Confucio fue el que mayor influencia tuvo en la cultura china. Se le conoce como el "Primer Maestro" y se le honra por su gran sabiduría.

La vida de un filósofo Confucio nació en una familia pobre en el año 551 A.C. Tuvo varios trabajos de bajo nivel en el gobierno. Fue testigo de algunos de los problemas de su época, como la codicia y la crueldad. Los funcionarios a menudo no hacían cumplir la ley. Algunos aceptaban sobornos, o pagos ilegales, para hacer favores a los ricos. Los campesinos se morían de hambre mientras los gobernantes les cobraban impuestos para pagar las guerras.

Confucio creía que la causa del desorden era que los chinos se habían alejado de los papeles y valores tradicionales de los primeros Zhou. Sólo el regreso a esos ideales podría poner orden en China. Confucio dedicó su vida a enseñar las costumbres sabias de los ancestros.

Para llevar a cabo esto, Confucio fundó su propia escuela. Sus estudiantes reunieron sus enseñanzas en el libro *Analectas*. Este libro se volvió fundamental para el pensamiento político y ético en China y todo el este de Asia. Los estudiantes todavía memorizan pasajes de ese libro. Es una fuente de gran sabiduría:

> 66 Lo que no deseo que los hombres me hagan, yo tampoco deseo hacérselo a [otros] hombres 99.
>
> —Confucio, *Analectas*

Confucio nunca obtuvo gran riqueza o influencia durante su vida, pero sus estudiantes, como Mencio, difundieron sus ideas por toda China.

Las cinco relaciones El centro del confucianismo se hallaba en una visión de una sociedad estable y ordenada basada en cinco relaciones: (1) gobernante y súbdito, (2) padre e hijo, (3) esposo y esposa, (4) hermanos mayores y menores y (5) dos amigos.

Era muy importante la relación entre padre e hijo, o entre los padres y sus hijos. Los mayores cuidaban y enseñaban a los más jóvenes de la familia. A cambio, los niños respetaban y obedecían a sus mayores. La devoción de los hijos hacia sus padres se llama **amor filial**. Los confucianos se refieren a éste como "la fuente de todas las virtudes".

La relación entre padres e hijos era el modelo para las otras cuatro relaciones. La persona de mayor estatus en cada relación, el padre, el esposo, la persona mayor o el gobernante, debe cumplir con las responsabilidades de su papel. La persona de menor estatus, la mujer, el súbdito o la persona menor, debe respetar a la de rango superior. Confucio creía que el orden y la armonía vendrían a la sociedad cuando todas las personas actuaran de acuerdo a sus papeles.

Verificar la lectura ¿Cuál es la virtud más importante en el confucianismo?

estable, *adj.,* capaz de durar, que no es probable que se divida

265

¿Qué hacen los taoístas?

Los taoístas desean conectarse con el Tao. Pero, ¿cómo se puede hacer eso? Las montañas de Wudang son un importante centro taoísta en China. Aquí, podemos ver diferentes maneras de practicar el taoísmo.

1 Muchos taoístas rinden culto a espíritus y figuras importantes, como Laozi. Muchos de los visitantes a las montañas de Wudang van a rezar a los templos taoístas que hay allí.

2 Monjes y monjas taoístas viven durante todo el año en las montañas de Wudang. Los monjes pueden meditar como una manera de seguir el Tao.

3 Los visitantes aprenden Tai Chi Chuan, una lenta y elegante forma de ejercicio. Según la leyenda, un monje taoísta desarrolló el Tai Chi Chuan en las montañas de Wudang. El Tai Chi Chuan es un equilibrio entre el yin y el yang, descanso y actividad.

Las creencias del taoísmo

Confucio y sus estudiantes no fueron los únicos eruditos afectados por el caos en China durante la dinastía Zhou. Otro grupo de pensadores vieron el desorden y reaccionaron de manera diferente. Su reacción llevó al desarrollo del taoísmo. El **taoísmo** es una antigua manera china de vivir que hace hincapié en una existencia simple y natural. Es una filosofía de seguir el Tao, es decir, el orden natural del universo.

La leyenda de Laozi Según la leyenda, un hombre llamado Laozi fundó el taoísmo. Laozi es conocido como un sabio. Se dice que escribió sus creencias en un libro llamado el *Tao-Te King*.

Los historiadores no saben si realmente existió Laozi. Creen que muchas personas escribieron el *Tao-Te King*. Es un libro pequeño, principalmente de poemas. Éstas son unas líneas:

> ❝ En la vivienda, vive cerca de la tierra.
> En el pensamiento, mantenlo sencillo.
> En el conflicto, sé justo y generoso.
> En el gobierno, no trates de controlar ❞.
> —Laozi, *Tao-Te King*

Personas de todo el mundo siguen leyendo el *Tao-Te King* por su sabiduría.

El yin y el yang El taoísmo refleja antiguas creencias chinas acerca del mundo. Los antiguos chinos veían un orden tranquilo en el cambio de estaciones. También veían la violencia de la naturaleza en las inundaciones y las tormentas.

Creían que dos grandes fuerzas trabajaban en la naturaleza. Estas fuerzas se llaman yin y yang. Son opuestas pero trabajan juntas. El yin es la fuerza femenina. Es oscura, fría y tranquila. El yang es la fuerza masculina. Es brillante, cálida y activa. Los pensadores chinos creían que el equilibrio entre el yin y el yang era la clave para la armonía en el universo.

El Tao Los taoístas consideraban que el Tao, que significa "el orden" o "el camino", era la fuente del yin y el yang. El Tao es misterioso e imposible de definir con claridad. Sin embargo, los taoístas sentían que las personas debían tratar de entender el Tao. A menudo, veían evidencia del Tao en las cosas naturales, como el agua:

> 66 No hay nada en el mundo más blando y débil que el agua y, sin embargo, para atacar las cosas firmes y fuertes, nada es mejor que ella. . . 99
>
> —Laozi, *Tao-Te King*

El agua, mediante el esfuerzo paciente a través del tiempo, es aún más fuerte que la roca. Al actuar como el agua, las personas siguen el Tao.

Las personas pueden alterar el orden con sus acciones. El orden llega cuando las personas llevan una vida simple, en lugar de competir por riqueza y poder. Los taoístas creían que un buen líder tomaba pocas medidas, dejando a las personas vivir una vida simple. Los taoístas no se preocupaban por la moral, los rituales, y el aprendizaje que valoraban los confucianos.

A pesar de las diferencias entre el confucianismo y el taoísmo, la mayoría de los pensadores chinos estudiaban ambas filosofías. Usaban libremente las ideas de ambas. A lo largo de la historia de China, el confucianismo y el taoísmo han influido en la cultura china incluso cuando llegaron nuevas ideas desde el extranjero.

Verificar la lectura ¿Cuál es una diferencia entre el confucianismo y el taoísmo?

Este símbolo representa el yin y el yang. Está pintado en la puerta de un templo en las montañas de Wudang. ▶

? Pregunta esencial

Evaluación de la Sección 3

Términos clave

1. ¿Qué es una filosofía?

2. Usa el término *amor filial* para describir las ideas de Confucio.

Ideas clave

3. ¿Cómo creían las personas de la antigua China que los espíritus influían en sus vidas?

4. ¿Cuáles son las cinco relaciones del confucianismo?

Razonamiento crítico

5. **Solucionar problemas** ¿Qué soluciones propusieron el confucianismo y el taoísmo al caos del Período de los Reinos Combatientes?

6. **Sacar conclusiones** ¿Por qué ponían los antiguos chinos especial énfasis en los espíritus de sus ancestros?

¿Cuánto influye la geografía en la vida de las personas?

7. ¿Cómo influyó la geografía en las creencias de la antigua China? Anota la respuesta en tu Cuaderno del estudiante.

Evaluación del capítulo

Términos e ideas clave

1. **Explicar** ¿Cómo obtuvieron su riqueza los gobernantes Shang? ¿Cómo usaron esta riqueza?

2. **Describir** ¿Qué tipo de información se tallaba en los **huesos oraculares**?

3. **Comentar** ¿Cómo tenían que actuar los gobernantes para conservar el **Mandato Celestial**?

4. **Recordar** ¿Cuándo fue el **Período de los Reinos Combatientes**? ¿Qué sucedió durante este tiempo?

5. **Explicar** ¿Cómo trataban de protegerse los antiguos chinos de los espíritus dañinos?

6. **Comentar** ¿Cuáles son algunas maneras en que los chinos honran a los espíritus de sus ancestros?

7. **Recordar** ¿Qué problemas veía Confucio en la sociedad china?

8. **Resumir** ¿Cuáles son las ideas básicas del **taoísmo**?

Razonamiento crítico

9. **Analizar causa y efecto** ¿Cuál es uno de los efectos de las montañas, desiertos y océanos que rodean China?

10. **Sacar conclusiones** ¿Cómo justificaba el Mandato Celestial la rebelión contra una dinastía gobernante?

11. **Comparar y contrastar** ¿Cuáles fueron tres diferencias entre las dinastías Shang y Zhou?

12. **Conceptos básicos: Civismo** Confucio compara el papel del rey con la función del padre en una familia. ¿Estás de acuerdo con que el papel de un líder es similar al papel de un padre? Explica por qué.

Analizar elementos visuales

Escribe el nombre de cada una de las características físicas descritas a continuación. Relaciona las letras en el mapa de la derecha con las características.

13. La civilización china surgió en esta llanura fértil.

14. Este río es el más largo de China.

15. Este río lleva loes, que lo vuelve amarillo.

16. Esta característica separa a China de la India.

17. El polvo vuela de este desierto hasta la llanura del norte de China.

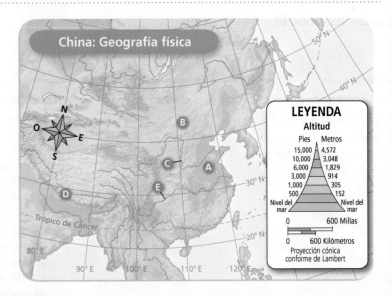

China: Geografía física

LEYENDA

Altitud

Pies	Metros
15,000	4,572
10,000	3,048
6,000	1,829
3,000	914
1,000	305
500	152
Nivel del mar	Nivel del mar

0 — 600 Millas

0 — 600 Kilómetros

Proyección cónica conforme de Lambert

Pregunta esencial

miMundo: Actividad del capítulo

Pistas de la antigua China Sigue las instrucciones de tu maestro para estudiar artefactos y reunir información sobre la vida en la antigua China. Usa la información para crear un anuncio para una exhibición "muy pronto en un museo cerca de ti".

Aprendizaje del siglo XXI

Desarrolla conciencia cultural

Anota tres características que creas que debe tener un buen ciudadano. Luego lee de nuevo miHistoria del capítulo, así como la información sobre el confucianismo y el taoísmo. En un párrafo, describe si cada una de las características de tu ciudadano concuerda más con el confucianismo o el taoísmo y por qué.

Preguntas basadas en documentos

Success Tracker™
En línea en myworldhistory.com

Usa tu conocimiento de la antigua China y los Documentos A y B para responder las preguntas siguientes.

Documento A

" No me afligirá [afectará] que los hombres no me conozcan, me afligirá que yo no conozca a los hombres".

" Cuando vemos a hombres de valor, debemos pensar en ser como ellos, cuando veamos a hombres de carácter terco [malo], debemos. . . examinarnos a nosotros mismos".

" Al estudiar exhaustivamente todo el conocimiento. . . uno no puede errar [equivocarse] de lo que es correcto".

—Confucio, *Analectas*

1. ¿Cuál es el mejor resumen de las ideas de Confucio sobre el conocimiento en el Documento A?

   A El conocimiento hace que uno sea más rico.

   B El conocimiento hace que uno sepa lo que es correcto.

   C El conocimiento debe tener limitaciones.

   D El conocimiento y el sufrimiento van de la mano.

Documento B

" Desecha la santidad y la sabiduría, y las personas serán cien veces más felices.
Desecha la moral y la justicia, y las personas harán lo correcto.
Desecha la industria y las ganancias, y no habrá ladrones. . .
Deja de pensar, y terminarán tus problemas".

—*Tao-Te King*

2. De acuerdo con el Documento B, ¿cuál es el resultado de la sabiduría?

   A infelicidad

   B relaciones armoniosas

   C remedios

   D simple felicidad

3. **Tarea escrita** ¿Con cuál de los documentos estás más de acuerdo? Escribe un párrafo que explique por qué.

Capítulo 9

El Imperio Chino

Pregunta esencial

¿Qué deberían hacer los gobiernos?

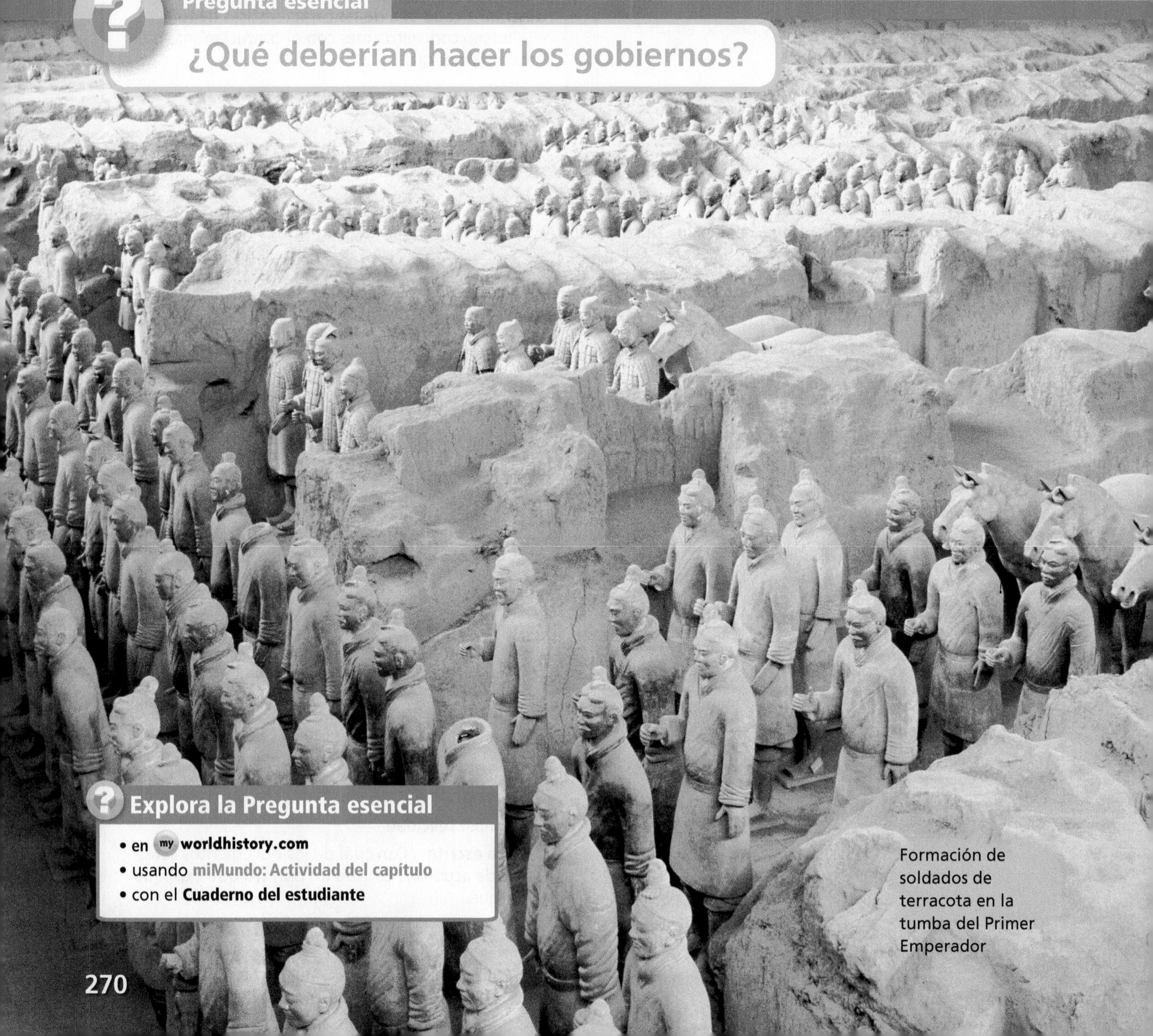

Explora la Pregunta esencial

- en **myworldhistory.com**
- usando **miMundo: Actividad del capítulo**
- con el **Cuaderno del estudiante**

Formación de soldados de terracota en la tumba del Primer Emperador

La China Qin y Han

221 A.C. Comienza la dinastía Qin.

206 A.C. Comienza la dinastía Han.

aprox. 138 A.C. La expedición de Zhang Qian parte a Asia central.

105 D.C. El uso del papel se menciona por primera vez en una fuente escrita.

| 300 A.C. | 200 A.C. | 100 A.C. | 1 D.C. | 100 D.C. | 200 D.C. | 300 D.C. |

210 A.C. Muere el Primer Emperador.

141 A.C. Comienza el reinado del emperador Wudi.

220 D.C. Termina la dinastía Han.

Un emperador en esta vida y la siguiente

Este es un relato ficticio de los sucesos en la vida de uno de los líderes más importantes de China, el emperador Qin Shi Huangdi.

El Primer Emperador, Qin Shi Huangdi, miró por la ventanilla de su carruaje. El sol se asomaba esa fría mañana de otoño. El polvo se arremolinaba en la seca llanura del norte de China. El emperador no había dormido bien. En medio de la noche, se levantó y pidió un carruaje para que lo llevara al lugar donde se construía su tumba.

Su sueño había sido perturbado al pensar en el meteorito que había caído cerca del río Huang a principios de ese año. Sabía que algunas personas lo consideraban un presagio, un mensaje del cielo que indicaba que había perdido el Mandato Celestial. Alguien había tallado en el meteorito "el Primer Emperador morirá y sus tierras serán divididas".

Cuando el emperador se enteró, se enfureció. Uno de sus consejeros lo describió como si tuviera el corazón de un tigre o un lobo. Nadie quería estar frente a él cuando estaba enojado.

my worldhistory.com

Timeline/On Assignment

271

El ministro de Qin Shi Huangdi lee la inscripción del meteorito.

Qin Shi Huangdi formó su imperio atacando y conquistando a los reinos vecinos.

Envió a un funcionario a buscar a la persona que había escrito el mensaje. Nadie confesó y el emperador ejecutó a todas las personas que vivían cerca de donde se había encontrado el meteorito.

A pesar de que habían comenzado los trabajos en su tumba, el emperador se aferraba a la esperanza de que no moriría. Después de todo, no era un hombre común. Había hecho algo único. Había unificado a los reinos combatientes de China. Poner fin a un conflicto de cientos de años entre estos reinos no fue tarea fácil. El emperador fue implacable en la batalla, atacó a un reino tras otro hasta que controló a todos.

Quería que sus descendientes gobernaran su imperio por 10,000 generaciones. Construyó una gran muralla para proteger a China de los intrusos nómadas. Estandarizó los pesos, las medidas y la moneda corriente para que un saco de arroz en el reino de Qin pesara lo mismo en el de Yan, una longitud de seda en Han midiera lo mismo en Zhao y la moneda que se usaba en Liaodong pudiera usarse en Chu.

El emperador creía que nadie había logrado tanto. Tal vez también sería el primer hombre en encontrar los secretos de la inmortalidad. Buscó hierbas que pudieran prolongar su vida. Consultó a hombres sabios que le dijeron que se mudara seguido de sus palacios para evitar espíritus dañinos.

Sin embargo, Qin Shi Huangdi quería estar listo en caso de que la muerte lo alcanzara. Necesitaba un gran palacio para vivir en el mundo de los espíritus. Su séquito se detuvo y Qin Shi Huangdi bajó del carruaje. Un funcionario hizo una reverencia antes de llevarlo a la tumba. En una habitación había una representación de China, con ríos de plata y océanos de mercurio líquido. El techo brillaba con perlas que representan las constelaciones. Otras habitaciones se desbordaban con oro y jade.

Entonces Qin Shi Huangdi se dispuso a ver las cuatro salas que se construían al este de su tumba. Para ser un gran rey en el mundo de los espíritus, el emperador necesitaría un gran ejército. Había ordenado a los trabajadores que hicieran miles de soldados y caballos de terracota de tamaño natural.

En las salas, vio a los afanosos trabajadores. Algunos colocaban los guerreros de terracota en filas ordenadas. Otros pintaban los últimos detalles en los uniformes de los soldados. Cuando el emperador bajó de su carruaje, el trabajo se detuvo. Los trabajadores se hincaron ante el emperador. Muchos tenían cicatrices, el emperador mantenía el orden mediante severos castigos.

Los trabajadores no descansaban en su esfuerzo por construir la Gran Muralla.

Qin Shi Huangdi observa la representación de China en su tumba.

Qin Shi Huangdi examinó las filas de soldados. ¡Sus rostros eran tan reales! Sintió que si gritaba: "¡Adelante, marchen!" darían un paso hacia adelante. En la muerte, estarían bajo sus órdenes.

Echó un vistazo a las cabezas inclinadas de los trabajadores. Se veían obedientes, pero no podía correr riesgos. Tenía muchos enemigos que podían dañar su lugar de descanso final.

Ya le había dicho a sus consejeros más cercanos que cualquier persona que supiera acerca de las defensas de la tumba tenía que ser enterrada viva cuando él muriera. Qin Shi Huangdi confiaba en que así se haría. Su palabra, después de todo, era la ley.

Basándote en esta historia, ¿qué crees que Qin Shi Huangdi pensaba que debían hacer los líderes del gobierno? Mientras lees el capítulo que sigue piensa en lo que la historia del Primer Emperador indica sobre el Imperio Chino.

myStory Video   Aprende más sobre el Primer Emperador.

Shi Huangdi unifica China

Ideas clave
- Los ejércitos Qin unificaron China y fundaron una nueva y poderosa dinastía.
- El emperador Qin Shi Huangdi unificó China al estandarizar muchos aspectos de la vida diaria.
- El emperador Qin Shi Huangdi creó un gobierno poderoso basado en los principios legistas.

Términos clave • Gran Muralla China • estandarizar • legismo • censurar

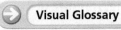 **Visual Glossary**

Destreza de lectura **Identificar las ideas principales y los detalles** Toma notas usando el organizador gráfico en tu Cuaderno.

Un guerrero de la tumba de Qin Shi Huangdi ▼

El Período de los Reinos Combatientes llegó a su fin cuando el reino de Qin unificó China. El rey Zheng de Qin, que se convirtió en el Primer Emperador, fue un líder decidido a formar un gran imperio. Aunque su dinastía perdió poder poco después de su muerte, las dinastías posteriores usaron sus métodos para gobernar el gran imperio.

Unidad bajo la dinastía Qin

Qin era un reino montañoso situado en el noroeste de China. Más allá de Qin se encontraban las tierras extranjeras de Asia central. Los gobernantes Qin formaron un reino fuerte con un gobierno eficiente. Hacia finales de la dinastía Zhou, Qin era el reino más fuerte del oeste de China. Sin embargo, el rey Zheng, quien llegó al poder en 247 A.C., quería tener más poder.

Unificación de los Estados Combatientes El rey Zheng era hábil y despiadado. Derrocó a los reinos rivales. En 221 A.C., las fuerzas Qin derrotaron a su último enemigo. Habían unificado China. Sin embargo, quedaban muchos retos. Los idiomas y las costumbres variaban de un lugar a otro. La rebelión era un peligro, al igual que la invasión de los nómadas del norte y del oeste de China. El rey tenía que hacer que los chinos fueran un pueblo dirigido por un gobierno.

El Primer Emperador El gobernante Qin decidió que "rey" era un título poco importante para el líder de tan vasto imperio. Así que se autonombró Shi Huangdi, o "Primer Emperador". La palabra "Huangdi" estaba vinculada a los dioses y los gobernantes legendarios del pasado de China.

La defensa del imperio Antes de la unificación Qin, los diversos reinos chinos construyeron murallas para protegerse. Qin Shi Huangdi las mandó derribar para dificultar la rebelión. Así, los líderes locales no podrían defender su territorio y separarse del gobierno.

El Primer Emperador también comenzó uno de los proyectos de obras públicas más grandes de la historia, la **Gran Muralla China**, una larga muralla que iba de este a oeste a lo largo de la frontera norte de su imperio. El propósito era defender el imperio de los nómadas de las praderas del norte.

La muralla se levantó rápidamente. Ya existían murallas cortas a lo largo de la frontera. Los trabajadores las conectaron y formaron una enorme barrera de piedra. La construcción tuvo un costo, pues era difícil y peligrosa. Muchos murieron.

La muralla no siempre mantuvo alejados a los nómadas. Algunos lograron rodearla. Sin embargo, los emperadores de las dinastías que siguieron a la Qin también la usaron para proteger su frontera norte. Los emperadores posteriores la hicieron más fuerte, añadiendo torres en lugares clave a lo largo de su extensión.

Estándares uniformes Qin Shi Huangdi sabía que necesitaba estandarizar muchos aspectos de la vida diaria. **Estandarizar** es establecer normas para hacer cosas de manera más uniforme. Creó estándares que unificaron la economía y la cultura de China. A quien no siguiera las normas se le castigaba como traidor.

Una de las cosas más importantes fue que estableció un único idioma escrito con caracteres estándar. Estos caracteres son la base del idioma escrito en China hoy en día.

El transporte también se estandarizó. El gobierno estableció una longitud estándar para los ejes de todos los vehículos. Como resultado, todos los surcos hechos en las carreteras chinas por las ruedas de los carros serían del mismo ancho. Esto facilitó los viajes. Todos los carros y carretas podían viajar por los mismos surcos. También creó un conjunto uniforme de pesos y medidas para usarse en el comercio. Produjo monedas uniformes para que se usaran como <u>moneda corriente</u> en toda China.

La organización del imperio Qin Shi Huangdi introdujo el concepto de centralización, o un sistema de gobierno central. Organizó a China en 36 provincias.

moneda corriente, *sust.,* dinero, algo que se usa para intercambiar

La estandarización de la moneda y de la longitud de los ejes para los carruajes ayudó a los chinos a relacionarse mediante el comercio y los viajes.▼

坑儒焚書

▲ Los eruditos que desobedecían a Qin Shi Huangdi eran enterrados vivos. También hizo que quemaran muchos libros, pero conservó los de agricultura y medicina. *¿Por qué crees que no se quemaron estos libros?*

El gobierno del Primer Emperador

Se recuerda a Qin Shi Huangdi como un líder cruel. Creía en reglas estrictas para poner fin al caos en la sociedad china. Sus leyes unificaron el imperio. Su severo gobierno fue una de las causas de la caída de la dinastía Qin.

Un gobierno legista A finales de Zhou, los gobernantes llevaron consejeros de otros reinos. Shang Yang fue un consejero importante. Pertenecía a una escuela de pensamiento llamada legismo. De acuerdo con el **legismo**, se requiere de un líder y de un sistema legal fuertes para mantener el orden social.

Siguiendo el consejo de Shang Yang, los reyes Qin tomaron un control más directo sobre las personas comunes. Los elevados impuestos y el servicio laboral obligatorio aumentaron su riqueza. El reino se hizo más fuerte y ordenado. Qin Shi Huangdi se propuso extender este gobierno legista al resto de China.

Leyes severas Qin Shi Huangdi estaba interesado en las enseñanzas del legista Hanfeizi. Hanfeizi no estaba de acuerdo con el confucianismo. Confucio y sus seguidores creían que se podía gobernar dando un buen ejemplo. Hanfeizi creía que se debía obligar a las personas a ser buenas. Esto podía hacerse al elaborar leyes y hacerlas cumplir estrictamente.

Qin Shi Huangdi hizo un código jurídico uniforme para todo su imperio. Las sanciones por violar la ley eran severas. Por ejemplo, un ladrón podría enfrentar castigos físicos extremos como la amputación de los pies o la nariz.

Cada provincia estaba dividida en condados. Los líderes de los condados eran responsables ante los jefes de las provincias. Los jefes de las provincias informaban al gobierno central quien, a su vez, informaba al emperador. El emperador destituía a cualquier funcionario que no llevara a cabo sus políticas.

Para evitar la rebelión, Qin Shi Huangdi obligó a miles de familias nobles a trasladarse a la capital. Allí, los espías del gobierno podrían vigilarlas.

Verificar la lectura **¿Por qué Qin Shi Huangdi se hizo llamar el Primer Emperador?**

Es probable que un robo menor tuviera una pena de trabajos forzados, como construir caminos y murallas. Otros castigos eran la decapitación o cortar por la mitad al delincuente. Según un relato, el emperador hizo ejecutar a 460 eruditos por desobedecer una orden. Hanfeizi explicó los castigos:

> 66 Hay que castigar severamente los delitos de menor gravedad. Las personas no cometen con facilidad delitos graves. Pero es más fácil que se entreguen a los delitos de menor gravedad. . . . Si no hay delitos pequeños, no habrá delitos grandes. Y así las personas no cometerán delitos y no se producirá el desorden 99.
>
> —Hanfeizi

Control del pensamiento El Primer Emperador también intentó controlar el pensamiento chino. Decidió **censurar**, o prohibir, ideas que consideraba peligrosas u ofensivas. La censura tomó muchas formas. El debate sobre el gobierno estaba prohibido. A las personas no se les permitía alabar a los gobernantes anteriores o criticar al actual. El emperador ordenó quemar todos los libros que no apoyaban su política.

La caída de la dinastía Qin Estas políticas no fueron populares. Pero ayudaron a crear una nación a partir de diversas regiones. El emperador creía que su dinastía duraría para siempre, pero ésta <u>colapsó</u> unos tres años después de su muerte.

La dinastía Qin cayó por su aplicación inflexible de leyes severas. La rebelión la desató un soldado, Chen Sheng, quien encabezaba a un grupo de hombres que se dirigían al norte para vigilar la frontera. Las fuertes lluvias lo retrasaron. Sabía que el castigo por llegar tarde sería severo. Decidieron que no tenían nada que perder al rebelarse.

Cuando la noticia del levantamiento de Chen se propagó, muchos lo apoyaron. Los generales Qin intentaron sofocarlo, pero las rebeliones se extendieron rápidamente. Como conocían los castigos por fracasar, algunos generales se unieron a la rebelión. Los rebeldes derrocaron a la dinastía Qin, pero luego comenzaron a luchar entre ellos. China cayó de nuevo en el caos.

Verificar la lectura ¿Cómo trató de impedir Qin Shi Huangdi que las personas lo criticaran?

miMundo: Actividad
Otro ladrillo en la Gran Muralla China

colapsar, v., venirse abajo o caer

Evaluación de la Sección 1

Pregunta esencial

¿Qué deberían hacer los gobiernos?

Términos clave

1. Usa los términos *estandarizar* y *censurar* para describir cómo unificó Qin Shi Huangdi su imperio.

2. ¿Por qué construyó Qin Shi Huangdi la Gran Muralla China?

Ideas clave

3. ¿Cómo llegó a su fin el Período de los Reinos Combatientes?

4. ¿Cuáles fueron tres cosas que hizo Qin Shi Huangdi para unificar su imperio?

5. ¿Por qué creó Qin Shi Huangdi leyes severas?

Razonamiento crítico

6. Comparar y contrastar ¿En qué se diferencia el legismo del confucianismo?

7. Analizar causa y efecto ¿Cuál fue una de las causas de la caída de la dinastía Qin?

8. ¿Cuál creían los legistas que debería ser el papel del gobierno? Anota la respuesta en tu Cuaderno del estudiante.

Expansión bajo la dinastía Han

Ideas clave

- La dinastía Han fue una de las dinastías de mayor duración en la historia china.

- Los Han apoyaron al confucianismo.

- Los Han crearon un servicio civil de funcionarios que se seleccionaban basándose en el mérito.

- La Ruta de la Seda se convirtió en una importante ruta comercial que unía a China con los reinos del oeste.

 Visual Glossary

Términos clave • funcionario • servicio civil • Ruta de la Seda • enviado • cocina

Destreza de lectura Analizar causa y efecto Toma notas usando el organizador gráfico en tu Cuaderno.

Liu Bang, el primer emperador de la dinastía Han ▼

Además de fundar el primer imperio de China, Qin Shi Huangdi también sentó las bases de un sistema de gobierno capaz de controlar un gran imperio. La siguiente familia gobernante fue la de los Han. Los emperadores Han se basaron en los éxitos de los Qin para crear una de las dinastías más influyentes en la historia china.

El gobierno de los Han

El combate que derrocó a la dinastía Qin duró varios años. Finalmente, un general rebelde llamado Liu Bang obtuvo el control de China. En 206 A.C., fundó la dinastía Han. Los Han gobernaron 400 años. Hoy en día, el grupo étnico más grande de China aún se hace llamar "Han".

Reunificación y expansión de China El primer emperador Han, provenía de una familia pobre. Su éxito se debió, en parte, a su habilidad para rodearse de consejeros capaces. Consultó a un erudito confuciano quien señaló que la dinastía Qin perdió el poder por sus políticas crueles. El emperador fomentó el aprendizaje, redujo impuestos y puso fin a muchas de las severas reglas de los Qin.

Durante todo el reinado Han, eruditos confucianos dieron consejos prácticos y animaron a los gobernantes a dar un ejemplo de misericordia y comportamiento adecuado. Los emperadores Han conservaron muchas de las leyes y políticas de los Qin para normalizar la vida china, pero evitaron el gobierno severo que había provocado disturbios.

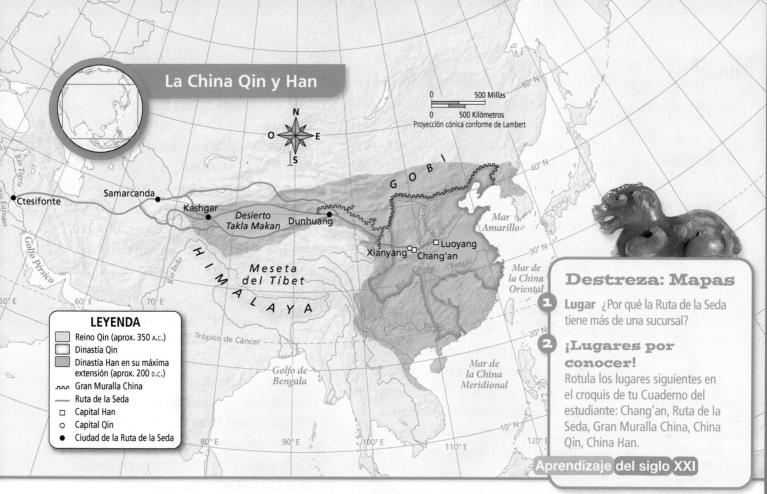

La China Qin y Han

0   500 Millas

0   500 Kilómetros
Proyección cónica conforme de Lambert

N
O   E
S

Ctesifonte
Samarcanda
Kashgar
Desierto Takla Makan
Dunhuang
G O B I
Río Amarillo
Mar Amarillo
Luoyang
Xianyang Chang'an
Mar de la China Oriental
H I M A L A Y A
Meseta del Tíbet
Río Indo
Río Chang (Yangzi)
Río Xi
Golfo de Bengala
Mar de la China Meridional
Golfo de Bengala
Trópico de Cáncer
Río Tigris
Río Éufrates
Golfo Pérsico

LEYENDA
Reino Qin (aprox. 350 A.C.)
Dinastía Qin
Dinastía Han en su máxima extensión (aprox. 200 D.C.)
ᗏᗏ Gran Muralla China
— Ruta de la Seda
□ Capital Han
○ Capital Qin
● Ciudad de la Ruta de la Seda

Destreza: Mapas

1 **Lugar** ¿Por qué la Ruta de la Seda tiene más de una sucursal?

2 **¡Lugares por conocer!**
Rotula los lugares siguientes en el croquis de tu Cuaderno del estudiante: Chang'an, Ruta de la Seda, Gran Muralla China, China Qin, China Han.

Aprendizaje del siglo XXI

Los Han no sólo permanecieron en el poder, también expandieron el territorio. Gran parte de esta expansión se llevó a cabo bajo el mandato del quinto emperador Han, Wudi. Recordado como uno de los más grandes emperadores, Wudi gobernó por más de 50 años. Envió sus ejércitos al oeste para conquistar tierras lejanas en Asia central. Extendió su imperio al norte hasta la península de Corea y al sur hasta lo que hoy es Vietnam.

La estructura del gobierno Los emperadores Han siguieron el ejemplo de la dinastía Qin al crear un gobierno central fuerte. De esta manera, evitaron el problema de la desunión que había enfrentado la dinastía Zhou. A medida que la dinastía Zhou se expandió, los nobles locales se volvieron más poderosos

que el rey Zhou. Los emperadores Han trataron de asegurarse de que los líderes locales fueran débiles para que no pudieran desafiar su autoridad. Cuando conquistaban nuevas tierras, las administraban en lugar de dárselas a un noble.

El gobierno Han estaba organizado como una pirámide. La amplia base de la pirámide estaba formada por las muchas ciudades y aldeas de la China. En la punta estaban el emperador y sus principales consejeros. Muchas capas de gobierno ocupaban los lugares intermedios. En cada nivel, los **funcionarios**, es decir, las personas <u>asignadas</u> a un puesto en el gobierno, recibían órdenes de quienes estaban por arriba de ellos y daban órdenes a quienes estaban por debajo.

miMundo: Actividad
Acompaña a los Han

asignar, *v.,* dar un trabajo o tarea

my worldhistory.com

21st Century Learning

279

Los chinos creían
que los hermosos y
poderosos caballos
de Asia central
eran descendientes
de "caballos
celestiales". ▼

El servicio civil La fortaleza del gobierno Han residía en su servicio civil. Un **servicio civil** es un sistema de empleados del gobierno seleccionados principalmente por sus destrezas y conocimientos. En los primeros doscientos años del gobierno Han, el servicio civil creció hasta tener más de 130,000 funcionarios.

Estos puestos no eran hereditarios, no se pasaban de padres a hijos. Los funcionarios eran designados. Los funcionarios recomendaban personas, quienes luego eran elegidos por los emperadores.

El emperador Wudi también creó exámenes para encontrar personas con talento para el servicio civil. Estos exámenes se basaban en las ideas de Confucio. Después, los exámenes se volvieron aún más importantes para seleccionar a los funcionarios.

Los funcionarios Han tenían salarios altos y una vida de comodidad y de influencia. Vestían ropa especial que indicaba su rango. Recaudaban los impuestos, organizaban el trabajo y hacían cumplir las leyes. Incluso podían obligar a las personas a mudarse. Si había demasiadas personas en una zona, los funcionarios podían reubicarlas.

Los emperadores Han limitaban el poder de los funcionarios. No podían servir en sus distritos de origen. No querían que los funcionarios trabajaran con la familia y amigos para que no se organizaran contra el emperador. Sabían que para tener éxito necesitaban la lealtad de sus funcionarios.

Verificar la lectura ¿Cuál fue uno de los logros de Wudi?

Simulation

280

La Ruta de la Seda

La **Ruta de la Seda** es una red de rutas comerciales que atravesaban Asia, conectando China con Asia central y del suroeste. Ya existían rutas en Asia central antes de los Han, pero Wudi aumentó el contacto entre China y las regiones al oeste. Los comerciantes hicieron su fortuna a lo largo de la Ruta de la Seda, pero también fue un camino para la difusión de las ideas.

El viaje de Zhang Qian Los chinos viajaron a Asia central para buscar un aliado en su lucha contra un grupo de temibles nómadas, los xiongnu. El emperador Wudi había oído hablar de un pueblo de Asia central llamado los yuezhi que también era enemigo de los xiongnu. Esperaba que lo ayudaran a combatir a los xiongnu. Pidió un voluntario para encontrar a los yuezhi. Zhang Qian se ofreció.

Zhang se dirigió al oeste. Fue capturado por los xiongnu y estuvo preso durante diez años. Escapó y encontró a los yuezhi pero no pudo persuadirlos de que se aliaran con los Han contra los xiongnu.

Sin embargo, Wudi estaba interesado en el relato de Zhang sobre sus viajes. Zhang describió tierras exóticas, donde los caballos sudaban sangre y "los habitantes montaban elefantes cuando iban a la batalla". Wudi y más tarde los emperadores Han mandaron **enviados**, o representantes del emperador, para establecer relaciones con los reinos del oeste. Los Han también enviaron tropas al oeste. El comercio floreció gracias a que el ejército protegió la región. Los comerciantes podían comerciar con menos miedo de ser atacados por bandidos.

Una importante ruta comercial El nombre "Ruta de la Seda" proviene de la exportación más importante de China: la seda. Se hace con el capullo de una oruga llamada gusano de seda. Es fuerte, suave y puede teñirse de muchos colores. Sólo los chinos sabían cómo hacer la seda. Guardaban muy bien este secreto. Era ilegal exportar gusanos de seda.

Los chinos intercambiaban seda y otros bienes de lujo por una variedad de productos. Valoraban los caballos fuertes de Asia central. La Ruta de la Seda también enriqueció la **cocina** china, es decir, el estilo de cocinar. Uvas, ajonjolí, y cebollas se llevaron a China a lo largo de la Ruta de la Seda. El emperador también <u>obtuvo</u> animales raros del extranjero, como elefantes, leones y avestruces.

Nuevas ideas: El budismo entra en China
La Ruta de la Seda fue un camino para el intercambio de ideas, como el invento chino del papel.

Ideas extranjeras, como el budismo, entraron en China durante la dinastía Han por estas rutas comerciales. Esta religión surgió en la India y se difundió a

▲ El templo budista del Caballo Blanco en Luoyang es uno de los primeros en China.

Asia central. De allí pasó a China donde se volvió muy popular. Después de los Han, los budistas chinos viajaron a la India para estudiarla y llevaron nuevas ideas y prácticas a la religión.

Junto con el confucianismo y el taoísmo, el budismo es uno de los sistemas de creencias más influyentes en China. Los eruditos chinos mezclaron ideas de los tres sistemas de creencias en sus escritos y el arte. Hoy en día se pueden encontrar templos budistas en China.

Verificar la lectura ¿Cuál fue un bien que se llevó a China por la Ruta de la Seda?

obtener, *v.,* conseguir o recibir algo

Evaluación de la Sección 2

Pregunta esencial
¿Qué deberían hacer los gobiernos?

Términos clave

1. Usa los términos *funcionario* y *servicio civil* para describir el gobierno de la dinastía Han.
2. ¿Qué era la Ruta de la Seda?

Ideas clave

3. ¿Cómo apoyaron los emperadores Han al confucianismo?
4. ¿Qué se evaluaba en el examen para funcionarios creado por Wudi?
5. ¿Cómo influyó la Ruta de la Seda en la cultura china?

Razonamiento crítico

6. **Comparar y contrastar** ¿En qué se parecían y se diferenciaban la dinastía Han y la dinastía Qin?
7. **Solucionar problemas** ¿Cómo intentó el emperador Wudi resolver su conflicto con los xiongnu? ¿Cuál fue el resultado?

8. Debes hacer un examen para los funcionarios del gobierno de los Estados Unidos. ¿Qué conocimientos deberían tener los funcionarios del gobierno? Anota la respuesta en tu Cuaderno del estudiante.

Sociedad y logros de los Han

Ideas clave

- La sociedad Han se basaba en las enseñanzas de Confucio sobre el orden y las relaciones sociales.
- Bajo los Han, China disfrutó de una economía fuerte.
- La prosperidad de los Han apoyó muchos avances en las artes y la tecnología.

Términos clave • monopolio • caligrafía • barniz • acupuntura • sismómetro

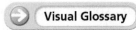 **Visual Glossary**

Destreza de lectura Resumir Toma notas usando el organizador gráfico en tu Cuaderno.

Esta bailarina de la dinastía Han agita las largas mangas de su vestido. ▼

La dinastía Han fue una época de innovación y desarrollo económico. Aumentó la producción de muchos bienes y el comercio floreció. Más personas trabajaban como artesanos y comerciantes. Muchos inventos importantes también datan de esta dinastía.

La sociedad Han

La China Han era una mezcla de pueblos y culturas, pero el país se unificó más durante esta dinastía. Los emperadores Han continuaron muchas de las políticas Qin que estandarizaron la vida en China, como el uso de una moneda corriente común. Los valores compartidos también unían al pueblo.

El orden social El orden social de China se basaba en los valores confucianos. Confucio y sus seguidores valoraban más el trabajo mental que el trabajo físico. Por tanto, los eruditos eran muy respetados. Los agricultores también eran muy respetados porque producían los bienes más importantes y básicos: alimentos y ropa. Los artesanos eran valorados por su destreza y trabajo duro.

Confucio y muchos otros pensadores chinos antiguos tenían poco respeto por los comerciantes porque los comerciantes no producían nada. Como resultado, los comerciantes cayeron más bajo en el orden social. El gobierno impuso restricciones a los comerciantes. No se les permitía usar ropa fina ni poseer tierras. Sus hijos no podían convertirse en funcionarios.

Aun así, muchos comerciantes se volvieron ricos y poderosos. Vivían bien a pesar de la falta de respeto por el comercio.

En la parte inferior del orden social estaba un pequeño número de esclavos. Si alguien cometía un delito grave, la familia podía ser castigada con la esclavitud. Otras personas eran vendidas como esclavos cuando sus familias tenían grandes deudas.

La vida familiar Las enseñanzas de Confucio acerca de la lealtad familiar y el respeto a los ancianos eran valores clave. Durante la dinastía Han, continuó el culto a los ancestros. Las personas hacían ofrendas para mostrar respeto y ganar el apoyo de sus ancestros.

Además, el código legal Han hacía cumplir los valores confucianos. Los padres podían denunciar a los niños que no se comportaran con amor filial. A los hijos adultos se les sancionaba con severidad.

Sin embargo, los niños más pequeños estaban por lo general <u>exentos</u> de castigo.

El papel de la mujer El estatus de las mujeres era en general más bajo que el de los hombres. La mayoría trabajaba en el hogar, tejiendo y cuidando a sus hijos y familiares mayores.

Una mujer excepcional fue Ban Zhao. A diferencia de muchas mujeres, recibió una buena educación. Fue historiadora de la corte real. Escribió que las mujeres jóvenes merecían una educación. Pero, aceptaba el estatus superior de los hombres en la sociedad.

> 66 Si una mujer no sirve a su esposo, entonces la relación adecuada entre hombres y mujeres. . . [se] descuida y destruye 99.
>
> —Ban Zhao, *Lecciones para la mujer*

Verificar la lectura ¿Cuál fue una restricción impuesta a los comerciantes?

exento, *adj.,* que está libre de castigo u obligación

Escenas de la vida diaria

El Primer Emperador fue enterrado con un enorme ejército de terracota. Durante la dinastía Han, las personas colocaban pequeñas figuras de terracota en las tumbas de sus seres queridos. Éstas mostraban escenas de la vida diaria. Gracias a estas estatuillas, sabemos más acerca de los Han que de las dinastías chinas anteriores.

El grano se almacenaba en edificios de dos pisos como éste.

Un cerdo en su pocilga espera las sobras de comida.

Dos amigos están sentados jugando un juego de mesa.

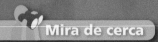
Fabricación de la seda

La técnica para fabricar seda se desarrolló hace miles de años en China. Durante siglos, este proceso fue un secreto muy bien guardado. Era ilegal compartir información sobre la fabricación de la seda con personas fuera de China. Esta tela resistente y suave se convirtió en una de las principales exportaciones de China. La producción de seda se incrementó durante la dinastía Han cuando los ricos de lugares lejanos como el Imperio Romano buscaron la seda china para su ropa.

RAZONAMIENTO CRÍTICO ¿Por qué querían los chinos mantener en secreto el proceso de fabricación de la seda?

▲ Esta tela de seda se encontró en una tumba de la dinastía Han.

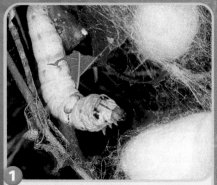

1 Los gusanos de seda se alimentan de hojas de morera. Se necesitan más de 2,000 gusanos de seda para fabricar una libra de seda.

2 El capullo del gusano de seda es una fibra que mide miles de pies de largo. Los capullos se hierven para aflojar la fibra de seda.

3 El capullo se desenrolla. Luego, varias fibras de seda se enrollan para hacer un hilo.

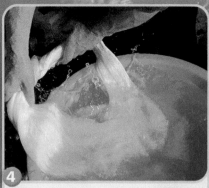

4 El hilo de seda se limpia y luego se tiñe.

5 El hilo de seda se teje para hacer hermosas telas.

La vida económica

China bajo los Han fue pacífica en comparación con el caótico Período de los Reinos Combatientes. Los emperadores Han bajaron los altos impuestos que Qin Shi Huangdi había establecido. China prosperó.

La agricultura Los agricultores fueron la columna vertebral de la economía de China. Formaban un 90 por ciento de la población. Como un emperador Han dijo:

> « La agricultura es la base del mundo. Ningún deber es mayor ».
> —Emperador Wendi, *Hanshu*

La mayoría de las granjas eran pequeñas, se cultivaba trigo, mijo, cebada, frijol y arroz. Las más grandes cultivaban frutas o bambú. Las familias solían hacer su tela.

La producción de seda fue especialmente importante a medida que aumentó el comercio en la Ruta de la Seda. En las granjas pequeñas, las mujeres se ocupaban de los gusanos de seda y tejían la seda. En los hogares ricos, contrataban trabajadores. Los talleres de las ciudades empleaban muchos tejedores. Compraban hilo de seda a las granjas. Se especializaron en fabricar la tela más cara y de alta calidad.

La industria Las industrias, como la producción de hierro, también se volvieron importantes. El hierro era útil para fabricar herramientas y armas. La explotación de sal era otra industria clave.

Estas industrias se volvieron tan importantes que Wudi las convirtió en monopolios estatales. Un **monopolio** es el control de la producción de un bien o servicio por parte de un solo grupo.

Los monopolios generaban dinero. Las ganancias procedentes de la venta de hierro y sal ayudaban a sustentar las aventuras militares de Wudi.

Control de la producción y los precios El monopolio de Wudi era una manera de evitar que los productores y comerciantes se volvieran muy poderosos. Algunos productores de sal y de hierro se habían hecho muy ricos. Compraron enormes extensiones de tierra y empleaban a muchas personas. A los emperadores Han les preocupaba que desafiaran su poder y que demasiados agricultores dejaran sus campos para trabajar para estos productores. Sin suficientes agricultores, China podría enfrentar escasez de alimentos.

Los emperadores Han también trataron de controlar los precios. En años prósperos de cultivo, el gobierno compraba el grano excedente. En los años malos, la cosecha de cereales disminuía y el grano se volvía caro. Entonces, el gobierno vendía el grano almacenado para mantener los precios bajos y evitar la escasez.

A pesar de los <u>beneficios</u> de estas políticas, había problemas. Algunos funcionarios trataron de ganar dinero al vender productos almacenados a precios altos. Hubo quejas de que las herramientas de hierro fabricadas por el monopolio del gobierno eran de mala calidad. Muchos emperadores después de Wudi cambiaron o abandonaron estas políticas.

Verificar la lectura ¿Qué industrias controló Wudi?

▲ Un comerciante de pescado muestra sus mercancías.

beneficio, *sust.,* algo bueno o útil

285

▲ Esta caja barnizada de laca se encontró en una tumba Han. Está decorada con ilustraciones de buena conducta filial.

Los logros Han

miMundo: Actividad
Continuo de los logros Han

La prosperidad de la China Han ayudó a sustentar muchos logros culturales. Artistas, escritores y músicos crearon obras de gran belleza. Los científicos y los inventores hicieron importantes avances.

Las artes tradicionales de China Las artes tradicionales incluyen pintura, escultura y poesía. Los artistas Han pintaron murales coloridos. Los escultores crearon hermosas obras en piedra, arcilla y bronce. Los poetas escribieron acerca del campo chino.

Como Confucio creía que la música era buena para el espíritu, los Han crearon un Buró de Música oficial. Los músicos tocaban tambores, campanas, flautas y arpas. La música y el baile eran comunes en los festivales y ceremonias públicos.

Otras dos artes tradicionales fueron el diseño de jardines y la **caligrafía**, el arte de escribir con letra bella. Los calígrafos

expresaban emociones en la manera en que pintaban los caracteres chinos. Los diseñadores de jardines arreglaban cuidadosamente plantas, rocas y agua para que parecieran escenas de la naturaleza.

Destacaron los objetos barnizados de laca. El **barniz** es una capa protectora hecha de la savia de un árbol especial. Se aplicaba con brocha en objetos de madera o metal para crear un acabado duro. El proceso requería muchas capas de barniz y horas de trabajo. Al pintarse, los objetos parecían brillar.

Los avances en la ciencia La China Han es conocida por sus avances científicos. Los astrónomos estudiaron el cielo e hicieron cálculos precisos de la duración del año solar.

◄ Agujas de acupuntura y un estuche pequeño de una dinastía china tardía

Los doctores Han hicieron progresos en la medicina. Estudiaron textos antiguos sobre medicina y desarrollaron teorías para explicar y tratar las enfermedades. Las medicinas herbales fueron un tratamiento importante. Otro fue la **acupuntura**, una terapia que usa agujas para curar enfermedades y controlar el dolor.

Los inventos chinos Los inventores Han produjeron herramientas nuevas. Una de ellas fue el **sismómetro**, un instrumento para detectar terremotos. Era una jarra de metal que dejaba caer pequeñas bolas cuando se sentía el temblor de un terremoto.

Otro invento fue la carretilla. Este carro de tracción humana apareció alrededor de 100 A.C. Era tan útil para mover cargas pesadas que se le llamó "buey de madera".

Tal vez la innovación más importante de los Han fue el papel. El primer papel se hizo con trapos y corteza. Es probable que no fuera usado ampliamente al principio. Los documentos continuaron escribiéndose en madera y seda que eran más durables.

▲ Este es un modelo de un sismómetro Han. Cuando se percibe un terremoto, una pelota cae de la boca de un dragón a la boca de una rana.

En las dinastías posteriores, la impresión en papel permitió hacer libros baratos. Más personas podían pagar los libros y las nuevas ideas se difundían rápidamente.

Verificar la lectura **¿Cuál es un invento de la dinastía Han?**

Evaluación de la Sección 3

? Pregunta esencial

¿Qué deberían hacer los gobiernos?

Términos clave

1. ¿Qué es un monopolio?

2. Usa los términos *acupuntura* y *sismómetro* para describir los logros de la dinastía Han.

Ideas clave

3. ¿Cómo influyeron las ideas de Confucio en la sociedad Han?

4. ¿Qué papel desempeñaban las mujeres en la sociedad Han?

5. ¿Por qué el papel fue un invento importante?

Razonamiento crítico

6. Inferir ¿Por qué la seda fue una industria importante durante la dinastía Han?

7. Analizar causa y efecto ¿Por qué fue mejor la economía de China bajo los Han que durante el Período de los Reinos Combatientes?

8. Una forma en que los Han recaudaban dinero fue haciéndose cargo de las industrias del hierro y la sal. ¿De qué otra forma pueden los gobiernos obtener fondos? Anota la respuesta en tu Cuaderno del estudiante.

287

Evaluación del capítulo

Términos e ideas clave

1. **Recordar** ¿Por qué pudieron los Qin construir la **Gran Muralla China** rápidamente?

2. **Resumir** ¿Cuáles son algunas de las ideas importantes del **legismo**?

3. **Explicar** ¿Por qué causaron las severas reglas de Qin Shi Huangdi la caída de la dinastía Qin?

4. **Recordar** ¿Por qué se considera a Wudi un gran gobernante?

5. **Describir** Describe el servicio civil creado durante la dinastía Han.

6. **Comentar** ¿Por qué crearon los emperadores Han un **monopolio** del hierro y la sal?

7. **Resumir** ¿Cómo empezaron a comerciar los chinos a lo largo de la **Ruta de la Seda**?

8. **Recordar** ¿Qué es la **acupuntura**?

Razonamiento crítico

9. **Analizar causa y efecto** ¿Qué efecto tuvieron las políticas de Qin Shi Huangdi en la cultura y el gobierno de China?

10. **Comparar puntos de vista** ¿Por qué podrían un erudito confuciano y uno legista tener diferentes puntos de vista sobre la política de censura de Qin Shi Huangdi?

11. **Sacar conclusiones** ¿Por qué el sismómetro fue un invento tan importante?

12. **Conceptos básicos: Difusión y cambio cultural** Usa el ejemplo de la Ruta de la Seda para explicar cómo el comercio puede llevar a un cambio cultural.

Analizar elementos visuales

Estas esculturas de caballos se encontraron en una tumba de la dinastía Han.

13. ¿Crees que estos caballos se usaban para trabajar en una granja? Explícalo.

14. Se han encontrado muchas esculturas de caballos de la dinastía Han. ¿Por qué crees que estas esculturas fueron populares durante este período?

15. ¿Por qué alguien desearía una escultura de un caballo en su tumba?

Aprendizaje del siglo XXI

Innova

Los inventos de la dinastía Han, como la carretilla, hicieron más fácil la vida diaria. ¿Cuál es un trabajo que debes hacer? Imagina un robot que pueda hacer el trabajo por ti. ¿Qué aspecto tendría el robot? ¿De qué tamaño sería? Haz un diagrama de tu robot que muestre sus características.

Preguntas basadas en documentos

Success **Tracker**™

En línea en myworldhistory.com

Usa tu conocimiento de la China Qin y Han y los Documentos A y B para responder las Preguntas 1 a 3.

Documento A

" . . . el Augusto Emperador [Qin Shi Huangdi] hizo un nuevo comienzo. . . Él elimina la duda y establece leyes para que todos sepan qué rehuir [evitar]. . . El mal y la maldad no se admiten [permiten], todos practican la bondad y la integridad. . . Todos se deleitan al honrar las instrucciones, completos en su conocimiento de las leyes. . .".

—De una inscripción ordenada por el Primer Emperador

Documento B

" La mitad de las personas que pasaban por los caminos habían sufrido castigos y los cuerpos de los muertos cada día se apilaban en el mercado. Los [ministros] que mandaban el mayor número de personas a la muerte [como castigo por delitos] eran llamados ministros leales".

—El historiador Sima Qian comenta sobre el reinado del hijo de Qin Shi Huangdi, el Segundo Emperador

1. ¿Qué filosofía es la más similar a la cita del primer documento?

   A confucianismo

   B taoísmo

   C legismo

   D budismo

2. En el documento B, ¿cuál es la crítica de Sima Qian al Segundo Emperador?

   A Los castigos son muy moderados.

   B Las leyes no son claras.

   C Se castiga severamente a muchas personas.

   D El emperador no es virtuoso.

3. **Tarea escrita** Sima Qian fue un erudito confuciano e historiador durante la dinastía Han. ¿Por qué habrá criticado a Qin Shi Huangdi?

La manera correcta de gobernar

Idea clave

- Tanto en la antigua India como en la antigua China, los pensadores políticos expresaron ideas sobre la manera correcta de gobernar.

Un talla en relieve de uno de los pilares de piedra de Asoka

El Imperio Maurya de la antigua India estuvo gobernado por el emperador Asoka, un líder pacífico que apoyó la tolerancia y la expansión del budismo. Durante su reinado, Asoka trabajó para mejorar la vida de las personas. Mandó construir pilares de piedra a lo largo de su imperio. Los pilares mostraban edictos, o reglas sobre la moral, el respeto y la manera correcta de gobernar. En la antigua China, las personas se guiaban por un conjunto similar de reglas. Las enseñanzas de Confucio daban a las personas valores para guiar sus vidas. Estas enseñanzas se recopilaron en analectas, o escritos seleccionados, sobre la familia, la lealtad, el respeto y la conducta apropiada. En el segundo fragmento, "el Maestro" se refiere a Confucio.

Lee el texto de la derecha. Haz una pausa en cada letra encerrada en un círculo. Luego, responde la pregunta con la misma letra que está a la izquierda.

A Inferir ¿Qué crees que el autor quiere decir con "a todas horas y en todo lugar"?

B Resumir Con tus propias palabras, explica el significado de este párrafo.

C Sacar conclusiones ¿Cuál cree el autor que es su principal objetivo?

ejecutar, v., llevar a cabo plenamente

confiada, v., entregada en confianza a

monástica, adj., relativa a los monasterios, monjes o monjas

despachar, v., completar una tarea

Los edictos de Asoka

66 Desde hace mucho tiempo ha sucedido que no se han despachado los asuntos ni se han recibido informes a todas horas. Ahora por mí se ha hecho este acuerdo de que

A a todas horas y en todo lugar. . . los Informantes oficiales deben informarme de los asuntos del pueblo y yo estoy dispuesto a encargarme de los asuntos del pueblo en cualquier lugar. Y si, acaso, ordeno personalmente de palabra que se haga un regalo o se <u>ejecute</u> una orden, o cualquier cosa urgente es <u>confiada</u> a los funcionarios superiores y en ese asunto surge un conflicto o se produce un fraude entre la comunidad <u>monástica</u>, he ordenado que se me informe de inmediato,

B a cualquier hora y en cualquier lugar, porque nunca siento total satisfacción de mis esfuerzos y <u>despacho</u> de los asuntos. Para el bienestar de todas las personas es por lo que debo trabajar y la raíz de eso, de nuevo, está en

C el esfuerzo y el despacho de los asuntos 99.

—Emperador Asoka, "Edictos en roca", aprox. 257 A.C.

Lee el texto de la derecha. Haz una pausa en cada letra encerrada en un círculo. Luego, responde la pregunta con la misma letra que está a la izquierda.

D Sacar conclusiones ¿Por qué compara el autor la práctica del gobierno con la Estrella Polar?

E Analizar fuentes primarias ¿Por qué piensa el autor que las personas "se volverán buenas" al ser guiadas por la virtud?

F Resumir ¿Qué revela el último párrafo acerca de la actitud del autor hacia el liderazgo?

---

virtud, *sust.,* excelencia moral

uniformidad, *sust.,* el estado de ser igual

decencia, *sust.,* la calidad o estado de ser apropiado y socialmente aceptable

reverenciar, *v.,* mostrar honor o respeto

incompetente, *adj.,* no calificado

Analectas de Confucio

❝ El Maestro dijo: 'El que ejerce el gobierno por medio de su <u>virtud</u> puede compararse con

D la Estrella Polar, que mantiene su lugar y todas las estrellas giran hacia ella. . . .

El Maestro dijo: 'Si las personas son guiadas por las leyes, y la <u>uniformidad</u> que se busca se les da por medio de castigos, tratarán de evitar el castigo, pero no tendrán sentido de la vergüenza.

'Si son guiadas por la virtud, y la uniformidad que se busca se les da por medio de las reglas de la <u>decencia</u>, tendrán el sentido de la vergüenza y además

E se volverán buenas'.

El Maestro dijo: 'Déjenlo que los presida con gravedad, entonces lo <u>reverenciarán</u>. Déjenlo que sea definitivo y amable con todos, entonces le serán fieles. Déjenlo que

F ascienda a los buenos y enseñe a los <u>incompetentes</u>, entonces buscarán ansiosamente ser virtuosos' ❞.

—*Analectas* de Confucio, aprox. 400 A.C.

Analizar los documentos

1. **Comparar puntos de vista** Identifica las similitudes y las diferencias en estos dos pasajes sobre la manera correcta de gobernar.

2. **Tarea escrita** Repasa cada cita y el material de esta unidad acerca de cómo fueron gobernadas la antigua India y la antigua China. ¿Cómo ayudó la creencia de cada cultura en una moral y unos valores fuertes a estabilizar su sociedad? Explica tus ideas en un párrafo.

Un retrato de Confucio pintado aprox. en 1600

291

Planea un
sitio Web cultural

Tu misión Los departamentos de asuntos culturales de la India y de China le han pedido a tu grupo diseñar un sitio Web cultural que describa la antigua India y la antigua China. Tu trabajo es mostrar en qué se parecían y se diferenciaban los imperios, las dinastías y las culturas de la antigua India y de la antigua China.

Al diseñar un sitio Web sobre la antigua India y la antigua China puedes mostrar la importancia de los imperios antiguos de cada país, incluyendo sus legados hoy en día. Hacer una serie de preguntas te puede ayudar a examinar los aspectos de la antigua India y de la antigua China. Por ejemplo, ¿cuáles son los logros de cada país? ¿Cómo fue gobernado cada país en la antigüedad? ¿Qué conflictos enfrentó cada país? ¿En qué se parecen estas dos civilizaciones? ¿En qué se diferencian? Piensa en maneras de hacer que tu sitio Web sea interesante e informativo. Luego diseña e ilustra el sitio Web en papel o en un tablero en el salón de clases.

PASO **1**

Investiga cada país.

Repasa los capítulos sobre la antigua India y la antigua China. Usando la información que aprendiste en esta unidad, identifica las similitudes y las diferencias de cada cultura. Asegúrate de encontrar respuestas a las preguntas de la introducción de esta actividad en la página anterior. Piensa cómo vas a organizar la información en tu sitio Web.

PASO **2**

Diseña tu sitio Web.

Después de reunir datos sobre cada cultura, planea tu sitio Web en papel o un tablero del salón de clases. Piensa en el texto, las imágenes y los enlaces que podrías poner en tu sitio. Por ejemplo, tal vez desees tener un enlace titulado "Los gobiernos antiguos" con subenlaces titulados "Imperios" y "Dinastías". Tal vez quieras estudiar ejemplos de la vida real de sitios Web de turismo o gobierno para ver cómo presentan la información. Asegúrate de incluir al menos una página que compare y contraste claramente las culturas. Revisa el diseño de tu sitio Web para asegurarte de que la información sea precisa.

PASO **3**

Presenta tu sitio Web.

Después de que tu grupo haya diseñado y revisado el sitio Web, lleven a la clase en una "visita virtual" de su sitio. Presenten el sitio Web como si se lo presentaran a los miembros de los departamentos de asuntos culturales de la India y de China quienes les pidieron que hicieran el sitio. Asegúrense de explicar cada enlace, la importancia de cada página y dónde puede encontrar otra información acerca de cada cultura.

293

La Antigua Grecia

Europa

Océano
Atlántico

África

Pericles (aprox. 400 a.c.) fue
un líder militar y estadista ateniense
quien, de adolescente, vio a la flota
griega rechazar en combate a los
invasores persas.

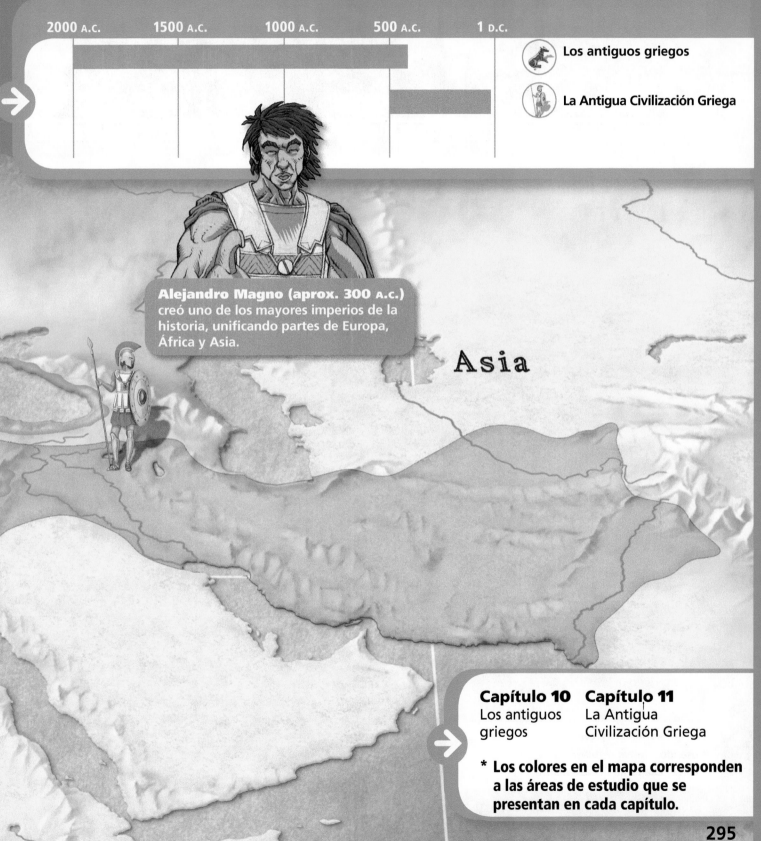

2000 A.C.   1500 A.C.   1000 A.C.   500 A.C.   1 D.C.

Los antiguos griegos

La Antigua Civilización Griega

Alejandro Magno (aprox. 300 A.C.) creó uno de los mayores imperios de la historia, unificando partes de Europa, África y Asia.

Asia

Capítulo 10
Los antiguos griegos

Capítulo 11
La Antigua Civilización Griega

* **Los colores en el mapa corresponden a las áreas de estudio que se presentan en cada capítulo.**

295

Capítulo 10

Los antiguos griegos

Pregunta esencial

¿Qué es el poder? ¿Quién debe tenerlo?

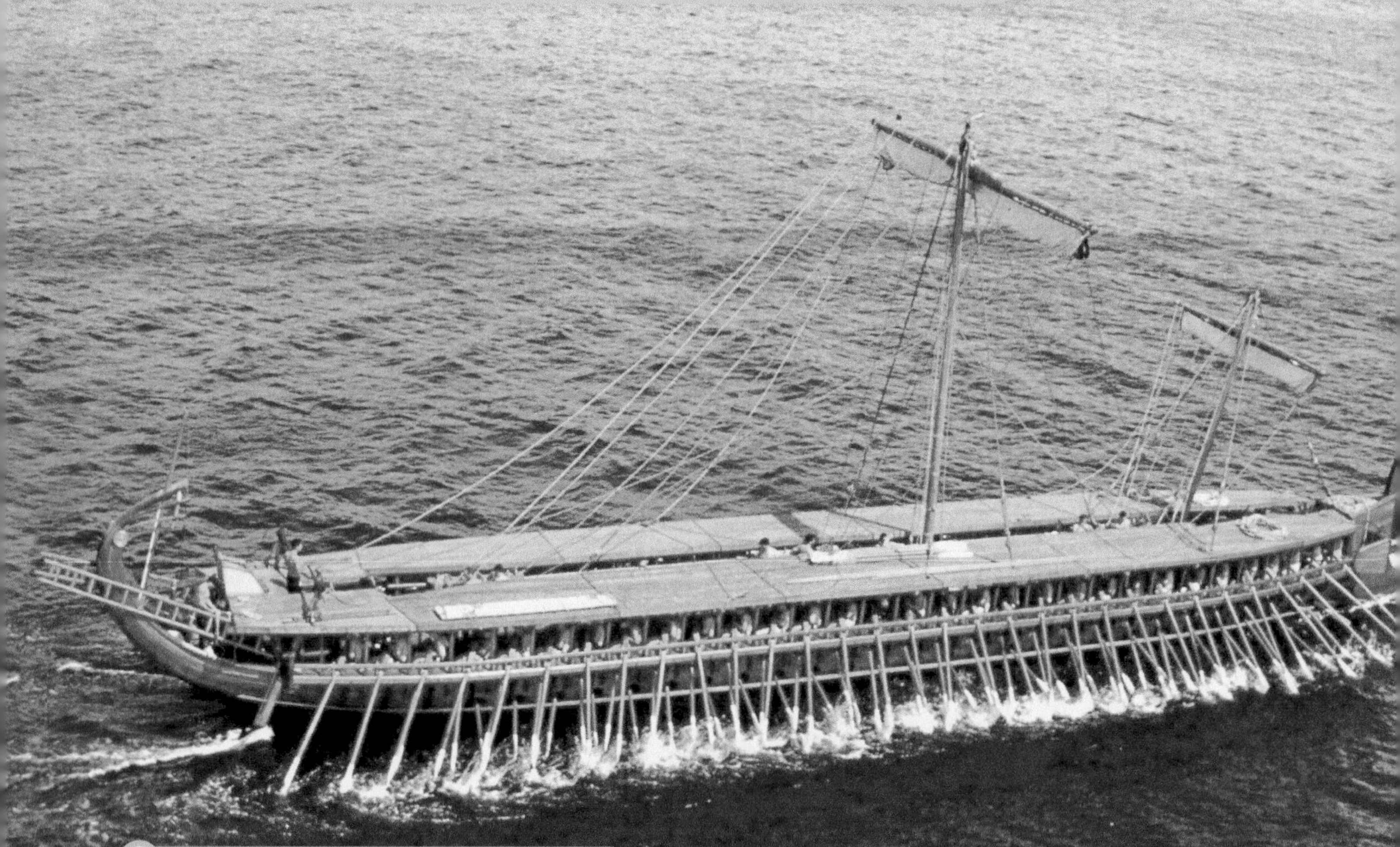

▲ Reconstrucción de un buque de guerra griego

Explora la Pregunta esencial

- en **myworldhistory.com**
- usando **miMundo: Actividad del capítulo**
- con el **Cuaderno del estudiante**

La antigua Grecia y el período oscuro

1450 A.C. Destrucción de las ciudades minoicas.

1100 a 750 A.C. La región atraviesa por un período oscuro.

508 A.C. La democracia se desarrolla en Atenas.

| 1400 A.C. | 1200 A.C. | 1000 A.C. | 800 A.C. | 600 A.C. | 400 A.C. |

Alrededor de 1100 A.C. Destrucción de los reinos micénicos.

700s A.C. Homero da forma a la *Ilíada*. Las colonias griegas se extienden. Aumenta el comercio.

Alrededor de 650 A.C. Los griegos empiezan a usar monedas.

PERICLES
La calma ante el peligro

Esta miHistoria, es una versión ficticia de los sucesos que ocurrieron durante la juventud de Pericles, quien aparece en este capítulo.

El joven Pericles nunca olvidó la imagen del enemigo aproximándose a su ciudad de Atenas. Él y su perro, Ajax, estaban en la cima de la colina de la Acrópolis, en lo alto de la ciudad. Desde allí podían ver la enorme nube de polvo que indicaba el avance del ejército persa. Algunos decían que los persas tenían cinco millones de hombres. ¿Cómo podría la pequeña Atenas resistir una fuerza tan poderosa?

Una voz resonó abajo en la ciudad, anunciando la alerta para evacuar. Todos los atenienses debían abandonar sus hogares inmediatamente e ir al puerto de El Pireo, a cuatro millas de distancia. Los buques llevarían a todos a un lugar seguro.

Pericles y Ajax corrieron por las calles atestadas para llegar a casa. Se reunieron con su familia, que ya empacaba su ropa a toda prisa para evacuar la casa señorial. Pericles, que tenía quince años, estaba asustado, enojado y confundido, pero no lo demostraba. Siempre

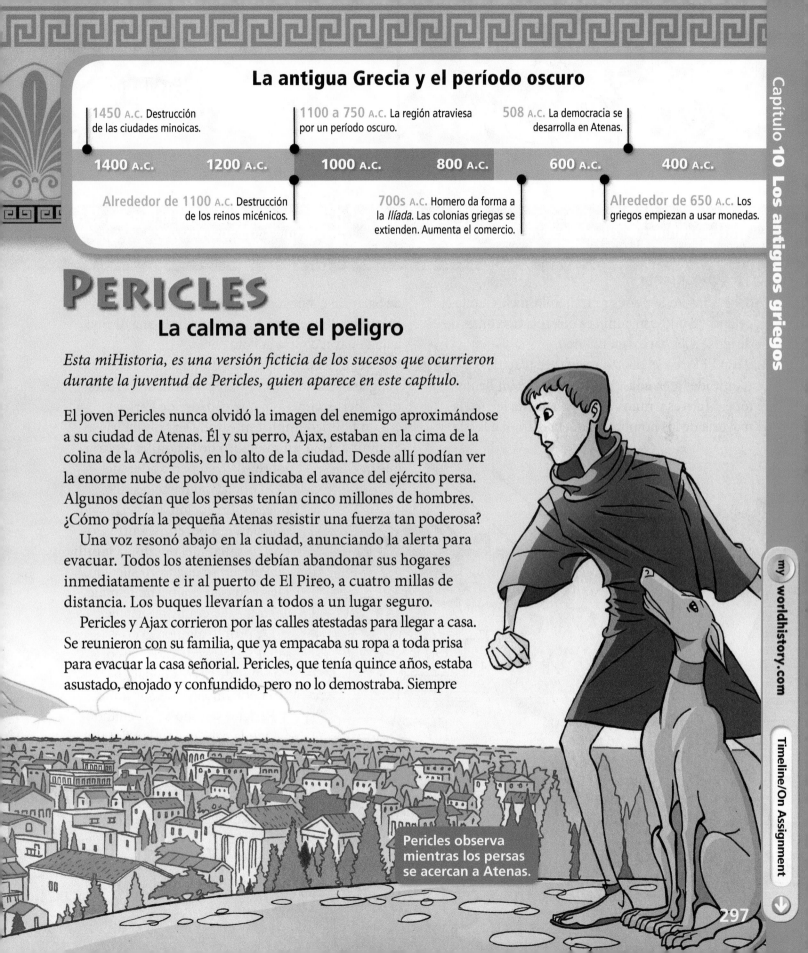

Pericles observa mientras los persas se acercan a Atenas.

297

Pericles y Ajax corrieron rumbo a su casa entre multitudes de ciudadanos que huían.

Detrás de cada barco, nadaban docenas de perros que seguían a sus amos.

daba la impresión de estar tranquilo, incluso ante el peligro. Ayudó a su familia a cerrar la casa antes de dirigirse a los barcos en El Pireo.

En El Pireo, el puerto estaba atestado de multitudes aterradas. Los barcos estaban llenos a tope. Mujeres y niños irían a una costa lejana, la mayoría de los hombres atenienses irían a la isla de Salamina, a pocos kilómetros de distancia. En Salamina, los griegos planeaban librar una última batalla naval contra la flota persa.

En el muelle, las familias lloraban mientras las obligaban a separarse. Pero la familia de Pericles tuvo suerte. Gracias a que el padre de Pericles era un político importante, toda su familia iría a Salamina. Sólo un miembro de la familia tendría que quedarse: el pobre Ajax, su perro adorado.

El oficial del barco les dijo que, sin excepción, los perros no podrían ir a bordo. Mientras los barcos salían del puerto, la familia de Pericles se quedó en silencio. Dejar su casa era bastante malo, dejar a Ajax era insoportable.

De pronto alguien gritó y señaló. Detrás de cada barco, docenas de perros nadaban frenéticamente tras sus amos. Pericles se echó a reír cuando vio la cabeza de Ajax flotando sobre las olas. Ni siquiera los perros atenienses estaban dispuestos a vivir bajo la tiranía persa: ¡el gobierno de un rey!

Al pobre Ajax no le permitieron subir a bordo.

Desde su refugio en la isla de Salamina, la familia de Pericles se lamenta al ver que Atenas arde en llamas.

El rey persa Jerjes, reaccionó con horror cuando su flota fue destruida.

El miedo a la tiranía fue lo que había motivado a los atenienses a unirse a otros griegos para resistir la invasión persa. Como muchos atenienses, Pericles probablemente concebía la guerra persa en términos políticos: la democracia ateniense contra la tiranía persa. Después de todo, provenía de una familia involucrada en la política y al crecer se convertiría en un político importante. Su padre y el tío de su madre eran partidarios de un gobierno democrático en Atenas. En Atenas, todos los ciudadanos compartían el poder. Se trataba de un enfoque nuevo del poder político, desconocido para los persas, quienes simplemente obedecían a su rey. Incluso en ese momento desde la cubierta del barco, Pericles veía la democracia en acción, ya que la decisión de evacuar la ciudad y seguir la lucha fue tomada por votación popular.

Cuando la familia desembarcó en Salamina, Ajax saltó al barco, mojándolos a todos mientras se sacudía. Pero la risa de la familia duró poco. Sabían que la poderosa flota persa llegaría pronto pues los seguía de cerca. Temían que al día siguiente, cuando los barcos griegos se enfrentaran al enemigo, la poderosa marina griega quedara totalmente destruida.

Esa noche vieron a la distancia que Atenas ardía. Se lamentaron por su casa y los hermosos templos de la Acrópolis. Parecía que todo se había perdido.

Sin embargo, al día siguiente, mientras se desarrollaba la batalla, vieron con asombro que los barcos atenienses y otros barcos griegos se defendían ferozmente. Poco a poco, los griegos empezaron a ganar. La familia celebraba mientras huían los últimos barcos persas, dando a los griegos una victoria decisiva. La batalla naval de Salamina, librada en el año 480 A.C., se convirtió en un momento decisivo de la guerra.

Cuando su familia regresó a Atenas, Pericles dedicó su vida a la restauración de la ciudad y el fortalecimiento de su poder. Años más tarde, Pericles contribuyó al desarrollo de una edad de oro en Atenas, la primera democracia del mundo. Nunca olvidó las lecciones de Salamina: la ocasión en la que una pequeña democracia se enfrentó al más grande imperio del mundo.

Con base en esta historia, ¿cómo crees que los griegos concebían el poder político? Mientras lees este capítulo, piensa en lo que la historia de Pericles indica sobre la vida en la antigua Grecia.

 myStory Video

Únete a Pericles, mientras observa la Batalla de Salamina.

Surgimiento de las ciudades-estado

Ideas clave

- La geografía física ayudó a moldear la vida y la cultura griegas.
- La unidad política básica de la antigua Grecia era la ciudad-estado.
- La historia antigua griega se caracterizó por guerras frecuentes entre las pequeñas ciudades-estado.

Términos clave • polis • ciudadano • acrópolis • política • aristocracia

 Visual Glossary

Destreza de lectura **Analizar causa y efecto** Toma notas usando el organizador gráfico en tu Cuaderno.

Estatua de Atenea, la diosa griega de la sabiduría y protectora de las ciudades. Primer plano: Templo de Poseidón ▼

Como leíste en la historia, a sus quince años Pericles vio cómo sus compañeros griegos derrotaban a Persia, el imperio más grande de la Tierra. La Batalla de Salamina fue un momento decisivo en la historia griega. Después de eso, la cultura griega alcanzó un punto máximo en el arte, el teatro, la filosofía y la ciencia política. Ayudó a formar la civilización occidental: la civilización de Europa y las Américas. Nos dejó palabras y tradiciones como *democracia*, *geometría*, *política* y *Juegos Olímpicos*. ¿Cómo llegó a tener tanta influencia en nuestro mundo?

Geografía del mundo griego

En la antigüedad, no existía un país llamado Grecia. En su lugar, había comunidades que hablaban griego en las islas y costas del mar Mediterráneo. Este mundo antiguo descansaba en la periferia de Europa y Asia. Viajeros y negociantes pasaban por la región intercambiando bienes, ideas y costumbres.

Una tierra accidentada La Grecia moderna ocupa una gran península en el mar Mediterráneo. Una península es un área de tierra rodeada casi totalmente de agua. Otras penínsulas se extienden desde Grecia. La más grande, en el sur, se llama la Península del Peloponeso.

Alrededor de 2000 A.C., personas que hablaban griego llegaron del norte a estas tierras. Se asentaron en tierra firme. Una tierra firme es parte de un continente. También se asentaron en las islas del mar Egeo.

La tierra firme de Grecia está dividida por cordilleras. Entre ellas se encuentran valles estrechos y llanuras pequeñas. Las montañas eran apropiadas para el pastoreo, pero demasiado empinadas y rocosas para la agricultura. Muy poca tierra podía usarse para el cultivo. La única tierra fértil se encontraba en los valles de las tierras bajas y en las llanuras. Allí la personas formaron comunidades agrícolas.

Las montañas aislaron a estas comunidades. Así que se desarrolló un espíritu independiente entre los griegos. Nunca intentaron unificarse bajo un solo gobierno. De hecho, a menudo estaban en guerra entre ellos.

Rodeados por el mar Aunque las cordilleras aislaban a las comunidades, el mar las ponía en contacto con el resto del mundo. Los griegos se convirtieron en hábiles navegantes y comerciantes. Sus barcos de pesca y comercio zurcaban las aguas del mar Mediterráneo hacia el sur, del mar Egeo hacia el este y del mar Jónico hacia el oeste. Esto los llevó a tener contacto con las culturas de África del norte y Asia.

Un clima mediterráneo Grecia tiene un clima mediterráneo, con inviernos moderados y húmedos y veranos cálidos y secos. La falta de lluvia dificultaba el cultivo de los granos, que necesitan riego frecuente. Los griegos de tierra firme estaban en constante búsqueda de fuentes extranjeras para obtener grano. Pero el clima mediterráneo era ideal para el cultivo de olivas y uvas. El aceite de oliva y el vino se convirtieron en productos comerciales importantes y en fuente de riqueza.

Verificar la lectura **¿Cómo moldeó la geografía física a la cultura griega?**

Geografía de la antigua Grecia

Las montañas de Grecia

EUROPA

Mar Negro

Río Axios

Monte Olimpo ▲

Montes Pindo

Río Peneo

■ Troya

N
O   E
S

40° N

Mar Jónico

GRECIA

Mar Egeo

JONIA

ASIA

Atenas ■

Olimpia ■   ■ Micenas

■ Esparta

Península del Peloponeso

Rodas

30° E

20° E   *Creta*   ■ Cnosos

35° N

25° E

Mar Mediterráneo

Isla griega de Rodas

LEYENDA

■ Asentamiento antiguo importante

0   100 Millas

0   100 Kilómetros

Proyección cilíndrica de Miller

ÁFRICA

EGIPTO

Destreza: Mapas

1 **Ubicación** ¿Qué continentes se encuentran al este y al sur de Grecia?

2 **Ubicación** ¿Cuál es la isla más grande al sur de Grecia?

3 **¡Lugares por conocer!**
Rotula los lugares siguientes en el croquis de tu Cuaderno del estudiante: Atenas, Esparta, Jonia y Península del Peloponeso.

my worldhistory.com

Places to Know

301

Historia griega antigua

Una antigua civilización influyó en los griegos: los minoicos. La cultura minoica se desarrolló en Creta, una isla al sur de la tierra firme de Grecia. Se extendió a través de las islas del Egeo e influyó en Grecia alrededor de 2000 A.C.

La civilización minoica La civilización minoica estaba muy desarrollada. Tenían un sistema de escritura y construyeron inmensos palacios de piedra, como el de Cnosos, dotado de agua corriente. Comerciaban en todo el Mediterráneo.

Alrededor de 1450 A.C., las ciudades y palacios minoicos fueron destruidos misteriosamente. Se cree que los griegos de la tierra firme fueron los responsables.

Los micénicos Los minoicos influyeron en una civilización que se desarrolló en la tierra firme de Grecia. Esta civilización, conocida como micénica, se desarrolló alrededor de 1600 A.C. Una monarquía, o gobierno encabezado por un rey, gobernaba cada pueblo. Los gobernantes vivían en fortalezas en lo alto de las colinas con vista a sus ciudades.

Los micénicos hacían armas de bronce y alfarería que intercambiaban por cobre, marfil y bienes de lujo de otras tierras. A veces incursionaban en otros pueblos para obtener oro y otros bienes, o se asaltaban entre ellos.

Estos reinos se debilitaron. Luego, alrededor de 1100 A.C., unos recién llegados del norte conocidos como dorios destruyeron esta civilización.

CNOSOS

El palacio minoico de Cnosos se comenzó alrededor de 1700 A.C.

Sección reconstruida del palacio ▶

◀ Las pinturas en las paredes interiores revelan la importancia del mar.

El período oscuro La caída de Micenas marcó el declive de la cultura griega. Las personas dejaron de leer y escribir. Al período que duró aproximadamente de 1100 a 750 A.C., se le ha llamado período oscuro. Durante estos siglos, los griegos de tierra firme emigraron por el mar Egeo a las islas y la costa occidental de Asia Menor, un área que se llegó a conocer como Jonia.

Los griegos de Jonia nunca olvidaron la "edad heroica" de los micénicos. Contaban y cantaban historias del mundo antes del período oscuro. Una de ellas trataba de la Guerra de Troya.

Verificar la lectura **¿Qué pasó en el período oscuro?**

La Guerra de Troya

Según la leyenda, guerreros de los reinos micénicos navegaron para atacar Troya, una ciudad de Asia Menor. El conflicto terminó cuando los griegos engañaron a los troyanos para que aceptaran como "regalo" un enorme caballo de madera. Los griegos, escondidos en el caballo, salieron y abrieron las puertas de la ciudad. El ejército griego entró y quemó Troya.

Las historias de la Guerra de Troya fueron recitadas o cantadas, porque los griegos ya no sabían leer ni escribir. Luego, por el año 700 A.C., desarrollaron un alfabeto basado en el alfabeto fenicio. Homero, un poeta, adaptó las historias de la Guerra de Troya en un largo poema épico: la *Ilíada* que, más tarde, se registró por escrito.

La *Ilíada* narra la guerra, pero termina antes de la <u>definitiva</u> victoria de los

▲ Los troyanos celebran el regalo del caballo de madera en esta escena de una película reciente.

griegos. La *Odisea* de Homero es otro poema épico. Describe las aventuras del héroe Ulises después de la guerra.

La *Ilíada* y la *Odisea* moldearon la cultura griega. Los valores expresados en estos poemas formaron parte de la identidad griega. Uno de ellos era la valentía. En la *Ilíada*, el guerrero Aquiles se dirige a sus tropas antes de la batalla:

> 66 ¡Todos los hombres decídanse a luchar y a seguir adelante contra su enemigo! Fuerte como soy, es difícil para mí enfrentar a tantos hombres y luchar con todos a la vez. . . .
> Y sin embargo, ¡lo haré! 99
>
> —Homero, la *Ilíada*

Los griegos vivían según los ideales de valentía, fortaleza y honor expresados en la obra de Homero.

Verificar la lectura **¿Cómo preservó Homero la memoria de la civilización micénica?**

definitiva, *adj.,* final

my worldhistory.com

Primary Source

Vista de Corinto en el apogeo de su poder

La ciudad-estado de
CORINTO

Corinto era una de las ciudades-estado más ricas de Grecia. El poder económico de la ciudad se debía a su ubicación. Corinto no sólo controlaba la ruta terrestre de norte a sur a través del istmo de Corinto, sino también la ruta marítima de este a oeste. Un camino especial permitía arrastrar a los barcos a través del istmo de cinco kilómetros de ancho.

RAZONAMIENTO CRÍTICO **Estudia el mapa. Explica por qué la ubicación de Corinto era importante para la comunicación y el comercio.**

LEYENDA

- ▢ Territorio de Corinto
- • Ciudad
- — Ruta comercial

0 ___ 100 Millas
0 ___ 100 Kilómetros
Proyección cilíndrica de Miller

40° N

Mar Egeo

Mar Jónico

Golfo de Corinto

Istmo de Corinto

38° N

Corinto

Atenas

JONIA

N O E S

Península del Peloponeso

Esparta

Mar Mediterráneo

20° E   22° E   24° E

Surgimiento de las ciudades-estado

Para cuando se compusieron las epopeyas de Homero, cada comunidad griega empezaba a organizarse en una **polis**, o ciudad-estado. La ciudad-estado se convirtió en una de las características más importantes de la cultura griega. Los griegos las crearon en todos los lugares en los que se asentaban.

La polis La polis era más que una ciudad. Era una comunidad con un gobierno propio, que gobernaba un área extensa que incluía la ciudad, las aldeas aledañas y los campos vecinos.

Cada ciudad-estado tenía un mercado y un centro del gobierno. Aquí, los miembros que tenían derechos legales, los **ciudadanos**, se reunían para crear leyes y discutir temas de la comunidad.

El área y la población de una polis en general eran pequeñas. Todos sus ciudadanos se podían reunir para tomar decisiones como un solo grupo.

Las ruinas del antiguo Corinto ▼

La ciudad alta Una polis típica se construía en dos niveles. En una colina elevada estaba la **acrópolis**, que significa "ciudad alta". Allí estaban los edificios públicos y templos de mármol. También servía como una fortaleza en tiempos de peligro. En tierras más bajas, se encontraban los hogares, comercios y granjas de las personas. En Atenas, la ciudad baja incluía el ágora, o mercado. Allí se reunían para discutir los asuntos públicos.

La política en la polis La palabra *polis* dio origen al término **política**, el arte y práctica de gobernar. Cada ciudad-estado tenía un gobierno diferente. Algunas eran monarquías, gobernadas por un rey. Al principio, la polis era gobernada por una **aristocracia**, una clase hereditaria de gobernantes. Aristocracia significaba "gobierno ejercido por los mejores".

Pero en algunas ciudades-estado ocurrió algo extraordinario: los ciudadanos se gobernaban a sí mismos. Esto hizo que esas ciudades-estado griegas fueran únicas. En contraste, en casi todo el mundo, los sacerdotes y los reyes poseían todo el poder político.

A pesar de que el autogobierno era una característica de las ciudades, no todos podían participar en la toma de decisiones. Las mujeres, los esclavos y los extranjeros eran <u>excluidos</u> del proceso. En la polis había tres tipos de habitantes: los ciudadanos (que podían votar), las mujeres y los extranjeros libres (que no podían votar), y los esclavos, con muy pocos derechos.

El orgullo de formar una polis Los ciudadanos sentían orgullo y lealtad hacia su polis. Creían que un buen ciudadano debía sacrificarse por su ciudad. Debía morir por su polis, si fuera necesario.

Como escribió un historiador: "La polis era la estructura de la vida griega". Los griegos se identificaban con su ciudad. Si tenía éxito, ellos también. Las polis desempeñaron un papel clave en la vida griega.

Verificar la lectura ¿Qué era la polis?

miMundo: Actividad
Línea cronológica de la polis

excluir, v., descartar, evitar la participación

Evaluación de la Sección 1

Pregunta esencial
¿Qué es el poder?
¿Quién debe tenerlo?

Términos clave

1. Usa los siguientes términos para describir el surgimiento de las ciudades-estado: polis, ciudadano, acrópolis, política, aristocracia.

Ideas clave

2. ¿Cómo influyó la geografía física de Grecia en el desarrollo de la ciudad-estado?

3. ¿Qué tipos de gobierno regían las ciudades-estado griegas?

4. ¿Por qué se decía que la polis era "la estructura de la vida griega"?

Razonamiento crítico

5. **Sintetizar** ¿Qué cambios se llevaron a cabo en el mundo griego durante el período oscuro?

6. **Comparar y contrastar** Compara las ventajas y desventajas de la geografía física de Grecia para los colonos.

7. ¿Quién poseía el poder político en las ciudades-estado griegas? Anota la respuesta en tu Cuaderno del estudiante.

La sociedad y la economía griegas

Lápida que muestra una familia griega. ▼

n viajero griego en la antigüedad se habría sentido como en casa en cualquier ciudad portuaria griega. Los griegos hablaban el mismo idioma y muchos de los dioses que veneraban eran los mismos. Las ciudades-estado permitían la esclavitud y tenían un sistema de clases. En todos los muelles se veían cosas similares: colonos abordando barcos y comerciantes inspeccionando mercancías.

Sin embargo, había diferencias entre las ciudades-estado, como una diversidad de gobiernos, economías y formas de organizar la sociedad. Las costumbres y las tradiciones variaban entre las ciudades-estado.

Las mujeres en la antigua Grecia

En el mundo griego, las mujeres tenían diferentes derechos y papeles, dependiendo de la ciudad-estado. En Esparta, tenían bastante libertad. Pero en ciudades-estado como Atenas, tenían pocos derechos.

La vida familiar La familia típica estaba formada por el esposo, la esposa y los hijos. El hombre controlaba la familia. Las mujeres más pobres trabajaban en las granjas o vendían en los mercados. Pero en ciudades-estado como Atenas, las mujeres de las familias más ricas se quedaban en casa y los hombres participaban en la vida pública. Las mujeres participaban en las ceremonias religiosas, pero la mayor parte

 Culture Close-Up

miMundo: Actividad
Tomar partido

de sus vidas estaba restringida. El filósofo Jenofonte lo describe así:

> 66 Los dioses han ordenado y la ley aprueba que los hombres y las mujeres sigan cada uno su propia capacidad. No es bueno que una mujer esté en el exterior y en el interior. Y es más deshonroso para un hombre permanecer en el interior que atender sus asuntos en el exterior 99.
>
> —Jenofonte, *Economía*

En la mayoría de los hogares griegos, las mujeres supervisaban la casa, criaban a los hijos, llevaban cuenta del dinero y supervisaban a los esclavos. Muchas mujeres hacían la ropa que los miembros de la familia necesitaban. Tenían que hilar la lana o el lino en el hilado, tejer las telas y coser o tejer la ropa. También supervisaban la preparación de los alimentos.

Las mujeres espartanas En Esparta, las mujeres tenían más derechos y libertades. Podían vender sus propiedades. Las niñas espartanas eran educadas y practicaban los deportes. Todo esto sorprendía a los griegos de otras ciudades-estado.

Verificar la lectura **¿En qué se diferenciaban las vidas de las mujeres de Atenas y las de Esparta?**

La sociedad griega

Había un sistema de clases complejo, con los terratenientes adinerados en el nivel superior y los esclavos en el inferior. Entre esos niveles estaban los terratenientes pequeños, los comerciantes y los artesanos, y los pobres que no poseían tierras.

La aristocracia Aristócratas o reyes controlaban las primeras ciudades-estado. Algunos decían que descendían de reyes o dioses. Creían que esto les daba el derecho de conservar el poder. Su riqueza provenía de la posesión de mucha tierra donde cultivaban y criaban ganado.

Los esclavos trabajaban en las propiedades. Gracias a esto, los aristócratas tenían tiempo para la política y el ocio.

Ciudadanos y no ciudadanos La sociedad estaba dividida entre los ciudadanos (varones adultos) y los no ciudadanos, con derechos limitados. Todos los ciudadanos tenían derecho al voto.

Los agricultores que tenían grandes extensiones de tierra gozaban de un estatus relativamente alto. Aunque eran ricos, eran una minoría. La mayoría eran pequeños agricultores: poseían poca tierra. Rara vez tenían

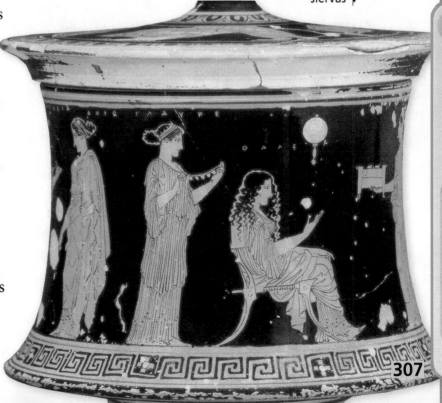

Jarrón griego que muestra a una mujer sentada y a sus siervas ▼

my worldhistory.com

Culture Close-Up

307

LA ANTIGUA SOCIEDAD GRIEGA

Las personas de la antigua Grecia se clasificaban según su estatus social o legal. La división principal era entre las personas libres y las esclavizadas. De las personas libres, sólo los ciudadanos participaban en el gobierno. *¿Tenían todos los griegos libres los mismos derechos?*

LIBRES

Aristocracia

Pequeños agricultores

Granjeros arrendatarios (*thetes*)

Mujeres y niños nacidos de ciudadanos

Extranjeros residentes (metecos)

CIUDADANOS

NO CIUDADANOS

NO LIBRES

ESCLAVOS

tierra suficiente para el ganado o para producir un excedente de alimentos. Más abajo estaban los **granjeros arrendatarios**, que pagaban un alquiler, en dinero o en cosechas, para cultivar en las tierras de otra persona. Los llamaban *thetes*.

Los comerciantes y los artesanos eran los extranjeros residentes o **metecos**. Podían ser griegos de otra ciudad-estado o alguien que no era griego. Los metecos no eran ciudadanos. Eran libres pero gozaban de menos derechos que los nativos de la polis.

Esclavos La clase más baja eran los esclavos. La **esclavitud** es una práctica que permite poseer y controlar a otras personas como una propiedad. El filósofo Aristóteles explicó que para algunas personas ésta era una condición natural. Escribió: "Al nacer, unos están marcados para la esclavitud, otros para gobernar".

La mayoría de los esclavos eran prisioneros de guerra. Otros eran comprados a los negociantes de esclavos o vendidos por sus familias. A veces eran niños abandonados. Muchos provenían de otras tierras. Algunos eran griegos.

Hacia el año 500 A.C., la esclavitud era práctica común. En algunas ciudades-estado, los esclavos eran un tercio de la población. Cocinaban, limpiaban y cuidaban a los niños. Algunos eran maestros. Otros trabajaban en las granjas, los barcos o en las minas. Su trabajo ayudó al crecimiento de la economía.

Algunos eran tratados con amabilidad. Otros eran liberados. Pero no tenían derechos legales y sus dueños podían castigarlos. A veces trabajaban hasta morir bajo condiciones crueles.

Verificar la lectura ¿Cuáles eran algunas de las divisiones sociales de la antigua Grecia?

La expansión económica griega

Los griegos carecían de buenas tierras de cultivo y de algunos recursos básicos. Al crecer la población tuvieron que buscar la manera de alimentar al pueblo.

Conquista Algunas ciudades-estado <u>consiguieron</u> más tierras y recursos conquistando a sus vecinos. Esparta, Península del Peloponeso, no dependía del comercio para su crecimiento. Sus tropas conquistaron Mesenia y convirtieron al pueblo en trabajadores no libres. Los obligaron a cultivar sus tierras.

Esto permitió que los espartanos formaran un ejército que sería el más profesional y temido de Grecia.

Como a mediados de 500 A.C., Esparta controlaba la mayor parte de la Península del Peloponeso.

Colonización La migración (trasladarse a otra región) fue otra solución para el problema de la población. A partir de 700 A.C., los colonos griegos buscaron nuevos lugares donde asentarse. No era fácil por el peligro y la incertidumbre. Como dijo el historiador Donald Kegan: "Sólo la sobrepoblación y la necesidad de tierras" los llevaban a asumir tales riesgos.

La costa era ideal porque podían anclar sus barcos y establecer puertos comerciales. El mejor lugar debería tener buenas tierras para cultivar y estar cerca de recursos como la madera o los minerales que pudieran ser exportados. Homero describe una colonia ficticia así:

conseguir, *v.,* obtener, ganar

El comienzo de la planificación urbana

Mileto, en Jonia, fue una de las primeras ciudades griegas que se estableció siguiendo un patrón de cuadrícula. Para la civilización occidental, éste fue el comienzo de la planificación urbana, la planificación racional de las ciudades. Muchas ciudades estadounidenses modernas siguen el mismo tipo de plan de cuadrícula.

Vista de Mileto en la antigüedad

Vista aérea del plan de cuadrícula de Nueva York

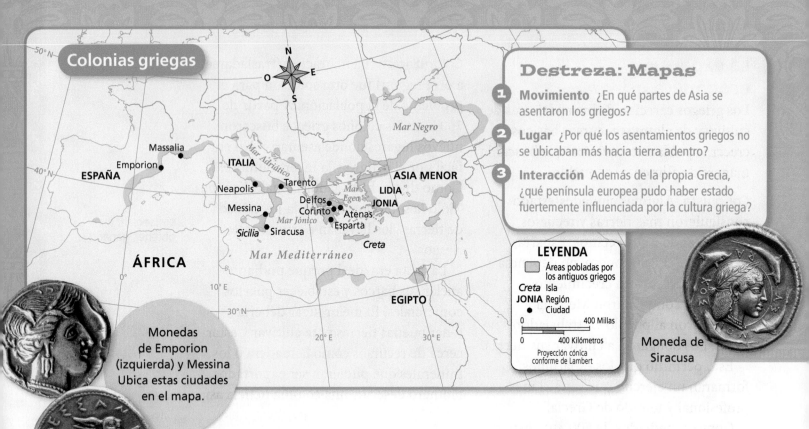

Colonias griegas

Destreza: Mapas

1 **Movimiento** ¿En qué partes de Asia se asentaron los griegos?

2 **Lugar** ¿Por qué los asentamientos griegos no se ubicaban más hacia tierra adentro?

3 **Interacción** Además de la propia Grecia, ¿qué península europea pudo haber estado fuertemente influenciada por la cultura griega?

LEYENDA

Áreas pobladas por los antiguos griegos
Creta Isla
JONIA Región
● Ciudad

0   400 Millas
0   400 Kilómetros
Proyección cónica conforme de Lambert

Monedas de Emporion (izquierda) y Messina Ubica estas ciudades en el mapa.

Moneda de Siracusa

> **❝** Así que [el fundador] los llevó lejos, asentándolos en [un lugar llamado] Esqueria, lejos del bullicio de los hombres. Hizo que se construyera una muralla alrededor del centro de la ciudad, construyó casas, erigió templos a los dioses y repartió la tierra **❞**.
>
> —Homero, la *Odisea*

Los colonizadores llevaron una llama encendida desde el hogar para encender fuegos en la nueva colonia. Esta llama <u>simbolizaba</u> los lazos con su antigua ciudad-estado. Usualmente comerciaban con su ciudad de origen, pero la mayoría nunca regresó. Se establecieron en su nueva ciudad-estado.

simbolizar, *v.,* representar

Para el año 500 A.C., había cientos de colonias cerca de los mares Mediterráneo y Negro.

Se extendían desde las costas de lo que hoy es Rusia hacia el oeste hasta España.

Las primeras monedas El comercio produjo un nuevo desarrollo. Alrededor de 650 A.C., los reyes de Lidia produjeron las primeras monedas de oro y plata del mundo. Lidia estaba en la actual Turquía, cerca de Jonia. El uso de las monedas produjo una forma de revolución económica. Las monedas, de tamaño y valor estandarizado, sustituyeron el sistema de trueque, en el que unos bienes se intercambiaban por otros. Gracias a las monedas, el comercio fue más fácil.

Los griegos aprendieron sobre las monedas al comerciar con Lidia. Se establecieron casas de moneda, o lugares donde se fabrican, en varias ciudades-estado. Cada ciudad las acuñaba con sus símbolos o imágenes de los dioses o diosas que protegian la ciudad. Las monedas de Atenas, por ejemplo, estaban marcadas con un búho, asociado con

Atenea, la diosa por la cual se nombró a Atenas.

Atenas se enriquece La ciudad-estado de Atenas se enriqueció con el comercio. Tenía pocas tierras de cultivo, pero tenía un excelente puerto llamado El Pireo, a tres millas de distancia. Los atenienses comerciaban para satisfacer sus necesidades de alimentos y otros recursos. Llegaron a depender del grano que llegaba desde el mar Negro.

Para pagar por el grano, los talleres producían alfarería, joyas y otros bienes. Éstos, junto con el aceite de oliva y el vino, eran enviados por barco a otras tierras. Los barcos regresaban con madera, minerales y productos de lujo como el marfil, el vidrio y el perfume. Había mucha actividad en las calles y los mercados.

Efectos de la expansión La colonización griega influyó en el comercio y la cultura. Así como la colonización difundía la cultura y bienes griegos por el mundo mediterráneo, también llevaba nuevas costumbres e ideas a Grecia. Como resultado, los préstamos culturales aumentaron en toda la región. El uso de las monedas y el alfabeto griego surgieron gracias a la influencia de las culturas de Asia Menor.

El establecimiento de colonias tuvo efectos económicos. Muchas prosperaron, o tuvieron éxito. Las colonias comerciaban con Grecia. Llevaron bienes del extranjero a los griegos de tierra firme.

Los comerciantes se enriquecieron por el aumento del comercio. Construyeron flotas mercantes, o grupos de barcos. Conforme aumentaba su riqueza, desempeñaban un papel más importante en la vida de las ciudades-estado griegas. La nueva riqueza también produjo cambios en la forma en que las ciudades-estado eran gobernadas, como leerás en la sección que sigue.

Verificar la lectura **¿Cómo consiguieron las ciudades-estado los recursos necesarios cuando crecieron sus poblaciones?**

Algunas ciudades griegas exportaban perfume en botellas como ésta. ▼

Evaluación de la Sección 2

? **Pregunta esencial**

Términos clave

1. Usa los siguientes términos para describir la sociedad y la economía griegas: granjero arrendatario, meteco, esclavitud.

Ideas clave

2. ¿Por qué se asombraban algunos griegos de la forma de vida de las mujeres espartanas?

3. ¿Por qué era tan rica la aristocracia de las ciudades-estado griegas?

4. ¿Qué efectos tuvo la colonización en la Grecia de tierra adentro?

Razonamiento crítico

5. **Inferir** ¿Por qué la geografía física de Grecia motivó la colonización?

6. **Sacar conclusiones** ¿Cómo ayudó la adopción de las monedas a aumentar la riqueza griega?

¿Qué es el poder? ¿Quién debe tenerlo?

7. ¿Quién tenía más poder en la familia griega? Anota la respuesta en tu Cuaderno del estudiante.

La democracia en Atenas

Ideas clave

- Las ciudades-estado griegas experimentaron con muchas formas de gobierno, incluyendo la oligarquía y la tiranía.

- La democracia se desarrolló en Atenas. Los ciudadanos participaban en el establecimiento de leyes y en los tribunales.

- La democracia ateniense y las responsabilidades de la ciudadanía se desarrollaron gradualmente con el paso de los años.

Términos clave • oligarquía • falange • tiranía • democracia
  • ciudadanía • democracia directa • democracia representativa

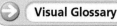 **Visual Glossary**

 Destreza de lectura **Resumir** Toma notas usando el organizador gráfico en tu Cuaderno.

Una noche en 508 A.C., los sonidos de una lucha por el poder hicieron eco por las calles de Atenas. Iságoras, el juez principal de la ciudad, intentaba aplastar un movimiento por la democracia. Había invitado a los espartanos para que lo ayudaran a acabar con esta nueva y peligrosa tendencia. Obligó al dirigente popular Clístenes a huir de la ciudad. Iságoras también exilió a 700 familias que apoyaban la reforma democrática.

Pero esta vez algunos atenienses se sublevaron. Persiguieron a Iságoras y a los espartanos hasta la acrópolis. Los espartanos eran excelentes soldados, pero se vieron abrumados por el pueblo ateniense. Después de que los espartanos se rindieron, Clístenes regresó y Atenas continuó la construcción de su democracia.

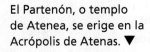

El Partenón, o templo de Atenea, se erige en la Acrópolis de Atenas. ▼

Antes de la democracia

Iságoras y los espartanos temían las nuevas tendencias políticas de Atenas. Querían que el gobierno permaneciera en manos de los aristócratas, un tipo de gobierno que los griegos llamaban **oligarquía**. En la oligarquía, el poder político está en manos de un pequeño grupo de personas.

LA FALANGE GRIEGA

La falange era una formación de soldados que podía tener hasta 8 filas. ¿Cómo podía esa formación militar crear un espíritu de igualdad?

Las oligarquías Un consejo de líderes que pertenecían a la aristocracia encabezaba las oligarquías. Uno de estos líderes fue un legislador llamado Dracón. Creó un código legal que señalaba castigos severos para todos los delitos, graves y menores. Hoy en día, las personas todavía usan la palabra *draconiano* para describir las leyes que parecen ser innecesariamente severas.

El surgimiento de la falange En muchas ciudades-estado, el poder pasó a manos de más personas. La causa pudo haber sido el cambio en la organización de los ejércitos griegos. Antes, las batallas eran luchas entre guerreros aristocráticos individuales. Los aristócratas eran los soldados más importantes del estado.

Alrededor de 700 A.C., se introdujo una nueva formación militar llamada falange. La **falange** era una formación de soldados armados que se movían juntos. Antes de la batalla, se alineaban para formar una

fila de escudos superpuestos. El escudo de cada hombre ayudaba a proteger a su vecino. Lo sostenían con el brazo izquierdo. En la mano derecha sostenían una lanza o espada. Una falange bien entrenada podía superar a casi cualquier fuerza.

En una falange, los soldados no tenían que ser tan adinerados como para comprar y <u>mantener</u> un caballo. Más hombres podían pagar las armas y armaduras necesarias. A medida que la defensa dependió más de la formación de la falange, los soldados obtuvieron más poder político. Es probable que esto diera mayor participación política a los soldados. Los líderes aristocráticos corrían el riesgo de perder el apoyo de su ejército si no tomaban en cuenta los intereses de estos hombres.

Cada ciudad-estado formó un sistema de gobierno distinto. Dada la cantidad de ciudades, el mundo griego tuvo una gran diversidad política.

mantener, *v.,* sustentar y sostener

El poder del pueblo

La mayoría de las ciudades-estado adoptaron la tiranía, pero algunas eligieron el gobierno de muchos. Esta forma de gobierno se llamó **democracia**, que significa "gobierno del pueblo". En estas democracias, un gran número de hombres participaban en los asuntos cívicos.

Principios de la democracia En 594 A.C., los aristócratas de Atenas eligieron a Solón para dirigir la polis. Solón hizo reformas en los tribunales. Prohibió que los pobres que no podían pagar sus deudas fueran vendidos como esclavos. También otorgó el derecho al voto a algunos hombres que no eran aristócratas. Éste fue el primer paso rumbo a la democracia.

Reformas posteriores En 508 A.C., Clístenes obtuvo el poder en Atenas. Hizo varias reformas que limitaron el poder de los ricos. Al aumentar el número de ciudadanos votantes, incluyó a miembros de la clase baja. Aumentó el poder de la asamblea, formada por todos los ciudadanos hombres. Allí discutían cuestiones políticas y tomaban decisiones.

En 461 A.C. se hizo otra reforma importante cuando Atenas creó los jurados ciudadanos. Un jurado es un grupo de personas que deciden un caso judicial. Esto puso las decisiones legales en manos del pueblo.

El siglo de Pericles En el año 450 A.C. hubo más reformas bajo el gobierno de Pericles (cuya juventud se describió en miHistoria de este capítulo). Su primer cambio importante fue pagar

▲ Solón libera a un esclavo que tenía deudas.

miMundo: Actividad
Informe desde Atenas

La tiranía Al principio, los tiranos, o líderes fuertes, defendían los intereses de los ciudadanos comunes. Solían ser aristócratas, pero al prometer tierras y beneficios a los pobres, obtenían su apoyo. Entonces establecieron **tiranías**, o gobiernos controlados por un gobernante poderoso.

Los tiranos no permitían que otros desempeñaran un papel importante en el gobierno. No todos eran malos gobernantes. En algunas ciudades-estado, gobernaban de manera justa y mejoraban la vida de las personas comunes.

Muchos tiranos no podían cumplir sus promesas. Otros gobernaban con dureza. Al final, otras formas de gobierno reemplazaron a las tiranías.

Verificar la lectura ¿Cuáles fueron dos formas de gobierno comunes en las antiguas ciudades-estado griegas?

a los ciudadanos por participar como jurados y en otros deberes cívicos. Esto permitió que los pobres participaran en el gobierno. La participación en el sistema legal ya no se limitaba a quienes podían darse el lujo de servir como jurados.

Estas reformas crearon la primera democracia del mundo. Los atenienses estaban orgullosos de sus logros. En 431 A.C., durante un tiempo de guerra, Pericles pronunció un discurso en honor a quienes habían muerto en la batalla. Habló de los valores democráticos de Atenas:

> 66 Cuando se trata de resolver conflictos privados, todos son iguales ante la ley. Cuando se trata de poner a una persona antes que a otra en posiciones de responsabilidad pública, lo que cuenta no es su membresía en una clase determinada, sino la capacidad verdadera que el hombre posee 99.
>
> —"Discurso fúnebre de Pericles"

Un factor que fomentó la democracia fue la idea de ciudadanía. La **ciudadanía** es la membresía en una comunidad. La ciudadanía le otorga a una persona derechos y responsabilidades. En otras partes del mundo antiguo, las personas vivían como súbditos de un gobernante a quien debían obedecer. En contraste, los griegos daban a las personas comunes el derecho de participar en la toma de decisiones de gobierno.

Educación para la democracia La educación promovió el desarrollo de la democracia. La educación estaba diseñada para producir ciudadanos bien preparados que participaran en la vida pública.

Aunque es probable que algunas niñas supieran leer y escribir, la educación, en general, estaba dirigida a los niños. Asistían a la escuela desde los siete años y estudiaban literatura, educación física y música.

Hacia el año 420 A.C., también había educación superior. Había <u>conferenciantes</u> itinerantes que enseñaban diversas materias como matemáticas y la forma de hablar en público.

Verificar la lectura ¿Qué desarrollo político importante se produjo en Atenas?

La democracia en acción

Las reformas políticas produjeron una edad de oro de la democracia en Atenas. Los ciudadanos administraban todos los cuerpos del gobierno. Los más importantes eran la asamblea, el consejo y los tribunales.

El trabajo del gobierno El principal organismo político de Atenas era la asamblea, a la cual todos los ciudadanos varones adultos libres tenían derecho de asistir. Las reuniones tenían lugar 40 veces al año. Todos los que asistían tenían el derecho de hablar, desde el agricultor más pobre hasta el aristócrata más rico.

Un consejo de 500 personas, conocido como bulé, era el segundo componente del gobierno. El consejo ayudaba a decidir qué cuestiones debían presentarse ante la asamblea. Los miembros del consejo eran elegidos por sorteo, o al azar, de entre los ciudadanos. Como resultado, todos los ciudadanos varones tenían la oportunidad de servir en el consejo.

conferenciante, *sust.,* persona que da una charla informativa a los estudiantes

Los votantes podían enviar a alguien al exilio al anotar su nombre en un trozo de cerámica.▼

315

LA DEMOCRACIA ATENIENSE

La democracia se desarrolló primero en Atenas antes de propagarse a otras ciudades-estado griegas. Aquí se muestra cómo funcionaba el gobierno.

RAZONAMIENTO CRÍTICO **¿Qué relación existía entre la asamblea y el bulé?**

La democracia coronando al pueblo.

Los miembros de la asamblea se elegían para realizar deberes especiales:

Asamblea

Este organismo político principal estaba abierto a todos los ciudadanos varones adultos.
• votaba sobre la legislación
• determinaba la política exterior

Ciudadanos

En Atenas posiblemente había 45,000 ciudadanos a mediados del año 400 A.C. De este grupo de ciudadanos, se elegían los atenienses para diversos cargos públicos.

Bulé (Consejo de 500)

• preparaba los proyectos de ley que serían votados por la asamblea
• hacía cumplir las decisiones de la asamblea

Jurados

Los miembros del jurado se elegían al azar. De 201 a más de 1,000 miembros del jurado podían participar en un juicio.

Subcomités del consejo

• administraban las finanzas
• mantenían los ritos religiosos

Arcontes

Nueve magistrados se elegían anualmente al azar.

Los tribunales El tercer componente del gobierno eran los tribunales. Había muchos diferentes y cada uno decidía diferentes tipos de casos. Un jurado ciudadano decidía los casos por mayoría de voto.

Los jurados de Atenas eran más grandes que los jurados modernos. ¡Cientos o miles, podían servir en un solo jurado! Había leyes para desalentar el soborno.

Conforme la democracia se fortalecía, los organismos gubernamentales más antiguos perdían poder. Por ejemplo, el Areópago, un consejo de asesores que decidía ciertos casos, perdió todas sus funciones, salvo el derecho de juzgar los casos de asesinato.

La democracia limitada Atenas no era completamente democrática. Las mujeres no podían votar ni ocupar cargos. Los extranjeros, incluso si provenían de otra ciudad-estado griega, no podían ser ciudadanos y no tenían voz en el gobierno. Los esclavos no tenían derechos.

Atenas no se regía por el gobierno de todos. Pero a diferencia de otros lugares, incluía a muchos más en el gobierno.

La democracia directa La democracia dependía de la participación de los ciudadanos. Un sistema político en el que los ciudadanos participan directamente en la toma de decisiones se llama **democracia directa**. Ésta funcionaba en Atenas porque la población era pequeña, y por el compromiso de sus ciudadanos.

Esta democracia es menos práctica en países como los Estados Unidos. En países grandes, los ciudadanos viven lejos como para reunirse. Naciones como los Estados Unidos tienen tantos ciudadanos que este tipo de asambleas serían demasiado grandes.

La mayoría de las democracias son representativas. En la **democracia representativa**, los ciudadanos eligen a otros para que los representen en el gobierno. Los representantes deciden y aprueban las leyes en nombre de todos. Las democracias modernas comparten el ideal ateniense del gobierno por el pueblo.

Verificar la lectura ¿Cómo proporcionó la asamblea a los atenienses una participación directa en las decisiones del gobierno?

Evaluación de la Sección 3

Términos clave

1. Usa los siguientes términos para describir el gobierno de Atenas: oligarquía, falange, tiranía, democracia, ciudadanía, democracia directa, democracia representativa.

Ideas clave

2. ¿Cómo obtenían los tiranos el poder en las ciudades-estado?

3. ¿Cómo contribuyó Solón al desarrollo de la democracia en Atenas?

4. ¿Cómo cambió Pericles la práctica del gobierno en Atenas?

Razonamiento crítico

5. **Sacar conclusiones** ¿Por qué el uso de la falange influyó en la política?

6. **Comparar y contrastar** ¿Cuál es la diferencia entre la democracia directa y la democracia representativa?

7. ¿Cómo obtenían poder los ciudadanos en Atenas? Anota la respuesta en tu Cuaderno del estudiante.

La oligarquía en Esparta

Ideas clave

- Esparta desarrolló un gobierno oligárquico basado en la conquista militar.

- Esparta difería mucho de Atenas en términos de educación, ciudadanía y los papeles de la mujer.

Términos clave • éforo • ilota • estado militarista • barracas

 Visual Glossary

Destreza de lectura **Comparar y contrastar** Toma notas usando el organizador gráfico en tu Cuaderno.

Estatua del héroe espartano Leónidas ▶

La vida en Esparta era simple. El estado tomaba todas las decisiones. Si fueras un niño espartano, el estado te separaría de tu familia a los siete años. Pasarías más de 20 años entrenándote para servir en el ejército profesional. Si fueras una niña, tu único propósito sería tener hijos fuertes para el estado.

El estado espartano

Otros griegos veían a Esparta con temor y admiración. Era como un enorme campamento militar. Su gobierno era una mezcla de monarquía, oligarquía y democracia. En lugar de monedas, usaban barras de hierro como dinero. A los atenienses les divertían las costumbres de Esparta, pero temían su creciente poder.

El gobierno en Esparta Como leíste, Esparta era una ciudad-estado de la Península del Peloponeso. Su centro estaba tierra adentro y no era una potencia marítima. Tampoco era una democracia. Dos reyes gobernaban Esparta. Los reyes eran jefes militares. Un ejército espartano rara vez marchaba a la batalla sin uno de sus reyes.

Los reyes encabezaban el gobierno de Esparta: un consejo de ancianos, formado por 28 hombres mayores de 60 años. Los miembros eran elegidos de por vida. Esta oligarquía era el verdadero gobierno de Esparta.

Había una asamblea democrática compuesta por algunos varones adultos libres, pero sólo constaba de unos 9,000 ciudadanos en comparación con cerca de 45,000 en Atenas. La asamblea espartana tenía menos poder que la asamblea ateniense. Podía aprobar leyes, pero el consejo tenía que ratificarlas.

Pero la asamblea tenía una función importante. Elegía a cinco **éforos**, quienes eran responsables del funcionamiento diario del gobierno. Se aseguraban de que los reyes y el consejo obedecieran la ley espartana. Podían deponer a un rey que violara la ley.

Conquistas militares Como leíste, para satisfacer su creciente necesidad de recursos, Esparta recurrió a la conquista.

Conquistaron la vecina ciudad de Mesenia. Algunos de los mesenios conquistados se volvieron **ilotas**. Los ilotas no pertenecían a espartanos individuales sino a la polis como un todo. Debían cultivar la tierra y entregar a Esparta más de la mitad de lo que cultivaban. Eran tratados con dureza y debían llevar gorras de piel de perro para mostrar su baja condición.

Los ilotas producían alimentos para los espartanos. Éstos no tenían que cultivar para ganarse la vida; eran libres para ser guerreros profesionales.

Las revueltas ilotas A principios de 400 A.C., los ilotas iniciaron una revuelta violenta. Los espartanos la sofocaron, pero temían nuevos disturbios. Los ilotas los superaban en número.

Los espartanos tenían dos opciones: renunciar al control de los ilotas y los alimentos que producían, o fortalecer su control al convertir a Esparta en un estado militarista. Un **estado militarista** es una sociedad organizada para la guerra.

Eligieron la segunda opción. Crearon una sociedad militarista y trataron de controlar a los ilotas por medio del terror. Cada año, los éforos declaraban la guerra a los ilotas. Ésto le daba a todo espartano el derecho de matar a cualquier ilota sin temor a ser castigado. Además, la policía secreta vigilaba a los ilotas. Si protestaban podían ser golpeados o incluso ejecutados.

Verificar la lectura ¿Quiénes eran los ilotas?

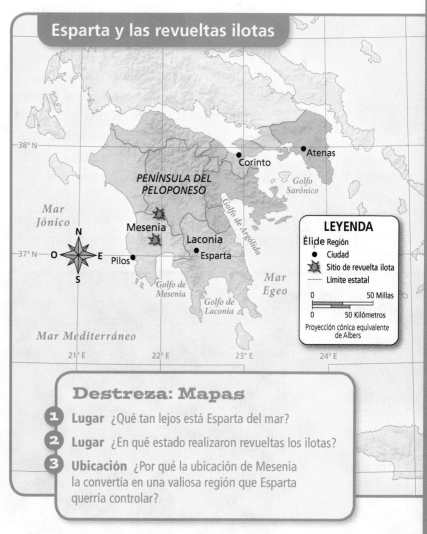

Esparta y las revueltas ilotas

PENÍNSULA DEL PELOPONESO

Mar Jónico

Corinto
Atenas
Golfo Sarónico

Mesenia
Laconia
Esparta

Golfo de Argólida

Pilos

Golfo de Mesenia

Golfo de Laconia

Mar Egeo

Mar Mediterráneo

38° N
37° N
21° E
22° E
23° E
24° E

LEYENDA
Élide Región
● Ciudad
✸ Sitio de revuelta ilota
— Límite estatal

0 ——— 50 Millas
0 ——— 50 Kilómetros
Proyección cónica equivalente de Albers

Destreza: Mapas

1 **Lugar** ¿Qué tan lejos está Esparta del mar?

2 **Lugar** ¿En qué estado realizaron revueltas los ilotas?

3 **Ubicación** ¿Por qué la ubicación de Mesenia la convertía en una valiosa región que Esparta querría controlar?

Una sociedad disciplinada

Debido a su historia de conquistas, los espartanos valoraban la disciplina militar. Hoy en día, la palabra *espartano* significa "altamente disciplinado o que carece de comodidades". A diferencia de los atenienses, los espartanos no valoraban los bienes de lujo ni los edificios bellos.

Educación Con los ilotas trabajando en el campo, los espartanos podían entrenarse para el ejército. A los siete años, dejaban sus hogares para estudiar a expensas del estado. Vivían juntos en **barracas,** o alojamientos militares.

Los niños no recibían una educación integral. Pasaban la mayor parte de su tiempo ejercitándose, cazando y entrenando con armas. Aprendían a obedecer en lugar de pensar por sí mismos. Como Plutarco, un griego, escribió: "Toda su educación estaba dirigida hacia la obediencia a la <u>autoridad</u>, la resistencia frente a las dificultades y la victoria o muerte en la batalla".

A los 18 años, los jóvenes comenzaban un entrenamiento militar para formar parte de una falange. Durante este tiempo podían casarse, pero no tenían tiempo para el hogar. Incluso después de los 30 años, cuando dejaban el ejército, pasaban su tiempo con otros hombres.

autoridad, *sust.,* personas en el poder

Clases sociales Cuando salían del sistema escolar, los espartanos enfrentaban otra prueba. Para ser ciudadanos con plenos derechos, debían ganarse la entrada a un club de soldados. Si fracasaban, se convertían en "inferiores" y nunca obtendrían la ciudadanía y vivirían marginados.

Los hombres que ganaban la entrada al club se conocían como "iguales". Tenían todos los derechos de los ciudadanos, como la membresía en la asamblea y el derecho a una porción de tierra, propiedad estatal trabajada por los ilotas. A los 60 años, un igual se convertía en candidato para el consejo de ancianos.

Papel de la mujer Las mujeres espartanas eran criadas para ser fuertes y vigorosas. Participaban en los deportes. Así, podían tener bebés sanos que se convertirían en buenos soldados.

La danza pírrica

La pintura del artista Lawrence Alma-Tadema recrea una famosa danza de guerra espartana.

Las mujeres espartanas tenían muchas libertades y responsabilidades porque sus esposos pasaban casi toda su vida en un campamento militar. Las mujeres espartanas eran responsables de criar a los futuros soldados para el estado. Por estas razones, tenían una mayor independencia que las mujeres de otras ciudades-estado griegas.

Esparta y Atenas La disciplina y la formación de la vida espartana creó un poderoso ejército y un gobierno estable. Pero la sociedad espartana temía las diferencias individuales y el cambio. Los espartanos valoraban a las personas que encajaban, no a las que se destacaban.

A diferencia de los espartanos, los atenienses valoraban la expresión individual y las nuevas ideas. Como resultado, Atenas estaba abierta al cambio. La democracia ateniense evolucionó con el tiempo. La rígida oligarquía y sociedad de Esparta cambió muy poco. Estas diferencias hicieron que el historiador griego Tucídides describiera a los atenienses como "adictos

Gobiernos de Atenas y Esparta

ATENAS

- Gran asamblea como principal organismo político
- Miembros del consejo elegidos al azar para servir por un período de un año
- Tribunales dirigidos por grandes jurados ciudadanos

- Asambleas compuestas por hombres adultos libres
- Gobiernos que incluían consejos más pequeños

ESPARTA

- Gobierno dirigido por dos reyes
- Asamblea más pequeña y menos poderosa que la de Atenas
- Miembros del consejo vitalicios
- Reyes y consejo supervisados por éforos

a la <u>innovación</u>". En contraste, consideraba que los espartanos tenían "un don para conservar lo que tienen". Los valores opuestos de Atenas y Esparta contribuyeron a crear tensiones entre las dos ciudades-estado. Al final, su rivalidad llevó a la guerra, como leerás en el siguiente capítulo.

Verificar la lectura ¿Qué efecto tenía la rígida sociedad de Esparta en la vida de las mujeres?

miMundo: Actividad
Un día en Esparta

innovación, *sust.,* nuevas formas de hacer las cosas

Evaluación de la Sección 4

Términos clave

1. Usa los siguientes términos para describir el gobierno de Esparta: éforo, ilota, estado militarista, barracas.

Ideas clave

2. ¿Por qué los espartanos temían a los mesenios?

3. ¿En qué se diferenciaba la vida familiar de los espartanos de la de los atenienses?

4. ¿Qué era inusual acerca de la educación espartana?

Razonamiento crítico

5. **Inferir** ¿Por qué se convirtió Esparta en una sociedad militarista?

6. **Comparar puntos de vista** ¿Qué podría haber molestado a los espartanos y a los atenienses sobre la sociedad de cada uno?

? Pregunta esencial

¿Qué es el poder? ¿Quién debe tenerlo?

7. ¿Quién tenía más poder en la sociedad espartana? Anota la respuesta en tu Cuaderno del estudiante.

Evaluación del capítulo

Términos e ideas clave

1. **Resumir** ¿Cómo moldeó la geografía física a la cultura griega antigua?

2. **Comentar** ¿Cómo estaba gobernada la **polis**?

3. **Recordar** ¿Cuáles eran algunas de las divisiones sociales de la sociedad griega?

4. **Explicar** ¿Por qué necesitaban los espartanos a los **ilotas**?

5. **Resumir** ¿Qué forma de gobierno se desarrolló en Atenas?

6. **Comparar y contrastar** ¿Cuál es la diferencia entre la **democracia directa** de Atenas y la **democracia representativa** de los Estados Unidos?

7. **Explicar** ¿Qué tipo de gobierno gobernaba en Esparta?

8. **Recordar** ¿Cuál era el papel de los **éforos** en Esparta?

Razonamiento crítico

9. **Sacar conclusiones** ¿Por qué la ubicación de los asentamientos griegos permitía el contacto con otras civilizaciones?

10. **Analizar causa y efectos** ¿Por qué se extendió rápidamente la cultura griega a través del mar Mediterráneo y el mar Negro?

11. **Inferir** ¿Qué condiciones permitieron a los espartanos crear un ejército profesional?

12. **Conceptos básicos: Fundamentos de la migración** ¿Cómo fomentó el comercio la colonización griega?

Analizar elementos visuales

13. Estudia esta ilustración moderna que muestra a un político frente a la asamblea ateniense en la antigüedad. Con base en lo que has aprendido acerca de la democracia ateniense, explica lo que está mal en la imagen.

Capítulo 10 Evaluación

Pregunta esencial

miMundo: Actividad del capítulo

Preguntar al oráculo Sigue las instrucciones de tu maestro para asumir el papel de colonos griegos que están migrando a nuevos hogares. Usa las Tarjetas de actividades, junto con las Secciones 1 a 4 y myworldhistory.com, para decidir dónde asentarte. Luego, crea una obra satírica sobre llevar tu plan al oráculo de Delfos para obtener la aprobación de los dioses.

Aprendizaje del siglo XXI

Haz una presentación efectiva

Investiga, con un compañero, la colonización griega. Haz una lista de las regiones que fueron colonizadas primero y las regiones que fueron colonizadas más tarde. Luego, usando un mapa del mar Negro y del mar Mediterráneo, explica a la clase las diferentes olas de la colonización griega.

Preguntas basadas en documentos

Success Tracker™
En línea en myworldhistory.com

Usa tu conocimiento de la antigua Grecia y los Documentos A y B para responder las Preguntas 1 a 3.

Documento A

" Está claro que la polis es un desarrollo natural y que el hombre es por naturaleza un animal político, y un hombre que no tiene ciudad por naturaleza y no debido a la fortuna, pertenece a la parte inferior de la escala de la humanidad o a la parte superior, solitario como una pieza aislada en el ajedrez".

—Aristóteles, *Política*

Documento B

" El hecho de que no te interese la política no significa que la política no se interese en ti".

—Pericles

1. En el Documento A, el autor cree que
   A los seres humanos no pertenecen a las ciudades.
   B un individuo no debe unirse a un grupo.
   C las personas son por naturaleza políticos y pertenecen a las comunidades.
   D es mejor vivir una vida solitaria.

2. El Documento B muestra que Pericles creía que
   A nadie debe tener opiniones políticas.
   B nadie puede evitar involucrarse en la política.
   C la política no tiene ningún efecto en las vidas de las personas.
   D es mejor no tener interés en la política.

3. **Tarea escrita** ¿Qué revelan los documentos A y B sobre la actitud griega hacia la política?

La Antigua Civilización Griega

Pregunta esencial

¿Cómo debemos manejar los conflictos?

El Partenón es un antiguo
templo griego con vista a
la ciudad de Atenas.

? Explora la Pregunta esencial

- en **my** **worldhistory.com**
- usando **miMundo: Actividad del capítulo**
- con el **Cuaderno del estudiante**

Las guerras griegas y la época helenística

490 A.C. Batalla de Maratón

431 A.C. Inicio de la Guerra del Peloponeso.

334 A.C. Alejandro invade Asia.

500 A.C. **450** A.C. **400** A.C. **350** A.C. **300** A.C.

480 A.C. Batalla de Salamina

404 A.C. Atenas se rinde, poniendo fin a la Guerra del Peloponeso.

323 A.C. Alejandro muere.

Una profecía hecha realidad

En el año 334 A.C., Alejandro Magno guió a su ejército de Europa a Asia. Sus tropas eran de Macedonia y Grecia. Quería derrotar a las fuerzas persas lideradas por Darío III. Los dos ejércitos se encontraron en el río Gránico, en la actual Turquía. Darío tenía 75,000 soldados. Alejandro sólo contaba con 35,000 soldados. Aun así, sentía que su destino era derrotar a Darío y conquistar Asia. Su educación lo había preparado para ser un gran gobernante.

El padre de Alejandro era Felipe II, rey de Macedonia. Su madre, Olimpia, era una princesa de Grecia occidental. Olimpia enseñó a Alejandro que era descendiente del gran guerrero Aquiles y Felipe lo convenció de que los reyes macedonios eran descendientes del dios Hércules.

El filósofo Aristóteles fue su maestro, quien le enseñó sobre la ciencia, las artes y la política. Mientras estudiaba, también se entrenaba en los deportes y el combate. Cuando el padre de Alejandro conquistó Grecia, Alejandro comandó una división del ejército.

A los 12 años, Alejandro domó a Bucéfalo. Este nombre significa "cabeza de buey".

my worldhistory.com

Timeline/On Assignment

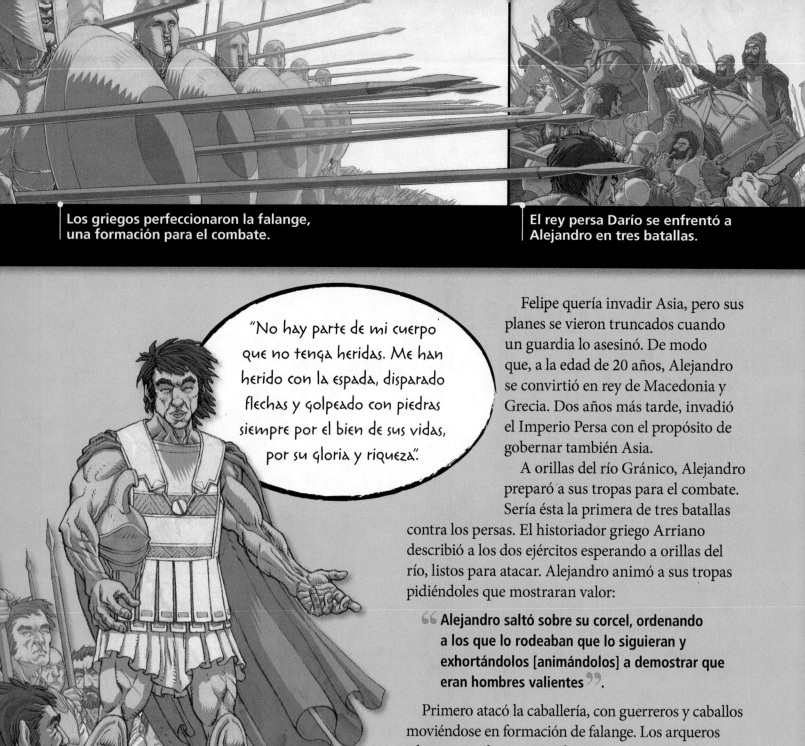

Los griegos perfeccionaron la falange, una formación para el combate.

El rey persa Darío se enfrentó a Alejandro en tres batallas.

"No hay parte de mi cuerpo que no tenga heridas. Me han herido con la espada, disparado flechas y golpeado con piedras siempre por el bien de sus vidas, por su gloria y riqueza".

Felipe quería invadir Asia, pero sus planes se vieron truncados cuando un guardia lo asesinó. De modo que, a la edad de 20 años, Alejandro se convirtió en rey de Macedonia y Grecia. Dos años más tarde, invadió el Imperio Persa con el propósito de gobernar también Asia.

A orillas del río Gránico, Alejandro preparó a sus tropas para el combate. Sería ésta la primera de tres batallas contra los persas. El historiador griego Arriano describió a los dos ejércitos esperando a orillas del río, listos para atacar. Alejandro animó a sus tropas pidiéndoles que mostraran valor:

66 Alejandro saltó sobre su corcel, ordenando a los que lo rodeaban que lo siguieran y exhortándolos [animándolos] a demostrar que eran hombres valientes 99.

Primero atacó la caballería, con guerreros y caballos moviéndose en formación de falange. Los arqueros y lanceros se les unieron después para apoyar el asalto. Luego vino el golpe demoledor asestado por la infantería. El historiador moderno Robin Lane Fox describe al ejército de Alejandro en combate:

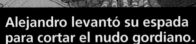

Alejandro levantó su espada para cortar el nudo gordiano.

Se dice que Alejandro lloró cuando contempló su imperio, entristecido por no tener más mundos por conquistar.

66 Ninguno de los que los enfrentaron olvidaría jamás esa imagen; luchaban al tiempo que rugían el antiguo grito de guerra de los griegos: Alalalalai; sus capas escarlatas ondulaban y el movimiento sincronizado de sus sarissas [largas picas] de arriba abajo, de izquierda a derecha, se asemejaba, ante los ojos de los atemorizados observadores, a las púas de un erizo de metal 99.

Los griegos aplastaron a los persas. Darío y sus tropas se retiraron hacia el este. Alejandro, que necesitaba más tropas, partió en busca de nuevos reclutas para su ejército. Según la leyenda, Alejandro se encontró en su camino con el legendario nudo gordiano. Este nudo era una compleja masa de cuerda que estaba atada a un carro de bueyes. Una antigua profecía decía que la persona que desatara el nudo gobernaría Asia. Alejandro trató de deshacer el enorme nudo con la mano, pero fracasó. Frustrado, sacó su espada y rápidamente cortó el nudo de un solo golpe.

Más tarde, en la Batalla de Isos, los griegos salieron de nuevo victoriosos. Darío logró escapar, pero le propuso a Alejandro un tratado de paz. Dijo que le daría a Alejandro una gran suma de dinero y las tierras persas al oeste del río Éufrates. Parmenión, el general de Alejandro, aconsejó a su comandante que aceptara los términos, pero Alejandro tenía mayores ambiciones.

Se enfrentó de nuevo a Darío en Gaugamela. Con su tercera victoria allí, Alejandro tomó el control de gran parte del suroeste de Asia. Pero todavía no era suficiente: Alejandro quería la India.

Después de ocho largos años de marchas y combates, el ejército llegó a la frontera occidental de la India. Sin embargo, las tropas de Alejandro ya echaban de menos su hogar y querían regresar.

A regañadientes, Alejandro accedió a regresar a Macedonia, pero nunca llegaría a casa. Murió de una misteriosa enfermedad en Babilonia en 323 A.C.

El imperio de Alejandro se extendía desde Macedonia y Grecia en el oeste hasta las fronteras de la India en el este. Esta región incluye la mayor parte del mundo conocido por los antiguos griegos. De hecho, desde el punto de vista griego, la profecía del nudo gordiano se había hecho realidad.

Según esta historia, ¿cómo crees que los griegos manejaban los conflictos? Mientras lees el capítulo que sigue, piensa en lo que la historia de Alejandro indica sobre la antigua civilización griega.

 myStory Video

Únete a Alejandro Magno mientras conquista un vasto imperio.

La guerra en la Antigua Grecia

Ideas clave
- Las ciudades-estado griegas cooperaron para derrotar la amenaza que representaba el poderoso Imperio Persa.
- Después de las Guerras Médicas, Atenas se convirtió en la ciudad-estado griega dominante.
- La rivalidad entre Atenas y Esparta produjo una serie de guerras que debilitaron a toda Grecia.

Términos clave • Batalla de Maratón • Batalla de Salamina • Liga de Delos • Liga del Peloponeso

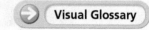 Visual Glossary

Destreza de lectura **Comparar y contrastar** Toma notas usando el organizador gráfico en tu Cuaderno.

Un guerrero griego (a la derecha) vence a un soldado persa en esta escena pintada aproximadamente diez años después de la Segunda Guerra Médica.▼

Las guerras eran frecuentes en la antigua Grecia. Las ciudades-estado luchaban entre sí por la tierra y los recursos. Además de conflictos menores, los griegos pelearon tres grandes guerras durante el siglo V A.C. Se unieron dos veces para derrotar al Imperio Persa. Pero estos períodos de unidad fueron breves. A finales de ese siglo, se enfrentaron entre sí en una destructiva guerra.

Las Guerras Médicas

Después del 546 A.C., Persia conquistó las ciudades-estado griegas de Jonia en Asia occidental. Éstas estaban acostumbradas a gobernarse ellas mismas y se rebelaron en el año 500 A.C. Para ayudarlas, los soldados atenienses quemaron la ciudad persa de Sardes. Esto enfureció a Darío, el rey persa. Después de recuperar las ciudades jónicas, Darío decidió conquistar Grecia.

Darío invade Grecia En 490 A.C., unos 20,000 soldados persas se dirigieron a Grecia. Desembarcaron en la llanura de Maratón, cerca de Atenas. Esta llanura era el campo de batalla ideal para la caballería persa, o soldados a caballo.

A pesar de que la infantería ateniense, o soldados de a pie, se apresuró para llegar a Maratón, la situación parecía perdida. Los atenienses eran superados dos a uno. Además, a diferencia de los Persas, no tenían arqueros ni caballería.

Pese a esto, los atenienses atacaron el día después del desembarco persa. Al amanecer, se apresuraron por la llanura, tomando por sorpresa a los persas, quienes huyeron a sus barcos. La victoria griega en la **Batalla de Maratón** marcó el final de la Primera Guerra Médica. Se dice que un mensajero murió luego de correr 26 millas para llevar hasta Atenas la noticia de la victoria. Desde entonces, la palabra "maratón" se usa para describir una carrera a pie.

Jerjes ataca Darío murió antes de poder lanzar otro ataque. Pero su hijo, Jerjes, estaba decidido a derrotar a los griegos y comenzó la Segunda Guerra Médica.

En el año 480 A.C., reunió a unos 100,000 hombres. El Imperio Persa era la superpotencia de su tiempo. Como controlaba Egipto, Persia pudo incorporar el ejército egipcio a sus filas. Los persas no tenían una flota, así que usaron los barcos de los fenicios, que eran parte de su imperio. El historiador Heródoto escribió:

> 66 El ejército era inmenso, más grande que cualquier otro en la historia … No había nación en Asia que él no llevara consigo para enfrentarse a Grecia 99.
> —Heródoto, *Historias*

Los espartanos se trasladaron al norte para bloquear el enorme ejército. Liderados por el rey Leónidas, detuvieron a los persas en un paso de montaña llamado las Termópilas. Los espartanos contuvieron a los invasores durante días. Después, un traidor griego les mostró a los persas otro camino por las montañas. Atacados desde ambos lados, los espartanos murieron heroicamente en defensa de Grecia.

La victoria de Atenas Los persas ahora avanzaron hacia Atenas. El líder ateniense Temístocles convenció a los atenienses de huir a las islas. Cuando los persas llegaron a Atenas, la ciudad estaba casi vacía.

Antiguos guerreros, una pintura de Georges Rochegrosse, muestra un ataque de los soldados griegos. ▼

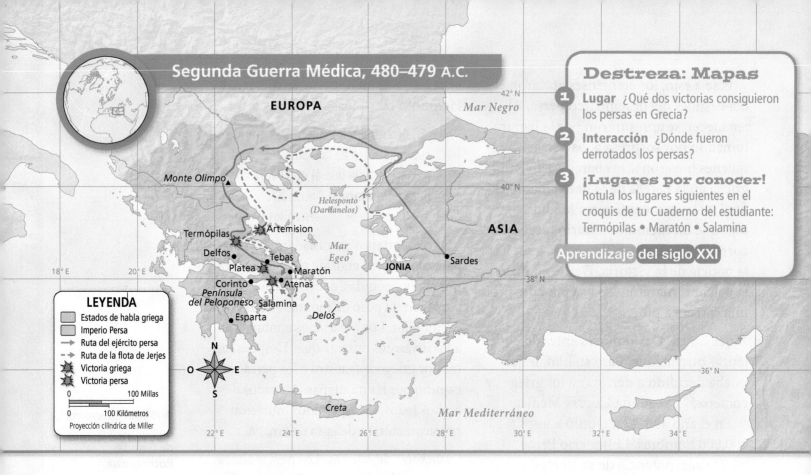

EUROPA

Mar Negro

42° N

Monte Olimpo

40° N

Helesponto
(Dardanelos)

Mar
Egeo

ASIA

Termópilas
Artemision

Delfos

Tebas

Platea
Maratón

Corinto
Atenas

Península
del Peloponeso
Salamina

JONIA

Sardes

38° N

18° E
20° E

Esparta

Delos

LEYENDA

- Estados de habla griega
- Imperio Persa
- → Ruta del ejército persa
- ⇢ Ruta de la flota de Jerjes
- ✷ Victoria griega
- ✷ Victoria persa

0　　　　100 Millas

0　　　　100 Kilómetros

Proyección cilíndrica de Miller

36° N

N
O　　E
S

22° E　24° E　26° E　28° E　30° E　32° E　34° E

Creta

Mar Mediterráneo

Destreza: Mapas

1 **Lugar** ¿Qué dos victorias consiguieron los persas en Grecia?

2 **Interacción** ¿Dónde fueron derrotados los persas?

3 **¡Lugares por conocer!** Rotula los lugares siguientes en el croquis de tu Cuaderno del estudiante: Termópilas • Maratón • Salamina

Aprendizaje del siglo XXI

perseguir, *v.,* seguir, alcanzar

Jerjes quemó Atenas y envió sus barcos a perseguir a la flota griega. Los persas tenían 1,200 buques de guerra: tres veces más que los griegos. Jerjes mandó colocar su trono en una colina para observar la batalla naval del estrecho de Salamina.

Pero Temístocles les había tendido una trampa. Ocultó sus barcos hasta que los barcos persas ocuparon el angosto estrecho. De repente, los griegos atacaron. Embistieron a los barcos persas, astillando sus cascos. Al caer la noche, el estrecho quedó obstruido por más de 200 barcos persas destrozados. Los griegos sólo perdieron unos 40 barcos. La **Batalla de Salamina** fracturó el poder naval persa. Después de otra derrota de Jerjes en tierra, los persas volvieron a casa.

Verificar la lectura ¿Qué batalla naval sirvió para poner fin a la Segunda Guerra Médica?

Atenas rivaliza con Esparta

Después de derrotar a los persas, Atenas pasó por una "Edad de Oro". El líder ateniense Pericles comenzó a reconstruir la ciudad, que se hizo famosa por su arte y conocimientos. La riqueza y el poder de la ciudad aumentaron.

Pero había problemas. Grecia tenía dos potencias rivales: Atenas, con la mejor flota, y Esparta, con el ejército más fuerte. Ambos querían ser la potencia suprema. Su rivalidad provocaría conflictos mortales.

La Liga de Delos Después de las Guerras Médicas, Atenas formó una alianza con otras ciudades-estado. Una alianza es una asociación de naciones. Los miembros se llaman aliados. Como Atenas y sus aliados se reunían en la isla de Delos, su alianza se llamó la **Liga de Delos**. Sus miembros prometieron protegerse unos a otros de Persia y proveer barcos o dinero para la defensa. Este dinero se guardaba en la tesorería de la Liga en Delos.

La Liga de Delos tenía unos 150 miembros. Se suponía que todos debían ser iguales. Sin embargo, Atenas era el miembro más poderoso. Los barcos atenienses protegían a los negociantes y viajeros griegos. Al forjar la alianza, Atenas protegió el suministro de granos que le llegaba desde el mar Negro.

Atenas operaba la Liga de Delos como si fuera su propio imperio y no una alianza entre iguales. Los atenienses introdujeron por la fuerza a algunas ciudades en la Liga e impidieron que otras la abandonaran. Cuando Naxos trató de salirse, Atenas atacó la ciudad-estado y la obligó a quedarse.

Este comportamiento arrogante enfureció a otros miembros de la Liga. En vez de pedirles que contribuyeran con barcos, Atenas les pedía dinero. Atenas usaba el dinero para construir su flota y continuaba recabando estos fondos incluso cuando no había combates con Persia. Atenas obligaba a los demás miembros a usar la <u>moneda</u> ateniense en lugar de la local.

En 454 A.C., los líderes atenienses trasladaron la tesorería de la Liga de Delos a Atenas. Poco después, el dinero se usó para reconstruir Atenas y para construir el Partenón, el gran templo a Atenea que se erguía en la Acrópolis. Esto molestó a otros miembros de la Liga de Delos.

▲ El dinero de la Liga de Delos se destinó a embellecer la Acrópolis de Atenas, que se muestra aquí.
Los miembros de la Liga debían usar monedas atenienses como éstas. ▶

La Liga del Peloponeso Los espartanos formaron su propia alianza en la Península del Peloponeso, que se conoce como la **Liga del Peloponeso**. Al igual que Esparta, los miembros de la Liga del Peloponeso temían el poder de Atenas y su forma de gobierno. En contraste con la Atenas democrática, Esparta y sus aliados eran oligarquías.

En 433 A.C., la Liga del Peloponeso de Esparta y la Liga de Delos de Atenas entraron en conflicto. Ese año, Atenas prohibió el comercio con Megara, un miembro de la Liga del Peloponeso. Esto enfureció a Esparta y a sus aliados, que se prepararon para la guerra. Atenas y sus aliados hicieron lo mismo. Todos esperaban conseguir una victoria fácil.

moneda, *sust.,* dinero

Verificar la lectura **¿Por qué formó Atenas la Liga de Delos?**

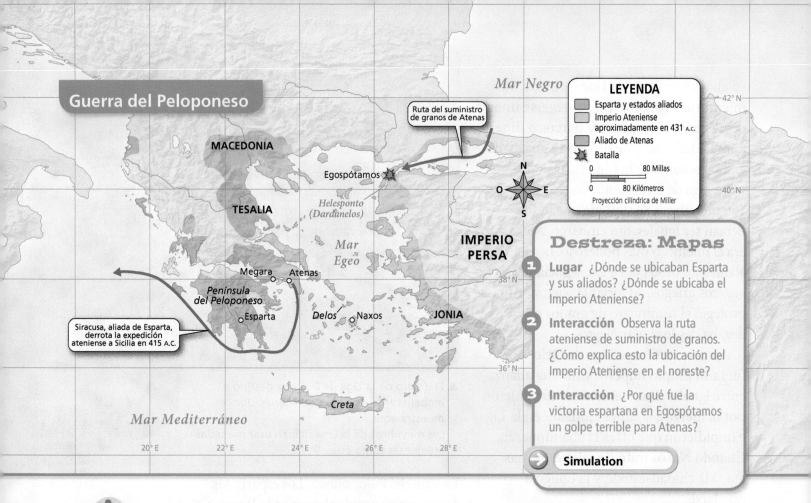

Guerra del Peloponeso

Mar Negro

MACEDONIA

Ruta del suministro de granos de Atenas

Egospótamos

TESALIA

Helesponto (Dardanelos)

Mar Egeo

Megara   Atenas

Península del Peloponeso

Esparta

Delos   Naxos

Siracusa, aliada de Esparta, derrota la expedición ateniense a Sicilia en 415 A.C.

IMPERIO PERSA

JONIA

LEYENDA

Esparta y estados aliados

Imperio Ateniense aproximadamente en 431 A.C.

Aliado de Atenas

Batalla

0   80 Millas

0   80 Kilómetros

Proyección cilíndrica de Miller

Mar Mediterráneo

Creta

20° E   22° E   24° E   26° E   28° E

42° N

40° N

38° N

36° N

Destreza: Mapas

1 **Lugar** ¿Dónde se ubicaban Esparta y sus aliados? ¿Dónde se ubicaba el Imperio Ateniense?

2 **Interacción** Observa la ruta ateniense de suministro de granos. ¿Cómo explica esto la ubicación del Imperio Ateniense en el noreste?

3 **Interacción** ¿Por qué fue la victoria espartana en Egospótamos un golpe terrible para Atenas?

→ **Simulation**

miMundo: Actividad
Entrevista a un guerrero

La Guerra del Peloponeso

La guerra entre las dos alianzas griegas estalló en 431 A.C. Conocido como la Guerra del Peloponeso, el conflicto duró unos 27 años.

El sitio a Atenas La Guerra del Peloponeso se inició cuando un ejército dirigido por Esparta se internó en territorio ateniense. Pericles, el líder de Atenas, ordenó que los agricultores que vivían en el campo se trasladaran a la ciudad amurallada.

Los espartanos se instalaron alrededor de Atenas. El objetivo de sitiar un lugar es obligar al enemigo a rendirse al bloquear sus suministros de alimentos y otras cosas. Pero los atenienses estaban preparados. Habían construido dos Muros Largos que bordeaban el camino de cuatro millas que conectaba Atenas con su ciudad portuaria. Así, los atenienses podían recibir provisiones por mar. Abastecidos de alimentos, resistieron por más de un año. Sin embargo, una plaga, o enfermedad contagiosa, estalló en la superpoblada ciudad. Miles murieron, entre ellos Pericles, que había liderado Atenas durante su edad de oro. Para no enfermarse, los espartanos se retiraron de la región cercana a Atenas.

La guerra se prolongó. Esparta, con su poderoso ejército, y Atenas, con el poderío de su flota, vieron difícil derrotar al otro. Atenas atacó las ciudades aliadas de los espartanos en Sicilia, una isla que ahora forma parte de Italia. Esparta parecía al borde de la derrota, hasta que logró algunas victorias importantes. En 421 A.C., ambas partes acordaron una tregua, o acuerdo para detener el combate, mientras discutían los términos para la paz.

Atenas se rinde Pero la tregua se rompió a los pocos años. Atenas nuevamente invadió Sicilia. Con la ayuda de Esparta, los griegos de Sicilia derrotaron a los atenienses. Atenas perdió una gran parte de su flota en Siracusa.

Atenas quedó severamente debilitada. Los persas le dieron un golpe fatal. Entregaron dinero a Esparta para que construyera una flota poderosa. Así, Esparta derrotó a la flota ateniense en la Batalla de Egospótamos en 404 A.C. Después, los espartanos atacaron la misma Atenas.

Los atenienses resistieron una vez más. Con su nueva flota, Esparta evitó que los alimentos llegaran a Atenas por mar. Sin alimentos, los atenienses empezaron a morir de hambre. Al año siguiente, los atenienses se rindieron.

Las condiciones para la paz eran rigurosas. Los atenienses tuvieron que derribar los Muros Largos. Esparta hizo que los atenienses renunciaran a su gobierno democrático.

Aunque la democracia pronto se reestableció, Atenas había perdido su poder.

La Guerra del Peloponeso perjudicó a todas las ciudades-estado. Miles fueron asesinados. Las ciudades fueron destruidas y los gobiernos se colapsaron. El comercio disminuyó. Pero la pugna constante de las ciudades-estado continuó. Durante todo el siglo III A.C., la lucha entre los griegos persistió, ignorando la creciente amenaza de Macedonia, un reino del norte que pronto los obligaría a unirse.

Verificar la lectura **¿Por qué perdió Atenas la Guerra del Peloponeso?**

Tumba de un joven soldado ateniense. La proa curva del barco sugiere que murió en alta mar. ▼

Evaluación de la Sección 1

Pregunta esencial

¿Cómo debemos manejar los conflictos?

Términos clave

1. Usa los siguientes términos para describir la guerra en la antigua Grecia: Batalla de Maratón, Batalla de Salamina, Liga de Delos, Liga del Peloponeso.

Ideas clave

2. ¿Por qué invadió Persia a Grecia?

3. ¿Cómo se volvió poderosa Atenas?

4. ¿Cómo reaccionó Pericles a la invasión espartana cuando comenzó la Guerra del Peloponeso?

Razonamiento crítico

5. **Comparar puntos de vista** ¿Por qué les disgustó a otras ciudades-estado griegas el poder de Atenas?

6. **Sacar conclusiones** ¿Por qué fue tan difícil para Atenas derrotar a Esparta y viceversa?

7. ¿Por qué se unieron los griegos durante las Guerras Médicas? Anota la respuesta en tu Cuaderno del estudiante.

El imperio de Alejandro

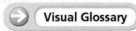
Los griegos contaban una historia sobre Alejandro Magno, el joven que se dispuso a conquistar el mundo. La historia comienza una tarde en que Alejandro, a los 12 años de edad y siendo príncipe de Macedonia, vio a su padre, el rey Felipe II, haciendo un trueque por un caballo. Era un fino semental negro, pero también era rebelde y furioso. El rey decidió que el caballo no podría ser domesticado. Cuando el rey se alejó, Alejandro tomó las riendas. Alejandro sintió que era el miedo lo que causaba la furia del caballo. Hizo voltear al caballo de cara al sol para que su propia sombra no lo asustara. Para asombro de todos, el caballo rápidamente se calmó y Alejandro lo montó. El rey compró el caballo para Alejandro, quien lo nombró Bucéfalo. Bucéfalo nunca permitió que nadie más lo montara. Acompañó al joven macedonio en muchas batallas en su lucha por conquistar el mundo.

Alejandro y Bucéfalo en medio de una batalla, en un mosaico encontrado en la ciudad romana de Pompeya ▼

El ascenso de Macedonia

Macedonia era una tierra del norte de la península griega. Los macedonios tenían tradiciones que los griegos consideraban anticuadas. A diferencia de la mayoría de las ciudades-estado griegas, los macedonios todavía estaban regidos por reyes. A pesar de las diferentes costumbres, los macedonios estaban influenciados por la cultura griega.

Felipe de Macedonia Macedonia fue parte del Imperio Persa por corto tiempo. Pero después de la derrota de

Persia durante la invasión de Jerjes a Grecia, los macedonios recuperaron su independencia. Su reino se extendió hasta las tierras al norte de Grecia.

Uno de los gobernantes de Macedonia era un brillante y ambicioso líder llamado Felipe. Felipe llegó al poder después de que su hermano muriera en combate en 359 A.C. El heredero al trono era un bebé. Así que los nobles eligieron a Felipe como rey.

Felipe formó un ejército poderoso y desarrolló nuevas tácticas. Como los griegos, Felipe organizó su infantería en falanges. Luego, armó a cada hombre con una pica de 18 pies de largo. La pica macedonia, o **sarissa**, era más larga que las lanzas griegas. Esto dio a los macedonios una ventaja pues podían mantener a los enemigos a una distancia mayor. Felipe también entrenó a sus hombres para cambiar de dirección en la batalla sin perder la formación. Con largas picas y mayor disciplina, los soldados de Felipe eran una fuerza poderosa.

Felipe demostró el valor de sus ideas poco después de convertirse en rey. Derrotó a los ilirios que unos meses antes habían conseguido una victoria sobre los macedonios.

Felipe conquista Grecia Felipe decidió conquistar Grecia. Trataba de ganarse la lealtad de cada ciudad-estado por medio de la diplomacia. Cuando esta táctica no funcionaba, declaraba la guerra.

En 338 A.C., Felipe, con su hijo Alejandro, ganaron una batalla decisiva en el centro de Grecia sobre los ejércitos de Tebas y Atenas. Felipe obtuvo el control de toda Grecia. A las ciudades-estado se les permitió mantener sus gobiernos. Pero debían apoyar a Felipe en su próximo objetivo: una guerra contra Persia. Sin embargo, mientras se preparaban para la invasión, Felipe fue asesinado en la boda de su hija.

Verificar la lectura **¿Cómo fortaleció Felipe su poder?**

miMundo: Actividad
Biografía de Alejandro

Retrato de marfil de Felipe de Macedonia ▼

La nueva arma de Felipe le ayudó a ganar batallas. La larga pica macedonia evitaba que el enemigo atacara fácilmente de frente a sus tropas. ▼

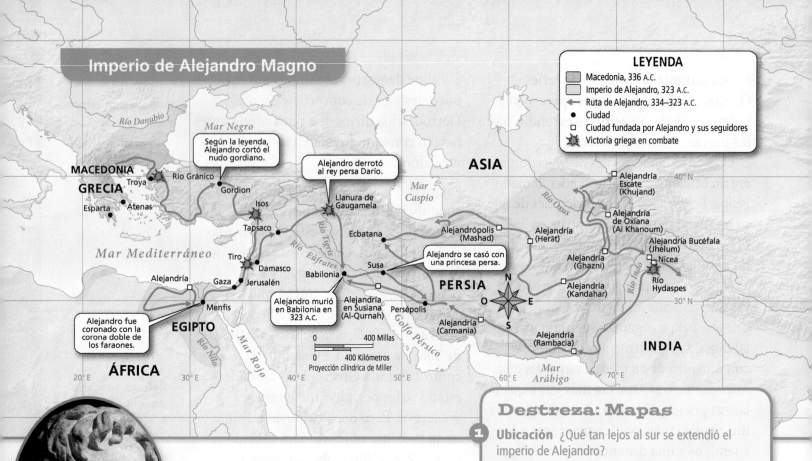

Imperio de Alejandro Magno

Según la leyenda, Alejandro cortó el nudo gordiano.

Alejandro derrotó al rey persa Darío.

Alejandro se casó con una princesa persa.

Alejandro murió en Babilonia en 323 A.C.

Alejandro fue coronado con la corona doble de los faraones.

ASIA

MACEDONIA
GRECIA
Esparta Atenas
Troya
Río Gránico
Gordion
Isos
Tapsaco
Tiro
Damasco
Gaza Jerusalén
Alejandría
Menfis
EGIPTO
ÁFRICA
Mar Negro
Mar Mediterráneo
Río Danubio
Río Nilo
Mar Rojo
Llanura de Gaugamela
Ecbatana
Babilonia
Susa
Persépolis
Alejandría en Susiana (Al-Qurnah)
Golfo Pérsico
Mar Caspio
PERSIA
Alejandrópolis (Mashad)
Alejandría (Herāt)
Alejandría (Ghazni)
Alejandría (Kandahar)
Alejandría (Carmania)
Alejandría (Rambacia)
Alejandría Escate (Khujand)
Alejandría de Oxiana (Ai Khanoum)
Alejandría Bucéfala (Jhelum)
Nicea
Río Hydaspes
Río Oxus
Río Indo
INDIA
Mar Arábigo
Río Tigris
Río Éufrates

0   400 Millas
0   400 Kilómetros
Proyección cilíndrica de Miller

20° E   30° E   40° E   50° E   60° E   70° E
40° N   30° N

▲ Como lo muestra este retrato, Alejandro fue el primer gobernante griego en afeitarse la barba, ¡una moda que duró 500 años!

Las conquistas de Alejandro

Alejandro, hijo de Felipe, a la edad de 20 años poseía el trono. Ya era un líder militar. Su mente brillante había sido moldeada por el famoso filósofo Aristóteles. Alejandro tenía sueños de gloria. Su libro favorito de niño era una copia de la *Ilíada* que Aristóteles le había dado. Alejandro quería ser como Aquiles, el héroe del libro. Esto inspiró sus espectaculares conquistas.

Asegurar a Grecia Alejandro quería asegurar el control de Grecia. Después de la muerte de Felipe, algunas ciudades-estado de Grecia trataron de recuperar su independencia, pero Alejandro aplastó esas revueltas. Para desalentar futuras rebeliones, incendió todo Tebas.

Luego, Alejandro se dirigió al este. En 334 A.C., llevó hasta Asia su ejército de 30,000 soldados de infantería y 5,500 tropas de caballería. Inspiraba una firme lealtad entre sus soldados al dirigirlos personalmente en la batalla.

Conquista mundial En Asia, Alejandro liberó a las ciudades-estado jónicas del dominio persa. Marchó hacia el sur para capturar las ciudades que estaban a lo largo de la costa mediterránea. Luego, marchó hacia Egipto. Los egipcios le dieron la bienvenida por liberarlos de los persas. Fundó la ciudad de **Alejandría**, en el borde del delta del Nilo.

Alejandro regresó a Persia. A finales de 330 A.C., había derrotado al rey persa.

Alejandro no estaba satisfecho con esa victoria sobre el Imperio Persa. Tenía un objetivo mayor: la conquista del mundo. Condujo a su ejército hacia el este, a Afganistán y la India, tierras que ningún griego había visto jamás. Por haber construido un vasto imperio en sólo 11 años, lo llamaron "Alejandro Magno".

Pero su suerte cambió. Después de su última batalla importante en lo que hoy es Pakistán, su caballo Bucéfalo murió de heridas de batalla. También, su ejército se amotinó y se negó a conquistar más tierras. El ejército se dirigió al oeste. En 323 A.C., Alejandro murió de fiebre en Babilonia. No llegó a los 33 años.

El hijo de Alejandro era muy joven como para controlar el imperio. Así que los generales de Alejandro dividieron el imperio en reinos. Un reino, en Egipto, fue gobernado por un general llamado Ptolomeo. Su familia gobernó durante casi trescientos años. Cleopatra fue la última de esta familia en gobernar Egipto.

Un nuevo mundo Alejandro fundaba ciudades estilo griego a donde quiera que iba. Las costumbres griegas se mezclaban con las ideas y el arte de otras tierras. Surgió una nueva forma de cultura llamada **helenística**, o similar a la griega. *Helenística* proviene de la palabra en griego para referirse a ellos mismos: helenos.

El período helenístico duró desde la época de Alejandro hasta el 30 A.C. Gracias a él, la cultura griega se difundió hasta la India. Su imperio duró poco, pero sus conquistas cambiaron el mundo.

Verificar la lectura ¿Por qué duró tan poco el imperio de Alejandro?

período, *sust.,* un lapso de tiempo

En el período helenístico, el poder y la riqueza se trasladaron a ciudades griegas como Pérgamo en Asia. ▼

Evaluación de la Sección 2

? **Pregunta esencial**

¿Cómo debemos manejar los conflictos?

Términos clave

1. Usa los siguientes términos para describir el imperio de Alejandro: sarissa, Alejandría, helenística.

Ideas clave

2. ¿Cómo reorganizó Felipe su ejército?

3. ¿Cómo contribuyó la conquista de Alejandro a la creación de la cultura helenística?

4. ¿Qué le sucedió al imperio de Alejandro?

Razonamiento crítico

5. **Inferir** ¿Por qué Alejandro quemó Tebas por completo?

6. **Sacar conclusiones** ¿Por qué crees que el imperio de Alejandro se desintegró rápidamente después de su muerte?

7. ¿Por qué se rebelaron los griegos después de la muerte de Felipe? Anota la respuesta en tu Cuaderno del estudiante.

337

Creencias y arte en la Antigua Grecia

Ideas clave
- La antigua religión griega se basaba en la creencia en muchos dioses.
- El arte y la arquitectura griegos han mantenido su influencia hasta la actualidad.
- Los escritores griegos contribuyeron al desarrollo de la poesía lírica y el teatro.

Términos clave
- politeísmo
- mitología
- Juegos Olímpicos
- Oráculo de Delfos
- poesía lírica
- coro

 Visual Glossary

Destreza de lectura Identificar las ideas principales y los detalles Toma notas usando el organizador gráfico en tu Cuaderno.

▲ Una furiosa Atenea convierte a Aracné en una araña.

Los niños griegos crecían escuchando muchas historias sobre sus dioses. En un cuento, una orgullosa chica llamada Aracné se jactaba de que sus destrezas para tejer eran mejores que las de la diosa Atenea. Atenea desafío a Aracné a un concurso de tejido. Cuando Aracné creó un tapiz, o tela con imágenes, que se burlaba de los dioses, Atenea se enfureció. La diosa convirtió a la joven en araña y la condenó a tejer telarañas para siempre. Los griegos contaban la historia de Aracné como una advertencia contra el pecado del orgullo excesivo.

La religión y mitología griegas

Los antiguos griegos practicaban el **politeísmo**, la adoración de muchos dioses, o deidades. Una deidad es un ser con poderes sobrenaturales. Sin embargo, a diferencia de los dioses de Egipto, los dioses griegos se veían, y se comportaban, como seres humanos.

Mitología griega Los griegos expresaban sus creencias religiosas en su mitología. La **mitología** es la colección de mitos o historias que las personas cuentan sobre sus dioses o héroes.

Algunos mitos explicaban el cambio de las estaciones. Otros revelaban por qué existía tanto sufrimiento en el mundo. Muchos mitos explicaban el comportamiento humano o daban lecciones morales. Algunos contaban las historias de héroes, como Hércules, quien tenía una fuerza increíble.

Los mitos y las historias griegas se siguen leyendo una y otra vez hoy en día. Los mitos revelan verdades importantes sobre la naturaleza humana y por qué las personas actúan de cierta manera. Estas historias antiguas también describen aventuras entretenidas.

Muchos dioses y diosas Zeus era el gobernante supremo de los dioses, así como el señor del cielo y el dios de la lluvia. Vivía en el monte Olimpo y lanzaba rayos a los que lo contrariaban. Su esposa, Hera, protegía a las mujeres casadas y a sus hogares.

Zeus tenía dos hermanos. El primero, Poseidón, era el dios del mar. Su ira hacía temblar la tierra y agitaba los mares. El otro hermano de Zeus, Hades, no vivía en el Olimpo. Él gobernaba y vivía en el infierno, que era habitado por las almas de los muertos.

Otros dioses importantes incluían a Apolo, dios de las artes, la profecía y la curación; y a Ares, dios de la guerra. Afrodita era la diosa del amor y la belleza; y la diosa Deméter supervisaba la agricultura y la cosecha.

Atenea era una diosa popular porque, según un mito, había dado a los griegos el regalo del olivo. Atenea era también la guardiana de la ciudad de Atenas. Cuando los griegos luchaban contra otros pueblos, creían que Atenea aparecería para ayudarlos.

Los dioses y diosas griegos se comportaban como seres humanos. Se enamoraban, se casaban y tenían hijos. Les gustaba celebrar y hacer bromas. También sentían celos y rabia.

Religión y vida griegas Los griegos honraban a sus dioses con rituales religiosos públicos y privados. Las reuniones públicas iniciaban con oraciones y sacrificios de animales. Las mujeres tenían papeles importantes en algunas de estas ceremonias públicas. En los hogares, las familias tenían altares donde honraban a sus dioses o diosas favoritos.

Cada ciudad-estado construía templos para su deidad patrona. En los días santos, los ciudadanos hacían sacrificios frente a los templos de los dioses. Las personas ofrecían oro, pasteles y vino o animales muy valiosos, como toros. Pedían favores a los dioses, como buenas cosechas o buena salud.

Plato griego que muestra a Apolo o a Helios conduciendo su carro del sol. ▼

Los doce dioses del Olimpo	
Zeus	Padre de muchos de los dioses; portador de las tormentas; dios de la justicia
Hera	Esposa de Zeus y reina de los dioses; diosa del matrimonio
Atenea	Hija de Zeus; diosa de la sabiduría y protectora de las ciudades
Apolo	Dios de la profecía, la música y la poesía; dios de la luz
Artemisa	Hermana gemela de Apolo; diosa de la caza y el parto
Poseidón	Hermano de Zeus; dios del mar
Ares	Dios de la guerra
Afrodita	Diosa del amor y la belleza
Hermes	Mensajero de los dioses; patrón de los comerciantes; protector de los viajeros
Deméter	Diosa de la agricultura y la cosecha
Hefesto	Dios del fuego y de los artesanos
Hestia	Diosa del hogar

▲ En Olimpia, se entrega la llama olímpica a un atleta, para marcar el inicio de los Juegos de 2004.

cesar, v., detener

Competencias atléticas Algunas fiestas religiosas incluían competencias atléticas. Los atletas competían en boxeo, lucha libre y carreras, así como en lanzamiento de jabalina y disco. Demostraban su destreza y fuerza para honrar a los dioses.

Las competencias reunían a deportistas de muchas ciudades-estado. El evento más famoso era los **Juegos Olímpicos**, que honraban a Zeus. Se celebraban cada cuatro años. Durante los juegos, cesaban los conflictos entre las ciudades-estado. Llegaban viajeros de todo el Mediterráneo para asistir a los juegos. El recinto del festival en Olimpia se llenaba de comerciantes, vendedores de alimentos y artesanos. Los ganadores se convertían en celebridades, o personas famosas. Los atletas exitosos eran recompensados con privilegios y fama.

Sitios sagrados Los griegos creían que las arboledas, los manantiales y otros lugares eran sagrados, porque eran el hogar de un dios o espíritu. El monte Olimpo era un importante lugar sagrado. Los griegos creían que era el hogar de los dioses.

Otro lugar sagrado era Delfos, en el monte Parnaso. Delfos contenía numerosos santuarios, pero el más importante era el templo del dios Apolo. Allí estaba la sacerdotisa de Apolo, quien era conocida como el **Oráculo de Delfos**. Un oráculo predice lo que pasará en el futuro. Las personas viajaban de toda Grecia a Delfos para hacerle preguntas a la sacerdotisa sobre el futuro. Muchos quedaban confundidos, pues el oráculo respondía con declaraciones desconcertantes o acertijos.

Verificar la lectura **¿Por qué las historias de la antigua Grecia han mantenido su influencia en la actualidad?**

El arte de la antigua Grecia

Los griegos apreciaban la belleza. Esto lo expresaban en su pintura, escultura y arquitectura. Incluso objetos como floreros y jarras eran diseñados cuidadosamente. Aunque la mayoría de sus pinturas no sobrevivieron, las estatuas y los edificios griegos han sido admirados por generaciones.

La pintura Por las descripciones de los escritores de la antigüedad, sabemos que la pintura antigua era realista. Los pintores creaban una impresión de profundidad y perspectiva en su obra.

LOS ÓRDENES ARQUITECTÓNICOS

Los edificios estadounidenses revelan la influencia de la arquitectura griega. Estudia los tres "órdenes", o estilos, de abajo. Identifica qué orden aparece en el Monumento a Lincoln (izquierda) y en la Corte Suprema (derecha). *¿Hay algún edificio de tu vecindario que tenga estos estilos?*

▲ Orden dórico   ▲ Orden jónico   ▲ Orden corintio

Escultura La escultura griega muestra una influencia egipcia. Pero los escultores griegos desarrollaron un estilo que era mucho más realista que cualquier otra escultura del mundo antiguo. Al mismo tiempo, los escultores griegos crearon imágenes de los seres humanos y las deidades en un mundo ideal de calma y paz. Usaban este estilo ideal para decorar sus templos y tumbas.

Los griegos crearon enormes estatuas de dioses y diosas para los altares y templos. También tallaban las paredes de los templos.

La arquitectura Al igual que la escultura, la arquitectura se inspiraba en las proporciones del cuerpo humano. Los arquitectos trataban de alcanzar la perfección en su trabajo. Crearon edificios en los que se apreciaba un sentido de equilibrio y armonía. El mejor ejemplo clásico es el Partenón, construido en honor a Atenea. Los arquitectos Ictino y Calícrates diseñaron columnas de mármol para sostener el techo. Sobre ellas, había imágenes de dioses y seres humanos. Dentro del templo se erguía una estatua gigante de la diosa Atenea, diseñada por el escultor Fidias.

Hoy la gente piensa en los edificios y estatuas griegas como impresionantes mármoles blancos. Sin embargo, en la antigüedad, estas obras estaban pintadas. Las estatuas tenían ojos, piel y cabello de color que las hacían parecer reales. Con el tiempo los colores se desvanecieron.

Verificar la lectura ¿Qué hace que la escultura griega sea única?

mi Mundo
CONEXIONES

La arquitectura antigua griega ha influido en el diseño de muchos edificios del gobierno estadounidense.

341

▲ En una interpretación moderna de la obra griega *Antígona*, Antígona desafía heroicamente al tirano de la ciudad.

La literatura

La literatura griega, como todas las artes, estaba vinculada con la religión. Las fiestas religiosas incluían concursos de poetas. Otras incluían obras basadas en mitos. La *Ilíada* y la *Odisea*, poemas épicos de Homero, reflejaban la creencia de que los dioses controlaban las vidas humanas.

La poesía lírica Algunos poetas después de Homero escribieron poemas más cortos. Los artistas los cantaban mientras tocaban un instrumento de cuerdas conocido como lira. Estas canciones poéticas se llegaron a conocer como **poesía lírica**.

Los poetas escribieron sobre diferentes temas. Píndaro elogiaba a los atletas,

miMundo: Actividad
Mural del arte griego

sumisión, *sust.*, obediencia

mientras que Alceo escribió acerca de la política y la guerra. En contraste, Safo escribió sobre las emociones humanas. Aunque la mayor parte de su poesía se ha perdido, fue muy admirada en la antigüedad.

El teatro griego Las raíces del teatro moderno se remontan a la antigua Grecia. La palabra *drama*, que significa obra de teatro o interpretación en el escenario, es una palabra griega. También lo son *teatro*, *tragedia*, *comedia* y *escena*.

El teatro se desarrolló a partir de interpretaciones en honor al dios Dioniso. Algunos actores interpretaban los papeles de los personajes. El **coro** comentaba la acción y aconsejaba a los personajes. Las obras de teatro se convirtieron en un elemento central de los festivales. Se premiaba a la mejor obra, el mejor coro y el mejor actor.

Había dos tipos de obras: la tragedia y la comedia. La trama de una tragedia provenía de la mitología o de las épicas de Homero. Las tragedias contaban la caída de figuras heroicas atrapadas en un conflicto con su familia, su ciudad o los dioses. En la tragedia *Antígona* de Sófocles, el coro aconseja al público:

> 66 No hay felicidad donde no hay sabiduría;
> No hay sabiduría, más que en la <u>sumisión</u> a los dioses.
> Las palabras resonantes siempre son castigadas.
> Y los hombres orgullosos aprenden a ser sabios en la vejez 99.
>
> —Sófocles, *Antígona*

Otros famosos autores son Esquilo y Eurípides. Los grupos teatrales todavía montan algunas de sus tragedias. Algunos dramaturgos aún se inspiran en las tramas y los temas de las tragedias griegas.

Las comedias tenían un final feliz. Trataban temas de actualidad y hacían observaciones sobre la cultura, la sociedad y los políticos. Aristófanes es quizás el dramaturgo cómico más famoso. Dos de sus comedias que se interpretan hoy en día son *Las ranas* y *Lisístrata*.

Las fábulas de Esopo Otra forma de literatura griega es la fábula, una historia con una lección moral. Las más famosas son las de Esopo. Se dice que Esopo era un esclavo que vivió en la isla griega de Samos alrededor de 500 A.C. Liberado por sus conocimientos, Esopo viajó mucho, recopilando y contando sus fábulas.

Muchas de sus fábulas todavía son conocidas. Algunas han aportado expresiones a nuestro idioma. Una fábula hablaba de un muchacho que falsamente afirmaba que un lobo atacaba a sus ovejas.

Sus mentiras enfurecían a sus vecinos. Cuando un lobo realmente apareció y el muchacho pidió ayuda, nadie lo ayudó. La moraleja era evitar "gritar que viene el lobo", o difundir falsas alarmas.

Otro cuento sobre una tortuga y una liebre muestra el amor de los griegos por la competencia atlética. La liebre se burlaba de la lentitud de la tortuga. Entonces, la tortuga retó a la liebre a una carrera. La liebre estaba tan segura de ganar que tomó una siesta. Cuando despertó, la tortuga había ganado. La moraleja: "¡Lento y constante gana la carrera!"

Verificar la lectura
¿Cuáles eran los dos tipos principales de teatro griego?

Ilustración de una de las fábulas de Esopo, que muestra la carrera entre la liebre y la tortuga ▼

Evaluación de la Sección **3**

? **Pregunta esencial**
¿Cómo debemos manejar los conflictos?

Términos clave

1. Usa los siguientes términos para describir las creencias y el arte en la antigua Grecia: politeísmo, mitología, Juegos Olímpicos, Oráculo de Delfos, poesía lírica, coro.

Ideas clave

2. ¿Qué características humanas puedes reconocer en los antiguos dioses griegos?

3. ¿Cuál era la competencia deportiva más famosa de la antigua Grecia?

4. ¿Cómo se desarrolló el teatro griego?

Razonamiento crítico

5. **Sintetizar** ¿Cuáles eran algunas de las cosas que los griegos admiraban?

6. **Sacar conclusiones** ¿Por qué siguen siendo importantes para nosotros los mitos y el teatro griegos?

7. ¿Qué tipo de conflictos exploraba el teatro griego? Anota la respuesta en tu Cuaderno del estudiante.

Los conocimientos en la Antigua Grecia

Ideas clave

- Los eruditos griegos hicieron importantes contribuciones tanto a la filosofía como a la historia.
- Los antiguos griegos fueron pioneros en los descubrimientos científicos y médicos mediante el examen de la naturaleza.
- El aprendizaje griego siguió creciendo y difundiéndose durante la época helenística.

Términos clave
- método socrático
- Academia
- hipótesis
- Juramento hipocrático

 Visual Glossary

 Destreza de lectura Resumir Toma notas usando el organizador gráfico en tu Cuaderno.

◀ El Gran Faro de Alejandría

Si hubieras navegado a Alejandría, Egipto, en la antigüedad, es posible que llegaras por la noche. El Gran Faro de Alejandría, una de las maravillas del mundo antiguo, habría guiado tu barco al puerto. Desde la cubierta del barco, habrías observado una costa con palacios y templos de mármol blanco brillando a la luz de la luna. A medida que desembarcaras en tierra, también podrías haber vislumbrado la silueta del tejado de otra de las maravillas de la ciudad: la Gran Biblioteca, la biblioteca más grande de su tiempo.

Alejandría, fundada por Alejandro Magno, rápidamente se convirtió en la ciudad más hermosa del mundo antiguo. Su museo y biblioteca atraían a eruditos de muchas tierras. Los antiguos griegos habían logrado avances importantes en muchos campos del conocimiento. La Gran Biblioteca se construyó para proteger todos los progresos que se habían realizado en los campos de la historia, la ciencia, las matemáticas, la medicina y la filosofía.

Filosofía griega

Como leíste anteriormente, los pensadores chinos estaban entre los primeros filósofos del mundo. Su objetivo era buscar la sabiduría. Los filósofos griegos tenían el mismo objetivo. De hecho, la palabra *filosofía* proviene de las palabras en griego que significan "amor por la sabiduría".

La importancia de la razón Los griegos comenzaron su búsqueda de la sabiduría haciendo preguntas similares a las que planteaban los chinos, por ejemplo: "¿Cuál es la naturaleza del universo? ¿Qué es una buena vida?"

Los griegos fueron más lejos en sus indagaciones. Se preguntaban: "¿Cómo sabemos lo que es real? ¿Cómo podemos determinar lo que es verdad?"

Creían que podían responder a estas preguntas usando la razón humana. La razón es la capacidad de pensar con claridad. Para hacerlo desarrollaron un sistema de raciocinio llamado lógica. La lógica es un método de razonar un problema o pregunta paso a paso.

Sócrates y Platón Varios filósofos vivieron en Atenas. Uno de ellos, Sócrates, andaba por la ciudad, invitando a otros a la discusión. Sócrates planteaba preguntas para obligar a sus oyentes a pensar con claridad. Hoy en día, este método de preguntas y respuestas se llama **método socrático** y se usa para enseñar una variedad de materias.

Las discusiones de Sócrates desafiaban las creencias. Esto le ocasionó problemas con los líderes. Lo acusaron de corromper a la juventud. Fue acusado de no creer en los dioses. En un juicio, Sócrates se defendió:

> 66 Nunca me he considerado maestro de nadie. Pero si alguien está dispuesto a escucharme. . . No le escatimaré [negaré] la oportunidad. . . . Si cualquiera de ellos se convierte en un buen ciudadano o en uno malo, no podré con justicia ser el responsable 99.
>
> —Sócrates, citado en la *Apología de Sócrates* de Platón

Sócrates fue declarado culpable y condenado a muerte en 399 A.C.

▲ *La muerte de Sócrates* por Jacques-Louis David muestra la ejecución con veneno de Sócrates.

Platón, discípulo de Sócrates, registró las ideas de su maestro en conversaciones llamadas diálogos. Platón fundó una escuela de filosofía llamada la **Academia**. Hoy en día, *academia* significa una escuela de enseñanza superior. Platón estaba interesado en la naturaleza de la realidad. Aún es uno de los pensadores más influyentes.

Estoicismo Durante el período helenístico, surgieron nuevas filosofías. Un grupo, fundado por Zenón, fue el de los estoicos.

Para ellos, la razón divina regía el universo. Las personas debían vivir en armonía con la naturaleza. Los estoicos trataban de dominar sus emociones a través del autocontrol.

Verificar la lectura ¿Qué es el método socrático?

Historia y política

La búsqueda de la sabiduría condujo al estudio del pasado. Los historiadores griegos hicieron más que sólo registrar sucesos. Lo más importante, examinaron por qué ocurrían.

Historiadores griegos El escritor Heródoto es llamado "el padre de la historia" porque preguntó por qué ocurrieron ciertos sucesos. Nacido alrededor de 484 A.C., vivió durante la Segunda Guerra Médica. Las Guerras Médicas y las culturas de ambos pueblos se describen en su obra maestra, *Historias*. En este trabajo, investiga las causas del conflicto entre los griegos y los persas.

Tucídides de Atenas fue otro importante historiador griego. Nacido en 460 A.C., vivió durante la Guerra del Peloponeso. Comenzó a escribir mientras los sucesos estaban frescos en la memoria de las personas. Antes de escribir, visitaba el sitio

de batalla. También entrevistaba a quienes habían participado. Esperaba que su historia fuera precisa y que ayudara a no repetir los errores del pasado.

Jenofonte vivió aproximadamente desde 427 A.C. hasta 355 A.C. Viajó por todo el Imperio Persa y Grecia. Escribió la primera autobiografía conocida. Una autobiografía es un libro sobre la vida de una persona escrita por ella misma. Jenofonte creía que estudiar la historia podía enseñar a las personas a vivir según la moral.

Pensadores políticos Los escritores también hablaban sobre la política y el gobierno. Platón escribió un libro llamado *La república*, con sus puntos de vista sobre el gobierno ideal. No estaba de acuerdo con la forma en que la democracia funcionaba en Atenas. Pensaba que la ciudad-estado ideal estaría dirigida por reyes-filósofos, con la sabiduría para tomar las decisiones correctas. Éstos no serían elegidos por el pueblo.

El filósofo Aristóteles escribió un libro sobre el gobierno, llamado *Política*. Aristóteles comparaba los gobiernos existentes. Sostenía que el mejor gobierno sería uno equilibrado que evitara los extremos. Creía que los ciudadanos debían participar en la política para ser felices.

Verificar la lectura ¿**Por qué estudiaron los griegos el pasado?**

Los historiadores griegos describieron batallas terrestres y marítimas.▼

◀ Doble retrato de los historiadores Heródoto y Tucídides

Ciencia y tecnología

Los pueblos antiguos asociaban los acontecimientos cotidianos, como la salida del sol o las enfermedades, con las actividades de varios dioses o espíritus. Aunque la mayoría de los griegos compartían estas creencias, algunos empezaron a buscar las causas naturales de estos sucesos.

El poder de la observación Los griegos, como los científicos modernos, primero observaban la naturaleza y luego formaban una **hipótesis**, o conjeturas lógicas, para explicar sus observaciones. Esto era algo nuevo en el mundo antiguo. Sentó las bases para la ciencia, las matemáticas y la medicina.

Las ciencias naturales Los filósofos griegos iniciaron el estudio científico de la naturaleza. Creían que el universo estaba regido por leyes naturales. Se propusieron identificar y explicar las leyes.

Uno de los primeros fue un filósofo llamado Tales de Mileto. Tales nació alrededor de 624 A.C. y planteó preguntas como: ¿Qué tan grande es la Tierra? ¿Cuál es su forma? ¿Qué la mantiene en el espacio? En cada caso, basó su respuesta en las observaciones de la naturaleza.

Los científicos no siempre tenían razón. Por ejemplo, Tales creía que todas las cosas estaban hechas de agua y que la Tierra era un disco que flotaba sobre el agua. A pesar de que sus ideas eran incorrectas, inspiró a otros a usar la lógica para desarrollar respuestas. Por ejemplo, el filósofo Demócrito dijo que el universo estaba formado por pequeñas partículas que no podían dividirse. Las llamó "átomos".

▲ Aristóteles se dio cuenta de que la Tierra era redonda al observar la posición de las estrellas mientras él viajaba hacia el norte.

Aristóteles El filósofo natural más famoso fue Aristóteles. Nació en 384 A.C. y estudió en la Academia de Platón. Creó su propia escuela, llamada Liceo.

A diferencia de Platón, que desconfiaba de los sentidos, Aristóteles buscó el conocimiento a través de la observación. Analizó datos sobre plantas, animales y rocas. Estudió matemáticas y lógica. Analizó el gobierno y las artes. Un historiador moderno resumió el trabajo de Aristóteles:

> ❝ Él era un gran coleccionista y clasificador de datos. . . . Lo que escribió proporcionó el marco para la discusión de la biología, la física, las matemáticas, la lógica, la crítica literaria, la estética, la psicología, la ética y la política durante dos mil años ❞.
>
> —J. M. Roberts, *Historia del mundo*

347

¿La primera computadora?

En 1901, una asombrosa máquina llamada el mecanismo Antikythera fue descubierta en el fondo del mar. El mecanismo originalmente tenía cerca de 40 engranajes y fue hecho alrededor del año 100 A.C. Se le ha llamado la primera computadora, ya que se usaba para predecir las posiciones del Sol, la Luna, y posiblemente, los planetas. Cuando se daba vuelta a la palanca del mecanismo, una serie de engranajes ponían en marcha la rueda dentada principal. Una vuelta completa de la rueda señalaba las posiciones del Sol y de la Luna durante el año solar. Otros discos señalaban cuándo debían celebrarse los diversos juegos griegos. El mecanismo de Antikythera es la única calculadora astronómica del mundo antiguo que todavía existe.

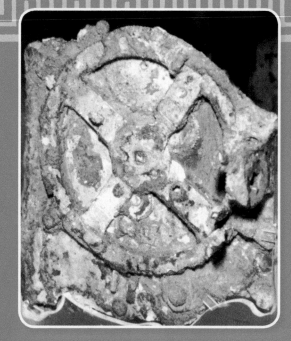

▲ Un fragmento del mecanismo de Antikythera

Tecnología Los griegos pusieron su capacidad de observación en práctica conforme desarrollaron una sofisticada tecnología. A partir del siglo V inventaron todo tipo de mecanismos, incluidos relojes de agua, molinos de agua y cerraduras. Comprendieron y usaron el principio de la energía de vapor para hacer funcionar estatuas, aparatos y juguetes mecánicos. Se dice que Arquímedes creó un arma que usaba espejos para redirigir la luz del Sol y prender fuego a las naves enemigas, ¡el primer láser!

Verificar la lectura **¿Cómo se desarrolló la ciencia griega?**

Matemáticas y medicina

Los griegos se destacaban en campos diferentes. Tales, el filósofo, también era un matemático destacado. Los griegos creían que Tales había estudiado geometría en Egipto. Años después, en el período helenístico, este tipo de intercambio cultural ayudó a producir una edad de oro de las matemáticas y la medicina griegas.

Matemáticas Los griegos fueron los primeros en descubrir muchos de los <u>conceptos</u> básicos de las matemáticas. Pitágoras de Samos, un matemático, creía que los números eran la clave para entender el universo. Desarrolló la idea de los "números cuadrados". Los estudiantes de geometría aún aprenden el teorema de Pitágoras, que lleva su nombre. Un teorema es una declaración matemática que se puede demostrar como verdadera.

Medicina Los griegos contribuyeron al campo de la medicina. Los doctores griegos buscaron causas naturales de las enfermedades en lugar de culpar a

concepto, *sust.,* idea

348

los dioses. Su éxito médico les dio fama en todo el mundo mediterráneo. Los doctores griegos practicaban la cirugía y la odontología.

Hipócrates se convirtió en el doctor griego más conocido. Escribió libros de medicina y dirigió una escuela para doctores. Enseñó a diagnosticar a los pacientes haciéndoles preguntas y realizando observaciones para obtener información sobre sus síntomas.

Hipócrates pedía a sus estudiantes que hicieran un juramento. Los estudiantes se comprometían a usar sus conocimientos sólo de forma ética. El **Juramento hipocrático** sigue guiando a los doctores hoy en día.

" Recetaré un tratamiento para el bien de mis pacientes de acuerdo con mi capacidad... y nunca dañaré a nadie. A nadie daré una medicina mortal aún cuando me sea solicitada, ni daré consejo con este fin.... A cualquier casa que entre, iré por el beneficio de los enfermos.... Guardaré silencio sobre todo aquello que.... oiga o vea. Ahora, si cumplo este juramento y no lo quebranto, que los frutos de la vida y el arte sean míos, que sea siempre honrado por todos ".

—Hipócrates, del *Juramento hipocrático*

Griegos y egipcios La ciudad de Alejandría, Egipto, fue un importante centro para el estudio de la medicina. Los griegos se beneficiaron de los conocimientos de los egipcios. Los doctores egipcios examinaban a los pacientes y anotaban sus síntomas. Pero los griegos trataron de comprender las razones de la enfermedad.

Aunque los griegos no aprobaban la disección del cuerpo, dos científicos, Herófilo y Erasístrato, estudiaron la anatomía humana. Fue en Alejandría donde los doctores aprendieron que el nervio óptico vinculaba al ojo con el cerebro. Descubrieron que el cerebro era el centro del pensamiento y que el pulso enviaba la sangre a través de las arterias.

Verificar la lectura ¿Por qué se les exigía a los estudiantes de medicina que hicieran un juramento?

miMundo: Actividad
Reto de identidad

▲ Arriba a la derecha: Relieve tallado que muestra a un doctor griego y a su paciente. Arriba a la izquierda: El báculo y la serpiente de las ambulancias modernas es un viejo símbolo del dios griego de la medicina.

DOCTORES Y CIENTÍFICOS GRIEGOS

Nombre	Logro
Aristarco	El primero en sugerir que la Tierra giraba alrededor del Sol.
Aristóteles	Se dio cuenta de que la Tierra es redonda.
Demócrito	El primero en nombrar a los "átomos", las partículas que forman toda la materia.
Eratóstenes	Usó la geometría para medir el tamaño de la Tierra.
Hipócrates	Creía que todas las enfermedades tenían causas naturales. Creó una norma de conducta para los doctores.

Destreza: Gráficas

¿Qué revelan estos logros sobre el nivel del conocimiento de los científicos griegos?

El descubrimiento de la antigua Alejandría

La antigua Alejandría poco a poco está siendo descubierta. Parte de la metrópoli se encuentra enterrada bajo la ciudad moderna, mientras que el antiguo paseo marítimo ahora está bajo el agua. Los buzos han comenzado a explorar los palacios y templos que se deslizaron a causa de las ondas sísmicas. Los descubrimientos recientes confirman lo que sabemos de los escritores antiguos: que Alejandría fue una de las ciudades más maravillosas del mundo antiguo.

RAZONAMIENTO CRÍTICO **Estudia el mapa. ¿Cómo puedes saber que la ciudad era culturalmente diversa?**

La Aguja de Cleopatra, que una vez se irguió en el paseo marítimo de Alejandría, ahora se encuentra en el Central Park de Nueva York.▼

◀ El Gran Faro

Ptolomeo II y la reina Arsinoe vivían en el palacio real. ▶

ALEJANDRÍA
100 A.C.–100 D.C.

Mar de Eleusis

ISLA DE FAROS

Faros (faro)

Alveus Taurus

Diabathra

Templo de Artemisa

Palacio Real

Gran Puerto

Templo de Isis

Posidium

Alveus Posideus

Bancos

Alveus Steganus

Puerto de Eunostos

ISLA DE ANTIRHODOS

LOCHIAS

Tumba de Estratónice

Sepulcro de Pompeyo

Columbario

Timonium

Heptastadio

Posideium

Palacio de Cleopatra

Cuarteles

FORO

Puerto de Cíboto

Biblioteca

Neoria

REGIA

Tumba de Alejandro

BARRIO JUDÍO

Puerta Canópica

Museo

Paneum

RHAKOTIS (BARRIO EGIPCIO)

Gimnasio

Puerto del Lago

Canal del Nilo

Áreas ahora bajo el agua

0   500   1,000
ESCALA EN METROS

Serapeum

Estadio

Lago Mareotis

◀ Estatuilla de bronce de una bailarina. Alejandría, aprox. 200–100 A.C.

Conocimiento helenístico

El interés de Aristóteles por el mundo impresionó a su alumno, Alejandro Magno, quien, al llevar a su ejército hacia Asia, incluyó científicos que estudiaran las plantas y animales locales. Su apoyo a la investigación floreció en una de las ciudades que fundó: Alejandría, la capital griega de Egipto.

Alejandría, Egipto Alejandría se enriqueció por el comercio entre los pueblos de tres continentes. Su riqueza ayudó a financiar proyectos como la Gran Biblioteca, fundada por los Ptolomeo, los gobernantes helenísticos de Egipto. Su objetivo era <u>adquirir</u> una copia de todos los libros del mundo. La colección creció a cerca de 500,000 rollos de libros, o manuscritos.

Ciudad de eruditos La biblioteca y el museo atraían a los eruditos más importantes. Allí, los judíos crearon la Septuaginta, una traducción de la Biblia hebrea al griego. Euclides, un matemático importante, vivió en Alejandría alrededor de 300 A.C. Reunió todo sobre la geometría en su libro *Elementos*. Este trabajo sigue siendo la base de muchos libros de geometría.

Aunque el inventor y matemático Arquímedes pasó casi toda su vida en Siracusa, posiblemente estudió en Alejandría. Creó muchos inventos útiles. El tornillo de Arquímedes todavía se usa para el riego o para drenar pantanos. También aportó a las matemáticas.

Difusión de la cultura La cultura griega se difundió durante las conquistas de Alejandro. En Italia, influenció a los romanos, antes de que conquistaran las tierras griegas. La unión de estas culturas creó la civilización greco-romana o clásica. Como leerás en el capítulo que sigue, los romanos difundieron esta civilización a lo largo de otras partes del mundo.

Verificar la lectura ¿Cómo se volvió tan rica Alejandría?

▲ Este mosaico muestra a Alejandría en forma de diosa.

adquirir, *v.*, apoderarse de, obtener

Evaluación de la Sección **4**

? **Pregunta esencial**

¿Cómo debemos manejar los conflictos?

Términos clave

1. Usa los siguientes términos para describir los conocimientos en la antigua Grecia: método socrático, Academia, hipótesis, Juramento hipocrático.

Ideas clave

2. ¿Por qué fue ejecutado Sócrates?

3. ¿Qué principio sentó las bases de la ciencia griega?

4. ¿Por qué atraía la ciudad de Alejandría a los eruditos?

Razonamiento crítico

5. Inferir ¿Cómo influyó Aristóteles en Alejandro?

6. Sintetizar ¿Qué métodos de los primeros historiadores griegos podrían ser útiles para los historiadores de hoy?

7. ¿Por qué crees que los historiadores griegos escribieron acerca de los conflictos? Anota la respuesta en tu Cuaderno del estudiante.

Evaluación del capítulo

Términos e ideas clave

1. **Recordar** ¿Qué fue tan sorprendente de la victoria ateniense en la **Batalla de Maratón**?

2. **Explicar** ¿Por qué a los miembros de la Liga de Delos les disgustaba el poder de Atenas?

3. **Describir** ¿Qué gobernante fue capaz de obtener el control de Grecia?

4. **Comparar y contrastar** ¿En qué se diferencia la cultura **helenística** de la cultura griega más antigua?

5. **Explicar** ¿Dónde se llevaban a cabo los **Juegos Olímpicos**?

6. **Describir** ¿En qué eran diferentes los dioses griegos de los dioses de otros pueblos de la antigüedad?

7. **Resumir** ¿Cuál es el objetivo del **método socrático** de enseñanza?

8. **Comentar** ¿Qué papel desempeñó la observación en el trabajo de los científicos griegos?

Razonamiento crítico

9. **Comparar y contrastar** ¿Tenían la misma capacidad Atenas y Esparta en la Guerra del Peloponeso? Explica tu respuesta.

10. **Identificar la evidencia** ¿Qué reveló la destrucción de Tebas sobre el carácter de Alejandro?

11. **Inferir** ¿De qué maneras simbolizaba la Gran Biblioteca de Alejandría la confianza de los griegos en los logros humanos?

12. **Conceptos básicos: Fundamentos de la política** ¿En qué se diferenciaba el gobierno de Macedonia de los gobiernos de las ciudades-estado?

Analizar elementos visuales

13. La diosa Atenea, de pie en el extremo izquierdo de esta pintura en un jarrón, suele representarse con una armadura. Aquí se muestra entregando un carro al guerrero que aparece en el centro del jarrón. ¿Qué revela esta imagen sobre la actitud de los griegos hacia la guerra?

Pregunta esencial

miMundo: Actividad del capítulo

Desenterrar el mundo helenístico Sigue las instrucciones de tu maestro para asumir el papel de arqueólogo investigando cada sitio de las Tarjetas de actividades. Estudia cada tarjeta, así como el mapa, para tratar de descubrir en qué lugar del mundo helenístico se hizo cada objeto. Cuando termines, explica tus hallazgos a la clase.

Aprendizaje del siglo XXI

Evalúa los sitios Web

Con un compañero, busca en la Internet sitios Web sobre "antigua civilización griega + para niños". Haz una tabla con cada sitio Web enumerado en una columna a la izquierda. Luego, agrega títulos en la parte superior. Los títulos pueden ser: imágenes, información, nivel de lectura, etc. Después, completa la tabla evaluando cada sitio Web.

Preguntas basadas en documentos

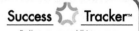

Success Tracker™
En línea en myworldhistory.com

Usa tus conocimientos de la antigua Grecia y los Documentos A y B para responder las Preguntas 1 a 3.

Documento A

"Es muy cierto. . . que hemos renunciado a nuestras casas y los muros de la ciudad, porque elegimos no ser esclavizados por el bien de las cosas que no tienen vida o alma. Pero lo que aún poseemos es la ciudad más grande de toda Grecia, nuestros 200 barcos de guerra, que ahora están listos para defenderte, si todavía estás dispuesto a ser salvado por ellos".

—Temístocles

Documento B

"Primero, de hecho, la línea persa se mantuvo; pero cuando una gran cantidad de barcos se fue apiñando en el estrecho y nadie podía ayudar al otro, cada uno estrelló su pico de bronce contra el otro en la hilera, haciendo añicos sus remos".

—Esquilo, *Los persas*

1. En el Documento A, Temístocles está
- **A** ofreciendo el ejército ateniense para defender Grecia.
- **B** explicando por qué los atenienses no saldrían de Atenas.
- **C** rindiéndose ante los persas.
- **D** ofreciendo la flota ateniense para defender Grecia.

2. El Documento B muestra que durante la Batalla de Salamina,
- **A** los persas salieron victoriosos.
- **B** los barcos persas no podían maniobrar.
- **C** los persas fueron derrotados en tierra.
- **D** los espartanos fueron derrotados.

3. **Tarea escrita** ¿Qué revelan los documentos A y B sobre la Batalla de Salamina?

my worldhistory.com Self-Test

Comparación de Atenas y Esparta

Idea clave
- Atenas y Esparta tenían diferentes tipos de gobiernos y sociedades.

El estudio del gobierno y la vida cotidiana de la antigua Grecia nos da una visión sobre las raíces de los gobiernos modernos. La ciudad-estado griega de Atenas tenía una democracia justa y abierta que tuvo un impacto duradero en la civilización occidental. El primer documento, que describe el gobierno de Atenas, fue tomado de un discurso pronunciado por el estadista ateniense Pericles en honor a los soldados muertos en una guerra entre Atenas y la ciudad-estado rival de Esparta. Esparta era un estado militarista en el que la disciplina y la resistencia física eran muy apreciadas. En el segundo documento, el filósofo griego Jenofonte describe la vida en Esparta.

Busto de Pericles

Lee el texto de la derecha. Haz una pausa en cada letra encerrada en un círculo. Luego, responde la pregunta con la misma letra que está a la izquierda.

Ⓐ Analizar fuentes primarias ¿Qué quiere decir "favorece a los muchos en lugar de a los pocos"?

Ⓑ Identificar los detalles ¿Qué dice Pericles sobre cómo son tratados los pobres?

Ⓒ Resumir Explica lo que dice Pericles sobre la ciudadanía.

administración, *sust.,* desempeño de deberes
capacidad, *sust.,* la habilidad o destreza
impedido, *v.,* frenado
magistrado, *sust.,* un funcionario
estatuto, *sust.,* una ley

El gobierno en Atenas

❝ Nuestra constitución no copia las leyes de otros estados; somos un modelo para otros y no imitadores. Su <u>administración</u>,

Ⓐ favorece a los muchos en lugar de a los pocos; es por ello que se llama democracia. Si apelamos a las leyes, otorgan justicia igual a todos; si alguien no cuenta con posición social, el ascenso en la vida pública depende de la <u>capacidad</u>, ya que las consideraciones de clase no interfieren con el mérito; tampoco la pobreza obstaculiza su camino, si un

Ⓑ hombre puede servir al estado, no se ve <u>impedido</u> por… su condición. Nuestra libertad también se aplica en la vida

Ⓒ cotidiana… Pero esta comodidad no nos convierte en ciudadanos sin ley. Esto nos lo impide el temor, que nos enseña a obedecer a los <u>magistrados</u> y las leyes…. ya sea que estén explícitas en el libro de <u>estatutos</u>, o que pertenezcan a un código que, aunque no escrito, no pueda ser quebrantado sin deshonra ❞.

—Pericles, "Discurso fúnebre de Pericles", aproximadamente 431 A.C.

Lee el texto de la derecha. Haz una pausa en cada letra encerrada en un círculo. Luego, responde la pregunta con la misma letra que está a la izquierda.

D Resumir ¿Cómo eran tratados los niños espartanos?

E Sacar conclusiones ¿Cuál es el punto de vista de Jenofonte en estas líneas?

F Identificar la evidencia ¿Qué te dicen estas líneas sobre el poder de los reyes en la antigua Esparta?

Licurgo, *sust.,* un legislador espartano

movilizar, *v.,* convocar, reunir

reprender, *v.,* infligir un castigo a alguien

desafortunado, *adj.,* sin fortuna, con mala suerte

ascendencia, *sust.,* linaje

Sociedad y gobierno de Esparta

❝ **Cuando usamos a** <u>Licurgo</u> **como referencia, en lugar de dejar que cada miembro del estado designara en privado a un esclavo para ser el tutor de su hijo, impuso a los jóvenes espartanos un tutor público. . . con plena autoridad sobre ellos. Este tutor fue elegido de entre los que colmaban las magistraturas más altas. Tenía autoridad para** <u>movilizar</u> **a los niños, y como su tutor,**

D **en caso de mala conducta,** <u>reprenderlos</u> **severamente... con este resultado feliz: que en Esparta la modestia y la obediencia nunca van de la mano, ni tampoco hay carencia de ninguna....**

En lugar de proteger sus pies con zapatos o sandalias, su regla era hacerlos tan resistentes que pudieran andar descalzos....

Es evidente que Licurgo se propuso deliberadamente proporcionar todas las bendiciones del cielo para el hombre

E **bueno y una existencia triste y una** <u>desafortunada</u> **para el cobarde....**

Licurgo estableció como ley que el rey ofreciera en nombre del estado todos los sacrificios públicos, ya que él mismo era de <u>ascendencia</u> **divina, y dondequiera que el estado enviara sus**

F **ejércitos, el rey los dirigiría ❞.**

—Jenofonte, *Constitución de Esparta,* aprox. 375 A.C.

Analizar los documentos

1. **Inferir** ¿Por qué crees que Pericles habló sobre la democracia ateniense durante un discurso en honor a los soldados atenienses que murieron en una guerra?

2. **Tarea escrita** Explica en un párrafo en qué se diferenciaba el gobierno de Esparta de la forma en que funcionaba el gobierno de Atenas. Usa un fragmento de cada cita para apoyar tu respuesta.

Los espartanos eran guerreros feroces.

355

Planear una
EXPOSICIÓN EN EL MUSEO

Tu misión Aprende más sobre la escultura, la arquitectura, la literatura y otras formas de arte de la antigua Grecia. Luego, diseña una exposición de museo sobre el arte de la antigua Grecia que incluya una comparación con las obras modernas que están influenciadas por la cultura griega.

Los antiguos griegos dejaron un legado cultural perdurable. La representación realista del cuerpo humano en el arte griego tuvo una fuerte influencia en el arte posterior. Los elementos de la arquitectura griega se pueden observar en muchos edificios modernos. Las tramas y los temas de las antiguas tragedias y comedias griegas siguen influyendo en la literatura, las obras de teatro y las películas actuales.

Mientras planeas tu exposición de museo, piensa en los diferentes aspectos de la cultura griega y cómo influyen en la vida moderna. Asegúrate de que tu exposición sea interesante y atractiva.

PASO 1

Investiga tus temas.

Usa el material de esta unidad e investiga en la Internet para planear tu exposición sobre la cultura griega. Pídele a tu maestro una lista de sitios Web fiables para buscar datos específicos sobre las artes griegas. Haz una lista de los tipos de objetos que quieres exhibir. Recolecta o dibuja imágenes de los objetos que quieres incluir en tu exposición.

PASO 2

Planea tu exposición.

Piensa en cómo organizar tu exposición. Por ejemplo, tal vez quieras dividir tu exposición por temas, como escultura, arquitectura y literatura. O tal vez quieras dividirla por períodos de tiempo según la fecha de su creación. Sé creativo y piensa en cómo puedes presentar tus objetos de una manera interesante.

PASO 3

Presenta tu exposición.

Una vez que hayas terminado el diseño de tu exposición, muéstrale tus ideas a la clase. Contesta cualquier pregunta que la clase pueda tener sobre tu exposición, como por qué elegiste ciertos objetos o por qué organizaste la exposición de la forma en que lo hiciste. También podrías presentar un poema, un monólogo o una obra de arte original modelada según el arte griego antiguo.

my worldhistory.com

21st Century Learning

La Antigua Roma

Europa

Océano Atlántico

Tulia Cicerón (aprox. 70 A.C.–45 A.C.) fue la hija de Marco Tulio Cicerón, uno de los líderes de la República romana.

África

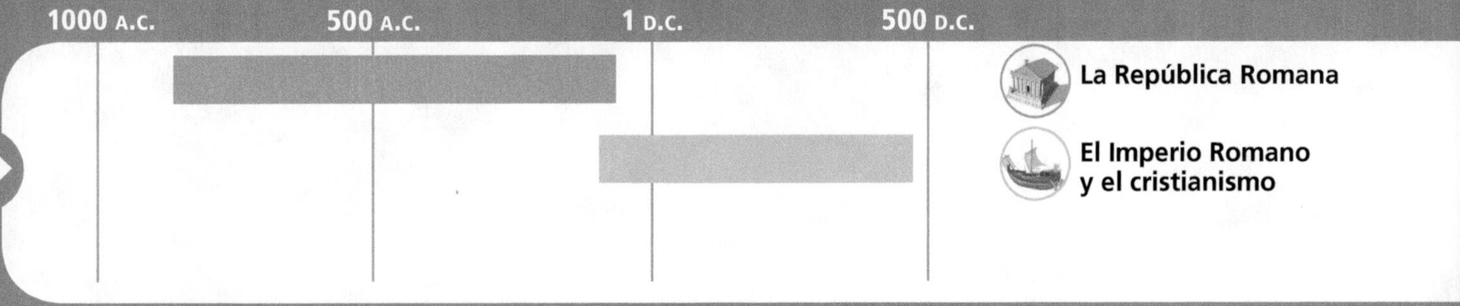

1000 A.C.   500 A.C.   1 D.C.   500 D.C.

La República Romana

El Imperio Romano
y el cristianismo

Asia

Pablo (aprox. 4 A.C.–60 D.C.) fue un misionero cristiano que difundió su fe a lo largo de la región del Mediterráneo oriental.

Capítulo 12
La República Romana

Capítulo 13
El Imperio Romano y el cristianismo

* Los colores en el mapa corresponden a las áreas de estudio que se presentan en cada capítulo.

La República Romana

¿Qué deberían hacer los gobiernos?

Un antiguo templo romano que sigue en pie en la Francia actual

? Explora la Pregunta esencial

- en **my** worldhistory.com
- usando miMundo: Actividad del capítulo
- con el **Cuaderno del estudiante**

La República Romana

aprox. 800 A.C. Las personas se establecen por primera vez en Roma.

44 A.C. Julio César se convierte en dictador de por vida.

| 1100 A.C. | 800 A.C. | 500 A.C. | 200 A.C. | 100 D.C. |

509 A.C. Se funda la República Romana.

146 A.C. Roma destruye Cartago.

El padre de Tulia salva la república

Cuando tenía 15 años, Tulia estaba muy orgullosa de su padre. Marco Tulio Cicerón era el mejor abogado en Roma, sin duda el mejor orador y el héroe de su hija. Ese año, 63 A.C., Cicerón había alcanzado por fin su sueño. Fue elegido cónsul de la República romana, uno de sus hombres más importantes.

Su elección fue un gran acontecimiento para toda la familia, incluida Tulia. Su padre había ascendido en el mundo, de terrateniente de un pueblo pequeño a ser un hombre importante en la ciudad más grande del mundo.

Tulia y su padre se llevaban muy bien. Ella era la niña de los ojos de su padre. Cicerón escribió acerca de ella a un amigo: "¡Tan cariñosa, tan modesta, tan inteligente! La imagen misma de mi rostro, mi voz, mi alma". En una época en que las hijas eran valoradas mucho menos que los hijos, Cicerón colmaba a su hija de cariño.

my worldhistory.com — Timeline/On Assignment

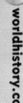

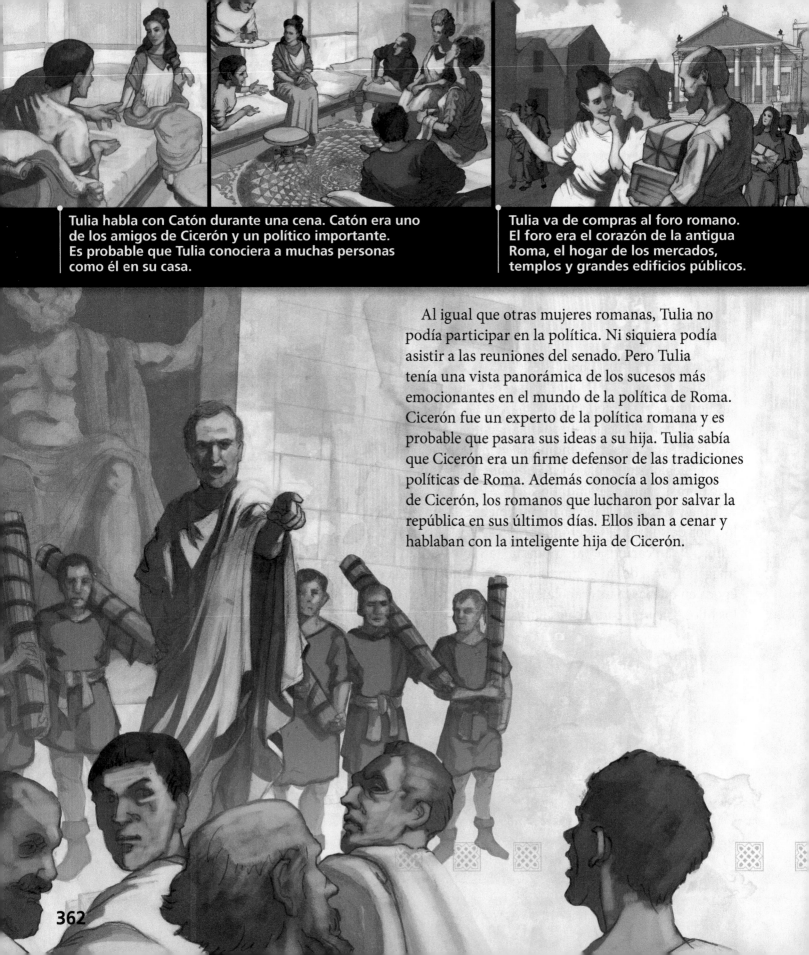

Tulia habla con Catón durante una cena. Catón era uno de los amigos de Cicerón y un político importante. Es probable que Tulia conociera a muchas personas como él en su casa.

Tulia va de compras al foro romano. El foro era el corazón de la antigua Roma, el hogar de los mercados, templos y grandes edificios públicos.

Al igual que otras mujeres romanas, Tulia no podía participar en la política. Ni siquiera podía asistir a las reuniones del senado. Pero Tulia tenía una vista panorámica de los sucesos más emocionantes en el mundo de la política de Roma. Cicerón fue un experto de la política romana y es probable que pasara sus ideas a su hija. Tulia sabía que Cicerón era un firme defensor de las tradiciones políticas de Roma. Además conocía a los amigos de Cicerón, los romanos que lucharon por salvar la república en sus últimos días. Ellos iban a cenar y hablaban con la inteligente hija de Cicerón.

Como cónsul, Cicerón ejecutó a hombres que conspiraron contra la república. Más tarde, sus enemigos se vengaron. Lo enviaron al exilio y quemaron su casa.

Después de un exilio solitario en Grecia, a Cicerón se le permitió regresar a casa. Tulia viaja 300 millas para encontrarse con su padre cuando llega a tierra en Italia.

Algunas mujeres romanas de la élite se labraron un papel en la política al influir en los hombres. Es probable que la madre de Tulia, Terencia, fuera una de ellas. Un relato de la época señalaba que ella "tenía más interés en la carrera política de su esposo de lo que permitía que él tuviera en los asuntos del hogar".

Fuera de la política, Tulia tenía más libertad. Acompañada de una escolta, podía visitar a sus amigos, asistir al teatro, comprar en el foro o ir a un templo para un ritual religioso importante.

El año del consulado de Cicerón fue un año emocionante para la familia. El nuevo cargo les dio poder, pero también peligro. Uno de los hombres a los que Cicerón había derrotado en las elecciones, Catilina, no pudo soportar la pérdida. Conspiró para matar a Cicerón, derrocar la república y quemar Roma. Incluso formó su propio ejército para atacar la ciudad.

Cicerón denunció a su enemigo en cuatro magníficos discursos que pronunció ante el senado. Catilina se vio forzado a huir de Roma. Peleó contra un ejército enviado por Cicerón y fue asesinado. Después de consultar con el senado, Cicerón ejecutó a los partidarios de Catilina sin hacerles un juicio.

Cicerón era un héroe nacional, al menos por ahora. La multitud lo vitoreó en las calles.

Pero su gloria fue breve. Sus enemigos pusieron al pueblo contra él. Estaban enojados porque Cicerón ejecutó a los seguidores de Catilina sin un juicio.

Cicerón perdió el favor del pueblo romano. Sus enemigos lo obligaron a un exilio solitario en Grecia. Una multitud enfurecida quemó su casa. Mientras Cicerón estaba en el extranjero, Tulia y su madre usaban ropa negra, de luto. En el exilio, Cicerón se preocupaba por su familia.

Una vez más, la fortuna de la familia cambió. Pronto, Cicerón estuvo de regreso en Roma. Sus amigos poderosos lo habían llamado del exilio. Cicerón pudo volver a pelear. Es probable que la parte más dulce de su triunfo fuera ver a su devota hija. Sin dinero suficiente para viajar cómodamente o una escolta adecuada, Tulia hizo el largo viaje desde Roma hasta el sur de Italia para recibir a su padre.

Basándote en esta historia, ¿cuáles crees que eran algunas de las tareas de un cónsul? Mientras lees el siguiente capítulo, piensa en lo que la historia de Tulia indica sobre la vida en la República romana.

 myStory Video

Acompaña a Tulia mientras vive momentos emocionantes y peligrosos.

El ascenso de la República Romana

Ideas clave

- La península Itálica y la zona que rodeaba a Roma proporcionaban muchas ventajas naturales.

- La cultura romana estuvo influenciada por los vecinos etruscos y griegos.

- Los habitantes de Roma derrocaron a sus reyes, fundaron una república y conquistaron Italia.

Términos clave • foro • república • legión • manípulo

 Visual Glossary

 Destreza de lectura Analizar causa y efecto Toma notas usando el organizador gráfico en tu Cuaderno.

A lrededor de 800 A.C., un pequeño asentamiento llamado Roma se levantó a lo largo del río Tíber, en la actual Italia. Llegó a ser la ciudad más grande del mundo y el centro de un poderoso imperio.

La geografía de Italia

Roma se encuentra cerca del centro de la península Itálica. La península se extiende desde Europa hasta el mar Mediterráneo. Una alta cadena montañosa llamada los Alpes separa Italia del resto de Europa. Otra cadena, los Apeninos, se extiende por el centro de Italia.

Pese a sus montañas, el paisaje de Italia es menos accidentado que el de Grecia. Los soldados podían marchar de un lugar a otro con más facilidad. Esto ayudó a Roma a unificar la península. Italia tiene varios ríos por los que los barcos pueden navegar. Desde la antigüedad, estos ríos han proporcionado agua y rutas de transporte.

Italia tiene varias llanuras grandes y planas. Éstas le dieron abundantes tierras apropiadas para la agricultura. Los volcanes de la península ayudaron a formar suelo fértil, aunque también amenazaron las vidas y las propiedades de las personas.

La antigua Roma era parte de una región llamada Latium. Esta región dio su nombre al pueblo latino. Los latinos eran el grupo de personas que vivían en Roma y en las ciudades vecinas. Su lengua se llamaba latín.

Verificar la lectura ¿En qué región de Italia se ubicaba Roma?

Una moneda romana muestra a Lucio Junio Bruto. Fue uno de los primeros líderes de la República romana y ayudó a derrocar a la monarquía. Es seguido por guardaespaldas especiales llamados lictores. ▼

Los primeros días de Roma

Los historiadores no saben exactamente cómo se <u>fundó</u> Roma. Los romanos mismos contaban una leyenda sobre la fundación de su ciudad.

Según la leyenda, Roma fue fundada por los gemelos Rómulo y Remo. Su madre era una princesa latina. Su padre era Marte, el dios de la guerra. El rey, su tío, estaba celoso de los gemelos. Hizo que colocaran a los bebés en una cesta y los arrojaran al Tíber. Se salvaron gracias a una loba y fueron criados por un pastor.

De adultos, reunieron a un grupo de hombres para fundar una nueva ciudad. Sin embargo, riñeron y Rómulo mató a Remo. Rómulo vivió y dio su nombre a la ciudad que construyó: Roma.

Los historiadores no creen en esta leyenda. Sin embargo, podemos aprender que los romanos creían que su ciudad tenía un origen especial y una conexión con los dioses. Un escritor romano señala:

> 66 Bien, si a alguna nación se le debiera permitir reclamar un origen sagrado y apuntar hacia una paternidad divina, esa nación es Roma 99.
>
> —Tito Livio, *Historia de Roma*

Los arqueólogos han descubierto que las personas se asentaron por primera vez en Roma alrededor de 800 A.C. Construyeron aldeas en las cimas de siete colinas con vista al río Tíber, cerca de donde desemboca en el mar. Estas aldeas formaron un pueblo y luego una ciudad pequeña.

Verificar la lectura ¿Creen los historiadores la leyenda de Rómulo y Remo?

fundar, *v.*, establecer o iniciar

El río Tíber fluye a través de un valle fértil. Roma se fundó en las riberas de este río. ▼

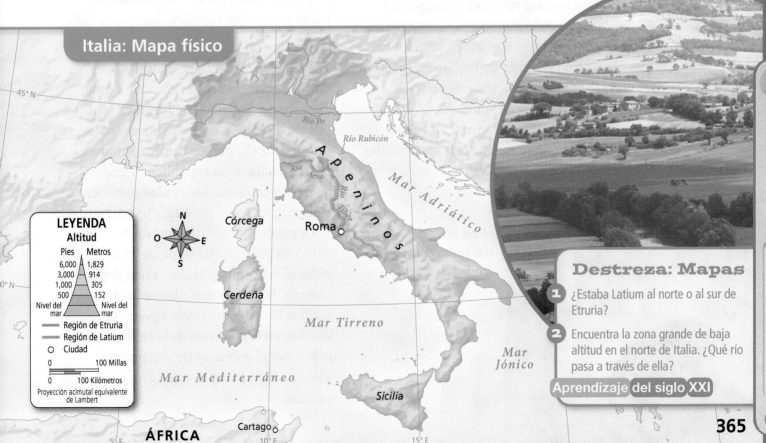

Italia: Mapa físico

LEYENDA
Altitud

Pies	Metros
6,000	1,829
3,000	914
1,000	305
500	152
Nivel del mar	Nivel del mar

— Región de Etruria
— Región de Latium
O Ciudad

0   100 Millas
0   100 Kilómetros
Proyección acimutal equivalente de Lambert

45° N

Río Po
Río Rubicón
Río Arno
Río Tíber
A p e n i n o s
Mar Adriático
Córcega
Roma O
Cerdeña
Mar Tirreno
Mar Mediterráneo
Mar Jónico
Sicilia
Cartago O
ÁFRICA
5° E   10° E   15° E

Destreza: Mapas

1 ¿Estaba Latium al norte o al sur de Etruria?

2 Encuentra la zona grande de baja altitud en el norte de Italia. ¿Qué río pasa a través de ella?

Aprendizaje del siglo XXI

La ciudad crece

Los primeros romanos drenaron una zona pantanosa entre dos de las colinas de la ciudad e hicieron el Foro Romano.

El foro Un **foro** es un área abierta en una ciudad llena de edificios públicos, templos y mercados. El Foro Romano era el centro del gobierno, la religión y la economía. Cuando los romanos fundaban nuevas ciudades generalmente hacían un foro en el centro.

Las ventajas naturales Varios factores en la geografía de Roma ayudaron a que la ciudad creciera y prosperara. Las colinas de la ciudad eran una defensa natural contra los ataques. Como Roma se ubicaba sobre el río Tíber, tenía acceso a un puerto cercano. El río era poco profundo, pero los barcos pequeños podían ir de la ciudad hacia el mar. Sin embargo, el río era demasiado rápido y peligroso para las embarcaciones grandes, por lo que los barcos de alta mar no podían atacar Roma.

También se ubicaba en rutas comerciales importantes. El valle del Tíber era una ruta natural entre este y oeste. Además, varias rutas comerciales entre norte y sur cruzaban el río Tíber justo al sur de Roma.

Verificar la lectura
¿Con qué ventajas naturales contaba la ciudad de Roma?

consentimiento, *sust.*, acuerdo

Un rey romano construyó este drenaje, que aún mantiene el Foro seco. ▼

De monarquía a república

Al igual que Atenas y Esparta, Roma comenzó siendo una ciudad estado independiente. Su primera forma de gobierno fue una monarquía.

Los reyes romanos En los primeros días de Roma, la ciudad era gobernada por reyes. Los reyes tenían amplios poderes. Se desempeñaban como jefe del ejército, sumo sacerdote y juez supremo. Ayudaron a la ciudad a crecer. Construyeron los primeros edificios en el Foro y lideraron a los romanos en las guerras contra las pequeñas aldeas vecinas.

Los reyes gobernaban con el <u>consentimiento</u> de los aristócratas ricos de Roma. Los aristócratas mayores formaban un cuerpo llamado el senado. El senado aconsejaba al rey en asuntos importantes. La palabra *senado* viene de la palabra latina senex, que significa "hombre viejo".

La fundación de la república Los aristócratas romanos se cansaron del dominio real. El séptimo rey de Roma, Tarquino el Soberbio, maltrataba a su pueblo. En 509 A.C., los romanos más importantes lo derrocaron y formaron una **república**. Una república es un gobierno en el que los ciudadanos tienen el derecho a votar y a elegir funcionarios.

La palabra *república* viene del término latino *res publica*, que significa "cosa pública" o "asunto público". En la República romana, todos los ciudadanos varones adultos libres podían desempeñar una función en el gobierno de la ciudad. Leerás más sobre el gobierno de la república.

Verificar la lectura ¿Qué significa *res publica*?

Los habitantes de Italia

Cuando se fundó la ciudad de Roma, Italia ya tenía muchas culturas diferentes. A medida que aumentó el poder romano, los romanos entraron en contacto con diferentes pueblos italianos y adoptaron elementos de sus culturas.

Las colonias griegas Muchos griegos se establecieron en Italia alrededor del año 700 A.C. Fundaron ciudades en el sur de Italia. Llevaron su cultura. A medida que aumentó el poder de Roma, ésta entró en contacto con estas ciudades. Gracias a esto conocieron la cultura griega.

Los griegos de Italia tuvieron una fuerte influencia en la cultura romana. Los romanos adoptaron la mitología griega al <u>identificar</u> a sus dioses con los de los griegos. Por ejemplo, el Zeus griego se identificaba con el Júpiter romano, Hera con Juno y Atenea con Minerva.

También adoptaron leyendas y héroes griegos. Creían que el antepasado del pueblo romano era Eneas, un personaje de la *Ilíada*, un poema griego. La historia de Eneas la escribió el escritor romano Virgilio en su poema la *Eneida*.

Los etruscos Los etruscos eran el pueblo más poderoso del centro de Italia cuando se fundó Roma. Vivían en Etruria, una región al norte de Latium. Influyeron en la cultura romana.

Los etruscos tenían una cultura avanzada. Eran artistas y constructores hábiles. Navegaban por el Mediterráneo como comerciantes. Aprendieron de otros pueblos como los griegos y fenicios.

Verificar la lectura **¿Cómo influyeron los griegos en los romanos?**

miMundo: Actividad
¡Ubicación, ubicación!

identificar, *v.*, considerar o tratar como igual

Roma comenzó aproximadamente en 800 A.C. como un grupo de aldeas en la cima de las colinas con vista al río Tíber. Abajo: vista cercana de una aldea.

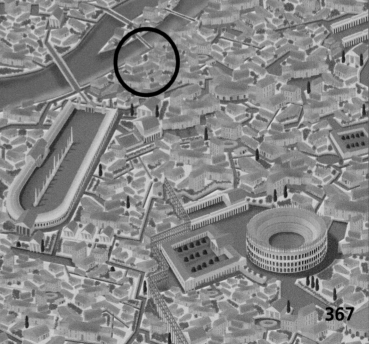

Aproximadamente en 300 D.C., Roma era la ciudad más grande del mundo. El área en el círculo muestra dónde se ubicaba la colina de la izquierda.

367

LOS ETRUSCOS

La cultura etrusca tenía influencias griegas y fenicias. Los etruscos influyeron en la cultura romana. Su religión influyó en las prácticas romanas. La arquitectura romana tuvo su inicio en los estilos de construcción de los etruscos. Éstos desarrollaron un alfabeto basado en el griego. El abecedario romano en latín parte del modelo etrusco. Hoy, usamos letras romanas para escribir en español y en muchos otros idiomas.

RAZONAMIENTO CRÍTICO **¿Cómo influyeron los etruscos en el mundo moderno?**

Estas son las ruinas de la ciudad etrusca de Veii, a menos de 10 kilómetros de Roma. Los romanos la conquistaron en 396 A.C.▼

Alfabetos antiguos

Etrusco	Latín antiguo	Romano moderno
ꓥ	A	A
⊟	H	H
९	ℙ	R

FUENTE: *Blackwell Encyclopedia of Writing Systems*

Ésta es una estatua etrusca de una quimera. Una quimera es una bestia legendaria con cuerpo de león, las cabezas de un león y una cabra, y una cola que termina en cabeza de serpiente.

Una estatua del dios Apolo (a la izquierda) que estaba en la parte superior de un templo en la ciudad etrusca de Veii. Es de terracota, o arcilla, y estaba pintada originalmente en colores brillantes. La foto de abajo muestra una estatua etrusca en la que aún puede verse la pintura.

La expansión romana

Los romanos fueron unos conquistadores temidos. También usaron de manera hábil la diplomacia, o administración de las relaciones con otros países. Conquistaron los pueblos vecinos y poco a poco ampliaron su dominio. A finales del siglo II a.c., Roma gobernaba toda Italia.

Las legiones La unidad básica del ejército romano era la **legión**. Cada legión tenía entre 4,500 y 5,000 soldados fuertemente armados. La mayor parte servía como infantería o soldados de a pie.

Cada legión se dividía en manípulos. Un **manípulo** era una unidad de 60 a 160 soldados. En las llanuras planas, todos los manípulos de una legión formaban una sólida línea de batalla. Pero en un terreno accidentado, cada manípulo podía moverse y pelear por su propia cuenta. Esta flexibilidad dio a las legiones romanas una gran ventaja sobre los enemigos que luchaban en un bloque cuadrado único, incluidas las falanges griegas. Las falanges eran menos flexibles.

El ejército romano no sólo usaba los inventos romanos. Adoptaba buenas ideas sin importar de dónde vinieran. Por ejemplo, los romanos tomaron el gladius, o espada corta, de España. Los manípulos los usaron por primera vez los samnitas, un pueblo montañés que vivía en los Apeninos en el centro de Italia.

Los soldados romanos eran constructores y combatientes. Cuando un ejército romano se desplazaba, construían un fuerte provisional todas las noches. También construían caminos y puentes para avanzar más rápido.

Amigos y aliados Roma ganó poder con la ayuda de sus aliados. Los romanos firmaban tratados con otros pueblos, a menudo los enemigos derrotados. Los tratados exigían que los aliados enviaran tropas a combatir con los romanos en sus campañas. Con el tiempo, a muchos aliados leales se les otorgaba la ciudadanía romana y el derecho a votar.

Verificar la lectura ¿Qué era un manípulo?

▲ Un soldado romano que lleva escudo, espada corta y lanza

Evaluación de la Sección 1

Pregunta esencial

¿Qué deberían hacer los gobiernos?

Términos clave

1. ¿Qué es una república?

2. ¿Cuál era la función del Foro Romano?

3. ¿Cuál era la unidad básica del ejército romano?

Ideas clave

4. ¿Cómo ayudó la geografía de Italia a que Roma unificara la península?

5. ¿Qué ventajas tenía el río Tíber?

6. ¿Qué poderes tenían los reyes romanos?

7. ¿De dónde viene el alfabeto latino?

Razonamiento crítico

8. Comparar y contrastar ¿En qué se diferenciaba una legión romana de una falange griega?

9. Sacar conclusiones Busca evidencia de que los romanos aceptaban las influencias de culturas extranjeras.

10. ¿Por qué los romanos derrocaron a su rey y formaron un nuevo sistema de gobierno? Anota la respuesta en tu Cuaderno del estudiante.

El gobierno de la República

Ideas clave

- En la República romana, el poder estaba dividido entre diferentes personas para que ninguna pudiera llegar a ser muy poderosa.

- El gobierno de la República romana estaba formado por tres ramas independientes que poseían diferentes poderes.

- La República romana influyó en repúblicas posteriores, incluyendo los Estados Unidos.

Términos clave • constitución • vetar • magistrado • toga • cónsul

 Visual Glossary

 Destreza de lectura **Identificar las ideas principales y los detalles**
Toma notas usando el organizador gráfico en tu Cuaderno.

La República romana fue un sistema único de gobierno que duró 500 años. Dirigió al pueblo romano desde sus humildes orígenes hasta la conquista del mundo mediterráneo.

Los principios del gobierno romano

El historiador antiguo Polibio dijo sobre la República romana que "era imposible incluso para un nativo declarar con certeza si todo el sistema era aristocrático, democrático o monárquico". El sistema de Roma combinaba las tres formas de gobierno. Los líderes fuertes, los aristócratas ricos y los ciudadanos comunes, todos tenían un papel que desempeñar.

Un político romano usando una toga, símbolo de la ciudadanía romana. ▶

La constitución de Roma El gobierno romano estaba estructurado mediante una **constitución**. La constitución es un sistema de reglas que establece la organización de un gobierno. A diferencia de la constitución de los Estados Unidos, la constitución romana no estaba escrita. Se basaba en la tradición y la costumbre.

La separación de poderes La idea principal en el sistema de gobierno de Roma era la separación de poderes. Esto significa que el poder lo compartían diferentes personas con funciones establecidas. Después de expulsar a su último rey, los romanos no querían que los gobernara un solo hombre. Formaron su nuevo sistema de gobierno para asegurarse de que ninguna persona llegara a ser muy poderosa. Esto funcionó durante siglos.

Un héroe romano

Se esperaba que los ciudadanos romanos pelearan valientemente por su ciudad. Un legendario y valiente ciudadano fue Cayo Mucio. Intentó y no pudo asesinar a un rey enemigo para salvar a su ciudad. Capturado, fue llevado ante el rey para hacer frente a la tortura y la muerte. Pero Mucio no tenía miedo. Para mostrar al rey la valentía romana, Mucio puso la mano derecha en el fuego y dijo:

> 66 Soy un ciudadano de Roma. Los hombres me llaman Cayo Mucio. Como enemigo quise matar a un enemigo y tengo el mismo valor de encontrar la muerte como lo tuve de causarla. Es la naturaleza romana actuar con valentía y sufrir con valentía 99.
>
> —Cayo Mucio, citado por Tito Livio en *Historia de Roma*

◀ Una pintura de Cayo Mucio en la que pone la mano en el fuego para demostrar su valentía.

Una manera en que los romanos limitaban el poder de los funcionarios era dividir los cargos entre dos o más hombres. No elegían a un líder supremo. Elegían a dos líderes llamados cónsules que tenían el mismo poder. Cada uno podía vetar la acción del otro. **Vetar** significa detener o cancelar las acciones de un funcionario o agencia del gobierno. En latín, *veto* significa "yo prohíbo".

También limitaban a un año el tiempo en ejercicio de su cargo. Nadie podía hacer mucho daño en tan poco tiempo.

Sistema de controles y equilibrios El poder estaba dividido entre las tres ramas o poderes del gobierno. Éstas eran las asambleas, el senado y los **magistrados**, o funcionarios elegidos encargados de hacer cumplir las leyes. Un gobierno que tiene tres partes se llama gobierno tripartito.

Cada rama tenía su propio conjunto de poderes. Había un equilibrio de poder entre ellas. Una rama puede controlar, o evitar que otra abuse de su poder. Ninguna podía tener todo el poder, aunque la mayoría de las veces el senado era la rama más poderosa.

El imperio de la ley Otro principio importante era el imperio de la ley. Esto significa que la ley se aplicaba a todos. Incluso los funcionarios electos podían ser juzgados por <u>violar</u> la ley después de terminar su período en el cargo.

Verificar la lectura **¿Qué es el sistema de controles y equilibrios?**

Los ciudadanos romanos

Los hombres romanos libres eran los ciudadanos de la República romana. Las mujeres y los esclavos no eran ciudadanos y no tenían ninguna función directa en el gobierno. El símbolo de la ciudadanía romana era la **toga**, una vestimenta que usaban los hombres adultos. Sólo los ciudadanos podían usar togas.

violar, *v.*, romper una regla o un acuerdo

371

Los tres poderes del gobierno romano

El gobierno romano se componía de tres ramas o partes: las asambleas, el senado y los magistrados. Cada parte tenía su propio conjunto de poderes. Esta configuración proporcionaba un sistema de controles y equilibrios, que significa que cada poder podía vigilar las actividades de los otros.

Magistrados
Funcionarios elegidos encargados de hacer cumplir las leyes y juzgar los casos. Los magistrados más altos (a la izquierda) eran los dos cónsules.

El senado
Ciudadanos ricos e importantes que ayudaban a aprobar las leyes y controlar la política exterior y el dinero del gobierno.

Asambleas
Grupos de ciudadanos hombres adultos romanos que aprobaban las leyes y elegían a los magistrados.

Destreza: Gráficas

¿Cuál era la función de las asambleas?

Derechos y responsabilidades Los ciudadanos romanos tenían derecho a un juicio. Cualquier ciudadano adulto hombre tenía derecho a votar. También tenía la responsabilidad de servir en el ejército si podía pagar su propia armadura. La cultura romana enfatizaba el deber cívico, que significa la responsabilidad de un ciudadano.

Patricios y plebeyos Los ciudadanos romanos estaban divididos en dos órdenes. Una eran los patricios, miembros de las familias más antiguas de Roma. Por lo general eran ricos. En los primeros días de la república, es probable que controlaran todos los cargos del gobierno.

La otra orden la formaban los plebeyos, que eran la mayoría de los romanos. No provenían de famosas familias antiguas. La mayoría eran agricultores o artesanos. Sin embargo, algunos plebeyos eran ricos.

Los plebeyos obligaron a los patricios a dejarles ocupar cargos. Según la tradición romana, en una guerra, se declararon en huelga y se sentaron en una colina. Como Roma no podía luchar sin ellos, los patricios cedieron.

Verificar la lectura ¿Quién tenía derecho a votar?

Las asambleas y el senado

Los patricios y los plebeyos tenían un papel en el gobierno romano.

Las asambleas Las asambleas de ciudadanos romanos eran la parte democrática del gobierno romano. Todos los ciudadanos adultos hombres podían participar en las asambleas, aunque los votos de los ricos por lo general contaban más que los de los pobres.

En las asambleas, se elegía a los funcionarios y se aprobaban las leyes. Ésta era una forma de democracia directa, como la asamblea de Atenas. Sin embargo, su poder era controlado por el poder del senado y de los funcionarios.

El senado El senado era la parte del gobierno romano que funcionaba como una oligarquía. Estaba formado por los más ricos y reconocidos hombres romanos de mayor edad, a menudo antiguos magistrados. Los elegía un funcionario llamado censor. No representaban al pueblo. Debían guiar al estado. Se pensaba que los senadores ricos de mayor edad eran más sabios que los demás.

El senado aconsejaba a las asambleas y a los magistrados. Casi siempre se seguían sus consejos. También dirigía la <u>política</u> exterior y decidía cómo gastar el dinero del estado. Era la parte más poderosa del gobierno romano.

Verificar la lectura **¿Qué controlaba el senado de manera directa?**

Los magistrados

Los romanos elegían varios magistrados poderosos. Su poder los convertía casi en monarcas. Eran hombres ricos. Sus ancestros por lo general habían ocupado altos cargos. Para los hombres de la élite, la política era una parte clave de la vida.

Los políticos por lo regular pasaban de cargos inferiores a superiores. Esto se llamaba carrera de honores. Cambió con el tiempo. Para el fin de la república, siguió un formato estándar.

Cargos inferiores La carrera de honores comenzaba con el cargo inferior, el cuestor. Eran los encargados de llevar las cuentas del dinero del estado. También servían como asistentes de los funcionarios superiores. Si un ciudadano se desempeñaba bien como cuestor, podía buscar que lo eligieran como edil. Los ediles se encargaban de la celebración de festivales y el mantenimiento de los edificios públicos. Estos cargos eran escalones hacia un mayor poder.

política, *sust.*, línea de acción tomada por un gobierno

Fasces

Las haces de vara y un hacha eran los símbolos del poder de un alto magistrado en Roma.

Las fasces se han usado como símbolos de las repúblicas a lo largo de la historia incluso en los Estados Unidos.

Pero debido a que representan el poder del estado, las fasces también se usaron como símbolos de dictaduras en el siglo XX. La palabra "fascismo" viene de las fasces. El fascismo es un sistema político en el cual el gobierno tiene control total sobre la sociedad.

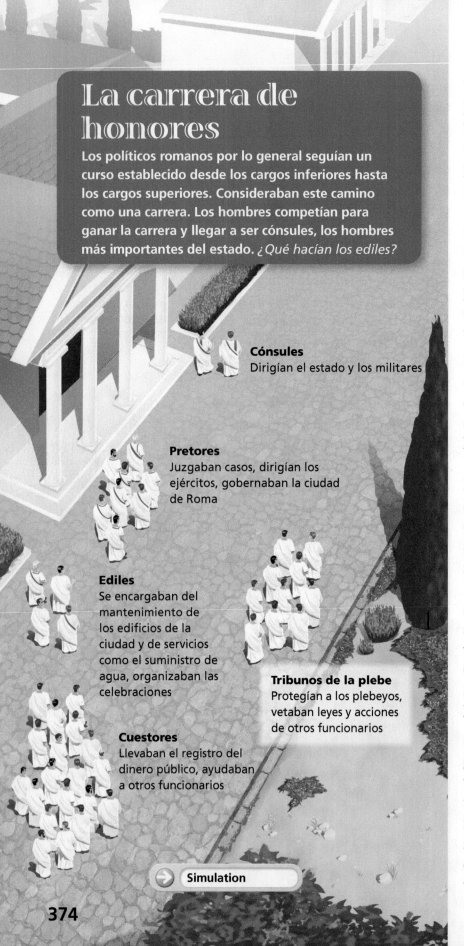

La carrera de honores

Los políticos romanos por lo general seguían un curso establecido desde los cargos inferiores hasta los cargos superiores. Consideraban este camino como una carrera. Los hombres competían para ganar la carrera y llegar a ser cónsules, los hombres más importantes del estado. *¿Qué hacían los ediles?*

Cónsules
Dirigían el estado y los militares

Pretores
Juzgaban casos, dirigían los ejércitos, gobernaban la ciudad de Roma

Ediles
Se encargaban del mantenimiento de los edificios de la ciudad y de servicios como el suministro de agua, organizaban las celebraciones

Tribunos de la plebe
Protegían a los plebeyos, vetaban leyes y acciones de otros funcionarios

Cuestores
Llevaban el registro del dinero público, ayudaban a otros funcionarios

Simulation

Tribunos de la plebe Los plebeyos podían postularse para el poderoso cargo de tribuno de la plebe antes de pasar a cargos superiores. Los tribunos protegían a los plebeyos. A veces adoptaban posturas radicales o incluso revolucionarias.

Los tribunos tenían el derecho a vetar cualquier ley, o la acción de cualquier magistrado. El veto daba a los tribunos gran poder sobre todas las demás partes del gobierno. Además estaba estrictamente prohibido hacer daño a un tribuno o impedir que hiciera su trabajo.

Pretores y cónsules Después de servir como edil o tribuno, se podía buscar la elección como pretor. Ellos juzgaban casos, administraban la ciudad y dirigían los ejércitos en tiempos de guerra.

Después se podía ser elegido cónsul. Los **cónsules** eran los funcionarios superiores. Su trabajo más importante era dirigir el ejército. También presidían el senado y las asambleas y eran los jueces más importantes.

Los cónsules y los pretores tenían símbolos visibles que mostraban su autoridad. Vestían togas especiales y se sentaban en sillas de marfil. Guardaespaldas llamados lictores los seguían a todas partes. Los lictores llevaban las fasces del cónsul o pretor.

Dictadores En el mundo moderno, generalmente, llamamos dictador a un tirano cruel. Pero en la antigua Roma, un dictador era un funcionario público importante. El senado podía votar para nombrar un dictador en tiempos de emergencia. Los dictadores tenían poder total, pero sólo por seis meses.

Cincinato fue un famoso dictador. Trabajaba en su granja, cuando se enteró de que lo habían elegido dictador. Derrotó rápidamente a los enemigos de Roma, renunció a su cargo y volvió a sus campos. Se le consideró un ciudadano modelo.

Verificar la lectura **¿Quién fue Cincinato?**

El ejemplo romano

La República romana ha sido la república más exitosa y de más larga duración hasta los tiempos modernos. Los redactores de la Constitución de los Estados Unidos sabían mucho sobre la historia y el gobierno de Roma. Siguieron el ejemplo romano en muchas áreas.

Al igual que los ciudadanos romanos, los ciudadanos estadounidenses tienen derecho a votar y a ser candidatos a un cargo. El gobierno de los Estados Unidos tiene tres ramas con poderes independientes, como tenía la República romana. El sistema de controles y equilibrios limita el poder de cada rama. El imperio de la ley también se aplica por igual a todos los estadounidenses.

Al igual que los tribunos de la plebe, los presidentes tienen el poder de vetar leyes. Los Estados Unidos tiene un senado, como lo tenía la antigua Roma.

Sin embargo, muchas partes del gobierno estadounidense son diferentes. Como leíste, la República romana no tenía una constitución escrita. Los Estados Unidos sí la tienen. La antigua Roma también practicaba formas de democracia directa. En contraste, los Estados Unidos practican la democracia representativa. Los ciudadanos romanos votaban directamente sobre las leyes. En los Estados Unidos, representantes elegidos por los ciudadanos aprueban las leyes.

Hoy en día en los Estados Unidos, las mujeres participan por igual en el gobierno. En la antigua Roma, las mujeres no participaban. Mientras que la esclavitud es ilegal en los Estados Unidos desde la década de 1860, en la antigua Roma había esclavos que no tenían derechos políticos.

Verificar la lectura **¿Qué tienen en común un tribuno de la plebe y un presidente de los Estados Unidos?**

mi Mundo
CONEXIONES

El senado romano tenía hasta **900** miembros, todos hombres. El senado de los Estados Unidos tiene sólo **100**, tanto hombres como mujeres.

miMundo: Actividad
¿Quién decide?

Evaluación de la Sección 2

? Pregunta esencial

¿Qué deberían hacer los gobiernos?

Términos clave

1. ¿Qué es una constitución? ¿Escribieron los romanos la suya?

2. ¿De qué era símbolo una toga?

3. ¿Qué hacen los magistrados?

Ideas clave

4. ¿Cuáles eran las tres ramas o poderes del gobierno romano?

5. ¿Qué es el imperio de la ley?

6. ¿Qué trabajos hacía un cónsul?

7. Nombra tres maneras en que el gobierno romano es similar al estadounidense.

Razonamiento crítico

8. **Identificar las ideas principales** ¿Por qué eran muy poderosos los tribunos de la plebe?

9. **Comparar y contrastar** ¿En qué se diferencian la democracia directa de la República romana y la representativa de los Estados Unidos?

10. ¿Cuáles son algunos beneficios de la división del gobierno en tres ramas con poderes diferentes? Anota la respuesta en tu Cuaderno del estudiante.

my worldhistory.com

Simulation

375

La sociedad romana

Ideas clave

- Los hombres romanos eran los líderes de sus familias mientras que las mujeres tenían otras funciones.

- La vida era muy diferente para las distintas clases de romanos.

- La religión era importante para el pueblo romano y el gobierno romano desempeñaba un papel en ella.

Términos clave
- sociedad patriarcal
- paterfamilias
- villa
- religión establecida

 **Visual Glossary**

 Destreza de lectura **Comparar y contrastar** Toma notas usando el organizador gráfico en tu Cuaderno.

Al igual que otras sociedades antiguas, Roma estaba dividida por género y clase. Los hombres y las mujeres tenían sus propias funciones sociales. La vida de los romanos ricos era muy diferente a la de los romanos pobres y a la de los esclavos.

Hombres y mujeres

Roma era una **sociedad patriarcal**. Esto es, los hombres regían las familias y las personas establecían sus orígenes a través de ancestros masculinos.

El poder de los padres El hombre de más edad en una familia romana se llamaba el **paterfamilias**, o jefe de familia. Era dueño de todos los bienes de la familia. En teoría, un padre tenía poder absoluto, o ilimitado, sobre su esposa, hijos, esclavos y sus hermanos menores. Podía vender a sus hijos como esclavos. Incluso podía matarlos si quería. En la práctica, sin embargo, el poder del padre estaba limitado por la costumbre.

El papel de las mujeres Las mujeres romanas tenían más libertad que las griegas. Las romanas podían tener propiedades. También a diferencia de muchas mujeres griegas, tenían vida social, asistían a fiestas, iban al teatro y participaban en los rituales religiosos. Pero, como ya has leído, las mujeres no podían votar, asistir a las asambleas ni ocupar un cargo público.

El papel más importante de una romana era tener hijos y criarlos en las tradiciones. La mujer ideal estaba dedicada a su familia.

Verificar la lectura **¿Podían las mujeres romanas tener propiedades?**

Unos esposos romanos ▼

Ricos y pobres

La mayor parte de los romanos eran personas libres pobres o esclavos. Una pequeña <u>minoría</u> eran ricos.

La buena vida La mayoría de los ricos eran dueños de grandes granjas que trabajaban los pobres o esclavos. Los terratenientes se enriquecían de lo que ellos producían. Otros hacían su fortuna en negocios.

Los romanos de clase alta vivían en casas de uno o dos pisos tan grandes como una manzana de la ciudad. Tenían patios, jardines, baños privados, hermosas decoraciones e incluso agua corriente. Muchos poseían **villas**, o casas de campo grandes.

Otros romanos ricos se encargaban de sus intereses comerciales y sus carreras políticas. Las mujeres ricas supervisaban a los esclavos que se ocupaban de sus hogares y sus hijos.

Las personas comunes La vida era diferente para los pobres. Vivían en estrechos apartamentos sin agua corriente. La delincuencia, las enfermedades y los incendios eran peligros graves. Los edificios mal construidos a veces se desplomaban.

Las personas comunes tenían variedad de empleos. Muchos eran granjeros <u>arrendatarios</u> que rentaban la tierra de los terratenientes ricos. Otros eran obreros en la construcción o en los muelles. Algunos atendían tiendas, tabernas o restaurantes.

Verificar la lectura ¿Eran ricos o pobres la mayoría de los romanos?

minoría, *sust.*, grupo que es menos de la mitad de la población

arrendatario, *sust.*, persona que renta tierra o un lugar donde vivir

Vista reconstruida de la *villa rústica* de los *Cornelli*

Villas romanas
Arriba se muestra un modelo de una villa romana. A la izquierda está un dormitorio reconstruido de una villa. Los romanos ricos poseían grandes villas en el campo a las que podían escapar del calor, ruido y suciedad del centro de la ciudad de Roma.

377

La esclavitud en Roma

En el mundo antiguo, una persona podía nacer en la esclavitud o convertirse en esclavo si la capturaban en una guerra, la secuestraban piratas o bandidos o contraía una gran deuda. Los esclavos provenían de diferentes grupos étnicos y regiones. *¿Cómo cambia esto la forma en que pensabas sobre el mundo antiguo?*

Un esclavo romano trabaja en una cocina. ▶

◀ Un esclavo usaba este collar de metal que mostraba el nombre y la dirección de su amo en caso de que intentara huir.

miMundo: Actividad
Un día en la vida...

La esclavitud

La esclavitud era muy común en la antigua Roma. A medida que Roma se hizo más rica y poderosa, los romanos compraron o capturaron más esclavos. Se cree que el 40 por ciento de las personas en Roma en el año 1 A.C. eran esclavos.

Las condiciones de vida Durante la mayoría de la historia de Roma, los esclavos no tuvieron derechos. Los compraban y vendían como propiedad. Sus amos podían golpearlos o matarlos. Los niños de esclavos también eran esclavos. Muchos trabajaban en minas o granjas, donde morían por el maltrato.

Otros llevaban una vida más fácil. Trabajaban en las casas de sus amos ricos. Vivían como romanos pobres o incluso mejor, realizando tareas domésticas.

Algunos esclavos con educación eran secretarios o maestros. Generalmente eran griegos. Pese a esto, eran tratados con crueldad.

Los esclavos podían ser liberados en recompensa de su servicio leal. También podían comprar su libertad. Entonces se convertían en ciudadanos y con derecho a votar.

Defenderse Algunos esclavos se defendieron de sus amos. Uno famoso fue Espartaco, que dirigió un ejército de esclavos rebeldes por el año 70 A.C. Lucharon contra el ejército romano y amenazaron Roma antes de ser derrotados.

Verificar la lectura **¿Podían volverse libres los esclavos?**

La religión romana

La religión era una parte importante de la vida diaria en la antigua Roma.

Los orígenes Los romanos adoraban a cientos de dioses. Muchos los adaptaron de los griegos o los etruscos. Otros venían de las tradiciones latinas. Algunos venían de los pueblos que conquistaron.

El papel del gobierno Roma tenía una **religión establecida,** o una religión oficial apoyada por el gobierno. Los altos funcionarios del gobierno también se desempeñaban como sacerdotes. A menudo consultaban a expertos religiosos antes de tomar decisiones. Los romanos creían que mantener buenas relaciones con los dioses era parte del trabajo del gobierno.

Los romanos intentaban aplacar a sus dioses, o mantenerlos contentos. Creían que si hacían ciertas cosas, los dioses les darían lo que pidieran. Oraban, rendían culto en sus casas, construían templos, ofrecían sacrificios animales y celebraban juegos en honor a los dioses. Los romanos como Cicerón creían que su éxito se debía a su especial atención a los dioses.

66 Estoy muy seguro de que. . . [Roma] nunca habría sido capaz de ser tan grande si no hubiera aplacado a los dioses inmortales 99.

—Cicerón

Verificar la lectura ¿Por qué hacían los romanos sacrificios a sus dioses?

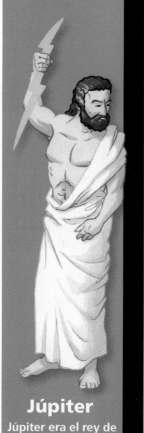

Júpiter

Júpiter era el rey de los dioses romanos. Gobernaba el cielo y el trueno.

Juno

Juno era la esposa de Júpiter. Era la diosa del matrimonio y la familia.

Minerva

Minerva era hija de Júpiter. Era la diosa de la sabiduría y la guerra.

Júpiter, Juno y Minerva eran los dioses romanos más importantes. En la mitología griega, eran conocidos como Zeus, Hera y Atenea.

Evaluación de la Sección 3

? **Pregunta esencial**

Términos clave

1. ¿En qué sentido era patriarcal la sociedad romana?

2. ¿Qué clase de personas poseían villas?

Ideas clave

3. ¿Cuál se consideraba el papel más importante de la mujer romana?

4. ¿Cómo ganaban dinero la mayoría de los romanos ricos?

5. ¿Qué tareas realizaban los esclavos?

6. ¿Qué hacían los romanos para mantener a sus dioses felices?

Razonamiento crítico

7. **Comparar puntos de vista** ¿Cómo vería un romano rico el aumento de poder romano en comparación con la manera en que lo vería un esclavo?

8. **Identificar las ideas principales** ¿Cuáles fueron tres influencias importantes en la religión romana?

¿Qué deberían hacer los gobiernos?

9. ¿Cuál fue el papel del gobierno en la religión romana? Anota la respuesta en tu Cuaderno del estudiante.

Sección 4

Crecimiento de la República y crisis

Ideas clave

- Los romanos pelearon tres guerras contra Cartago y tomaron el control de la región mediterránea.

- La riqueza y el poder dieron lugar a problemas en la sociedad y el gobierno romanos.

- La República romana se desintegró debido a la guerra civil y fue reemplazada por el mandato de los emperadores.

Términos clave • imperio • provincia • guerra civil • Augusto

 Visual Glossary

Destreza de lectura Resumir Toma notas usando el organizador gráfico en tu Cuaderno.

Ilustración de un elefante de guerra cartaginés hecha por un artista ▼

Roma comenzó como una pequeña ciudad-estado en el centro de Italia. Expandió su poder y conquistó territorio alrededor del Mediterráneo, pero su sistema de gobierno no sobrevivió este cambio.

La lucha con Cartago

Roma peleó con Cartago por el control del Mediterráneo occidental en una serie de tres guerras. Éstas se conocen como las Guerras Púnicas.

La invasión de Aníbal Como has leído, Cartago era una ciudad de África del norte, que también controlaba partes de España y Sicilia. La segunda de las guerras de Roma con Cartago casi destruyó la República romana. Aníbal, el general de mayor éxito de Cartago, dirigió las tropas de su ciudad. En 218 A.C. lanzó un ataque audaz. Marchó de España a Italia por los Alpes con 40,000 soldados y unos 40 elefantes de guerra. A pesar del peligroso viaje, su ejército llegó a Italia.

Mediante ingeniosas tácticas, Aníbal derrotó a tres ejércitos que enviaron los romanos. Probablemente esperaba que Roma se rindiera después de estas derrotas. Pero los romanos combatieron desesperadamente año tras año. Agotaron a los hombres de Aníbal.

En 204 A.C., el general romano Escipión cruzó el mar hacia África. Su ejército atacó Cartago. Aníbal tuvo que navegar a casa desde Italia. En África, Escipión derrotó a Aníbal y ganó la guerra.

El fin de Cartago Aunque Roma había derrotado a Aníbal, muchos romanos todavía temían a Cartago. Un senador famoso terminaba cada discurso con las palabras: "Cartago debe ser destruida". Roma atacó Cartago en 146 A.C. Tropas romanas quemaron y saquearon la ciudad. Vendieron a sus habitantes como esclavos.

Roma ahora controlaba la mayor parte del territorio a lo largo de la mitad occidental del mar Mediterráneo. Roma también envió sus ejércitos hacia el este. Éstos conquistaron Grecia y partes del suroeste de Asia. Aunque Roma no tenía un emperador, ya gobernaba un **imperio**, o un estado formado por varios países o territorios. Estaba dividido en **provincias**, o áreas dentro de un país o imperio. Se enviaron magistrados romanos para que gobernaran estas provincias. Muchos gobernantes eran corruptos y crueles.

Verificar la lectura **¿Quién fue Aníbal?**

Problemas por el crecimiento

Por la conquista Roma adquirió poder y riqueza, pero también problemas.

Romper las reglas En los últimos años de la república, los magistrados a menudo se volvían muy ricos robando en las provincias y saqueando a los enemigos que combatían en el exterior. Esto los fortaleció en el interior del país. Como se podían volver poderosos, no dudaban en romper las reglas de la política o usar la violencia para ganar las elecciones. Poco a poco, el gobierno dejó de funcionar.

Los pobres de la ciudad Mientras Roma se hacía más rica, muchos romanos se hacían más pobres. Terratenientes compraban esclavos para realizar el trabajo que hacían los pobres. Los granjeros arrendatarios perdieron su medio de vida. Los pobres llegaron a la ciudad en busca de trabajo.

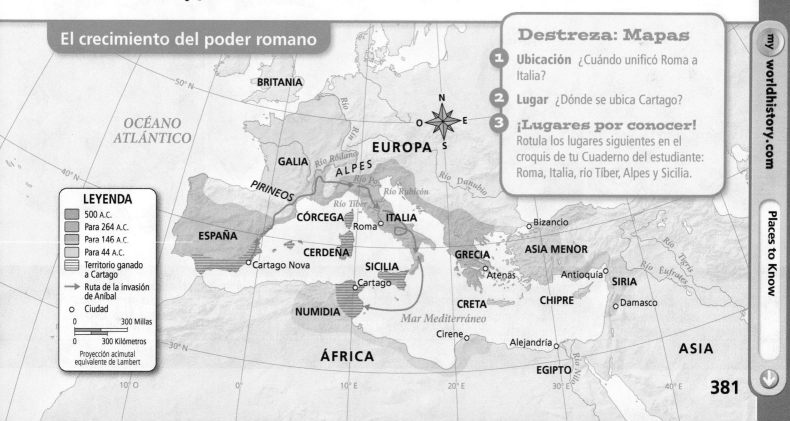

El crecimiento del poder romano

Destreza: Mapas

1 **Ubicación** ¿Cuándo unificó Roma a Italia?

2 **Lugar** ¿Dónde se ubica Cartago?

3 **¡Lugares por conocer!** Rotula los lugares siguientes en el croquis de tu Cuaderno del estudiante: Roma, Italia, río Tíber, Alpes y Sicilia.

LEYENDA
- 500 A.C.
- Para 264 A.C.
- Para 146 A.C.
- Para 44 A.C.
- Territorio ganado a Cartago
- → Ruta de la invasión de Aníbal
- ○ Ciudad

0 — 300 Millas
0 — 300 Kilómetros
Proyección acimutal equivalente de Lambert

OCÉANO ATLÁNTICO
BRITANIA
EUROPA
GALIA
ALPES
PIRINEOS
Río Ródano
Río Po
Río Rin
Río Danubio
Río Rubicón
Río Tíber
CÓRCEGA
ITALIA
Roma
ESPAÑA
CERDEÑA
Cartago Nova
SICILIA
Cartago
NUMIDIA
Mar Mediterráneo
Cirene
ÁFRICA
Bizancio
GRECIA
Atenas
CRETA
ASIA MENOR
Antioquía
SIRIA
CHIPRE
Damasco
Río Tigris
Río Éufrates
Alejandría
EGIPTO
Río Nilo
ASIA

381

equipo, *sust.*, cosas que se usan para un fin específico

profesional, *adj.*, capacitado, experto

miMundo: Actividad
Es tu turno

El gobierno temía que los pobres se amotinaran o iniciaran una revolución. Repartió grano gratis para mantener la paz. Algunos políticos apoyaron reformas. Dieron cargos a los pobres. Los políticos más tradicionales se les opusieron.

Políticos de ambos lados apoyaban a bandas que se enfrentaban en las calles. En 123 A.C., el tribuno Tiberio Sempronio Graco trató de dar tierras a los pobres. Sus opositores lo mataron. Su hermano Cayo murió más tarde en la misma lucha.

El poder del ejército Cayo Mario era un cónsul poderoso. Reformó, o cambió y mejoró, el ejército romano. Hasta alrededor de 100 A.C., sólo podían servir en él los ciudadanos que podían pagar su propia armadura. Mario permitió que ingresaran pobres. El gobierno pagaba su equipo. El ejército se hizo más grande y profesional. También ayudó a los pobres.

Estos nuevos soldados permanecían en el ejército muchos años. Cuando se jubilaban, necesitaban tierras para mantenerse. Confiaban en que su comandante haría que el gobierno se las diera. Como resultado, los soldados fueron más leales a su comandante que al gobierno.

Verificar la lectura ¿Qué intentaron hacer Tiberio y Cayo Sempronio Graco?

De república a imperio

Los comandantes militares usaron su nuevo poder. Pusieron sus ejércitos en contra de sus rivales y el senado. Roma tuvo su primera guerra civil, o guerra entre grupos de un mismo país.

Julio César: De soldado a dictador

LLEGUÉ, VI, VENCÍ

¡LA SUERTE ESTÁ ECHADA!

¡CÉSAR QUIERE SER REY!

¡ESTO ES VIOLENCIA!

Julio César conquistó Galia, la actual Francia. Sus conquistas lo hicieron famoso, pero también causaron envidia entre sus enemigos.

Los rivales de César en el senado le ordenaron que entregara su ejército. Él, en cambio, lo condujo por el río Rubicón dentro de Italia.

César libró una guerra civil con el senado. Ganó y se convirtió en dictador. Algunos senadores dijeron que quería ser rey y conspiraron para matarlo.

En una reunión del senado, los enemigos de César lo sujetaron y lo apuñalaron 23 veces. Su muerte provocó más guerras civiles.

Mario y Sila En 87 A.C., el comandante Sila fue elegido para luchar contra un enemigo rico. Una asamblea votó para quitarle el puesto y dárselo a Mario. Sila marchó a Roma con sus tropas para recuperar su empleo. Peleó y ganó una guerra civil contra Mario y sus partidarios. Sila gobernó como dictador durante más de un año hasta jubilarse.

Pompeyo y César Nuevos comandantes se levantaron para tomar el lugar de Sila. Pompeyo conquistó partes del suroeste de Asia. Julio César conquistó Galia. Los dos hombres se unieron y dirigieron el gobierno, ignorando leyes y costumbres.

Después los dos comandantes pelearon. El senado apoyó a Pompeyo. Ordenó a César que entregara sus legiones. Las tropas fueron leales a César y cruzaron el río Rubicón hacia Italia. Esto comenzó una guerra civil. César derrotó a Pompeyo y al senado.

César tomó el control de Roma. Usó su poder para ayudar a los pobres, pero fue dictador de por vida. Esto enfureció a muchos senadores, que querían mantener la república como estaba. Un grupo de senadores asesinaron a César en un día conocido como idus de marzo, o 15 de marzo, del año 44 A.C.

El fin de la república La muerte de César no salvó a la república. En su testamento, nombró heredero a su pariente adolescente Octaviano. Octaviano se convirtió en líder de muchos seguidores de César. Juró vengar su muerte. Derrotó a los asesinos en una guerra civil.

Más tarde, Octaviano derrotó a su principal rival, Marco Antonio y a la aliada de Antonio, Cleopatra, la reina de Egipto. Hacia 30 A.C., ya gobernaba Roma. La victoria de Octaviano marcó la muerte de la república. Fue reemplazada con una monarquía, el Imperio Romano. Octaviano se convirtió en el primer emperador. Tomó el título de **Augusto**, que significa persona venerable o con muchos honores. También lo usaron los emperadores romanos posteriores.

Verificar la lectura ¿Por qué fue importante que César cruzara el Rubicón?

▲ Pompeyo

▲ Cleopatra

◄ Mario

Evaluación de la Sección 4

? **Pregunta esencial**

¿Qué deberían hacer los gobiernos?

Términos clave

1. ¿Qué hizo Mario para reformar el ejército romano?

2. ¿Quién participa en una guerra civil?

Ideas clave

3. ¿Cómo derrotó Roma a Aníbal?

4. ¿Por qué temían algunos políticos a los pobres?

5. ¿Por qué los soldados confiaban en sus generales después de las reformas de Mario?

6. ¿Quién fue el primer emperador de Roma?

Razonamiento crítico

7. Comparar y contrastar Compara el ejército romano, antes y después de las reformas de Mario. ¿Qué era igual? ¿Qué era diferente?

8. Identificar las ideas principales ¿Cuál crees que fue la razón principal de que cayera la República romana?

9. ¿De qué manera la riqueza y el poder cada vez mayores de Roma contribuyeron a la caída de la República romana? Anota la respuesta en tu Cuaderno del estudiante.

Evaluación del capítulo

Términos e ideas clave

1. Recordar ¿Cómo influyeron los griegos en la religión romana?

2. Comentar ¿Cómo ayudaron los aliados de Roma a que ésta se expandiera?

3. Recordar ¿Quién usaba una **toga**?

4. Categorizar Nombra dos tipos de **magistrados** romanos y los trabajos que hacían.

5. Comparar y contrastar Escribe una similitud y una diferencia entre los gobiernos de la República romana y el de los Estados Unidos.

6. Resumir ¿Qué significa decir que la antigua Roma tenía una **religión establecida**?

7. Analizar causa y efecto ¿Cómo produjo la expansión de Roma un aumento en el número de esclavos que poseían los romanos?

Razonamiento crítico

8. Analizar fuentes primarias Lee la cita de Cayo Mucio de la Sección 2. ¿Sugiere esta cita que los romanos creían que la ciudadanía era importante? ¿Crees que Cayo Mucio estaba orgulloso de ser romano? Explícalo.

9. Identificar la evidencia Defiende la afirmación de que la República romana estaba estructurada para evitar que una sola persona tuviera mucho poder. Apoya tu respuesta con evidencia de este capítulo.

10. Preguntar Supón que puedes viajar en el tiempo a la antigua Roma. Quieres aprender sobre la sociedad. Menciona una pregunta que le harías a cada uno de los siguientes: un hombre, una mujer, una persona rica, una persona pobre y un esclavo.

11. Conceptos básicos: Fundamentos de un gobierno ¿Cuál fue el primer sistema de gobierno en Roma? ¿Qué reemplazó a este sistema?

Analizar elementos visuales

Lee la línea cronológica y úsala para responder las preguntas siguientes.

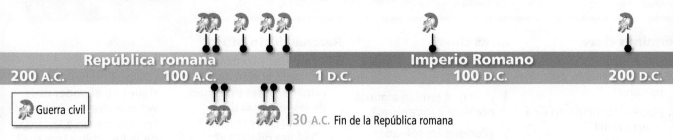

República romana · Imperio Romano

200 A.C. · 100 A.C. · 1 D.C. · 100 D.C. · 200 D.C.

Guerra civil

30 A.C. Fin de la República romana

12. ¿Cuántas guerras civiles ocurrieron bajo el Imperio Romano antes de 200 D.C.?

13. ¿Se hizo la República romana más estable o menos estable con el tiempo?

14. ¿Crees que la vida mejoró para los romanos comunes con la caída de la República y el inicio del gobierno de los emperadores? Explica tu respuesta. Usa la información de la línea cronológica y del capítulo.

my worldhistory.com

Self-Test

Pregunta esencial

miMundo: Actividad del capítulo

Discurso al gobierno romano Imagina que eres una persona que vivió en la República romana. Escribirás un discurso que esta persona podría dar al gobierno romano pidiendo que se haga un cambio político. Luego, tomarás el papel de esta persona y lo presentarás a tus compañeros.

Aprendizaje del siglo XXI

Busca información en la Internet

En la Internet, investiga a uno de los siguientes dioses o diosas romanos: Marte, Venus, Neptuno, Mercurio o Ceres. Escribe un párrafo que describa a tu dios o diosa. Asegúrate de incluir la siguiente información:

- apariencia, poderes y función
- nombre en la mitología griega
- una historia sobre el dios o la diosa

Preguntas basadas en documentos

Success Tracker™
En línea en myworldhistory.com

Usa tu conocimiento de la República romana y los Documentos A y B para responder las Preguntas 1 a 3.

Documento A

" Los tres tipos de gobierno, monarquía, aristocracia y democracia, se encuentran todos unidos en el estado [gobierno] de Roma. . . . Tal es el poder que cada parte tiene para obstaculizar a las demás o cooperar con ellas, su unión es adecuada [suficiente] para todas las emergencias, de modo que es imposible encontrar un mejor sistema político que éste".

—Polibio (historiador del siglo III A.C.), *Historias*

Documento B

" Sólo hay tres formas sencillas de Gobierno [oligarquía, democracia y monarquía]. . . . Los mejores gobiernos del mundo han sido mixtos. Las repúblicas de Grecia, Roma, Cartago, todas eran gobiernos mixtos".

—John Adams (líder de la Guerra de Independencia estadounidense y segundo presidente), *"Notes for an Oration at Braintree"*

1. ¿Por qué cree Polibio que la constitución romana funcionó tan bien?

A Porque daba todo el poder a un solo gobernante.

B Porque diferentes partes del gobierno se equilibraban entre sí.

C Porque era una democracia pura.

D Porque una parte del gobierno tenía poder sobre todas las demás partes.

2. ¿Qué clase de gobierno apoya John Adams?

A una monarquía

B una aristocracia

C una democracia

D una república que mezcla elementos de los tres sistemas

3. **Tarea escrita** Basándote en lo que has aprendido acerca de la constitución romana, ¿cuáles son los beneficios de un gobierno que tiene un sistema de controles y equilibrios?

El Imperio Romano y el cristianismo

? **Pregunta esencial**

¿Por qué la gente se desplaza?

El Coliseo como se ve en
la Roma moderna ▼

? **Explora la Pregunta esencial**

- en **my worldhistory.com**
- usando **miMundo: Actividad del capítulo**
- con el **Cuaderno del estudiante**

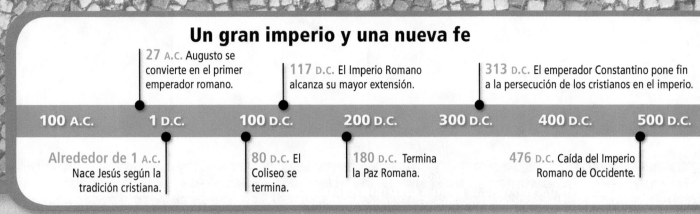

Un gran imperio y una nueva fe

27 A.C. Augusto se convierte en el primer emperador romano.

117 D.C. El Imperio Romano alcanza su mayor extensión.

313 D.C. El emperador Constantino pone fin a la persecución de los cristianos en el imperio.

100 A.C.   **1 D.C.**   **100 D.C.**   **200 D.C.**   **300 D.C.**   **400 D.C.**   **500 D.C.**

Alrededor de 1 A.C. Nace Jesús según la tradición cristiana.

80 D.C. El Coliseo se termina.

180 D.C. Termina la Paz Romana.

476 D.C. Caída del Imperio Romano de Occidente.

El naufragio de Pablo

La vida de Pablo ya había estado en peligro. Llevaba muchos años viajando por el Imperio Romano predicando el cristianismo, una nueva religión. Su mensaje había irritado a algunas personas. Una multitud enardecida casi lo mata en Jerusalén en el año 57 D.C. Los romanos lo arrestaron, salvándole la vida, pero luego lo encarcelaron en Cesarea dos años. Como ciudadano romano, Pablo tenía el derecho de apelar su caso al emperador, y así lo hizo.

En 59 D.C., la vida de Pablo seguía en peligro, pero esta vez debido a un viaje por mar. Su viaje se describe en los Hechos de los Apóstoles, un libro que forma parte de las escrituras del cristianismo.

En Cesarea, Pablo subió a bordo de un enorme barco lleno de granos que navegaría al oeste por el mar Mediterráneo. Iba a Roma para ser juzgado ante el emperador Nerón. Los barcos de granos eran los buques más grandes de la época y llevaban alimentos a Roma desde Egipto y otras provincias. La población de Roma era enorme y estaba hambrienta. La falta de alimentos podía provocar disturbios o intentos de derrocar al emperador. Los emperadores se aseguraban de que los viajes por mar fueran lo más seguros posible.

ITALIA
Roma

GRECIA

SICILIA

Malta

CRETA

Myra

CHIPRE

MAR MEDITERRÁNEO

Alejandría   Cesarea   Jerusalén

387

Pablo se embarcó en Cesarea con destino a Roma. Lo escoltaba Julio, un centurión romano. Pablo le pidió a Julio que retrasara el viaje, porque era una época del año peligrosa para la navegación.

A pesar de que Julio trató a Pablo con amabilidad, ignoró su consejo y se hizo a la mar. Su barco se topó con una tormenta.

Pero no había mucho que hacer. Los soldados podían ejecutar a los piratas que lograban atrapar, pero las tormentas de invierno eran otra cosa. Incluso en el mejor de los casos, la navegación en el mundo antiguo era una empresa peligrosa.

La escolta de Pablo era Julio, un centurión, o funcionario del ejército romano. Tenía órdenes de entregar a Pablo, junto con otros prisioneros, a las autoridades de Roma. Respetaba a Pablo y lo trataba bien, pero no le importó que fuera finales de septiembre y que la temporada para la navegación segura estaba a punto de terminar.

Muchos, incluyendo a Pablo, le advirtieron al capitán que era peligroso viajar. El capitán quería un último viaje para obtener ganancias. Julio lo respaldó así que el barco partió.

En la antigüedad, los barcos usualmente navegaban cerca de tierra. El capitán trató de seguir esta regla, pero se encontró con serios problemas una vez que pasó la isla de Creta. Los vientos del noreste alejaron al barco de la costa. La tripulación perdió de vista la tierra, aterrorizando a todos.

El barco se sacudió entre las golpeadoras olas. La tripulación hizo todo lo posible por disminuir el impacto de la tormenta. Desesperados por aligerar el barco, tiraron por la borda toda la carga que pudieron, incluyendo la mayoría de sus alimentos. Esta situación se prolongó durante días. Hambrientos y aterrorizados, las 276 personas creían que iban a morir. El decimocuarto día, Pablo se paró en la cubierta y dijo: "Hombres, debieron haberme escuchado y no haber zarpado de Creta, así habrían evitado estos daños y pérdidas".

Pablo habla a una multitud en un mercado en Malta.

La tormenta aterrorizó a la tripulación y a los pasajeros. Tiraron la carga por la borda para aligerar el barco. Pablo les habló, diciéndoles que no tuvieran miedo.

El barco se partió y encalló en la isla de Malta. Pablo y sus compañeros de viaje estaban a salvo, pero quedaron atrapados durante el invierno.

A los oyentes quizá no les gustó que les dijera "se lo advertí".

Pero Pablo continuó, sacando fuerzas de su fe: "Les pido que mantengan su valor, porque no habrá pérdida de vidas, sino solamente del barco. Ayer por la noche estuvo conmigo el ángel del Dios a quien pertenezco y a quien reverencio, y me dijo: 'No temas, Pablo: debes presentarte ante el emperador; y Dios ha concedido seguridad a todos los que navegan contigo'. Así que mantengan su valor, porque tengo fe en Dios de que todo va a ser como se me ha dicho". Llegó el amanecer y alguien avistó tierra. Ésta era una buena noticia, aunque ninguno de los marineros reconocía la costa. El capitán condujo la nave hacia un banco de arena, encallándola. Las olas golpeaban al barco y éste comenzó a partirse. Los soldados gritaron para que arrojaran a los prisioneros por la borda y se ahogaran en lugar de escaparse.

Julio no estuvo de acuerdo y protegió a Pablo. Dijeron a los que supieran nadar que nadaran hacia la costa. Los otros se agarraron a los pedazos del barco y flotaron. Todos sobrevivieron al naufragio.

En el frío y la lluvia, Pablo inmediatamente comenzó a recoger leña para hacer una fogata. Los marineros pronto descubrieron que habían atracado en Malta. Una isla en el Mediterráneo, al sur de Sicilia; Malta todavía estaba muy lejos de Roma. Pero allí se tendrían que quedar todo el invierno.

El pueblo de Malta y su gobernante, Publio, cuidaron a Pablo y a sus compañeros de viaje durante tres meses. Pablo pasaba los días difundiendo el cristianismo en la isla. Predicaba al pueblo de Malta en el mercado. Es posible que allí haya escrito algunas de sus influyentes cartas.

En la primavera, el grupo abordó otro barco de granos con destino a Roma. Aunque el futuro de Pablo era incierto ya que enfrentaba un juicio y una posible ejecución, debió haber estado orgulloso de sus logros. Había difundido la palabra del cristianismo en muchas partes del Imperio Romano. Había fundado iglesias y había servido de guía en los primeros días difíciles. ¡Y ahora había sobrevivido a un naufragio!

Con base en esta historia, ¿cuál era una de las razones por las que las personas viajaban en la antigua Roma? Mientras lees el capítulo que sigue, piensa en lo que la historia de Pablo indica sobre la vida en el Imperio Romano y sobre el cristianismo.

 myStory Video

Únete a Pablo mientras sobrevive a un naufragio.

my worldhistory.com
myStory Video

El Imperio Romano

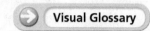

Augusto, el primer emperador romano ▼

Después de la caída de la República romana, Roma fue gobernada por emperadores. Consiguieron establecer dos siglos de paz.

Los emperadores y la Paz Romana

En 30 A.C., Octavio tomó el control del mundo romano. Se convirtió en Augusto, el primer emperador romano y es considerado como el mejor.

Augusto Después de que Augusto ganó las guerras civiles que habían desgarrado la República romana, llevó la paz al mundo romano. Mantenía un poder casi total sobre el imperio, aunque Roma todavía tenía un senado.

Augusto llevó estabilidad al imperio. Redujo el tamaño del ejército y aumentó el salario de los soldados. Impulsó la economía, mejorando la vida de las personas. Luchó contra la corrupción. Se le consideraba un emperador ideal. Al morir, fue **deificado**, u oficialmente declarado como un dios, y adorado. La mayoría de los emperadores posteriores fueron deificados, algunos cuando estaban vivos.

Otros emperadores Cuando Augusto murió, su hijastro Tiberio se convirtió en emperador. Roma ya era una monarquía. La república no iba a regresar. Más tarde, se aprobó una ley declarando que el emperador tenía un poder casi total, aunque en realidad esto ya era así.

“ Lo que él considere que está en conformidad con el beneficio público y . . . los intereses públicos y privados, tiene el derecho y el poder de hacerlo y ejecutarlo, al igual que lo tenía el deificado Augusto ”.

—Ley sobre el poder de Vespasiano, de *Estatutos de la antigua Roma*

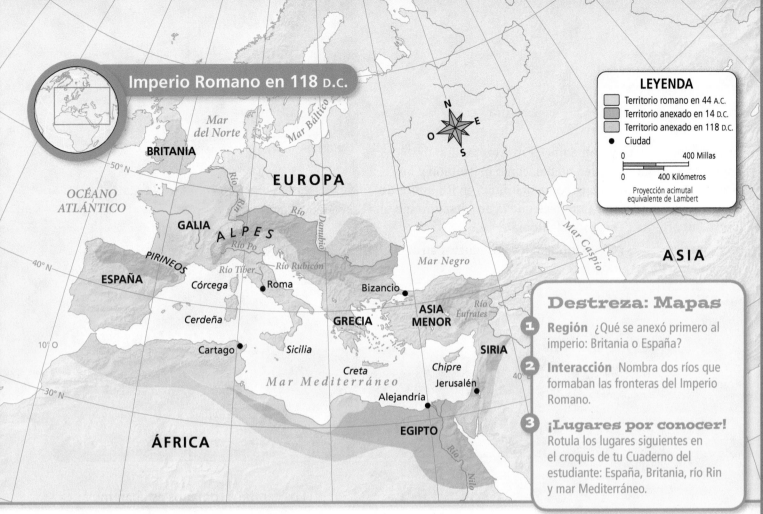

Imperio Romano en 118 D.C.

Mar del Norte

Mar Báltico

BRITANIA

50° N

EUROPA

OCÉANO
ATLÁNTICO

GALIA

ALPES

Río Rin

Río Po

Río Danubio

PIRINEOS

40° N

Mar Caspio

ASIA

Río Tiber

Río Rubicón

Mar Negro

ESPAÑA

Córcega

Roma

Bizancio

ASIA
MENOR

Río Éufrates

Cerdeña

GRECIA

10° O

Cartago

Sicilia

SIRIA

Creta

Chipre

Jerusalén

Mar Mediterráneo

Alejandría

30° N

EGIPTO

ÁFRICA

Río Nilo

LEYENDA

Territorio romano en 44 A.C.

Territorio anexado en 14 D.C.

Territorio anexado en 118 D.C.

• Ciudad

0   400 Millas

0   400 Kilómetros

Proyección acimutal
equivalente de Lambert

Destreza: Mapas

1 **Región** ¿Qué se anexó primero al imperio: Britania o España?

2 **Interacción** Nombra dos ríos que formaban las fronteras del Imperio Romano.

3 **¡Lugares por conocer!** Rotula los lugares siguientes en el croquis de tu Cuaderno del estudiante: España, Britania, río Rin y mar Mediterráneo.

Roma no tenía una manera oficial de elegir a un nuevo emperador. La <u>sucesión</u> era un problema grave. La familia imperial y otros romanos poderosos intrigaban e incluso asesinaban para convertirse en emperadores. A veces el ejército tomaba la decisión final.

Algunos emperadores después de Augusto fueron exitosos. Trajano conquistó nuevos territorios. Adriano viajó por todo el imperio y construyó muros que separaban las provincias romanas de las tierras no romanas. Marco Aurelio escribió un famoso libro de filosofía. Muchos emperadores construyeron acueductos, baños públicos, templos, estadios y otros grandes edificios en todo el imperio.

Otros emperadores fueron considerados fracasos. Algunos todavía son famosos por su crueldad. Por ejemplo, a Nerón se le acusó de asesinar a ciudadanos romanos sin causa, incluyendo a sus parientes cercanos. También fue el primer emperador en perseguir a los cristianos. Más tarde leerás más acerca de Nerón.

Paz Romana Sin embargo, el imperio de Augusto comenzó un largo período de paz y prosperidad conocido como la **Paz Romana**, o la "paz en Roma". Duró desde 30 A.C. hasta casi 180 D.C. En ese tiempo, 65 millones de personas pudieron vivir en relativa paz. Ninguna gran guerra amenazó al imperio.

Verificar la lectura **¿Qué era la Paz Romana?**

sucesión, *sust.*, una persona o cosa que sigue a otra

my **worldhistory.com**

Places to Know

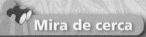
Arquitectura romana

Los romanos construyeron edificios resistentes usando técnicas ingeniosas. Algunos siguen en pie, como el Panteón y muchos acueductos. La arquitectura romana influyó en los estilos de construcción modernos. Esto hace que la arquitectura sea una parte importante del legado de Roma.

RAZONAMIENTO CRÍTICO **¿Cómo influían los acueductos en el crecimiento de las ciudades?**

Un puente acueducto en la Francia moderna

Embalse

Túnel

Puente

Ciudad

ACUEDUCTOS

Las ciudades no pueden crecer sin agua. Los acueductos permitían a los romanos transportar el agua a través de montañas y valles para abastecer a las grandes ciudades.

Logros prácticos de Roma

Los romanos eran un pueblo práctico. Con la tecnología mejoraron la vida cotidiana.

Caminos romanos "Todos los caminos llevan a Roma" es un viejo refrán. En la antigua Italia, era verdad. Los caminos se extendían fuera de la ciudad como los rayos de una rueda. Más de 50,000 millas (80,467 kilómetros) de caminos cruzaban el Imperio Romano, vinculando las ciudades y fortalezas. Los caminos eran resistentes. Algunos todavía se usan.

Se construyeron para que los soldados marcharan rápidamente de un lugar a otro. Los ingenieros militares viajaban con el ejército, así como los arquitectos, albañiles y topógrafos. Los soldados también trabajaban en los caminos.

Los caminos romanos estaban muy bien diseñados. Tenían pavimento duro y estaban bien drenados. Los caminos lisos y seguros para todos los climas fueron una mejora comparados a los de tierra. Agilizaron la comunicación. El gobierno y el comercio fueron más eficientes. Los caminos de los puertos a las ciudades del interior ayudaron a llevar alimentos.

Arquitectura Los arquitectos idearon nuevos métodos y materiales de construcción, como el concreto. El **concreto** es un material de construcción que se hace al mezclar pequeñas piedras y arena con piedra caliza, arcilla y agua. Esta mezcla se vierte en moldes, donde se endurece.

Era más ligero de usar que la piedra. Era más facil verter el concreto que tallar la piedra. Usando este material, se

PANTEÓN

Durante diecisiete siglos, el Panteón fue la cúpula más grande del mundo. El concreto de la parte superior es más ligero que el concreto de la parte inferior, lo que permite la presencia de una gran cúpula.

El Panteón es el mayor espacio interior romano que aún sigue intacto.

construyeron <u>estructuras</u> con cúpulas. La cúpula más grande cubría al Panteón.

Además de las cúpulas, se construyeron puentes resistentes, sostenidos con arcos semicirculares de medio punto, que permitían una mayor extensión. De hecho, estos arcos son la característica más típica de la arquitectura romana.

Acueductos y agua El suministro de agua es tan importante para una ciudad como los puentes y caminos. Los ingenieros diseñaron los sistemas de aguas para proveer agua limpia. Construyeron muchos acueductos. Un **acueducto** es un canal que transporta agua sobre la tierra.

Los acueductos eran de piedra o canales de concreto. Fluían bajo tierra. Cuando los acueductos debían cruzar los valles, construían puentes arqueados para llevar las tuberías de agua. Algunos siguen en pie.

En la ciudad, el agua fluía en fuentes públicas. Algunos adinerados tenían agua corriente en sus hogares. Los acueductos también abastecían los baños públicos, que eran importantes y se construyeron en todas las ciudades. Muchos romanos iban todos los días para bañarse, hacer ejercicio, ver a los amigos y hacer negocios.

Los acueductos eran sólo una parte de la red de agua corriente. Las alcantarillas sacaban los residuos de las ciudades. Las ciudades eran limpias según los cánones antiguos. Las redes de agua y los alcantarillados no fueron igualados hasta los tiempos modernos.

Verificar la lectura ¿Por qué visitaban los romanos los baños públicos?

estructura, *sust.*, edificio

Pompeya

La ciudad de Pompeya quedó destruida cuando el volcán Vesubio hizo erupción en 79 D.C. La ceniza que cubrió la ciudad preservó muchos de sus edificios. Hoy en día, Pompeya es una valiosa fuente de información sobre la vida cotidiana en el Imperio Romano.

Roma

Monte Vesubio **Pompeya**

Culture Close-Up

El patio de una casa en Pompeya

Una calle en Pompeya

Una vez que los habitantes de Pompeya quedaron enterrados bajo la ceniza volcánica, sus cuerpos se descompusieron y dejaron espacios vacíos. Los arqueólogos han hecho moldes de yeso de estos espacios, mostrándonos cómo se veían los pompeyanos cuando murieron.

La economía romana

Los caminos romanos por lo general se construían con fines militares, pero también se transportaban bienes. Los comerciantes también viajaban por mar. El comercio se incrementó. Las ciudades eran centros de industria y comercio.

Comercio, agricultura y artesanía Antes de que los romanos construyeran una armada, la piratería era un problema en el Mediterráneo. El transporte era peligroso y costoso. Los romanos despejaron el mar de la mayoría de los piratas. El comercio por mar fue más seguro. También era más rápido y más barato que viajar por tierra. Los barcos transportaban granos, vino, aceite de oliva y alfarería por el imperio.

La agricultura era la base de la economía romana. Los cultivos más importantes eran cereales como el trigo. Los granos se enviaban a Roma para alimentar a su enorme población. Los granos importados también alimentaban a los ejércitos de Roma.

A cambio, el dinero fluía de Roma a las provincias. Los agricultores provinciales se enriquecieron del comercio con Roma. Muchos ayudaron a desarrollar sus provincias. Construyeron templos, teatros y baños públicos. Algunas personas provinciales adineradas se unieron a la élite romana. Se convirtieron en senadores e incluso en emperadores.

La artesanía también formaba parte de la economía romana. Los artesanos especializados producían telas, vidrio, cerámica, orfebrería y barcos. La industria de la construcción abastecía los proyectos con mármol, baldosas de terracota y tuberías de plomo para la plomería.

Moneda El crecimiento económico en el imperio se vio respaldado por una moneda estable. Una moneda estable es un sistema monetario cuyo valor no cambia mucho con el tiempo. Es más rápida y ampliamente aceptada en el comercio. La moneda estable de Roma facilitó la realización del comercio a larga distancia en comparación con el pasado.

Verificar la lectura **¿Cuál era el bien más importante que se enviaba a Roma?**

Cultura greco-romana

Ya has leído que los romanos tomaron prestados aspectos de la civilización griega. Adoptaron las prácticas culturales griegas y difundieron las suyas. Surgió una cultura **greco-romana** combinada que incluía elementos griegos y romanos. El imperio combinaba la cultura greco-romana con tradiciones locales.

Algunas prácticas romanas de esta cultura común eran visitar los baños públicos y adorar a los emperadores. Las tradiciones griegas incluían ver obras de teatro de autores griegos y estudiar la filosofía griega.

Gobierno y cultura El gobierno ayudó a difundir la cultura greco-romana. Para fines militares, construyó caminos y ciudades llamadas colonias en las provincias. Los caminos facilitaban los viajes y difundían las ideas. Las colonias eran como Roma. Tenían un foro, un anfiteatro y baños. Esta cultura se difundió a las tierras cercanas.

El gobierno también difundió la cultura al permitir que más personas se convirtieran en ciudadanos. Para 212 D.C., casi todas las personas libres eran ciudadanos. Así, vivían bajo la ley romana. Usaban los tribunales para resolver sus disputas. Los varones podían servir en el ejército romano.

La vida en el ejército Los soldados también ayudaron a difundir la cultura. Se les enviaba a los confines del imperio. Si se casaban con mujeres locales, se asentaban. Los puestos militares en las fronteras se convirtieron en pueblos y ciudades que introducían a los locales la cultura greco-romana.

Verificar la lectura **¿Cómo ayudaron las colonias a difundir la cultura greco-romana?**

mi Mundo
CONEXIONES

Al igual que Roma, los Estados Unidos tienen un sistema de caminos muy extenso. Actualmente existen más de **4** millones de millas de caminos pavimentados en los Estados Unidos.

miMundo: Actividad
El siguiente aviso. . .

Evaluación de la Sección **1**

Pregunta esencial

¿Por qué la gente se desplaza?

Términos clave

1. ¿Cómo se usaban los acueductos?

2. ¿Con qué se hace el concreto?

3. ¿Cuáles son dos elementos romanos de la cultura greco-romana?

Ideas clave

4. ¿Cuáles fueron algunos de los logros de Augusto?

5 ¿Por qué necesitaba buenos caminos el ejército romano?

6. ¿Cuál era el papel de la agricultura en la economía romana?

Razonamiento crítico

7. **Analizar causa y efecto** ¿Cómo ayudó la Paz Romana al crecimiento económico del imperio?

8. **Identificar las ideas principales** ¿Cómo contribuyeron a la vida de la ciudad los caminos, los acueductos y el concreto?

9. Si viajaras a las ciudades romanas por todo el imperio en 100 D.C., ¿qué edificios similares verías dondequiera que fueras? Anota la respuesta en tu Cuaderno del estudiante.

my worldhistory.com

Culture Close-Up

La cultura romana y su legado

El Imperio Romano puede ser historia antigua, pero la cultura romana perdura. El arte, el idioma, el entretenimiento y el derecho romano siguen influyendo en el mundo moderno.

Un mosaico que muestra a Virgilio, un famoso poeta romano ▼

Arte e idioma

Las artes florecieron en el Imperio Romano. El arte romano es todavía admirado. El latín también es importante.

Las artes En las ciudades romanas, el arte colmaba los edificios públicos y las casas de los adinerados. Los pisos tenían mosaicos. Un **mosaico** es un diseño formado usando pequeñas tejas de vidrio, piedra o cerámica. Los edificios y las casas tenían murales en las paredes y techos. Mostraban paisajes, escenas de la mitología, la historia y la vida cotidiana.

Los romanos construyeron estatuas de sus dioses, héroes y personas importantes. Se erguían en lugares públicos. Muchas eran copias de originales griegos. También desarrollaron un estilo propio. Los escultores griegos idealizaban a sus modelos, o los hacían ver como personas ideales. Las esculturas griegas muestran personas jóvenes y hermosas. Los escultores romanos mostraban a sus modelos como eran en la vida real.

Lección de latín

Puede que hoy el latín no se hable como idioma materno, pero es útil. La siguiente tabla muestra palabras y frases en latín que usamos a menudo en español.

Frases en latín	
carpe diem	aprovechar el día
circa	cerca, aproximadamente
caveat emptor	comprador tenga cuidado
de facto	de hecho
et cetera (etc.)	y así sucesivamente
quid pro quo	algo por algo

"¡Salve! ¿Ut vales? ¡Hola! ¿Cómo estás?"

"Valeo, ¿et tu? Yo estoy bien, ¿y tú?"

En la moneda de 25 centavos de los Estados Unidos se puede leer el lema en latín: "E Pluribus Unum". Significa "De muchos, uno".

Los hábiles artesanos romanos usaban diversos materiales para hacer bellos objetos. Creaban floreros y jarrones de vidrio azul y espejos de plata pulida. Usaban joyas de plata, oro y piedras preciosas.

La influencia del latín Los soldados romanos, colonizadores y comerciantes llevaron su idioma a Europa. El latín, el idioma romano, se convirtió en el idioma que se hablaba en gran parte del occidente del imperio. Después de siglos, las formas locales de hablar el latín se transformaron en nuevos idiomas como el español, italiano, francés y portugués. Se llaman **lenguas romances**, o idiomas que se derivaron del latín. Millones de personas hablan lenguas romances en la actualidad.

El inglés no es una lengua romance, pero muchas palabras en inglés pueden provenir directa o indirectamente del latín. Por ejemplo, la palabra *educate* proviene directamente del latín, mientras que *labor* proviene indirectamente del latín a través del francés.

El latín fue el idioma de la educación. Los científicos aún lo usan para nombrar plantas y animales. También fue el idioma de la Iglesia católica romana. Hasta el siglo XX, los servicios católicos se realizaban en latín.

Verificar la lectura ¿Cuáles fueron dos tipos de arte desarrollados por los romanos?

Literatura y ciencia

Los romanos valoraban la literatura y la ciencia. Se basaban en los <u>logros</u> griegos.

Oratoria y poesía Los romanos desarrollaron la **oratoria**, el arte de dar discursos. El orador más famoso era Cicerón. Fue un político que vivió durante los últimos días de la República romana. Hablaba sobre temas políticos. Usaba la persuasión para ganar las elecciones a los altos cargos. Muchos de sus discursos fueron escritos y usados como modelos.

logro, *sust.*, realización que requiere esfuerzo o destreza

El poeta Virgilio vivió en la misma época que Cicerón. Escribió la *Eneida*, un poema épico. Se inspiró en las épicas griegas de Homero: la *Ilíada* y la *Odisea*.

Horacio es un poeta romano, conocido por una colección de poemas llamados *Odas*. Algunos tratan sobre la amistad y el amor. Otros dan consejos.

El poeta Ovidio escribió versos ingeniosos. Sus poemas exploraban el tema del amor. Algunos contaban historias de los mitos griegos y romanos.

Sátira El autor Juvenal escribió **sátiras**, obras literarias que se burlan de sus temas. Él se burlaba de la vida romana. Se quejaba de que el pueblo aceptaba el gobierno de los emperadores en lugar de tener una república. Escribió que los ciudadanos sólo querían comida gratis y entretenimiento.

> 66 Las personas que una vez otorgaron [repartieron] órdenes, consulados, legiones y todo lo demás, ahora. . . anhelan ansiosamente sólo dos cosas: ¡pan y circo! 99
>
> —Juvenal, *Sátira 10*

Filosofía Los romanos también continuaron la filosofía de los griegos. Un famoso filósofo romano fue Séneca. Escribió sobre la filosofía estoica. El estoicismo insta a aceptar el sufrimiento y a practicar el autocontrol.

Ciencia y medicina Los romanos también contribuyeron a la ciencia y la medicina. Un científico importante fue el astrónomo y matemático Claudio Tolomeo. Vivió en Egipto, que era parte del Imperio Romano.

Tolomeo escribió un libro llamado *Almagesto*. Fue el modelo del universo seguido hasta casi 1400, aunque su idea principal era incorrecta. Escribió sobre la geografía y la óptica, o estudio de la luz.

El médico más conocido fue un griego llamado Claudio Galeno. Diseccionaba, o cortaba, animales como los monos para estudiar sus cuerpos. Descubrió que las arterias y las venas transportan la sangre. Antes, se creía que transportaban aire. Sus escritos se usaron por muchos años.

Verificar la lectura **¿A qué tipo de escritura debe Juvenal su fama?**

Entretenimiento popular

Los griegos organizaban espectáculos públicos, como obras de teatro y eventos deportivos. Los romanos desarrollaron los espectáculos públicos masivos. Inventaron el anfiteatro redondo y construyeron estadios.

Luchas de gladiadores Los romanos disfrutaban las luchas entre **gladiadores**, hombres que combatían entre sí en un espectáculo público. A menudo, combatían a muerte. Tenían lugar en arenas como el Coliseo romano.

Estas luchas se celebraron por primera vez en el sur de Italia, antes de que existiera Roma. Se realizaban durante los funerales. La muerte de un gladiador era un sacrificio al espíritu del fallecido. Más tarde, esto cambió y se celebraban sólo para entretener.

EL COLISEO
y los gladiadores

El Coliseo es uno de los edificios romanos más famosos que aún existen. Era redondo, pero el corte en la ilustración de abajo muestra cómo pudo haber lucido en su interior. Hasta 50,000 romanos abarrotaban sus tribunas para ver las luchas que se celebraban en la arena.

RAZONAMIENTO CRÍTICO **¿Cómo estaban dispuestos los asientos en el Coliseo?**

Un gladiador observa al emperador para decidir si debe perdonar la vida de su oponente derrotado.

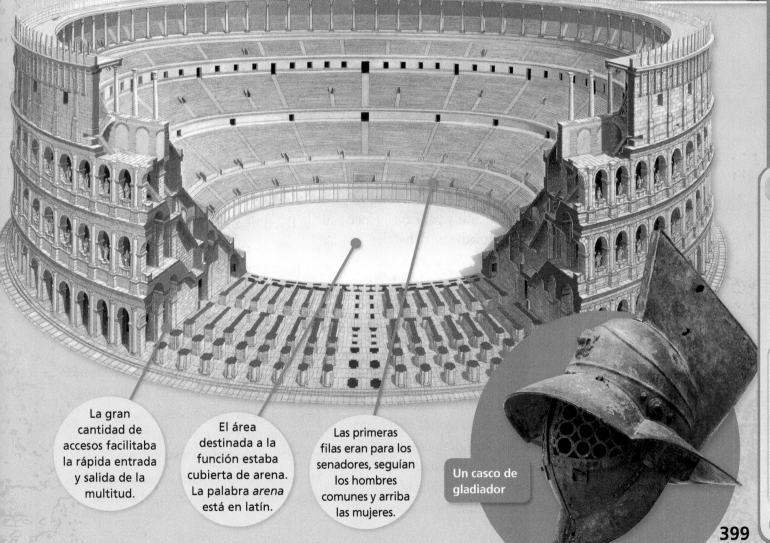

La gran cantidad de accesos facilitaba la rápida entrada y salida de la multitud.

El área destinada a la función estaba cubierta de arena. La palabra *arena* está en latín.

Las primeras filas eran para los senadores, seguían los hombres comunes y arriba las mujeres.

Un casco de gladiador

399

CIRCUS MAXIMUS
y las carreras de cuadrigas

Las carreras de cuadrigas eran muy populares en la antigua Roma. Los carros tirados por caballos corrían alrededor de la pista a velocidades de vértigo animados por la ovación de los aficionados.

¿Qué deporte moderno es similar a las carreras de cuadrigas?

Una cuadriga romana

La palabra *gladiador* significa espadachín en latín aunque los gladiadores usaban una variedad de armas. Los gladiadores por lo general eran esclavos o criminales. Estaban entrenados para combatir y para entretener a las multitudes. Los gladiadores hábiles o afortunados que sobrevivían muchos combates podían ganar su libertad. Incluso se podían convertir en celebridades.

A veces, se celebraban enormes batallas entre los equipos de gladiadores. Se inundaba con agua arenas especiales para que pudieran combatir entre sí en barcos, recreando famosas batallas navales. Animales exóticos como leones y elefantes eran llevados a Roma. Combatientes especiales, criminales condenados y prisioneros de guerra eran obligados a luchar contra estos animales salvajes.

Los emperadores o aristócratas adinerados pagaban por estos extravagantes juegos. Los costosos eventos mostraban la riqueza y el poder de la persona que los patrocinaba.

Carreras de cuadrigas Uno de los eventos más populares en la antigüedad clásica eran las carreras de cuadrigas. En Roma, se llevaban a cabo en el Circus Maximus. Era una enorme pista de carreras que podía dar cabida hasta a 270,000 personas.

Las carreras se llevaban a cabo con más frecuencia que los juegos de gladiadores. Los caballos tiraban de las cuadrigas siete veces alrededor del campo. Los aficionados alentaban a su equipo favorito.

Verificar la lectura ¿Qué eventos deportivos se llevaban a cabo en el Circus Maximus?

Un auriga tirado por cuatro caballos

Derecho romano

Has leído que el gobierno de la República romana influye en los gobiernos actuales. El derecho romano también moldea las leyes de muchos países modernos.

Las Doce tablas En los primeros años de la República romana, no había leyes escritas. Los jueces decidían cuál era la ley en cada caso. Basaban sus decisiones en la costumbre y la <u>tradición</u>. Por 400 A.C., escribieron un código de leyes llamado las Doce tablas. Incluyeron leyes relativas a las relaciones familiares, la herencia de propiedades y otros temas.

tradición, *sust.*, una costumbre o práctica que se transmite de generación en generación

La influencia del derecho romano El derecho romano duró más tiempo que el propio imperio. Ha cambiado mucho durante los siglos. Se convirtió en un sistema llamado derecho civil. Hoy en día, el derecho civil se usa en muchas partes del mundo. Por ejemplo, se usa en algunos países que eran provincias romanas, como Francia, España y Portugal. También se usa en naciones que fueron colonias de estos países, entre ellas Argelia, México y Brasil. Incluso, un estado estadounidense usa un sistema legal basado en parte en el derecho civil. Se trata de Luisiana, que fue fundada como colonia francesa.

Verificar la lectura **¿Qué eran las Doce tablas?**

Evaluación de la Sección 2

Pregunta esencial

¿Por qué la gente se desplaza?

Términos clave

1. ¿De qué están hechos los mosaicos?

2. ¿Eran los gladiadores generalmente esclavos u hombres libres?

3. ¿Qué es una lengua romance? ¿Es el inglés una de ellas?

Ideas clave

4. ¿Cómo influyeron los romanos en los idiomas hablados en Europa?

5. ¿Cuáles eran dos tipos populares de entretenimiento romanos?

6. ¿Quién era el orador más famoso de Roma?

Razonamiento crítico

7. **Comparar y contrastar** ¿En qué se diferencian los escritos de Cicerón de los de Juvenal?

8. **Identificar las ideas principales** ¿Por qué es importante el legado del idioma latín para los científicos actuales?

9. ¿Qué descubrimiento importante realizó Galeno sobre los procesos internos del cuerpo de las personas? Anota la respuesta en tu Cuaderno del estudiante.

401

Los orígenes del cristianismo

| Ideas clave | • Muchos judíos se oponían al dominio romano en Judea. | • Jesús era un influyente maestro judío cuyos seguidores creían que era el mesías. | • Los seguidores de Jesús fundaron el cristianismo y lo difundieron a muchos pueblos, a pesar de la persecución romana. |

Términos clave • resurrección • bautismo • crucifixión • conversión • mártir

 Visual Glossary

╫╫╫╫╫ **Destreza de lectura Secuencia** Toma notas usando el organizador gráfico en tu Cuaderno.

Una imagen antigua de Jesús como el buen pastor, sacrificándose por su rebaño. ▼

Has leído que el Imperio Romano realizó grandes progresos en la tecnología y la cultura. Sin embargo, muchas personas en el imperio se oponían al dominio romano. Durante la Paz Romana, surgió un líder espiritual judío llamado Jesús. Los romanos lo ejecutaron. Una nueva religión surgió sobre la base de sus enseñanzas y los escritos de sus primeros seguidores.

Judea bajo el dominio romano

En 63 A.C., los romanos tomaron el control del reino judío de Judea, cuya base era Jerusalén. Un gran número de judíos se oponían al dominio romano.

Zelotes Muchos judíos veían a los romanos como extranjeros que ocupaban sus tierras y los trataban con crueldad. Esperaban que Dios enviara un mesías, o rey especialmente elegido, que salvara a los judíos de la opresión. El mesías expulsaría a los romanos de su tierra natal. Un grupo de judíos llamados zelotes se resistieron a los romanos por la fuerza. Se negaron a pagar impuestos y asesinaron a funcionarios romanos.

Grupos religiosos Durante esta época, existían diferentes grupos religiosos entre los judíos. Un grupo era llamado los fariseos. Eran personas educadas que seguían las leyes judías. Creían que las personas buenas resucitarían después de la muerte. **Resurrección** significa retornar a la vida. Otro grupo importante era el de los saduceos. Provenían de la élite y apoyaban las tradiciones del templo de Jerusalén. Generalmente cooperaban con los romanos.

Otros grupos más pequeños de judíos se retiraron de la sociedad y vivieron en comunidades aisladas en el desierto. Muchos de estos grupos practicaban un ritual de limpieza al sumergirse en agua. Más tarde el cristianismo adoptó este ritual como el **bautismo**.

Verificar la lectura **¿Quiénes eran los saduceos?**

La vida y las enseñanzas de Jesús

Durante este período de agitación, un judío llamado Jesús de Nazaret vivió y predicó. Atrajo un gran número de seguidores.

Los primeros años Casi todo lo que sabemos sobre él proviene de los escritos cristianos conocidos como Evangelios. Según estos, Jesús era descendiente del gran rey judío David y su nacimiento fue milagroso. Se cree que Jesús era carpintero, como su padre.

Jesús, el Maestro Los Evangelios afirman que Jesús fue bautizado por un profeta llamado Juan en el río Jordán. Después, comenzó a enseñar las escrituras hebreas. Durante tres años, Jesús viajó por toda Judea, predicando que Dios vendría a establecer su reino.

Era defensor de los pobres y los marginados. Decían que curaba a los enfermos. Sus seguidores se preguntaron si era el mesías.

aislado, *adj.*, alejado de otras personas o lugares

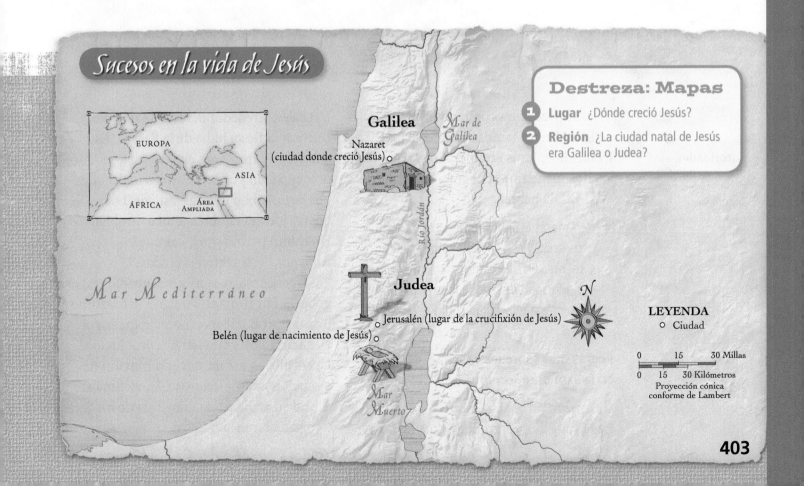

Sucesos en la vida de Jesús

Galilea

Nazaret (ciudad donde creció Jesús)

Mar de Galilea

EUROPA
ASIA
ÁFRICA
ÁREA AMPLIADA

Río Jordán

Mar Mediterráneo

Judea

Jerusalén (lugar de la crucifixión de Jesús)

Belén (lugar de nacimiento de Jesús)

Mar Muerto

Destreza: Mapas

1 **Lugar** ¿Dónde creció Jesús?

2 **Región** ¿La ciudad natal de Jesús era Galilea o Judea?

LEYENDA
o Ciudad

0   15   30 Millas
0   15   30 Kilómetros
Proyección cónica conforme de Lambert

403

Primeros símbolos cristianos

Los primeros cristianos usaban diferentes símbolos para mostrar su fe. Estos decoraban sus iglesias y tumbas. Algunos todavía se usan hoy en día.

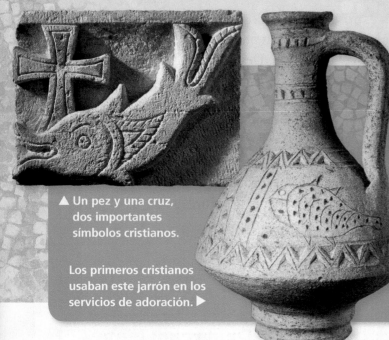

▲ Un pez y una cruz, dos importantes símbolos cristianos.

Los primeros cristianos usaban este jarrón en los servicios de adoración. ▶

El símbolo de arriba se llama chi rho. Es una combinación de las dos letras griegas que comienzan la palabra "Cristo".

Los peces de las dos imágenes de la izquierda, son un importante símbolo de principios del cristianismo. Los peces son importantes en los Evangelios. Por ejemplo, Jesús realiza el milagro de alimentar a una gran multitud con unos pocos peces. Asimismo, las letras de la palabra "pez" en griego pueden significar la frase "Jesús Cristo, Hijo de Dios, Salvador".

autoridades, *sust.*, personas que tienen el derecho de dar órdenes

Jesús predicaba cómo vivir una vida de bien. En un famoso pasaje de los Evangelios, Jesús enumera lo que él llamó los dos mandamientos más importantes de la Biblia hebrea.

> 66 'Amarás al Señor tu Dios con todo tu corazón, y con toda tu alma y toda tu mente.' Este es el mandamiento primero y principal. Y el segundo es semejante: Amarás a tu prójimo como a ti mismo.' 99
> —Mateo 22:37–39

Leerás más sobre las enseñanzas de Jesús en la siguiente sección.

Oposición, arresto y muerte
Los Evangelios dicen que Jesús fue a Jerusalén alrededor del año 33 D.C. para celebrar la fiesta judía de la Pascua. Las <u>autoridades</u> romanas en Jerusalén se preocupaban por las enormes multitudes que se juntaban los días festivos. Los líderes locales también temían problemas. Un motín podría provocar que los romanos destruyeran la ciudad.

En respuesta a estas preocupaciones, el gobernador romano Poncio Pilatos tomó una decisión. Hizo arrestar, golpear y ejecutar a Jesús mediante la crucifixión. La **crucifixión** era un método romano de ejecución lento y doloroso. La víctima era clavada o atada a una gran cruz de madera y colgada hasta la muerte.

La resurrección Después de que Jesús murió, su cuerpo fue bajado de la cruz y colocado en una tumba. Los romanos sellaron la tumba y pusieron guardias. Según los Evangelios, algunos seguidores de Jesús visitaron la tumba tres días después. Los guardias se habían ido y la tumba estaba vacía. Corrieron a contárselo a los demás discípulos. Muchos afirmaron haberlo visto después de su muerte. Creían que Dios había resucitado a Jesús y que era realmente el mesías. La palabra griega para *mesías* es "Cristo".

Jesús y sus primeros seguidores eran judíos. Pero los que creían que Jesús era el mesías eventualmente formaron una nueva religión conocida como cristianismo.

Verificar la lectura **¿Qué significa la palabra *Cristo*?**

La difusión del cristianismo

Durante su vida, Jesús eligió a doce seguidores de confianza, llamados discípulos o apóstoles. Después de su muerte, ellos difundieron sus enseñanzas.

La Iglesia primitiva Al morir Jesús, Pedro, un apóstol, se convirtió en el líder de la nueva Iglesia. La palabra *iglesia* puede referirse a todos los cristianos, a un grupo de cristianos, o a un edificio de culto.

Pedro y otros apóstoles difundieron la creencia de que Jesús era el mesías. Propagaron su fe a muchas partes del mundo, como Europa, Asia y África.

Cristianos y judíos Los primeros seguidores de esta nueva fe se consideraban judíos. Respetaban las leyes y tradiciones judías. Leían la Biblia hebrea y rezaban en las sinagogas.

Las diferencias entre los seguidores judíos del cristianismo y otros judíos fueron aumentando. Los cristianos compartieron sus creencias con los no judíos fuera de Judea. El apóstol Pedro viajó a Roma. Personas de diferentes orígenes escucharon el mensaje de los apóstoles. Más gentiles, o no judíos, se convirtieron al cristianismo.

En 66 D.C., los zelotes encabezaron una enorme rebelión contra Roma. Los romanos los derrotaron y destruyeron el templo en Jerusalén. Después de una rebelión posterior, se les prohibió vivir en Jerusalén. Muchos abandonaron Judea o fueron tomados como esclavos. Se asentaron alrededor del imperio.

El apóstol Pablo Ya has leído acerca de Pablo. Ayudó a difundir el cristianismo en todo el Imperio Romano. Al principio se oponía a los cristianos. Tuvo una experiencia que lo llevó a convertirse al cristianismo. Una **conversión** es un cambio de opiniones o creencias. Pablo creía que Jesús se le había aparecido y le había pedido que difundiera la nueva fe. Aunque se le llama apóstol, no fue uno de los doce primeros.

Pablo viajó a Grecia y otras áreas. Fundó iglesias y predicó. Escribió cartas llamadas epístolas a diversos cristianos. Decía que los que no eran judíos no tenían que seguir todas las leyes judías para convertirse en cristianos. Pero debían llevar una vida moral y no podían adorar a otros dioses. Conforme más gentiles entraron a la Iglesia, el cristianismo se volvió una religión independiente del judaísmo.

La cruz es el símbolo más importante y ampliamente reconocido del cristianismo.

miMundo: Actividad
Comparar las religiones

405

Razones del crecimiento El cristianismo se extendió durante la Paz Romana, pero se mantuvo como una minoría religiosa en el imperio. Varios factores influyeron en la expansión de la nueva fe.

Como leíste, el gobierno romano construyó caminos y mantuvo el mar libre de piratas. Esto hizo que los viajes fueran más seguros. Permitió a los cristianos trasladarse más fácilmente, difundiendo sus creencias. Los viajes de Pablo habrían sido imposibles en un período anterior.

Además, el griego se hablaba en la mitad oriental del imperio y por personas educadas en todas partes. Las escrituras cristianas estaban en griego y muchos podían entenderlas.

Las ideas del cristianismo también atraían a muchos, pues apreciaban las enseñanzas morales del cristianismo y su monoteísmo, o la creencia en un solo dios. A otros les atraía la creencia de que todos eran iguales ante Dios, incluyendo a los esclavos y a las mujeres.

Verificar la lectura **¿Cómo contribuyó el idioma griego a la difusión del cristianismo?**

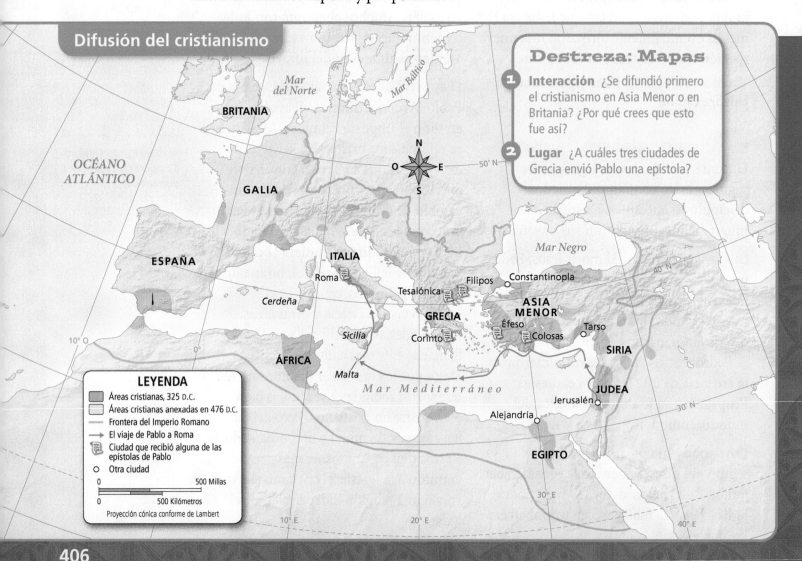

Difusión del cristianismo

Destreza: Mapas

1 **Interacción** ¿Se difundió primero el cristianismo en Asia Menor o en Britania? ¿Por qué crees que esto fue así?

2 **Lugar** ¿A cuáles tres ciudades de Grecia envió Pablo una epístola?

LEYENDA

- Áreas cristianas, 325 D.C.
- Áreas cristianas anexadas en 476 D.C.
- Frontera del Imperio Romano
- El viaje de Pablo a Roma
- Ciudad que recibió alguna de las epístolas de Pablo
- Otra ciudad

0   500 Millas
0   500 Kilómetros
Proyección cónica conforme de Lambert

El cristianismo y el imperio

El crecimiento del cristianismo preocupaba a los funcionarios romanos. A veces perseguían, o maltrataban, a los cristianos.

Tolerancia Los romanos por lo general permitían que las personas adoraran a sus dioses, siempre que fueran los dioses y emperadores romanos. La mayoría ya adoraban a muchos dioses y no se oponían a la adoración de unos cuantos más. A pesar de que los judíos no adoraban a los dioses romanos, esto no molestaba mucho a los romanos. Esto se debía a que respetaban las antiguas tradiciones religiosas. Las tradiciones judías prohibían la adoración de más de un dios.

Una nueva fe El cristianismo era una religión nueva y el gobierno se oponía a ella. Cuando los que no eran judíos se convirtieron al cristianismo dejaron de adorar a los dioses antiguos. Los funcionarios temían que los cristianos se negaran a adorar a los dioses por deslealtad. Les preocupaba que los dioses se enojaran si los dejaban de adorar.

Se consideraba que era el trabajo del gobierno mantener felices a los dioses.

Persecución Un incendio destruyó gran parte de Roma en 64 D.C. El emperador Nerón culpó falsamente a los cristianos. Muchos cristianos fueron asesinados en Roma. Después de 250 D.C., los emperadores persiguieron a los cristianos en todo el imperio. El temor alejó a muchos del cristianismo, pero hizo que otros se apegaran a su fe. La persecución produjo **mártires**, o personas que mueren por sus creencias. Su valor fortaleció la fe de muchos cristianos.

La persecución continuó de manera intermitente, hasta el reinado del emperador Constantino. Éste, según la tradición, tuvo un sueño antes de una batalla que le indicó que luchara bajo el signo de la cruz. Ganó la batalla. En 313, puso fin a la persecución de los cristianos y se convirtió en cristiano. Un emperador posterior convirtió el cristianismo en la religión oficial romana en 380.

Verificar la lectura ¿Qué emperador puso fin a la persecución de los cristianos?

Constantino sosteniendo una cruz ▼

Evaluación de la Sección **3**

 Pregunta esencial
¿Por qué la gente se desplaza?

Términos clave

1. ¿Qué es el bautismo?

2. ¿Qué significa que alguien resucite?

3. ¿Cómo ayudaron los mártires cristianos a fortalecer la fe de otros cristianos?

Ideas clave

4. ¿Qué opinaban los zelotes del dominio romano en Judea?

5. Resume los sucesos en la vida de Jesús según los Evangelios.

6. ¿Por qué temía el gobierno romano la expansión del cristianismo?

Razonamiento crítico

7. Identificar las ideas principales ¿Por qué toleraba el gobierno romano el judaísmo, pero no el cristianismo?

8. Analizar Causa y efecto Según la tradición, ¿cómo cambió el sueño de Constantino el curso de la historia romana?

9. ¿Cómo contribuyeron las acciones del gobierno romano a la difusión del cristianismo y otras ideas? Anota la respuesta en tu Cuaderno del estudiante.

407

Las creencias del cristianismo

Ideas clave

- Los primeros cristianos escribieron libros sobre la vida de Jesús y otros temas que forman parte de las escrituras del cristianismo.
- La mayoría de los cristianos comparten un conjunto básico de creencias, incluyendo la fe en Jesús como el hijo de Dios y en la Trinidad.
- Los cristianos creen que es importante seguir las enseñanzas éticas de Jesús.

Términos clave • Nuevo Testamento • Evangelio • parábola • epístola
• Trinidad • ética • denominación

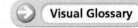 **Visual Glossary**

 Destreza de lectura Resumir Toma notas usando el organizador gráfico en tu Cuaderno.

Un hombre cristiano rezando con una copia de la Biblia. ▼

En los siglos posteriores a la muerte de Jesús, los cristianos recopilaron sus escritos sagrados y desarrollaron su fe. Sus escritos se centraban en la vida de Jesús y la fe cristiana en Jesús como el hijo de Dios.

La Biblia cristiana

Ya has leído sobre la Biblia hebrea, que contiene la historia hebrea, las leyes religiosas y muchos otros escritos. Al igual que los judíos, los primeros cristianos leían la Biblia hebrea como su escritura, o escritos sagrados.

El Antiguo y el Nuevo Testamento Al principio, la Biblia hebrea era el único texto sagrado de los cristianos. Después comenzaron a agregar su propio cuerpo de escritos. Los judíos no los aceptaron y siguen sin aceptarlos como escritos sagrados. Los cristianos llamaron a la Biblia hebrea el Antiguo Testamento y a este nuevo cuerpo de trabajo el **Nuevo Testamento**. Leían los dos juntos como su texto sagrado.

Las obras que se convirtieron en el Nuevo Testamento fueron escritas entre 50 y 150 D.C. Aproximadamente por el año 300 se recopilaron y comenzaron a circular en la forma que los cristianos lo conocen hoy en día. Jesús y sus primeros seguidores probablemente hablaban arameo. Pero el Nuevo Testamento estaba en griego. El griego era el idioma más hablado en la parte oriental del Imperio Romano. El Nuevo Testamento contiene 27 documentos separados, llamados libros.

Los Evangelios Los primeros cuatro libros del Nuevo Testamento son los **Evangelios**. Describen la vida y las enseñanzas de Jesús a partir de cuatro puntos de vista. No todos los Evangelios describen los mismos hechos exactamente de la misma manera. En conjunto, sin embargo, crean una imagen poderosa de Jesús y sus enseñanzas.

Muchas de las enseñanzas de Jesús se presentan en forma de **parábolas**, o historias con una moraleja. Jesús las usaba para explicar lecciones importantes.

Otros libros Después de los Evangelios, viene una serie de otros libros. La mayoría de ellos son **epístolas**, o cartas formales. Son las cartas que los apóstoles y otros líderes escribieron a las nuevas iglesias.

La mayoría de las epístolas fueron escritas para explicar las enseñanzas cristianas o para resolver problemas en la Iglesia. Pablo escribió muchas de estas epístolas a las iglesias que él fundó. Explicaban muchas creencias cristianas con detalle. La vida de Pablo y de otros primeros cristianos se describen en otro libro del Nuevo Testamento, los Hechos de los Apóstoles.

El último libro del Nuevo Testamento es el libro del Apocalipsis. Está escrito como una carta, pero hace predicciones sobre sucesos futuros. Usa imágenes complicadas para predecir el regreso de Jesús a la Tierra y una batalla final entre el bien y el mal.

Verificar la lectura ¿Cómo se llaman los primeros cuatro libros del Nuevo Testamento?

El Buen Samaritano

Esta pintura muestra la parábola del Buen Samaritano, que aparece en el Evangelio de Lucas. En esta historia, un hombre es robado y golpeado. Mientras yace en el camino, dos personas adineradas y bien conectadas pasan por allí y lo ignoran. Finalmente, un samaritano, un miembro de un grupo étnico aborrecido, pasa por allí. Se detiene y ayuda al hombre que había sido atacado. Jesús alaba al samaritano. Al contar esta historia, Jesús está diciendo que las personas deben tratarse las unas a las otras con amabilidad y que debemos juzgar a los demás sobre la base de sus acciones, no de su origen étnico. Hoy en día, la frase "un buen samaritano" quiere decir una persona que ayuda a un extraño que lo necesita.

409

Creencias sobre Dios

Los cristianos usan el Nuevo Testamento para sus enseñanzas. A lo largo de los siglos, los cristianos han estado en desacuerdo sobre algunas partes de su fe. Pero la mayoría comparten muchas creencias básicas comunes.

El Hijo de Dios Los Evangelios se refieren a Jesús no sólo como el mesías, sino también como el Hijo de Dios. La fe cristiana sostiene que Jesús era Dios en forma humana. Para los primeros cristianos, la muerte de Jesús demostró que era humano. Su resurrección probó que era divino, o parecido a Dios. Para algunos, la idea de Jesús como humano y divino era desconcertante, o polémica. Pero los cristianos podían tener fe en que ellos también serían resucitados después de la muerte. Los cristianos creen que por creer en Jesús, serán recompensados con la vida eterna, o infinita, en presencia de Dios.

El alma y la salvación Los cristianos creen que todos tienen un alma, o espíritu. El destino del alma después de la muerte depende de cómo vivió la persona y si creía en Jesús. Creen que Dios debe perdonar los pecados, o malas acciones, para que las almas vivan en presencia de Dios al morir. Creen que Dios puede perdonar a los que se arrepienten de sus pecados y siguen a Jesús.

Los cristianos consideran la muerte y resurrección de Jesús como la clave para el perdón. En la antigüedad, algunos pueblos expiaban, o purgaban sus pecados, sacrificando animales a sus dioses. Los cristianos creen que Jesús,

polémico, *adj.*, algo con lo que las personas no están de acuerdo o sobre lo que discuten

Sermón de la Montaña

El Sermón de la Montaña es una de las partes más famosas del Nuevo Testamento. Se trata de un discurso pronunciado por Jesús en una montaña. Sus palabras siguen guiando e inspirando a los cristianos de hoy.

al ser crucificado, se sacrificó por los pecados de todos.

La Trinidad Al igual que los judíos, los cristianos son monoteístas. Esto significa que adoran a un dios. Sin embargo, la mayoría de los cristianos creen que Dios existe en tres formas, llamadas personas. En conjunto, estas tres formas se conocen como la **Trinidad**. La Trinidad es Dios el Padre, Jesús el Hijo y el Espíritu Santo.

Los cristianos creen que Dios el Padre creó el universo. Creen que Jesús es el hijo de Dios. Él es Dios en forma humana. El Espíritu Santo se describe como el poder de Dios como se experimenta en la Tierra. El Espíritu Santo permitió a los primeros cristianos detectar la presencia de Dios después de que Jesús ya no estaba con ellos.

Verificar la lectura ¿Cómo expiaban sus pecados las personas del mundo antiguo?

La práctica del cristianismo

Los cristianos tratan de seguir las enseñanzas de Jesús. La mayoría también siguen rituales y días festivos similares.

Seguir las enseñanzas de Jesús Las enseñanzas de Jesús tienen que ver con la **ética**, o las cuestiones del bien y del mal y cómo tratar a otros. Los cristianos tratan de vivir según las enseñanzas éticas de Jesús. Jesús exhortaba a tratar a los demás como les gustaría ser tratados. Esto se conoce como la "Regla de oro".

> 66 En todo, trata a los demás como quieras que te traten a ti 99.
>
> —Mateo 7:12

Jesús se preocupaba por los pobres y humildes. Aceptaba a las personas de menor estatus social entre sus seguidores.

miMundo: Actividad
Obrar bien

Jesús pudo haber pronunciado el Sermón de la Montaña en una colina con vista al Mar de Galilea, abajo. ▼

Bendiciones

> 66 Bienaventurados los pobres de espíritu, porque de ellos es el reino de los cielos. Bienaventurados los que lloran, porque ellos serán consolados. Bienaventurados los mansos, porque ellos heredarán la tierra. Bienaventurados los que tienen hambre y sed de justicia, porque ellos serán saciados 99.
>
> —Mateo 5:3–6

Enseñanzas

> 66 Habéis oído lo que fue dicho: 'Amarás a tu prójimo y odiarás a tu enemigo'. Pero yo os digo: Amad a vuestros enemigos y orad por los que os persiguen, para que seáis hijos del Padre en el cielo 99.
>
> —Mateo 5:43–44

El cristianismo en la actualidad

El cristianismo es la religión más grande del mundo. Hay alrededor de 2 mil millones de cristianos en el mundo. Se dividen en miles de **denominaciones**, o grupos religiosos. Los distintos grupos comparten algunas creencias y rituales, pero no están de acuerdo sobre otros. Los grupos más grandes son el catolicismo romano y la ortodoxia oriental. El protestantismo es una enorme familia de grupos. Algunas denominaciones protestantes son las Iglesias bautista, metodista, luterana, presbiteriana, pentecostal y episcopal.

RAZONAMIENTO CRÍTICO **¿Cuál es el grupo cristiano más grande?**

El Papa Benedicto XVI, líder de la Iglesia católica romana, saluda a los fieles. El catolicismo romano es el grupo cristiano más grande.

Aprendizaje del siglo XXI

Cristianos trabajando en un comedor de beneficencia. ▼

Cristianos protestantes rezan en una iglesia de África. El cristianismo se extiende rápidamente en ese continente.

Cristianos en el mundo

Cristianos **33.1%**

No cristianos **66.9%**

FUENTE: Asociación de Archivos de Datos de Religión

Dónde viven los cristianos

América del Norte **15%**

Australia y el Pacífico **1%**

Europa **27%**

Asia **16%**

América Central y del Sur **20%**

África **21%**

La gráfica circular de la izquierda muestra cómo están divididos los cristianos en las regiones. Por ejemplo, el 16 por ciento de los cristianos en el mundo vive en Asia.

FUENTE: Asociación de Archivos de Datos de Religión

Además de seguir las enseñanzas de Jesús, la mayoría de los cristianos creen que la fe religiosa es importante. El cristianismo significa creer en Jesús, en su sacrificio por los pecados de los demás y en su resurrección.

Rituales y festividades Muchas prácticas son compartidas por casi todos los grupos de cristianos. La mayoría observan el domingo como día de descanso y oración. En los servicios de adoración muchos participan en una comida ritual llamada Comunión o Eucaristía. Normalmente incluye pan y vino o jugo de uva. Muchos son bautizados, ya sea de bebés o de adultos.

La Navidad y la Semana Santa son dos fiestas importantes. En la Navidad se celebra el nacimiento de Jesús, un milagro según la tradición cristiana. En la Pascua se celebra la resurrección de Jesús.

Verificar la lectura ¿**Qué suceso está marcado por la Pascua?**

La tradición judeocristiana

El judaísmo y el cristianismo son religiones con diferencias importantes. Pero también tienen mucho en común. Tanto los judíos como los cristianos adoran a un Dios. Ambos leen la Biblia hebrea (Antiguo Testamento) como libro sagrado. Comparten una tradición ética similar. Ambos grupos respetan los Diez Mandamientos.

En conjunto, los elementos comunes del judaísmo y el cristianismo forman la tradición judeocristiana. Esta tradición ha moldeado mucha de la vida en Europa, América y otras áreas. Ha contribuido al arte y la literatura. Ciertas partes de las historias que ambos grupos leen en la Biblia son temas comunes en el arte. La tradición también ayuda a moldear la ley. Por ejemplo, enseña la igualdad de todos ante la ley.

elemento, *sust.*, parte

Verificar la lectura ¿**Cuál es un elemento que el judaísmo y el cristianismo tienen en común?**

Evaluación de la Sección 4

Términos clave

1. ¿Cuándo se escribió el Nuevo Testamento?

2. ¿Quiénes creen los cristianos que forman la Trinidad?

Ideas clave

3. ¿Qué parte del Nuevo Testamento fue escrito en parte por el apóstol Pablo?

4. ¿Creen la mayoría de los cristianos que Jesús era humano, divino, o ambos?

5. ¿Cuál es la "Regla de oro"?

6. ¿Qué dos religiones constituyen la tradición judeocristiana?

Razonamiento crítico

7. **Analizar fuentes primarias** En el Sermón de la Montaña, ¿qué tipo de personas dijo Jesús que son "bienaventuradas"? ¿Cómo creen, entonces, los cristianos que deben actuar las personas?

8. **Identificar las ideas principales** ¿Qué creen los cristianos sobre la expiación, o la purgación de los pecados?

9. ¿Viven actualmente más cristianos en Asia, donde se fundó el cristianismo, o en otros continentes? Anota la respuesta en tu Cuaderno del estudiante.

La decadencia del Imperio Romano

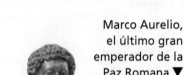

Marco Aurelio, el último gran emperador de la Paz Romana ▼

Durante siglos, el Imperio Romano gobernó la región mediterránea. Sin embargo, en aproximadamente 200 D.C., Roma comenzó a decaer.

El fin de la Paz Romana

En 180 D.C., murió el emperador Marco Aurelio. Fue el último de los cinco emperadores que conservaron unido al imperio. Su muerte marcó el fin de la Paz Romana. Durante los siguientes 300 años, el imperio decayó y finalmente colapsó.

La paz del Imperio Romano dependía de que el paso de un emperador a otro se diera sin violencia. Para finales de 100 D.C., los comandantes militares desafiaron a los emperadores para ocupar su lugar. Hubo más guerras civiles. Estallaron una serie de guerras cuando Cómodo, el hijo de Marco Aurelio, fue asesinado.

El general Septimio Severo restauró la paz. Fue emperador después de ganar una guerra civil. Se mantuvo en el poder porque el ejército lo apoyaba, no porque les agradara a las personas. Su estrategia fue contundente y simple. Él dijo: "Enriquecer a los soldados, despreciar a los demás". Los emperadores anteriores habían tratado de ganarse a las personas y al Senado, pero a los posteriores no les importaban sus opiniones y se enfocaban en las fuerzas armadas.

Verificar la lectura ¿Quién fue Septimio Severo?

La crisis imperial

Los sucesores de Severo perdieron el poder. Hubo guerras civiles. Los años de 235 a 284 D.C. fueron de crisis imperial. Roma quedó desgarrada por guerras civiles y dividida en partes. Los generales se convirtieron en emperadores. Cada uno asesinaba o derrotaba al emperador anterior.

Problemas económicos Las guerras crearon problemas pues eran costosas. Los que querían ser emperadores tenían que convencer a los soldados de apoyarlos. Les subían el salario o los sobornaban. Aumentaron los impuestos para mantener estos gastos. Esto perjudicó al pueblo y a la economía.

Los emperadores trataban de obtener dinero devaluando la moneda. Hacían las monedas con menos oro o plata y más cobre u otros metales de menor valor. Cuando los comerciantes vieron esto, elevaron sus precios. Esto provocó una **inflación**, o alza general del precio de los bienes.

Las guerras perjudicaron a la economía al hacer que el comercio fuera peligroso. Las redes de comercio se interrumpieron.

Invasiones extranjeras Los enemigos extranjeros se hicieron más peligrosos. Los ejércitos romanos estaban ocupados peleando en las guerras civiles. Fue necesario retirar las tropas de las fronteras.

Mientras los romanos peleaban entre sí, los pueblos de fuera se aprovecharon. Asaltaban las tierras romanas con más frecuencia.

Persas, godos y hunos

A medida que Roma creció hasta convertirse en un gran imperio, derrotó a muchos rivales. En sus últimos años, enfrentó a nuevos enemigos. Los persas en el este, y los godos y los hunos en el norte, se convirtieron en algunos de los rivales más peligrosos de Roma.

Persas

El emperador persa sasánida Sapor I capturó en batalla al emperador romano Valeriano. El relieve de la derecha muestra a Sapor montado en un caballo sosteniendo a Valeriano por las muñecas. Un segundo emperador romano se arrodilla ante Sapor.

Godos

A diferencia de los persas y los hunos, los godos germanos se establecieron en territorio romano y se convirtieron al cristianismo. El conjunto de coronas y joyas godas de la derecha incluye una cruz, que demuestra este hecho.

Hunos

Los hunos fueron uno de los enemigos más temibles que enfrentó Roma. Como en la imagen de la izquierda, eran expertos jinetes que podían usar lanzas e incluso disparar flechas a caballo.

415

Imperio Romano tardío

El imperio romano no se colapsó de repente. Decayó lentamente a lo largo de 300 años. Esta línea cronológica muestra algunos de los sucesos más importantes de ese período.

Diocleciano y su coemperador Maximiano

180 Termina la Paz Romana.

285 Diocleciano divide el imperio.

100	200

235–284 Se produce la crisis imperial.

comunicación, *sust.,* una forma de transmitir información

El tamaño del imperio dificultaba su defensa. A pesar de los buenos caminos, la comunicación y los viajes eran lentos. Las tropas no se movían con rapidez para combatir a los invasores. Las noticias de una invasión tardaban en llegar al emperador.

Por el siglo III, el Imperio Sasánida se sublevó en Persia. Los persas sasánidas se aprovecharon de las guerras civiles romanas para atacarlos. En 260 capturaron y ejecutaron al emperador romano Valeriano.

Los pueblos germanos Los romanos llamaban germanos a quienes vivían al otro lado de sus fronteras. Había muchos grupos diferentes. Entre ellos había francos, vándalos y godos.

Los germanos asaltaron el territorio romano durante la crisis imperial. Roma era un blanco rico y fácil. Muchos germanos querían establecerse allí, pues la vida era mejor.

Los romanos llamaban a los germanos **bárbaros**. Así llamaban a quienes no compartían su cultura. Los consideraban salvajes o incivilizados.

Muchos germanos adoptaron aspectos de la cultura greco-romana. Vivieron en o cerca del imperio por generaciones. Después de que Roma se convirtió al cristianismo, muchos se convirtieron. Durante y después de la crisis imperial, decenas de miles de germanos se unieron al ejército romano. Para finales del imperio, se habían convertido en importantes generales romanos.

Verificar la lectura ¿Quiénes eran los sasánidas?

El imperio tardío

El Imperio Romano no se recuperó de la crisis hasta finales del siglo III. Diocleciano, un líder militar, se convirtió en emperador en 284. Por primera vez en décadas, un solo hombre gobernaba todo el imperio. Duró muchos años en el poder.

Diocleciano Trató de hacer que Roma fuera más estable. Reorganizó el gobierno. Envió tropas para restablecer la paz en las fronteras. Persiguió a los cristianos, pues se creía que habían enfadado a los dioses y esto era la causa sus problemas.

El emperador Constantino

Las ruinas del Foro Romano

312 Constantino se convierte al cristianismo.

410 Los godos saquean Roma.

476 Fin del Imperio Romano de Occidente.

300

400

500

La contribución más importante de Diocleciano fue dividir el imperio en dos mitades. Eligió un coemperador para administrar el imperio. Diocleciano gobernó la parte oriental, mientras que Maximiano gobernó la parte occidental.

También nombró a dos jóvenes emperadores que debían asumir el poder después de que los emperadores mayores murieran o se retiraran. La idea era evitar guerras civiles. Si hubiera funcionado, un emperador podría haber seguido al otro en paz.

Constantino Pero Diocleciano fracasó. Al morir, los militares volvieron a luchar por el poder. Con el tiempo, Constantino derrotó a sus rivales y se convirtió en emperador. Constantino se convirtió al cristianismo y lo convirtió en la religión oficial del imperio.

En 324, Constantino comenzó los trabajos en una nueva y gran capital para la mitad Oriente del imperio. Construyó su "Nueva Roma" en lo que hoy es Turquía. Era el sitio de una antigua ciudad griega llamada Bizancio. Al morir, se le llamó Constantinopla, la ciudad de Constantino.

Verificar la lectura **¿Qué significa** ***Constantinopla?***

El colapso de Occidente

A pesar del esfuerzo de Constantino, el declive de Roma continuó. Los enemigos del imperio se aprovecharon y provocaron que <u>colapsara</u>.

Llegan los hunos Los nómadas de las llanuras de Asia Central, conocidos como hunos, provocaron una crisis en la frontera norte. Eran guerreros feroces que se desplazaron a Europa en el siglo IV. Más tarde, en el siglo V, atacaron Roma bajo el liderazgo de Atila. Los romanos derrotaron esa invasión en la Batalla de Châlons. Pero todavía eran un peligro. Conforme los hunos arrasaban por el continente, los germanos huían a tierras romanas.

Invasión de los germanos Para 376, algunos germanos habían llegado al río Danubio, la frontera del imperio. Los godos germanos cruzaron el río y entraron en el imperio, buscando refugio de los hunos.

Los romanos los atacaron, pero los godos los derrotaron en la Batalla de Adrianópolis. Hubo invasiones godas. Los godos y otros germanos cruzaron la frontera del imperio.

miMundo: Actividad
El invitado de esta noche es. . .

colapsar, *v.*, deshacerse, despedazarse

417

La caída del
IMPERIO ROMANO

Los problemas políticos y las guerras civiles contribuyeron a debilitar seriamente al Imperio Romano. Los enemigos extranjeros invadieron y los problemas económicos minaron la prosperidad de Roma. Estos y otros problemas provocaron que la mitad occidental del Imperio Romano colapsara.

RAZONAMIENTO CRÍTICO ¿Cómo alentaron las guerras civiles las invasiones extranjeras?

Causas y efectos

Guerras civiles

Invasiones extranjeras

Problemas económicos

Fin del Imperio Romano de Occidente

Invasiones extranjeras

40° E

Sajones Jutos
Anglos
BRITANIA
Sajones Lombardos
Godos
Hunos

OCÉANO ATLÁNTICO

50° N

40° N

Francos
Châlons
Hunos
Río Rin
Río Danubio
Hunos
Hunos

GALIA

Vándalos

ESPAÑA
Godos

Vándalos
Vándalos
Godos
Godos
Hunos
Godos
Mar Negro

Roma
ITALIA
Adrianópolis
Constantinopla

ASIA MENOR

Hunos

Mar Caspio

50° E   60° E

Vándalos
Cartago

GRECIA

Vándalos

Mar Mediterráneo

EGIPTO

Mar Rojo

Río Nilo

Trópico de Cáncer

10° O
20° N
10° E   20° E   30° E

LEYENDA

- Imperio Romano de Oriente
- Imperio Romano de Occidente
- → Ruta de la invasión
- ✳ Sitio de una batalla importante
- ○ Ciudad

0   500 Millas
0   500 Kilómetros
Proyección cónica conforme de Lambert

N O E S

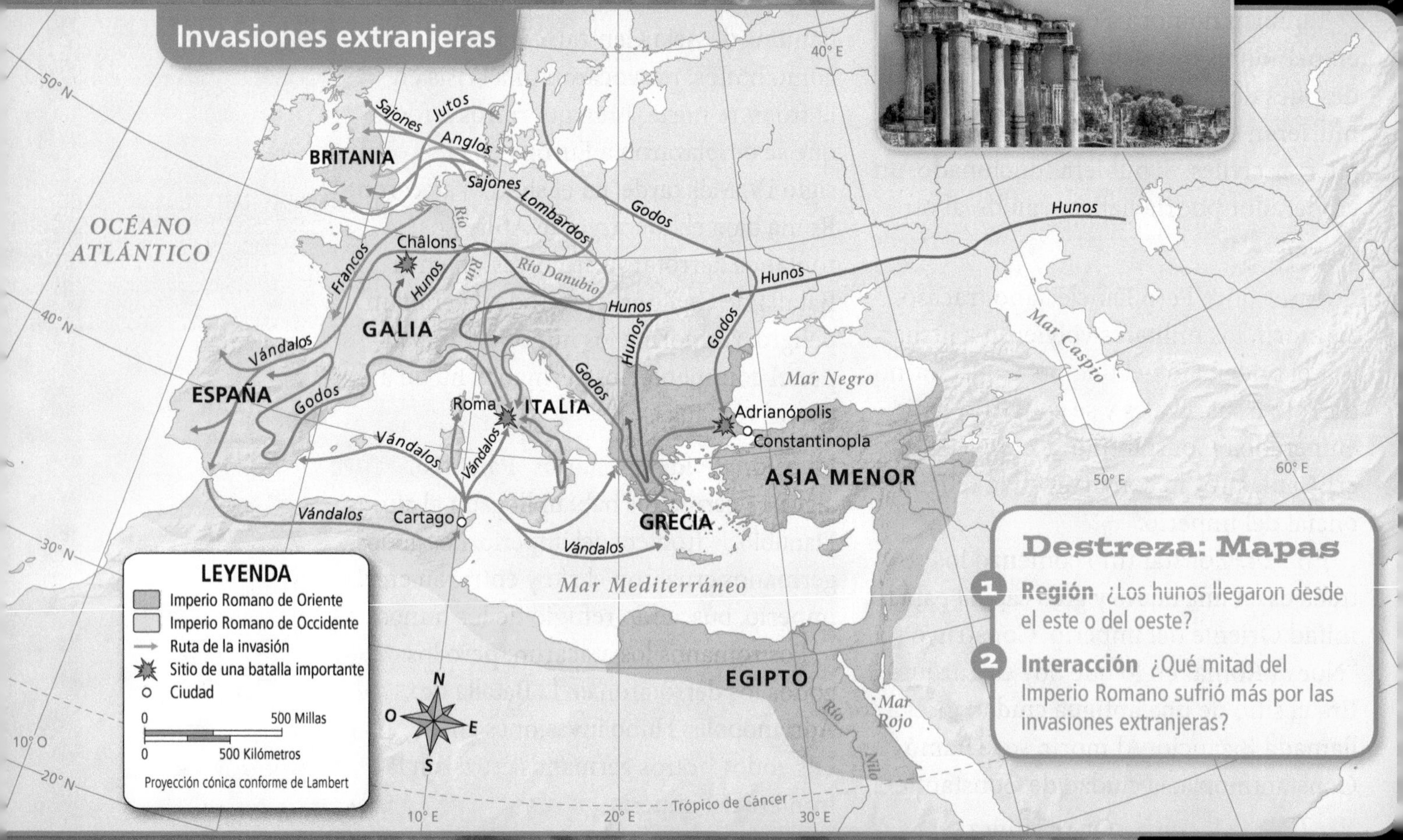

Destreza: Mapas

1 **Región** ¿Los hunos llegaron desde el este o del oeste?

2 **Interacción** ¿Qué mitad del Imperio Romano sufrió más por las invasiones extranjeras?

Los romanos trataron de pagar a los germanos para luchar contra los demás. Los contrataron como **mercenarios**, o soldados que luchan por un salario en lugar de por su país. No siempre eran leales. A veces se volvían contra el imperio. Roma no pudo detener las invasiones.

El emperador Teodosio se hizo cargo después del desastre de Adrianópolis. Fue el último en gobernar todo el Imperio. Se convirtió en defensor de la **ortodoxia** cristiana, es decir, las creencias religiosas tradicionales o establecidas. Convirtió al cristianismo en la religión oficial romana.

Al morir Teodosio, la situación empeoró en el Imperio de Occidente. Los germanos se apoderaron de provincias enteras. En 410, las tropas romanas se retiraron de Britania. Se la dejaron a los invasores germanos.

Conforme el Imperio de Occidente se derrumbaba, los germanos controlaban en secreto el poder de los emperadores romanos de Occidente, hasta que estos lo perdieron.

La caída de Roma Con el tiempo, Roma fue atacada. Los godos tomaron Roma en 410 y saquearon la ciudad. En 455, los vándalos saquearon Roma.

Roma nunca se recuperó. El Imperio Romano de Occidente terminó en 476. Un general germano llamado Odoacro derrocó a Rómulo Augústulo, el último emperador romano de Occidente y se convirtió en rey de Italia.

A medida que el gobierno del Imperio Romano de Occidente se colapsaba, las ciudades fueron atacadas. Las personas se desplazaron al campo por seguridad. El comercio y el aprendizaje decayeron.

El Imperio Romano sobrevivió en el este. Los emperadores de Oriente mantuvieron el poder. Sus ciudades prosperaron. El Imperio Romano de Oriente sobrevivió casi 1,000 años después de la caída del Imperio de Occidente. Se conoce al Imperio Romano de Oriente como el Imperio Bizantino.

Verificar la lectura **¿Quién ganó la Batalla de Adrianópolis?**

Evaluación de la Sección **5**

Pregunta esencial

Términos clave

1. Cuando se produce la inflación, ¿suben o bajan los precios?

2. ¿Por qué luchan los mercenarios?

Ideas clave

3. ¿El apoyo de quién necesita más un hombre para convertirse en emperador?

4. ¿Cómo causaban los emperadores la inflación?

5. ¿Por qué dividió Diocleciano al imperio?

6. ¿Cómo terminó el Imperio Romano de Occidente?

Razonamiento crítico

7. Analizar Causa y efecto ¿Cómo conducían las guerras civiles a los problemas económicos?

8. Identificar las ideas principales ¿Qué cambios realizó Diocleciano para tratar de resolver el problema de la sucesión en el Imperio Romano?

¿Por qué la gente se desplaza?

9. ¿Cómo afectó el desplazamiento de los hunos al Imperio Romano? Anota la respuesta en tu Cuaderno del estudiante.

Evaluación del capítulo

Términos e ideas clave

1. **Comparar y contrastar** ¿En qué se diferenciaba el gobierno del Imperio Romano del gobierno de la República romana?

2. **Recordar** ¿Qué significan en latín las palabras **"Paz Romana"**?

3. **Resumir** ¿Cuál es el propósito de la **sátira**?

4. **Categorizar** Enumera dos situaciones cotidianas en las que una persona tendría que pensar en la **ética**.

5. **Analizar causa y efecto** ¿Qué causó la **inflación** en el Imperio Romano?

6. **Comentar** ¿Cómo trató Diocleciano de resolver el problema de elegir un nuevo emperador? ¿Tuvo éxito?

7. **Recordar** ¿Cuáles son dos formas importantes en que Constantino cambió el Imperio Romano?

Razonamiento crítico

8. **Analizar fuentes primarias** Busca la cita de Juvenal en la Sección 2. ¿Cuál es la queja de Juvenal sobre el pueblo romano?

9. **Inferir** ¿De qué maneras contribuyó el gobierno romano a la difusión del cristianismo, a pesar de la persecución de los cristianos?

10. **Secuencia** Ordena los siguientes tres emperadores del primero al último: Diocleciano, Constantino, Augusto. Escribe una frase sobre la principal contribución de cada emperador.

11. **Conceptos básicos: Religión** ¿Qué importancia tienen la Navidad y la Pascua en el cristianismo?

Analizar elementos visuales

La estatua de la derecha se ubica frente al edificio de la Corte Suprema de los Estados Unidos. La palabra en latín en el rollo es *lex*, que significa "ley".

12. ¿Por qué crees que esta estatua en particular contiene escritura en latín?

13. ¿Qué indica sobre el legado de la antigua Roma en el mundo moderno, el hecho de que esta estatua tenga una palabra en latín?

Pregunta esencial
miMundo: Actividad del capítulo

Una experiencia conmovedora Sigue las instrucciones de tu maestro para explorar la difusión de la cultura romana en diferentes partes del imperio. Usando las Tarjetas de actividades y las Secciones 1 a 5 y myworldhistory.com, interpreta el papel de un romano desplazándose a una provincia lejana. Anota tus experiencias en un diario y luego comenta esas experiencias para relacionar la inmigración de hace mucho tiempo con la de la actualidad.

Aprendizaje del siglo XXI
Haz una presentación efectiva

Usa la Internet o la biblioteca para buscar información sobre un emperador romano de tu elección. Haz una presentación a tu clase sobre tu emperador. Incluye la siguiente información:
- Fechas en que gobernó
- Logros y hechos interesantes
- Tu opinión: ¿Fue este emperador exitoso o no?

Preguntas basadas en documentos

Success Tracker™
En línea en myworldhistory.com

Usa tu conocimiento del Imperio Romano y los Documentos A y B para responder las Preguntas 1 a 3.

Documento A

" Los acueductos que se han derrumbado con la edad, he restaurado. . . . He ofrecido exhibiciones de gladiadores; en estas exhibiciones cerca de 10,000 hombres han combatido. . . . He limpiado el mar de piratas. . . . He anexado Egipto al imperio del pueblo romano".

—*Hechos del divino Augusto*, emperador Augusto

Documento B

" Si se le pidiera a un hombre que mencionara un período en la historia del mundo durante el cual la condición de la raza humana fue más feliz y próspera, sin dudarlo, nombraría [la Paz Romana]. . . . La vasta extensión del imperio romano estaba gobernada por el poder absoluto, bajo la dirección de la virtud y la sabiduría".

—*Historia de la decadencia y caída del Imperio Romano*, Edward Gibbon, 1776

1. En el Documento A, Augusto enumeró sus principales logros. De las siguientes opciones, ¿qué es algo que Augusto no consideró suficientemente importante para enumerarlo?

   A la anexión de nuevas tierras al imperio

   B realizar mejoras en Roma

   C proteger los derechos de las personas

   D presentar espectáculos públicos

2. Según el Documento B, ¿qué creía Edward Gibbon?

   A La Paz Romana fue un período difícil.

   B El Imperio Romano maltrataba a sus súbditos.

   C La Paz Romana fue un período feliz.

   D El gobierno absoluto, o ilimitado, es una mala forma de gobierno.

3. **Tarea escrita** ¿Estás de acuerdo con Edward Gibbon sobre cómo era la vida durante la Paz Romana? Escribe un párrafo que explique tu respuesta.

my worldhistory.com

Self-Test

La difusión del cristianismo

Idea clave
- El cristianismo se difundió a pesar de la persecución del gobierno romano.

Durante la República romana y el Imperio Romano, las creencias religiosas romanas incluían la adoración de múltiples dioses. El gobierno romano a menudo perseguía, o maltrataba, a los cristianos por negarse a adorar al emperador romano. Esta intolerancia se muestra en el primer documento, una carta escrita por el gobernador romano Plinio al emperador Trajano. Pero a medida que el Imperio Romano se debilitaba, las prácticas y creencias cristianas se difundían. Bajo el emperador Teodosio, que gobernó de 379 a 395 D.C., el cristianismo se convirtió en la religión oficial del Imperio Romano.

Una pintura del siglo XIX que muestra el entierro de uno de los primeros cristianos asesinados por la persecución romana.

Lee el texto de la derecha. Haz una pausa en cada letra encerrada en un círculo. Luego, responde la pregunta con la misma letra que está a la izquierda.

Ⓐ **Identificar los detalles** ¿Qué castigo se da a aquellos que no confiesan ser cristianos?

Ⓑ **Inferir** ¿Cómo revela este pasaje el punto de vista de Plinio?

Ⓒ **Resumir** Explica en tus propias palabras lo que Plinio describe en el último párrafo.

denunciar, *v.,* acusar públicamente
interrogar, *v.,* cuestionar formalmente
credo, *sust.,* un conjunto de creencias
obstinación, *sust.,* terquedad
locura, *sust.,* falta de buen sentido
frenar, *v.,* desacelerar o detenerse

Carta de Plinio al emperador Trajano

❝ En el caso de aquellos que fueron <u>denunciados</u> ante mí como cristianos, he seguido el siguiente procedimiento: los <u>interrogué</u> acerca de si eran cristianos; a los que confesaron los interrogué una segunda y una tercera vez, amenazándolos con el castigo; para los que persistieron **Ⓐ** ordené su ejecución. Porque yo no tenía duda de que, cualquiera que fuera la naturaleza de su <u>credo</u>, su terquedad e inflexible <u>obstinación</u> sin duda **Ⓑ** merecían ser castigadas. Había otros que poseían la misma <u>locura</u>; pero debido a que eran ciudadanos romanos, firmé una orden para que fueran trasladados a Roma. . . . Esta superstición se ha extendido no sólo a las ciudades sino también a las aldeas y granjas. Pero parece posible <u>frenarla</u>. Sin duda, es muy claro que. . . **Ⓒ** los ritos religiosos establecidos, descuidados durante mucho tiempo, se han reanudado ❞.

—Plinio el Joven, *Cartas*, aprox 111–113 D.C.

Lee el texto de la derecha. Haz una pausa en cada letra encerrada en un círculo. Luego, responde la pregunta con la misma letra que está a la izquierda.

D Resumir Explica en tus propias palabras lo que Teodosio dice en la primera oración.

E Identificar los detalles ¿Qué quiere decir Teodosio con la creencia en "una deidad"?

F Sacar conclusiones ¿Qué crees que podría suceder a las personas que se niegan a convertirse al cristianismo?

clemencia, *sust.,* un acto de indulgencia, misericordia

apostólico, *adj.,* de o relacionado con un apóstol

deidad, *sust.,* un dios o una diosa

ignominioso, *adj.,* deshonroso, humillante

hereje, *sust.,* persona que contradice las creencias religiosas establecidas

conventículo, *sust.,* reunión clandestina

condena, *sust.,* culpa

Código de Teodosio

" Es nuestro deseo que todas las diversas naciones que están sujetas a nuestra clemencia y moderación, sigan profesando la religión que fue entregada a los romanos **D** por el divino apóstol Pedro. . . . Según las enseñanzas apostólicas y la doctrina del Evangelio, creamos en **E** la única deidad del Padre, el Hijo y el Espíritu Santo, de igual majestad y en una santa Trinidad. Autorizamos a que los seguidores de esta ley asuman el título de cristianos católicos; pero en cuanto a los demás, ya que a nuestro juicio son locos insensatos, decreto que sean marcados con el ignominioso nombre de herejes, y no se atrevan a dar a sus conventículos el nombre **F** de iglesias. Ellos sufrirán. . . la condena divina y el. . . castigo de nuestra autoridad, en conformidad con [lo que] la voluntad de los cielos decida infligir ".

—Teodosio, 380 d.c., de *Documents of the Christian Church,* editado por Henry Bettenson y Chris Maunder

Analizar los documentos

1. **Comparar y contrastar** ¿En qué se parecen estos dos documentos? ¿En qué se diferencian?

2. **Tarea escrita** Usando estos dos documentos para apoyar tus ideas, escribe un párrafo que dé tu opinión sobre la siguiente declaración: La tolerancia religiosa es necesaria para mantener una sociedad pacífica.

Constantino I fue el primer emperador cristiano de Roma.

Producir un **noticiero romano**

Tu misión Tu clase va a crear y presentar un noticiero sobre la vida en la antigua Roma. Divídanse en equipos para enfocarse en cuatro partes del noticiero: las noticias, los deportes, los reportajes especiales y los segmentos editoriales. Trabajen juntos para realizar el noticiero.

Con el tiempo, Roma se convirtió de una ciudad pequeña al centro de un enorme y diverso imperio. Al planear tu noticiero, piensa en los sucesos de la historia romana que podrían interesar a tus televidentes. Por ejemplo, una historia sobre la influencia política de los principales gobernantes romanos o sobre los proyectos de construcción durante la Paz Romana. Un reportaje deportivo podría describir un evento del Coliseo. Un reportaje especial sobre la cultura podría informar sobre las artes, creencias religiosas o prácticas educativas. Asegúrate de usar efectos visuales interesantes en tus reportajes.

PASO 1

Recopila las noticias.

Primero, recopila información sobre tu tema en tu libro de texto, la biblioteca de la escuela y la Internet. Los equipos de noticias deben recabar datos sobre la política y las guerras de la antigua Roma. Los equipos deportivos deben buscar información sobre los eventos deportivos. Los equipos de reportajes especiales podrían centrarse en temas como la ciencia, la economía, la religión o la medicina. Los equipos editoriales deben tomar una posición sobre un tema importante en la historia de Roma.

PASO 2

Escribe los reportajes.

Después de recabar los hechos de tu parte del noticiero, escribe un reportaje sobre el tema. Asegúrate de responder cualquier pregunta que un espectador pudiera tener sobre el tema, como qué pasó y por qué fue importante. Si tienen tiempo, tu equipo podría producir un anuncio de un producto o servicio que existió en la antigua Roma. Elige a uno o dos estudiantes de tu grupo para que sean los locutores que leerán los reportes a la clase.

PASO 3

Presenta el noticiero.

Tu noticiero debe presentar los hechos con claridad y concisión. Vuelve a escribir cualquier oración demasiado larga y verifica que pronuncies correctamente las palabras. Ensaya con tu equipo leyendo en voz alta. Cada segmento del equipo debe ser de unos cinco minutos de duración, así que usa el reloj de la clase para cronometrar tus reportajes. Sobre todo, ¡asegúrate de que tu información sea precisa! Invita a otra clase para que vea la presentación de tu noticiero y anuncios.

El Imperio Bizantino y la Civilización Islámica

Océano Atlántico

Europa

África

Teodora (aprox. siglo VI), emperatriz bizantina, fue una hábil política y una líder poderosa.

Ibn Battutah (aprox. siglo XIV) fue un hombre marroquí que viajó extensamente por toda África y Asia.

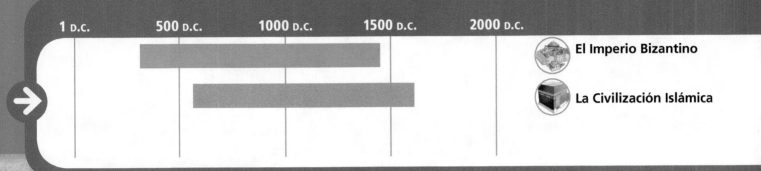

1 D.C.   500 D.C.   1000 D.C.   1500 D.C.   2000 D.C.

El Imperio Bizantino

La Civilización Islámica

Asia

Océano
Pacífico

Océano
Índico

Capítulo 14   **Capítulo 15**
El Imperio   La Civilización
Bizantino   Islámica

* **Los colores en el mapa corresponden a las áreas de estudio que se presentan en cada capítulo.**

El Imperio Bizantino

? **Pregunta esencial**

¿Qué distingue una cultura de otra?

? **Explora la Pregunta esencial**

- en **my** **worldhistory.com**
- usando **miMundo: Actividad del capítulo**
- con el **Cuaderno del estudiante**

▲ Este mosaico que representa al emperador Justiniano proviene de Ravena, una ciudad que él conquistó en el norte de Italia.

1000 años de historia bizantina

324 Se funda Constantinopla.

527 Justiniano se convierte en emperador.

1054 El Gran Cisma separa a la Iglesia ortodoxa oriental de la Iglesia católica romana.

300 D.C.　　**600** D.C.　　**900** D.C.　　**1200** D.C.　　**1500** D.C.

476 Caída del Imperio Romano de Occidente

aprox. 630 Los musulmanes árabes conquistan gran parte del Imperio Bizantino.

1453 Constantinopla cae ante los turcos otomanos. Fin del Imperio Bizantino.

LOS DISTURBIOS DE NIKA:
La gran victoria de Teodora

Aún siendo emperatriz, Teodora conocía tan bien como cualquiera la pasión que el pueblo de Constantinopla sentía por las carreras de carros. Prácticamente había crecido en el hipódromo, la enorme pista de carreras de Constantinopla. Su padre cuidaba los osos adiestrados, cuyas actuaciones entretenían a la multitud entre las carreras.

Las carreras combinaban la emoción de los deportes con la política imperial. Los equipos representaban diferentes grupos políticos y religiosos. Los aficionados tenían gran lealtad a los equipos dominantes, Azules y Verdes. Los fans de los Azules solían ser propietarios de tierras, mientras que los de los Verdes eran básicamente artesanos y negociantes. Su intensa rivalidad a menudo estallaba en violencia callejera.

Un disturbio estalló un día en 532 D.C., poco después de que Teodora y su esposo Justiniano asumieran el poder. Por lo general, la lucha era entre aficionados, pero esta vez fue diferente. La ira contra Justiniano unió a los Azules y los Verdes.

my **worldhistory.com**

Timeline/On Assignment

429

La ira contra Justiniano y Teodora se desbordó. Los aficionados atacaron a los soldados y algunos aristócratas apoyaron el disturbio.

Justiniano no sabía qué hacer. Temía lo peor. Las turbas se sublevaron en la ciudad e incluso quemaron la iglesia principal.

"...para aquel que ha sido un emperador es insoportable ser un fugitivo".

Anteriormente, Justiniano había ejecutado a aficionados de ambos equipos que se habían enfrentado en un violento disturbio. Esto enfureció a otros aficionados. Unidos por su odio hacia el emperador, gritaban: "¡Nika! ¡Nika! ¡Nika!" (que significa "¡Victoria! ¡Victoria! ¡Victoria!").

Los sublevados se convirtieron en una furiosa turba que tomó el hipódromo. Constantinopla no tenía policía para detenerlos. La turba quemó y saqueó la ciudad. Tenían el apoyo de muchos aristócratas que odiaban a Justiniano y sus altos impuestos. Muchos también odiaban a Teodora, una oportunista ex actriz de clase baja que había escalado en el mundo. Los aristócratas no consideraban a los actores buenas personas. Pensaban que no deberían tener poder en el gobierno.

Los revoltosos y sus seguidores coronaron a un aristócrata como su nuevo gobernante. Incendiaron casi la mitad de la ciudad, incluyendo la gran iglesia Santa Sofía, que significa Santa Sabiduría.

El discurso de Teodora animó al emperador, quien envió su ejército al hipódromo. Los soldados asesinaron a miles de alborotadores.

El disturbio fue sofocado y el orden restablecido. Justiniano reconstruyó la gran iglesia de Santa Sofía, que sigue en pie hoy en día.

¿Y dónde estaba Justiniano durante este caos? Mientras su reino se colapsaba, él y sus asesores estaban en el palacio, paralizados por el miedo. ¿Debían enviar al ejército a reprimirlos? ¿Debían tomar todo el dinero que pudieran y huir en barco?

Como no tomaban una decisión, Teodora se levantó y habló a la corte. Teodora era consejera en muchas cuestiones importantes. Ahora, vestida con sus finas ropas de púrpura imperial, pronunciaba un conmovedor discurso instando a Justiniano a luchar por su trono.

La idea de huir era insoportable. Según un historiador de su tiempo, ella dijo: "Para aquel que ha sido emperador, es insoportable ser fugitivo".

Se negó a ceder el poder, simbolizado por su púrpura túnica imperial. Un historiador registró sus palabras: "Que nunca se me separe de este púrpura, y que no viva el día en que aquellos que me conozcan no se dirijan a mí como ama [la que gobierna]".

Se burló de su marido, diciéndole que podía huir si quería, pero lo lamentaría más tarde. Y que, si se iba, estaría solo. Teodora prefería morir antes que perder el poder. "Si ahora es su deseo salvarse, oh emperador, no hay obstáculo alguno. Porque tenemos mucho dinero y allí está el mar y aquí los barcos. Sin embargo considere si, después de salvarse, no cambiaría con gusto esa seguridad por la muerte. En cuanto a mí, yo creo en un antiguo dicho que dice que la realeza es una buena mortaja".

Sus dramáticas palabras convencieron a Justiniano, que ordenó a sus generales atacar a la turba. Los soldados entraron en el hipódromo y asesinaron a miles. Los disturbios habían terminado.

Con la ayuda de su esposa, Justiniano tuvo un reinado largo y exitoso. Uno de sus mayores logros fue la reconstrucción de la iglesia de Santa Sofía, con su enorme cúpula dorada. Ésta sigue en pie hoy en día y es un símbolo de la riqueza y el poder del Imperio Bizantino, y de la determinación de sus más grandiosos emperador y emperatriz.

Con base en esta historia, ¿por qué crees que Teodora fue tan exitosa como emperatriz? Mientras lees el capítulo que sigue, piensa qué indica la historia de Teodora sobre la vida en el Imperio Bizantino.

 myStory Video

Únete a Teodora mientras sofoca los disturbios de Nika.

Supervivencia del Imperio de Oriente

Ideas clave

- Conocido hoy en día como el Imperio Bizantino, la mitad oriental del Imperio Romano sobrevivió hasta el año 1453 D.C.

- El emperador Justiniano trató de reconquistar las áreas del Imperio Romano de Occidente que se habían perdido.

- El Imperio Bizantino decayó lentamente a medida que los eslavos, los árabes y los turcos conquistaron diferentes partes.

Términos clave • bizantino • estrecho • foso • fuego griego

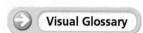 **Visual Glossary**

 Destreza de lectura Analizar causa y efecto Toma notas usando el organizador gráfico en tu Cuaderno.

▲ Constantino, fundador de Constantinopla

Para el año 500 D.C., el Imperio Romano de Occidente se había colapsado. Pero el de Oriente duró casi mil años más.

La nueva Roma

Durante los últimos años del Imperio Romano, el poder pasó de la parte occidental a la oriental, y el imperio cambió. El emperador Constantino construyó Constantinopla, la nueva capital del imperio.

¿Quiénes eran los bizantinos? El pueblo de este imperio no se llamaba "bizantino". Se consideraban romanos. Sin embargo, su imperio se volvió diferente al del antiguo Imperio Romano. Casi nunca logró controlar la ciudad de Roma. La mayoría de las personas del imperio eran cristianas, a diferencia de las personas del antiguo Imperio Romano. Además, hablaban griego, no latín.

Debido a estas y otras diferencias, los historiadores necesitaban un nombre distinto para este imperio. Lo llamaron el Imperio **Bizantino**, ya que su capital, Constantinopla, fue construida en Bizancio.

La ubicación de la ciudad Constantino construyó su nueva capital en el estrecho del Bósforo. Un **estrecho** es un paso angosto comprendido entre dos tierras por el cual se comunican dos grandes masas de agua. El Bósforo y otras vías fluviales conectan el mar Negro y el mar Mediterráneo. A un lado del Bósforo está Asia. Al otro, Europa.

Defensa y comercio Constantinopla era más fácil de defender que Roma. Se construyó en una península y estaba rodeada de agua por tres lados. Dos anillos de gruesos muros y un **foso**, o trinchera llena de agua, la protegían en tierra.

La ubicación estratégica y los buenos puertos hacían de Constantinopla un centro de comercio ideal. Los comerciantes llevaban especias de la India, pieles de Rusia, seda de China y granos de Egipto. Los comerciantes de Europa occidental iban allí a comprar productos de Asia. El comercio enriqueció a Constantinopla.

Verificar la lectura ¿Dónde estaba ubicada Constantinopla?

Justiniano y Teodora

Justiniano fue un gran emperador bizantino, que gobernó durante casi 40 años, de 527 D.C. a 565 D.C. Él y su esposa, Teodora, eran una pareja real llamativa e inusual.

Justiniano nació en una familia de campesinos. Su tío Justino comenzó su carrera como un soldado empobrecido. Por medio del ejército se abrió camino hasta llegar al trono. Justiniano fue su <u>sucesor</u>. Teodora también provenía de una familia de clase baja. Su padre trabajaba como adiestrador de osos en el circo. Cuando creció, se convirtió en actriz. Tanto Justiniano como Teodora eran inteligentes, audaces y sin escrúpulos.

sucesor, *sust.*, persona que sigue a otra en un cargo o función

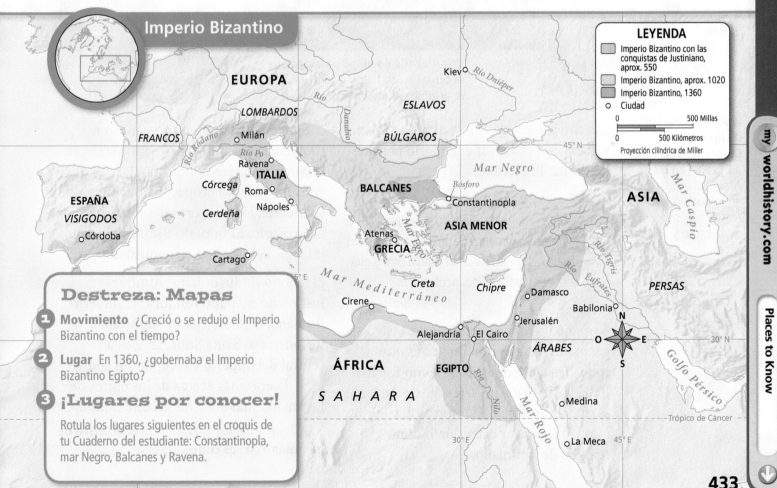

Imperio Bizantino

LEYENDA
- Imperio Bizantino con las conquistas de Justiniano, aprox. 550
- Imperio Bizantino, aprox. 1020
- Imperio Bizantino, 1360
- ○ Ciudad

0 — 500 Millas
0 — 500 Kilómetros
Proyección cilíndrica de Miller

EUROPA
Kiev — Río Dniéper
ESLAVOS
LOMBARDOS
BÚLGAROS
FRANCOS — Milán — Río Ródano
Río Po
Ravena — ITALIA
Córcega — Roma
Cerdeña — Nápoles
ESPAÑA — VISIGODOS
Córdoba
Cartago
Mar Negro
Bósforo
BALCANES
Constantinopla
ASIA MENOR
ASIA — Mar Caspio
Atenas — Mar Egeo
GRECIA
Mar Mediterráneo
Creta — Chipre
Cirene
Damasco — Río Tigris
Babilonia
Jerusalén — Río Éufrates
PERSAS
Alejandría — El Cairo
ÁRABES
ÁFRICA — EGIPTO — Río Nilo
SAHARA
Medina — Mar Rojo
Golfo Pérsico
Trópico de Cáncer
La Meca
45° N
30° N

Destreza: Mapas

1. **Movimiento** ¿Creció o se redujo el Imperio Bizantino con el tiempo?

2. **Lugar** En 1360, ¿gobernaba el Imperio Bizantino Egipto?

3. **¡Lugares por conocer!**
Rotula los lugares siguientes en el croquis de tu Cuaderno del estudiante: Constantinopla, mar Negro, Balcanes y Ravena.

La fortaleza de Constantinopla

Las defensas de Constantinopla la ayudaron a resistir a los atacantes durante cientos de años. La ubicación de la ciudad la convertía en un imán para los invasores, pero sólo dos fueron capaces de tomar la ciudad. Constantino construyó las primeras defensas de la ciudad y los emperadores posteriores las mejoraron.

Un barco bizantino dispara fuego griego a su enemigo. ▼

Una granada de mano de arcilla que se cargaba con fuego griego y luego se arrojaba al enemigo. ▶

▲ Arriba: Una parte de los muros de Constantinopla, que aún están en pie. Abajo: Ilustración en la que un artista recrea la forma en que el foso y uno de los muros se veían en tiempos bizantinos.

Las conquistas de Justiniano Justiniano soñaba con restaurar el imperio perdido de Roma. Él escribió:

> 66 Esperamos que [Dios nos ayudará a establecer] nuestro imperio sobre aquellos a quienes los romanos de antaño gobernaban desde los límites de un océano a otro y que después perdieron por negligencia 99.
>
> —Justiniano

Se dedicó 30 años a conseguirlo. Sus generales recuperaron las tierras que rodeaban al Mediterráneo, como España, Italia y África del norte. Incluso recuperó la ciudad de Roma. El Imperio Bizantino alcanzó su mayor extensión durante el reinado de Justiniano.

Sin embargo, las guerras causaron problemas económicos. Mientras él completaba sus conquistas, las enfermedades se propagaban. Después de su muerte, los invasores desmembraron el territorio. El Imperio Bizantino perdió las regiones que había conquistado.

El legado de Justiniano Aunque Justiniano no pudo restaurar el Imperio Romano, dejó un legado importante. Reconstruyó Santa Sofía, la iglesia central del imperio y recopiló un código legal. Leerás más acerca de los logros de Justiniano más adelante en este capítulo.

Verificar la lectura ¿Cuál era el objetivo de Justiniano en sus conquistas?

El imperio menguante

Después de la muerte de Justiniano, el Imperio Bizantino se redujo lentamente. Decayó durante los siguientes 800 años hasta desaparecer.

Invasores extranjeros Muchos grupos extranjeros tomaron el imperio. Los germanos tomaron las tierras que Justiniano conquistó en el oeste. Los pueblos eslavos invadieron desde el norte. Los invasores árabes musulmanes conquistaron Siria, Egipto y África del norte. Los turcos, un pueblo musulmán de Asia Central, se apoderaron de gran parte de lo que hoy es Turquía y otras áreas.

Sin embargo, los emperadores bizantinos mantuvieron el control del <u>núcleo</u> de su imperio, la Grecia y la Turquía occidental de nuestros días. También siguieron gobernando Constantinopla, pero no mucho más. El imperio era más como una ciudad-estado. Los una vez poderosos emperadores tenían que contratar barcos y soldados italianos para defender su capital.

Las defensas de Constantinopla Los invasores a menudo trataron de capturar la ciudad. Casi todos fracasaron. Los que atacaban por tierra no podían superar los fuertes muros de la ciudad. Los que llegaban por mar eran detenidos por una gruesa cadena que atravesaba el puerto. Contra los barcos usaban el **fuego griego**, una mezcla química que ardía furiosamente, incluso en el agua. Disparaban fuego griego a los barcos o a las tropas que atacaban los muros. Los resultados eran terribles.

Las defensas fracasan La ciudad no aguantaría indefinidamente. En 1204, soldados de Europa occidental, llamados *cruzados*, la saquearon y ocasionaron grandes daños. Más adelante leerás acerca de los cruzados. El Imperio Bizantino finalmente volvió a tomar su capital.

El ataque final vino del Imperio Turco Otomano. Los muros de Constantinopla se construyeron en una época anterior a la pólvora. Los otomanos usaron cañones para derribarlos. En 1453, Constantinopla cayó ante los otomanos. El Imperio Bizantino dejó de existir

Verificar la lectura **¿Quién atacó Constantinopla en 1204?**

núcleo *sust.*, centro, la parte más importante

Los otomanos usaron cañones como éste en el sitio de Constantinopla. ▼

miMundo: Actividad
Ponlo aquí

Evaluación de la Sección **1**

Términos clave

1. ¿Qué es un estrecho?

2. ¿Cómo podría un foso ayudar a alguien a defender una ciudad?

Ideas clave

3. ¿Qué tierras trató de conquistar Justiniano?

4. ¿Qué potencia extranjera finalmente destruyó el Imperio Bizantino?

Razonamiento crítico

5. Identificar la evidencia ¿Por qué podría considerarse a Justiniano un emperador exitoso? ¿Por qué podría considerársele un fracasado?

? Pregunta esencial

¿Qué distingue una cultura de otra?

6. ¿En qué se diferenciaba el Imperio Bizantino del antiguo Imperio Romano? Anota la respuesta en tu Cuaderno del estudiante.

Sección 2

División de la Iglesia cristiana

Un ícono bizantino que muestra a Jesús ▶

| **Ideas clave** | • Los obispos y patriarcas gobernaban la antigua Iglesia cristiana. | • Los cristianos no estaban de acuerdo sobre la organización, el uso de íconos y otros temas de la Iglesia. | • Al final, las divisiones entre Oriente y Occidente provocaron la separación de la Iglesia católica romana y la Iglesia ortodoxa oriental. |

Términos clave • credo • ícono • iconoclasta • papa • Gran Cisma

Visual Glossary

Destreza de lectura Comparar y contrastar Toma notas usando el organizador gráfico en tu Cuaderno.

Un ícono bizantino que muestra al arcángel Miguel con una espada ▼

A finales del siglo IV, el cristianismo era la religión oficial del Imperio Romano. Sin embargo, varios grupos de cristianos tenían diferentes creencias religiosas y opiniones sobre temas importantes. El cristianismo se dividió en dos iglesias, la Iglesia católica romana y la Iglesia ortodoxa oriental.

Diferencias religiosas

A medida que el cristianismo se extendía, los cristianos comenzaron a discutir sobre su fe. Esto los separó en diferentes grupos.

El Credo de Nicea Los primeros cristianos no estaban de acuerdo sobre quién era Jesús. Unos decían que era humano. Otros que era divino, o que era humano y divino. Constantino convocó un concilio de obispos en 325. Se reunieron en la ciudad de Nicea y adoptaron una declaración de creencias, o un **credo**, llamado Credo de Nicea. Según éste, Jesús era humano y divino. La mayoría lo aceptó. Sin embargo, los cristianos de Oriente y Occidente no se pusieron de acuerdo sobre la redacción del credo.

La controversia sobre los íconos Los cristianos también discutían sobre íconos. Un **ícono** es una imagen sagrada, normalmente un retrato de Jesús o de un santo. Muchos los veneraban en sus casas e iglesias como un camino hacia Dios. Para otros, rezar a los íconos era como adorar objetos, que está prohibido en la Biblia.

436

Sobre el año 700, varios emperadores bizantinos trataron de acabar con el uso de íconos. Los que se oponían a los íconos eran **iconoclastas**, que significa "destructores de imágenes". Destrozaron los íconos de las iglesias y estalló la violencia.

Los ataques enfurecieron a los cristianos de Europa occidental, donde las imágenes se usaban para enseñar sobre Dios y no como objetos de culto. Al final, emperadores contrarios a los iconoclastas tomaron el poder. Hoy los íconos son parte importante de las iglesias ortodoxas orientales, pero esto creó tensiones entre cristianos orientales y occidentales.

Verificar la lectura **¿Quiénes eran los iconoclastas?**

Organización de la Iglesia

La fuerte organización del cristianismo influyó en su difusión, pero había desacuerdo sobre quién debía dirigir la Iglesia.

Obispos y patriarcas Los líderes cristianos más importantes eran llamados obispos. Al principio, un obispo dirigía cada iglesia, luego todas las iglesias de una ciudad, con la ayuda de los miembros de la comunidad. Finalmente, los obispos obtuvieron la <u>autoridad</u> de todas las iglesias de una región. Los obispos de las cinco ciudades más importantes eran conocidos como patriarcas. Estas ciudades eran Constantinopla, Roma, Alejandría, Antioquía y Jerusalén.

autoridad, *sust.,* poder, control

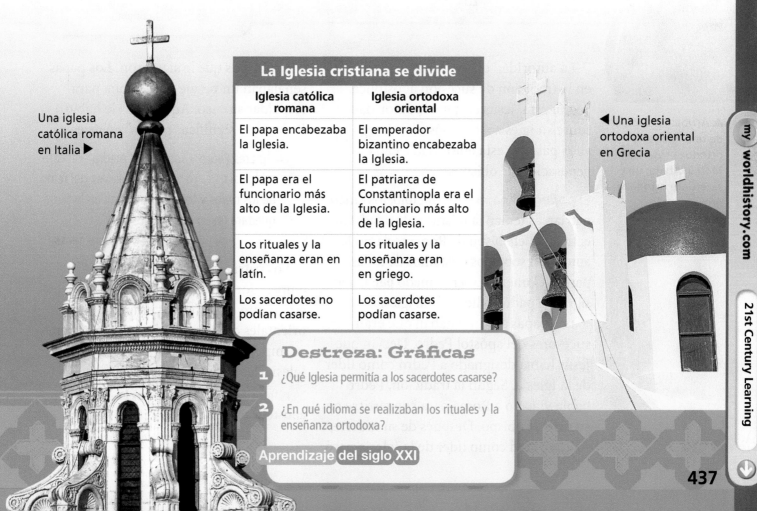

◀ Una iglesia católica romana en Italia ▶

◀ Una iglesia ortodoxa oriental en Grecia

| La Iglesia cristiana se divide ||
Iglesia católica romana	Iglesia ortodoxa oriental
El papa encabezaba la Iglesia.	El emperador bizantino encabezaba la Iglesia.
El papa era el funcionario más alto de la Iglesia.	El patriarca de Constantinopla era el funcionario más alto de la Iglesia.
Los rituales y la enseñanza eran en latín.	Los rituales y la enseñanza eran en griego.
Los sacerdotes no podían casarse.	Los sacerdotes podían casarse.

Destreza: Gráficas

1 ¿Qué Iglesia permitía a los sacerdotes casarse?

2 ¿En qué idioma se realizaban los rituales y la enseñanza ortodoxa?

Aprendizaje del siglo XXI

437

El mundo ortodoxo oriental

LEYENDA
País de mayoría ortodoxa oriental
Gran minoría ortodoxa oriental

0   200 Millas
0   200 Kilómetros
Proyección cilíndrica de Miller

ESTONIA
LETONIA
Mar Báltico
LITUANIA
RUSIA
RUSIA
BIELORRUSIA
POLONIA
REPÚBLICA CHECA
ESLOVAQUIA
UCRANIA
AUSTRIA
HUNGRÍA
MOLDAVIA
ESLOVENIA
CROACIA
RUMANIA
BOSNIA Y HERZEGOVINA
SERBIA
KOSOVO
ITALIA
MONTENEGRO
ALBANIA
BULGARIA
MACEDONIA
Mar Negro
GRECIA
TURQUÍA
KAZAJSTÁN

Destreza: Mapas

1. **Lugar** ¿Tiene Grecia una población ortodoxa en su mayoría?

2. **Región** Italia una vez formó parte del Imperio Bizantino. ¿Tiene una mayoría ortodoxa oriental?

▲ Arriba: las cúpulas de una iglesia ortodoxa rusa en Moscú. Abajo: un sacerdote ortodoxo griego

La autoridad de los obispos se basaba en la tradición de sucesión apostólica. Según ésta, Jesús entregó la autoridad sobre su iglesia a los apóstoles. Luego ellos pasaron esta autoridad a cada generación de obispos.

El poder del papa Al principio, los cinco patriarcas tenían la misma autoridad. Con el tiempo, el obispo de Roma reclamó la autoridad sobre los cristianos de todas partes. Comenzó a ser llamado **papa**, que significa padre, o líder, de la Iglesia.

Los papas argumentaban que eran sucesores del apóstol Pedro. Decían que Jesús había designado a Pedro como líder de la Iglesia. Según la tradición, Pedro había viajado a Roma para convertirse en su primer obispo. Después de su muerte, su autoridad como líder de la Iglesia pasó a los obispos que le siguieron. Los papas señalaban un pasaje de la Biblia para respaldar su caso. Aquí, Jesús le habló a Pedro, que significa "piedra" en griego.

66 Tú eres Pedro y sobre esta piedra edificaré mi Iglesia. . . . Yo te daré las llaves del reino de los cielos y todo lo que unas en la tierra quedará unido en el cielo 99.
—Mateo 16:18–19

Los patriarcas orientales y los emperadores bizantinos rechazaban este punto de vista. Los emperadores orientales querían dominar la Iglesia en su imperio. Si el papa era el líder de la Iglesia, les quitaría autoridad.

Verificar la lectura ¿Qué es la sucesión apostólica?

El Gran Cisma

Con el tiempo, las diferencias entre las Iglesias oriental y occidental aumentaron. Se desarrollaron dos tradiciones religiosas. En 1054, estas dos tradiciones se separaron formalmente. Esta división se conoce como el **Gran Cisma**. La palabra *cisma* proviene del griego y significa separación, o división.

Dos Iglesias cristianas La rama oriental de la Iglesia pasó a llamarse Iglesia ortodoxa oriental. *Ortodoxa* significa que sigue las creencias establecidas.

En la tradición ortodoxa oriental, el emperador bizantino era el líder de la Iglesia. Los patriarcas administraban los asuntos cotidianos de las iglesias. Todos eran iguales, aunque el patriarca de Constantinopla era considerado el primero entre los iguales. El emperador podía <u>destituir</u> a un patriarca.

La tradición occidental es la Iglesia católica romana. *Romana* se refiere a que su sede estaba en Roma. *Católica* significa universal, o relacionada con todas las personas. Esta Iglesia moldeó la cultura de Europa occidental.

El papa era el líder de la Iglesia católica romana, por eso reclamó su autoridad sobre todos los gobernantes laicos, o no religiosos. No aceptaba órdenes de ningún gobernante laico, incluyendo al emperador bizantino. Éste fue el tema más importante que separó a la Iglesia ortodoxa oriental y a la católica romana.

Diferentes tradiciones Existían otras diferencias entre las dos Iglesias. El idioma de la Iglesia ortodoxa era el griego. El idioma de la católica romana, el latín. Los sacerdotes ortodoxos podían casarse, los católicos no. Las Iglesias también diferían en algunos rituales.

Hoy no hay un emperador bizantino. Las Iglesias ortodoxas orientales en los diferentes países son dirigidas por sus propios patriarcas. Los cristianos ortodoxos todavía no reconocen el poder del papa. Desde 1054, las dos Iglesias han estado separadas. Recientemente, las relaciones entre las Iglesias han mejorado, pero la separación sigue existiendo.

Verificar la lectura **¿Qué significa la palabra *cisma*?**

mi Mundo
CONEXIONES

En el mundo hay por lo menos **233** millones de cristianos ortodoxos.

destituir, *v.,* remover, quitar, separar

miMundo: Actividad
¿Podemos hablar?

Evaluación de la Sección **2**

Pregunta esencial

¿Qué distingue una cultura de otra?

Términos clave

1. ¿Por qué se oponían los iconoclastas al uso de íconos?

2. ¿Qué ciudad tiene al papa como su obispo?

Ideas clave

3. ¿En qué no están de acuerdo los católicos romanos y los cristianos ortodoxos orientales sobre la organización de la Iglesia?

4. ¿Qué Iglesia estaba encabezada por el emperador bizantino?

Razonamiento crítico

5. Comparar y contrastar Enumera tres diferencias entre la Iglesia católica romana y la Iglesia ortodoxa oriental.

6. ¿Cuál es una forma en la que la cultura separó a la Iglesia católica romana de la Iglesia ortodoxa oriental? Anota la respuesta en tu Cuaderno del estudiante.

La Civilización Bizantina

Ideas clave
- El Imperio Bizantino desarrolló una cultura propia manteniendo el legado greco-romano.
- El Código de Justiniano preservó el derecho romano.
- La cultura bizantina y la religión ortodoxa oriental se extendieron a Europa oriental y Rusia.

Términos clave • Código de Justiniano • misionero • alfabeto cirílico

 Visual Glossary

Destreza de lectura Resumir Toma notas usando el organizador gráfico en tu Cuaderno.

▲ Un fresco de la pared de una iglesia de estilo bizantino en el sur de Italia

Aunque el tamaño del Imperio Bizantino se fue reduciendo a lo largo de su historia, su pueblo produjo una gran civilización. En esta sección, estudiarás la civilización bizantina y sobre todo su influencia en Europa oriental y Rusia.

Una cultura única

El pueblo del Imperio Bizantino mantuvo algunas tradiciones greco-romanas sobre las que leíste en el capítulo anterior, pero su sociedad estaba también muy influida por el cristianismo ortodoxo oriental. El resultado fue una mezcla cultural única, o distinta de otras culturas.

Arquitectura y literatura La civilización bizantina desarrolló su propio estilo arquitectónico. El ejemplo más famoso es la iglesia de Justiniano, Santa Sofía, sobre la que ya has leído. Fue el modelo para muchos edificios. Pueden verse cúpulas similares en las iglesias y otros sitios de culto en el sur de Europa y Oriente Medio.

Los bibliotecarios y monjes bizantinos copiaron y preservaron los manuscritos, o documentos escritos a mano, de las antiguas Grecia y Roma. Entre las obras salvadas están las epopeyas de Homero y otros escritos de filósofos griegos y romanos. Si no es por ellos, muchas obras se habrían perdido.

Organización del derecho romano Has leído sobre el derecho romano y su influencia posterior. El Imperio Bizantino lo preservó y actualizó gracias, en gran medida, al emperador Justiniano.

Mira de cerca

Santa Sofía

La hermosa iglesia de Santa Sofía fue construida en un plano en forma de cruz. Está coronada por una enorme cúpula que se eleva 185 pies sobre el suelo. Ventanas y lámparas colgantes la llenan de luz. Cuando los otomanos conquistaron Constantinopla, la convirtieron en una mezquita, o casa de culto islámico. Construyeron las torres que están alrededor, como puedes ver abajo. Hoy en día el edificio es un museo.

RAZONAMIENTO CRÍTICO **¿Por qué crees que Justiniano reconstruyó Santa Sofía?**

▲ La enorme cúpula de Santa Sofía hace que el edificio sea espacioso. Sus ventanas permiten que entre la luz natural.

Arriba: Iglesia de Santa Sofía hoy en día

Para Justiniano, el vasto legado jurídico que heredó de Roma era un confuso revoltijo de leyes locales, decretos imperiales y decisiones de los jueces. Ordenó a un grupo de abogados que organizaran este material. Les pidió que elaboraran un código unificado, o cuerpo de leyes sistemático. Su código organizó el sistema de derecho romano.

El **Código de Justiniano** se publicó en 529. Otorgaba gran poder al emperador.

El código decía: "lo que parece bueno para el emperador tiene el valor de ley".

El código revela cómo se trataba a las personas en el imperio. Por ejemplo, el código discriminaba a los judíos y otros no cristianos. Por otra parte, permitía que las mujeres heredaran propiedades y protegía algunos derechos individuales.

Verificar la lectura **¿Cómo ayudó Justiniano a preservar el derecho romano?**

discriminar, *v.,* tratar a algunas personas de manera diferente o peor

unificado, *adj.,* unido como un todo

441

Cirilo y Metodio

Los bizantinos Cirilo y Metodio aún son venerados como santos en la Iglesia ortodoxa oriental. Fueron los misioneros que transmitieron el cristianismo ortodoxo a los eslavos e inventaron un alfabeto que aún se usa.

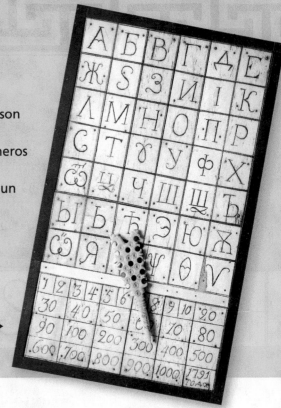

◀ Metodio y Cirilo

Una muestra del alfabeto cirílico ▶

La influencia del imperio

La política del Imperio Bizantino a menudo era violenta. La corte imperial era conocida por sus conspiraciones y luchas por el poder. Algunos gobernantes perdieron la vista o fueron envenenados porque sus rivales querían asumir el poder. Pero el Imperio Bizantino era tan rico y su cultura tan atractiva que su influencia se extendió mucho más allá de sus fronteras.

El atractivo de Constantinopla La cultura bizantina se difundió de dos maneras. Una, fue atrayendo visitantes a Constantinopla. Los comerciantes iban a comerciar. Los eruditos, a estudiar. Los artistas, a trabajar. A los visitantes les asombraba lo que veían.

Los líderes bizantinos presumían de sus riquezas con elaboradas ceremonias, joyas y ropas hermosas. Un visitante describió las prácticas religiosas bizantinas.

miMundo: Actividad
Difunde la palabra

> 66 No sabíamos si estábamos en el cielo o en la tierra. Porque en la tierra no hay tanto esplendor ni tal belleza, así que no sabemos cómo describirlo. Sólo sabemos que Dios habita allí entre los hombres y su servicio [ceremonia] es más bello que las ceremonias de otras naciones 99.
>
> —Crónica rusa

Los visitantes llevaban esas ideas al regresar a casa. Muchos europeos orientales adoptaron aspectos de la cultura bizantina.

La difusión de la fe Los misioneros ortodoxos orientales también difundieron la cultura bizantina. Un **misionero** es alguien que trata de convertir a otras personas a una religión en particular. A partir de finales del siglo 800, los misioneros ortodoxos orientales comenzaron a viajar entre los no cristianos en el sureste de Europa, donde residía el pueblo eslavo.

Los misioneros bizantinos convirtieron a muchos eslavos al cristianismo. Por eso, muchos europeos orientales practican el cristianismo ortodoxo oriental hoy en día.

Los misioneros ortodoxos orientales más conocidos eran dos hermanos llamados Cirilo y Metodio. Provenían de una familia noble pero renunciaron a sus riquezas para convertirse en sacerdotes. Realizaron una importante contribución a la cultura eslava. Cirilo y Metodio inventaron el **alfabeto cirílico**, que permitió a los eslavos escribir su idioma. Se basaba en las letras del alfabeto griego. Hoy en día se usa sobre todo en idiomas eslavos como el ruso y el búlgaro.

Verificar la lectura **¿Qué contribución realizaron Cirilo y Metodio a la escritura?**

La antigua Rusia

La historia antigua de Rusia estuvo influenciada por el Imperio Bizantino. El primer estado grande, que luego se convertiría en Rusia y Ucrania, fue el Rus de Kiev. Tenía su base en la ciudad de Kiev y fue fundado por el pueblo rus. Los rus eran vikingos, un pueblo del norte de Europa, que se unieron a los eslavos locales para formar un poderoso estado. Controlaban las rutas comerciales de los ríos de Rusia hacia el sur hasta Constantinopla.

El comercio enriqueció al Rus de Kiev. También permitió que los rusos entraran en contacto con los bizantinos. Los gobernantes del Rus se convirtieron al cristianismo ortodoxo oriental y difundieron la religión.

Como en el Imperio Bizantino, los íconos eran muy importantes para los cristianos de Rusia. La arquitectura rusa estuvo influenciada por los estilos de construcción bizantinos.

El poder de Kiev decayó a medida que decaía el Imperio Bizantino. Aunque el Imperio Bizantino cayó en 1453, se desarrolló un nuevo Imperio Ruso. Éste se consideraba a sí mismo como la "tercera Roma", retomando el legado de la antigua Roma y el Imperio Bizantino. Los emperadores rusos tomaron el título de zar, la versión rusa del césar, un título usado por los emperadores romanos y bizantinos.

Verificar la lectura **¿Cómo se enriqueció Kiev?**

La puerta de oro de Kiev ▼

→ **Culture Close-Up**

Evaluación de la Sección 3

Pregunta esencial
¿Qué distingue una cultura de otra?

Términos clave

1. ¿Qué decía el Código de Justiniano sobre el papel del emperador?

2. ¿Qué hace un misionero?

Ideas clave

3. ¿Cómo ayudó el Imperio Bizantino a preservar la cultura greco-romana?

4. ¿Quién fundó el Rus de Kiev?

Razonamiento crítico

5. Identificar las ideas principales ¿Cuáles fueron las dos influencias que ayudaron a moldear la cultura bizantina?

6. ¿Cómo cambió el Imperio Bizantino las culturas de los pueblos eslavos de Europa oriental? Anota la respuesta en tu Cuaderno del estudiante.

Evaluación del capítulo

Términos e ideas clave

1. **Recordar** ¿Se consideraban a sí mismos "bizantinos" los habitantes del Imperio **Bizantino**?

2. **Resumir** ¿Qué hacía que Constantinopla fuera una buena ubicación para una nueva ciudad?

3. **Comentar** ¿Cuáles fueron los logros más importantes del emperador Justiniano?

4. **Secuencia** ¿Es verdadera o falsa la siguiente afirmación: "El Imperio Bizantino comenzó como un país pequeño y creció lentamente con el tiempo"? Explica tu respuesta.

5. **Analizar causa y efecto** ¿Cómo provocaron los otomanos el fin del Imperio Bizantino?

6. **Resumir** ¿Qué creían los **iconoclastas** sobre los íconos?

7. **Comparar y contrastar** En la época bizantina, ¿sobre qué aspectos de los poderes del **papa** no estaban de acuerdo los católicos romanos y los cristianos ortodoxos orientales?

8. **Categorizar** ¿A qué par de grupos dividió el **Gran Cisma**?

Razonamiento crítico

9. **Inferir** ¿Cómo ayudó el atractivo de Constantinopla a difundir la cultura bizantina?

10. **Analizar fuentes primarias** Halla la cita del libro bíblico de Mateo en la Sección 2. ¿Qué tiene que ver esta cita con los papas?

11. **Conceptos básicos: Religión** ¿Por qué se oponían los cristianos occidentales a los iconoclastas?

Analizar elementos visuales

El mapa ilustrado de la derecha muestra la ciudad de Constantinopla. Data del período bizantino.

12. ¿Qué tiene la ubicación de Constantinopla que hace que sea fácil de defender?

13. ¿Qué construyeron los bizantinos que hacía que Constantinopla fuera aún más segura?

14. Constantinopla se construyó en una estrecha masa de agua que atraviesa la tierra y conecta dos cuerpos de agua más grandes. ¿Cómo se llama este accidente geográfico?

Pregunta esencial

miMundo: Actividad del capítulo

Unir las piezas Sigue las instrucciones de tu maestro para planear, escribir e ilustrar un cartel de mosaico sobre un tema relacionado con el Imperio Bizantino. En tu trabajo, enfócate en la importancia de este tema para el Imperio Bizantino. Túrnense para presentar el tema de su mosaico y aprender sobre los temas mostrados en los carteles de mosaico de sus compañeros de clase.

Aprendizaje del siglo XXI

Desarrolla conciencia cultural

Vuelve a leer la información de este capítulo sobre la cultura bizantina. Luego piensa en tu propia cultura. Escribe un párrafo comparando las dos. Asegúrate de comentar los siguientes aspectos:
- Gobierno
- Religión
- Entretenimiento
- Arquitectura

Preguntas basadas en documentos

Success Tracker™
En línea en myworldhistory.com

Usa tu conocimiento del Imperio Bizantino y los Documentos A y B para responder las Preguntas 1 a 3.

Documento A

" Hemos concluido que todo el conjunto de leyes que ha llegado hasta nosotros desde la fundación de la ciudad de Roma y los tiempos de Rómulo, es tan confusa que se extiende infinitamente y no está al alcance de la capacidad de los seres humanos; por tanto, Nosotros hemos [trabajado para] hacerlas más fáciles de comprender".

—Código de Justiniano

Documento B

" La circunferencia de la ciudad de Constantinopla es de dieciocho millas; la mitad está rodeada por mar y la mitad por tierra, y está situada en dos brazos del mar. . . . Es una ciudad con mucha actividad y los comerciantes llegan desde todos los países por mar o tierra, y no hay otra igual en el mundo, excepto por Bagdad, la gran ciudad del islam".

—Benjamín de Tudela

1. ¿Por qué dice Justiniano que creó su código de leyes?
   - **A** Porque quería otorgarse más poder.
   - **B** Porque el derecho romano se había vuelto demasiado confuso.
   - **C** Para ayudarlo a recuperar el Imperio Romano de Occidente.
   - **D** Para apoyar el cristianismo ortodoxo oriental.

2. ¿En qué se parecían Constantinopla y Bagdad?
   - **A** Las dos estaban cerca de la costa.
   - **B** Ambas eran parte del Imperio Bizantino.
   - **C** Ambas seguían el Código de Justiniano.
   - **D** Ambas tenían mucha actividad y comerciantes.

3. **Tarea escrita** Supón que trabajas para el emperador Constantino. Escríbele una carta a favor de la construcción de una capital en Constantinopla. Usa la evidencia del capítulo.

my worldhistory.com

Self-Test

La Civilización Islámica

? **Pregunta esencial**

¿Cómo se relacionan la religión y la cultura?

? **Explora la Pregunta esencial**

- en **my worldhistory.com**
- usando **miMundo: Actividad del capítulo**
- con el **Cuaderno del estudiante**

Peregrinos musulmanes rodean la Kaaba en La Meca, el lugar más sagrado según su religión.

La Civilización Islámica

610 Según el islam, Mahoma recibe sus primeras revelaciones.

622 Mahoma y sus seguidores se trasladan de La Meca a Medina. Este viaje se llama la hégira.

1258 Los mongoles destruyen Bagdad.

1501 Se funda el Imperio Safávida.

600	800	1000	1200	1400	1600

630–640 Los árabes musulmanes conquistan gran parte de África del norte y el suroeste de Asia.

762 Se funda Bagdad como capital del Imperio Árabe Musulmán.

970 Se funda la Universidad al-Azhar, un centro de enseñanza islámica.

1453 Los turcos otomanos conquistan Constantinopla.

El viaje de *Ibn Battutah*

Esta miHistoria es un relato novelado de sucesos en la vida de Ibn Battutah, una persona real que aparece en este capítulo.

El solitario viajero caminaba hacia Tánger, Marruecos, su ciudad natal. Se llamaba Ibn Battutah. Salió de Tánger en 1325, cuando tenía alrededor de 20 años, hacía ya más de la mitad de su vida, pero parecía como si fuese ayer. Como devoto musulmán, o seguidor de la religión del islam, decidió participar en una hajj. *Hajj* es el término árabe para la peregrinación, o viaje a un lugar santo, que todo musulmán que no esté incapacitado debe hacer a la ciudad de La Meca, en Arabia. Ese día, a finales de la primavera hace mucho tiempo, Ibn Battutah lloró al despedirse de sus padres y amigos. Luego inició su viaje de 3,000 millas.

EUROPA

Asia Central

ASIA

España

Asia Menor

Tánger

Persia

África del Norte

El Cairo Egipto

Jerusalén

China

Arabia

Mar Rojo

La Meca

India

Mar Arábigo

Sureste de Asia

África Occidental

ÁFRICA

Golfo de Bengala

Océano Índico

África del Este

— Primera peregrinación a La Meca
— Viajes posteriores

447

Ibn Battutah cruzó los vastos desiertos de África del norte en su camino a Egipto. Fue con un grupo de viajeros que iban en la misma dirección.

El Cairo era la ciudad más grande del mundo en la época de Ibn Battutah. Sus muelles estaban llenos de comerciantes y viajeros.

Pero esta peregrinación se convirtió en un viaje de 24 años y de unas 75,000 millas. Después de completar su hajj, simplemente continuó. Recordaba la generosidad y la hospitalidad de sus compañeros musulmanes que lo habían alimentado y cobijado durante sus viajes. Visitó todas las zonas del mundo gobernadas por musulmanes y también viajó a otras regiones. Conoció a eruditos famosos, hombres santos, reyes, sultanes y emperadores.

Cerró los ojos. ¡Qué solo había estado la primera vez que dejó Tánger! Pero su soledad se convirtió en asombro ante las maravillas del mundo: el antiguo Faro de Alejandría, el poderoso río Nilo y El Cairo, ¡una ciudad inmensa! La describió como "la madre de las ciudades. . . cuyas multitudes avanzan como las olas del mar y apenas caben en ella a pesar de su tamaño y capacidad. Se dice que hay doce mil aguadores que transportan agua en camellos, y treinta mil arrendadores de mulas y burros y que en el Nilo hay treinta y seis mil barcos".

El Cairo no era sólo una ciudad enorme e impresionante. También era un centro religioso importante. Ibn Battutah recorrió las mezquitas de El Cairo y describió las comunidades de eruditos religiosos que vivían allí. También visitó las hermosas tumbas del cementerio de la ciudad, donde "las personas construyen hermosos pabellones rodeados de paredes, de modo que parecen casas".

Si Ibn Battutah no hubiera participado en la hajj, se habría establecido en El Cairo, con sus numerosas mezquitas, eruditos brillantes, bellos paseos y concurridos bazares. Pero continuó hacia La Meca.

Después de El Cairo, Ibn Battutah fue a Jerusalén, una ciudad sagrada para judíos, cristianos y musulmanes. La describió como la "tercera ciudad en excelencia después de los santuarios sagrados de La Meca y Medina". En Jerusalén, rezó en la Cúpula de la Roca, donde, según la tradición islámica, el profeta Mahoma ascendió al cielo y regresó una noche de 620 D.C. También admiró los sitios cristianos, como el lugar donde los cristianos creen que Jesús fue crucificado. En esa época, los cristianos y los judíos podían practicar sus religiones libremente en los países musulmanes, aunque pagaban un impuesto especial y tenían otras restricciones.

De Jerusalén, Ibn Battutah se dirigió a la ciudad antigua de Damasco, que había sido la capital del Imperio Árabe Musulmán. Luego viajó al sur por el desierto hasta Medina para orar ante la tumba de Mahoma, el profeta del islam.

El Cairo también era un centro religioso importante. Ibn Battutah estudió con eruditos islámicos famosos.

Jerusalén es una ciudad santa para los musulmanes, los cristianos y los judíos. Cuando visitó la ciudad, Ibn Battutah rezó en la Cúpula de la Roca.

Finalmente, llegó a La Meca. Al entrar a la ciudad, él y sus compañeros rezaron: "¿Cuál es tu mandato? ¡Aquí estoy, oh Dios!" Para entonces, había viajado más de un año. En ese momento no sabía que viajaría 23 años más.

¡Esa primera hajj fue hace tanto tiempo! Había participado en seis más desde entonces, pero los primeros recuerdos de La Meca aún estaban frescos en su mente. Recordó cómo se puso la vestimenta de dos piezas, blanca como la nieve, que usan los peregrinos como símbolo de su pureza y piedad. También recordó sus rezos en la Kaaba, el edificio cuadrado cubierto con una tela negra en la zona sagrada de La Meca. Los musulmanes creen que Abraham, supuesto antepasado de Mahoma, construyó la Kaaba. Todos los musulmanes, no importa dónde se encuentren, miran hacia la Kaaba cuando oran.

La primera hajj no fue el final del viaje de Ibn Battutah. Luego fue a Persia, África del este, al Imperio Bizantino, Asia central, la India, al sureste de Asia, China y África occidental antes de regresar a Tánger. Pero mientras regresaba, el recuerdo de El Cairo, Jerusalén, Medina y La Meca era lo que llenaba de alegría su corazón.

Basándote en esta historia, ¿cuál era la relación entre la religión y la cultura en la civilización islámica en la época de Ibn Battutah? Mientras lees el capítulo, piensa en lo que la historia de Ibn Battutah indica sobre la vida en la civilización islámica durante este período.

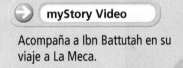
myStory Video

Acompaña a Ibn Battutah en su viaje a La Meca.

449

Los orígenes del islam

Ideas clave

- Las personas comenzaron a practicar el islam en Arabia, una gran península cubierta en su mayoría por desierto inhóspito.

- El profeta del islam fue Mahoma, quien predicó sus creencias a los habitantes de La Meca, su ciudad natal.

- Mahoma se trasladó de La Meca a la ciudad de Medina, donde creó la comunidad musulmana.

Términos clave • oasis • beduino • hégira • Kaaba

 Visual Glossary

Destreza de lectura **Identificar las ideas principales y los detalles**
Toma notas usando el organizador gráfico en tu Cuaderno.

Un edificio tradicional de
La Meca, cuna del islam ▼

Arabia tiene uno de los climas más severos del mundo. En sus vastos desiertos el agua es escasa y las temperaturas pueden elevarse a más de 120 grados Fahrenheit (49 grados Celsius). La religión del islam surgió en esta región en 600 D.C. Hoy, el islam es la segunda religión del mundo por su número de practicantes.

Arabia antes del islam

Arabia es una península enorme. Es casi el doble del tamaño de Alaska. Se encuentra al sur del actual Iraq y frente al mar Rojo desde África oriental. La geografía de Arabia influyó en su historia y cultura.

Un ambiente inhóspito Arabia es extremadamente seco. Llueve poco y no tiene ríos permanentes. El desierto Rub´ al-Jali o "Cuarto vacío" cubre gran parte de la península. Las temperaturas de verano en estas tierras áridas son de las más altas del mundo. Este ambiente inhóspito alejó a los invasores extranjeros durante la mayor parte de la historia de Arabia.

El clima de Arabia limitó la población de la región. Los habitantes de Arabia dependían de los oasis para conseguir agua. Un **oasis** es un lugar en el desierto donde hay agua, por lo general de un manantial. En el pasado, la mayoría de los asentamientos se ubicaban alrededor de los oasis del Hejaz, una región montañosa a lo largo de la costa occidental de Arabia. Las personas también vivían en la esquina suroeste de la península. Esto es el actual Yemen. Allí hay suficiente lluvia para sustentar la agricultura.

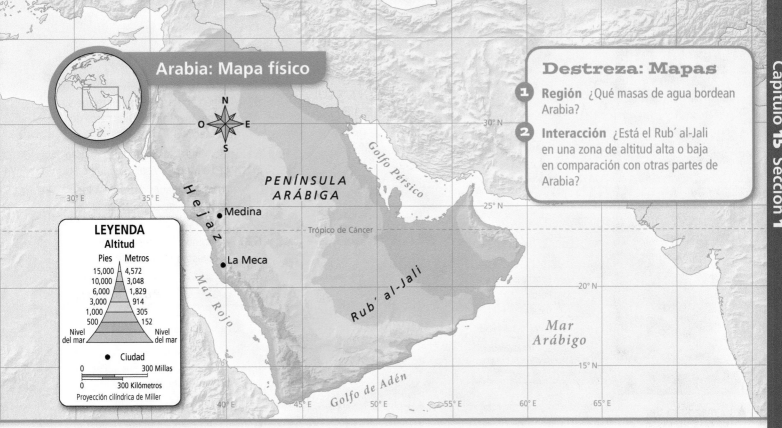

Arabia: Mapa físico

PENÍNSULA ARÁBIGA

Golfo Pérsico

Hejaz

• Medina

Trópico de Cáncer

• La Meca

Mar Rojo

Rub' al-Jali

Mar Arábigo

Golfo de Adén

LEYENDA
Altitud

Pies	Metros
15,000	4,572
10,000	3,048
6,000	1,829
3,000	914
1,000	305
500	152
Nivel del mar	Nivel del mar

● Ciudad

0   300 Millas

0   300 Kilómetros

Proyección cilíndrica de Miller

Destreza: Mapas

1 **Región** ¿Qué masas de agua bordean Arabia?

2 **Interacción** ¿Está el Rub' al-Jali en una zona de altitud alta o baja en comparación con otras partes de Arabia?

Arabia es una península, está rodeada por agua en tres lados. Los marineros árabes cruzaban los mares para comerciar con África del este, la India y China. Otros comerciantes cruzaban el desierto al norte a Mesopotamia y zonas más alejadas.

Vivir en Arabia Las árabes practicaban dos modos de vida. Unos eran nómadas, no tenían casas fijas. Otros eran sedentarios, o estaban asentados. Ambos pertenecían a tribus. Su lealtad era principalmente para la tribu y la familia. Adoraban a muchos dioses y espíritus tribales.

Los nómadas árabes, o **beduinos**, vivían en zonas desérticas rurales. Pastoreaban ovejas, cabras y camellos. Viajaban de oasis en oasis. Eran guerreros expertos. Atacaban a otras tribus para quitarles los animales y sus bienes.

Los árabes sedentarios vivían como agricultores y comerciantes. Los agricultores cuidaban campos regados por oasis. Los comerciantes instalaban tiendas en las ciudades de los oasis de la principal ruta comercial. Esta ruta pasaba por la costa occidental de Arabia, a través del Hejaz. Las caravanas de camellos que transportaban mercancías se detenían en estos pueblos por agua, alimentos y provisiones.

El comercio llevó riqueza y atrajo a colonos. Judíos y cristianos se trasladaron a las ciudades en el Hejaz. La más grande, La Meca, se convirtió en un centro comercial. Allí, alrededor de 570, nació Mahoma. Mahoma fue el primero en predicar la religión del islam.

Verificar la lectura **¿Cuáles eran los dos modos de vida de los habitantes de la antigua Arabia?**

miMundo: Actividad
Vivir en Arabia

451

PENÍNSULA ARÁBIGA

ÁFRICA

Río Nilo

Medina
Badr

Hejaz

Mar Rojo

La Meca

Rub´ al-Jali

LEYENDA
- Ruta de la hégira
- ○ Pueblo
- ⚔ Batalla

0   50   100 Millas

0   50   100 Kilómetros
Proyección cilíndrica de Miller

Sucesos en la vida de Mahoma

1 **610** Según el islam, Mahoma recibe su primer mensaje de Dios cerca de La Meca.

2 **622** Mahoma y sus seguidores migran de La Meca a Medina en la hégira.

3 **624** Los musulmanes derrotan a los habitantes de La Meca en la Batalla de Badr.

4 **630** Mahoma y los musulmanes conquistan La Meca sin pelear.

Destreza: Mapas

1 **Región** ¿En qué región de Arabia ocurrieron los principales sucesos de la vida de Mahoma?

2 **Interacción** ¿Cuándo se trasladaron Mahoma y sus seguidores a Medina?

▲ La mezquita del Profeta en Medina se construyó en el sitio de la casa de Mahoma en esa ciudad. Ahí está su tumba.

El surgimiento del islam

Los musulmanes, personas que practican el islam, consideran a Mahoma como el profeta de su religión. Los musulmanes creen que era el mensajero de Dios.

La Meca Como leíste, Mahoma nació en La Meca, una ciudad en el Hejaz. En la época del nacimiento de Mahoma, La Meca era un centro religioso. Tenía un importante santuario llamado la Kaaba donde los árabes iban a adorar a sus dioses. Cada año, una feria religiosa atraía a miles de personas.

Los primeros años de Mahoma Mahoma quedó huérfano de pequeño. Fue criado por parientes cercanos. A los 25 años, se casó con una rica comerciante viuda llamada Jadiyah. Mahoma prosperó en los negocios. Sin embargo, fue crítico de la sociedad mequí. Veía codicia, corrupción y violencia a su alrededor.

Buscando la tranquilidad, Mahoma a menudo se retiraba a orar y reflexionar a una cueva fuera de La Meca. Los musulmanes creen que una noche, en 610, el ángel Gabriel se le apareció en la cueva. Gabriel le dijo que recitara, o dijera en voz alta, mensajes de Dios.

> 66 Recita en el nombre de tu Señor que creó: creó al hombre de coágulos de sangre.
>
> ¡Recita! Tu Señor es el Más Generoso, que por la pluma enseñó al hombre lo que no sabía 99.
>
> —Corán 96:1–5

Los musulmanes creen que Gabriel trajo más mensajes de Dios. Mahoma transmitió éstos a sus seguidores. Más tarde ellos los escribieron en el Corán, el libro sagrado del islam.

Predicar un mensaje nuevo Mahoma predicó en La Meca. Dijo a los árabes que adoraran a un solo Dios y cambiaran muchos de sus comportamientos. Dijo que había recibido revelaciones del mismo Dios que les había hablado a Abraham, Jesús y los profetas y figuras religiosas del judaísmo y el cristianismo. Mahoma respetaba esas religiones. Pero los musulmanes creen que él fue el último profeta. Dijo que era responsable de aclarar la verdad de Dios.

Mahoma comenzó a tener creyentes. Pero muchos mequíes se opusieron al islam. Temían que las creencias de Mahoma reducirían su estatus y riqueza como guardianes de la Kaaba. También temían la ira de los dioses que adoraban. Persiguieron a Mahoma y a los musulmanes.

La hégira En 622, Mahoma y sus compañeros huyeron de La Meca. Se trasladaron a la ciudad de Medina, a unas 275 millas al norte. El traslado a Medina se llamó la **hégira**, que es la palabra árabe para migración.

En Medina, Mahoma siguió predicando. Se convirtió en líder político y militar. Los musulmanes de Medina combatieron con los habitantes de La Meca. Los mequíes intentaron conquistar Medina pero Mahoma los derrotó. Después de varias victorias musulmanas, la resistencia mequíe sucumbió.

En 630, Mahoma regresó a La Meca como su gobernante. Prohibió el culto de los dioses antiguos y organizó a la comunidad musulmana. Destruyó las estatuas de los dioses en la Kaaba y la consagró como un sitio santo islámico. La **Kaaba** se convirtió en destino de peregrinos, o personas que viajan por motivos religiosos, musulmanes.

Rápidamente, los musulmanes unificaron la mayor parte de Arabia bajo su dominio. Mahoma murió, pero esto no detuvo la difusión de su fe. Unidos por el islam, los árabes predicaron su religión y ampliaron su dominio en el suroeste de Asia y en otras partes del mundo.

Verificar la lectura **Según los musulmanes, ¿en qué se diferenciaba Mahoma de los profetas anteriores?**

revelación, *sust.,* mensaje, por lo general se cree que viene de Dios

migración, *sust.,* trasladarse a un nuevo lugar

Evaluación de la Sección 1

? **Pregunta esencial**
¿Cómo se relacionan la religión y la cultura?

Términos clave

1. ¿Qué es un oasis?
2. ¿Qué tiene de particular la forma en que viven los nómadas?
3. ¿Qué religión practican los musulmanes?

Ideas clave

4. Describe el clima de Arabia.
5. Según los musulmanes, ¿qué le sucedió a Mahoma en una cueva fuera de La Meca en 610?
6. ¿Por qué huyeron de La Meca Mahoma y sus seguidores?

Razonamiento crítico

7. **Comparar y contrastar** ¿En qué se diferencia el islam de la religión que practicaban los árabes en la antigüedad?
8. **Resumir** Describe qué le pasó a la comunidad musulmana en los años posteriores a la hégira.

9. ¿De qué manera la llegada del islam cambió las actividades religiosas que tenían lugar en la Kaaba? Anota la respuesta en tu Cuaderno del estudiante.

453

Las creencias del islam

Una mujer musulmana rezando ▼

Si visitas cualquier ciudad musulmana del mundo, es probable que despiertes al amanecer al oír la llamada a la oración cantada desde una de las casas de culto de la ciudad. En árabe, escucharías: "Dios es grande. Doy fe de que no hay otro dios que Dios. Doy fe de que Mahoma es el mensajero de Dios. Venid a adorar". Esta llamada contiene las creencias más importantes del islam: la creencia en un Dios todopoderoso y la creencia de que Mahoma fue el último mensajero de Dios a los seres humanos.

Las fuentes de las enseñanzas islámicas

El **Corán** es el libro sagrado del islam. También es la principal fuente de las enseñanzas islámicas.

El Corán Los musulmanes creen que el Corán es el registro de las revelaciones que Dios hizo a Mahoma durante un período de casi 23 años. Comenzaron en una cueva fuera de La Meca en el año 610. Continuaron hasta que Mahoma murió en 632.

Según la tradición islámica, Mahoma recitaba las palabras que le habían sido reveladas. Sus seguidores las memorizaron y escribieron. Las compilaron en un libro llamado el Corán, poco después de la muerte de Mahoma. Ha permanecido sin cambios desde entonces.

El Corán consta de 114 capítulos en forma de verso. Los versos comentan la naturaleza de Dios, la creación y el alma humana. También abordan cuestiones morales, legales y de la familia. Gran parte del Corán está escrito en un estilo poético que a muchos hablantes de árabe les parece hermoso.

Para los musulmanes, el Corán es la palabra de Dios. Recitan sus pasajes durante las oraciones diarias y en ocasiones especiales. Creen que debe estudiarse en árabe, la lengua en que está escrito. Los musulmanes de todo el mundo recitan el Corán sólo en árabe. Aunque la mayoría de los musulmanes no son árabes, la lengua árabe y el Corán unen a todos los musulmanes.

Los musulmanes tratan al Corán con gran devoción. Tratan con mucho cuidado los ejemplares del libro. Aprenden pasajes de memoria. A menudo los niños primero aprenden a leer y a escribir del Corán.

La sunna Otra fuente fundamental del pensamiento islámico es la **sunna**, o las tradiciones de Mahoma. La sunna se refiere a las palabras y acciones de Mahoma. A él se le considera el mejor ejemplo. La sunna proporciona a los musulmanes pautas para vivir una vida adecuada. También ayuda a los creyentes a <u>interpretar</u> partes difíciles del Corán.

La sunna se basa en testimonios de personas que conocieron a Mahoma durante su vida. Ellos registraron sus dichos y acciones en una colección de escritos llamados el Hadiz. El Hadiz es el registro escrito de la sunna. Muchos de sus pasajes tratan sobre la ley islámica. Otros promueven conceptos morales o éticos. Éste es un ejemplo:

> 66 Aquel que come hasta saciarse mientras su vecino no tiene qué comer, no es creyente 99.
>
> —Hadiz

interpretar, *v.*, dar significado a

Verificar la lectura **¿Cuál es el idioma original del Corán?**

Una copia del Corán escrita en árabe

Un niño musulmán estudia el Corán.

455

miMundo: Actividad
Los pilares del islam

Las creencias sobre Dios

Una serie de creencias fundamentales son esenciales para el islam. Éstas se enfatizan en el Corán y en la tradición islámica.

Monoteísmo La creencia principal del islam es que hay un solo Dios. Él creó el universo y todas las cosas que hay en él. Los musulmanes creen que es el mismo Dios que adoran los judíos y los cristianos. Generalmente se refieren a Dios como *Alá*, que es la palabra para "Dios" en árabe.

También creen que Mahoma era un profeta, mensajero de Dios, pero que no tenía poder divino. Creen que figuras religiosas judías y cristianas como Abraham, Moisés y Jesús fueron profetas y que Mahoma es parte de esta tradición.

A diferencia de los musulmanes, los judíos y cristianos no creen que Mahoma fue un profeta. A diferencia de los cristianos, los musulmanes ven a Jesús como un profeta humano. La mayoría de los cristianos creen que Jesús era Dios y hombre.

Sumisión a la voluntad de Dios La palabra *islam* significa "sumisión" en árabe. Un musulmán es alguien que se ha sometido a la voluntad de Dios. Esto significa tratar de agradar a Dios, siguiendo sus enseñanzas.

sumisión *sust.,* entregar el control sobre ti mismo a otra persona

El alma y la vida después de la muerte Al igual que el cristianismo, el islam enseña que cada persona tiene un alma que tiene vida después de la muerte. Cada persona tiene la libertad de elegir entre el bien y mal. Las decisiones que toma en la vida influyen en lo que sucede con su alma después de morir.

Verificar la lectura ¿Cuál es la creencia fundamental de los musulmanes?

Los Cinco Pilares del islam

Los musulmanes tienen cinco obligaciones religiosas fundamentales. Se conocen como los Cinco Pilares.

- **Fe** El primer pilar es expresar la creencia de que "no hay otro dios que Dios y Mahoma es el mensajero de Dios".
- **Oración** El segundo pilar es la oración. Es una obligación religiosa rezar cinco veces al día. Después leerás más acerca del culto islámico.
- **Caridad** El tercer pilar del islam es dar caridad a los necesitados. Los musulmanes deben compartir su riqueza con los menos afortunados. Dan un 2.5 por ciento de su riqueza cada año, aunque muchos dan más.
- **Ayuno** El cuarto pilar es el ayuno del Ramadán, un mes en el calendario islámico. Ayuno significa no comer o beber durante un período de tiempo. En el Ramadán, los musulmanes ayunan entre el amanecer y el atardecer. Esto prueba el compromiso con Dios y les recuerda el hambre de los pobres. El final del Ramadán está marcado por el Eid al Fitr, o Festival del rompimiento del ayuno. Éste es un día festivo importante.
- **Peregrinación** El quinto pilar es la **hajj**, o peregrinación a la ciudad santa de La Meca. Una peregrinación es un viaje a un lugar sagrado o santuario. El Corán ordena que todos participen al menos una vez, si es posible. Al reunir a los musulmanes de todas partes del mundo todos los años, la comunidad mundial de musulmanes se fortalece.

Verificar la lectura ¿Qué celebra el Eid al Fitr?

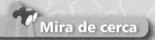
Mira de cerca

Los Cinco Pilares del islam

Los Cinco Pilares son las principales obligaciones religiosas de todo musulmán. Junto con otras prácticas islámicas, ayudan a dar forma a la vida diaria de los musulmanes. Seguir los Cinco Pilares es parte de vivir la vida con un propósito y permanecer comprometidos con las enseñanzas del islam acerca de Dios y la forma correcta de vivir.

RAZONAMIENTO CRÍTICO **¿Cómo influyen estos Cinco Pilares en la vida diaria?**

1 Fe
La declaración islámica de fe en un solo Dios y en Mahoma como su mensajero está pintada arriba.

2 Oración
Los musulmanes oran cinco veces al día. A veces oran en una mezquita.

3 Caridad
Los musulmanes dan parte de sus ingresos para atender a los pobres.

4 Ayuno
Después de ayunar en el día durante el mes de Ramadán, los musulmanes rompen el ayuno con una comida especial conocida como iftar, como la de arriba.

5 Peregrinación
Los musulmanes viajan para rendir culto en la ciudad santa de La Meca (atrás) al menos una vez en su vida si pueden.

457

El islam hoy en día

Hoy el islam es la segunda religión más grande del mundo. Aunque el islam comenzó entre los árabes, la mayoría de los musulmanes no son árabes. Asia del sur (la India, el Pakistán, Bangladesh y los países vecinos) tiene la mayor población musulmana de cualquier región.

Estudiantes leyendo el Corán en el Pakistán

Los musulmanes del mundo

- 13% Irán, Turquía, Asia central y el Cáucaso
- 2% Europa
- 1% Asia del este
- 0.35% Estados Unidos y otros
- 33% Asia del sur
- 15% Suroeste de Asia
- 15% África al sur del Sahara
- 20% Países árabes

FUENTE: *Pew Forum on Religion and Public Life*

Poblaciones más grandes de musulmanes

Indonesia
Pakistán
India
Bangladesh
Egipto

0   50   100   150   200   250
Millones de musulmanes

FUENTE: *Pew Forum on Religion and Public Life*

▲ Esta gráfica muestra el porcentaje de los musulmanes del mundo que viven en cada región.

Destreza: Gráficas

¿Qué país tiene la mayor población musulmana del mundo? Usa el atlas de la parte posterior de este libro para describir la ubicación de ese país.

Oración, peregrinación y ley

El islam desempeña un papel importante en la vida diaria de los musulmanes. Ayuda a formar la sociedad en los países de mayoría musulmana.

El culto La oración y el culto son elementos clave de la vida diaria de los musulmanes. En cinco momentos específicos de cada día, los musulmanes dejan de hacer lo que están haciendo para orar. Antes, se quitan los zapatos y se lavan las manos y los pies. Esto se llama ablución. Pueden hacer varias reverencias. Luego, mirando en dirección a La Meca, se arrodillan y rezan.

Una casa de culto musulmán se llama **mezquita**. Ahí, la comunidad participa en oración en grupo y en otras actividades religiosas. Las mezquitas se encuentran generalmente en el centro de pueblos o ciudades de mayoría musulmana. A veces son diferentes, pero todas tienen una sala de oración en dirección a La Meca. Por lo general, tienen un lugar para que el imán, o líder religioso, se pare a dar sermones. Un minarete está unido a la mayoría de las mezquitas. Los minaretes son torres desde las cuales un hombre llamado muecín canta la llamada a la oración. A veces los musulmanes se reúnen los viernes para rendir culto en grupo y escuchar un sermón.

La hajj Como leíste, la hajj es la peregrinación a La Meca. Incluye muchos rituales. El más importante es caminar en círculo alrededor de la Kaaba. La Kaaba es un edificio parecido a un cubo que está en el patio de la Gran Mezquita en La Meca. Los musulmanes creen que en la antigüedad, Abraham y su hijo Ismael la construyeron para adorar a Dios. También visitan el lugar donde Mahoma pronunció su último sermón. La hajj les recuerda a Abraham, Ismael, y Mahoma. Los conecta con su historia religiosa.

La ley Mahoma enseñó que la vida cotidiana era lo mismo que la vida religiosa. Vivir una vida adecuada significaba seguir las leyes de Dios según se revela en el Corán y la sunna. Estas leyes se recogen en el código de la ley islámica conocida como la **sharia**. La palabra árabe *sharia* significa "la manera", es decir, la manera correcta de actuar.

El Corán y la sunna sirvieron como fuentes para la sharia. Pero esas fuentes no podían cubrir todas las situaciones que pudieran surgir. Eruditos religiosos usan la razón para juzgar las nuevas situaciones.

Hacia el siglo X, los eruditos musulmanes establecieron la sharia como un conjunto fijo de leyes. Así se usó por siglos. En el siglo XIX, sin embargo, los gobiernos de algunos países musulmanes reemplazaron partes de la ley islámica con códigos de derecho basado en modelos europeos. Otras partes de la sharia se reformaron. Hoy, los códigos de la ley en algunos países musulmanes están basados en la sharia. Otros son más laicos, es decir, no religiosos.

Reglas de conducta adecuada La sharia da a los musulmanes las reglas específicas de conducta personal. Las reglas más importantes se refieren a las obligaciones básicas de todos los musulmanes: los Cinco Pilares del islam. Otras enumeran cosas que no deben hacer. Por ejemplo, la sharia prohíbe hacer apuestas, robar, comer carne de cerdo o beber alcohol. La sharia también incluye normas para resolver los problemas de la familia y hacer negocios éticamente.

Verificar la lectura ¿Qué hace un muecín?

mi Mundo
CONEXIONES

Entre **2** y **5** millones de musulmanes viven en los Estados Unidos. California tiene la mayor población musulmana que cualquier estado.

Evaluación de la Sección 2

Términos clave

1. ¿Qué es el Corán? ¿Cómo lo consideran los musulmanes?

2. ¿Quién debe participar en una hajj?

3. ¿Qué sucede en una mezquita?

4. ¿Cuál es la función de la sharia?

Ideas clave

5. ¿Cuáles son las dos fuentes principales de enseñanza islámica?

6. ¿Qué significa la palabra *islam* en árabe?

7. ¿Cuáles son algunas reglas de conducta de la sharia?

Razonamiento crítico

8. **Inferir** ¿Qué son los Cinco Pilares del islam? Enuméralos y explica su función en la vida de un musulmán.

9. **Identificar las ideas principales** ¿Cuál es la creencia fundamental musulmana acerca de Dios?

? Pregunta esencial

¿Cómo se relacionan la religión y la cultura?

10. ¿Cómo ayuda la hajj a fortalecer a la comunidad musulmana en el mundo? Anota la respuesta en tu Cuaderno del estudiante.

459

Imperios musulmanes

Ideas clave

- Después de adoptar el islam, los árabes conquistaron muchas tierras y formaron un enorme imperio en un lapso muy corto de tiempo.

- Los musulmanes tuvieron diferentes opiniones acerca de quién debería suceder a Mahoma como líder de la comunidad musulmana.

- Después de la caída del Imperio Árabe Musulmán, surgieron otros imperios musulmanes, incluyendo los imperios Otomano, Safávida y Mogol.

Términos clave • califa • suní • chií • sultán

➡ **Visual Glossary**

Destreza de lectura Secuencia Toma notas usando el organizador gráfico en tu Cuaderno.

Una pintura que muestra al fundador del Imperio Otomano ▼

Cuando Mahoma murió, en 632 D.C., muchas tribus de guerreros beduinos se habían convertido al islam. Unidas por la devoción, estas tribus árabes formaron un ejército poderoso y hábil. Iniciaron la expansión del dominio árabe musulmán en tres continentes.

El Imperio Árabe Musulmán y la difusión del islam

Los ejércitos árabes musulmanes primero conquistaron territorios en Arabia. Después de la muerte de Mahoma, algunas tribus se rebelaron contra los musulmanes, pero fueron derrotadas.

Las primeras conquistas Después de asegurar su dominio en Arabia, los soldados árabes musulmanes derrotaron a rivales más fuertes en las tierras cercanas. En el siglo VII, conquistaron el Imperio Persa y gran parte del Imperio Bizantino. Tomaron Mesopotamia, Palestina, Siria, Egipto y Persia. Luego se trasladaron a Afganistán y el norte de la India. Conquistaron África del norte y España. Hacia 800 D.C., los musulmanes dominaban un vasto imperio.

Se difunde el islam Conforme los árabes musulmanes formaban su imperio, el islam se difundía pacíficamente dentro del imperio y más allá de sus fronteras. Esto sucedió a diferentes ritmos en diferentes regiones. Por ejemplo, los africanos del norte más al oeste se convirtieron rápidamente al islam, mientras que la mayoría de los egipcios continuaron siendo cristianos por siglos. Junto con el islam, la lengua árabe se extendió a muchas partes del imperio.

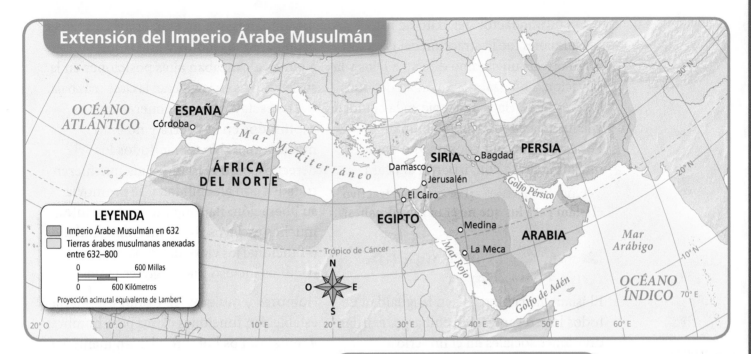

Extensión del Imperio Árabe Musulmán

OCÉANO ATLÁNTICO

ESPAÑA
Córdoba

Mar Mediterráneo

ÁFRICA DEL NORTE

SIRIA
Damasco
Jerusalén

Bagdad

PERSIA

El Cairo

EGIPTO

Medina

La Meca

ARABIA

Mar Arábigo

OCÉANO ÍNDICO

Golfo Pérsico

Mar Rojo

Golfo de Adén

Trópico de Cáncer

LEYENDA
Imperio Árabe Musulmán en 632
Tierras árabes musulmanas anexadas entre 632–800

0   600 Millas
0   600 Kilómetros
Proyección acimutal equivalente de Lambert

Los comerciantes viajaron fuera del imperio a tierras nuevas a donde llevaron su fe con ellos y a menudo los acompañaban misioneros que predicaban. Con el tiempo, muchas personas en Asia del sur, el sureste de Asia y África se convirtieron al islam.

Razones del éxito Los primeros árabes musulmanes formaron un enorme imperio en poco tiempo. Varios factores condujeron al éxito. Uno fue la decadencia de los imperios Persa y Bizantino. Años de guerra dejaron débiles y vulnerables a estos grandes imperios.

Otro factor fue la capacidad y la <u>devoción</u> de los guerreros musulmanes. Tenían destrezas de combate adecuadas. Su fe religiosa les daba una ventaja. Creían que Dios estaba de su lado.

La tolerancia religiosa también ayudó al imperio a expandirse. Los musulmanes conquistaron tierras en las que había muchos judíos y cristianos. En muchas zonas, los cristianos fueron la mayoría por siglos y los judíos también tuvieron gran presencia. Los musulmanes no les impusieron su religión.

Gracias a esta política los pueblos conquistados no se rebelaban. A diferencia del Imperio Árabe Musulmán, el Imperio Bizantino persiguió a los judíos y los cristianos no ortodoxos.

devoción, *sust.*, dedicación, lealtad

Destreza: Mapas

1 Ubicación ¿Qué ciudades eran parte del Imperio Árabe Musulmán?

2 Interacción ¿Cuáles son tres regiones conquistadas por los primeros árabes musulmanes?

3 ¡Lugares por conocer!

Rotula los lugares siguientes en el croquis de tu Cuaderno del estudiante: La Meca, Medina, Arabia, Damasco, Bagdad, mar Rojo.

---

my worldhistory.com

Places to Know

Un último factor del éxito de los musulmanes fue la atracción del islam. El islam ofrecía un camino directo a Dios y la salvación. Enfatizaba la igualdad de todos los creyentes. Hacía hincapié en la equidad y la justicia en los asuntos humanos. Por esto y más, muchos que no eran musulmanes se convirtieron al islam.

Verificar la lectura ¿Por qué era atractivo el islam para los que no eran musulmanes?

La sociedad en el Imperio Árabe Musulmán

El islam hacía hincapié en la igualdad de todos los creyentes. Sin embargo, existían divisiones sociales en el imperio.

Divisiones sociales En los orígenes del imperio, la sociedad musulmana estaba dividida en cuatro grupos principales. Los árabes musulmanes estaban en la parte superior. Luego venían los musulmanes que no eran árabes. El tercer grupo eran los judíos y cristianos, aunque algunos alcanzaban altas posiciones en la sociedad. Los esclavos eran la clase más baja.

Los esclavos por lo general eran capturados en la guerra y no eran musulmanes. No tenían todos los derechos, pero el islam exigía que fueran tratados con amabilidad y se promovía su liberación. Bajo algunos gobernantes, muchos esclavos sirvieron como soldados o funcionarios clave del gobierno. Algunos incluso fueron gobernantes.

Hombres y mujeres El Corán y la sharia establecían funciones claras para hombres y mujeres. Los hombres debían mantener a sus familias y hacer sus negocios en público. Las mujeres solían quedarse en casa, aunque algunas ocupaban puestos importantes. Las mujeres tenían en general menos derechos que los hombres y ocupaban una posición inferior.

No obstante, el islam mejoró en conjunto las condiciones para las mujeres. Antes del desarrollo del islam, las mujeres casi no tenían derechos. Bajo la sharia, mujeres y hombres tenían igualdad religiosa.

Judíos y cristianos El Imperio Árabe Musulmán era en general tolerante hacia judíos y cristianos. Los musulmanes consideraban sagradas las escrituras judías y cristianas y respetaban a ambos como el "Pueblo del Libro". Los judíos y cristianos en tierras musulmanas podían practicar su religión y gobernarse. Sin embargo, pagaban un impuesto especial y tenían otras restricciones.

Verificar la lectura ¿Cuál era el papel de los hombres en la sociedad musulmana?

Hoy, los musulmanes tienen opiniones diferentes sobre el tipo de ropa apropiada para usar en público. Estas mujeres usan dos tipos diferentes de cubiertas para la cabeza.▼

Los califas

Como leíste, Mahoma fue el primer líder musulmán. Después de su muerte, gobernantes llamados **califas** dirigieron la comunidad musulmana y luego el imperio. En árabe, *califa* significa "sucesor", es decir, el sucesor de Mahoma. Un gobierno dirigido por un califa se llama califato.

La cuestión de la sucesión Pero, ¿quién iba a ser el primer califa? ¿Quién podía suceder a un hombre que para los musulmanes era el mensajero de Dios? Este asunto dividió a los musulmanes en dos grupos rivales.

La mayoría creía que se necesitaba un líder con habilidades políticas. Apoyaban al principal asesor de Mahoma, Abu Bakr, que se convirtió en el primer califa. Los miembros de este grupo se conocían como **suníes** porque valoraban la sunna.

Una minoría creía que sólo los familiares de Mahoma debían ser califas. Apoyaban a Ali, primo y yerno de Mahoma. Se les llamó **chiíes**, que significa partidarios, porque apoyaban a Ali.

La división entre suníes y chiíes todavía existe. La mayoría de los musulmanes, un 85 por ciento, son suníes. Los chiíes son el grupo islámico minoritario más grande. Hay diferencias en el ritual y la práctica entre los dos grupos. Sin embargo, los musulmanes de todo el mundo comparten la mayoría de las creencias básicas.

Los califas "guiados correctamente"

Cuatro califas gobernaron el Imperio Árabe Musulmán en sus primeros años. Cada uno tenía estrechos vínculos con Mahoma y se guiaba por

▲ Umar, el segundo califa, fue asesinado por un esclavo persa.

principios musulmanes. Por ello, los suníes los llamaron los "califas guiados correctamente". Gobernaron un imperio cada vez más grande desde la ciudad de Medina, en Arabia.

Ali, el primo de Mahoma, favorecido por los chiíes, se convirtió en el cuarto califa en 656. Pero tenía muchos enemigos. En el quinto año de su reinado, lo asesinaron. Después, el califato pasó a la familia Omeya.

La dinastía Omeya Los omeyas fundaron la primera dinastía musulmana. Una dinastía es una familia que pasa el poder político de un familiar a otro. Los omeyas trasladaron la capital del imperio de Medina a Damasco, una ciudad antigua de Siria.

Dinastías musulmanas

Muchas dinastías e imperios gobernaron las tierras musulmanas durante siglos. Los primeros imperios estuvieron dominados por árabes. Los estados posteriores estuvieron dirigidos en su mayoría por grupos que no eran árabes, como persas, turcos y mongoles. Las dinastías y los imperios de esta página y las dos páginas siguientes fueron unos de los estados musulmanes más grandes y poderosos. ¿Qué dinastías estuvieron gobernadas por árabes? ¿Cuáles por grupos no árabes?

▲ La dinastía Omeya 661–750
Los omeyas gobernaron un imperio desde España hasta Persia. Construyeron esta mezquita en Damasco, Siria, una de las primeras capitales del imperio.

▲ La dinastía Abasí 750–1258
Los abasíes arrebataron el califato a los omeyas en 750. Construyeron este minarete en espiral en Samarra, cerca de su nueva capital de Bagdad, en Iraq.

Bajo los omeyas, el Imperio Árabe Musulmán alcanzó su mayor tamaño. Los ejércitos musulmanes conquistaron África del norte y España. Los árabes entraron en contacto con otras culturas. Muchos adoptaron el islam y algunos aprendieron árabe. A su vez, estas culturas influyeron en los conquistadores árabes. Con el tiempo, surgió una civilización musulmana particular que combinaba estas influencias.

La dinastía Abasí En 750, fuerzas rebeldes árabes derrocaron a los omeyas e impusieron un califa de la familia abasí. Los abasíes construyeron una nueva capital llamada Bagdad, en el actual Iraq. Fue el centro de una edad de oro del arte, la ciencia y el aprendizaje.

Pero a medida que la civilización islámica floreció, los abasíes perdieron el control del imperio. En 756, España se convirtió en un estado musulmán independiente con sus propios califas. Posteriormente, la dinastía fatimí chií tomó el control de Egipto. Fundaron la Universidad al-Azhar en El Cairo. Todavía es un centro de aprendizaje islámico.

Poco a poco, el poder pasó a los que no eran árabes. En el siglo X, los turcos migraron a tierras musulmanas. Eran un pueblo nómada de Asia central que se convirtió al islam. Los califas abasíes los contrataron como soldados. Finalmente, un grupo de turcos tomó el control de Bagdad. Dejaron a los califas abasíes en el trono, pero los despojaron del poder.

En la década de 1250, los mogoles invadieron las tierras musulmanas. Destruyeron la ciudad de Bagdad en 1258. Allí, mataron a decenas de millares de personas y asesinaron al califa abasí.

Verificar la lectura ¿Cuáles son los dos grupos en los que se dividieron los musulmanes después de la muerte de Mahoma?

▲ El Imperio Otomano 1299–1923

El Imperio Otomano fue el más grande y poderoso de todos los imperios no árabes posteriores al Imperio Árabe Musulmán. Arriba marchan los jenízaros, temibles soldados con uniformes de colores brillantes que ayudaron a los otomanos a conquistar su vasto imperio.

▲ La dinastía Safávida 1502–1736

Esta dinastía surgió en Persia y peleó contra los otomanos. El cuadro muestra el deporte del polo, popular en el Imperio Safávida.

Imperios musulmanes no árabes

La invasión mongol puso fin al califato y la edad de oro de la civilización islámica. Sobrevivieron estados musulmanes individuales gobernados por dinastías que no eran árabes. Los líderes de muchos de estos estados se llamaban **sultanes**, o gobernadores de los estados musulmanes.

El Imperio Otomano El más grande de los estados se convirtió en el Imperio Otomano, que duró hasta el siglo XX. Los otomanos eran una dinastía turca. Fundaron su imperio en Asia Menor, parte de lo que ahora es Turquía.

A partir del siglo XIV, los otomanos atacaron el Imperio Bizantino en Asia y en Europa. Conquistaron Constantinopla en 1453. Desde allí, conquistaron un imperio que incluía el sureste de Europa, Arabia y el norte de África.

El Imperio Otomano poseía un ejército fuerte, sobre todo el cuerpo de jenízaros. Los jenízaros eran niños de las provincias cristianas del sureste de Europa, criados como musulmanes y entrenados como soldados de élite. Un visitante del imperio los distinguió de los soldados europeos de su época.

> 66 Es la paciencia, la abnegación y la frugalidad del soldado turco lo que le permite hacer frente a las <u>circunstancias</u> difíciles y salir a salvo de los peligros que le rodean. ¡Qué contraste con nuestros hombres [europeos]! 99
>
> —Augerio Gislenio Busbequio

circunstancia, *sust.,* condición

El Imperio Safávida En el siglo XVI, el poderoso Imperio Safávida surgió en Persia y desafió a los otomanos.

Ya has leído sobre la cultura del Imperio Persa.

El Imperio Mogol 1526–1858
El emperador mogol Sah Jahan construyó el impresionante Taj Mahal como tumba para su esposa Mumtaz Mahal.

miMundo: Actividad
¿Quién fue cuándo?

La cultura persa se siguió desarrollando después de que cayó el antiguo Imperio Persa. Después de la conquista árabe, la mayor parte de los persas se convirtieron al islam, pero conservaron la lengua persa. La cultura persa sobrevivió. Los persas siguieron orgullosos de su antigua herencia.

La dinastía Safávida asumió el poder en Persia en el siglo XVI. Afirmaban que Ali, primo de Mahoma, era su ancestro. Eran chiíes e hicieron del islam chií la religión oficial de Persia. Hoy, Persia se llama Irán y sigue siendo un país de mayoría chií.

Bajo la dinastía Safávida, florecieron la pintura, la arquitectura, el tejido de alfombras y la metalistería persas, al igual que la astronomía y las matemáticas.

Verificar la lectura ¿Qué estado musulmán conquistó Constantinopla?

El islam en la India

Para el siglo VIII, los comerciantes habían llevado el islam a la India. Unos 200 años más tarde, los turcos invadieron el norte de la India, iniciando un largo período de dominio musulmán.

El sultanato de Delhi En 1206, un líder turco formó el sultanato de Delhi, en el norte de la India. En 300 años, muchos se convirtieron al islam. El sultanato gobernó gran parte de la India. Pero las rebeliones indias y las de los mongoles dejaron huella. Timur, un líder mongol, destruyó Delhi, la capital.

El Imperio Mogol En 1526, un grupo de mongoles y turcos musulmanes invadieron lo que quedaba del sultanato de Delhi. Su líder, Babur, fundó el Imperio Mogol. (*Mogol* es otra palabra para "mongol").

Los emperadores expandieron el dominio musulmán a casi toda la India. Floreció la cultura. Eruditos, escritores y artistas migraron desde el oeste, especialmente Persia.

La fundación del sijismo En la India mogol del siglo XVI, se desarrolló una nueva religión llamada sijismo. Tenía influencia del hinduismo y el islam. Al igual que el islam, es monoteísta. Como los hindúes, los sijs creen en la reencarnación.

El fundador fue un gurú, o maestro religioso, llamado Nanak. Gurú Nanak declaró que "no hay ni hinduistas ni musulmanes". Nueve gurús le siguieron. El libro sagrado sij, el Adi Granth, es la guía definitiva de esta comunidad.

La comunidad sij peleó contra los mogoles. En 1801, los sijs fundaron un reino en el norte de la India bajo el maharajá (rey) Singh Ranjit. Duró hasta 1849. Hoy, hay unos 24 millones de sijs en el mundo, sobre todo en la India.

Verificar la lectura ¿Quiénes fueron los mogoles?

▲ Un hombre sij frente al Templo Dorado, un importante lugar santo sij en Amritsar, India

▲ Gurú Nanak, el fundador del sijismo

Evaluación de la Sección 3

Términos clave

1. ¿Qué significa la palabra *califa*?

2. ¿Cuáles son una mayoría en el mundo musulmán, los suníes o los chiíes?

Ideas clave

3. ¿Cuáles son los dos grandes imperios que los musulmanes derrotaron poco después de la muerte de Mahoma?

4. ¿Qué asunto dividió a los musulmanes en chiíes y suníes?

5. ¿Qué dinastía convirtió a Persia, el actual Irán, en un estado chií?

Razonamiento crítico

6. **Categorizar** ¿Cuáles eran los principales grupos sociales de la sociedad musulmana bajo el primer califato?

7. **Comparar y contrastar** ¿En qué se diferenció el primer califato de los estados musulmanes posteriores, como los imperios Otomano y Mogol?

Pregunta esencial

¿Cómo se relacionan la religión y la cultura?

8. ¿Qué cambió en la vida de Persia después de la conquista árabe musulmana de Persia? ¿Qué no cambió? Anota la respuesta en tu Cuaderno del estudiante.

Los logros musulmanes

A medida que el islam se expandió a diferentes tierras, se desarrolló una cultura musulmana particular. Los musulmanes en diferentes regiones combinaron la cultura árabe y el islam con las culturas persa, bizantina, india y con otras que existían antes de la llegada del dominio musulmán.

Crecimiento de las ciudades y el comercio

La expansión del dominio musulmán y la difusión del islam unieron a muchos pueblos. Bajo la protección de un gobierno central fuerte, el comercio floreció y las ciudades crecieron. Incluso después del final del Imperio Árabe Musulmán, las ciudades siguieron desempeñando un papel importante para mantener una floreciente civilización islámica.

Una economía urbana Hacia el año 1000, la cultura musulmana prosperó en ciudades como La Meca, Medina, Damasco y Bagdad. Otras ciudades también prosperaron. Córdoba era la ciudad más grande de la España musulmana. El Cairo, Egipto, era el centro urbano más importante de África. Fuera de China, los imperios musulmanes tenían las ciudades más grandes y desarrolladas del mundo.

Sin una base económica sólida, las ciudades musulmanas no habrían crecido tan rápido. Las granjas suministraban alimentos, lana y otros productos básicos. Los comerciantes llevaban productos exóticos, como sedas finas, de tierras lejanas. Las ciudades producían una amplia gama de mercancías.

◀ Alfombra persa, uno de los muchos productos hermosos hechos por la civilización islámica antes de los tiempos modernos

Rutas comerciales en tierras musulmanas

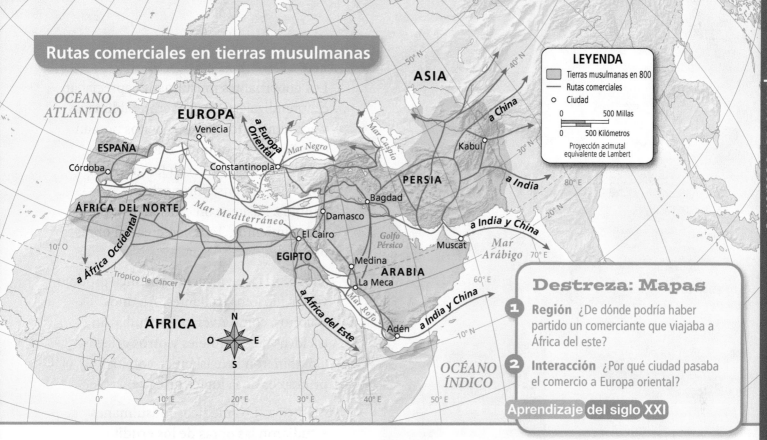

LEYENDA

Tierras musulmanas en 800
Rutas comerciales
○ Ciudad

0   500 Millas
0   500 Kilómetros
Proyección acimutal
equivalente de Lambert

Destreza: Mapas

1 **Región** ¿De dónde podría haber partido un comerciante que viajaba a África del este?

2 **Interacción** ¿Por qué ciudad pasaba el comercio a Europa oriental?

Aprendizaje del siglo XXI

La civilización musulmana fue famosa por sus finos **textiles**, o tejidos. Estos incluían telas de algodón de Egipto y alfombras de lana de Persia. Los artesanos también producían espadas de acero en Damasco y artículos de cuero en Córdoba.

El comercio y las rutas comerciales La geografía hizo de las tierras musulmanas un centro de comercio. Incluían partes de Asia, Europa y África. Los comerciantes musulmanes tenían acceso al mar Mediterráneo y al océano Índico. Las rutas terrestres hacia y desde Asia oriental y del sur pasaban por territorio musulmán. A medida que los comerciantes viajaron, crearon una red de rutas comerciales que conectaban tres continentes.

En general, los comerciantes viajaban de dos maneras. Cruzaban los mares en pequeños barcos de vela llamados dhows.

Navegaban de Arabia al sur hacia África y al este hacia la India. Por tierra, viajaban en caravanas de camellos. La ruta terrestre más famosa era la Ruta de la Seda. Conectaba Bagdad con la lejana China.

Debido al comercio, los productos fluían a las ciudades islámicas desde tres continentes. De Asia llegaban seda y platos chinos, de la India, especias, piedras preciosas, cocos y maderas tropicales. Oro y sal de África. Ámbar y pieles del norte de Europa.

Ideas e inventos se difundieron por las rutas comerciales. Los comerciantes musulmanes llevaron a sus tierras la brújula y la técnica de fabricación de papel de China. A su vez, difundieron la cultura y el aprendizaje musulmanes, y también el islam a otras tierras.

Avicena escribió en 1025 el *Canon de la medicina*, un libro de texto de medicina. Este ejemplar muestra ilustraciones del corazón, los pulmones y otros órganos.

La importancia de los comerciantes

Los comerciantes desempeñaban un papel clave en la economía urbana. La vida de algunos se centraba en el zoco, palabra árabe que significa "mercado". Aquí, compraban y vendían productos de todo el imperio. Otros viajaban por las rutas comerciales, llevando mercancías a lejanas tierras musulmanas y más allá.

Las sociedades musulmanas honraban a sus comerciantes. Los comerciantes exitosos tenían gran movilidad social. La movilidad social es la capacidad de ascender en la sociedad. Muchos fueron figuras importantes.

Verificar la lectura ¿Qué papel clave desempeñaban los comerciantes en la economía urbana?

Filosofía y medicina

Los gobernantes musulmanes apreciaban el aprendizaje. Construyeron bibliotecas y academias donde los eruditos podían estudiar e intercambiar ideas. Estos recopilaron y tradujeron las grandes obras de los pensadores griegos, persas e indios. Fusionaron estas ideas con sus conocimientos. También crearon obras originales.

Filosofía La civilización islámica produjo varios filósofos brillantes. Algunos eruditos, como Averroes, estudiaron las ideas de Aristóteles y otros griegos. Combinaron la fe islámica con los principios de la lógica griega.

Medicina Los médicos musulmanes estudiaron las obras de los eruditos griegos antiguos. Mejoraron las prácticas médicas griegas. Contribuyeron a la ciencia médica.

El médico musulmán más importante fue el persa Avicena. Escribió muchos libros sobre medicina, filosofía y otros temas. Su obra más famosa fue una enciclopedia médica. Abarca todas las enfermedades y tratamientos conocidos en esa época. Fue el texto médico que se usó en Europa por cientos de años.

Se construyeron hospitales en todo el Imperio Árabe Musulmán. Había áreas separadas para las diferentes enfermedades. Tenían farmacias en las que se preparaban medicamentos. Médicos musulmanes calificados realizaban difíciles operaciones, como cirugías de cáncer y del cerebro.

Verificar la lectura ¿Quién fue Avicena?

Literatura

Como la medicina, la cultura islámica valoraba la literatura. El alfabetismo, o la capacidad de leer, se extendió a través de la religión. Muchos aprendieron a leer para estudiar el Corán. Algunos escritores escribieron cuentos folclóricos. Otros, poesía lírica sobre el amor y la naturaleza.

Historia y geografía Los eruditos musulmanes escribieron sobre historia y geografía. Abenjaldún escribió una historia del mundo para explicar el auge y la caída de las dinastías. Ya has leído acerca de Ibn Battutah. Escribió un relato de sus viajes por países musulmanes.

Cuentos folclóricos Los cuentos folclóricos musulmanes provenían de una larga tradición de narración de cuentos. Algunos incluían animales. Otros describían a grandes héroes y sus aventuras. Muchos cuentos aparecieron en un libro titulado *Las mil y una noches*. Incluye historias románticas, así como fábulas. Es popular en todo el mundo. Los eruditos han obtenido información sobre la vida a principios de la época musulmana que se describe en muchas de estas historias.

Poesía Igual que los cuentos folclóricos, la poesía comenzó como arte oral. Los nómadas usaban el verso hablado para alabar a sus tribus y burlarse de sus enemigos. La poesía fue fundamental para la cultura árabe antigua. La tradición oral dio lugar a muchas formas escritas.

Los persas, como los árabes, también tenían una larga tradición de escribir poesía. Uno de los poetas musulmanes más famosos fue Rumi, quien provenía de una familia persa. Escribía sobre temas religiosos.

Rumi practicaba el **sufismo**, un estilo de vida islámico que enfatiza el control de los propios deseos, renunciando a los apegos mundanos y buscando la cercanía a Dios. La poesía servía a los sufíes como manera de expresar su relación con Dios.

enfatizar, *v.*, subrayar, señalar como importante

Verificar la lectura ¿Qué enseña el **sufismo**?

Poesía

Los poemas de Rumi todavía se leen mucho en un gran número de países. Como gran parte del trabajo de Rumi, el hermoso poema de abajo tiene un tema religioso.

66 Lo que Dios dijo a la rosa
 y causó que ésta riera con enorme belleza,
 Él se lo dijo a mi corazón
 y lo hizo cien veces más hermoso 99.
—Rumi, "La rosa"

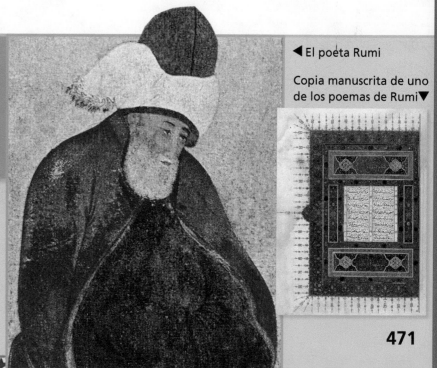

◀ El poeta Rumi

Copia manuscrita de uno de los poemas de Rumi ▼

471

Matemáticas y ciencias

Los eruditos musulmanes impulsaron importantes avances en la ciencia, especialmente en matemáticas y astronomía.

Matemáticas Los matemáticos árabes usaban un sistema decimal basado en los números indios (a veces llamados números hindúes). Este sistema incluía el <u>concepto</u> del cero.

concepto, *sust.,* idea

Un libro del matemático musulmán Al-Khwarizmi presentó ese sistema de numeración a Europa. A los símbolos que usamos hoy para los números (0, 1, 2, 3,... 9) los llamamos **números arábigos**, porque llegaron a Europa desde el mundo árabe. Los europeos usaban los números romanos, pero los números arábigos son más sencillos.

Al-Khwarizmi también logró avances en el álgebra. El álgebra es un tipo de matemáticas que usa letras para sustituir un número desconocido, permitiendo resolver problemas complejos.

Álgebra viene del árabe. Otra palabra que llegó del árabe es *química*, campo en el que los científicos musulmanes lograron avances.

Astronomía Los astrónomos musulmanes construyeron observatorios, o edificios para ver y estudiar las estrellas. Crearon tablas con las posiciones de las estrellas y los planetas. Midieron el tamaño de la Tierra y desarrollaron calendarios precisos.

Verificar la lectura **¿Qué matemático musulmán contribuyó al avance del álgebra?**

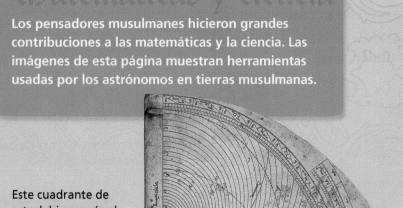

Matemáticas y ciencia

Los pensadores musulmanes hicieron grandes contribuciones a las matemáticas y la ciencia. Las imágenes de esta página muestran herramientas usadas por los astrónomos en tierras musulmanas.

Este cuadrante de astrolabio seguía el movimiento de los planetas. Permitió a los líderes religiosos determinar la hora para las oraciones y permitió que los marineros navegaran con más precisión. ▶

▲ En esta pintura puedes ver a un astrónomo musulmán estudiando los movimientos del Sol.

Arte y arquitectura

Leíste que los musulmanes valoraban el aprendizaje. También daban gran valor a las artes. Un Hadiz dice: "Dios es bello y ama la belleza". Este ideal inspiró la creación de obras hermosas e influyentes de arte y arquitectura.

Diseño y caligrafía Antes del islam, los árabes adoraban imágenes de sus dioses. El islam se oponía a la adoración de imágenes y rechazaba el arte que mostrara seres humanos o animales. Con el tiempo, permitieron algunas pinturas de imágenes, pero no fueron tan importantes como las artes decorativas en el mundo islámico.

Los diseños decorativos se usaban en azulejos de colores, alfombras finamente tejidas y las cúpulas de las mezquitas. Uno de los más populares, el arabesco, es un patrón de formas y líneas curvas que parecen flores o parras.

La caligrafía fusionaba arte y religión. La **caligrafía** es el arte de la escritura decorativa. Los artistas recreaban versos del Corán. Los escribían en libros decorados, tallaban en paredes, pintaban en azulejos y tejían en textiles.

Con el comercio y los viajes, los diferentes estilos decorativos musulmanes llegaron a Europa. En el siglo XIV en Italia, comenzó una nueva era artística. Allí los artistas aplicaron los estilos y técnicas musulmanas a la cristalería, la metalistería y otras formas de arte.

▲ Esta puerta en forma de arco tiene tallado un patrón de arabescos. Está en la Alhambra, un palacio grande y decorado minuciosamente que se construyó en la España musulmana.

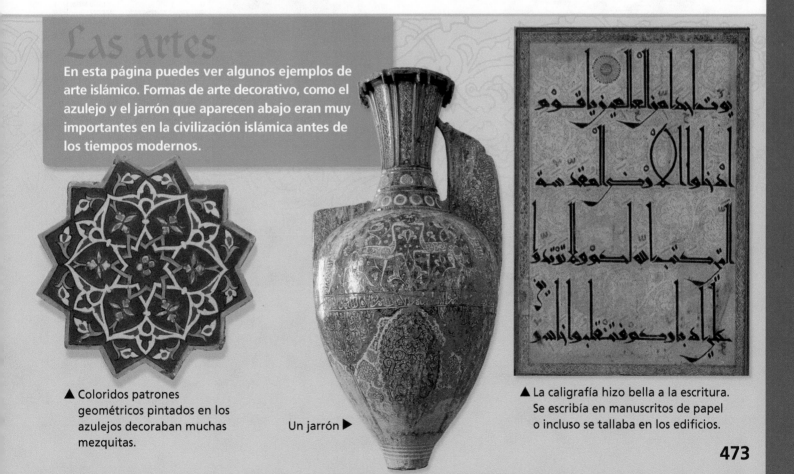

Las artes

En esta página puedes ver algunos ejemplos de arte islámico. Formas de arte decorativo, como el azulejo y el jarrón que aparecen abajo eran muy importantes en la civilización islámica antes de los tiempos modernos.

▲ Coloridos patrones geométricos pintados en los azulejos decoraban muchas mezquitas.

Un jarrón ▶

▲ La caligrafía hizo bella a la escritura. Se escribía en manuscritos de papel o incluso se tallaba en los edificios.

473

La arquitectura islámica

Las cuatro mezquitas de abajo son de distintos países y tienen diferentes estilos. Como leíste en la Sección 2, las mezquitas de todo el mundo comparten muchas características. ¿Qué parte común de una mezquita puedes ver en dos de los edificios de abajo? ¿Qué característica arquitectónica tienen las cuatro?

→ **Culture Close-Up**

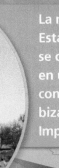

La mezquita Azul en Estambul, Turquía, se construyó en un estilo con influencias bizantinas, típico del Imperio Otomano.

La mezquita del Imán, en Isfahán, Irán, cuenta con una cúpula alta cubierta de mosaicos. Esto es común en las mezquitas iraníes.

Mar Negro

Mar Mediterráneo

ASIA

0		1,000 Millas
0		1,000 Kilómetros

Proyección cilíndrica de Miller

ÁFRICA

PENÍNSULA ARÁBIGA

Mar Rojo

OCÉANO ÍNDICO

OCÉANO ATLÁNTICO

La Cúpula de la Roca, en Jerusalén, cuenta con una llamativa cúpula dorada que brilla con la luz del sol.

Un emperador mogol construyó la mezquita Badshahi en Lahore, Pakistán. Las cúpulas pequeñas de sus minaretes muestran influencia de la arquitectura india.

Arquitectura Los arquitectos musulmanes construyeron sorprendentes mezquitas, fuentes, puertas, jardines, baños y palacios. Las cúpulas y los arcos eran características comunes de la arquitectura musulmana.

La civilización islámica incluía muchas culturas que tenían una larga historia antes del islam. Sus influencias son visibles en los edificios diseñados por musulmanes. Las influencias bizantinas y romanas eran muy fuertes en las tierras musulmanas del oeste, donde estas culturas habían gobernado. Los estilos persas (iraníes) también fueron influyentes. Se extendieron a muchas tierras musulmanas, entre ellas la India y África oriental.

Verificar la lectura **¿Qué son los arabescos? ¿Cómo se usan?**

Preservación de las culturas antiguas

Los musulmanes ayudaron a preservar los logros culturales griegos y romanos. Transmitieron estos avances a las civilizaciones europeas posteriores, que se beneficiaron de éstos como se beneficiaron de los avances musulmanes en matemáticas, química y otros campos.

Muchas zonas gobernadas por los musulmanes tenían influencia de la cultura greco-romana. Los gobernantes y eruditos musulmanes reunieron obras de autores como Aristóteles. Las tradujeron al árabe, las estudiaron, hicieron sus propios avances y preservaron muchos textos originales.

Con la caída del Imperio Romano de Occidente, muchas de estas obras se olvidaron en Europa. Los eruditos musulmanes escribieron sobre ellas y sus escritos se tradujeron al latín. Esto las hizo accesibles a los europeos. Estas obras despertaron un nuevo interés europeo en la cultura greco-romana.

Verificar la lectura **¿Qué culturas antiguas se preservaron en parte gracias a los musulmanes?**

miMundo: Actividad
Hora de la clase

Evaluación de la Sección 4

? Pregunta esencial

¿Cómo se relacionan la religión y la cultura?

Términos clave

1. ¿Qué son los textiles? ¿Cuál es un producto textil que se produjo en la civilización islámica antigua?

2. ¿De dónde venía originalmente el sistema de números arábigos? ¿A qué regiones se difundió después de que Al-Khwarizmi escribió su libro sobre el tema?

Ideas clave

3. Nombra tres grandes ciudades de la civilización islámica.

4. Identifica una idea que pasó a través de la civilización islámica en las rutas comerciales.

5. ¿Cuál era la función de la poesía en la cultura árabe antigua?

6. ¿Cómo ayudaron los musulmanes a preservar las culturas antiguas?

Razonamiento crítico

7. Analizar causa y efecto ¿Cómo usó Avicena el aprendizaje griego? ¿Cuál fue el efecto de su libro en Europa occidental?

8. Inferir ¿Qué puedes inferir sobre el aprendizaje musulmán teniendo en cuenta que las palabras *álgebra y química* provienen del árabe?

9. ¿Cómo contribuyó la religión al aumento del alfabetismo en la civilización islámica? Anota la respuesta en tu Cuaderno del estudiante.

Evaluación del capítulo

Términos e ideas clave

1. **Recordar** ¿En qué país actual se encuentra el Hejaz?

2. **Resumir** ¿Cuál es el significado de la **hajj**? ¿De qué conjunto de obligaciones religiosas es parte la hajj?

3. **Comparar y contrastar** ¿Qué divide a **suníes** y **chiíes**? ¿Qué tienen en común?

4. **Comparar y contrastar** ¿En qué se parecen el **Corán** y la **sunna**? ¿En qué se diferencian?

5. **Categorizar** ¿Cómo difieren el judaísmo, el cristianismo y el islam en sus opiniones de Mahoma? ¿Cómo difieren los musulmanes y los cristianos en sus opiniones de Jesús?

6. **Recordar** ¿Dónde se fundó la religión del sijismo? ¿Quién fue su líder fundador?

7. **Analizar causa y efecto** El islam rechaza el arte que muestra humanos o animales. ¿Cuál fue el efecto de esta regla en el arte de la civilización islámica?

Razonamiento crítico

8. **Secuencia** Ordena las siguientes dinastías, gobernantes e imperios del primero al último: dinastía Abasí, Mahoma, Imperio Mogol, "califas guiados correctamente", dinastía Omeya.

9. **Inferir** ¿Cuáles crees que fueron los efectos a largo plazo de la invasión de los mongoles a tierras musulmanas?

10. **Analizar fuentes primarias** Busca la cita del Hadiz en la Sección 2. Según esta cita, ¿cómo deben las personas tratar a sus vecinos?

11. **Conceptos básicos: Religión** ¿Vive la mayoría de los musulmanes en países árabes?

Analizar elementos visuales

A la derecha está la bandera de Arabia Saudita. La escritura en ella significa "No hay otro dios que Dios y Mahoma es el mensajero de Dios".

12. ¿A cuál de los pilares del islam se refiere esta oración?

13. Arabia Saudita es el país en el que se encuentra La Meca. Casi todos sus habitantes son musulmanes. ¿Por qué crees que esta oración aparece en su bandera?

La bandera de Arabia Saudita

Pregunta esencial
miMundo: Actividad del capítulo

Centro comunitario islámico Sigue las instrucciones de tu maestro para participar en una reunión en un Centro comunitario islámico. Intercambia información sobre la manera en que se practica el islam en diferentes países. Luego escribe una carta al país de origen de tu personaje para compartir lo que has aprendido.

Aprendizaje del siglo XXI
Busca información en la Internet

En la Internet, investiga una de las siguientes dinastías o imperios musulmanes: Selyúcida, Nazarí, Gaznawí, Mamelucos. Escribe un párrafo breve que incluya lo siguiente:
- Fechas y cómo comenzó y terminó la dinastía
- Zona que gobernó
- Logros culturales
- Información sobre un gobernante famoso

Preguntas basadas en documentos

Success Tracker™
En línea en myworldhistory.com

Usa tu conocimiento de la civilización islámica y los Documentos A y B para responder las Preguntas 1 a 3.

Documento A

" Oh pueblo, escúchenme en serio, adoren a Dios, digan sus cinco oraciones diarias, ayunen durante el mes de Ramadán y den su riqueza en *zakah* [caridad]. Participen en la hajj si es que pueden hacerlo. Saben que todo musulmán es hermano de otro musulmán. Todos ustedes son iguales".

—Mahoma, Sermón de despedida

Documento B

"[Dios] dio a la humanidad en este Corán toda clase de parábolas, para que puedan tenerlas en cuenta: un Corán en la lengua [idioma] árabe, libre de cualquier defecto, para que puedan protegerse del mal".

—Corán, 39:28

1. ¿Qué recomienda Mahoma a los musulmanes en el Documento A?

   A Practicar los Cinco Pilares del islam y respetar la igualdad de todos los musulmanes.

   B Obedecer a los líderes políticos.

   C Recordar que algunos musulmanes son mejores que otros por su nacionalidad.

   D Nunca beber alcohol o comer cerdo.

2. ¿Qué les dice a los musulmanes el Documento B?

   A que sólo deben hablar árabe

   B que el Corán no es una guía precisa de la vida

   C que el Corán no tiene defectos

   D que el Corán está escrito en un lenguaje directo

3. **Tarea escrita** Escribe un párrafo que resuma las enseñanzas del islam. Usa ejemplos de estos dos documentos para apoyar tus afirmaciones.

myworldhistory.com

Self-Test

La difusión del islam

> **Idea clave**
> - La migración, el comercio, los conflictos y las peregrinaciones difundieron la fe musulmana. El islam se difundió por todo el suroeste de Asia, la región mediterránea y el norte de África.

Una ilustración del siglo XIX de comerciantes musulmanes

En los años posteriores a la muerte de Mahoma en el 632, el islam se difundió rápidamente desde sus orígenes en Arabia al suroeste de Asia, África del norte y España. Los soldados, comerciantes, peregrinos y migrantes musulmanes llevaron su fe cuando viajaban a tierras nuevas. El primer fragmento describe los enormes mercados de la ciudad de Tesalónica, Grecia, que atraían a los musulmanes y otros comerciantes de todo el mundo. El segundo fragmento lo escribió Ibn Yubair, un musulmán español. Describe su peregrinación en la década de 1180 a la ciudad santa musulmana de La Meca, en lo que hoy es Arabia Saudita.

Lee el texto de la derecha. Haz una pausa en cada letra encerrada en un círculo. Luego, responde la pregunta con la misma letra que está a la izquierda.

Ⓐ Analizar detalles ¿Qué sugiere esta descripción de la feria acerca de la magnitud y el impacto del comercio?

Ⓑ Resumir ¿Qué dicen estas líneas acerca de los viajes por tierra y por mar?

Ⓒ Inferir A partir de esta descripción de los animales, ¿cómo crees que era la feria para los comerciantes y los compradores?

Beocia, *sust.,* región de la antigua Grecia

Peloponeso, *sust.,* península extensa y región del sur de Grecia

Ponto Euxino, *sust.,* el mar Negro

asaltaban, *v.,* atacaban, abrumaban

La gran feria de Tesalónica

❝ Había todo tipo de material tejido o hilado por hombres o mujeres, todos aquellos que vienen de <u>Beocia</u> y el <u>Peloponeso</u> y todo lo que se trae en barcos mercantes de Italia a Grecia. Además, Fenicia proporciona numerosos artículos, también Egipto y España, y las

Ⓐ columnas de Hércules, donde se fabrican las mejores colchas. Los comerciantes traen estas cosas directamente de sus respectivos países a la antigua Macedonia y Tesalónica, pero el <u>Ponto Euxino</u> también contribuye al esplendor de la feria al enviar sus productos a Constantinopla,

Ⓑ donde los cargamentos son llevados por numerosos caballos y mulas. . . . Estaba asombrado por la cantidad y variedad de los animales y la confusión extraordinaria de sus ruidos que <u>asaltaban</u> mis oídos: caballos relinchando, bueyes mugiendo,

Ⓒ ovejas balando, cerdos gruñendo y perros ladrando, éstos también acompañan a sus amos como defensa contra lobos y ladrones ❞.

—anónimo, *Timarión*, probablemente siglo XII

Lee el texto de la derecha. Haz una pausa en cada letra encerrada en un círculo. Luego, responde la pregunta con la misma letra que está a la izquierda.

D Resumir Con tus propias palabras, explica la escena que describe Ibn Yubair.

E Analizar detalles ¿Qué indica la descripción de la multitud sobre la opinión del observador acerca de la peregrinación?

F Sacar conclusiones ¿Por qué crees que el autor usa imágenes de luz para describir a los viajeros?

---

emir, *sust.,* gobernante, jefe

multitud, *sust.,* un gran número

atestada, *adj.,* estar presente en gran cantidad

vertiginosamente, *adv.,* que produce mareo

oleadas, *sust.,* olas

litera, *sust.,* sofá cubierto usado para llevar un solo pasajero

---

Peregrinación a La Meca

66 Esta asamblea de iraquíes, junto con las personas de. . . otros países que se unieron en la compañía de este <u>emir</u> de

D la Peregrinación, formaron una <u>multitud</u> cuyo número sólo Dios Altísimo podría contar. La vasta llanura estaba <u>atestada</u> de ellos y el desierto que se extiende a lo lejos apenas podía contenerlos. Se podía ver que la Tierra se sacudía <u>vertiginosamente</u> a causa de ellos y formaba olas por su gran número. Se les podía contemplar como un mar de <u>oleadas</u> crecidas, sus aguas el espejismo, sus barcos los montes y sus velas los elevados doseles. . . . Avanzan como nubes amontonadas. . . . Quien no ha sido testigo de este

E viaje de los iraquíes no ha visto una de esas maravillas del tiempo que se comentan entre los hombres. . . . Estas maravillas son tales que una descripción no puede abarcarlas. . . .

Por la noche marchan por antorchas encendidas en manos de criados y no se puede ver <u>litera</u> que no esté guiada por alguien, por lo que las personas marchan entre estrellas errantes que iluminan

F la oscuridad de la noche, mientras que la Tierra compite en esplendor con las estrellas del cielo 99.

—Ibn Yubair, aprox. 1185, de *The Travels of Ibn Jubayr,* traducido por Roland Broadhurst

Un tapiz tejido muestra los peregrinos en La Meca

Analizar los documentos

1. **Comparar** ¿En qué se parecen las descripciones usadas en el primer documento al lenguaje usado en el segundo documento?

2. **Tarea escrita** Repasa estos dos documentos, fijándote en las palabras y el lenguaje descriptivos. Parafrasea cada documento en una o dos oraciones. Luego, escribe un párrafo breve que explique cómo retrata los viajes cada autor.

Diseña un

libro para niños

Tu misión Trabajando en equipos, escribe e ilustra con tus compañeros un libro para niños sobre un tema de esta unidad que pueda usarse para enseñar a los estudiantes más jóvenes. Después de terminar su libro, tu equipo lo presentará a la clase.

En esta unidad, aprendiste que después de la caída del Imperio Romano de Occidente, se formaron y difundieron nuevas culturas y sistemas de creencias en el Imperio Bizantino y por toda la civilización musulmana.

Trabaja en equipo para elegir un tema de la unidad. El tema puede ser amplio, como los orígenes del islam, o más específico, como la historia de Santa Sofía. Puedes escribir una biografía de un líder o contar las historias de varias personas. Si lo deseas puedes ver ejemplos de libros de no ficción para niños, pero asegúrate de sugerir tus propias ideas. Trata de visualizar la mejor manera de contar tu historia. ¿Cómo puedes hacer un libro que interese y eduque a los niños pequeños? ¡Sé creativo!

PASO **1**

Elige e investiga tu tema.

Repasa el contenido de la unidad para elegir un tema para tu libro. Después de que tu equipo elija un tema, recopila datos importantes para presentarlos en tu libro. Investiga imágenes para usarlas al crear ilustraciones. A medida que investigas, asegúrate de pensar cómo vas a presentar tu tema. Por ejemplo, si decides escribir acerca de Constantinopla, puedes incluir una línea cronológica de los sucesos importantes de la historia de la ciudad. Si escribes sobre la difusión del islam, tal vez desees incluir un mapa que muestre su difusión.

PASO **2**

Escribe y diseña tu libro.

Elige a miembros de tu equipo para que hagan tareas específicas, como escribir, diseñar o ilustrar. A medida que hagas el libro, piensa en tu público. La historia y el diseño del libro deben ser claros y lógicos. Usa palabras sencillas que puedan entender los estudiantes jóvenes. Usa ilustraciones que muestren la información que desees que aprendan tus lectores.

PASO **3**

Presenta tu historia.

Después de que tu equipo haya escrito y diseñado el libro, léelo en voz alta. Revisa las oraciones para hacerlas claras y precisas. Asegúrate de pensar en cualquier pregunta que puedan tener tus lectores jóvenes y trata de responderlas en el libro. Luego, lee el libro a tus compañeros y acepta sus comentarios y críticas. Haz las modificaciones necesarias que te sugieran. Si es posible, inviten a una clase de estudiantes más jóvenes para que escuchen la lectura de los libros.

Civilizaciones de África y Asia

Europa

Océano Atlántico

Mansa Musa (aprox. 1300), el más importante gobernante del rico reino de Malí, realizó una famosa peregrinación a La Meca.

África

N
O · E
S

482

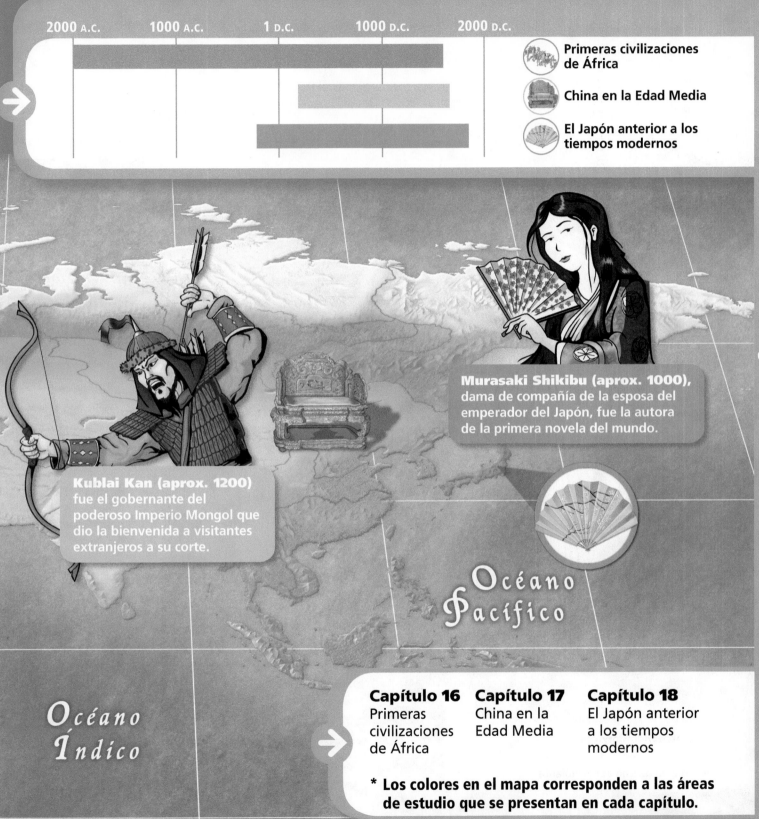

2000 A.C.   1000 A.C.   1 D.C.   1000 D.C.   2000 D.C.

Primeras civilizaciones de África

China en la Edad Media

El Japón anterior a los tiempos modernos

Murasaki Shikibu (aprox. 1000), dama de compañía de la esposa del emperador del Japón, fue la autora de la primera novela del mundo.

Kublai Kan (aprox. 1200) fue el gobernante del poderoso Imperio Mongol que dio la bienvenida a visitantes extranjeros a su corte.

Océano Pacífico

Océano Índico

Capítulo 16
Primeras civilizaciones de África

Capítulo 17
China en la Edad Media

Capítulo 18
El Japón anterior a los tiempos modernos

* Los colores en el mapa corresponden a las áreas de estudio que se presentan en cada capítulo.

Primeras civilizaciones de África

Pregunta esencial

¿Cuáles son las consecuencias del comercio?

? Explora la Pregunta esencial

- en **my worldhistory.com**
- usando **miMundo: Actividad del capítulo**
- con el **Cuaderno del estudiante**

Placa de bronce de guerreros africanos procedente de Benin, aproximadamente 1550–1650

Imperios y asentamientos africanos

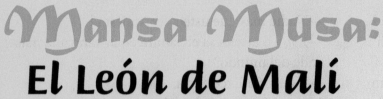

300 Se inicia el Imperio de Ghana.

1235 Se inicia el Imperio de Malí.

1464 Se inicia el Imperio Songhai.

| 300 | 600 | 900 | 1200 | 1500 |

325 El reino de Axum toma el control del África oriental.

1000 Se desarrollan asentamientos suajilis a lo largo de la costa del África oriental.

Mansa Musa:
El León de Malí

Esta miHistoria es un relato ficticio de sucesos de la vida real de las personas nombradas en este capítulo.

En 1324, el emperador de Malí, Mansa Musa, detuvo su caravana fuera de El Cairo. Nunca había habido una caravana más grande en el mundo. Miles lo acompañaban en su hajj (viaje religioso) a la ciudad musulmana de La Meca. Muchos eran soldados con cota de malla. La mayoría eran esclavos vistiendo la seda más fina; cientos llevaban bordones de oro macizo. Había miles de camellos y burros. Unos 80 camellos cargaban bolsas de oro.

Cuando llegaron a El Cairo, se había corrido la voz sobre Mansa Musa. Se decía que todos los viernes durante su hajj, ordenaba que se construyera una mezquita para que el islam se difundiera por toda África. Se decía que daba polvo de oro a casi todos los que se encontraba en su hajj.

my worldhistory.com

Timeline/On Assignment

485

Cerca de 60,000 seguidores se unieron a Mansa Musa en su hajj. Cuando llegaron a El Cairo, el sultán envió un mensajero para invitar a Mansa Musa a una reunión.

No pasó mucho tiempo antes que el sultán de El Cairo enviara un mensajero a Mansa Musa. —El sultán desea conocerlo —dijo el mensajero.

Mansa Musa suspiró. Comparecer ante el sultán era una distracción de su peregrinación espiritual a la Meca. Pero Mansa Musa decidió que no quería ofender al sultán. Hacerlo podría afectar el comercio entre Malí y Egipto. Le dijo al mensajero que él y sus consejeros visitarían al sultán.

En el palacio del sultán, el mensajero presentó a Mansa Musa. El sultán estaba sentado en un gran trono. No se movió. Tampoco Mansa Musa. El mensajero dijo a Mansa Musa: "Todos los que comparecen ante el sultán deben arrodillarse".

Mansa Musa frunció el ceño. No quería arrodillarse ante el sultán. En Malí, cuando las personas llegaban ante él, primero esparcían polvo sobre sus cabezas para expresar humildad y respeto. Mansa Musa le susurró a un consejero: "No lo entiendo. ¿No debería el sultán arrodillarse ante mí? Después de todo, ¿quién controla las rutas comerciales de la sal y del oro en todo el África occidental?"

—Usted, Su Alteza —le susurró su consejero.

—¿Quién ha unificado su reino de manera ordenada y justa? ¿Quién ha difundido el islam a lo largo de su imperio?

—Nadie más que usted, Su Majestad.

—¿Quién atraviesa el Sahara en la caravana más grande del mundo?

—Usted, Su Excelencia.

Mansa Musa miró al sultán, que esperaba a que su invitado se arrodillara. Un estremecimiento recorrió a todos los asistentes. Nadie se había negado nunca a arrodillarse ante el sultán y había vivido para contarlo.

El consejero le susurró al oído a Mansa Musa: "Su Majestad, usted es de hecho más poderoso que el sultán. Pero, ¿quién es más poderoso que usted?"

—Sólo Dios —dijo Mansa Musa.

—Entonces, tal vez, en lugar de someterse al sultán, debe someterse a Dios.

Mansa Musa asintió con la cabeza a su consejero y luego cayó de rodillas para hacer una reverencia. —Me inclino ante Dios que me creó más grande —dijo.

El sultán sonrió. Se levantó y le hizo señas a Mansa Musa para que se sentara con él. Por medio de su traductor le dijo a Mansa Musa lo mucho que lo respetaba. "Encontró una solución que nos salvó a ambos de la humillación y sus terribles consecuencias. Para honrar su dignidad y nuestra fe común del islam, le daré caballos, esclavos y provisiones para su hajj".

—Y yo —dijo Mansa Musa— le daré más oro del que jamás haya soñado.

Mansa Musa sólo se inclinaría ante Dios.

Los griots africanos contarían la historia de Mansa Musa mucho tiempo después de su muerte.

Siglos más tarde, todos los habitantes de una aldea del África occidental se reunieron alrededor de una hoguera para escuchar a un griot (narrador) contar la historia de Mansa Musa. El griot les contó cómo Mansa Musa hizo famoso a Malí.

Las palabras del griot bailaban en la luz del fuego. "Mansa Musa causó una impresión duradera en el mundo. Su riqueza no tenía igual. Hizo de Tombuctú la sede de la erudición y la cultura islámica. Los europeos lo respetaban y lo tenían presente. Todo esto se debe recordar. Pero también debemos recordar su encuentro con el sultán. Debemos recordar la fuerza de su fe. No olvidemos que el León de Malí sólo se inclinó ante Dios".

En esta sección, leíste sobre Mansa Musa, el emperador de Malí en el siglo XIV. De lo que aprendiste en esta historia, ¿cómo crees que la hajj de Mansa Musa influyó en el comercio? Mientras lees el capítulo que sigue, piensa en lo que la historia de Mansa Musa indica sobre la vida en el África occidental en esta época.

→ **myStory Video**

Aprende más sobre la vida de Mansa Musa.

my worldhistory.com

myStory Video

Un imperio comercial

Ideas clave
- África es un continente con tierras diversas y ricos recursos naturales.
- La fundición de hierro y el comercio de oro y sal contribuyeron al desarrollo de los imperios africanos.
- La riqueza del comercio ayudó a los gobernantes de Ghana a crear un poderoso imperio en el África occidental.

Términos clave • meseta • sabana • recurso natural • especialización laboral • transahariano

 Visual Glossary

 Destreza de lectura Resumir Toma notas usando el organizador gráfico en tu Cuaderno.

Los camellos permitieron a los comerciantes africanos atravesar el Sahara. ▼

La geografía única de África determinó el crecimiento de las civilizaciones africanas. Los primeros reinos ganaron una gran fortuna y poder al adaptarse a un ambiente rico pero duro.

El paisaje de África

El interior de África es como un plato al revés. Esta región elevada pero plana se llama **meseta**. Los ríos que fluyen a través de la meseta caen como cascadas en el borde. Aquí, la meseta se encuentra con una delgada franja de llanura costera. El litoral de África, con su falta de puertos naturales y muchas cascadas, desalentaba el comercio marítimo.

El Sahara El desierto más grande del mundo, el Sahara, cubre la mayor parte del norte de África. Hoy en día, el Sahara mide alrededor de 3.5 millones de millas cuadradas. En la antigüedad, sin embargo, el desierto no era tan grande. Hace miles de años, ríos, árboles y pastizales cubrían gran parte de la región. Luego, hace unos 6,000 años, el clima empezó a volverse más seco. Viajar a través del Sahara se hizo más difícil a medida que pasaron los años. Hace unos 2,000 años los comerciantes comenzaron a usar camellos en lugar de caballos, para el largo y seco viaje. Los camellos hicieron posible el comercio entre el África occidental y el mundo mediterráneo. Los camellos pueden recorrer distancias más grandes que los caballos y con menos agua. También pueden atravesar zonas arenosas con mayor facilidad.

Zonas de vegetación La lluvia es fundamental para la vida en África. Las personas suelen vivir donde llueve más. África tiene varias zonas de vegetación, o áreas de vida vegetal. Cada zona tiene su propio clima.

La lluvia en África es más común a lo largo del ecuador. Esta es la zona de selva tropical. Es caliente y húmeda todo el año. Allí viven miles de insectos, plantas y animales. Algunas de las selvas tropicales se han talado para establecer pueblos y ciudades. En otros lugares, la tierra se ha despejado para la agricultura.

Por encima y por debajo del ecuador está una zona llamada la **sabana**, una amplia pradera con árboles dispersos. Algunas praderas sustentan manadas de animales, como jirafas y antílopes, al igual que ganado, como vacas, ovejas y caballos. Las sabanas tropicales tienen estaciones secas y húmedas.

Al norte y al sur de la sabana están los desiertos como el Sahara. Allí viven pocas personas, debido a la falta de alimentos.

En el extremo norte de África está la zona mediterránea. Aquí los veranos son cálidos y secos y los inviernos son lluviosos.

Se pueden encontrar algunas variaciones dentro de estas zonas aparentemente similares. Los océanos influyen en el clima local, al igual que las regiones más frías de las tierras altas.

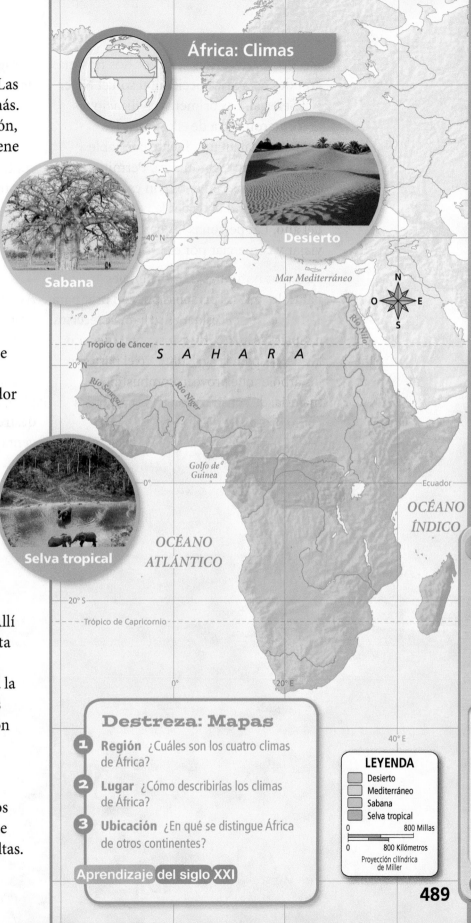

África: Climas

Sabana

Desierto

Mar Mediterráneo

40° N

Trópico de Cáncer

S A H A R A

20° N

Río Senegal

Río Níger

Río Nilo

Golfo de Guínea

0°

Ecuador

OCÉANO ÍNDICO

Selva tropical

OCÉANO ATLÁNTICO

20° S

Trópico de Capricornio

0°

20° E

40° E

N O E S

Destreza: Mapas

1 **Región** ¿Cuáles son los cuatro climas de África?

2 **Lugar** ¿Cómo describirías los climas de África?

3 **Ubicación** ¿En qué se distingue África de otros continentes?

Aprendizaje del siglo XXI

LEYENDA
Desierto
Mediterráneo
Sabana
Selva tropical

0   800 Millas
0   800 Kilómetros
Proyección cilíndrica de Miller

Los ríos Níger y Senegal Los dos ríos más grandes del África occidental son el Níger y el Senegal. Las primeras civilizaciones se formaron cerca de ellos. Los ríos proporcionaban una fuente confiable de agua en una región seca. Permitían cultivar, incluso en años con escasa lluvia. Los barcos podían viajar la mayor parte del año. Las personas los usaban para viajar y comerciar por el África occidental.

Recursos naturales Los materiales naturales que las personas pueden usar para satisfacer sus necesidades se llaman **recursos naturales**. Algunos de estos materiales son las tierras para la agricultura o el pastoreo; los árboles que proveen combustible o material de construcción y los minerales como oro, cobre y sal.

Algunos recursos eran bienes valiosos para comerciar. Artículos preciados como el oro, junto con la riqueza agrícola, crearon imperios comerciales poderosos. El comercio puso a los africanos en contacto entre sí y con personas e ideas de otras partes del mundo.

Verificar la lectura **¿Qué es una zona de vegetación?**

El ascenso de Ghana

Aprender a trabajar con metales fue un paso importante en el desarrollo de las civilizaciones y los imperios del África occidental. Las herramientas y las armas de metal eran más fuertes que las de piedra, madera o hueso. Las personas con destrezas para la metalistería tenían una ventaja sobre sus vecinos.

El río Níger
Este gran río sustentó a las primeras civilizaciones africanas. Abajo, el Níger fluye a lo largo de las tierras de Djenné, Mali.

La tecnología de la fundición de hierro
Hacia 350 A.C., los africanos occidentales empezaron a fabricar herramientas de hierro en un lugar llamado Nok. El hierro era mucho más duro que otros materiales y así pudieron producir más alimentos. Con esto aumentó también la población. Esta tecnología se difundió por todo el África occidental y central.

La antigua Ghana A medida que creció la población se formaron gobiernos para mantener el orden. Alrededor de 300 D.C., el pueblo soninke fundó un reino entre los ríos Níger y Senegal. Como aumentaron los suministros de alimentos, no todos tenían que producirlos. Algunos se volvieron expertos en el gobierno o la artesanía. La división de trabajos y destrezas en la sociedad se llama **especialización laboral**.

Las familias eran muy importantes en Ghana. Cada clan, o grupo de familias emparentadas, se especializó en un arte u oficio. Del clan sisse, que formaba la clase dominante, surgieron reyes y funcionarios. Otros clanes se especializaron en oficios como la pesca, la fabricación de ropa o la cría de ganado.

Los soninke tenían espadas y lanzas de hierro, mientras que sus enemigos todavía usaban garrotes de madera. Con sus armas pudieron controlar a otros. El reino se convirtió en el Imperio de Ghana. (La actual Ghana tiene ese nombre por este antiguo imperio, pero está en otra parte del África occidental. Ve el mapa en la página 496.) Igual que muchos imperios antiguos, incluidos los de Grecia y Roma, Ghana esclavizaba en sus guerras de <u>conquista</u>. Comerciaba esclavos por sal y otros bienes con los comerciantes bereberes.

Verificar la lectura **¿Qué es la especialización laboral?**

Un poderoso imperio
Hacia el siglo VIII, los comerciantes árabes y bereberes del norte de África viajaban por el Sahara. Comerciaban sal, caballos, ropa, espadas, y libros por oro y marfil. Ghana estaba en las rutas comerciales. Actuaba como intermediario entre los comerciantes de África del norte y los productores de oro y marfil del sur.

El comercio de oro y sal El comercio **transahariano** (comercio por el Sahara) dependía en gran medida del oro y la sal. Los africanos del norte querían oro para

conquista, *sust.,* capturar algo, especialmente en la guerra

miMundo: Actividad
Un imperio comercial

La civilización Nok fue una de las primeras en usar el hierro. Abajo se muestran esculturas de piedra de la cultura Nok. ▼

491

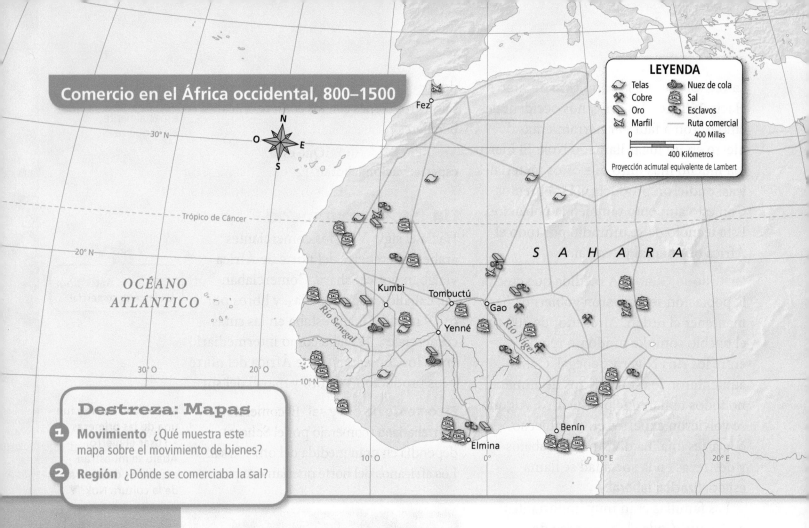

Comercio en el África occidental, 800–1500

Fez

LEYENDA

Telas	Nuez de cola
Cobre	Sal
Oro	Esclavos
Marfil	—— Ruta comercial

0 ————— 400 Millas
0 ————— 400 Kilómetros
Proyección acimutal equivalente de Lambert

30° N

Trópico de Cáncer

20° N

S A H A R A

OCÉANO
ATLÁNTICO

Kumbi
Tombuctú
Gao
Yenné
Río Senegal
Río Níger

30° O
20° O
10° N

Benín
Elmina
10° O
0°
10° E
20° E

Destreza: Mapas

1 **Movimiento** ¿Qué muestra este mapa sobre el movimiento de bienes?

2 **Región** ¿Dónde se comerciaba la sal?

La sal era fundamental para el comercio africano. Abajo se ven montículos de sal en Senegal. ▼

hacer monedas, ya que la mayoría de los estados de la zona basaban su moneda en oro. Los africanos occidentales eran ricos en oro, pero necesitaban sal, un mineral necesario para la salud. La sal provenía de antiguos lechos marinos del Sahara. Los comerciantes del norte la cargaban en camellos y cruzaban el desierto hacia el África occidental para comerciarla por oro.

Gobernantes ricos Los reyes de Ghana se enriquecieron con el comercio de oro y sal. Cobraban impuestos a los productores de oro y por cada carga de bienes que entraba o salía de Ghana. También controlaban las existencias de oro. Sabían que si la oferta era muy grande, su precio caería. El oro que se extraía del suelo era del rey. Esta ley limitaba la cantidad de oro en el mercado,

manteniendo el precio alto. También enriqueció a los reyes. ¡Se decía que un rey tenía una pepita de 30 libras!

En 1067, un erudito musulmán español describió la corte de un rey:

> ❝ Él está sentado en un pabellón alrededor del cual están diez caballos de pie con arreos bordados con oro. Detrás del rey hay diez pajes de pie sosteniendo escudos y espadas engastadas en oro; a su derecha están los hijos de los príncipes de su imperio, espléndidamente vestidos y con trenzas de oro en el pelo. . . . La puerta del pabellón está vigilada por perros de una raza excelente. . . que llevan collares de oro y plata ❞.
>
> —Al-Bakri, de *Reinos africanos*, Basil Davidson, 1966

Invasión y decadencia Ghana prosperó durante siglos. Sus gobernantes dieron la bienvenida a los comerciantes de África del norte, quienes llevaron el islam al África occidental. Ghana conservó sus religiones tradicionales. Sin embargo, Ghana era conocida por su tolerancia religiosa y dio la bienvenida a los musulmanes. Los líderes de Ghana adoptaron y usaron prácticas administrativas y legales islámicas.

Sin embargo, Ghana comenzó a decaer con el tiempo. Entre las razones están la sobrepoblación, la escasez de alimentos y una excesiva dependencia en el comercio. Para empeorar las cosas, alrededor de 1060 los almorávides, un grupo de bereberes del noroeste de África, expandieron su imperio dentro de Ghana. Eran reformadores religiosos que querían purificar las prácticas islámicas de los musulmanes en Ghana y difundir su propia interpretación del islam. También querían un mayor control del comercio de oro.

Aunque la invasión almorávide fracasó al final, interrumpió el comercio y debilitó la monarquía. Los almorávides trajeron consigo grandes rebaños de animales que ocuparon muchas tierras de cultivo. Pronto, Ghana tuvo problemas para sustentar a su población. Ghana nunca recuperó su <u>prosperidad</u> después de la invasión almorávide.

prosperidad, *sust.*, bienestar económico

Verificar la lectura **¿Cuáles eran los dos productos más importantes para el comercio transahariano?**

El oro era una mercancía clave. Se extraía de minas (encarte) o se lavaba con batea.

Evaluación de la Sección 1

? Pregunta esencial

¿Cuáles son las consecuencias del comercio?

Términos clave

1. ¿Cómo se describe una meseta en esta sección?

2. ¿Qué es una sabana?

3. ¿Cómo ayuda la especialización laboral a una sociedad?

Ideas clave

4. ¿Cómo han influido los recursos naturales en la historia del África occidental?

5. ¿Por qué eran tan ricos algunos reyes de Ghana?

6. ¿Por qué era tan valiosa la sal en el África occidental?

Razonamiento crítico

7. Resumir Explica cómo se volvió poderosa y luego decayó la antigua Ghana.

8. Identificar las ideas principales y los detalles Describe en qué se diferencian el Sahara y las regiones al sur del Sahara.

9. El clan sisse se volvió gobernante de los soninke. Explica si éste es un ejemplo de especialización laboral. Anota la respuesta en tu Cuaderno del estudiante.

Los imperios musulmanes del África occidental

Ideas clave

- Malí fue el segundo imperio del África occidental que prosperó gracias al comercio de oro y sal.

- Después de que sus gobernantes se convirtieron al islam, Malí se convirtió en un centro de la cultura musulmana.

- Bajo el Imperio Songhai, el islam y la lengua árabe se difundieron a través del África occidental.

Términos clave • caravana • erudición • griot

(→) **Visual Glossary**

┼┼┼┼┼┼ **Destreza de lectura Secuencia** Toma notas usando el organizador gráfico en tu Cuaderno.

Se cree que Sundiata Keita es el fundador de Malí. *¿Qué indica sobre él esta ilustración?* ▼

conducta, *sust.,* la manera en que actuamos

El ascenso de Malí

Cuando cayó Ghana, sus pequeños reinos compitieron por el poder. Sobre 1203, Sumanguru, un gobernante, se apoderó de muchos pequeños reinos, entre ellos el pueblo malinké.

El triunfo de Sundiata Según la historia oral, los malinké estaban cansados del cruel gobierno de Sumanguru. Pidieron a Sundiata, el hijo de un gobernante malinké, que los liberara. En 1230 Sundiata encabezó una rebelión con la ayuda de los reyes malinké. Hacia 1235 gobernaba un nuevo imperio, Malí. Tomó todo el antiguo territorio de Ghana y anexó más. Sundiata se convirtió en héroe nacional de Malí y sigue siendo honrado por los malinké.

Un nuevo imperio Sundiata fue un gobernante sabio. Se llamó mansa, o emperador. Gobernó con una asamblea de reyes. En su primera reunión, la asamblea propuso un conjunto de leyes que trataban sobre clases sociales, derechos de propiedad, el medio ambiente y la conducta personal. Aprobadas de palabra, se convirtieron en la ley vigente. Estas leyes dividieron responsabilidades y privilegios entre los clanes, y también permitían que en raras ocasiones las mujeres sirvieran en el gobierno.

Con Sundiata, Malí controló las regiones productoras de oro y las rutas comerciales. Se enriqueció con el comercio de oro, sal, telas, libros y cobre con Egipto y África del norte.

Verificar la lectura ¿Quién fue Sundiata?

Malí en su apogeo

Mansa Musa fue emperador de Malí de 1312 a 1337, su período más próspero. Expandió el imperio. Al convertirse al islam, lo transformó en un centro de aprendizaje y arte musulmán.

La hajj de Mansa Musa Una hajj, o peregrinaje a la ciudad santa de La Meca, es una de las obligaciones de un fiel musulmán. En 1324 Mansa Musa hizo una gran hajj. Partió de Malí con una **caravana** que es un grupo grande que viaja junto. Doce mil funcionarios y esclavos y más de 80 camellos cargados con bolsas de polvo de oro cruzaron el desierto. Los escritores árabes de la época estaban asombrados de la gran riqueza de Mansa Musa. Parece que gastó tanto oro en El Cairo que alteró la economía de Egipto por años. Su gran hajj captó la atención del mundo. Los africanos del norte, árabes y europeos comenzaron a comprender cuán rico y avanzado se había vuelto el imperio. El historiador árabe Abenjaldún escribió:

> 66 La autoridad del pueblo de Malí se volvió enorme. Todas las naciones del Sudán les temían y los comerciantes de África del norte viajaban a su país 99.
>
> —de *África occidental antes de la época colonial: Una historia hasta 1850*, Basil Davidson

La cultura musulmana en Malí Mansa Musa regresó a su país de su hajj con eruditos, artistas y profesores musulmanes. Uno de ellos fue un famoso poeta, erudito y arquitecto llamado Es Saheli. Mansa Musa hizo que Es Saheli construyera grandes mezquitas en Gao y Tombuctú (también escrito como Timbuctú). Tombuctú se convirtió en un centro de **erudición**, o estudio y aprendizaje formal, islámica. Estudiantes y maestros de África del norte y Oriente Medio llegaban a estudiar allí.

mi Mundo CONEXIONES

Muchas naciones africanas extraen oro. Más de **80** países lo extraen en todo el mundo. Los EE. UU. producen alrededor del **10%** del suministro mundial.

Este mapa europeo de 1375 muestra a Mansa Musa sosteniendo un cetro y una pepita de oro.

La mezquita Djingareiber es una antigua y renombrada mezquita de Tombuctú.

495

Primeros imperios del África occidental

Trópico de Cáncer

Taghaza○

S A H A R A

20° N

OCÉANO
ATLÁNTICO

Río Senegal

Tombuctú○   ○Gao

Kumbi○

Río Níger

20° O

10° N

○Nok

10° O   0°

10° E

Ecuador

20° E

Destreza: Mapas

1 Interacción ¿Cómo crees que los habitantes de estos imperios hicieron uso del río Níger?

2 Movimiento ¿Cómo muestra este mapa el movimiento con el paso del tiempo?

3 ¡Lugares por conocer! Rotula los lugares siguientes en el croquis de tu Cuaderno del estudiante: Ghana, Malí y Songhai.

LEYENDA

Ghana, 300–1000
Malí, 1200–1450
Songhai, 1450–1600
○ Ciudad

0   300 Millas
0   300 Kilómetros

Proyección acimutal equivalente de Lambert

Imperio	Logros clave	Cómo terminó el imperio
Ghana	Ghana trabajó con hierro y prosperó con el comercio de oro y sal.	Almorávides procedentes del noroeste de África invadieron el imperio.
Malí	Malí creó un código de leyes, hizo de Tombuctú el centro de la erudición islámica, expandió su imperio a 50 millones de personas y prosperó con el comercio.	Liderazgo pobre resultó en la pérdida de control de Gao y luego del resto del imperio.
Songhai	Songhai mantuvo un ejército poderoso, estableció un sistema de gobierno y se convirtió en el imperio más grande del África occidental.	Soldados marroquíes invadieron y dominaron Songhai.

Destreza: Gráficas

¿Qué imperio crees que hizo más para fomentar el comercio? Explícalo.

Ibn Battutah de Marruecos fue un gran viajero de la época. En 1352, pasó muchos meses en Malí. Lo describió como un lugar pacífico.

66 Entre sus buenas cualidades está la pequeña cantidad de injusticia que hay entre ellos, de todas las personas son los más alejados de ella. Su sultán [Mansa Musa] no perdona a nadie en ningún asunto que tenga que ver con la injusticia. Entre estas cualidades también existe el predominio de la paz en su país, el viajero no tiene miedo en él ni quien vive allí tiene temor del ladrón o de ser robado con violencia 99.

—*Ibn Battutah en el África negra*, Said Hamdun y Noël King, 1995

La expansión de Malí Durante su largo gobierno, Mansa Musa extendió el territorio de Malí hacia el oeste hasta el océano Atlántico y hacia el norte, creando uno de los mayores imperios de la época. Tenía un área casi del tamaño de Europa occidental y una población de unos 50 millones. Algunos creen que es probable que el pueblo de Malí haya explorado el océano en esta época, pero no hay suficiente evidencia.

Verificar la lectura ¿Qué es una hajj?

Ascenso del Imperio Songhai

En el siglo XIV, Malí controlaba ciudades comerciales a lo largo del río Níger. Una de ellas era Gao, la capital del reino musulmán de Songhai. Los gobernantes de Malí que siguieron a Mansa Musa comenzaron a perder control del imperio en el siglo XV. Cuando perdieron Gao, el poder de Songhai aumentó. Bajo un líder musulmán llamado Alí, se convirtió en el centro de un nuevo imperio.

Las conquistas de Alí En 1464, Alí Ber se convirtió en rey de Songhai y tomó el título de *sonni*. (*Alí Ber* significa "Alí el Grande"). Sonni Alí fue un gran líder militar. Mantuvo guerreros montados para proteger el territorio. También tenía una flota de canoas de guerra patrullando el río Níger. Extendió el imperio de Songhai a lo largo de la gran curva del río Níger.

Alí quería obtener el control de Tombuctú, centro del comercio de oro y sal. En esa época un pueblo nómada, los tuareg, controlaban la ciudad. En 1468, el ejército bien equipado de Alí expulsó a los tuareg de Tombuctú. Alí capturó después Djenné, otra rica ciudad comercial. Así, Songhai controlaba las rutas comerciales transaharianas.

El imperio más grande Los gobernantes posteriores conquistaron más territorio, haciendo de Songhai el más grande de los imperios comerciales del África occidental. El más grande de estos gobernantes fue Mohamed I Askia. Líder militar exitoso, usó un ejército bien entrenado para controlar el imperio. Como administrador fue aún mejor. El sistema de gobierno que estableció unió a la región. Los negocios funcionaban a la perfección con la ayuda de administradores altamente capacitados. El sistema de pesos y medidas que estableció ayudó a asegurar la riqueza del imperio.

La ley islámica y erudición Mohamed I Askia fortaleció la influencia del islam en el imperio. Nombró jueces musulmanes para hacer cumplir las leyes. Éstas se basaban en el Corán, el libro sagrado del islam. Como el Corán estaba escrito en árabe, las leyes de Songhai también estaban en árabe.

Mohamed fomentó aún más la erudición. Los eruditos de Songhai aprendieron a leer y escribir en árabe para estudiar el Corán. Copiaron manuscritos antiguos y escribieron libros en árabe sobre temas avanzados como el pensamiento humano, biología, medicina, derecho, ética, agricultura, matemáticas y astronomía. Los libros, que eran muy caros, muestran la sociedad avanzada de Tombuctú en esa época.

miMundo: Actividad
Crear líderes con platos de cartón

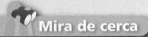

Erudición musulmana en Tombuctú

Un antiguo proverbio del África occidental dice: "La sal viene del norte, el oro del sur y la plata del país de los hombres blancos, pero la palabra de Dios y los tesoros de la sabiduría sólo se encuentran en Tombuctú". Esto muestra la fama de la ciudad como centro del islam y de aprendizaje. Hasta 25,000 eruditos estudiaron allí al mismo tiempo. El árabe fue y sigue siendo el idioma de la erudición para millones de personas en todo el mundo musulmán.

RAZONAMIENTO CRÍTICO **¿Por qué una sociedad tiene que ser estable para que prospere la erudición?**

Mezquita Sankore de Tombuctú

Un hombre y un niño afuera de la mezquita Djingareiber

▲ Manuscrito en árabe

◄ Niños sentados en una clase leyendo en árabe

El árabe también ayudó al comercio. Dio un idioma común a los comerciantes del África occidental y a los de las regiones árabes para establecer acuerdos y llevar registros. El éxito <u>comercial</u> de Tombuctú se incrementó aún más con el uso de un idioma común.

El declive de Songhai Cuando Mohamed I Askia ya no pudo gobernar debido a su salud, sus hijos compitieron para apoderarse de sus tierras. Como resultado, el imperio comenzó a debilitarse poco a poco.

La era de Songhai terminó en 1591. Ese año, soldados marroquíes invadieron, dominaron a los guerreros y capturaron Tombuctú y otras ciudades.

Un historiador de Tombuctú describió los efectos de la invasión:

> 66 A partir de ese momento, todo cambió. El peligro tomó el lugar de la seguridad, la pobreza, el de la riqueza. La paz dio paso a la angustia, los desastres y la violencia 99.
> —Abd al-Rahman al-Sadi

La invasión colapsó el Imperio Songhai. Sus antes prósperas ciudades cayeron en ruina.

Verificar la lectura ¿Por qué las leyes de Songhai estaban escritas en árabe?

El legado de los imperios

Los poderosos imperios de Ghana, Malí y Songhai desaparecieron hace mucho, pero su <u>legado</u> permanece. Millones de africanos hablan las lenguas de Malí y Songhai. Los **griots**, narradores e historiadores orales profesionales que son los guardianes de la historia del África occidental, aún cantan sobre grandes reyes como Sundiata.

Familia, agricultura y religión En la sección que sigue aprenderás que las familias son la base de la sociedad africana moderna. Los mercados y la agricultura son importantes para la economía. El islam todavía es una influencia importante en la vida del África occidental, junto con muchas religiones tradicionales.

Verificar la lectura ¿Qué es un legado?

comercial, *adj.,* que tiene que ver con el comercio y los negocios

legado, *sust.,* influencia del pasado

Evaluación de la Sección 2

Pregunta esencial

¿Cuáles son las consecuencias del comercio?

Términos clave

1. ¿Cómo mostraba la caravana y la hajj de Mansa Musa que era un líder eminente?

2. ¿Por qué era Tombuctú un gran centro de erudición?

3. ¿Por qué eran importantes los griots antes de la escritura en el África occidental?

Ideas clave

4. ¿Por qué era Sundiata un héroe en Malí?

5. Describe dos maneras en que Malí se convirtió en un centro de aprendizaje.

6. ¿Por qué tantas personas aún hablan las lenguas de Malí y Songhai?

Razonamiento crítico

7. **Inferir** ¿De qué manera controlar el comercio de oro y sal hizo de Songhai el imperio más grande del África occidental?

8. **Identificar prejuicios** Sundiata se llamó mansa, o emperador. ¿Por qué lo hizo?

9. Cuando Songhai se volvió poderoso, ¿qué crees que pasó con los habitantes de Ghana? Anota la respuesta en tu Cuaderno del estudiante.

Civilizaciones del África oriental

Ideas clave
- Después de la caída de Kush, Axum se convirtió en un reino comercial importante.
- Etiopía se convirtió en un centro del cristianismo en el África oriental.
- Las ciudades-estado del África oriental desempeñaron un papel clave en el comercio marítimo.

Términos clave • estela • greco-romano • monje • dinastía • *stonetown*

 Visual Glossary

Destreza de lectura Analizar causa y efecto Toma notas usando el organizador gráfico en tu Cuaderno.

Un sacerdote cristiano ortodoxo de Etiopía

Las primeras civilizaciones a menudo se formaron cerca de ríos o grandes masas de agua. Las civilizaciones del África oriental se formaron cerca del río Nilo y el mar Rojo. Estos facilitaron el comercio, la agricultura y el transporte, e hicieron del África oriental un lugar ideal para establecerse.

Los reinos de Kush y Axum

El área a lo largo del río Nilo al sur del Imperio Egipcio se llamaba Nubia. El desierto cubría gran parte de la región. El Nilo, sin embargo, creó tierra fértil a lo largo de sus riberas. Allí se formó la civilización Kush (también llamada Kerma), alrededor de 2000 A.C. El pueblo de Kush aprovechó las rutas comerciales del mar Rojo y el río Nilo para comerciar mucho con Egipto, que quería el oro de Kush. A finales del siglo XV A.C. Egipto tomó control de Kush.

El declive de Kush Con los años, Egipto perdió control sobre Kush. Hacia el año 1000 A.C. los reyes kushitas volvieron a gobernar. Después de muchas generaciones, el reino comenzó a caer. Hacia 150 D.C. Kush era muy débil y no podía defenderse de los invasores de las tierras altas.

Axum: Un gran reino comercial En el año 325 D.C., el rey Ezana de Axum tomó Kush. Axum sustituyó a Kush como el centro comercial del noreste de África. Ahora controlaba las rutas comerciales con el Egipto romano, el sur de Arabia y Asia. La mayoría del comercio a lo largo del mar Rojo se hacía en Adulis. Productos del interior, como vidrio, cobre, bronce, oro y esclavos se comerciaban por textiles, herramientas, joyas y acero.

La riqueza y el poder de Axum se pueden ver en sus enormes monumentos. Grandes escaleras llevaban a altares que honraban a sus dioses. Una especie de gran pilar de piedra, llamada **estela**, indicaba cada tumba de los gobernantes de Axum. Debajo de la estela se encontraban las tumbas y cámaras funerarias reales.

Verificar la lectura **¿Por qué era importante la ciudad de Adulis?**

El cristianismo en el África oriental

En el siglo IV, el mar Rojo rebosaba de actividad comercial. Había asentamientos comerciales **greco-romanos** (griegos y romanos) esparcidos por la región. Comerciantes y negociantes cristianos interactuaban a diario con los habitantes de Axum. Introdujeron en Axum el cristianismo de las costas orientales del Mediterráneo. En poco tiempo, comenzaron a aparecer iglesias cristianas junto a las estelas a lo largo de la costa del África oriental. La iglesia de Santa María, construida en el siglo IV, fue probablemente la primera. Un miembro

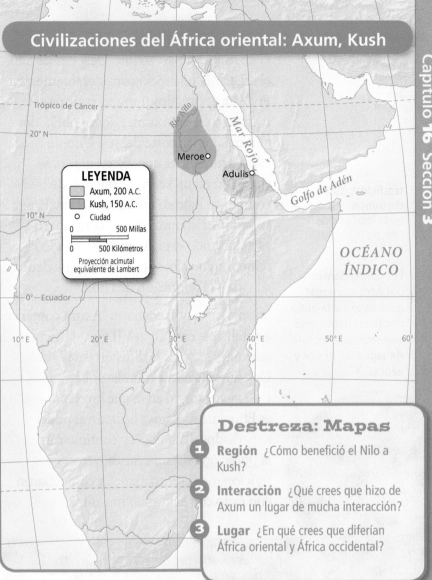

Civilizaciones del África oriental: Axum, Kush

LEYENDA

▢ Axum, 200 A.C.
▢ Kush, 150 A.C.
○ Ciudad

0 — 500 Millas
0 — 500 Kilómetros
Proyección acimutal equivalente de Lambert

Destreza: Mapas

1 **Región** ¿Cómo benefició el Nilo a Kush?

2 **Interacción** ¿Qué crees que hizo de Axum un lugar de mucha interacción?

3 **Lugar** ¿En qué crees que diferían África oriental y África occidental?

de la embajada portuguesa, Francisco Álvarez, visitó la iglesia en la década de 1520. La describió así:

    ❝ Esta iglesia es muy grande. . . . Tiene siete capillas, todas ellas de espaldas al este, y sus altares bien colocados. . . . tiene un gran recinto y está rodeada por otro recinto más grande, como el muro de un pueblo o ciudad grande. . . . Dentro de este recinto grande hay dos palacios, uno a la derecha y otro a la izquierda, que pertenecen a dos rectores [directores] de la iglesia ❞.

—Francisco Álvarez

501

El cristianismo en Axum Después de 340, el cristianismo creció considerablemente. Por esta época, dos hermanos sirios naufragaron en Axum. Fueron obligados a trabajar en la corte del rey. Uno de ellos, Frumencio, que era cristiano, se convirtió en un servidor público de confianza. Bajo su influencia, el rey Ezana se volvió cristiano. Monjes continuaron estableciendo el cristianismo en todo el reino. Los **monjes** son hombres que dedican su vida a la adoración de Dios.

Etiopía, un reino cristiano Axum comenzó a debilitarse en el siglo VII por problemas económicos y por la difusión del islam. Una nueva **dinastía** (familia gobernante), los Zagwe, surgió en lo que hoy en día es Etiopía. Los Zagwe llegaron al poder a mediados del siglo XI y continuaron la <u>tradición</u> cristiana. Sustituyeron a los funcionarios con cristianos y comerciaron con éxito con el mundo musulmán.

Los gobernantes Zagwe consideraban Etiopía una tierra santa cristiana. Tallaron enormes iglesias en rocas enormes. La literatura y la música religiosas de esta época todavía se usan en la Iglesia cristiana etíope.

Verificar la lectura ¿Qué hicieron los Zagwe con el cristianismo en Etiopía?

Las ciudades-estado del África oriental

El comercio unió a pueblos distantes. El contacto entre culturas creó sociedades únicas a lo largo de la costa del África oriental. Entre los siglos IX y XV, inmigrantes árabes y persas se mezclaron con las comunidades locales. Formaron más de tres docenas de ciudades-estado en la costa de las actuales Somalia, Kenia, Tanzania, Mozambique y Madagascar.

tradición, *sust.,* costumbre o práctica establecida hace tiempo

Los comerciantes del África oriental navegaban a la India por productos como cereales (abajo), tela de algodón, aceite y azúcar. ▼

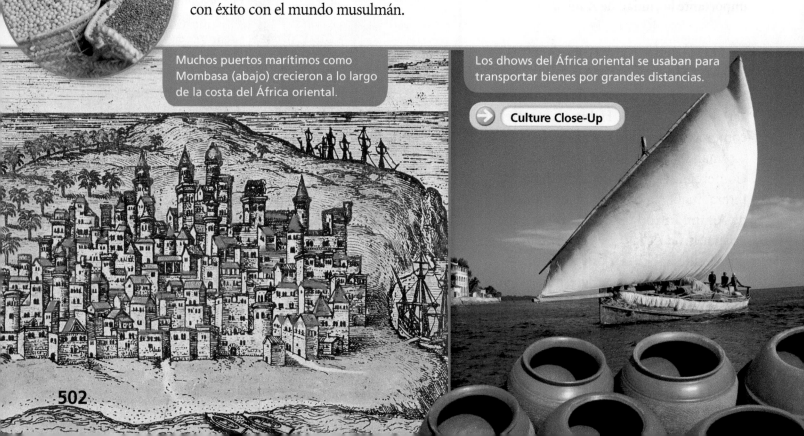

Muchos puertos marítimos como Mombasa (abajo) crecieron a lo largo de la costa del África oriental.

Los dhows del África oriental se usaban para transportar bienes por grandes distancias.

Culture Close-Up

Rutas comerciales del océano Índico Los pueblos del África oriental, el Mediterráneo y la India comerciaban entre sí desde el año 100 D.C. Comerciantes navegaban hasta el oeste de la India por tela de algodón, granos, aceite, azúcar y *ghee* (mantequilla colada). Otros navegaban por la costa del mar Rojo en busca de mantas, túnicas, cobre y estaño. A cambio comerciaban oro, carey, marfil, madera y esclavos. Alrededor del año 700, los árabes intercambiaban armas de metal y herramientas de hierro por materias primas, como carey, cuernos de rinoceronte, marfil y aceite de coco.

La cultura suajili La cultura suajili se formó en las ciudades comerciales de la costa del África oriental. Esta cultura era principalmente musulmana. Los suajilis importaban cerámica, vidrio, plata y joyería de cobre del Oriente Medio y seda china. Adoptaron el islam hacia el siglo VIII, el cual habían llevado a la zona los comerciantes musulmanes, los inmigrantes y los maestros del islam.

Mezcla de culturas Hacia el siglo XI, los asentamientos suajilis se convirtieron en ciudades-estado, llamados *stonetowns*. Los *stonetowns* se llamaban así por las casas de piedra de varios pisos. Con el comercio, el contacto cultural se propagó entre las Indias Orientales, China, la India, las tierras árabes, Persia y África oriental.

Los suajilis importaban mercancías desde el interior para intercambiarlas por bienes de tierras lejanas. En el interior, la riqueza se basaba en el control de los recursos. Así, el reino de Bunyoro, basado en el ganado, surgió en la región de los Grandes Lagos (una zona con varios lagos grandes en el África oriental y central). Otros reinos se enriquecieron con minas de cobre, oro o pastoreo.

El comercio produjo una mezcla multicultural en la costa del África oriental. El suajili incluye palabras de las lenguas de la costa del océano Índico. El islam era la religión común, pero la versión africana oriental incluía partes de las religiones folclóricas de la región.

Verificar la lectura ¿Qué era la cultura suajili?

miMundo: Actividad
Charadas de personas, lugares y cosas

Evaluación de la Sección 3

Pregunta esencial

Términos clave

1. ¿Qué es una estela?

2. ¿Qué ayudaron a hacer los monjes de los Zagwe?

3. ¿Qué es un *stonetown*?

Ideas clave

4. ¿Dónde se ubicaba Axum?

5. ¿Cómo se convirtió Etiopía en un centro del cristianismo?

6. ¿En qué se parecía la cultura suajili a muchas culturas del África oriental?

Razonamiento crítico

7. **Sacar conclusiones** ¿Por qué son importantes las ciudades portuarias para el comercio?

8. **Comparar y contrastar** ¿En qué se parecían y diferenciaban Kush y Axum?

¿Cuáles son las consecuencias del comercio?

9. ¿Cómo puede influir la falta de recursos naturales en la capacidad de una región para comerciar? Anota la respuesta en tu Cuaderno del estudiante.

Sociedad y cultura

Ideas clave

- La sociedad del África occidental se basaba en el parentesco y la casta.

- Las religiones africanas variaban de un lugar a otro, pero compartían ciertas características.

- La tradición oral desempeñaba un papel clave en la preservación de la historia y la cultura africanas.

Términos clave • casta • parentesco • linaje • grupo étnico • tradición oral • proverbio • percusión polirítmica

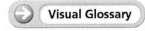
Visual Glossary

Destreza de lectura Secuencia Toma notas usando el organizador gráfico en tu Cuaderno.

Las economías de las aldeas antiguas del África occidental se basaban en la producción de alimentos, una tradición que todavía existe en algunas partes de África. Aquí una mujer carga mijo en Malí. ▼

Los imperios del África occidental de Ghana, Malí y Songhai tenían sociedades organizadas. Había grandes imperios, pero también ciudades, pueblos y aldeas. A lo largo de los imperios, las sociedades tenían relaciones complejas, basadas en la familia. "Los reyes pueden ir y venir —observaba un dicho popular de Malí—, pero la familia perdura".

La sociedad en los imperios del África occidental

En los imperios del África occidental, los hombres tenían la mayoría de los puestos de liderazgo. Participaban en la guerra y en el aprendizaje islámico. En las sociedades africanas posteriores, las mujeres cultivaban y cuidaban de la familia. La sociedad del África occidental estaba organizada en castas. La **casta**, o clase social, de una persona determinaba su lugar en la estructura social. La casta se establecía por la familia en la que se había nacido.

La estructura social El emperador gobernaba cada imperio. Tenía más poder y el estatus, o rango social, más alto. Ante él había que inclinarse. Ante Mansa Musa, algunos esparcían polvo sobre ellos mismos para reconocer su superioridad.

Los nobles y los reyes formaban la siguiente casta. Ayudaban al emperador a gobernar, a dirigir ejércitos y le pagaban tributo.

Luego estaban los comerciantes y las personas libres, que dirigían los negocios y las granjas. Luego estaban los trabajadores especializados. Cada oficio formaba una casta. Por ejemplo, una podía especializarse en la fundición de hierro y otra era de músicos.

La esclavitud en el África occidental Los esclavos constituían el nivel más bajo de la sociedad. Las personas eran esclavizadas por diversas razones. Unos eran esclavos desde que nacían. Sin embargo, a menudo se esclavizaba a los prisioneros de guerra, los presos políticos y las víctimas de secuestro. Los esclavos hacían muchas tareas. En el Imperio Songhai, eran soldados, trabajadores agrícolas y sirvientes. En Malí, servían en la corte real y en el gobierno.

Algunos tenían derechos en la sociedad del África occidental. Podían casarse y las familias no podían separarse. Los esclavos estaban protegidos contra los castigos severos. Podían ganar dinero y comprar su libertad. Un esclavo incluso se convirtió en emperador de Malí.

La importancia del parentesco En el África occidental, los miembros de una familia compartían un fuerte sentido de **parentesco**, o conexión basada en relaciones de familia. Las familias no sólo se componían de padres e hijos. Incluían a los abuelos, tíos y primos. Estas familias grandes formaban linajes. Un **linaje** es un grupo de personas que descienden de un ancestro común. A menudo el jefe de un linaje controlaba a los miembros de la familia y la propiedad.

Los linajes eran los componentes esenciales de la sociedad del África occidental. Cada linaje era parte de un clan, o grupo más grande de familias emparentadas. A su vez, los clanes del África occidental formaban agrupaciones mayores. Varios clanes estrechamente relacionados vivían juntos en una aldea. Muchas aldeas compartían una cultura, lengua e identidad distintas. Esta unidad social se llama **grupo étnico**. Los imperios del África occidental incluían muchos grupos étnicos, cada uno con su propia forma de vida.

Las relaciones en las familias del África occidental

La estructura familiar tradicional en África es compleja. Las aldeas están formadas por clanes. Cada clan tiene linajes descendientes de un antepasado común. Esta estructura fomenta un fuerte parentesco.

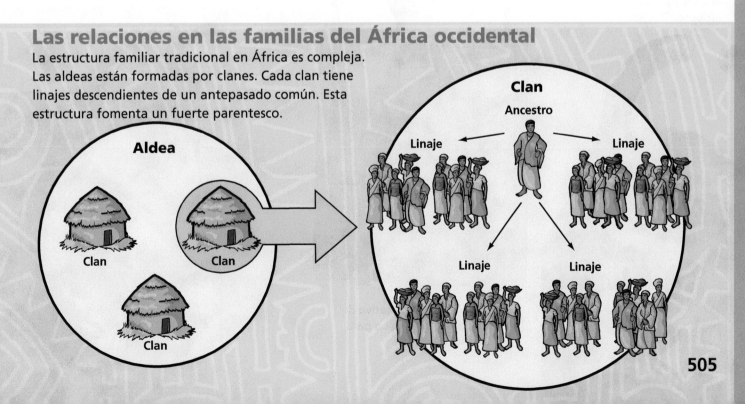

Aldea

Clan
Clan
Clan

Clan

Ancestro

Linaje
Linaje
Linaje
Linaje

La vida en la ciudad y la aldea Las familias del África occidental se agrupaban en ciudades, pueblos y aldeas. En muchas zonas urbanas, el árabe era la lengua principal del comercio y del culto y la enseñanza islámicos. En las aldeas rurales, las familias hablaban las lenguas de sus antepasados y adoraban a dioses antiguos.

Las economías de las aldeas se basaban en la producción de alimentos. Los agricultores sembraban arroz, batatas y frijoles. Los pastores criaban vacas para carne, leche y pieles. Los aldeanos comerciaban en mercados.

Las economías de las ciudades se basaban en el comercio de las mercancías traídas en las rutas de caravanas. Había una oferta variada y estable de alimentos, y de productos finamente elaborados. Un erudito musulmán de la época describió la ciudad de Djenné.

diversidad, *sust.,*
variedad

Esta es una máscara de búfalo y un disfraz de fibra vegetal de un festival agrícola africano. ▼

66 Djenné es uno de los grandes mercados del mundo musulmán. Allí uno encuentra a los mercaderes de las minas de sal de Teghaza y comerciantes cargados de oro de las minas de Bitou. . . . las caravanas acuden en masa [a la zona] desde todos los puntos del horizonte 99.

—Abd al-Rahman al-Sadi, *Civilizaciones africanas,* Graham Connah

Miles vivían en grandes ciudades como Djenné, Gao y Tombuctú.

Verificar la lectura ¿Qué es un clan?

Religiones africanas

Una gran diversidad de grupos étnicos poblaban el África occidental. Aunque el islam y el cristianismo se practicaban en gran medida en el África antigua, algunos seguían las religiones tradicionales. Muchas religiones tenían líderes religiosos

Este biombo conmemorativo del África occidental se usaba para honrar a los muertos.

Los rituales son todavía una parte importante de la vida africana. Aquí se muestra una "canción de alabanza" en una boda en Bamako, Malí.

para guiar las oraciones y los seguidores rezaban a diario. También incluían rituales religiosos y fomentaban el honrar a los ancestros. Muchos musulmanes también realizaban rituales y honraban a los ancestros.

Los rituales religiosos Las personas se comunicaban con los dioses a diario. Asistían a los santuarios para orar, recibir consejos y hacer ofrendas. Los rituales reforzaban los valores sociales y morales representados por los dioses. Las enseñanzas religiosas ayudaban a mantener la sociedad sin problemas.

Honrar a los ancestros Los africanos también honraban a sus ancestros. Tras la muerte, creían que una persona se convertía en espíritu y se unía a los espíritus de los ancestros. Algunas familias creaban altares para estar en contacto con sus ancestros. Los rituales y los médiums espirituales ayudaban a algunos a consultar a los ancestros con sus problemas.

Verificar la lectura ¿Cómo trataban los africanos occidentales a sus ancestros?

Legado cultural
La lengua árabe facilitó el aprendizaje y la enseñanza en los imperios africanos. Muchos africanos también tenían una fuerte **tradición oral**. Usaban la historia oral, la poesía, los cuentos folclóricos y los refranes, para enseñar y entretener. Estas sociedades también fueron ricas en música, danza y arte. Éstas ayudaron a transmitir la historia y la cultura de cada grupo.

Una rica tradición oral La narración de cuentos era parte de la vida diaria. Las familias compartían cuentos folclóricos. Una fábula que todavía se comparte hoy, cuenta cómo Ananse la araña dio sabiduría a las personas.

> 66 . . . Ananse terminó de reunir la sabiduría del mundo. La metió en una calabaza y comenzó a subir a una palmera alta. A mitad de camino tuvo problemas. Había atado la calabaza en frente de él y dificultaba su ascenso. En ese momento, su hijo, Ntikuma. . . le dijo: 'Padre, si realmente tuvieras toda la sabiduría del mundo, deberías haber atado la calabaza a tu espalda'. Esto fue demasiado para Ananse, que estaba cansado por tanto trabajo. Desató la calabaza en un acceso de furia y la tiró al suelo. Ésta se partió y la sabiduría se dispersó por todas partes. Después, las personas llegaron y recolectaron lo que cada una pudo encontrar. Así, algunas personas tienen mucha sabiduría, algunas tienen poca, pero muchas no tienen nada 99.
>
> —Cuento folclórico africano

Los **proverbios**, o dichos sabios, son una manera más rápida de compartir la sabiduría. El proverbio "Cada vez que muere un anciano, es como si ardiera una biblioteca" nos recuerda que debemos valorar a los mayores. Estos dichos se transmitieron por generaciones.

Narradores profesionales e historiadores orales, los griots, servían a los reyes y nobles africanos. Contaban historias de acontecimientos y personas famosas.

miMundo: Actividad
Narración oral con el juego del teléfono

507

Arte y cultura del África occidental

La cultura africana es rica en música, danza y narración tradicionales. Instrumentos únicos hechos de pieles de animales, calabazas y madera tallada crean un sonido africano único. Las máscaras y la danza se usan para entretenimiento, fines religiosos y ceremonias sociales. Los griots (en la foto de la izquierda) cuentan historias.

Es difícil decir desde cuándo existen los griots, pero es claro que han sido importantes para la sociedad durante siglos. Los griots reciben hoy un pago por realizar sus tareas, pero es lo que las personas quieran darles. ¡Un griot incluso recibió un avión de un cliente agradecido!

RAZONAMIENTO CRÍTICO En base a la lectura, ¿cómo crees que es posible que cambie el papel de los griots?

Danza tradicional de Malí y un tambor africano (encarte) ▼

Un cascabelero para pierna de Camerún ▶

▲ Máscara de madera y cobre de la tribu Marka, Malí

▲ Xilófono tradicional de Gambia

Ibn Battutah describió a los griots de un festival en Malí, donde se pararon delante del gobernante en un "traje hecho de plumas". Cuando recitaron su poesía, escribió que era como "un tipo de sermón". Los griots instaron a sus líderes a gobernar con justicia. Sin embargo, su trabajo principal era la <u>transmisión</u> de la historia y la cultura de su pueblo. "Sin nosotros, los nombres de los reyes desaparecerían", explica un griot moderno.

La tradición de los griots y las griottes (narradoras) continúa hoy. Su papel ha cambiado con el tiempo y las circunstancias. Seguirá cambiando mientras los griots acompañen a los africanos donde vivan.

Música, danza y arte La vida de los africanos occidentales estaba llena de danza y música. Las madres arrullaban a los bebés con canciones relajantes. Los jóvenes aprendían canciones sobre las responsabilidades de ser adulto. También aprendían ciertas danzas. La danza y la música marcaban muchas etapas importantes de la vida. Danzantes celebraban nacimientos y matrimonios y actuaban en funerales.

Había muchos instrumentos musicales. El más usado era el tambor. Los percusionistas crearon música polirítmica. La **percusión polirrítmica** combina dos o más ritmos diferentes al mismo tiempo. Los danzantes realizaban movimientos complejos que coincidían con los poliritmos de los percusionistas. Los pies seguían un ritmo, mientras las manos o caderas se movían a otro. También representaban historias sobre los dioses y sus ancestros.

Usaban máscaras de dioses y espíritus talladas por artistas. Los artistas creaban arte para muchos propósitos. El arte se usaba en la vida diaria para expresar las creencias de las personas. Se honraba a los muertos con imágenes talladas en madera de sus ancestros. Los emperadores usaban el arte para mostrar su riqueza y poder. En Malí, los artistas fabricaban soldados de arcilla con gran detalle.

Verificar la lectura **¿Qué es un griot?**

transmisión, *sust.,* pasar algo, como los cuentos o la historia

Evaluación de la Sección 4

? Pregunta esencial

Términos clave

1. ¿Qué es un linaje?

2. ¿Por qué es importante la tradición oral?

3. ¿Qué instrumento musical es el más usado en el África occidental?

Ideas clave

4. Describe la estructura social de la sociedad del África occidental.

5. ¿En qué se parecen las religiones tradicionales del África occidental al islam?

6. ¿Cuál era el propósito de los griots?

Razonamiento crítico

7. Comparar y contrastar ¿Cómo compararías la esclavitud en el África occidental con la esclavitud en los Estados Unidos?

8. Inferir ¿Por qué crees que se incluyó en esta sección la historia de Ananse?

¿Cuáles son las consecuencias del comercio?

9. ¿Están relacionados el arte y el comercio? Explícalo. Anota la respuesta en tu Cuaderno del estudiante.

Evaluación del capítulo

Términos e ideas clave

1. Comparar y contrastar ¿Cuál es la diferencia entre una **casta** y un **grupo étnico**?

2. Resumir ¿Qué era el comercio de oro y sal?

3. Comentar ¿Cómo influyó en Egipto la hajj de Mansa Musa?

4. Recordar ¿A quién se consideraba el más grande emperador de Songhai? ¿Por qué?

5. Explicar ¿Qué es la **erudición**?

6. Describir ¿Cuál era el papel de los monjes en Axum?

7. Explicar ¿Por qué era importante la **tradición oral** antes del desarrollo de la escritura?

Razonamiento crítico

8. Inferir En la antigua África, el comercio de oro y sal enriqueció a imperios. En el mundo actual, ¿qué tipo de comercio podría enriquecer a un país o imperio? Explícalo.

9. Secuencia Pon los siguientes términos en orden cronológico: almorávides, Ghana, Malí, Songhai y Zagwe.

10. Sacar conclusiones ¿De qué manera honrar a los ancestros contribuye a una sociedad estable?

11. Conceptos básicos: Comercio ¿Cómo describirías el sistema de comercio de la antigua África? ¿Era un sistema de libre comercio? Explica por qué.

Analizar elementos visuales

Escribe la letra del mapa que muestra la ubicación de cada lugar.

12. Tombuctú

13. Sahara

14. Imperio Songhai

15. Imperio de Ghana

16. Imperio de Malí

17. Gao

18. Usando la escala del mapa, estima la distancia entre Tombuctú y Gao.

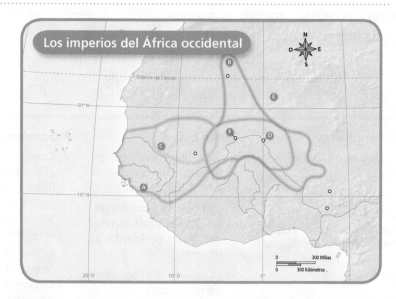

Los imperios del África occidental

Pregunta esencial
miMundo: Actividad del capítulo

Guía turístico en el museo africano Elabora un guión para una visita a un museo africano, suponiendo que eres el guía turístico. En tu guión, centra tu visita en artefactos africanos y transmite la importancia del comercio africano de la antigüedad.

Aprendizaje del siglo XXI

Analiza el contenido de los medios de comunicación

Usa la Internet para buscar información sobre los griots modernos en África. Busca por lo menos dos fuentes de organizaciones o medios de comunicación confiables. Luego, determina si los griots realizan hoy las mismas funciones que en la antigua África. Escribe un párrafo sobre cómo ha cambiado su papel con el tiempo.

Preguntas basadas en documentos

Success Tracker™
En línea en myworldhistory.com

Usa tu conocimiento de los imperios de la antigua África occidental y los Documentos A y B para responder las Preguntas 1 a 3.

Documento A

Documento B

" Mientras que Europa quedaba devastada por la Guerra de los Cien Años [1337–1453], los eruditos escribían libros en la comodidad y la seguridad de la Universidad Sankore en Tombuctú. . . . Tombuctú era una ciudad cosmopolita. . . donde el árabe se hablaba, escribía y leía ampliamente".

—de *Los reinos de Ghana, Malí y Songhai*, Patricia y Fredrick McKissack

1. ¿Cuál de las siguientes opciones sería la leyenda más apropiada para el Documento A?

   A "Árabe: El idioma del islam"

   B "Erudición cristiana"

   C "Educación personalizada a su alcance"

   D "Tombuctú: Un centro de aprendizaje islámico"

2. En el Documento B, ¿por qué se menciona la Guerra de los Cien Años?

   A porque el árabe era un idioma pacífico

   B para mostrar que el África occidental estaba más adelantada que Europa

   C para mostrar que Europa estaba más adelantada que África occidental

   D para demostrar que los europeos eventualmente declararían la guerra al África occidental

3. **Tarea escrita** Escribe un folleto promocional para convencer a estudiantes de ir a estudiar a la Universidad Sankore de Tombuctú.

my worldhistory.com

Self-Test

China en la Edad Media

¿Cuáles son las consecuencias de la tecnología?

La Gran Muralla China se reconstruyó durante la dinastía Ming. ▼

? Explora la Pregunta esencial

- en  **worldhistory.com**
- usando **miMundo: Actividad del capítulo**
- con el **Cuaderno del estudiante**

Dinastías chinas

my worldhistory.com

Timeline/On Assignment

618 La dinastía Tang unifica China.

960 Se inicia la dinastía Song.

1368 Un general rebelde funda la dinastía Ming.

600   800   1000   1200

1271 Kublai Kan establece la dinastía Yuan.

Kublai Kan:
Cómo impresionar

En 1274, Kublai Kan parecía seguro de estar a punto de gobernar el mundo entero. Había heredado el poderoso Imperio Mongol formado por su abuelo Gengis Kan, y Kublai llevaba 14 años tratando de ampliarlo. Nunca antes había existido un imperio más grande que el suyo. El Kan consideraba a China la joya de su corona. Cuando controló la mayor parte, se declaró el primer emperador de una nueva dinastía.

El Kan era cruel y conquistó pueblos por la fuerza, pero también puso muchas buenas ideas en acción. Mejoró la seguridad de la legendaria Ruta de la Seda para que fuera más fácil transportar cerámica, seda, alfombras, piedras preciosas, medicinas, especias y otros productos valiosos para vender. Animó a los comerciantes extranjeros para que fueran a China. Bajo su sabio gobierno, floreció el comercio y prosperó su imperio.

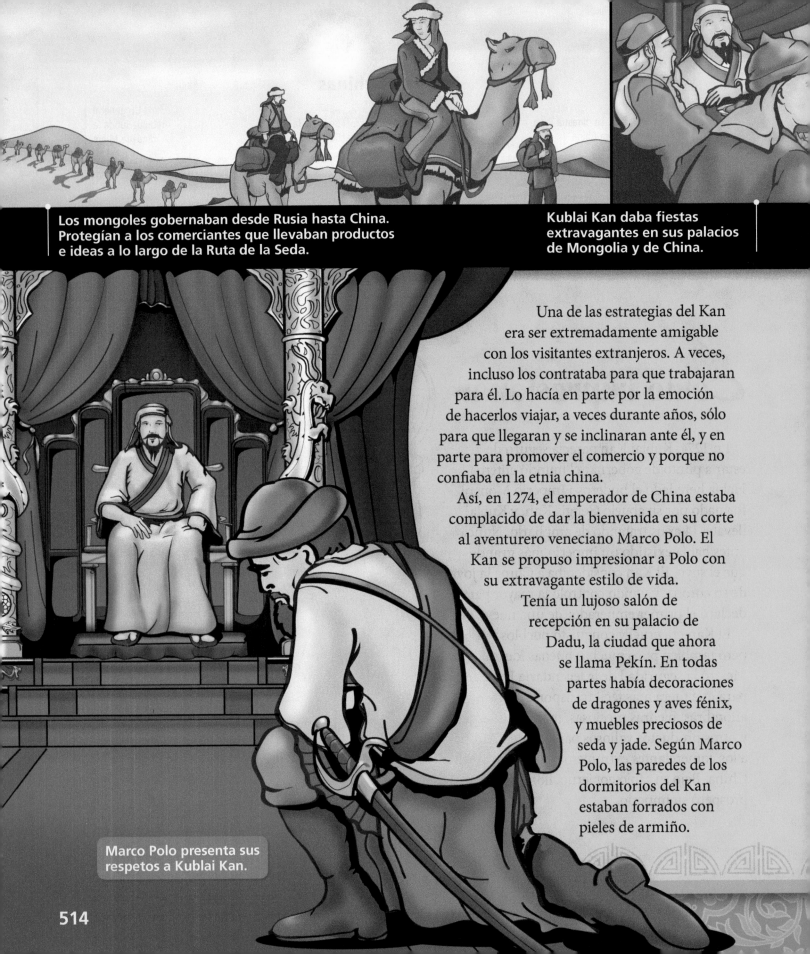

Los mongoles gobernaban desde Rusia hasta China. Protegían a los comerciantes que llevaban productos e ideas a lo largo de la Ruta de la Seda.

Kublai Kan daba fiestas extravagantes en sus palacios de Mongolia y de China.

Una de las estrategias del Kan era ser extremadamente amigable con los visitantes extranjeros. A veces, incluso los contrataba para que trabajaran para él. Lo hacía en parte por la emoción de hacerlos viajar, a veces durante años, sólo para que llegaran y se inclinaran ante él, y en parte para promover el comercio y porque no confiaba en la etnia china.

Así, en 1274, el emperador de China estaba complacido de dar la bienvenida en su corte al aventurero veneciano Marco Polo. El Kan se propuso impresionar a Polo con su extravagante estilo de vida.

Tenía un lujoso salón de recepción en su palacio de Dadu, la ciudad que ahora se llama Pekín. En todas partes había decoraciones de dragones y aves fénix, y muebles preciosos de seda y jade. Según Marco Polo, las paredes de los dormitorios del Kan estaban forradas con pieles de armiño.

Marco Polo presenta sus respetos a Kublai Kan.

514

Los invitados cenaban alimentos provenientes de todo el imperio.

Los comerciantes en China usaban papel moneda para pagar por bienes como la porcelana.

Se realizaban fiestas extravagantes en el cumpleaños del Kan y en cualquier otra ocasión. Recibía a miles de invitados, con muchos cantos, bailes y gritos. Las fabulosas comidas incluían alimentos y bebidas procedentes de países que había conquistado: raras especies de Oriente Medio, vegetales crudos espolvoreados con precioso azafrán y envueltos en panqueques, pescado perfumado en vino de arroz, ganso con albaricoques y sopa de semillas de loto.

No contento con un palacio, el Kan tenía otro en Mongolia, llamado Shangdu, al que se retiraba durante el verano. Allí tenía diez mil caballos blancos especiales. Sólo él y aquellos a los que recompensaba por actos de valor podían beber de su leche.

En Dadu, le gustaba recordar los modos mongoles. Cazaba acechando ciervos en el coto de caza privado que había construido cerca de la capital. El gigantesco parque incluso tenía fuentes y arroyos.

Pero Kublai Kan no quería hacer que China sólo fuera igual que Mongolia. Estaba interesado en aprender de otros pueblos. En el mismo año en que estableció su dinastía, llevó astrónomos persas y árabes a su corte para que estudiaran las estrellas. Recibió a médicos musulmanes y misioneros europeos. Le gustaba tanto el teatro y la pintura chinos que pagaba a los artistas para que trabajaran en el palacio.

La corte del Kan deslumbraba a sus visitantes. Presumió con Polo de lujosos restaurantes, salones de té y teatros. Y luego, ¡la tecnología! Los chinos imprimían libros y fabricaban fuegos artificiales con pólvora que desconocían en Europa.

Marco Polo también quedó impresionado por el papel moneda, que la imprenta hizo posible. Los europeos todavía usaban monedas pesadas o el trueque cuando compraban y vendían. Debió fascinarle que se pudiera dar un valor a un simple papel.

Marco Polo permaneció en China durante 17 años, casi la mitad de su vida hasta ese momento, antes de regresar a Europa. Más tarde, contó sus aventuras a un escritor que registró sus historias, algunas sobre Kublai Kan. Se vendieron muy bien.

En esta sección, leíste sobre Kublai Kan, un legendario pero auténtico gobernante de China. Según esta historia, ¿cómo crees que el comercio y la tecnología influyeron en China? Mientras lees el capítulo, piensa qué indica sobre China la historia de Kublai Kan.

 myStory Video

Aprende más sobre Kublai Kan.

China en las dinastías Tang y Song

<table>
<tr>
<td>Ideas clave</td>
<td>● La dinastía Tang se caracterizó por la unidad política y el florecimiento de las artes.</td>
<td>● Los gobernantes de la dinastía Song fortalecieron el gobierno basándose en el sistema de servicio civil.</td>
<td>● Los avances en la agricultura y el comercio provocaron una gran prosperidad en China durante las dinastías Tang y Song.</td>
</tr>
</table>

Términos clave • burocracia • mandarín • sistema de mérito • urbanización • economía monetaria • porcelana

Visual Glossary

Destreza de lectura **Identificar las ideas principales y los detalles** Toma notas usando el organizador gráfico en tu Cuaderno.

M ás de mil años antes del reinado de Kublai Kan, la dinastía Han convirtió a China en un vasto imperio. La caída de la dinastía Han en 220 A.C. dividió a China. Más tarde se reunificó y experimentó una edad de oro bajo dos dinastías fuertes: los Tang y los Song.

Taizong ▼

La dinastía Tang

En los cien años después de la dinastía Han, varios reinos lucharon por el poder. La corta dinastía Sui reunificó China entre 581 y 618. La dinastía Tang reinó durante casi 300 años. Construyeron un gobierno central fuerte y ampliaron las fronteras de la nación.

El dominio Tang El líder militar Tang Gaozu fundó la dinastía Tang. Él y su hijo dirigieron los ejércitos que terminaron de reunificar China. Su hijo, Taizong, se convirtió en emperador en 626. Le siguieron otros gobernantes fuertes.

Taizong hizo el gobierno estable al revivir la burocracia oficial de China. Una **burocracia** es un sistema de gobierno con muchos departamentos y oficinas dirigidos por funcionarios designados. Cada uno tiene un rango y responsabilidades. El objetivo era tener un gobierno eficiente. Los departamentos creados fueron el núcleo del gobierno hasta principios del siglo XX.

Con los Tang, China alcanzó su mayor tamaño. El ejército expandía las fronteras y protegía a la población. A finales del siglo VII, Wuhou se convirtió en la única mujer que gobernó China por su cuenta. La emperatriz Wuhou era capaz y despiadada. Afirmaba que un gobernante ideal cuida al pueblo como una madre cuida a sus hijos.

Una capital floreciente La capital Tang era Chang'an. Bajo el dominio Tang, se convirtió en la ciudad más grande del mundo. En 742, más de un millón de personas vivían dentro de las murallas de la ciudad. 700,000 más vivían en las afueras.

Es posible que fuera la ciudad planificada más grande jamás construida. Sus murallas formaban un rectángulo que medía cinco millas de norte a sur y seis millas de este a oeste. Grandes casas, templos, jardines y el palacio imperial estaban dentro de las murallas. Una amplia avenida arbolada llevaba a la puerta principal, impresionando a los visitantes.

Situada en un extremo de la Ruta de la Seda, era un próspero centro cultural y <u>comercial</u>. Turcos, indios, judíos, coreanos, persas y otros visitantes llenaban sus calles y mercados. Los camellos transportaban bienes. Músicos, actores y otros artistas entretenían. Se practicaban muchas religiones.

Chang'an era hospitalario con los extranjeros, pero vivían en sus propias secciones de la ciudad. Los nobles chinos tomaban prestados aspectos de culturas extranjeras, como bienes, modas e instrumentos musicales.

Verificar la lectura ¿Quién vivía en Chang'an?

comercial, *adj.,* relativo a la compra y venta de bienes

Llegaban comerciantes de todas partes de Asia. ▼

La ciudad de Chang'an

La calles de Chang'an estaban dispuestas en una cuadrícula. Cada sección de la ciudad estaba amurallada, incluidos los dos grandes mercados. El mercado oriental era para los comerciantes chinos y el mercado occidental era para los comerciantes extranjeros.

Parque Imperial — **Parque Imperial** — Palacio Daming — Ciudad Imperial — Mercado Occidental — Puerta Chengtian — Ciudad Administrativa — Puerta Jinguang — Puerta Chunming — Puerta Yanping — Mercado Oriental — Puerta Yanxing — Jardín — Puerta Mingde — 0.5 Millas — 0.5 Kilómetros — N O E S

◀ Las damas de la corte jugaban al polo, un juego persa.

517

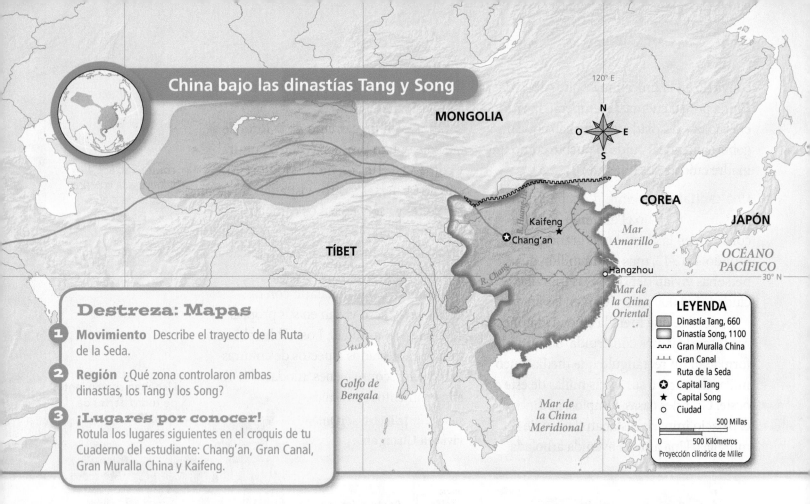

China bajo las dinastías Tang y Song

MONGOLIA

COREA

JAPÓN

TÍBET

R. Huang

Kaifeng

Chang'an

Mar Amarillo

OCÉANO PACÍFICO

R. Chang

Hangzhou

Mar de la China Oriental

Golfo de Bengala

Mar de la China Meridional

LEYENDA
- Dinastía Tang, 660
- Dinastía Song, 1100
- ᴧᴧᴧ Gran Muralla China
- ᴨᴨᴨ Gran Canal
- — Ruta de la Seda
- ✪ Capital Tang
- ★ Capital Song
- ○ Ciudad

0   500 Millas

0   500 Kilómetros

Proyección cilíndrica de Miller

Destreza: Mapas

1 **Movimiento** Describe el trayecto de la Ruta de la Seda.

2 **Región** ¿Qué zona controlaron ambas dinastías, los Tang y los Song?

3 **¡Lugares por conocer!** Rotula los lugares siguientes en el croquis de tu Cuaderno del estudiante: Chang'an, Gran Canal, Gran Muralla China y Kaifeng.

El ascenso de la dinastía Song

finalmente, *adv.,* conclusión en un momento posterior

<u>Finalmente</u>, cayó la dinastía Tang. Después siguió un período de inestabilidad.

La caída de los Tang Con los Tang, China estuvo en guerra con los pueblos vecinos. Esto permitió que los líderes militares se hicieran poderosos. La sequía, el hambre y los altos impuestos crearon problemas. A finales del siglo VIII, varios líderes militares se rebelaron.

Aunque el gobierno sobrevivió, perdió control. Los líderes militares y locales tomaron el poder. Los pueblos vecinos atacaban y tomaban tierras. Hubo más revueltas. En 907, un líder militar derrocó al último emperador Tang.

Surge una nueva dinastía Por más de medio siglo no hubo gobernante evidente. Diferentes personas gobernaban partes de China y se perdieron más tierras.

En 960, un líder militar unificó gran parte de China y estableció la dinastía Song, que gobernó China desde 960 hasta 1279.

Para proteger el imperio, los gobernantes Song mantenían un ejército enorme. Pero no querían que los militares tuvieran demasiado poder, por lo que dieron el control a funcionarios del gobierno que no estaban en el ejército. A veces negociaban la paz con los pueblos vecinos que amenazaban a China. En otras ocasiones, realizaban acuerdos con un grupo externo para que peleara con otro.

Verificar la lectura **¿Cómo evitaron los gobernantes Song que los militares se volvieran demasiado fuertes?**

El sistema de exámenes

Los exámenes del servicio civil son pruebas que se deben aprobar para trabajar en el gobierno. Las instauró la dinastía Han. Los Tang y los Song extendieron su uso. A los eruditos que aprobaban los exámenes del servicio civil se les conocía como **mandarines**. Ellos calificaban para trabajos en el gobierno.

Los exámenes se basaban en las enseñanzas de Confucio. Eran difíciles y pocos los aprobaban. Los hombres ricos eran los que podían estudiar más años. Con los Tang, algunos funcionarios obtuvieron cargos por el sistema de exámenes, pero la mayoría los recibía por relaciones familiares.

Con la dinastía Song, las pruebas se volvieron parte de un sistema de mérito. En un **sistema de mérito**, se contrata y asciende a las personas por su talento y destrezas, en lugar de por su riqueza o estatus social. El gobierno abrió escuelas que aceptaban estudiantes pobres. Aprobar los exámenes de alto nivel podía dar lugar a ascensos, pero los mandarines también tenían que realizar bien su trabajo.

Los Song trataron de mantener un buen gobierno al prevenir la corrupción y ascender a los mejores funcionarios. Éstos debían actuar con honestidad y eficiencia.

Una dinastía posterior, los Ming, pusieron nuevas reglas. No podían servir en el distrito de origen, para evitar favores a familiares y amigos. A los tres años cambiaban de cargo, así que no podían acumular poder.

Verificar la lectura **¿Cómo lograron los gobernantes Song tener un buen gobierno?**

Los mandarines

Los eruditos estudiaban para los exámenes oficiales en varios temas. Los exámenes de más alto nivel exigían a los estudiantes conocer las enseñanzas de Confucio, escribir poesía, y caligrafía. Los eruditos a menudo estudiaban más de 20 años, a pesar de que las posibilidades de aprobar eran pequeñas. *¿Por qué pasaban las personas años estudiando para los exámenes?*

▲ Los estudiantes presentan un examen del servicio civil.

▲ En dinastías posteriores, los funcionarios usaban insignias para indicar su rango.

Una pintura de un erudito estudiando ▼

519

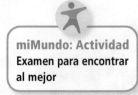
Prosperidad de los Tang y los Song

Las eras Tang y Song fueron épocas de gran prosperidad en China. Hubo un buen gobierno, crecimiento de la economía y avances en la agricultura.

El emperador y los funcionarios El emperador gobernaba bajo el Mandato Celestial. En teoría, esto significaba que era todopoderoso y tenía el apoyo del Cielo. En la práctica, la mayor parte de los primeros emperadores necesitaban el apoyo de los nobles y los señores de la guerra para permanecer en el poder.

Los gobernantes Song cambiaron eso. Al dar más poder a los mandarines, desarrollaron una base de seguidores leales. Los mandarines ganaron más poder e influencia. Desplazaron a las familias nobles para convertirse en el grupo de más alto rango en la sociedad china.

China experimentó un gran crecimiento económico con la dinastía Song. Junto con el crecimiento económico llegó la **urbanización**, o el crecimiento de las ciudades. Hacia 1100, había varias grandes ciudades que eran el hogar de cientos de miles de personas. Muchas estaban en el sur de China, al sur del río Chang, o Yangtzé.

La dinastía Song se desplaza al sur La dinastía Song se debilitó con el tiempo. El reino extranjero de Jin tomó el control del norte de China en 1127. Los gobernantes Song se retiraron del norte y se concentraron en el sur de China.

Este período se llama Song del sur. El puerto de Hangzhou se convirtió en la capital. Un visitante europeo escribió que era "la primera, más grande, más rica, más poblada y en conjunto la ciudad más maravillosa sobre la faz de la tierra".

La tenencia de la tierra Los patrones de propiedad de la tierra cambiaron con los Tang. Antes, el gobierno poseía todas las tierras. Los agricultores recibían partes iguales de tierra. Los Tang cambiaron esto.

Bajo los Tang, las familias ricas compraron las tierras de cultivo. Los campesinos la trabajaban como granjeros arrendatarios, quienes rentaban la tierra.

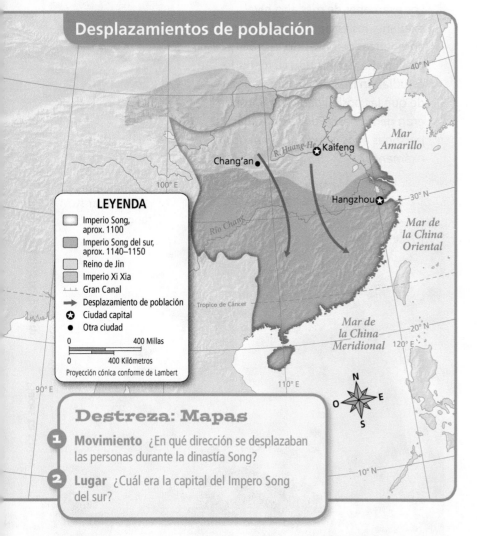

Desplazamientos de población

LEYENDA
- Imperio Song, aprox. 1100
- Imperio Song del sur, aprox. 1140–1150
- Reino de Jin
- Imperio Xi Xia
- Gran Canal
- Desplazamiento de población
- ✪ Ciudad capital
- ● Otra ciudad

0   400 Millas
0   400 Kilómetros
Proyección cónica conforme de Lambert

Mar Amarillo
R. Huang-He
Kaifeng
Chang'an
Hangzhou
Río Chang
Mar de la China Oriental
Mar de la China Meridional
Trópico de Cáncer

Destreza: Mapas

1 **Movimiento** ¿En qué dirección se desplazaban las personas durante la dinastía Song?

2 **Lugar** ¿Cuál era la capital del Impero Song del sur?

Adelantos en la agricultura La agricultura china cambió bajo los Tang y los Song. La población del sur creció rápidamente, mientras la del norte se redujo. Nuevos métodos y tecnología para cultivar permitieron alimentar a más personas.

En este período, el arroz se convirtió en el cultivo más importante. En el pasado, los agricultores se dedicaban a cultivos de tierras secas como trigo y cebada. Estos crecían bien en el norte seco, pero no en el sur húmedo. El sur era perfecto para el cultivo de arroz. Era cálido y tenía más lluvia.

El arroz crece en campos inundados llamado arrozales. Para mantener sus arrozales húmedos, los agricultores desarrollaron sistemas de irrigación como bombas y otros <u>dispositivos</u> para controlar el agua. También desarrollaron nuevas variedades de arroz de maduración rápida. Con este arroz, podían tener dos o tres cosechas al año.

El arroz proporcionaba más comida por acre que otros granos. Con más comida disponible, la población aumentó. Entre 750 y 1100, la población de China se duplicó de 50 millones de personas a 100 millones.

dispositivo, *sust.,* máquina

Verificar la lectura **¿Por qué fue importante el cambio a nuevos tipos de arroz?**

El cultivo del arroz

Durante la dinastía Song, los agricultores chinos comenzaron a cultivar un nuevo tipo de arroz proveniente de Vietnam. En el siglo XII, el gobierno distribuyó instrucciones, similares a las de la izquierda, para mostrar a las personas cómo cultivar más arroz. *¿Por qué habría distribuido el Gobierno instrucciones con dibujos?*

→ Simulation

Hoy en día los agricultores cosechan el arroz a mano.

521

▲ La seda se usaba para pagar bienes antes de que hubiera papel moneda.

Una jarra de cerámica ▶

◀ Moneda y papel moneda chinos

El comercio

El comercio era muy importante en las dinastías Tang y Song. Durante la dinastía Tang, el gobierno protegió las rutas comerciales y controló el comercio. Además de comerciar con monedas y papel moneda, intercambiaban bienes como porcelana y té por seda.

RAZONAMIENTO CRÍTICO **¿Por qué crees que el gobierno controlaba el comercio?**

El Gran Canal hoy

El comercio impulsa la prosperidad

Durante la dinastía Song, mucha gente menospreciaba a los comerciantes. Creían que el comercio era una profesión indigna. Aun así, el comercio alcanzó nuevos niveles.

El Gran Canal A principios del siglo VII, la dinastía Sui terminó el trabajo en el Gran Canal. Este canal, que todavía está en uso, es la vía de navegación más antigua y larga del mundo hecha por el hombre. Conecta dos grandes ríos de China, el Huang en el norte y el Chang en el sur.

El canal de 1,100 millas de largo se llenó de barcazas que transportaban arroz y otros bienes. El gobierno construyó más canales. Al final del período Song, los canales se extendían miles de millas. Redujeron el costo de transporte y fomentaron los negocios.

Moneda corriente Otro factor que ayudó a impulsar el crecimiento fue el desarrollo de una **economía monetaria**. Este término se refiere a una economía en la que las personas usan moneda corriente en lugar de trueque para comprar y vender bienes. Las monedas de cobre, llamadas efectivo, fueron la principal moneda corriente durante la dinastía Tang. Pero eran pesadas y difíciles de manejar en grandes cantidades. Durante la dinastía Song, el gobierno emitió el primer papel moneda del mundo. Era fácil de usar cuando se recorrían largas distancias para comerciar.

Expansión de las industrias Cuando los agricultores cultivaban más alimentos de los que necesitaban, podían comerciarlos por artículos artesanales como cerámica y tela. Como resultado, muchas industrias se expandieron. La producción de tela de seda aumentó en la dinastía Song. Las mujeres la hilaban en sus casas.

Otra industria importante fue la **porcelana**, cerámica blanca y resistente de muy alta calidad.

Una de las industrias más grandes era la producción de hierro. El hierro era esencial en muchas industrias, como en la producción de sal, en las herramientas, clavos y estatuas budistas.

Crecimiento del comercio Como las granjas y las fábricas producían más bienes, aumentó el comercio. Los canales y el uso de dinero también expandieron el comercio. Un visitante describió el comercio en el río Chang: "El volumen total y el valor del tráfico en él, supera todos los ríos de los cristianos juntos, además de sus mares".

Verificar la lectura ¿Cómo expandió el Gran Canal el comercio?

Edad de oro de China

Las eras Tang y Song representan una edad de oro de las artes y la literatura chinas. Algunas de las obras Tang son estatuillas de cerámica de caballos, camellos y personas. Demuestran el conocimiento que tenía China de otras culturas y que disfrutaban la música y juegos de Asia central y la India.

Se considera que ésta fue la era más importante de la poesía china. El poeta Li Bo escribió en un estilo divertido sobre la belleza de la naturaleza.

Las artes tradicionales se valoraron durante la dinastía Song. Los arquitectos diseñaron magníficos templos budistas repletos de estatuas. Los alfareros hicieron con arcilla hermosas piezas de cerámica. Los artistas crearon pinturas de colores suaves.

En la siguiente dinastía, la Yuan, el emperador era mongol. Los poetas y artistas aún vivían en su corte, pero muchos prefirieron las artes a trabajar para los conquistadores.

Verificar la lectura ¿Qué demuestran las estatuillas de cerámica de la dinastía Tang?

mi Mundo
CONEXIONES

La Vía de navegación del San Lorenzo se extiende más de **2,300** millas, conectando el océano Atlántico con los Grandes Lagos.

Evaluación de la Sección 1

Pregunta esencial

Términos clave

1. ¿Qué es una burocracia?
2. Describe cómo calificaban los mandarines para los puestos del gobierno.
3. ¿Qué término describe el crecimiento de las ciudades?

Ideas clave

4. Explica una de las razones de la prosperidad de la China Tang o Song.
5. ¿De qué manera fue el gobierno Song un sistema de mérito?

Razonamiento crítico

6. **Analizar causa y efecto** ¿Cuál fue la causa de la caída de la dinastía Tang?
7. **Inferir** ¿Por qué era el papel moneda una mejora con respecto a las monedas?

¿Cuáles son las consecuencias de la tecnología?

8. ¿Cómo contribuyeron las nuevas tecnologías a la prosperidad de China? Anota la respuesta en tu Cuaderno del estudiante.

El Imperio Mongol

Ideas clave

- Los mongoles establecieron el imperio más grande que el mundo jamás había visto.
- Los gobernantes Yuan adoptaron muchas costumbres chinas, pero no confiaban en los funcionarios chinos.
- El Imperio Mongol permitió que floreciera el comercio a lo largo de la Ruta la Seda.

Términos clave • nómada • mongoles • estepa • kan

 Visual Glossary

Destreza de lectura Secuencia Toma notas usando el organizador gráfico en tu Cuaderno.

Gengis Kan ▼

A lo largo de su historia, China ha tenido que protegerse de tribus de **nómadas**, o personas que se desplazan de un lugar a otro en diferentes épocas del año. Estos nómadas a veces asaltaban ciudades chinas o formaban ejércitos para invadir China. En el siglo XIII, uno de ellos, los mongoles, conquistaron China y otras tierras.

Las conquistas de los mongoles

Los **mongoles** eran nómadas de las estepas al noroeste de China. Una **estepa** es una llanura grande, seca y cubierta de hierba. La vida en las estepas era difícil. El clima era severo y los recursos eran limitados. Allí, las mongoles pastoreaban ovejas y se convirtieron en grandes jinetes.

Gengis Kan Los mongoles vivían en clanes dirigidos por un **kan**, o gobernante. Hacia 1206, un guerrero unificó los clanes bajo su mandato. Era llamado Gengis Kan, o "gobernante del universo".

Después de eso, Gengis comenzó la conquista del extranjero. Llevó a sus ejércitos al este hacia China. Se abrieron paso a través de la Gran Muralla China y destruyeron muchas ciudades. Para 1215, habían conquistado la mayor parte del reino de Jin que gobernaba el norte de China. Más tarde, arrasaron Asia Central y entraron en Rusia.

Las victorias militares Gengis era un líder militar muy eficaz. Organizaba a sus tropas en grupos de 10, 100, 1,000, y 10,000 hombres. Un funcionario elegido por sus habilidades dirigía cada grupo de feroces guerreros. Estos combatientes eran expertos jinetes que podían disparar flechas a todo galope. Se movían rápido, atacaban con rapidez y aterrorizaban a sus enemigos.

Gengis también usaba armas chinas. Una era la catapulta, un dispositivo que lanzaba piedras. Los mongoles la usaban para romper las paredes de las ciudades. También usaban bombas con pólvora.

Gengis era despiadado en la batalla. Quemaba las ciudades de sus enemigos y apilaba los huesos en las ruinas como advertencia. Gengis dijo:

> 66 La mayor alegría que un hombre puede tener es la victoria: conquistar los ejércitos de su enemigo, perseguirlos, privarlos de sus posesiones, hacer llorar a su familia [y] montar sus caballos. . .99.
>
> —Gengis Kan

Al final, Gengis mantuvo el orden entre los mongoles. Prohibió el robo y las disputas. También dictó severos castigos, incluida la muerte, para muchos crímenes.

Los mongoles forman un imperio

Después de la muerte de Gengis Kan en 1227, el Imperio Mongol continuó <u>expandiéndose</u>. Sus ejércitos conquistaron lo que quedaba del reino de Jin en 1234. Luego se expandieron hacia el oeste.

El nieto de Gengis, Batu, llevó sus ejércitos a Rusia en 1236. Conocida como la Horda de Oro, los mongoles gobernaron Rusia durante más de un siglo.

Los ejércitos mongoles también tomaron Persia, Mesopotamia y Siria. En 1258, saquearon Bagdad y mataron al califa musulmán. Los mongoles controlaban el imperio más grande que el mundo había conocido.

expandirse, *v.*, crecer, aumentar de tamaño

Verificar la lectura ¿Cómo conquistaron los mongoles el norte de China?

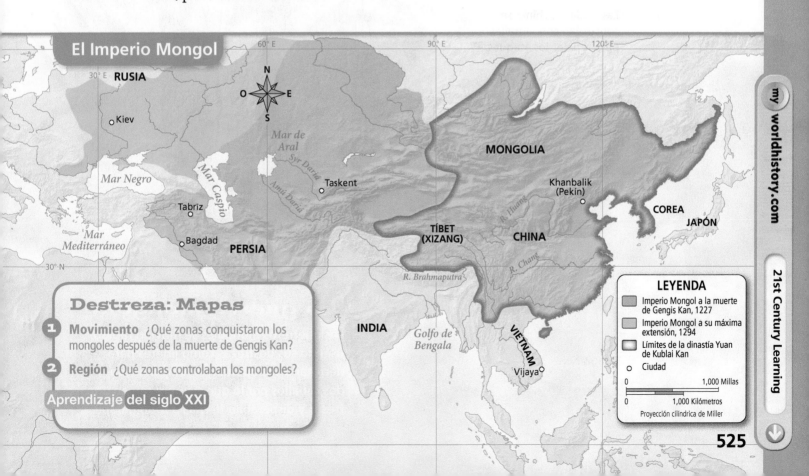

El Imperio Mongol

Destreza: Mapas

1. **Movimiento** ¿Qué zonas conquistaron los mongoles después de la muerte de Gengis Kan?
2. **Región** ¿Qué zonas controlaban los mongoles?

Aprendizaje del siglo XXI

LEYENDA
- Imperio Mongol a la muerte de Gengis Kan, 1227
- Imperio Mongol a su máxima extensión, 1294
- Límites de la dinastía Yuan de Kublai Kan
- o Ciudad

0   1,000 Millas
0   1,000 Kilómetros
Proyección cilíndrica de Miller

Gobernar el imperio

Al morir Gengis Kan, su imperio se dividió en cuatro partes, o kanatos. Un descendiente de Gengis gobernaba cada kanato.

Un kanato abarcaba el sur de Asia central. El segundo incluía el norte de Asia central y Rusia. El tercero, la tierra de los il-janes, se extendía desde el moderno Pakistán a Turquía. El cuarto era el más grande. Incluía China y Mongolia.

Fuera de China, los mongoles gobernaban por medio de funcionarios locales. En Rusia, príncipes locales ejecutaban las leyes y recolectaban impuestos. Estos príncipes se convirtieron en gobernantes de Rusia cuando se fueron los mongoles.

En otras zonas, los mongoles gobernaron directamente, pero adaptándose a la cultura local. Por ejemplo, los il-janes que gobernaban tierras musulmanas adoptaron la religión del islam.

Verificar la lectura ¿Cómo gobernaron los mongoles en los kanatos?

Las ciudades chinas se construían con murallas para repeler los ataques. ▼

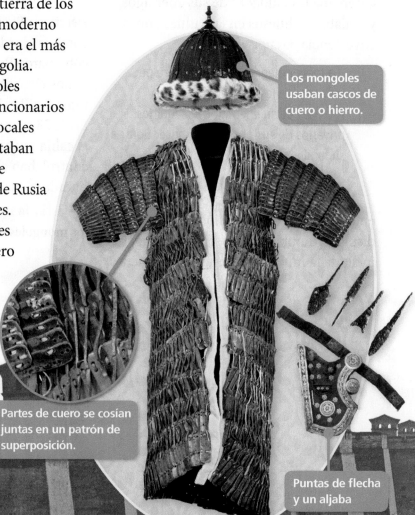

Los mongoles usaban cascos de cuero o hierro.

Partes de cuero se cosían juntas en un patrón de superposición.

Puntas de flecha y un aljaba

Gengis Kan

La guerra mongola

Los guerreros mongoles se movían rápido, usando sus destrezas como jinetes para derrotar a sus oponentes. Viajaban con dos caballos por lo que siempre tenían uno fresco y disparaban flechas a todo galope.

La dinastía Yuan

Antes de controlar toda China, los mongoles completaron la conquista de los Song del sur. En 1260, el nieto de Gengis, Kublai Kan, se hizo cargo del norte de China. Comenzó un esfuerzo de veinte años para derrotar a los Song.

Completar la conquista de China Los numerosos ríos y canales que cruzaban el sur de China impedían que los mongoles se movieran con rapidez. Kublai Kan resolvió el problema al construir una flota. Con miles de barcos, los mongoles pudieron capturar las ciudades a lo largo de los ríos del sur de China.

En 1279, los mongoles finalmente ganaron el control de toda China. Kublai ya se había declarado el gobernante de una nueva dinastía, los Yuan, en 1271. *Yuan* significa *el origen* o *principio*.

El dominio mongol en China Al declarar una nueva dinastía, Kublai mostró su intención de honrar algunas tradiciones chinas. Conservó gran parte de la burocracia Song. También adoptó rituales de la corte china. De esta manera, conservó símbolos del poder real chino.

Kublai sí hizo algunos cambios en el gobierno. Redujo el poder de los mandarines. Suspendió los exámenes del servicio civil y colocó a sus seguidores en los cargos. Dio más poder a los funcionarios regionales.

La sociedad en la China Yuan Tal vez el mayor cambio fue la creación de un nuevo orden social. La sociedad estaba dividida en cuatro grupos. Arriba estaban los mongoles. Luego los otros extranjeros.

Después, los chinos del norte. Abajo estaban los recién conquistados chinos del sur.

Esta <u>estructura</u> social, alentaba a los mongoles a permanecer separados de los chinos. Los mongoles eran el grupo favorecido, mientras que los chinos tenían pocos derechos o privilegios.

Para limitar más la influencia china, los mongoles daban la bienvenida a los extranjeros en China. Los turcos y otros musulmanes eran el grupo más grande. Ocupaban puestos clave en el gobierno. A muchos tibetanos se les animó a difundir su forma de budismo en China. Los mongoles también permitieron a los misioneros cristianos de Europa predicar en China.

Verificar la lectura **¿Cómo cambiaron los mongoles la sociedad china?**

miMundo: Actividad
Una exigencia de derechos

estructura, *sust.,* organización

Grupos sociales en la China mongola

- Mongoles
- Otros extranjeros
- Personas del norte de China
- Personas del sur de China

Destreza: Gráficas

¿Qué grupo tenía menos poder en China bajo el dominio mongol?

527

La vida en la China Yuan

Bajo el dominio mongol, la paz y el orden regresaron a Asia. En el siglo XIV, un viajero musulmán llamado Ibn Battutah escribió sobre un viaje que hizo a China. Estaba impresionado por lo fácil que era viajar:

    ❝ China es el país más seguro y mejor regulado para un viajero. Un hombre puede ir por su cuenta en un viaje de nueve meses, llevando consigo grandes sumas de dinero, sin ningún temor ❞.

    — Ibn Battutah, *Viajes por Asia y África*

Reactivación del comercio Los mongoles fomentaron el comercio. Bajo los Yuan, los comerciantes tenían un estatus superior en China que en épocas anteriores. Les dispensaron de ciertos impuestos que pagaban bajo la dinastía Song.

Los mongoles continuaron el comercio marítimo de los Song. Muchos comerciantes eran musulmanes del suroeste de Asia.

También reabrieron la antigua Ruta de la Seda a través de Asia central. Como recordarás, la Ruta de la Seda era una ruta

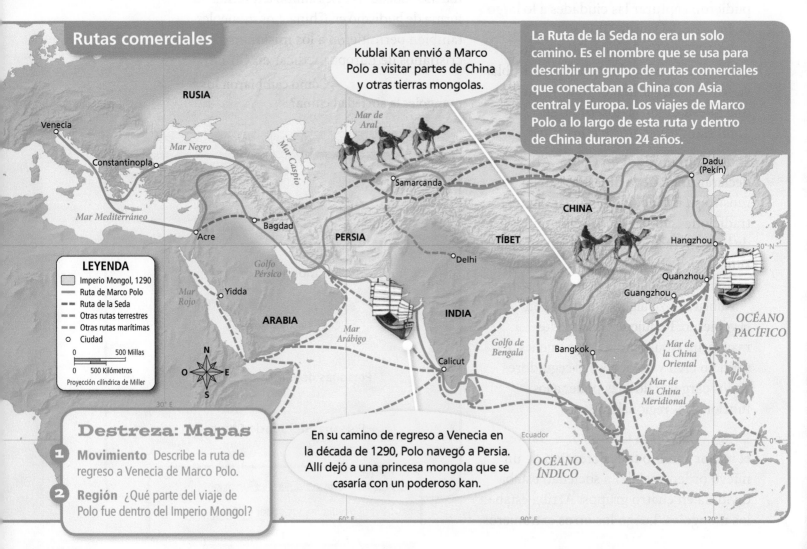

Rutas comerciales

Kublai Kan envió a Marco Polo a visitar partes de China y otras tierras mongolas.

La Ruta de la Seda no era un solo camino. Es el nombre que se usa para describir un grupo de rutas comerciales que conectaban a China con Asia central y Europa. Los viajes de Marco Polo a lo largo de esta ruta y dentro de China duraron 24 años.

LEYENDA
- ☐ Imperio Mongol, 1290
- —— Ruta de Marco Polo
- —— Ruta de la Seda
- --- Otras rutas terrestres
- --- Otras rutas marítimas
- ○ Ciudad

0   500 Millas
0   500 Kilómetros
Proyección cilíndrica de Miller

RUSIA, Venecia, Constantinopla, Mar Negro, Mar Caspio, Mar de Aral, Samarcanda, Mar Mediterráneo, Acre, Bagdad, PERSIA, Delhi, TÍBET, CHINA, Dadu (Pekín), Hangzhou, Quanzhou, Guangzhou, 30° N, Golfo Pérsico, Mar Rojo, Yidda, ARABIA, Mar Arábigo, INDIA, Calicut, Golfo de Bengala, Bangkok, Mar de la China Oriental, OCÉANO PACÍFICO, Mar de la China Meridional, Ecuador, OCÉANO ÍNDICO, 30° E, 60° E, 90° E, 120° E

En su camino de regreso a Venecia en la década de 1290, Polo navegó a Persia. Allí dejó a una princesa mongola que se casaría con un poderoso kan.

Destreza: Mapas

1 **Movimiento** Describe la ruta de regreso a Venecia de Marco Polo.

2 **Región** ¿Qué parte del viaje de Polo fue dentro del Imperio Mongol?

comercial terrestre que conectaba a China con Europa. Había sido muy usada durante las dinastías Han y Tang. Pero el desorden y la guerra en Asia central cerraron esta ruta durante la dinastía Song.

Bajo el dominio mongol, los comerciantes llevaron una vez más sus caravanas por todo el continente. Transportaban seda, porcelana, especias y otros bienes de lujo al suroeste de Asia y Europa. También llevaban ideas e inventos de un lugar a otro.

Visitantes extranjeros La Ruta de la Seda proporcionaba un camino a los viajeros extranjeros para entrar en China. El visitante europeo más famoso fue Marco Polo, un joven de Venecia, Italia.

Polo viajó a China con su padre y su tío. Llegó en 1275 y permaneció 17 años. Fue un invitado favorito de Kublai Kan que empleó a Polo como diplomático y funcionario. Lo envió en misiones por todo el imperio. Polo tuvo una visión de primera mano de China.

De regreso en Europa, Polo contó historias de los lugares que vio. Describió el esplendor de las ciudades chinas y las maravillas de la corte de Kublai Kan. Comentó el uso de papel moneda, que todavía no se conocía en Europa. Y habló de un tipo asombroso de piedra que se quemaba. Hoy se conoce como carbón.

> 66 Hay una especie de piedra negra, que sacan de las vetas de las laderas y arde como tronco. . . . Les aseguro que, si las ponen en el fuego por la tarde. . . continuarán ardiendo toda la noche 99.
>
> —*Los viajes de Marco Polo*

El libro de Polo dio a los europeos su primera visión de China. Algunos lectores dudaban de sus cuentos fantásticos. En su lecho de muerte, se le pidió a Polo que admitiera que lo había inventado todo. Respondió que había descrito sólo la mitad de lo que había visto.

▲ La caravana de Marco Polo

Verificar la lectura ¿Cómo aumentó el contacto con personas de otras tierras bajo los mongoles?

Evaluación de la Sección 2

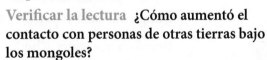

Pregunta esencial

Términos clave

1. ¿Qué es un nómada?
2. ¿Quiénes fueron los mongoles?
3. Describe el papel de un kan.

Ideas clave

4. ¿Cómo conquistaron los mongoles un imperio tan grande?
5. ¿Por qué adoptaron los gobernantes mongoles costumbres chinas?
6. ¿Por qué floreció el comercio a lo largo de la Ruta de la Seda?

Razonamiento crítico

7. **Identificar prejuicios** ¿Por qué el relato de Polo de la corte de Kublai Kan podría ser parcializado?
8. **Inferir** ¿Por qué pensaban los europeos que Marco Polo inventó sus historias?

¿Cuáles son las consecuencias de la tecnología?

9. ¿Cómo ayudó la tecnología militar a los mongoles? Anota la respuesta en tu Cuaderno del estudiante.

La dinastía Ming

Ideas clave

- Los Ming buscaron acabar con la influencia mongol y restaurar el gobierno chino.
- Los gobernantes Ming trataron las tierras cercanas como estados tributarios.
- Después de patrocinar una serie de exploraciones, los gobernantes Ming decidieron reducir el contacto con el mundo exterior.

Términos clave • déspota • tributo • contrabandista

 Visual Glossary

 Destreza de lectura Resumir Toma notas usando el organizador gráfico en tu Cuaderno.

Una estatua de la Ciudad Prohibida ▼

E l dominio mongol se debilitó después de la muerte de Kublai Kan en 1294. A mediados del siglo XIV, China sufrió inundaciones, enfermedades y hambruna. Estas penurias llevaron a la rebelión contra los mongoles. En 1368, el gobierno chino fue restaurado bajo una nueva dinastía llamada los Ming.

Los Ming restauran el poder chino

Los emperadores Ming intentaron eliminar todo rastro del dominio mongol porque los consideraban extranjeros. El fundador de la dinastía Ming estableció el patrón para el gobierno Ming, que duró hasta 1644.

Dominio absoluto Zhu Yuanzhang se unió a la rebelión contra los mongoles en su juventud y se convirtió en su líder. En 1368, se proclamó emperador y tomó el nombre de Hongwu, que significa "gran ejército".

Durante su reinado, Hongwu tomó varias medidas importantes. Trasladó la capital a Nanjing. Eliminó las políticas comerciales mongolas. También revivió el sistema del servicio civil y los valores confucianos.

Bajo Hongwu, China volvió al gobierno fuerte y centralizado. Al principio, intentó gobernar en interés de su pueblo. Con el tiempo, se convirtió en un déspota cruel. Un **déspota** es un tirano o dictador. No confiaba en nadie y él tomaba todas las decisiones, grandes y pequeñas.

Hongwu sospechaba que conspiraban en su contra. Formó una policía secreta para perseguir a sus enemigos. Hizo arrestar y ejecutar a cerca de 100,000 personas por traición, o acciones desleales en contra del estado.

Hongwu defendió su estricta política:

> 66 En la mañana castigo a unos pocos; por la noche otros cometen el mismo delito. Castigo a éstos en la noche y a la mañana siguiente de nuevo hay infracciones. . . . Si castigo a estas personas, me consideran un tirano. Si soy indulgente [amable] con ellos, la ley se vuelve ineficaz, el orden se deteriora y las personas me consideran un gobernante <u>incompetente</u> 99.

—Hongwu

El gobierno de Yongle Después de la muerte de Hongwu, su hijo Yongle tomó el poder. Yongle siguió el patrón de gobierno absoluto de su padre. Pero decidió trasladar la capital de la sureña ciudad de Nanjing a Pekín en el norte.

Yongle hizo esto por dos razones. Una era la de devolver la capital al corazón del norte de China. La otra era fortalecer las defensas del norte del país contra futuras invasiones de los mongoles.

La nueva capital se construyó para impresionar a los visitantes con el esplendor de la dinastía Ming. En el corazón de Pekín estaba la Ciudad Prohibida, sede del palacio del emperador. El diseño de la ciudad estaba destinado a reforzar la idea de China como el Reino Medio, o el centro del mundo. Durante muchas décadas, esta idea guió a los gobernantes Ming en sus relaciones con otros países.

incompetente, *adj.,* no calificado

Verificar la lectura **¿Por qué trasladó Yongle la capital a Pekín?**

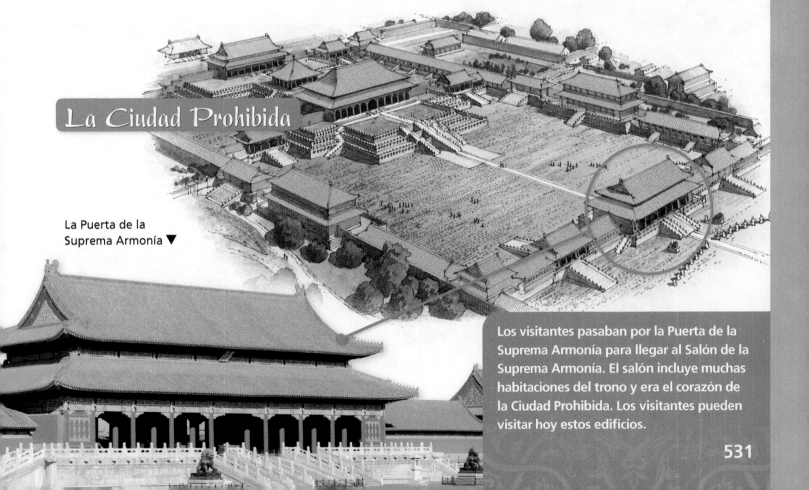

La Ciudad Prohibida

La Puerta de la Suprema Armonía ▼

Los visitantes pasaban por la Puerta de la Suprema Armonía para llegar al Salón de la Suprema Armonía. El salón incluye muchas habitaciones del trono y era el corazón de la Ciudad Prohibida. Los visitantes pueden visitar hoy estos edificios.

531

La política exterior Ming

Por muchos años, la China Ming estuvo convencida de que era el centro del mundo. Eventualmente, China se volvió hacia el interior y cerró el contacto con otras tierras.

El sistema tributario Yongle obligó a los países extranjeros a reconocer el poder de China. Muchos países le enviaban tributo. El **tributo** es un pago u obsequio a un país más poderoso. Lo hacían para evitar ataques por parte de China y para favorecer a sus comerciantes.

La China Ming comerció con otras partes de Asia y del este de África. Los comerciantes extranjeros llevaban caballos, especias y plata. A cambio, recibían seda, té, porcelana y otros productos chinos.

El sistema ayudó tanto a China como a los estados tributarios. China obtuvo fronteras pacíficas. Los emperadores Ming gastaron menos en ejércitos y más en proyectos como la construcción de canales. Los estados tributarios se beneficiaban al obtener bienes sin tener que ir a la guerra.

Los viajes de Zheng He Entre 1405 y 1433, Yongle envió a un funcionario llamado Zheng He a realizar una serie de viajes por mar para demostrar el poder chino y ganar más estados tributarios.

Un modelo del barco de Zheng He ▼

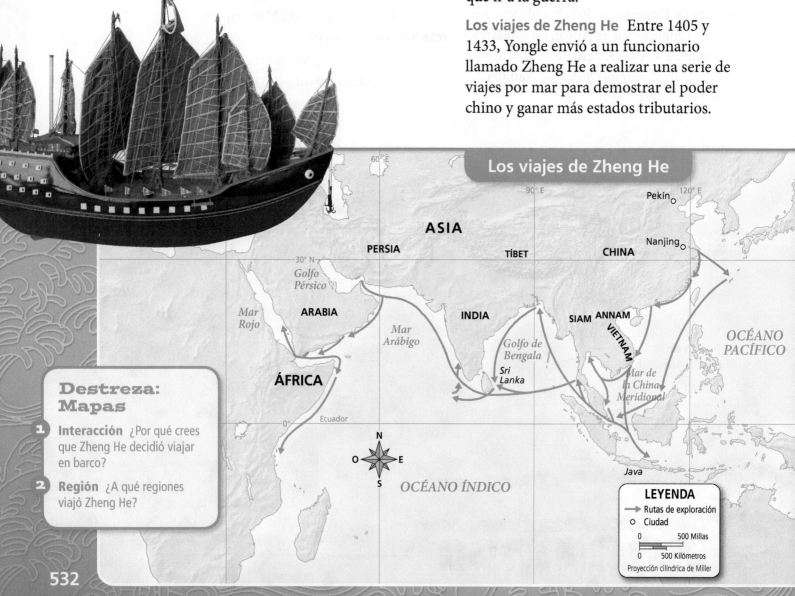

Los viajes de Zheng He

Destreza: Mapas

1. **Interacción** ¿Por qué crees que Zheng He decidió viajar en barco?

2. **Región** ¿A qué regiones viajó Zheng He?

LEYENDA
→ Rutas de exploración
○ Ciudad

0 — 500 Millas
0 — 500 Kilómetros
Proyección cilíndrica de Miller

La flota para el primer viaje incluía más de 60 enormes barcos y 27,000 hombres. Zheng He viajó a través del sureste de Asia hasta la costa de la India. Luego llegó al golfo Pérsico y a la costa oriental de África. Adondequiera que iba, recolectaba tributos para China.

China se vuelve hacia el interior Con la muerte de Yongle, se puso fin a los viajes y China se volvió hacia el interior. China prohibió la construcción de grandes barcos, los viajes al extranjero y el contacto con la mayoría de los extranjeros. Es muy probable que el costo haya sido una razón. Los viajes eran costosos y no se pagaban con la mercancía o los tributos.

La razón primordial fue que los mandarines creían que China tenía todo lo que necesitaba. Veían a los extranjeros como una amenaza para su cultura. Permitieron que pocos comerciantes extranjeros hicieran negocios bajo reglas estrictas.

Mientras tanto, menos comerciantes usaban la Ruta de la Seda por tierra. Después de que el Imperio Mongol se debilitó, la ruta se volvió peligrosa. A pesar de ello, la seda y la porcelana chinas siguieron teniendo una gran demanda.

El contacto con Europa Navegantes portugueses llegaron a China en 1514. Se negaron a pagar tributo y violaron las reglas oficiales del comercio. Los funcionarios chinos al principio consideraron a los europeos **contrabandistas**, o personas que comercian de forma ilegal. Sin embargo, su plata era difícil de resistir y este comercio creció.

El fin de la dinastía Ming El despotismo Ming condujo a la corrupción y la rebelión. Al igual que los Tang y los Song, pelearon contra invasores en las fronteras. Para repelerlos, reconstruyeron la Gran Muralla China. Pero no fue suficiente. Las protestas y la invasión extranjera condujeron a la caída de la dinastía en 1644.

Verificar la lectura ¿Por qué pusieron fin los gobernantes Ming a los viajes por mar?

miMundo: Actividad
Cierra las puertas

A Zheng He también se le conoce como Cheng Ho. ▼

❝ Los países más allá del horizonte y de los confines de la tierra se han convertido todos en súbditos. . . . Hemos cruzado inmensos espacios de agua. . . y hemos puesto los ojos en lejanas regiones bárbaras. . .❞

—Zheng He

Evaluación de la Sección 3

Términos clave

1. Describe a un déspota.

2. ¿Qué es un tributo?

3. ¿Qué es un contrabandista?

Ideas clave

4. ¿Por qué restauró Hongwu el servicio civil?

5. ¿Cómo se relacionaba el tributo con el comercio?

Razonamiento crítico

6. **Inferir** ¿Por qué los comerciantes europeos eran vistos como contrabandistas?

7. **Identificar prejuicios** ¿Por qué querían los mandarines detener el comercio exterior?

Pregunta esencial

¿Cuáles son las consecuencias de la tecnología?

8. ¿Cómo la tecnología le permitió a China expandir su sistema tributario? Anota la respuesta en tu Cuaderno del estudiante.

La sociedad china

Ideas clave
- La tecnología y el comercio de China tuvieron impacto en todo el mundo.
- El taoísmo, el budismo y el confucianismo fueron influyentes sistemas de creencias en China.
- Algunas características de la cultura china fueroh importantes desde la dinastía Tang hasta la dinastía Ming.

Términos clave • brújula • impresión con bloques • taoísmo • budismo • confucianismo

 Visual Glossary

Destreza de lectura Identificar las ideas principales y los detalles Toma notas usando el organizador gráfico en tu Cuaderno.

Pagoda Longhua en Shanghái ▼

Durante las dinastías Tang y Song, China desarrolló la civilización más avanzada del mundo. La tecnología y la cultura de China se difundieron a otras regiones. Durante la era Ming, el comercio y el tributo fomentaron el flujo de bienes, tecnología e ideas.

Adelantos tecnológicos

Los chinos Tang y Song fueron los primeros en usar una serie de inventos. Estos inventos también fueron importantes para la dinastía Ming y, con el tiempo, para el resto de Asia y Europa.

Construcción naval y navegación Las tecnologías chinas para la construcción naval eran las más avanzadas del mundo durante la dinastía Ming. Enormes barcos, conocidos como "juncos", podían llevar hasta 500 personas. Estos barcos tenían varias cubiertas y mástiles (postes verticales altos que llevan las velas en los barcos de vela). Los timones, o tablas con bisagras en la parte posterior de los barcos los hacían fáciles de dirigir.

También tenían compartimentos a prueba de inundaciones. Si se producía una filtración en un lugar, podía sellarse una sección para evitar que el barco se hundiera. Marco Polo explicó cómo funcionaba:

> ❝ Los marineros encuentran rápidamente dónde está la ruptura. La carga se cambia del compartimento dañado a los de al lado; pues los mamparos [paredes] están construidos de manera tan sólida [firme] que los compartimentos son a prueba de inundaciones. Entonces se repara el daño y se regresa la carga a su lugar ❞.

—*Los viajes de Marco Polo*

Otro invento importante fue la brújula magnética. Una **brújula** es un instrumento con una pieza de metal imantada que apunta hacia el norte. Los marineros chinos usaban la brújula para navegar en mar abierto. Les permitía viajar a tierras lejanas sin perderse. Como resultado, los comerciantes chinos abrieron las rutas comerciales a la India y el sureste de Asia. Zheng He usó esta tecnología en sus viajes.

El uso de la brújula se difundió a través de las tierras musulmanas hasta Europa. Hacia el siglo XIII, ya las usaban los marineros árabes y europeos.

El papel y la impresión Un funcionario de la corte china inventó el papel en 105. Hasta ese momento, los chinos escribían sobre tiras de bambú o de seda.

Hacia el siglo IX, los chinos hacían libros usando la **impresión con bloques** en la que se tallaba el texto en bloques de madera. Cada bloque se cubría con tinta y se presionaba sobre el papel para imprimir una página.

Más tarde, los impresores chinos diseñaron tipos móviles. Cada pieza de tipo tenía un carácter. Las piezas podían ensamblarse para imprimir una página de texto y luego separarse para usarse de nuevo. Con este sistema, los impresores ya no necesitaban tallar un nuevo bloque de texto para cada página de un libro.

La impresión redujo el costo de los libros en la dinastía Song. Como resultado, aumentó el número de escuelas y el alfabetismo, o la capacidad de leer y escribir. Por primera vez, las personas comunes podían aspirar a convertirse en mandarines.

El papel viajó al oeste a tierras musulmanas y a Europa. Es probable que la impresión siguiera un camino similar.

Algunos historiadores piensan que la impresión se desarrolló por separado en Europa en el siglo XV. Otros creen que posiblemente los europeos obtuvieron la idea de los productos impresos chinos. De cualquier manera, el papel y la impresión hicieron más fácil escribir y publicar. Como resultado, más personas pudieron aprender a leer y obtener una educación.

ensamblarse, *v.,* unirse

Una página del primer libro impreso que se conoce ▼

El papel y la impresión

Hacia el siglo II, los chinos tenían papel, tinta e impresión. Muchas de las primeras obras impresas fueron imágenes y textos budistas. Más tarde, la tecnología de impresión hizo posible el papel moneda.

▲ Una fábrica de papel

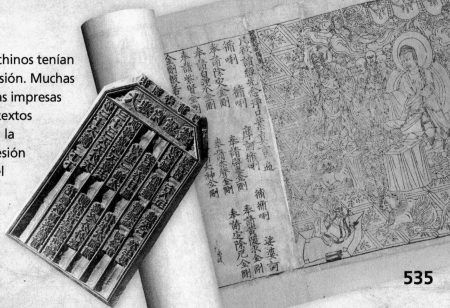

Un bloque de impresión ▶

535

Las tres perfecciones

Se esperaba que las personas educadas y cultas dominaran las "tres perfecciones" de la pintura, la caligrafía y la poesía. El cuadro de la derecha muestra las tres. Los sellos rojos representan a los propietarios de la pintura o los que la admiraban.

Razonamiento crítico ¿Cómo se relacionan las tres perfecciones?

La pólvora Hacia el siglo X, los chinos descubrieron la mezcla de ingredientes para hacer la pólvora. Al principio la usaban para fuegos artificiales. Pero en la era Song, la usaban para fabricar bombas, cohetes y otras armas.

La pólvora se difundió a las zonas musulmanas y luego a Europa. Fue el arma secreta de los turcos en la conquista de Constantinopla. Como los musulmanes, los europeos la usaron en la guerra.

Los inventos ayudan al comercio Los chinos desarrollaron otras tecnologías que mejoraron la vida y aumentaron el comercio. Desarrollaron bombas de agua para la irrigación.

También crearon un arnés para controlar a los animales de tiro. Un animal de tiro se usa para tirar de una carga, como una carreta o un arado. Gracias a la tecnología, hubo un excedente de alimentos lo que contribuyó a un aumento en el comercio.

Otros inventos también ayudaron. Máquinas para tejer e hilar permitieron hacer más y mejor seda. Los métodos para hacer cerámica también mejoraron. Estos productos se comercializaban dentro y fuera de China.

El comercio llevó a una mayor creatividad. Las bombas de agua y las carretillas se usaron en proyectos de construcción, como en la construcción de canales. Éstos se usaban para la navegación comercial. El comercio aumentó el uso del papel moneda.

Verificar la lectura ¿Cómo estaba relacionada la tecnología con el comercio?

Una piedra para mezclar tinta ▶

Un pincel para caligrafía que data de antes de la dinastía Song ▶

Li Bo es uno de los poetas chinos más famosos.

❝ **Esta noche la paso en el Templo de la Cima. Aquí podría tomar las estrellas con la mano, no me atrevo a hablar en voz alta en el silencio, por miedo a molestar a los habitantes del cielo** ❞.
——Li Bo, "El Templo de la Cima"

Los calígrafos deben dominar más de 40,000 caracteres chinos.

Las artes y la cultura chinas

Algunas partes de la cultura china fueron importantes durante más de mil años. Por ejemplo, los artesanos creaban mercancías valoradas en todo el mundo, como la porcelana y la seda. Los eruditos también eran muy respetados.

Las tres perfecciones Desde el período Tang y durante la dinastía Ming, los eruditos valoraban las "tres perfecciones" de la caligrafía, la poesía y la pintura. Los eruditos pasaban tiempo perfeccionando sus destrezas en estas actividades. Estaban incluidas en los exámenes.

A la era Tang se le conoce como el apogeo de la poesía china. La era Song es famosa por sus pintores. Crearon artísticas pinturas de maravillosos paisajes. Los coleccionistas buscaban el arte de los mejores calígrafos.

Cerámica y porcelana La cerámica y la porcelana fueron importantes durante la mayor parte de la historia china. La porcelana fue una mercancía destacada y apreciada en todo el mundo. Era más delgada y resistente que otros materiales usados para platos, cuencos y jarrones. También era hermosa, con un acabado blanco y liso. A los platos de porcelana de lujo todavía se les conoce como "china".

La cerámica Tang más famosa son las estatuillas, que a menudo se encontraban en las tumbas. La cerámica Song se hacía en diferentes colores, desde verdes hasta azules y cafés. Las fábricas en diferentes regiones producían artículos de distintos colores.

Durante la era Ming, un pueblo llamado Jingdezhen hacía la mejor porcelana de China. Decorada con esmalte azul, era valorada en todo el mundo.

destacada, *adj.,* importante

537

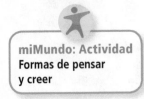

miMundo: Actividad
Formas de pensar
y creer

Otras mercancías La seda era otra mercancía valiosa. A pesar de que se había producido desde la antigüedad, se convirtió en una industria más organizada. Las fábricas mejoraron la calidad y su decoración.

Verificar la lectura **¿En qué se diferenciaba la porcelana de otras cerámicas?**

Arte budista

▲ Una estatua budista

◀ Esta cueva es una de las más de 500 en Dunhuang, situada a lo largo de la antigua Ruta de la Seda.

Religión y pensamiento

Tres principales sistemas de creencias moldearon la vida en China del período Tang al Ming: el taoísmo, el confucianismo y el budismo. Cada uno fue importante.

Taoísmo El **taoísmo** es una filosofía china antigua. Su enseñanza básica es que todas las cosas —tierra, cielo y personas— deben seguir el Tao. *Tao* significa "el camino". Una persona que sigue el camino disfrutará de la paz. Para muchos taoístas, esto significa dejar la sociedad para vivir cerca de la naturaleza. En el período Tang, el taoísmo tenía sacerdotes, templos y monasterios.

Budismo El **budismo** es una religión basada en las enseñanzas del líder espiritual indio Siddhartha Gautama. Se le conoce como el Buda, o "el Iluminado". Enseñaba que la vida implica sufrimiento. La manera de aliviar el sufrimiento es renunciar a los deseos mundanos y buscar la iluminación, o la sabiduría perfecta. Los que alcanzan la iluminación entran en el nirvana, un estado de completa paz. También escapan del interminable ciclo de sufrimiento, muerte y renacimiento.

El budismo llegó a China durante la dinastía Han. Ganó fuerza durante los tiempos difíciles entre las dinastías Han y Tang. Su atractivo se basa en la esperanza de poner fin al sufrimiento.

El budismo adaptó y absorbió elementos del taoísmo. Durante la dinastía Tang, el budismo tuvo millones de seguidores en China. Los templos y monasterios se enriquecieron con las donaciones.

La decadencia del budismo Algunos criticaban al budismo por ser una religión extranjera. Otros se oponían al retiro del mundo que hacían los budistas. Creían que las personas debían participar en la sociedad y en la vida familiar. Otros criticaban la riqueza y el poder de los monasterios.

Las críticas llevaron a la persecución. Los peores ataques fueron durante el reinado del emperador Wuzong, un taoísta. En 845, destruyó 4,600 monasterios y 40,000 templos budistas. Unos 250,000 monjes y monjas tuvieron que renunciar a la vida religiosa.

El budismo nunca se recuperó. Aunque algunas ideas budistas siguieron siendo importantes, el budismo no recuperó su popularidad.

Confucianismo Mucha de la oposición al budismo provenía de los seguidores del confucianismo. El **confucianismo** es un sistema de conducta moral, basado en las enseñanzas de Confucio. Era un importante sistema de creencias para los mandarines.

Confucio vivió durante una época de guerra y desorden en China. Su filosofía buscaba restaurar la paz y la estabilidad.

Confucio resaltaba la importancia de la virtud. Decía que un gobernante sabio rige por medio del ejemplo moral, no por la fuerza. Enseñaba que las personas podían ganar virtud mediante la educación.

El confucianismo se basaba en el respeto a la familia y el orden social. Todos tenían un papel en la sociedad. Confucio dijo: "Dejad que el príncipe sea un príncipe, el ministro un ministro, el padre un padre y el hijo un hijo". Enseñaba el respeto a los padres.

Sistemas de pensamiento y religiones

Taoísmo
- **Fundador:** Laozi (aprox. 500 A.C.)
- **Valores clave:** Crecimiento espiritual, armonía con la naturaleza
- **Influencia en China:** Popular, pero sin apoyo del gobierno

Budismo
- **Fundador:** Siddhartha Gautama (aprox. 400 A.C.)
- **Valores clave:** Iluminación espiritual desde el interior
- **Influencia en China:** La más popular durante la dinastía Tang

Confucianismo
- **Fundador:** Confucio (551–479 A.C.)
- **Valores clave:** Orden, relaciones armoniosas, respeto a la autoridad
- **Influencia en China:** Respaldado por la mayoría de las dinastías, incluidas la dinastía Song y la dinastía Ming

Destreza: Gráficas
1 ¿Qué sistema de pensamiento tenía el apoyo del gobierno?

2 ¿Cuáles son los valores clave del taoísmo, el budismo y el confucianismo?

539

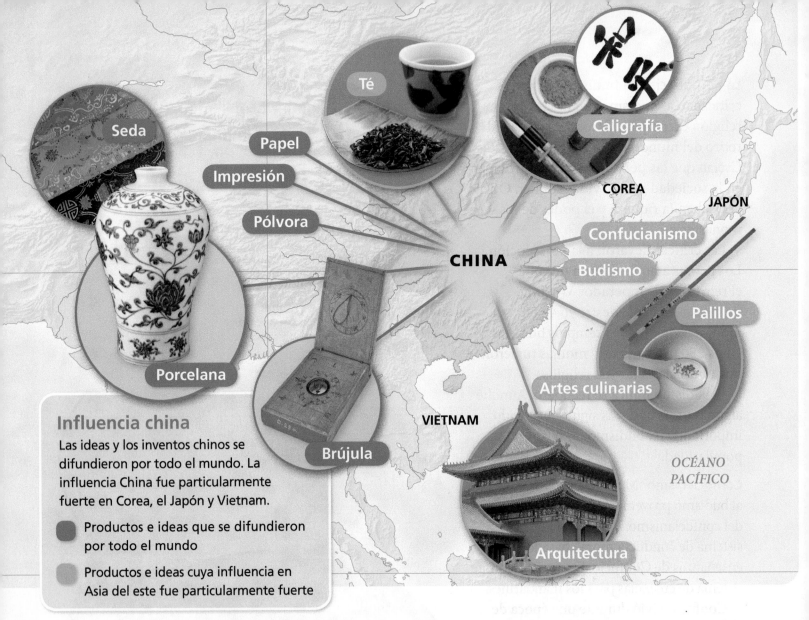

Influencia china

Las ideas y los inventos chinos se difundieron por todo el mundo. La influencia China fue particularmente fuerte en Corea, el Japón y Vietnam.

■ Productos e ideas que se difundieron por todo el mundo

■ Productos e ideas cuya influencia en Asia del este fue particularmente fuerte

Los súbditos deben respetar a sus gobernantes. Estos deben respetar la nación. Había orden al obedecer estas funciones y respetar el rango social.

Neoconfucianismo El crecimiento del budismo hizo que los eruditos confucianos pensaran en cuestiones religiosas. En la era Song, surgió una nueva filosofía llamada neoconfucianismo. Los neoconfucianos buscaron nuevos significados en los escritos de Confucio. Así, respondieron preguntas sobre el significado y el propósito de la vida.

Esta forma de pensamiento confuciano mostraba la influencia del budismo y el taoísmo. Un famoso neoconfuciano, un mandarín llamado Zhu Xi, decía que las personas debían vivir de acuerdo con el Tao. Pero él definía el Tao como un proceso de autosuperación y educación, en lugar de un retiro de la sociedad. Las ideas de los neoconfucianos tuvieron una gran influencia en China a partir del período Song.

Verificar la lectura ¿Cuáles eran las enseñanzas de los neoconfucianos?

La influencia china se propaga

China siempre ha sido el país más grande e influyente de Asia del este. Su civilización influyó en los países cercanos más pequeños. Además, China fabricaba más productos que cualquier otro país. Por el comercio, influyó en Asia central y Europa.

El impacto del pensamiento chino Tanto el confucianismo como el budismo se difundieron desde China hacia las tierras cercanas. Con el tiempo, los gobiernos de Vietnam, Corea, y el Japón adoptaron prácticas que reflejaban las ideas confucianas. Por ejemplo, sus burocracias estaban dirigidas por mandarines. La influencia de las ideas confucianas fue particularmente fuerte en Corea.

El budismo también se difundió en Asia del este. Llegó a Corea en el siglo IV D.C. Desde allí, pasó al Japón.

La cultura china Vietnam, Corea y el Japón adoptaron muchos elementos de la cultura china. Los tres usaron el sistema de escritura chino. Lo adaptaron a sus necesidades. Importaron los estilos chinos de pintura, música y arquitectura. Corea y el Japón construyeron ciudades capitales tomando como modelo Chang'an.

Las artes culinarias chinas también se difundieron en Asia del este. Las artes culinarias son las destrezas que se aplican al cocinar y preparar alimentos. Muchos países adoptaron los palillos como herramientas para cocinar y comer. Usaron el wok chino, una sartén grande de fondo redondo y usado para freír y cocinar al vapor los alimentos. También adoptaron la costumbre de beber té.

El comercio y occidente El gobierno Ming intentó limitar la influencia de los extranjeros. El comercio hizo eso imposible. Los comerciantes europeos llevaron bienes y tecnologías a los chinos. Los misioneros llevaron el cristianismo occidental. Los productos y las ideas chinos se extendieron a Europa.

Verificar la lectura **¿Cómo se propagó la influencia China?**

Una estatuilla encontrada en una tumba del período Tang ▼

Evaluación de la Sección 4

? Pregunta esencial

¿Cuáles son las consecuencias de la tecnología?

Términos clave

1. ¿Cómo ayudó la brújula a los marineros?

2. ¿Cuáles son las principales creencias del budismo, el confucianismo y el taoísmo?

Ideas clave

3. ¿Cómo influyó el confucianismo en el gobierno de China?

4. Describe dos adelantos tecnológicos chinos.

5. ¿Cuáles son las tres perfecciones?

Razonamiento crítico

6. Tomar decisiones ¿Qué adelanto tecnológico chino fue el más importante? ¿Por qué?

7. Sacar conclusiones ¿Por qué influyó China en los países a su alrededor?

8. ¿Cómo influyó la tecnología china en el resto del mundo? Anota la respuesta en tu Cuaderno del estudiante.

Evaluación del capítulo

Términos e ideas clave

1. **Resumir** ¿Cuál era la función de los **mandarines** en China?

2. **Describir** Describe Chang'an.

3. **Resumir** ¿Por qué fue próspera China durante las dinastías Tang y Song?

4. **Comentar** ¿Cuál fue la importancia de Gengis Kan?

5. **Recordar** ¿Qué productos se comercializaban a lo largo de la Ruta de la Seda?

6. **Explicar** ¿Por qué se dice que Hongwu era un **déspota**?

7. **Comentar** ¿Cómo se beneficiaba China del **tributo**?

8. **Comparar y contrastar** ¿En qué se diferencia el **budismo** del **confucianismo**?

Razonamiento crítico

9. **Comparar y contrastar** ¿En qué se diferenció el gobierno chino en la dinastía Yuan del de las dinastías Tang, Song y Ming?

10. **Tomar decisiones** ¿Que innovación —la impresión o el arroz de maduración rápida— crees que tuvo una influencia mayor en la civilización china? Explícalo.

11. **Sintetizar** ¿Cómo llevaron las mejoras en la agricultura a la urbanización?

12. **Conceptos básicos: Administración del dinero** ¿Cómo influyó en el comercio el uso de papel moneda en China?

Analizar elementos visuales

13. Describe las acciones de los agricultores en la imagen de la derecha.

14. ¿Qué crees que intentan mostrar estas instrucciones?

15. ¿Cómo muestra esta imagen el mejoramiento de los métodos para cultivar arroz gracias a la tecnología?

Pregunta esencial

miMundo: Actividad del capítulo

Comercio en China Representando el papel de un comerciante, identifica importaciones y exportaciones de China. Luego haz una lista de compras de los productos que te gustaría comprar. Haz un comercial para tus productos y comercia por los productos que quieras comprar.

Aprendizaje del siglo XXI

Haz una presentación efectiva

Elige una innovación china desde el período Tang hasta el Ming. Usa la Internet para buscar más información sobre ésta. Diseña una presentación en la que respondas las siguientes preguntas: ¿Qué problema resolvió esta innovación? ¿Cómo funcionaba esta innovación? ¿Cómo influyó esta innovación en el resto del mundo?

Preguntas basadas en documentos

Success Tracker™
En línea en myworldhistory.com

Usa tu conocimiento de China en la Edad Media y los Documentos A y B para responder las Preguntas 1 a 3.

Documento A

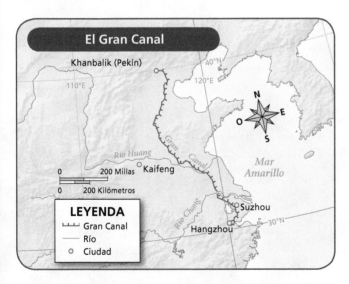

Documento B

" Paralelamente a esta gran calle, pero atrás de las plazas de mercado, corre un canal muy grande, en su orilla y hacia las plazas se construyeron grandes casas de piedra, en las que los comerciantes de la India y otros lugares del extranjero almacenan sus mercancías, para que queden cerca de los mercados. En cada una de las plazas se celebra un mercado de tres días en la semana, frecuentado por 40,000 ó 50,000 personas, que llevan para vender todas las necesidades básicas posibles,. . . ".

—*Los viajes de Marco Polo*

1. ¿Qué conecta el Gran Canal?

A Kaifeng y Hangzhou

B Kaifeng y el mar Amarillo

C el río Chang y el río Huang

D el este de China y el oeste de China

2. ¿Para qué se usaban los canales?

A para transportar ejércitos

B para transportar bienes para venderlos

C para dar a los pescadores acceso al mar

D para transportar personas desde Kaifeng hasta el oeste de China

3. Tarea escrita ¿Por qué el Gran Canal mejoró la vida en China? Explica tu respuesta.

my worldhistory.com

Self-Test

El Japón anterior a los tiempos modernos

? **Pregunta esencial**

¿Qué distingue una cultura de otra?

El monte Fuji se alza detrás de un jardín japonés. ▼

? **Explora la Pregunta esencial**

- en **my worldhistory.com**
- usando **miMundo: Actividad del capítulo**
- con el **Cuaderno del estudiante**

Fechas clave en el Japón anterior a los tiempos modernos

538 El budismo llega al Japón.

794 La capital se traslada a Heian.

1185 Inicio del feudalismo en el Japón.

1274 Fracasa la primera invasión mongola.

400   600   800   1000   1200   1400   1600

645 La Reforma Taika introduce nuevas leyes.

1600 Tokogawa Ieyasu unifica al Japón.

Murasaki Shikibu:
La vida detrás de la cortina

Esta miHistoria es un relato novelado de la vida de Murasaki Shikibu, que aparece en este capítulo.

La dama Murasaki estaba sentada, absorta en sus pensamientos, detrás de una ondeante cortina de seda. Parecía haberse integrado bien a las otras damas de la corte de la emperatriz en Heian. Sus dientes estaban teñidos de negro, su rostro estaba pintado de blanco, su cabello le llegaba hasta el suelo y sus vestiduras eran de colores muy vivos. Sin embargo, no se parecía mucho a las otras mujeres. Ella era una escritora famosa.

Mientras las demás chismeaban o jugaban, ella imaginaba nuevas aventuras para Genji, el héroe de sus historias. De repente, una flor roja voló por encima de la cortina de la dama Murasaki y flotó hasta el suelo. Creía saber de quién era: de un hombre de la corte que no le gustaba mucho.

Le molestaba tener que dejar su trabajo, pero sería terriblemente descortés si no escribía un poema para darle las gracias. Con un suspiro, Murasaki tomó su pincel y comenzó a componer un poema en respuesta.

545

Murasaki escuchaba mientras su hermano aprendía chino. A su padre le hubiera gustado que ella fuera un muchacho porque era muy inteligente.

Murasaki prefería escribir que interactuar con otros en la corte.

Murasaki llevaba un diario acerca de las frivolidades de la vida en la corte. Le disgustaban los banquetes, los conciertos, los juegos elaborados, los concursos, los chismes traicioneros y las rivalidades. Pensaba que las reglas estrictas sobre cómo debían interactuar los hombres y las mujeres en la corte eran absurdas. Todo tenía un significado simbólico: un gesto, los detalles de un atuendo, el color de la flor que este hombre había dejado caer.

Le molestaba que la vida en la corte fuera tan falsa. Una vez describió una competencia de pintura como un "momento en el que toda la energía de la nación parecía estar concentrada en la búsqueda del método más bonito de enmarcar ¡rollos de papel!"

Para ser una mujer tan tranquila que casi parecía invisible, Murasaki Shikibu tenía muchos secretos. Uno de ellos era su verdadero nombre. "Shikibu" se refiere al puesto que tenía su padre en el gobierno. Él la había enviado a la corte como dama de honor de Akiko, la esposa del emperador, que era diez años menor que ella.

"Murasaki" viene del personaje principal de su obra maestra, *Romance de Genji*. En ella, idealizó a Genji como "el príncipe brillante". Él era sensible y un digno amigo, no como los maleducados hombres de la corte. Su gran amor era una mujer apodada Murasaki. *Murasaki* es una planta que produce tinte púrpura y la mujer le recordaba a Genji a una flor color púrpura. Cuando la historia se volvió popular, a la autora la llamaron Murasaki.

Murasaki también trató de mantener en secreto que sabía leer y escribir en chino. Su padre no le había impedido oír las lecciones de su hermano en un idioma que sólo los hombres podían saber. Su padre, sin embargo, hubiera querido que fuera un muchacho porque vio lo inteligente que era. Una mujer no podía usar su aprendizaje para ser un funcionario del gobierno.

En la corte, Murasaki ocultaba lo que sabía. No se consideraba adecuado que una mujer supiera chino. Sabía que otras mujeres cuchicheaban sobre ella. Decían: "Es por su comportamiento que es tan miserable. ¿Qué tipo de mujer lee libros chinos?".

Murasaki llegó a la corte como una estrella. Akiko estaba orgullosa de tener una consumada escritora entre sus asistentes. Cuando se supo que Murasaki sabía chino, la emperatriz pidió que le enseñara. Otras mujeres estaban celosas. En su diario, Murasaki escribió: "para mantenerlo en secreto elegíamos el momento en que no estuvieran otras mujeres".

Las damas de la corte a veces pasaban el tiempo jugando un juego de mesa llamado go.

Los cuentos de Murasaki eran tan populares que las personas a veces entraban a hurtadillas a su habitación para echar una mirada furtiva al siguiente cuento de Genji.

Aunque escribía mucho sobre su vida en la corte, Murasaki tenía que tener cuidado con sus secretos y deseaba que la aceptaran. Confió a su diario: "Hay oídos en todas partes. . . . Todavía me preocupa lo que piensan de mí".

Aun así, *Romance de Genji* era popular, incluso antes de terminarlo. De hecho, después de escribir su poema de agradecimiento, regresó rápidamente a su habitación. Algunas damas de honor le habían robado páginas que no estaban terminadas. Querían saber qué pasaría en el romance.

Según esta historia, ¿cómo describirías la cultura cortesana Heian? Mientras lees el capítulo que sigue, piensa qué indica la historia de Murasaki sobre la vida en el Japón Heian.

 myStory Video

Aprende más sobre Murasaki y el Japón anterior a los tiempos modernos.

my worldhistory.com

myStory Video

547

El ascenso del Japón

Ideas clave
- Con poca tierra disponible para la agricultura, los japoneses dependían del mar.
- Los primeros gobernantes japoneses surgieron como resultado de luchas entre clanes locales.
- Bajo el mandato del príncipe Shotoku, el Japón se convirtió en un reino unificado fuertemente influenciado por China.

Términos clave • archipiélago • tierra firme • clan • kami • regente

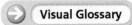 Visual Glossary

Destreza de lectura Secuencia Toma notas usando el organizador gráfico en tu Cuaderno.

El Japón surgió a la sombra de China, su poderoso vecino. La antigua cultura y sociedad japonesa a menudo tomó elementos prestados de China y de su otro vecino, Corea. Las culturas china y coreana no fueron las únicas influencias en el Japón. La geografía también tuvo importantes efectos en la nación insular.

Un actor representa a la diosa del Sol Amaterasu. ▼

La geografía del Japón

El Japón es un **archipiélago**, o cadena de islas. Al oeste del Japón está el continente de Asia. Al este se encuentra el extenso océano Pacífico. En la antigüedad, los japoneses creían que su tierra era la primera en ver salir el sol por la mañana. Llamaron a su país *Nippon*, que significa "tierra del sol naciente". En la tradición japonesa, la diosa del Sol era la protectora del país.

Terreno y clima El Japón está formado por cuatro grandes islas y otras miles de pequeñas. Su superficie total es aproximadamente del tamaño del estado de California. El archipiélago es muy largo de norte a sur. Honshu, la isla principal, es mucho más grande que las demás.

El Japón tiene muchos climas diferentes. Las intensas nevadas cubren en invierno la isla más septentrional de Hokkaido. La isla meridional de Kyushu es casi tropical.

Una cadena de montañas volcánicas se extiende a lo largo de la cadena de islas. El monte Fuji es el pico más alto. Se eleva a más de 12,000 pies sobre el nivel del mar. Debido a su belleza, el monte Fuji siempre ha sido un símbolo importante para los japoneses.

Japón: Mapa físico

OCÉANO PACÍFICO

CHINA

Mar Amarillo

COREA

Mar de Japón (Mar Oriental)

Isla Hokkaido

Río Shinano

LEYENDA
Altitud

Pies	Metros
6,000	1,829
3,000	914
1,000	305
500	152
Nivel del mar	Nivel del mar

● Ciudad

0 — 200 Millas
0 — 200 Kilómetros
Proyección cónica conforme de Lambert

Estrecho de Corea

Isla de Cheju

Heian (Kioto)
Nara

Edo (Tokio)

Monte Fuji 12,388 pies (3,776 m)

Isla Honshu

Isla Shikoku

Isla Kyushu

Mar de la China Oriental

Archipiélago de las Ryukyu

130° E

Las islas del norte del Japón son frías en invierno.

Algunas de las islas del sur del Japón tienen un clima tropical.

Destreza: Mapas

1 **Lugar** ¿Por qué viven la mayor parte de los japoneses cerca del mar?

2 **Región** ¿Qué isla es la más grande?

3 **¡Lugares por conocer!** Rotula los lugares siguientes en el croquis de tu Cuaderno del estudiante: Edo, Nara, Heian, monte Fuji, Honshu.

Aprendizaje del siglo XXI

El Japón es tan montañoso que menos del 15 por ciento de su territorio se puede cultivar. La mayoría de las personas viven en las llanuras o a lo largo de la costa. Los japoneses obtienen muchos alimentos del mar: pescado, mariscos y algas marinas. Cultivan en la tierra disponible.

El Anillo de Fuego El Japón está entre dos placas, o secciones, de la corteza externa de la Tierra. Esta región pertenece al Anillo de Fuego: región de volcanes y terremotos que rodea el océano Pacífico.

Hace millones de años, la lava de los volcanes formó una cadena montañosa submarina. Con el tiempo, estas montañas emergieron del océano para crear las islas del Japón. El monte Fuji hizo erupción por última vez a principios del siglo XVIII, pero aún hay volcanes activos.

Las placas debajo del Japón se empujan de manera constante. Cada vez que una se mueve repentinamente, ocurre un terremoto. La mayoría son pequeños, pero los grandes pueden ser mortales.

El Japón y sus vecinos Corea y China son vecinos en tierra firme. La **tierra firme** es un área que forma parte de un continente.

Unas 120 millas de océano separan a Corea del Japón. China está más lejos. La distancia no facilitó el contacto, pero olas de migrantes de tierra firme cruzaron y se establecieron en el Japón. Con el tiempo, el Japón sintió la influencia de las culturas coreana y china.

Verificar la lectura **¿Qué porcentaje del territorio del Japón está disponible para cultivar?**

migrante, sust., persona que se traslada de una región a otra

my worldhistory.com

Places to Know

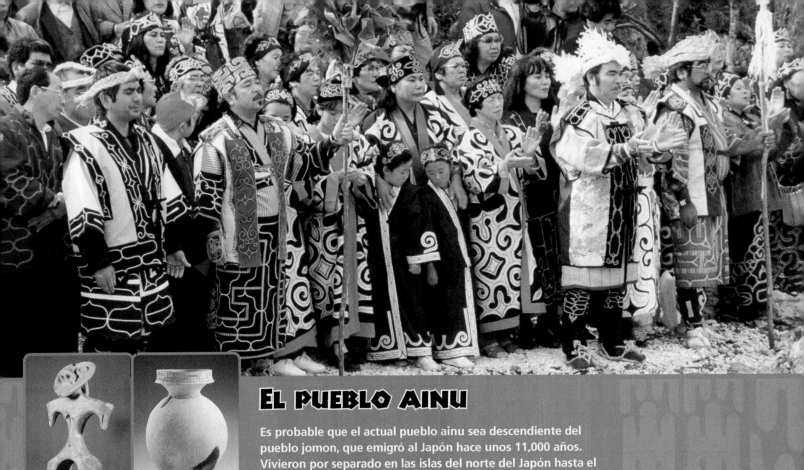

EL PUEBLO AINU

Es probable que el actual pueblo ainu sea descendiente del pueblo jomon, que emigró al Japón hace unos 11,000 años. Vivieron por separado en las islas del norte del Japón hasta el siglo XX. *¿Por qué crees que los ainus vivían por separado?*

▲ Cerámica del período Jomon

La historia antigua

Los primeros seres humanos llegaron al Japón hace muchos miles de años. Los historiadores han identificado un grupo cultural, los jomon, por su cerámica. Los jomon migraron al Japón hace unos 11,000 años. Vivían de la caza y la pesca.

Una cultura agrícola Hacia 250 A.C., apareció un nuevo grupo en el Japón: los yayoi. Probablemente procedían de la tierra firme asiática. Los yayoi se mezclaron con los jomon o los expulsaron. A diferencia de los jomon, los yayoi hilaban telas y trabajaban el bronce y el hierro.

Los yayoi introdujeron la técnica de cultivar arroz en campos irrigados. El arroz se convirtió en el cultivo más importante del Japón. Una dieta a base de mariscos y arroz ayudó a incrementar la población.

Los triunfos del clan Yamato Clanes locales gobernaban el Japón hacia el siglo III D.C. Un **clan** es un grupo de personas con un ancestro común. El jefe de un clan también era líder religioso. Parte de su trabajo era mostrar respeto al kami del clan para tener buenas cosechas. Un **kami** es un ser sagrado que representa un espíritu de la naturaleza, un lugar sagrado, un antepasado o un clan en la cultura japonesa. Cada clan tenía su propia tierra.

Del siglo III al siglo V, unos clanes compitieron por la tierra y el poder. El ganador fue el clan Yamato de las llanuras del centro de Honshu.

Los Yamato primero obtuvieron el control sobre las tierras al norte y oeste peleando a caballo, con espadas, arcos y flechas. Formaron un pequeño estado. A veces, combatían contra los clanes vecinos. A menudo, establecían alianzas mediante el matrimonio u otros vínculos.

Los Yamato aplicaron nuevas tecnologías. Usaban herramientas de hierro para labrar. Hallaron mejores maneras de nivelar e inundar los campos de arroz. Esto aumentó su riqueza y poder.

Los emperadores Yamato afirmaban descender de su kami, la diosa del Sol. La familia imperial japonesa remonta su ascendencia a la diosa del Sol y el clan Yamato. Es la familia real más antigua del mundo.

Verificar la lectura **¿Cómo ganó el clan Yamato el control de gran parte del Japón?**

Shotoku unifica el Japón

Aun cuando el clan Yamato obtuvo el poder, el Japón no estaba unificado. Los líderes de los clanes veían pocas razones para obedecer a un gobierno lejano. En 593, el príncipe Shotoku tomó el poder. No era un emperador. Era un regente de la emperatriz, su tía. Un **regente** es quien gobierna un país cuando el gobernante no puede hacerlo, con frecuencia debido a su edad.

Apoyo al budismo Shotoku comenzó la difícil tarea de unificar el Japón. Tuvo que fortalecer al gobierno central y reducir el poder de los líderes de los clanes. Una manera de hacerlo fue apoyando al budismo, que llegó de Corea en 538.

Shotoku esperaba que la nueva religión uniera al pueblo japonés. Sin embargo, los líderes de los clanes se opusieron a la nueva religión porque ellos también eran líderes religiosos. Si las personas dejaban de rendir culto a su kami, los líderes de los clanes perderían importancia.

Pautas para el gobierno Los líderes también aprendieron sobre el gobierno chino y las enseñanzas de Confucio. Shotoku las estudió. Creía que el confucianismo, como el budismo, podría unificar el Japón. El código moral Shotoku está en un documento llamado la Constitución de los Diecisiete Artículos.

unificar, *v.*, reunir

El emperador Aki-Hito y la emperatriz Michiko ▼

Puntos clave de la constitución del príncipe Shotoku

- Cuando las personas se comportan de manera correcta, el Gobierno estará en buen estado.
- Traten de manera imparcial las denuncias legales que se les presenten.
- Castiguen el mal y recompensen el bien.
- Cuando el cargo se le confía a los sabios, surge el sonido de alabanza. Si los hombres corruptos poseen el cargo,. . . los desastres se multiplican.
- Las decisiones sobre asuntos importantes. . . deben comentarse. . . con muchas personas.

Adaptado de *Japan: Selected Readings* (*Japón: Lecturas seleccionadas*) de Hyman Kublin

Este documento no era como las constituciones modernas. No era un plan de gobierno sino un conjunto de principios rectores para el pueblo, los gobernantes y el propio gobierno. Se basaba en el pensamiento budista y confuciano. El primer artículo establece la idea confuciana de la armonía.

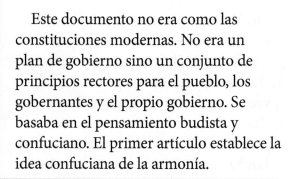

66 Debe valorarse la armonía y deben evitarse las riñas. . . [C]uando los superiores están en armonía entre sí y los inferiores son cordiales. . . prevalece la visión correcta de los asuntos. ¡Entonces no hay nada que no pueda lograrse! 99

El segundo artículo pedía respetar el budismo. Otro decía que a los jefes de los clanes no se les debía permitir cobrar impuestos. Ese poder, sugería, pertenecía sólo al gobierno central.

Las misiones a China En 607, Shotoku envió representantes oficiales a China para estudiar las artes y el gobierno. Ésta fue la primera de varias misiones oficiales a tierra firme china. Una misión es un grupo de personas enviadas a representar su país. La misión incluía eruditos, artistas y monjes budistas.

A su regreso, hicieron que el gobierno del Japón fuera más parecido al de la China Tang. Los gobernantes japoneses comenzaron a usar un sistema oficial de rangos y obligaciones como los de la corte china. Los funcionarios se identificaban por el color de sus tocados.

Verificar la lectura ¿Qué era la Constitución de los Diecisiete Artículos?

552

Reformas posteriores

El príncipe Shotoku murió en 622. Los clanes todavía gobernaban el Japón, pero otros reformadores continuaron con el esfuerzo de crear un gobierno fuerte. En 645, iniciaron la Reforma Taika. *Taika* significa "gran cambio".

La leyes nuevas más importantes decían que toda la tierra pertenecía al emperador y que todas las personas eran sus súbditos. Algunos líderes de los clanes se convirtieron en funcionarios locales. Eran los responsables de recaudar los impuestos que se basaban en el número de personas que vivían en un área. Estos cambios hicieron que el Japón se pareciera más a la China Tang.

En 702, un nuevo código de leyes para todo el país designó al líder del clan Yamato como emperador oficial, y decía que debía llamársele "hijo del Cielo". Las nuevas leyes también definían los crímenes y los castigos. Éstas se aplicaban por igual a todos.

Los gobernantes siguieron fortaleciendo su poder. En 710 construyeron una nueva capital en Nara.

Verificar la lectura ¿Qué significa *taika*?

Prestado de los vecinos

La cultura china de la dinastía Tang influyó mucho en el Japón y Corea. Como has aprendido, los primeros gobernantes japoneses consideraban a China como un modelo de gobierno. Los eruditos japoneses organizaron una historia oficial del Japón, así como los chinos registraron su historia. El Japón también adoptó el calendario chino.

En la época del primer emperador Yamato, el japonés sólo se hablaba, no se escribía. El contacto con tierra firme produjo un cambio. Alrededor del año 500, los japoneses adaptaron el sistema de escritura chino. Usaban los caracteres chinos, con algunos cambios, para escribir en japonés.

El Japón y Corea también desarrollaron vínculos. Los monjes budistas llegaron al Japón de Corea en 538. La mayor parte de los japoneses practicaban el sintoísmo, una mezcla de antiguas creencias y tradiciones. Con el tiempo, esta nueva fe absorbería muchos de los espíritus y tradiciones sintoístas. Leerás más sobre esto en la Sección 3.

Verificar la lectura ¿Cómo llegó el budismo al Japón?

miMundo: Actividad
Pautas para el gobierno

tradición, *sust.*, práctica o creencia que se transmite de una generación a otra

Evaluación de la Sección 1

Pregunta esencial
¿Qué distingue una cultura de otra?

Términos clave
1. ¿Qué es un archipiélago?
2. ¿Cuál es el papel de un kami en la cultura japonesa?
3. Usa estas palabras en una oración: clan, tierra firme y regente.

Ideas clave
4. Describe la geografía del Japón.
5. Explica la importancia del clan Yamato.
6. ¿Cómo trató el príncipe Shotoku de unificar el Japón?

Razonamiento crítico
7. Analizar causa y efecto ¿Cómo incrementaron su poder los emperadores japoneses?
8. Inferir ¿Por qué enviaron los gobernantes japoneses misiones a China?

9. ¿Qué aspectos del gobierno y la cultura china adoptaron los japoneses? Anota la respuesta en tu Cuaderno del estudiante.

El ascenso de los samuráis

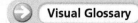

Ideas clave

- A medida que el poder del emperador se desvanecía, clanes rivales lucharon por el control.
- El Japón feudal se caracterizó por un estricto orden social y valores militares.
- Después de siglos de guerra, poderosos gobernantes reunificaron el Japón.

Términos clave
- testaferro
- shogún
- feudalismo
- daimyo
- samurái
- bushido

(→) **Visual Glossary**

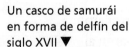 **Destreza de lectura Analizar causa y efecto** Toma notas usando el organizador gráfico en tu Cuaderno.

Un casco de samurái en forma de delfín del siglo XVII ▼

El príncipe Shotoku y otros reformadores trataron de unificar el Japón. Sólo tuvieron un éxito limitado. Con el tiempo, el poder del emperador se desvaneció y el Japón fue gobernado por guerreros rivales. La paz sólo se restableció sobre 1600.

Los cambios en el poder

Por tradición, cada nuevo emperador japonés establecía una corte en su propio territorio. Entonces, en 794 la corte imperial se estableció en una nueva capital, Heian. El nombre significaba "capital de la paz y la tranquilidad". Más tarde llegó a ser conocida como Kioto. Estaba inspirada en la ciudad china de Chang'an. Los emperadores vivieron en Heian durante más de mil años. Pero durante ese tiempo su poder comenzó a pasar a otras manos.

La corte imperial La corte imperial estaba dividida en diferentes rangos, o niveles, de nobles. Los privilegios y la influencia dependían principalmente del rango. A diferencia de China, el Japón no repartía los trabajos del gobierno con base al mérito. La mayoría de los funcionarios eran hijos de familias nobles.

El emperador y los nobles de la corte parecían vivir una vida maravillosa. Sus noches y días estaban llenos de fiestas, bailes, concursos de poesía, música y rituales religiosos. También produjeron arte y literatura magníficos. Entre estos nobles, destacó la familia Fujiwara.

El ascenso de los Fujiwara En 860, el emperador ya no era el verdadero gobernante. La familia Fujiwara dirigía el país. Entre bastidores, controlaron el gobierno durante unos 300 años. El emperador era un **testaferro**, lo que significa que aparentaba estar a cargo, pero en realidad otra persona tenía el control.

Los Fujiwara consiguieron el poder al hacer que sus hijas se casaran con los emperadores. Los hijos de estos matrimonios a menudo se convirtieron en emperadores. Se aseguraban de que los miembros del clan Fujiwara obtuvieran altos cargos en el gobierno.

A finales del siglo IX, los Fujiwara casi tenían todo el poder. Convencieron a varios emperadores de retirarse. El puesto de emperador pasaba al hijo siguiente en la línea al trono.

Entonces, un líder Fujiwara se convertía en regente del niño. Él era el poder detrás del trono. Cuando el joven emperador tenía edad para gobernar, el líder se convertía en su asesor, manteniéndose así en el poder. Los Fujiwara repitieron esto una y otra vez.

Afortunadamente la mayoría de los Fujiwara fueron gobernantes capaces. Sin embargo, su largo reinado marcó un cambio en el poder. El Japón se mantuvo unificado, pero la familia Fujiwara gobernó, no el emperador. Además, los nobles llegaron a poseer la mayor parte de la tierra.

Verificar la lectura ¿Cómo consiguieron los Fujiwara puestos altos en el gobierno?

mi Mundo CONEXIONES

Kioto fue la capital del Japón de **794** a **1868**. Washington, D.C., ha sido la capital de los Estados Unidos desde **1800**.

◄ Fujiwara no Moronaga toca un laúd.

555

Luchas de clanes rivales

Fuera de la capital, otros clanes envidiaban y <u>resentían</u> el poder de los Fujiwara. Algunos líderes de los clanes comenzaron a reclutar sus ejércitos privados. Esos líderes se convirtieron en señores de la guerra. Los guerreros que ellos entrenaban eran tremendamente leales a sus clanes, no a los Fujiwara o al emperador.

Los líderes militares ganan poder Los más poderosos de estos clanes guerreros eran los Taira y los Minamoto. Trabajaron juntos para expulsar a los Fujiwara. Luego se enfrentaron entre sí.

Durante largos años de guerra, el poder cambió entre los clanes Taira y Minamoto. La violencia terminó por llegar a Kioto.

En 1159, las fuerzas de Minamoto entraron en la capital, quemaron el palacio y mataron a muchos funcionarios.

El Japón entró en un largo período de guerra y sufrimiento. Un poeta escribió:

> 66 Todo se ensombrece con una nube, los distantes prados de las montañas están en otoño y todo lo que recuerdo es la tristeza 99.
>
> —Saigyo de la traducción al inglés de Thomas McAuley

El primer shogún En 1185, los guerreros de Minamoto derrotaron a las fuerzas Taira en un último enfrentamiento en el mar. Minamoto Yoritomo se convirtió en la persona más poderosa del Japón.

El rollo Heiji cuenta la historia del disturbio de 1159. En esta escena, las fuerzas de Minamoto capturan al emperador.

Yoritomo recibió el título de **shogún**, o comandante militar supremo. En el pasado, el emperador otorgaba el título al líder del ejército imperial. El cargo era temporal, pero Yoritomo pensaba hacerlo permanente. En teoría, era asesor del emperador. En realidad, gobernaba el Japón.

Verificar la lectura ¿Cómo se convirtió en shogún Minamoto Yoritomo?

El feudalismo en el Japón

El gobierno de Yoritomo no puso fin a la guerra de clanes. Marcó el inicio del gobierno de los señores locales y sus combatientes. El gobierno central se debilitó. La vida fue a menudo anárquica y violenta bajo los shogunes. Los nobles locales poseían muchas tierras y peleaban por el poder. El resultado fue una nueva serie de relaciones sociales, políticas y económicas conocidas como feudalismo.

Un orden social estricto El **feudalismo** era un sistema social en el que los terratenientes otorgaban tierras u otras recompensas a las personas a cambio de servicio militar o trabajo. Los terratenientes, guerreros y campesinos se ayudaban entre ellos, estableciendo relaciones entre clases.

En el sistema feudal japonés, las personas tenían papeles claramente definidos. Hacia el siglo XV, proteger a las personas se había convertido en la responsabilidad de los **daimyo**, o señores terratenientes locales. Cada daimyo dependía de los campesinos para trabajar la tierra. A cambio de una parte de la cosecha, se comprometía a protegerlos.

El daimyo por lo general poseía un gran castillo de madera, rodeado por una muralla sólida de defensa. El daimyo también tenía un pequeño ejército de **samuráis**, o guerreros altamente entrenados. *Samurái* significa "los que sirven". Por su servicio militar, los daimyo pagaban un salario a sus samuráis.

Feudalismo japonés

Emperador
Ocupaba la posición más alta de la sociedad pero no tenía poder político

Shogún
Verdadero gobernante

Daimyo
Grandes terratenientes

Samuráis
Guerreros leales a los daimyo

Campesinos
Tres cuartas partes de la población

Comerciantes
Compraban y vendían bienes

Artesanos
Fabricaban bienes

Destreza: Gráficas

Este diagrama muestra los diferentes grupos de la sociedad feudal japonesa y sus relaciones.

1 ¿Cómo podrían los daimyo haber sido una amenaza para el shogún?

2 ¿A qué grupo pertenecía la mayor parte del pueblo japonés?

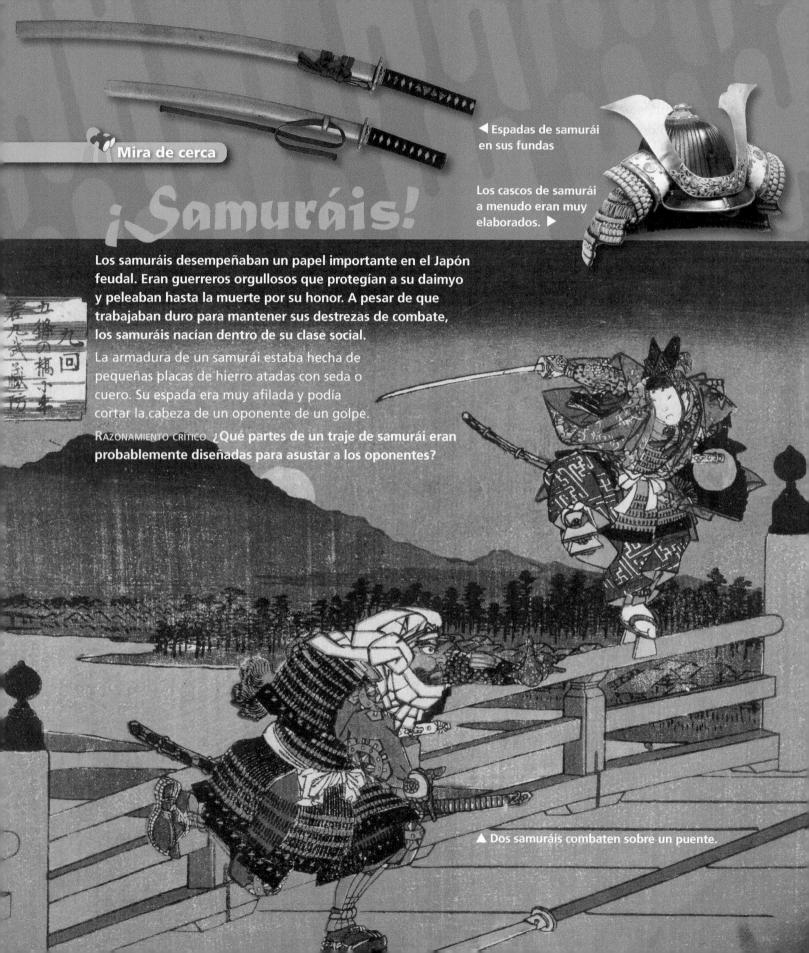

◄ Espadas de samurái en sus fundas

Los cascos de samurái a menudo eran muy elaborados. ▶

¡Samuráis!

Los samuráis desempeñaban un papel importante en el Japón feudal. Eran guerreros orgullosos que protegían a su daimyo y peleaban hasta la muerte por su honor. A pesar de que trabajaban duro para mantener sus destrezas de combate, los samuráis nacían dentro de su clase social.

La armadura de un samurái estaba hecha de pequeñas placas de hierro atadas con seda o cuero. Su espada era muy afilada y podía cortar la cabeza de un oponente de un golpe.

RAZONAMIENTO CRÍTICO ¿Qué partes de un traje de samurái eran probablemente diseñadas para asustar a los oponentes?

▲ Dos samuráis combaten sobre un puente.

El código del bushido Dos ideales guiaban a los guerreros samurái: la lealtad a su señor y el honor personal. Éstos forman el centro de un código, o conjunto de reglas, llamado **bushido**: "el camino del guerrero". Este estricto código de conducta guiaba las acciones de los samuráis. Se convirtió en un código oficial en el siglo XVII.

Este código regía la vida de un samurái. Entrenaba duro, peleaba con valentía y moría con honor. Para un samurái experto, su espada era una extensión de su brazo. "Un hombre que nació samurái debe vivir y morir con la espada en la mano", aconsejaba un guerrero.

Según el código del bushido, la lealtad a su señor era más importante que la lealtad a la familia, la religión o incluso al emperador. Si el señor estaba en peligro, el samurái lo seguiría hasta la muerte.

Una vieja historia relata una conversación entre dos samuráis cuyo señor está perdiendo una batalla. "El general está rodeado por los rebeldes —informó el primer samurái—. Es difícil ver cómo puede escapar". El segundo samurái respondió:

> ❝ Si debe morir, pretendo compartir su suerte e ir con él al infierno ❞.
> —de *Cuento de Mutsu* de la traducción al inglés de Helen Craig McCullogh

El honor también era importante. Al cabalgar hacia la batalla, un samurái gritaba su nombre y el de su familia, para mostrar su valentía y destreza. La apariencia importaba: su traje, su armadura e incluso su caballo reflejaban orgullo.

Verificar la lectura ¿Qué dos ideales guiaban a los guerreros samurái?

Los mongoles amenazan

Los mongoles se apoderaron de China en el siglo XIII. Su gobernante, Kublai Kan, envió funcionarios al Japón para exigir tributo. Dijeron que habría guerra si el Japón no pagaba por la amistad del Kan. El shogún despidió a los funcionarios.

Los mongoles eran guerreros aterradores. Peleaban a caballo y tenían bombas. En noviembre de 1274, el Kan envió cientos de barcos a través del mar. Llevaban a más de 25,000 soldados, junto con caballos y armas. Ésta fue la primera experiencia que tuvieron los guerreros japoneses con las armas de pólvora. Sin embargo, los samuráis lucharon con valentía y rechazaron el primer ataque de los invasores.

Los invasores regresaron a sus barcos. Debido a una fuerte tormenta se ahogaron unos 13,000 hombres. Kublai Kan envió más funcionarios para exigir tributo. Esta vez, el shogún hizo que los decapitaran en la playa.

En 1281, Kublai Kan lo volvió a intentar, pero con cerca de 140,000 soldados. Los samuráis rechazaron a los invasores durante casi dos meses.

Los japoneses rezaron a sus dioses, los kami, en busca de ayuda. Un tifón llegó del mar. Un tifón es una tormenta tropical violenta. Miles de soldados mongoles y chinos se ahogaron. Más quedaron varados en la costa, donde los japoneses los mataron, creyendo que los kami habían enviado el tifón. Lo llamaron kamikaze, o el "viento de los dioses".

Verificar la lectura ¿Cómo derrotaron los japoneses a los mongoles?

miMundo: Actividad
Un samurái recordado

Armadura samurái ▼

Los castillos en el Japón

La guerra era una forma de vida en el Japón feudal. Los daimyo construyeron grandes castillos para protegerse. La torre principal era el centro del castillo. El daimyo y su familia vivían allí, almacenando alimentos, armas y provisiones. Durante un ataque, la torre servía como centro de mando, torre de vigilancia y lugar de seguridad para los soldados defensores. Algunas torres tenían pasajes ocultos que ofrecían un medio rápido de escape. Las paredes estaban hechas de madera y cubiertas con yeso para reducir el riesgo de incendio. Se usaban pequeñas aberturas para disparar flechas o armas de fuego. Pintadas de blanco, las paredes reflejaban la luz solar, haciendo más difícil para los atacantes ver con claridad. *¿Cuáles eran los usos de la torre principal?*

Culture Close-Up

El Japón se reunifica

El fin de la amenaza mongol no llevó la paz al Japón. Con shogunes débiles, los clanes continuaron luchando entre sí. Pasaron siglos antes de que el Japón se unificara de nuevo.

Surgen líderes fuertes Durante los siglos XV y XVI, el Japón estuvo controlado por los daimyo que peleaban <u>constantemente</u> por tierra y poder. Los historiadores llaman a este período violento la "Era de los Reinos Combatientes".

En el siglo XVI, tres líderes pusieron fin a la guerra constante. El primero, Oda Nobunaga, quiso colocar al Japón "bajo una sola espada". No tuvo éxito, pero redujo el poder de los señores de la guerra.

El segundo gran líder, Toyotomi Hideyoshi, unificó el Japón en 1590. Consiguió la paz sólo porque los daimyo le prometieron lealtad. Cuando Hideyoshi murió, los clanes riñeron otra vez.

Tokogawa Ieyasu lleva paz El tercer líder, Tokogawa Ieyasu, unificó el país de nuevo en 1600. Tomó el título de shogún, luego fundó una nueva capital en Edo (actual Tokio). Ieyasu hizo leyes que finalmente llevaron la paz al Japón.

Ordenó a los daimyo que destruyeran sus castillos y pasaran gran parte del año en Edo, donde podía vigilarlos. Cuando se iban, tenían que dejar ahí a sus familias. Edo se convirtió en una ciudad grande.

Ieyasu dividió oficialmente la sociedad en cuatro clases: samuráis, agricultores, artesanos y comerciantes. Sólo los samuráis podían poseer armas. Los agricultores producían alimentos. Los artesanos hacían bienes como tela, cerámica y armas. Los comerciantes intercambiaban bienes.

Las medidas de Ieyasu terminaron con la violencia. La familia Tokogawa gobernó un Japón unificado y pacífico hasta 1868.

constantemente, *adv.*, una y otra vez sin fin

Los castillos a menudo se establecían en colinas, con ríos, lagos o mares cercanos que actuaban como barreras naturales. También contaban con fuertes murallas que los rodeaban por completo. Los atacantes tenían que abrirse camino a través de un laberinto de patios para llegar a la torre principal. Algunos laberintos tenían callejones sin salida diseñados para confundir a los atacantes.

Un mundo cambiante Con la paz, cambió la vida japonesa. Los comerciantes se hicieron ricos. Los daimyo, los samurái, y los campesinos fueron menos prósperos. Algunos samuráis consiguieron trabajo en el gobierno. Mientras tanto, las hambrunas perjudicaron a los campesinos. El malestar entre estos grupos llevó, en parte, al fin de los shogunes Tokogawa.

Otro <u>factor</u> fue la llegada de comerciantes occidentales. Desde el siglo XVI, los líderes japoneses habían tratado de limitar la influencia extranjera. En 1853, barcos de guerra estadounidenses obligaron al Japón a abrir el comercio. En 1868, cayó el último gobierno dirigido por un shogún.

factor, *sust.*, causa

Verificar la lectura **¿Cómo lograron los shogunes Tokogawa pacificar el Japón?**

Evaluación de la Sección **2**

? **Pregunta esencial**

¿Qué distingue una cultura de otra?

Términos clave

1. ¿Cuál era la relación entre los daimyo y el feudalismo?

2. Explica el código del bushido.

3. ¿Cuáles eran los deberes de los samuráis?

Ideas clave

4. ¿Por qué fueron importantes los Fujiwara para el gobierno del Japón?

5. ¿Cuál fue el papel del emperador en el Japón feudal?

6. ¿Qué líderes lograron pacificar el Japón?

Razonamiento crítico

7. **Analizar causa y efecto** ¿Cómo dio lugar al feudalismo, el ascenso de los Fujiwara?

8. **Inferir** ¿Por qué obligaba Tokogawa Ieyasu a los daimyo a dejar a sus familias en Edo?

9. ¿En qué se diferenciaba el papel del emperador japonés del papel del emperador chino? Anota la respuesta en tu Cuaderno del estudiante.

my worldhistory·com

Culture Close-Up

Cultura y sociedad japonesas

Una estatua cerca de Kioto muestra a Murasaki Shikibu, el tema de miHistoria de este capítulo. ▼

China tuvo una fuerte influencia en el Japón, pero los japoneses agregaron sus propias ideas y valores a lo que tomaron prestado de China. El resultado fue un país que comparte mucho con su vecino de tierra firme, pero que aún tiene su propia y única cultura y sociedad.

El Japón desarrolla una cultura única

El período Heian (794–1185), es conocido como la edad de oro del Japón. Fue una época de gran florecimiento cultural.

La literatura Los nobles de la corte Heian leían obras clásicas del budismo y el confucianismo. Escribieron diarios, poemas y cuentos. Usaban una escritura llamada *kana*. Era una adaptación de los caracteres chinos. Cada símbolo representaba un sonido en japonés. En el pasado, los escritores japoneses usaban el chino.

Una larga historia, *Romance de Genji*, todavía deleita a los lectores. La historia describe las aventuras románticas de un príncipe llamado Genji. Murasaki Shikibu, la autora, se unió a la corte Heian alrededor de 1005 para servir a la esposa del emperador. Allí escribió su historia, una obra maestra de la literatura japonesa.

Muchos consideran esta obra como la primera novela del mundo. Una novela es una historia de ficción larga, a menudo con una trama compleja y muchos capítulos. La obra de Murasaki, aunque de ficción, ha proporcionado a los eruditos muchos detalles sobre la corte Heian.

La ceremonia japonesa del té

La ceremonia del té, llamada *cha-no-yu*, se hizo popular en el siglo XV durante el apogeo de la cultura samurái. La ceremonia representa armonía, limpieza, tranquilidad y respeto. Hoy, los estudiantes aprenden la ceremonia en la escuela.

1 El anfitrión prepara una bandeja con utensilios y recipientes y ofrece a sus huéspedes un refrigerio. **2** Luego, el anfitrión prepara el té batiendo el té verde en polvo con agua caliente. **3** Por último, el anfitrión sirve el té, pero no come ni bebe. Cuando los invitados terminan, la bandeja y las herramientas se retiran de la sala y la ceremonia concluye.

Arte y arquitectura Los artistas y arquitectos japoneses agregaron sus propias ideas a los estilos chinos. Los artistas Heian admiraban la pintura china sobre rollos de papel, pero desarrollaron rollos de papel con un estilo japonés.

Las casas de los nobles eran similares en el Japón y China. Incluían varios edificios alrededor de un jardín. Pero frente al jardín, las casas japonesas tenían puertas corredizas en vez de paredes fijas. Cuando las puertas se retiraban, las habitaciones se volvían parte del jardín.

El arte de la jardinería también provino de China. El jardín japonés por lo general tenía árboles florales y un pequeño arroyo o estanque. También podía tener un salón de té. La ceremonia formal del té, una práctica tomada de China, estaba diseñada para calmar la mente y el corazón.

El teatro En el siglo XIV, después del período Heian, <u>surgió</u> el teatro noh. El **noh** les gustaba a los nobles y los samuráis. Es serio e intenso. El escenario es sencillo. Los actores usan trajes coloridos y máscaras. Bailan y cantan con música de flautas y tambores y narran con movimientos toscos y palabras.

A principios del siglo XVII surgió el teatro kabuki. Al igual que el noh, usa música y danza para contar una historia. Pero el **kabuki** estaba dirigido a los agricultores, comerciantes y otras personas comunes. Sus decorados deslumbrantes y vestuario llamativo estimulaban los sentidos. Durante las presentaciones, los espectadores gritaban los nombres de sus actores favoritos.

Verificar la lectura ¿Qué han aprendido los eruditos a partir de *Romance de Genji*?

surgir, *v.*, desarrollarse

miMundo: Actividad
Una muestra de meditación

563

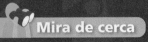

EL TEATRO JAPONÉS

El noh y el kabuki cuentan una historia a través de música, danza y trajes. Pero tienen más diferencias que semejanzas. Mientras lees, piensa cómo sería ver cada tipo de obra de teatro.

RAZONAMIENTO CRÍTICO ¿Qué tipo de obra de teatro preferirías? ¿Por qué?

EL TEATRO NOH

El teatro noh se representa en un escenario vacío con sólo unos cuantos accesorios. Uno o dos actores aparecen en escena con trajes de vivos colores y máscaras expresivas. Los actores se mueven lentamente, representando un drama serio mientras un coro canta en el fondo. Algunos eruditos han comparado las obras de teatro noh con las de los antiguos griegos.

EL TEATRO KABUKI

El teatro kabuki se representa en un escenario grande con una cortina que se puede cerrar para cambiar el escenario. El kabuki es a menudo menos serio que el noh y puede incluir comedia. Los actores usan poses y danza exagerados. Todos los actores son hombres.

La sociedad japonesa

Los nobles de la corte Heian disfrutaban una vida de lujo y ocio, a diferencia de la mayor parte de las personas del Japón. Sin embargo, el crecimiento de la economía mejoró el nivel de vida de la mayoría. Pero los valores compartidos de la sociedad no cambiaron.

La lealtad familiar y la armonía En el Japón, la lealtad familiar era un valor fundamental. Siguiendo la tradición sintoísta, las personas honraban a sus ancestros. Para el jefe de una familia o clan el bienestar del grupo era lo más importante. Los intereses de la familia estaban por encima de los personales.

Esta devoción hacia la familia se mantuvo más allá de la edad feudal. Un historiador moderno escribió:

> ❝ Las claves para la continuidad y resistencia de la sociedad japonesa han sido la familia y la religión tradicional. El clan era la familia ampliada y la nación la familia más ampliada de todas ❞.
> —J. M. Roberts, *Historia del mundo*

El confucianismo también introdujo el valor de la armonía en la sociedad. Este interés por la armonía llevó al consenso. El **consenso** es un acuerdo entre los miembros de un grupo.

La vida económica La mayoría de las personas vivían en zonas rurales. Los daimyo locales mantenían el orden. La mayoría de la población rural eran granjeros arrendatarios. Pagaban renta con cultivos. Generalmente podían encargarse de sus propios asuntos. Una asamblea de la aldea tomaba muchas de las decisiones locales.

Independientemente de la violencia de la época feudal, la economía del Japón creció. Los agricultores producían más cultivos, gracias a herramientas y técnicas mejoradas. Los artesanos hicieron más bienes. Surgió una clase de comerciantes que establecían mercados cerca de los templos y dentro de las murallas de los castillos. Se formaron aldeas allí y en las rutas de viaje importantes.

El comercio con China también se expandió. Al principio, el Japón exportaba materias primas como cobre, perlas y madera. A cambio adquiría libros, seda, monedas y otros bienes manufacturados. Luego, produjeron bienes para exportarlos, incluidas las mejores espadas del mundo. Un cargamento a China incluía 37,000 espadas samurái.

El estatus de la mujer A comienzos de la historia japonesa, las mujeres dirigían los clanes y gobernaban como emperatrices. Esto cambió con el confucianismo, donde dominan los hombres. La mujer debía obedecer a su padre y a su marido.

Algunas formas de budismo tenían una visión similar de las mujeres. Según los escritos sagrados budistas "no hay mujeres" en el paraíso. También se les excluía de algunos templos. Murasaki Shikibu escribió en el *Romance de Genji*: "Cualquiera que sea su posición, las mujeres tienen un destino difícil, en esta vida y en el mundo por venir".

Verificar la lectura ¿Cómo se ganaban la vida la mayoría de los japoneses de las zonas rurales?

independientemente, *adv.*, no obstante o a pesar de

Santuarios sintoístas

1 Una *torii* es una puerta que indica la entrada a un santuario sintoísta. Muchas están pintadas de color naranja y negro.

2 Las personas escriben oraciones y deseos en tablillas de madera llamadas *ema* y las dejan en los santuarios.

3 Una *shimenawa* es una cuerda que marca un espacio sagrado o santo. Señala rocas especiales, pero también pueden colgar de los *torii*.

Sintoísmo

El **sintoísmo** es la religión tradicional del Japón. Significa "el camino de los dioses". Cuando el budismo llegó al Japón, se mezcló con elementos del sintoísmo. El sintoísmo perdió muchos seguidores en las ciudades, pero se mantuvo en las zonas rurales. Hoy en día, el sintoísmo y el budismo coexisten. Muchos japoneses siguen ambas religiones.

Los eruditos creen que el sintoísmo llegó al Japón con el pueblo yayoi. Esta religión no tuvo fundador, escrituras, grupo de dioses y, por siglos, ni un nombre. Sin embargo, fue una fuerza vital en la vida de todos.

Los mitos de la creación Las historias sintoístas tradicionales describen cómo surgieron varios aspectos de la vida japonesa. La diosa del Sol desempeña un papel central en estas historias.

Una historia explica cómo el Japón llegó a ser gobernado por un emperador. La diosa del Sol y su hermano, el dios de la Tormenta, a menudo reñían. Cada uno apoyaba a clanes diferentes que peleaban para gobernar. La diosa del Sol ganó. Envió a su nieto Ninigi a que gobernara el Japón.

La diosa del Sol dio a Ninigi tres tesoros. El primero, un espejo de bronce, simbolizaba la verdad. El segundo, una espada de hierro, representaba la sabiduría. El tercero, una sarta de joyas, representaba la bondad.

Ninigi dio los tres tesoros a su bisnieto Jimmu. Según el mito, Jimmu se convirtió en el primer emperador del Japón en 660 A.C. Como resultado, todos los emperadores japoneses son considerados dioses en la Tierra.

Honrar a los espíritus locales Bajo el sintoísmo, cada clan adoraba a su propio kami. Creían que los kami estaban en las montañas, árboles, ríos y otros objetos naturales. A través de los kami, aprendían el comportamiento apropiado y los valores.

Los japoneses construyeron **santuarios**, o lugares de veneración religiosa, sintoístas donde sentían el poder de los kami. Miles de estos santuarios todavía existen. Muchos los visitan cada año. El sintoísmo ha crecido y cambiado, pero todavía influye en la manera de pensar y actuar de los japoneses.

Verificar la lectura **¿Dónde construían santuarios sintoístas los japoneses?**

El budismo japonés

El budismo se originó en la India. Atrajo a un gran número de seguidores en China y Corea antes de llegar al Japón. A medida que se difundió, esta religión cambió para satisfacer las necesidades de los diferentes pueblos.

La difusión del budismo Cuando el budismo llegó al Japón, algunas personas se opusieron a él. Temían que la nueva fe ofendiera a los dioses sintoístas. Con el tiempo, más y más japoneses aceptaron las enseñanzas de Buda.

Aunque los japoneses se inclinaron por el budismo, no renunciaron completamente a sus creencias sintoístas. El budismo se adaptó a las necesidades japonesas en parte porque adoptó dioses sintoístas, pero el atractivo de sus enseñanzas también atrajo a muchos. Esas enseñanzas tomaron varias formas diferentes.

El budismo

1. Los monjes budistas rinden culto dentro de un templo en Tokio, Japón.
2. El Pabellón Dorado fuera de Kioto es un templo budista construido en 1955. Un shogún retirado construyó el edificio original en 1394.
3. El Salón del Gran Buda en el Templo Todai es el edificio de madera más grande del mundo. Da vuelta a la página para aprender más sobre el templo.

567

La escuela mahayana Mucho antes de llegar al Japón, el budismo se había dividido en diferentes escuelas de pensamiento. La más grande, y por mucho la más popular en el Japón, es la escuela mahayana. *Mahayana* significa "Gran balsa". El nombre se refiere a las enseñanzas de Buda como una balsa que lleva a la gente por el mar de la vida hacia la iluminación.

El budismo mahayana enseña que todos los seres vivos pueden alcanzar la iluminación. Nadie es tan malo que no pueda salvarse. El sutra, o escritura, central de la escuela mahayana describe la naturaleza universal de Buda:

> 66 Es semejante a una gran nube elevándose por encima del mundo, cubriendo todas las cosas por todas partes, una graciosa nube llena de humedad; las llamas del relámpago destellan y deslumbran, la voz del trueno vibra lejos. Trayendo alegría y alivio a todos 99.
>
> —Sutra del Loto

El Gran Buda de Nara

El Gran Buda de Nara mide cerca de 50 pies. Es parte del templo Todai. La estatua se construyó en el siglo VIII, pero se reparó varias veces después de haberse dañado en incendios y terremotos. Los monjes del templo Todai eran muy poderosos cuando Nara era la capital. El emperador incluso trasladó la capital para escapar de su influencia. *¿Por qué trasladó el emperador la capital?*

Surgen nuevas sectas Dentro de la escuela mahayana, los monjes budistas del Japón fundaron diferentes sectas, o formas, del budismo. Cada secta enseñaba su propio camino hacia la iluminación.

Un monje comenzó la forma shingon, o "palabra verdadera", de budismo en el siglo IX. Los seguidores recitaban "palabras verdaderas" en forma de mantras. Un **mantra** es una palabra, canto o sonido sagrado que se repite numerosas veces para ayudar al crecimiento espiritual. El enfocarse en rituales secretos atrajo muchos seguidores entre los nobles japoneses.

Otra secta, conocida como budismo de la Tierra Pura, se centraba en el concepto del bodhisattva, un ser misericordioso que ha alcanzado la iluminación, pero decide permanecer en la Tierra para ayudar a los demás. El budismo de la Tierra Pura atrajo a todas las clases y se extendió ampliamente en el siglo XIII. Hoy, sigue siendo la mayor secta budista del Japón.

El budismo zen Probablemente, la secta budista más famosa es el zen. Conocido en China como *Chan*, esta secta llegó al Japón en el siglo XII. La práctica central es la meditación.

Para los seguidores del zen, la meditación significa vaciar la mente de pensamientos para lograr el crecimiento espiritual. Se creía que Buda alcanzó la iluminación con esta forma de meditación.

Para hallar la iluminación mediante el budismo zen, los esfuerzos individuales, no oraciones ni rituales, son obligatorios. El enfocarse en el autocontrol y la disciplina tuvo un gran atractivo entre los samuráis. Los samuráis usaban la meditación zen para alejar de sus mentes el miedo al peligro y la muerte. Estos samuráis tenían una ventaja sobre los oponentes en la batalla. El budismo zen tuvo una fuerte influencia en el arte japonés, como en el teatro noh.

Verificar la lectura ¿Cuál es la secta budista más grande del Japón?

alcanzar, *v.*, tener éxito en la obtención de algo, generalmente con esfuerzo

Inspirados por el zen, los jardines de rocas están diseñados para la meditación. ▼

Evaluación de la Sección 3

? Pregunta esencial

¿Qué distingue una cultura de otra?

Términos clave

1. ¿En qué se diferencian los teatros noh y kabuki?

2. ¿Qué es el consenso?

3. Describe la función de un mantra en el budismo.

Ideas clave

4. Describe la vida en la corte Heian.

5. ¿Qué papel desempeña la familia en la religión sintoísta?

6. ¿Cuáles son las enseñanzas de la escuela mahayana del budismo?

Razonamiento crítico

7. **Sintetizar** Explica por qué las personas pueden seguir tanto el budismo como el sintoísmo.

8. **Sacar conclusiones** ¿Por qué atraía el budismo zen a los samuráis?

9. ¿De qué manera desarrollaron la cultura japonesa los artistas y escritores japoneses? Anota la respuesta en tu Cuaderno del estudiante.

569

Evaluación del capítulo

Términos e ideas clave

1. **Describir** Describe la geografía y el clima del Japón.

2. **Recordar** ¿Qué es un **archipiélago**?

3. **Explicar** ¿Qué poderes perdieron los líderes de los **clanes** como resultado de la Reforma Taika?

4. **Resumir** ¿Cuál era el papel de los **samuráis** en el sistema feudal japonés?

5. **Recordar** ¿Qué es el **sintoísmo**?

Razonamiento crítico

6. **Identificar las ideas principales y los detalles** ¿Cómo estaba organizada y gobernada la sociedad japonesa antigua?

7. **Resumir** Describe cómo funcionaba el feudalismo en el Japón.

8. **Sacar conclusiones** ¿Por qué cambió Tokogawa Ieyasu la función de los daimyo y los samuráis?

9. **Comparar y contrastar** ¿En qué se diferenciaban el budismo de la Tierra Pura y el budismo zen?

10. **Conceptos básicos: Difusión cultural y cambio** ¿Qué es la difusión cultural? ¿Cómo tomaron prestadas los japoneses partes de otras culturas y luego las transformaron?

Analizar elementos visuales

11. ¿Qué influencia cultural llegó al Japón de Corea?

12. ¿Qué influencia cultural llegó al Japón de China?

13. ¿Por qué pudieron China y Corea influir en el Japón?

14. ¿Qué área influyó en más aspectos de la cultura del Japón?

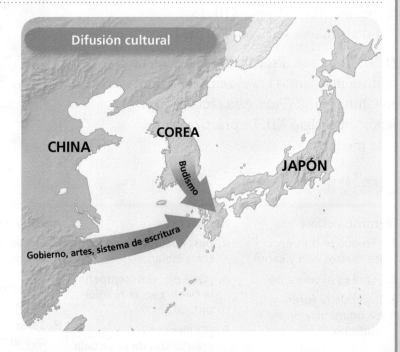

Difusión cultural

CHINA

COREA

JAPÓN

Budismo

Gobierno, artes, sistema de escritura

Pregunta esencial

miMundo: Actividad del capítulo

El flujo de la cultura Explora cómo los japoneses adaptaron aspectos de otras culturas, les añadieron otros rasgos y crearon una cultura japonesa única.

Aprendizaje del siglo XXI

Desarrolla conciencia cultural

El Japón tiene una rica historia cultural. Describe el desarrollo de un aspecto de la cultura japonesa de la lista siguiente.
- Arreglos florales
- La ceremonia del té
- Pintura
- Diseño de jardines
- Arquitectura

Preguntas basadas en documentos

Success Tracker™ En línea en myworldhistory.com

Usa tu conocimiento del Japón durante el período Heian y los Documentos A y B para responder las Preguntas 1 a 3.

Documento A

" Alguien le ha enviado a un amigo un verso que resultó bastante bien. ¡Qué deprimente cuando no hay un poema de respuesta! Incluso en el caso de poemas de amor, las personas deben responder por lo menos que se conmovieron cuando recibieron el mensaje, o algo por el estilo, de lo contrario causarán la más profunda decepción".

—Sei Shonagon, *El libro de la almohada*

Documento B

"[La dama Saisho] tenía una pequeña falla en la combinación de colores en la abertura de la muñeca. Cuando entró ante la presencia Real en busca de algo, los nobles y los altos funcionarios se dieron cuenta. Más tarde, la dama Saisho lo lamentó profundamente. No fue tan grave; sólo un color era un poco pálido".

—Murasaki Shikibu, *El diario de Murasaki Shikibu*

1. ¿Qué puede inferirse del Documento A?
   A La ropa era muy importante en el Japón Heian.
   B Los modales eran muy importantes en el Japón Heian.
   C Las personas no esperaban la respuesta a un poema.
   D A las personas no les gustaba recibir poemas.

2. ¿Qué puede inferirse del Documento B?
   A Murasaki desaprobó el error de Saisho.
   B Las apariencias no eran importantes en la corte.
   C Las damas de la corte usaban ropa sencilla.
   D Las apariencias eran muy importantes en la corte.

3. **Tarea escrita** Basándote en estos documentos, describe qué era importante en la corte japonesa en el período Heian.

my worldhistory.com | Self-Test

El comercio en Asia y África

Idea clave
- El comercio era vital para las civilizaciones de Asia y África. El aumento del comercio en la Ruta de la Seda de Asia y a lo largo de la costa este de África tuvo un impacto duradero en las sociedades.

Durante la Edad Media, las diferentes regiones de Asia y África estaban unidas por los comerciantes que llevaban una variedad de bienes a lugares lejanos. Los dos documentos siguientes describen este comercio. El primer pasaje lo escribió el monje holandés Guillermo de Rubruck que, en la década de 1250, viajó como misionero al Imperio Mongol. Escribió sobre el comercio en lo que hoy es Crimea, Ucrania. A principios del siglo XVI, el escritor portugués Duarte Barbosa viajó a lo largo de la costa de África oriental y alrededor del océano Índico. En sus memorias describe el comercio de estas regiones.

Escultura china de un comerciante en un camello

Lee el texto de la derecha. Haz una pausa en cada letra encerrada en un círculo. Luego, responde la pregunta con la misma letra a la izquierda.

Ⓐ **Analizar detalles** ¿Qué sugiere sobre el escritor la mención de "San Clemente", también conocido como el papa católico Clemente I?

Ⓑ **Resumir** Describe, en tus palabras, el movimiento y la actividad de los comerciantes.

Ⓒ **Inferir** ¿Cómo se diferenciaban probablemente los viajes y el comercio por agua de los que se hacían por tierra?

martirio, *sust.,* asesinado o torturado por la adhesión a una creencia

vero, *sust.,* piel de ardilla

armiño, *sust.,* un tipo de piel blanca

barca, *sust.,* velero pequeño

Los comerciantes de Asia

66 **Así que nos hicimos a la vela hacia la provincia de Gazaria o Cassaria, la cual es más o menos de forma triangular, y tiene en su lado oeste una ciudad llamada Kersona, donde**
Ⓐ **San Clemente sufrió el <u>martirio</u>. . . . En medio [de Gazaria]. . . hay una ciudad. . . y allá van todos los comerciantes que llegan de países del norte y también los que vienen de [Rusia] y los países del norte que desean pasar a Turquía. Estos últimos llevan <u>vero</u> y <u>armiño</u> y otras pieles costosas: los demás (los primeros)**
Ⓑ **llevan telas de algodón. . . telas de seda y especias de olor agradable. Al este de esta provincia hay una ciudad llamada Matrica, donde el río Tanais llega al mar de Ponto. . . . Los grandes barcos no pueden entrar en él, pero los mercaderes**
Ⓒ **de Constantinopla que visitan dicha ciudad de Matrica envían sus <u>barcas</u> hasta el río Tanais para comprar pescado seco, como esturión, barbo y tenca y otros pescados de variedades infinitas** 99.

—Guillermo de Rubruck, alrededor de 1255

Lee el texto de la derecha. Haz una pausa en cada letra encerrada en un círculo. Luego, responde la pregunta con la misma letra que está a la izquierda.

D **Identificar las ideas principales y los detalles** ¿Qué productos llevaban consigo los comerciantes africanos para vender?

E **Inferir** ¿Qué dice Barbosa sobre el valor de algunos bienes?

F **Resumir** Resume en tus palabras la descripción que hace Barbosa del comercio de África oriental.

moros, *sust.,* árabes y bereberes que conquistaron España

paganos, *sust.,* personas no civilizadas o no religiosas

cargados, *adj.,* repletos

El comercio africano

66 **Llegaron en barcos pequeños llamados** *zambucos* **de los reinos de Kilwa, Mombasa y Melynde, trayendo muchas telas de algodón, unas con lunares, y otras blancas y azules, también**

D **algunas de seda y muchas cuentas pequeñas de color gris, rojo y amarillo. . . del gran reino de Cambaia en otros barcos más grandes. Y por estas mercancías dichos <u>moros</u> que venían de Melynde y Mombasa. . . pagaron en oro a un precio con el que**

E **los comerciantes se fueron muy complacidos; cuyo oro dieron por peso.**

Los moros de Sofala conservaban estas mercancías y las vendían después a los <u>paganos</u> del reino de Benametapa, que llegaban allí <u>cargados</u> de oro que daban a cambio de dichas telas sin pesarlo. Estos moros reunían también una gran provisión de marfil que encontraban [cerca de] Çofala, y esto también lo vendían en el Reino de Cambaia. . . . Ellos

F **se visten de la cintura para abajo con telas de algodón y seda y otras telas que llevan sobre los hombros como capas y turbantes en la cabeza** 99.

—Duarte Barbosa, alrededor de 1518, de *El libro de Duarte Barbosa*

Un mercado moderno, cerca de Thiès, Senegal

Analizar los documentos

1. **Comparar** ¿En qué se parecen la descripción de Guillermo de Rubruck del comercio en Asia y la descripción de Barbosa de los comerciantes en África?

2. **Tarea escrita** Imagina que eres un turista en el siglo XVI que explora las regiones descritas en estos dos documentos. En tu diario de viaje, escribe una página que describa el comercio en cada región.

Tabla del

cambio cultural

Tu misión Con tu grupo, crea una tabla de causa y efecto acerca de cómo influyó el comercio en las civilizaciones africanas y asiáticas, y cómo se vio a su vez influenciado por dichas civilizaciones. Cada grupo se centrará en uno de los tres temas de la unidad: geografía, exploración y conquista, o poder y gobierno. Luego sacará una conclusión acerca de cómo el comercio ha ayudado a las culturas a cambiar.

A lo largo de la historia, el comercio ha desempeñado un papel clave en la difusión y la mezcla de diferentes culturas. El comercio mismo se ha visto influenciado por la geografía, la exploración y la conquista, y el poder y el gobierno. Toma la geografía, por ejemplo. En África, los comerciantes usaban camellos para transportar bienes a través de las arenas calientes y secas del Sahara. En Asia, la dinastía Song de China construyó miles de millas de canales para permitir que los barcos llevaran mercancías entre los ríos principales.

Mientras planeas tu tabla y conclusión, piensa en el papel que ha desempeñado el comercio en la historia de África y Asia. Recuerda: un suceso puede tener más de una causa o efecto. Tu tabla debe incluir todas las causas y los efectos que tu grupo pueda generar en una lluvia de ideas.

PASO 1

Identifica la información.

Antes de hacer tu tabla, necesitas saber qué información quieres presentar. Por ejemplo, si tu tema es geografía, pregunta: ¿Cómo influyó la geografía en la vida de las personas? Tu tabla podría mostrar cómo las montañas, ríos y desiertos influyeron en las rutas comerciales. Toma notas sobre las posibles causas y los efectos para tu tema.

PASO 2

Haz tu tabla.

Después de que hayas reunido información sobre tu tema, piensa cómo mostrarla en una tabla de causa y efecto. Por ejemplo, tu tabla podría mostrar cómo los comercios de oro y sal llevaron al desarrollo de las sociedades africanas. O podría mostrar los efectos de las dinastías Tang y Song en el comercio chino. Revisa tu tabla para asegurarte de que incluíste las ideas principales y los detalles clave.

PASO 3

Presenta tu tabla y conclusión.

Después de terminar tu tabla, prepara tu conclusión. En tu grupo, genera una lista de los cambios culturales más importantes relacionados con tu tema. Amplía tu pregunta anterior: ¿Cómo influyó la geografía en la vida de las personas *entonces* y *ahora*? En tu conclusión, recuerda usar palabras que indiquen causa y efecto, como *porque*, *debido a*, *ya que*, *finalmente*, *entonces*, *por lo que* y *como resultado*. Luego presenta tu tabla y conclusión a la clase.

Civilizaciones de las Américas

América del Norte

Océano Atlántico

Océano Pacífico

Juanita (aprox. 1400) era una joven inca que fue enterrada ritualmente en la cima de una montaña peruana.

Moctezuma I (aprox. 1400) fue un líder azteca que expandió considerablemente el Imperio Azteca.

América del Sur

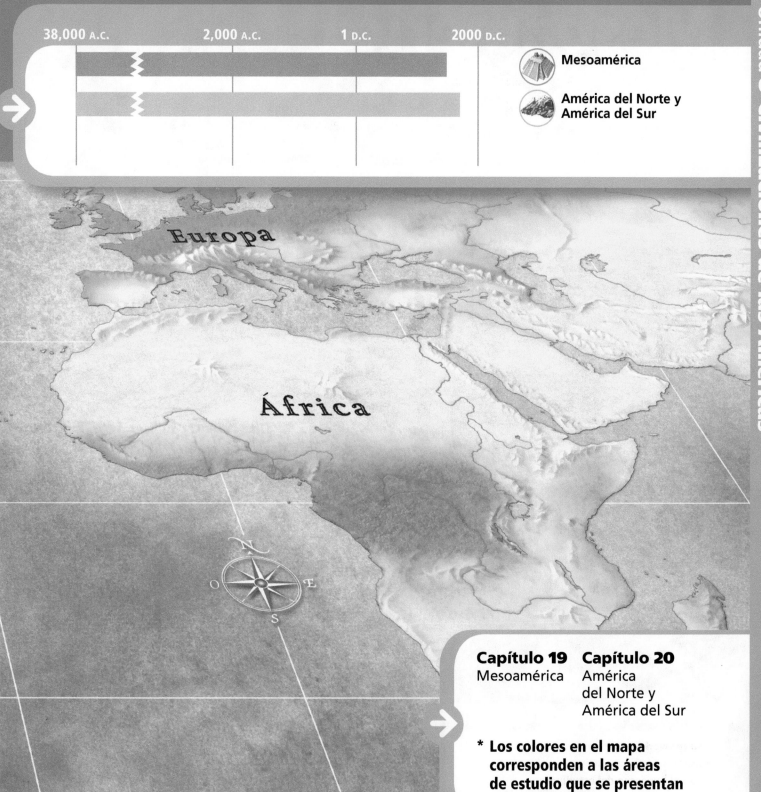

38,000 A.C.   2,000 A.C.   1 D.C.   2000 D.C.

Mesoamérica

América del Norte y
América del Sur

Europa

África

N
O   E
S

Capítulo 19   **Capítulo 20**
Mesoamérica   América
del Norte y
América del Sur

* **Los colores en el mapa
corresponden a las áreas
de estudio que se presentan
en cada capítulo.**

577

Mesoamérica

? **Pregunta esencial**

¿Qué distingue una cultura de otra?

▲ Las ruinas de un palacio
maya, Palenque, México

? **Explora la Pregunta esencial**

- en **my** **worldhistory.com**
- usando **miMundo: Actividad del capítulo**
- con el **Cuaderno del estudiante**

Fechas clave en Mesoamérica

1200 A.C. Se desarrolla la civilización olmeca.

400 A.C. Desaparece la civilización olmeca.

250 D.C. Se desarrolla la civilización maya clásica.

1325 D.C. Los aztecas fundan la ciudad de Tenochtitlan y comienzan a ganar poder.

| 1600 A.C. | 800 A.C. | 1 D.C. | 800 D.C. | 1600 D.C. |

900 D.C. Declina la civilización maya clásica, pero la cultura maya sobrevive.

1521 D.C. Los españoles conquistan a los aztecas.

Moctezuma Ilhuicamina:

Frunce el ceño como un señor, atraviesa el cielo como una flecha

Este es un relato ficticio de sucesos en la vida de Moctezuma Ilhuicamina, un rey azteca que gobernó a mediados del siglo XV.

El rey azteca se detuvo en la orilla del lago de Texcoco, cerca de una calzada, o camino elevado. La calzada conducía a la ciudad-isla de Tenochtitlan, su hogar. Se volvió a su ejército de guerreros y a sus prisioneros chalcos, y todos guardaron silencio.

El rey pensó en su nombre: Moctezuma Ilhuicamina, que significa "frunce el ceño como un señor, atraviesa el cielo como una flecha". Y de hecho él había fruncido el ceño como un señor y atravesado el cielo con su flecha, y ésta había caído sobre los chalcas. Había conquistado al pueblo chalca, al igual que lo había hecho con los otomíes, totonacas, huastecas y zapotecas. Sus reyes se habían inclinado ante él y accedido a sus demandas. Al igual que los demás, los chalcas pagarían al imperio un tributo regular de jade y algodón. También enviarían un suministro constante de prisioneros para Huitzilopochtli, el sanguinario dios azteca de la guerra.

myworldhistory.com

Timeline/On Assignment

Los guerreros aztecas atacan a los combatientes chalcas.

Los aztecas atan a los prisioneros chalcas y los obligan a marchar a Tenochtitlan.

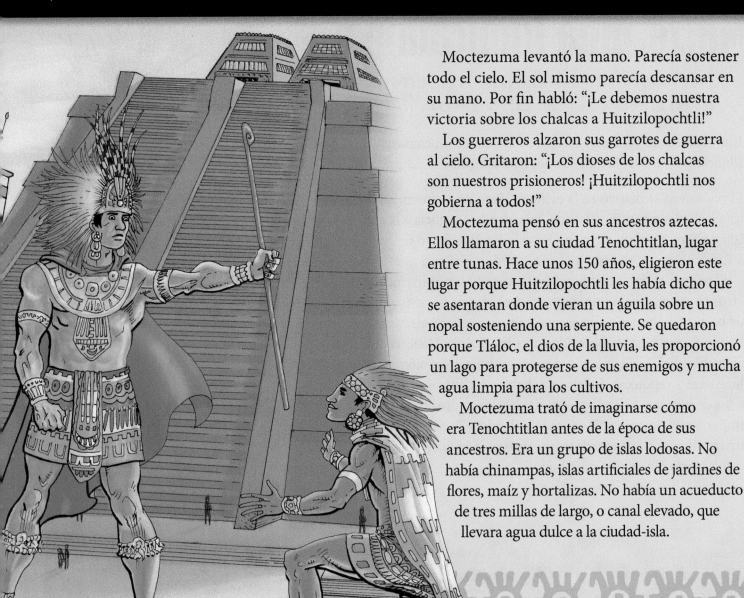

Moctezuma levantó la mano. Parecía sostener todo el cielo. El sol mismo parecía descansar en su mano. Por fin habló: "¡Le debemos nuestra victoria sobre los chalcas a Huitzilopochtli!"

Los guerreros alzaron sus garrotes de guerra al cielo. Gritaron: "¡Los dioses de los chalcas son nuestros prisioneros! ¡Huitzilopochtli nos gobierna a todos!"

Moctezuma pensó en sus ancestros aztecas. Ellos llamaron a su ciudad Tenochtitlan, lugar entre tunas. Hace unos 150 años, eligieron este lugar porque Huitzilopochtli les había dicho que se asentaran donde vieran un águila sobre un nopal sosteniendo una serpiente. Se quedaron porque Tláloc, el dios de la lluvia, les proporcionó un lago para protegerse de sus enemigos y mucha agua limpia para los cultivos.

Moctezuma trató de imaginarse cómo era Tenochtitlan antes de la época de sus ancestros. Era un grupo de islas lodosas. No había chinampas, islas artificiales de jardines de flores, maíz y hortalizas. No había un acueducto de tres millas de largo, o canal elevado, que llevara agua dulce a la ciudad-isla.

En una isla pantanosa en el lago de Texcoco, los ancestros de Moctezuma vieron un águila sosteniendo una serpiente sobre un nopal. Éste era el lugar donde su dios, Huitzilopochtli, les había dicho que construyeran su ciudad.

A medida que se acercaba a las puertas de la ciudad se preguntó si sus ancestros siquiera reconocerían esta magnífica ciudad de Tenochtitlan.

Sonrió cuando uno de sus guerreros exclamó: "¡Miren las calabazas en las chinampas! Me está dando hambre ese festín".

Moctezuma se volvió a su guerrero: "Nuestros ancestros han complacido a Tláloc, dios del agua". Estiró los brazos, como si pudiera abrazar la ciudad. "Gracias a Tláloc tenemos alimentos abundantes y agua limpia".

Al ponerse el sol, Moctezuma estaba parado junto a un noble admirando el Templo Mayor en el centro de Tenochtitlan. Moctezuma había ordenado que el templo se agrandara. "Nuestro imperio está creciendo gracias a que Huitzilopochtli y Tláloc están contentos con nosotros" les había dicho a sus ingenieros. "Debemos agrandar el templo para mantenerlos felices".

A Moctezuma le complacía ver a los prisioneros chalcas que había conquistado, transportando bloques de piedra por la escalinata del templo. El rey chalca estaba al mando de los prisioneros, como lo había ordenado Moctezuma.

"Ellos no cooperarían si no fuera por su liderazgo —comentó el noble que estaba junto a él—. Nuestros antepasados toltecas se sentirían orgullosos de su majestad, oh gran señor".

Moctezuma miró al hombre. "No somos toltecas".

El noble tragó saliva con nerviosismo. "Lo que quise decir es que somos grandes guerreros, oh Señor, como lo eran ellos".

Moctezuma asintió con la cabeza y el noble se relajó. "Entiendo lo que quieres decir. Pero nosotros somos más poderosos de lo que jamás fueron los toltecas. Nuestros dioses son más fuertes. Somos mejores agricultores. Somos mejores guerreros".

En esta historia, leíste un relato ficticio de Moctezuma Ilhuicamina, un rey azteca que existió de verdad. Basándote en esta historia, ¿qué crees que distingue a las culturas de Mesoamérica, o las hace diferentes? Mientras lees el capítulo que sigue, piensa en lo que la historia de Moctezuma indica sobre la vida en Mesoamérica.

 myStory Video

Únete a Moctezuma Ilhuicamina mientras saborea el fruto de la victoria.

La Civilización Maya

Ideas clave

- Una vez que los pueblos de Mesoamérica aprendieron a cultivar, las civilizaciones se desarrollaron en esta región de bosques tropicales y tierras altas.

- En la civilización maya, la religión y el gobierno estaban estrechamente relacionados.

- Los mayas desarrollaron un complejo sistema de escritura y realizaron avances en las matemáticas, la ciencia y la arquitectura.

 Visual Glossary

Términos clave • obsidiana • agricultura de tala y quema • quetzal • sequía • jeroglífico • observatorio

Destreza de lectura Secuencia Toma notas usando el organizador gráfico en tu Cuaderno.

Una enorme escultura olmeca, posiblemente la cabeza de un gobernante o dios ▼

Las civilizaciones más antiguas de las Américas se formaron en un área llamada Mesoamérica. Abarca desde el sur del centro de México hasta el norte de América Central. Allí se desarrollaron culturas avanzadas, como la olmeca, zapoteca y maya.

Migración a las Américas

Las primeras personas que se establecieron en las Américas vinieron de Asia. Llegaron hace aproximadamente 40,000 y 15,000 años.

Es probable que algunos llegaran por tierra. Hace miles de años, el clima era muy frío. Gran parte del agua estaba congelada. Debido al bajo nivel del mar, el estrecho de Bering estaba expuesto. Era una franja de tierra que conectaba Asia con América del Norte en lo que hoy es Alaska. Es posible que las personas cruzaran ese estrecho hacia las Américas en busca de alimentos. Quizás viajaron al sur gracias a los espacios entre las capas de hielo.

También es probable que llegaran de Asia por barco. Es posible que remaran o navegaran al sur de las capas de hielo a lo largo del litoral del Pacífico en las Américas.

Como sea que llegaran sus descendientes, se extendieron por todas las Américas. Hace miles de años, algunos se asentaron en Mesoamérica.

Verificar la lectura ¿Cuándo llegaron las personas por primera vez a las Américas?

Primeras migraciones a las Américas

ASIA

Estrecho de Bering

AMÉRICA DEL NORTE

OCÉANO PACÍFICO

160° E

AMÉRICA DEL SUR

Ecuador

LEYENDA
- Litoral hoy en día
- Litoral hace 20,000 años
- → Ruta de migración terrestre
- → Ruta de migración marítima

0 — 2000 Millas
0 — 2000 Kilómetros
Proyección cilíndrica de Miller

160° O   120° O   80° O

▲ Puntas de flecha de piedra usadas por los primeros pueblos en las Américas

Destreza: Mapas

1 **Lugar** ¿En qué eran diferentes los litorales hace 20,000 años?

2 **Movimiento** ¿Cómo podría esa diferencia haber ayudado a los pueblos antiguos a emigrar, o desplazarse, a las Américas?

Geografía de Mesoamérica

Las tierras altas cubren el sur de Mesoamérica y las tierras bajas se encuentran hacia el norte. Las tierras altas tienen temperaturas templadas todo el año y lluvia de abril a octubre. Las tierras bajas tienen un clima cálido y húmedo.

Las cenizas de los volcanes en las tierras altas crearon tierras fértiles. También crearon **obsidiana**, o cristal volcánico natural, una roca usada para hacer cuchillos afilados y puntas de lanzas y flechas.

Las intensas precipitaciones en partes de las cálidas tierras bajas sustentaban una <u>densa</u> selva tropical. Este suelo no es fértil, pero daba recursos valiosos como alimentos vegetales y animales de los que se usaba su carne, piel o plumas.

Verificar la lectura ¿**Qué recursos se encuentran en las tierras altas?**

Los olmecas y los zapotecas

Los olmecas vivían en la selva tropical. Como el suelo de la selva no es fértil, usaban la **agricultura de tala y quema**, un método agrícola en que los árboles y otras plantas de un terreno se cortan y queman. La ceniza fertiliza la tierra.

Con los años, el suelo se desgastaba. Los agricultores se trasladaban a una nueva parcela y la talaban. Dejaban descansar a los campos para que crecieran árboles antes de talarlos de nuevo.

Los agricultores olmecas cultivaban maíz y frijol. También plantaban tomates, calabazas, camotes, algodón y pimientos. A medida que los agricultores olmecas aprendían a producir más alimentos, la población crecía. Con el tiempo, los olmecas construyeron ciudades. Establecieron un patrón para las futuras civilizaciones de Mesoamérica.

densa, *adj.*, espesamente agrupado

583

Ciudades mayas

En el centro de las ciudades mayas había impresionantes complejos de templos con pirámides escalonadas y plazas donde las personas se podían reunir. Alrededor del complejo del templo estaban los palacios de los nobles. Más lejos estaban las casas y los campos de la gente común.

▲ Casas de la gente común

Palacio de un noble ▶

▲ Entre las casas de la gente común se sembraban campos de maíz y otros vegetales.

Culture Close-Up

Las Civilizaciones Olmeca y Maya

Golfo de México

Península de Yucatán

Mar Caribe

LEYENDA
- Civilización olmeca
- Civilización maya
- Civilización zapoteca
- ○ Ciudad

La Venta
Monte Albán
Palenque
Tikal
Tierras bajas
Tierras altas
Copán

0 — 200 Millas
0 — 200 Kilómetros
Proyección acimutal equivalente de Lambert

OCÉANO PACÍFICO

Destreza: Mapas

1 **Región** ¿Qué ciudad maya se encontraba en las tierras altas?

2 **Ubicación** Usando la barra de escala, averigua a qué distancia está esta ciudad de la costa del Caribe.

3 **¡Lugares por conocer!** Rotula los lugares siguientes en el croquis de tu Cuaderno del estudiante: península de Yucatán, golfo de México y mar Caribe.

Aprendizaje del siglo XXI

El arte olmeca es famoso, incluyendo las enormes cabezas de piedra. Es posible que representen a gobernantes olmecas.

La civilización olmeca duró aproximadamente de 1200 A.C. al 400 A.C. Sus creencias y prácticas influyeron en las culturas de otros pueblos mesoamericanos.

Uno de esos grupos eran los zapotecas que vivían en el suroeste de las tierras altas de los olmecas. Construyeron una hermosa ciudad en la cima de una colina, hoy conocida como monte Albán. Los zapotecas probablemente desarrollaron el primer sistema de escritura de las Américas alrededor de 600 A.C.

Verificar la lectura ¿Cómo influenciaron los olmecas a las civilizaciones futuras?

Civilización Maya

Los mayas vivían en lo que hoy es Honduras, Guatemala, Belice y la península de Yucatán en México. Al igual que los zapotecas, aprendieron de los olmecas. Las primeras ciudades mayas se desarrollaron en la época de los olmecas. Entre 250 y 850 D.C., construyeron grandes ciudades y realizaron avances en la ciencia y el arte.

Ciudades mayas Los arqueólogos han aprendido mucho acerca de los mayas mediante el estudio de ciudades mayas como Tikal, Palenque y Copán. Estas ciudades tenían cientos de edificios, incluyendo pirámides, templos y palacios de piedra. En las ciudades mayas, las enormes plazas pavimentadas eran lugares de reunión. Las calzadas, o caminos elevados, conectaban estas plazas.

Sin embargo, la mayoría de los mayas no vivían en el centro de la ciudad, cerca de los principales templos y palacios, sino en aldeas agrícolas que rodeaban la ciudad.

Los mayas construyeron templos en la parte superior de las pirámides. ▶

Esta talla de un templo en la ciudad maya de Copán muestra a los reyes de Copán.

Sociedad maya Los mayas tenían sociedades complejas. Los tres grupos principales eran los nobles, una clase media y la gente común.

Los nobles eran personas nacidas en familias poderosas. Incluían al rey, los altos funcionarios y los sacerdotes. Los historiadores creen que los nobles controlaban las mejores tierras y a los campesinos que las trabajaban.

La mayoría eran gente común dedicada a cultivar. Los hombres trabajaban en los campos y en los edificios de la aldea. Las mujeres criaban a sus hijos, cuidaban los jardines y animales de granja, cocinaban, tejían y hacían cerámica.

Los señores de menor rango y la gente común de mayor categoría formaban una especie de clase media. Algunos eran funcionarios menores, soldados y escribas. Otros eran artesanos especializados que servían a los nobles.

La unidad social básica era la familia extensa que incluía la pareja, sus hijos y nietos. Las familias extensas a menudo vivían en un grupo de casas sencillas en torno a un patio central.

Las personas se reunían en las ciudades para los festivales religiosos. Allí, veían las grandes pirámides y templos de piedra y los palacios de los nobles.

Agricultura Los nobles controlaban grandes parcelas de maíz. Muchas familias tenían pequeñas parcelas, donde cultivaban frutas, frijol y otros vegetales, y criaban pavos y patos. La producción de alimentos en las granjas era el centro de la <u>economía</u> maya.

Como los olmecas, muchas familias mayas usaban la agricultura de tala y quema en las tierras bajas densamente boscosas. Fertilizaban los campos cercanos para usarlos año tras año. En la península de Yucatán hay pocos ríos, por lo que obtenían el agua de pozos, o fosas profundas en el suelo. Construyeron cisternas, o tanques, para conservar el agua de lluvia.

▲ Esta escultura muestra a una mujer maya tejiendo tela.

my worldhistory.com

Culture Close-Up

economía, *sust.,* el sistema por el cual las personas de un país se ganan la vida

585

Comercio Los comerciantes vinculaban a las ciudades mayas en una enorme red comercial. Viajaban en senderos o en canoa a lo largo de la costa.

Comerciaban los recursos naturales de diferentes regiones. Los negociantes de las aldeas agrícolas comerciaban alimentos, algodón y granos de cacao, que se usaban para hacer chocolate. Los de las tierras altas comerciaban obsidiana, jade y plumas de **quetzal**, un colorido pájaro tropical. Los de la costa llevaban sal, pescado seco y perlas. En Tikal y otras ciudades, la sal se usaba como moneda.

Gobierno maya La región maya tenía decenas de ciudades-estado independientes. Cada una tenía su propio rey. Por lo general, la realeza pasaba de un padre a su hijo. Los nobles ayudaban a dirigir el gobierno. Los reyes mayas aumentaron su poder gracias a la guerra donde capturaban prisioneros. También luchaban por el control de las rutas comerciales y la tierra.

La religión maya Los mayas eran muy religiosos y adoraban a muchos dioses. La mayoría de los dioses representaban fuerzas de la naturaleza, como la lluvia y los relámpagos. Estas fuerzas desempeñaban un papel en los mitos, como este mito de la creación:

> 66 Primero se formó la tierra, las montañas y los valles; las corrientes de agua se dividieron, los riachuelos [arroyos] fluían por las colinas y las montañas separaron las aguas 99.
>
> —*Popol Vuh: El libro sagrado de los antiguos mayas quiché*, de la traducción al inglés de Delia Goetz y Sylvanus G. Morley

Los mayas y otros pueblos mesoamericanos valoraban al quetzal por sus hermosas plumas.

Los mayas creían que sus sacerdotes y reyes se comunicaban con los dioses a través de rituales religiosos. Estos rituales se celebraban en los templos de la cima de las pirámides. Se construyeron allí para estar más cerca de los dioses. Las pirámides estaban destinadas a mostrar el poder de los sacerdotes y reyes.

Muchos nobles eran sacerdotes. Sólo los nobles podían ser sacerdotes. La mayoría de los reyes fueron sacerdotes antes de ser reyes. La gente común no quería desagradar a los sacerdotes o reyes, porque creía que sus líderes podían pedir a los dioses que los castigara.

Los rituales más sorprendentes eran los sacrificios humanos y el derramamiento de sangre. Se sacrificaban prisioneros de guerra, esclavos e incluso niños. Los sacerdotes se cortaban a sí mismos para ofrecer su propia sangre. Creían que los sacrificios eran parte del ciclo natural de la muerte y el renacimiento. Era una manera de mantener satisfechos a los dioses y al universo en equilibrio.

La caída de los mayas Entre 800 y 1000 D.C., muchas ciudades grandes cayeron en la ruina. Una causa fue la guerra. Es posible que la **sequía** creara escasez de alimentos. La sequía es un largo período de poca o ninguna lluvia.

Las ciudades más pequeñas duraron otros 600 años en el norte de la península de Yucatán. Comerciaban con pueblos como los aztecas. Los españoles conquistaron a los mayas a principios del siglo XVI, pero el pueblo y el idioma maya sobreviven hasta nuestros días.

Verificar la lectura ¿Por qué construyeron los mayas templos encima de las pirámides?

Un juego de pelota sagrado

Equipos de las ciudades mesoamericanas jugaban un juego de pelota sagrado. Se creía que el rey cuyo equipo ganara tenía el favor de los dioses. A veces, era sacrificado el equipo que perdía.

Los jugadores anotaban puntos al golpear la pelota a través de un aro de piedra con sus caderas, muslos y brazos. ▶

La cancha de juego tenía la forma de una letra H, corta y ancha, con un aro para cada equipo en el centro. ▼

◀ Esta foto muestra la cancha cubierta de césped, rodeada por rampas y paredes de piedra.

Logros mayas

En su apogeo, los mayas realizaron muchos logros importantes. Desarrollaron un complejo sistema de escritura, crearon impresionantes obras de arte y realizaron importantes descubrimientos en astronomía y matemáticas. Muchos de estos logros influenciaron a otras civilizaciones de Mesoamérica. La cultura maya también ha tenido una influencia duradera en las culturas de México y América Central.

Escritura Los mayas desarrollaron el sistema de escritura más avanzado de las antiguas Américas. Este sistema usaba jeroglíficos. Un **jeroglífico**, también conocido como glifo, es un símbolo usado para representar una palabra, idea o sonido. Los mayas podían combinar 800 glifos individuales para formar una palabra en su idioma. La escritura les permitió preservar información.

Los libros mayas registraron el aprendizaje y las creencias. Los españoles destruyeron la mayoría, pero se ha obtenido mucha información de los pocos que sobrevivieron. Los glifos tallados han sido preservados en monumentos de piedra llamados estelas. Éstos celebran a los gobernantes y sus hazañas. Desafortunadamente, revelan poco sobre la vida cotidiana.

Astronomía Los mayas eran excelentes astrónomos. Aunque no tenían telescopios, trazaron los movimientos del Sol, la Luna y los planetas. Así pudieron predecir sucesos como eclipses de Sol y Luna.

Los astrónomos mayas desarrollaron complejos sistemas de calendarios. Usaban un calendario religioso de 260 días y uno solar de 365 días. Los mayas usaban estos calendarios para planear las fiestas religiosas y las tareas agrícolas. También usaban un calendario de 394 años para fechas históricas.

mi **Mundo**
CONEXIONES

Al igual que los mayas, los astrónomos estadounidenses usan observatorios, como el del monte Graham, en Arizona.

my worldhistory.com

Primary Source

Conocimientos mayas

Los astrónomos mayas hicieron cuidadosas observaciones de los movimientos del Sol y la Luna. Sus observaciones eran más precisas que las de los astrónomos europeos de esa época. Los matemáticos mayas usaron estas observaciones para desarrollar un complejo sistema de tres calendarios.

RAZONAMIENTO CRÍTICO ¿Por qué crees que los astrónomos deben conocer las matemáticas?

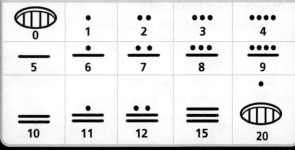

Números mayas

0	1	2	3	4
5	6	7	8	9
10	11	12	15	20

▲ Los matemáticos mayas usaban un número para el cero mucho antes que los europeos.

◀ Este calendario maya tiene tres anillos. Los dos anillos pequeños muestran los 20 días de cada "mes" y los 13 "meses" del calendario ritual. El anillo más grande muestra los 365 días del año solar.

▲ Los astrónomos mayas usaban este observatorio para ver objetos en el cielo.

Los mayas calculaban las fechas usando tres calendarios. ▶

Calendarios mayas

Año ritual	Año solar	Ciclo de conteo largo
260 días de duración	365 días de duración	394.3 años solares de duración
La manera más común de especificar la fecha	Especifica la fecha en el calendario del ciclo solar de 52 años	Especifica la fecha histórica
Cercano en duración al embarazo humano	Cercano al movimiento del Sol y al ciclo de las estaciones	Ciclo matemático no vinculado a la naturaleza
Se usaba para calcular el tiempo de los rituales y la actividad agrícola	Se usaba para calcular la actividad agrícola	Se usaba en los monumentos para fechas históricas
73 años ritual en un ciclo del calendario	52 años solares en un ciclo del calendario	7.6 ciclos del calendario en cada ciclo de conteo largo

miMundo: Actividad
El juego del monumento humano

Matemáticas Los mayas también desarrollaron un avanzado sistema de números. Este sistema, a diferencia de los europeos de la época, incluía un número para el cero. Los ceros facilitaban el cálculo.

Arquitectura y arte Los mayas crearon una impresionante arquitectura y arte. Todas las ciudades tenían pirámides, templos y palacios. Las pirámides, los edificios más grandes, se elevaban cientos de metros. Todas tenían templos en la parte superior. Los mayas también construyeron **observatorios**, o edificios usados para observar el cielo. En los observatorios seguían las rutas del Sol, la Luna y otros objetos en el cielo.

Los templos, palacios, observatorios y plazas estaban hechos de grandes bloques de piedra. Construir con materiales tan pesados debió haber sido muy difícil. No tenían caballos ni bueyes, ni vehículos con ruedas para transportar la piedra. No tenían herramientas de metal, así que cortaban los bloques con herramientas de piedra. Los obreros usaban su propia fuerza para mover los bloques a su lugar.

Hoy en día, la mayoría de los edificios mayas son sólo simples estructuras de piedra grises. Pero cuando fueron construidos, tenían elaboradas decoraciones. Esculturas de reyes, dioses, jaguares y otras figuras cubrían las paredes. Los edificios estaban pintados de color azul brillante, verde, amarillo y rojo.

Los mayas pintaron coloridos murales en los templos y palacios. También crearon alfarería fina, y joyas y máscaras de jade y perlas. Los historiadores aprecian el arte de las estelas. Estas losas de piedra están grabadas con escrituras de la historia maya. Son monumentos a la gloria de la civilización maya.

Verificar la lectura ¿Cómo usaban los mayas sus diferentes calendarios?

Esta pintura maya muestra una figura mítica, el hombre pájaro, de pie sobre una serpiente con plumas de quetzal. ▶

Evaluación de la Sección 1

Pregunta esencial
¿Qué distingue una cultura de otra?

Términos clave

1. Describe la agricultura de tala y quema.
2. ¿Cómo podría la sequía haber afectado a los mayas?
3. ¿Qué son los observatorios y cómo los usaban los mayas?

Ideas clave

4. ¿Cómo hacían frente los antiguos agricultores de las tierras bajas tropicales a los suelos infértiles y bosques densos?
5. ¿Cómo estaban relacionados la religión y el gobierno maya?
6. Describe algunos de los logros más importantes de los mayas.

Razonamiento crítico

7. **Resumir** ¿Cómo influyó el medio ambiente de los mayas en su cultura?
8. **Inferir** ¿Cómo refleja la arquitectura maya las creencias religiosas mayas?

9. ¿En qué se parecían y en qué se diferenciaban las culturas olmeca, zapoteca y maya? Anota la respuesta en tu Cuaderno del estudiante.

La Civilización Azteca

Ideas clave
- Los aztecas construyeron un poderoso imperio a través de la conquista.
- Los reyes aztecas dirigían un gobierno fuerte y gobernaban una sociedad organizada con clases sociales claramente definidas.
- La ciudad capital azteca, Tenochtitlan, tenía una ingeniería avanzada y una arquitectura impresionante.

Términos clave • cuenca • chinampa • dique • monarquía absoluta • acueducto

 Visual Glossary

Destreza de lectura Resumir Toma notas usando el organizador gráfico en tu Cuaderno.

▲ Un hombre interpreta una danza tradicional azteca.

Algunos cientos de años después del florecimiento de la civilización maya, surgió una nueva potencia en el centro de México. En esta sección, aprenderás sobre el Imperio Azteca y su civilización.

La tierra de los aztecas

El Imperio Azteca se desarrolló en las tierras altas del centro de México. Su geografía era diferente a la de las tierras bajas mayas.

El valle de México Una amplia y alta meseta se extiende por las tierras altas centrales. Debido a su altitud, las temperaturas son más frías que las de las cálidas tierras bajas. Hay volcanes en la meseta y hay tierras fértiles en las cuencas altas por debajo de los volcanes. Una **cuenca** es un área en forma de cuenco o vasija.

Una de estas cuencas, el valle de México, era el centro del Imperio Azteca. De las montañas fluían fértiles suelos volcánicos y agua. Era un buen lugar para asentarse. En el centro estaba el gran lago de Texcoco.

La construcción de una ciudad Los aztecas llegaron al valle de México desde el norte en el siglo XIII. Primero se asentaron en una colina llamada Chapultepec, pero más tarde se trasladaron a una pequeña isla en el lago de Texcoco. Allí construyeron la ciudad de Tenochtitlan y calzadas para conectar la ciudad-isla con la orilla del lago.

Esta configuración tenía varias ventajas. Aunque otras ciudades-estado rodeaban la isla, los aztecas podían defenderla de los ataques con facilidad.

El agua del lago y los canales que los aztecas construyeron facilitaron el transporte de bienes y personas. Había muchos peces y patos y la tierra era ideal para cultivar.

Los aztecas añadieron más tierras de cultivo mediante la construcción de **chinampas**, o islas artificiales. La agricultura de las chinampas alimentaba a una población en crecimiento.

Al estar el lago en una cuenca, el agua no tenía una salida que la drenara. Después de cientos de años se hizo salobre, o parcialmente salada. Los aztecas construyeron un **dique**, un muro construido para contener el agua, a través de la mitad del lago. El dique separaba el agua salobre y dejaba que llegara agua fresca de los arroyos de la montaña.

La conquista de un imperio Los aztecas, feroces guerreros, comenzaron a combatir a sus enemigos a principios del siglo XV. Rara vez sufrían una derrota. Los soldados blandían sus pesados garrotes de madera con puntas de afiladas navajas de obsidiana. En 1440, el imperio se extendía más allá del valle de México.

Para finales del siglo XV el imperio seguía creciendo y para el siglo XVI se extendía desde el centro de México hasta Guatemala. Tenía unos diez millones de habitantes.

Para esa época, el valle de México se había convertido en una gran área urbana de alrededor de un millón de personas en el lago de Texcoco y sus alrededores. Allí confluían bienes y personas de todo el imperio. En el centro del lago estaba Tenochtitlan, con sus magníficas pirámides y resplandecientes palacios.

Verificar la lectura ¿Qué ventajas obtuvieron los aztecas de vivir en una isla?

LA CONSTRUCCIÓN DE ISLAS Y DE UN IMPERIO

Los aztecas construyeron islas artificiales llamadas chinampas en el lago de Texcoco. Cultivaban en estas islas para obtener alimento para su capital, Tenochtitlan. Estos alimentos los ayudaron a conquistar el valle alrededor del lago y luego un imperio.

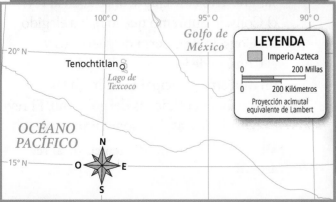

100° O   95° O   90° O

Golfo de México

20° N

LEYENDA

Imperio Azteca

Tenochtitlan
Lago de Texcoco

0   200 Millas

0   200 Kilómetros

Proyección acimutal
equivalente de Lambert

OCÉANO PACÍFICO

15° N

N   O   E   S

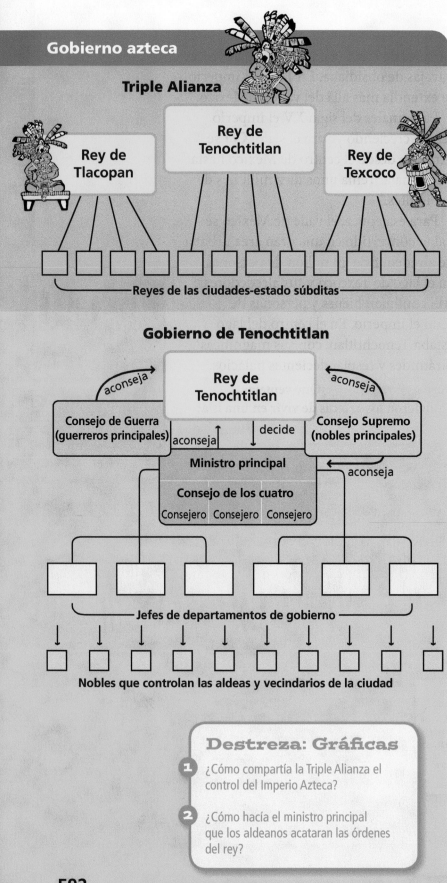

Gobierno azteca

Triple Alianza

Rey de Tenochtitlan

Rey de Tlacopan

Rey de Texcoco

Reyes de las ciudades-estado súbditas

Gobierno de Tenochtitlan

Rey de Tenochtitlan

aconseja

aconseja

Consejo de Guerra (guerreros principales)

aconseja

decide

Consejo Supremo (nobles principales)

Ministro principal

aconseja

Consejo de los cuatro

Consejero Consejero Consejero

Jefes de departamentos de gobierno

Nobles que controlan las aldeas y vecindarios de la ciudad

Destreza: Gráficas

1 ¿Cómo compartía la Triple Alianza el control del Imperio Azteca?

2 ¿Cómo hacía el ministro principal que los aldeanos acataran las órdenes del rey?

592

Gobierno azteca

El rey azteca, o el rey de Tenochtitlan, era parte de una Triple Alianza que incluía a los reyes de Tlacopan y Texcoco. Se apoyaban con tropas y compartían el control del imperio. Después de 1428, el rey azteca era el gobernante más importante de la Triple Alianza. Tomaba todas las decisiones relacionadas con la guerra.

Los tres reyes de la Triple Alianza controlaban a los reyes de las ciudades-estado que conquistaban. Éstas debían enviar un tributo, o pago regular de bienes, a los reyes.

El tributo incluía ropa, alimentos, suministros militares, joyería, chocolate, plumas de quetzal y materiales de construcción. Un español a principios del siglo XVI escribió que llegaban "grandes cantidades" de tributos cada día.

El rey azteca controlaba Tenochtitlan. Los aztecas tenían una **monarquía absoluta**, un sistema en el que una persona de una familia gobernante tiene poderes ilimitados.

Cuando un rey azteca moría, un Consejo Supremo de nobles elegía a un miembro de la familia gobernante como el nuevo rey. A veces el reinado pasaba de padres a hijos, a veces a otros parientes de sangre. Tres consejos aconsejaban al rey: el Consejo Supremo que lo había elegido, un Consejo de Guerra de guerreros y el Consejo de los cuatro, dirigido por un ministro principal que dirigía las operaciones cotidianas del gobierno. El rey tomaba todas las decisiones importantes.

Verificar la lectura **¿Quién elegía al rey azteca?**

La sociedad azteca

La sociedad azteca giraba en torno a la agricultura, la guerra y la religión. También tenía una <u>rígida</u> estructura de clases.

Religión Los aztecas adoraban a muchos dioses. Creían que los dioses les daban la vida y controlaban todo en la Tierra. Los dioses aztecas más importantes eran Huitzilopochtli y Tláloc. Creían que Huitzilopochtli les daba el éxito en la batalla y hacía salir el Sol. Sin sangre humana, Huitzilopochtli se debilitaría y el Sol desaparecería.

Los aztecas sacrificaban miles de víctimas cada año, sacándoles el corazón y ofreciéndolo a Huitzilopochtli. La mayoría de las víctimas eran prisioneros capturados en la guerra. También sacrificaban niños pequeños a Tláloc.

Los aztecas declaraban la guerra en parte para capturar prisioneros para el sacrificio. También querían aterrorizar a los pueblos conquistados, lo que facilitaba su control. Sin embargo, las revueltas eran comunes.

Nobles y gente común Igual que los mayas, los aztecas tenían dos clases: los nobles y la gente común. Los nobles eran de familias descendientes del primer rey azteca. Vivían en casas grandes y comían los mejores alimentos. Muchos eran funcionarios del gobierno.

Los nobles tenían esclavos. Algunos eran gente común que se habían vendido para escapar de la pobreza. Otros eran prisioneros de guerra. Podían casarse y comprar su libertad. Sus hijos nacían libres.

Casi todos los aztecas vivían con sencillez. Las familias extensas vivían en casas pequeñas alrededor de un patio compartido. Comían maíz, frijol y chile.

rígido, *adj.,* inflexible, inmutable

miMundo: Actividad
Poemas visuales acrósticos

El Templo Mayor

El dibujo de arriba es una reconstrucción del Templo Mayor, o gran templo, en Tenochtitlan. La serpiente de piedra de la izquierda se encuentra frente a las ruinas del templo en la actualidad.

593

▲ Los aztecas crearon hermosos penachos de plumas como el de arriba.

▲ El gran Calendario Azteca, arriba, mide 12 pies (3.6 metros) de ancho. Muestra los días y los meses del calendario solar de 365 días de los aztecas.

Agricultura y economía Para casi toda la gente común, la vida giraba en torno a las tareas agrícolas o domésticas. Los hombres cuidaban los campos. Las mujeres cocinaban, limpiaban y criaban a sus hijos. Los agricultores plantaban maíz y frijol juntos, ya que ambas se benefician mutuamente. Cultivaban tomate, chile y calabaza, y criaban perros y pavos.

Los artesanos hacían finas artesanías para los nobles, como joyería y capas y tocados decorados con plumas.

La gente común más adinerada viajaba por el imperio como comerciante. Intercambiaban bienes artesanales por plumas exóticas y piedras preciosas. Esto permitía que cada pueblo se especializara en un oficio particular. En cada ciudad, los negociantes <u>adquirían</u> bienes locales y vendían bienes de otras ciudades.

adquirir, *v.*, comprar

Verificar la lectura ¿Por qué era importante la guerra para los aztecas?

Logros aztecas

Has leído sobre el dique que los aztecas construyeron a través del lago de Texcoco. Los aztecas realizaron otros logros en ingeniería, planificación urbana y las artes.

Ingeniería y arquitectura Los aztecas diseñaron y construyeron una gran capital. Transportaban bienes por los canales y las calzadas a través del lago de Texcoco. Construyeron **acueductos**, canales o tuberías que transportan agua dulce, a través del lago de Texcoco desde las colinas que rodean el lago.

En el centro había una plaza amurallada. Palacios y templos la rodeaban. La estructura más grande era el Templo Mayor, o gran templo.

Artes La joyería era una especialidad de los artesanos aztecas. Los joyeros hacían anillos, collares y otras joyas de oro, plata y piedras semipreciosas.

Una de las formas más finas del arte azteca era el trabajo con plumas. Los especialistas hacían abanicos, tocados, capas y escudos con las plumas de colores brillantes de las aves tropicales.

También tallaban hermosas esculturas de piedra. Uno de los ejemplos más conocidos es el gran Calendario Azteca.

La tradición oral Los aztecas no tenían un sistema de escritura bien desarrollado. Tenían símbolos para representar ideas, pero no un lenguaje escrito real. El idioma oral, o hablado, era más importante para los aztecas que la escritura.

Los aztecas eran expertos oradores, personas que hablan en público. Uno de los títulos del rey era "gran orador". Los oradores contaban historias del pasado y leyendas de los dioses. Así transmitían la historia y la religión azteca de generación en generación.

Los poetas eran muy respetados en la sociedad azteca. Incluso los reyes componían poesía. El más famoso de los reyes poetas fue Nezahualcóyotl. En uno de sus poemas, reflexiona sobre la naturaleza pasajera de la vida:

> 66 No estará para siempre en la tierra, sólo está por poco tiempo. Aunque sea de jade, se rompe; aunque sea de oro, es aplastada; aunque sea la pluma de un quetzal, no durará.
> No estará para siempre en la tierra, sólo está por poco tiempo 99.
> —Nezahualcóyotl

Influencia histórica El Imperio Azteca cayó en el siglo XVI, ante una alianza de conquistadores europeos y pueblos indígenas resentidos por el dominio azteca. Sin embargo, los aztecas tuvieron un impacto duradero. Tenochtitlan se convirtió en la Ciudad de México, la capital de México. Hasta la fecha, los mexicanos cocinan maíz, frijol y chile. Palabras como *chocolate*, *tomate* y *aguacate* pasaron del náhuatl, el idioma azteca, al español y al inglés.

Verificar la lectura ¿Quién preservó la historia azteca?

Los joyeros aztecas hacían collares y otros adornos de oro, plata y piedras preciosas. ▼

Evaluación de la Sección 2

? Pregunta esencial

Términos clave

1. Explica la importancia de las chinampas para los aztecas.

2. ¿Qué es una monarquía absoluta?

3. Usa la palabra *acueducto* en una oración sobre Tenochtitlan.

Ideas clave

4. ¿Qué regiones incluía el Imperio Azteca?

5. ¿Cómo desempeñaban los nobles un papel en el gobierno azteca?

6. ¿Cómo se convertían las personas en esclavos de los aztecas?

7. ¿Cuáles fueron algunos de los logros en ingeniería de los aztecas?

Razonamiento crítico

8. **Analizar Causa y efecto** Explica cómo fortaleció el tributo al Imperio Azteca y cómo dio lugar a más conquistas.

9. **Sacar conclusiones** ¿Cómo ayudaron a los aztecas su ubicación y medio ambiente para construir un imperio?

¿Qué distingue una cultura de otra?

10. ¿En qué se parecían y en qué se diferenciaban la civilización azteca y la civilización maya? Anota la respuesta en tu Cuaderno del estudiante.

Evaluación del capítulo

Términos e ideas clave

1. **Recordar** ¿Qué civilizaciones mesoamericanas practicaban la **agricultura de tala y quema**?

2. **Describir** ¿En qué se diferenciaban las tierras altas y las tierras bajas de Mesoamérica?

3. **Recordar** ¿Por qué eran poderosos los sacerdotes mayas?

4. **Describir** Usa la palabra **jeroglífico** en una oración que describa la escritura maya.

5. **Comentar** ¿Cuál era la importancia de las plumas del **quetzal** en las civilizaciones mesoamericanas?

6. **Explicar** ¿Por qué construyeron **chinampas** los aztecas?

7. **Recordar** ¿Por qué declaraban la guerra los aztecas?

8. **Explicar** ¿Por qué construyeron **diques** y **acueductos** los aztecas?

9. **Comentar** ¿Cómo se llevaban a cabo las decisiones de los reyes aztecas?

10. **Describir** ¿Cuáles eran algunas características impresionantes de la capital azteca: Tenochtitlan?

Razonamiento crítico

11. **Analizar causa y efecto** ¿Cómo crees que se difundieron las ideas sobre la construcción de la ciudad o los sistemas de escritura de los olmecas o zapotecas a los mayas?

12. **Identificar la evidencia** ¿Cómo muestran los calendarios mayas el conocimiento de los mayas sobre las matemáticas?

13. **Sintetizar** ¿Cómo se adaptaron los aztecas a la geografía de su tierra natal y cómo modificaron esa geografía para satisfacer sus necesidades?

14. **Inferir** ¿Qué podría explicar por qué los pueblos conquistados a menudo se rebelaban contra el dominio azteca?

15. **Conceptos básicos: Sistemas políticos** ¿Cuáles eran algunas de las similitudes y diferencias entre los sistemas políticos de los mayas y los aztecas?

Analizar elementos visuales

Usa la gráfica de la derecha para contestar las siguientes preguntas.

16. ¿Qué parte de esta gráfica representa a Moctezuma Ilhuicamina?

17. ¿Qué categoría de la gráfica representa a los comerciantes que compran y venden mercancías en diferentes partes del imperio?

18. ¿Qué categoría representa a un funcionario que controla un vecindario de Tenochtitlan?

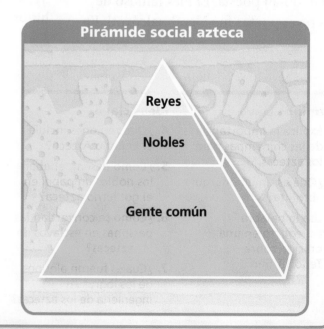

Pirámide social azteca

Reyes

Nobles

Gente común

Pregunta esencial

miMundo: Actividad del capítulo

La revista de historia de miMundo Sigue las instrucciones de tu maestro para desarrollar el texto y las ilustraciones de una edición de una revista histórica. Tu edición especial de la revista cubrirá los mayas, los zapotecas y las civilizaciones aztecas de Mesoamérica.

Aprendizaje del siglo XXI

Soluciona problemas

Trabajando en grupos pequeños, enumera por lo menos tres maneras diferentes en que los eruditos pueden obtener más información sobre las culturas pasadas con pocos registros escritos. Después piensa en maneras en que un erudito podría averiguar por qué tantas grandes ciudades mayas cayeron en la ruina después de 800 D.C. En un párrafo, explica lo que un erudito podría encontrar.

Preguntas basadas en documentos

En línea en myworldhistory.com

Usa tu conocimiento de Mesoamérica y los Documentos A y B para responder las Preguntas 1 a 3.

Documento A

" Entre los tesoros que fueron tomados del pueblo de Yucatán en 1519 por el conquistador Hernán Cortés y sus soldados había, algunos libros plegables, probablemente códices mayas. . . . Martyr [un funcionario español] especuló correctamente que los libros contenían información sobre las leyes, ceremonias, agricultura, cálculos [matemáticos] y astronomía".

—del *Manual de la vida en el mundo antiguo maya,* por Lynn V. Foster

1. ¿Qué te dice el Documento A sobre los libros mayas?

　A Tenían poco valor.

　B Contenían información sobre las matemáticas.

　C No contenían información sobre las matemáticas.

　D Los españoles los destruyeron.

Documento B

" Encontramos un gran número de estos libros [escritos] en estos signos y ya que no contenían nada en lo que no se viera superstición y mentiras del diablo, los quemamos todos, lo cual lamentaron a un grado sorprendente y les causó gran aflicción [sufrimiento]".

—de la traducción al inglés de *Relación de las cosas de Yucatán* por Diego de Landa Calderón, traducido por Alfred M. Tozzer

2. Con base en el Documento B, escrito por un sacerdote español, ¿por qué sobrevivieron tan pocos de estos libros?

　A Todos pensaban que eran malignos.

　B Causaban sufrimiento a los mayas.

　C Los mayas los quemaron.

　D Los españoles los quemaron.

3. Tarea escrita Escribe un párrafo desde la perspectiva de una persona maya sobre la pérdida de estos libros.

my worldhistory.com

Self-Test

América del Norte y América del Sur

? Pregunta esencial

¿Cuánto influye la geografía en la vida de las personas?

▲ Machu Picchu

? Explora la Pregunta esencial

- en **my worldhistory.com**
- usando **miMundo: Actividad del capítulo**
- con el **Cuaderno del estudiante**

Fechas clave en América del Norte y América del Sur

1150 Los pueblo ancestrales viven en grandes complejos de viviendas de piedra.

aprox. 1300 La sequía provoca que los pueblo ancestrales se trasladen.

1533 El Imperio Inca cae ante los invasores españoles.

1150　　　1250　　　1350　　　1450　　　1550

1200 Los incas se asientan en el valle de Cuzco.

1438 Pachacuti se convierte en el gobernante inca.

La doncella de hielo inca:
Congelada durante quinientos años

Éstos son detalles novelados sobre la vida de una niña inca.

Una niña inca jaló su chal para cubrirse bien mientras tropezaba al subir al pico de una alta montaña. El viento que azotaba su rostro olía a las cenizas de un volcán cercano en erupción. Las cenizas habían envenenado el agua y acabado con los cultivos. Las personas se morían de hambre, pero ella los ayudaría. Ella "viviría con los dioses", haciéndolos felices y mejorando la vida de las personas del valle.

La niña llevaba horas escalando sin comer desde que comió verduras en un campamento. Estaba cansada. Cuando cayó de rodillas, sintió una mano en el hombro. Un sacerdote inca puso un frasco en sus labios y ella saboreó un líquido dulce que la hizo sentir somnolienta. Sintió alivio cuando el sacerdote la recogió y se la llevó.

Esa niña subió al nevado de Ampato en el siglo XV. Avancemos hasta 1995, cuando un arqueólogo y su asistente escalaron la misma montaña para investigar los antiguos sitios incas de los Andes. Bajo la nieve y a punto de oscurecer, vieron unas plumas rojas que sobresalían de una cresta. Era una pequeña estatua de oro. Cerca de allí, descubrieron un bulto que contenía el cuerpo de la niña y otras ofrendas.

my worldhistory.com

Timeline/On Assignment

Aldeanos asustados observan el volcán que arroja ceniza, arruinando sus cultivos y envenenando el agua.

Juanita mira hacia Cuzco, donde será celebrada.

La llamaron Juanita, aunque es un nombre español y no inca. La ciencia y las conjeturas ayudaron a reconstruir su historia. Gracias a Juanita, los científicos obtuvieron más información sobre los incas.

El bulto momificado de Juanita contenía alimentos, hojas de coca, conchas marinas, cerámica y recortes de cabello, probablemente de su primer corte de pelo. Las pequeñas estatuillas en ropa fina probablemente estaban ahí para acompañarla en su viaje más allá de la muerte, su vida con los dioses.

Juanita murió a los 13 años. Llevaba un brillante chal de lana rojo con blanco, sostenido con alfileres de plata. El chal cubría un vestido multicolor.

Juanita va al volcán. Los sacerdotes la acompañan mientras escala enormes montañas y cruza traicioneros barrancos.

Un sacerdote carga a Juanita hasta el nevado de Ampato, una montaña cerca del volcán.

Su larga trenza negra estaba atada a un cinturón tejido con motivos geométricos. Su ropa indicó a los científicos que probablemente procedía de una familia noble y tal vez vivía cerca de Cuzco, la capital inca.

Los científicos descubrieron que Juanita estaba sana. Al igual que todos los niños elegidos para tal honor, era físicamente perfecta. Tenía buenos dientes, pómulos altos y piel hermosa.

Juanita habría estudiado religión y podía cocinar y tejer. Hacer ropa bonita era una fuente de gran orgullo para los incas y todas las mujeres participaban. La ropa mostraba el estatus y los nobles usaban ropa de las mejores fibras, de colores vivos e hilos de oro y plata tejidos en los diseños.

Pero ¿por qué los incas habrán ofrecido a una niña, un ser humano, en sacrificio? Los incas hacían muchos sacrificios, pero por lo general eran cobayos o, en ocasiones importantes, llamas. Un niño sólo podía ser sacrificado en una situación extrema. En el caso de Juanita, la erupción del volcán causó hambruna y muerte. Los incas creían que Juanita detendría la tragedia en el valle al unirse a los dioses. Ser elegida era un honor para Juanita.

Es probable que Juanita haya viajado a Cuzco, la ciudad de lujosos templos. Aunque iba con otros niños, ella era la más importante.

Los niños fueron despedidos con danzas y cantos. Caminaron hacia la montaña con los sacerdotes y las llamas que transportaban suministros. Es probable que el recorrido haya tomado semanas o meses.

El ascenso era difícil: a mayor altura, el aire se enrarecía. Los sacerdotes establecieron campamentos de descanso.

En el viaje final a la cima de la montaña, probablemente Juanita se haya sentido mareada y haya tenido dificultad para respirar. Los sacerdotes le dieron hojas para masticar y beber para que se sintiera cansada y así eliminar cualquier dolor. Quinientos años más tarde, Juanita ayudó a las personas a obtener información sobre su cultura.

¿Qué indica esta historia sobre cómo la geografía influyó en los incas? Mientras lees, piensa en lo que indica la historia de Juanita acerca de la vida en el Imperio Inca.

 myStory Video

Aprende más sobre los incas.

La Civilización Inca

Ideas clave
- La geografía de los Andes configuró la civilización inca.
- Los incas tenían un gobierno y una sociedad altamente organizados.
- Los logros de los incas en el gobierno, la ingeniería y las artes los sitúan entre las grandes civilizaciones del mundo.

Términos clave • Andes • terraza • quipu • jerarquía • ayllu • mita

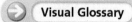 **Visual Glossary**

Destreza de lectura Resumir Toma notas usando el organizador gráfico en tu Cuaderno.

Esta muñeca inca estaba vestida igual que la niña con la que fue enterrada. ▼

Mucho antes de que llegaran los europeos en el siglo XVI, surgieron en toda América del Sur civilizaciones avanzadas. La más grandiosa fue el Imperio Inca. En su apogeo, se extendió 2,500 millas.

La geografía conforma la vida

Muchos pueblos vivían en la región de los Andes antes de que llegaran los incas. Las altas montañas conformaron su modo de vida.

La vida en los Andes Los **Andes** son una cadena montañosa en el borde occidental de América del Sur. Es difícil vivir en estas enormes montañas. Las pendientes son rocosas y escarpadas. El clima es frío. Es difícil respirar, porque el aire es liviano. Los incas y otros antes que ellos se adaptaron a estas duras condiciones.

Otra geografía Entre los Andes y el océano Pacífico hay un estrecho desierto. La selva tropical más grande del mundo, el Amazonas, está al este de los Andes. Ésta proveía recursos para los pueblos.

Agricultura andina Las primeras culturas avanzadas de América del Sur aparecieron en los Andes antes que los incas. La agricultura condujo al crecimiento de la civilización. Los pueblos andinos cultivaban a lo largo de los ríos. También cultivaban las laderas al cortar **terrazas**, o parcelas de tierra nivelada que se corta en una colina y se cultiva. Los canales de riego llevaban el agua a las terrazas. Así, se cultivaban más alimentos, incluyendo maíz, chile, calabaza, frijol, algodón, maní y cientos de tipos de papas.

Los pueblos andinos cazaban en las montañas y pescaban en el océano. Criaban llamas y alpacas, parientes del camello. Usaban las llamas por su carne y para llevar carga. Las alpacas daban lana suave.

Verificar la lectura **¿Cómo modificaron los incas su medio ambiente?**

El Imperio Inca

Los incas crearon su imperio en los siglos XV y XVI al controlar las tierras de otros pueblos. Parte de su éxito fue que era una sociedad bien organizada.

El Imperio Inca crece Se cree que los incas se asentaron en el valle de Cuzco, en el actual Perú, alrededor del siglo XIII. Durante los siguientes 300 años, construyeron un imperio, dirigido por reyes guerreros llamados sapas incas.

El más grandioso sapa inca fue Pachacuti, que asumió el poder en 1438. Formó un poderoso ejército. Marchando a la batalla, los soldados a menudo cantaban canciones sanguinarias para aterrorizar a su enemigo. Una decía así:

> ❝ Vamos a beber. . . de su cráneo, con sus dientes haremos collares, con sus huesos, flautas ❞.
>
> —canción inca de la victoria

Un poderoso ejército ayudó a los incas a expandirse, pero preferían no usarlo. Pachacuti ofrecía paz y protección a los que se unían al imperio. Mantenían sus gobernantes y costumbres locales. A cambio, pagaban impuestos en forma de trabajo y aceptaban la autoridad inca. Pachacuti gobernó por más de 30 años.

Un gobierno fuerte El gobierno inca estaba en Cuzco. Bajo el sapa inca, cuatro gobernadores controlaban las provincias. La administración se basaba en múltiplos de diez. Cada aldea estaba dividida en grupos de diez familias, organizados en grupos más grandes de 100, 1,000 y 10,000 familias. Un funcionario era responsable de cada grupo.

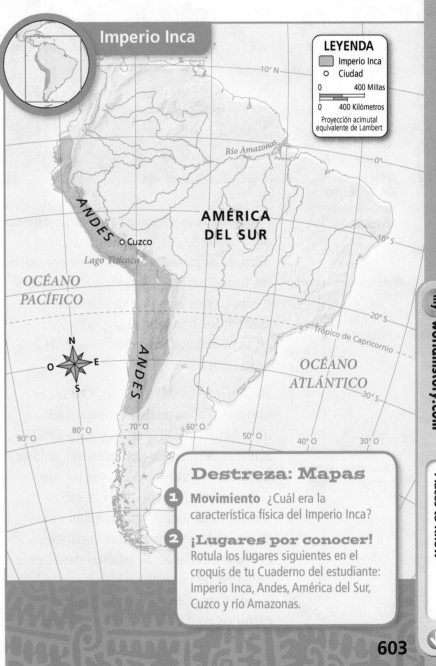

Imperio Inca

LEYENDA

Imperio Inca

○ Ciudad

0   400 Millas

0   400 Kilómetros

Proyección acimutal equivalente de Lambert

Río Amazonas

AMÉRICA DEL SUR

ANDES

○ Cuzco

Lago Titicaca

OCÉANO PACÍFICO

ANDES

OCÉANO ATLÁNTICO

Trópico de Capricornio

10° N

0°

10° S

20° S

30° S

90° O   80° O   70° O   60° O   50° O   40° O   30° O

Destreza: Mapas

1 **Movimiento** ¿Cuál era la característica física del Imperio Inca?

2 **¡Lugares por conocer!** Rotula los lugares siguientes en el croquis de tu Cuaderno del estudiante: Imperio Inca, Andes, América del Sur, Cuzco y río Amazonas.

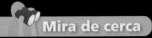
Ingeniería inca

Los talentos prácticos de los incas eran evidentes en la ingeniería y la arquitectura. Tenían tales destrezas de construcción que a menudo se les compara con los antiguos romanos. Muchos edificios siguen en pie, han sobrevivido muchos siglos y muchos terremotos. Los incas también son famosos por sus caminos. Expandieron la red de caminos a través de las montañas, conectando y añadiendo a los que habían construido los pueblos andinos que llegaron antes.

RAZONAMIENTO CRÍTICO   ¿Cómo superaron los ingenieros incas los desafíos de vivir en los Andes?

Un camino inca conduce hasta una montaña. Las llamas y las alpacas podían atravesar estos empinados caminos.

Las terrazas convertían las laderas de las montañas en campos cultivables.

distribuir, *v.,* repartir

miMundo: Actividad
Un problema enredado

El gobierno estaba a cargo del bienestar del pueblo. En tiempos de crisis, como pérdida de cosechas o desastres naturales, los funcionarios <u>distribuían</u> alimentos y ropa. Éstos proveían de almacenes extendidos por todo el imperio. Pero estos beneficios tenían un precio. Había poca libertad.

La unificación del imperio Los incas obligaban a los pueblos conquistados a usar su idioma, el quechua. Esto ayudó a unificar el imperio. Sin embargo, sólo era hablado. No había un idioma escrito.

Los mensajeros oficiales llevaban mensajes a menudo en un **quipu**, un dispositivo de registro que consiste en cuerdas anudadas. Se usaban para llevar registros de personas o bienes.

Los mensajeros viajaban ligeros por caminos construidos por todo el imperio. Los soldados tambien los usaban para suprimir rebeliones.

El fin del imperio El último gran sapa inca, Huayna Cápac, asumió el poder en 1493. El Imperio se extendía 2,500 millas de norte a sur. Es posible que tuviera unos diez millones de habitantes que, en general, vivían en paz.

Pero la paz no duró mucho. Huayna Cápac murió entre 1525 y 1530, sin designar un sucesor.

Dos de los hijos de Huayna Cápac lucharon por el poder. La guerra civil destrozó el mundo inca. La guerra apenas había terminado cuando los españoles invadieron. El debilitado imperio cayó ante los invasores, llamados conquistadores.

Verificar la lectura ¿Cómo respondía el gobierno inca a los desastres naturales?

La población local ayudó a construir puentes hechos con fibras naturales.

Puertas y ventanas en forma de trapecio ayudaban a los edificios a resistir los terremotos.

Logros incas

Los incas se destacaron en la arquitectura, la astronomía y metalistería.

Arquitectura Los incas eran grandes arquitectos. Construían con enormes bloques de piedra. Los cortaban con gran precisión usando herramientas de piedra. Cada piedra encajaba perfectamente. No necesitaban <u>mortero</u> para mantener los bloques unidos. Estos edificios siguen en pie hoy en día.

Las ciudades incas eran maravillas arquitectónicas. Cuzco, la capital, tenía grandes palacios y templos. "Cuzco era grande y majestuoso", escribió un visitante español. "Tenía buenas calles. . . y las casas eran de piedra sólida, hermosamente unidas".

La mayor obra de ingeniería fueron sus caminos. Se extendían por más de 15,000 millas. Atravesaban desiertos, montañas y selvas. Cruzaban los ríos con puentes que colgaban de cables. Había puentes flotantes que descansaban sobre pontones. Los caminos, a menudo pavimentados con piedras, eran duraderos. Hoy en día, se pueden ver en los Andes.

Artes y oficios Los incas llamaban al oro el "sudor del sol" y a la plata las "lágrimas de la luna". Con estos metales, hacían joyas, platos, estatuas y decoraciones de pared. Así es como un español describe el Templo del Sol en Cuzco:

> 66 Las. . . puertas estaban cubiertas con láminas de [oro]. Había una imagen del sol, de gran tamaño hecha de oro, bellamente labrada y con incrustaciones de piedras preciosas 99.
>
> —Pedro de Cieza de León

mortero, *sust.*, mezcla de cemento usada para unir los ladrillos

605

Machu Picchu

Machu Picchu es un famoso lugar inca que se encuentra en la cresta de una alta montaña. Era una finca real de los nobles incas que fue desconocida para los extranjeros por más de 300 años. Los peruanos locales usaban sus terrazas y acueductos, pero fue considerada "no descubierta" hasta 1911, cuando un guía local mostró el sitio a un profesor estadounidense.

Los nobles incas como éste probablemente se quedaban en Machu Picchu. ▶

Los incas valoraban los tejidos más que el oro. Tejían ropas coloridas y estampadas de algodón, alpaca y vicuña. La vicuña es un animal similar a la llama y la alpaca. Tiene pelo abundante y suave. Actualmente, se producen tejidos de gran calidad usando técnicas y diseños antiguos.

Ciencia Los incas eran diestros en la astronomía. La astronomía es el estudio de las estrellas, los planetas y otros cuerpos celestes. Los incas hicieron observaciones de las ubicaciones de los diferentes grupos de estrellas. Muchas de las estrellas y planetas estaban vinculados a los dioses y a los mitos de su religión.

También estudiaron los movimientos del Sol y la Luna para desarrollar calendarios que se usaban para decidir cuándo cultivar o celebrar fiestas. Sabían qué días del año tenían el menor y mayor número de horas y en qué días eran iguales el día y la noche.

Verificar la lectura **¿Por qué los incas son conocidos por su construcción?**

Sociedad inca

Se caracterizaba por un gobierno fuerte, la religión y un sistema de clases.

Orden social La sociedad se dividía en dos clases: los nobles y la gente común. Cada una tenía una **jerarquía**. Una jerarquía es un sistema de rangos asignados a los miembros de un grupo según su importancia.

Los nobles de más alto rango eran parientes de los gobernantes. Tenían las mejores casas, la mejor comida y ropa, y las posiciones más altas en el gobierno. Los nobles de menor rango tenían posiciones más bajas. Éstos eran los dirigentes locales no incas.

La mayoría de los no inca era gente común. Estaban divididos según su edad y género. Cada categoría tenía su trabajo y funciones. Los niños de 12 a 18 años arreaban las llamas y alpacas. Las niñas de 9 a 12 años recolectaban plantas silvestres para tintes y medicinas. Los hombres de 25 a 50 años plantaban cultivos y servían como soldados.

Economía La sociedad inca estaba organizada en ayllus. El **ayllu** era un conjunto de familias emparentadas que juntaban sus recursos para satisfacer sus necesidades. El ayllu poseía y distribuía las tierras. El líder distribuía alimentos y materiales para asegurarse de que todos recibieran los bienes que necesitaban.

No había dinero y el impuesto se pagaba con trabajo. Esto se llamaba la **mita**. Las tierras del ayllu eran divididas en tres partes: una para el gobierno, una para los sacerdotes y los dioses, y otra para las personas.

Los miembros del ayllu cultivaban las tierras del gobierno y de los religiosos

para pagar la mita. El gobierno almacenaba las cosechas para el ejército, los tiempos de hambruna y las ceremonias.

La religión inca Los incas adoraban a muchos dioses. El más importante era Inti, el dios sol. Los incas creían que eran descendientes de Inti. El sapa inca era reconocido como descendiente de Inti y dios viviente. Mientras honraran al sapa inca, los pueblos conquistados podían adorar a sus propias deidades.

Verificar la lectura **¿Cómo se dividían las tierras en el Imperio Inca?**

Esta llama de oro fue enterrada como ofrenda a un dios de la montaña. ▼

Los textiles, o telas tejidas, eran muy importantes en la cultura inca. Los incas adinerados usaban ropas de colores brillantes como éstas.

Evaluación de la Sección 1

? **Pregunta esencial**

Términos clave

1. Describe los Andes.
2. ¿Cuál era el propósito de un quipu?
3. ¿Qué era el ayllu?
4. ¿Por qué se pagaba la mita con trabajo?

Ideas clave

5. ¿Cómo cultivaban los incas en las laderas de los Andes?
6. ¿Cómo organizaron los incas su imperio?
7. ¿Por qué fue importante el sistema de caminos para la unificación del Imperio Inca?

Razonamiento crítico

8. **Comparar puntos de vista** ¿Cómo crees que se sentían los pueblos conquistados sobre su incorporación al Imperio Inca? ¿Por qué?
9. **Tomar decisiones** ¿Cuál fue el mayor logro de los incas? Explícalo.

¿Cuánto influye la geografía en la vida de las personas?

10. ¿Cómo influyó el medio ambiente en la formación del Imperio Inca? Anota la respuesta en tu Cuaderno del estudiante.

Sección 2

Culturas norteamericanas

Un recipiente para agua de arcilla ▶

Ideas clave
- Gran parte de nuestros conocimientos sobre las primeras culturas de América del Norte provienen de evidencia arqueológica.
- Las culturas indígenas norteamericanas estuvieron influenciadas por los lugares en los que vivían.
- Existían diversas culturas indígenas en América del Norte.

Términos clave • artefacto • sequía • *wigwam* • vivienda comunal • tipi • iglú • *potlatch*

Visual Glossary ⊙→

 Destreza de lectura Comparar y contrastar Toma notas usando el organizador gráfico en tu Cuaderno.

▲ Estas pinturas rupestres indígenas norteamericanas se encuentran en Utah.

Los indígenas norteamericanos vivían en lugares con accidentes geográficos, clima y vegetación muy diferentes. Cada grupo desarrolló un estilo de vida que se ajustaba a sus recursos, creencias, idiomas y tradiciones. Los historiadores dividen a los grupos posteriores en diez áreas culturales. Éstas se describen en esta sección y se muestran en el mapa al final.

Primeras culturas norteamericanas

Las primeras personas en asentarse en las Américas vinieron de Asia hace más de 15,000 años. Los indígenas norteamericanos no dejaron registros escritos. Sin embargo, los científicos han obtenido mucha información sobre esos pueblos al estudiar los artefactos. Los **artefactos** son objetos hechos por las personas, como herramientas, alfarería o joyería. Los científicos los estudian para determinar qué cultivaban los indígenas norteamericanos, qué cazaban, qué vestían y cómo eran sus casas.

Los pueblo ancestrales Varios grupos de personas se asentaron en la región que se convirtió en el Suroeste de los Estados Unidos. Se llaman pueblo ancestrales porque son los ancestros del pueblo que los españoles más tarde llamaron los pueblo. Los arqueólogos también los llaman los anasazi. Prosperaron durante cientos de años y construyeron complejas culturas.

Al principio, cavaban casas en el suelo. Hacia 1150, construían hogares de piedra conectados de hasta cuatro pisos, y a veces se construían en los lados de los acantilados.

En el Suroeste había poca lluvia, por lo que los pueblo ancestrales tenían que cuidar el agua. Cavaban zanjas para llevar el agua de los arroyos a los campos donde cultivaban maíz, frijol y calabaza.

Las largas sequías del siglo XIV dificultaron la agricultura. Una **sequía** es un largo período de poca o ninguna lluvia. Por ello, los grupos de pueblo ancestrales dejaron sus aldeas y se mudaron al sur. Algunos se establecieron cerca de los ríos, donde era más fácil cultivar. Otros volvieron a cazar y recolectar.

La cultura del Mississippi Otra cultura <u>compleja</u> surgió en el valle del río Mississippi. Se le llama la cultura del Mississippi. Al igual que los pueblo ancestrales, vivían en comunidades grandes y el maíz era el cultivo más importante. Ambas culturas tuvieron su apogeo entre 1000 y 1300. Pero tenían diferencias.

Los pueblos del Mississippi son llamados constructores de montículos debido a que construían colinas de tierra cerca de sus aldeas por motivos religiosos.

Respetaban al sol y a sus antepasados. Algunos montículos se elevaban hasta 100 pies y cubrían muchas hectáreas. Los templos y las casas de los sacerdotes líderes se encontraban sobre los montículos.

Debido a los avances en la agricultura, las aldeas crecieron. Usaban herramientas como las azadas para cultivar maíz. La ciudad más grande del Mississippi era Cahokia, en el estado actual de Illinois con más de 10,000 personas.

complejo, *adj.,* que tiene muchas partes, avanzado

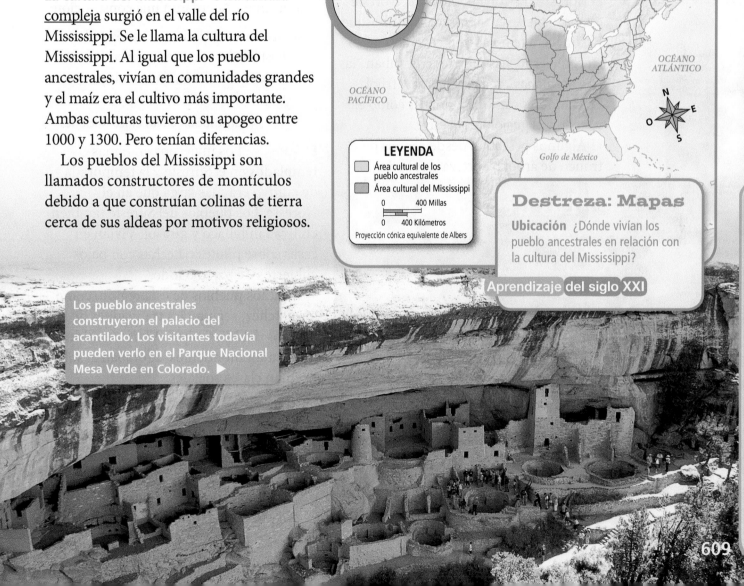

Primeros norteamericanos

OCÉANO ATLÁNTICO

OCÉANO PACÍFICO

LEYENDA

Área cultural de los pueblo ancestrales

Área cultural del Mississippi

0   400 Millas

0   400 Kilómetros

Proyección cónica equivalente de Albers

Golfo de México

Destreza: Mapas

Ubicación ¿Dónde vivían los pueblo ancestrales en relación con la cultura del Mississippi?

Aprendizaje del siglo XXI

Los pueblo ancestrales construyeron el palacio del acantilado. Los visitantes todavía pueden verlo en el Parque Nacional Mesa Verde en Colorado. ▶

El maíz (1), el frijol (2) y la calabaza (3) eran conocidos como "las tres hermanas", ya que las tres plantas juntas crecían bien y eran muy importantes para muchos grupos de indígenas norteamericanos. *¿Qué crees que molían los indígenas norteamericanos con el mortero que se muestra abajo?* ▼

Igual que con los pueblo ancestrales, una sequía dificultó el cultivo de maíz, frijol y calabaza. Esto produjo violencia entre los pueblos del Mississippi, por lo que rodearon sus ciudades con gruesos muros de troncos y se aliaron con otros grupos.

Verificar la lectura **¿Por qué abandonaron sus aldeas los pueblo ancestrales?**

Zona boscosa del Este

Por el siglo XVI, el Noreste y el Sureste eran el hogar de grupos llamados pueblos de la zona boscosa del Este.

El Noreste La zona boscosa del Noreste estaba cubierta en su mayoría por bosques. El clima era templado en el verano y frío en el invierno. Las mujeres cultivaban "las tres hermanas": maíz, calabaza y frijol. Los hombres cazaban animales como el venado y el guajolote silvestre.

Algunos pescaban desde canoas de tronco de árbol o corteza de abedul.

Las tres hermanas

Vivían en una vivienda comunal o *wigwam*. Un **wigwam** era una casa formada al doblar los troncos de los árboles jóvenes y atarlos juntos para hacer un marco redondo. Estaba cubierto con esteras de corteza o de caña. La **vivienda comunal** era similar, pero rectangular. Cada vivienda comunal era el hogar de varias ramas de una familia extensa.

En el siglo XVI, cinco grupos en el actual estado de Nueva York formaron la Liga Iroquesa para poner fin a las guerras. Cada nación se regía a sí misma, pero un consejo conjunto decidía los asuntos importantes. Acordaron una constitución:

> 66 Así será establecida la Gran Paz y las hostilidades ya no serán conocidas entre las Cinco Naciones, sino sólo la paz para un pueblo unido 99.
>
> —Constitución de las Cinco Naciones

El Sureste Los inviernos eran más templados en el Sureste y la temporada de cultivo era más larga que en el Noreste. Los pueblos del Sureste también cultivaban tabaco y girasol. Vivían en casas sobre pilotes o hechas con palos cubiertos de barro o lodo.

Algunos pueblos de esta región, como los natchez, seguían las tradiciones de los pueblos del Mississippi. Vivían en aldeas, construían montículos, adoraban al sol y tenían clases sociales.

Otros grupos vivían en el bosque, cazando y recolectando. Las clases sociales eran menos importantes para estos grupos.

Verificar la lectura **¿Qué es una vivienda comunal?**

Bisontes

Los bisontes, también llamados búfalos, eran importantes para los indígenas de las llanuras, la Meseta y la Gran Cuenca. Los bisontes eran la principal fuente de carne. Su piel se usaba para hacer ropa, mantas, botes y tipis. Se usaban todas las partes del animal, incluyendo los cuernos. *¿Cómo usaban los indígenas norteamericanos la piel del bisonte?*

Culture Close-Up

▲ Mocasines hechos de piel de bisonte

Las mujeres preparaban la dura piel para hacer tipis. ▶

▶ Un carcaj, arco y flechas

Grandes Llanuras

Muchos grupos de indígenas norteamericanos vivían en una vasta pradera llamada las Grandes Llanuras. Se extiende por el centro de América del Norte. En 1500, las llanuras eran el hogar de grandes manadas de bisontes. Estos animales eran muy importantes para los indígenas norteamericanos.

Antes de la llegada de los europeos, muchos pueblos eran agricultores. Vivían en aldeas a lo largo de los ríos. Sus viviendas eran grandes, redondas y hechas de tierra y hierba. Cultivaban maíz, frijol, calabaza, girasol y tabaco.

La caza del bisonte se llevaba a cabo fuera de las temporadas de plantación y cosecha. Los hombres seguían a los bisontes a pie, disparándoles con arcos y flechas.

Cuando la caza terminaba, las mujeres preparaban la piel del animal para hacer cuero. Hacían herramientas de los huesos, y utensilios de cocina de los estómagos. Usaban casi todas las demás partes del animal para la alimentación.

Los europeos trajeron los caballos a América del Norte. La caza a caballo se convirtió en parte de la vida. Los caballos transportaban los bienes, permitiendo que más grupos se convirtieran en migrantes. Así se pudieron trasladar entre lugares, en vez de quedarse en las aldeas.

Los grupos de migrantes vivían en casas portátiles en forma de cono llamadas **tipis**. Algunos usaban perros para arrastrar sus tipis de un lugar a otro, pero más tarde los caballos tomaron su lugar.

La danza del sol era un ritual religioso que se llevaba a cabo durante la primavera o el verano. Los miembros de la tribu se reunían para ver la danza de los guerreros durante varios días sin comer ni beber. Creían que estos esfuerzos ayudarían al grupo el año siguiente.

En las llanuras vivían muchos grupos <u>distintos</u>. Hablaban muchos idiomas diferentes, pero comerciaban usando un lenguaje de señas desarrollado para tal fin.

Verificar la lectura **¿Cómo influyó el uso del caballo en la vida de los pueblos de las llanuras?**

distinto, *adj.,* separado, diverso

my worldhistory.com

Culture Close-Up

Culturas del ártico

Los indígenas norteamericanos que vivían en climas árticos se adaptaron a la vida en un medio ambiente muy frío. Pasaban gran parte de su tiempo buscando alimentos. Sus botes eran de piel de foca y sus chaquetas a prueba de agua eran de intestinos de foca.

▲ Un anorak (abrigo) hecho con intestinos de foca

▲ Hoy en día, los cazadores siguen usando barcos de una persona llamados kayaks.

Culturas de las zonas boscosas

La vida en la zona boscosa del Este era muy diferente. Aunque las personas usaban canoas para la pesca y los viajes locales, obtenían gran parte de sus alimentos de la agricultura. Secaban sus cultivos de maíz, frijol y calabaza, lo que les daba más tiempo para otras actividades.

▲ Una máscara hecha de hojas de maíz

▲ Los pueblos de la zona boscosa del Este usaban canoas de corteza.

Norte y Noroeste

El Norte de América del Norte incluye tres áreas culturales: el ártico, el subártico y el noroeste del Pacífico.

Culturas del ártico Estos pueblos viven en un medio ambiente difícil. Los inviernos son largos, fríos, nevados y oscuros. El sol aparece pocas horas al día. Los días del verano son muy largos, pero la temporada es corta.

Manadas de caribúes llegan al sur de estas áreas para alimentarse de las plantas de verano. Los pueblos aprovechaban los largos días del verano para recolectar todos los alimentos posibles. Cazaban estos caribúes y alces.

También cazaban mamíferos marinos como focas, morsas y ballenas. Los cazadores esperaban en los agujeros de aire de las focas o las perseguían en kayaks. Cazaban ballenas usando barcos más grandes. De estos animales, los pueblos del ártico obtenían carne y materiales para ropa y herramientas. Incluso usaban el aceite de ballena y foca para calentar sus hogares.

Los pueblos del ártico vivían en tipos diferentes de viviendas. Algunas casas estaban construidas en parte bajo tierra y cubiertas de césped. Otras eran estructuras redondas pequeñas cubiertas de ramas de árboles. Algunos vivían en iglúes en el invierno. Los **iglúes** son casas en forma de cúpula hechas de bloques de nieve. En el verano, generalmente vivían en tiendas de campaña o casas subterráneas.

Culturas subárticas Estas culturas cubrían la mayor parte de lo que hoy es Canadá y Alaska. Allí los inviernos son fríos y los veranos cortos. La región cuenta con grandes bosques y tundra. Los alimentos eran escasos, pero estaban más <u>disponibles</u> que en el ártico.

disponible, *adj.,* que se puede alcanzar

Los pueblos de esta región, al igual que los ojibwas, vivían en pequeños grupos. Cazaban animales como el alce y el uapití. Atrapaban castores y aves acuáticas, como patos. En los meses más cálidos, recolectaban bayas y otros vegetales.

Algunas personas vivían en tiendas de campaña en el verano. En el invierno, cavaban casas en la tierra para protegerse del viento. Para abrigarse, usaban ropa de piel. Usaban raquetas de nieve y trineos para mover productos en la nieve.

Cuando llegaron los europeos, los pueblos subárticos intercambiaban pieles, o cueros de animales, por productos como harina. Muchos grupos subárticos dedicaron más tiempo a cazar y preparar las pieles. Eso les permitía vivir en las aldeas durante más tiempo del año, en lugar de pasar todo su tiempo recolectando alimentos.

Costa del Noroeste Los pueblos de las culturas del Noroeste vivían a lo largo de la costa del océano Pacífico. El medio ambiente era fértil y variado. El clima no era ni muy cálido ni muy frío. Había caza y alimentos vegetales en los bosques.

Los pueblos del Noroeste talaban los grandes árboles para hacer enormes canoas. Las llevaban al océano cercano para cazar focas, nutrias de mar y ballenas o atrapaban salmón y mariscos.

Los alimentos eran tan abundantes que no tenían necesidad de cultivar. Pasaban menos tiempo recolectando, cazando y almacenando alimentos que otros indígenas norteamericanos y pudieron asentarse en comunidades.

Los alimentos abundantes y las comunidades permanentes produjeron sociedades complejas con rangos sociales. Esto significa que algunas personas y familias tenían un estatus más alto, o valor social, que otras.

Es probable que decenas de personas emparentadas vivieran en cada enorme casa familiar de madera. Al frente de la casa familiar había un tótem. Esta alta estructura, hecha de un árbol, era tallada y pintada para relatar los sucesos y personas importantes de la historia de una familia.

Las familias adineradas ofrecían *potlatches* para conmemorar sucesos importantes. Un **potlatch** era una ceremonia en la que una familia adinerada y de alto nivel ofrecía un festín y daba regalos a sus invitados. Era una oportunidad para contar historias de familia. Así, la herencia familiar se transmitía de generación en generación.

Verificar la lectura **¿Cuál era el propósito de un tótem?**

El Oeste y el Suroeste

El Oeste de América del Norte incluía varias áreas culturales indígenas norteamericanas. La diversidad de medio ambientes influyó en las culturas.

El Suroeste Los descendientes de los pueblo ancestrales se establecieron en Nuevo México. Allí, construyeron casas de varios pisos con adobe, o barro seco. Cuando los españoles llegaron, llamaron a estas estructuras *pueblos*. Hoy en día, estas personas son llamadas los pueblo.

miMundo: Actividad
Crea un tótem de la escuela

Los tótems son parte de la cultura del Noroeste del Pacífico. ▼

Viviendas indígenas norteamericanas

Las viviendas indígenas norteamericanas reflejan los diferentes medio ambientes en que vivían las personas. Cada grupo se adaptaba para usar los materiales disponibles en donde vivían.

RAZONAMIENTO CRÍTICO ¿Qué te indican estas viviendas sobre la región en la que están ubicadas?

A Durante el invierno, los pueblos del ártico construían iglús con bloques de nieve.

B Las viviendas comunales eran el hogar de las familias extensas en el Noreste.

C Los *wigwams* estaban hechos de postes de troncos cubiertos con corteza.

D Las viviendas cavadas tenían un marco de madera cubierto con ramas y césped.

E Los pueblos a lo largo de la costa del Noroeste construían casas de tablones de cedro.

F Los *hogans*, las casas del Suroeste, eran de palos y barro.

G Algunas casas en California eran postes de cedro cubiertos con corteza.

ÁRTICO
A

SUBÁRTICO

COSTA NOROESTE

E

MESETA

GRAN CUENCA

G

CALIFORNIA

GRANDES LLANURAS
D

C

ZONA BOSCOSA DEL NORESTE
B

F

SUROESTE

ZONA BOSCOSA DEL SURESTE

614

Al igual que muchos grupos indígenas, los pueblo cultivaban maíz, frijol y calabaza. Algunos también cultivaban algodón. Sin embargo, el clima seco de esta región continuó desafiándolos.

Otros indígenas norteamericanos del Suroeste vivían como cazadores-recolectores. Los pueblos que vivían cerca del agua construían casas con troncos. Otros grupos vivían en *wigwams* o tipis.

Más tarde, los colonos europeos introdujeron ovejas en la región. Algunos pueblos, como los navajo, arreaban ovejas. Hacían mantas con la lana.

La meseta y la Gran Cuenca La región de la meseta estaba rodeada de montañas y tenía poca lluvia. Allí vivían muchas culturas diferentes. La mayoría de las personas vivían en aldeas permanentes. En ciertas épocas del año salían de las aldeas a recolectar alimentos silvestres. El alimento más importante era el pescado.

Con la llegada de los caballos a América del Norte, la vida cambió. Los nez percé, se volvieron nómadas, siguiendo a las manadas de bisontes.

Algunos pueblos vivían en la Gran Cuenca. Esta área del desierto está entre las montañas Rocosas y la Sierra Nevada. El alimento era escaso en esta región.

Vivían en pequeños grupos y se trasladaban en busca de alimentos. Comían plantas y cazaban animales pequeños. En el siglo XVII, algunos comenzaron a usar caballos y se asemejaron a los pueblos de las llanuras, cazando búfalos y viviendo en tipis.

California Al igual que en la meseta, los indígenas norteamericanos de California eran muy diversos. Había varios tipos de casas y formas de vida. La mayoría eran cazadores recolectores, pero otros cultivaban. Muchos dependían de las bellotas que molían para hacer harina.

Los que vivían cerca del agua pescaban y vivían en aldeas. Los de los desiertos iban de un lugar a otro. Se destacaban por sus historias orales y poemas.

Verificar la lectura ¿A qué llamaban *pueblo* los españoles?

mi Mundo
CONEXIONES

Puntas de lanza encontradas cerca de Clovis, Nuevo México, dieron su nombre a la primera cultura indígena norteamericana conocida: "complejo de Clovis".

Evaluación de la Sección 2

Pregunta esencial

Términos clave

1. ¿Cómo usan los historiadores los artefactos?

2. Describe una vivienda comunal.

3. ¿Qué pasaba en un *potlatch*?

Ideas clave

4. ¿En qué se parecen y diferencian un *wigwam* y una vivienda comunal?

5. ¿Cuáles son dos ejemplos de grupos indígenas que se adaptan a su medio ambiente?

6. ¿En qué áreas culturales era importante la agricultura?

Razonamiento crítico

7. **Resolución de problemas** ¿Por qué se usaban tipis y viviendas cavadas como casas en las Grandes Llanuras?

8. **Sacar conclusiones** ¿Por qué unos indígenas desarrollaron la agricultura y otros no?

¿Cuánto influye la geografía en la vida de las personas?

9. Elige una región cultural indígena norteamericana. ¿Cómo influyó la geografía en el tipo de viviendas que se usaban allí? Anota la respuesta en tu Cuaderno del estudiante.

Evaluación del capítulo

Términos e ideas clave

1. **Describir** Describe la jerarquía social en el Imperio Inca.

2. **Resumir** Describe lo que hacía un **ayllu**.

3. **Recordar** ¿Qué es un **artefacto**?

4. **Comparar y contrastar** Compara un **tipi** con una **vivienda comunal**.

5. **Explicar** ¿Cómo afectó la **sequía** a los pueblo ancestrales?

Razonamiento crítico

6. **Resolución de problemas** ¿Cómo construyeron los incas un imperio en un medio ambiente difícil?

7. **Inferir** ¿Por qué preferían los incas no usar a su ejército para expandir su imperio?

8. **Sacar conclusiones** ¿Cuál era el propósito de los montículos de los pueblos del Mississippi?

9. **Analizar causa y efecto** ¿Cómo influyó el uso del caballo en la cultura de los indígenas norteamericanos de las Grandes Llanuras?

10. **Conceptos básicos: Los cinco temas de la geografía** ¿Qué es la ubicación? ¿Qué influencia tuvo en los indígenas norteamericanos?

Analizar elementos visuales

11. Describe las acciones de los incas en esta imagen.

12. ¿Qué indica esta imagen sobre la religión inca?

13. ¿Qué indica esta imagen sobre lo que era importante para los incas?

Pregunta esencial

miMundo: Actividad del capítulo

¿En qué parte de las Américas? Investiga los sitios de las viviendas y los artefactos para obtener información sobre cómo se adaptaban los grupos de indígenas norteamericanos a su medio ambiente. Analiza las pistas de cada Tarjeta de actividades para predecir qué región está representada en cada Tarjeta de actividades.

Aprendizaje del siglo XXI

Desarrolla conciencia cultural

Elige un grupo de indígenas norteamericanos. Describe cómo continúan sus tradiciones en la actualidad. Enfócate en uno o dos aspectos de la cultura del grupo, como los alimentos o las celebraciones, que han sido transmitidos de generaciones anteriores. Describe por qué surgió cada tradición o forma de vida.

Preguntas basadas en documentos

Success Tracker™

En línea en myworldhistory.com

Usa tu conocimiento de los incas y los Documentos A y B para responder las Preguntas 1 a 3.

Documento A

" En la memoria humana, creo que no hay ninguna descripción de un camino tan grandioso como éste, corriendo a través de profundos valles, altas montañas, bancos de nieve, torrentes de agua, roca viva y ríos salvajes. . . . Por todos los lugares estaba limpio y barrido, libre de desperdicios [basura], con casas, almacenes, templos del sol y puestos a lo largo de la ruta. ¡Oh! ¿Hay algo similar que pueda ser afirmado de. . . los poderosos reyes. . .?"

—Pedro Cieza de León

Documento B

" Desde el suelo del puente hasta los cables que sirven como barreras de seguridad, cubren y entrelazan los lados toda la longitud de los cables con ramas; esto produce dos paredes que sirven más para evitar que los que cruzan se asusten que como apoyos. Esta construcción hace que estos puentes sean fuertes y seguros para cruzar, tanto para los hombres como para las bestias que transportan cargas, aunque los puentes oscilan y se balancean".

—Padre Bernabé Cobo

1. ¿Qué pensaba el autor del Documento A sobre los caminos incas?

A Los caminos incas estaban muy avanzados.

B Los caminos incas estaban muy sucios.

C Los caminos incas no eran tan grandiosos como los caminos europeos.

D Los caminos incas deberían haber tenido alojamientos y almacenes.

2. ¿Por qué los incas construían paredes en sus puentes?

A Para evitar que se movieran.

B Para evitar que se cayeran.

C Para permitir que los caballos cruzaran.

D Para evitar que las personas se asustaran.

3. **Tarea escrita** ¿Por qué los europeos estaban tan impresionados con los caminos y puentes que atravesaban los Andes?

my worldhistory.com

Self-Test

617

Los Aztecas y los Incas

Idea clave
- Los aztecas y los incas construyeron civilizaciones muy avanzadas en las Américas.

Una ilustración moderna de Tenochtitlan

Las civilizaciones florecieron en las Américas mucho antes de que llegaran los europeos. Los aztecas construyeron un poderoso imperio a través de la conquista. Su sociedad era altamente organizada con un rígido sistema de clases y un gobierno fuerte. La enorme ciudad capital de Tenochtitlan mostraba las destrezas de los aztecas en arquitectura e ingeniería. Al igual que los aztecas, los incas también tenían un imperio con edificios bien diseñados y caminos, así como un complejo sistema político y religioso. Ambas sociedades adoraban a muchos dioses. Las ceremonias religiosas aztecas se centraban en la lluvia y el sol.

Lee el texto de la derecha. Haz una pausa en cada letra encerrada en un círculo. Luego, responde la pregunta con la misma letra que está a la izquierda.

Ⓐ Analizar causa y efecto ¿Por qué se quedaron "atónitos" los observadores con lo que vieron?

Ⓑ Inferir ¿Qué características de la construcción azteca hacían de sus ciudades y edificios "una visión encantada"?

Ⓒ Sacar conclusiones ¿Por qué estas visiones eran "nunca antes escuchadas, vistas o soñadas"?

calzada, *sust.,* un camino elevado a través de suelo húmedo o agua; carretera

Amadís, *sust.,* caballero español ficticio

vena, *sust.,* un modo distintivo de expresión; estilo

La gran ciudad de Tenochtitlan

❝Y cuando vimos todas esas ciudades y aldeas construidas en el agua, y otras grandes ciudades en tierra firme, y esa <u>calzada</u> recta y nivelada que conduce a México, Ⓐ nos quedamos atónitos. Estas grandes ciudades y... edificios que surgían del agua, todos hechos de piedra, Ⓑ parecían una visión encantada de la historia de <u>Amadís</u>. De hecho, algunos soldados preguntaron si no era un sueño. No es de extrañar que escriba en esta <u>vena</u>. Todo era tan maravilloso que no sé cómo describir esta visión de cosas Ⓒ nunca antes escuchadas, vistas o soñadas. . . . Y cuando entramos a la ciudad de Iztapalapa, ¡la visión de los palacios en los que nos hospedaron! Eran amplios y bien construidos, de piedra magnífica, madera de cedro y de otros árboles con aroma agradable, con grandes habitaciones y patios que eran un espectáculo maravilloso, y todo cubierto con toldos de algodón tejido❞.

—Bernal Díaz del Castillo, *La conquista de Nueva España*, finales del siglo XVI, traducido de la versión al inglés de J.M. Cohen

Lee el texto de la derecha. Haz una pausa en cada letra encerrada en un círculo. Luego, responde la pregunta con la misma letra que está a la izquierda.

D **Sacar conclusiones** ¿Qué indican estas líneas sobre el tamaño del Imperio Inca?

E **Analizar los detalles** ¿Qué está describiendo el escritor cuando usa la frase "escaleras para gigantes"?

F **Resumir** Describe en tus propias palabras las herramientas y la tecnología incas.

reseco, *adj.,* privado de humedad, seco

multitud, *sust.,* un gran número de personas

precisión, *sust.,* la cualidad de ser preciso, exactitud

presidir, *v.,* tener la autoridad

El Imperio Inca

66 La era del quinto sol fue la época del glorioso Imperio Inca,

D que se extendía hacia el norte, sur, este y oeste. . . sobre el desierto costero, la montaña congelada y el fértil valle, y deslumbraba con sus maravillas imperiales: su red de caminos, que permitían una buena comunicación y el rápido movimiento de las tropas; sus sistemas de riego, que llevaban agua a la tierra <u>reseca</u>; sus terrazas de cultivo, subiendo

E por las laderas como escaleras para gigantes, que no sólo producían alimentos suficientes para la <u>multitud</u>, sino también un superávit; sus edificios monumentales, erguidos sin el

F beneficio de las herramientas de hierro o la rueda, y construidos con piedras. . . que se entrelazan con tal fina <u>precisión</u> que apenas un susurro puede pasar entre ellas; sus artesanías en tejido y cerámica, y joyas y oro; y <u>presidiendo</u> por encima de todo, el gran rey en persona, el Inca **99**.

—Diana Ferguson, *Tales of the Plumed Serpent,* 2000

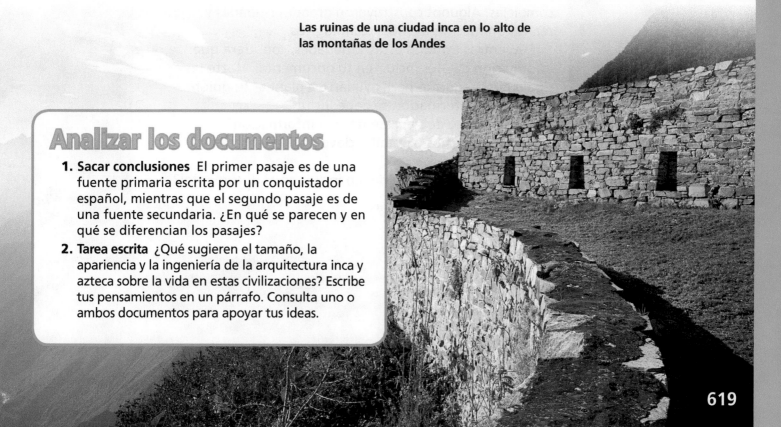

Las ruinas de una ciudad inca en lo alto de las montañas de los Andes

Analizar los documentos

1. **Sacar conclusiones** El primer pasaje es de una fuente primaria escrita por un conquistador español, mientras que el segundo pasaje es de una fuente secundaria. ¿En qué se parecen y en qué se diferencian los pasajes?

2. **Tarea escrita** ¿Qué sugieren el tamaño, la apariencia y la ingeniería de la arquitectura inca y azteca sobre la vida en estas civilizaciones? Escribe tus pensamientos en un párrafo. Consulta uno o ambos documentos para apoyar tus ideas.

Escribe el guión de un Documental

Tu misión Investiga las antiguas sociedades de las Américas y presenta tus conclusiones en un guión para un documental. Divídanse en cinco equipos, uno para cada una de las siguientes sociedades: olmeca, maya, azteca, inca e indígena norteamericana. Con tu equipo, prepara el guión de un documental que describa tu sociedad. Incluye un guión gráfico ilustrado con imágenes que podrían aparecer en tu documental.

En las Américas, las sociedades indígenas se desarrollaron mucho antes de que llegaran los exploradores europeos y los colonos. Muchos de estos pueblos tenían culturas complejas. Algunos construyeron grandes ciudades y realizaron muchos avances tecnológicos.

Mientras estudias estas sociedades, considera qué información quieres incluir en tu documental. Hazte las siguientes preguntas para ayudarte a planear tu guión:

- ¿Qué información se debe incluir?
- ¿Cómo se debe presentar esa información?
- ¿Qué hechos o detalles clave podrían interesar a la audiencia?
- ¿Qué imágenes se deben incluir en el documental?

PASO 1

Investiga tu cultura.

Organiza una misión de investigación sobre la sociedad de tu equipo. Proporciona a cada miembro del equipo un tema para que lo investigue, como la geografía, los sistemas de creencias, el gobierno, la economía, la cultura o la ciencia y la tecnología. Una vez que tu grupo haya recabado la información e imágenes de tu sociedad, comienza a planear tu documental. Considera cómo presentarás tus hechos de manera interesante y lógica.

PASO 2

Crea tu guión y tu guión gráfico.

Organiza la información de tu sociedad de manera que tenga sentido. Tal vez quieras presentar la información en orden cronológico o puedes dividir los segmentos por tema. Tal vez quieras que los miembros del equipo escriban la parte del guión que cubre su tema. Después haz un guión gráfico, o un bosquejo de las imágenes que podrían aparecer en el documental.

PASO 3

Presenta tu documental.

Un documental exitoso explica los hechos de un tema de manera interesante. Revisa tu guión y tu guión gráfico para asegurarte de que has incluido la información clave de tu sociedad. Antes de presentar tu guión a la clase, ensaya con tu grupo. Asegúrate de decidir qué líneas serán leídas por miembros específicos del equipo. Luego lee en voz alta tu guión y explica las imágenes que has usado en tu guión gráfico.

Europa en la Edad Media

Enrique II (siglo XII) fue el rey de Inglaterra cuyo intento de tener más control sobre la Iglesia católica provocó el asesinato de Tomás Becket.

Juana de Arco (siglo XV) fue una adolescente francesa que dirigió a Francia en victorias sobre el ejército inglés durante la Guerra de los Cien Años.

Océano Atlántico

Carlomagno (siglos VIII–IX) fue el poderoso rey de los francos coronado emperador por el papa León III.

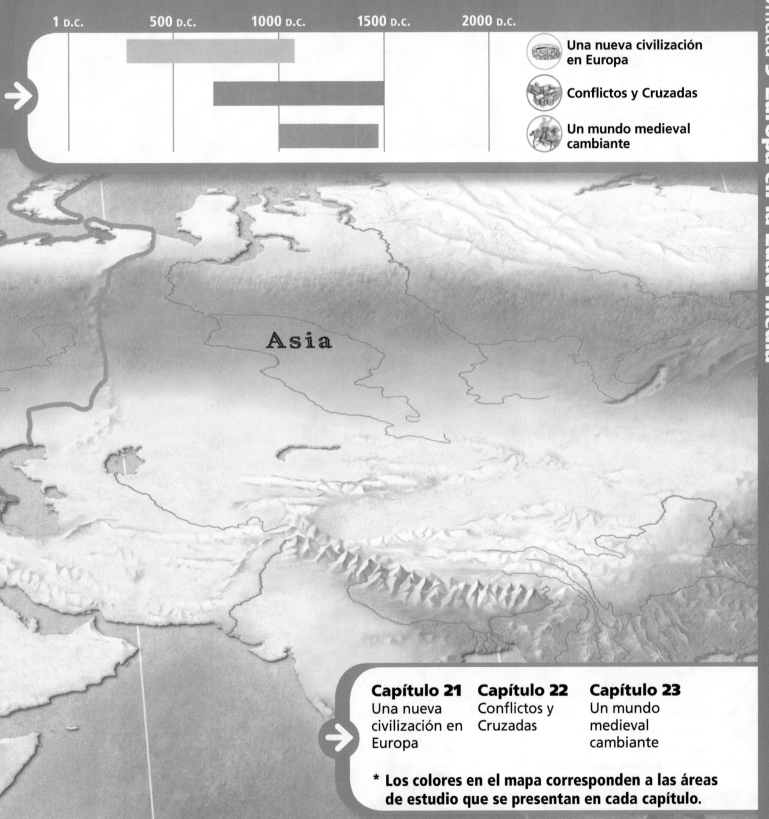

1 D.C. 500 D.C. 1000 D.C. 1500 D.C. 2000 D.C.

Una nueva civilización en Europa

Conflictos y Cruzadas

Un mundo medieval cambiante

Asia

* Los colores en el mapa corresponden a las áreas de estudio que se presentan en cada capítulo.

Una nueva civilización en Europa

? **Pregunta esencial**

¿Qué es el poder? ¿Quién debe tenerlo?

? **Explora la Pregunta esencial**

- en **my worldhistory.com**
- usando **miMundo: Actividad del capítulo**
- con el **Cuaderno del estudiante**

Los suntuosamente decorados Evangelios de Lindau incluyen escritos de la Biblia cristiana.

Alta Edad Media

486 Clovis derrota al último ejército romano en Europa occidental.

732 Carlos Martel derrota a los invasores musulmanes españoles en la Batalla de Tours.

800 El papa León III corona a Carlomagno como emperador.

450   550   650   750   850

529 Benito de Nursia funda el primer monasterio benedictino.

795 Los vikingos realizan su primera incursión conocida en Irlanda.

Carlomagno y León:
La espada y la corona

Esta miHistoria es un relato ficticio de los acontecimientos en la vida de una persona real de este capítulo.

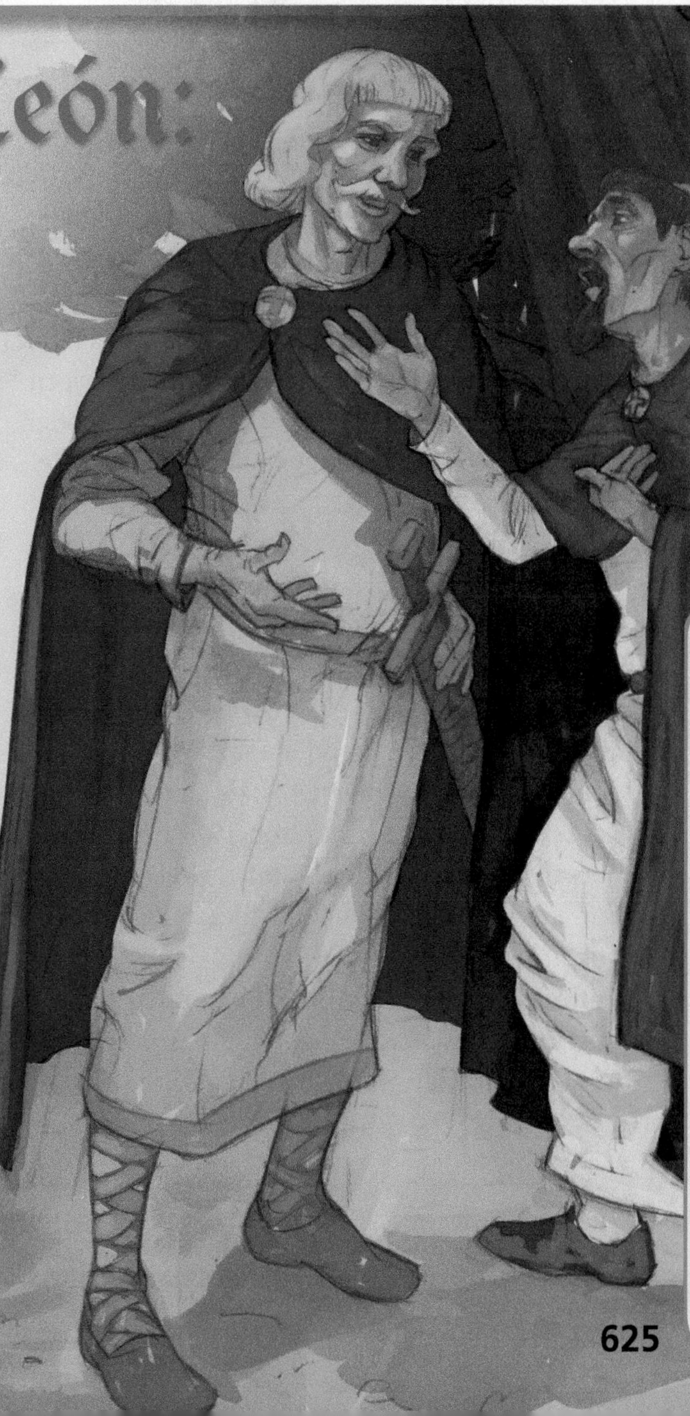

En su castillo en Paderborn, en el corazón de lo que hoy es Alemania, el rey Carlomagno recibió una visita sorpresa durante el verano de 799: el papa León III, líder de la Iglesia católica. León había ido en busca de protección de sus enemigos en Roma, Italia.

"Mis enemigos dicen que he cometido pecados terribles —dijo León a Carlomagno—, ¡pero no lo he hecho! Amenazaron con sacarme los ojos y cortarme la lengua y me encarcelaron en un monasterio. ¡Tuve que escapar!"

Carlomagno miró hacia abajo a León desde su estatura de 6 pies, 3 pulgadas. Apoyó su mano sobre la empuñadura de su espada. Como rey de los francos, había usado su espada durante más de treinta años, batalla tras batalla, luchando por ampliar su territorio y poder. Estas batallas también aumentaron la difusión del cristianismo en Europa. Con su espada, Carlomagno se había convertido en el gobernante más poderoso de Europa.

my worldhistory.com

Timeline/On Assignment

León le contó a Carlomagno sobre su audaz fuga nocturna del monasterio en el que sus enemigos lo tenían prisionero.

Ahora León le ofrecía algo más que poder. Carlomagno recordó cómo León se había convertido en papa tras la muerte del papa Adriano I. Adriano había sido popular entre los nobles que gobernaban Italia, porque él mismo era un noble. León, sin embargo, era de una clase social más baja. Los nobles romanos que creían que el papa debía ser de origen noble estaban horrorizados por su ascenso al poder.

Mientras Carlomagno escuchaba la historia de León sobre cómo había escapado de sus enemigos, se dio cuenta de que León lo necesitaba y que él necesitaba a León. Podrían hacer un intercambio. Cuando León pidió la protección de Carlomagno para regresar a Roma, el rey dio unas palmaditas en la empuñadura de su espada. "Como cristiano, es mi deber ayudar a defender a la Iglesia —dijo—. Pero no cualquier rey puede restablecer el orden en Roma, la capital del antiguo Imperio Romano. Sólo un nuevo emperador romano puede hacer eso". Así que juntos, León y Carlomagno, idearon un plan que beneficiaría a ambos.

León regresó a Roma con una escolta armada proporcionada por Carlomagno. Unos meses más tarde, el mismo Carlomagno viajó a Roma. En presencia del gran rey franco, los enemigos de León no se atrevieron a acusarlo. León hizo un juramento de inocencia y los nobles tuvieron que aceptarlo. Carlomagno había demostrado que su poder protegía al líder de la Iglesia católica.

Unos días más tarde, Carlomagno y León llevaron a cabo la segunda parte de su plan. El día de Navidad, Carlomagno asistió a un servicio religioso con León. Durante el servicio, Carlomagno se arrodilló en oración. Inclinó la cabeza y cerró los ojos. Mientras lo hacía, León tomó una corona del altar y la colocó sobre la cabeza de Carlomagno. Todos en la iglesia exclamaron, reconociendo a Carlomagno como el nuevo emperador de los romanos.

Carlomagno sabía que ser nombrado emperador no le daba ningún poder que no tuviera ya. Sin embargo, le daba un prestigio que ningún otro líder europeo occidental tenía. León había ganado algo también: había demostrado que sólo el papa tenía el derecho a nombrar al emperador.

Al coronar emperador a Carlomagno, León corría el riesgo de iniciar una guerra con el Imperio Bizantino. Carlomagno sabía que la gobernante bizantina, la emperatriz Irene, podría pensar que él y León estaban tratando de tomar su trono. Mientras Carlomagno sentía el peso de la corona de oro asentándose sobre

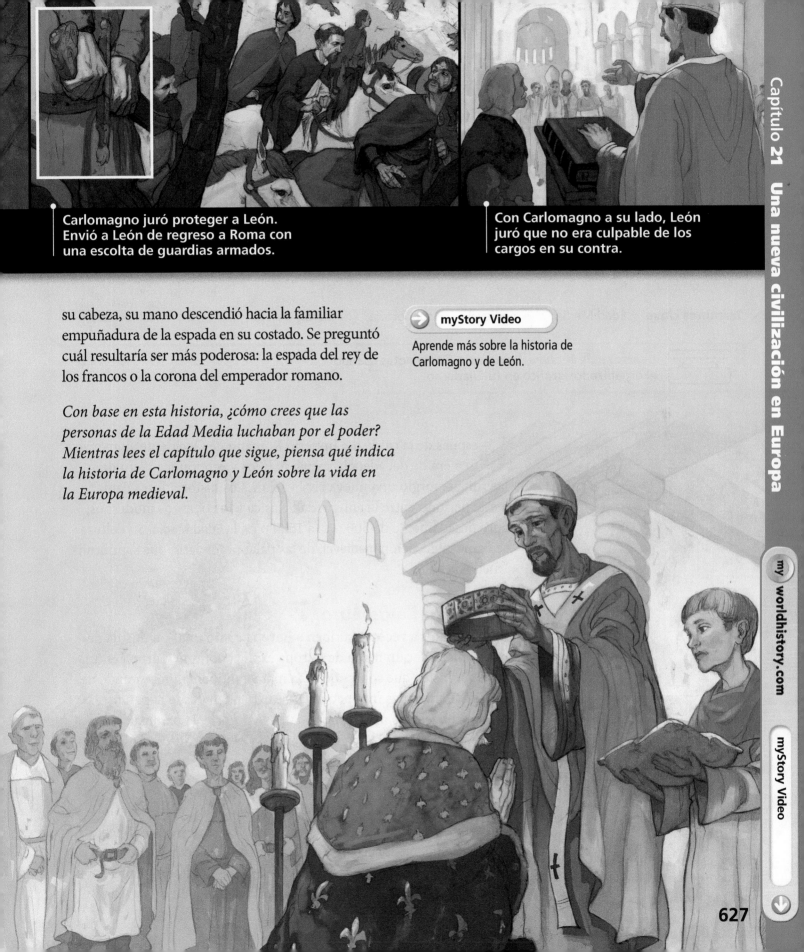

Carlomagno juró proteger a León. Envió a León de regreso a Roma con una escolta de guardias armados.

Con Carlomagno a su lado, León juró que no era culpable de los cargos en su contra.

su cabeza, su mano descendió hacia la familiar empuñadura de la espada en su costado. Se preguntó cuál resultaría ser más poderosa: la espada del rey de los francos o la corona del emperador romano.

Con base en esta historia, ¿cómo crees que las personas de la Edad Media luchaban por el poder? Mientras lees el capítulo que sigue, piensa qué indica la historia de Carlomagno y León sobre la vida en la Europa medieval.

> **myStory Video**
>
> Aprende más sobre la historia de Carlomagno y de León.

627

Sección 1

Europa en la Alta Edad Media

Ideas clave
- La variada geografía de llanuras, montañas y ríos de Europa, ha atraído a muchos pueblos diferentes.
- Después de la caída de Roma, pueblos germanos como los francos formaron reinos.
- El emperador franco Carlomagno unificó una gran parte de Europa occidental.

Términos clave • Edad Media • medieval • topografía • clero

 Visual Glossary

Destreza de lectura **Secuencia** Toma notas usando el organizador gráfico en tu Cuaderno.

▲ Réplica de un casco anglosajón, aproximadamente 600 D.C.

628

Después de la caída del Imperio Romano de Occidente, comenzó una era de decadencia social, política y económica. Pero de las ruinas, surgió una nueva civilización. Los historiadores llaman a este período entre la antigüedad clásica y los tiempos modernos, aproximadamente de 500 D.C. a 1500 D.C., la **Edad Media**. Su cultura se llama civilización **medieval**, de las palabras en latín que significan "mediana edad".

La geografía de Europa

Los geógrafos a veces describen a Europa como una "península de penínsulas". Ver un mapa de Europa explica por qué: Europa es una gran península que sobresale de la masa continental más grande de Eurasia. Penínsulas más pequeñas se extienden desde la península principal hacia los mares circundantes. Al norte, la península Escandinava divide el océano Atlántico y el mar Báltico. Al sur, las penínsulas Ibérica, Itálica y Balcánica se adentran en el mar Mediterráneo.

Montañas y llanuras La **topografía** de Europa, o las características físicas de su superficie, es muy variada. Las montañas bordean el continente. Al norte, hay montañas a lo largo de la península Escandinava. Los Alpes forman un arco de montañas al sur de Europa. Al oeste, los Pirineos dividen España y Francia. Al este, los Urales separan Europa y Asia.

Europa: Mapa físico

OCÉANO
GLACIAL ÁRTICO

Mar de Barents

CÍRCULO POLAR ÁRTICO

PENÍNSULA ESCANDINAVA

Islandia

Montes Urales

60° N

N
O   E
S

OCÉANO
ATLÁNTICO

50° N

Mar del Norte

Mar Báltico

Río Volga

LLANURA DEL NORTE DE EUROPA

Irlanda

Gran Bretaña

Río Rin

Río Dniéper

Río Don

Mar Caspio

Río Loira

A l p e s

Cárpatos

Montañas del Cáucaso

ASIA

Río Danubio

Mar Negro

LEYENDA
Altitud

Pies	Metros
6,000	1,829
3,000	914
1,000	305
500	152
Nivel del mar	Nivel del mar
0	

0   400 Millas

0   400 Kilómetros

Proyección cónica conforme
de Lambert

Pirineos

Córcega

PENÍNSULA
ITÁLICA

PENÍNSULA
BALCÁNICA

PENÍNSULA
IBÉRICA

Cerdeña

Sicilia

Islas Baleares

Mar Mediterráneo

Creta

ÁFRICA

10° O   0°   10° E   20° E   30° E

Los Alpes al norte de Italia

El valle del río Danubio

Destreza: Mapas

1 **Lugar** ¿Qué penínsulas están rotuladas en este mapa?

2 **Región** ¿Cómo varía la altitud en Europa?

La llanura del norte de Europa es el corazón fértil del continente. Se extiende desde los viñedos de Francia hasta los bosques de Alemania y se interna en Europa oriental. Algunos pueblos migratorios de Europa oriental usaban esta amplia llanura para viajar al oeste.

La topografía de Europa influye en su clima. Excepto en el extremo norte, los vientos húmedos del oeste soplan hacia el interior desde los océanos, llevando lluvia. Estos vientos dan a la mayor parte de Europa occidental un clima relativamente cálido y húmedo todo el año. Sin embargo, las montañas evitan que los vientos lleguen a los países mediterráneos. Como resultado, tienen un clima mediterráneo, con veranos calurosos y secos.

Vías fluviales Los ríos fluyen desde las montañas centrales y las tierras altas. Llevan agua a las tierras de cultivo y forman fronteras naturales. Facilitan el comercio. Muchas ciudades europeas se formaron cerca de ríos importantes.

Los ríos más largos de Europa occidental son el Rin y el Danubio. Ellos marcaban las fronteras este y norte del Imperio Romano. El Danubio fluye hacia el este por las llanuras centrales hasta Europa oriental, desembocando en el mar Negro. El Rin corre al norte por Alemania y los Países Bajos hasta el mar del Norte. Sus aguas arrastran una tierra fina que fertiliza las tierras de cultivo.

Verificar la lectura ¿Por qué se le llama a Europa una "península de penínsulas"?

629

Mar del Norte

BRITANIA

Mar Báltico

OCÉANO ATLÁNTICO

N
O E
S

50° N

GALIA

ESPAÑA

ITALIA

Mar Negro

40° N

ASIA MENOR

GRECIA

ÁFRICA

Mar Mediterráneo

0°   10° E   20° E   30° E   40° E   30° N   50° E

Destreza: Mapas

1 **Movimiento** Resume las diversas migraciones de los pueblos en Europa occidental.

2 **Interacción** ¿Cuáles fueron los resultados de las migraciones?

LEYENDA

← Anglos
← Francos
← Hunos
← Jutos
← Lombardos
← Sajones
← Vándalos
← Visigodos

0   300 Millas
0   300 Kilómetros
Proyección cónica conforme de Lambert

Nuevos reinos en Europa

La geografía favorable de Europa occidental atrajo a diferentes pueblos a la región. Los pueblos germanos y hunos emigraron hacia el Imperio Romano alrededor de 300 D.C. Algunos, como los lombardos, se asentaron en los valles de los ríos de Europa. Otros, como los anglos, los sajones y los jutos cruzaron el mar del Norte hasta las islas Británicas.

unificar, v., reunir, juntar

◄ Los pueblos germanos hacían detallados trabajos en metal y joyería como estos objetos. De izquierda a derecha: una hebilla, un broche y una empuñadura de espada

Estos pueblos dividieron a Europa en una colección de pequeños reinos beligerantes.

El ascenso de los francos En 486 D.C., el líder de los francos, Clovis I, derrotó al último ejército romano en Europa occidental. Después, tomó varios de los reinos germánicos. A principios de 530, los francos controlaban gran parte de Galia (la actual Francia) y Alemania. Aunque se enriquecieron con sus conquistas, su gobierno no duró. Al final, se dividieron en pequeños reinos.

Carlos Martel toma el poder En 717, un líder llamado Carlos Martel, o Carlos Martillo, unificó las tierras francas. Su victoria más importante fue la Batalla de Tours en 732, cuando sus guerreros derrotaron a un ejército musulmán de España. La Batalla de Tours puso fin a una

Reinos francos

Bajo líderes como Clovis I y Carlos Martel, los francos se convirtieron en el más poderoso de los pueblos germanos que emigraron a Europa occidental.

▲ Clovis I unificó los pueblos francos. Al morir, se dividieron sus tierras entre sus cuatro hijos.

▲ Carlos Martel derrotó a un ejército musulmán en la Batalla de Tours en 732.

de las últimas invasiones musulmanas de Europa occidental. Las tropas musulmanas no avanzaron más allá de Europa occidental, aunque gobernaron la mayor parte de lo que hoy en día es España.

Verificar la lectura **¿Cómo tomaron los francos el poder en Europa?**

La era de Carlomagno

En 768, el nieto de Carlos Martel, llamado Carlos, se convirtió en rey. Hoy lo llamamos Carlomagno, o Carlos el Grande. En el año 800, Carlomagno había construido un imperio en lo que hoy es Francia, Alemania e Italia.

Un gobernante poderoso Carlomagno expandió su poder y territorio durante su reinado de 46 años. Luchó contra los sajones en el norte, los ávaros y los eslavos en el este y los lombardos en

Italia. Luchó contra los musulmanes omeyas en España, pero hizo alianzas con otros gobernantes musulmanes. Sus victorias reunificaron gran parte del Imperio Romano de Occidente.

Carlomagno designó a nobles para gobernar las regiones locales. Enviaba funcionarios para comprobar que gobernaban con justicia.

Carlomagno pensaba que la educación lo ayudaría a unificar su reino. Los funcionarios educados mantendrían registros precisos e informes claros. Alentó la creación de escuelas. Estudió mucho y aprendió los idiomas latín y griego.

Carlomagno y el cristianismo
Carlomagno era un cristiano devoto. Sus consejeros pertenecían al **clero**, o personas capacitadas y ordenadas para los servicios religiosos.

631

La Europa de Carlomagno

Carlomagno dedicó su reinado a difundir el cristianismo, preservar los conocimientos antiguos y apoyar la educación. También peleó muchas guerras para expandir su poder. En el momento de su muerte, su imperio comprendía gran parte de Europa occidental.

RAZONAMIENTO CRÍTICO ¿Cómo usó su poder Carlomagno?

▲ Trono de Carlomagno

◄ Carlomagno como emperador

Imperio de Carlomagno, 814

LEYENDA
Imperio de Carlomagno, 814

0   100   200 Millas

0   100 200 Kilómetros
Proyección cónica conforme de Lambert

Mar del Norte

Sajones

Aquisgrán

París   Verdún

Tours

Eslavos

Ávaros

Río Rin

Río Danubio

Río Sena

Río Loira

Río Rin

Lombardos

Río Po

Mar Adriático

50° N

Océano Atlántico

Córcega   ° Roma

Mar Mediterráneo

40° N

0°   10° E

N

▲ Los ejércitos de Carlomagno lucharon contra los soldados musulmanes en España.

Carlomagno admiraba el conocimiento. Aquí, se lo muestra con los alumnos de la escuela de su palacio.

El día de Navidad del año 800, el papa León III coronó a Carlomagno emperador de los romanos.

632

miMundo: Actividad
Tres en raya medieval

Carlomagno quería una Europa cristiana unificada. Trabajó con la Iglesia católica para difundir el cristianismo.

Un miembro de su corte describe sus hábitos religiosos:

> ❝ Él valoraba. . . la religión cristiana. . . . por eso construyó la hermosa capilla en [Aquisgrán, Alemania], que adornó con oro y plata. . . . Era un adorador constante en esta iglesia, siempre que su salud se lo permitiera, iba por la mañana y por la tarde ❞.
>
> — Einhard, *The Life of Charlemagne,*
> de la traducción al inglés
> de Samuel Epes Turner

Un nuevo emperador Como has leído, Carlomagno protegió al papa León III de sus enemigos en Roma. En el año 800, el Papa se lo agradeció coronándolo emperador.

La coronación de Carlomagno fue muy importante. En la tradición romana cristiana iniciada por Constantino, el emperador tenía mucha autoridad sobre la Iglesia. Pero al coronar a Carlomagno, el papa León III estableció que sólo el papa podía designar a un emperador. Esto fortaleció el poder de la Iglesia.

La acción de León enfureció al Imperio Bizantino y a la Iglesia ortodoxa oriental. El desacuerdo sobre quién podía coronar a un emperador agravó la división entre el mundo cristiano oriental y el occidental.

Europa después de Carlomagno Al morir Carlomagno en 814, su hijo Luis I subió al trono. Los hijos de Luis lucharon por el poder. Al final, en 843, acordaron el Tratado de Verdún, que dividió el imperio en tres partes.

Carlomagno dejó un legado duradero en Europa. Difundió el cristianismo al norte y contribuyó a la mezcla de las tradiciones germánicas, romanas y cristianas. Estableció gobiernos fuertes y eficientes. Gobernantes posteriores seguían su ejemplo cuando trataban de fortalecer sus propios reinos.

Verificar la lectura ¿Cómo amplió Carlomagno su imperio?

Un busto de oro y plata de Carlomagno ▼

Evaluación de la Sección 1

? Pregunta esencial

¿Qué es el poder? ¿Quién debe tenerlo?

Términos clave

1. ¿Qué es la topografía?

2. ¿Qué fue la Edad Media?

3. ¿Qué papel desempeñaba el clero en el gobierno de Carlomagno?

Ideas clave

4. ¿Cómo influyeron los pueblos germanos en Europa?

5. ¿Cómo atrajo la geografía de Europa a los pueblos hacia las diferentes regiones?

6. ¿Cómo trabajó Carlomagno para unificar gran parte de Europa occidental?

Razonamiento crítico

7. Resumir Resume el desplazamiento de las personas y el auge de los reinos en la Europa medieval del siglo IV al siglo IX.

8. Sacar conclusiones ¿Cómo influyó el gobierno de Carlomagno en la Europa medieval?

9. ¿Cómo tomaban el poder los diferentes grupos e individuos en la Alta Edad Media? Anota la respuesta en tu Cuaderno del estudiante.

La expansión del cristianismo en Europa

<table>
<tr>
<td>Ideas clave</td>
<td>• Monjes y monjas cristianos vivían y trabajaban en comunidades dedicadas a fines espirituales.</td>
<td>• Los misioneros difundieron las enseñanzas cristianas en todo el norte de Europa.</td>
<td>• A través de sus enseñanzas y sacramentos, la Iglesia católica se convirtió en un centro de autoridad en la Europa medieval.</td>
</tr>
</table>

Términos clave • monasterio • convento • pagano • misionero • santo • sacramento • cristiandad

Visual Glossary

Destreza de lectura **Resumir** Toma notas usando el organizador gráfico en tu Cuaderno.

Monjas medievales cantan en un coro. ▼

Leíste que el emperador romano Constantino puso fin a la persecución de los cristianos alrededor de 300 D.C. En esa época, la mayoría de los cristianos vivían en la región mediterránea. Durante la Edad Media, el cristianismo se extendió por Europa.

Monasterios y conventos

En la Alta Edad Media, algunos cristianos elegían vidas de estudio y oración religiosa. Con el tiempo, formaron monasterios y conventos. Un **monasterio** es una comunidad aislada, donde hombres llamados monjes se centran en la oración y la escritura. Un **convento** es una comunidad religiosa para mujeres llamadas monjas. Los monjes y las monjas dedican su vida a fines espirituales.

La Regla de San Benito Los primeros monasterios cristianos surgieron en Egipto alrededor de 300 D.C. Más tarde, un monje italiano llamado Benito estableció una nueva versión de la vida monástica. Alrededor de 529, organizó un monasterio en el centro de Italia. Allí, creó reglas para la vida monástica. Estas reglas, conocidas como la Regla de San Benito, fueron adoptadas por los monasterios y conventos en Europa.

Bajo la Regla de San Benito, la vida monástica era una experiencia que equilibraba la oración y el trabajo. Los monjes y las monjas hacían votos, o promesas solemnes, de vivir y adorar dentro de sus comunidades por el resto de sus vidas. También prometían obedecer a sus líderes, trabajar por el bien de su comunidad, permanecer solteros y no tener posesiones.

La vida cotidiana en los monasterios La jornada era atareada y prolongada. Comenzaba con oraciones antes del amanecer y terminaba entrada la noche. Se dividía el día entre el culto, el trabajo y el estudio. Usaban cantos para marcar las horas canónicas, o las divisiones religiosas, del día.

Los monasterios y conventos eran también lugares de trabajo y estudio. Eran comunidades autosuficientes que cultivaban sus alimentos y hacían los artículos necesarios para la vida diaria. Los monjes trabajaban en los jardines y talleres. Copiaban e ilustraban los manuscritos religiosos en las bibliotecas.

En esa época no había hospitales ni escuelas públicas. Por eso, los monasterios y conventos ofrecían los servicios básicos de salud y educación. Los monjes y las monjas cuidaban a los pobres y los enfermos. Establecían escuelas para los niños.

Los monasterios y conventos mantuvieron vivos los conocimientos de la antigüedad. Sus bibliotecas contenían obras griegas y romanas, que los monjes y las monjas copiaban. Algunos escribían y enseñaban latín, el idioma de la Iglesia y de las personas cultas.

▲ Benito (en el centro, con barba) y otros monjes vivían y trabajaban en los monasterios.

La vida monástica

Los monasterios proveían lugares para que los monjes o monjas vivieran, trabajaran y adoraran. Se construían en torno a un patio central llamado claustro. Los edificios alrededor incluían lugares para comer, dormir y adorar. Los campos para cultivar estaban fuera del complejo principal.

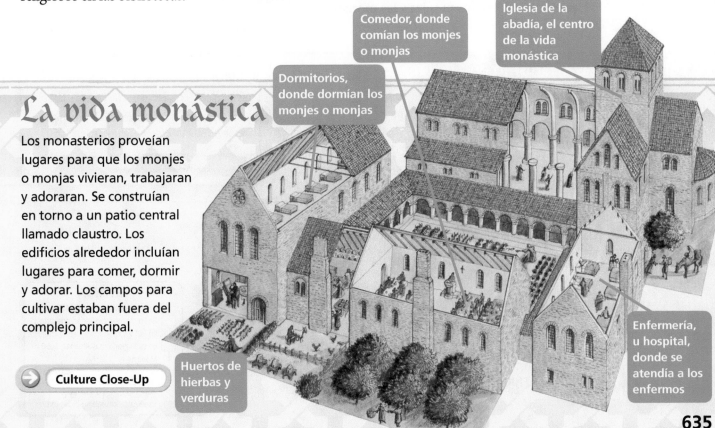

Comedor, donde comían los monjes o monjas

Iglesia de la abadía, el centro de la vida monástica

Dormitorios, donde dormían los monjes o monjas

Enfermería, u hospital, donde se atendía a los enfermos

Huertos de hierbas y verduras

Culture Close-Up

my worldhistory.com Culture Close-Up

miMundo: Actividad
Monasterio medieval

Un visitante a un monasterio medieval francés escribió lo siguiente:

> 66 Por mi parte, cuanto más atentamente los veo día tras día, más creo que son perfectos seguidores de Cristo en todas las cosas. Cuando oran y hablan con Dios en espíritu y en verdad, por su discurso amable y tranquilo hacia él, así como por su humilde comportamiento, son claramente vistos como compañeros y amigos de Dios. . . . Mientras los veo, por tanto, cantar sin fatiga desde antes de la medianoche hasta el amanecer, con sólo un breve intervalo, parecen un poco menos que ángeles, pero mucho más que hombres 99 .

—Guillermo de Saint Thierry, Descripción de la abadía de Claraval, alrededor de 1143

convertir, *v.,* cambiar de una creencia a otra

Verificar la lectura ¿Qué servicios proporcionaban los monjes y las monjas?

La conversión de Europa

Cuando el Imperio Romano colapsó, el cristianismo aún no se había difundido. Muchos europeos eran paganos. Un **pagano** es un seguidor de una religión politeísta, una religión con más de un dios. Durante la Alta Edad Media, los misioneros viajaron por Europa para convertir a los paganos al cristianismo. Un **misionero** trata de convertir a otros a una religión en particular.

San Patricio convierte a Irlanda Un importante misionero fue un hombre llamado Patricio. Algunas historias sobre él son leyendas, pero sí sabemos que nació en Britania a finales del siglo IV. De adolescente, fue vendido como esclavo en Irlanda. Escapó pero luego, regresó a Irlanda para convertir a su pueblo al cristianismo.

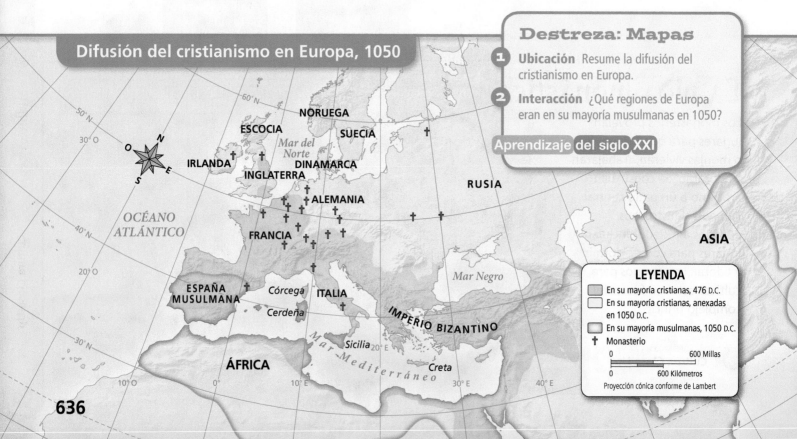

Difusión del cristianismo en Europa, 1050

Destreza: Mapas

1 **Ubicación** Resume la difusión del cristianismo en Europa.

2 **Interacción** ¿Qué regiones de Europa eran en su mayoría musulmanas en 1050?

Aprendizaje del siglo XXI

LEYENDA

En su mayoría cristianas, 476 D.C.

En su mayoría cristianas, anexadas en 1050 D.C.

En su mayoría musulmanas, 1050 D.C.

✝ Monasterio

0 — 600 Millas
0 — 600 Kilómetros
Proyección cónica conforme de Lambert

Patricio primero fue misionero en el norte y el oeste de Irlanda. Al inicio, los irlandeses se resistieron a sus enseñanzas, pero logró ganarse su confianza y amistad. Muchos se convirtieron al cristianismo. Patricio y otros misioneros fundaron cientos de iglesias cristianas en Irlanda. Al morir, la Iglesia católica lo reconoció como un **santo**, o una persona sagrada.

Misioneros a Britania Durante la Alta Edad Media, muchos misioneros eran enviados por los papas, o los líderes de la Iglesia católica. En 597, el papa Gregorio I envió monjes misioneros a Britania. Los recibió el rey de Kent, cuya esposa era católica. Cuando el rey se convirtió, sus súbditos siguieron su ejemplo. Durante el siglo siguiente, la mayoría de los británicos también se convirtieron.

El cristianismo se propaga en Europa
En los siglos VIII y IX, ya había misioneros católicos trabajando en otras partes de Europa. En Europa oriental, los monjes trataban de convertir a los pueblos eslavos. En el norte de Europa, el monje británico Bonifacio se dedicó a establecer la Iglesia católica en Alemania y los Países Bajos.

Con el tiempo, la fe católica se convirtió en parte de la vida diaria en la mayor parte de Europa. La vida cotidiana giraba en torno al calendario católico, que incluía muchos días de fiesta, como la Semana Santa, así como los días festivos locales dedicados a los santos. La iglesia se convirtió en el centro de la sociedad europea, así como en un lugar de culto.

Verificar la lectura ¿Qué hacían los misioneros?

Una cruz se yergue frente a las ruinas de un monasterio medieval irlandés. ▼

La conversión de Europa

Misioneros, papas y otros cristianos se dedicaron a difundir el cristianismo en toda la Europa medieval. Hacia 1050, la mayor parte de Europa era cristiana.

▲ San Patricio (a la derecha)

▲ El papa Gregorio I

▲ San Bonifacio

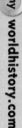

Manuscritos iluminados

Algunos monjes medievales pasaban los días copiando textos antiguos y creando manuscritos iluminados, u obras ilustradas. Decoraban ciertas obras religiosas con elaboradas ilustraciones de escenas bíblicas o conceptos cristianos.

▲ Un monje trabajando en un manuscrito.

▲ Este manuscrito iluminado del siglo XII muestra el infierno (arriba) y el cielo (derecha).

▲ La suntuosamente decorada cubierta de los Evangelios de Lindau, aprox. 880, muestra a Jesús (centro), a los ángeles (arriba) y a figuras de la crucifixión (abajo).

▲ Esta ilustración medieval muestra el bautismo de Jesús.

La Iglesia medieval

La Iglesia católica se convirtió gradualmente en una fuerza poderosa en Europa. Los líderes de la Iglesia influían en la vida espiritual de los católicos y en muchos aspectos de la vida laica, o no religiosa.

Las enseñanzas católicas La Iglesia enseñaba que había que vivir según las enseñanzas de Jesús. Los pecados, como robar o hacer daño a otros, eran violaciones a la ley de Dios. Creían que el tipo de vida influía en el destino del alma después de la muerte.

Los conceptos del cielo y el infierno eran fundamentales para las creencias católicas. El cielo era descrito como un lugar perfecto de paz y belleza para las almas de quienes seguían las leyes de Dios. El infierno era un lugar abrasador de castigo para los pecadores.

Los católicos creían que la única manera de evitar el infierno era con buenas obras, creyendo en Jesús y participando en los sacramentos. Los **sacramentos** son los ritos sagrados de la Iglesia cristiana, como el bautismo y la comunión. En el bautismo el agua es un signo de purificación y de admisión a la comunidad cristiana. En el rito de la comunión se consumen pan y vino consagrados, o sagrados. Los católicos creen que al consagrarlos, se convierten en el cuerpo y la sangre de Jesús.

El poder de la Iglesia El papa y otros líderes católicos tenían una gran influencia en la Europa medieval. Se creía que la Iglesia era la autoridad máxima y guardián de la verdad de Dios. La Iglesia controlaba los sacramentos y podía castigar a las personas al negárselos. Se creía que quienes no recibían los sacramentos irían al infierno.

La Iglesia controlaba parte de la tierra y la riqueza. El papa controlaba vastas tierras en el centro de Italia y muchos clérigos eran nobles dueños de territorios y ejércitos. Algunos monasterios ricos poseían grandes extensiones de tierra.

Los gobernantes laicos a veces luchaban contra la influencia de la Iglesia. No estaban de acuerdo sobre quién debía elegir a los obispos locales.

La cristiandad Al final, la mayor parte de Europa se unificó bajo la fe católica. Aunque hablaban idiomas distintos y seguían costumbres diferentes, la mayoría era parte de la cristiandad. La **cristiandad** es

▲ Carlomagno construyó la capilla Palatina de Aquisgrán, Alemania, como parte de su palacio.

la gran comunidad de cristianos de todo el mundo. Esto dio a Europa una identidad y un sentido de propósito común. Con el tiempo, este sentido provocaría conflictos entre los cristianos y sus vecinos paganos, judíos y musulmanes.

Verificar la lectura ¿Por qué tenía la Iglesia católica mucho poder sobre la vida medieval?

Evaluación de la Sección 2

Términos clave

1. ¿En qué se diferencian los monasterios y los conventos?

2. ¿Qué es un pagano?

3. Escribe dos ejemplos de sacramentos.

Ideas clave

4. ¿Cómo ayudaron los misioneros a difundir el cristianismo en Europa?

5. ¿Qué hacían los monjes y las monjas medievales?

6. ¿Por qué era la Iglesia católica un centro de autoridad?

Razonamiento crítico

7. Sacar conclusiones ¿Cómo ayudaron los monasterios a mantener con vida las civilizaciones clásicas griega y romana?

8. Resumir ¿Cómo influían las enseñanzas cristianas en la vida de los europeos medievales?

? Pregunta esencial

¿Qué es el poder? ¿Quién debe tenerlo?

9. Describe el poder de la Iglesia católica en la Europa medieval. Anota la respuesta en tu Cuaderno del estudiante.

El desarrollo del feudalismo europeo

Ideas clave
- Las invasiones de los vikingos y otros grupos crearon desorden en Europa.
- El feudalismo llevó orden social y político a Europa.
- La institución señorial produjo muchas pequeñas unidades económicas autosuficientes.

Términos clave • vasallo • feudo • caballero • Código de Caballería • señorío • siervo

(→) **Visual Glossary**

Destreza de lectura **Identificar las ideas principales y los detalles** Toma notas usando el organizador gráfico en tu Cuaderno.

Carlomagno unificó gran parte de Europa occidental, pero al morir, su imperio se dividió. La caída del imperio de Carlomagno dejó a Europa occidental expuesta a la invasión. También surgió un nuevo sistema de vida llamado feudalismo.

Una época violenta

Entre los siglos IX y XI, los invasores amenazaban Europa occidental. Del este llegaron los magiares, que conquistaron lo que hoy es Hungría. Realizaron temibles incursiones en Alemania, Italia y otras partes de Europa occidental. Del sur y el este llegaron soldados musulmanes de España, África del norte y el suroeste de Asia. A finales del siglo IX, conquistaron la isla de Sicilia, que se convirtió en un próspero centro de la cultura musulmana.

Invasiones vikingas Los invasores más exitosos fueron los vikingos. Provenían de Escandinavia, una región del norte de Europa que ahora comprende Noruega, Suecia y Dinamarca. A finales del siglo VIII, los vikingos asaltaron monasterios en Escocia, Inglaterra e Irlanda. Los monasterios eran objetivos ideales, pues eran ricos y estaban mal protegidos. Los vikingos también saqueaban y quemaban granjas y aldeas. Navegaron hasta el corazón de Europa, donde atacaron aldeas y quemaron iglesias en París.

▲ Un casco vikingo, siglos IX–X

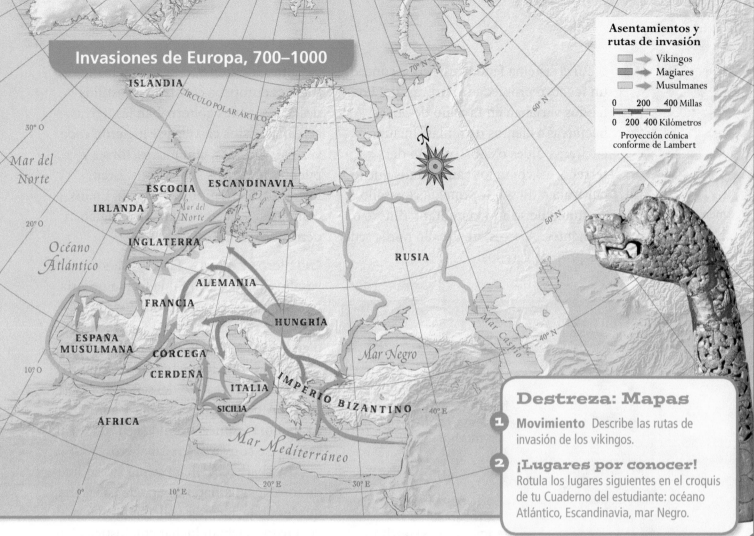

Invasiones de Europa, 700–1000

ISLANDIA

CÍRCULO POLAR ÁRTICO

Mar del Norte

ESCOCIA

ESCANDINAVIA

IRLANDA

Mar del Norte

INGLATERRA

Océano Atlántico

ALEMANIA

FRANCIA

RUSIA

HUNGRÍA

ESPAÑA MUSULMANA

CÓRCEGA

Mar Caspio

CERDEÑA

Mar Negro

ITALIA

IMPERIO BIZANTINO

SICILIA

ÁFRICA

Mar Mediterráneo

Asentamientos y rutas de invasión

Vikingos
Magiares
Musulmanes

0   200   400 Millas

0   200   400 Kilómetros

Proyección cónica conforme de Lambert

Destreza: Mapas

1 **Movimiento** Describe las rutas de invasión de los vikingos.

2 **¡Lugares por conocer!** Rotula los lugares siguientes en el croquis de tu Cuaderno del estudiante: océano Atlántico, Escandinavia, mar Negro.

La exploración y el comercio de los vikingos Los vikingos también eran agricultores, comerciantes y exploradores que navegaban el océano Atlántico Norte. Algunos se aventuraron al mar Mediterráneo. Alrededor del año 1000, establecieron una efímera colonia en América del Norte. También se asentaron en Inglaterra, Irlanda, el norte de Francia y partes de Rusia, donde se mezclaron con las poblaciones locales. Sus viajes a Rusia abrieron el comercio entre el suroeste de Asia y Europa occidental.

Verificar la lectura ¿Qué regiones de Europa invadieron los vikingos?

Una sociedad feudal

En la Alta Edad Media, los reyes y los emperadores no podían proteger a su pueblo de las invasiones magiares, musulmanas y vikingas. En cambio, los poderosos señores locales se hacían cargo de proteger los hogares y las tierras. El resultado fue un sistema de feudalismo similar al del Japón medieval.

Señores y vasallos En el feudalismo europeo, los poderosos señores dividían sus tierras entre los señores menores, o **vasallos**. A cambio, el vasallo se comprometía a prestar sus servicios y lealtad al señor más poderoso.

▲ Cabeza tallada de una bestia en un barco vikingo

my **worldhistory.com**

Places to Know

lealtad, *sust.,* el hecho de ser fiel

641

▲ Un sello medieval muestra a un caballero luchando contra un dragón.

En el sistema feudal, un señor concedía un **feudo**, o propiedad, a un vasallo. Los feudos variaban en tamaño de pocas hectáreas a cientos de millas. Incluían cualquier aldea o construcción del terreno, así como los campesinos que lo cultivaban. El señor protegía al vasallo a cambio de su apoyo militar y dinero o alimentos. A veces, un vasallo podía tener sus propios vasallos.

Como los daimyo japoneses, los señores europeos construían castillos desde los cuales gobernaban las tierras cercanas. Estos castillos se hicieron cada vez más grandes, con muros, torres y puentes levadizos sobre fosos. Eran fortalezas en tiempos de guerra. En los combates, los campesinos se refugiaban detrás de sus muros.

Caballeros y guerra Para los señores y vasallos, la guerra era una forma de vida. Luchaban por el poder. Muchos jóvenes nobles se entrenaban para ser **caballeros**, o guerreros a caballo.

Alrededor de los siete años, un niño era enviado al castillo del señor de su padre. Allí, aprendía a luchar y a montar a caballo. Después, prometía su lealtad al señor y se convertía en caballero.

Los caballeros debían seguir un código de conducta llamado **Código de Caballería**, que les obligaba a ser valientes, leales y generosos. Debían luchar con justicia. Un poeta lo describe así:

> 66 Un caballero era un hombre digno, que. . . se comprometía al Código de Caballería, al honor y la verdad, a la libertad y a la cortesía. . . Era un perfecto, gentil caballero 99.

—Geoffrey Chaucer, *Cuentos de Canterbury*

Los caballeros servían a sus señores en la batalla. Por lo general luchaban a caballo. Usaban espadas, hachas y lanzas, o largas picas. Los primeros caballeros usaban armaduras de malla con pequeños anillos de metal. Más tarde, llevaban pesadas armaduras hechas de metal sólido.

El feudalismo en la Europa medieval

Rey
Proporciona el dinero, recluta ejércitos cuando los necesita, confiere tierras a sus muchos señores

Señores y vasallos
Protegen al rey y administran el territorio

Caballeros
Protegen tanto a los señores como al rey

Campesinos y siervos
Trabajan la tierra

Destreza: Gráficas
Describe las relaciones entre los diferentes niveles de la sociedad bajo el feudalismo.

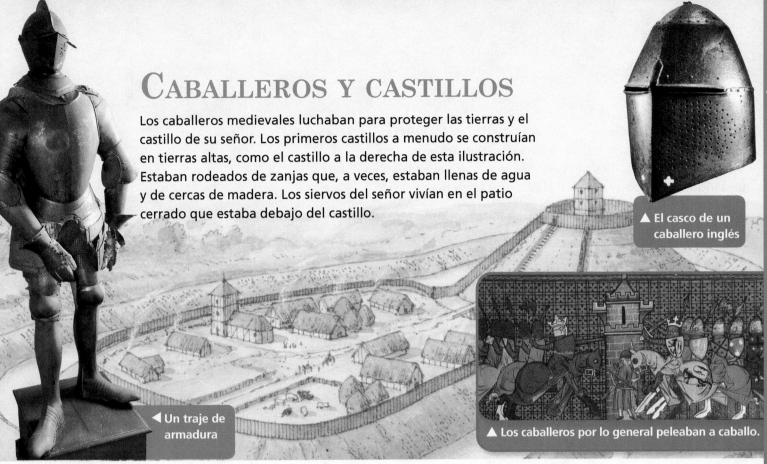

CABALLEROS Y CASTILLOS

Los caballeros medievales luchaban para proteger las tierras y el castillo de su señor. Los primeros castillos a menudo se construían en tierras altas, como el castillo a la derecha de esta ilustración. Estaban rodeados de zanjas que, a veces, estaban llenas de agua y de cercas de madera. Los siervos del señor vivían en el patio cerrado que estaba debajo del castillo.

▲ El casco de un caballero inglés

◄ Un traje de armadura

▲ Los caballeros por lo general peleaban a caballo.

Comparación del feudalismo europeo y el japonés El feudalismo europeo y el japonés compartían algunas características. Ambos comenzaron en una época de violencia y guerra. Implicaban un intercambio de tierras por servicios. Los caballeros y los samuráis debían seguir códigos de conducta que hacían hincapié en el honor, la valentía y la lealtad.

Las dos formas tenían una gran diferencia: la religión. La mayoría de los europeos eran cristianos. El feudalismo japonés estaba influenciado por el budismo, el sintoísmo y el confucianismo. Los europeos y los japoneses tenían creencias espirituales y visiones del mundo muy diferentes.

Verificar la lectura **¿De qué maneras tenían poder los señores sobre la vida medieval?**

El señorío medieval

El corazón de la economía era el **señorío**, o la propiedad agrícola de un señor medieval. Los señoríos giraban en torno a la casa o el castillo del señor. Además incluían una o más aldeas y los campos y bosques que la rodeaban.

Campesinos y siervos Los campesinos constituían la mayoría de la población medieval. Eran campesinos los que vivían y trabajaban en un señorío. Muchos eran **siervos**, o campesinos ligados legalmente a la tierra del señor. No eran esclavos que podían comprarse o venderse, pero no eran libres. No podían abandonar el señorío sin el permiso del señor. Si el señorío era entregado a un nuevo señor, los siervos iban con él.

Mira de cerca

Un señorío medieval

Los señoríos medievales eran fincas propiedad de los señores adinerados. Un señorío incluía la casa o castillo del señor, una o más aldeas y campos. Los campesinos y los siervos que vivían en un señorío producían muchas de las cosas que se necesitaban.

RAZONAMIENTO CRÍTICO **¿Cómo configuraron los señoríos la vida medieval?**

1. Casa señorial
2. Campesinos trabajadores del campo
3. Molino
4. Ovejas
5. Casa de los campesinos
6. Iglesia de la aldea
7. Huerto
8. Pozo

La vida en el señorío Los señoríos producían bienes y servicios, pero no todo lo necesario. Por eso, las personas viajaban a los mercados de los pueblos cercanos. La mayoría de los campesinos pasaban la mayor parte de su vida donde habían nacido.

Los campesinos de un señorío trabajaban juntos para sembrar, cuidar y cosechar las tierras del señor. Trabajaban dos o tres días a la semana. En la época de siembra y cosecha trabajaban más tiempo.

Pasaban el resto de su tiempo cultivando para sus familias. Lo hacían en la tierra que el señor les permitía usar. También podían cortar madera de los bosques para usarla como combustible y en la construcción. Molían el grano para hacer harina en el molino del señor.

Los campesinos criaban ovejas, cerdos y ganado. Las mujeres hilaban la lana o las fibras de lino y hacían ropa. En el señorío también vivían y trabajaban especialistas como carpinteros y herreros.

Administración del señorío La esposa del señor administraba la casa. Como era de una familia noble, es probable que fuera instruida. Habría aprendido latín y su propio idioma, así como música, astronomía y remedios herbales.

A medida que el sistema del señorío se desarrolló, los funcionarios se hicieron cargo de su funcionamiento. El señor juzgaba los delitos menores y resolvía discusiones entre las personas de su señorío. Sus funcionarios atendían los asuntos cotidianos. El mayordomo llevaba las cuentas y servía como juez cuando el señor estaba de viaje. El mayordomo también recaudaba los impuestos, a menudo en forma de productos agrícolas. Había un alcalde, electo por los aldeanos. Tenía tareas como la reparación de los edificios y la supervisión del trabajo de los campesinos.

Verificar la lectura **¿Por qué los campesinos rara vez salían del señorío en que vivían?**

mi Mundo
CONEXIONES

Hoy en día, las personas se trasladan con más frecuencia que en la Edad Media. Casi el **12%** de los estadounidenses se trasladaron en **2008**.

miMundo: Actividad
Juego de las coincidencias

Evaluación de la Sección **3**

Pregunta esencial

¿Qué es el poder? ¿Quién debe tenerlo?

Términos clave

1. ¿Qué era un señorío?
2. ¿Tenían más poder los siervos o los vasallos en la Europa medieval?
3. ¿Qué era un feudo?

Ideas clave

4. ¿Qué grupos de invasores amenazaron a Europa entre los siglos IX y XI?
5. ¿Por qué eran autosuficientes los señoríos?
6. ¿Cómo influía el concepto del Código de Caballería en los caballeros?

Razonamiento crítico

7. **Comparar y contrastar** ¿En qué se parecían y en qué se diferenciaban el feudalismo europeo y el feudalismo japonés?
8. **Sintetizar** ¿Cómo configuró el feudalismo la Europa medieval?

9. ¿Cómo influyeron el feudalismo y la institución señorial en la vida de las personas de la Europa medieval? Anota la respuesta en tu Cuaderno del estudiante.

Evaluación del capítulo

Términos e ideas clave

1. Recordar ¿Qué es un **misionero**?

2. Comentar ¿Cómo expandió Carlomagno su poder y territorio?

3. Explicar ¿Qué es un **monasterio**?

4. Describir ¿Cómo era la vida en el **señorío** para los **siervos** y los campesinos?

5. Resumir ¿Cómo trabajaron los **misioneros** para difundir la **cristiandad**?

6. Explicar ¿Por qué era el **Código de Caballería** un concepto importante para los **caballeros** medievales?

7. Comentar ¿Cómo servían los **vasallos** a los señores más poderosos?

Razonamiento crítico

8. Sacar conclusiones ¿Cómo influyó la geografía de Europa en las invasiones vikingas, magiares y musulmanas entre los siglos IX y XI?

9. Resumir ¿Cómo y por qué se difundió el cristianismo en Europa durante la Edad Media?

10. Secuencia Coloca los siguientes sucesos en orden cronológico, comenzando con el primero: Carlomagno se convierte en emperador, Benito organiza un monasterio, los vikingos establecen una colonia en América del Norte y Clovis derrota a un ejército romano.

11. Conceptos básicos: Estructuras políticas ¿Cómo estaba distribuido el poder bajo el feudalismo?

Analizar elementos visuales

Esta pintura hecha en el siglo XIX muestra a Alcuino de York, un profesor y erudito, en la corte de Carlomagno, dando varios manuscritos a Carlomagno. Observa la pintura y responde las siguientes preguntas.

12. ¿Qué sugiere esta pintura sobre el poder de Carlomagno?

13. Con base en esta pintura y en la lectura, ¿qué opinaba Carlomagno sobre la educación?

14. ¿Qué evidencia de las creencias religiosas de Carlomagno puedes ver?

Pregunta esencial

miMundo: Actividad del capítulo

Diario de un caballero Sigue las instrucciones de tu maestro para representar el viaje de un caballero medieval al castillo del nuevo señor del caballero. Trabaja con tu grupo para recabar información sobre los señoríos, monasterios, aldeas, castillos y otros aspectos de la vida medieval. Después escribe e ilustra un diario que describa el viaje del caballero.

Aprendizaje del siglo XXI

Haz una presentación efectiva

Escribe e ilustra una tira cómica sobre una persona, suceso o tema del capítulo. Tu tira cómica no tiene que ser humorística, pero debe describir claramente el tema elegido. Después, presenta tu tira cómica a la clase. Asegúrate de describir y explicar tus ilustraciones y textos.

Preguntas basadas en documentos

Success Tracker™
En línea en myworldhistory.com

Usa tu conocimiento de la Alta Edad Media y los Documentos A y B para responder las Preguntas 1 a 3.

Documento A

" Los musulmanes planeaban ir a Tours para destruir la iglesia de San Martín, la ciudad y todo el país. Luego llegó contra ellos el glorioso príncipe Carlos [Carlos Martel], a la cabeza de su ejército. Llamó a sus huestes y peleó tan ferozmente como el lobo hambriento cae sobre el ciervo. Por la gracia de Nuestro Señor,. . . dio muerte en batalla a 300,000 hombres. . . . Y la mayor maravilla de todas, sólo perdió en batalla a 1,500 hombres".

—Michel Pintoin, *Crónicas de San Dionisio*, aprox. siglo XV

1. ¿Por qué fue la Batalla de Tours un acontecimiento importante en la historia medieval europea?

  A Llevó a Carlomagno a convertirse en emperador.

  B Terminó un avance militar musulmán en Europa occidental.

  C Permitió a los monjes cristianos viajar a Tours.

  D Ayudó a difundir el feudalismo.

Documento B

" El que jura [lealtad] a su señor siempre debe recordar estas seis cosas: lo que es inofensivo, seguro, honorable, útil, fácil, práctico. . . . [Pero] no es suficiente abstenerse del mal, a menos que se haga también lo que es bueno. Queda, pues, que en las mismas seis cosas mencionadas arriba debe aconsejar y ayudar a su señor con fidelidad. . . . El señor también debe actuar hacia su fiel vasallo [de la misma manera] en todas estas cosas".

—obispo Fulberto de Chartres, carta a Guillermo V, duque de Aquitania, 1020

2. ¿Qué está describiendo el obispo Fulberto en el Documento B?

  A la regla benedictina

  B los sacramentos de la Iglesia católica

  C la economía de la institución señorial

  D las obligaciones del vasallo y del señor bajo el feudalismo

3. **Tarea escrita** ¿Cómo usaban su poder los reyes medievales y los señores? Responde en un párrafo breve.

my worldhistory.com

Self-Test

Conflictos y Cruzadas

¿Cómo debemos manejar los conflictos?

? **Explora la Pregunta esencial**

- en **my** **worldhistory.com**
- usando **miMundo: Actividad del capítulo**
- con el **Cuaderno del estudiante**

Esta escena de una película reciente muestra un ataque a Jerusalén durante las Cruzadas.

Conflictos medievales

962 El Papa corona al emperador Otón I el Grande.

1096 Comienza la primera Cruzada.

1215 Se firma la Carta Magna.

1492 Isabel y Fernando conquistan Granada.

900   1100   1300   1500

1066 Los normandos conquistan Inglaterra.

1170 El arzobispo Tomás Becket es asesinado.

1291 Terminan las Cruzadas.

Las mortíferas palabras de Enrique II

Esta miHistoria es un relato novelado de los acontecimientos en la vida de personas reales de este capítulo.

La música y las risas resonaban a través del castillo, pero en la Navidad de 1170, el rey Enrique II de Inglaterra no estaba de ánimo festivo. Siendo duque de Normandía, controlaba bastantes tierras en Francia y allí, en una de sus fortalezas francesas, celebraba la temporada, lejos de sus problemas en Inglaterra.

Enrique miraba en silencio mientras los sirvientes atendían a los comensales en el gran salón y sus caballeros se atiborraban de comida y bebida. A su vez, sus cortesanos estaban atentos a su rey. Presentían que estaba a punto de montar en cólera.

Enrique era grande y atlético. Su arrogancia era la de alguien que había sido rey, bien educado y capaz desde los 22 años. Todos los que lo conocían temían la violencia de su temperamento. Durante sus rabietas Enrique acostumbraba echar espuma por la boca, lanzar objetos a través de la habitación e incluso arrojarse al suelo para masticar los juncos que estaban esparcidos en el piso.

Todos en el salón del castillo sabían que el rey Enrique II estaba a punto de estallar en furia.

my worldhistory.com

Timeline/On Assignment

El Rey recordaba días más felices, cuando Becket había sido su amigo fiel.

Enfurecido por el acto de rebeldía de Becket, el Rey pidió ayuda. Cuatro de sus caballeros decidieron actuar.

Esa Navidad Enrique tenía muchos motivos para estar enojado. Sus pensamientos se centraban en su larga disputa con Tomás Becket, su antiguo amigo y canciller, o primer ministro. El brillante y alegre Becket había sido el fiel compañero del Rey. Al principio de su amistad, se habían divertido mucho. Enrique lo llevaba a cazar y en esas ocasiones comentaban asuntos de estado mientras cabalgaban por el campo. El Rey a menudo cenaba con Becket e incluso envió a su hijo Enrique a vivir con Becket por un tiempo. Becket era el mejor amigo del Rey.

Como canciller, Becket se dedicó a conseguir el principal objetivo de Enrique: fortalecer la corona, incluso si eso significaba desafiar a la Iglesia. En toda Europa, el conflicto entre la Iglesia y el Estado estaba en su nivel más crítico, y el rey Enrique se alegraba de tener un amigo cercano como Becket a su lado.

Pero desde que Becket había sido nombrado arzobispo de Canterbury, ocho años antes, el amigo del Rey cambió. Becket era el obispo más importante de Inglaterra y tomaba su nuevo trabajo en serio. Cuando el Rey trató de limitar los privilegios del clero, Becket desafió la autoridad del rey. Dividido entre el deber y la amistad, entre la lealtad a la Iglesia y su amistad con el rey, Becket había favorecido cada vez más a la Iglesia.

Enrique reaccionó primero con decepción y luego con rabia, mientras veía cómo su amigo cambiaba. Enrique esperaba tanto la obediencia de sus súbditos como la devoción de sus amigos. Consideró que el comportamiento de Becket era la traición máxima. Incluso en Navidad, la temporada de buena voluntad, la ira de Enrique no tenía límites. A medio banquete dejó atónitos a sus cortesanos cuando comenzó a gritar sobre la "traición" de Becket. Su estallido terminó con un alarido: "¿Cómo pueden permitir que yo, su rey, sea despreciado?".

¿A qué se refería Enrique? Cuatro de sus caballeros lo sabían.

Los caballeros salieron del salón y montaron sus caballos. Al llegar a la costa francesa, navegaron hacia Inglaterra, donde cabalgaron hacia Canterbury. El 29 de diciembre confrontaron al arzobispo Becket en la catedral y trataron de arrastrarlo. Becket se resistió. Pero eran cuatro contra uno y, durante la lucha, los caballeros lo hirieron con sus espadas. El arzobispo murió esa tarde.

Cuando Enrique se enteró, se sintió abrumado por el dolor y el arrepentimiento. Entendió que había sido la peor manera de resolver sus conflictos.

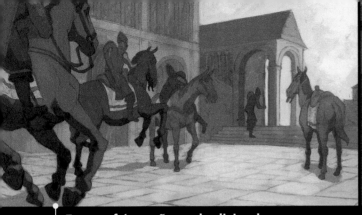

En una fría mañana de diciembre, los caballeros irrumpieron en la catedral de Canterbury.

Se acercaron al arzobispo con sus espadas desenvainadas.

Conforme la noticia se difundió, el pueblo condenó lo que había sucedido. El mismo Rey fue acusado del crimen.

El rey Enrique decidió realizar una penitencia pública, o un acto de autocastigo, por su papel en el asesinato. Caminó en harapos por las calles, arrodillándose ante las personas pidiendo perdón. Canterbury se convirtió en un santuario del arzobispo. Los peregrinos llegaban para honrar el lugar donde había sido asesinado. Becket se convirtió en mártir, alguien que muere por sus creencias. Enrique II fue condenado como el hombre cuyas palabras de ira provocaron el asesinato de Tomás Becket, el ministro de Dios.

Con base en esta historia, ¿cómo crees que Enrique debió haber manejado el conflicto con su viejo amigo Tomás Becket? Mientras lees el capítulo que sigue, piensa qué indica la historia de Enrique sobre los conflictos de la Edad Media.

 myStory Video

Acompaña a Enrique II y Tomás Becket mientras discuten sobre la Iglesia y el Estado.

El Rey suplicó el perdón.

Papas y gobernantes

Ideas clave
- En los siglos XI y XII, tanto los papas como los emperadores germanos reclamaban la autoridad en Europa.
- Durante la Baja Edad Media, los papas y los monarcas competían por el poder.
- En Inglaterra y Francia surgieron monarquías poderosas.

Términos clave • laico • excomulgar • peregrinaje

 Visual Glossary

Destreza de lectura **Comparar y contrastar** Toma notas usando el organizador gráfico en tu Cuaderno.

▲ Otón III, nieto de Otón I el Grande, sentado entre funcionarios de la Iglesia (de pie a la izquierda) y del Estado.

Siglos después del declive de Roma, los pueblos de Europa todavía admiraban la herencia del Imperio Romano. Eclesiásticos y reyes reclamaban la autoridad de Roma. La Iglesia aún usaba el latín, el idioma de Roma. Los papas gobernaban la Iglesia desde Roma. En una época en que Europa estaba dividida en cientos de estados, muchos anhelaban la unidad política del Imperio Romano.

El rey franco Carlomagno asumió el título de "emperador" en el año 800. Deseaba revivir no sólo el Imperio Romano, sino también el aprendizaje clásico. A pesar de que su imperio fue breve, los gobernantes posteriores conservaron los mismos objetivos.

La resucitación de un imperio

Después del colapso del imperio de Carlomagno, la parte oriental germana del reino se dividió entre varios duques. Siguiendo la tradición, eligieron a uno de los suyos como rey.

Un rey germano conocido como Otón I el Grande aumentó su poder aliándose con otros nobles alemanes. En 962 persuadió al Papa para que lo coronara emperador. Así, Otón afirmó ser el sucesor de Carlomagno.

El imperio de Otón incluía las tierras que ahora se conocen como Alemania y también se extendía a tierras italianas.

Sacro Imperio Romano

Destreza: Mapas

1 **Lugar** ¿Cuál era el reino o imperio más grande de Europa en 1100?

2 **Lugar** ¿Qué imperio se extendía a través del sureste de Europa?

Mar del Norte

INGLATERRA

Mar Báltico

REINO DE POLONIA

50° N

OCÉANO ATLÁNTICO

SACRO IMPERIO ROMANO

REINO DE HUNGRÍA

Mar Negro

REINO DE LOS FRANCOS

Constantinopla

40° N

IMPERIO BIZANTINO

LEYENDA

Sacro Imperio Romano en tiempos de Enrique IV

Frontera política, 1100

0   200 Millas

0   200 Kilómetros

Proyección cónica conforme de Lambert

Mar Mediterráneo

10° O   0°   10° E   20° E   30° E

Los emperadores germanos reclamaron su autoridad sobre gran parte de Europa central y oriental. Pero su imperio no era como un imperio antiguo, controlado por un solo gobierno. En cambio, era una colección de estados gobernados por príncipes leales al emperador.

Aunque el poder de Otón era limitado, logró crear un reino estable. Su imperio fue próspero y experimentó un gran crecimiento en las artes.

Al igual que Carlomagno, Otón trabajaba en estrecha colaboración con la Iglesia y la fortaleció dentro de su imperio. De hecho, la Iglesia se hizo tan fuerte que con el tiempo rivalizó con la autoridad del Estado.

Después de la muerte de Otón I el Grande, sus descendientes, llamados reyes otonianos, gobernaron el imperio. El propio imperio llegó a llamarse el Sacro Imperio Romano. El nombre del imperio ponía de manifiesto que los reyes germanos querían crear una versión cristiana, o sagrada, del Imperio Romano. Además, al afirmar ser romanos, los reyes germanos desafiaban a los gobernantes bizantinos, que también se llamaban a sí mismos emperadores romanos.

Verificar la lectura ¿Qué era el Sacro Imperio Romano?

▲ Cáliz hecho durante el reinado de los reyes otonianos

653

Un estudio del conflicto

autoridad, *sust.,*
control

Los primeros gobernantes del Sacro Imperio Romano controlaban y protegían a la Iglesia. Pero los papas adquirieron más poder. Así comenzó el conflicto entre gobernantes y papas.

miMundo: Actividad
¿Quién triunfó?

El Papa y el emperador En 1073, un monje italiano llamado Hildebrando se convirtió en el papa Gregorio VII. Él creía que el emperador no debía controlar la Iglesia. Esto molestó a Enrique IV, el emperador del Sacro Imperio Romano.

Gregorio decía que sólo el pontífice romano, o el papa, podía elegir a los obispos. Este fue un tema político importante en la Edad Media. Los obispos controlaban muchas tierras y riquezas. Los reyes y los papas querían nombrar a obispos que apoyaran sus políticas. El

El emperador Enrique IV se ve obligado a esperar en la nieve. ▼

papa Gregorio publicó una lista de reglas que declaraban su <u>autoridad</u> suprema sobre los líderes de la Iglesia y los líderes **laicos,** o no religiosos. Reclamó el poder de destituir, o remover de su cargo, a cualquier funcionario. Estas son algunas de sus declaraciones:

> 66 1. Que la Iglesia romana fue fundada sólo por Dios.
>
> 2. Que sólo el pontífice romano tiene el derecho de ser llamado universal.
>
> 3. Que sólo él puede deponer o restituir a los obispos. . . .
>
> 12. Que él tiene permitido deponer a los emperadores 99.
>
> —Papa Gregorio VII, *Dictatus Papae*

Enrique IV debió quedarse atónito ante la declaración 12. ¡Gregorio afirmaba poder eliminar a los emperadores! Todo indicaba un enfrentamiento entre los dos hombres.

Un gobernante rebelde La lucha comenzó cuando Enrique ignoró las reglas del Papa. El emperador nombró a su propio obispo para la ciudad de Milán, Italia. En respuesta, Gregorio nombró a un obispo rival. Cuando Enrique trató de remover a Gregorio como papa, Gregorio lo excomulgó. **Excomulgar** es excluir a alguien de una Iglesia o una comunidad religiosa. El Papa liberó a los súbditos de Enrique de sus juramentos de fidelidad al emperador.

Sin sus súbditos, Enrique no tenía poder. Para revertir su excomunión, Enrique visitó al Papa en un castillo italiano. El Papa mantuvo a Enrique esperando en la nieve durante tres días. Aunque el Papa lo perdonó, su conflicto continuó. Más tarde, Enrique y su ejército expulsaron al Papa de Roma.

La lucha entre los papas y los gobernantes siguió después de la muerte de Gregorio y Enrique. Finalmente, en 1122, la Iglesia y el Sacro Imperio Romano llegaron a un acuerdo llamado Concordato de Worms. Éste daba a la Iglesia la autoridad para designar obispos. También permitía a los emperadores dar feudos, o donaciones de tierras, a los obispos para obtener su lealtad. Pero los conflictos entre los papas y los gobernantes continuaron.

Verificar la lectura ¿Cómo trató el papa Gregorio de destruir la autoridad de Enrique IV?

Iglesia y Estado en Inglaterra

Hubo conflictos similares en otras partes. En Inglaterra, una lucha enfrentó al rey Enrique II contra su amigo, Tomás Becket, arzobispo de Canterbury.

Enrique y Tomás Becket habían sido aliados. En 1162, el Rey nombró a Becket arzobispo de Canterbury. Becket era ahora el obispo más importante de esas tierras.

Enrique quería ampliar su poder. Pensaba que Becket lo apoyaría, pero Becket era más leal a la Iglesia que al Estado. Becket se opuso al intento de Enrique por limitar el poder y la independencia de la Iglesia. La lucha fue tan feroz que Becket excomulgó a Enrique.

Enrique se enojó tanto que pronunció unas palabras que más tarde lamentaría.

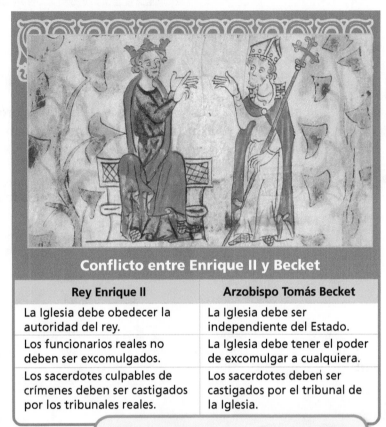

Conflicto entre Enrique II y Becket

Rey Enrique II	Arzobispo Tomás Becket
La Iglesia debe obedecer la autoridad del rey.	La Iglesia debe ser independiente del Estado.
Los funcionarios reales no deben ser excomulgados.	La Iglesia debe tener el poder de excomulgar a cualquiera.
Los sacerdotes culpables de crímenes deben ser castigados por los tribunales reales.	Los sacerdotes deben ser castigados por el tribunal de la Iglesia.

Destreza: Gráficas

¿Por qué quería el rey tener el derecho de castigar a los sacerdotes que eran culpables de crímenes?

Como leíste en miHistoria de este capítulo, algunos de sus caballeros creyeron que el rey exigía la muerte de Becket. Viajaron a Canterbury y asesinaron al arzobispo dentro de la misma catedral.

Este hecho horrorizó a la cristiandad. Se creó un santuario donde Becket fue asesinado. La catedral de Canterbury se convirtió en un destino de **peregrinaje**, un viaje para venerar a alguien en un lugar sagrado.

Verificar la lectura ¿Por qué fue asesinado Tomás Becket?

La Iglesia medieval

era rica, poderosa y estaba bien organizada. El papa regía a través de un sistema de rangos conocido como jerarquía.

RAZONAMIENTO CRÍTICO **¿En qué se parecía la jerarquía de la Iglesia al sistema feudal?**

▲ El papa era el líder de la Iglesia.

Arzobispos

◄ Un arzobispo gobernaba una importante arquidiócesis, o distrito religioso. Él regía a los obispos.

Obispos

◄ Un obispo supervisaba una diócesis, compuesta por lo general por un distrito de la ciudad. Ordenaba a los nuevos sacerdotes y dictaminaba los casos en los tribunales.

Sacerdotes

◄ Un sacerdote servía en la parroquia local y cobraba los impuestos de la Iglesia.

Los reyes se fortalecen

Entre los siglos X y XIII había pocos gobernantes fuertes en Europa. Los aristócratas tenían el poder. Sus castillos los ayudaban a controlar sus tierras. Luego, en Inglaterra y Francia, el poder se desplazó a manos de los monarcas.

Desarrollo del comercio Por el siglo XII, el comercio aumentaba en Europa. Conforme crecía, los reyes se beneficiaban de los impuestos. Las nuevas riquezas de los reyes los fortalecían políticamente.

El rey de Francia Los antepasados de los reyes de Francia eran aristócratas con poco poder. Una familia, los Capetos, estableció su capital en París. Su reino se volvió más fuerte. Un Capeto, el rey Felipe II Augusto, llegó al trono en 1180. Adquirió grandes propiedades. Los documentos reales se referían a él como "rey de Francia" en lugar del antiguo título de "rey de los francos".

Felipe II designó funcionarios para supervisar la justicia. También obtuvo mayor control sobre la Iglesia de Francia.

El reino de Inglaterra Las raíces del reino de Inglaterra se remontan a una época anterior a la existencia de Inglaterra. Los pueblos germanos se establecieron en el este de Britania en el siglo V. Estos pueblos eran conocidos como anglosajones. Se crearon reinos anglosajones y se llamó a las tierras <u>ocupadas</u> "Inglaterra", o tierra de los anglos.

ocupar, *v.*, tomar o llenar un espacio

Durante los siglos X y XI, Inglaterra se volvió más organizada bajo un gobierno centralizado. Se estableció un sistema estandarizado de moneda en todo el reino.

Para 1066, Inglaterra era un estado más fuerte. Sin embargo, a pesar del creciente poder de la monarquía, el rey no pudo resistir una invasión del duque del norte de Francia. En la siguiente sección, leerás acerca de esta invasión que cambió la historia de Europa para siempre.

Verificar la lectura ¿Qué estados de Europa desarrollaron monarquías fuertes?

Evaluación de la Sección 1

? Pregunta esencial

¿Cómo debemos manejar los conflictos?

Términos clave

1. Usa los siguientes términos para describir la lucha entre los papas y los gobernantes: laico, excomulgar, peregrinaje.

Ideas clave

2. ¿Cuál era la conexión entre la antigua Roma y el Sacro Imperio Romano?

3. ¿Cómo controlaban los papas a los monarcas?

4. ¿Cómo fortaleció el aumento del comercio el poder de los reyes?

Razonamiento crítico

5. Inferir ¿Por qué tantos gobernantes trataban de reclamar la autoridad de la antigua Roma?

6. Sacar conclusiones ¿Por qué los reyes querían tener el derecho de designar a los obispos?

7. ¿Qué errores cometió Enrique II en su conflicto con la Iglesia? Anota la respuesta en tu Cuaderno del estudiante.

Reyes, nobles y la Carta Magna

Ideas clave

- La conquista normanda transformó la historia y la cultura de Inglaterra.
- La Carta Magna limitó el poder del monarca y ayudó a establecer los derechos que los norteamericanos disfrutan hoy en día.
- Con el tiempo, Inglaterra desarrolló un gobierno representativo bajo una monarquía limitada.

Términos clave • Carta Magna • derecho consuetudinario • hábeas corpus • mandato judicial • parlamento

 Visual Glossary

Destreza de lectura **Identificar las ideas principales y los detalles** Toma notas usando el organizador gráfico en tu Cuaderno.

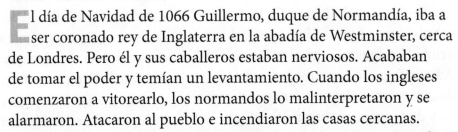

Los normandos atacan Londres. ▼

El día de Navidad de 1066 Guillermo, duque de Normandía, iba a ser coronado rey de Inglaterra en la abadía de Westminster, cerca de Londres. Pero él y sus caballeros estaban nerviosos. Acababan de tomar el poder y temían un levantamiento. Cuando los ingleses comenzaron a vitorearlo, los normandos lo malinterpretaron y se alarmaron. Atacaron al pueblo e incendiaron las casas cercanas.

La ceremonia prosiguió en la gran iglesia. Mientras, las casas ardían en llamas. Era una coronación apropiada para quien había llegado al poder por medio de la espada y el fuego.

La conquista normanda

Guillermo descendía de invasores vikingos llamados hombres del norte, o normandos, que se asentaron en el norte de Francia. Esta área fue llamada Normandía. Los duques de Normandía se convirtieron en grandes señores feudales. Se enriquecieron recaudando impuestos. Más tarde quisieron más tierras.

Los normandos reclaman Inglaterra Los normandos estaban interesados en la riqueza de Inglaterra. El duque Guillermo de Normandía estaba emparentado con el rey anglosajón, Eduardo el Confesor, pero Eduardo era débil. El poder en Inglaterra estaba en manos de una familia noble llamada Godwin. Harold Godwin, conde de Wessex, esperaba heredar el trono.

Conquista normanda

NORUEGA

ESCOCIA

OCÉANO ATLÁNTICO

Mar del Norte

York

② El ejército de Harold se precipita al norte y derrota a los noruegos.

INGLATERRA

Londres
Hastings
Canterbury

Normandía

Canal de la Mancha

❶ El ejército del rey de Noruega invade el norte de Inglaterra.

❹ El agotado ejército de Harold marcha hacia el sur.

❸ El ejército de Guillermo invade.

LEYENDA

→ Invasores noruegos
→ Ejército de Harold
→ Ejército de Guillermo
✹ Victoria inglesa
✹ Victoria normanda

| 0 | 100 Millas |
| 0 | 100 Kilómetros |

Proyección acimutal equivalente de Lambert

Destreza: Mapas

❶ **Movimiento** ¿Qué ejércitos lucharon en York? ¿Qué ejércitos lucharon en Hastings?

❷ **Movimiento** ¿Por qué crees que el ejército de Harold estaba agotado al llegar a Hastings?

❸ **¡Lugares por conocer!** Rotula los lugares siguientes en el croquis de tu Cuaderno del estudiante: canal de la Mancha, Londres, Hastings y Normandía.

Mientras Eduardo yacía agonizando, supuestamente prometió la corona inglesa a Harold. Sin embargo, Guillermo, duque de Normandía, afirmaba que Eduardo se la había prometido a él. El rey noruego también reclamaba el trono. Cuando Harold se convirtió en rey, tenía dos rivales poderosos y amenazantes.

Guillermo el Conquistador A finales de septiembre de 1066, el rey noruego desembarcó su ejército en el norte de Inglaterra. El rey inglés Harold y su ejército se precipitaron hacia el norte y derrotaron la invasión noruega. Después de la victoria de Harold, Guillermo de Normandía invadió el sur de Inglaterra. Harold tuvo que llevar a su exhausto ejército 250 millas al sur para enfrentar a Guillermo.

Los dos ejércitos se encontraron el 14 de octubre cerca de Hastings, en la costa sur de Inglaterra. Los ingleses iban a pie y luchaban con espadas y lanzas. La caballería y los diestros arqueros normandos los derrotaron. Harold y sus hermanos murieron en la batalla, poniendo fin al gobierno anglosajón en Inglaterra.

Guillermo era ahora "el conquistador" de Inglaterra. Su ejército se abrió paso por tierra, incendiando y saqueando. El día de Navidad de 1066, Guillermo fue coronado rey de Inglaterra en la abadía de Westminster.

Verificar la lectura ¿Qué pasó en la Batalla de Hastings?

▲ El duque Guillermo toma un puñado de arena inglesa mientras desembarca su ejército.

659

La Inglaterra normanda

transformar, *v.,* cambiar

La conquista normanda <u>transformó</u> a Inglaterra. El idioma y la cultura cambiaron. La Batalla de Hastings acabó con muchas grandes familias nobles anglosajonas. Había unos 5,000 terratenientes locales. Guillermo entregó sus tierras a unos 180 barones normandos. Su familia obtuvo la mayor proporción. Esto concentró la riqueza y el poder en manos de la élite francesa.

Guillermo introdujo un fuerte sistema feudal. Como vasallos del rey, los barones, o nobles, debían apoyarlo con el servicio militar y suministrarle soldados. Los barones normandos construyeron grandes castillos para controlar a la población nativa. Éstas fueron las primeras grandes fortalezas de piedra en Britania desde que los romanos abandonaron el país más de 600 años antes.

Inglaterra tenía una nueva clase dominante. Todos en el poder, tanto en la Iglesia como en el gobierno, eran normandos. El latín y el francés se convirtieron en los idiomas del derecho, la cultura y el gobierno. El inglés no volvería a ser idioma de gobierno hasta 300 años después. Mientras, los anglosajones mantenían sus costumbres e idioma. Con el tiempo, los anglosajones y los normandos se mezclaron para crear el idioma inglés moderno.

Verificar la lectura ¿Qué cambios llevaron los normandos a Inglaterra?

La Torre de Londres fue uno de los castillos construidos para controlar Inglaterra. ▼

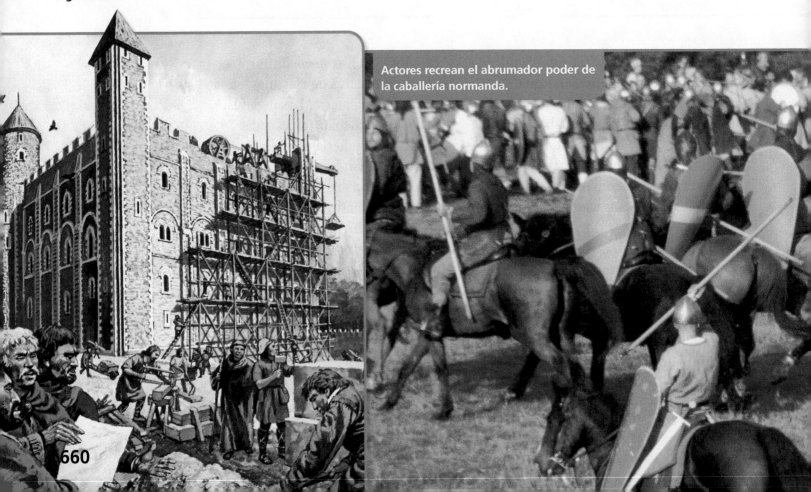

Actores recrean el abrumador poder de la caballería normanda.

PODER NORMANDO

Al igual que sus ancestros vikingos, los normandos eran audaces. Rápidamente conquistaron a los ingleses que los superaban ampliamente en número. Las destrezas de organización de los normandos les ayudaron a gobernar Inglaterra. Hoy en día, la evidencia del poder normando sobrevive en sus edificios y en el idioma inglés.

RAZONAMIENTO CRÍTICO **Estudia la tabla de lenguaje formal e informal. ¿Por qué se considera que un conjunto de palabras es más formal? ¿En qué situaciones usarías un lenguaje más formal?**

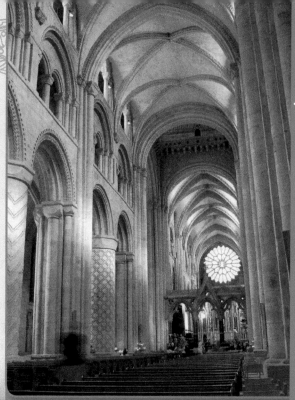

▲ Los normandos construyeron enormes catedrales como ésta en Durham.

Palabras en inglés que provienen del francés normando

Gobierno	Derecho	Artes
council (consejo)	*court* (tribunal)	*art* (arte)
country (país)	*judge* (juez)	*beauty* (belleza)
government (gobierno)	*justice* (justicia)	*color* (color)
nation (nación)	*prison* (prisión)	*fashion* (moda)
parliament (parlamento)	*verdict* (veredicto)	*music* (música)

Gracias a los normandos, las personas que hablan inglés pueden usar dos estilos de lenguaje. El lenguaje formal incluye palabras que provienen del francés normando, que era el lenguaje de la aristocracia. El lenguaje informal surge de palabras anglosajonas, que formaban la lengua del pueblo.

Formal (del francés normando)	Informal (del anglosajón)
inquire (inquirir)	*ask* (preguntar)
sovereign (soberano)	*king* (rey)
relatives (familiares)	*kin* (parientes)
construct (edificar)	*build* (construir)
demonstrate (demostrar)	*show* (mostrar)

FUENTE: *La historia del inglés*, Robert MacNeil

Límites al poder real

militar, *adj.,* relacionado con las fuerzas armadas

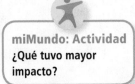

miMundo: Actividad
¿Qué tuvo mayor impacto?

Los normandos intentaban fortalecer el gobierno central, pero los señores feudales se oponían. Los reyes tenían que pedirles dinero y soldados para las guerras. A cambio, los barones podían hacer exigencias a sus reyes.

El rey Juan En 1199, hubo un nuevo rey de Inglaterra. Como descendiente de Guillermo el Conquistador, el rey Juan reclamó Normandía en Francia. Sin embargo, reclamar y gobernar eran cosas muy diferentes. Hacia 1204, Juan había perdido la mayoría de sus tierras francesas. Necesitaba un ejército para recuperarlas. Quería el dinero de los impuestos para hacerlo. Esto produjo conflictos con sus barones.

El rey Juan firma a regañadientes la Carta Magna.▼

662

La firma de la Carta Magna Por 1215, los líderes de Inglaterra estaban cansados de los impuestos y los fracasos <u>militares</u> del rey Juan. Barones rebeldes obligaron al rey a firmar un documento que les prometía ciertos derechos. Éste se llegó a conocer como la **Carta Magna**, que en latín significa "gran carta".

En la Carta Magna el rey Juan debía reconocer los derechos de los barones. Prometió que no recaudaría más impuestos sin la aprobación de un consejo. También prometió reconocer el derecho a un juicio ante un jurado. La carta declaraba que el rey:

> 66 [No] procederé en contra de [el acusado] ni enviaré a otros a hacerlo, excepto de acuerdo con la sentencia legal de los pares y de acuerdo con el derecho consuetudinario 99.
>
> —Carta Magna,
> traducido de la versión al inglés de
> Xavier Hildegarde

La Carta Magna estableció un precedente. Dejó en claro que incluso un rey debe cumplir con la ley. Los derechos también se extendieron a las personas comunes y se convirtieron en parte del derecho inglés. Otros países, como los Estados Unidos, adoptaron sus principios: el imperio de la ley, el juicio ante un jurado y el derecho del pueblo a tener voz en las leyes y los impuestos.

Derecho inglés Cuando la Carta Magna se refería a "la ley del reino", significaba el derecho inglés y no el romano. En muchos países, el derecho medieval estaba basado en el derecho romano. En Inglaterra, la ley del reino era una mezcla del derecho francés normando feudal, las leyes de la Iglesia y el antiguo derecho consuetudinario anglosajón. El **derecho consuetudinario** son leyes desarrolladas a partir de las costumbres y las decisiones de los jueces, y no de las leyes aprobadas por una asamblea legislativa.

Una práctica legal proveniente del derecho inglés es el **hábeas corpus**, una frase en latín que significa "Que tengas [un] cuerpo [para exponer]". Se refiere a una orden judicial para llevar a una persona arrestada ante un juez o tribunal. Un carcelero que recibe un **mandato judicial**, o una orden de una corte de justicia, de hábeas corpus debe liberar al prisionero o justificar su encarcelamiento. El propósito es impedir los arrestos secretos y el encarcelamiento sin juicio. Sin embargo, en tiempos de guerra se ha suspendido este mandato en Inglaterra y los Estados Unidos.

El parlamento En el siglo XIII, los reyes pidieron asesoramiento a los representantes del condado. Así comenzó una de las asambleas de representantes

▲ Visitantes estudiando una copia de la Carta Magna en Inglaterra

más antiguas de Europa: el Parlamento inglés. Un **parlamento** es una asamblea de representantes que hacen las leyes. El rey reunía al Parlamento cuando quería subir los impuestos. El Parlamento se volvió un órgano legislativo con dos cámaras. La Cámara de los Lores representaba a los nobles. La Cámara de los Comunes representaba a los caballeros y los líderes de la ciudad.

Verificar la lectura ¿Qué documento limitaba el poder del rey?

mi **Mundo**
CONEXIONES

El derecho consuetudinario inglés sentó las bases para la ley federal de los Estados Unidos y las leyes de la mayoría de los estados.

Evaluación de la Sección 2

? Pregunta esencial

Términos clave

1. Usa los siguientes términos para describir la lucha por el poder que se desarrolló entre los reyes y nobles: Carta Magna, derecho consuetudinario, hábeas corpus, mandato judicial, parlamento.

Ideas clave

2. ¿Qué ocurrió en 1066?

3. ¿Por qué se vio afectada la propiedad de la tierra por la conquista normanda?

4. ¿Qué es la Carta Magna?

Razonamiento crítico

5. **Sintetizar** ¿Por qué fortalecería el hábeas corpus a una sociedad libre?

6. **Inferir** ¿Por qué ayudó la Carta Magna a sentar las bases de la democracia?

¿Cómo debemos manejar los conflictos?

7. ¿Cómo resolvieron los barones sus conflictos con el rey Juan? Anota la respuesta en tu Cuaderno del estudiante.

Cruzadas religiosas

Ideas clave
- Los europeos emprendieron las Cruzadas para liberar Tierra Santa del dominio musulmán.
- Durante las Cruzadas aumentó la persecución de los judíos, musulmanes y herejes cristianos.
- Las Cruzadas fracasaron, pero tuvieron efectos económicos y culturales duraderos.

Términos clave • Cruzadas • herejía • Inquisición

 **Visual Glossary**

Destreza de lectura Secuencia Toma notas usando el organizador gráfico en tu Cuaderno.

Ilustración medieval que muestra a los turcos destruyendo el ejército de Pedro el Ermitaño ▼

En marzo de 1096, los agricultores del norte de Francia oyeron un rugido lejano. Era una multitud de personas cantando himnos y alentando a otros a unírseles. Los agricultores veían acercarse una turba de campesinos, unas 20,000 personas, dirigidas por un hombre vestido como ermitaño. De inmediato supieron quién era. Pedro el Ermitaño llevaba meses alentando a los cristianos a unirse a su lucha para liberar Jerusalén. Había inspirado a miles de personas. Al igual que muchos otros, los agricultores se unieron al ejército de Pedro el Ermitaño.

Así comenzaron las **Cruzadas**, una serie de campañas militares para establecer el control cristiano en Tierra Santa. Muchos agricultores, soldados y reyes viajaron de Europa al Oriente Medio con este objetivo. Sus campañas cambiarían a Europa y a Oriente Medio.

Convocar una Cruzada

Las Cruzadas comenzaron con grandes esperanzas. Un objetivo era proteger a los cristianos que visitaban la Tierra Santa de Palestina. Los califas musulmanes, o líderes, por lo general permitían que los cristianos visitaran los lugares sagrados. A principios del siglo XI, los árabes fatimíes comenzaron a destruir las iglesias y a asesinar a los peregrinos. Luego, en 1071, los turcos selyúcidas tomaron Jerusalén de los fatimíes. Los turcos acosaron a los peregrinos y marcharon a la ciudad cristiana de Constantinopla. El emperador bizantino de Constantinopla pidió ayuda al papa Urbano II.

El llamamiento del Papa El papa Urbano II convocó una Cruzada para liberar Tierra Santa en 1095. Hizo un llamamiento a los "soldados de Cristo" para defender Constantinopla y liberar a Jerusalén de los turcos. La gente respondió al llamado del Papa. Su lema era *¡Deus le veult!*, que significa *¡Dios lo quiere!*.

El credo de los cruzados Algunos líderes religiosos usaban conceptos feudales para explicar la guerra santa: como Jesús era el Señor de todo cristiano, sus vasallos debían defender sus tierras y santuarios. Por tanto, una Cruzada era una guerra justa, o justificada.

Cruzada proviene de la palabra en latín *crux*, o "cruz". Los cruzados cosían una cruz en su ropa. Se comprometían a hacer una peregrinación a la tumba de Jesús. Al igual que a otros peregrinos, a los cruzados se les prometió el perdón de los pecados.

Las personas que "tomaban la cruz" hacían muchos sacrificios. Se enfrentaban a ladrones, al hambre y las enfermedades incluso antes de encontrarse con el enemigo. Vendían sus fincas y pedían dinero prestado para pagar el viaje. Un cruzado, el noble francés Jean de Joinville, escribió:

> 66 Ni siquiera una vez permití que mis ojos se volvieran hacia Joinville, por temor a que mi corazón pudiera llenarse de nostalgia al pensar en mi hermoso castillo y en los dos hijos que había dejado atrás 99.
> —Jean de Joinville, *La vida de San Luis*

Aunque muchos eran miembros de la nobleza, otros esperaban obtener tierras y riqueza al unirse a las Cruzadas.

La primera Cruzada Probablemente participaron 150,000 personas en el primer grupo, formado por campesinos harapientos dirigidos por Pedro el Ermitaño. Su "ejército" consistía en hombres, mujeres y niños sin entrenamiento ni preparación para el viaje. Los turcos asesinaron a la mayoría antes de que llegaran a Tierra Santa. Después, partieron ejércitos más profesionales por tierra y mar.

A pesar de todo, la primera Cruzada fue un éxito militar. Los cruzados tenían una ventaja: tomaron por sorpresa a los musulmanes. Los musulmanes de Oriente Medio estaban demasiado divididos para resistir. Los cruzados se apoderaron de Jerusalén en 1099 y establecieron cuatro estados cruzados en Tierra Santa. También detuvieron el avance de los turcos hacia Constantinopla.

establecer, *v.,* fundar

Verificar la lectura **¿Por qué se unían las personas a las Cruzadas?**

miMundo: Actividad
Diario de las Cruzadas

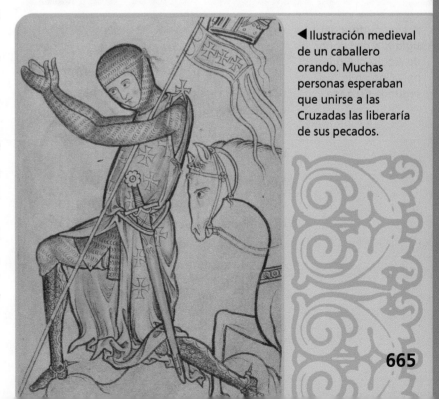

◀ Ilustración medieval de un caballero orando. Muchas personas esperaban que unirse a las Cruzadas las liberaría de sus pecados.

665

▲ Una pintura del siglo XIX de Leonor de Aquitania, que participó en la segunda Cruzada.

a los musulmanes de Palestina, no obtuvieron el apoyo local.

Como resultado del fracaso de la segunda Cruzada, Saladino, el líder musulmán, obtuvo más poder. Saladino recuperó Jerusalén en 1187.

"Cruzada de los reyes" La caída de Jerusalén provocó la tercera Cruzada en 1189. Debido a que la organizaron los príncipes de Inglaterra, Francia y Alemania, se conoció como "Cruzada de los reyes". Ricardo I de Inglaterra, llamado "Corazón de León", fue el líder de esta Cruzada. Ganó importantes victorias y desarrolló una relación cordial con Saladino.

El carácter noble de Saladino inspiraba respeto, incluso en sus enemigos. Uno de sus funcionarios describió cuando un prisionero fue llevado ante Saladino:

> 66 El intérprete le preguntó [al prisionero]: '¿De qué tienes miedo?' Dios lo inspiró para responder: 'Al principio tenía miedo de ver ese rostro, pero después de verlo y estando de pie en su presencia, estoy seguro de que sólo voy a ver lo bueno en él'. El Sultán conmovido, lo perdonó y lo dejó en libertad 99.
>
> —Baha' ad-Din Ibn Shaddad

Saladino y Ricardo firmaron una tregua que puso fin a la tercera Cruzada. Los peregrinos cristianos podían viajar con libertad y Saladino aceptó respetar las tierras cruzadas. Pero Jerusalén permaneció en manos musulmanas.

Verificar la lectura **¿Qué objetivo no consiguió la tercera Cruzada?**

Segunda y tercera Cruzada

Los estados cruzados estaban siempre a la defensiva. Los musulmanes contraatacaron en 1144 y conquistaron el estado cruzado de Edesa. Esto provocó que el Papa convocara una segunda Cruzada.

Segunda Cruzada El rey Luis VII de Francia y el emperador germano organizaron la segunda Cruzada. Otros, como la esposa del rey Luis, Leonor de Aquitania, también se unieron. La segunda Cruzada fracasó por varias razones. Por ejemplo, los líderes discutían. Los cruzados, que maltrataban

Las Cruzadas

Las Cruzadas se libraron en el lapso de 200 años y fueron, en realidad, una serie de guerras cortas, la mayoría de una duración máxima de tres años. En medio de estas guerras, los musulmanes continuaron luchando contra los estados cruzados establecidos en Tierra Santa. El enfrentamiento entre los musulmanes y los ejércitos cristianos reveló diferencias en tácticas y armamento. *¿Qué suceso provocó la tercera Cruzada?*

◀ **Extremo izquierdo:** Los turcos llevaban ropa ligera y montaban rápidos caballos árabes. La velocidad y la movilidad les daban una ventaja.

◀ **Los caballeros** cruzados llevaban armaduras pesadas y montaban caballos de batalla de gran tamaño. Sus ataques de caballería eran muy temidos.

1096–1099 Primera Cruzada

1147–1149 Segunda Cruzada

1189–1192 Tercera Cruzada

1202–1204 Cuarta Cruzada

1217–1221 Quinta Cruzada

1227–1229 Sexta Cruzada

1248–1254 Séptima Cruzada

1270–1272 Octava Cruzada

1050 — 1100 — 1150 — 1200 — 1250 — 1300

1099 Los cruzados capturan Jerusalén.

1144 Los musulmanes capturan Edesa.

1187 Saladino captura Jerusalén.

1212 La Cruzada de los niños fracasa.

1291 El último estado cruzado es derrotado.

1204 Los cruzados saquean Constantinopla.

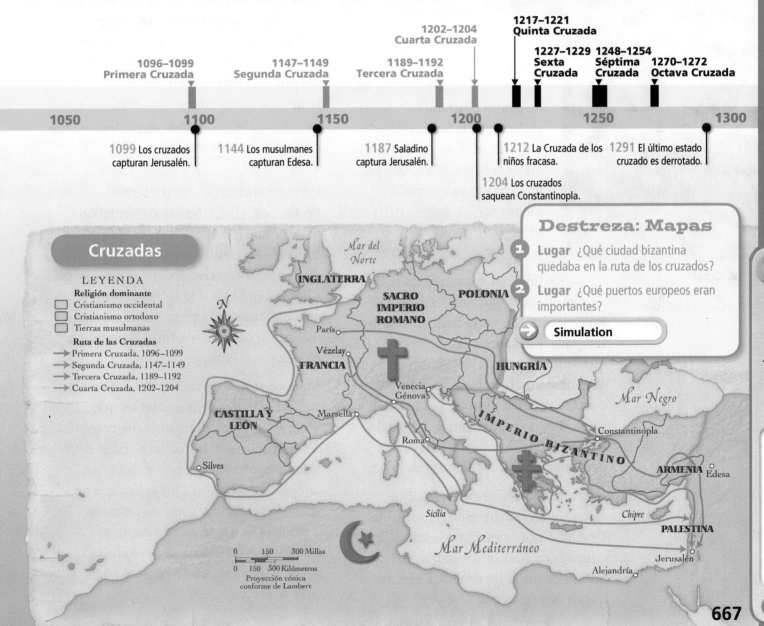

Cruzadas

LEYENDA
Religión dominante
- Cristianismo occidental
- Cristianismo ortodoxo
- Tierras musulmanas

Ruta de las Cruzadas
- → Primera Cruzada, 1096–1099
- → Segunda Cruzada, 1147–1149
- → Tercera Cruzada, 1189–1192
- → Cuarta Cruzada, 1202–1204

Mar del Norte

INGLATERRA

SACRO IMPERIO ROMANO

POLONIA

París

Vézelay

FRANCIA

HUNGRÍA

Venecia
Génova

CASTILLA Y LEÓN

Marsella

Mar Negro

Roma

IMPERIO BIZANTINO

Constantinopla

Silves

ARMENIA   Edesa

Sicilia

Chipre

PALESTINA

Mar Mediterráneo

Jerusalén

Alejandría

0   150   300 Millas
0   150   300 Kilómetros
Proyección cónica conforme de Lambert

Destreza: Mapas

1 **Lugar** ¿Qué ciudad bizantina quedaba en la ruta de los cruzados?

2 **Lugar** ¿Qué puertos europeos eran importantes?

→ **Simulation**

my worldhistory.com

Simulation

Ilustración de 1460, que muestra a los cruzados atacando Constantinopla.

▲ Caballos de bronce saqueados de Constantinopla

Cuarta Cruzada y Cruzadas posteriores

La cuarta Cruzada avergonzó al Papa que la había iniciado. Los cruzados nunca llegaron a Tierra Santa. Sin embargo, financiaron su campaña saqueando ciudades cristianas a lo largo de la ruta.

El saqueo de Constantinopla

En 1204, los cruzados asaltaron Constantinopla, la capital bizantina. Rompieron íconos cristianos, robaron reliquias y atacaron a las mujeres. El Papa estaba furioso. Escribió que los cruzados que "debieron haber usado sus espadas contra los infieles [no creyentes], habían bañado esas espadas con la sangre de los cristianos". Los bizantinos nunca perdonaron a los cristianos católicos.

Cruzadas posteriores

En 1212 se extendió un movimiento popular de Cruzadas por Francia y Alemania. La Cruzada de los niños atrajo a personas pobres de todas las edades. La mayoría nunca llegó más allá de Italia.

A pesar de las Cruzadas posteriores, los cruzados fueron expulsados de Tierra Santa. En 1291, los musulmanes egipcios derrotaron el último estado cruzado.

El punto de vista de los musulmanes

Los musulmanes de Oriente Medio se sorprendieron con las primeras Cruzadas. El mundo musulmán estaba dividido políticamente para poder organizarse. La mayoría de los musulmanes consideraban a los cruzados como soldados contratados para recuperar las tierras bizantinas.

Los contraataques musulmanes fueron más exitosos. Los musulmanes describieron sus propias campañas en términos religiosos, como una guerra santa.

Verificar la lectura ¿Qué suceso importante ocurrió durante la cuarta Cruzada?

Persecuciones religiosas

En Europa, las Cruzadas alimentaban pasiones peligrosas. El fervor religioso contra los musulmanes produjo ataques contra personas con creencias diferentes a las enseñanzas de la Iglesia. Después del comienzo de la primera Cruzada, se realizaron campañas contra las minorías religiosas en Europa.

Ataques contra comunidades judías

Los judíos fueron los primeros en ser atacados. Algunos ya los consideraban enemigos del cristianismo y usaron las Cruzadas como una excusa para la violencia. Los campesinos atacaban a los judíos que no se convertían al cristianismo. Durante la primera Cruzada, aterrorizaron y asesinaron a las comunidades judías a lo largo de las rutas de los cruzados hacia Oriente Medio.

La mayor violencia ocurrió en las ciudades germanas a lo largo del río Rin, como Maguncia y Colonia. Miles de judíos se suicidaban para escapar la tortura y el asesinato. Cuando los caballeros de la primera Cruzada tomaron Jerusalén en 1099 asesinaron a judíos y musulmanes por igual.

Algunos clérigos cristianos protegían a los judíos. Pero el ánimo del público provocó más persecuciones. Se expulsó a los judíos de Inglaterra en 1290 y de Francia en 1306.

Cruzadas contra los herejes Los judíos no fueron las únicas víctimas de la persecución religiosa. Grupos de cristianos que seguían varias herejías eran perseguidos. Una **herejía** es una creencia rechazada por la doctrina oficial de la Iglesia. Los cristianos medievales no toleraban diferencias en las creencias. Se creía que los herejes eran "ovejas perdidas". Se les consideraba peligrosos pues podían influir a los demás.

Durante esta época, los cristianos hicieron guerras santas contra los musulmanes en España. ▼

Campañas religiosas en Europa

Mientras comenzaban las Cruzadas al Oriente Medio, los partidarios de la Iglesia comenzaron a perseguir a los "enemigo internos": los herejes y no creyentes en Europa.

1096 Los ejércitos cruzados atacan a los judíos en Europa.

1147 Comienza la Cruzada contra los wendos paganos en el norte de Alemania.

1208 El Papa pone en marcha la Cruzada contra los cristianos herejes en el sur de Francia.

1240 Comienza la Cruzada contra los cristianos ortodoxos en Nóvgorod, Rusia.

| 1050 | 1100 | 1150 | 1200 | 1250 |

La ciudad francesa de Carcasona era un fuerte hereje.

Fotograma de una película de la Cruzada contra Nóvgorod

Al principio se excomulgaba a los herejes. Era un castigo severo pues la Iglesia era el centro de la vida medieval. Algunos herejes se aferraban a sus creencias. El Papa pidió a los nobles que organizaran Cruzadas contra ellos. En la <u>región</u> de Languedoc, al sur de Francia, comunidades enteras fueron asesinadas o exiliadas por estar en desacuerdo con la Iglesia.

región, *sust.,* área de territorio

Acusaron de herejía a los Caballeros Templarios, antes considerados héroes militares de las Cruzadas. Los Templarios eran una orden de monjes militares aprobados por la Iglesia en 1127. Como guerreros, fueron muy admirados durante las Cruzadas. Pero crearon un sistema bancario internacional que los hizo ricos y envidiados. El rey de Francia, que les debía dinero, arrestó a sus líderes en 1307. Los acusó de herejía y fueron torturados y quemados vivos.

La Inquisición En el siglo XIII, el papa Gregorio IX creó la **Inquisición**, una serie de investigaciones para encontrar y juzgar a los herejes. Los que eran acusados de herejes y no cooperaban eran castigados.

Los castigos eran diversos. Pequeñas diferencias en las creencias podían ser perdonadas con un ayuno o una azotaina. Las acusaciones más graves podían conducir a una multa o a prisión. Si un hereje torturado no confesaba era ejecutado.

Verificar la lectura: **¿Qué les pasó a las comunidades judías durante las Cruzadas?**

Efectos de las Cruzadas

Las Cruzadas no lograron expulsar a los musulmanes de Tierra Santa. La lucha debilitó al Imperio Bizantino que había protegido a Europa de la invasión turca. Las Cruzadas tuvieron un efecto duradero en Europa.

Un mundo más amplio Las Cruzadas abrieron los ojos de los europeos. Las personas que nunca habían salido de su entorno, vieron nuevas tierras, pueblos y formas de vida.

Es posible que las Cruzadas alentaran a los europeos a explorar el mundo. Algunos historiadores creen que el espíritu aventurero de los cruzados fue el origen de los grandes viajes europeos de descubrimiento que comenzaron a fines del siglo XV.

◄ Los Caballeros Templarios, como el que se muesta aquí, fueron los héroes de las Cruzadas.

Después de las Cruzadas, los líderes Templarios fueron quemados por ser considerados herejes. ▼

El comercio con Oriente Las Cruzadas llevaron riqueza y comercio a las ciudades portuarias europeas. Ciudades como Venecia y Génova que siempre habían comerciado por mar, querían satisfacer las necesidades de los estados cruzados en Tierra Santa. Estos estados cruzados estaban rodeados de poblaciones hostiles y dependían de los bienes de Europa. Así se reabrieron las antiguas rutas comerciales entre Europa y el Oriente Medio. Los comerciantes de Venecia y Génova establecieron colonias comerciales en Egipto.

El comerció creció con las nuevas rutas comerciales. Los cruzados regresaban con sedas, especias y otros productos exóticos. La demanda de estos productos alentaba a los comerciantes europeos a expandir el comercio con Asia y a buscar nuevas rutas a China y a la India.

El intercambio cultural Las Cruzadas condujeron al intercambio cultural entre Europa y los estados musulmanes. Los europeos se beneficiaron de esto. Es probable que los europeos aprendieran así la práctica higiénica musulmana de lavarse con jabón. El conocimiento

científico también se expandió. La medicina musulmana era más avanzada que la europea. Los musulmanes habían preservado gran parte de los conocimientos griegos y romanos antiguos que se habían perdido en Europa occidental. Esta sabiduría antigua, junto con los avances musulmanes en la ciencia y la medicina, se difundieron por Europa. Más adelante, estos conocimientos ayudarían a los europeos a realizar grandes avances en las ciencias y las artes.

Verificar la lectura **¿Qué ciudades italianas se beneficiaron con las Cruzadas y por qué?**

Un comerciante italiano observa cómo son cargados los bienes en un barco. ▼

¿ Pregunta esencial

Evaluación de la Sección **3**

Términos clave

1. Usa los siguientes términos para describir los conflictos medievales y las Cruzadas: Cruzadas, herejía, Inquisición.

Ideas clave

2. ¿Por qué convocó a una Cruzada el papa Urbano II?

3. ¿Por qué fracasó la segunda Cruzada?

4. ¿Cuáles fueron algunos de los efectos económicos de las Cruzadas?

Razonamiento crítico

5. Sacar conclusiones ¿Cuáles fueron algunos resultados inesperados de las Cruzadas?

6. Inferir ¿Por qué se perseguía a las minorías en Europa durante las Cruzadas?

¿Cómo debemos manejar los conflictos?

7. ¿Por qué los conflictos conocidos como las Cruzadas no lograron su objetivo? Anota la respuesta en tu Cuaderno del estudiante.

671

Cristianos y musulmanes en España

▲ Un musulmán y un cristiano tocan música juntos, de un manuscrito medieval.

A principios del siglo VIII, los musulmanes gobernaban la mayor parte de la **península Ibérica**, la península donde están ubicados España y Portugal hoy en día. Allí se desarrolló una cultura de gran diversidad bajo el dominio musulmán. Las comunidades musulmanas, judías y cristianas intercambiaban sus conocimientos y costumbres. La situación política en la península era inestable. Los reinos cristianos libraron una larga campaña contra los musulmanes. En 1492, la sociedad multicultural de España fue finalmente eliminada.

España bajo el dominio musulmán

Como leíste en un capítulo anterior, los gobernantes omeyas del Imperio Musulmán fueron derrocados y asesinados en el año 750 D.C. Un sobreviviente huyó a España y en 756, Abd al-Rahman estableció una nueva dinastía en Córdoba. La dinastía gobernó la mayor parte de España durante casi 300 años. Unos pocos reinos cristianos pequeños controlaban la parte norte de España.

Cultura morisca Los cristianos europeos llamaban a los musulmanes de España **moros**. Los moros gobernaban una sociedad muy avanzada, dinámica y diversa centrada en lo que hoy es el sur de España. Esta región se llamaba en árabe "al-Andalus", que se convirtió en el nombre moderno de Andalucía.

La capital musulmana de Córdoba era la ciudad más grande de Europa en el siglo X. Posiblemente era el lugar más agradable para vivir. Tenía muchas mezquitas, librerías y baños públicos. Las casas tenían pisos de mosaico, jardines y fuentes. Su gran biblioteca probablemente tenía unos 400,000 volúmenes.

Los comerciantes llevaban bienes de cuero, telas de seda y joyas de Córdoba a los mercados europeos. La España morisca era el hogar de la gran mezquita de Córdoba y el palacio de la Alhambra en Granada, dos obras maestras de la arquitectura musulmana.

Una sociedad multicultural La edad de oro de la cultura árabe alcanzó su apogeo en los siglos IX y X. La ciencia y la medicina estaban más desarrolladas allí que en el resto de Europa. Los estudiantes extranjeros acudían a Córdoba para estudiar filosofía, música y medicina con eruditos musulmanes y judíos.

En Córdoba vivían dos de los filósofos más famosos de la Edad Media. Uno era el erudito jurídico y juez musulmán Ibn Rusd, o Averroes. El otro era el erudito <u>jurídico</u> judío Maimónides.

La mayoría de los gobernantes musulmanes de España eran tolerantes con los judíos y los cristianos. El Corán alentaba la tolerancia, ya que las tres religiones adoraban a un Dios. Los líderes musulmanes querían crear una sociedad próspera y estable. Aceptaban la diversidad religiosa de sus súbditos. Algunos judíos y cristianos tenían altos cargos oficiales. Los que no eran musulmanes pagaban un impuesto especial. Pero los gobernantes musulmanes posteriores impusieron reglas estrictas, prohibieron a los cristianos llevar Biblias y persiguieron a los judíos.

Verificar la lectura **¿Dónde estaba el corazón de la España morisca?**

jurídico, *adj.,* relacionado con la ley

Las ganancias de la industria de la seda permitieron a los gobernantes musulmanes construir palacios como la Alhambra de Granada.▼

La España musulmana

Aunque la mayoría de las personas en Europa vivían en condiciones primitivas, los habitantes de la España musulmana disfrutaban de las comodidades de una civilización avanzada. El comercio llevó grandes riquezas a ciudades como Córdoba y Granada.

Los musulmanes españoles exportaban sedas, como la que se muestra aquí. ▶

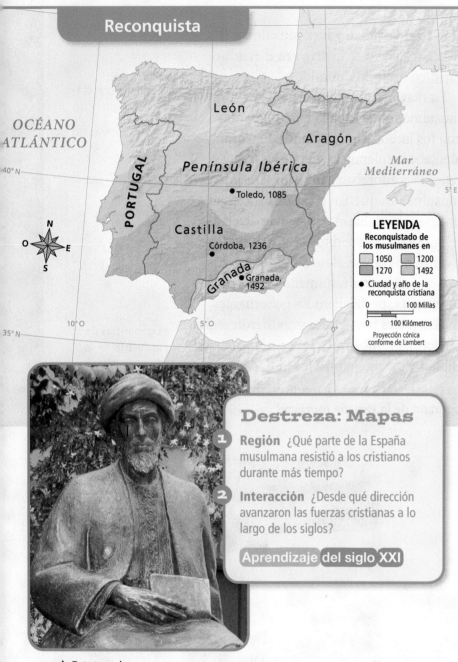

Reconquista

León

OCÉANO ATLÁNTICO

Aragón

Península Ibérica

Mar Mediterráneo

40° N

●Toledo, 1085

5° E

PORTUGAL

Castilla

Córdoba, 1236

N

O · E

S

Granada

Granada, 1492

10° O

5° O

0°

35° N

LEYENDA
Reconquistado de los musulmanes en
☐ 1050   ☐ 1200
☐ 1270   ☐ 1492
● Ciudad y año de la reconquista cristiana

0   100 Millas
0   100 Kilómetros
Proyección cónica conforme de Lambert

Destreza: Mapas

1 **Región** ¿Qué parte de la España musulmana resistió a los cristianos durante más tiempo?

2 **Interacción** ¿Desde qué dirección avanzaron las fuerzas cristianas a lo largo de los siglos?

Aprendizaje del siglo XXI

▲ Estatua de Maimónides, uno de los eruditos judíos forzados a salir de España.

La Reconquista

El declive del dominio musulmán en España comenzó en 1002 con una guerra civil. El califato de Córdoba se dividió en reinos pequeños y débiles. En contraste, en 1050, los reinos cristianos del norte estaban más unidos. Mucho antes de las Cruzadas, los papas exhortaban a los cristianos en España a enfrentar a los musulmanes. El movimiento para sacar a los musulmanes de España se llamó la **Reconquista**, o "volver a conquistar".

Campañas militares La primera victoria importante en la Reconquista fue la captura de Toledo en 1085. En 1139, una victoria sobre los musulmanes condujo a Portugal a convertirse en un reino independiente y cristiano. Los reinos cristianos de España formaron una alianza contra los musulmanes. Atacaron Córdoba, que cayó en 1236. La gran mezquita de Córdoba se convirtió en una catedral católica.

Para mediados del siglo XIII, todo lo que quedaba de la España morisca era Granada. Mediante el pago de tributos, logró sobrevivir unos pocos cientos de años. Pero casi toda España estaba bajo el dominio cristiano.

Unificación de los reinos En 1469, hubo un importante matrimonio real. Fernando de Aragón se casó con Isabel de Castilla y León. Esto unificó a los reinos cristianos más grandes de España. Sentó las bases para un estado español.

Fernando e Isabel querían conquistar Granada, el último territorio musulmán. Cuando cayó en 1492, el Papa estaba encantado. Pero la Cruzada de los reyes católicos contra los musulmanes produjo terribles persecuciones.

Persecuciones religiosas Los judíos habían vivido en paz hasta finales del siglo XIV, cuando comenzaron los ataques contra ellos. Miles fueron masacrados. Muchos se convirtieron al cristianismo. El reinado de Isabel hizo la vida aún más peligrosa para los judíos. Isabel y Fernando querían que España fuera un país católico. Trajeron a un fraile dominico llamado Torquemada para dirigir la Inquisición española. Ésta comenzó como investigaciones de la Iglesia para encontrar y castigar a los herejes. En España, se convirtió en una institución permanente. Usaba el terror y la tortura contra los presuntos herejes. Perseguía a los conversos al cristianismo, que eran sospechosos de mantener sus creencias anteriores.

En 1492, España desterró a los judíos que se negaron a convertirse al cristianismo. Portugal hizo lo mismo. Muchos judíos huyeron a Italia y al Imperio Otomano. Más tarde, expulsaron a los musulmanes. Esta pérdida dañó la cultura y la

economía. España perdió más de 160,000 habitantes. Quienes se habían convertido al cristianismo y permanecieron en España no estaban seguros. Generaciones más tarde, sus familias todavía eran perseguidas por tener un ancestro judío o musulmán practicante.

Verificar la lectura ¿Cuál era el propósito de la Reconquista?

▲ *La rendición de Granada*, de Francisco Pradilla y Ortiz, pintada en 1882.

miMundo: Actividad
España con el paso del tiempo

Evaluación de la Sección 4

Pregunta esencial

¿Cómo debemos manejar los conflictos?

Términos clave

1. Usa los siguientes términos para describir a los cristianos y a los musulmanes en España: península Ibérica, moros, Reconquista.

Ideas clave

2. ¿Por qué era tan diversa la cultura en la península Ibérica?

3. ¿Cuál fue el primer suceso importante de la Reconquista?

4. ¿Cuál fue el último reino musulmán en España?

Razonamiento crítico

5. Sintetizar ¿Qué conexión observas entre las Cruzadas y la Reconquista?

6. Sacar conclusiones ¿Por qué crees que se perseguía a las minorías a medida que se unificaban los reinos cristianos?

7. ¿Por qué produjo la intolerancia religiosa conflictos en España? Anota la respuesta en tu Cuaderno del estudiante.

Evaluación del capítulo

Términos e ideas clave

1. **Explicar** ¿Por qué fue **excomulgado** Enrique IV por el papa Gregorio VII?

2. **Recordar** ¿Qué acuerdo se logró en el Concordato de Worms?

3. **Explicar** ¿Por qué se llamaba a sí mismo "Sacro Imperio Romano" el reino medieval germano?

4. **Describir** ¿Qué es el **hábeas corpus**?

5. **Comentar** ¿Qué efecto tuvo la **Carta Magna** en el desarrollo del gobierno inglés?

6. **Explicar** ¿Por qué convocó el Papa a las **Cruzadas**?

7. **Resumir** ¿Por qué tuvo tanto éxito la primera Cruzada?

8. **Describir** ¿Qué monarcas llevaron a cabo la **Reconquista**?

Razonamiento crítico

9. **Sacar conclusiones** ¿Por qué tenían miedo las personas de ser excomulgadas?

10. **Inferir** ¿Qué papel desempeña el hábeas corpus en la protección de la libertad democrática?

11. **Resumir** ¿Por qué sufrieron las minorías en Europa durante las Cruzadas?

12. **Conceptos básicos: Fundamentos de economía** ¿De qué maneras fomentaron las Cruzadas el comercio?

Analizar elementos visuales

Identifica a los guerreros cristianos y musulmanes de esta ilustración. Luego contesta las siguientes preguntas:

13. ¿En qué se diferencian las ropas usadas por las fuerzas contrincantes?

14. ¿Qué ventajas podrían haber dado estas ropas a cada lado en la batalla?

15. ¿Cuáles eran las desventajas de estas ropas?

La filmación de la Edad Media Haz el papel de cineasta dirigiendo películas que exploran los problemas y conflictos de la Edad Media. Usa las Tarjetas de actividades, junto con las Secciones 1 a 4 y myworldhistory.com, para crear un guión gráfico de las escenas de tu película. Después, desarrolla un guión para tu guión gráfico e interprétalo para la clase.

Aprendizaje del siglo XXI

Desarrolla conciencia cultural

Con un compañero, busca en la Internet información sobre cómo se refieren a las Cruzadas los historiadores judíos y musulmanes actuales. Presenta tus resultados a la clase.

Preguntas basadas en documentos

Success Tracker™
En línea en myworldhistory.com

Usa tu conocimiento de la Edad Media y los Documentos A y B para responder las Preguntas 1 a 3.

Documento A

" El rey Juan, cuando vio que había sido abandonado por casi todos, que de su regia [real] superabundancia de seguidores apenas había conservado siete caballeros, se alarmó mucho de que los barones pudieran atacar sus castillos y reducirlos sin dificultad".

—Roger de Wendover, *Flores historiarum*

Documento B

" Si alguien ha sido [desposeído] por nosotros, o removido, sin una sentencia judicial de sus pares, de sus tierras, castillos, libertades o derechos legítimos, en seguida se los restauraremos".

—Carta Magna

1. En el Documento A, el autor describe al rey Juan como
   A seguro de su poder.
   B un rey muy religioso.
   C enojado con los barones.
   D temeroso del poder de los barones.

2. El Documento B, de la Carta Magna, muestra que el rey Juan se comprometió a
   A poner fin a los abusos legales.
   B castigar a los criminales.
   C atacar los castillos de los barones.
   D dar más tierras a los barones.

3. **Tarea escrita** ¿Qué revelan los Documentos A y B juntos sobre la relación entre el rey Juan y los barones?

my worldhistory.com

Self-Test

Capítulo 23

Un mundo medieval cambiante

Pregunta esencial

¿Cómo se relacionan la religión y la cultura?

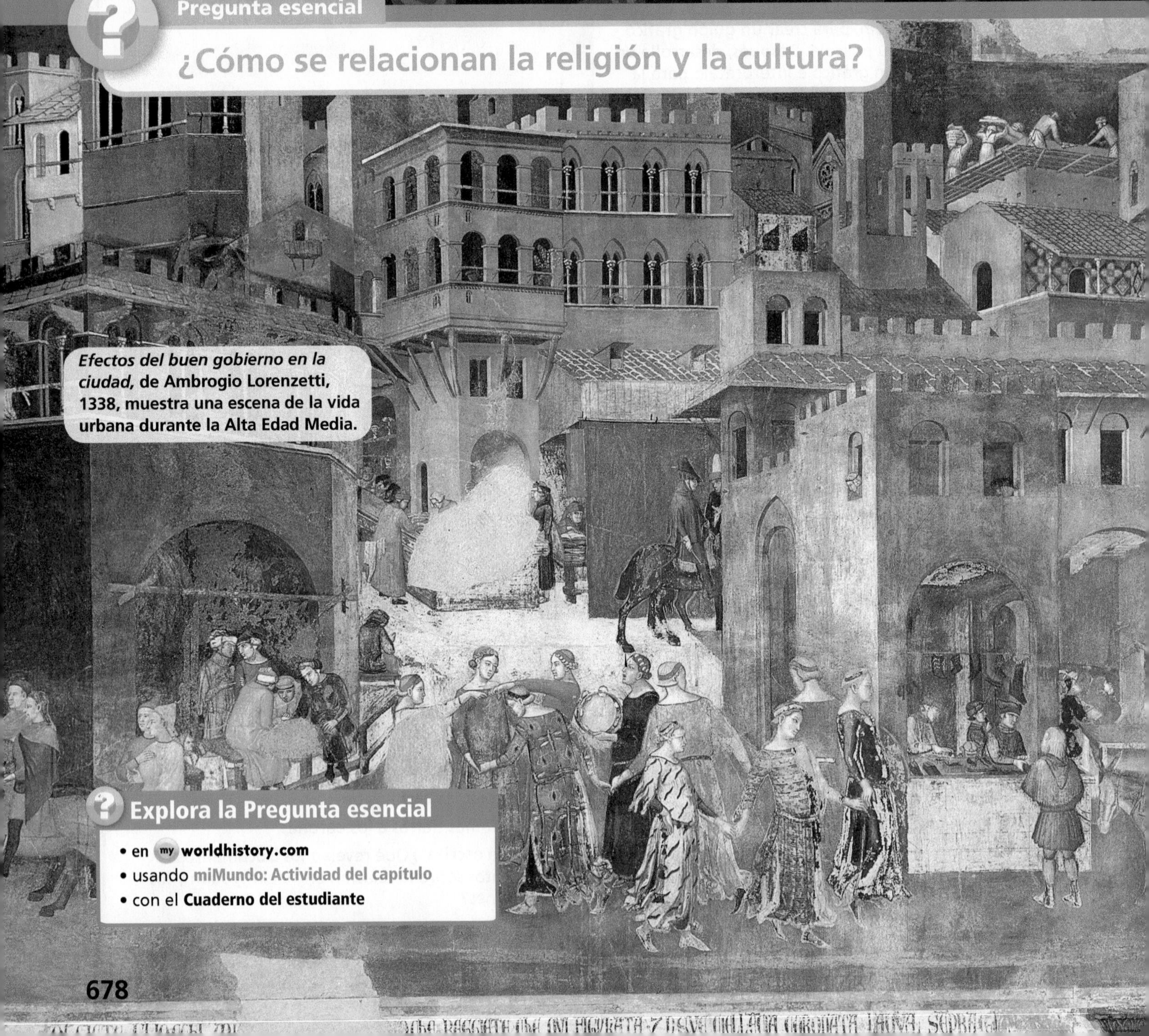

Efectos del buen gobierno en la ciudad, de Ambrogio Lorenzetti, 1338, muestra una escena de la vida urbana durante la Alta Edad Media.

Explora la Pregunta esencial

- en myworldhistory.com
- usando miMundo: Actividad del capítulo
- con el **Cuaderno del estudiante**

La Alta y Baja Edad Media

1088 Se funda la Universidad de Bolonia.

1337 Se inicia la Guerra de los Cien Años.

1381 Los campesinos se rebelan en Inglaterra.

| 1000 | 1100 | 1200 | 1300 | 1400 | 1500 |

1209 Se forma la orden franciscana.

1347 La peste llega a Europa.

1415 Los ingleses ganan la Batalla de Azincourt.

1429 Juana de Arco gana varias victorias.

Juana de Arco:
Las voces de la victoria

A los 19 años, Juana de Arco estaba en la cárcel. Era una muchacha francesa encarcelada en una torre por los invasores ingleses. En el año 1431, Inglaterra y Francia estaban en medio de una prolongada guerra. Justo cuando Francia parecía estar perdiendo, apareció Juana de Arco y llevó a los franceses a la victoria.

Juana era una devota católica. Desde los 13 años, oía voces mientras rezaba, voces que afirmó más tarde eran de santos católicos. Europa en la Baja Edad Media era un mundo dominado por la fe religiosa. Las personas creían que la Tierra era un campo de batalla de misteriosas fuerzas que luchan por el alma de cada persona. A veces, estas fuerzas podían hacerse ver y oír.

Las voces le dijeron a Juana que Dios la había elegido para desempeñar un papel en la guerra en curso entre Francia e Inglaterra. Este conflicto más tarde se conocería como la Guerra de los Cien Años. Juana debía dejar a su familia y aldea y dirigir el ejército francés a la victoria. Parecía imposible, incluso cómico, que una adolescente dirigiera un ejército.

679

Juana creía que voces de santos la alentaban a luchar por Francia. Cuando la llevaron a la corte real, le ofreció su ayuda al delfín.

Juana fue capturada mientras protegía a los soldados franceses en retirada.

Pero Juana era obstinada y persuasiva y los dirigentes franceses estaban desesperados.

Finalmente, la llevaron a que viera al delfín, o príncipe francés. Como había oído hablar de sus notables poderes, el delfín le puso una prueba. Se escondió entre sus cortesanos para ver si podía identificarlo. Cuando Juana entró en la habitación, se dirigió directamente a él. Le dijo que ganaría victorias para Francia y lo vería coronado rey. El delfín le dio las tropas que solicitaba.

Vestida con armadura, Juana irradiaba valor. Las tropas francesas la admiraban, sobre todo después de su primera batalla, en la que liberó la ciudad de Orleans del sitio inglés. Más tarde acompañó al príncipe francés a la catedral de Reims para que lo coronaran como el rey Carlos VII.

Durante su juicio, las respuestas inteligentes de Juana sorprendían y frustraban a sus jueces.

El pueblo de Ruán lloraba por Juana mientras la conducían a su ejecución.

Juana dictaba cartas para enviarlas a los ingleses, para mostrar la fuerza de su voluntad. "En nombre de Dios regresen a sus propias tierras —ordenaba en una de esas cartas, insistiendo aún más—. Soy comandante y donde sea que encuentre a sus tropas en Francia, haré que se vayan, ya sea voluntaria o involuntariamente; y si no obedecen, tendré que acabar con ellas. He sido enviada aquí por Dios, el Rey del Cielo. . . para expulsarlos por completo de Francia".

Los líderes ingleses se preocuparon cuando Juana ganó una victoria tras otra. La determinación de sus propias tropas se hacía cada vez más fuerte al ver cómo Juana seguía peleando, a veces incluso después de haber sido herida por las flechas.

Su cadena de victorias continuó durante un año, hasta que la capturaron en 1431 y la encarcelaron. Los ingleses la entregaron a miembros de la Iglesia que los apoyaban políticamente. Los ingleses sabían que si Juana describía sus experiencias religiosas, la Iglesia podría condenarla por herejía: creencias que no estaban de acuerdo con las enseñanzas de la Iglesia. La herejía era un delito que a veces se castigaba con la muerte.

Sin abogado ni alguien que la ayudara, Juana dejaba su celda cada mañana y se enfrentaba a unos 60 sacerdotes y obispos, que la interrogaban sobre sus experiencias y creencias religiosas. Intentaban engañarla para que dijera que conocía la mente de Dios. Sin embargo, evitaba hábilmente todas sus trampas verbales.

—¿Dios odia a los ingleses? —le preguntó un juez.

Juana respondió al instante: "Del amor o el odio que Dios tenga por los ingleses y de lo que hace con sus almas, no sé nada. Pero estoy completamente segura de que serán expulsados de Francia".

Durante los cinco meses de su juicio en Ruán, Juana nunca vaciló en su postura. Pero el resultado del juicio nunca estuvo realmente en duda. Así, la declararon culpable y la condenaron a morir en la hoguera.

Pasaron 22 años para que los ingleses fueran derrotados. Mientras tanto, Juana se convirtió en una heroína nacional. La noticia de su valentía se difundió. Finalmente, en 1920, la Iglesia católica santificó a Juana de Arco.

¿Qué indica esta historia sobre el papel de la religión en la vida medieval? Mientras lees el capítulo que sigue, piensa en lo que la historia de Juana indica sobre la cultura de la Edad Media.

 myStory Video

Acompaña a Juana de Arco mientras pelea por Francia.

El comercio y los pueblos se revitalizan

Ideas clave	• Mejores técnicas de agricultura aumentaron el suministro de alimentos y la población en Europa.	• La expansión del comercio creó riqueza en los pueblos y llevó al surgimiento de la banca.	• Conforme crecieron los pueblos y las ciudades, los gremios se hicieron importantes para la economía medieval.

Términos clave • rotación de cultivos • barbecho • rotación trienal

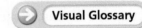
Visual Glossary

Destreza de lectura Comparar y contrastar Toma notas usando el organizador gráfico en tu Cuaderno.

Campesinos cultivando cerca de París, de un manuscrito francés ▼

Imagínate en esta escena cotidiana en la Edad Media. En ciertas épocas del año, habrías trabajado con tus padres en los campos que pertenecían al señor local. Como la mayoría de las personas de tu edad, no habrías asistido a la escuela. Tú y tu familia habrían vivido sin mucha esperanza de libertad o cambio.

Pero a la distancia podrías haber vislumbrado algo que prometía una vida mejor: las murallas de una ciudad. En las ciudades, los campesinos encontraban más oportunidades y mercados donde podían vender sus cultivos o intercambiarlos por otros bienes. Hacia el siglo XI, las ciudades se enriquecían más a medida que aumentaba el comercio, que en parte se debió a mejores formas de agricultura.

Nuevas formas de agricultura

Desde 1000 D.C. hasta 1300 D.C., el período conocido como la Alta Edad Media, el número de personas en Europa creció en forma sostenida. Este auge en la población estuvo impulsado por un aumento en las provisiones de alimentos que resultó de las mejoras en la agricultura.

El arado y el caballo Desde la época romana, los campesinos usaban arados de madera que sólo escarbaban la superficie de la tierra. Estos arados funcionaban bien en los suelos finos del sur de Europa. Los nuevos arados tenían hojas de hierro que podían cortar y voltear los suelos más gruesos del norte de Europa. Con el arado de hierro, se podía cultivar más tierra.

682

Para tirar este arado de hierro, los agricultores usaron caballos en lugar de bueyes. Los caballos eran más rápidos y realizaban más trabajo en relación a los alimentos que comían.

Para usar caballos como animales <u>de tiro</u>, los campesinos desarrollaron un arnés que ayudaba a los caballos a jalar cargas más pesadas sin lastimarse. El creciente uso de herraduras protegía los suaves cascos de los caballos.

La fuerza de los caballos y el nuevo arado permitió a los campesinos cultivar más tierra. Talaban bosques, sembraban nuevos campos y producían más alimentos.

La rotación trienal Los agricultores también desarrollaron un sistema de **rotación de cultivos**, o la práctica de alternar el uso que se le da a un campo de cultivo. A principios de la Edad Media, los campesinos por lo general dividían su tierra de cultivo en dos grandes campos. Cada año, sembraban uno y otro lo dejaban en **barbecho**, o sin sembrar. Al año siguiente, sembraban el campo en barbecho. Así, el suelo recuperaba parte de su fertilidad natural.

Después, los agricultores desarrollaron el sistema de **rotación trienal**. En este sistema, un tercio de la tierra se sembraba con cultivos de primavera, como avena y cebada. Otro, con cultivos de invierno, como trigo de invierno y centeno y el campo final se dejaba en barbecho. Este sistema tenía grandes ventajas. Aumentó la cantidad de tierra que podía sembrarse cada año y protegía del hambre si se perdía uno de los cultivos.

Los cistercienses expanden la agricultura
Durante el siglo XIII, una orden de monjes llamada cisterciense ayudó a expandir la agricultura en Europa. Asumían la pobreza y la sencillez. Vendían los excedentes agrícolas, como la lana.

Sus monasterios se construyeron en el campo. Con los campesinos, los cistercienses talaron bosques, drenaron pantanos y cultivaron enormes áreas de tierra. Al criar ovejas aumentaron la producción de lana. Esto fortaleció la industria textil, o de ropa, y el comercio.

Los alimentos impulsan el crecimiento
Gracias a los nuevos métodos, aumentó la provisión de granos. Esto ayudó a alimentar a la población de Europa. Se estima que la población casi se duplicó entre los años 1000 y 1300 D.C., al aumentar de 39 millones a 74 millones de personas. Este aumento transformó el mundo medieval.

Verificar la lectura ¿De qué tipo de comida dependía la población de la Europa medieval?

de tiro, *adj.*, que jala o tira, como de una carga

Monjes cistercienses de hoy en día se ocupan de su huerta en Italia.▼

683

Crecen el comercio y la industria

El crecimiento de la población y los avances agrícolas provocaron cambios en el comercio y la industria. La economía medieval floreció.

El comercio se revitaliza Conforme los alimentos se volvieron abundantes, los cultivos excedentes de una zona se comercializaban por los de otra. Las regiones se especializaron en cultivos que crecían mejor en climas y suelos particulares. En España, se hacía aceite de oliva con las aceitunas y en Francia, vino con las uvas. Los cultivos excedentes se intercambiaban por productos de tierras lejanas.

Prospera la industria Algunos lugares eran famosos por un producto específico. Por ejemplo, la región de Flandes producía fina tela de lana. Esta industria textil enriqueció a las ciudades del norte. En el sur de Europa, los italianos establecieron un floreciente comercio con el Oriente.

Al aumentar la población y la riqueza, aumentó la demanda de mercancías. Las familias de los comerciantes ricos y la nobleza querían ropa, armas y joyas costosas. Este mercado fomentó la especialización y el comercio a larga distancia.

El comercio se globaliza A principios de la Edad Media, pocos salían de sus pueblos y el comercio se redujo. Pero después del año 1000 D.C., el comercio se revitalizó.

El comercio medieval

Las complejas redes comerciales de la época romana desaparecieron para principios de la Edad Media. En el siglo XI D.C., los métodos de cultivo mejorados llevaron a un intercambio de cultivos. La revitalización del comercio transformó el mundo medieval. *Analiza los dibujos de abajo. ¿Por qué crees que el comercio les dio más poder político a los habitantes de los pueblos?*

Las comunidades comercian con los bienes excedentes.

El aumento del comercio revitaliza los pueblos más antiguos y contribuye a crear otros nuevos.

Los campesinos migran a los pueblos. Los pueblos demandan derechos e independencia de los señores feudales.

El comercio conectó a Europa con el resto del mundo, relacionando las culturas de Europa, Asia y África de nuevo.

Las Cruzadas contribuyeron a esta revitalización del comercio. Los cruzados regresaban de la Tierra Santa con un gusto por las especias, perfumes, sedas y otros bienes de Asia. Los comerciantes italianos importaron mercancías de Asia en sus barcos.

La banca comercial Conforme aumentó el comercio, los comerciantes necesitaron transferir grandes sumas de dinero. Recorrían largas distancias para comprar y vender sus bienes. Esos viajes eran arriesgados pues se podía perder una fortuna debido a un naufragio o robo.

Los comerciantes italianos resolvieron este problema al crear un sistema de letras de cambio similar al que usaban los comerciantes musulmanes. Con las letras de cambio, los comerciantes depositaban dinero en un banco en una ciudad y lo retiraban en otra. Ya no tenían que cargar dinero en viajes peligrosos.

El sistema bancario enriqueció a muchas familias italianas, especialmente en Florencia. En Italia, también contribuyó a uno de los avances más importantes de la Alta Edad Media: la revitalización de las ciudades y la vida urbana.

Verificar la lectura **¿Por qué se necesitaba un sistema bancario?**

Rutas comerciales medievales

LEYENDA
— Ruta comercial principal
○ Centro comercial principal

0 — 300 Millas
0 — 300 Kilómetros

Proyección cónica conforme de Lambert

OCÉANO ATLÁNTICO

Mar de Norte

Mar Báltico

a Rusia

INGLATERRA
Londres
Hamburgo
FLANDES
Brujas
París   ALEMANIA
FRANCIA
Kaffa
Mar Negro
Venecia
Génova   Florencia
Constantinopla
Roma   **ITALIA**
ESPAÑA   Barcelona
PORTUGAL
Toledo
Córdoba
a India y China
Cádiz   Mar Mediterráneo
Alejandría
Trípoli
a Malí

Destreza: Mapas

1 **Ubicación** ¿Qué ciudades se beneficiaron de su ubicación en los cruces de caminos?

2 **Ubicación** ¿Qué ciudades se enriquecieron gracias a su ubicación en las vías de navegación?

3 **¡Lugares por conocer!** Rotula los lugares siguientes en el croquis de tu Cuaderno del estudiante: Flandes, Brujas, Venecia, Génova, Florencia, Toledo.

my worldhistory.com

Places to Know

685

Crecimiento de los pueblos

cesar, *v.,* detenerse

Abajo a la izquierda: Compradores modernos alrededor de un edificio del mercado medieval de Chichester, Inglaterra

Derecha: Una tendera en traje medieval, sirve a clientes en un mercado antiguo de Tallin, Estonia ▼

En toda Europa, los pueblos y las ciudades llevaban siglos en decadencia. Aunque el comercio entre los pueblos nunca <u>cesó</u> por completo, sí disminuyó. Con la revitalización del comercio, los pueblos antiguos crecieron y se construyeron nuevos.

De centro de mercado a pueblo concurrido A principios de la Edad Media, en algunos pueblos se ponían mercados semanales donde los habitantes comerciaban alimentos y otros artículos.

Con el tiempo, los comerciantes y artesanos, como zapateros, sastres y metalistas, establecieron talleres en las ciudades. En algunas regiones, los comerciantes contrataron personas para fabricar productos como tela de lana o artículos de cuero.

Para el siglo XIII, los pueblos de Europa se convirtieron en centros bulliciosos del comercio y la industria en los que se compraban y vendían bienes. Algunos se hicieron famosos por sus grandes ferias. Comerciantes de toda Europa llevaban mercancías para vender. Malabaristas, músicos y entrenadores de animales iban para entretener. En Francia, en los siglos XII y XIII, las ferias se celebraron en la provincia de Champagne. En las ferias de Champagne, la tela del norte de Europa se intercambiaba por especias y objetos del Mediterráneo.

Los gremios A medida que aumentó la demanda de bienes, el número de artesanos especializados creció. Artesanos con las mismas destrezas se unían y formaban gremios. Un **gremio** es un grupo de trabajadores que realizan el mismo oficio y que se han unido para proteger sus intereses económicos. Los comerciantes, tenderos y zapateros, junto con muchos otros tipos de trabajadores, formaron gremios.

Los gremios de artesanos estaban financiados por sus miembros, que pagaban cuotas. A cambio, el gremio protegía a los trabajadores y sus familias. Si un trabajador del gremio moría, el gremio pagaba el funeral y a menudo se hacía cargo de la familia. Algunos proporcionaban educación gratuita. También financiaban programas de construcción.

Los gremios regulaban los negocios. Por ejemplo, sólo quienes habían sido debidamente capacitados y examinados podían establecer sus negocios. El gremio controlaba por completo la calidad. Si un miembro producía bienes de mala calidad o engañaba a los clientes, se le castigaba. Para evitar la competencia desleal, el gremio fijaba el precio de todos los bienes que vendían sus miembros.

El gremio controlaba dónde y a quién se vendían bienes. Las reglas del Gremio de Tejedores de Beverley, Inglaterra, desde el año 1209 advertía:

> 66 Tejedores. . . no pueden vender sus telas a extranjeros, sólo a los comerciantes de la ciudad. Y si con el fin de enriquecerse, uno de los tejedores. . . desea salir de la ciudad para vender su mercancía, puede estar seguro de que los hombres honestos de la ciudad tomarán todas sus telas y las traerán de vuelta. . . Y si cualquier tejedor. . . vende sus telas a un extranjero, el extranjero perderá sus telas 99.
>
> —Documentos de la Ciudad de Beverley

Libertad por todos lados En el mundo muy local de los señoríos gobernados por señores, los pueblos ofrecían nuevas libertades, pues estaban fuera del control de los señores feudales. En algunos lugares, los ciudadanos ricos controlaban los gobiernos locales.

El comercio llevó riqueza y prosperidad a la sociedad. Muchos ciudadanos se enriquecieron con su trabajo. Los campesinos rurales notaron que la vida en los pueblos era mejor. En busca de libertad y prosperidad, los campesionos abandonaron los señoríos rurales, debilitando el sistema feudal.

Los campesinos debieron impresionarse con la vida urbana. Alrededor de los mercados, se levantaban enormes edificios: casas, sedes de los gremios y mansiones. Las agujas de las iglesias y catedrales, atraían la vista al cielo. La Alta Edad Media fue una época de crecimiento económico y profunda fe religiosa. En la siguiente sección, leerás sobre el mundo medieval.

Verificar la lectura **¿Por qué había más libertad en las ciudades que en las zonas rurales?**

miMundo: Actividad
Los pueblos y el campo

Bailarinas celebran en un pueblo medieval, detalle de *Efectos del buen gobierno en la ciudad* de Lorenzetti. ▼

Evaluación de la Sección 1

? Pregunta esencial

¿Cómo se relacionan la religión y la cultura?

Términos clave

1. Para cada término clave, escribe una oración que explique su importancia para la revitalización del comercio y las ciudades: rotación de cultivos, barbecho, rotación trienal, gremio.

Ideas clave

2. ¿Cuál fue la causa del aumento de las provisiones de alimentos?

3. ¿Qué bienes se comerciaban en la Alta Edad Media?

4. ¿Cómo ayudó el comercio a expandir las ciudades?

Razonamiento crítico

5. **Analizar causa y efecto** ¿Cómo influyó en la sociedades el crecimiento del comercio?

6. **Inferir** ¿Por qué crees que el crecimiento del comercio mejoró la comunicación?

7. ¿Qué influencia tuvo el aumento de la riqueza de los pueblos en la construcción de iglesias? Anota la respuesta en tu Cuaderno del estudiante.

687

Sección 2

Una época de fe

Ideas clave

- La religión dominaba la sociedad y la cultura medievales.
- La fe religiosa dio forma al arte y a la arquitectura de la Edad Media.
- Las universidades medievales eran centros tanto de fe como de aprendizaje.

Términos clave • orden mendicante • universidad • ley natural

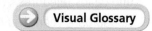 Visual Glossary

Destreza de lectura **Resumir** Toma notas usando el organizador gráfico en tu Cuaderno.

◄ Rosa medieval hecha de oro, símbolo del amor y el sufrimiento de Jesús

La religión dio forma a la vida en la Edad Media. El repique de las campanas de iglesia era uno de los pocos sonidos que se escuchaban en los tranquilos campos. Por los caminos vecinales viajaban los peregrinos y cruzados en su camino a adorar reliquias sagradas o a pelear en una guerra santa. En esta época de devoción, una rosa era mucho más que una hermosa flor. Para la mente medieval, podía simbolizar alguna verdad espiritual.

En los pueblos, se podía ver y oír la fe a diario. Las procesiones eran frecuentes: filas solemnes de personas que caminaban a las iglesias o salían de éstas. En los días santos, el aire olía a incienso y se oían cantos religiosos.

Formas de devoción

La religión era tan importante en la Edad Media que a este período a veces se le llama la época de la fe. En la mayor parte de Europa occidental, el catolicismo romano era la forma dominante del cristianismo. La Europa cristiana expresaba su devoción a Dios mediante la oración personal y el culto público.

Las órdenes religiosas En el cristianismo antiguo, los monjes y las monjas buscaban la salvación personal mediante la oración y la meditación. Vivían en monasterios que se establecían a menudo en lugares remotos, aislados del contacto con el mundo.

Sin embargo, para el siglo XIII, los monasterios desempeñaron un papel más activo en el mundo. Los monasterios eran centros de producción agrícola y poseían grandes zonas de tierra. Algunos monasterios se ubicaban en pueblos, donde proporcionaban educación o caridad a las personas comunes.

688

También en el siglo XIII, surgieron nuevas formas de comunidades cristianas. Por ejemplo, las **órdenes mendicantes** se fundaron para combatir la herejía y predicar a las personas comunes. Los mendicantes, o pordioseros, no poseen ninguna propiedad. Los mendicantes sobreviven mendigando comida y bebida.

San Francisco y Santa Clara Una de las órdenes mendicantes más conocidas fue la que fundó san Francisco de Asís. De joven era rico y malcriado, pero tuvo una experiencia religiosa. Sintió el llamado a llevar una vida tan simple como la de Jesús. Creía que toda la naturaleza era un reflejo de Dios. Sentía compasión por todos los seres vivos y se refería a los animales como sus "hermanos" y "hermanas". Un relato de su vida escrito después de 1228 cuenta esta historia:

> 66 Un día llegó a un pueblo llamado Alviano a predicar la palabra de Dios. . . Todos guardaron silencio y esperaron con reverencia, pero una parvada de golondrinas. . . siguió gorjeando y no dejaba escuchar. Francisco les habló: 'Mis hermanas golondrinas, es mi turno de hablar ahora. . . Escuchen la palabra de Dios. Permanezcan quietas y en silencio hasta que termine'. Para asombro de todos, de inmediato dejaron de gorjear y no se movieron hasta que Francisco terminó de predicar 99
>
> —Tomás de Celano,
> *Vida primera de San Francisco*

La pura y sencilla vida devota de Francisco atrajo a muchos seguidores. En 1209, establ_ció_ la orden franciscana.

A las mujeres también les atraía la vida predicada por San Francisco. En 1212, santa Clara de Asís, una mujer de la nobleza, fundó una orden basada en las enseñanzas de San Francisco. Clara y sus seguidoras tomaron un voto de pobreza y llevaban una vida de devoción a Dios. Su orden se conoció como las clarisas pobres y se propagó primero por Italia y luego a Europa.

Verificar la lectura ¿Qué eran las órdenes mendicantes?

establecer, *v.*, fundar

miMundo: Actividad
Observaciones de fe

Pintura medieval de San Francisco y Santa Clara en la iglesia de San Francisco, Asís ▼

my worldhistory.com

Primary Source

▲ Criaturas fantásticas llamadas gárgolas coronan los edificios góticos.

Los *misterios* como "El Diluvio", se presentaban en carretas que iban a diferentes lugares del pueblo. ▼

Religión y cultura medievales

La religión también tuvo una gran influencia en las artes durante la Edad Media. La Iglesia dio forma a los valores culturales y creó códigos de conducta.

La revitalización del teatro Desde la caída de Roma, la Iglesia desaprobaba el teatro por su asociación con el mundo precristiano. Finalmente, permitió obras basadas en historias de la Biblia. Estas obras llamadas *misterios* marcaron la revitalización del teatro europeo.

Nueva arquitectura La religión inspiró una arquitectura grandiosa que no se había visto desde la antigüedad. Surgió un nuevo estilo conocido como gótico. El gótico combinaba el simbolismo religioso con los avances de la ingeniería. Las catedrales góticas eran más altas que las que se conocían en Europa occidental.

El gótico fue una nueva arquitectura revolucionaria. Las iglesias antiguas eran oscuras y sombrías. Tenían paredes macizas, columnas gruesas y ventanas estrechas. Hacia mediados del siglo XII, la tecnología de la construcción había avanzado. Los arquitectos europeos lograron concentrar el peso del techo en ciertos puntos de la pared. Ahora, se podían abrir grandes huecos en las paredes. Las ventanas podían ser más grandes, llenando los edificios con luz. Este avance arquitectónico permitía a los albañiles construir estructuras de piedra espaciosas y ventiladas.

Las iglesias góticas aparecieron por primera vez en Francia, pero pronto se levantaron por toda Europa. Los ciudadanos ricos financiaban su construcción. Eran un espectáculo impresionante. Se alzaban por encima de los tejados y se veían desde muy lejos.

La Iglesia da forma a la caballería La Iglesia también influyó en los valores culturales y el comportamiento social. La Europa medieval fue un lugar de conflicto casi constante. Para guiar el comportamiento de los caballeros, se creó un Código de Caballería. Algunos valores, como la valentía y la lealtad al rey, eran de origen militar y feudal. La Iglesia quería que reflejara los valores cristianos de generosidad, humildad y misericordia. Se esperaba que los caballeros defendieran a la Iglesia y protegieran a los miembros más débiles de la sociedad. Aunque la conducta de los caballeros a veces no era del todo cortés, esos valores dejaron una marca permanente en las costumbres europeas.

Verificar la lectura ¿Cuál era el propósito de la caballería?

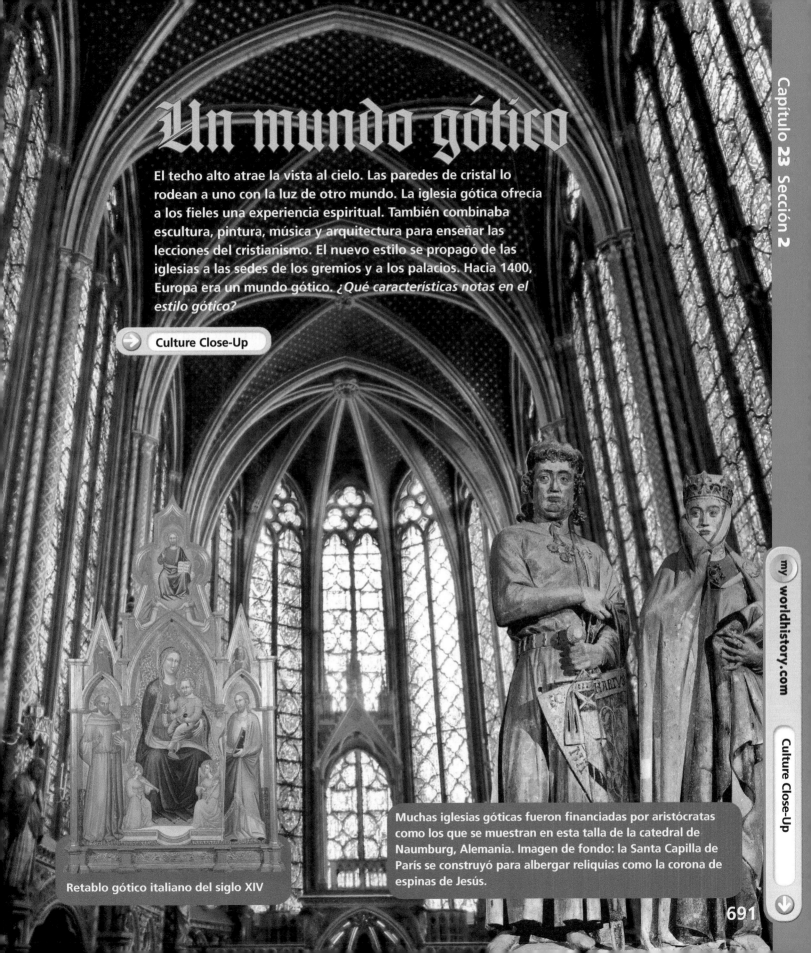

Un mundo gótico

El techo alto atrae la vista al cielo. Las paredes de cristal lo rodean a uno con la luz de otro mundo. La iglesia gótica ofrecía a los fieles una experiencia espiritual. También combinaba escultura, pintura, música y arquitectura para enseñar las lecciones del cristianismo. El nuevo estilo se propagó de las iglesias a las sedes de los gremios y a los palacios. Hacia 1400, Europa era un mundo gótico. ¿Qué características notas en el estilo gótico?

→ **Culture Close-Up**

my worldhistory.com

Culture Close-Up

Retablo gótico italiano del siglo XIV

Muchas iglesias góticas fueron financiadas por aristócratas como los que se muestran en esta talla de la catedral de Naumburg, Alemania. Imagen de fondo: la Santa Capilla de París se construyó para albergar reliquias como la corona de espinas de Jesús.

691

▲ Los estudiantes escuchan a un profesor de la Universidad de Bolonia.

El desarrollo del aprendizaje

La Alta Edad Media vio la expansión del comercio, la cultura y también la educación. Una vez más, la Iglesia influyó en el desarrollo del aprendizaje.

Las universidades medievales Los estudiantes se preparaban para el sacerdocio en las escuelas adjuntas a las catedrales. Poco a poco, se crearon escuelas de educación superior. Éstas se convirtieron en **universidades**: escuelas, o grupos de escuelas, que capacitan a los eruditos a los más altos niveles.

La universidad medieval era una especie de gremio. Los profesores y estudiantes formaban la universidad y enseñaban en cuartos alquilados o en las iglesias. Los libros eran caros y a menudo se rentaban o los compartían los estudiantes.

Había un nuevo entusiasmo por aprender. Muchas obras de la antigua Grecia se habían preservado en el Imperio Bizantino y en tierras musulmanas, donde las estudiaron eruditos árabes. Copias de estos libros viajaron a Europa, junto con libros árabes de ciencia y filosofía. Formaron parte de las bibliotecas de los monasterios, que habían conservado otras obras de aprendizaje clásico.

Jóvenes de toda Europa iban a estudiar a las universidades de Bolonia en Italia, París en Francia y Oxford en Inglaterra. Estudiaban las "artes liberales", materias como la gramática y la lógica, para desarrollar la capacidad de razonamiento. Aunque hablaban idiomas diferentes, la comunicación no era un problema. La Iglesia había preservado el latín como la lengua de aprendizaje. Los estudiantes que hablaban latín podían asistir a cualquier universidad.

Tomás de Aquino Las universidades atraían a las mejores mentes de Europa. Uno de los más grandes eruditos medievales fue profesor en la Universidad de París: Tomás de Aquino. Estaba sumamente impresionado por los escritos del filósofo griego antiguo Aristóteles.

Aristóteles había enfatizado el uso de la razón humana para descubrir el conocimiento. En cambio, muchos eruditos de la Iglesia enfatizaban la fe como el camino a la verdad. Tomás de Aquino quería demostrar que no había conflicto entre los dos. Argumentó que tanto la fe como la razón provenían de Dios.

Tomás de Aquino creía en la **ley natural**. A diferencia de la ley hecha por el hombre, la ley natural no cambia con el tiempo o de una sociedad a otra. Creía que las leyes naturales podían descubrirse mediante el poder de la razón humana.

mi Mundo
CONEXIONES

Las artes liberales que se enseñaban en las universidades medievales formaron la base de las artes liberales que se estudian hoy.

Una era de confianza Una creciente confianza en la razón humana es una de las principales características de la Alta Edad Media. Durante esta época, las condiciones en Europa mejoraron <u>radicalmente</u>. Las ciudades, el comercio y las poblaciones crecieron. Las universidades crearon una clase preparada que ayudó a dirigir la Iglesia y el Estado.

La creciente prosperidad de Europa influyó en las prácticas y actitudes religiosas. En el arte, los pintores mostraban un Jesús más humano: un Jesús que sufrió, al igual que los seres humanos comunes. El deseo de ayudar a la humanidad y de mejorar las condiciones de vida influyó en la formación de las nuevas órdenes mendicantes.

En los pueblos, las altísimas catedrales expresaban tanto la devoción medieval a Dios como una nueva confianza en las destrezas y capacidades humanas. Los europeos se sentían muy orgullosos de estos poderosos símbolos de la fe y la comunidad.

Pero incluso en estos siglos de confianza, los europeos recordaban un símbolo aún más antiguo: la rueda de la fortuna. En una vuelta, la fortuna podía hacerte rico y poderoso. Pero en otra, la rueda podía llevarte a la pobreza y a la ruina. Mientras el siglo XIII llegaba a su fin, había señales de que la rueda de la fortuna estaba girando de nuevo. Esta vez, llevaba a toda Europa hacia el desastre.

radicalmente, *adv.*, en gran medida

Verificar la lectura ¿Cómo se desarrollaron las universidades?

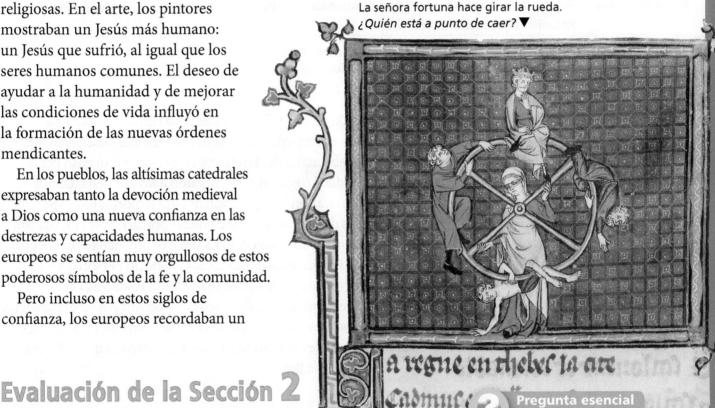

La señora fortuna hace girar la rueda. *¿Quién está a punto de caer?* ▼

Evaluación de la Sección 2

Pregunta esencial

¿Cómo se relacionan la religión y la cultura?

Términos clave

1. Para cada término clave, escribe una oración que explique su importancia para la época de fe: orden mendicante, universidad, ley natural.

Ideas clave

2. ¿Cómo sobrevivían los monjes de las órdenes mendicantes?

3. ¿Sobre qué trataban los *misterios*?

4. ¿A quién se suponía que capacitaban las escuelas medievales?

Razonamiento crítico

5. Analizar causa y efecto ¿Por qué se formaron las órdenes mendicantes?

6. Sintetizar ¿Cómo combinó Tomás de Aquino el pensamiento antiguo y el medieval?

7. ¿De qué manera influyó la religión en la cultura de la Edad Media? Anota la respuesta en tu Cuaderno del estudiante.

Desintegración de la sociedad medieval

Ideas clave

- El hambre y la guerra afectaron la estabilidad de la sociedad medieval.

- Una terrible enfermedad conocida como la Peste Negra se propagó por toda Europa en el siglo XIV.

- La Peste Negra contribuyó a destruir el orden social medieval.

Términos clave
- Guerra de los Cien Años
- peste bubónica
- Peste Negra
- Rebelión de los campesinos

Visual Glossary

Destreza de lectura **Analizar causa y efecto** Toma notas usando el organizador gráfico en tu Cuaderno.

◀ Imagen medieval de la Muerte pisoteando una multitud indefensa.

En la década de 1340, llegaron a Europa rumores sobre una espantosa enfermedad en el Extremo Oriente. Describían una peste que estaba matando a millones de personas a su paso por China y la India. Luego, en 1347, llegaron a los puertos italianos barcos a la deriva con la tripulación muerta o moribunda. Muy pronto, miles de personas en las ciudades portuarias se enfermaron y a menudo morían en pocos días. La peste se propagó tierra adentro. Pronto, toda Europa estaba infectada. Con pocas personas sanas para cultivar alimentos, la sociedad medieval resultó afectada. Tratando de escapar de la enfermedad, las personas abandonaban las aldeas. Todos vivían con miedo al contacto humano. Para quienes fueron testigos de estos hechos terroríficos, parecía que el fin del mundo había llegado.

Hambre y guerra

La peste fue sólo uno de una serie de desastres que golpearon Europa en el siglo XIV. Europa había disfrutado de dos siglos de crecimiento económico. Pero ahora enfrentaba tiempos difíciles. Es posible que un cambio en el clima tuviera algo que ver. Desde 1315 hasta 1317, llovió tanto que los cultivos se arruinaron. El ganado murió de enfermedades causadas por el clima húmedo. En el norte de Europa, muchos murieron de hambre y estos años se conocieron como la Gran Hambruna. Una hambruna es una grave escasez de alimentos. Cuando Europa apenas se recuperaba, estalló la guerra.

La Guerra de los Cien Años El conflicto comenzó cuando Eduardo III de Inglaterra reclamó el trono de Francia. Tenía el apoyo de los flamencos, cuya industria textil dependía de la lana exportada de Inglaterra a Flandes. El conflicto entre Inglaterra y Francia se prolongó de 1337 a 1453 y se le llamó la **Guerra de los Cien Años**. A pesar de que se libraron pocas batallas, las zonas rurales sufrieron, ya que los ejércitos que rondaban, destruyeron los cultivos y llevaron el hambre a las comunidades campesinas.

A principios del siglo XIV, Inglaterra y Francia se estaban convirtiendo en estados, o naciones, unificados. La Guerra de los Cien Años aumentó el sentimiento de patriotismo. Así que la guerra fue un nuevo tipo de conflicto: una guerra entre naciones.

Armas letales Los ingleses ganaron batallas clave al inicio de la guerra, en parte por una poderosa arma: el arco largo. Las flechas del arco largo inglés perforaban las armaduras de los franceses. En la Batalla de Crécy en 1346, el ejército francés se desintegró bajo una lluvia de flechas. En la Batalla de Azincourt, en 1415, el arco largo dio a los ingleses otra victoria importante. Miles de soldados franceses murieron y Francia perdió importantes miembros de su nobleza.

Pronto, ambas partes usaban armas nuevas aún más letales: armas de fuego y cañones. Las pistolas atravesaban las armaduras y los cañonazos los muros de los castillos. La época de los caballeros y castillos estaba terminando.

▲ El arco largo inglés variaba en longitud de 5 a 7 pies. Las flechas disparadas con esta arma podían alcanzar una distancia de unos 500 metros. En la Edad Media, los galeses y los ingleses eran famosos por su destreza con el arco largo.

Juana de Arco Hacia principios del siglo XV, parecía que Francia perdía la guerra. Todo cambió debido a Juana de Arco, una joven campesina, sobre quien leíste en miHistoria. Juana afirmó que voces del cielo le habían dicho que se vistiera con ropa de caballero y dirigiera el ejército francés a la victoria. Juana dirigió a los soldados franceses contra los ingleses y ganó victorias importantes. Los ingleses finalmente la capturaron, la juzgaron por herejía y la quemaron en la hoguera. Los franceses, que derrotaron a los ingleses después de la muerte de Juana, la honran hoy como heroína nacional y santa.

Juana de Arco volteó el destino de Francia durante la Guerra de los Cien Años. En 1453, Inglaterra fue derrotada. Sin embargo, la guerra causó mucho sufrimiento a los franceses, pues en los primeros años de la guerra, sufrieron los ataques de un enemigo aún más grande e invisible: la peste.

invisible, *adj.,* no visible

Verificar la lectura ¿Quién fue Juana de Arco?

695

La Peste Negra

red, *sust.,* sistema que conecta lugares o cosas

En 1347, diez años después del inicio de la Guerra de los Cien Años, Europa fue azotada por una terrible epidemia, una enfermedad que se propaga rápidamente. La epidemia fue la **peste bubónica**, una infección mortal. Las víctimas por lo general morían a los pocos días, a menudo en terrible agonía, con sus cuerpos cubiertos de bubones o hinchazones. En ese momento, las personas llamaban a la epidemia la Gran Mortandad. Mucho más tarde llegó a ser conocida como la **Peste Negra**. Nadie sabía la causa de la peste. Es probable que la transportaran pulgas infectadas que habitaban en las ratas. Sin embargo, una forma de la peste se transmitía por el aire y se inhalaba.

La propagación de la enfermedad La epidemia comenzó en Asia central. Se propagó por las <u>redes</u> comerciales que unían China, la India y el Oriente Medio. Antes de llegar a Europa, murieron millones de personas en Asia.

Personas infectadas con la peste viajaron en barcos mercantes del Oriente a puertos de toda Europa. La enfermedad arrasó el sur de Europa desde los puertos del mar Negro, como Kaffa. Siguieron Italia, y luego Francia, España e Inglaterra. Los viajeros llevaban la peste río arriba y en las rutas comerciales por tierra. En las décadas que siguieron, la peste a menudo parecía ceder, antes de regresar con una fuerza aterradora.

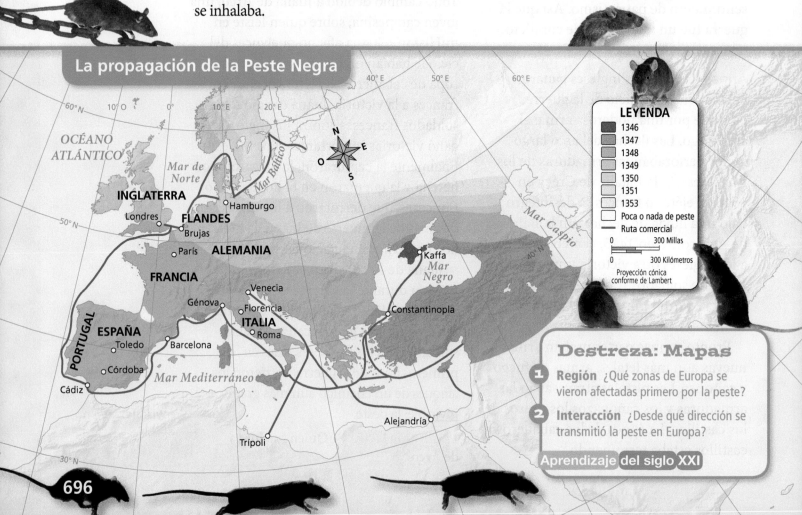

La propagación de la Peste Negra

LEYENDA
- 1346
- 1347
- 1348
- 1349
- 1350
- 1351
- 1353
- Poca o nada de peste
- Ruta comercial

0 — 300 Millas
0 — 300 Kilómetros
Proyección cónica conforme de Lambert

OCÉANO ATLÁNTICO
Mar de Norte
Mar Báltico
Mar Caspio
Mar Negro
Mar Mediterráneo

INGLATERRA — Londres — Hamburgo
FLANDES — Brujas
París — ALEMANIA
FRANCIA
Venecia
Génova — Florencia — ITALIA — Roma
ESPAÑA — Toledo — Barcelona
PORTUGAL — Córdoba
Cádiz
Kaffa
Constantinopla
Alejandría
Trípoli

Destreza: Mapas

1 **Región** ¿Qué zonas de Europa se vieron afectadas primero por la peste?

2 **Interacción** ¿Desde qué dirección se transmitió la peste en Europa?

Aprendizaje del siglo XXI

Mira de cerca

La Peste Negra

La peste llegó a Europa en barcos mercantes, viajando a lo largo de las mismas rutas comerciales que habían enriquecido a los europeos. Después de siglos de confianza y optimismo, Europa estaba sumida en la incertidumbre y la melancolía. La peste transformó la cultura, la economía y la sociedad medievales.

RAZONAMIENTO CRÍTICO **¿Cómo es posible que la peste influyera en el comportamiento y la actitud de las personas ante la vida?**

El triunfo de la Muerte, en el que una figura que representa la muerte mata a personas de todas las clases sociales, se convirtió en un tema popular en el arte.

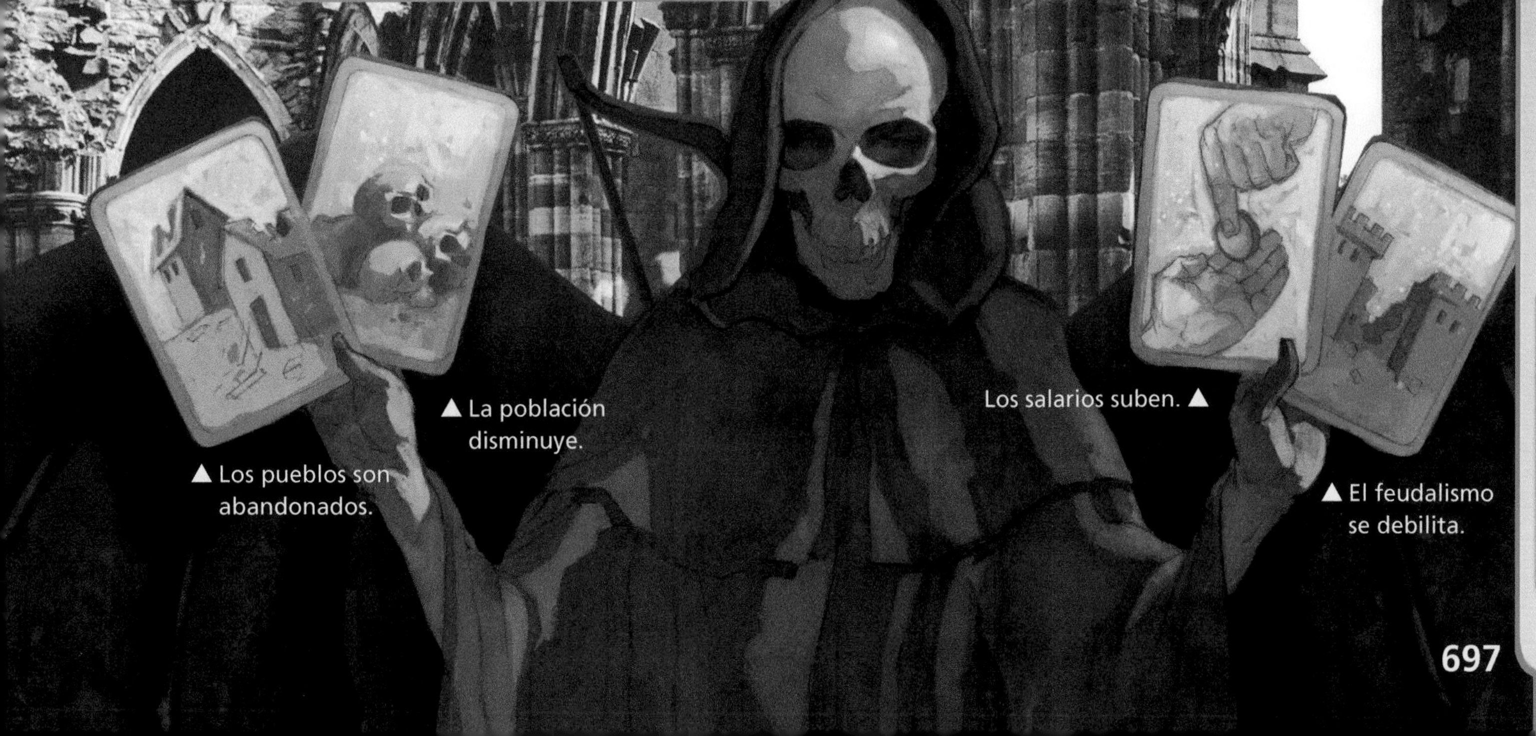

▲ Los pueblos son abandonados.

▲ La población disminuye.

Los salarios suben. ▲

▲ El feudalismo se debilita.

697

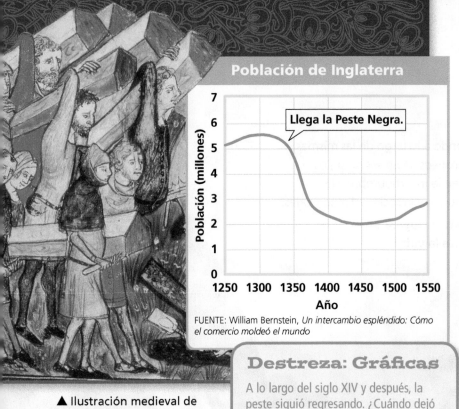

Población de Inglaterra

Llega la Peste Negra.

Población (millones)

7
6
5
4
3
2
1
0

1250 1300 1350 1400 1450 1500 1550

Año

FUENTE: William Bernstein, *Un intercambio espléndido: Cómo el comercio moldeó el mundo*

Destreza: Gráficas

A lo largo del siglo XIV y después, la peste siguió regresando. ¿Cuándo dejó de disminuir la población inglesa?

▲ Ilustración medieval de aldeanos que transportan los ataúdes de víctimas de la peste

Giovanni Boccaccio vivió durante la peste en Florencia y escribió:

> ❝ La difícil situación de los pobres y de la mayor parte de las clases medias era. . . lamentable de contemplar. La mayoría permaneció en sus casas, por pobreza o con la esperanza de estar seguros, y se enfermaron por miles. Al no recibir atención ni cuidado, casi todos murieron. Muchos murieron en las calles. . . de otros sólo se supo que murieron cuando los vecinos olían sus cuerpos en descomposición. Los cadáveres llenaban todos los rincones ❞.
>
> —Giovanni Boccaccio, *Decamerón*

La peste lentamente desintegró la sociedad europea. Todas las sociedades se basan en el contacto humano, pero el miedo al contacto llevó a muchos al aislamiento. Los ricos huyeron de las ciudades, a menudo llevándose a los médicos. En los pueblos murieron familias enteras. Casi un tercio de los europeos, decenas de millones, murieron entre 1347 y 1352, cuando la primera ola de la peste llegó a su fin. Miles de pueblos se volvieron pueblos fantasmas.

En busca de chivos expiatorios En medio de este misterioso horror, las personas buscaron chivos expiatorios. Los chivos expiatorios son personas a las que se culpa de un problema que no causaron. Algunos cristianos acusaron falsamente a los judíos de envenenar los pozos. En muchos pueblos, los judíos fueron exiliados o asesinados en disturbios antijudíos. El ayuntamiento de Estrasburgo ordenó a los 2,000 judíos de la ciudad que se convirtieran al cristianismo o los quemarían vivos. El papa prohibió el asesinato y la conversión forzosa de los judíos, pero fue ignorado.

Verificar la lectura ¿Cuál fue la causa de la Peste Negra?

Efectos de la Peste Negra

La Peste Negra trastornó el mundo medieval: apresuró cambios e introdujo temas en el arte europeo.

Una cultura de la desesperación Los pueblos y el campo perdieron un gran número de personas de todos los rangos sociales: campesinos, comerciantes, sacerdotes, eruditos, nobles. Surgió una sensación de melancolía. El arte de la época revela una obsesión con la muerte y la enfermedad.

Cambios económicos Con muy pocas personas para cultivar, gran parte de la tierra de cultivo volvió a ser pastizal. Los señores feudales estaban desesperados por conseguir trabajadores. Los siervos que sobrevivieron exigieron salarios y dejaron los señoríos para trabajar donde los salarios fueran más altos. En respuesta, los señores feudales intentaron limitar los movimientos de los siervos y congelaron los salarios a los niveles anteriores a la peste.

A medida que surgieron tensiones sociales, los campesinos y ciudadanos se rebelaron en toda Europa. En 1381, los campesinos ingleses organizaron la **Rebelión de los campesinos**, matando a los señores y quemando los señoríos. Aunque las rebeliones fueron aplastadas, el feudalismo nunca se recuperó.

Efectos en la Iglesia La Peste Negra también afectó a la Iglesia. Inglaterra perdió aproximadamente un 40 por ciento de su clero. Se tuvo que contratar a algunos hombres poco preparados. Fue el inicio de un movimiento para reformar las prácticas de la Iglesia.

Hacia un Nuevo Mundo En el mundo medieval anterior a la peste, el lugar de todos en la sociedad se establecía al nacer. Después, las comunidades perdieron estabilidad social y espiritual. Al aumentar las tensiones sociales, los siervos desafiaron a los señores feudales y muchos criticaban las tradiciones medievales. En Europa occidental, la Peste Negra apresuró el final de la Edad Media y la llegada del mundo moderno.

Verificar la lectura ¿Cuáles fueron los efectos de la Peste Negra?

miMundo: Actividad
Tiempos oscuros

La peste inspiró un nuevo tema en el arte occidental: la danza de la Muerte. Aquí esqueletos bailan con hombres de la Iglesia y la realeza. ▼

Evaluación de la Sección 3

? Pregunta esencial

¿Cómo se relacionan la religión y la cultura?

Términos clave

1. Para cada término clave, escribe una oración que explique su papel en la descomposición de la sociedad medieval: Guerra de los Cien Años, peste bubónica, Peste Negra, Rebelión de los campesinos.

Ideas clave

2. ¿Cuáles fueron algunos de los desastres que sacudieron a Europa en el siglo XIV?

3. ¿Qué papel desempeñó Juana de Arco en la Guerra de los Cien Años?

4. ¿Dónde se originó la Peste Negra?

Razonamiento crítico

5. **Analizar causa y efecto** ¿Por qué contribuyó la Peste Negra a poner fin a la institución señorial?

6. **Inferir** ¿Por qué crees que el hambre y las guerras debilitaron la sociedad medieval?

7. ¿Por qué es posible que la Peste Negra quebrantara la confianza de las personas en la Iglesia? Anota la respuesta en tu Cuaderno del estudiante.

Evaluación del capítulo

Términos e ideas clave

1. **Comentar** ¿Cómo llevaron la nueva tecnología y la **rotación de cultivos** a un aumento de la población?

2. **Explicar** ¿Qué cambios tuvieron lugar en la vida económica durante la Alta Edad Media?

3. **Recordar** ¿Por qué formaron **gremios** las personas?

4. **Resumir** ¿Por qué fomentó el crecimiento de las ciudades el ascenso de las **órdenes mendicantes**?

5. **Describir** ¿De qué manera influyó la creencia religiosa en el arte y la arquitectura medievales?

6. **Explicar** ¿Cómo se desarrollaron las **universidades**?

7. **Recordar** ¿Qué armas se volvieron importantes durante la **Guerra de los Cien Años**?

8. **Explicar** ¿Cómo cambió Juana de Arco el curso de la Guerra de los Cien Años?

9. **Resumir** ¿Cuál fue la importancia de la **Rebelión de los campesinos**?

Razonamiento crítico

10. **Inferir** ¿Por qué ofrecían los pueblos una mayor libertad?

11. **Analizar causa y efecto** ¿Cómo reflejan las grandes catedrales la prosperidad y el optimismo del siglo XIII?

12. **Sacar conclusiones** ¿Cuál fue la relación entre el comercio internacional y la propagación de la peste?

13. **Conceptos básicos: Fundamentos de la economía** ¿Cómo influyeron los cambios en la tecnología y la agricultura, en la economía de Europa en la Alta Edad Media?

Analizar elementos visuales

Examina la ilustración medieval de la agricultura. Luego contesta las siguientes preguntas:

14. La imagen superior muestra bueyes tirando de un arado. ¿Qué tipo de arado ayudó a transformar la agricultura medieval?

15. Examina la imagen inferior. ¿Qué cambios ayudaron a los caballos a jalar cargas más pesadas?

16. ¿Qué problemas tienen los agricultores al sembrar las semillas? ¿Cómo resuelven este problema?

Pregunta esencial

miMundo: Actividad del capítulo

Las ventanas en la Edad Media Sigue las instrucciones de tu maestro para crear diseños de vitrales. Usa las Tarjetas de actividades, junto con las Secciones 1 a 3 y myworldhistory.com, para crear imágenes que muestren aspectos de la vida durante la Alta Edad Media. Luego, tendrás un debate de mesa redonda sobre cómo las fortunas de Europa subían y bajaban durante la Alta Edad Media.

Aprendizaje del siglo XXI

Evalúa sitios Web

Trabaja con un compañero para explorar los muchos sitios Web que tratan sobre la vida en la Edad Media. Crea una hoja de evaluación, para que puedas juzgar la eficacia de cada sitio Web. Evalúa cada lugar en términos de diseño, organización e información. Luego compara tus resultados con los de otros de la clase.

Preguntas basadas en documentos

Success ☆ Tracker™
En línea en myworldhistory.com

Usa tu conocimiento de la Edad Media y los Documentos A y B para responder las Preguntas 1 a 3.

Documento A

" Desearía, hermano, nunca haber nacido, o por lo menos haber muerto antes de estos tiempos. . . . ¿Cuándo se había oído o visto alguna de estas cosas; en qué anales se había leído alguna vez que las casas se quedaran vacías, las ciudades abandonadas, el campo descuidado, los cementerios demasiado pequeños para enterrar a los muertos y una soledad terrible y universal sobre toda la tierra?"

—Petrarca, carta a su hermano, de *The Black Death, 1347* de George Deaux

Documento B

" Todos los que quedaron con vida se enriquecieron, porque la riqueza de muchos les quedó a ellos".

—Autor anónimo de Lucca, Italia, 1348, de *Daily Life During the Black Death* de Joseph Byrne

1. En el Documento A, el escritor describe
   A los efectos de la guerra.
   B los efectos de la peste.
   C el silencio de una ciudad en un día festivo.
   D algo que nunca antes había visto.

2. El Documento B revela
   A los efectos de la Guerra de los Cien Años.
   B los efectos del crecimiento de las ciudades.
   C la prosperidad del siglo XIII.
   D los efectos de la peste.

3. **Tarea escrita** ¿Qué revelan en conjunto los Documentos A y B sobre los cambios en Europa durante el siglo XIV?

my worldhistory.com

Self-Test

701

Las Cruzadas

Idea clave
- Las Cruzadas fueron vistas de manera muy diferente por los cristianos y los musulmanes.

En una serie de batallas que duraron casi 200 años, los ejércitos cristianos y musulmanes pelearon por el control de Jerusalén y la Tierra Santa. El primer fragmento fue escrito por el papa Gregorio VII en 1074, unos 20 años antes del comienzo de las Cruzadas. En él, informó que los musulmanes estaban matando a los cristianos en el Mediterráneo oriental. Hizo un llamado para una Cruzada para restaurar el control cristiano en la región. En el segundo fragmento, Beha-ad-Din, un miembro del ejército musulmán, describe los resultados de una batalla librada en 1191. Después de la batalla, el rey Ricardo I de Inglaterra ejecutó a miles de prisioneros musulmanes.

El papa Gregorio VII

Lee el texto de la derecha. Haz una pausa en cada letra encerrada en un círculo. Luego, responde la pregunta con la misma letra que está a la izquierda.

A **Resumir** ¿Qué dice Gregorio que les está pasando a los cristianos en la región?

B **Sacar conclusiones** Según Gregorio, ¿qué deben hacer las personas para "ser reconocidos como cristianos"?

C **Identificar prejuicios** ¿Muestra prejuicios el autor en el pasaje? Si es así, ¿cómo?

---

pagano, *adj.,* se dice de un seguidor del politeísmo, una religión con más de un dios

tiránico, *adj.,* con dominio absoluto o brutal

liberar, *v.,* rescatar

Llamado del papa Gregorio para una Cruzada

" [E]l portador de esta carta, en su reciente regreso a través del mar, llegó a Roma para visitarnos. Repitió lo que había oído a muchos otros, que una raza <u>pagana</u> había vencido a los cristianos y con horrible crueldad habían devastado casi todo hasta las murallas de Constantinopla, y que ahora gobernaba las tierras conquistadas con violencia <u>tiránica</u>, **A** y que había asesinado a muchos miles de cristianos como si fueran sólo ovejas. Si amamos a Dios y deseamos ser reconocidos como cristianos, debemos estar llenos de dolor por la desgracia de este gran imperio [griego] y el asesinato de tantos cristianos. Pero simplemente afligirnos no es **B** todo nuestro deber. . . . [D]ebemos dar nuestra vida para <u>liberarlos</u>. . . . Sepan, por tanto, que estamos confiando en la misericordia de Dios y en el poder de su fuerza y que estamos luchando por todos los medios posibles y haciendo **C** los preparativos para prestar ayuda al imperio cristiano lo más rápido posible ".

—Papa Gregorio VII, 1074

Lee el texto de la derecha. Haz una pausa en cada letra encerrada en un círculo. Luego, responde la pregunta con la misma letra que está a la izquierda.

D **Inferir** ¿Qué sugiere este pasaje sobre la devoción del ejército franco a la fe cristiana?

E **Analizar fuentes primarias** ¿A qué se refiere el escritor al decir "los prisioneros musulmanes, cuyo martirio Dios había decretado para este día"?

F **Identificar prejuicios** ¿Muestra prejuicios el autor en el pasaje? Si es así, ¿cómo?

sultán, *sust.,* gobernante de un estado musulmán

musulmán, *sust.,* seguidor del islam

martirio, *sust.,* el sufrimiento de la muerte debido a creencias religiosas

decretado, *v.,* que ha sido ordenado

Masacre de soldados musulmanes

66 [El rey Ricardo I] salió a caballo con todo el **D** ejército franco, caballeros, hombres de a pie. . . y avanzó a los pozos a los pies de la colina. . . lugar al que ya había enviado sus tiendas. Los francos, al llegar a la mitad de la llanura. . .cerca del lugar al que había retrocedido la vanguardia del <u>sultán</u>, ordenaron que todos los prisioneros musulmanes, cuyo <u>martirio</u> Dios había **E** <u>decretado</u> para este día, comparecieran ante él. Eran más de tres mil y estaban atados con cuerdas. Los francos entonces se arrojaron sobre ellos a la vez y los masacraron con la espada y la lanza a sangre fría. Nuestra vanguardia ya le había dicho al sultán de los movimientos del enemigo y él envió algunos refuerzos, pero sólo después de la masacre. . . .

Los motivos de esta masacre se cuentan de diferentes maneras, según algunos, los cautivos fueron asesinados como represalia por la muerte de los cristianos que los musulmanes habían asesinado. Otros dicen que el rey de Inglaterra. . . pensó que sería imprudente dejar tantos presos en la ciudad después **F** de su partida. Sólo Dios sabe cuál fue la verdadera razón 99.

—Beha-ad-Din, relato de la Batalla de Acre, 1191

Una pintura de 1842 de una batalla durante las Cruzadas

Analizar los documentos

1. **Comparar puntos de vista** ¿Cómo usan los autores hechos y opiniones para apoyar sus puntos de vista?

2. **Tarea escrita** Repasa cada fragmento y busca evidencia textual que apoye esta afirmación: Las Cruzadas causaron sufrimiento y derramamiento de sangre tanto a los cristianos como a los musulmanes. Resume tus resultados en un párrafo.

703

Haz un
juego de trivia medieval

Tu misión Trabajando en equipos, tus compañeros y tú crearán juegos de trivia medievales usando la información de la unidad. Cada equipo hará tarjetas de juego de opción múltiple con preguntas y respuestas relativas a hechos acerca de la Edad Media. Luego, intercambia tarjetas con otro equipo y túrnate para jugar el juego de ese equipo.

Europa cambió de muchas maneras durante la Edad Media. Después de la caída de Roma, nuevos gobernantes llegaron al poder. El cristianismo se difundió por toda Europa y las Cruzadas tuvieron como resultado años de guerra. El feudalismo y la institución señorial llevaron orden a la sociedad medieval, pero las granjas y los pueblos cambiaron gradualmente a medida que se formaron los gremios y se desarrollaron las ciudades. La peste provocó una drástica disminución de la población y un colapso del orden social.

A medida que haces tus tarjetas de juego, piensa en cómo escribir preguntas de trivia eficaces. Es posible que quieras incluir preguntas más fáciles sobre temas importantes, así como preguntas más difíciles sobre detalles menores.

704

PASO 1

Recopila información.

Trabaja en equipo para recopilar datos de la unidad. Si lo deseas, puedes asignar cada capítulo o sección a un miembro de tu equipo. Mientras recopilas información, piensa en cómo escribirás las preguntas y respuestas sobre cada tema. Cada una de tus preguntas debe tener cuatro respuestas de opción múltiple, por lo que no sirven las preguntas de "sí" o "no".

PASO 2

Crea tu juego.

Después de recopilar las ideas principales y detalles clave de la unidad, crea diez tarjetas numeradas. En un lado de cada tarjeta, escribe una pregunta sobre el capítulo. En el otro lado, escribe cuatro respuestas de opción múltiple, A a D. Asegúrate de que sólo una respuesta sea la correcta. Pide a un miembro de tu equipo que lleve un registro de las respuestas correctas. Repasa la unidad cuidadosamente para asegurarte de que has incluido información importante en tus tarjetas.

PASO 3

¡Juega!

Una vez que hayas hecho todas tus tarjetas, juega en grupo. Asegúrate de que proporcionaste respuestas completas y correctas para cada pregunta. Después de jugar el juego, agrega alguna pregunta sobre hechos importantes que es posible que pasaras por alto. Modifica tus tarjetas según sea necesario. Luego, intercambia tarjetas de juego con otro equipo y trata de responder las preguntas que hizo el otro equipo. Por cada respuesta correcta, cada equipo obtiene dos puntos. ¡El equipo que obtenga más puntos gana!

El ascenso de Europa

América del Norte

Océano Pacífico

Océano Atlántico

Cristóbal Colón (aprox. 1500) fue un navegante italiano que viajó al oeste a través del Atlántico y llegó a las Américas.

N
O E
S

América del Sur

1000 1250 1500 1750 2000

El Renacimiento

La Reforma

Era de la exploración

Europa

Asia

África

Martín Lutero (aprox. 1500) fue un monje germano cuyos escritos crearon una revuelta contra la Iglesia católica romana.

Leonardo da Vinci (aprox. 1400) fue un brillante científico, artista, arquitecto e inventor italiano.

Capítulo 24
El Renacimiento

Capítulo 25
La Reforma

Capítulo 26
Era de
la exploración

* **Los colores en el mapa corresponden a las áreas de estudio que se presentan en cada capítulo.**

707

Capítulo 24

El Renacimiento

Pregunta esencial

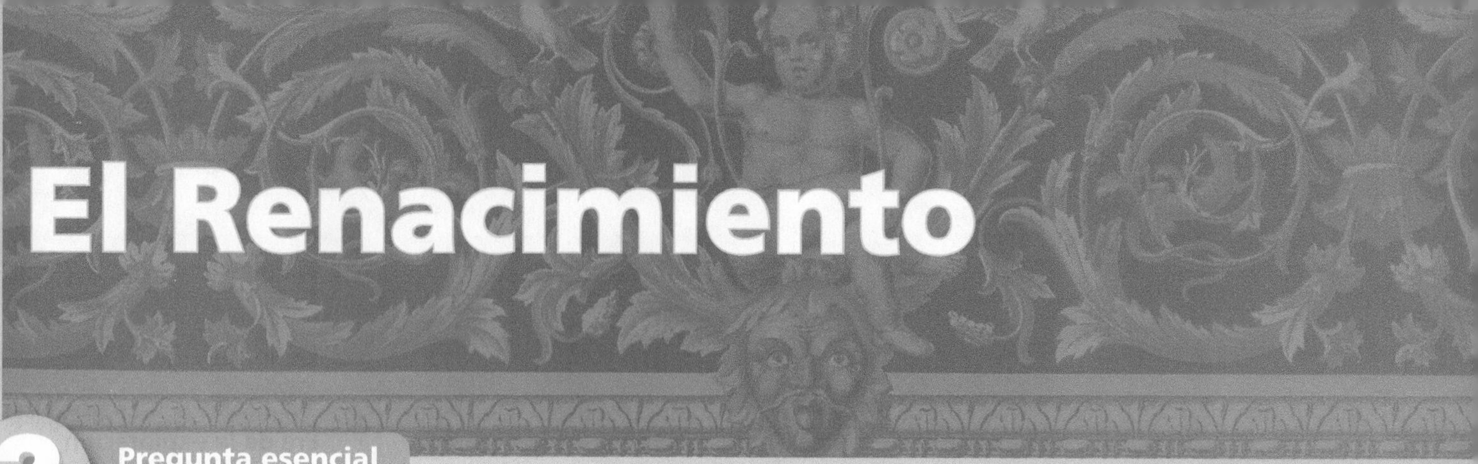

¿Qué distingue una cultura de otra?

▲ La luz del sol entra por la cúpula de la basílica de San Pedro, Roma.

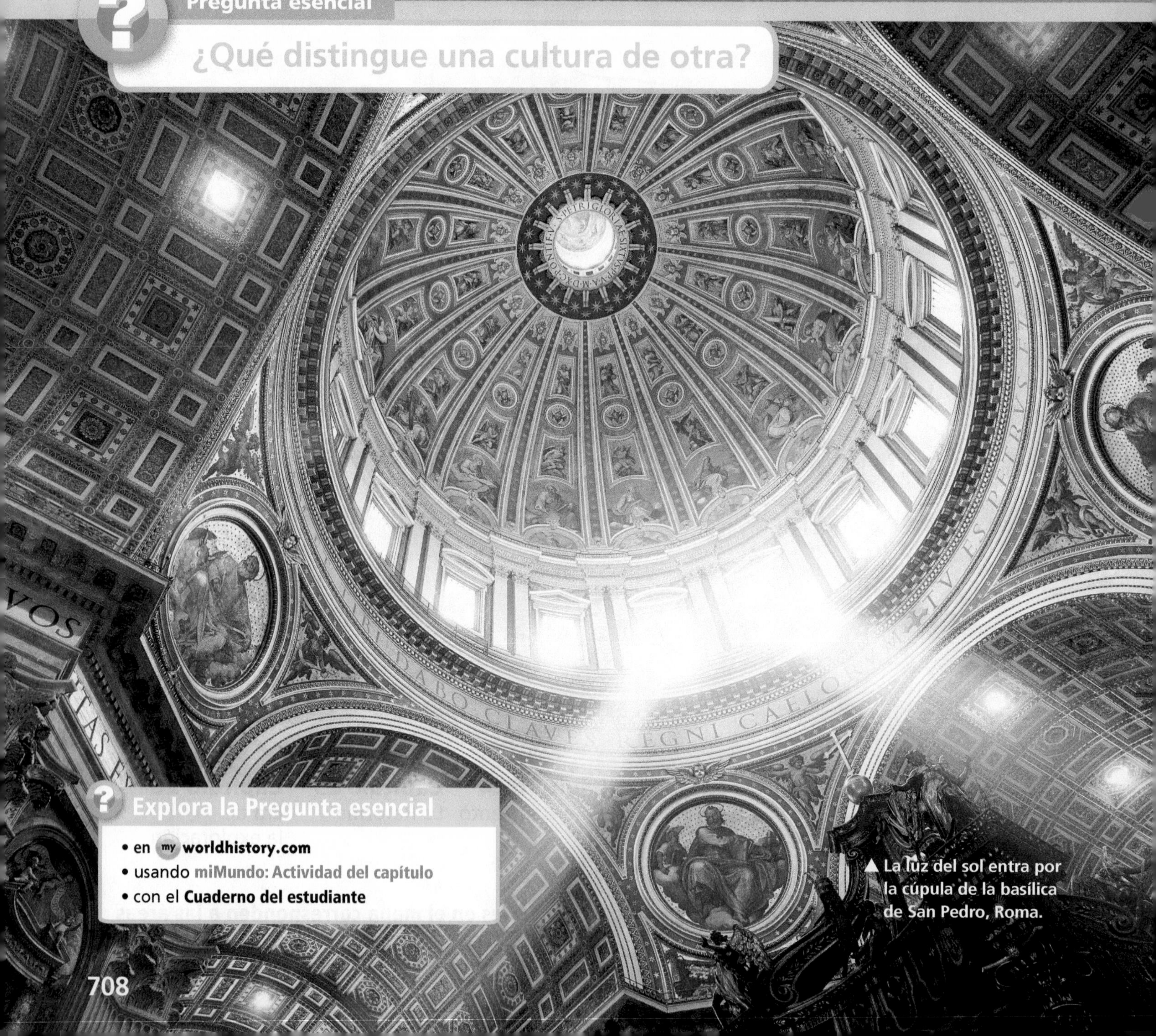

Explora la Pregunta esencial

- en my worldhistory.com
- usando miMundo: Actividad del capítulo
- con el **Cuaderno del estudiante**

La Europa del Renacimiento

1434 Cosme de Médicis toma el poder en Florencia.

1479 Ludovico Sforza toma Milán.

1501 César Borgia pone fin al dominio español en el sur de Italia.

1509 Isabel de Este gobierna Mantua.

1400　　　　　　　　　　　**1500**　　　　　　　　　　　**1600**

1452 Inicio del dominio Habsburgo del Sacro Imperio Romano.

1453 Caída de Constantinopla

1492 Se completa la Reconquista.

1588 Batalla de la Armada Invencible

"Tantas cosas desconocidas"

Esta historia se basa en sucesos de la vida de Leonardo da Vinci.

Leonardo da Vinci (1452–1519), científico, artista, arquitecto e inventor, nació en el momento adecuado en el lugar correcto: la Italia del Renacimiento. En 1482, cuando tenía 30 años, Leonardo llegó a un punto decisivo. Después de muchos años en Florencia, había completado su aprendizaje como artista. Estaba llenando las lagunas en su educación estudiando los clásicos y el mundo que lo rodeaba. Pero para continuar sus estudios, Leonardo necesitaba un amigo en una posición elevada. Aunque el hombre más importante de Florencia, Lorenzo de Médicis, era un mecenas distinguido, no era el amigo que Leonardo buscaba.

Leonardo decidió abandonar Florencia por Milán, una ciudad-estado a 200 millas al norte. Fue allí donde comenzó a llevar apuntes en sus cuadernos, explorando todas las áreas del mundo natural.

Los cielos, o lo que llamamos el espacio exterior, fue una de las obsesiones de Leonardo. En 1490, el poderoso y corrupto duque Sforza, gobernante de Milán, invitó a toda la élite de Italia a Milán para ver un gran espectáculo diseñado por Leonardo: La Fiesta del Paraíso. La tarea de Leonardo era crear una pieza central para la fiesta, una exhibición de un mecanismo de cuerda llamado *Ballet de los planetas*.

my worldhistory.com

Timeline/On Assignment

Leonardo quería ver cómo funcionaba el cuerpo humano desde el interior, por lo que se puso a diseccionar cadáveres. Tenía que hacer este trabajo en secreto por la noche a la luz de las velas.

En 1503, Leonardo comenzó a pintar a Mona Lisa, la esposa de un banquero florentino. Conservó el retrato hasta que murió.

Al filo de la medianoche, el duque detuvo la música. Levantó el telón de la última creación de Leonardo: un gigantesco escenario giratorio con forma de un enorme medio huevo.

Dentro flotaban modelos del Sol, la Luna y los cinco planetas conocidos. La Tierra no se consideraba un planeta y Urano y Neptuno no se habían descubierto.

Cada planeta giraba en su órbita, junto con los signos del zodíaco iluminados por antorchas detrás de un vidrio de color. Otras antorchas que lanzaban llamaradas de color amarillo brillante representaban las estrellas. El efecto era hechizante.

A la edad de 38 años, Leonardo se había hecho famoso por sí mismo. Lo habían ascendido a lo que él consideraba el trabajo ideal: *ingeniarius ducalis*, o ingeniero-arquitecto del duque Sforza de Milán.

Gozaba de estabilidad financiera. El duque le asignó un ala de un antiguo palacio para que tuviera un hogar confortable y un taller. Lo mejor de todo, tenía tiempo libre y podía usar la excelente biblioteca de la universidad. Conoció a eruditos y profesores.

En Milán, Leonardo trabajó en una de sus obras más famosas, *La última cena*, pintada en la pared de un monasterio. Pintaba durante días sin comer ni beber. O podía estudiar el mural muchas horas, dar una sola pincelada e irse.

Pasaron dos años. Finalmente terminó *La última cena*, pero por desgracia, su uso experimental de las pinturas al óleo en la pared de yeso seco fue un fracaso. El mural comenzó a deteriorarse durante la vida de Leonardo.

También dedicó años de estudio al proyecto favorito del duque Sforza, una estatua de bronce de 24 pies de altura que mostraría al duque a caballo. Diseccionó caballos para estudiar su anatomía. Estaba fascinado por la dificultad tecnológica de hacer una estatua tan grande. Pero el caballo nunca se construyó. ¿Por qué?

Debido a que por esa época, Leonardo estaba absorto en investigaciones científicas. "¡Tantas cosas desconocidas! —escribió un día en sus cuadernos—. ¿Qué es la leche? ¿Por qué es azul el cielo?"

Aunque pintó dos de las pinturas más conocidas de la historia: *La última cena* y la *Mona Lisa*, dedicó más tiempo y energía a los inventos y las investigaciones científicas que registró en docenas de cuadernos. Éstos muestran el trabajo de una mente compleja y reservada.

Leonardo a menudo experimentó con la luz y la visión. Descubrió que las burbujas de agua pueden actuar como prismas diminutos y que separan la luz en diferentes colores. En esa época, las personas pensaban que el ojo proyectaba estos colores.

A diferencia de otros científicos, Leonardo mantuvo su trabajo en secreto. (Los cuadernos se publicaron sólo cientos de años después de su muerte). Dificultó la lectura de sus cuadernos escribiendo las notas en su famosa escritura que sólo se veía al reflejarse en el espejo. Unas veces escribía con la mano derecha, otras con la izquierda.

Había tanto por aprender, mucho por descubrir. "Los obstáculos no pueden doblegarme —proclamó con decisión—. Quien se prende a una estrella no cambia de parecer".

Según esta historia, ¿qué crees que distinguió a la cultura de Europa durante el Renacimiento? Mientras lees el capítulo que sigue, piensa qué indica la historia de Leonardo sobre la vida durante el Renacimiento.

▶ myStory Video

Acompaña a Leonardo en su estudio.

Ballet de los planetas

my worldhistory.com

myStory Video

Los orígenes del Renacimiento

Ideas clave
- Durante el Renacimiento, los cambios económicos y sociales comenzaron a descomponer el orden feudal.
- El Renacimiento comenzó en las ciudades-estado italianas que se habían enriquecido con el comercio y las finanzas.

Términos clave • mercantil • Renacimiento • mecenas

 Visual Glossary

 Destreza de lectura Analizar causa y efecto Toma notas usando el organizador gráfico en tu Cuaderno.

En la Edad Media, la vida de la mayoría de los europeos giraba en torno al señorío y la Iglesia. Para el siglo XIV se pusieron en movimiento nuevas fuerzas que traerían cambios considerables.

La descomposición del orden feudal

A medida que el comercio y la industria crecieron, el feudalismo y la institución señorial se debilitaron. Un rico comerciante de Escocia ahora podía beber vino francés, comprar ropa hecha con seda asiática y condimentar su comida con especias de África o la India. En una fábrica textil italiana había 30,000 trabajadores.

Crecimiento urbano La fuerza laboral para esta expansión económica provenía de los migrantes que se trasladaron de los señoríos a las ciudades. Los campesinos iban a los pueblos en busca de mejores salarios. Los nobles también iban a los pueblos para ganar dinero al comprar propiedades y ocupar cargos públicos.

En las ciudades italianas, la nobleza rural se casó con la clase media mercantil para formar una nueva aristocracia urbana. **Mercantil** se refiere al comercio o los negocios. Esta clase alta urbana mantuvo sus lazos con el campo, pero en lugar de gastar dinero en castillos rurales, la nueva nobleza construyó hermosas casas en la ciudad.

◀ Es posible que Galileo realizara experimentos sobre la gravedad desde la torre inclinada de Pisa.

Enseñanza laica Durante siglos, la enseñanza se concentró en la Iglesia. Incluso después de que surgieron las universidades en las ciudades europeas, la <u>teología</u> siguió siendo el curso más importante. Con el tiempo, creció un interés por temas laicos como derecho, medicina, filosofía, ingeniería y ciencia.

Un renacimiento cultural Alrededor de 1300, estas tendencias se unieron para iniciar el Renacimiento. El **Renacimiento** fue una revitalización cultural que se extendió por Europa desde el siglo XIV hasta el XVI. *Renacimiento* viene de la palabra francesa *Renaissance* (renacer).

Los pensadores del Renacimiento redescubrieron la literatura, el arte y los conocimientos de las antiguas Grecia y Roma.

Verificar la lectura **¿Qué pasó con el feudalismo en el siglo XIV?**

La cuna del Renacimiento

En Inglaterra, Francia y España, el orden feudal definía la estructura de la vida. En Italia, sin embargo, el feudalismo no se desarrolló de la misma forma. Esto puede ayudar a explicar por qué Italia fue la cuna del Renacimiento.

Las ciudades-estado italianas Hacia el siglo XIV, Italia estaba dividida en varias ciudades-estado. Como se ubicaban cerca del mar Mediterráneo, las ciudades-estado italianas sirvieron como cruces de caminos naturales entre el norte de Europa y las tierras de Oriente Medio y África. Los comerciantes que viajaban por tierra y mar hicieron de la península Itálica un centro comercial. Por esta razón, Italia encabezó a la Europa medieval en el crecimiento comercial.

teología, *sust.*, estudio de la fe, la práctica y la experiencia religiosas

Una estatua del gran duque Fernando I de Médicis, miembro de una de las más poderosas familias gobernantes de Florencia ▼

Las ciudades-estado italianas

FRANCIA

Milán
Mantua
Venecia
Génova
Pisa
Florencia
IMPERIO OTOMANO
Mar Adriático
Córcega
Roma
NÁPOLES
Nápoles
Cerdeña
Mar Tirreno
Islas Jónicas
Mar Mediterráneo
Sicilia

45° N
40° N
10° E
15° E
20° E

N O E S

LEYENDA
- Ducado de Milán
- República de Génova
- República de Florencia
- Estados Pontificios
- República de Venecia
- Reinos bajo soberanía española
- Otras ciudades-estado
- ○ Ciudad

0   100 Millas
0   100 Kilómetros
Proyección de Mercator

Destreza: Mapas

1 **Lugar** ¿Qué ciudad-estado controlaba la ciudad de Florencia?

2 **Interacción** ¿Por qué era Venecia un socio comercial clave con las tierras del este?

3 **¡Lugares por conocer!**

Rotula los lugares siguientes en el croquis de tu Cuaderno del estudiante: Roma, mar Mediterráneo y Sicilia.

713

Italia: *Cruces de caminos del Renacimiento*

1500

Francia

VENECIA
GÉNOVA
FLORENCIA
Córcega
Italia
NÁPOLES
Cerdeña
Grecia
Asia Menor
SICILIA
Creta

África del Norte

Mar Mediterráneo

LEYENDA
— Ruta marítima principal

Proyección de Miller
0   100   200 Millas
0 100 200 Kilómetros

▲ La seda china llegaba a los puertos italianos y se vendía en toda Europa.

▲ Los banqueros italianos usaban monedas hechas de oro que se había extraído de África.

▲ Los marineros italianos usaban instrumentos como el astrolabio para navegar a los mercados asiáticos.

miMundo: Actividad
Dinero de los Médicis

Muchas ciudades-estado italianas se convirtieron en prósperos centros de actividad económica. En Venecia y Génova, se comerciaba con especias de la India, pieles escandinavas, seda china y lana inglesa. Los astilleros venecianos empleaban a miles de trabajadores.

El crecimiento del comercio y los negocios en Italia fomentaron un libre flujo de ideas. Las personas comenzaron a abrir sus mentes a nuevas maneras de pensar y hacer las cosas. Italia tuvo acceso al conocimiento del mundo musulmán de la ciencia, las matemáticas y la erudición griega y romana clásica.

Apoyo a las artes En las ciudades-estado italianas, los aristócratas antiguos competían por poder y estatus con los ricos comerciantes y banqueros. Los nuevos ricos ganaron estatus al convertirse en mecenas del arte y los conocimientos. Un **mecenas** es alguien que da dinero u otro tipo de apoyo a una persona o grupo.

Los miembros de la nobleza y la clase mercantil usaban su riqueza para apoyar a los artistas y elevar su propio estatus. Algunos encargaban a los artistas que les pintaran retratos mostrando joyas de la India y su mejor ropa de seda china. Otros encargaban a arquitectos el diseño de grandes palacios o edificios públicos. Una vez que estaban terminados, los pintores cubrían las paredes con frescos y los escultores los decoraban con esculturas de mármol o piedra.

Verificar la lectura ¿Por qué fueron importantes los mecenas durante el Renacimiento?

Florencia: Centro del Renacimiento

Venecia se hizo rica y cosmopolita debido a su puerto. Roma era la sede de la poderosa Iglesia católica. Fue, sin embargo, Florencia la que se convirtió en el centro artístico del Renacimiento.

Desde la antigua Roma, Florencia había sido una parada importante en las rutas comerciales. Era accesible desde el río Arno o a través de pasos en las montañas de los Apeninos toscanos. Además de desarrollarse como centro comercial, Florencia era conocida por su actividad bancaria, incluso el papa tenía su dinero allí. La banca fomentó muchos otros tipos de negocios como la fabricación de seda, el comercio de la lana y las artesanías de plata y oro. Muchos de estos grupos establecieron gremios.

La familia Médicis fue una de las familias de banqueros más poderosas de la ciudad. Por generaciones fueron mecenas de las artes. Gran parte del arte y la arquitectura que encargaron estuvo influenciada por la grandeza de las cortes aristocráticas francesas. También construyeron muchas iglesias nuevas en Florencia y contrataron a artistas y escultores para decorarlas.

Lorenzo de Médicis, un importante mecenas florentino, comprendió el valor del arte para una ciudad:

> 66 [L]e daba gran lustre al estado y este dinero parecía estar bien gastado 99.
>
> —*Lorenzo de Médicis*

Los mercaderes florentinos también gastaban dinero en proyectos artísticos. Los gremios y grupos <u>cívicos</u> también buscaban a los artistas. Los pintores y escultores trabajaban junto a artistas del oro o talladores de piedra en proyectos más grandes como las catedrales. Así, Florencia se convirtió en vitrina del arte y la arquitectura del Renacimiento.

Verificar la lectura ¿Por qué Florencia fue un centro para las ideas renacentistas?

cívico, *adj.*, de o en relación a los asuntos de la ciudadanía o de la comunidad

Este retrato renacentista muestra las elaboradas ropas y joyas usadas por los ricos. ▼

Evaluación de la Sección 1

Términos clave

1. Define cada uno de los términos clave siguientes en una oración completa: mercantil, Renacimiento, mecenas.

Ideas clave

2. Describe los tipos de cambios que ocurrieron en las ciudades y universidades europeas en el siglo XIV.

3. ¿Por qué Italia estuvo a la cabeza de la Europa medieval en el crecimiento comercial?

4. ¿Por qué actividad económica era conocida Florencia?

Razonamiento crítico

5. Analizar causa y efecto Durante el Renacimiento, ¿cómo fomentó el comercio nuevas ideas y conocimientos?

6. Sintetizar ¿Qué características ayudaron a Italia a convertirse en la cuna del Renacimiento?

7. Identificar la evidencia ¿Qué acciones demuestran que Lorenzo de Médicis fue un mecenas de las artes?

Pregunta esencial

¿Qué distingue una cultura de otra?

8. ¿En qué se diferenciaba la cultura de las ciudades italianas de la cultura rural? ¿En qué se diferenciaban las culturas de Venecia y Florencia? Anota la respuesta en tu Cuaderno del estudiante.

El *David* de
Miguel Ángel ▶

Sección 2

Nuevas formas de ver el mundo

Ideas clave

- Los pensadores del Renacimiento recurrieron al saber clásico para tener una comprensión más profunda de la vida humana.

- El arte renacentista trataba tanto temas religiosos como laicos con un nuevo estilo realista.

Términos clave • humanismo • laicismo • lengua vernácula • individualismo ⊙ **Visual Glossary**

 Destreza de lectura Comparar y contrastar Toma notas usando el organizador gráfico en tu Cuaderno.

Los pensadores de la Edad Media se concentraron en asuntos de fe y espiritualidad. Aunque gran parte de los conocimientos de las antiguas civilizaciones griega y romana se habían conservado, el interés por ellos declinó con el tiempo. En el Renacimiento los eruditos usaron esta herencia para crear un "nuevo conocimiento".

Nuevos puntos de vista

El nuevo saber del Renacimiento planteaba que los seres humanos y el mundo son tan dignos de tenerse en cuenta y estudiarse como lo son los asuntos de Dios y la fe. Surgió una nueva visión del mundo y del papel que el ser humano tiene en él. Las tres ideas principales del Renacimiento son: humanismo, laicismo e individualismo.

Humanismo El conocimiento del pensamiento griego y romano no surgió de repente en el siglo XV. Pensadores como Petrarca se esforzaron mucho durante el Renacimiento para revivir el interés por el saber clásico. Aplicaron esos conocimientos clásicos a su propio mundo. Este nuevo enfoque se llamó humanismo, de la palabra latina *humanitas*. El **humanismo** fue un movimiento cultural renacentista basado en el estudio de obras clásicas. Para los

◀ Miguel Ángel retrató la figura bíblica de Lea con prendas clásicas.

humanistas, el conocimiento conducía a una mejor vida terrenal más que ser una preparación para la vida eterna. Los pensadores medievales se habían centrado en la espiritualidad y la fe, en lugar de la autoestima.

Laicismo El Renacimiento marcó una tendencia creciente hacia el **laicismo**, o la idea de que la religión no debe ser el centro de los asuntos humanos. La vida se consideró una oportunidad para el disfrute y el placer. Esto contrastaba con la concepción medieval de la vida como poco más que una peregrinación dolorosa en el camino al cielo. El laicismo era claro en los escritos que buscaban entretener o informar en lugar de promover la espiritualidad. Un ejemplo es el

Decamerón, de Giovanni Boccaccio. Esta colección de cuentos, escrita a mediados del siglo XIV, refleja los puntos de vista mundanos de la sociedad florentina. Estaba escrito en **lengua vernácula**, o idioma hablado por las personas comunes en circunstancias informales.

Otro libro laico fue *El príncipe* (1513), de Nicolás Maquiavelo. Fue una obra de gran influencia en el pensamiento político. Maquiavelo describe cómo los líderes obtienen, mantienen y pierden el poder. Decidió "representar las cosas como son en realidad, en lugar de como se imaginaban". Hoy, la palabra *maquiavélico* se usa para describir a alguien que trata de conseguir algo al manipular a los demás. Pero Maquiavelo sólo describió la realidad política del Renacimiento.

manipular, *v.*, manejar o usar con habilidad

La escuela de Atenas

A El filósofo Sócrates debatiendo un asunto

B Miguel Ángel como el filósofo Heráclito

C Leonardo da Vinci como el filósofo Platón

D El filósofo Aristóteles sosteniendo la *Ética*

E Autorretrato del artista Rafael Sanzio

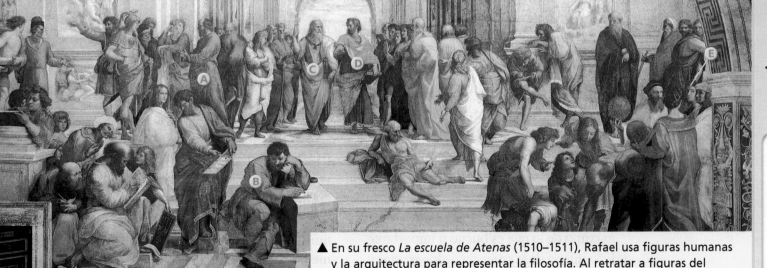

Culture Close-Up

▲ En su fresco *La escuela de Atenas* (1510–1511), Rafael usa figuras humanas y la arquitectura para representar la filosofía. Al retratar a figuras del Renacimiento como pensadores clásicos, muestra la importancia de la filosofía en el pensamiento renacentista. *¿Cómo demuestra esta obra el potencial humano?*

Sucesos clave del Renacimiento

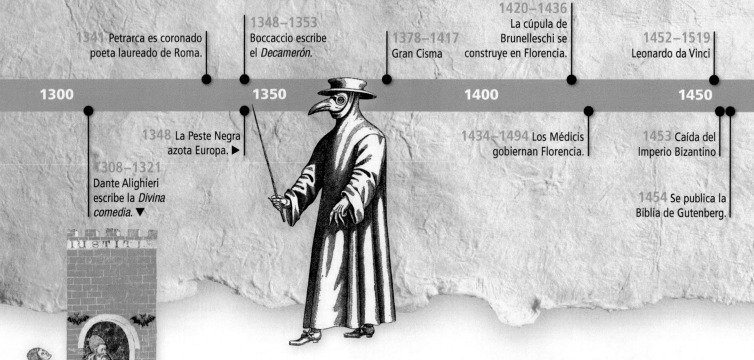

1341 Petrarca es coronado poeta laureado de Roma.

1348–1353 Boccaccio escribe el *Decamerón*.

1378–1417 Gran Cisma

1420–1436 La cúpula de Brunelleschi se construye en Florencia.

1452–1519 Leonardo da Vinci

1300

1350

1400

1450

1348 La Peste Negra azota Europa. ▶

1308–1321 Dante Alighieri escribe la *Divina comedia*. ▼

1434–1494 Los Médicis gobiernan Florencia.

1453 Caída del Imperio Bizantino

1454 Se publica la Biblia de Gutenberg.

Individualismo La tercera idea que definía el pensamiento renacentista era el **individualismo**, la creencia de que el individuo era más importante que la comunidad. En la época medieval, las necesidades del individuo eran menos importantes que las de los grupos, como las de un señorío. Esta preocupación por el valor del individuo tenía sus raíces en la filosofía clásica y reapareció en el pensamiento renacentista.

Protágoras, un antiguo filósofo griego expresó ideas humanistas cuando escribió: "El hombre es la medida de todas las cosas". La interpretación de los pensadores del Renacimiento fue que el individuo es el juez máximo de lo que es bueno o importante. Esto difería de la creencia de los artistas y arquitectos medievales de que su trabajo era para glorificar a Dios y no a sí mismos.

El individualismo liberó a los artistas del Renacimiento del énfasis en el pecado y la imperfección humana. Estos pintores, escultores, arquitectos, escritores, poetas y compositores exploraron la imaginación y el potencial humano. Llegaron a valorar la creatividad por sí misma. Orgullosos de sus logros, firmaron sus obras y dejaron registros de su vida.

A su vez, los mecenas de estos artistas los animaron a tomar riesgos que expandieron más las ideas creativas. Estos riesgos llevaron a esfuerzos excepcionales que dieron <u>prestigio</u> tanto a los artistas como a sus mecenas.

Verificar la lectura **¿En qué se diferenció el humanismo de las formas de pensamiento medievales?**

prestigio, *sust.*, respeto y admiración de los demás

1503–1505
Mona Lisa de
Leonardo

1508–1512 Miguel Ángel
pinta la Capilla Sixtina.

1517 Se inicia la
Reforma.

1543 ▶
Se publica la
teoría heliocéntrica
de Copérnico.

1471–1528
Alberto Durero

1475–1564
Miguel Ángel Buonarroti

1527 Saqueo
de Roma

1605
Se publica *Don Quijote
de la Mancha* de Cervantes.

| **1450** | **1500** | **1550** | **1600** |

1465 Primera imprenta
italiana en uso

1513
Maquiavelo
publica
El príncipe.

1528
Aparece
El cortesano de
Castiglione. ▶

1569 Aparece el
mapamundi de Mercator.

1603
Se presenta
Hamlet de Shakespeare.

1485 Se publica *La muerte de
Arturo* de Sir Thomas Malory.

1558–1603
Reinado de Isabel I

1479–1499 Ludovico
Sforza gobierna Milán.

1607 Se presenta
Orfeo de Monteverdi,
la primera ópera de
larga duración.

Cambios en la vida diaria

Los nuevos puntos de vista sobre el
mundo significaron cambios en la vida
cotidiana. Más personas aprendieron a leer
y escribir y apareció un nuevo calendario.

Aprendizaje en la lengua vernácula En
la Edad Media, las personas con
educación hablaban latín. Por lo
general eran hombres que asistían a
las universidades para convertirse en
doctores, abogados o sacerdotes. Las
mujeres estaban excluidas. Las personas
comunes hablaban en lenguas vernáculas
como el italiano o el francés.

En la época del Renacimiento, había
más libros escritos en lengua vernácula.
Esto aumentó el alfabetismo. En algunos
hogares, los miembros de la familia o
tutores usaban libros impresos en lengua
vernácula para enseñar a los niños a leer
y escribir.

Aunque había mujeres cultas durante la
Edad Media y el Renacimiento, la mayoría
de las niñas no recibían educación formal.
Aprendían las destrezas necesarias para
dirigir una casa y tener una familia. Unos
pocos niños aprendían a leer y escribir.
Algunos recibían educación universitaria
o aprendían un oficio.

Un nuevo calendario La percepción
del tiempo cambió. Durante siglos,
las personas habían marcado el año
basándose en las estaciones y los sucesos
de la Iglesia. Antes del Renacimiento se
usaba el calendario juliano, establecido
en la antigua Roma por Julio César.

**miMundo: Actividad
Maniobra de poder**

719

A principios de la década de 1560, una comisión encabezada por el papa Gregorio XIII corrigió inexactitudes del calendario juliano. Les tomó casi diez años elaborar el calendario gregoriano, que usamos hoy en día.

No todas las naciones lo adoptaron de inmediato. Como lo había formulado un papa católico, algunas naciones protestantes se negaron a adoptarlo. Las naciones católicas como Francia y España empezaron a usarlo en 1582. Suiza lo adoptó en etapas, de 1583 a 1812, Gran Bretaña en 1752 y Grecia en 1923.

Verificar la lectura ¿Por qué algunos países europeos se opusieron al calendario gregoriano?

Nuevas direcciones en el arte

Nuevas formas de pensar se manifestaron en el arte renacentista. Éste reflejó el cambio en el enfoque de la devoción religiosa a los asuntos mundanos.

Cambio de contenido El arte medieval por lo general tenía temas religiosos. El arte renacentista a menudo también, pero con otro giro. Por ejemplo, al artista italiano Benozzo Gozzoli la familia Médicis le encargó pintar *El cortejo de los Reyes Magos*, que representa la procesión para visitar al niño Jesús en Belén. La obra de Gozzoli incluye retratos de miembros de la familia Médicis, vestidos con ricas vestimentas como si ellos hubieran asistido al suceso real.

Cambio de estilos

Compara las pinturas de la Virgen María y el niño Jesús de la Edad Media (izquierda) y el Renacimiento (derecha). *¿Cómo reflejan estas diferencias el espíritu del Renacimiento?*

En la pintura medieval, las figuras humanas son poco realistas con rostros impasibles. Las figuras del Renacimiento son tiernas y cariñosas.

En la pintura medieval, la ropa es plana y unidimensional, mientras que en la obra renacentista, la ropa tiene pliegues y fruncidos realistas.

En ambas pinturas, el gesto del niño Jesús es cariñoso, pero las proporciones son menos realistas en la pintura medieval.

La pintura al óleo hace que la obra renacentista se vea tridimensional, mientras que los colores al temple de la pintura medieval se ven planos.

Los temas del arte renacentista eran cada vez menos religiosos. La mitología griega y romana proporcionaba temas populares. La pintura *El nacimiento de Venus* de Botticelli retrata un suceso de la mitología griega. Los retratos de personas, generalmente ricas, los autorretratos de los artistas, los paisajes y las escenas de la vida cotidiana se volvieron populares.

El realismo renacentista Los pintores y escultores medievales celebraban la gloria de Dios, no la figura humana, como lo hicieron los artistas griegos y romanos antiguos. Así como los pensadores del Renacimiento revivieron la sabiduría del mundo antiguo, los artistas volvieron a examinar el arte clásico.

El arte renacentista se centró en el realismo y el mundo de los vivos. Los artistas usaban modelos vivos para dibujar o esculpir la forma humana, ya sea bella o grotesca. Representaron emociones que iban desde la felicidad hasta la tristeza. Estaban fascinados con la naturaleza y retrataban cada detalle de ella.

Para el pintor y escritor renacentista Giorgio Vasari, no bastaba con sólo copiar la realidad.

> 66 El que no ha dibujado mucho ni estudiado las más selectas obras antiguas y modernas no puede. . . mejorar las cosas que copia de la vida, dándoles la gracia y la perfección que va más allá del alcance de la naturaleza 99.

—Giorgio Vasari, *Vidas de los artistas*

Los artistas del Renacimiento se inspiraron en las ideas clásicas y agregaron armonía, proporción y un nuevo realismo. Desde la arquitectura hasta los muebles celebraban estas cualidades.

Verificar la lectura ¿Qué temas se volvieron populares para los pintores del Renacimiento?

▲ El óleo surgió en el siglo XV. Los pigmentos provenían de bayas, insectos o piedras semipreciosas. Las cerdas de los pinceles eran de pelo de animales.

Evaluación de la Sección 2

Pregunta esencial

¿Qué distingue una cultura de otra?

Términos clave

1. Usando oraciones completas, explica cómo cada uno de los términos siguientes se relaciona con un cambio que tuvo lugar durante el Renacimiento: humanismo, laicismo, lengua vernácula, individualismo.

Ideas clave

2. ¿Cuáles son las tres ideas que constituyen el nuevo conocimiento del Renacimiento?

3. ¿Cómo cambiaron la vida diaria las nuevas ideas del Renacimiento?

4. ¿Qué materiales nuevos empezaron a usar los artistas en el Renacimiento?

Razonamiento crítico

5. **Sacar conclusiones** ¿Por qué los artistas renacentistas se inclinaron por el realismo en sus obras?

6. **Conectar** ¿Sigue siendo importante el nuevo saber del Renacimiento para la sociedad? Explica por qué.

7. **Identificar la evidencia** ¿Qué obras de la literatura demostraron la nueva tendencia hacia el laicismo?

8. ¿En qué se diferenciaban el humanismo y la educación medieval? ¿En qué se diferenciaba el arte renacentista del arte medieval? Anota la respuesta en tu Cuaderno del estudiante.

La difusión de nuevas ideas

Ideas clave

- Los pensadores renacentistas del norte fomentaron reformas religiosas y sociales.
- El desarrollo de la imprenta aumentó el alfabetismo y ayudó a difundir nuevas ideas.

Términos clave • utopía • sátira • grabado • censurar

 Visual Glossary

Destreza de lectura Identificar las ideas principales y los detalles Toma notas usando el organizador gráfico en tu Cuaderno.

E n la Edad Media, la información se movía lentamente. En el Renacimiento, las ideas y los bienes se movían con más rapidez.

El Renacimiento se mueve al norte

Los eruditos de todas partes de Europa viajaron a Italia y llevaron el nuevo conocimiento de regreso a sus países de origen. A medida que las ideas renacentistas se difundieron, las ciudades europeas del norte se convirtieron en importantes centros de erudición humanista. Muchos eruditos del norte recurrieron al nuevo conocimiento para promover reformas en la Iglesia y en la sociedad.

Utopía de Moro Uno de estos reformadores fue Sir Tomás Moro, un líder de la Iglesia y erudito inglés. Su obra más conocida es el libro *Utopía* (1516). Moro acuñó la palabra *utopía* de las palabras griegas que significan "lugar que no existe". Fue el nombre que dio a su sociedad ideal. Hoy en día, usamos **utopía** para referirnos a un lugar imaginario e ideal.

En el libro de Moro, Utopía es una comunidad gobernada enteramente por la razón. Todos son iguales y no hay propiedad privada. Todos reciben una educación gratuita. Este lugar imaginario ofrecía un marcado contraste con la corrupción común de la Iglesia y el gobierno de esa época. Moro quería proponer una mejor manera de organizar los asuntos humanos.

◀ Tomás Moro y una copia de *Utopía* que muestra un mapa de la tierra imaginaria y su idioma

Erasmo de Rotterdam Otro reformador fue Erasmo de Rotterdam, un erudito holandés y amigo de toda la vida de Tomás Moro. Erasmo creía que la vida y las enseñanzas de Jesús debían ser el modelo para la doctrina de la Iglesia. Decía que la Iglesia había abandonado la moral cristiana por rituales vacíos. En *Elogio de la locura*, Erasmo usa la sátira para criticar a los líderes y las prácticas de la Iglesia. La **sátira** es un tipo de escrito que usa la burla o el sarcasmo para criticar los vicios o los absurdos. Erasmo escribió en el prefacio del libro:

> 66 [A]quel que no perdona a ningún tipo de persona, no puede acusársele de estar enojado con alguien en particular, sino con los vicios de todos 99.

—Erasmo de Rotterdam, *Elogio de la locura*

El ingenio y la vigorizante sabiduría del libro lo hicieron muy popular. Los historiadores atribuyen a Erasmo hacer del humanismo un movimiento internacional.

François Rabelais El humanista francés François Rabelais fue monje, médico, erudito y escritor. En los libros *Gargantúa* y *Pantagruel*, usó el humor y la <u>exageración</u> para criticar las tradiciones en la religión, la educación y la política. A primera vista, éstos son cuentos cómicos del gigante Gargantúa y su hijo Pantagruel. (El término *gargantuesco*, que significa enorme, viene de los escritos de Rabelais). Pero los personajes de Rabelais también muestran la agitación social que prevalecía durante la transición del feudalismo al mercantilismo.

Verificar la lectura **¿Cómo usan el humor Erasmo y Rabelais para expresar sus ideas?**

Gargantúa
se come a los peregrinos

En el cuento de Rabelais, el gigante Gargantúa devora una enorme ensalada en la que están ocultos seis peregrinos religiosos. Para salvarse, los peregrinos se esconden en los dientes de Gargantúa. El gigante luego se los saca con un palillo de dientes. La escena es divertida, pero Rabelais también retrata a los peregrinos como impotentes y temerosos. De esta manera, el autor se burla de la idea medieval de que ir en peregrinación hace que una persona sea especial.

Artistas renacentistas del norte

Gran parte del norte de Europa se estaba recuperando de la Peste Negra. Poco a poco, las ciudades prósperas de Flandes, Francia, Alemania, Bélgica e Inglaterra se unieron al renacer cultural.

Los pintores de Flandes El pintor flamenco Jan van Eyck deslumbraba los ojos con sus escenas realistas. En *El matrimonio Arnolfini*, un espejo en la pared refleja a la pareja en la pintura. Debajo del espejo, el artista escribió: "Jan van Eyck estuvo aquí, 1434".

Petrus Paulus Rubens, humanista, artista y diplomático, combinó el realismo renacentista del norte con las influencias clásicas de los artistas italianos. Sus pinturas muestran su conocimiento de la mitología, la Biblia y la historia clásica.

exageración, *sust.*, aumento de las características para crear un efecto

723

▲ En *La boda campesina* de Bruegel, a los invitados les sirven avena llevada en una puerta que se sacó de sus bisagras. El hombre del saco rojo lleva su propia cuchara. *¿Qué otros detalles realistas ves?*

lino, *sust.*, tela hecha de la planta del lino

Los artistas del norte de Europa como Pieter Bruegel pintaron escenas complejas y realistas de la vida campesina. La nueva técnica de pintura al óleo era perfecta para lograr el realismo en sus obras.

El Leonardo del norte Al artista alemán, Alberto Durero, a veces se le llamaba el "Leonardo del norte" por el amplio espectro que abarcaban sus intereses y gran destreza artística. De su viaje a Italia en 1494, llevó consigo nuevas técnicas de pintura y grabado. El **grabado** es una forma artística en la que un artista crea un diseño en una placa de metal usando una aguja y ácido. Luego, la imagen se entinta y la placa se presiona sobre papel. Su obra difundió las ideas renacentistas en el norte de Europa.

Verificar la lectura ¿Por qué a Durero se le llamaba el Leonardo del norte?

La revolución de la impresión

Los nuevos desarrollos en la impresión y la expansión del alfabetismo fomentaron la difusión del humanismo.

Nuevas herramientas para la impresión
En el siglo XIII, la impresión con bloques viajó de China a Europa a través de los comerciantes musulmanes. En la impresión con bloques, el texto de una página de libro se tallaba en un bloque de madera, pero tardaba mucho tiempo y era costosa. Los bloques sólo podían usarse unas cuantas veces y si se rompían o desgastaban, había que tallar uno nuevo.

En el siglo XIV, los europeos aprendieron a hacer papel con trapos de <u>lino</u>. En el siglo XV, aprendieron a hacer aceites para usarlos en la pintura y luego para tintas de impresión. Estas mejoras llevaron a una revolución de las comunicaciones.

Los tipos de metal de Gutenberg
Alrededor de 1450, un impresor alemán llamado Johannes Gutenberg inventó los tipos de metal móviles. Las letras individuales de metal podían usarse una y otra vez para formar palabras, líneas y páginas.

En 1455, Gutenberg publicó la Biblia, un suceso que aumentó el alfabetismo como nunca antes. Las Biblias impresas eran menos costosas que las escritas a mano y muchas personas aprendieron a leer usando la Biblia que tenían en casa. Hacia 1490, se usaban imprentas de Londres a Constantinopla. Hacia 1500, entre 8 y 20 millones de libros se habían impreso en Europa.

Verificar la lectura ¿En qué se diferenciaba la impresión con bloques de los tipos móviles?

La imprenta de Gutenberg

Con la imprenta, los libros podían imprimirse a bajo costo y en mayores cantidades. Con más libros disponibles, más personas aprendieron a leer. Aparecieron los primeros periódicos y las personas podían enterarse de los sucesos que ocurrían en otras partes del país o del mundo. Fue el amanecer de la era de la información.

RAZONAMIENTO CRÍTICO **¿Cómo cambió el alfabetismo con el invento de Gutenberg?**

Gutenberg (derecha) y los impresores de su taller examinan una hoja recién impresa. El joven al lado de Gutenberg probablemente es un aprendiz que estudia el oficio de la impresión.

◄ **Este modelo de una imprenta es similar a la que usó Gutenberg.**

Antes de imprimir, el impresor coloca cada letra en una barra de composición. La letra de los tipos de metal móviles está invertida respecto a como se leerá en la página. ▼

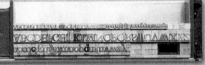

Esta Biblia antigua está escrita e ilustrada a mano. ▼

Gutenberg primero imprimió la Biblia. Las palabras se hacían con tipos móviles y los márgenes se decoraban a mano. ▶

En las noticias

Los periódicos modernos comenzaron como pliegos, u hojas sueltas impresas que a veces combinaban texto e ilustraciones en forma de grabados en madera. Algunos pliegos daban las noticias en verso. Los folletos eran diarios de varias páginas similares a las revistas de hoy. *¿Cómo influyó la impresión a mano en la velocidad con la que llegaban las noticias a los lectores?*

Las grandes noticias de Inglaterra en el siglo XVII fueron el retorno del príncipe Carlos del exilio (enfrente) y la peste de Londres de 1665 (detrás). Abajo, una adolescente usa la última tecnología para ver sitios de noticias en la Internet.

La difusión de las ideas

Más material de lectura alentó a las personas a aprender a leer y escribir. Sin embargo, la Iglesia católica tenía ideas precisas sobre lo que las personas debían leer.

La difusión del alfabetismo Los historiadores creen que las tasas de alfabetismo en la Europa medieval eran muy bajas. Tal vez menos de la mitad de todos los hombres sabían leer y sólo una mujer de cada diez sabía leer y escribir. Con la invención de la impresión en masa, la tasa de alfabetismo aumentó.

Además de la Biblia, había otros materiales de lectura como manuales médicos y relatos de viajeros. Los gobiernos usaban la impresión para comunicarse con sus súbditos. Los pliegos, o grandes hojas impresas a menudo incluían ilustraciones de grabados en madera. Estos pliegos fueron los primeros periódicos.

El ascenso de la censura Conforme aumentó el número de libros, aumentaron los esfuerzos para censurar lo que se leía. **Censurar** significa retirar materiales de obras publicadas o impedir su publicación. La idea se remonta a la antigua Roma, cuando un oficial llamado censor regulaba la moral pública. Recién en tiempos modernos se relacionó la censura con los límites a la libertad individual.

En el Renacimiento se asoció la autoexpresión con la libertad para formarse una opinión. Por siglos, la Iglesia había formado las ideas. Con la autoexpresión en libros y pliegos, las personas comenzaron a criticar a instituciones como la Iglesia.

La Iglesia reacciona La Iglesia tomó medidas para hacer frente a esta creciente crítica. En 1559, funcionarios de la Iglesia publicaron una lista de libros prohibidos. Esta lista servía para guiar a los censores cuyo trabajo era aprobar o prohibir la publicación de las obras. La censura se consideraba una forma de reducir las malas influencias sobre la moral de las personas. Algunos autores decidieron evitar el riesgo de aparecer en la lista, modificando sus obras antes de su publicación. De esta manera, estos autores actuaron como autocensores.

Uno de los incidentes más famosos de la censura de la Iglesia involucró al astrónomo italiano Galileo. Cuando declaró que el Sol, no la Tierra, era el centro del sistema solar, Galileo violó la doctrina de la Iglesia. En 1638, se vio obligado a retractarse, o retirar sus declaraciones, y pasó el resto de su vida bajo arresto domiciliario.

▲ Esta página del título del *Índice de libros prohibidos* muestra a hombres con barba que parecen eruditos quemando libros.

miMundo: Actividad
Censurar o no

Verificar la lectura **¿Qué desarrollos ayudaron a difundir las ideas renacentistas?**

Evaluación de la Sección 3

Pregunta esencial

¿Qué distingue una cultura de otra?

Términos clave

1. Explica cómo cada uno de los términos clave siguientes se relaciona con la difusión de ideas durante el Renacimiento: utopía, sátira, grabado, censurar.

Ideas clave

2. ¿Qué intentaron hacer muchos humanistas del norte con las ideas renacentistas?

3. ¿Quién inventó la imprenta?

4. ¿Cómo incrementó el uso de la imprenta la difusión del alfabetismo?

Razonamiento crítico

5. **Sintetizar** ¿Qué desarrollos tecnológicos prepararon el camino para la imprenta de Gutenberg?

6. **Sacar conclusiones** ¿Por qué intentó la Iglesia católica censurar libros?

7. **Comparar y contrastar** ¿En qué se parecían y diferenciaban los escritos de Moro, Erasmo y Rabelais?

8. ¿En qué se diferenciaban los humanistas del norte y los humanistas italianos? ¿En qué se diferenciaban la imprenta y el método chino de impresión con bloques? Anota la respuesta en tu Cuaderno del estudiante.

727

El legado del Renacimiento

Ideas clave
- El arte y la arquitectura del Renacimiento ayudaron a formar las ideas occidentales de la forma y la belleza.
- Escritores renacentistas, como Dante, Shakespeare y Cervantes crearon obras clásicas que todavía se leen.

Términos clave • proporción • perspectiva lineal • soneto • picaresca

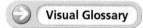

Destreza de lectura Resumir Toma notas usando el organizador gráfico en tu Cuaderno.

Esta pintura renacentista usa una perspectiva realista para representar un pasillo con columnas clásicas. ▼

En el Renacimiento, los europeos comenzaron a pensar de manera diferente acerca de sí mismos y del mundo. Su creencia de que las personas eran capaces de grandes cosas desencadenó innovaciones en el arte, la literatura, la ciencia, las matemáticas y la exploración, ideas que perduran hoy en día.

La arquitectura renacentista

El arquitecto renacentista Leon Battista Alberti llamaba a la arquitectura "un arte social", refiriéndose a que debía combinar belleza y utilidad para mejorar la sociedad. Los arquitectos renacentistas intentaron adaptar las ideas clásicas a las nuevas necesidades.

Un legado antiguo Los arquitectos renacentistas tomaron como modelo para sus obras los elementos de la arquitectura clásica griega y romana: la columna, el arco de medio punto y la cúpula. Siguiendo los principios de las matemáticas clásicas, diseñaron estructuras que eran hermosas por su armonía y proporción. La **proporción** es una manera de equilibrar las partes de un diseño para hacer que éste, en conjunto, sea agradable.

Los artistas renacentistas comprendieron que la arquitectura clásica se basaba en simples formas geométricas como el círculo y el cuadrado. También tuvieron la influencia de las obras de los constructores antiguos de Egipto, Mesopotamia, Grecia y Roma.

Los arquitectos renacentistas como Filippo Brunelleschi estudiaron las proporciones de los edificios antiguos. Él construyó la cúpula de la catedral de Santa Maria del Fiore.

También se le atribuye el descubrimiento de las reglas de la **perspectiva lineal**, un sistema matemático para representar el espacio tridimensional en una superficie plana. Aplicada a la pintura, realzó el realismo en las superficies planas.

Verificar la lectura **¿Qué ideas clásicas influyeron en la arquitectura del Renacimiento?**

El arte renacentista

Las frases "hombre renacentista" y "mujer renacentista" describen a personas que tienen una diversidad de talentos. La frase se originó como una descripción de Leonardo da Vinci.

Leonardo da Vinci Leonardo fue uno de los artistas más versátiles del Renacimiento. Tenía talento en casi todo lo que hizo: pintura, dibujo, ingeniería, arquitectura y música. Escribió teorías sobre la pintura, el vuelo de las aves y el cuerpo humano. Sus ideas y curiosidad parecían no tener fin.

miMundo: Actividad
Dibujar en 3-D

Una nueva perspectiva

Antes del siglo XV, los artistas no sabían representar en superficies planas los objetos tal como el ojo realmente los ve. La perspectiva revolucionó el arte. Usando geometría sencilla, los artistas del Renacimiento finalmente lograron reproducir el mundo tal como es.

▲ El dibujo de arriba muestra cómo funciona la perspectiva en la pintura de *La última cena* de Leonardo. ¿Cómo usó Leonardo la perspectiva para atraer la atención hacia la figura de Jesús?

La pintura más conocida de Leonardo es la *Mona Lisa*. La mujer del retrato tiene una sonrisa que ha intrigado a los amantes del arte durante siglos. Leonardo inventó una técnica conocida como *sfumato*, o "esfumado" en italiano. Esta técnica suaviza los contornos y las sombras para producir un efecto de distancia.

Leonardo quería dominar más que las técnicas de pintura. Sentía curiosidad por casi todos los aspectos del mundo natural. Realizó disecciones de cadáveres humanos y de caballos para aprender cómo funcionaban los huesos y los músculos. Experimentó para descubrir cómo vuelan las aves, cómo funciona el ojo y cómo fluyen los ríos. Creía que la

artificial, *adj.*, no natural o hecho por el hombre

verdadera sabiduría era el resultado de la observación constante y cuidadosa: "Todo nuestro conocimiento tiene sus orígenes en nuestras percepciones".

Los estudios de Leonardo de la anatomía humana fueron sorprendentes por su rigor y claridad. No todas sus conclusiones fueron correctas, pero su investigación se adelantó varios siglos a su tiempo.

Miguel Ángel Otro famoso artista del Renacimiento fue Miguel Ángel Buonarroti, conocido como Miguel Ángel. Fue pintor, escultor, arquitecto, y además poeta. Sus obras poseen gran energía y nunca parecen <u>artificiales</u>. El realismo de sus figuras proviene de su dominio de la anatomía y el dibujo.

Leonardo da Vinci

Mira de cerca

Dos hombres renacentistas

Entre los muchos artistas talentosos del Renacimiento se destacan Leonardo da Vinci (1452–1519) y Miguel Ángel (1475–1564). Ambos tenían intereses muy diversos y una gran destreza, pero quizás su cualidad más importante fue la curiosidad por el mundo.

La misteriosa *Mona Lisa* de Leonardo (1503–1506) cambió la forma en que los artistas pintaban retratos. ▼

RAZONAMIENTO CRÍTICO ¿Cómo podría la curiosidad generar un genio?

En sus cuadernos, Leonardo anotaba sus observaciones y teorías sobre temas como anatomía humana y máquinas voladoras.

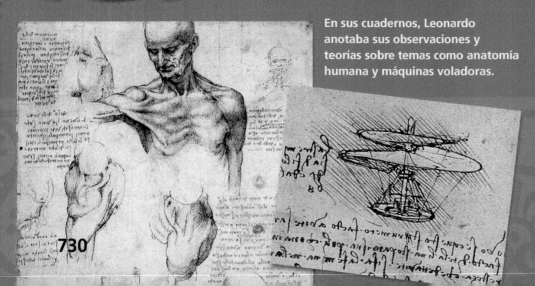

A principios del siglo XVI, el papa Julio II, mecenas de las artes, pidió a Miguel Ángel que pintara el enorme techo de la Capilla Sixtina en el Vaticano. Su serie de frescos muestra la historia bíblica del mundo. Tomó cuatro años y medio completarla y dejó a Miguel Ángel parcialmente paralizado. En la pared posterior de la capilla, pintó el *Juicio Final*. Esta obra monumental incluye el autorretrato del artista en el que, fiel a su apodo de "genio <u>melancólico</u>", Miguel Ángel se ve triste y resignado. Hoy en día, millones de personas viajan a Italia cada año para admirar las obras de Miguel Ángel.

Las mujeres renacentistas Otro legado fue el número creciente de mujeres destacadas en la política y las artes. Reinas como Isabel I de Inglaterra y Catalina de Médicis de Francia gobernaron con tolerancia y valentía.

La poetisa Laura Battiferri escribió versos en italiano. Pintoras como Artemisia Gentileschi y Sofonisba Anguissola introdujeron estilos influyentes. Diana Mantuana fue la primera grabadora italiana en firmar su obra.

melancólico, *adj.*, deprimido o triste

Verificar la lectura **¿Cuál de los cinco sentidos consideraba más importante Leonardo?**

" Mi barba mira al cielo; mi nuca se inclina hacia atrás, bien fja en mi espina: mi esternón se expande visiblemente como un arpa: un elaborado bordado cubre mi rostro con gotas, gruesas y finas, del pincel "

—*Miguel Ángel, "Sobre pintar la Capilla Sixtina"*

◄ Miguel Ángel escribió un poema acerca de las dificultades físicas de pintar el techo de la Capilla Sixtina. Una de las partes más famosas de este trabajo son los dedos extendidos de los personajes bíblicos Adán y Dios.

Miguel Ángel

Miguel Ángel diseñó la cúpula de la Basílica de San Pedro, en Roma. ►

◄ Miguel Ángel pintó 12,000 pies cuadrados (1,100 metros cuadrados) de espacio del techo de la Capilla Sixtina entre 1508 y 1512. Un equipo adicional de artistas pintaron otras partes de la capilla.

El mundo es un escenario

Shakespeare veía la vida como un escenario y a sus compañeros como protagonistas de un espectáculo interminable. Sabemos poco sobre su vida, pero su trabajo indica que conocía el carácter humano.

◄ El diagrama de la izquierda muestra la construcción del Teatro Globe (Globo) de Shakespeare en Londres. Abajo se muestra el interior del moderno Globe, una réplica auténtica del teatro original donde se representaban las obras de Shakespeare.

En una reciente producción de *Hamlet*, el actor Jude Law usó *jeans* y una camiseta.

Frases famosas de Shakespeare

Frase	Obra de teatro
un hazmerreír	*Las alegres comadres de Windsor*
triste espectáculo	*Macbeth*
comido la casa y hogar	*Enrique IV, Segunda parte*
juego limpio	*La tempestad*
no hay concordancia ni razón	*La comedia de las equivocaciones*
ni una palabra a nadie	*Enrique VI, Segunda parte*

Aprendizaje del siglo XXI

La literatura renacentista

Escritores como Dante, Petrarca, William Shakespeare y Miguel de Cervantes siguen influyendo en la literatura de todo el mundo.

Dante y Petrarca Dante Alighieri nació en Italia a finales del siglo XIII. Aunque escribió a finales de la Edad Media, sus ideas anticiparon las del Renacimiento. Es más conocido por la *Divina comedia*, un largo poema sobre un viaje imaginario a través del infierno que termina en el paraíso. Dante escribió el poema en italiano y no en latín. Al escribir en la lengua vernácula, ayudó a dar forma al italiano como lengua escrita.

El erudito y poeta italiano Francesco Petrarca es quizás más conocido por sus poemas de amor a Laura, una mujer que nunca ha sido identificada. Petrarca también estudió literatura clásica y buscó unir las ideas de la cultura clásica pagana y el cristianismo. Por esta razón, los eruditos lo consideran el fundador del humanismo renacentista.

El Bardo de Avon William Shakespeare nació en 1564 en la ciudad inglesa de Stratford-upon-Avon. Llamado a menudo el Bardo de Avon (*bardo* significa poeta-cantante), es el dramaturgo más conocido del mundo. Shakespeare escribió 37 obras de teatro: comedias, historias y tragedias como *Romeo y Julieta*, y *Hamlet*.

Shakespeare también escribió poemas, sobre todo, sonetos. Un **soneto** es un poema de 14 versos con un patrón de rima fijo. Su obra tuvo un profundo impacto en el desarrollo del idioma inglés.

Shakespeare es aún más conocido por su examen de los numerosos matices del carácter humano. En medio de la tragedia de *Hamlet*, Shakespeare usa la sátira para burlarse de la fragilidad humana:

> 66 ¡Qué obra maestra es el hombre! ¡Qué noble en su raciocinio! ¡Qué infinito en sus facultades! ¡Qué perfecto y admirable en forma y movimiento! ¡Cuán parecido a un ángel en sus actos y a un dios en su entendimiento! ¡La gala del mundo, el arquetipo [modelo de excelencia] de animales! 99
>
> —*Hamlet,* Segundo acto, Segunda escena

Cervantes y su caballero El escritor español Miguel de Cervantes vivió alrededor de la misma época que Shakespeare. Su novela de 1605 *Don Quijote de la Mancha* sigue el viaje de un terrateniente torpe (un "don" o noble español) que quiere convertirse en caballero y arreglarlo todo.

La novela de Cervantes es difícil de clasificar. Combina el relato caballeresco del honor con la sátira criticando la formación del Imperio de España. El estilo de la novela se conoce como picaresca. **Picaresca** se refiere a una serie de episodios cómicos que suelen incluir un personaje travieso.

En sus viajes, el idealista Don Quijote y su compañero Sancho Panza encuentran muchas personas y aventuras. En una escena cómica, Don Quijote pelea contra un molino de viento, pensando que es un enemigo gigantesco. La palabra *quijotesco* se refiere a un esfuerzo idealista, pero sin esperanza.

Fue una de las primeras novelas que retratan muchos personajes con diferentes perspectivas. Cervantes resalta en la novela la importancia de la palabra impresa. Su obra sigue influyendo en la literatura y las artes, desde el ballet hasta la ópera y el cine.

Verificar la lectura ¿Quién fue Shakespeare?

mi Mundo
CONEXIONES
En 1989, se descubrieron los cimientos del Teatro Globe original. Una réplica exacta se inauguró en 1997 con una producción de *Enrique V* de Shakespeare.

Evaluación de la Sección 4

? Pregunta esencial

Términos clave

1. Usando oraciones completas, explica cómo los términos clave siguientes se relacionan con el Renacimiento: proporción, perspectiva lineal, soneto, picaresca. Puedes combinar términos relacionados en una sola oración.

Ideas clave

2. ¿Qué características arquitectónicas clásicas se usaban en los edificios renacentistas?

3. ¿Qué tipos de literatura escribió William Shakespeare?

4. ¿Cuál era el objetivo de Petrarca al escribir?

Razonamiento crítico

5. **Analizar causa y efecto** ¿Cómo influyeron las técnicas desarrolladas por Brunelleschi en el arte y la arquitectura?

6. **Sintetizar** ¿Qué características tienen en común Leonardo da Vinci y Miguel Ángel?

7. **Conectar** ¿Cómo influyeron Shakespeare y Dante en los idiomas modernos?

¿Qué distingue una cultura de otra?

8. ¿En qué sentido recurrió Miguel de Cervantes a la cultura medieval para escribir su novela? ¿En qué se diferencia el ideal del hombre renacentista de los ideales medievales? Anota la respuesta en tu Cuaderno del estudiante.

Evaluación del capítulo

Términos e ideas clave

1. **Comentar** ¿Cómo fomentaron los **mecenas** los logros artísticos durante el Renacimiento?

2. **Explicar** ¿Cómo debilitó el crecimiento de la clase **mercantil** el orden feudal?

3. **Recordar** ¿Qué enfatizaba el **humanismo**?

4. **Comparar y contrastar** ¿En qué se diferenciaba la creencia renacentista en el individualismo de los valores de la Edad Media?

5. **Resumir** ¿Qué ayudó a los artistas a lograr la técnica de la **perspectiva lineal**?

6. **Recordar** ¿Qué tipos de obras se publicaron después de la invención de la imprenta?

7. **Explicar** ¿Cuál fue el propósito de las **sátiras** escritas por Erasmo y Rabelais?

8. **Describir** ¿Qué representó el poema de Dante la *Divina comedia*?

Razonamiento crítico

9. **Comparar y contrastar** ¿En qué se diferenciaban la clase alta de las ciudades-estado de Italia y la antigua clase alta feudal?

10. **Identificar la evidencia** ¿Por qué crees que Lorenzo de Médicis creía que gastar dinero en el arte y la arquitectura ayudaba a su imagen pública?

11. **Sintetizar** ¿Cómo representaba el arte renacentista la influencia del individualismo?

12. **Analizar causa y efecto** ¿Cómo se difundieron las ideas del Renacimiento en el norte de Europa?

13. **Inferir** ¿Cómo influyeron el laicismo y el individualismo en la forma en que las personas veían la autoridad de la Iglesia católica? Explícalo.

14. **Conceptos básicos: Comercio** ¿Cómo ayudó el crecimiento del comercio a promover las nuevas ideas del Renacimiento?

Analizar elementos visuales

15. ¿Qué muestra este mapa?

16. ¿Qué era importante respecto a las ciudades de París, Colonia, Maguncia, Nuremberg, Estrasburgo y Augsburgo?

17. ¿Había más imprentas en Italia al norte de Roma o al sur de Roma? ¿Qué razón geográfica podría explicar este patrón?

18. ¿Qué podría explicar por qué Londres no tuvo una imprenta hasta después de 1471?

La difusión de las imprentas

LEYENDA
- Imprenta antes de 1471
- Imprenta entre 1471 y 1500

0   400 Millas

0   400 Kilómetros

Proyección cónica conforme de Lambert

Londres · Leipzig · Colonia · Nuremberg · París · Maguncia · Estrasburgo · Augsburgo · Viena · Venecia · Florencia · Roma · Toledo

OCÉANO ATLÁNTICO

Mar Mediterráneo

50° N · 40° N · 10° O · 0° · 10° E · 20° E

Pregunta esencial

miMundo: Actividad del capítulo

Haz la primera plana Usa las Tarjetas de actividades de este capítulo para analizar varios cambios que ocurrieron durante el Renacimiento. Piensa en las ideas de humanismo, individualismo, laicismo, la imprenta y perspectiva lineal. Si fueras a crear la primera plana del periódico *Tiempos de Cambio*, ¿cuál sería tu historia principal? En grupo, revisa las tarjetas y habla de las historias.

Aprendizaje del siglo XXI

Desarrolla conciencia cultural

Página Web de un artista Investiga uno de los artistas mencionados en este capítulo. Elige tres o cuatro obras de ese artista y diseña una página Web para presentarlas. Incluye una introducción breve de un párrafo, una biografía breve del artista, leyendas para cada obra de arte y un dibujo o un diagrama de tu diseño de página.

Preguntas basadas en documentos

Success ⭐ Tracker™
En línea en myworldhistory.com

Usa tu conocimiento del Renacimiento y los Documentos A y B para responder las Preguntas 1 a 3.

Documento A

" Preferiría yo que fuese en las letras más que medianamente instruido, al menos en los estudios que nosotros llamamos las humanidades. Que tuviese noción no sólo de la lengua latina, sino de la griega también. . . . Que sea versado en los poetas, así como en los oradores e historiadores y que se le permita ser experto también en escribir verso y prosa".

—de *The Book of the Courtier,* de Baldassare Castiglione, traducido al inglés por Charles S. Singleton

Documento B

" Pero es cosa sabida que la humildad es la escalera del joven ambicioso, desde la cual el trepador mira hacia arriba; una vez que está en el peldaño más alto, da entonces la espalda a la escalera, mira las nubes y desdeña los humildes escalones que le encumbraron".

—William Shakespeare, *Julio César,* Segundo acto, Primera escena

1. ¿Qué tipos de escritura quiere Castiglione que dominen las personas con educación?

A prosa y sermones

B prosa y poesía

C documentos legales y poesía

D sermones y documentos legales

2. ¿Qué frase resume mejor el pasaje?

A La ambición puede hacer que olvides quién eres.

B Toma riesgos en la vida.

C Siempre trata de ser mejor.

D Evita intentar ser algo que no eres.

3. **Tarea escrita** ¿Cómo muestra cada una de estas citas la influencia de las ideas humanistas? Apoya tu respuesta con detalles específicos.

Capítulo 25

La Reforma

Pregunta esencial

¿Cómo debemos manejar los conflictos?

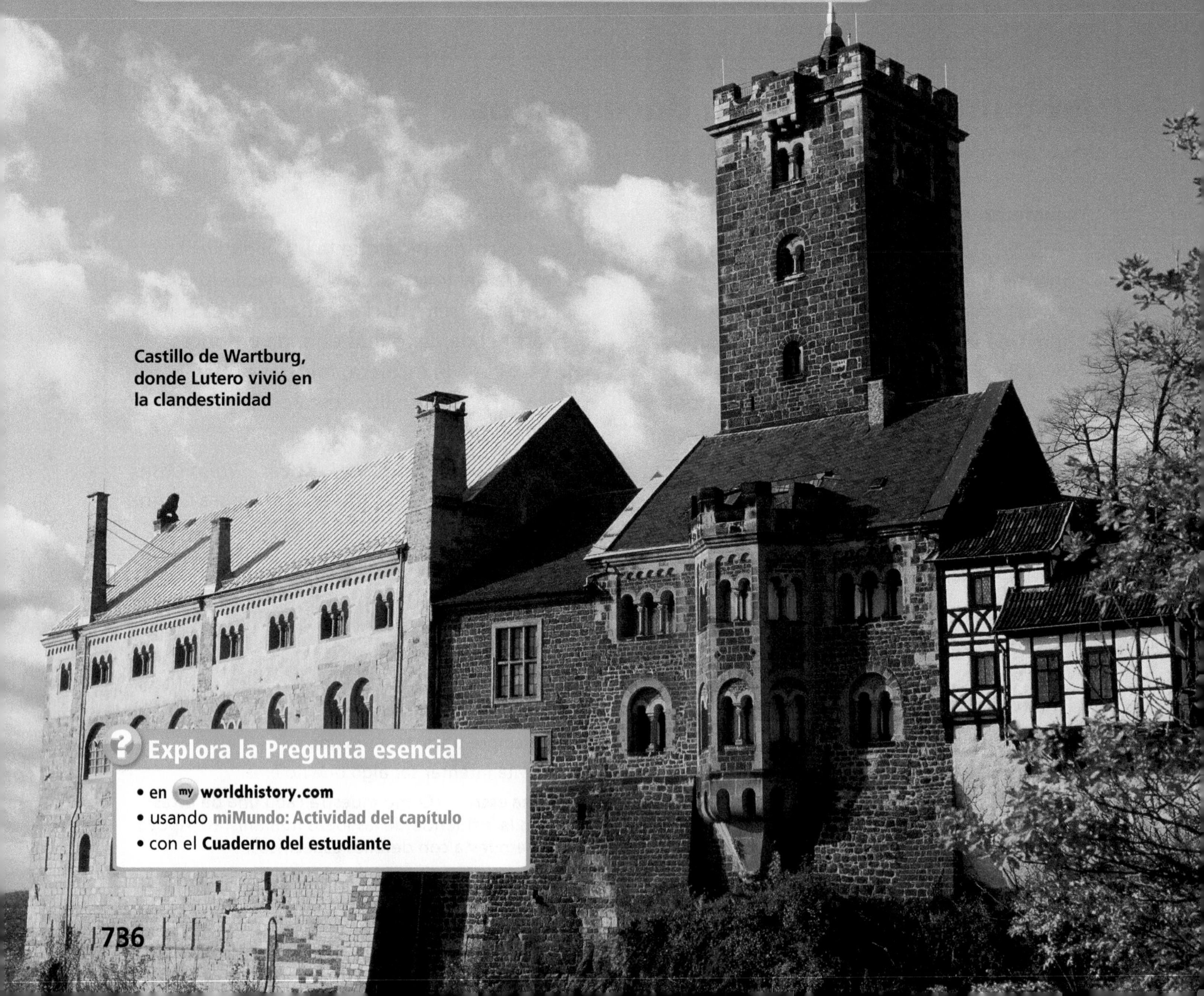

Castillo de Wartburg, donde Lutero vivió en la clandestinidad

Explora la Pregunta esencial

- en **myworldhistory.com**
- usando **miMundo: Actividad del capítulo**
- con el **Cuaderno del estudiante**

La Reforma en Europa

1517 Martín Lutero escribe las 95 tesis.

1534 Lutero publica la primera Biblia en alemán.

1545 Comienza el Concilio de Trento.

| 1500 | 1525 | 1550 | 1575 | 1600 | 1625 |

1525–1526 William Tyndale publica el Nuevo Testamento en inglés.

1536 Juan Calvino publica *Instituciones de la religión cristiana*.

1618 Comienza la Guerra de los Treinta Años.

¡Secuestrado!

Esta miHistoria es un relato novelado de acontecimientos en la vida de Martín Lutero.

Era una noche fresca de primavera en 1521 y el monje germano Martín Lutero se dirigía a su casa desde la ciudad imperial de Worms. Allí había asistido a una reunión de la Dieta, el Parlamento alemán. Los funcionarios querían preguntarle sobre una lista que apareció clavada en la puerta de la iglesia de Wittenberg en 1517. Esa lista, 95 proposiciones en contra de la Iglesia católica, lo había metido en muchos problemas.

El emperador del Sacro Imperio Romano y funcionarios católicos de Roma interrogaron a Lutero durante horas. Admitió haber escrito ciertos libros, pero no retiró sus acusaciones contra la Iglesia. No se pusieron de acuerdo sobre cómo castigarlo, así que Lutero quedó libre.

my worldhistory.com

Timeline/On Assignment

737

Lutero estudió derecho, pero se convirtió en monje después de sobrevivir una tormenta eléctrica.

El papa envió una carta a Lutero en la que le decía que se retractara de sus críticas a la Iglesia. Lutero se negó. Él y sus alumnos de la Universidad de Wittenberg hicieron una hoguera y quemaron la carta del papa.

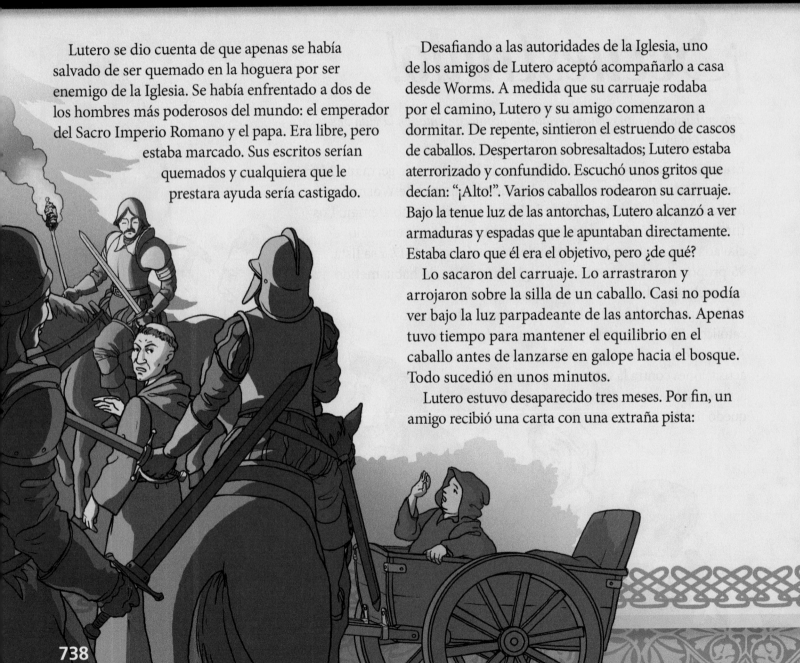

Lutero se dio cuenta de que apenas se había salvado de ser quemado en la hoguera por ser enemigo de la Iglesia. Se había enfrentado a dos de los hombres más poderosos del mundo: el emperador del Sacro Imperio Romano y el papa. Era libre, pero estaba marcado. Sus escritos serían quemados y cualquiera que le prestara ayuda sería castigado.

Desafiando a las autoridades de la Iglesia, uno de los amigos de Lutero aceptó acompañarlo a casa desde Worms. A medida que su carruaje rodaba por el camino, Lutero y su amigo comenzaron a dormitar. De repente, sintieron el estruendo de cascos de caballos. Despertaron sobresaltados; Lutero estaba aterrorizado y confundido. Escuchó unos gritos que decían: "¡Alto!". Varios caballos rodearon su carruaje. Bajo la tenue luz de las antorchas, Lutero alcanzó a ver armaduras y espadas que le apuntaban directamente. Estaba claro que él era el objetivo, pero ¿de qué?

Lo sacaron del carruaje. Lo arrastraron y arrojaron sobre la silla de un caballo. Casi no podía ver bajo la luz parpadeante de las antorchas. Apenas tuvo tiempo para mantener el equilibrio en el caballo antes de lanzarse en galope hacia el bosque. Todo sucedió en unos minutos.

Lutero estuvo desaparecido tres meses. Por fin, un amigo recibió una carta con una extraña pista:

En Worms, Lutero se defendió contra las mentes más brillantes de la época. Durante horas, tuvo que responder preguntas sobre sus ideas y críticas a la Iglesia católica.

Lutero usó el tiempo que pasó en el castillo para pensar y escribir todas las ideas que quería expresar acerca de sus creencias.

66 No se inquieten por mí, porque estoy bien. . . en la región en que los pájaros cantan espléndidamente en los árboles, alabando a Dios noche y día, con todas sus fuerzas 99.

Lutero confirmaba que había sido secuestrado, pero por un inesperado amigo y protector.

La noche del secuestro, los soldados llevaron al atemorizado monje a un castillo sobre una colina. Era el castillo de Wartburg, la casa de Federico el Prudente, un importante gobernador regional. Federico envió a sus soldados a capturar a Lutero para mantenerlo a salvo de los enemigos. Federico estaba motivado más por fines políticos que por creencias religiosas, pero sus acciones probablemente salvaron la vida de Lutero.

Lutero se escondió durante meses en el castillo, sano y salvo, mientras se rumoraba que estaba muerto. Se disfrazó de Junker Jörg, o caballero Jorge, con túnica, pantalones bombachos y espada. Se dejó crecer la barba y el cabello.

Las dos habitaciones donde vivía eran sencillas, con una chimenea para mantenerlo caliente y una gran mesa para escribir. Por la noche, las habitaciones estaban iluminadas con velas. Durante el día, el sol entraba por las ventanas de vidrio.

Sus habitaciones tenían una vista espectacular del bosque. Dos sirvientes le llevaban sus comidas.

Todos los días pasaba horas sentado ante su escritorio, pensando y escribiendo. Tenía dificultades para expresar sus ideas sobre la doctrina de la Iglesia. También comenzó a traducir el Nuevo Testamento de la Biblia al alemán.

La traducción alentaría a los germanos a leer e interpretar las enseñanzas cristianas por sí mismos. De hecho, más personas quisieron aprender a leer porque había toda clase de libros escritos en el idioma que hablaban todos los días.

La traducción de la Biblia repercutió en el desarrollo del idioma alemán. Además, difundió la alfabetización y la educación de los niños germanos. Gracias a la desaparición de un monje rebelde, la cultura moderna alemana comenzó a tomar forma.

A partir de lo que acabas de leer, ¿cómo crees que Lutero manejó los conflictos? Mientras lees, piensa qué indica la historia de Martín Lutero sobre la Reforma.

 myStory Video

Acompaña a Lutero en la clandestinidad.

Los orígenes de la Reforma

Ideas clave
- Las críticas de Martín Lutero contra la corrupción en la Iglesia católica inspiraron las reformas protestantes.
- Juan Calvino y otros pensadores de la Reforma difundieron las ideas protestantes en toda Europa.

Términos clave • Reforma • indulgencia • abjurar • secta • predestinación • teocracia

 **Visual Glossary**

→ **Destreza de lectura Analizar causa y efecto** Toma notas usando el organizador gráfico en tu Cuaderno.

Los humanistas del norte de Europa sentaron las bases para la **Reforma**, un movimiento religioso que cobró fuerza en el siglo XVI y tenía el propósito de reformar la Iglesia católica. Los pensadores de la Reforma cambiaron la sociedad europea de maneras que se siguen sintiendo hasta el día de hoy.

Lutero desafía a la Iglesia

Un importante líder de la Reforma fue Martín Lutero, un monje germano. Lutero nació en 1483, en un momento de desigualdades socio-económicas y cambios en lo que hoy es Alemania. Las nuevas universidades difundían las ideas de los humanistas del norte de Europa. Estos pensadores habían impulsado la reforma en la Iglesia, pero Lutero presentó un reto más fuerte.

Cuando era joven, Lutero fue sorprendido por una tormenta eléctrica. Prometió que si sobrevivía, se convertiría en monje. Lutero sobrevivió y, fiel a su promesa, entró en un monasterio.

La corrupción en la Iglesia En 1510, Lutero visitó Roma, el centro de la Iglesia católica. Se sorprendió por la corrupción del clero. El papa y los funcionarios de alto nivel de la Iglesia estaban cada vez más involucrados en política. Pasaban mucho tiempo tratando de recaudar dinero para terminar la construcción de la basílica de San Pedro, el templo más importante de la Iglesia católica. A Lutero le pareció que estaban más preocupabados por asuntos laicos que por salvar almas.

En este grabado en madera, el papa vende una carta de indulgencia al hombre de la derecha. ▼

Lutero vio también otros problemas. Muchos sacerdotes estaban mal preparados. Los líderes de la Iglesia llegaban al poder por su riqueza o influencia política más que por sus cualidades morales. Algunos obispos vivían lejos de sus iglesias y a menudo descuidaban sus deberes.

La Iglesia católica también imponía impuestos a sus miembros. Este dinero financiaba la construcción de la basílica de San Pedro en Roma, así como el opulento estilo de vida del papa. La Iglesia también recaudaba fondos mediante la venta de **indulgencias**, una especie de anulación del castigo por los pecados que habían sido confesados y perdonados por Dios. Algunos sacerdotes prometían que los que dieran dinero o realizaran buenas obras irían al cielo.

Las 95 tesis de Lutero Lutero se oponía en particular a la idea de las indulgencias.

Creía que comprar indulgencias era como comprar el perdón de Dios. No creía que la salvación, otorgada libremente por Dios, debiera estar involucrada en un complejo sistema de indulgencias y buenas obras. Para Lutero, la fe, o confianza, en Dios era todo lo que se necesitaba para obtener la salvación.

Cuando un sacerdote apareció en Wittenberg vendiendo indulgencias, Lutero decidió actuar. "Mi <u>temperamento</u> es de sangre caliente", dijo Lutero, "y mi pluma se irrita con facilidad". Escribió una lista de tesis, o argumentos, contra la venta de indulgencias. En 1517, clavó la lista en la puerta de la iglesia principal de Wittenberg.

temperamento, *sust.,* forma específica de comportarse y de pensar de una persona

Cuatro ideas clave de las 95 tesis de Lutero

1. *Iglesia* quiere decir "los que creen en Cristo".
2. Aunque puede haber jerarquías dentro de la Iglesia, ningún cristiano es más grande o más importante que otro. Todas las vocaciones son iguales.
3. La Biblia es la autoridad última para todos los cristianos.
4. Los hombres y las mujeres viven únicamente con la fe. Ningún esfuerzo u obra, no importa cuán virtuoso, es suficiente para salvar a una persona. Los hombres y las mujeres son salvados por la gracia del amor de Dios.

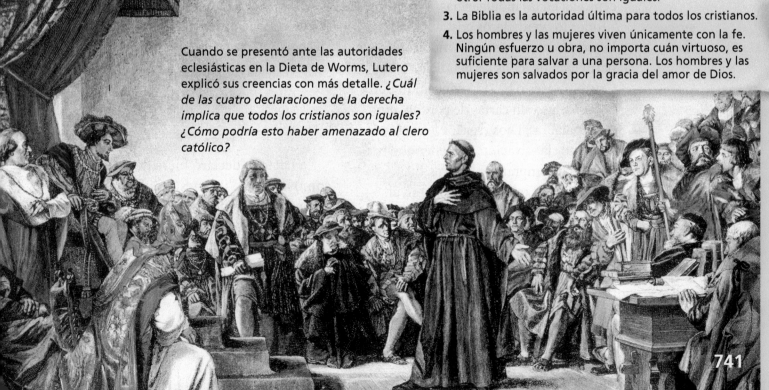

Cuando se presentó ante las autoridades eclesiásticas en la Dieta de Worms, Lutero explicó sus creencias con más detalle. *¿Cuál de las cuatro declaraciones de la derecha implica que todos los cristianos son iguales? ¿Cómo podría esto haber amenazado al clero católico?*

741

EL EFECTO DOMINÓ DE LA REFORMA

Las críticas de Lutero a la Iglesia católica comenzaron debido a la venta de indulgencias. A pesar de las cartas amenazadoras y los juicios, Lutero se negó a retirar sus objeciones. Después de estos sucesos, la influencia reformista de Lutero se propagó gradualmente más allá de su ciudad natal, en el norte de la actual Alemania, a otras partes de Europa e Inglaterra.

RAZONAMIENTO CRÍTICO ¿Por qué no podrían estar dispuestos los católicos a seguir a Lutero?

◄ Las indulgencias eran documentos de aspecto impresionante con decoraciones elaboradas y sellos oficiales.

▲ Esta pintura del siglo XIX muestra a Lutero arrojando en una hoguera la orden del papa para que abjurara. El papa respondió expulsando a Lutero de la Iglesia católica.

Las 95 tesis, como llegaron a conocerse, desafiaban la autoridad de la Iglesia y hacían hincapié en el carácter espiritual e interior de la fe cristiana. La tesis 37 se centraba en las indulgencias, o indultos. "Todos los verdaderos cristianos", escribió Lutero, "tanto vivos como muertos, participan de todas las bendiciones de Cristo. . . y esto ha sido concedido por Dios, incluso sin cartas de perdón". En otras palabras, Dios regala a los verdaderos cristianos la salvación, sin tener que ganarla o comprarla.

Las 95 tesis pronto se tradujeron al alemán y otros idiomas. Gracias a la imprenta, las copias se difundieron rápidamente por toda Europa.

Muchos líderes de la Iglesia consideraban las 95 tesis como un ataque a la Iglesia. En 1521, el papa excomulgó, o expulsó, a Lutero de la Iglesia.

La Dieta de Worms Más tarde ese año, el emperador del Sacro Imperio Romano mandó llamar a Lutero ante una Dieta, o reunión, en la ciudad de Worms. Allí fue juzgado y tuvo que defender sus escritos. A Lutero se le ordenó **abjurar**, o retirar, sus palabras, pero él declaró:

> 66 Si abjurara, ¿qué estaría haciendo. . . . sino reforzar esta tiranía? No puedo ni abjuraré de nada 99.
>
> —Martín Lutero

La Dieta lo declaró fuera de la ley, pero como leíste en "¡Secuestrado!", Lutero tenía amigos poderosos que lo protegían. Miles lo veían como un héroe por su posición contra las prácticas y enseñanzas corruptas de la Iglesia.

Verificar la lectura ¿Qué impulsó a Lutero a escribir las 95 tesis?

miMundo: Actividad
Noticias de la Reforma

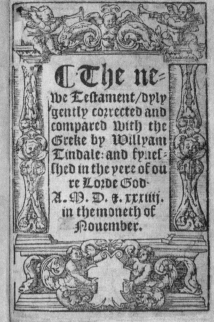

▲ Se piensa que este retrato es de Juan Calvino. Muestra la seriedad del pensador que ayudó a llevar las ideas protestantes a Suiza.

▲ La traducción al inglés del Nuevo Testamento de William Tyndale influyó enormemente en el desarrollo del idioma inglés. Debido a que la ortografía de los nombres no se había estandarizado en esa época, el apellido Tyndale aparece en esta edición de 1534 como Tindall y Tindale.

La Reforma se extiende

A medida que las ideas de Lutero, o el luteranismo, se difundían, surgieron sectas protestantes por toda Europa. Una **secta** es un subgrupo de un grupo religioso importante. Los protestantes protestaban contra la autoridad de la Iglesia católica. Un erudito francés, Juan Calvino, fue uno de los nuevos líderes protestantes más influyentes.

Calvino y la salvación Calvino nació en Francia en 1509, una generación después de Lutero. Estudió para ser sacerdote en la Iglesia católica romana. Pero, a principios de la década de 1530, se declaró protestante.

En 1536, Calvino publicó *Instituciones de la religión cristiana* donde establecía las ideas básicas de la fe protestante. *Instituciones* se convirtió en la base del pensamiento protestante.

Una de las enseñanzas más importantes de Calvino en *Instituciones* se centraba en la salvación. Como Lutero, Calvino creía que la salvación se lograba sólo a través de la fe. También consideraba la Biblia como la única fuente de la verdad religiosa.

Además, apoyaba el concepto de la **predestinación**, la idea de que Dios había determinado hacía mucho tiempo quién se salvaría. En esa época, la Iglesia católica y algunas Iglesias protestantes enseñaban que las personas tenían el libre albedrío de elegir o rechazar el camino de la salvación.

Calvino enseñaba que la salvación no dependía de la voluntad humana, sino que era una decisión de Dios. Sin embargo, nadie sabía si Dios lo había elegido para la salvación. Por tanto, todos debían llevar una vida religiosa temerosa de Dios. Calvino llamaba a esto la "doctrina de los elegidos".

doctrina, *sust.,* un conjunto de principios o sistema de creencias

743

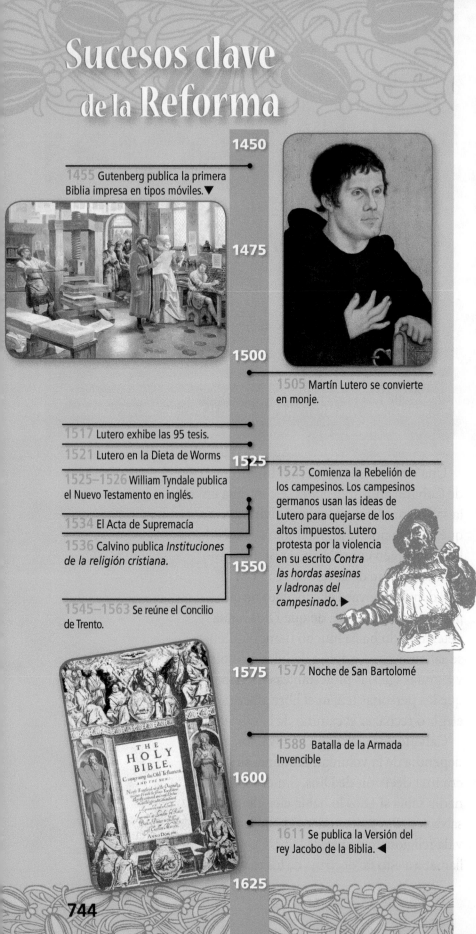

Sucesos clave de la Reforma

1450

1455 Gutenberg publica la primera Biblia impresa en tipos móviles. ▼

1475

1500

1505 Martín Lutero se convierte en monje.

1517 Lutero exhibe las 95 tesis.

1521 Lutero en la Dieta de Worms

1525

1525–1526 William Tyndale publica el Nuevo Testamento en inglés.

1525 Comienza la Rebelión de los campesinos. Los campesinos germanos usan las ideas de Lutero para quejarse de los altos impuestos. Lutero protesta por la violencia en su escrito *Contra las hordas asesinas y ladronas del campesinado.* ▶

1534 El Acta de Supremacía

1536 Calvino publica *Instituciones de la religión cristiana.*

1550

1545–1563 Se reúne el Concilio de Trento.

1575

1572 Noche de San Bartolomé

1588 Batalla de la Armada Invencible

1600

1611 Se publica la Versión del rey Jacobo de la Biblia. ◀

1625

744

La "ciudad de Dios" de Calvino Calvino también aplicó sus ideas al gobierno. Muchos reformadores protestantes habían sido acusados de ilegalidad y Calvino los defendió. Dijo que las personas estaban sujetas tanto a la ley civil como a la ley de Dios. Además, los gobernantes no debían actuar como tiranos, sino tener en cuenta la ley de Dios. Así, al obedecer a un gobierno terrenal, también seguían las leyes de Dios.

En la década de 1530, protestantes en Ginebra, Suiza, invitaron a Calvino para que los ayudara a gobernar su ciudad y a reformar su Iglesia. Calvino estableció una teocracia en Ginebra. Una **teocracia** es un gobierno regido por líderes religiosos.

Calvino quería fundar una "ciudad de Dios". Hizo hincapié en el trabajo duro, la honestidad y la moralidad. Impuso leyes estrictas. Para muchos protestantes, Ginebra parecía una comunidad modelo.

La Biblia en muchos idiomas A principios del siglo XVI, el Nuevo Testamento de la Biblia había aparecido en francés, español, italiano y holandés. La traducción de Lutero apareció en 1534 y ayudaría a desarrollar el idioma alemán. Ahora era más fácil para todos los europeos, no sólo para los eruditos que sabían latín, leer la Biblia y reflexionar sobre su significado.

El reformador protestante William Tyndale tradujo el Nuevo Testamento griego al inglés. Se imprimió en lo que hoy es Alemania en 1525 y llegó a Inglaterra en 1526. John Wycliffe, un predicador y reformador inglés, ya había traducido partes de la Biblia del latín al inglés en 1382.

Tyndale estaba orgulloso de difundir la palabra de Dios. Se dice que respondió así a un crítico católico:

66 Yo desafío al papa. . . Si Dios salva mi vida [durante] muchos años, yo haré que un niño que maneja el arado, ¡sepa más de las escrituras que ustedes! 99

—William Tyndale,
del *Libro de los mártires de John Foxe*

Tyndale se había convertido en enemigo de la Iglesia católica. En 1536, trabajaba en una traducción del Antiguo Testamento en Amberes (en la actual Bélgica) cuando fue invitado a cenar a la casa de un comerciante inglés. Allí lo traicionaron y entregaron a las autoridades. Tyndale fue condenado como hereje, estrangulado y quemado en la hoguera.

Verificar la lectura **¿Cómo quería Calvino hacer de Ginebra una comunidad modelo?**

Comparación del catolicismo y el luteranismo

	Catolicismo	Luteranismo
Salvación	La fe y las buenas obras traen la salvación.	Sólo la fe trae la salvación.
Sacramentos	Los sacerdotes realizan los siete sacramentos, o ritos.	Acepta algunos sacramentos, pero rechaza otros porque carecen de conexión con las bases bíblicas
Liderazgo de la Iglesia	El papa, junto con los obispos	Consejos electos
Importancia de la Biblia	La Biblia es una fuente de la verdad; la tradición de la Iglesia es otra.	La Biblia es la única fuente de la verdad.
Interpretación	Los sacerdotes interpretan la Biblia de acuerdo con la tradición y el liderazgo de la Iglesia.	Las personas leen e interpretan la Biblia por sí mismas.

Destreza: Gráficas

Observa las diferencias entre los líderes de las dos Iglesias. ¿Por qué era importante esta diferencia?

Aprendizaje del siglo XXI

Evaluación de la Sección 1

Pregunta esencial

¿Cómo debemos manejar los conflictos?

Términos clave

1. Define cada uno de los siguientes términos clave en una oración completa: Reforma, indulgencia, secta, abjurar, predestinación, teocracia.

Ideas clave

2. ¿Por qué enfurecía a Lutero la venta de indulgencias?

3. ¿Qué era *Instituciones de la religión cristiana*?

4. ¿Qué influencia tuvo el uso de la imprenta en la Reforma?

Razonamiento crítico

5. Sacar conclusiones ¿Por qué creía Calvino que se debía llevar una vida religiosa temerosa de Dios?

6. Comparar y contrastar ¿En qué se parecían las ideas de Lutero y las de Calvino?

7. Identificar la evidencia ¿Qué convenció a Lutero de que la Iglesia católica necesitaba ser reformada?

8. ¿Cómo expresó Lutero sus conflictos con la Iglesia? ¿Cómo respondió la Iglesia a las acciones de Lutero? Anota las respuestas en tu Cuaderno del estudiante.

La Contrarreforma

Ideas clave
- Los jesuitas trabajaron para reformar y fortalecer la Iglesia católica.
- En el Concilio de Trento, los líderes católicos debatieron sobre la manera de acabar con la corrupción y reformar la doctrina de la Iglesia.

Términos clave • Contrarreforma • jesuitas • Concilio de Trento • gueto

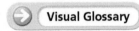 **Visual Glossary**

 Destreza de lectura Resumir Toma notas usando el organizador gráfico en tu Cuaderno.

Ignacio de Loyola sostiene un libro con la frase en latín *Ad maiorem Dei gloriam*, o "a mayor gloria de Dios". Este es el lema de la Compañía de Jesús. El halo indica que se trata de un santo.

La Iglesia católica respondió lentamente a la Reforma. Unos años después, sin embargo, organizó una enérgica respuesta al desafío protestante.

Nuevos reformadores católicos

A medida que se difundió el protestantismo, la Iglesia católica inició su propio movimiento de reforma. El movimiento para fortalecer las enseñanzas y la estructura de la Iglesia católica se llamó **Contrarreforma**. Durante la Contrarreforma, también conocida como la Reforma católica, los reformadores fundaron nuevas órdenes religiosas, o grupos con su propia estructura y propósito particular. Ayudaban a los pobres, enseñaban y llevaban una vida espiritual. Uno de esos reformadores fue Ignacio de Loyola, fundador de la Compañía de Jesús, o **jesuitas**, una de las nuevas órdenes religiosas más influyentes.

Ignacio de Loyola Ignacio de Loyola nació en 1491 en el norte de España. De joven fue militar y resultó herido de gravedad. Mientras se recuperaba, leyó sobre Jesús y los santos. Inspirado, decidió llevar una vida religiosa.

Ignacio estudió en París. Allí, con un pequeño grupo de seguidores, fundó la Compañía de Jesús en 1534. Su objetivo era defender y difundir la fe católica en todo el mundo. Estaba organizada como una tropa militar bajo una disciplina estricta. Ignacio fue elegido "general" y los miembros estaban organizados en "compañías". Los reclutas se entrenaban durante años antes de unirse a la orden.

La influencia de los jesuitas Los jesuitas eliminaron una parte de la corrupción de la Iglesia católica. Los sacerdotes recibían una formación más estricta. Los jesuitas también servían a los pobres y ayudaban a los enfermos, y ampliaron el número de miembros de la Iglesia. Los misioneros jesuitas difundieron la fe católica en África, Asia y las Américas. En Asia, se decía que el jesuita Francisco Javier convirtió a miles al catolicismo.

Los jesuitas también contribuyeron mucho a la educación. Fundaron escuelas y universidades, y escribieron numerosos libros sobre religión y temas laicos como la medicina. Sus estudiantes incluían a un emperador, duques y cardenales. Algunos fueron asesores de reyes y papas.

Teresa de Jesús Durante la Contrarreforma, muchos católicos experimentaron sentimientos de fe renovada. Así sucedió con Teresa de Jesús, una monja española. De familia adinerada, Teresa entró en 1535, sin el consentimiento de su padre, al convento de las Carmelitas en Ávila. Teresa vivió una intensa vida espiritual; tenía visiones que decía eran enviadas por Dios. Sentía que la vida en el convento no era lo suficientemente estricta, por lo que fundó su propia orden de monjas. Vivían en <u>aislamiento</u>, dedicadas a la oración y la meditación. Teresa fue honrada por sus esfuerzos por reformar los conventos y monasterios españoles. En 1622 fue declarada santa.

Verificar la lectura **Nombra tres aportaciones de los jesuitas.**

aislamiento, *sust.*, la condición de estar solo

Los jesuitas en el mundo

El misionero italiano jesuita Matteo Ricci (a la izquierda) llevó el cristianismo a China en la década de 1580. Aquí, Ricci, un erudito de la geografía y la astronomía, viste ropa china y está rodeado de mapas y herramientas de navegación. Las escuelas jesuitas modernas motivan a los estudiantes a ser voluntarios en programas de lectura y proyectos cívicos como la recolección de basura. *¿Cómo muestran estas fotografías la influencia de los jesuitas?*

El Concilio de Trento

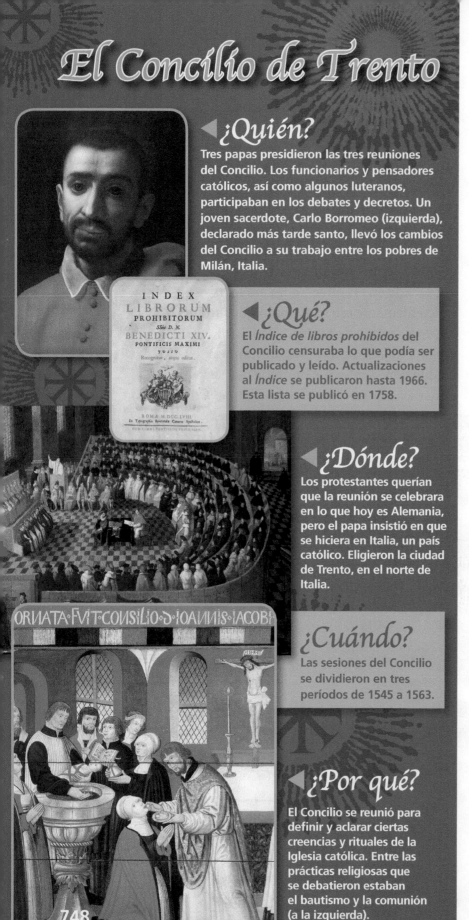

¿Quién?

Tres papas presidieron las tres reuniones del Concilio. Los funcionarios y pensadores católicos, así como algunos luteranos, participaban en los debates y decretos. Un joven sacerdote, Carlo Borromeo (izquierda), declarado más tarde santo, llevó los cambios del Concilio a su trabajo entre los pobres de Milán, Italia.

INDEX LIBRORUM PROHIBITORUM SSia D. N. BENEDICTI XIV. PONTIFICIS MAXIMI

¿Qué?

El *Índice de libros prohibidos* del Concilio censuraba lo que podía ser publicado y leído. Actualizaciones al *Índice* se publicaron hasta 1966. Esta lista se publicó en 1758.

¿Dónde?

Los protestantes querían que la reunión se celebrara en lo que hoy es Alemania, pero el papa insistió en que se hiciera en Italia, un país católico. Eligieron la ciudad de Trento, en el norte de Italia.

¿Cuándo?

Las sesiones del Concilio se dividieron en tres períodos de 1545 a 1563.

¿Por qué?

El Concilio se reunió para definir y aclarar ciertas creencias y rituales de la Iglesia católica. Entre las prácticas religiosas que se debatieron estaban el bautismo y la comunión (a la izquierda).

La Iglesia responde

En 1545, el papa Paulo III inició una serie de reuniones conocidas como el **Concilio de Trento**. En estas reuniones, los líderes católicos buscaban la manera de revivir la autoridad moral de la Iglesia católica y detener la difusión del protestantismo. El Concilio se celebró en distintas ocasiones durante unos 20 años. Fue la culminación de la Contrarreforma.

Conservar la tradición El Concilio reafirmó las doctrinas tradicionales católicas que habían desafiado los protestantes. Rechazó la opinión de Lutero sobre la Biblia como la única fuente de la verdad. La Biblia *y* la tradición de la Iglesia, declaró el Concilio, eran ambas fuentes de conocimiento. Mientras Lutero decía que la fe era lo único que se necesitaba para la salvación, el Concilio decía que la fe más las obras buenas y los sacramentos eran necesarios. Por último, afirmó que las personas poseían libre albedrío. El Concilio reformó las prácticas católicas y solicitó la educación y capacitación de los sacerdotes.

La Inquisición La Iglesia hizo cumplir las decisiones del Concilio a través de la Inquisición. Ésta se creó en la Edad Media para luchar contra la herejía, o creencias contrarias a las enseñanzas de la Iglesia.

En 1492, la Inquisición española expulsó del país a los judíos que se negaron a convertirse en cristianos. Para el siglo XVI existía una Inquisición en Portugal, Italia y España. Sus poderosos funcionarios a menudo torturaban para obtener confesiones. Bajo la Inquisición, las personas sufrieron extrema crueldad y la pérdida de sus libertades religiosas.

Muchas de las políticas de la Inquisición tuvieron su origen en la orden papal de 1252, del papa Inocencio IV, que declaraba que los herejes, o los acusados de herejía, debían ser "obligados" a confesar. Esto alentaba la tortura y el encarcelamiento injusto. Esta política brutal continuó durante siglos con incautación de bienes, tortura y la condena a muerte de miles de víctimas. Los protestantes que vivían en tierras católicas eran con frecuencia el blanco de la Inquisición. Sin embargo, incluso los líderes de la Iglesia y los nobles podían ser acusados de herejía y obligados a huir para salvarse.

La Iglesia también combatió las ideas protestantes mediante la prohibición de libros. En 1557, la Inquisición publicó el primer *Índice de libros prohibidos*, una lista de obras que los católicos tenían prohibido leer. La lista incluía libros de protestantes como Martín Lutero, Juan Calvino y William Tyndale.

Intolerancia generalizada Tanto los católicos como los protestantes eran intolerantes. Los católicos lanzaban ataques contra los protestantes. Los protestantes destruían las iglesias católicas y atacaban a los sacerdotes.

La ansiedad religiosa también generó temor a las brujas, o las personas que se creía eran espíritus malignos. Entre 1450 y 1750 decenas de miles de personas, con frecuencia mujeres, murieron en cacerías de brujas en Europa. Las víctimas también podían ser mendigos o marginados.

Otro grupo que sufrió fueron los judíos. Después de haber sido expulsados de España, muchos se fueron a Italia, donde prosperaron. Sin embargo, en 1516, los judíos en Venecia tenían que vivir y trabajar en un área separada llamada **gueto**. Esta práctica de separar a los judíos de la población se propagó a otras partes de Europa. En algunos lugares eran obligados a llevar una señal amarilla fuera del gueto.

Verificar la lectura ¿Cuál era el propósito de la Inquisición?

Las capuchas que usaban los miembros de la Inquisición ocultaban sus identidades. ▶

Evaluación de la Sección 2

? Pregunta esencial

¿Cómo debemos manejar los conflictos?

Términos clave

1. Para cada uno de los términos clave, escribe una oración completa que explique su relación con la Reforma: Contrarreforma, jesuitas, Concilio de Trento, gueto.

Ideas clave

2. Durante la Contrarreforma, ¿cómo obtuvo más respeto la Iglesia católica?

3. ¿Cómo ayudaron los jesuitas a eliminar la corrupción en la Iglesia católica?

4. ¿Cómo intentaba la Inquisición detener la difusión del protestantismo?

Razonamiento crítico

5. **Sacar conclusiones** ¿Cómo usó Ignacio de Loyola su experiencia militar con los jesuitas?

6. **Comparar puntos de vista** ¿En qué se diferencian los puntos de vista del Concilio de Trento de los de Lutero?

7. **Tomar decisiones** ¿Por qué decidió Ignacio ser religioso?

8. ¿Cómo intentó el Concilio de Trento detener la pérdida de miembros de la Iglesia a favor del protestantismo? ¿Tendían las acciones del Concilio a aumentar o a disminuir los conflictos? Anota las respuestas en tu Cuaderno del estudiante.

La Reforma divide Europa

Ideas clave
- La Reforma provocó conflictos entre las regiones protestantes y católicas de Europa.
- La Reforma tuvo un impacto a largo plazo en el gobierno, la sociedad y la economía.

Términos clave
- anulación
- Acta de Supremacía
- hugonotes
- edicto
- armada
- federalismo

○→ **Visual Glossary**

├┼┼┼┼┼┼┤ **Destreza de lectura** **Secuencia** Toma notas usando el organizador gráfico en tu Cuaderno.

El famoso retrato de Holbein muestra a Enrique VIII como un rey imponente. ▼

A medida que el movimiento de la Reforma protestante se propagó fuera de Alemania y Suiza, las personas comunes y sus gobernantes se vieron obligados a tomar partido. El conflicto entre católicos y protestantes dio lugar a implacables guerras religiosas. Estas guerras destruyeron la unidad religiosa que Europa había experimentado bajo el dominio de la Iglesia católica.

La Europa protestante del norte

El territorio que hoy es Alemania fue cuna de la fe protestante. Desde el norte, los seguidores de Lutero llevaron su fe a Suecia, Dinamarca, Noruega y Polonia. Las ideas de Calvino se difundieron a Suiza, Escocia y los Países Bajos. En algunos lugares, las ideas de Lutero y Calvino se afianzaron pacíficamente. En otras áreas, estallaron conflictos religiosos.

La Reforma en Inglaterra y Escocia En un principio, las ideas de Lutero encontraron una fuerte oposición en Inglaterra. Enrique VIII, el rey católico de Inglaterra, escribió un libro criticando las creencias de Lutero. La Iglesia lo declaró un "defensor de la fe" por sus palabras. A los reformadores protestantes se les quemaba en la hoguera o se les obligaba a abandonar Inglaterra.

Sin embargo, en 1529 Enrique VIII entró en conflicto con el papa. Enrique quería que el papa anulara su matrimonio con Catalina de Aragón, ya que aún no había dado a luz a un heredero varón. Una **anulación** es una acción oficial que cancela un matrimonio. El papa se negó.

Religión en Europa

NORUEGA
SUECIA

ESCOCIA

Mar del
Norte

IRLANDA
(Inglaterra)

DINAMARCA

Mar
Báltico

INGLATERRA

OCÉANO
ATLÁNTICO

Woodstock   Londres

Münster   Wittenberg
Wartburg

POLONIA-
LITUANIA

París   Worms   SACRO IMPERIO
ROMANO

FRANCIA   Augsburgo

HUNGRÍA

Ginebra   Trento

VENECIA
Venecia

Mar Negro

PORTUGAL   ESPAÑA

ESTADOS
PONTIFICIOS

Córcega

Roma

IMPERIO OTOMANO

Cerdeña   NÁPOLES
(España)

Mar Mediterráneo

Sicilia

Destreza: Mapas

1 **Lugar** ¿Qué país era anglicano?

2 ¿Qué religión dominaba en el Norte de Europa? ¿Por qué crees que era esto?

3 **¡Lugares por conocer!** Rotula los lugares siguientes en el croquis de tu Cuaderno del estudiante: Inglaterra, Wittenberg, Escocia, Suecia, París, España, Ginebra.

LEYENDA

Principalmente católico romano
Principalmente anglicano
Principalmente luterano
Principalmente calvinista
Ortodoxo oriental
Ortodoxo oriental con minorías musulmanas
Frontera desde 1600

0   400 Millas
0   400 Kilómetros
Proyección cónica conforme de Lambert

Enrique estaba furioso de que el papa limitara su poder. Decidió quitarle al papa el control de la Iglesia de Inglaterra. Enrique convocó al Parlamento e instó a sus miembros a aprobar una serie de leyes. Estas leyes creaban la Iglesia de Inglaterra, o la Iglesia anglicana, y declaraban que era independiente de la Iglesia católica. El arzobispo de la Iglesia anglicana anuló el matrimonio del rey y Enrique se casó con Ana Bolena en 1533. El Parlamento aprobó el **Acta de Supremacía** en 1534, convirtiendo al monarca en el líder de la Iglesia de Inglaterra.

En Escocia, un <u>polémico</u> predicador llamado John Knox difundía las ideas de Calvino. Allí, los protestantes establecieron la Iglesia de Escocia, o la Iglesia presbiteriana, y la Iglesia episcopal escocesa.

Guerra religiosa Las ideas de Lutero se afianzaron en el norte de Alemania. En el sur, el emperador del Sacro Imperio Romano era católico y quería que su imperio también lo fuera.

En 1547, el emperador inició una ofensiva contra los protestantes que provocó una guerra religiosa que terminó en 1555 con la Paz de Augsburgo. Este tratado permitía que cada gobernante germano decidiera la religión de su reino: católica o luterana.

En lugar de un imperio católico unificado, había un grupo de regiones autónomas con distintas tradiciones religiosas. El norte era en su mayoría protestante, la mayoría del sur era católica.

Verificar la lectura ¿Cómo usó Enrique VIII al Parlamento para sus propios fines?

my **worldhistory.com**

Places to Know

miMundo: Actividad
La vida en la corte

polémico, *adj.*, que tiende a causar controversia o desacuerdo

751

Conflictos religiosos en Europa

La violencia en nombre de la religión arrasó Europa durante la Reforma. Católicos y protestantes se asesinaban entre sí. En los siglos XVI y XVII hubo guerras religiosas por todo el continente. Peleaban por sus creencias, pero sus líderes también luchaban para expandir sus imperios. *¿Cómo es probable que la religión se involucrara con la política?*

◄ En 1572, católicos franceses masacraron a miles de hugonotes en la Noche de San Bartolomé.

▲ Soldados que luchaban en las guerras religiosas saquearon las aldeas de todo el norte de Europa.

La Europa católica del sur

Aunque el protestantismo se expandió, las naciones del sur de Europa se mantuvieron en gran parte católicas, como Italia. Los gobernantes católicos de España se convirtieron en los principales defensores de la Iglesia católica. Francia siguió siendo católica, aunque con un creciente número de protestantes.

Conflictos religiosos en Francia Al principio, el rey católico de Francia permitió que los **hugonotes,** o protestantes franceses, practicaran sus creencias. Sin embargo, en 1534 los hugonotes pusieron carteles por todo París, incluyendo la puerta del dormitorio del rey, denunciando a la Iglesia católica. El rey ordenó el arresto de cientos de protestantes. Algunos fueron quemados vivos por sus puntos de vista.

En 1559, la reina francesa Catalina de Médicis acordó un matrimonio entre su hija Margarita y Enrique de Navarra, el líder de los hugonotes. El matrimonio, que se suponía llevaría paz a la nación, tuvo resultados desastrosos.

En 1572, los anti-protestantes asesinaron en París a unos 3,000 hugonotes en la Noche de San Bartolomé. Un general protestante francés dijo:

66 Fueron nuestras guerras religiosas las que nos hicieron olvidar nuestra religión 99.
—General François de La Noue

Los católicos franceses no aceptaron un rey protestante. En 1593, Enrique se convirtió al catolicismo para poner fin a la oposición a su coronación. Se convirtió en el rey Enrique IV al año siguiente. La guerra civil terminó.

▲ Francisco de Goya mostró la crueldad de los juicios de la Inquisición en esta pintura de 1812–1814. También protestaba por la falta de libertad artística que existía en España en esa época.

En 1572, 19 católicos fueron ahorcados por calvinistas en Gorkum, Holanda. Los católicos se negaron a renunciar a su lealtad al papa. ▶

Culture Close-Up

En 1598, Enrique IV proclamó el Edicto de Nantes. Un **edicto** es una orden pública oficial emitida por un rey u otra autoridad. Convertía a la Iglesia católica en la Iglesia oficial de Francia, pero también daba libertad a los hugonotes de practicar su propia religión.

España y la Inquisición A diferencia de Francia, España no permitía que los protestantes practicaran su religión. Felipe II, el rey católico de España, abogó por la Contrarreforma para imponer el catolicismo en su pueblo. Usó la Inquisición para juzgar a los sospechosos de herejía. Aunque existían inquisiciones desde la Edad Media, la Inquisición española fundada en 1478 era la más temible. Entre los procesados y torturados había protestantes, judíos y musulmanes que se habían convertido al cristianismo.

En 1555, Felipe heredó el control de los Países Bajos. Muchos holandeses se habían convertido al calvinismo. Felipe estableció la Inquisición en los Países Bajos para luchar contra este protestantismo. Los holandeses se rebelaron y Felipe declaró la guerra. La lucha duró más de 75 años. Los Países Bajos, principalmente calvinistas, se independizaron y se convirtieron en una gran potencia económica y militar.

Cuando la hija de Enrique VIII, la reina Isabel I, envió tropas para ayudar a los holandeses, Felipe atacó por mar a Inglaterra. En 1588, el rey Felipe envió una **armada**, o flota de barcos, para atacar a Inglaterra. La armada inglesa ganó. La Batalla de la Armada Invencible puso fin al dominio de España sobre los mares.

my **worldhistory.com**

Culture Close-Up

753

El legado de la Reforma

A pesar de las guerras y la división entre cristianos, las ideas de la Reforma todavía influyen en la sociedad moderna.

Renovación y Reforma: Lutero y Calvino replantearon las ideas básicas que Jesús había predicado entre los primeros cristianos. Sus ideas también alentaron a la Iglesia católica para reformarse. Esto es algo que hacen periódicamente las instituciones tanto laicas como religiosas.

Libertad: Lutero dijo que cada cristiano tenía la misma posibilidad de salvación. Sus palabras sugerían una igualdad entre las personas que no era común en aquella época.

Progreso: Al alentar a las personas a leer la Biblia, el protestantismo aumentó la alfabetización y la educación. Algunos creen que también alentó el progreso económico y científico.

Tolerancia: Los protestantes y los católicos aceptaron sus diferencias. Esto condujo a la aceptación de diferentes opiniones en otros asuntos. La tolerancia es parte de los valores democráticos en naciones como los Estados Unidos.

RAZONAMIENTO CRÍTICO **¿Por qué es la tolerancia un valor democrático?**

Los manifestantes están ejerciendo su derecho a expresar sus opiniones. Después de la Reforma, se generalizaron ideas como la libertad de expresión.

La Guerra de los Treinta Años A pesar de esta derrota, Felipe estaba decidido a restaurar el catolicismo en otras partes de Europa. Su agresividad dio como resultado que España participara en la Guerra de los Treinta Años.

Esta guerra, librada entre 1618 y 1648, involucró a la mayoría de las principales potencias europeas. Comenzó como un conflicto religioso entre protestantes y católicos. Sin embargo, se convirtió en un enfrentamiento político. Soldados de muchas naciones deambulaban por el norte de Europa, robando y quemando pueblos y granjas.

La Paz de Westfalia finalmente puso fin a la guerra en 1648. El tratado permitía practicar la religión en privado, incluso si difería de la religión del rey.

Verificar la lectura **¿Qué fue la Noche de San Bartolomé?**

El impacto de la Reforma

La Europa feudal era un lugar muy diferente de la Europa del siglo XVII. Bajo el feudalismo, Europa consistía en un número reducido de grandes reinos. Hacia finales del siglo XVII, Europa era un mosaico de cientos de pequeños estados.

Además, la Reforma había terminado con la supremacía del papa y la Iglesia católica. Los líderes necesitaban nuevas formas de gobierno.

Los gobernantes se fortalecen Las guerras religiosas aumentaron la autoridad de los gobernantes. Parte de esta autoridad incluía algún tipo de control sobre los asuntos religiosos. La Paz de Westfalia dio a los gobernantes el derecho a decidir la religión de su país.

El catolicismo, el luteranismo y el calvinismo se convirtieron en religiones reconocidas

El papa declaró "nulo e invÃ¡lido" el tratado de Westfalia. Sin embargo, fue decisivo en la vida política y religiosa de Europa.

Experimentos en autogobierno

Durante esta época, algunas naciones protestantes decidieron autogobernarse. Un grupo de protestantes holandeses comenzaron a gobernarse guiados por las ideas de libertad y tolerancia religiosa. En Ginebra, las iglesias calvinistas eligieron a sus propios líderes.

Los protestantes también promovieron la participación ciudadana, para que las personas comunes tuvieran voz en el gobierno. Lutero y Calvino escribieron algo similar cuando motivaron a las personas a interpretar la Biblia por sí mismas.

Los pensadores protestantes también elaboraron nuevas ideas sobre la estructura del gobierno. El calvinista alemán Johannes Althusius pensaba que su ciudad debería ser libre de gobernarse a sí misma. Estaba influenciado por la idea de Calvino de que las Iglesias deben estar sujetas sólo a las leyes de Dios, no a las de un gobierno. Althusius desarrolló la idea del **federalismo**, una forma de gobierno donde el poder es compartido entre los niveles local y nacional. Las ideas federalistas influyeron, más tarde, en los redactores de la Constitución de los Estados Unidos.

Efectos económicos y sociales Algunos eruditos creen que las ideas protestantes sobre el autogobierno condujeron a tendencias económicas como el capitalismo de libre mercado. Estas ideas contribuyeron a un mayor acceso a la educación, el aumento de la alfabetización y el crecimiento de las ciudades.

Verificar la lectura **Nombra tres efectos de la Reforma.**

invÃ¡lido, *adj.,* no verdadero o ilegal

Evaluación de la Sección 3

? Pregunta esencial

¿Cómo debemos manejar los conflictos?

Términos clave

1. Define cada uno de los siguientes términos clave en una oración completa: anulación, Acta de Supremacía, hugonotes, armada, federalismo.

Ideas clave

2. ¿Cómo entró en conflicto Enrique VIII con el papa?

3. ¿Por qué envió Felipe II una armada para atacar Inglaterra?

4. ¿Cómo fortaleció la Guerra de los Treinta Años a la monarquía?

Razonamiento crítico

5. **Secuencia** Enumera en orden cronológico las principales decisiones legales y los tratados que contribuyeron a la difusión del protestantismo.

6. **Analizar causa y efecto** ¿Qué provocó la Noche de San Bartolomé?

7. **Categorizar** Enumera tres áreas de la sociedad a las que afectó la Reforma.

8. ¿Cómo puso fin Enrique de Navarra a la guerra civil en Francia? ¿Cómo se resolvió la Guerra de los Treinta Años? Anota las respuestas en tu Cuaderno del estudiante.

Evaluación del capítulo

Términos e ideas clave

1. **Explicar** ¿Cómo usaban los sacerdotes las **indulgencias** para recaudar dinero para la Iglesia?

2. **Recordar** ¿Qué es la **predestinación**?

3. **Comentar** A mediados del siglo XVI, ¿era una **teocracia** la ciudad de Ginebra, Suiza? Explícalo.

4. **Comparar y contrastar** ¿En qué se diferenciaba la **Contrarreforma** de la Reforma?

5. **Resumir** ¿Qué logró el **Concilio de Trento**?

6. **Explicar** ¿Por qué quería Enrique VIII una **anulación**?

7. **Describir** ¿Qué pasó con la **armada** que envió Felipe II de España para atacar a Inglaterra?

8. **Recordar** ¿Quién fue la primera persona en escribir sobre el **federalismo**?

Razonamiento crítico

9. **Identificar prejuicios** ¿Crees que la Dieta de Worms fue prejuiciosa? Explícalo.

10. **Sacar conclusiones** Martín Lutero se sorprendió al saber que muchos sacerdotes católicos tenían poca educación. ¿Por qué podría ser un problema para la Iglesia tener sacerdotes sin educación?

11. **Inferir** Los misioneros jesuitas difundieron la fe católica en tierras lejanas. ¿Por qué crees que fueron tan eficientes para difundir sus creencias?

12. **Analizar causa y efecto** ¿Qué provocó que el territorio que hoy es Alemania se dividiera en un grupo de estados independientes con distintas tradiciones religiosas?

13. **Comparar y contrastar** Durante la Reforma, ¿cómo se diferenciaba el trato a los protestantes en España y en Francia?

14. **Conceptos básicos: Difusión cultural y cambio** ¿Cuáles son dos razones por las que las ideas de la Reforma se difundieron por toda Europa?

Analizar elementos visuales

15. En este retrato de Teresa de Jesús, ¿qué indica sobre ella su ropa?

16. ¿Cómo representa la pintura a Teresa de Jesús como una erudita? Explica cómo es probable que su educación influyera en sus esfuerzos por reformar los conventos y monasterios españoles.

17. A juzgar por lo que sabemos de la vida de Teresa, ¿qué podría estar escribiendo?

18. ¿Por qué crees que mira hacia arriba?

Pregunta esencial

miMundo: Actividad del capítulo

Adivina quién ¿Quién es el invitado misterioso? En esta actividad, cinco compañeros de clase usan las Tarjetas de actividades para ver retratos y conocer los detalles biográficos de personas clave de este influyente período. Después, serán los concursantes de un programa de juegos simulado llamado Adivina quién, y tendrás la oportunidad de adivinar sus identidades.

Aprendizaje del siglo XXI

Haz una presentación efectiva

Usa la Internet para investigar una de las figuras históricas clave de este capítulo. Incorpora elementos visuales. Después haz una presentación sobre su vida con los elementos visuales. Además, escribe dos páginas sobre la figura histórica, una descripción de los elementos visuales y un resumen con tu opinión de esta persona.

Success ☆ Tracker™
En línea en myworldhistory.com

Preguntas basadas en documentos

Usa tu conocimiento de la Reforma y los Documentos A y B para responder las Preguntas 1 a 3.

Documento A

"Para las personas que viven hoy en día, la Reforma protestante consiste de tres historias diferentes y cada una tiene un final que habría entristecido a Martín Lutero. Es, antes que nada, la historia de la división de la cristiandad occidental y la pérdida, probablemente para siempre, de su unidad religiosa. . . Al final, la bandera luterana ondearía sólo en determinadas regiones del norte de Europa y América".

—Steven Ozment, *Protestants: The Birth of a Revolution* (1992)

Documento B

País	Protestante	Católico	Otro*
Francia	2	83–88	10–15
Alemania	34	34	32
Italia		90	10*
Países Bajos	20	30	50
Noruega	89	1	10
Suiza	35	42	23
España		94	6*

Religiones que se practican en los países europeos hoy en día (porcentaje de la población)

* "Otro" incluye aquellos que no practican una religión; en España e Italia se incluyen a los protestantes.
FUENTE: *CIA World Factbook, 2009*

1. ¿Qué cree el autor del Documento A que habría entristecido a Lutero?

   A el diseño de la bandera luterana

   B las divisiones en el cristianismo

   C las iglesias en América del Norte

   D la propagación del luteranismo

2. ¿Qué país de arriba tiene el porcentaje más alto de protestantes?

   A Alemania

   B Francia

   C Italia

   D Noruega

3. **Tarea escrita** Escribe una carta a Martín Lutero que describa el efecto que la Reforma sigue teniendo en Europa hoy en día. Usa los detalles de los documentos.

Era de la exploración

¿Cuáles son las consecuencias del comercio?

El Padrão dos Descobrimentos, o monumento a los Descubrimientos, en Lisboa, Portugal ▼

? Explora la Pregunta esencial

- en **my** worldhistory.com
- usando **miMundo: Actividad del capítulo**
- con el **Cuaderno del estudiante**

Era de la exploración

1400–1499 Los portugueses exploran la costa de África.

1492 Colón cruza el Atlántico.

1522 La expedición de Magallanes circunnavega el mundo.

1400   **1500**   **1600**   **1700**

aprox.1520–1530 Los españoles conquistan los imperios Azteca e Inca.

aprox. 1600 Europa adopta el capitalismo y el mercantilismo.

Viaje a aguas desconocidas

Esta historia novelada está basada en hechos reales de la vida de Colón.

Protegiendo la página del fino rocío del agua salada del mar, Cristóbal Colón escribió en su diario de navegación en 1492: "Zarpé de Granada antes del amanecer". Como capitán de una flota de tres barcos, la Niña, la Pinta y la Santa María, Colón se disponía a realizar un largo viaje.

Colón escribía en su diario todos los días, sin importar cuán agitados estuvieran los mares. Mojando su pluma en la tinta luego de escribir unas pocas palabras, registraba la distancia recorrida ese día y los detalles sobre el viento y el clima. Colón valoraba tanto su diario que tenía un plan en caso de que el barco se hundiera: sellaría el diario en un barril y lo arrojaría al mar para que sus palabras llegaran a tierra en algún lugar y perduraran, incluso si él moría.

Durante años, Colón rogó al rey Fernando y a la reina Isabel que financiaran su viaje.

Los viejos marineros solían relatar cuentos aterradores sobre monstruos marinos y aguas hirvientes que se decía estaban cerca del ecuador.

Imagina lo que pensaba Colón mientras se preparaba para navegar hacia un mundo desconocido, al mando de una pequeña flota de tres frágiles barcos y unos 90 hombres. Si él tenía miedo, sus marineros tenían aún más.

Famosos por ser supersticiosos, a los marineros no les gustaba perder de vista la costa, ya que creían que en las oscuras aguas vivían monstruos marinos capaces de tragarse barcos enteros. Temían los mares tropicales que, se decía, hervían. Vivían con poco espacio, mala comida y violentas tormentas que podrían destrozar el barco o desviarlo de su curso. También podían morir de hambre, enfermedades o lesiones, o aburrimiento.

Colón vivió ocho años en la corte española con la esperanza de convencer al rey y a la reina de financiar su "empresa de las Indias". Cuando finalmente accedieron, Colón expresó su gratitud:

> Sus Altezas. . . se requirió de mucha reflexión para enviarme, a las partes mencionadas de [Asia], para ver a esos príncipes y pueblos y tierras. . . y con la orden de que no fuera hacia el este, camino por el que era costumbre ir, sino al oeste, camino que no sabemos con certeza si alguien lo ha atravesado. . .

Para prepararse, Colón estudió los mapas más recientes y perfeccionó sus destrezas como navegante. Un amigo dijo: "Jamás había nacido un hombre tan bien dotado y experto en la navegación como el dicho señor almirante [Colón]".

Al igual que otros pensadores del Renacimiento, Colón quería conocer el mundo que le rodeaba. Leía todo lo que podía e incluso dominó otros idiomas. En uno de sus libros favoritos, *Los viajes de Marco Polo*, leyó sobre las perlas, sedas, marfil, pimienta, nuez moscada y clavo. Al igual que Marco Polo, buscaba riquezas. Devotamente religioso, Colón leía la Biblia, en busca de pistas geográficas a las legendarias tierras y riquezas.

A bordo del barco, su equipo no siempre compartió su sentido de la aventura. A medida que las semanas se prolongaban, los hombres se inquietaban. Les preocupaba quedarse sin alimentos y agua. Colón trató de calmarlos al mostrarles la bitácora de viaje que, sin decirles, era diferente a su diario íntimo. La tripulación creía que habían recorrido menos kilómetros desde que salieron de casa. Colón ocultó la distancia real a sus hombres.

Colón se enfrentó a un motín de sus hombres, cuyo temor crecía a medida que navegaban más lejos de casa sin avistar tierra.

Los días en el mar parecían interminables. Al principio, hubo informes falsos de haber avistado tierra... luego nada... después, más informes falsos. La tripulación estaba tan desesperada que juraron que en tres días lanzarían a Colón por la borda y regresarían sin él. Colón controló el intento de motín, o rebelión, al aceptar el regreso en tres días si no avistaban tierra.

Al final, el 11 de octubre, una rama verde con flores pasó flotando junto al barco. ¡Tierra! Los barcos habían llegado a lo que hoy llamamos San Salvador, o isla Watling, en las Bahamas.

A la mañana siguiente, Colón se puso su chaqueta de seda roja y desembarcó aliviado, creyendo que las riquezas de China le esperaban. No se dio cuenta de que a pesar de sus destrezas como navegante, había cometido un gran error. Un error que cambió la historia.

De lo que acabas de leer, ¿podrías predecir cómo pudieron influir los viajes de Colón en el comercio? Piensa en las consecuencias del comercio y la exploración mientras lees el capítulo.

myStory Video

Acompaña a Colón mientras zarpa hacia el otro lado del mundo.

my worldhistory.com

myStory Video

Los viajes de descubrimiento

Ideas clave

- Durante el Renacimiento, los europeos querían sacar provecho del comercio con las tierras de Asia.

- Las nuevas tecnologías hicieron posibles los largos viajes oceánicos.

- Los viajes de Colón y otros exploradores dieron a los europeos una nueva visión del mundo.

Términos clave • misionero • circunnavegar • cartografía • carabela

 Visual Glossary

→ **Destreza de lectura Analizar causa y efecto** Toma notas usando el organizador gráfico en tu Cuaderno.

Este monumento en Portugal muestra al príncipe Enrique el Navegante. ▼

Desde la antigüedad, los comerciantes habían comerciado con Asia. Los europeos trajeron sedas y joyas de Asia durante las Cruzadas. Luego, la Peste Negra y las invasiones de los mongoles interrumpieron este comercio. Para el siglo XVI, estaban ansiosos por regresar a Asia.

Algunas motivaciones para la exploración

Los comerciantes del Renacimiento se habían enriquecido al comerciar bienes importados de Asia. Otras naciones europeas querían participar en este comercio sin tener que involucrar a los italianos. Buscaban una ruta marítima a Asia que evitara las rutas comerciales italianas del mar Mediterráneo.

La búsqueda de especias Los comerciantes europeos tenían un nuevo interés: el comercio de especias. India, China y las islas de las Especias o las Molucas, una cadena de islas en la actual Indonesia, tenían especias valiosas. Allí, podían comprar pimienta, clavo, nuez moscada y canela, todo ello en demanda en Europa.

Ganar adeptos Otra razón para explorar nuevas tierras era ganar adeptos para el cristianismo. Los barcos a menudo llevaban **misioneros** cristianos. Los misioneros son miembros de una orden religiosa que alientan a las personas a convertirse a una religión en particular. Se quedaban en estas tierras nuevas para establecer comunidades y escuelas.

Verificar la lectura ¿Qué es el comercio de las especias?

Portugal lidera el camino

Portugal fue el líder mundial en la exploración global. Fue la primera nación europea en poseer un imperio en ultramar.

El príncipe Enrique el Navegante La expansión portuguesa se inició con la invasión de África del norte y la conquista de Ceuta en 1415. Uno de los soldados más distinguidos en esa batalla fue el príncipe Enrique, tercer hijo del rey Juan I de Portugal. Hacia 1432, reclamó para Portugal las ricas islas de Madeira y las Azores. Conocido como Enrique el Navegante, fue el primer europeo en entrar en contacto con África para comerciar <u>marfil</u>, oro y esclavos. Se le atribuye el mecenazgo de muchos exploradores, su capacitación en la cartografía, el diseño de barcos y la navegación.

Una parte de su misión era expulsar a los musulmanes de África del norte y de Tierra Santa. Como católico devoto, quería recuperar las tierras cristianas del Mediterráneo que habían tomado los musulmanes. Los portugueses querían convertir al cristianismo a los africanos que, en su mayoría, practicaban el islam o religiones tribales. Además, buscaban una ruta marítima más rápida a Asia navegando alrededor de África.

Dias rodea el cabo En 1488, Bartolomeu Dias, un capitán portugués, realizó un gran descubrimiento. Dias y su tripulación fueron los primeros europeos en navegar alrededor del cabo de Buena Esperanza, en el extremo sur de África. Demostraron que era posible llegar al océano Índico por mar.

marfil, *sust.,* una materia dura de color blanco proveniente del colmillo de un animal como el elefante

Las velas estaban hechas de una pesada tela llamada lona.

El mástil central era el más alto y sostenía la vela más grande.

El timonel del barco usaba la rueda de la cubierta para girar el timón y dirigir el barco.

Mejores barcos se hacen a la mar

En 1500, los barcos eran grandes, rápidos, livianos y podían llevar provisiones para viajes largos. Los marineros manejaban las diversas velas del barco para aprovechar el viento. Los barcos de alta mar tenían cañones y una compañía de infantes de marina para defenderse de los piratas.

763

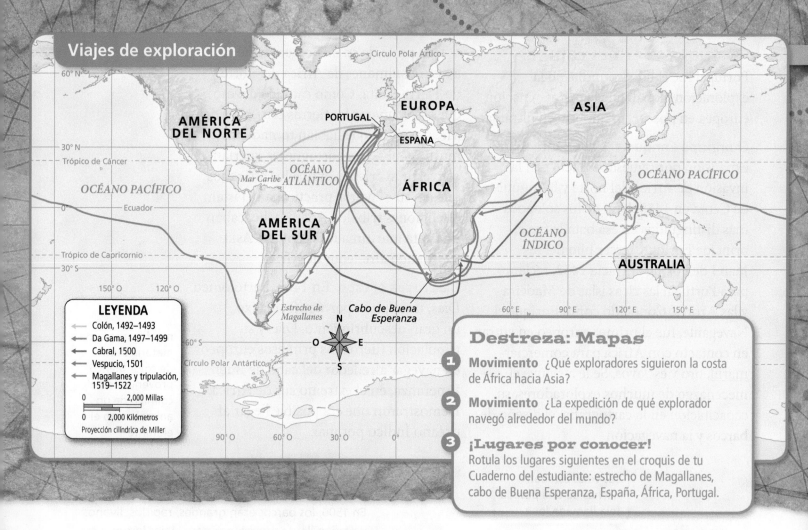

Viajes de exploración

AMÉRICA DEL NORTE

EUROPA

ASIA

PORTUGAL

ESPAÑA

OCÉANO PACÍFICO

Mar Caribe

OCÉANO ATLÁNTICO

ÁFRICA

OCÉANO PACÍFICO

Círculo Polar Ártico

Trópico de Cáncer

Ecuador

AMÉRICA DEL SUR

OCÉANO ÍNDICO

Trópico de Capricornio

AUSTRALIA

Estrecho de Magallanes

Cabo de Buena Esperanza

Círculo Polar Antártico

LEYENDA

- Colón, 1492–1493
- Da Gama, 1497–1499
- Cabral, 1500
- Vespucio, 1501
- Magallanes y tripulación, 1519–1522

0 — 2,000 Millas
0 — 2,000 Kilómetros
Proyección cilíndrica de Miller

Destreza: Mapas

1 **Movimiento** ¿Qué exploradores siguieron la costa de África hacia Asia?

2 **Movimiento** ¿La expedición de qué explorador navegó alrededor del mundo?

3 **¡Lugares por conocer!**
Rotula los lugares siguientes en el croquis de tu Cuaderno del estudiante: estrecho de Magallanes, cabo de Buena Esperanza, España, África, Portugal.

Ruta del viaje de Da Gama En 1497, el capitán Vasco da Gama también navegó al sur desde Portugal. En tres meses, sus barcos rodearon el cabo de Buena Esperanza y navegaron a la India. Da Gama regresó con un cargamento de especias que vendió con enormes ganancias. Con ese dinero, equipó una nueva flota de barcos de carga. Regresó a la India con el fin de obtener más ganancias. Al final, los portugueses tomaron los puertos principales del océano Índico y establecieron un gran imperio comercial. Da Gama confirmó la condición de Portugal como potencia mundial.

Verificar la lectura ¿Cómo se relacionaba la exploración con el comercio?

En busca de nuevas rutas

Los capitanes marinos de Portugal dejaron Europa y se dirigieron hacia el sur en busca de rutas marítimas hacia Asia. Cristóbal Colón, un navegante italiano, tomó una ruta diferente.

Colón navega al oeste Como era educado, Colón sabía que la Tierra era una esfera. Razonó que, al navegar hacia el oeste, podría llegar a las Indias Orientales, un grupo de islas en el sureste asiático. Pero cometió algunos errores. Primero, subestimó la distancia al oeste entre Europa y Asia. Además, no sabía que dos grandes accidentes geográficos, América del Norte y América del Sur, bloqueaban el paso.

Los rostros de la exploración

Las nuevas herramientas para la navegación, mejores mapas y relatos de riquezas enviaron a los exploradores europeos a alta mar. Su valentía no sólo expandió los imperios, también abrió el mundo.

Al rodear el cabo de Buena Esperanza, Bartolomeu Dias encontró una ruta a Asia a través del océano Atlántico.

Vasco da Gama navegó alrededor del cabo de Buena Esperanza, expandiendo el comercio a la India.

La llegada de Cristóbal Colón a las Bahamas alentó la exploración europea del Nuevo Mundo.

70 CTS
VASCO NUÑEZ DE BALBOA
CORREOS
ESPAÑA

Vasco Núñez de Balboa fue el primer europeo en ver el océano Pacífico.

RAZONAMIENTO CRÍTICO
¿Por qué fue importante que Balboa viera el océano Pacífico?

Con la ayuda de la monarquía española, Colón zarpó en agosto de 1492. Sus tres barcos progresaron a través del Atlántico y desembarcaron en una isla en lo que se conoce hoy como las Bahamas. Colón creyó haber llegado a tierras cercanas a la costa de China. Regresó tres veces, pero no encontró rastros del continente asiático. Colón murió creyendo que estas tierras eran la puerta de entrada a Asia.

Otros exploradores le siguen

Inspirados por Colón y los portugueses, otras naciones buscaron nuevas tierras para el comercio. Desde el Norte, los Países Bajos tenían acceso a los mercados europeos. Los holandeses llegaron a Asia, donde tuvieron éxito con el comercio de las especias de las Indias Orientales. Surgieron colonias comerciales holandesas en Surinam, Sudáfrica y en las Indias Orientales Holandesas (la actual Indonesia).

En 1500, Pedro Álvares Cabral, un capitán portugués, condujo una flota al océano Índico. Navegó al oeste y desembarcó en América del Sur. Se le conoce como el descubridor del Brasil actual. En 1500, llegó a la India y cargó seis barcos con especias para el viaje de regreso a Portugal.

Entre 1497 y 1504, Américo Vespucio, un navegante italiano, realizó cuatro viajes de exploración. Llegó a la conclusión de que las tierras que Colón llamó "las Indias" eran, de hecho, parte de un "Nuevo Mundo".

El informe de Vespucio fue muy popular en Europa. Un cartógrafo alemán llamó a las tierras recién encontradas "América", una versión latina del nombre de Vespucio.

my worldhistory.com

Places to Know

765

La hazaña de Magallanes En 1519, Fernando de Magallanes inició el viaje de descubrimiento más ambicioso de todos. Zarpó de España para cruzar el Atlántico con cinco barcos y una tripulación de más de 250 personas. Buscaba una ruta occidental a Asia.

A diferencia de Colón, Magallanes sabía que un continente se interponía en su camino. Su flota navegó hacia el sur siguiendo el inexplorado continente. Navegaron las traicioneras aguas durante 38 días. Finalmente, se abrieron paso a través de un estrecho, o canal angosto, hasta el océano Pacífico. Este canal fue nombrado el estrecho de Magallanes. El continente era América del Sur y la hazaña confirmó que había un pasaje en el suroeste que llevaba a Asia.

traicionero, *adj.,* peligroso o arriesgado

Magallanes siguió al norte y al oeste a través del océano Pacífico. El viaje agotó todo el suministro de alimentos. Muchos miembros de la tripulación murieron a causa de la falta de ciertos nutrientes, como las vitaminas. Antonio Pigafetta describió las penurias de la travesía:

> 66 Comíamos galletas, puñados de polvo llenos de gusanos que se habían comido la mayor parte (apestaban a orina de ratas); y bebíamos un agua amarilla que llevaba descompuesta muchos días y también comíamos algunas pieles de buey. . . que se habían vuelto duras a causa del sol, la lluvia y el viento 99.
>
> —Antonio Pigafetta, *El primer viaje alrededor del mundo*

La travesía de Magallanes demostró que había un pasaje hacia el suroeste de Asia alrededor de América del Sur.

Viajes de Magallanes

Destreza: Mapas

Lugar ¿Qué masa de agua cruzó Magallanes para navegar de Asia a África?

LEYENDA
← Magallanes y su tripulación,1519–1522
0   3,000 Millas
0   3,000 Kilómetros
Proyección cilíndrica de Miller

Círculo Polar Ártico
AMÉRICA DEL NORTE
EUROPA
ASIA
PORTUGAL
ESPAÑA
Trópico de Cáncer
OCÉANO ATLÁNTICO
Mar Caribe
ÁFRICA
OCÉANO PACÍFICO
OCÉANO PACÍFICO
ÁFRICA
OCÉANO PACÍFICO
Ecuador
AMÉRICA DEL SUR
OCÉANO ÍNDICO
Trópico de Capricornio
Cabo de Buena Esperanza
Estrecho de Magallanes
Círculo Polar Antártico

◄ Magallanes murió en la Batalla de Mactán en las Filipinas en 1521.

El pingüino de Magallanes se llama así en honor a su descubridor. ►

766

Después, Magallanes llegó a las islas Filipinas, reclamándolas para España. Murió en 1521 en una batalla con los isleños. En septiembre de 1522, tres años después de partir, el único barco superviviente de la flota regresó a España. Sólo 18 miembros de la tripulación sobrevivieron. Habían logrado la hazaña de navegación más difícil de la época. Habían **circunnavegado**, o navegado completamente alrededor del mundo.

Verificar la lectura **¿Cuál es la importancia del estrecho de Magallanes?**

Nuevas herramientas para la exploración

Los viajes de exploración fueron posibles por los avances en la navegación, como mejoras en la cartografía y la construcción naval.

Mapas más precisos Durante 1,300 años, los exploradores se habían guiado por las obras del antiguo geógrafo egipcio Tolomeo. También los cruzados y los negociantes medievales hicieron mapas. Aunque valiosos, estos primeros mapas eran inexactos o incompletos.

Durante el Renacimiento, los cartógrafos desarrollaron la ciencia de hacer mapas y globos terráqueos, conocida como **cartografía**. Aquellos que hacían los mapas más precisos, atlas y globos terráqueos eran llamados cartógrafos.

En 1569, Gerardus Mercator descubrió cómo proyectar la superficie curva del globo en una página plana. Su mapa distorsionaba los extremos norte y sur, pero dejaba las áreas más transitadas sin distorsión. Todavía se usan las llamadas proyecciones de Mercator.

Mira de cerca

Herramientas de navegación perfeccionadas

Los exploradores de mar abierto tenían que ser expertos en la lectura de los patrones del viento y el clima, en el cálculo de distancias y en la lectura de mapas hechos a mano.

RAZONAMIENTO CRÍTICO **¿Cómo usaban los exploradores las herramientas de la foto para navegar por los océanos?**

▲ Antes del astrolabio, los exploradores sólo podían tener certeza de su ubicación si estaban cerca de tierra.

Los mapas portulanos ayudaban a los exploradores a navegar por las costas peligrosas. ▼

En la ilustración medieval de abajo, un geógrafo usa una brújula para trazar la ubicación de un barco. Una brújula del siglo XVIII está a la derecha. ▼

Nuevas vistas del mundo

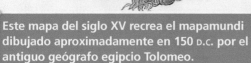

Este mapa del siglo XV recrea el mapamundi dibujado aproximadamente en 150 D.C. por el antiguo geógrafo egipcio Tolomeo.

Este mapamundi fue publicado en 1570 por Abraham Ortelius en el primer atlas moderno *Theatrum orbis Terrarum* (Representación del Teatro del mundo).

Avances en la navegación La herramienta de navegación más usada era la brújula magnética, que indicaba la dirección. Este dispositivo se inventó en China y llegó a Europa a través de los comerciantes de la Ruta de la Seda. Los navegantes también usaban el astrolabio, que determinaba la posición norte-sur del barco basándose en mediciones de las estrellas. Con estas herramientas, los marineros podían navegar sin estar cerca de tierra.

Comprender los vientos Comprender los vientos del océano era vital para los exploradores europeos. Después de mucho ensayo y error, aprendieron que los vientos estaban organizados en zonas y que estas zonas cambiaban con las estaciones. Así pudieron trazar rutas de viaje para aprovechar los mejores vientos y determinar la mejor época del año para sus viajes.

La revolución en la construcción naval Hasta la Edad Media, los remeros hacían que los barcos se movieran. Estos lentos y pesados barcos necesitaban tripulaciones grandes, con muchos remeros. Eran difíciles de dirigir y eran más adecuados para aguas tranquilas.

Los artesanos europeos del Renacimiento desarrollaron nuevos barcos. Modificaron un barco llamado **carabela**, un barco pequeño y estrecho con dos o tres mástiles y velas triangulares. Era rápido y más fácil de maniobrar en diferentes condiciones del viento y del mar.

Maravillas del mundo Los viajes de descubrimiento revelaron maravillas y crearon entusiasmo por el mundo natural. Quedó al descubierto la inmensidad del continente africano y la existencia de América del Norte y América del Sur. "La mitad oculta del mundo sale a la luz", se regocijó un erudito en 1493.

Los mapas modernos, como el mapa de satélite de arriba, muestran claramente las características geográficas como montañas, lagos, desiertos y regiones nevadas.

Las herramientas modernas para hacer mapas, incluyen telescopios espaciales como éste.

De repente, incluso los europeos comunes querían conocer la geografía del mundo. Las imprentas imprimían atlas portátiles baratos para satisfacer la demanda. Los libros de viajes ilustrados se popularizaron entre los que querían leer relatos de primera mano de la exploración por mar y tierra. Un relato del viaje de Magallanes se publicó en 1523 e incluía entrevistas con los supervivientes de la expedición.

Verificar la lectura **Nombra tres mejoras en la tecnología de navegación.**

Evaluación de la Sección 1

? **Pregunta esencial**

Términos clave

1. Define cada uno de los siguientes términos clave en una oración completa: misionero, circunnavegar, cartografía y carabela.

Ideas clave

2. ¿Por qué se embarcaban los países europeos en viajes de exploración?

3. ¿Qué tipo de barco era el más adecuado para los viajes oceánicos largos? ¿Por qué?

4. ¿Cómo cambiaron los viajes de Colón la visión del mundo de los europeos?

Razonamiento crítico

5. **Identificar la evidencia** ¿Qué probó Bartolomeu Dias al navegar alrededor del cabo de Buena Esperanza?

6. **Categorizar** ¿Qué invenciones ayudaron a los navegantes a determinar su ubicación?

7. **Comparar y contrastar** ¿En qué se parecían y diferenciaban los viajes de Colón y los de Magallanes?

¿Cuáles son las consecuencias del comercio?

8. ¿Quién ganó y quién perdió debido al control italiano sobre el comercio en el Mediterráneo? ¿Qué ganó Portugal al encontrar una ruta marítima hacia la India? Anota las respuestas en tu Cuaderno del estudiante.

769

La conquista de las Américas

Ideas clave
- Los exploradores españoles derrotaron a los imperios Azteca e Inca.
- La conquista enriqueció a España, pero devastó a los pueblos de Mesoamérica y los Andes.

Términos claves • conquistador • colonización • lingotes • quipu • inmunidad

Destreza de lectura Secuencia Toma notas usando el organizador gráfico en tu Cuaderno.

La reunión de Moctezuma y Cortés fue un encuentro histórico entre dos culturas. ▼

Cuando llegaron los exploradores españoles, el líder azteca Moctezuma gobernaba un imperio que se extendía por todo México. En América del Sur, el emperador inca Atahualpa gobernaba a más de 10 millones de personas. Estos dos imperios eran grandes y complejos, pero no eran rivales para las fuerzas españolas.

Los españoles conquistan dos imperios

A los exploradores y soldados españoles que conquistaban territorios se les llamaba **conquistadores**. España rápidamente comenzó la **colonización**, o el proceso de creación de asentamientos llamados colonias. Se establecieron ciudades y nuevos gobiernos. Las colonias caribeñas de España servían como base para la conquista del continente.

Cortés derrota a Moctezuma En 1519, Hernán Cortés navegó a lo que ahora es México para conquistar el rico Imperio Azteca. Tenía menos de 600 soldados para contrarrestar el poderoso ejército de Moctezuma. Una de las ventajas de Cortés era su intérprete indígena, una mujer azteca llamada Malinche. Gracias a ella y a un intérprete español, obtuvo detalles vitales sobre los aztecas y su ejército.

Esta información ayudó a Cortés a formar alianzas con los enemigos de los aztecas. Miles de guerreros indígenas se unieron a los españoles que marcharon a Tenochtitlan, la capital azteca. Como leíste, Moctezuma y Cortés se encontraron en las afueras de la gran capital imperial.

A pesar de que Moctezuma le dio la bienvenida a Cortés, hubo tensión entre los aztecas y los españoles. Estalló una batalla y Moctezuma fue asesinado. Para agosto de 1521, los aztecas habían entregado Tenochtitlan. Un poema en náhuatl describe la derrota:

> 66 Nada más que flores y cantos de pena / quedan en México /. . . Estamos aplastados hasta el suelo; / estamos en ruinas 99.
>
> —poeta azteca desconocido de *Visión de los vencidos* por Miguel León-Portilla

Atahualpa cae en la trampa de Pizarro
Rumores de otro imperio dorado atrajeron a Francisco Pizarro y a un grupo de conquistadores a América del Sur en la década de 1530. Fue una época de caos para los incas. El imperio se había dividido y estalló una guerra civil. La viruela llegó a América Central matando a miles de incas. Un nuevo emperador, Atahualpa, ascendió al trono inca.

Pizarro se aprovechó de esto. Invitó a Atahualpa a una reunión y luego lo capturó. Atahualpa organizó un rescate de casi 20 toneladas de oro y plata. Se decía que era el mayor rescate en la historia. Pizarro lo rechazó y ordenó que el emperador fuera asesinado.

Pizarro nombró a un nuevo emperador inca que accedió a cooperar con los españoles. Pizarro luego marchó a la capital inca del Cuzco. En noviembre de 1533, el ejército tomó el control de la ciudad. El Imperio Inca estaba ahora en manos españolas.

Verificar la lectura ¿Cómo capturó Pizarro al emperador Atahualpa?

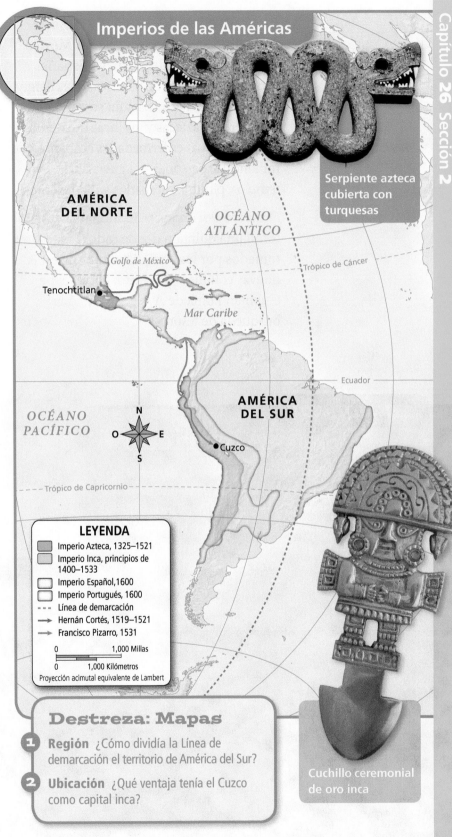

Imperios de las Américas

Serpiente azteca cubierta con turquesas

AMÉRICA DEL NORTE

OCÉANO ATLÁNTICO

Golfo de México

Trópico de Cáncer

Tenochtitlan

Mar Caribe

Ecuador

OCÉANO PACÍFICO

AMÉRICA DEL SUR

Cuzco

Trópico de Capricornio

LEYENDA
- Imperio Azteca, 1325–1521
- Imperio Inca, principios de 1400–1533
- Imperio Español, 1600
- Imperio Portugués, 1600
- - - Línea de demarcación
→ Hernán Cortés, 1519–1521
→ Francisco Pizarro, 1531

0   1,000 Millas
0   1,000 Kilómetros
Proyección acimutal equivalente de Lambert

Destreza: Mapas

1 **Región** ¿Cómo dividía la Línea de demarcación el territorio de América del Sur?

2 **Ubicación** ¿Qué ventaja tenía el Cuzco como capital inca?

Cuchillo ceremonial de oro inca

771

devastar, *v.*, llevar al caos, desorden o ruina

El impacto de la conquista

A las tierras aztecas se les llamó México y formaron parte de la Nueva España. España reclamó las tierras incas y las llamó Virreinato de Perú. España se volvió rica, pero los aztecas y los incas quedaron <u>devastados</u>. Las enfermedades acabaron con millones de personas y la guerra destruyó templos, pinturas, grabados y manuscritos.

El tesoro del imperio El monarca español tomó una quinta parte de todos los tesoros tomados por los conquistadores de estas nuevas colonias. El escritor inca Felipe Guamán Poma de Ayala describió la búsqueda de tesoros:

> " Todos los días, no hacían más que pensar en el oro y la plata y las riquezas. Eran como hombres desesperados, tontos, locos, su juicio perdido por la avaricia ".
>
> —Felipe Guamán Poma de Ayala, *Primera nueva crónica y buen gobierno*

Cada año, zarpaban barcos llenos de tesoros de las Américas hacia Europa. Transportaban lingotes de oro y plata de las minas de las colonias. Los **lingotes** son metales preciosos fundidos en barras. Hacia 1660, 200 toneladas de oro y 18,000 toneladas de plata se habían transportado a España.

La riqueza de las **Américas**

El Cerro Rico de Potosí de Bolivia (a la derecha), o montaña magnífica, es un panal de minas de plata. En la época colonial, miles de esclavos indígenas y africanos extrajeron cerca de 45,000 toneladas de plata pura. Con la plata se acuñaron monedas (centro) y se financiaron las guerras españolas, la construcción naval y la monarquía. Hoy en día, la minería continúa allí.

Las semillas del árbol del cacao (extrema izquierda) son la fuente del cacao y del chocolate. Los toltecas, los mayas y los aztecas cultivaban el cacao antes de que Colón llegara y lo llevara a Europa a su regreso. Por el siglo XVII, el chocolate caliente era popular en España, Francia, Italia e Inglaterra.

Registros de **mundos perdidos**

El sacerdote español Bernardino de Sahagún trabajó con escritores y pintores indígenas en la *Historia general de las cosas de la Nueva España*, un registro de la cultura azteca (derecha). El escritor inca Felipe Guamán Poma de Ayala registró la cultura de su pueblo en *Primera crónica* (extrema derecha).

Estos niños aztecas están jugando un juego. El niño de la derecha está hablando, como lo demuestran los signos que están cerca de su boca.

Un agricultor inca usa un arado de pie para ayudar a sembrar las semillas en esta ilustración del siglo XVII.

Las flotas españolas también transportaban toneladas de insectos disecados valorados por el tinte rojo que producían. Este insecto, la cochinilla, se alimenta de cactus y produce un tinte rojo vibrante. Los españoles habían visto el tinte rojo en prendas tejidas en México y Perú. Era un rojo más brillante que el producido por los tintes europeos. La cochinilla roja transformó la industria textil europea.

Algunos barcos se hundieron en las tormentas o fueron asaltados por piratas antes de llegar a España o Portugal. Atraídas por la riqueza del Nuevo Mundo, otras naciones europeas enviaron exploradores a trazar mapas y conquistar colonias.

La pérdida de pueblos y culturas El oro y la plata azteca e inca enriquecieron las arcas españolas y portuguesas. No se puede saber cuánta evidencia de las culturas nativas se perdió. Los conquistadores fundieron ornamentos y estatuas de oro. Tanto aztecas como incas y mayas tenían manuscritos con aspectos religiosos o políticos de sus civilizaciones. Los españoles los quemaron, por considerarlos basura <u>pagana</u> sin valor. Al mismo tiempo, algunos españoles, como fray (padre) Bernardino de Sahagún, ayudaron a preservar el idioma y las culturas indígenas en documentos de valor incalculable, como *Historia general de las cosas de la Nueva España*.

Los conquistadores también destrozaron las ciudades indígenas americanas. En Tenochtitlan, destruyeron el Templo Mayor y otros edificios aztecas. Sobre las ruinas, los españoles construyeron su capital, la Ciudad de México. En el Perú, Pizarro despojó de sus riquezas a ciudades como Cuzco.

pagano, *adj.,* relacionado con una religión con muchos dioses

mi Mundo
CONEXIONES

El Servicio Postal de los Estados Unidos ha emitido más de **50** estampillas con temas hispanos en honor a atletas, exploradores, músicos y sucesos históricos.

La viruela

Las personas comprendían muy poco sobre las enfermedades antes de la invención del microscopio. Los españoles no sabían que portaban en sus cuerpos una enfermedad contagiosa como la viruela. Los aztecas llamaron a la viruela la peste totomonjztli y escribieron que duró 60 días.

> "La peste llamada totomonjztli: muchas personas, cubiertas, envueltas con pústulas, murieron por ella. Y muchas murieron de inanición. . . [porque] nadie podía hacerse cargo de [los enfermos]. . . . [M]uchas personas quedaron marcadas por las [pústulas] en sus rostros. . . . Algunas perdieron sus ojos; quedaron ciegas"
>
> ——Fray Bernardino de Sahagún, *Historia general de las cosas de la Nueva España,* **Libro XII**

Hombres incas conocidos como corredores llevaban de aldea en aldea noticias registradas en los quipus. ▼

Deseosos de convertir a los indígenas al catolicismo, los españoles destruyeron objetos religiosos y templos relacionados con las religiones indígenas. También asesinaron a los sacerdotes indígenas.

En el Perú, los españoles se encontraron con una singular herramienta para llevar registros llamada **quipu**. Un quipu es una serie de cuerdas anudadas donde los incas registraban información, como recuentos de personas y bienes y la historia inca. Como los vieron con desconfianza, los destruyeron, a pesar de que eran muy precisos y útiles para dividir el imperio.

Millones de indígenas murieron de viruela o de gripe que traían los españoles. Los indígenas murieron porque no tenían **inmunidad**, o la capacidad del cuerpo para combatir una enfermedad. Los españoles, por el contrario, habían desarrollado resistencia a la viruela, común en Europa. Epidemias posteriores debilitaron aún más las culturas azteca e inca.

Verificar la lectura **¿Qué es un quipu?**

La mezcla cultural

En la América española, la mezcla de gente diversa dio lugar a una nueva estructura social. La mezcla de indígenas americanos, pueblos europeos y esclavos traídos de África, dio como resultado una cultura única en las Américas.

Influencias indígenas La cultura indígena que sobrevivió a la conquista española a menudo influyó en la vida colonial. El alto nivel de la arquitectura inca impresionó a los españoles. Los artesanos y trabajadores indígenas mezclaron su propia pintura o estilos de grabado con los de los europeos. Los colonos también aprendieron a comer alimentos indígenas de las Américas o a viajar en canoas al estilo indígena.

Influencias europeas Los españoles trajeron su idioma, leyes y religión. Renovaron las ciudades con edificios y casas de estilo español. A menudo construían sus iglesias católicas sobre los templos aztecas o incas.

Animales como ovejas, cerdos, cabras y vacas, traídos a la América española, cambiaron los hábitos alimenticios. La cría y el cuidado del ganado, sigue siendo importante en las Américas. Los españoles introdujeron el caballo, un animal que transformó la vida como nuevo medio de transporte y de caza.

Influencias africanas Los africanos traídos como esclavos para trabajar en las plantaciones de azúcar introdujeron nuevos métodos de agricultura, cultivos y cocina. El teatro, la danza y las canciones africanas se incluyeron en algunos servicios religiosos cristianos. En Cuba, Haití y el Brasil, los africanos forjaron nuevas religiones que a menudo mezclaban creencias africanas y cristianas.

Verificar la lectura **¿Cómo cambiaron los nuevos animales la vida en las Américas?**

▲ Esta pintura del siglo XVIII muestra a una familia formada por un padre español, una madre indígena americana y su hija mestiza, o de raza mixta.

Evaluación de la Sección 2

Pregunta esencial

¿Cuáles son las consecuencias del comercio?

Términos clave

1. Para cada uno de los términos clave, escribe una oración completa que explique su relación con la Era de la exploración: conquistador, colonización, lingotes, quipu, inmunidad.

Ideas clave

2. ¿Qué dos imperios americanos conquistaron los españoles?

3. ¿Qué productos de las Américas llevaron en grandes cantidades los barcos españoles a España?

4. ¿Qué causó la muerte de muchos indígenas, incluso después de que los combates terminaron?

Razonamiento crítico

5. **Inferir** ¿Por qué muchos indígenas decidieron unirse a los conquistadores?

6. **Comparar puntos de vista** Vuelve a leer la cita de Felipe Guamán Poma de Ayala. ¿En qué se diferencia su punto de vista del de los españoles que describió?

7. **Identificar prejuicios** ¿Por qué destruían los españoles los templos, estatuas y libros de los pueblos que conquistaban?

8. ¿Qué ganaron o perdieron los pueblos de las Américas de sus relaciones con los españoles? ¿Es posible tener un comercio justo entre un grupo de conquistadores y los pueblos conquistados? Explícalo. Anota las respuestas en tu Cuaderno del estudiante.

El crecimiento del comercio

Ideas clave
- Los viajes de descubrimiento iniciaron un intercambio global de personas, bienes e ideas.
- Las naciones europeas adoptaron el concepto del mercantilismo.
- Los cambios económicos en Europa condujeron al desarrollo del capitalismo.

Términos clave
- intercambio colombino
- mercantilismo
- capitalismo
- inflación
- industria artesanal
- economía tradicional
- economía de mercado

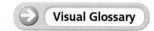 **Visual Glossary**

Destreza de lectura Resumir Toma notas usando el organizador gráfico en tu Cuaderno.

Los viajes de exploración vincularon a los hemisferios. Para mediados del siglo XVI, el océano Atlántico era una transitada carretera marítima, poblada de barcos llevando exploradores y colonos. También era parte de la red de comercio mundial.

El intercambio colombino

Colón vinculó las Américas con el resto del mundo. Las personas, plantas, animales, enfermedades e ideas del hemisferio oriental, o los continentes al este del océano Atlántico, cambiaron las Américas. Las plantas, animales y enfermedades del hemisferio occidental, o las Américas, transformaron el hemisferio oriental. El intercambio de personas, otros seres vivos e ideas entre los hemisferios oriental y occidental se llama el **intercambio colombino.**

Los colonos cruzan los océanos Poco después de la primera oleada de colonos europeos llegaron los esclavos africanos. Estas primeras migraciones, o movimientos de personas, eran como las olas del océano. Hubo una ola más grande en el siglo XIX cuando llegaron más de 50 millones de europeos a asentarse en las Américas. También llegaron miles de asiáticos. Hoy en día, las Américas siguen atrayendo a los inmigrantes. Como resultado, América del Norte y América del Sur tienen sociedades muy diversas.

El trigo se cultivaba originalmente en el suroeste de Asia. Los españoles lo llevaron a México para hacer su pan tradicional. ▼

Nuevos cultivos, nuevos alimentos Las plantas de las Américas alteraron los hábitos alimenticios en todo el mundo. Una de las más importantes fue el maíz que causó una explosión demográfica en África y Asia. El maní se convirtió en un cultivo <u>básico</u> en África, añadiendo proteína a las sopas o siendo prensado para hacer aceite de cocina. Otros cultivos importantes eran las papas, la yuca, los frijoles y los tomates.

Las plantas del hemisferio oriental cambiaron la vida en las Américas. La introducción en el Caribe y el Brasil de la caña de azúcar, la planta que produce el azúcar, produjo muchas ganancias. A medida que la cría de ganado aumentaba, los ganaderos de las Américas dependían de granos como la cebada y la avena. El hemisferio occidental se transformó debido a nuevos cultivos como centeno, arroz, uvas, plátanos y café.

básico, *adj.,* que se usa o necesita regularmente

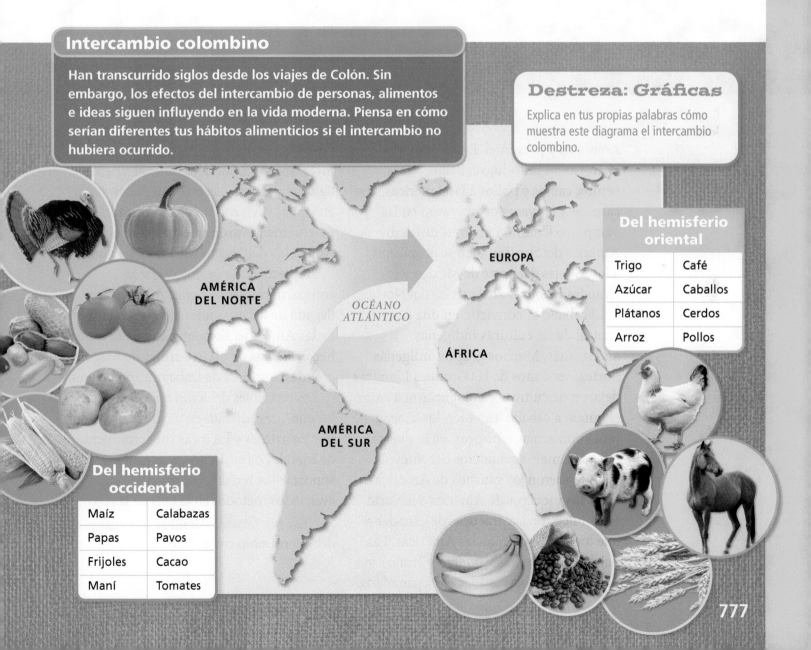

Intercambio colombino

Han transcurrido siglos desde los viajes de Colón. Sin embargo, los efectos del intercambio de personas, alimentos e ideas siguen influyendo en la vida moderna. Piensa en cómo serían diferentes tus hábitos alimenticios si el intercambio no hubiera ocurrido.

Destreza: Gráficas

Explica en tus propias palabras cómo muestra este diagrama el intercambio colombino.

AMÉRICA DEL NORTE

EUROPA

OCÉANO ATLÁNTICO

ÁFRICA

AMÉRICA DEL SUR

Del hemisferio oriental

Trigo	Café
Azúcar	Caballos
Plátanos	Cerdos
Arroz	Pollos

Del hemisferio occidental

Maíz	Calabazas
Papas	Pavos
Frijoles	Cacao
Maní	Tomates

777

Los caballos llegan al Nuevo Mundo

Los conquistadores trajeron los primeros caballos a las Américas. Por ello, se desarrolló una nueva forma de vida en torno al caballo. Por ejemplo, los hacendados españoles montaban los caballos y los usaban para arrear el ganado. Importaron estas prácticas a las Américas en el siglo XVI.

Estos gauchos argentinos (izquierda) montan caballos descendientes de los traídos por los españoles.

Arriba, se descargan caballos de los barcos españoles que llegan al Nuevo Mundo.

Animales y personas En su segundo viaje, Colón introdujo caballos, vacas, cerdos, cabras y pollos a las Américas. Los caballos y las vacas prosperaron en las pampas, o llanuras cubiertas de hierba, de América del Sur. También se adaptaron a los montes del norte de México y las Grandes Llanuras de América del Norte.

El caballo se convirtió en una parte central de las culturas indígenas americanas. Muchos grupos indígenas norteamericanos de las Grandes Llanuras dejaron de cultivar y comenzaron a cazar el búfalo a caballo También los usaron, junto con armas europeas, en la guerra.

Los primeros ganaderos del Nuevo Mundo fueron los gauchos de América del Sur y los vaqueros de América del Norte. Ellos iniciaron las prácticas de ganadería que todavía se usan en las Américas. Las palabras *rodeo*, *lazo*, *vaquero* y *bronco* son palabras españolas usadas en la ganadería.

Otros intercambios Algunos intercambios ocurrieron por accidente. Como has leído, las enfermedades europeas tuvieron un efecto mortal. Los marineros llevaron nuevas enfermedades tropicales del Nuevo Mundo a Europa.

El intercambio permitió que se compartieran tecnologías. Antes de la llegada de los españoles, las civilizaciones de las Américas no contaban con la rueda, herramientas de hierro, armas de fuego o grandes animales de trabajo como bueyes.

Los españoles debieron asombrarse de los enormes edificios de piedra construidos por los aztecas y los incas sin herramientas de metal. Los edificios incas podían soportar los terremotos gracias a sus avanzados métodos en la talla de la piedra.

Verificar la lectura **Nombra tres ejemplos del intercambio colombino.**

Mercantilismo

Tanto el comercio como la forma de hacer negocios cambió. Se creó un nuevo sistema económico llamado mercantilismo. El **mercantilismo** es una política económica que promueve el fortalecimiento de una nación mediante la expansión de su comercio. El objetivo es enriquecer al país y hacerlo poderoso.

Comercio y riqueza Los mercantilistas creían que el principal objetivo del comercio era hacer a una nación más poderosa. Vendían bienes a cambio de oro y plata. El dinero financiaba los ejércitos y armadas.

Los mercantilistas instaban a los legisladores a adoptar políticas para aumentar la riqueza de una nación. Su objetivo era regular el comercio e impulsar la producción. Un comerciante inglés explicó el mercantilismo así:

> 66 La regla a seguir es vender más al año de lo que se consume 99.
>
> —Thomas Mun, *El tesoro de Inglaterra por el comercio exterior*

El impacto del mercantilismo Para los siglos XVII y XVIII, la mayoría de las naciones europeas practicaban el mercantilismo. Gravaban las importaciones y ampliaban el mercado para los bienes nacionales.

miMundo: Actividad
Mezcla mercantilista

Mercantilismo en el comercio del té

El comercio del té de Inglaterra y los ingresos de los impuestos del té mantenían a los comerciantes, negociantes y artistas en todo el mundo. *Describe cuatro efectos económicos del comercio del té.*

Aprendizaje del siglo XXI

Inglaterra establece plantaciones de té en todo su imperio en Asia y África.

La Compañía Inglesa de las Indias Orientales mantiene altos los precios del té con su monopolio del comercio del té.

Los británicos diseñan barcos más veloces para traer el té de China.

El té fortalece la economía de Inglaterra

Los fabricantes ingleses de porcelana y plata exportan artículos para servir té a las colonias y a Europa.

Los artistas ingleses reciben comisiones por pintar a familias tomando el té.

Los bebedores de té ingleses comienzan a agregar azúcar a su té.

La producción de azúcar en el Caribe aumenta para satisfacer la demanda.

Los comerciantes británicos de té abren tiendas para vender té importado al público.

Beber té introduce nuevos hábitos alimenticios y nuevos alimentos para la hora del té.

TEA

my **worldhistory.com**

21st Century Learning

779

El azúcar

Una dulce historia sobre el capitalismo

La disponibilidad del azúcar en Europa era limitada desde la época medieval. Hacia el siglo XVII, los europeos querían más azúcar y las grandes plantaciones de azúcar en las Américas lo estaban suministrando. El comercio del azúcar era parte de un ciclo comercial que incluía la inversión, el desarrollo de la tierra, la mano de obra y la fabricación. Las ganancias del azúcar también podían reinvertirse para mantener el ciclo.

→ **Simulation**

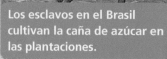

2 Los esclavos en el Brasil cultivan la caña de azúcar en las plantaciones.

Aquí tiene, capitán, tome este dinero que obtuve de mis últimas ventas de azúcar e inviértalo en su próximo viaje al Brasil.

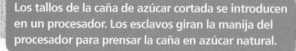

3 Los tallos de la caña de azúcar cortada se introducen en un procesador. Los esclavos giran la manija del procesador para prensar la caña en azúcar natural.

También hacían productos con las materias primas de las colonias que fundaron para venderlos a otros países. Las colonias compraban esos productos, pero no se les permitía comerciar con otras naciones. Así, el país de origen mantenía las ganancias dentro de su propia economía.

Al comprar y vender con otras naciones, las naciones mercantilistas aseguraban su acceso a mercados en crecimiento y a un ingreso cada vez mayor. Cuando los negociantes vendían las mercancías, los compradores en otras naciones pagaban con oro y plata. Este pago hacía al país del vendedor más rico y al país del comprador más pobre.

Verificar la lectura ¿Cómo contribuye el mercantilismo al fortalecimiento de una nación?

Una revolución comercial

La amplición del comercio, la mayor oferta de dinero y la creación de imperios impulsaron el desarrollo del capitalismo. El **capitalismo** es un sistema económico en el que las empresas son de propiedad privada y operan con fines de lucro. También se le llama libre mercado o sistema de libre empresa.

La revolución de los precios En el libre mercado los vendedores compiten para suministrar bienes a los compradores. La interacción de la oferta y la demanda determina los precios. En el siglo XVI, los precios de los bienes aumentaron. También aumentó la cantidad de dinero. Un aumento de los precios y un aumento en el efectivo disponible, producen una situación llamada **inflación**.

4 El azúcar procesado en bruto se vierte en barriles de madera y se carga a bordo de los barcos mercantes con destino a Europa.

5 En los hogares europeos se usa el azúcar para endulzar el café y el té, y dar sabor a los postres.

Me encanta usar estas elegantes pinzas para azúcar con mi nuevo juego de té de porcelana. También sirvo pasteles de azúcar de la panadería a la hora del té.

Este viaje al Brasil fue todo un éxito, Sr. Comerciante. Éstas son sus ganancias y espero que vuelva a invertir.

6 ¡Gracias, capitán! Con estas ganancias, voy a abrir una panadería para vender pasteles y dulces.

Este período de inflación europea se llamó la revolución de los precios.

Hubo dos causas de esta revolución de los precios. Una fue el crecimiento de la población. Más personas produjeron mayor demanda de alimentos. Los agricultores no podían suministrar lo suficiente para satisfacer la demanda. Como resultado, los precios aumentaron. Por ejemplo, los alimentos eran de cuatro a seis veces más caros en Inglaterra en 1640 que en 1500.

La segunda causa era el <u>enorme</u> flujo de oro y plata de las Américas a Europa. Estos metales se agregaban a la oferta de dinero en Europa. Había más dinero, pero menos cosas, como alimentos, para comprar. Esto aumentó los precios.

Los terratenientes y comerciantes invertían mayores ganancias en sus negocios. Usar el capital, o dinero, para aumentar las ganancias es una parte fundamental del capitalismo.

Tierras, cultivos y precios Otro aspecto del capitalismo es la propiedad privada. Los individuos, no el gobierno, son los dueños de las tierras y las herramientas para el cultivo. Se benefician de los cultivos y cosechas rentables, y pueden comprar y vender la tierra para obtener ganancias.

Bajo el capitalismo, los agricultores trabajan para los terratenientes y obtienen salarios que les permiten adquirir bienes. Algunos agricultores ahorraban dinero, compraban tierras y se convertían ellos mismos en terratenientes.

enorme, *adj.,* muy grande

my worldhistory.com

Simulation

781

Obsesión por los tulipanes

En la década de 1630, el frenesí por un solo bien, el bulbo del tulipán, se consolidó en los Países Bajos. Las personas hacían y perdían fortunas a medida que el precio de los bulbos del tulipán se disparaba dramáticamente y luego caía repentinamente. *Según la tabla de abajo, ¿cuánto más costaba un bulbo de tulipán que una pintura en la década de 1630?*

En el apogeo de la obsesión, las pinturas de tulipanes como la de arriba del maestro holandés Joannes Busschaert eran menos costosas que un solo bulbo del tulipán.

Precios en los Países Bajos, década de 1630

150 florines	Promedio de ingresos anuales
5,000 florines	Precio de una pintura de tulipanes por un maestro holandés
10,000 florines	Costo de una lujosa residencia en Amsterdam o Un solo bulbo del tulipán

(100 florines = aprox. $12,500 en dólares estadounidenses hoy en día)

FUENTE: *El tulipán*, 1999

Una granja moderna de tulipanes en los Países Bajos

La revolución de los precios beneficiaba más a los terratenientes pues provocó mayores ganancias. Debido a que el excedente de cosechas de las granjas más grandes producía más beneficios, algunos terratenientes en Holanda e Inglaterra expulsaban a los campesinos de sus tierras. Usaban estas tierras para criar ovejas para el redituable comercio de lana.

Estos cambios económicos acabaron con lo que quedaba del sistema feudal en los Países Bajos y en Inglaterra. Los campesinos ya no cultivaban la tierra del señor a cambio de parte de la cosecha. Muchos se mudaron a las ciudades para buscar nuevas formas de ganarse la vida.

Bienes y ganancias La revolución de los precios también hizo subir los precios de bienes populares. Los comerciantes de telas querían producir más y obtener mayores ganancias.

En Inglaterra, los comerciantes de telas idearon un ingenioso sistema para la elaboración y venta de las telas. Compraban lana en bruto a los ganaderos de ovinos a los precios más baratos que encontraban y la llevaban a las aldeas cercanas. Allí, pagaban a las familias por hilar y luego tejer la lana en telas. Cuando estaban listas, las llevaban a otro lugar para ser acabadas y teñidas. Luego vendían estas telas en donde los precios eran más altos. Producían las telas lo más barato posible y luego las vendían por la mayor ganancia.

Las personas que tejían estas telas trabajaban en sus propias casas, llamadas cabañas de artesanos, en un sistema conocido como **industria artesanal**. Usaban su propio equipo y a menudo trabajaban horarios prolongados.

Por primera vez, el capital y el trabajo se separaron. Esta idea se ampliaría en las fábricas capitalistas de la Revolución Industrial en el siglo XIX.

Los capitalistas invirtieron dinero en otras industrias. En Inglaterra, operaban minas de carbón, fundiciones, cerveceras y astilleros. Los capitalistas holandeses fundaron la impresión, el cortado de diamantes, el refinado del azúcar y las industrias del chocolate.

Una economía de mercado Con el tiempo, estos cambios en la industria y la agricultura transformaron las economías de los Países Bajos e Inglaterra, que fueron los primeros en alejarse de una economía tradicional. Una **economía tradicional** es una economía en la cual el intercambio de bienes se basa en la costumbre o la tradición. Estas prácticas suelen transmitirse entre generaciones sin grandes cambios.

En contraste, en una **economía de mercado** los precios y la distribución de los bienes se basan en la competencia en un mercado. Los precios no los fijan los gremios, el gobierno o la costumbre. Las fuerzas de la oferta y la demanda fijan los precios. Una economía de mercado requiere de la propiedad privada, el libre mercado e <u>incentivos</u> lucrativos.

Verificar la lectura ¿Qué es el capitalismo?

La clase media crece

En las ciudades en crecimiento de Europa, los comerciantes, negociantes y artesanos prosperaron. A este grupo se le llamó clase media. En contraste, los trabajadores contratados y los sirvientes a menudo vivían al borde de la pobreza. Pasaron siglos antes de que estos cambios llegaran a todos los niveles de la sociedad europea. Esto se debió a que gran parte de la población permaneció en las áreas rurales.

Verificar la lectura ¿Quiénes eran los miembros de la clase media?

incentivo, *sust.,* algo que conduce a la acción

Hacer encaje era una industria artesanal común, como se muestra en esta pintura de Johannes Vermeer de 1669–1670. ▼

Evaluación de la Sección 3

? **Pregunta esencial**

¿Cuáles son las consecuencias del comercio?

Términos clave

1. Define cada uno de los siguientes términos clave en una oración completa: intercambio colombino, mercantilismo, capitalismo, industria artesanal, economía tradicional, economía de mercado.

Ideas clave

2. ¿Cómo influyó la Era de la exploración en la agricultura de los hemisferios oriental y occidental?

3. Según los mercantilistas, ¿cuál era el objetivo principal del comercio?

4. ¿Cómo solían usar los capitalistas sus ganancias?

Razonamiento crítico

5. **Analizar causa y efecto** ¿Cómo alteró el intercambio colombino la vida de los indígenas de las Grandes Llanuras?

6. **Sacar conclusiones** En un sistema mercantilista, ¿podrían prosperar todas las naciones? Explícalo.

7. ¿Quiénes se beneficiaron más del mercantilismo, las naciones europeas o sus colonias? Explícalo. ¿Cómo benefició el aumento del precio de la tierra a unos y no a otros? Anota las respuestas en tu Cuaderno del estudiante.

Evaluación del capítulo

Términos e ideas clave

1. Explicar ¿Qué ventajas tenía la **carabela** sobre los estilos más antiguos de barcos?

2. Recordar ¿De quién fue la primera expedición en **circunnavegar** el globo?

3. Describir ¿Cuáles eran algunas de las dificultades que experimentaban los marineros durante los viajes de exploración?

4. Explicar ¿Por qué no tenían los aztecas ni los incas **inmunidad** a la viruela?

5. Recordar ¿Quiénes eran los **conquistadores** y qué hacían?

6. Explicar ¿Cómo funciona una **industria artesanal**?

7. Resumir ¿Qué era el **intercambio colombino**?

8. Comentar En una **economía de mercado**, ¿qué controla si los precios suben o bajan?

9. Recordar ¿Qué causó la **inflación** durante los siglos XVI y XVII?

Razonamiento crítico

10. Analizar fuentes primarias ¿Qué quiso decir el erudito europeo de la Sección 1 en su cita, al decir que "la mitad oculta del mundo sale a la luz"?

11. Comparar y contrastar ¿En qué se diferenciaba el enfoque portugués a la exploración del enfoque español a la exploración?

12. Sacar conclusiones ¿Crees que los líderes españoles trataron a los líderes incas y aztecas con justicia? Explícalo.

13. Inferir ¿Cómo es posible que cambiara la cultura inca, la destrucción de sus manuscritos?

14. Analizar causa y efecto ¿Cómo afectó a los campesinos, el aumento de los precios de las tierras en Inglaterra y los Países Bajos?

15. Conceptos básicos: Fundamentos de economía ¿Cómo demostró la revolución de los precios la ley de la oferta y la demanda?

Analizar elementos visuales

16. Este artefacto azteca era usado para sostener una bandeja de carbones ardientes. A juzgar por su aspecto, ¿de qué está hecho?

17. Esta pieza se llama "Tres edades". ¿Cómo muestra tres etapas de la vida humana?

18. ¿Qué capa crees que representa la vejez?

19. ¿Qué etapas de la vida parecen faltar? Explícalo.

Vuelta al mundo en 1000 días ¡Luces, cámara, acción! Tu grupo visitará cinco exposiciones en el salón de clases y comentará cómo hacer un documental sobre la expedición de Magallanes. Un líder de debate y un escribiente tomarán notas sobre las exposiciones. Usarán las notas y los elementos visuales de las tarjetas de actividades para producir un guión y un documental sobre el viaje de Magallanes.

Aprendizaje del siglo XXI

Desarrolla conciencia cultural

Investiga la cultura de los incas o de los aztecas. Averigua sobre su religión, tecnología, ciudades, economía, arte y estructura social. Escribe un plan para una exposición para enseñar a los estudiantes más jóvenes esta cultura. Incluye fotografías o dibujos de los artefactos; líneas cronológicas, gráficos y biografías; y leyendas informativas que expliquen los objetos expuestos.

Preguntas basadas en documentos

Usa tu conocimiento de la Era de la exploración y los Documentos A y B para responder las Preguntas 1 a 3.

Documento A

" E incluso antes de que los españoles se hubieran levantado contra nosotros, llegó primero a ser [común] una peste: la viruela. . . . [S]e extendió por el pueblo como una gran destrucción. . . . Hubo grandes estragos [caos]. Muchos murieron de ella. No podían caminar; sólo yacían en sus lugares de descanso y camas".

—*Historia general de las cosas de la Nueva España,* Libro XII, por fray Bernardino de Sahagún, c.1579

Documento B

Disminución de la población indígena americana

FUENTE: Nicolás Sánchez-Albornoz, *La población de América Latina*

1. Según el Documento A, ¿cómo produjo inestabilidad la llegada de los extranjeros?

   A al luchar contra los pueblos indígenas

   B al traer enfermedades a las Américas

   C al tomar demasiada plata y oro de las Américas

   D al introducir cultivos del hemisferio oriental a las Américas

2. Según la gráfica del Documento B, ¿cómo cambió la población del centro de México del siglo XVI al siglo XVII?

   A Se duplicó.

   B Se incrementó diez veces.

   C Se redujo a la mitad.

   D Se redujo por aproximadamente 25 millones.

3. **Tarea escrita** Usa estos documentos para escribir un párrafo sobre el efecto de la colonización en los índigenas americanos.

my worldhistory.com

Self-Test

Conquistas españolas en las Américas

Idea clave
- Los europeos establecieron imperios durante una Era de exploración, descubrimiento y conquista mundial.

Un retrato de Moctezuma, siglo XIX

El explorador español Hernán Cortés viajó a México en 1519 para conquistar el rico Imperio Azteca. Al principio, pudo convencer a muchos indígenas aztecas de convertirse en sus aliados. Cuando llegó a la capital azteca de Tenochtitlan, el líder azteca Moctezuma le dio la bienvenida amablemente. Moctezuma al parecer creía que los españoles eran descendientes de un dios azteca. Este encuentro entre Cortés y Moctezuma se describe en el primer extracto. Sin embargo, Cortés y sus soldados pronto atacaron a los aztecas. El segundo extracto proporciona un vistazo de cómo fueron capaces los españoles de conquistar el poderoso Imperio Azteca.

Lee el texto de la derecha. Haz una pausa en cada letra encerrada en un círculo. Luego, responde la pregunta con la misma letra que está a la izquierda.

A Analizar fuentes primarias ¿Por qué llama Moctezuma a Cortés "señor"?

B Sacar conclusiones ¿Por qué dice Moctezuma que la llegada de Cortés "no es un sueño"?

C Resumir ¿Cómo reaccionó Cortés al discurso de Moctezuma?

cansado, *adj.,* exhausto
dosel, *sust.,* cubierta de tela

Moctezuma y Cortés se saludan

❝ Entonces [Moctezuma] se puso de pie para dar la bienvenida a Cortés; se acercó, inclinó su cabeza y se dirigió a él con estas

A palabras: 'Nuestro señor, está <u>cansado</u>. El viaje lo ha agotado, pero ahora ha llegado a tierra. . . . Ha venido aquí para sentarse en su trono, para sentarse bajo su <u>dosel</u>;' . . . .

B 'No, no es un sueño. No estoy caminando sonámbulo. No lo estoy viendo en mis sueños. . . . Y ahora ha salido de las nubes y las nieblas para sentarse en su trono de nuevo'.

'. . . Ha regresado a nosotros; ha bajado del cielo. Descanse ahora y tome posesión de sus casas reales. ¡Bienvenidos a su tierra, mis señores!'

C . . . Cortés respondió. . . 'Dile a [Moctezuma] que somos sus amigos. No hay nada que temer. Hemos querido verlo desde hace mucho tiempo y ahora hemos visto su rostro y escuchado sus palabras. Dile que lo amamos y que nuestros corazones están contentos'. ❞

—Moctezuma y Cortés, 1519, de *Visión de los vencidos: Relaciones indígenas de la conquista*, editado por Miguel León-Portilla

Lee el texto de la derecha. Haz una pausa en cada letra encerrada en un círculo. Luego, responde la pregunta con la misma letra que está a la izquierda.

D **Analizar los detalles** ¿Qué hacen las personas en el templo mientras comienza el ataque?

E **Sacar conclusiones** ¿Cómo crees eran las armas españolas en comparación con las armas aztecas?

F **Inferir** ¿Cuál fue el resultado del ataque de los españoles a los aztecas?

fiesta, *sust.,* un festival, celebración

forraje, *sust.,* alimento que se da a los animales

macana, *sust.,* un arma de madera en forma de espada

traicioneramente, *adv.,* poco fiable, marcado por peligros ocultos

Recuento azteca del ataque español

❝ [L]os celebrantes comenzaron a cantar sus canciones. Así es como celebraban el primer día de la <u>fiesta</u>. En el segundo día **D** comenzaron a cantar de nuevo, pero sin previo aviso todos fueron asesinados. Los danzantes y cantantes estaban desarmados por completo. . . .

Los españoles atacaron primero a los músicos, acuchillando sus manos y rostros hasta que los asesinaron a todos. Los cantantes, e incluso los espectadores, también fueron asesinados. Esta masacre en el patio sagrado se prolongó durante tres horas. Entonces los españoles irrumpieron en las habitaciones del templo para matar a los otros: a los que acarreaban agua, o llevaban <u>forraje</u> para los caballos, o molían la comida, o barrían.

El rey [Moctezuma]. . . protestó: 'Señores nuestros, ¡es **E** suficiente! ¿Qué están haciendo? Estas personas no portan escudos ni <u>macanas</u>. ¡Están totalmente desarmadas!'

[Los españoles]. . . habían asesinado <u>traicioneramente</u> a nuestro pueblo veinte días después de que [Cortés] se fuera a la costa. Permitimos a [Cortés] regresar a la ciudad en paz. Pero al **F** día siguiente lo atacamos con todas nuestras fuerzas y ese fue el comienzo de la guerra ❞.

—Recuento azteca, 1519, de *Visión de los vencidos: Relaciones indígenas de la conquista,* editado por Miguel León-Portilla

Cortés ataca Tenochtitlan.

Analizar los documentos

1. **Sintetizar** ¿Cómo revela la redacción del segundo pasaje el punto de vista del autor?

2. **Tarea escrita** Moctezuma recibe a Cortés con respeto. ¿Cómo crees que habría recibido a otros exploradores europeos que hubiesen llegado después de Cortés? Explica tus ideas en un párrafo.

787

Debate sobre el futuro digital

Tu misión Vas a analizar la evolución de los libros desde los manuscritos y las primeras imprentas, hasta la Internet y los libros electrónicos. En grupos, realiza un debate sobre los productos de impresión y los digitales. Después evalúa las ventajas y las desventajas de los productos digitales modernos.

Durante el siglo XV, Johannes Gutenberg introdujo en Europa el concepto de los tipos movibles: letras de metal y marcas de puntuación que se pueden acomodar para formar líneas de texto. Los tipos movibles hicieron posible imprimir los libros más rápidamente que copiando el texto a mano. Antes del desarrollo de los tipos movibles, sólo había unos pocos miles de libros en toda Europa. Para el siglo XVI, según algunos cálculos, millones de libros habían sido impresos. La nueva disponibilidad de libros impresos significó que más personas aprendieron a leer. Estos libros exponían a las personas a ideas nuevas.

Tu equipo debe investigar los efectos de los tipos movibles y la impresión, y después investigar los productos digitales modernos. Mientras planeas tus argumentos de debate, considera los retos de la tecnología y las ventajas y las desventajas de los productos digitales.

PASO **1**

Investiga la tecnología de impresión.

Realiza investigaciones sobre la invención y los efectos de los tipos movibles. Por ejemplo, ¿cómo ayudó la invención de la imprenta a difundir la alfabetización y las nuevas ideas? Después, investiga cómo ha cambiado el mundo de las publicaciones con el tiempo. Enfócate en hechos sobre los productos digitales modernos y las formas en que las personas leen libros, revistas, periódicos y otras publicaciones.

PASO **2**

Prepara y realiza tu debate.

En grupos de cuatro, hagan un debate sobre esta declaración: El desarrollo de los tipos movibles causó más cambios que el desarrollo de los productos digitales. Dos personas deben apoyar esta declaración; las otras dos deben oponerse a ella. Asegúrate de investigar los hechos para respaldar tus argumentos. Con tu maestro como moderador, presenta tu debate a tus compañeros de clase, que tomarán notas.

PASO **3**

Evalúa las ventajas y las desventajas.

¿Cuáles son las ventajas y las desventajas de los productos digitales para acceder a la información? Con toda la clase, comenten las ventajas y desventajas de los productos digitales y los productos impresos. Crea una lista. ¿Superan las ventajas de los productos digitales a las desventajas? ¿Son mejores los productos digitales que los productos impresos para ciertas cosas?

Gutenberg's Metal Type Around 1450, a German printer named Johann Gutenberg (YOH hahn GOOT un burg) invented movable metal type. With this method, individual letters formed in metal could be used again and again to form words, lines, and pages of text.

In 1455, Gutenberg published the Bible, an event that increased literacy as never before. Printed Bibles were less expensive than handwritten ones, and many people learned to read using Bibles they had at home. By 1490, printing presses were in use from London to Constantinople. By 1500, between 8 million and 20 million books had been printed in Europe.

3 of 23

PORTABLE READER SYSTEM
PRS-505

MENU

Período moderno temprano

Thomas Jefferson (aprox. 1800) fue un estadista estadounidense y principal autor de la Declaración de Independencia de los Estados Unidos.

América del Norte

Malinche (aprox. 1600) fue una traductora y asesora azteca del explorador español Hernán Cortés.

Océano Atlántico

Océano Pacífico

América del Sur

500 A.C. 1 D.C. 500 D.C. 1000 D.C. 1500 D.C. 2000 D.C.

Colonización europea

El ascenso de la monarquía

Una era de revoluciones

Océano
Glacial Ártico

Europa

África

Isabel I (aprox. 1600) fue una reina de Inglaterra que unificó al país y expandió su poder internacional.

Capítulo 27
Colonización europea

Capítulo 28
El ascenso de la monarquía

Capítulo 29
Una era de revoluciones

* **Los colores en el mapa corresponden a las áreas de estudio que se presentan en cada capítulo.**

N
O   E

Colonización europea

Pregunta esencial

¿Por qué la gente se desplaza?

Pintura de Tenochtitlan del pintor mexicano Diego Rivera (1945)

? Explora la Pregunta esencial

- en **my worldhistory.com**
- usando **miMundo: Actividad del capítulo**
- con el **Cuaderno del estudiante**

Las personas y el desplazamiento

1521 La conquista española se completa.

1607 Se funda Jamestown.

1619 Los primeros esclavos africanos llegan a Virginia.

1400 — **1500** — **1600** — **1700** — **1800**

1498 Vasco da Gama llega a la India.

1534 Jacques Cartier descubre el río San Lorenzo.

1608 Samuel de Champlain establece Quebec.

1763 El Tratado de París pone fin a la Guerra Franco-Indígena.

La historia de Malinche

Leíste sobre cómo la conquista española cambió a las Américas. Hernán Cortés escribió: "Después de a Dios, le debemos la conquista de la Nueva España a Doña Marina". Mientras lees esta historia novelada, piensa en Doña Marina y su papel en la conquista española.

El cacique azteca Teteotcingo estaba orgulloso de su hija, Malinalli. La envió a la escuela y le enseñó a ser orgullosa y comportarse como la hija de un guerrero. Pero cuando Teteotcingo murió, la vida de Malinalli cambió para siempre.

Después de la muerte de Teteotcingo, Cimatl, la madre de Malinalli, se volvió a casar y tuvo un hijo. Cimatl quería que su hijo recibiera la propiedad que había pertenecido a Malinalli, así que ideó un plan cruel. En medio de la noche, Cimatl vendió a Malinalli a unos comerciantes viajantes mayas. Más tarde dijo a todos que su hija había muerto.

Traicionada por su madre, Malinalli vivía ahora la vida de una esclava. Estaba sola en una tierra desconocida. Lo peor era que todos a su alrededor hablaban un idioma diferente, mientras que Malinalli hablaba náhuatl, el idioma azteca. Sin embargo, rápidamente dominó el idioma de sus captores mayas. También aprendió a hablar otros dialectos. Entre sus compañeros de cautiverio, era conocida como Malintzin.

my worldhistory.com

Timeline/On Assignment

793

Ya no más la hija de un noble, Malinche vivía entre los esclavos, moliendo maíz y transportando agua.

Cuando llegaron los españoles, bautizaron a los mayas y a los esclavos. A Malinche le dieron un nuevo nombre, un nombre cristiano: Marina.

Una mañana que Malintzin molía maíz, escuchó que se hablaba de los hombres blancos con barba que habían sido vistos en la costa en enormes "casas flotantes". Estos hombres eran los conquistadores españoles encabezados por Hernán Cortés. Cuando los españoles desembarcaron hubo una batalla y derrotaron con sus poderosas armas a los mayas. Como dictaba la tradición, los mayas presentaron a los vencedores valiosos regalos: un grupo de mujeres cautivas, incluida Malintzin.

Las mujeres se arrodillaron y un sacerdote español las bautizó bajo la religión cristiana. Como los europeos no pudieron pronunciar el nombre de Malintzin, la llamaron Malinche. Sin embargo, recibió el nombre católico de Marina. Cuando los españoles se enteraron de que era la hija de un cacique, le añadieron el título honorífico de "Doña".

Cortés y Malinche se reúnen con el poderoso Moctezuma.

Doña Marina viajó con Cortés y sus hombres hacia el norte por la costa de México. A menudo desembarcaban para preguntar sobre los depósitos de oro o plata. También tenían curiosidad sobre el emperador azteca Moctezuma. Cortés dependía de Gerónimo de Aguilar, un español que había naufragado entre los mayas y conocía su idioma. Sin embargo, en tierras aztecas, los pobladores hablaban náhuatl, que Aguilar no entendía.

Una tarde calurosa, se encontraron con dos recolectores de tributo imperial. La comunicación parecía imposible y surgieron tensiones. Pero Doña Marina entendía todo y valientemente sirvió de intérprete.

Malinche pronto se convirtió en parte vital para Cortés y su misión. Era una parte importante de un sistema de tres vías de comunicación. Cortés hablaba español, Aguilar lo traducía al maya y después Malinche traducía el maya al náhuatl, el idioma azteca. Malinche también había aprendido español.

Su situación era incómoda. Se suponía que las mujeres, especialmente las indígenas, debían ser silenciosas y pasar desapercibidas. Muchos se sorprendían de ver cuánto dependía Cortés de Malinche.

Aquí, Aguilar, Malinche y Cortés se muestran conversando con vírgulas, el símbolo azteca para las palabras habladas.

Cuando Cortés llegó a Tenochtitlan, dependía en gran medida de Malinche, que demostró ser una valiosa aliada y estratega.

Las habilidades de Malinche fueron puestas a prueba cuando Cortés y Moctezuma se reunieron en 1519. Era un reunión histórica para los españoles, que soñaban con oro y gloria, y para los aztecas, que posiblemente los veían como el cumplimiento de una profecía sobre su destino.

Fue una escena dramática. Los españoles avanzaban con armadura, los cascos de sus caballos repicando en la calzada de madera que conducía a Tenochtitlan, la capital azteca. Los aztecas estaban sobrecogidos ¡nunca habían visto caballos! Moctezuma llegó bajo un dosel de brillantes plumas de quetzal. Los nobles aztecas le seguían, usando finos linos, sandalias con piedras preciosas y adornos de oro.

Malinche se paró junto a Cortés, mirando a Moctezuma a los ojos con valentía y hablándole directamente a él. Los nobles aztecas estaban sorprendidos por este comportamiento de una mujer. Sin embargo, Moctezuma tuvo que saludarla y hablar con ella para poder comunicarse con Cortés.

Sin Malinche, todo habría sido diferente. Para 1521, los españoles habían tomado Tenochtitlan y Moctezuma estaba muerto. Surgieron asentamientos españoles en México y América Central. La conquista estaba consumada.

Hoy en día, la historia de Malinche provoca sentimientos encontrados. Muchos mexicanos consideran al hijo que tuvo con Cortés como el primer mestizo. Eso lo convertiría en el primer mexicano y a Malinche en la madre de México. Otros la ven como una traidora. Al ayudar a Cortés, creen, traicionó a su tierra natal. Independientemente de su nombre, Malintzin, Malinalli, Malinche o Doña Marina, sigue siendo una figura importante en los sucesos de las Américas. ¿Qué indica la historia de Malinche sobre la colonización europea?

myStory Video

Acompaña a Malinche mientras ella y Cortés se reúnen con el poderoso Moctezuma.

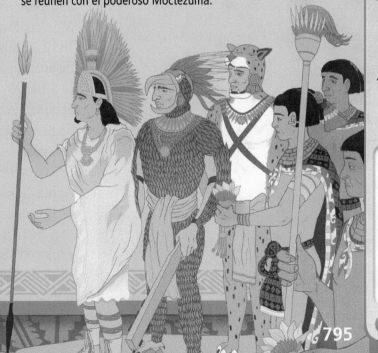

La América española

Ideas clave

- España mantenía un estricto control sobre el gobierno y la economía de su imperio americano.

- En las colonias de España se desarrollaron una sociedad y una cultura únicas.

- Las misiones y plantaciones españolas desplazaron a las culturas indígenas americanas tradicionales.

Términos clave • virrey • encomienda • peninsular • criollo • mestizo • mulato • misiones

 Visual Glossary

 Destreza de lectura Identificar las ideas principales y los detalles Toma notas usando el organizador gráfico en tu Cuaderno.

En 1565, el explorador español Pedro Menéndez de Avilés fundó San Agustín, Florida. Es la ciudad de los Estados Unidos con continuidad poblacional más antigua. ▼

Una avalancha de colonos y misioneros españoles siguieron a Cortés y a los conquistadores al nuevo imperio de España. Con el tiempo, surgió una nueva cultura que reflejaba una mezcla de tradiciones europeas, indígenas americanas y africanas.

La expansión del Imperio Español

Después de la caída del Imperio Azteca, los españoles se expandieron hacia América Central. El gobierno español envió exploradores y colonos para conquistar nuevas tierras.

Exploraciones posteriores Desde antes de la conquista de México, Europa occidental se interesó en el viaje de Colón de 1492. También otros países europeos viajaron al oeste, en busca de aventuras y riquezas.

En 1513, el explorador español Juan Ponce de León llegó al continente de América del Norte durante la temporada de Semana Santa, o la fiesta de las flores, por lo que llamó a la región la Florida. Algunos años más tarde, Hernando de Soto desembarcó en la Florida. Soto viajó hasta los montes Apalaches, en lo que hoy es Georgia y las Carolinas, antes de dirigirse al oeste hacia Tennessee, Alabama y Mississippi.

A principios de 1540, Francisco Vázquez de Coronado exploró el Suroeste de los Estados Unidos en busca de las "siete ciudades de oro". Se encontró con los zuñis y los pueblo, pero nunca descubrió estas míticas ciudades de riquezas.

Gobernar el imperio Con sus ricos recursos naturales de oro, plata y estaño, México y el Perú atrajeron a un gran número de exploradores y colonos. Los siguieron funcionarios del gobierno para asegurarse de que la corona recibiera su parte de las riquezas del Nuevo Mundo.

España designó gobernadores locales, pero con frecuencia tenían conflictos con los conquistadores y los misioneros católicos. Para gobernar de manera más eficiente, el rey de España, Carlos V, designó **virreyes**, o funcionarios que gobernaban en nombre del rey en la América española.

Para finales del siglo XVI, España poseía las Filipinas, un grupo de islas en la costa del sureste de Asia. En 1570, el virrey de Nueva España gobernaba el territorio de las Filipinas, México y el Caribe.

El cristianismo en las Américas Para España, conseguir almas para el cristianismo era tan importante como la construcción del imperio. La Iglesia católica convirtió al cristianismo a miles de indígenas americanos. Los líderes de la Iglesia también eran funcionarios reales que regulaban las actividades de los colonos españoles. Con la expansión del Imperio Español, aumentó la autoridad de la Iglesia.

En las comunidades fronterizas, los franciscanos, los jesuitas y otros misioneros construyeron iglesias y escuelas. Introdujeron oficios como la <u>carpintería</u> y la metalurgia. Para comunicarse, muchos misioneros aprendieron las lenguas nativas y tradujeron la Biblia. Uno de esos sacerdotes, Bernardino de Sahagún, aprendió el náhuatl

y preservó muchos aspectos de la cultura azteca en un valioso libro llamado *Historia general de las cosas de la Nueva España*.

Algunos misioneros no valoraban las culturas de los indígenas americanos y trataron de eliminarlas y sustituirlas por la fuerza con la cultura europea, que a su juicio era superior. También destruyeron artefactos y escritos indígenas, perdiendo para siempre valiosos registros de la vida en las Américas antes de la llegada de Colón.

carpintería, *sust.*, el arte o el comercio de la artesanía en madera

El historiador español y misionero dominico Bartolomé de Las Casas protestó contra la opresión de los pueblos indígenas por los españoles. Esta estatua en la República Dominicana honra su trabajo.

797

Las riquezas de las Américas Para hacer redituable al imperio, España controlaba el comercio de las colonias. Los colonos sólo podían enviar materias primas a España y comprar bienes fabricados en España. Las leyes prohibían a los colonos comerciar con cualquier otra nación europea u otras colonias españolas.

Otra fuente de ganancias fue la caña de azúcar. Originaria de Asia meridional, los musulmanes la cultivaron en España durante la Edad Media. Los comerciantes españoles y portugueses la trajeron por primera vez al Nuevo Mundo.

La caña de azúcar se podía refinar en azúcar, melaza y ron, todo en demanda en Europa. Se cultivaba en plantaciones que requerían un gran número de trabajadores y esto era un problema.

Al principio, los colonos usaban el sistema de encomienda concedido por la corona española. En el sistema de **encomienda**, los colonos tenían el derecho de exigir trabajo o tributo a los indígenas americanos que vivían cerca. Esto condujo al trabajo forzoso y a la esclavitud de los indígenas americanos. Con el tiempo, las enfermedades y el trato cruel ocasionaron una seria disminución de la población indígena.

Para conseguir mano de obra, los funcionarios españoles recurrieron a trabajadores esclavizados de África. A medida que la demanda europea de azúcar aumentaba, millones de africanos eran llevados a plantaciones del Caribe y el Brasil. La mayoría trabajaban como peones y sirvientes.

Como otra fuente de riquezas en las Américas eran el oro, la plata y el estaño, muchos africanos esclavizados fueron enviados a las minas coloniales. En pocas generaciones, estos africanos y sus descendientes nacidos en América superaron en cantidad a los europeos.

Verificar la lectura ¿Qué eran los virreyes?

La recolección de cochinillas de las plantas del cactus ▼

Un insecto
que vale mucho dinero

Una de las razones por las que los españoles se desplazaron a las Américas fue para obtener riquezas. Al principio, el oro y la plata atrajeron a los colonos españoles, pero las riquezas también provenían de una fuente inesperada. La cochinilla seca, insecto valorado por su tinte rojo, estaba en segundo lugar, solamente debajo de la plata, en las exportaciones de México en 1600. Los funcionarios españoles en México se aseguraban de que los insectos fueran recolectados adecuadamente, secados y pesados. Este insecto se convirtió en un gran negocio.

¿Por qué se desplazaron?

Exportaciones de cochinilla

25,000 insectos = 1 libra antes de secarlos
70,000 insectos = 1 libra después de secarlos

Años de exportación seleccionados	
1575	175,000 libras
1576	300,000 libras
1580	230,000 libras
1587	142,000 libras
1594	325,000 libras
1598	175,000 libras
1600	150,000 libras

SOURCE: Raymond Lee, "Cochineal Production and Trade in New Spain to 1600"

Destreza: Gráficas

¿Cuántas cochinillas secas se exportaron en 1594?

Un crisol de culturas

Artistas coloniales del siglo XVIII registraron la cambiante población de las Américas con pinturas de castas. La palabra *casta* se refiere a la herencia racial de un individuo. *¿Cómo influyó la mezcla de razas en la estructura social de las Américas?*

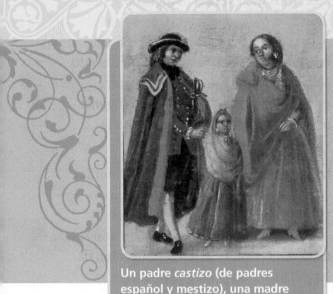

Un padre *castizo* (de padres español y mestizo), una madre española y su hija española

Una madre africana (izquierda), un padre español y su hijo mulato

Un padre *chino* (de padres mulato e indígena), una madre indígena americana y su hijo

Sociedad y cultura

Durante el siglo XVI, cientos de barcos llegaron a los puertos americanos. Los pasajeros conformaron una sociedad única en las Américas.

Clases sociales La sociedad colonial española estaba constituida por distintas clases sociales. En la parte superior estaban los **peninsulares**, personas nacidas en España, en la península Ibérica. Tenían los cargos más altos en el gobierno y la Iglesia católica. Luego venían los **criollos**, descendientes de los colonos españoles nacidos en América. Poseían plantaciones, haciendas y minas.

Los grupos sociales más bajos incluían a los **mestizos**, personas de ascendencia indígena americana y europea, y a los **mulatos**, personas de ascendencia africana y europea. Más abajo estaban los indígenas americanos y las personas de ascendencia africana.

Influencias españolas Los colonos construyeron cientos de nuevas ciudades y pueblos en la América española. Estas ciudades reflejaban muchos elementos urbanos del país de origen. Las iglesias y los edificios gubernamentales y comerciales limitaban con grandes plazas, o patios. A su alrededor las calles estaban dispuestas en una cuadrícula.

Para educar a los sacerdotes, la Iglesia estableció universidades coloniales. Para 1551, había varias en la República Dominicana, México y el Perú. Muchos jóvenes en la América española asistieron a universidades mucho antes de que Harvard se fundara en 1636, como la primera universidad de América del Norte.

Las opciones de educación entre las mujeres en la América española eran pocas. A menudo las mujeres que querían una educación entraban en un convento. Una de esas mujeres fue Sor Juana Inés de la Cruz. Entró en un convento a los 18 años y se dedicó a estudiar y a escribir poesía y obras teatrales. También defendió el derecho de las mujeres a estudiar y escribir. Se convirtió en una de las más <u>consumadas</u> escritoras en el idioma español.

consumado, *adj.,* altamente calificado

Verificar la lectura ¿Quién era Sor Juana?

Impacto en los indígenas americanos

Los indígenas americanos se vieron afectados de diversas maneras por la llegada de los españoles. Uno de los mayores efectos fue la exposición a las enfermedades del Viejo Mundo. Debido a que carecían de inmunidad contra estas enfermedades, miles de indígenas murieron de enfermedades como la viruela y el sarampión.

La vida en las misiones En las colonias españolas, los sacerdotes franciscanos y jesuitas comenzaron las **misiones**, o comunidades dedicadas a la difusión de la fe o a la educación y protección de las personas. Su principal objetivo era convertir a los indígenas al cristianismo y educarlos. Estas comunidades eran autosuficientes, cultivaban sus alimentos y hacían su ropa. Los indígenas aprendían oficios en las misiones y en algunas había pequeñas industrias para generar ganancias.

La vida en las misiones podía ser difícil para los indígenas. Tenían que adaptarse a nuevas creencias, otro estilo de vida y aprender un nuevo idioma. Los misioneros los motivaban a adoptar la cultura y costumbres europeas. Los supervisaban y la disciplina podía ser severa. Como vivían muy hacinados, las enfermedades se propagaban rápidamente.

Los colonos querían establecer plantaciones y usar a los indígenas como trabajadores. Los misioneros creían que era más importante para los indígenas permanecer en la misión. Estallaron enfrentamientos entre los misioneros y los hacendados.

Sor Juana

Monja y poeta

Nacida en México alrededor de 1651, Juana Ramírez aprendió a leer a los tres años. A la edad de seis o siete años, le rogó a su madre que la enviara a la universidad en la Ciudad de México. Como monja (o *sor*, que significa hermana), fue criticada por estudiar. Un funcionario varón de la Iglesia la exhortó a que dejara de escribir. Sor Juana respondió en una famosa carta, escribiendo que ella podía estudiar incluso si no tenía libros.

" Han llegado a pedir que se me prohíba estudiar. . . . Yo obedecí (durante unos tres meses) [al] no tomar un libro, [pero] yo estudié con todas las cosas que Dios creó, su maquinaria universal me sirvió de literatura ".
—Sor Juana, *Respuesta a Sor Filotea*, 1691

La vida en las plantaciones El trabajo en las plantaciones era más difícil que la vida en la misión. La caña de azúcar y el café eran los principales cultivos y requerían mucho trabajo físico. A diferencia de las misiones, el objetivo era obtener ganancias para los propietarios e inversionistas de España.

La exposición al calor tropical, las lesiones y las enfermedades redujeron la población de trabajadores indígenas. A principios del siglo XVI, los propietarios de las plantaciones suplieron esta escasez de mano de obra con esclavos africanos.

La mayoría de los africanos esclavizados trabajaban en las grandes plantaciones de caña de azúcar en colonias españolas como Santo Domingo (hoy República Dominicana y Haití). Santo Domingo fue una colonia vital para España, exportando azúcar y café. Esta industria se derrumbó para 1600 debido a la competencia de la colonia portuguesa del Brasil.

Verificar la lectura **¿Cómo eran autosuficientes las misiones?**

La vida en las misiones

Misioneros como el padre Francisco Pareja (sentado) enseñaron a los timucuas en las colonias de España, en la actual Florida. Esta imagen también muestra el duro trato que recibían los indígenas.

La vida en las plantaciones

El cultivo de la caña de azúcar requería atención diaria y trabajo constante en un clima cálido y húmedo. Arriba, los esclavos cultivan en el Caribe español.

Evaluación de la Sección 1

Términos clave

1. ¿Qué era el sistema de encomienda en las colonias españolas?

2. Usa los términos virrey, criollo, mestizo, peninsular y mulato para describir la sociedad colonial.

3. ¿Qué era una misión?

Ideas clave

4. ¿Cómo controlaba el monarca español a los gobernadores de las colonias de España?

5. ¿Por qué fundaron los españoles universidades en sus colonias?

6. ¿Por qué llevaron los europeos a africanos esclavizados a las Américas?

Razonamiento crítico

7. **Comparar y contrastar** ¿En qué se parecía y en qué se diferenciaba la vida en las plantaciones de la vida en las misiones?

8. **Sintetizar** ¿Cómo estaba relacionada la propiedad de la tierra con la clase social en las colonias españolas?

? Pregunta esencial

¿Por qué la gente se desplaza?

9. ¿Por qué se desplazaron a las Américas miembros de las órdenes religiosas de los jesuitas y los franciscanos? Anota la respuesta en tu Cuaderno del estudiante.

Imperio mundial de Portugal

Ideas clave
- La colonia portuguesa del Brasil dependía de la agricultura y la silvicultura.
- Portugal obtuvo grandes riquezas de su imperio en Asia.

Términos clave
- Línea de demarcación
- Tratado de Tordesillas
- palo brasil
- comercio de las especias
- corsarios

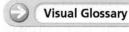 **Visual Glossary**

→ **Destreza de lectura** **Analizar causa y efecto** Toma notas usando el organizador gráfico en tu Cuaderno.

Portugal lideró el camino en la exploración del mundo. Con sus avanzadas herramientas de navegación y mapas, Portugal buscaba ansiosamente expandir su imperio mundial como lo estaba haciendo su vecina España.

España y Portugal negocian el Tratado de Tordesillas. ▼

Los portugueses en el Brasil

Portugal comenzó a explorar y colonizar las Américas a principios del siglo XVI. El centro del Imperio Portugués sería la colonia más grande de América del Sur, el Brasil.

La división del mundo a la mitad En el siglo XV, Portugal comenzó a establecer fortalezas a lo largo de la costa africana y a reclamar las tierras de África para la corona portuguesa. España temía que Portugal pronto competiría por las tierras y riquezas de las Américas.

En 1493, los monarcas de España apelaron al papa, que había nacido en España, para apoyar sus reclamos de tierras en el Nuevo Mundo. El papa estableció una **Línea de demarcación**, que dividía el mundo que no era europeo en dos zonas. España reclamaba todas las tierras al oeste de la línea. Portugal tenía los mismos derechos al este de la línea. En 1494, el **Tratado de Tordesillas** estableció los términos específicos de la Línea de demarcación. Como ninguno había llegado a América del Sur, ignoraban que parte del continente estaba al este de la Línea de demarcación. En 1500, el navegante portugués Pedro Álvares Cabral avistó la costa de América del Sur y la reclamó para Portugal. Esta tierra, que se llamaría el Brasil, fue vital para la colonización portuguesa.

Colonizar el Brasil A diferencia de la América española, el Brasil no ofrecía una riqueza instantánea de plata u oro, pero sí un importante producto de exportación: el árbol de **palo brasil**. Los portugueses nombraron a la colonia en honor a este árbol cuya madera producía un valioso tinte rojo púrpura.

El asentamiento fue lento hasta que los franceses infringieron las reclamaciones portuguesas en América del Sur. El rey portugués respondió con la división del Brasil en 15 parcelas de tierra otorgadas a un minoría de nobles portugueses, llamados capitanes. Aceptaron desarrollar la tierra y compartir los beneficios con la corona. Los terratenientes enviaron colonos para construir ciudades, plantaciones e iglesias en el nuevo territorio.

Los colonos establecieron plantaciones de caña de azúcar y criaron ganado. Cerca de cuatro millones de africanos fueron enviados al Brasil para trabajar en las enormes plantaciones. Surgió una nueva cultura, que mezclaba influencias europeas, indígenas americanas y africanas.

Política y riqueza Durante la mayor parte de la época colonial, el Brasil fue gobernado por una serie de gobernadores reales. Durante los siglos XVI y XVII, los franceses y los holandeses trataron de introducirse en el Brasil, pero fueron derrotados.

Portugal quería asegurar la riqueza del Brasil. Su objetivo era desafiar la posición de España como el país más poderoso de Europa. El descubrimiento de oro y diamantes en el Brasil financió la posterior expansión colonial.

¿Por qué se desplazaron?

El auge del Brasil

Las personas se desplazaban al Brasil por sus ricos recursos naturales. En la colonia, hubo auges, o períodos de fuerte crecimiento económico, por el palo brasil, el azúcar, el oro y los diamantes. Más tarde fueron el café y el caucho para los neumáticos de los carros.

1500–1550
Tala del palo brasil
Primeros cultivos de caña de azúcar
Primeros ranchos ganaderos y primeros asentamientos

1530–1650
Extenso cultivo de caña de azúcar, tabaco y algodón
Los asentamientos crecen a lo largo de la costa.
Aumenta la cría de ganado.

aprox. 1690–1750
Extracción de diamantes y tres fiebres del oro
Los asentamientos crecen y se desplazan al interior.

Esta talla de palo brasil muestra leñadores cargando palo brasil en un barco.

Este tapiz muestra a Da Gama llegando a Calcuta.

Da Gama en la poesía

En su poema de 1572 *Os Lusíadas*, o *Los lusíadas*, el poeta portugués Luís de Camões describe las aventuras de Vasco da Gama, cuya expedición introdujo a Portugal en el comercio de las especias. Camões perdió el ojo derecho en batalla y fue exiliado al Extremo Oriente. Lusíadas significa "portugués" y proviene del antiguo nombre romano de Portugal, Lusitania.

> " Y ahora valiente GAMA y su espléndido tren, adornado con todo el orgullo de España, en barcazas doradas lentamente se curva hacia la costa. . . rodeado por numerosos nobles de alto rango. Se yergue el primer gran ministro de la India "
>
> —*Luís de Camões, Los lusíadas* Libro VII, traducido por William Julius Mickle

Impacto en los indígenas americanos El encuentro inicial entre los portugueses y los indígenas americanos del Brasil, los tupís, fue similar a lo que sucedió en México y América Central. Los tupís tenían poca inmunidad a las enfermedades europeas y muchos murieron.

Al igual que los españoles, los portugueses tenían como objetivo convertir a los indígenas al cristianismo. Misioneros jesuitas establecieron aldeas con escuelas, viviendas e iglesias. Los jesuitas aprendieron la lengua tupí para comunicarse. Algunos, como António Vieira, protegieron de un trato brutal tanto a los indígenas americanos, como a los esclavos africanos.

Los jesuitas entraron en conflicto con los colonos portugueses, quienes creían que todos los indígenas americanos debían trabajar en las plantaciones. Los jesuitas trataron de proteger a los indígenas al alentarlos a vivir en las misiones. Los demás, por lo general eran trabajadores esclavos en las haciendas rurales. Con el tiempo, los colonos se resintieron por lo que veían como el control de los jesuitas de una valiosa fuente de mano de obra. El rey portugués apoyaba a los jesuitas, pero los colonos necesitaban trabajadores. Suplieron la escasez trayendo más esclavos africanos. Hasta el 41 por ciento de los esclavos llevados de África a las Américas, llegaron al Brasil.

Los jesuitas también elevaron el nivel moral de la sociedad colonial, haciendo que la frontera fuera más segura para las mujeres y los niños. Lamentablemente, como en otras partes de las Américas, también propagaron enfermedades europeas mortales al pueblo indígena.

Verificar la lectura ¿Por qué era valioso el palo brasil?

Un imperio comercial en Asia

Para el siglo XVI, Portugal era una nación pequeña, pero poderosa. Tenía ciudades comerciales fortificadas a lo largo de la costa de África, colonias en las Américas y un próspero comercio marítimo con Asia.

Da Gama zarpa a la India Uno de los navegantes más famosos de Portugal era un marinero casi sin experiencia. En 1497, Vasco da Gama, el hijo de un noble portugués, encabezó la primera expedición europea a la India. El rey lo mandó para romper el control musulmán de las rutas comerciales de la India.

Da Gama demostró que era despiadado y astuto. En Mozambique, él y su equipo pretendieron ser musulmanes para ganarse la confianza del sultán local, o gobernante. Según unos relatos, saquearon algunos barcos árabes e indios a lo largo de la costa africana.

miMundo: Actividad
Competencia de reclamaciones

despiadado, *adj.,* que no tiene piedad, cruel

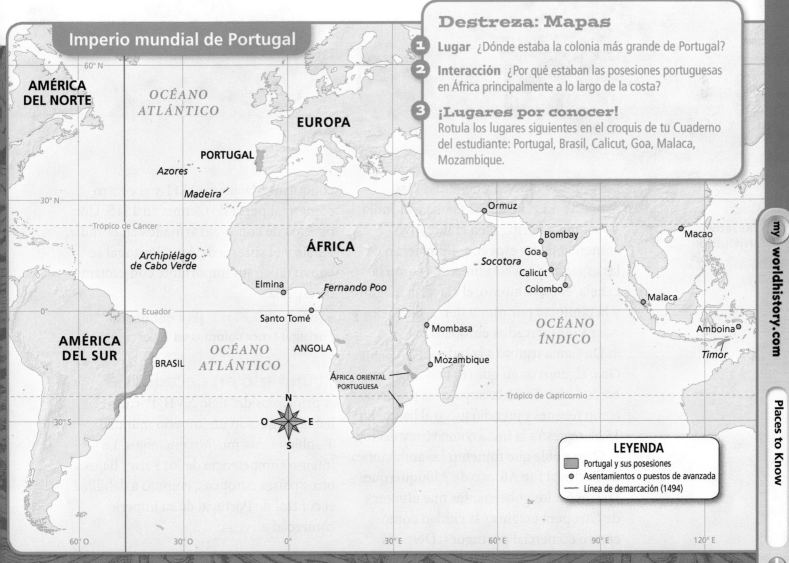

Imperio mundial de Portugal

Destreza: Mapas

1 **Lugar** ¿Dónde estaba la colonia más grande de Portugal?

2 **Interacción** ¿Por qué estaban las posesiones portuguesas en África principalmente a lo largo de la costa?

3 **¡Lugares por conocer!**
Rotula los lugares siguientes en el croquis de tu Cuaderno del estudiante: Portugal, Brasil, Calicut, Goa, Malaca, Mozambique.

AMÉRICA DEL NORTE

OCÉANO ATLÁNTICO

EUROPA

PORTUGAL

Azores

Madeira

60° N

30° N

Trópico de Cáncer

Archipiélago de Cabo Verde

ÁFRICA

Ormuz

Bombay

Goa

Socotora

Calicut

Colombo

Macao

Elmina

Fernando Poo

Santo Tomé

Ecuador

AMÉRICA DEL SUR

OCÉANO ATLÁNTICO

ANGOLA

BRASIL

Mombasa

OCÉANO ÍNDICO

Malaca

Amboina

Timor

Mozambique

ÁFRICA ORIENTAL PORTUGUESA

Trópico de Capricornio

0°

30° S

N O E S

60° O   30° O   0°   30° E   60° E   90° E   120° E

LEYENDA
- Portugal y sus posesiones
- Asentamientos o puestos de avanzada
- Línea de demarcación (1494)

my **worldhistory.com**

Places to Know

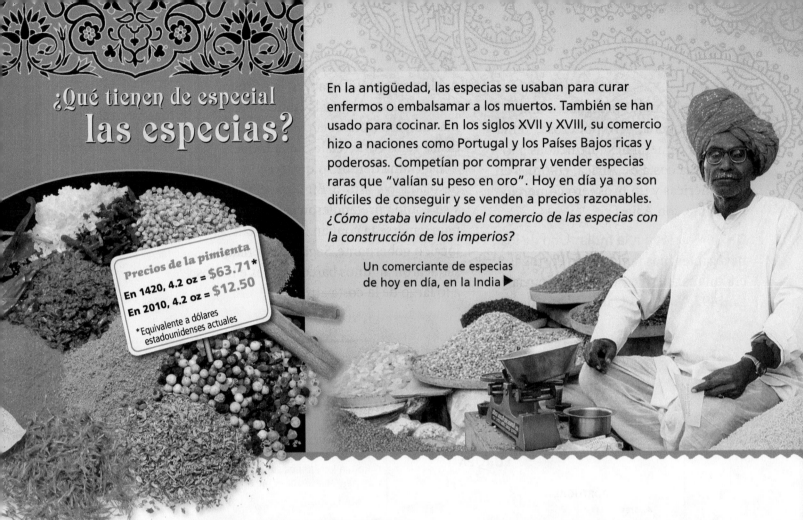

¿Qué tienen de especial las especias?

En la antigüedad, las especias se usaban para curar enfermos o embalsamar a los muertos. También se han usado para cocinar. En los siglos XVII y XVIII, su comercio hizo a naciones como Portugal y los Países Bajos ricas y poderosas. Competían por comprar y vender especias raras que "valían su peso en oro". Hoy en día ya no son difíciles de conseguir y se venden a precios razonables. *¿Cómo estaba vinculado el comercio de las especias con la construcción de los imperios?*

Un comerciante de especias de hoy en día, en la India ▶

Precios de la pimienta
En 1420, 4.2 oz = $63.71*
En 2010, 4.2 oz = $12.50
*Equivalente a dólares estadounidenses actuales

---

lucrativo, *adj.,* redituable

Portugal se une al comercio de las especias El viaje de Da Gama a la India introdujo a Portugal en el <u>lucrativo</u> comercio de las especias. El **comercio de las especias** llevó condimentos como la canela, el cardamomo, el clavo, el jengibre y la pimienta por mar y tierra, de África y Asia a los mercados europeos.

Da Gama regresó a la India en 1502. En Goa, algunos dicen que se apoderó de un barco árabe. Tomó la carga, a los pasajeros como rehenes y prendió fuego al barco. En 1524, regresó a la India como virrey del rey.

Otro noble que fomentó las ambiciones de Portugal fue Afonso de Albuquerque. Derrocó a los gobernantes musulmanes de Goa para asegurar la ciudad como centro comercial portugués. Después

conquistó Malaca en 1511 y el centro comercial persa de Ormuz en 1515. Con puestos de comercio armados en la India, Persia y el sureste de Asia, Portugal se convirtió en un importante comerciante de especias.

Verificar la lectura **¿Por qué quería Portugal tener colonias en Asia?**

El imperio en decadencia

A principios del siglo XVII, Portugal había asegurado un imperio mundial. También tenía muchos enemigos. La intensa competencia de los Países Bajos y otros países europeos, empezó a debilitar el control de Portugal de su imperio comercial en Asia.

Los holandeses se aprovecharon de la gran distancia que separaba a los puestos de comercio portugueses en la India y el Extremo Oriente del país de origen. Debido a la distancia, el control de los portugueses era más débil y los ataques holandeses les hicieron perder gran parte del territorio asiático.

Al igual que España, Portugal trataba de mantener un estricto control sobre el comercio colonial. Pero el contrabando era frecuente, y en el Caribe y en otros lugares, piratas holandeses, franceses e ingleses atacaban a los barcos de carga reales procedentes de las Américas. Algunos piratas, llamados **corsarios**, incluso trabajaban con la aprobación de los gobiernos europeos. La piratería resultó ser bastante molesta para España y Portugal ya que perdían tesoros de oro, plata y especias, cuando sus barcos eran capturados.

Los holandeses erosionaron otras fortalezas portuguesas en Persia y el sureste de Asia. Los ingleses se convirtieron en la potencia dominante en la India. En Macao, en China, Portugal prosperó con el comercio, pero nunca controló a las autoridades chinas.

Portugal sufrió con el terremoto de 1755, uno de los peores desastres naturales de principios del mundo moderno. Lisboa, la capital, quedó destruida y murieron unas 90,000 personas. Le siguieron tsunamis e incendios. Los temblores se sintieron tan lejos como en Finlandia y Barbados. El Imperio de Portugal había llegado a todo el mundo, pero no perduró.

Verificar la lectura **¿Cómo dañaron los holandeses el Imperio de Portugal?**

El terremoto de Lisboa de 1755 destruyó parcialmente el convento medieval de la Orden del Carmen y su gran biblioteca. Ahora es un museo arqueológico. ▼

? **Pregunta esencial**

Evaluación de la Sección 2

Términos clave

1. ¿Cómo influyeron el palo brasil y las especias en la economía portuguesa?

2. ¿Cómo estaban relacionados la Línea de demarcación y el Tratado de Tordesillas?

3. ¿Quiénes eran los corsarios?

Ideas clave

4. ¿Cuál de las colonias de Portugal dependía de las plantaciones y del comercio?

5. ¿Por qué surgió una nueva cultura en el Brasil?

6. ¿Cómo debilitaron los holandeses las propiedades portuguesas en Asia?

Razonamiento crítico

7. Resolución de problemas ¿Arregló el Tratado de Tordesillas el problema que pretendía resolver? Explícalo.

8. Resumir ¿Qué acciones permitieron a Portugal convertirse en un importante comerciante de especias?

¿Por qué la gente se desplaza?

9. ¿Por qué viajaban los exploradores portugueses a la India? Anota la respuesta en tu Cuaderno del estudiante.

La lucha por América del Norte

Ideas clave
- El deseo de riquezas llevó a Inglaterra, Francia y los Países Bajos a establecer colonias en América del Norte.
- Las colonias inglesas desarrollaron una cultura única.
- Las rivalidades coloniales en América del Norte y Asia produjeron la guerra entre la Gran Bretaña y Francia.

Términos clave
- paso del noroeste
- peregrinos
- siervo por contrato
- factores de expulsión y de atracción
- Tratado de París

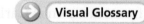 Visual Glossary

Destreza de lectura **Comparar y contrastar** Toma notas usando el organizador gráfico en tu Cuaderno.

Una mujer recrea la vida durante el siglo XVII en el asentamiento de Jamestown.

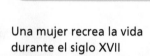 Simulation

Los franceses, los holandeses, los suecos y los ingleses se concentraron en la exploración y colonización de la costa este de América del Norte. Con el tiempo, quedó claro que América del Norte no produciría ni un vasto tesoro ni un **paso del noroeste**, una ruta marítima a Asia a través del actual Canadá. Sin embargo, América del Norte demostró ser una tierra de oportunidades.

Establecimiento de las primeras colonias

A principios del siglo XVII, los ingleses desarrollaron dos grupos de asentamientos a lo largo de la costa atlántica. Las colonias británicas del sur consistían en Maryland, Virginia, las Carolinas y Georgia. Hacia el norte estaban las colonias de Nueva Inglaterra.

Jamestown tiene éxito Los ingleses tuvieron éxito con Jamestown, una colonia establecida en Virginia en 1607. El área estaba poblada por indígenas norteamericanos que compartían la lengua algonquina. Los gobernaba el jefe Powhatan.

La vida en la colonia era difícil y las tensiones aumentaron entre los colonos y sus vecinos. En 1613, los ingleses capturaron a Pocahontas, la hija de Powhatan. Ella se convirtió al cristianismo y se casó con el colono John Rolfe. Rolfe transformó la colonia con la introducción del tabaco como cultivo comercial y atrajo a otros pobladores a la colonia.

En busca de la libertad

Los peregrinos se desplazaron en busca de libertad religiosa y política. En el Pacto del Mayflower usaron la frase "cuerpo político". En un sentido bíblico significa que todos los cristianos son miembros de un grupo o cuerpo del cual Jesús es la cabeza. En un sentido político se refiere a las personas unidas como un cuerpo en un estado o nación.

66 **Habiendo celebrado. . . para el adelanto de la fe cristiana. . . una travesía para establecer la primera colonia en Virginia. . . y [para] combinarnos juntos en un cuerpo político civil** 99.

—El Pacto del Mayflower

¿Por qué se desplazaron?

▲ *El Pacto del Mayflower* por el artista norteamericano N.C. Wyeth representa la firma del pacto.

Llegan los peregrinos En 1620 llegó otro grupo de ingleses a fundar la colonia de Plymouth, en el actual Massachusetts. Eran puritanos que se habían separado de la Iglesia de Inglaterra. Aunque ésta era protestante, los puritanos querían "purificarla" porque creían que había conservado demasiadas ceremonias católicas.

Más tarde conocidos como **peregrinos**, los puritanos que vinieron a América del Norte querían adorar a Dios a su manera, así como gobernarse a sí mismos. Antes de abandonar su barco, el *Mayflower*, hicieron un acuerdo llamado el Pacto del Mayflower. Estuvieron de acuerdo en formar un gobierno y obedecer sus leyes. La idea del autogobierno se convirtió más tarde en un <u>principio</u> fundador de los Estados Unidos.

Igual que en Jamestown, los peregrinos aprendieron de los indígenas norteamericanos sobre los cultivos y la agricultura.

Verificar la lectura ¿Quién era John Rolfe?

Llegan otros colonos

Otros países europeos, como Francia, enviaron exploradores y colonos a América del Norte.

Las tierras de Nueva Francia Durante el siglo XVI, Francia patrocinó a exploradores como Giovanni da Verrazano y Jacques Cartier, que llegaron a América del Norte en busca de un paso del noroeste. Cartier exploró el este del Canadá y el río San Lorenzo en las décadas de 1530 y 1540, hallando fuentes de valiosa piel de castor. Esta área se llamó Nueva Francia.

En 1608, Samuel de Champlain fundó Quebec, el primer asentamiento europeo permanente en el Canadá. También comerció con los indígenas norteamericanos por cueros y pieles de animales. A diferencia de los españoles en México, los franceses en general no amenazaban o esclavizaban a los indígenas. Cooperaban con los proveedores de pieles y tramperos indígenas norteamericanos. Eran menos amenazadores, ya que llegaron en menor número y tomaron pocas tierras.

my **world**history.com

Simulation

principio, *sust.,* una ley o supuesto fundamental

Nueva Francia creció lentamente en comparación con otras colonias. Los inmigrantes no estaban dispuestos a afrontar el largo y frío invierno del Canadá y temían los ataques de los iroqueses.

Llegaron muchos misioneros jesuitas a Nueva Francia. Convirtieron a muchas personas del pueblo hurón que vivían a orillas del lago Hurón. Esto enfureció a los guerreros iroqueses, que destruyeron varias aldeas huronas y dejaron cientos de muertos. Las misiones jesuitas sólo sobrevivieron en el valle del río San Lorenzo, cerca de Montreal y Quebec.

En 1682, Robert de La Salle viajó hacia el sur por el río Mississippi en busca de una ruta hacia el océano Pacífico. Encontró el golfo de México y exploró el área que llamó Luisiana en honor al rey francés, Luis XIV.

Estableciendo la Nueva Holanda

En 1609, la Compañía Neerlandesa de las Indias Orientales envió a Henry Hudson a América del Norte para encontrar una ruta marítima a Asia. En su lugar, descubrió un gran río en Nueva York y lo llamó el Hudson. Allí se estableció la Nueva Holanda en 1624.

estancado, *adj.,* sin avanzar o desarrollarse

Este escudo de armas de la Nueva Holanda muestra la importancia del castor para el comercio colonial. ▼

En 1625, los holandeses construyeron Nueva Ámsterdam en la desembocadura del río Hudson para proteger sus rutas de comercio de pieles. La ciudad (más tarde la Ciudad de Nueva York), tenía el mejor puerto en la costa atlántica y el asentamiento creció rápidamente. Se convirtió en la sede del gobierno colonial. A diferencia de los franceses o los españoles, los holandeses no trataron de convertir a los indígenas.

Personas de diferentes nacionalidades, clases y religiones, incluyendo judíos, se sentían atraídas por la nueva colonia, pero ésta no prosperó.

El fracaso de la colonia fue el resultado de los **factores de expulsión y de atracción.** Los factores de expulsión motivaban a las personas a abandonar sus hogares. Los factores de atracción motivaban a las personas a desplazarse a nuevos lugares. En Inglaterra, el <u>estancamiento</u> de la economía y la intolerancia religiosa motivaron a grupos, como los puritanos, a salir del país. En los Países Bajos la economía estaba en auge y el nivel de vida era alto, así que menos holandeses sentían atracción por la Nueva Holanda.

Se funda Nueva Suecia En 1638, unos comerciantes fundaron Nueva Suecia en lo que hoy es Delaware. La economía de Nueva Suecia era una mezcla de comercio de pieles y cultivo de granos. La mayoría de los colonos provenían de Suecia y Finlandia, y eran expertos pioneros agrícolas en las densas regiones boscosas de Escandinavia. Nueva Suecia se rindió al control holandés en 1655.

Impacto en los indígenas norteamericanos
El encuentro con los europeos fue positivo y negativo. Los europeos tenían inmunidad

Descripción de las "nuevas" colonias europeas			
Colonia	Primeras reclamaciones europeas	Cambios coloniales	Ubicación actual
Nueva Francia	Reclamada en 1534 por Jacques Cartier para Francia. Territorio expandido por otros exploradores franceses.	Conquistada por colonos ingleses y americanos; el Tratado de París en 1763 termina con las reclamaciones francesas.	Este del Canadá, área del río Mississippi al sur hasta Nueva Orleans, Luisiana
Nueva Jersey	Primer asentamiento permanente holandés, Bergen (actualmente la ciudad de Jersey), 1660	Los holandeses y los ingleses reclaman la colonia en 1664–1676, entonces bajo dominio inglés.	Estado de Nueva Jersey
Nueva Holanda	En 1647, Peter Stuyvesant llega para gobernar todas las posesiones holandesas desde la capital de Nueva Ámsterdam (hoy la Ciudad de Nueva York).	En 1664, Stuyvesant fue forzado a entregar la colonia a los británicos.	Partes de Nueva York, Nueva Jersey, Delaware, Rhode Island, Connecticut y Pennsylvania
Nueva Suecia	Fundada por la compañía New Sweden en 1638.	Capturada por los holandeses en 1655 para convertirse en parte de la Nueva Holanda.	Área del río Delaware cerca de Wilmington, Delaware

Destreza: Gráficas

¿Cómo muestra la gráfica evidencia de los conflictos durante el período colonial?

a muchas enfermedades, pero los indígenas norteamericanos no. Trajeron artículos útiles, como herramientas y cultivos, así como otros menos positivos como las armas de fuego y el alcohol. Un dinámico comercio de pieles beneficiaba tanto a los europeos como a los tramperos indígenas. Un cambio importante fue la introducción del cristianismo.

También hubo graves enfrentamientos. Los puritanos comerciaban pieles con los pequots, quienes se molestaron con las intrusiones de los ingleses en sus tierras. En 1637, durante la Guerra de Pequot, los puritanos junto con los grupos indígenas que eran enemigos de los pequot, atacaron las aldeas pequot y tomaron todas sus tierras.

Verificar la lectura ¿Qué fue la Guerra de Pequot?

Las colonias inglesas crecen

Los colonos ingleses vinieron a América del Norte por razones personales y políticas.

Los motivos de los colonos Algunos vinieron con fines de lucro, otros para obtener mayor libertad. Las primeras colonias como Virginia fueron establecidas por compañías británicas para aumentar las ganancias de los accionistas. Aunque los británicos a veces apoyaban a Nueva Inglaterra, los colonos querían libertad religiosa y prosperidad.

Gobiernos coloniales En el siglo XVII, los ingleses desarrollaron dos tipos de gobierno colonial. Las colonias de carta, como Virginia, pertenecían a la corona y estaban administradas por gobernadores reales. Maryland y Pennsylvania eran colonias de propietarios, en las que las personas eran dueños de la tierra y tenían autoridad para gobernarla.

miMundo: Actividad
Tres en raya colonial

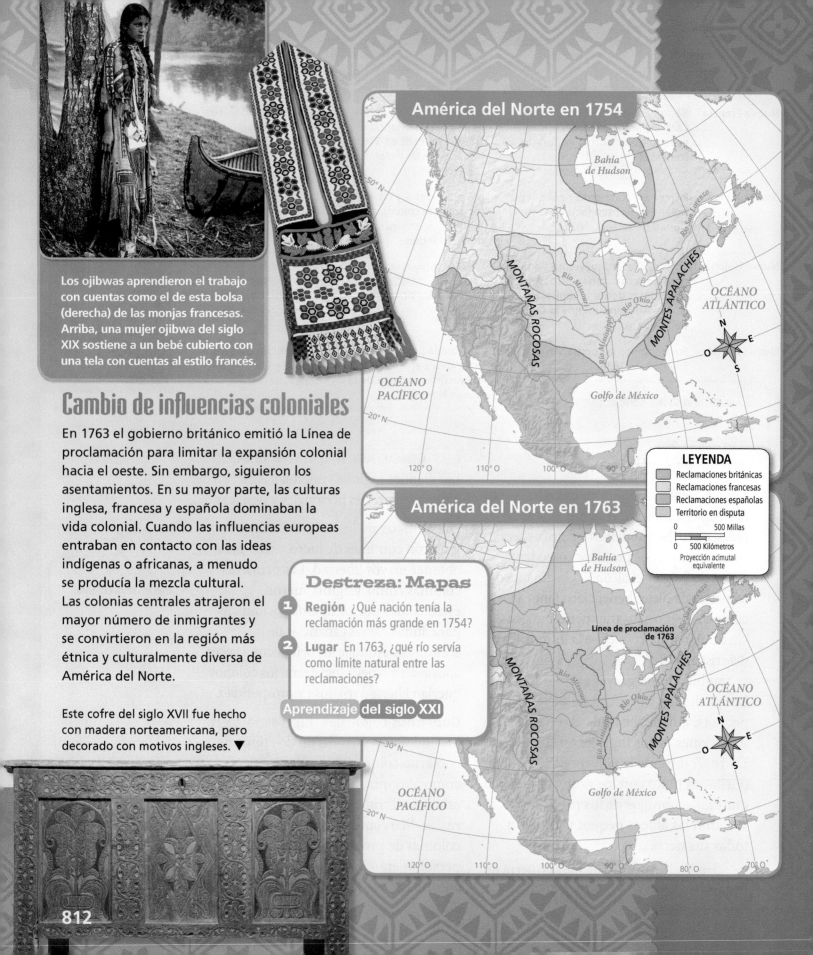

Los ojibwas aprendieron el trabajo con cuentas como el de esta bolsa (derecha) de las monjas francesas. Arriba, una mujer ojibwa del siglo XIX sostiene a un bebé cubierto con una tela con cuentas al estilo francés.

Cambio de influencias coloniales

En 1763 el gobierno británico emitió la Línea de proclamación para limitar la expansión colonial hacia el oeste. Sin embargo, siguieron los asentamientos. En su mayor parte, las culturas inglesa, francesa y española dominaban la vida colonial. Cuando las influencias europeas entraban en contacto con las ideas indígenas o africanas, a menudo se producía la mezcla cultural. Las colonias centrales atrajeron el mayor número de inmigrantes y se convirtieron en la región más étnica y culturalmente diversa de América del Norte.

Este cofre del siglo XVII fue hecho con madera norteamericana, pero decorado con motivos ingleses. ▼

América del Norte en 1754

Bahía de Hudson

Río San Lorenzo

MONTAÑAS ROCOSAS

Río Missouri

Río Ohio

Río Mississippi

MONTES APALACHES

OCÉANO ATLÁNTICO

50° N

OCÉANO PACÍFICO

20° N

Golfo de México

120° O   110° O   100° O   90° O

LEYENDA

- Reclamaciones británicas
- Reclamaciones francesas
- Reclamaciones españolas
- Territorio en disputa

0   500 Millas

0   500 Kilómetros

Proyección acimutal equivalente

América del Norte en 1763

Bahía de Hudson

Río San Lorenzo

Línea de proclamación de 1763

MONTAÑAS ROCOSAS

Río Missouri

Río Ohio

Río Mississippi

MONTES APALACHES

OCÉANO ATLÁNTICO

30° N

OCÉANO PACÍFICO

20° N

Golfo de México

120° O   110° O   100° O   90° O   80° O   70° O

Destreza: Mapas

1 **Región** ¿Qué nación tenía la reclamación más grande en 1754?

2 **Lugar** En 1763, ¿qué río servía como límite natural entre las reclamaciones?

Aprendizaje del siglo XXI

Algunos propietarios también eran <u>disidentes</u> religiosos. George Calvert (Lord Baltimore), estableció Maryland como refugio para los católicos perseguidos en Inglaterra. William Penn fundó Pennsylvania como refugio para los cuáqueros, una secta que creía en la igualdad y la libertad religiosa. Penn firmó un tratado con los indígenas norteamericanos de Delaware, respetando sus derechos sobre la tierra.

Las formas de gobierno diferían dentro de las propias colonias. Carolina del Norte y del Sur, Nueva York, Virginia y Georgia eran gobernadas directamente por un gobernador y un consejo nombrado por el gobierno británico.

Pennsylvania, Delaware, Nueva Jersey y Maryland eran gobernadas por gobernadores y legislaturas. Pero el poder recaía en el propietario de la tierra.

Massachusetts, Rhode Island y Connecticut se gobernaban por cartas reales. A quienes se les concedía la carta, o licencia, para controlar el territorio, designaban gobernadores y legislaturas.

Economías coloniales Virginia fue el primer éxito económico. Su fértil suelo resultó ser perfecto para el tabaco, la caña de azúcar y el arroz, que estaban en demanda en los mercados británicos y europeos.

Para el siglo XVII, la mayoría de los colonos que llegaban a América del Norte provenían de Inglaterra. De éstos muchos eran **siervos por contrato**, inmigrantes pobres que pagaban su pasaje a las colonias al aceptar trabajar de cuatro a siete años. No recibían salarios, pero sí alimentos básicos, ropa y refugio.

Los trabajadores africanos estaban en demanda en las plantaciones que cultivaban tabaco y arroz en Virginia y Carolina del Sur. Al principio, eran tratados como siervos por contrato que después vivían como negros liberados. Sin embargo, a mediados del siglo XVII, la mayoría de las colonias aprobaron leyes que apoyaban la esclavitud permanente de los africanos.

En las colonias de Nueva Inglaterra, la pesca, la construcción naval y el comercio se hicieron importantes. La agricultura era difícil debido al suelo rocoso y al clima frío. Las colonias del Atlántico medio tenían suelos más fértiles, abundante agua y un clima templado. Aquí la agricultura tenía éxito y cuando se combinó con la tala, la construcción naval y el comercio se produjo un rápido crecimiento. Además del tabaco y el arroz, las colonias del Sur cultivaban añil y más tarde, algodón.

Verificar la lectura **Nombra dos motivos por los que los colonos venían a América del Norte.**

Rivalidades coloniales

Para el siglo XVII, España, Francia, Inglaterra y los Países Bajos tenían colonias en América del Norte. Surgieron conflictos para proteger y expandir sus intereses.

Competencia de intereses Las reclamaciones de España de extensas tierras en el Nuevo Mundo crearon competencia entre las potencias europeas. Las enormes misiones y la red de comercio llamaron la atención de Inglaterra que envió capitanes como Sir Francis Drake para desafiar estos asentamientos españoles.

disidente, *sust.,* una persona que se niega a seguir las leyes o prácticas aceptadas

mi Mundo
CONEXIONES

En los Estados Unidos, el **82%** de las personas hablan inglés como primer idioma, mientras que el **11%** habla español como primer idioma.

Causas y efectos de
la Guerra Franco-Indígena

Mientras Inglaterra y Francia luchaban en Europa, el conflicto estallaba en sus territorios de América del Norte. Un efecto fue la Guerra de Independencia. *¿Cómo afectaron las guerras de Inglaterra con Francia a las colonias norteamericanas?*

Múltiples causas

INGLATERRA

Inglaterra y Francia compiten por el poder en América del Norte.

FRANCIA

Los ingleses y los franceses hacen alianzas con los indígenas norteamericanos.

AMÉRICA DEL NORTE

Los ingleses y los franceses luchan por el territorio en América del Norte.

Guerra Franco-Indígena 1754–1763

Efectos

Francia pierde colonias y territorio en América del Norte. Inglaterra gana el Canadá.

La proclamación de 1763 limita los asentamientos coloniales.

La guerra se extiende a Europa, la India y África.

Efectos a largo plazo

A pesar de la proclamación de 1763, los asentamientos se extienden al oeste.

Las deudas de guerra de la Gran Bretaña crecen y se establecen nuevos impuestos en las colonias.

Las colonias protestan contra los impuestos sin representación y los Estados Unidos se encaminan a la revolución.

814

En Nueva Inglaterra y la región del Atlántico medio, las relaciones empeoraron entre holandeses e ingleses para mediados del siglo XVII. Eran violentos rivales en el comercio mundial y este conflicto se extendió a las colonias. Para finales del siglo XVII, la región conocida como las colonias centrales, Nueva York, Nueva Jersey, Delaware y Pennsylvania, estaba totalmente bajo control británico.

La Guerra de los Siete Años Durante el siglo XVIII, la Gran Bretaña se enfrentó a Francia en Europa, África y Asia. En América del Norte, la expansión del comercio francés de pieles había atraído el interés británico. Ellos querían una parte de este comercio, así como el uso de los caladeros en la costa oriental del Canadá. Para reforzar su posición, los británicos se convirtieron en aliados de la Liga Iroquesa, una liga de seis grupos indígenas norteamericanos que estaban en contra de los franceses y sus aliados, los hurones.

Para 1750, la creciente población de las colonias de Inglaterra se desplazó al oeste. Los colonos británicos llegaron pronto al territorio reclamado por los franceses, como el valle del río Ohio. Los franceses construyeron un fuerte. El gobernador británico de Virginia envió a un joven oficial, George Washington, a atacar el fuerte francés. Washington tuvo que rendirse, pero el conflicto no había terminado.

El conflicto, conocido como la Guerra Franco-Indígena, duró de 1754 a 1763. Al final, los británicos aplastaron y derrotaron a los franceses. Esta guerra provocó la Guerra de los Siete Años, que se extendió a Europa, la India y África.

El Tratado de París Durante la Guerra de los Siete Años, la Gran Bretaña bloqueó la costa de Francia, dañando su economía e impidiendo el envío de suministros y tropas a sus colonias de América del Norte. En junio de 1759, los británicos marcharon a Quebec, la capital de Nueva Francia. Después de un sitio que duró tres meses, tomaron la ciudad. Parecía que controlaban la mayor parte de América del Norte.

En 1762 comenzaron las negociaciones para el **Tratado de París**, el acuerdo entre Inglaterra, Francia, España y Portugal que terminó la Guerra de los Siete Años. Los británicos ganaron todos los territorios franceses al este del río Mississippi. Francia también cedió su territorio al oeste del Mississippi a España.

Tras el Tratado de París, el equilibrio de poder en América del Norte cambió. Inglaterra ganó territorios en América del Norte, el Caribe y la India y se convirtió en la potencia colonial dominante del siglo siguiente.

Verificar la lectura **¿Qué nación europea dominó en América del Norte?**

▲ El coronel George Washington (con una espada) se prepara para dirigir una carga contra los franceses durante la Guerra Franco-Indígena.

Evaluación de la Sección 3

¿Por qué la gente se desplaza?

Términos clave

1. ¿Qué factores de expulsión y de atracción hicieron que los peregrinos y los siervos por contrato se desplazaran a América del Norte?

2. ¿Qué era el paso del noroeste?

3. ¿Qué conflicto terminó el Tratado de París?

Ideas clave

4. ¿Cuál fue la primera colonia inglesa exitosa en América del Norte?

5. Además de Inglaterra, ¿qué otros países fundaron colonias en la costa atlántica?

6. ¿Cómo se llamaba al fundador de una colonia en tierra concedida por el rey?

Razonamiento crítico

7. Comparar y contrastar ¿En qué se diferenciaba la manera en que los franceses y los españoles trataban a los indígenas americanos?

8. Sintetizar ¿Qué tenía en común la búsqueda del paso del noroeste con los viajes de Colón?

9. ¿Qué valioso recurso atrajo a muchos colonos franceses a América del Norte? Anota la respuesta en tu Cuaderno del estudiante.

El comercio transatlántico de esclavos

Ideas clave

- El comercio transatlántico de esclavos comenzó cuando España buscaba mano de obra para sus colonias americanas.

- La Travesía intermedia produjo miseria para millones de africanos esclavizados.

- A pesar de las dificultades, los africanos esclavizados en las Américas trataron de preservar sus culturas.

Términos clave
- comercio triangular
- Travesía intermedia
- motín
- bien mueble

 Visual Glossary

Destreza de lectura **Resumir** Toma notas usando el organizador gráfico en tu Cuaderno.

El artista norteamericano Howard Pyle pintó la primera subasta de esclavos en Nueva Ámsterdam en 1655. ▼

A medida que las colonias norteamericanas crecían, aumentó su papel en el comercio internacional. Los africanos esclavizados formaban parte de la red comercial del siglo XVI.

Comienza el comercio de esclavos

El comercio de esclavos del Atlántico formaba parte de una red internacional de comercio conocida como **comercio triangular**. Este grupo de rutas comerciales de forma triangular del Atlántico vinculaba a Europa, África y las Américas. Entre 1500 y 1870, entre 9 y 11 millones de africanos fueron esclavizados y transportados a las Américas.

Una nueva fuente de mano de obra Los terratenientes y propietarios de minas necesitaban más trabajadores a medida que crecían los asentamientos españoles. Como los indígenas que vivían en las misiones jesuitas eran protegidos de la esclavitud, se necesitaba una nueva fuente de mano de obra.

No era raro que los adinerados en España y Portugal tuvieran esclavos africanos trabajando en las granjas o en los hogares. Así, en 1518, un año antes de ser coronado rey, Carlos V de España autorizó la importación de 4,000 esclavos africanos al Nuevo Mundo. La disminución de la población indígena en las Américas provocó que se importaran más africanos. La mano de obra de los esclavos fue vital para la economía del Nuevo Mundo, especialmente para las plantaciones de azúcar.

En la competencia entre los comerciantes europeos de esclavos, los portugueses tenían una ventaja. Desde el siglo XV, tenían puestos comerciales en la costa occidental africana. Cuando los monarcas español y portugués se unieron en 1580, aumentó el monopolio portugués sobre el comercio de esclavos.

Crece la trata de esclavos Los comerciantes enviaban esclavos africanos a las Américas a través de los puertos coloniales españoles de Cuba, Santo Domingo, México y Nueva Granada (la actual Colombia). Los esclavos trabajaban en las plantaciones y en las minas de estaño, cobre o plata. Algunos eran sirvientes o artesanos en las ciudades. Con el tiempo, la población de esclavos superó en número a los europeos en Quito, Ecuador y Santo Domingo, República Dominicana.

Los españoles ya tenían <u>amplia</u> experiencia en el cultivo de caña de azúcar a gran escala con mano de obra de esclavos en las islas Canarias, frente a las costas de África. Llevaron estos conocimientos al Caribe, donde el clima era similar. Establecían tanto las parcelas para el cultivo como el equipo para el procesamiento de la caña cosechada. Las plantaciones crecieron y el azúcar exportado se convirtió en un producto básico en la economía del Nuevo Mundo.

Para mediados del siglo XVI, el Brasil era un productor líder de azúcar. Su clima era ideal, la mano de obra abundante y los colonos tenían el apoyo de la corona portuguesa. Durante los 300 años del comercio de esclavos, del 41 por ciento de africanos que venían al Nuevo Mundo, tal vez hasta cinco millones fueron al Brasil.

amplio, *adj.,* abundante o en gran cantidad

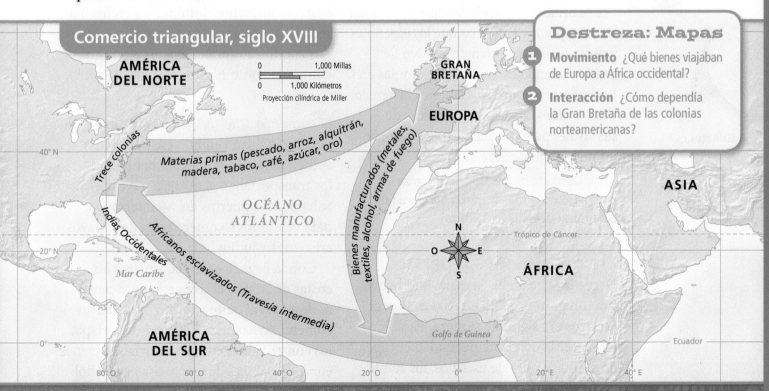

Comercio triangular, siglo XVIII

AMÉRICA DEL NORTE

Trece colonias

Materias primas (pescado, arroz, alquitrán, madera, tabaco, café, azúcar, oro)

Bienes manufacturados (metales, textiles, alcohol, armas de fuego)

GRAN BRETAÑA

EUROPA

ASIA

OCÉANO ATLÁNTICO

Indias Occidentales

Africanos esclavizados (Travesía intermedia)

Mar Caribe

ÁFRICA

Golfo de Guinea

AMÉRICA DEL SUR

Trópico de Cáncer

Ecuador

0   1,000 Millas
0   1,000 Kilómetros
Proyección cilíndrica de Miller

Destreza: Mapas

1 **Movimiento** ¿Qué bienes viajaban de Europa a África occidental?

2 **Interacción** ¿Cómo dependía la Gran Bretaña de las colonias norteamericanas?

817

La Travesía intermedia

La Travesía intermedia era crucial para el comercio triangular. Sin embargo, aquellos que sobrevivían el terrible viaje, enfrentaban una vida en cautiverio en las Américas. Algunos esclavos aprendieron a leer y a escribir, y dejaron registros de sus experiencias.

RAZONAMIENTO CRÍTICO ¿Por qué crees que hay tan pocos relatos de esclavos en primera persona?

Comercio de esclavos 1450–1900

- Origen de los africanos esclavizados
- Asentamientos de los esclavos africanos
- Rutas de la Travesía intermedia

EUROPA

AMÉRICA DEL NORTE

Océano Atlántico

500,000 esclavos a la América del Norte británica y los Estados Unidos

200 mil esclavos a Europa

ÁFRICA

2.5 millones de esclavos a la América española

Mar Caribe

4.1 millones de esclavos al Caribe no español

Bahía de Benín
Guinea

Golfo de Guinea

Congo

AMÉRICA DEL SUR

4 millones de esclavos al Brasil

Angola

0 — 1000 Millas
0 — 1000 Kilómetros
Proyección cilíndrica de Miller

▲ Grilletes que se ponía a los esclavos

Los británicos y los holandeses se sentían atraídos por las ganancias que los españoles y portugueses obtenían del cultivo de azúcar. Cuando establecieron colonias en Barbados y Virginia, los colonos británicos y holandeses copiaron las técnicas de sus rivales para producir azúcar y tabaco usando mano de obra esclava.

Verificar la lectura ¿Qué cultivo se convirtió en el más importante para la economía del Nuevo Mundo?

Envío de bienes y personas

Desde mucho antes, la esclavitud había sido un gran negocio en África. Poseer esclavos era signo de riqueza. Para satisfacer la creciente necesidad europea de mano de obra de esclavos, los reinos costeros africanos dominantes realizaban redadas de esclavos en el interior del país. Los capturados eran llevados a puestos de comercio como Elmina, Ghana, o Gorée, Senegal.

El comercio triangular Los africanos también habían vendido esclavos a los comerciantes árabes musulmanes que los transportaban al norte, a través del Sahara, a los puertos del Mediterráneo para venderlos a comerciantes de esclavos cristianos y judíos.

Con la llegada de los europeos a las costas de África, el comercio de esclavos se desplazó al oeste y formó parte del comercio triangular. En la primera etapa, los comerciantes europeos enviaban bienes europeos: armas de fuego, telas y alcohol

Esta ilustración moderna ofrece una idea de lo hacinadas que estaban las personas en las bodegas de los barcos de esclavos.

En el relato de 1798 sobre su esclavitud, Olaudah Equiano (arriba) cuenta cómo se enteró de su destino.

" Encontré a algunos de mi propia nación y les pregunté qué iban a hacer con nosotros; ellos me dieron a entender que íbamos a ser llevados al país de estas personas blancas para trabajar para ellos ".

—Olaudah Equiano, *Interesante relato de la vida de Olaudah Equiano, o Gustavus Vassa, el africano*

¿Por qué se desplazaron?

Los africanos se desplazaron a las Américas porque no tenían opción. Millones fueron esclavizados, transportados y obligados a reasentarse como trabajadores.

a África. En África, los comerciantes los cambiaban por esclavos. En la segunda etapa, conocida como la **Travesía intermedia**, los esclavos eran transportados a las Américas. En la tercera etapa del comercio triangular, el azúcar, la melaza y otros productos coloniales regresaban para venderse en Europa.

Las demanda de mano de obra en la colonias aumentó y los comerciantes africanos ya no pudieron suministrarla. Para satisfacerla, los europeos buscaron otras fuentes de trabajadores. Hicieron acuerdos con comerciantes de esclavos africanos, quienes secuestraban a cualquier persona para venderla como esclavo.

Después de ser capturados, los esclavos, hombres, mujeres y niños, eran llevados a fortalezas costeras en donde los metían en celdas para luego transportarlos a las Américas. Después de que los comerciantes los compraban, ponían cientos de cautivos a bordo de barcos de esclavos. Allí los encadenaban unos a otros para evitar fugas y también impedir **motines** o revueltas.

Una vez que los barcos llegaban a los puertos del Caribe, los compradores compraban a los esclavos a bordo o en subastas públicas. Nadie se preocupaba por la dignidad de los africanos esclavizados. Sus cuerpos eran inspeccionados minuciosamente para asegurar que estaban en buen estado de salud. Los subastadores los vendían al mejor postor. Había poca o ninguna consideración por mantener a las familias unidas.

miMundo: Actividad
La Travesía intermedia

my worldhistory.com

Primary Source

¡Imaginación!

Un sastre de Boston compró a Phillis Wheatley, esclavizada desde niña, y le enseñó a leer y a escribir. En este poema, escribe que ni siquiera la esclavitud pudo evitar que su imaginación volara.

❝ ¡La imaginación!
¿Quién puede cantar tu fuerza?
¿O describir
la velocidad de tu curso?. . .
De estrella en estrella
vaga la óptica mental,
mide los cielos y
extensión de los reinos.
Allí, con una mirada
captamos el poderoso todo,
o con nuevos mundos
sorprender al alma ❞.

—Phillis Wheatley,
"Imaginación"

arriesgado, *adj.,*
peligroso

A bordo de los "ataúdes flotantes" El viaje de la Travesía intermedia podía tomar tres semanas o tres meses, dependiendo de los vientos del océano. El viaje era largo y <u>arriesgado</u>, había tormentas, piratas o motines.

Los capitanes sólo tenían un objetivo: cargar tantos esclavos como pudieran en el barco para maximizar las ganancias. Las enfermedades eran la mayor amenaza para los cautivos y las ganancias de los comerciantes. Muchos esclavos morían de disentería, una enfermedad intestinal. Muchos contraían la viruela, el cólera o la fiebre amarilla. En el barco de esclavos, el "ataúd flotante", cualquier enfermedad contagiosa se convertía en una epidemia mortal. La mayoría de los historiadores suponen que murieron entre 1 y 2 millones de africanos en la Travesía intermedia.

Olaudah Equiano, un esclavo secuestrado junto con su hermana, escribió uno de los relatos más conocidos de la Travesía intermedia. Su historia es una de las primeras narrativas de esclavos. Relata su desesperación en un barco con destino a Barbados.

❝ Me puse tan enfermo y deprimido que no era capaz de comer. Deseaba que mi última amiga, la muerte, me liberara ❞.

—Olaudah Equiano, *Interesante relato de la vida de Olaudah Equiano, o Gustavus Vassa, el africano*

Impacto en África Los reinos africanos como Dahomey (el actual Benín) y los ahanti se enriquecieron con la captura y venta de los esclavos. Los ahanti llevaban tiempo comerciando y empleando pequeñas cantidades de esclavos.

Pronto descubrieron que comerciar con grandes cantidades de esclavos era más redituable y más fácil que la extracción de oro. Los líderes ahanti se asociaron con los comerciantes europeos para construir fortalezas costeras que servían como puntos focales para el transporte de bienes y esclavos. Los ahanti conquistaron pequeños reinos a lo largo de la costa y llevaron allí a sus prisioneros de guerra.

Muchos cautivos realizaban desesperados esfuerzos por escapar o dominar a sus captores. Las revueltas podían ocurrir antes de que llegaran a la costa o mientras esperaban el transporte en las fortalezas costeras.

Verificar la lectura ¿Qué ocurría en la primera etapa del comercio triangular?

La vida en la esclavitud

Al tratarlos como propiedad, los dueños negaban a los africanos sus derechos y libertad. Incluso después de la abolición de la esclavitud en el siglo XIX, estas ideas racistas continuaron en las sociedades que participaron en el comercio de esclavos.

Una vida de penurias Los africanos esclavizados en las Américas tenían que adaptarse a un ambiente desconocido y vida difícil. No podían entender el idioma de sus amos y a menudo eran golpeados por no seguir órdenes. Las familias que habían sido separadas, pocas veces eran reunidas. A fin de evitar revueltas, no se les permitía vivir con sus propios grupos étnicos o tribales.

Se les daban nuevos nombres. Si se resistían a sus deberes o trataban de huir, eran golpeados o marcados. Trabajaban del amanecer al anochecer. La comida era escasa y las viviendas eran incómodas.

Algunos esclavos trabajaban en las casas de sus dueños. A los que consideraban dignos de confianza les daban más responsabilidades. De cualquier forma los esclavos eran considerados **bienes muebles** o propiedades, y estaban sujetos a los <u>arbitrarios</u> caprichos de sus dueños.

El mantenimiento de una cultura Con el tiempo, los esclavos africanos lograron controlar unas partes de sus vidas. Algunos tenían un jardín para cultivar sus propios alimentos o vendían artículos en los mercados. También mantenían los estilos africanos de tejido de telas y cestería.

Para las generaciones posteriores, la vida familiar era una manera de disminuir la dureza de la esclavitud. Las mujeres tenían un papel importante en la unión familiar. Cuidaban la casa y contaban historias de su herencia africana e introdujeron nuevos alimentos y métodos de cocción.

Muchos esclavos adoptaron el cristianismo. Algunos incorporaban elementos de música o danza africana e introdujeron instrumentos musicales como el banjo y los tambores.

Verificar la lectura

¿Cómo mantuvieron los africanos su herencia viva cuando eran esclavos?

arbitrario, *adj.,* al azar o por casualidad

Los descendientes de los esclavos, los gullah, viven frente a la costa de Carolina del Sur, preservando su idioma y cultura. ▼

Evaluación de la Sección **4**

Pregunta esencial

¿Por qué la gente se desplaza?

Términos clave

1. ¿Cómo estaba relacionada la Travesía intermedia con el comercio triangular?

2. ¿Qué son los motines y por qué ocurrían en los barcos de esclavos?

3. Di en tus palabras cómo se usa *bien mueble* en el texto.

Ideas clave

4. ¿Por qué las plantaciones de azúcar aumentaron la esclavitud?

5. ¿Por qué se llama comercio triangular?

6. ¿Cómo obtuvieron los africanos esclavizados cierto control sobre sus vidas?

Razonamiento crítico

7. Analizar causa y efecto ¿Por qué ayudaron algunos reinos africanos a capturar esclavos para los europeos?

8. Inferir ¿Por qué crees que los propietarios de esclavos impedían que vivieran con su propio grupo étnico?

9. ¿En qué se diferencian las razones de los africanos para desplazarse a las Américas de las razones de los europeos? Anota la respuesta en tu Cuaderno del estudiante.

Evaluación del capítulo

Términos e ideas clave

1. **Describir** ¿Qué aspectos positivos y negativos tuvo la vida en la **misión** para los indígenas americanos?

2. **Explicar** ¿Por qué exploró Coronado el Suroeste de los Estados Unidos?

3. **Recordar** ¿Qué par de países firmaron el **Tratado de Tordesillas** para repartirse el mundo?

4. **Resumir** ¿Qué métodos usó Vasco da Gama para terminar con el control musulmán del **comercio de las especias** en Asia?

5. **Explicar** ¿Por qué querían los exploradores franceses encontrar **un paso del noroeste**?

6. **Comentar** ¿Cuáles fueron los diversos **factores de expulsión y de atracción** que provocaron que los colonos ingleses y franceses se desplazaran a América del Norte?

7. **Recordar** ¿Qué bienes se transportaban en la primera etapa del **comercio triangular**?

8. **Explicar** ¿Por qué se llamaba a los barcos de esclavos "ataúdes flotantes"?

Razonamiento crítico

9. **Identificar prejuicios** ¿Qué prejuicio se demuestra en la manera en que la sociedad colonial española clasificaba a los peninsulares, criollos, mestizos y mulatos?

10. **Comparar puntos de vista** ¿De qué maneras diferentes veían los hacendados portugueses y los sacerdotes jesuitas a los indígenas americanos?

11. **Inferir** ¿Acataron los holandeses y los ingleses el Tratado de Tordesillas? Explicar.

12. **Sacar conclusiones** ¿En qué podría ser diferente la cultura estadounidense si Francia hubiera ganado la Guerra de los Siete Años?

13. **Analizar causa y efecto** ¿Por qué decidieron los británicos y los holandeses participar en el comercio de esclavos?

14. **Conceptos básicos: Difusión cultural y cambio** ¿De qué maneras cambiaron los esclavos africanos la cultura de las Américas?

Analizar elementos visuales

15. ¿Cuál de las personas que aparecen en esta tabla sería más útil en la construcción de un refugio?

16. ¿Qué porcentaje aproximado de las personas que se asentaron en Jamestown no estaban acostumbradas a hacer trabajo manual?

17. ¿Qué información de la tabla ayuda a explicar por qué muchos de los primeros colonos pasaban hambre?

18. ¿Crees que los colonos de Jamestown estaban interesados en establecer un asentamiento permanente? Explícalo.

Pasajeros en el primer barco a Jamestown	
Miembros del Consejo	5
Caballeros (desacostumbrados al trabajo manual)	47
Trabajadores	12
Carpinteros	4
Herrero	1
Velero (fabricante de velas)	1
Peluquero	1
Albañil	1
Mampostero (trabajador de la piedra)	1
Sastre	1
Tamborilero militar	1
Cirujano	1
Granjeros, pescadores, mujeres	0
Otros, de ocupación desconocida	36

FUENTE: John Smith, *La historia general de Virginia, Nueva Inglaterra y las islas Summer*, 1624

Pregunta esencial

miMundo: Actividad del capítulo

¿Quién lo escribió? Tú y tu compañero analizarán algunos documentos históricos que acaban de ser descubiertos por un museo local. Estos mohosos documentos están desorganizados y son misteriosos. Examina de cerca estas fuentes primarias e investígalas en busca de pistas. Una vez que hayas analizado los documentos, preparara un informe para el director del museo. Usa evidencia de cada documento para sugerir a su autor.

Aprendizaje del siglo XXI

Haz la diferencia

Elige un individuo o grupo de este capítulo que pienses que merece más reconocimiento. Diseña un monumento en honor a esa persona o grupo y luego presenta tu idea a la clase. En un breve discurso, explica la forma que tomará el monumento. Identifica a la persona o grupo que va a ser honrado. Explica por qué esa persona o grupo se merece el honor. Haz un dibujo que muestre cómo se verá el monumento.

Preguntas basadas en documentos

Success Tracker™
En línea en myworldhistory.com

Usa tu conocimiento de la colonización europea y los Documentos A y B para responder las Preguntas 1 a 3.

Documento A

" Lo apretado del lugar y el calor del clima, sumado a las cantidades en el barco, que estaba tan atestado que cada uno apenas tenía espacio para darse vuelta, casi nos asfixiaban. Esto producía sudoración tan copiosa que el aire pronto se hacía irrespirable, esparciéndose una variedad de olores repugnantes y ocasionando enfermedades entre los esclavos, de las cuales muchos murieron".

—Olaudah Equiano, *Interesante relato de la vida de Olaudah Equiano, o Gustavus Vassa, el africano,* 1789

Documento B

" ¡Que alguien se imagine a 6 o 700 de esos miserables encadenados de dos en dos, rodeados con objetos nauseabundos y repugnantes, enfermos y luchando bajo toda clase de miserias! ¿Cómo podemos soportar la idea de una escena como ésta?"

—William Wilberforce, Discurso sobre la abolición ante el Parlamento, 1789

1. Según el relato de Equiano, ¿por qué morían tantos esclavos?

   A Eran golpeados hasta la muerte.
   B Morían de hambre.
   C El aire contaminado en el barco provocaba enfermedades.
   D El hacinamiento provocaba su asfixia.

2. ¿Cuál era el propósito de Wilberforce al describir el sufrimiento de los esclavos?

   A despertar simpatía por los esclavos
   B explicar por qué ocurría el comercio de esclavos
   C confesar que era un comerciante de esclavos
   D solicitar barcos de esclavos más grandes

3. **Tarea escrita** Escribe un editorial persuasivo que exija el fin del comercio de esclavos. Usa los detalles o citas de los documentos para apoyar tu posición.

myworldhistory.com

Self-Test

El ascenso de la monarquía

? **Pregunta esencial**

¿Qué deberían hacer los gobiernos?

? **Explora la Pregunta esencial**

- en **my** **worldhistory.com**
- usando **miMundo: Actividad del capítulo**
- con el **Cuaderno del estudiante**

Derrota de la Armada Invencible, por Philippe-Jacques de Loutherbourg, 1796

Cambios de poder en Europa

1516 Carlos V se convierte en rey de España.

1643 Luis XIV se convierte en rey de Francia.

1740 María Teresa se convierte en emperatriz de Austria.

1500 · 1600 · 1700 · 1800

1689 Pedro el Grande se convierte en zar de Rusia.

Se aprueba la Declaración de Derechos inglesa.

La Batalla de la Armada Invencible

> Sé que soy dueña de un débil y frágil cuerpo de mujer, pero tengo corazón de rey, de rey de Inglaterra.

Era el verano de 1588. España, el país más poderoso de Europa, estaba a punto de realizar un devastador ataque sobre Inglaterra, un reino más pequeño. Los líderes militares españoles planeaban enviar soldados a través del canal de la Mancha en barcazas, o grandes botes de fondo plano. Se reunió una flota de 130 poderosos barcos de guerra españoles, conocida como la Armada Invencible, para proteger a los invasores.

España planeó la invasión durante una época de conflicto entre católicos y protestantes. El catolicismo había sido la principal religión de Europa occidental hasta principios del siglo XVI. En esa época, algunos cristianos fundaron sus propias iglesias protestantes. Pero el rey español Felipe II, un católico muy devoto, estaba convencido de que tenía que proteger el catolicismo en su reino.

La reina Isabel de Inglaterra era protestante, pero llegó a un acuerdo con los católicos ingleses. Sin embargo, sus consejeros la convencieron de que mientras viviera María, la reina de Escocia y prima católica de Isabel, los disturbios religiosos continuarían. En 1587, Isabel ordenó a regañadientes la ejecución de María.

my worldhistory.com

Timeline/On Assignment

825

En 1587, los consejeros de Isabel la convencieron de ordenar la muerte de su prima, María Estuardo, reina de Escocia que era católica y por ello una amenaza.

Isabel y sus funcionarios de la corte planearon la estrategia para la batalla con la Armada Invencible.

Felipe tenía varias razones para querer derrocar a Isabel. Había estado casado brevemente con la reina María I de Inglaterra hacía unos 30 años y creía que le correspondía ser rey de Inglaterra después de la muerte de María. El ejército de Inglaterra había atacado a las tropas españolas en los Países Bajos, que entonces formaban parte del Imperio Español. Además, corsarios ingleses atacaron los barcos del tesoro español que llevaban oro, plata y otras riquezas de las colonias americanas de España.

Cuando la Armada Invencible partió rumbo a Inglaterra, la gran flota parecía invulnerable. Sin embargo, la Armada tenía sus debilidades. Las balas de los cañones estaban mal hechas o eran del tamaño incorrecto y era difícil volver a cargar los cañones rápidamente. Los barriles que contenían alimentos y agua potable eran defectuosos. Los alimentos se pudrían y el agua se filtraba. Lo más preocupante eran los enormes galeones españoles: barcos grandes y torpes que sobresalían al navegar. Los barcos ingleses eran más pequeños, rápidos y fáciles de maniobrar.

Los españoles estaban seguros de que ganarían. Consideraban su ataque como una guerra santa.

A medida que la Armada Invencible se acercaba a la costa de Inglaterra, la flota inglesa tomaba posiciones de combate. En el transcurso de varios días, las flotas lucharon en múltiples ocasiones.

Entonces, una noche los ingleses enviaron barcos en llamas cargados con artillería al centro de la flota española. Los barcos de la Armada se dispersaron. Los ingleses atacaron y hundieron varios barcos más.

Después de que la armada inglesa hizo retroceder a la flota española, las tropas inglesas se reunieron en la ciudad costera de Tilbury para escuchar a su reina. Era una época en la que pocas mujeres tenían el poder, pero la reina Isabel se había ganado el respeto de su pueblo. En su discurso, predijo una victoria total sobre la Armada.

> ❝ Dejen que los tiranos teman. Yo me he conducido de tal modo que, después de Dios, mi fortaleza principal y mi seguridad descansan en los corazones leales y en la buena voluntad de mis súbditos. Por tanto, vengo en esta ocasión ante ustedes, como pueden ver, no para entretenerme y divertirme, sino resuelta a vivir o morir entre ustedes en medio del fragor de la batalla, dispuesta a entregar mi honor y mi sangre por amor a Dios y por la salvación de mi reino y de mi pueblo… [D]entro de poco tendremos una famosa victoria sobre los enemigos de mi Dios, de mi reino y de mi pueblo ❞.

La Armada Invencible hizo de España un rico imperio mundial. Pero los españoles navegaban en barcos lentos y anticuados. La derrota de la Armada Invencible cambió la guerra en el mar y la fortuna de España.

Los supervivientes españoles del ataque inglés huyeron para salvar sus vidas, pero las feroces tormentas los sacaron de curso y los llevaron hacia Escocia e Irlanda. No tenían mapas de las rocosas costas de Escocia y de Irlanda y las olas destrozaron sus barcos. La derrota fue devastadora para España. La Armada había perdido miles de hombres y casi la mitad de sus barcos. Los ingleses sentían que su victoria había demostrado que Dios estaba de su lado. Esta victoria en el mar fue uno de los mayores triunfos del reinado de Isabel.

Basándote en esta historia, ¿que creía Isabel sobre el papel del gobierno? Mientras lees el capítulo que sigue, piensa en qué indica la historia de Isabel sobre la vida a comienzos de la Europa moderna.

 myStory Video

Acompaña a Isabel y a sus consejeros mientras planean la batalla contra la Armada Invencible.

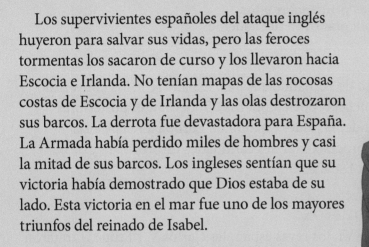

España, una potencia mundial

Ideas clave
- Carlos V heredó un enorme imperio y peleó en varias guerras religiosas.
- Felipe II hizo más poderosa a la monarquía española y trató de extender el control español.
- La riqueza de las Américas sustentó un Siglo de Oro de la cultura española.

Términos clave
- monarca absoluto
- inflación
- Imperio Habsburgo
- armada

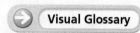 **Visual Glossary**

Destreza de lectura Identificar las ideas principales y los detalles Toma notas usando el organizador gráfico en tu Cuaderno.

Bajo el reinado de Fernando e Isabel, España se había convertido en una potencia europea moderna. Gobernantes posteriores ayudaron a extender el poder español de Europa a Asia y a las Américas. En el proceso, grandes cantidades de oro, plata y otros tesoros llegaron a España.

Monarcas poderosos

Durante el siglo XVI, los reyes españoles Carlos V y Felipe II trataron de mantener y ampliar el poder español. Felipe intentó gobernar como un monarca absoluto. Un **monarca absoluto** es un gobernante que tiene poder total sobre el gobierno y las vidas de las personas. Sin embargo, tanto Carlos como Felipe eran conscientes de que eran responsables ante las personas a quienes gobernaban, en particular ante los poderosos nobles españoles.

Carlos V Con dieciséis años, Carlos se convirtió en rey de España en 1516. Tres años más tarde, Carlos también se convirtió en el gobernante del **Imperio Habsburgo**, o de las tierras de la familia real de los Habsburgo, incluyendo el Sacro Imperio Romano y los Países Bajos. Gobernó como Carlos V.

Carlos pasó la mayor parte de su reinado tratando de conservar el control de sus tierras. Luchó frecuentemente contra Francia. También peleó guerras religiosas. Carlos creía que era su deber defender el catolicismo en toda Europa. Dirigió las tropas españolas contra el Imperio Otomano musulmán y trató, sin éxito, de poner fin al protestantismo en los estados germanos.

Carlos V dirige a sus tropas a la batalla contra los protestantes. ▼

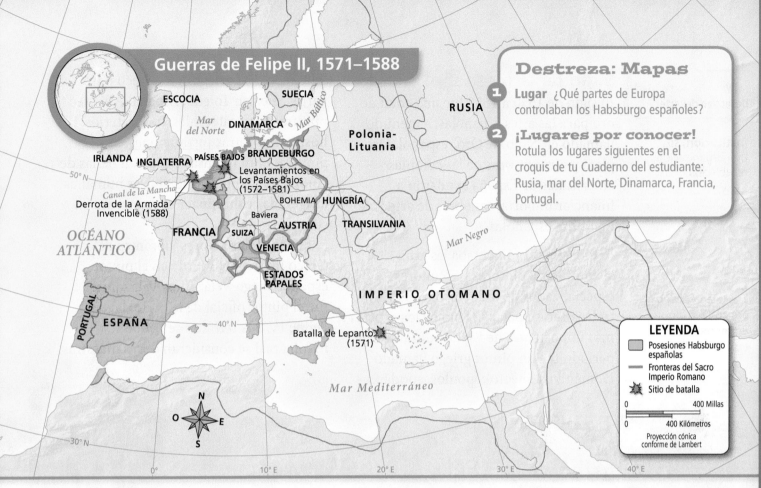

Guerras de Felipe II, 1571–1588

ESCOCIA

SUECIA

RUSIA

Mar del Norte

DINAMARCA

Mar Báltico

Polonia-Lituania

IRLANDA   INGLATERRA   PAÍSES BAJOS   BRANDEBURGO

50° N

Canal de la Mancha

Levantamientos en los Países Bajos (1572–1581)

Derrota de la Armada Invencible (1588)

BOHEMIA   HUNGRÍA

OCÉANO ATLÁNTICO

FRANCIA   SUIZA   Baviera   AUSTRIA   TRANSILVANIA

VENECIA

Mar Negro

ESTADOS PAPALES

40° N

PORTUGAL   ESPAÑA

IMPERIO OTOMANO

Batalla de Lepanto (1571)

Mar Mediterráneo

N   O   E   S

30° N

0°   10° E   20° E   30° E   40° E

LEYENDA

Posesiones Habsburgo españolas

Fronteras del Sacro Imperio Romano

Sitio de batalla

0   400 Millas

0   400 Kilómetros

Proyección cónica conforme de Lambert

Destreza: Mapas

1 **Lugar** ¿Qué partes de Europa controlaban los Habsburgo españoles?

2 **¡Lugares por conocer!** Rotula los lugares siguientes en el croquis de tu Cuaderno del estudiante: Rusia, mar del Norte, Dinamarca, Francia, Portugal.

En el siglo XVI, Carlos decidió entregar el poder y dividir sus tierras en dos. Nombró a su hermano Fernando emperador del Sacro Imperio Romano. Dio otras tierras de los Habsburgo, entre ellas España, los Países Bajos, algunos estados del sur de Italia y las colonias extranjeras de España a su hijo, que gobernó como Felipe II.

Felipe II toma el poder Al igual que Carlos, Felipe II era muy trabajador y profundamente religioso. Vivía de manera sencilla y pasaba la mayor parte de su tiempo trabajando en asuntos del gobierno. Durante su reinado de 42 años, Felipe amplió la influencia española. También fortaleció a la Iglesia católica romana.

Felipe también trató de aumentar el poder español a través de sus cuatro matrimonios. Todas sus esposas provenían de familias reales europeas. Estos matrimonios pretendían producir nuevas alianzas para España y nuevo poder y territorios para Felipe.

Felipe también peleó muchas guerras con el propósito de conservar el poder de España. Peleó para evitar la expansión del Imperio Otomano y poner fin a las rebeliones en los Países Bajos y en Alemania. Pero, como leíste en miHistoria, la poderosa **armada** de España, o flota de barcos de guerra, fue derrotada cuando intentó invadir Inglaterra en 1588.

Verificar la lectura **¿Cómo trataron Carlos V y Felipe II de mantener y aumentar el poder de España?**

Felipe II en 1551, poco antes de convertirse en rey de España ▼

829

miMundo: Actividad
Detective del arte

institución, *sust.,*
una organización
establecida

El oro americano
era convertido
en monedas
españolas. ▼

Siglo de Oro español

El siglo de 1550 a 1650 fue una edad de oro para las artes españolas, a menudo llamado el "Siglo de Oro" español. Oro, plata y otros tesoros de las colonias americanas de España ayudaron a financiar importantes obras de arte y de literatura españolas.

Arte Felipe II fomentaba las artes al contratar a pintores y escultores especializados de toda Europa para trabajar en su palacio. Uno de los artistas más importantes de España durante este período fue un pintor griego llamado Doménikos Theotokópoulos, apodado "el Greco" ("el griego"). El Greco pasó varios años en Toledo, España. Allí creó pinturas para catedrales, monasterios, hospitales y otras <u>instituciones</u>. Sus pinturas eran intensas y estaban llenas de color y emoción. Usaba figuras humanas exageradas e iluminación dramática en sus cuadros.

El uso de los colores vibrantes del Greco influyó más tarde en el pintor español Diego Velázquez. Velázquez fue el pintor oficial de la corte del rey Felipe IV. Sus retratos de Felipe y la familia real se consideran obras maestras.

Un Siglo de Oro

El oro y la plata de las colonias americanas de España impulsaron la economía española. Esta riqueza financió la creación de grandes obras de arte, como las obras maestras de Diego Velázquez y el Greco.

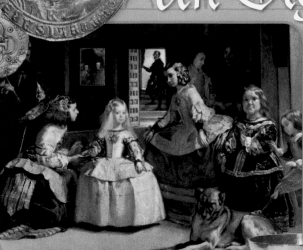

▲ *Las Meninas* de Diego Velázquez (1656) muestra a miembros de la corte española.

▲ Una ilustración de *Don Quijote,* la primera novela moderna de Europa

◄ Un cáliz de plata español

▲ Algunos tesoros americanos fueron fundidos.

▲ *La agonía en el huerto* (1595) del Greco

Literatura El escritor más importante del Siglo de Oro español fue Miguel de Cervantes. Como leíste en un capítulo anterior, su *Don Quijote* es la historia de un heroico pero insensato noble y su fiel siervo. Muchos consideran que *Don Quijote* es la primera novela moderna de Europa.

Declive económico de España A pesar de la riqueza que llegaba de las Américas, a finales del siglo XVI España gastaba más dinero del que recibía. Pagar por un estado de guerra casi constante era muy caro. España pidió dinero prestado a banqueros de otros países para pagar sus cuentas. A principios del siglo XVII, un comerciante español se quejó de que la riqueza de España estaba desapareciendo.

❝ En Flandes, en Venecia y en Roma, hay tanto dinero de Sevilla [España] que los techos podían estar hechos de [monedas], y, sin embargo, en España hay carencia de ellas. Todos los millones que provienen de [las Américas], son tomados por los extranjeros para sus ciudades ❞.

—el comerciante español Tomás de Mercado, de *Imperio: la forja de España como potencia mundial*, por Henry Kamen

España también se enfrentaba a la inflación en los siglos XVI y XVII. La **inflación** es un aumento general en los precios de bienes y servicios. Además del déficit presupuestario y la inflación, un tercer problema económico era que había pocas industrias nuevas. La economía española dependía en gran medida de la agricultura tradicional y los tesoros americanos.

Como resultado, la economía de España comenzó a declinar y también su poder. Las armadas francesa, inglesa y holandesa desafiaron el poder de España en Europa y en todo el mundo. La época de España como gran potencia se acercaba a su fin.

Verificar la lectura ¿Cómo florecieron el arte y la literatura durante el Siglo de Oro español?

Evaluación de la Sección **1**

? Pregunta esencial

¿Qué deberían hacer los gobiernos?

Términos clave

1. ¿Qué es un monarca absoluto?

2. ¿Cómo crees que puede influir la inflación en la economía de un país?

3. ¿Qué era el Imperio Habsburgo?

Ideas clave

4. ¿Qué hizo Carlos V durante gran parte de su reinado?

5. ¿Cómo trató Felipe II de expandir el poder español?

6. ¿Qué hizo Felipe II con las riquezas de las colonias americanas de España?

Razonamiento crítico

7. **Comparar y contrastar** ¿En qué se parecían y en qué se diferenciaban el reinado de Felipe II y el de Carlos V?

8. **Resumir** ¿Por qué la época de España como potencia mundial comenzó a llegar a su fin después de 1588?

9. ¿Cómo usaron su poder Carlos V y Felipe II? Anota la respuesta en tu Cuaderno del estudiante.

Sección 2

Monarquía absoluta de Francia

Ideas clave

- El rey Enrique IV reconstruyó Francia después de años de devastadoras guerras religiosas.

- El cardenal Richelieu y el rey Luis XIV incrementaron el poder de la monarquía francesa.

- Bajo el reinado de Luis XIV, floreció la cultura francesa. Luis gastó una enorme cantidad de dinero en las artes.

Términos clave • asesino • derecho divino • Guerra de Sucesión Española
• palacio de Versalles

 Visual Glossary

 **Destreza de lectura Resumir** Toma notas usando el organizador gráfico en tu Cuaderno.

El rey Enrique IV reconstruyó Francia después de años de guerra. ▼

En el siglo XVI, Francia estaba desgarrada por los enfrentamientos entre católicos y protestantes. Pero, a finales del siglo XVII, Francia era un país fuerte y unido gobernado por el monarca más poderoso de Europa.

La expansión del poder real

Los monarcas ganaron poder en toda Europa entre los años 1500 y 1800. Durante esta época, la Reforma protestante dividió a la Iglesia católica. Mientras la Iglesia perdía parte de su poder político, los monarcas trataban de ampliar el suyo.

Enrique IV reconstruye Francia Durante el siglo XVI, los franceses estuvieron divididos amargamente debido a la religión. El conflicto religioso entre católicos y hugonotes, o protestantes franceses, produjo años de guerra. En 1589, Enrique IV se convirtió en rey de Francia. Era hugonote y muchos católicos se oponían a él. Para poner fin al conflicto y asegurar su reinado, Enrique se convirtió al catolicismo. Sin embargo, promulgó en 1598 el Edicto de Nantes, que dio a los hugonotes libertad religiosa y otros derechos.

A diferencia de gobernantes anteriores, Enrique no quería seguir con la lucha entre católicos y hugonotes. Decía que su meta era "poner un pollo en cada olla", es decir, suficientes alimentos para todos los franceses. Se dedicó a la reconstrucción de Francia después de años de guerra.

Enrique reformó el gobierno francés y trató de mejorar la economía francesa. El gobierno construyó nuevos caminos y puentes. Fomentó la agricultura, el comercio y redujo la deuda de Francia. Al mejorar el gobierno y la economía franceses y hacer al país más estable, Enrique hizo posible que los monarcas futuros tuvieran más poder.

El cardenal Richelieu En 1610, Enrique IV fue muerto por un **asesino**, o una persona que mata a una figura pública. Por ese motivo, su hijo de ocho años de edad, Luis XIII, se convirtió en rey. Debido a que Luis era tan joven, su madre gobernó en su lugar hasta que cumplió quince años. Después, Luis gobernó Francia con la ayuda de consejeros.

En 1624, Luis eligió al funcionario católico, el cardenal Richelieu, como su consejero principal. El cardenal Richelieu se convirtió en la verdadera fuerza detrás del trono francés. Quería aumentar el poder de la monarquía. Esto significaba reducir el poder de los nobles locales, que controlaban gran parte de Francia. Richelieu formó el ejército francés, usándolo para derrotar a los ejércitos privados de los nobles. También luchó contra los hugonotes.

Richelieu, además, aumentó los impuestos. Usó gran parte de este dinero para financiar las guerras de Francia durante su mandato. Para cuando murió en 1642, Richelieu había logrado fortalecer el poder del gobierno central.

Verificar la lectura ¿Qué hizo el cardenal Richelieu?

El cardenal Richelieu era el poder detrás del rey Luis XIII. ▼

Conflicto religioso

El grabado de abajo muestra a los hugonotes, o protestantes franceses, atacando a los católicos en una batalla de 1562 en la ciudad de St. Gilles. Escenas como ésta eran comunes durante las guerras religiosas francesas de finales del siglo XVI.

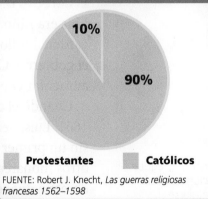

Religión en Francia, aproximadamente 1560

10%

90%

Protestantes   Católicos

FUENTE: Robert J. Knecht, *Las guerras religiosas francesas 1562–1598*

Destreza: Gráficas

¿Cómo crees que influyeron en el conflicto religioso los porcentajes de protestantes y católicos en Francia?

Aprendizaje del siglo XXI

833

Francia bajo el Rey Sol

Luis XIV fue rey de Francia por un tiempo sorprendentemente largo: 72 años. Conocido como el Rey Sol, gobernaba con poder absoluto. Desarrolló elaborados rituales cortesanos y gastó enormes sumas de dinero en hermosos objetos. También amplió las fronteras de Francia a través de una serie de costosas guerras.

▲ Luis XIV, recibe a funcionarios suizos, vestidos de negro, en su palacio en 1663.

▲ Luis eligió al Sol como su símbolo.

cansar, v., agotar la paciencia o tolerancia; fastidiarse

Luis XIV, el Rey Sol

A los cuatro años, Luis XIV se convirtió en rey de Francia en 1643. Durante su reinado de 72 años, Francia se convirtió en la nación dominante de Europa. Su poder fue absoluto.

El derecho divino de los reyes Cuando Luis era niño, su primer ministro, el cardenal Julio Mazarino, controlaba el gobierno. Como Richelieu, quería aumentar el poder de la monarquía.

Cuando el cardenal Mazarino murió en 1661, Luis, de 22 años, decidió gobernar sin un primer ministro. Al igual que otros monarcas de esta época, creía en el derecho divino de los reyes. El **derecho divino** es la creencia de que Dios les dio a los monarcas el derecho al poder. Luis creía que ante todo tenía que responder a Dios por sus acciones.

"El estado soy yo" Se cree que una vez Luis dijo "L'état c'est moi", o "El estado soy yo". Aunque ahora los historiadores creen que nunca dijo eso, la expresión simboliza su creencia de que él era el centro de Francia. De hecho, eligió al Sol, el centro del sistema solar, como su símbolo. Luis es conocido como el Rey Sol.

Con la ayuda de sus consejeros, Luis gobernó cada aspecto de la vida francesa. Los funcionarios locales, nobles y otras personas del gobierno vieron cómo les quitaba sus poderes. El ahijado de Luis más tarde describió el deseo de Luis por tener el control absoluto de Francia:

> 66 Él quería reinar por sí mismo. . . La superioridad de sus primeros ministros y sus primeros generales pronto le cansó. No le gustaba que nadie fuera superior a él. Así que eligió a sus ministros, no por sus conocimientos, sino por su ignorancia, no por su capacidad, sino por su falta de ella. . . Se encargó de instruirlos él mismo. . . [y] se ocupaba de los detalles más pequeños 99.
>
> —Louis de Rouvroy, *Las memorias del duque de Saint-Simon*

Francia bajo Luis XIV

Mar del Norte

INGLATERRA
Londres
Batalla de Cassel (1677)
Batalla de Beachy Head (1690)
Canal de la Mancha
Batalla de Barfleur; Batalla de La Hogue (1692)

PROVINCIAS UNIDAS
Utrecht
Bruselas
PAÍSES BAJOS ESPAÑOLES
Batalla de Fleurus (1690)

SACRO IMPERIO ROMANO

OCÉANO ATLÁNTICO

Ruán
París
Orleans
Nantes
FRANCIA
Estrasburgo
Batalla de Turckheim (1675)
SUIZA
Batalla de Staffarda (1690)
SABOYA

Burdeos
Toulouse

ESPAÑA
Mar Mediterráneo

LEYENDA
- Francia en 1643
- Territorio anexado en 1715
- ✦ Batalla
- ✪ Capital
- • Otra ciudad

0 — 200 Millas
0 — 200 Kilómetros
Proyección cónica conforme de Lambert

Destreza: Mapas

Ubicación ¿Cómo cambiaron las fronteras de Francia durante el reinado de Luis XIV?

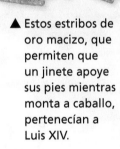

▲ Estos estribos de oro macizo, que permiten que un jinete apoye sus pies mientras monta a caballo, pertenecían a Luis XIV.

Gobierno y economía Luis pasaba muchas horas del día atendiendo los asuntos de gobierno. Al igual que Richelieu, su política sirvió para fortalecer el gobierno central y aumentar su control del ejército. Amplió el tamaño del gobierno. Para disminuir el poder de los nobles franceses, designó a muchos ministros de origen no noble.

El ministro de finanzas de Luis era Jean-Baptiste Colbert. Colbert ayudó a desarrollar la economía francesa. Fomentó la manufactura y la industria. Simplificó las políticas fiscales, redujo las deudas de Francia y mejoró el transporte. Colbert incluso trató de reducir el precio del trigo y otros granos usados para la alimentación, aunque tuvo poco éxito. Sin embargo, consiguió mejorar, en términos generales, la economía francesa.

Conflicto creciente Luis convirtió el ejército francés en el más grande de Europa para ampliar las fronteras de Francia. Se enfrentó a los holandeses y los españoles por el control de los Países Bajos. En la Guerra de la Liga de Augsburgo, peleó contra una alianza liderada por Inglaterra, los Países Bajos y los Habsburgo de Austria. En la **Guerra de Sucesión Española** a principios del siglo XVIII, Luis obtuvo el control de España para su nieto.

Francia también tuvo conflictos internos. En 1685, puso fin al Edicto de Nantes, que promovía la tolerancia religiosa para los hugonotes. Como resultado, muchos hugonotes huyeron de Francia, incluyendo comerciantes y artesanos. La pérdida de estos trabajadores especializados perjudicó la economía.

Verificar la lectura ¿Por qué era conocido Luis como el Rey Sol?

835

El palacio de Versalles

▲ Versalles en 1675

Durante más de 50 años, Luis XIV convirtió una casa real en las afueras de París en el enorme palacio de Versalles. El grandioso proyecto de construcción requirió miles de trabajadores especializados. Las cientos de habitaciones del palacio están llenas de objetos de oro y plata, candelabros de cristal, espejos y obras de arte. Los jardines tienen millones de flores, arbustos y árboles dispuestos en patrones precisos.

RAZONAMIENTO CRÍTICO ¿Qué te indica el palacio de Versalles sobre cómo Luis XIV gobernaba Francia?

 Culture Close-Up

▲ La galería central de Versalles es el espectacular salón de los espejos.

Luis XIV señala los planos para la construcción de Versalles en esta pintura del siglo XVII.

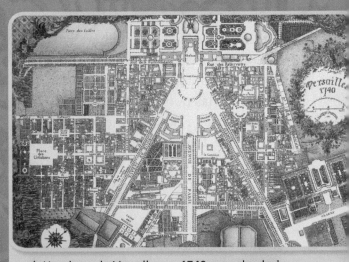

▲ Un plano de Versalles en 1740, con el palacio principal en el centro superior de la imagen

836

Luis XIV y las artes

Luis XIV gastó una gran cantidad de dinero en las artes. El rey empleó decenas de miles de artistas y artesanos para construir y decorar iglesias, palacios y otros edificios públicos.

El palacio de Versalles Durante su reinado, Luis hizo construir muchos edificios nuevos. Gran parte de la actividad de construcción se llevaba a cabo en París, la capital de Francia. Allí, hizo ampliar palacios reales como el Louvre. Pero en el campo, cerca de París, Luis mandó construir el enorme **palacio de Versalles** como residencia real y sede del gobierno francés. Versalles tiene cientos de habitaciones decoradas con hermosas obras de arte. Los jardines del palacio están llenos de flores, árboles y fuentes. Versalles se convirtió en un símbolo del poder de Luis y de Francia en la época de la monarquía absoluta.

En Versalles, Luis desarrolló elaborados rituales cortesanos que enfatizaban su importancia. Los nobles franceses trataban de ganar su favor con la esperanza de ser designados a cargos importantes. Competían por el honor de realizar humildes tareas para el rey, como entregar a Luis sus zapatos o sostener su lavabo. Para Luis, la preocupación más importante era tratar a los grupos de nobles de igual modo para que ninguno tuviera demasiada influencia en la corte o se sintiera excluido del poder y se <u>rebelara</u> contra su gobierno.

Un florecimiento cultural Luis también dio apoyo financiero a los escritores de obras de teatro, como Molière y Racine. Contrató arquitectos y artistas como Lorenzo Bernini, André Le Nôtre y Charles Le Brun para diseñar y decorar el museo del Louvre y los edificios de Versalles. Patrocinó las academias francesas, que establecieron altos estándares para las artes y las ciencias. Con el tiempo los estilos franceses de pintura, música y arquitectura se convirtieron en modelos para el arte europeo.

Verificar la lectura ¿Cómo apoyó las artes Luis XIV?

miMundo: Actividad
Monumento vivo

rebelarse, *v.,* oponerse o desobedecer a alguien con autoridad o control

---

Evaluación de la Sección 2

? **Pregunta esencial**

¿Qué deberían hacer los gobiernos?

Términos clave

1. ¿Qué es un asesino?

2. ¿Cómo cambió el Edicto de Nantes el tratamiento de los hugonotes?

3. ¿Qué es el derecho divino?

Ideas clave

4. ¿Cómo trataron el cardenal Richelieu y Luis XIV de aumentar el poder de la monarquía?

5. ¿Cómo reconstruyó Francia Enrique IV?

6. Describe las artes y la cultura francesas bajo Luis XIV.

Razonamiento crítico

7. Resumir Resume las creencias políticas y el estilo de gobierno de Luis XIV.

8. Comparar y contrastar ¿En qué se parecían o se diferenciaban las políticas religiosas de Enrique IV y Luis XIV?

9. Describe Francia bajo el reinado de Enrique IV, el cardenal Richelieu y Luis XIV. Anota la respuesta en tu Cuaderno del estudiante.

Monarquías absolutas a lo largo de Europa

Ideas clave
- Pedro el Grande tomó medidas para modernizar Rusia.
- Bajo Pedro y Catalina, Rusia amplió sus fronteras.
- Monarcas poderosos convirtieron Austria y Prusia en importantes potencias europeas.

Términos clave • zar • siervo • boyardo • partición

 Visual Glossary

Destreza de lectura Comparar y contrastar Toma notas usando el organizador gráfico en tu Cuaderno.

En esta caricatura rusa, Pedro el Grande corta la barba de un noble ruso. ▼

Hacia mediados del siglo XVII, los años de conflicto y desorden habían debilitado a Europa central y oriental. Nuevos gobernantes tomaron el control de Rusia, Austria y Prusia, expandieron sus territorios y adoptaron nuevas políticas para fortalecer su control.

Pedro el Grande moderniza Rusia

Pedro I, conocido como Pedro el Grande, gobernó Rusia de 1689 a 1725. Durante esos años, Rusia dejó de ser un reino medieval y se convirtió en un imperio moderno.

Rusia bajo los zares A principios del siglo XVI, Rusia estaba gobernada por monarcas absolutos llamados **zares**, o emperadores. Los zares gobernaron Rusia durante cientos de años.

Por el siglo XVII, el 95 por ciento de la población rusa vivía en zonas rurales. Más de la mitad de los rusos eran **siervos**, campesinos legalmente obligados a vivir y trabajar en tierras propiedad de sus señores. Los siervos podían ser comprados, vendidos o castigados por sus señores. Eran mano de obra barata para la agricultura rusa. No podían dejar el lugar donde vivían y buscar trabajo en las ciudades. Esto impidió que se desarrollaran industrias nuevas.

Pedro visita Occidente Pedro el Grande se convirtió en zar a finales del siglo XVII. Pedro era un hombre enorme para su época, medía más de seis pies y medio. También fue notable en otros aspectos. Cuando Pedro era joven, se dio cuenta de que Rusia debía <u>modernizarse</u> para ponerse al día con el resto de Europa.

En 1697, Pedro comenzó un largo viaje a Europa occidental para estudiar sus costumbres, industrias y tecnologías. Viajó encubierto. Dondequiera que iba, estudiaba las costumbres occidentales. Pedro visitó fábricas y trabajó con los constructores navales. Incluso le pidió a un dentista que le enseñará a sacar dientes.

Cambiar la vida en Rusia Cuando regresó a Rusia, Pedro comenzó una serie de reformas. Estas reformas estaban diseñadas para aumentar su poder y cambiar muchas cosas de la vida rusa.

Algunos de los cambios eran simbólicos, destinados a hacer que los rusos se alejaran de su pasado. Por ejemplo, Pedro obligó a los **boyardos**,

nobles que eran sus principales consejeros, a afeitarse su tradicional barba. También los obligó a sustituir sus togas con ropas de estilo occidental.

Pedro tomó el control de la Iglesia ortodoxa rusa. Creó escuelas en ciencias, matemáticas e ingeniería. Simplificó el alfabeto ruso y llevó la tecnología occidental moderna a Rusia. Alentó la exportación de bienes a otros países. Mejoró los canales y el transporte y desarrolló las industrias minera y textil.

Pedro también fortaleció al ejército ruso. Creó un nuevo ejército y una armada y aumentó los impuestos para pagar por ellos. Obligó a los siervos a servir como soldados.

Verificar la lectura ¿Qué obligó a hacer Pedro el Grande a los boyardos?

modernizar, *v.,* adoptar costumbres modernas

Pedro el Grande usó su poder para hacer muchas reformas en la vida rusa. ▼

Pedro el Grande cambia Rusia

Reestructuró el gobierno, añadiendo gobiernos regionales y locales y aumentando el poder del zar
Obligó a los nobles y funcionarios a cortarse la barba y usar ropas de estilo europeo moderno
Alentó al crecimiento de la manufactura y la industria
Creó nuevas escuelas para enseñar matemáticas, ingeniería y otras materias
Construyó un poderoso ejército y una moderna armada con nuevos barcos, armas y técnicas de entrenamiento
Asumió el control de la Iglesia rusa ortodoxa
Modernizó el alfabeto ruso
Introdujo un nuevo calendario para que coincidiera con el año del calendario europeo

El crecimiento de Rusia

En su largo reinado, Pedro incorporó muchos territorios nuevos al Imperio Ruso. Después de Pedro, Catalina la Grande expandiría Rusia aún más.

La expansión bajo Pedro Los puertos rusos del norte, en el océano Glacial Ártico, se congelaban durante el invierno y no se podían usar. Pedro sabía que necesitaba puertos más cálidos para incrementar el comercio con Occidente. En 1700, comenzó una larga guerra contra Suecia, que controlaba gran parte de la región cercana al mar Báltico. Derrotó a Suecia y obtuvo acceso al Báltico.

En las tierras que tomó de Suecia, Pedro construyó una magnífica nueva capital, San Petersburgo. La construyó en tierras pantanosas en la desembocadura del río Nevá, que llevaba al Báltico. Obligó a decenas de miles de siervos a drenar estos pantanos. Miles de siervos murieron a causa de enfermedades o lesiones, pero consiguió construir su ciudad. San Petersburgo se convirtió en un símbolo del esfuerzo de Pedro por crear una Rusia moderna.

intérprete, *sust.*, una persona que traduce entre diferentes idiomas

Catalina la Grande Después de la muerte de Pedro, Rusia fue gobernada por una serie de líderes. Catalina la Grande tomó el control de Rusia en 1762.

Catalina era una líder eficiente. Al igual que Pedro, quería que los rusos adoptaran las costumbres europeas. Reorganizó el gobierno y fomentó la educación tanto para los niños como para las niñas. Promovió la ciencia y las artes.

Catalina gobernó como monarca absoluta, pero les dio a los nobles más control sobre el gobierno local. Redujo los impuestos de los nobles y les dio un mayor poder sobre sus siervos. Bajo Catalina, más campesinos fueron empujados a la servidumbre y, si se rebelaban, ella usaba la fuerza para poner fin a sus protestas.

Nuevas tierras para Rusia Catalina estaba decidida a ampliar las fronteras de Rusia hacia el oeste, incluso más allá de lo que consiguió Pedro. Luchó contra Polonia y el Imperio Otomano, ganando terreno en Europa oriental y acceso al mar Negro. Para el final de su reinado en 1796, Catalina había añadido unas 200,000 millas cuadradas a Rusia. Al igual que Pedro, envió exploradores al noreste de Rusia y a través del mar de Bering hasta América del Norte. Su objetivo era extender su poder en lo que hoy es Alaska. Los exploradores debían tratar bien a los indígenas.

> 66 Al añadir tierras recién descubiertas y pueblos independientes bajo el [gobierno] ruso. . . su primera responsabilidad es velar porque tengan una opinión favorable de los rusos. . . El <u>intérprete</u> debe hablar con ellos de sus intenciones amistosas. Para probar esto, debe permitirles elegir regalos. . . Persuadirlos para que digan a todos que los rusos quieren ser sus amigos. . . Mencione que esto se ha hecho durante el glorioso reinado de Catalina II, la Grande 99.
>
> —De las instrucciones de Catalina la Grande al capitán Joseph Billings, 1785

Verificar la lectura ¿Qué hizo Pedro con las tierras que ganó a Suecia?

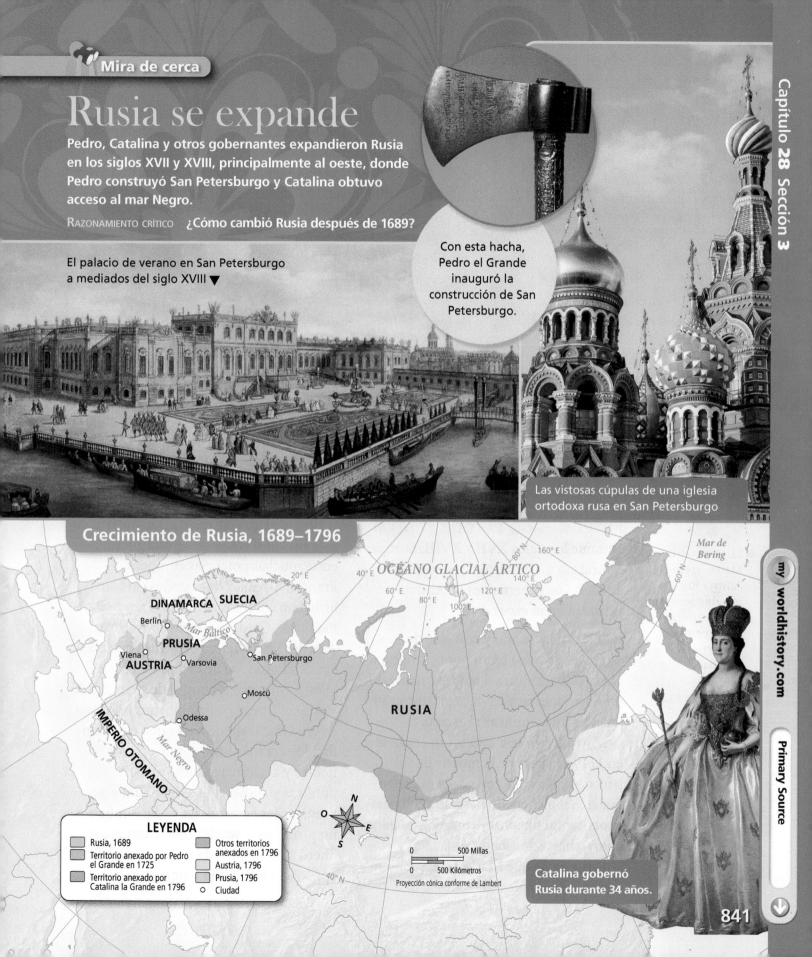

Mira de cerca

Rusia se expande

Pedro, Catalina y otros gobernantes expandieron Rusia en los siglos XVII y XVIII, principalmente al oeste, donde Pedro construyó San Petersburgo y Catalina obtuvo acceso al mar Negro.

RAZONAMIENTO CRÍTICO ¿Cómo cambió Rusia después de 1689?

El palacio de verano en San Petersburgo a mediados del siglo XVIII ▼

Con esta hacha, Pedro el Grande inauguró la construcción de San Petersburgo.

Las vistosas cúpulas de una iglesia ortodoxa rusa en San Petersburgo

Crecimiento de Rusia, 1689–1796

DINAMARCA
SUECIA
Berlín
Mar Báltico
PRUSIA
Viena
AUSTRIA
Varsovia
San Petersburgo
IMPERIO OTOMANO
Mar Negro
Odessa
Moscú
RUSIA
OCÉANO GLACIAL ÁRTICO
Mar de Bering
20° E 40° E 60° E 80° E 100° E 120° E 140° E 160° E
80° N 60° N
40° N

N O E S

0   500 Millas
0   500 Kilómetros
Proyección cónica conforme de Lambert

LEYENDA
Rusia, 1689
Territorio anexado por Pedro el Grande en 1725
Territorio anexado por Catalina la Grande en 1796
Otros territorios anexados en 1796
Austria, 1796
Prusia, 1796
○ Ciudad

Catalina gobernó Rusia durante 34 años.

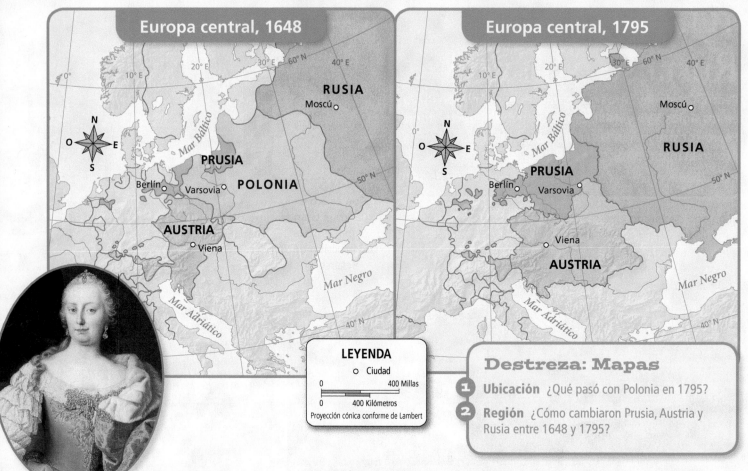

Europa central, 1648

RUSIA
Moscú

PRUSIA
POLONIA
Berlín
Varsovia

AUSTRIA
Viena

Mar Báltico
Mar Negro
Mar Adriático

Europa central, 1795

Moscú

RUSIA

PRUSIA
Berlín
Varsovia

Viena
AUSTRIA

Mar Báltico
Mar Negro
Mar Adriático

LEYENDA

○ Ciudad

0   400 Millas
0   400 Kilómetros
Proyección cónica conforme de Lambert

Destreza: Mapas

1 **Ubicación** ¿Qué pasó con Polonia en 1795?

2 **Región** ¿Cómo cambiaron Prusia, Austria y Rusia entre 1648 y 1795?

▲ La emperatriz María Teresa de Austria fue una reformadora que fortaleció el ejército y el gobierno de Austria.

Potencias de Europa central

Durante los siglos XVII y XVIII, Europa central era un mosaico de pequeños estados. Los gobernantes de Austria y Prusia querían expandirse.

Austria El territorio y el pueblo de Austria estaban divididos tanto por la geografía como por la cultura. Los gobernantes de Austria, la familia de los Habsburgo, luchaban por unificar al estado.

María Teresa se convirtió en emperatriz en 1740, después de la muerte de su padre. Algunos líderes europeos creían que una mujer era demasiado débil para gobernar un imperio y conspiraron para aprovecharse de esta debilidad.

Después de que María Teresa tomara el poder, Prusia invadió Silesia, una región minera controlada por Austria. Esta invasión era parte de una guerra entre muchas potencias europeas. Francia, España y dos estados germanos luchaban contra Austria. La Gran Bretaña, Piamonte-Cerdeña y otros apoyaban a Austria. María Teresa demostró que no era débil. Aunque no expulsó a Prusia de Silesia, conservó el control de su imperio.

María Teresa realizó muchas reformas en Austria. Trató de hacer que el sistema fiscal fuera más justo al gravar a los nobles y al clero. Financió escuelas públicas y apoyó el uso de vacunas para prevenir las enfermedades. Sin embargo, no prohibió la servidumbre, aunque sí liberó a los siervos de su propiedad. Se opuso a la tolerancia religiosa.

Prusia Comparada con Austria, Prusia era pequeña en tamaño y población. Sin embargo, Prusia era poderosa gracias a su ejército fuerte y a un gobierno eficaz.

Federico II, conocido como Federico el Grande, gobernó Prusia de 1740 a 1786. Era un habilidoso líder militar. Federico dirigió al altamente capacitado ejército prusiano en victorias sobre Austria, expandiendo mucho el territorio de Prusia.

Al igual que su enemiga, María Teresa de Austria, Federico trató de reformar el gobierno y la sociedad. Fundó escuelas públicas, modernizó las leyes, acabó con la tortura y permitió la libertad de expresión y cierta libertad religiosa. Además, mejoró los puertos y canales de Prusia.

La división de Polonia En el siglo XVIII, Rusia, Prusia y Austria tomaron gradualmente el control de Polonia. Polonia era un reino grande, pero sus fronteras no tenían barreras naturales, como montañas o ríos. Además, su gobierno y ejército eran débiles y era un blanco tentador para sus agresivos vecinos.

Los monarcas de Rusia, Prusia y Austria querían evitar luchar entre sí por Polonia. Para evitar el conflicto, en 1772 acordaron la **partición**, o división, de Polonia. Rusia tomó parte del este de Polonia. Prusia y Austria tomaron secciones del oeste de Polonia.

Los tres países tomaron más tierras polacas en 1793. Por último, en 1795, Rusia, Prusia y Austria tomaron el control de las áreas restantes de la Polonia independiente. El país independiente de Polonia dejó de existir.

Verificar la lectura ¿De qué maneras cambió Prusia Federico el Grande?

▲ El poderoso ejército de Prusia ayudó a expandir la nación. Este grabado muestra a las tropas prusianas en Löwenberg, Polonia, que pasó a formar parte de Prusia en la década de 1740.

miMundo: Actividad
Tres en raya de la monarquía

Evaluación de la Sección 3

? Pregunta esencial

¿Qué deberían hacer los gobiernos?

Términos clave

1. ¿En qué era diferente la vida de los siervos y la de los zares de Rusia?

2. Cuando Rusia, Prusia y Austria acordaron la partición de Polonia, ¿qué planeaban hacer?

3. ¿Qué era un boyardo?

Ideas clave

4. ¿De qué maneras cambió Rusia Pedro el Grande?

5. Describe el crecimiento de Rusia bajo Pedro y Catalina.

6. ¿Cómo cambiaron Austria y Prusia durante el siglo XVIII?

Razonamiento crítico

7. **Comparar y contrastar** Compara y contrasta las acciones y políticas de María Teresa y de Federico II.

8. **Tomar decisiones** ¿Cuál de los cambios realizados por Pedro el Grande crees que tuvo mayor impacto en Rusia? ¿Por qué?

9. ¿Cómo gobernaron los líderes poderosos Rusia y Europa central? Anota la respuesta en tu Cuaderno del estudiante.

Monarquía limitada en Inglaterra

Ideas clave
- El conflicto entre los monarcas y el Parlamento provocó la guerra civil en Inglaterra.
- Después de la guerra civil, Inglaterra se convirtió brevemente en el Commonwealth, una republica no gobernada por un monarca.
- La Revolución Gloriosa y la Declaración de Derechos inglesa constituyeron una monarquía constitucional creando un modelo democrático.

Términos clave • Guerra Civil Inglesa • puritano • traición • república • Restauración • Revolución Gloriosa • Declaración de Derechos inglesa • monarquía constitucional

 Visual Glossary

 Destreza de lectura Analizar causa y efecto Toma notas usando el organizador gráfico en tu Cuaderno.

Durante los siglos XVI y XVII, los monarcas ingleses y el Parlamento lucharon por el poder. Hoy en día, el Parlamento controla en gran medida el gobierno. ▼

Como has leído, muchos líderes europeos gobernaron como monarcas absolutos desde el siglo XV hasta el siglo XVIII. Pero la situación en Inglaterra era algo diferente. Con el tiempo, el conflicto sobre los poderes del monarca inglés provocaron la guerra civil y la revolución.

Los monarcas contra el Parlamento

En el siglo XVI, la asamblea legislativa inglesa, el Parlamento, había impuesto límites estrictos a los monarcas de Inglaterra. Como resultado, los monarcas tenían que trabajar con el Parlamento para llevar a cabo sus políticas.

Los Tudor De 1485 a 1603, Inglaterra fue gobernada por monarcas que pertenecían a una sola familia: los Tudor. Los Tudor creían en el derecho divino de los reyes, pero sabían que necesitaban tener una buena relación con el Parlamento para gobernar con eficacia. El monarca Tudor Enrique VIII consultaba al Parlamento con frecuencia, y obtuvo su aprobación para convertirse en el líder de la nueva Iglesia de Inglaterra. También gastó una gran cantidad de dinero en guerras. Para recaudar fondos, tuvo que pedir permiso al Parlamento para crear nuevos impuestos.

En 1558, Isabel, la hija de Enrique, subió al trono inglés. Al igual que su padre, entabló buena relación con el Parlamento para ganar apoyo para sus políticas.

Conflicto creciente Isabel murió sin tener hijos en 1603. El nuevo monarca fue su pariente Jacobo Estuardo, que gobernó como Jacobo I. Jacobo era rey de Escocia desde años antes y aunque acordó gobernar Inglaterra según las costumbres inglesas, quería poder absoluto sobre Inglaterra. Pronto entró en conflicto con el Parlamento.

Jacobo discutía con frecuencia con el Parlamento sobre dinero, pues éste a menudo se resistía a los nuevos impuestos que Jacobo exigía. Finalmente, destituyó el Parlamento por siete años y recaudó impuestos por su cuenta.

Carlos I toma el poder En 1625, el hijo de Jacobo, Carlos I, heredó el trono. Al igual que su padre, Carlos gobernaba como monarca absoluto. Puso a sus enemigos en prisión sin juicios. Trató de establecer nuevos impuestos. Antes de darle fondos, el Parlamento insistió en que Carlos firmara la petición de derechos en 1628, que impedía que el monarca aumentara los impuestos o encarcelara a las personas injustamente sin el consentimiento del Parlamento. Aunque Carlos firmó la petición de derechos, al año siguiente disolvió el Parlamento.

disolver, v., poner fin

Carlos gobernó Inglaterra 11 años sin el Parlamento. Durante este tiempo, impuso nuevos impuestos y multas para financiar su gobierno. Sus políticas religiosas hicieron temer a algunos que traería de nuevo el catolicismo.

Las políticas religiosas y fiscales de Carlos causaron una rebelión en Escocia. Al tener que recaudar dinero para poner fin a la rebelión escocesa, tuvo que permitir otra reunión del Parlamento en 1640.

Verificar la lectura **¿Cómo gobernaron Inglaterra los monarcas Tudor?**

Monarcas ingleses distinguidos, 1509–1649		
Monarca	**Reinado**	**Principales acciones o creencias**
1 Enrique VIII	1509–1547	Enrique separó la Iglesia de Inglaterra de la Iglesia católica romana.
2 Isabel I	1558–1603	Isabel era hija de Enrique VIII. Hizo que Inglaterra regresara al protestantismo después de años de dominio católico.
3 Jacobo I	1603–1625	Jacobo era el rey de Escocia y primo de Isabel. Creía en el derecho divino de los reyes y trató de aumentar el poder de la monarquía.
4 Carlos I	1625–1649	Carlos era hijo de Jacobo I. Quería el poder absoluto. Conflictos con el Parlamento provocaron la Guerra Civil Inglesa y Carlos fue decapitado en 1649.

La Guerra Civil Inglesa

Después de años de creciente conflicto entre los monarcas ingleses y el Parlamento, en 1642 estalló una guerra abierta. Los partidarios de Carlos I y los del Parlamento lucharon durante años. Las fuerzas del Parlamento finalmente ganaron, ejecutando a Carlos y poniendo fin a la monarquía.

RAZONAMIENTO CRÍTICO ¿Cómo cambió la guerra civil a Inglaterra?

▲ Las fuerzas parlamentarias derrotaron al ejército del rey en la Batalla de Marston Moor de 1644.
◄ Un folleto sobre una batalla de 1648

▲ El uniforme de un soldado inglés, alrededor de 1650

La guerra civil y la Commonwealth

La **Guerra Civil Inglesa** fue una serie de batallas que duraron de 1642 a 1651. Se enfrentaron partidarios del rey Carlos y partidarios del Parlamento.

La guerra se acerca El Parlamento estaba molesto con Carlos quien los había ignorado por 11 años. Exigían nuevos límites al poder del rey.

En 1642, Carlos dirigió sus tropas al Parlamento para arrestar a algunos de sus líderes que lograron escapar. Pronto, el conflicto entre el rey y el Parlamento se convirtió en una guerra civil.

Monárquicos y cabezas redondas Los partidarios del rey eran conocidos como monárquicos, o caballeros. La mayoría eran nobles adinerados que vestían elegantemente y tenían el pelo largo a la moda. Los monárquicos apodaron a los partidarios del Parlamento "cabezas redondas" por su costumbre de llevar el pelo corto. Éstos eran comerciantes, algunos miembros de las clases altas y clero puritano. Los **puritanos** eran protestantes ingleses que querían reformar la Iglesia de Inglaterra.

Oliver Cromwell era un líder de las tropas de los cabezas redondas y miembro puritano del Parlamento, además de un líder militar prodigioso. Dirigió y ganó una serie de batallas sobre las fuerzas del rey. Aunque Carlos se rindió en 1646, durante cinco años más continuaron algunos combates dispersos.

Después de la guerra, los líderes de los cabezas redondas tomaron el control del gobierno, despidiendo a los miembros del Parlamento que no estaban de acuerdo con ellos. Los que quedaron formaron

Inglaterra, 1643

ESCOCIA · Mar del Norte · 55° N · IRLANDA · INGLATERRA · Londres · Canal de la Mancha · 50° N · 0°

LEYENDA
- Áreas controladas por monárquicos
- Áreas controladas por cabezas redondás
- ○ Ciudad

0 — 100 Millas
0 — 100 Kilómetros
Proyección cónica conforme de Lambert

Inglaterra, 1645

ESCOCIA · Mar del Norte · 55° N · IRLANDA · INGLATERRA · Londres · Canal de la Mancha · 50° N · 5° O · 0°

▲ Carlos I de camino a su ejecución

lo que se llamó el Parlamento Corto. Después, el Parlamento Corto llevó a Carlos a juicio por **traición**, o grave acto de deslealtad a la patria.

Fin de la monarquía Carlos fue declarado culpable de traición y ejecutado a principios de 1649. Este hecho conmocionó a Europa. Era un claro mensaje del Parlamento de que no toleraría un monarca que no respetara las tradiciones y costumbres del país.

Después de la ejecución de Carlos, el gobierno de Inglaterra cambió. El Parlamento tenía dos cámaras: la Cámara de los Comunes y la Cámara de los Lores. Los miembros de la Cámara de los Comunes eran elegidos para representar a sus regiones. Pero los miembros de la Cámara de los Lores eran nobles o clérigos que heredaban el cargo o eran designados por el monarca.

Después de la guerra civil, la Cámara de los Comunes tomó el control del gobierno inglés. Abolió la monarquía, la Cámara de los Lores y la Iglesia de Inglaterra. Declaró a Inglaterra una república conocida como Commonwealth. Una **república** es una forma de gobierno en la que los ciudadanos tienen derecho a votar y a elegir a los funcionarios. En 1653, Cromwell era *lord protector*, el nuevo líder de Inglaterra.

abolir, *v.*, poner fin

Después de la guerra civil, Inglaterra enfrentó muchos retos, incluyendo rebeliones en Irlanda y Escocia. Cromwell poco a poco gobernó Inglaterra como un dictador militar. Después de un levantamiento, dividió al país en 11 distritos militares. Hizo cumplir estrictas costumbres puritanas, como cerrar los teatros y designar el domingo para la observancia religiosa.

Verificar la lectura ¿Quién era Oliver Cromwell?

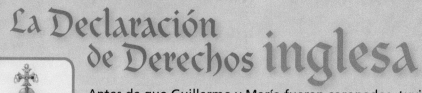

La Declaración de Derechos inglesa

Antes de que Guillermo y María fueran coronados, tuvieron que aceptar la Declaración de Derechos inglesa, una serie de leyes aún vigentes, aprobadas por el Parlamento, que limitaban el poder de la monarquía y protegían los derechos de los ciudadanos y del Parlamento inglés.

▲ La corona usada durante las ceremonias de coronación inglesas

◄ Guillermo y María son coronados.

Elecciones libres	Libertad de petición	Parlamento independiente	Juicios justos

Libertad para elegir a los miembros del Parlamento	Libertad para presentar una petición, o solicitar un cambio, al monarca	Libertad del Parlamento para celebrar debates sin injerencia real	Libertad de la injerencia real en las leyes o los tribunales

miMundo: Actividad
Caricatura editorial

La Restauración y la Revolución

Oliver Cromwell murió en 1658. Su hijo asumió el cargo brevemente, pero este gobierno colapsó. El Parlamento votó para restaurar la monarquía en el poder. El regreso de la monarquía se conoce como la **Restauración**.

La Restauración En 1660, el Parlamento le pidió al hijo de Carlos I que se convirtiera en rey. Gobernó como Carlos II. Aunque estaba de acuerdo con muchas de las creencias de su padre, sabía que debía respetar al Parlamento. Perdonó a muchos enemigos de su padre.

Carlos eliminó las restricciones puritanas de la Commonwealth en el teatro y la música. Trató de fomentar la tolerancia religiosa con los católicos y los protestantes no anglicanos, aunque el Parlamento se opuso a ello.

El hermano de Carlos, Jacobo II, se convirtió en rey en 1685. Jacobo era un gobernante católico que quería tener el poder absoluto. Como rey, Jacobo practicaba su fe abiertamente, y nombró a católicos a cargos en el gobierno. A muchos ingleses les disgustaba su ejercicio del poder y temían que convirtiera a Inglaterra en un estado católico.

La Revolución Gloriosa Debido a las creencias católicas de Jacobo, había tensiones con el Parlamento. Los líderes del Parlamento exhortaron a la hija protestante de Jacobo, María, y a su esposo holandés protestante, Guillermo II, príncipe de Orange, a derrocar a Jacobo. Guillermo y María llevaron un ejército de los Países Bajos, que desembarcó en Inglaterra a finales de 1688. En un mes, Jacobo huyó a Francia y Guillermo y María tomaron el control de Inglaterra. Este derrocamiento del rey sin derramamiento de sangre se conoce como la **Revolución Gloriosa**.

La Declaración de Derechos inglesa El Parlamento insistió en que Guillermo y María aceptaran límites a su poder. En diciembre de 1689, el Parlamento aprobó la **Declaración de Derechos inglesa**, una lista de los derechos constitucionales de los ciudadanos de Inglaterra, el Parlamento y el monarca. La Declaración de Derechos exigía que el monarca protegiera al pueblo:

❝ . . . de la violación de sus derechos, los cuales han afirmado aquí y de todos los demás intentos contra su religión, derechos y libertades ❞.

—La Declaración de Derechos inglesa, 1689

La Declaración de Derechos reflejaba un sistema legal independiente y el derecho a un juicio con jurado. Garantizaba elecciones libres, libertad de expresión y aprobación parlamentaria para la aplicación de impuestos.

En conjunto, la Revolución Gloriosa y la Declaración de Derechos pusieron fin a cualquier posibilidad de monarquía absoluta en Inglaterra. La Declaración de Derechos estableció una **monarquía constitucional**, o una monarquía limitada por la ley. Estas ideas de gobierno limitado y protección de los derechos influyeron más tarde en los líderes de la Guerra de Independencia estadounidense, mientras escribían la Declaración de Independencia y la Constitución.

Verificar la lectura ¿Qué fue la Revolución Gloriosa?

mi Mundo
CONEXIONES

Al igual que la Declaración de Derechos inglesa, la Constitución de los Estados Unidos protege los derechos. También divide el poder entre las ramas del gobierno federal.

Evaluación de la Sección 4

? Pregunta esencial

Términos clave

1. ¿Qué fue la Guerra Civil Inglesa?

2. ¿Cómo limitó la Declaración de Derechos inglesa los poderes de la monarquía?

3. ¿En qué se diferencia una monarquía constitucional de una monarquía absoluta?

Ideas clave

4. ¿Por qué entraron en conflicto los monarcas y el Parlamento en los años previos a la Guerra Civil Inglesa?

5. ¿Qué pasó con el gobierno inglés cuando terminó la guerra civil?

6. ¿Cómo proporcionó la Declaración de Derechos inglesa un modelo para gobiernos posteriores?

Razonamiento crítico

7. Comparar y contrastar ¿En qué se diferenciaba la relación de los Tudor con el Parlamento de la de monarcas posteriores?

8. Analizar causa y efecto ¿Qué causó la Guerra Civil Inglesa? ¿Cuáles fueron los efectos de la guerra?

¿Qué deberían hacer los gobiernos?

9. ¿Cómo configuraron los desacuerdos entre la monarquía y el Parlamento la historia de Inglaterra? Anota la respuesta en tu Cuaderno del estudiante.

Evaluación del capítulo

Términos e ideas clave

1. Recordar ¿Qué creían los **monarcas absolutos** sobre sus poderes?

2. Describir ¿Qué hizo Carlos V de España con su territorio en la década de 1550?

3. Comentar ¿Cómo influyó la idea del **derecho divino** en la manera en que Luis XIV gobernó Francia?

4. Explicar ¿Cómo era el tratamiento que Pedro el Grande daba a los **boyardos** parte de su esfuerzo por modernizar Rusia?

5. Resumir ¿Cómo ayudó a aumentar el poder de los monarcas de Rusia, Prusia y Austria la **partición** de Polonia?

6. Describir ¿Qué papel desempeñaron los **puritanos** en la **Guerra Civil Inglesa**?

7. Recordar ¿Cómo influyó la **Declaración de Derechos inglesa** en gobiernos posteriores?

Razonamiento crítico

8. Inferir ¿A qué crees que se debe el nombre de la Revolución Gloriosa?

9. Comparar y contrastar ¿En qué se parecen y diferencian el Siglo de Oro español y el florecimiento cultural de Francia durante el reinado de Luis XIV?

10. Resumir ¿Cómo cambió Rusia durante los reinados de Pedro el Grande y Catalina la Grande?

11. Conceptos básicos: Ciudadanía ¿Cómo influyeron las creencias de los ciudadanos sobre sus derechos y responsabilidades en la historia del gobierno de Inglaterra?

Analizar elementos visuales

Esta pintura de 1668 del artista francés Pierre Patel muestra el complejo real de Versalles poco después de que Luis XIV comenzara a ampliar el edificio original.

12. Describe la apariencia de los edificios que ves en esta pintura.

13. Describe los jardines, árboles y otros elementos del paisaje que se muestran aquí.

14. ¿Qué sugiere Versalles sobre la forma en que Luis XIV gobernaba Francia?

15. Los edificios que se muestran aquí aparecen en la parte superior central del plano de 1740 de Versalles que se muestra en la Sección 2. ¿Cómo cambió Versalles entre 1668 y 1740?

Diálogos sobre liderazgo Sigue las instrucciones de tu maestro para investigar sobre los diferentes líderes que se estudiaron en este capítulo. Después de recopilar datos sobre cada líder, escribe un diálogo entre dos líderes. Los diálogos deben revelar cómo gobernaron los líderes, cómo influyó su gobierno en sus países y sus ideas sobre el liderazgo.

Aprendizaje del siglo XXI

Desarrolla conciencia cultural

Revisa el capítulo para identificar los países europeos que experimentaron un florecimiento cultural durante el ascenso de las monarquías. Crea una gráfica de causa y efecto que enumere las razones del crecimiento cultural de cada país, ejemplos de estos desarrollos culturales y efectos de los cambios culturales.

Preguntas basadas en documentos

En línea en myworldhistory.com

Usa tu conocimiento de las monarquías absolutas y los Documentos A y B para responder las Preguntas 1 a 3.

Documento A

" Debido a que el gobierno es necesario para el bien público y Dios mismo lo ha establecido, es por consiguiente necesario también para aquellos que están sujetos al gobierno, ser sumisos y obedientes. Ya que de lo contrario, se opondrían al propio Dios. . . [C]onstituye un derecho universal para todos los súbditos en todos los casos obedecer las órdenes del príncipe, sin tener la libertad de juzgar las órdenes que deben obedecer".

—Jean Domat, "Derecho público", 1697

1. Jean Domat fue un escritor francés que escribió sobre las leyes y el gobierno. Según el Documento A, ¿qué creía Domat que debían hacer los súbditos de un monarca?

A oponerse sólo a las órdenes injustas

B obedecer sólo las órdenes injustas

C oponerse a todas las órdenes

D obedecer todas las órdenes

Documento B

" [L]os siervos de los terratenientes y los campesinos. . . deben a sus propietarios sumisión y obediencia absoluta en todos los asuntos. . . [Si ellos] se atreven a presentar peticiones ilegales quejándose,. . . entonces tanto los que presenten las denuncias como los que las escriban, serán castigados con el [látigo] y deportados a [campos de trabajos forzados] de por vida".

—Catalina la Grande,
"Decreto sobre los siervos", 1767

2. Según el Documento B, los siervos rusos que ilegalmente se quejaban de su propietario serían

A recompensados.

B azotados y enviados a campos de trabajos forzados.

C interrogados para que justificaran sus quejas.

D asignados a un dueño diferente.

3. **Tarea escrita** En un párrafo breve, describe lo que creían Domat y Catalina acerca de la relación adecuada entre las personas y el gobierno. ¿Qué monarcas ingleses estarían de acuerdo con esto?

Una era de revoluciones

¿Qué es el poder? ¿Quién debe tenerlo?

George Washington cruzando el río Delaware durante la Guerra de Independencia estadounidense.

? **Explora la Pregunta esencial**

- en **my worldhistory.com**
- usando **miMundo: Actividad del capítulo**
- con el **Cuaderno del estudiante**

Nuevas ideas y nuevas naciones

1610 Galileo descubre cuatro lunas que giran alrededor de Júpiter, con uno de los primeros telescopios.

1776 Se redacta la Declaración de Independencia de los Estados Unidos.

1600	1650	1700	1750	1800

1690 Se publica *Tratados sobre el gobierno civil* de John Locke.

1789 Se inicia la Revolución Francesa.

Thomas Jefferson:
Tensos días de verano en Filadelfia

Esta miHistoria es un relato ficticio de sucesos de este capítulo.

Pocas personas en el continente americano durante el verano de 1776 estaban tan nerviosas como Thomas Jefferson. Hombre tímido y reservado, se sentía mucho mejor escribiendo que hablando en público. Ahora, era el representante de la colonia de Virginia en el Segundo Congreso Continental. Estaba rodeado de hombres que se ponían de pie de un salto para gritar sus opiniones.

Jefferson odiaba el desorden y esta reunión no era lo único desordenado. En la última década, la relación entre Gran Bretaña y sus colonias se había vuelto tirante. Los colonos protestaron contra los nuevos impuestos de los británicos. Éstos enviaron soldados para mantener el orden. En Boston el conflicto empeoró cuando los soldados británicos dispararon contra una multitud enfurecida. Murieron cinco ciudadanos.

Gran Bretaña derogó algunos impuestos, pero mantuvo uno sobre el té. Un grupo de colonos cubrió de alquitrán y plumas a un agente de aduanas que recolectaba este impuesto.

my **worldhistory.com**

Timeline/On Assignment

Soldados británicos disparan contra una multitud en Boston. Cinco ciudadanos murieron en este incidente, que se conoció como la Masacre de Boston.

Colonos cubren de alquitrán y plumas a un agente de aduanas que era leal a la corona británica.

Otro grupo de colonos organizaron una protesta por los impuestos: el Motín del Té de Boston. Los manifestantes, algunos vestidos como indígenas norteamericanos, remaron hasta los barcos en el puerto de Boston, subieron a bordo y arrojaron 342 cajas de té al agua.

En la primavera de 1775, los representantes de las 13 colonias británicas se reunieron en el Segundo Congreso Continental para decidir cómo responder a las acciones británicas. En 1776, eligieron separarse de Gran Bretaña. Necesitaban preparar un documento para declarar oficialmente su independencia.

Jefferson, que nunca eludía su deber, estuvo a la altura de las circunstancias. Había sido elegido de manera unánime para redactar este documento. Tenía la reputación de ser uno de los mejores escritores de las colonias, famoso por su "pluma magistral". Una vez escribió: "Nada es más importante que adquirir la facilidad para desarrollar nuestras ideas sobre el papel".

Jefferson se aisló en su pequeño y mal ventilado cuarto de Filadelfia. Era un caluroso mes de junio, por eso sudaba mientras trabajaba. Los tábanos zumbaban y, a veces, lo picaban. Se levantaba al amanecer, se remojaba los pies en agua fría, tocaba el violín un rato y sacaba su pluma, afinando cada palabra, cada frase.

Sentía nostalgia por su hermosa casa de Monticello, en Virginia. Ese año había sufrido la muerte de su madre y de su bebé. Estaba preocupado por la salud de su esposa.

Además, él y los demás hombres del Congreso corrían un gran riesgo. La rebelión contra el rey era traición, un delito castigado con la ejecución. El éxito no era seguro. Gran Bretaña era mucho más poderosa que las colonias.

Por fin, después de 18 largos días, Jefferson terminó su borrador de la Declaración de Independencia. Como escribió más tarde, "estaba destinada a ser una expresión de la mentalidad estadounidense".

El documento establece que la tarea principal de un gobierno es proteger los derechos de las personas. Cuando no lo hace, el pueblo tiene derecho a sustituirlo por un nuevo gobierno. Jefferson, uno de los hombres más ilustrados de los Estados Unidos, reunió de manera brillante las ideas de los demás.

Los manifestantes del Motín del Té de Boston lanzan cajas de té al puerto de Boston.

Los delegados del Segundo Congreso Continental debaten sobre el documento de Jefferson.

Jefferson tuvo que soportar más tortura mientras el Congreso discutía su trabajo.

Al fin, el 2 de julio de 1776, el Congreso votó a favor de la Independencia. La Declaración se aprobó dos días después, el 4 de julio. Las campanas de las iglesias repicaron por toda Filadelfia cuando se leyó el documento. En las semanas siguientes, los miembros del Congreso firmaron la Declaración y enviaron copias a todas las colonias.

Según esta historia, ¿quién crees que pensaba Jefferson que debía tener el poder? Mientras lees el capítulo que sigue, piensa en qué indica esta historia acerca de las ideas cambiantes en torno al poder.

 myStory Video

Aprende más sobre Thomas Jefferson y la redacción de la Declaración de Independencia.

La Revolución Científica

Ideas clave

- La Revolución Científica tiene sus raíces en el pensamiento antiguo, medieval, islámico y renacentista.

- Los descubrimientos sobre la naturaleza del universo marcaron el inicio de la Revolución Científica.

- Las ideas de Bacon y Descartes contribuyeron al desarrollo del método científico.

Términos clave
- racionalismo
- teoría heliocéntrica
- herejía
- razonamiento inductivo
- método científico

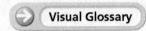 Visual Glossary

 Destreza de lectura **Identificar las ideas principales y los detalles** Toma notas usando el organizador gráfico en tu Cuaderno.

Los eruditos musulmanes estudiaron a los antiguos pensadores griegos, preservando y desarrollando el conocimiento griego. ▼

La investigación científica nos ha dado medicamentos y nuevas tecnologías que salvan vidas. Los científicos usan la observación, la experimentación y el razonamiento para aprender sobre el mundo. Los pensadores comenzaron a desarrollar esta manera de aprender en los siglos XVI y XVII. Durante esta época, una revolución de ideas nuevas, la Revolución Científica, se extendió por Europa.

Los orígenes de la Revolución Científica

Las raíces de la Revolución Científica se remontan a las épocas antigua y medieval. Los antiguos griegos usaban la razón para tratar de descubrir las leyes que controlan el universo. Los pensadores que siguieron a los griegos se basaron en sus ideas. Este conjunto de conocimientos fue la base de la Revolución Científica.

El racionalismo griego Las personas siempre se han preguntado cómo funciona el universo. La religión de la antigua Grecia explicaba el mundo natural en términos de dioses que controlaban sucesos importantes y fuerzas naturales, como el clima. Hacia el año 500 A.C., algunos griegos empezaron a buscar explicaciones del mundo natural que fueran más allá de las historias sobre dioses. Pensaban que el universo debía seguir ciertas reglas y recurrieron a la razón para tratar de descubrir estas reglas. Este enfoque se llama **racionalismo**, la creencia de que el conocimiento se adquiere por el uso de la razón en los procesos del pensamiento.

Los eruditos del mundo medieval Con la caída del Imperio Romano, la mayoría de los europeos perdieron interés en el racionalismo griego. Pero los eruditos musulmanes y judíos estudiaron los conocimientos griegos. Tradujeron los escritos griegos al árabe, latín y hebreo. También desarrollaron nuevas ideas. Un matemático musulmán contribuyó a la rama de las matemáticas conocida como álgebra.

Hacia el siglo XIII, los eruditos europeos comenzaron a estudiar las ideas de los musulmanes y judíos, y las de los antiguos griegos. Tomás de Aquino leyó traducciones del filósofo griego Aristóteles. Combinó las ideas griegas con las enseñanzas cristianas. Creía que la fe y la razón iban de la mano. Los pensadores cristianos tomaron ideas de los griegos, como la de que la Tierra era el centro del universo. Los pensadores cristianos creían esto porque pensaban que la Tierra era el hogar de la creación más importante de Dios: la humanidad.

Acontecimientos durante el Renacimiento
Los descubrimientos del Renacimiento también contribuyeron al conocimiento sobre el mundo natural. Los renacentistas redescubrieron muchos <u>textos</u> de los filósofos antiguos. Éstos fueron una fuente de nuevas ideas. Los pensadores renacentistas hicieron observaciones cuidadosas del mundo. No siempre coincidían con las creencias de esa época, pero estaban dispuestos a desafiarlas.

Los europeos también comenzaron a explorar tierras desconocidas en las Américas, África y Asia. Regresaban con plantas y animales nunca vistos en Europa. Estos descubrimientos mostraban las limitaciones de la ciencia antigua y medieval.

Nuevas herramientas llevaron a otros descubrimientos. El telescopio, por ejemplo, acercaba los objetos distantes.

Verificar la lectura ¿Qué invento ayudó a ver al mundo de otra manera?

texto, *sust.,* una fuente escrita, como un libro

Una página de uno de los cuadernos de Leonardo da Vinci ▼

Avances médicos

La anatomía fue un área que desarrollaron los eruditos del Renacimiento. Los doctores antiguos no entendían la anatomía humana. Dibujos cuidadosos de las disecciones, como los realizados por el artista Leonardo da Vinci (arriba a la derecha), mejoraron la comprensión de las partes del cuerpo. Las disecciones se usaban para capacitar a los médicos, como en la pintura de la derecha.

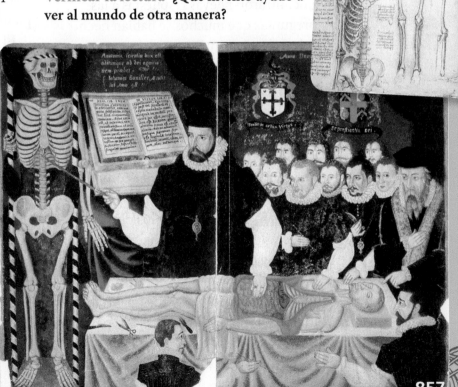

Un nuevo universo

Los grandes pensadores que trabajaban en el campo de la astronomía desarrollaron nuevas ideas sobre el universo. Sus métodos, basados en mediciones y observaciones cuidadosas, influirían en campos como la medicina, la química y las matemáticas. *¿Cómo llegó la teoría heliocéntrica a ser aceptada por muchos científicos?*

Tolomeo El filósofo griego Tolomeo creó un modelo que colocaba a la Tierra en el centro del universo. Esta ilustración muestra los cielos que giran alrededor de la Tierra.

Nicolás Copérnico El trabajo de Copérnico, publicado justo antes de su muerte, colocaba al Sol en el centro del universo.

Nuevos puntos de vista del universo

Los científicos de los siglos XVI y XVII se basaron en ideas de pensadores anteriores. Encontraron nuevas respuestas a las preguntas que muchos se habían hecho sobre el universo. Estas teorías marcaron el inicio de la Revolución Científica.

Copérnico A principios del siglo XVI, el astrónomo polaco Nicolás Copérnico pasó 25 años siguiendo los movimientos del Sol, la Luna y los planetas. Sus observaciones no coincidían con que la Tierra era el centro del universo. Concluyó que la Tierra y los demás planetas giran alrededor del Sol. La idea de que el Sol está en el centro del sistema solar se llama **teoría heliocéntrica**. La mayoría no aceptó esta idea. Pensaban que la Tierra pesaba demasiado para moverse. Científicos posteriores confirmaron las ideas de Copérnico.

concluir, *v.*, determinar; llevar algo a su fin

Kepler y Galileo El astrónomo alemán Johannes Kepler usó las matemáticas para demostrar que la Tierra gira alrededor del Sol. Kepler también descubrió las leyes que describen el movimiento de los planetas en el sistema solar.

El matemático italiano Galileo Galilei también apoyó la teoría heliocéntrica de Copérnico. Construyó su propio telescopio. Vio que las lunas giran alrededor del planeta Júpiter. La visión medieval era que los objetos celestes giran alrededor de la Tierra. Galileo demostró que esto no era correcto.

Galileo publicó sus resultados en 1610. Sus ideas crearon gran controversia. La Iglesia católica dijo que la teoría heliocéntrica era una **herejía**, es decir, una creencia que va en contra de las enseñanzas de la Iglesia. La Iglesia puso a Galileo bajo arresto domiciliario por continuar defendiendo su teoría.

Galileo Galilei Galileo estudió la Luna e hizo estos bocetos. Su trabajo apoyaba la idea de que el Sol está en el centro del sistema solar.

Isaac Newton Además de proponer la idea de la gravedad, Newton hizo observaciones con este telescopio. Demostró que la luz blanca estaba formada por todos los colores del arco iris.

Los escritos de Galileo se publicaron en los Países Bajos. Sus ideas influyeron en muchos otros científicos.

Galileo fue uno de los primeros en hacer experimentos para descubrir las leyes de la naturaleza. Según la leyenda, Galileo dejó caer una piedra grande y una pequeña desde la torre de Pisa. Llegaron al suelo en el mismo instante. Aristóteles había dicho que los objetos más pesados caen más rápido. Galileo demostró que los objetos de pesos diferentes caen a la misma velocidad.

Newton El trabajo de Copérnico, Kepler y Galileo creó un nuevo punto de vista sobre el universo, pero aún había muchas preguntas. ¿Qué hace que los planetas giren alrededor del Sol? ¿Por qué caen los objetos a la Tierra? El matemático inglés Isaac Newton se dispuso a contestarlas.

Newton pensaba que alguna fuerza debía mantener a la Luna en su órbita alrededor de la Tierra. La leyenda dice que un día mientras Newton estaba sentado bajo un manzano, vio caer una manzana al suelo. Se dio cuenta de que la misma fuerza que atraía la manzana al suelo mantenía a la Luna en su órbita. Llamó *gravedad* a esta fuerza. Los objetos con más masa atraen con mayor fuerza gravitatoria que los con menos masa. Newton también hizo importantes avances en el estudio de la luz, las matemáticas y el movimiento. Se le considera uno de los científicos más importantes de todos los tiempos. El epitafio de Newton dice:

> 66 La naturaleza y sus leyes yacían ocultas en la noche, Dios dijo: ¡hágase Newton! y todo fue luz 99.
>
> —Alexander Pope, *Epitafios*

Newton avanzó la Revolución Científica que comenzó Copérnico.

Verificar la lectura ¿Qué ideas tenían los científicos de esta época sobre el universo?

miMundo: Actividad
Noticias de primera plana

El método científico

El método científico es el proceso de hacer suposiciones fundamentadas y luego probar estas suposiciones para encontrar respuestas a las preguntas. Éstos son los pasos que usan los científicos hoy en día. *¿Qué hace un científico si una hipótesis resulta ser falsa?*

1 Identifica un problema
o pregunta que deba contestarse

2 Recopila información
acerca del problema

3 Plantea una hipótesis,
o suposición fundamentada

Francis Bacon
fue estadista y filósofo. Sirvió en el Parlamento inglés y fue consejero del rey Jacobo I de Inglaterra.

La ciencia y la razón

Los experimentos de Galileo señalaron el camino a la ciencia moderna. Los científicos usan hoy la observación y la experimentación para explorar la naturaleza. Francis Bacon y René Descartes usaron esta manera de desarrollar conocimientos.

Bacon El filósofo inglés Francis Bacon fue uno de los primeros en apoyar la nueva ciencia. Bacon se oponía a llegar a conclusiones basadas en el conocimiento antiguo. Pensaba que los científicos debían confiar en sus propias observaciones y experimentos.

Bacon desarrolló el uso del razonamiento inductivo. El **razonamiento inductivo** es el proceso de observar hechos específicos y basarse en ellos para establecer principios generales o normas. Por ejemplo, cada pera que ves es verde. De tus observaciones, concluyes que todas las peras son verdes. Un científico guiado por el razonamiento inductivo primero usa observaciones y experimentos para reunir datos. Luego, usa la razón para pensar en una conclusión basada en esto.

Descartes El filósofo francés René Descartes creía que era necesario cuestionar todo excepto las ideas que eran ciertas fuera de toda duda. A partir de esas verdades, sostenía, podía demostrarse que otras cosas eran verdaderas mediante la razón.

Para Descartes, la certeza básica era su propia existencia. Escribió: "Pienso, luego existo". Descartes sabía que existía porque cuestionaba su propia existencia. Trató de desarrollar sus ideas del funcionamiento de su mente y el mundo a partir de esta verdad básica, en lugar de confiar en un experto.

También creía que el universo podría explicarse en su totalidad por medio de leyes de la mecánica. Algunos creían que fuerzas misteriosas dirigían el mundo físico. Descartes, en cambio, veía el universo como una máquina guiada por leyes físicas predecibles.

4 **Haz un experimento**
para poner a prueba la hipótesis

5 **Analiza los resultados**
y saca una conclusión

¿Es la hipótesis **VERDADERA** o **FALSA?**

FALSA
regresa a 3

VERDADERA
ve a 6

6 **Comparte**
los resultados con otros

El método científico El trabajo de Bacon y Descartes ayudó a establecer lo que hoy conocemos como el **método científico.** Éste es un método en el que se usa la observación, la experimentación y un razonamiento riguroso para obtener nuevos conocimientos.

El método científico consiste en varios pasos. Primero, se identifica una pregunta que debe investigarse. Se recopila información mediante observaciones e investigación. Esta información es la base de una hipótesis, o posible respuesta. Esta hipótesis se prueba a través de más observaciones y experimentos. Se desarrolla mayor conocimiento a medida que otros científicos realizan experimentos relacionados con la pregunta.

Verificar la lectura **¿Qué es el método científico?**

René Descartes ha sido llamado el "padre de la filosofía moderna" por su influencia en pensadores posteriores.

Evaluación de la Sección **1**

Pregunta esencial

¿Qué es el poder? ¿Quién debe tenerlo?

Términos clave

1. ¿Qué es el racionalismo?

2. Usa el término *teoría heliocéntrica* para describir el trabajo de Copérnico.

Ideas clave

3. ¿Por qué fue importante el trabajo de los eruditos musulmanes y judíos para la Revolución Científica?

4. ¿Qué descubrió Isaac Newton sobre el universo?

5. ¿Cómo veía René Descartes el universo y su funcionamiento?

Razonamiento crítico

6. Sintetizar ¿Por qué el razonamiento inductivo es parte del método científico?

7. Causa y efecto ¿Cuál era el propósito de Galileo cuando dejó caer dos piedras de la torre de Pisa?

8. ¿Qué poderes usó la Iglesia católica para influir en las creencias de esta época? Anota la respuesta en tu Cuaderno del estudiante.

La Ilustración

Ideas clave

- La Revolución Científica generó nuevas formas de usar la razón para mejorar la vida humana.

- Los pensadores de la Ilustración tenían nuevas ideas sobre los derechos naturales y el buen gobierno.

- Los filósofos de la Ilustración buscaron mejorar la vida social y económica.

Términos clave
- derechos naturales
- separación de poderes
- contrato social
- tolerancia
- feminismo

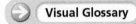 Visual Glossary

 Destreza de lectura Resumir Toma notas usando el organizador gráfico en tu Cuaderno.

La invención de la imprenta justo antes de la Ilustración hizo más barato y rápido publicar libros. Las nuevas ideas comenzaron a circular por Europa con mayor rapidez. ▼

Con la Revolución Científica, las personas creyeron que las leyes naturales que controlaban el universo también podrían explicar el comportamiento humano. Los eruditos usaron la razón y las leyes naturales para estudiar la cultura y la sociedad. Este período se conoce como la Ilustración.

Distintas maneras de pensar

A la Ilustración también se le llamaba la Edad de la Razón. Los pensadores de la Ilustración usaban la razón para entender el mundo y mejorar la calidad de vida.

Las raíces de la Ilustración La Ilustración tuvo sus raíces en el Renacimiento, cuando muchos eruditos europeos se inspiraron en las ideas de la antigua Grecia y Roma, y se interesaron en temas sobre historia y filosofía. Este movimiento basado en el estudio de obras clásicas se conoce como humanismo. Los humanistas del Renacimiento enfatizaban la importancia de los logros individuales y el servicio a la sociedad. Confiaban en la lógica y la razón para entender el mundo.

En el Renacimiento, la Iglesia católica romana era la institución más fuerte de Europa. La Iglesia estaba muy involucrada en los asuntos políticos y económicos. Como leíste, Martín Lutero y otros críticos de la Iglesia creían que se había vuelto demasiado poderosa y corrupta.

Su esfuerzo por realizar reformas llevó a la Reforma. Durante la Reforma, algunos cristianos cuestionaron las enseñanzas de la Iglesia católica. Muchas personas formaron sus propias ideas sobre la religión y sobre el mundo.

Pensando en el mundo La Revolución Científica alentó a las personas a pensar de otras maneras sobre el mundo natural y el lugar que ocupan los seres humanos en el universo. Los eruditos desarrollaron nuevas maneras de abordar la ciencia, usando la observación, la experimentación y el razonamiento riguroso. Estas ideas llevaron a los pensadores de la Ilustración a buscar nuevas respuestas en lugar de sólo confiar en las enseñanzas de los escritores antiguos o la Iglesia.

En la Ilustración, más europeos se alfabetizaron, o aprendieron a leer. Leían novelas, periódicos, obras de teatro y otras publicaciones. A muchas personas les gustaba comentar las ideas que descubrían en su lectura. Francia era el centro de la Ilustración. Allí, escritores, científicos y pensadores conocidos como *philosophes* celebraban el poder de la razón humana. En Francia, los hombres se reunían en cafeterías para intercambiar ideas. Las mujeres de clase alta realizaban tertulias, o reuniones sociales, donde las personas compartían sus ideas, escritos y obras de arte. La búsqueda del conocimiento se puso de moda.

Verificar la lectura **¿Cómo contribuyó la Reforma a la Ilustración?**

publicaciones, *sust.*, libros, revistas y otros materiales que se imprimen para que los lea el público

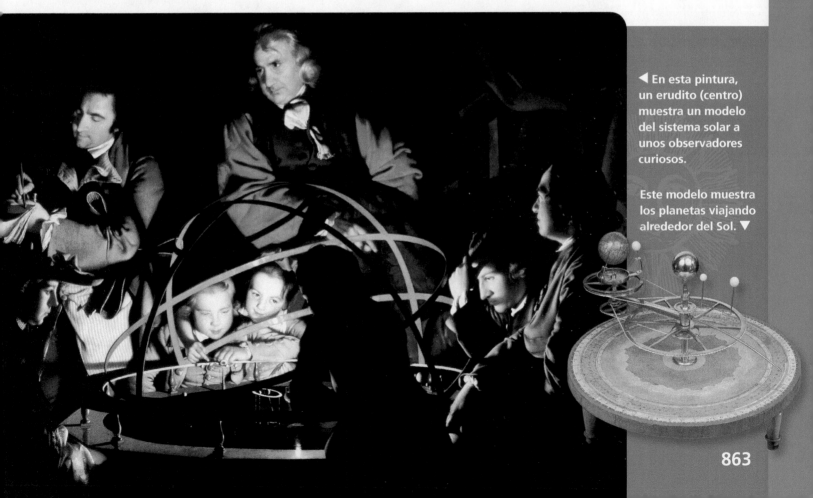

◀ En esta pintura, un erudito (centro) muestra un modelo del sistema solar a unos observadores curiosos.

Este modelo muestra los planetas viajando alrededor del Sol. ▼

863

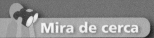
Ideas de la Ilustración en el gobierno de hoy en día

Los filósofos de la Ilustración tenían nuevas ideas sobre el gobierno y el poder. Estas ideas forman ahora parte del sistema legal y político de los Estados Unidos.

RAZONAMIENTO CRÍTICO **¿Por qué deben estar divididos los poderes del gobierno?**

John Locke

Derechos naturales

John Locke sostenía que el gobierno tiene la responsabilidad de proteger los derechos naturales. El gobierno tiene el poder para castigar a las personas que violan las leyes, pero estos castigos deben ser para el bien público.

Antes
La ejecución sin un juicio justo va en contra del derecho natural de una persona a la vida.

Ahora
En el sistema legal de los Estados Unidos, hay reglas que exigen un juicio justo antes de castigar a una persona.

Barón de Montesquieu

Separación de poderes

Montesquieu sostenía que los poderes del gobierno deberían estar divididos. Sugirió dividir los poderes del gobierno en tres ramas o poderes diferentes.

Antes
En la Ilustración, casi toda Europa tenía monarquías. Algunos pensadores defendían la idea de un gobernante único y poderoso.

Ahora
Hoy, el gobierno de los Estados Unidos está dividido en tres ramas o poderes para evitar que una sola persona o grupo se vuelva demasiado poderoso.

Pensamiento político

Los pensadores de la Ilustración creían que, como en la naturaleza y el universo, había un orden natural para la sociedad humana. Al comprender este orden natural, las personas podrían crear una sociedad y un gobierno perfectos. Estas ideas desafiaban la idea de la monarquía absoluta. Más tarde, dieron forma a democracias en todo el mundo.

Derechos naturales El filósofo inglés John Locke creía que las personas son básicamente racionales, o razonables, y que tienen la capacidad de controlar sus propias vidas. También creía que las personas tienen **derechos naturales**, o derechos que toda persona posee desde que nace. Estos derechos naturales incluyen el derecho a la vida, la libertad y la propiedad.

Locke sostenía que las personas forman gobiernos para proteger estos derechos. Si un gobierno no protege estos derechos, decía, el pueblo tiene el derecho a rebelarse y formar un nuevo gobierno. Estas ideas influirían más tarde en los líderes de la Guerra de Independencia estadounidense y de la Revolución Francesa.

Separación de poderes El barón de Montesquieu, un pensador francés, desarrolló las ideas de Locke. Montesquieu criticó a los monarcas absolutos. Creía que un gobierno equilibrado podría ayudar a evitar que los gobernantes tuvieran demasiado poder.

Creía que la mejor manera de proteger la libertad era dividir el poder entre tres ramas o poderes del gobierno. Esto se llama **separación de poderes**. Un poder legislativo haría las leyes. Un poder ejecutivo haría cumplir las leyes. Un poder judicial <u>interpretaría</u> las leyes. Montesquieu también creía que cada rama debía limitar los poderes de las otras ramas. Esta es una idea que llamamos controles y equilibrios.

El contrato social Otro filósofo francés, Jean-Jacques Rousseau, escribió sobre el contrato social. El **contrato social** es un acuerdo implícito, no escrito, entre el pueblo y su gobierno que establece los derechos y deberes de cada uno. Los antiguos filósofos griegos y romanos fueron los primeros en comentar la idea del contrato social. Éstos imaginaban una época anterior donde se vivía sin gobierno ni leyes. Las personas formaban gobiernos para protegerse. Lo hicieron mediante la celebración de un contrato social con sus gobernantes. Bajo este contrato, las personas renunciaron a la libertad de hacer lo que quisieran. A cambio, los gobernantes se comprometieron a mantener el orden y proteger los derechos naturales de las personas.

Al igual que los filósofos antiguos, Rousseau creía que la sociedad existía porque las personas acordaron vivir juntas por el bien de todos, o el bien común. Pensaba que, en muchas ocasiones, las personas habían perdido su libertad al dar poder a gobiernos que no protegían el bien común. Tales gobiernos, decía Rousseau, no tienen derecho a existir. Creía que el único gobierno con derecho a gobernar era uno basado en la voluntad del pueblo.

Verificar la lectura **¿Qué es un contrato social?**

interpretar, *v.*, explicar, dar el significado de

miMundo: Actividad
La Ilustración es. . .

Mujeres en un mitin por el derecho al voto en Washington, D.C., 1915

Los derechos de las mujeres

Muchos pensadores de la Ilustración abogaban por la libertad y la igualdad, pero no incluían a las mujeres. Mary Wollstonecraft (encarte) sostenía que se excluía a las mujeres de la vida pública y del contrato social. Creía que el primer deber de la mujer era ser una buena madre. Sin embargo, pensaba que cada mujer y no su marido, debía decidir lo que le convenía. Inspiradas por Wollstonecraft y la Ilustración, muchas mujeres exigieron el derecho al voto en los siglos XIX y XX. Hoy, las mujeres pueden votar en la mayoría de las democracias. Además, muchos países están dirigidos por mujeres. Aquí, Ellen Johnson-Sirleaf (izquierda), la líder de Liberia, se reúne con la líder alemana Angela Merkel.

→ **Simulation**

Pensamiento social y económico

Los pensadores de la Ilustración también tenían nuevas ideas sobre los sistemas sociales y económicos.

Tolerancia religiosa Uno de los filósofos más famosos de la Ilustración fue el escritor francés Voltaire. Escribió sobre la religión y la necesidad de tolerancia. La **tolerancia** es permitir que otros tengan creencias diferentes a las nuestras. Voltaire vio la destrucción causada por las guerras de religión. Sostenía que los cristianos debían tolerar a las personas de otras religiones. Escribió:

> 66 No se necesita mucho arte . . . para demostrar que los cristianos deben tolerarse unos a otros . . . digo que hay que mirar a todos los hombres como hermanos nuestros. ¡Cómo! ¿El turco hermano mío? . . . ¿El judío? ¿El siamés [tailandés]? Sí, sin duda; ¿no somos todos hijos del mismo Padre, criaturas del mismo Dios? 99
> —Voltaire, *Tratado sobre la tolerancia*

Derechos de las mujeres Los puntos de vista de la Ilustración sobre la igualdad sólo se aplicaban a los hombres. En esa época, las mujeres tenían pocos derechos. Pensadores como Rousseau creían que los hombres eran superiores a las mujeres. La escritora inglesa Mary Wollstonecraft desafió esta creencia en su libro de 1792, *Vindicación de los derechos de la mujer*. Este libro fue la primera obra importante del **feminismo**, o el concepto de que las mujeres deben tener los mismos derechos que los hombres.

Wollstonecraft pensaba que las mujeres y los hombres razonaban igual. Decía que las mujeres dependían de los hombres debido a la falta de educación. Decía que si las niñas recibieran la misma educación que los niños, su capacidad de razonar sería la misma y beneficiaría a la sociedad.

Libre comercio y libre mercado En el siglo XVIII, la mayoría de los gobiernos limitaban el comercio con otros países. Esto era parte del mercantilismo. El objetivo era mantener el oro y la plata dentro de una nación.

El escritor escocés Adam Smith criticó el mercantilismo. Decía que el libre comercio es lo que podía enriquecer a una nación. Más comercio significa más productos. Más personas pueden conseguir trabajo fabricando esos productos. Si no se obstaculiza el comercio, los países se benefician.

Smith decía que el oro y la plata no tienen valor por sí mismos. Su valor viene de lo que pueden comprar.

Smith comprendía la importancia de la competencia. Cuando las compañías compiten, hacen productos más baratos

y mejores para atraer compradores. Esta situación, en la que las compañías compiten y las mercancías se compran y venden libremente, se llama libre mercado. Smith apoyaba el libre mercado, al decir que los gobiernos no deben controlar la economía.

Las economías de la mayoría de los países hoy en día, son similares a la idea de Smith de una economía de mercado. El gobierno no toma decisiones económicas importantes, como fijar los precios de los bienes. Estas decisiones dependen de la interacción entre compradores y vendedores.

Verificar la lectura ¿Quién sostenía que las mujeres son iguales a los hombres?

Arriba, corredores compran y venden acciones en la Bolsa de Valores de Nueva York. Abajo se muestra un retrato de Adam Smith. En la economía de mercado, el gobierno establece reglas sobre el comercio, pero no dice a los comerciantes qué comprar y vender.

Evaluación de la Sección 2

? Pregunta esencial

Términos clave

1. Usa los términos *derechos naturales* y *contrato social* para describir cuál es el propósito del gobierno, según algunos pensadores de la Ilustración.

2. ¿Qué es el feminismo?

Ideas clave

3. ¿Cómo influyó la Revolución Científica en la Ilustración?

4. ¿Cómo se difundieron las ideas durante la Ilustración?

5. ¿Qué ganaban y a qué renunciaban las personas en un contrato social?

Razonamiento crítico

6. Resumir ¿Quién fue Mary Wollstonecraft y cuál fue una de sus ideas?

7. Comparar puntos de vista ¿Cómo veían el comercio los mercantilistas? ¿En qué difería el punto de vista de Adam Smith?

¿Qué es el poder? ¿Quién debe tenerlo?

8. ¿Cómo pensaba el barón de Montesquieu que debía dividirse el poder? ¿Por qué pensaba que era necesaria esta división? Anota la respuesta en tu Cuaderno del estudiante.

La Guerra de Independencia estadounidense

Ideas clave

- El enojo con el gobierno británico llevó a 13 de las colonias de Inglaterra a declarar su independencia.

- La Declaración de Independencia reflejaba ideas políticas de la Ilustración.

- La Constitución de los Estados Unidos creó un gobierno representativo que garantizaba los derechos individuales.

Términos clave • masacre • boicot • milicia • alianza • constitución

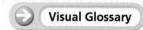 Visual Glossary

 Destreza de lectura Analizar causa y efecto Toma notas usando el organizador gráfico en tu Cuaderno.

Las ideas de la Ilustración sobre los derechos políticos y el buen gobierno se difundieron por toda Europa en los siglos XVII y XVIII. Estas ideas cruzaron el océano Atlántico y llegaron a las colonias de Gran Bretaña. Con el tiempo, estas ideas conducirían a una revolución y a la fundación de la primera nación democrática moderna del mundo, los Estados Unidos de América.

El camino a la independencia

Hacia la década de 1760, Gran Bretaña impuso impuestos elevados a sus colonias en América del Norte. Muchos colonos se enojaron. Los colonos no tenían representantes en el Parlamento. Además, el Parlamento no había pedido a los gobiernos de las colonias que aprobaran estos impuestos. Algunos colonos sostenían que el gobierno británico ignoraba sus derechos naturales.

Tensiones crecientes Los colonos empezaron a trabajar contra las políticas británicas. Trataron de que el Parlamento cambiara sus políticas. Cuando esto falló, algunos colonos tomaron parte en protestas violentas.

El centro de la oposición colonial era Boston, Massachusetts. El Parlamento envió tropas allí. El 5 de marzo de 1770, los soldados británicos dispararon contra una multitud, matando a cinco colonos. Los antibritánicos llamaron al suceso la Masacre de Boston. Una **masacre** es la matanza de un gran número de personas indefensas. La Masacre de Boston se convirtió en símbolo de la tiranía británica.

Paul Revere hizo esta imagen de la Masacre de Boston. Apareció en los periódicos de todas las colonias. ▼

Las tropas británicas marcharon desde Boston para apoderarse de las armas almacenadas en Lexington y Concord.

Paul Revere cabalgó desde Boston para advertir a las milicias que se aproximaban las tropas británicas.

Los primeros disparos se hicieron en Lexington. Los británicos siguieron adelante a Concord. Allí, la milicia forzó a los británicos a retirarse de nuevo a Boston.

El 16 de diciembre de 1773, unos colonos realizaron una protesta conocida como el Motín del Té de Boston. Protestaban contra los impuestos sobre el té importado. Destruyeron tres cargamentos de té británico en el puerto de Boston. Gran Bretaña cerró el puerto de Boston y envió más tropas. También redujo el poder de los gobiernos locales. Los colonos no podían celebrar reuniones del ayuntamiento sin una aprobación.

Comienza la revolución Otras colonias se preguntaban si el Parlamento también les quitaría su derecho a controlar sus asuntos. En septiembre de 1774, representantes de la mayoría de las colonias se reunieron en el Primer Congreso Continental. El Congreso pidió al gobierno británico que cambiara sus políticas. También organizó un boicot a los productos británicos. Un **boicot** es la acción de negarse a comprar determinadas mercancías en señal de desaprobación o para tratar de cambiar una política.

Las tensiones entre el gobierno británico y las colonias iban en aumento. El 19 de abril de 1775, el combate comenzó cuando las tropas británicas marcharon a las ciudades de Lexington y Concord, a unas 20 millas al oeste de Boston. Los británicos querían los suministros militares almacenados allí. Se enfrentaron a las milicias coloniales. Una **milicia** es un ejército de ciudadanos voluntarios que se entrenan para luchar en casos de emergencia. Estas batallas marcaron el inicio de la Guerra de Independencia estadounidense.

Verificar la lectura **¿Por qué estaban descontentos los colonos con el dominio británico?**

▲ Benjamin Franklin hizo esta ilustración de Únete o muere, para animar a las colonias a unirse. Cada parte de la serpiente representa una colonia.

Declaración de Independencia

Gran Bretaña había ignorado las demandas del Primer Congreso Continental. El año siguiente a las batallas de Lexington y Concord, se reunió un Segundo Congreso Continental. Allí decidieron declarar su independencia de Gran Bretaña.

ignorar, *v.*, no prestar atención, no reconocer (algo)

Un llamado a la independencia Algunos colonos que eran leales al rey, querían mantener los lazos coloniales con Gran Bretaña. Pero la mayoría quería separarse

La Guerra de Independencia estadounidense

Destreza: Mapas

Ubicación ¿En qué colonias tuvieron lugar las principales batallas?

Aprendizaje del siglo XXI

Massachusetts
New Hampshire
Concord Lexington
Saratoga Boston
Nueva Mass.
York
R.I.
Nueva York Conn.
Penn.
Filadelfia Trenton
Nueva Jersey
Baltimore Delaware
Maryland
Virginia
Richmond Yorktown

MONTES APALACHES

Carolina
del Norte
OCÉANO
ATLÁNTICO
Carolina
del Sur
Georgia Charleston
Savannah

LEYENDA
Batalla principal
0   200 Millas
0   200 Kilómetros
Proyección cónica
equivalente de Albers

90° O   80° O

40° N
70° O
30° N

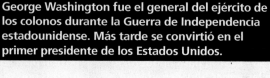

George Washington fue el general del ejército de los colonos durante la Guerra de Independencia estadounidense. Más tarde se convirtió en el primer presidente de los Estados Unidos.

de Gran Bretaña. Éstos se llamaban a sí mismos patriotas.

A principios de 1776, el patriota Thomas Paine publicó *Sentido común*. Paine argumentaba a favor de la independencia. Afirmaba que todos los seres humanos son iguales. Para él, un gobierno que valora a un monarca más que a la voluntad de su pueblo no tenía sentido. Sostenía que un gobierno al otro lado del océano no debía gobernar las colonias.

La Declaración En 1776, los delegados de las 13 colonias se reunieron en Filadelfia, Pennsylvania, en el Segundo Congreso Continental. Tras largos debates, el 4 de julio de 1776, el Congreso anunció la Declaración de Independencia. Uno de los principales redactores de este documento fue Thomas Jefferson. Expresa la idea de la Ilustración de que

todas las personas nacen con ciertos derechos. Jefferson llamó a estos derechos "inalienables", lo que significa que no pueden quitarse.

> 66 Sostenemos como evidentes estas verdades: que todos los hombres son creados iguales; que son dotados por su Creador de ciertos derechos inalienables; que entre éstos están la vida, la libertad y la búsqueda de la felicidad 99.
>
> —Declaración de Independencia de los Estados Unidos

La Declaración también se inspiró en otras ideas de la Ilustración. Incluyó la creencia de Rousseau de que el pueblo da a los gobiernos el poder para gobernar. Usa la idea de Locke de que un gobierno debe apoyar los derechos naturales de las personas. Si no lo hace, el pueblo tiene derecho a sustituirlo.

La Declaración enumera cómo el rey británico había oprimido a los colonos. Los colonos no siempre tenían derecho a un juicio con jurado, que era un derecho tradicional de la Carta Magna. Como resultado de los abusos del rey, los colonos no tuvieron más opción que rebelarse.

El ejército de los colonos y sus aliados franceses rodearon a los británicos en la península de Yorktown, Virginia. Los colonos tomaron las fortificaciones británicas, forzando su rendición.

La Batalla de Yorktown fue la última batalla importante. Lord Cornwallis, el líder de las tropas británicas, se rindió a Washington el 19 de octubre de 1781.

Una sorpresiva victoria Los combates ya habían comenzado cuando el Segundo Congreso Continental declaró la independencia en 1776. Las mal equipadas tropas de los colonos se enfrentaban a la fuerza militar más poderosa de la Tierra: el ejército y la marina británicos. La victoria estadounidense no era segura.

El general George Washington dirigió a los colonos en importantes victorias a finales de 1776 y principios de 1777. La victoria estadounidense en la Batalla de Saratoga, en octubre de 1777, cambió el rumbo de la guerra. Convenció a Francia de que los colonos podían ganar.

Francia y Gran Bretaña eran rivales. Francia y las colonias formaron una **alianza**, o acuerdo formal entre personas o naciones para ayudarse. En octubre de 1781, colonos y franceses cercaron a las tropas británicas en Yorktown, Virginia. Los británicos se rindieron. La Guerra de Independencia estadounidense terminó.

Verificar la lectura ¿Qué ideas de la Ilustración pueden encontrarse en la Declaración de Independencia?

Establecer el gobierno

Durante la guerra, el Congreso Continental había adoptado los Artículos de la Confederación para gobernar las colonias. Según éstos, los estados tenían más poder que el gobierno central. Pronto se dieron cuenta de que un gobierno central débil no resolvería los problemas que enfrentaba el nuevo país.

Una reunión importante En mayo de 1787, se reunieron delegados de los estados para redactar una constitución. Una **constitución** es un documento que establece los principios básicos y la estructura de un gobierno. Los delegados <u>debatieron</u> los poderes del nuevo gobierno nacional. Muchos no querían un gobierno central fuerte. Recordaban el trato del gobierno británico a las colonias.

Discutieron la representación de los estados en la legislatura. Un plan, llamado Plan de Virginia, basaba la representación en la población de un estado. Entre más habitantes tuviera un estado, más representantes tendría.

miMundo: Actividad
Ideas revolucionarias

debatir, *v.*, discutir, por lo general en público

871

Mira de cerca

La Constitución de los Estados Unidos

La Constitución es la base del gobierno estadounidense y ha sido un modelo para otras constituciones.

RAZONAMIENTO CRÍTICO ¿Las ideas de qué pensadores de la Ilustración pueden encontrarse en la Constitución?

La Convención Constitucional ▶

Principios

Por lo general, se considera que la Constitución tiene seis principios básicos:

Soberanía popular El pueblo establece el gobierno y es la fuente de su poder.

Separación de poderes El poder para gobernar se divide en tres ramas o poderes para evitar abusos de poder.

Controles y equilibrios Cada rama del gobierno tiene el poder de limitar algunas de las acciones de las otras ramas.

Gobierno limitado Los poderes del gobierno están limitados para proteger los derechos individuales.

Federalismo Los derechos de los estados están protegidos por la distribución de poderes entre los gobiernos nacional y estatal.

Revisión judicial La magistratura tiene el poder de anular leyes y otras acciones del gobierno, si van en contra de la Constitución.

La Declaración de Derechos

La Declaración de Derechos son las primeras diez enmiendas a la Constitución:

1 Protege la libertad de religión, expresión, prensa, reunión y petición.

2 Protege el derecho a llevar armas.

3 Evita que el gobierno obligue a alguien a alojar tropas en su propia casa.

4 Protege a las personas de allanamientos y aprehensiones arbitrarias.

5 Protege a las personas acusadas de un delito, de acciones injustas por parte del gobierno.

6 Garantiza el derecho a un juicio rápido y público por jurado.

7 Garantiza el derecho a juicio por jurado en casos civiles juzgados por tribunales federales.

8 Prohíbe las fianzas excesivas y los castigos crueles e inusuales.

9 Protege otros derechos no mencionados específicamente en la Constitución.

10 Establece que los poderes no otorgados al gobierno federal pertenecen a los estados o al pueblo.

A los delegados de los estados más pequeños les preocupaba que este plan daría demasiado poder en el Congreso a los estados grandes. Preferían el Plan de Nueva Jersey. Bajo este plan, todos los estados tendrían el mismo número de representantes en el Congreso.

Otra cuestión era cómo contar los esclavos. En esa época, la esclavitud era legal en muchos estados. Los estados del sur tenían más esclavos que los del norte. Los estados con más esclavos querían contarlos como parte de la población, así tendrían más representantes.

La Constitución Finalmente, los delegados acordaron una Constitución que satisfacía estos asuntos. La Constitución creó un sistema federal. El poder estaba dividido entre los gobiernos central y local. Así evitarían que el gobierno central se volviera demasiado poderoso.

Separó los poderes del gobierno en tres ramas o poderes: ejecutivo, legislativo y judicial. El poder legislativo se componía de la Cámara de Representantes y el Senado.

Los delegados combinaron ideas del Plan de Nueva Jersey y del de Virginia. En el Senado, cada estado tiene dos senadores. El número de miembros en la Cámara se basa en la población de cada estado.

Se acordó cómo contar los esclavos. Se contaban las tres quintas partes del número de esclavos al calcular los representantes del estado.

La Constitución también incluye reglas para enmendar, o modificar la Constitución. Hoy tiene 27 enmiendas. Las primeras diez son la Declaración de Derechos. Ésta describe los derechos básicos como libertad de religión y libertad de prensa.

Los estados tuvieron que aprobar la Constitución antes de que entrara en vigor. Algunos estados se negaron a ratificarla, o aprobarla, hasta que se añadió la Declaración de Derechos. Al final, los 13 estados la aprobaron. Hoy, la Constitución es la constitución escrita más antigua del mundo que sigue en vigor.

Verificar la lectura ¿Qué es la Declaración de Derechos?

mi Mundo
CONEXIONES

Delaware se considera el primer estado porque fue el primero en ratificar la Constitución.

Evaluación de la Sección 3

? Pregunta esencial

¿Qué es el poder?
¿Quién debe tenerlo?

Términos clave

1. Usa el término *milicia* para describir el ejército de los colonos durante la Guerra de Independencia estadounidense.

2. ¿Qué es una constitución?

Ideas clave

3. ¿Quiénes eran los leales al rey y los patriotas?

4. ¿Qué acciones tomaron el Primer y el Segundo Congreso Continental?

5. ¿Cuál es una idea de la Ilustración en la Constitución?

Razonamiento crítico

6. **Resumir** ¿Qué argumentos presentó Thomas Paine en *Sentido común*?

7. **Resolver problemas** ¿Cuál fue un asunto que surgió entre los delegados? ¿Qué solución encontraron?

8. ¿Cómo se distribuyó el poder del gobierno, primero bajo los Artículos de la Confederación y luego bajo la Constitución de los Estados Unidos? Anota la respuesta en tu Cuaderno del estudiante.

La Revolución Francesa

Ideas clave
- El descontento general y la ideas de la Ilustración contribuyeron a una revolución en Francia.
- Después de un comienzo moderado, la Revolución Francesa se transformó en el violento reino del Terror.
- Después de convertirse en líder de Francia, Napoleón creó un imperio en Europa.

Términos clave • estamentos • radical • Código napoleónico • abdicar

 Visual Glossary

Destreza de lectura **Secuencia** Toma notas usando el organizador gráfico en tu Cuaderno.

Revolucionarios franceses marchan hacia la prisión de la Bastilla. ▼

La Guerra de Independencia estadounidense fue una de las primeras revoluciones en la que los ciudadanos se liberaron de una monarquía. En Francia, muchos celebraron la victoria estadounidense. También comenzaron a pensar en cómo crear su propia democracia.

Comienza la revolución

Durante la década de 1780, Francia tuvo un alto nivel de desempleo, elevados impuestos y escasez de alimentos. Esto y las ideas de la Ilustración, llevó a los franceses a una violenta revolución.

Las causas de la revolución En Francia, la sociedad estaba dividida en tres grupos llamados **estamentos**: clero (Primer estamento), nobles (Segundo estamento) y personas comunes (Tercer estamento). La mayoría pertenecía al Tercer estamento. Pagaban elevados impuestos y tenían pocos derechos. Los estamentos Primero y Segundo eran ricos, pero éstos pagaban pocos impuestos.

Las guerras de Francia durante el siglo XVIII habían sido muy costosas. El gobierno francés estaba casi en quiebra, o sin dinero. Además había pocos alimentos, debido a las malas cosechas.

Francia se subleva Para recaudar dinero, el rey Luis XVI quería un nuevo impuesto sobre la tierra. Éste tenía que aprobarlo la legislatura. Cuando la legislatura se reunió en mayo de 1789, los representantes del Tercer estamento abandonaron la reunión. Formaron su propio gobierno llamado la Asamblea Nacional. Cuando quisieron redactar una nueva constitución, Luis envió tropas a París. Muchos temían que el rey disolviera la Asamblea. El 14 de julio, los ciudadanos atacaron la Bastilla,

Los tres estamentos

Población

0.5% — 1.5%

98%

Propiedad de la tierra

10%

30%

60%

■ **Primer estamento (Clero)** ■ **Segundo estamento (Nobles)** ■ **Tercer estamento (Personas comunes)**

FUENTE: Sylvia Neely, *A Concise History of the French Revolution*;
Francois Furet y Mona Ozouf, *A Critical Dictionary of the French Revolution*

Destreza: Gráficas

¿Cómo muestra la caricatura lo que sucedió en la Revolución Francesa?

El hombre que representa al Tercer estamento toma un arma. Los hombres que representan a los estamentos Primero y Segundo se hacen para atrás asustados.

una prisión que almacenaba armas. La revuelta se propagó por Francia.

Declaración de los Derechos del Hombre
En agosto de 1789, la Asamblea intentó parar los disturbios eliminando los privilegios de los estamentos Primero y Segundo. <u>Emitió</u> la Declaración de los Derechos del Hombre y del Ciudadano. Este documento garantizaba derechos básicos para todos los ciudadanos franceses. Estaba influenciado por las ideas de la Ilustración y la Declaración de Independencia de los Estados Unidos.

❝ Los hombres nacen y permanecen libres e iguales en derechos. . . El objetivo de toda asociación política es la preservación de los derechos. . . naturales del hombre ❞.
—Declaración de los Derechos del Hombre y del Ciudadano

Verificar la lectura ¿Por qué comenzó la Revolución Francesa?

De la reforma al radicalismo

Después de 1789, el movimiento revolucionario cambió. Al principio, el objetivo era acabar con las ventajas de los estamentos Primero y Segundo. Más tarde, trataron de construir una sociedad totalmente nueva. Estallaron conflictos. Las turbas tomaron control de Francia.

La Constitución de 1791 Uno de los problemas de la Asamblea era la monarquía. Luis XVI aceptó hacer cambios pero se oponía a la democracia. En 1791, la Asamblea creó una nueva constitución que ponía fin al poder absoluto del rey. El rey conservaba algunos poderes, pero la Asamblea Nacional podía hacer leyes, recaudar impuestos y decidir sobre la guerra y la paz. La constitución incluía la Declaración de los Derechos del Hombre y del Ciudadano. Afirmaba el derecho a votar, excepto para las mujeres y los más pobres.

miMundo: Actividad
Galería de pensamientos

emitir, *v.*, distribuir, publicar, enviar

Durante el Terror, miles fueron ejecutados. Muchos fueron decapitados en público en una guillotina.

Grandes multitudes se reunían para ver las ejecuciones, en especial la ejecución del rey Luis XVI y su esposa, María Antonieta.

Modelo de una guillotina ▼

Amenazas del extranjero Los monarcas europeos estaban preocupados por los cambios en Francia. En 1791, los monarcas de Austria y Prusia defendieron los poderes de Luis XVI. Algunos líderes franceses querían difundir los ideales de la revolución. Francia declaró la guerra a Austria en 1792. Las tropas austriacas y prusianas derrotaron a los franceses en los Países Bajos. Luego, invadieron el norte de Francia. Durante cinco años, los ejércitos francés, austriaco y prusiano pelearon por toda Europa.

El Terror La guerra, la escasez de alimentos y los problemas financieros llevaron al desorden general. A principios de 1793, los radicales conocidos como jacobinos controlaban el gobierno francés. Un **radical** es alguien que tiene ideas extremas. Los jacobinos querían borrar todo rastro del viejo orden.

Los jacobinos, liderados por Maximilien de Robespierre, pusieron fin a la monarquía y establecieron una república. Declararon una "política de terror". Ésta incluía la ejecución de los partidarios del rey y de otros oponentes a las políticas jacobinas.

Durante el Terror, de septiembre de 1793 a julio de 1794, el gobierno arrestó a más de 300,000 personas. Cerca de 17,000 fueron ejecutadas, incluidos Luis XVI y su esposa, María Antonieta. Decenas de millares murieron en las cárceles. El Terror terminó cuando los oponentes de los jacobinos ejecutaron a Robespierre.

Verificar la lectura ¿Quiénes eran los jacobinos?

876

La era de Napoleón

Los líderes que tomaron el poder después de Robespierre no pudieron poner orden. Muchos dirigentes eran corruptos. Además, continuaron las guerras entre Francia y otras potencias europeas. Cuando Napoleón Bonaparte, un joven comandante del ejército, tomó el poder, el pueblo lo apoyó porque esperaba que llevara paz y orden a Francia. Napoleón era un líder fuerte, pero su ambición de poder arrastró a Francia a nuevos conflictos en toda Europa.

El ascenso de Napoleón Cuando Napoleón era un joven oficial del ejército llevó a Francia a muchas victorias durante la guerra con Austria y Prusia. Se convirtió en un héroe en Francia. En 1799, a los 30 años, Napoleón se convirtió en el "primer cónsul", o líder de Francia. Cinco años más tarde, se nombró emperador.

Durante la revolución, el gobierno había tomado el control de la Iglesia católica en Francia. El papa se opuso y Napoleón ganó el apoyo católico al negociar entre la Iglesia y el gobierno.

También creó un gobierno centralizado fuerte. Funcionarios capacitados recaudaban impuestos y supervisaban proyectos públicos. Tal vez su logro más importante fue reformar las leyes y el gobierno de Francia. El **Código napoleónico** era un conjunto de leyes que protegía las libertades básicas y garantizaba la igualdad ante la ley. Muchas de las actuales leyes y sistemas legales de Europa se basan en él.

La creación de un imperio Napoleón formó el ejército más fuerte y mejor preparado de Europa. Bajo Napoleón,

Francia estuvo casi constantemente en guerra. Entre 1802 y 1812, invadió España, Austria y Alemania. Llegó a controlar gran parte de Europa.

La invasión de Rusia Hacia 1810, el poder de Napoleón era cada vez más débil. Las interminables guerras lo hicieron menos popular. Muchos soldados dejaron el ejército. En 1812, Napoleón decidió invadir Rusia. Fue un terrible error.

Los rusos trataron de evitar el enfrentamiento contra el ejército francés. Destruyeron cultivos y aldeas, para que los franceses no pudieran encontrar comida y refugio. Aunque Napoleón avanzó hacia Moscú, se dio cuenta de que no podrían <u>sobrevivir</u> el invierno ruso. Ordenó la retirada.

Este retrato muestra a Napoleón mientras cabalga hacia la victoria en una batalla (arriba). Usó esta corona (abajo) cuando fue coronado en 1804.

sobrevivir, *v.*, seguir viviendo, durar

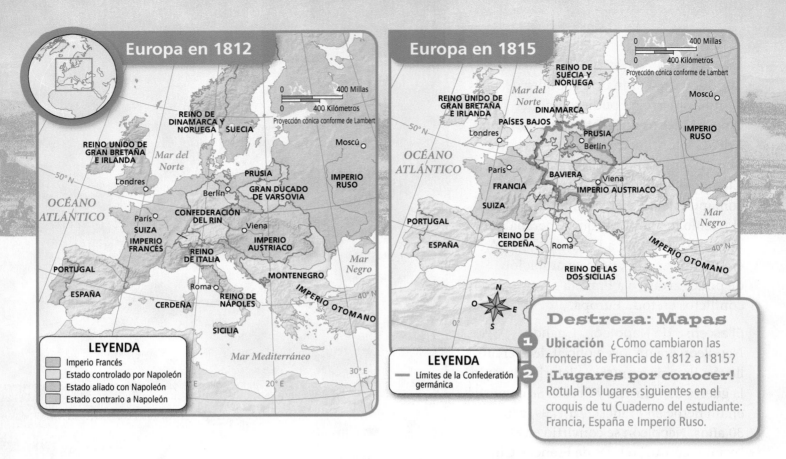

Destreza: Mapas

1 Ubicación ¿Cómo cambiaron las fronteras de Francia de 1812 a 1815?

2 ¡Lugares por conocer! Rotula los lugares siguientes en el croquis de tu Cuaderno del estudiante: Francia, España e Imperio Ruso.

El ejército francés casi quedó destruido en las 1,000 millas de vuelta a Francia. Enfrentaron condiciones de frío extremo y escasez de alimentos mientras luchaban contra los rusos. Murieron casi 400,000 soldados franceses.

La caída de Napoleón El desastre en Rusia llevó a una nueva alianza: Rusia, Gran Bretaña, Austria y Prusia se unieron contra Francia. Napoleón se vio obligado a **abdicar**, o renunciar al poder en 1814. Pero antes de un año, regresó al poder.

Su triunfo fue breve. En junio de 1815, las tropas francesas lucharon contra las fuerzas británicas y prusianas en la Batalla de Waterloo, en Bélgica. Los franceses fueron aplastados. Otra vez,

Napoleón tuvo que abandonar el poder. Esta vez no regresó. Lo exiliaron a la isla de Santa Elena, en el extremo sur del océano Atlántico. Allí murió en 1821.

Verificar la lectura **¿Qué acciones llevaron a la caída de Napoleón?**

Después de Napoleón

Los líderes europeos querían poner orden en Europa tras años de guerra. En 1814 y 1815, se reunieron en Austria, en el Congreso de Viena.

El Congreso de Viena El objetivo principal del congreso era crear una paz duradera en Europa. Los líderes querían equilibrar el poder de las naciones europeas. No querían que ningún país

Napoleón, derrotado, fue exiliado de Francia después de que tuvo que dejar el poder.

▲ El ejército de Napoleón pelea contra las fuerzas austriacas.

amenazara a los otros como lo había hecho Francia. Estuvieron de acuerdo en reunirse con frecuencia para negociar soluciones pacíficas.

El Congreso de Viena reorganizó Europa. Las fronteras de Francia regresaron a su ubicación antes de la revolución. Se creó una nueva confederación, o unión, de estados alemanes. Rusia, Prusia y Austria tomaron el control de más territorio.

El legado de la revolución La Revolución Francesa tuvo un legado mixto. Resultó en violencia y desorden que terminaron sólo cuando Napoleón tomó el control.

Sin embargo, la revolución también trajo cambios positivos, como la atención a la importancia de los derechos humanos. En toda Europa, se presionó a los monarcas para que renunciaran a algunos de sus poderes, lo que marcó el final de la era de los monarcas absolutos. La revolución también puso fin a los privilegios de los nobles. Por esta razón, fue un esfuerzo por cambiar la estructura feudal que había existido en Europa durante cientos de años.

Verificar la lectura ¿Cuáles eran los objetivos del Congreso de Viena?

Evaluación de la Sección 4

Pregunta esencial

¿Qué es el poder? ¿Quién debe tenerlo?

Términos clave

1. Usa el término *estamento* para describir la sociedad francesa a finales del siglo XVIII.

2. ¿Qué era el Código napoleónico?

Ideas clave

3. ¿Quién formaba la Asamblea Nacional y cuál fue su objetivo en 1789?

4. ¿Qué ocurrió durante el Terror?

5. ¿Por qué declaró Francia la guerra a Austria y Prusia en 1792?

Razonamiento crítico

6. Identificar la evidencia ¿Por qué Napoleón se volvió tan poderoso?

7. Resumir ¿Cuál fue el legado de la Revolución Francesa?

8. ¿Cómo cambió la Constitución de 1791 el poder de la monarquía francesa? Anota la respuesta en tu Cuaderno del estudiante.

my worldhistory.com

Places to Know

Evaluación del capítulo

Términos e ideas clave

1. Comentar ¿Cuál fue una idea que los pensadores medievales tomaron de los filósofos griegos?

2. Explicar ¿Por qué es importante Copérnico para la ciencia moderna?

3. Recordar ¿Qué es el **método científico** y el trabajo de quién contribuyó a establecerlo?

4. Describir ¿Qué son los **derechos naturales** y cuál fue el argumento de John Locke al respecto?

5. Describir ¿Qué pasó en la Masacre de Boston? ¿De qué llegó a ser símbolo este suceso?

6. Explicar ¿Por qué **boicotearon** los colonos bienes de Gran Bretaña?

7. Recordar ¿Cuáles eran los tres **estamentos** de la sociedad francesa?

8. Resumir ¿Cuál fue un acuerdo que se hizo al redactar la Constitución de los Estados Unidos?

Razonamiento crítico

9. Analizar causa y efecto ¿Por qué fue difícil para los eruditos en los siglos XVI y XVII desafiar las creencias aceptadas?

10. Secuencia Identifica los sucesos que condujeron a la Guerra de Independencia estadounidense.

11. Comparar y contrastar ¿En qué se diferenció la Revolución Francesa de la Guerra de Independencia estadounidense?

12. Conceptos básicos: Estructuras políticas ¿Cómo querían cambiar John Locke y el barón de Montesquieu la estructura del gobierno?

Analizar elementos visuales

Este grabado muestra una batalla de la Guerra de Independencia estadounidense.

13. ¿Están las tropas británicas a la derecha o a la izquierda de esta imagen? ¿Cómo lo sabes?

14. ¿Por qué crees que algunos soldados no tienen uniformes?

15. ¿Quién parece estar ganando esta batalla? ¿Cómo lo sabes?

Ruta al mundo moderno Sigue las instrucciones de tu maestro para crear un cartel que muestre cómo una idea originada durante la Ilustración se relaciona con la era moderna. Asegúrate de incluir cómo influyen en tu vida los resultados de la Ilustración.

Aprendizaje del siglo XXI

Evalúa sitios Web

Con un compañero, busca en la Internet sitios Web de "Guerra+Independencia+estadounidense + para niños" o "Revolución + Francesa + para niños". Haz una tabla con cada sitio en una columna. Agrega filas para los elementos de las páginas, como elementos visuales, información y nivel de lectura. Usa la tabla para comparar los sitios Web. ¿Cuál es el más útil? ¿Por qué?

Preguntas basadas en documentos

Usa tu conocimiento de la era de las revoluciones y los Documentos A y B para responder las Preguntas 1 a 3.

Documento A

Comparación de muertes revolucionarias		
Suceso	**Años**	**Muertes**
Guerra de Independencia estadounidense	1775–1783	4,435
El Terror	1793–1794	17,000

Documento B

" El rey debe morir para que el país pueda vivir".

—Maximilien de Robespierre

1. ¿Qué indica el Documento A sobre la diferencia entre la Guerra de Independencia estadounidense y el Terror?

    A El Terror duró más tiempo que la Guerra de Independencia estadounidense.

    B Hubo el doble de muertes en el Terror que en la Guerra de Independencia estadounidense.

    C Hubo más de tres veces más muertes en el Terror que en la Guerra de Independencia estadounidense.

    D El Terror tuvo relativamente pocas muertes teniendo en cuenta que sólo duró un año.

2. El Documento B muestra que Robespierre era

    A moderado.

    B uno de los *philosophes*.

    C miembro del Primer Estamento.

    D radical.

3. **Tarea escrita** Maximilien de Robespierre fue un líder del Terror. ¿Por qué crees que pensaba que el rey tenía que morir para que mejorara la vida del pueblo francés?

La Ilustración y el gobierno

Idea clave

- Los pensadores de la Ilustración aplicaron el razonamiento científico a los problemas sociales y políticos. Las ideas de la Ilustración dieron forma a las ideas estadounidenses sobre el gobierno.

John Locke

Durante la Ilustración, los filósofos relacionaron las leyes naturales con la sociedad y el gobierno. Uno de estos pensadores de la Ilustración que cuestionaron el propósito del gobierno fue el filósofo inglés John Locke. Locke sostenía que las personas nacen con derechos naturales. En 1690, Locke publicó sus ideas en *Tratados sobre el gobierno civil*. Sus ideas más tarde influyeron en la Declaración de Independencia de los Estados Unidos de 1776, redactada principalmente por Thomas Jefferson. Estos documentos establecen las bases para el gobierno y la democracia estadounidenses.

Lee el texto de la derecha. Haz una pausa en cada letra encerrada en un círculo. Luego, responde la pregunta con la misma letra que está a la izquierda.

A **Identificar los detalles** ¿Qué piensa Locke que los humanos tienen el poder natural de preservar?

B **Resumir** Explica en tus propias palabras lo que Locke dice sobre la "sociedad política".

C **Inferir** ¿Es el último párrafo hecho, opinión o juicio razonado?

poseer, *v.,* tener
infracción, *sust.,* una transgresión, violación
subsistir, *v.,* continuar, existir

Los derechos naturales

66 [E]l hombre… posee por naturaleza no sólo el poder de
A proteger su propiedad, es decir, su vida, su libertad y bienes, frente a los daños y amenazas de otros hombres, sino también el de juzgar y castigar las infracciones de la ley que otros cometan … Pero, como ninguna sociedad
B política puede existir, tampoco subsistir, sin tener en sí misma el poder de proteger la propiedad y castigar… las ofensas de todos aquellos en esa sociedad, allí y solamente allí se encuentra la sociedad política donde cada uno de sus miembros haya renunciado a su poder natural y lo haya entregado en manos de la comunidad.… Y así… la comunidad viene a ser árbitro… y… resuelve las diferencias que puedan surgir…

De aquí resulta evidente que la monarquía absoluta…
C es, ciertamente, incompatible con la sociedad civil, y excluye todo tipo de gobierno civil 99.

—John Locke, *Tratados sobre el Gobierno Civil,* 1690

Lee el texto de la derecha. Haz una pausa en cada letra encerrada en un círculo. Luego, responde la pregunta con la misma letra que está a la izquierda.

D **Comparar y contrastar** ¿Qué palabras de este pasaje muestran la influencia de John Locke?

E **Resumir** ¿Cuál cree Jefferson que es el propósito del gobierno?

F **Identificar los detalles** Según Jefferson, ¿qué pueden hacer las personas si su gobierno abusa del poder?

dotado, *v.,* otorgado, proporcionado
inalienable, *adj.,* que no puede quitarse
derivar, *v.,* obtener de una fuente
consentimiento, *sust.,* acuerdo

Declaración de Independencia

66 Sostenemos como evidentes estas verdades: que todos los hombres son creados iguales; que son <u>dotados</u> por su Creador de ciertos

D derechos <u>inalienables</u>; que entre éstos están la vida, la libertad y la búsqueda de la felicidad; que para garantizar estos derechos se instituyen entre los hombres los

E gobiernos, que <u>derivan</u> sus poderes legítimos del <u>consentimiento</u> de los gobernados; que cuando quiera que una forma de gobierno se haga destructora de estos principios, el pueblo tiene el derecho a reformarla o abolirla e instituir un nuevo

F gobierno que se funde en dichos principios, y a organizar sus poderes en la forma que a su juicio ofrecerá las mayores probabilidades de alcanzar su seguridad y felicidad…. [E]s su derecho, es su deber, derrocar ese gobierno y establecer nuevos resguardos para su futura seguridad 99.

—Declaración de Independencia de los Estados Unidos, 1776

Analizar los documentos

1. **Comparar puntos de vista** Compara y contrasta las ideas de estos fragmentos sobre el propósito del gobierno.
2. **Tarea escrita** ¿Cómo muestra el fragmento de la Declaración de Independencia las ideas de John Locke? Escribe un párrafo explicando tus ideas.

Thomas Jefferson

Relacionar
sucesos pasados y presentes

Tu misión Investiga un tema de esta unidad asignado por tu maestro. Luego, investiga un asunto actual que se relacione con el tema. Presenta tus resultados en un informe que evalúe los sitios Web que usaste en tu investigación.

Aunque los temas de esta unidad pueden parecer historia antigua, muchos de ellos aún son relevantes. Por ejemplo, las revoluciones y los levantamientos políticos ocurren de manera regular en todo el mundo. Considera las relaciones entre el pasado y el presente a medida que investigas un tema de esta unidad.

Cuando estés investigando en la Internet, es importante evaluar la fiabilidad de los sitios Web. Usa estas pistas como ayuda:

- Mira el nombre de dominio. Los sitios que terminan en .gov son sitios del gobierno y los que terminan en .edu son sitios educativos, que suelen ser más fiables que los sitios comerciales que terminan en .com.
- Examina la dirección URL. Evita usar la página personal de alguien, que puede tener un nombre personal, o las palabras "miembros" o "personas" en la URL.
- Ten cuidado con los sitios "wiki". Los sitios wiki, como Wikipedia, son páginas compartidas que permiten a los usuarios agregar o cambiar el contenido, por lo que pueden no ser exactas e imparciales.

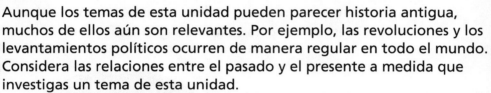

PASO **1**

Investiga tu tema.

Además de la información sobre tu tema que se presenta en esta unidad, realiza una investigación usando la Internet. Mientras investigas tu tema, piensa cómo se relaciona con un asunto actual. Por ejemplo, el levantamiento de los ciudadanos franceses durante la Revolución Francesa puede tener relación con protestas políticas o revoluciones modernas.

PASO **2**

Evalúa los sitios Web.

A medida que realizas tu investigación, piensa en la fiabilidad de los sitios Web que usas. Recuerda leer con ojo crítico la información que aparece en la Internet. ¿Es la información un hecho o una opinión? ¿Es el autor confiable o parcial? ¿Parece que el autor sólo incluye hechos que apoyan su opinión? Evita investigar en un sitio Web si es parcial o poco fiable.

PASO **3**

Prepara tu informe.

Una vez que hayas completado tu investigación, prepara tu informe. Tu informe debe establecer una relación clara entre tu tema asignado y un asunto actual. Los informes deben incluir una lista de los sitios Web que usaste en tu investigación, junto con una breve explicación de por qué crees que cada sitio es fiable o no. Si lo deseas puedes incluir imágenes para agregar interés visual a tu informe.

Unidad 12

El mundo moderno

América
del Norte

Océano
Pacífico

**Harriet Hanson Robinson
(siglo XIX)** fue una joven
trabajadora de textiles
estadounidense que ayudó
a dirigir una huelga para
conseguir mejores salarios.

América
del Sur

N
O   E
S

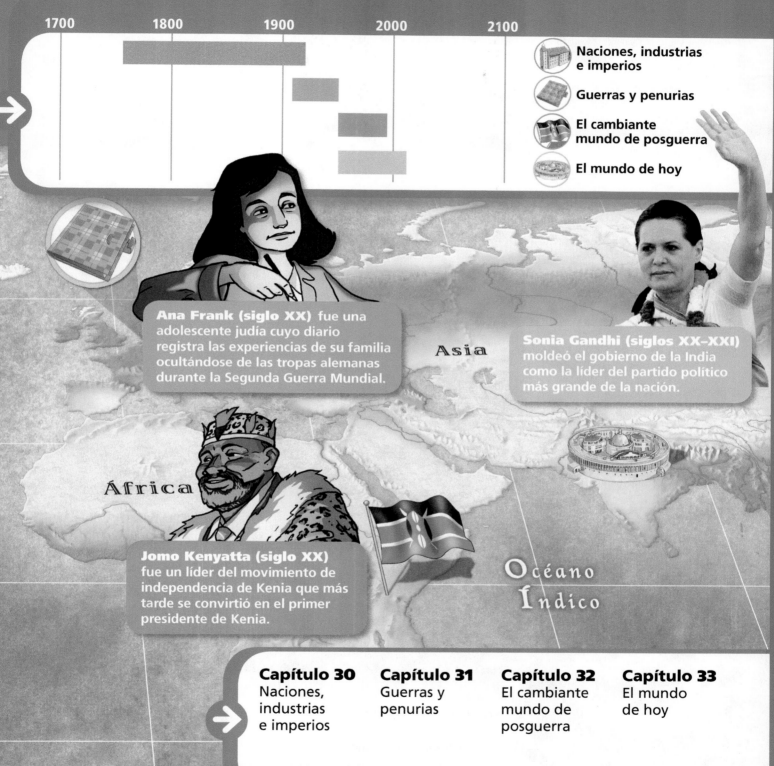

1700   1800   1900   2000   2100

Naciones, industrias e imperios

Guerras y penurias

El cambiante mundo de posguerra

El mundo de hoy

Ana Frank (siglo XX) fue una adolescente judía cuyo diario registra las experiencias de su familia ocultándose de las tropas alemanas durante la Segunda Guerra Mundial.

Asia

Sonia Gandhi (siglos XX–XXI) moldeó el gobierno de la India como la líder del partido político más grande de la nación.

África

Jomo Kenyatta (siglo XX) fue un líder del movimiento de independencia de Kenia que más tarde se convirtió en el primer presidente de Kenia.

Océano Índico

Capítulo 30 Naciones, industrias e imperios

Capítulo 31 Guerras y penurias

Capítulo 32 El cambiante mundo de posguerra

Capítulo 33 El mundo de hoy

887

Capítulo 30

Naciones, industrias e imperios

Pregunta esencial

¿Cuáles son las consecuencias de la tecnología?

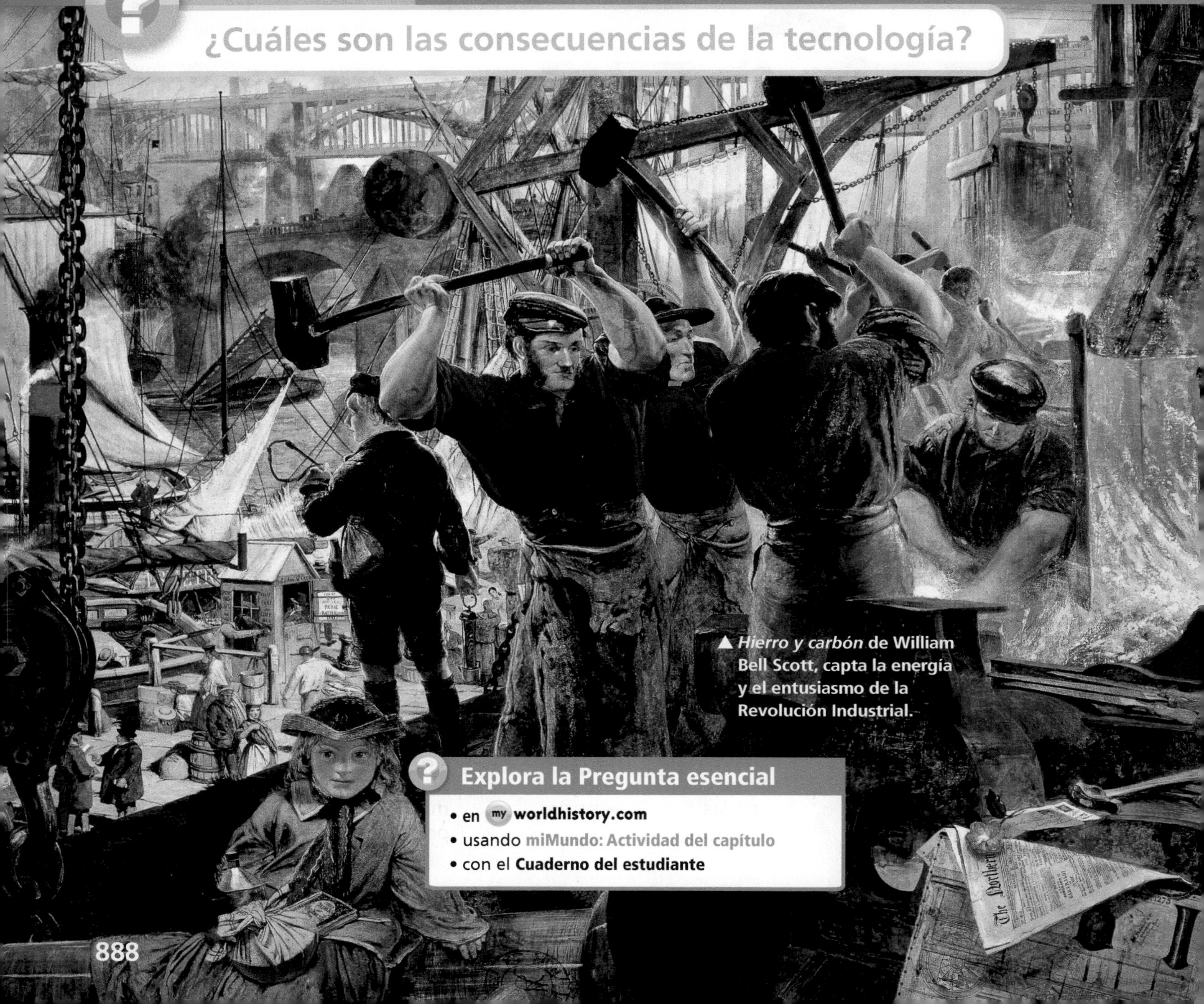

▲ *Hierro y carbón* de William Bell Scott, capta la energía y el entusiasmo de la Revolución Industrial.

Explora la Pregunta esencial

- en **myworldhistory.com**
- usando miMundo: Actividad del capítulo
- con el **Cuaderno del estudiante**

Naciones e imperios en el siglo XIX

1833 La Ley de Fábricas británica limita el trabajo infantil.

1851 La Gran Exposición muestra los productos de la Revolución Industrial.

1893 La Exposición Colombina Mundial se celebra en Chicago.

| 1800 | 1825 | 1850 | 1875 | 1900 |

1848 Estallan rebeliones por toda Europa.

1858 El gobierno británico toma el control de la India.

1871 Alemania e Italia surgen como naciones.

El edén perdido de Harriet Hanson Robinson

Esta miHistoria es una adaptación de la autobiografía de Harriet Hanson Robinson.

En 1834, Harriet Hanson comenzó a trabajar como cambiadora de carretes en la hilandería Merrimack en Lowell, Massachusetts. Tenía diez años. Una cambiadora sustituía las bobinas llenas, o carretes de hilo, con bobinas vacías. La pequeña Harriet trabajaba desde las cinco de la mañana hasta las siete de la noche. Trabajaba seis días a la semana y le pagaban $2, o unos tres centavos por hora.

A Harriet le gustaba ganar dinero para ayudar a su familia. El estricto horario de trabajo le enseñó a ser puntual y a usar su tiempo libre con prudencia. Más tarde escribió un libro llamado *El telar y el huso*, en el que comparaba las condiciones de trabajo en las hilanderías de la década de 1830 con las de las hilanderías de la década de 1890. Escribió que las hilanderías de la década de 1830 "bien podrían ser llamadas un edén perdido". El edén era el paraíso perdido que se describe en la Biblia.

En el "edén perdido" de 1830, las fábricas de textiles de Lowell eran eficientes, productivas y limpias. Usaban los recién desarrollados telares, que requerían obreros con manos ágiles, o rápidas y ligeras.

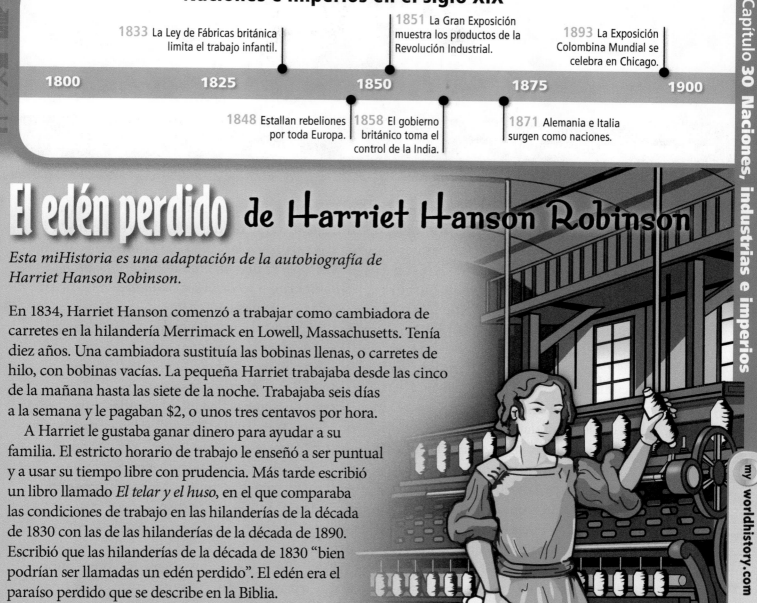

my worldhistory.com

Timeline/On Assignment

Muchas de las chicas que trabajaban en las hilanderías de Lowell provenían de las granjas.

Las hilanderas vivían en casas de huéspedes cerca de las fábricas donde trabajaban.

Los dueños de las hilanderías necesitaban mano de obra barata. Buscaban mujeres y niñas para trabajar en las fábricas. Para atraerlas establecían casas de huéspedes donde las mujeres podían vivir con seguridad y comodidad. También podían educarse en conferencias patrocinadas por la compañía.

Pronto, Lowell se llenó de hilanderas. Ganar un salario regular les daba poder a las hilanderas. Muchas habían llegado de granjas, en busca de una vida más emocionante o un nuevo comienzo.

La madre de Harriet necesitaba un nuevo comienzo. Habiendo enviudado en Boston, con cuatro hijos, apenas podía alimentar a su familia. Finalmente, empezó a administrar una casa de huéspedes. Las fábricas de Lowell eran una manera de salir de la pobreza. En comparación con Boston, Lowell era una especie de edén.

Pero Lowell nunca fue un *verdadero* edén. Había tensiones entre los dueños y las obreras. Por ejemplo, cuando Harriet tenía 11 años, Merrimack Mills trató de ahorrar dinero al reducir parte del dinero que pagaba a las casas de huéspedes. Esto significaba que las obreras tendrían que pagar una parte de su alojamiento y comida. Muchas obreras consideraron esto como una reducción de salario,

por lo que realizaron una huelga, un paro del trabajo, durante un día. El trabajo se detuvo y las chicas salieron a las calles cantando esta canción:

> ¡Oh! ¿No es una lástima que una chica tan bonita como yo deba ser enviada a la fábrica a languidecer y morir?
> ¡Oh! No puedo ser una esclava,
> no voy a ser una esclava,
> porque me gusta tanto la libertad
> que no puedo ser una esclava.

Aunque muchas llenaban las calles, otras se quedaron trabajando. "Parar", o hacer una huelga, era un gran riesgo. Las compañeras de trabajo de Harriet discutían sus opciones. Si perdían su trabajo, ¿qué harían? Si paraban, ¿tomarían sus trabajos inmigrantes dispuestas a trabajar por menos dinero? Pero, ¿qué pasaría si no se defendían?

Harriet dijo a sus compañeras: "No me importa lo que *ustedes* hagan. ¡Yo voy a parar, ya sea que alguien más lo haga o no!" Entonces se unió a las hilanderas. Cuando volteó, vio que todas sus compañeras de trabajo la seguían. Más de 60 años más tarde, Harriet describió esto como el momento más glorioso de su vida.

En la calle, las hilanderas protestaban por los recortes salariales.

Harriet se puso su sombrero y se marchó para unirse a las hilanderas que estaban en huelga.

Aunque la huelga no fue un éxito, Harriet mantuvo su trabajo y permaneció en la hilandería hasta los 23 años. Durante su tiempo como hilandera, contribuyó a *The Lowell Offering*, un periódico escrito por mujeres y para mujeres. Más tarde se casó con el editor de un periódico, William Robinson, y publicó un relato de su vida en las hilanderías. Aunque el curso de su vida llevó a Harriet Hanson Robinson lejos del "edén perdido" de las fábricas Merrimack en Lowell, nunca olvidó la hilandería ni las casas de huéspedes y nunca dejó de ser hilandera.

Con base en esta historia, ¿cómo crees que la tecnología cambió la vida de las personas durante el siglo XIX? Mientras lees el capítulo que sigue, piensa qué indica la historia de Harriet sobre la vida en tiempos de grandes cambios tecnológicos.

→ **myStory Video**

Acompaña a Harriet Hanson mientras trabaja en la hilandería.

Harriet y su esposo William en el trabajo ▶

my worldhistory.com

myStory Video

Nacionalismo en Europa

Ideas clave

- A finales del siglo XVIII, los europeos comenzaron a formar estados-nación.
- Durante y después de las Guerras Napoleónicas, los sentimientos nacionalistas aumentaron en toda Europa.
- Líderes políticos y militares fuertes ayudaron a unificar Alemania e Italia.

Términos clave • estado-nación • nacionalismo • Carbonería

Visual Glossary

 Destreza de lectura **Secuencia** Toma notas usando el organizador gráfico en tu Cuaderno.

Levantamiento de nacionalistas alemanes en Berlín, Prusia, 1848. ▼

En 1789, Francia aprobó la Declaración de los Derechos del Hombre y del Ciudadano. Ésta decía que la autoridad política, o soberanía, no se encontraba en un individuo, como un rey, sino en la nación. Una nación es un grupo de personas con un idioma, cultura, etnia o religión común.

> 66 El principio de toda soberanía reside esencialmente en la nación. Ningún cuerpo ni individuo puede ejercer autoridad alguna que no proceda directamente de la nación 99.
>
> —Declaración de los Derechos del Hombre y del Ciudadano

La Guerra de Independencia estadounidense y la Revolución Francesa produjeron el **estado-nación**. Un estado en el que los ciudadanos están unidos por intereses comunes, como la religión, el idioma, la cultura o la ley.

El surgimiento del nacionalismo

Durante siglos, no existió ningún estado-nación. Cada imperio o reino gobernaba una variedad de grupos étnicos o culturas. Pero, poco a poco, estos grupos comenzaron a verse como miembros de una nación. Este sentimiento de unidad como nación se conoce como **nacionalismo**. Al mismo tiempo, se desarrolló la idea de que cada nación debía tener un gobierno propio que representara a su pueblo, así como una constitución.

Ideas radicales La Francia revolucionaria combinaba el nacionalismo con la igualdad política y el gobierno constitucional. Las conquistas de Napoleón ayudaron a difundir estas ideas por Europa. Los movimientos nacionales también se desarrollaron como oposición a Napoleón. Los nacionalistas exigían libertad del dominio de reyes o de extranjeros.

Europa después de Napoleón Tras la derrota de Napoleón en 1815, las potencias europeas se reunieron en el Congreso de Viena. Restablecieron el equilibrio de poder en Europa. Los monarcas recuperaron la autoridad en muchos países, entre ellos Francia. Sin embargo, muchos querían reformas y surgieron sublevaciones.

Sublevaciones nacionalistas En 1820, las sublevaciones en el sur de Italia y en España fueron aplastadas por Austria, Prusia y Rusia. Estos países habían acordado poner fin a las sublevaciones nacionalistas y mantener a los monarcas en el poder.

En 1821, los nacionalistas griegos se sublevaron contra el Imperio Otomano. Aunque los líderes europeos se comprometieron a evitar las sublevaciones, querían expulsar a los turcos otomanos de Europa. En 1827, una coalición de Gran Bretaña, Francia y Rusia exigió a los otomanos la independencia de Grecia. Grecia se independizó en 1832.

Verificar la lectura **¿Qué ocurrió en el Congreso de Viena?**

En 1848, décadas antes de que naciera el estado-nación alemán, un artista nacionalista creó esta figura como símbolo de Alemania.▼

Sublevaciones en Europa 1820–1848

LEYENDA
Sublevaciones
✳ 1820
✳ 1830
✳ 1848

0   200 Millas
0   200 Kilómetros
Proyección cónica conforme de Lambert

Mar del Norte

Mar Báltico

RUSIA

IRLANDA
Dublín

GRAN BRETAÑA

Bruselas

Berlín

Varsovia

BÉLGICA

Fráncfort

Praga

OCÉANO ATLÁNTICO

París

ESTADOS ALEMANES

Viena

Budapest

FRANCIA

IMPERIO AUSTRÍACO

Mar Caspio

Milán

Venecia

Mar Negro

IMPERIO OTOMANO

Oporto

ESPAÑA

Roma

Nápoles

GRECIA

PORTUGAL

Palermo

SICILIA

Cádiz

Mar Mediterráneo

Mar Adriático

Destreza: Mapas

1 **Ubicación** ¿En qué ciudades ocurrieron sublevaciones en 1830?

2 **Ubicación** ¿En qué ciudades ocurrieron sublevaciones en 1848?

La invención de la nación

En el siglo XIX, los nacionalistas querían crear un sentido de identidad nacional en el pueblo. Promovieron la idea de que las comunidades que hablaban el mismo idioma deberían formar su propia nación. Los nacionalistas también usaban las tradiciones populares para crear sentimientos de unidad. *¿Qué peligros es posible que afronten las minorías dentro de cada estado-nación?*

◄ Niños lituanos en traje nacional interpretan una danza folclórica.

▲ El tartán se convirtió en un símbolo de la identidad nacional escocesa.

◄ En Francia, la bandera tricolor del pueblo sustituyó a la flor de lis del rey como un símbolo patriótico.

Arriba y derecha: Este monumento en Alemania se construyó antes de la unificación alemana. Honra la lucha de los estados alemanes contra Napoleón.

Culture Close-Up

La unificación alemana

Los ideales nacionalistas pronto se extendieron a los pueblos de habla alemana, que estaban divididos en muchos estados independientes. Los nacionalistas alemanes lucharon por unificarse en un estado-nación.

Los estados alemanes En 1815, el Congreso de Viena había establecido la Confederación Germánica. Estaba compuesta por Austria, Prusia y otros 37 estados alemanes. Los líderes de la confederación querían mantener los monarcas, la nobleza y los adinerados dueños de propiedades.

Sin embargo, el pueblo alemán quería mayor voz en el gobierno. Los nacionalistas alemanes querían un estado-nación alemán.

En 1848, un levantamiento político en Francia inspiró sublevaciones en Austria y Alemania. En Berlín, la capital de Prusia, los rebeldes alemanes exigieron una constitución. Se produjeron sublevaciones en otras ciudades alemanas. Los alemanes se reunieron en Fráncfort para escribir una constitución que los unificara. Como no lograron ponerse de acuerdo, las fuerzas de Prusia acabaron con el intento de reforma.

Bismarck llega al poder En 1862, Otto von Bismarck fue nombrado primer ministro de Prusia. Bismarck quería mantener la monarquía, pero necesitaba hacer cambios para satisfacer al pueblo. Bismarck se hizo famoso por sus políticas de <u>negociación</u> y compromiso.

Desarrolló un plan para unificar Alemania bajo el liderazgo de Prusia. Reclutó un poderoso ejército y ganó

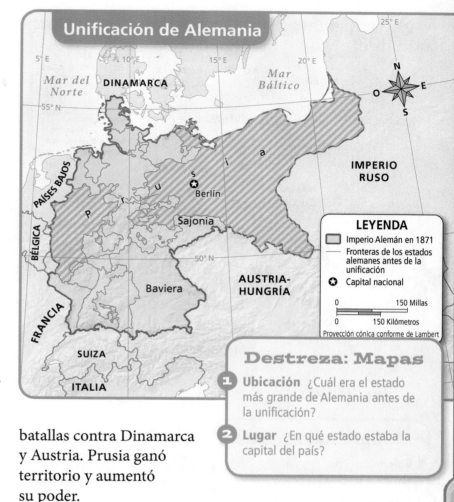

Unificación de Alemania

LEYENDA

◻ Imperio Alemán en 1871

— Fronteras de los estados alemanes antes de la unificación

★ Capital nacional

0   150 Millas
0   150 Kilómetros

Proyección cónica conforme de Lambert

Destreza: Mapas

1 Ubicación ¿Cuál era el estado más grande de Alemania antes de la unificación?

2 Lugar ¿En qué estado estaba la capital del país?

batallas contra Dinamarca y Austria. Prusia ganó territorio y aumentó su poder.

En 1870, Francia le declaró la guerra a Prusia. Las tropas de Prusia y los estados alemanes del sur invadieron Francia, capturando al emperador Napoleón III y tomando París.

El Imperio Alemán Prusia ganó más territorio tras la guerra con Francia. Durante la guerra, muchos estados alemanes accedieron a unificarse bajo el liderazgo de Prusia. En 1871, el rey Guillermo I de Prusia se convirtió en emperador de Alemania, con Bismarck como su principal líder político. La nueva nación era ahora el estado más poderoso de Europa.

negociación, *sust.,* tratos para llegar a un acuerdo

Unificación de Italia

LEYENDA

Italia en 1871
Fronteras de los estados italianos antes de la unificación
○ Ciudad

0   100 Millas
0   100 Kilómetros
Proyección acimutal equivalente

SUIZA
AUSTRIA-HUNGRÍA
FRANCIA
LOMBARDÍA
VENECIA
PIAMONTE
PARMA
MÓDENA
MASSA
LUCCA
TOSCANA
SAN MARINO
IMPERIO OTOMANO
ESTADOS PONTIFICIOS
CÓRCEGA (FRANCIA)
Roma ○
Nápoles ○
CERDEÑA
REINO DE LAS DOS SICILIAS
Mar Adriático
Mar Tirreno
Mar Mediterráneo
Mar Jónico
Sicilia

N O E S

Destreza: Mapas

1 **Ubicación** ¿Dónde estaban ubicados los Estados Pontificios?

2 **Lugar** ¿Qué nación limitaba con Venecia?

Pero no todas las áreas de habla alemana fueron incluidas en el estado alemán. Esto crearía conflictos en el siglo XX.

A medida que los alemanes se trasladaban a las ciudades para trabajar en las fábricas, Bismarck introdujo programas de <u>asistencia social</u> para mantener la estabilidad y la prosperidad. Creó un seguro para los trabajadores que se enfermaban o lesionaban. Creó las pensiones de jubilación para pagar a los que rebasaban la edad para trabajar.

Verificar la lectura **¿Quién unificó a Alemania?**

asistencia social, *sust.,* apoyo para los pobres, niños, ancianos, desempleados y personas muy enfermas que no pueden trabajar

---

Unificación de Italia

Al igual que Alemania, a principios del siglo XIX Italia era un conjunto de ciudades-estado y reinos independientes. Pero en la década de 1850, una serie de rebeliones populares produjeron un movimiento de independencia exitoso.

La península Itálica El norte de Italia era la región más próspera e incluía el reino más poderoso, Piamonte-Cerdeña. Austria controlaba Venecia. La Iglesia católica gobernaba los Estados Pontificios, en el centro, incluyendo Roma. Francia y España controlaban el sur y Sicilia.

Estas divisiones regionales dificultaban la unificación de Italia. Sin embargo, una organización secreta llamada la **Carbonería**, dedicada a la independencia italiana, obtuvo más miembros. Las sublevaciones de Europa en 1848 se extendieron también a Italia y los nuevos líderes del movimiento independentista llegaron al poder.

Líderes nacionalistas Tres hombres fueron los responsables de la unificación e independencia de Italia. En las décadas de 1830 y 1840, Giuseppe Mazzini abogó por la democracia y la igualdad social. Organizó sociedades secretas para promover la independencia. Durante las revoluciones de 1848, unió fuerzas con Giuseppe Garibaldi, otro revolucionario.

Las sublevaciones de 1848 amenazaron el poder de la nobleza y los gobernantes extranjeros. El Papa huyó de Roma, cuando revolucionarios italianos se rebelaron.

Mazzini se convirtió en el líder de la nueva República de Roma. Sin embargo, una fuerza militar francesa invadió y restauró al papa como gobernante de los Estados Pontificios.

En la década de 1850, el príncipe de Piamonte-Cerdeña, el rey Víctor Manuel II y su ministro, Camilo Benso, conde de Cavour, trataron una vez más de unificar Italia. Después de que las fuerzas de Garibaldi conquistaron el reino de las Dos Sicilias en 1860, Cavour organizó una votación para unificar el sur y el norte de Italia. Con la aprobación de los votantes, Italia se unificó bajo el rey Víctor Manuel II.

La nación italiana El área que rodeaba a Roma se mantuvo bajo el control del papa hasta julio de 1870, cuando los franceses se retiraron. A los pocos meses, las manifestaciones en Roma obligaron al gobierno italiano a tomar el control de la ciudad. La Iglesia perdió control de gran parte de Italia.

Aunque Italia estaba unida políticamente, permaneció dividida. Los comerciantes adinerados y la nobleza en el norte tenían poco en común con los campesinos del sur. Pocos italianos tenían derecho al voto. Se mantuvieron las divisiones culturales.

El nacionalismo triunfa Cuando Italia y Alemania se unificaron, el nacionalismo se había convertido en una fuerza poderosa en la política europea. La idea nacionalista de patriotismo, la lealtad a una nación de ciudadanos, reemplazó la de lealtad a un rey. Estos ideales inspiraron levantamientos contra el dominio extranjero. Pero el nacionalismo también creó un peligroso tipo de competencia.

Verificar la lectura ¿Qué líderes lucharon por unificar a Italia?

miMundo: Actividad
Apoyo a la bandera

Combatientes nacionalistas italianos celebran en 1860.▼

Evaluación de la Sección 1

Pregunta esencial

¿Cuáles son las consecuencias de la tecnología?

Términos clave

1. Usa los siguientes términos para describir los cambios políticos en Europa: estado-nación, nacionalismo, Carbonería.

Ideas clave

2. ¿Por qué querían muchos europeos formar estados-nación?

3. ¿Cuál era el estado alemán más poderoso?

4. ¿Quién gobernó a una Italia unificada?

Razonamiento crítico

5. Analizar causa y efecto ¿Por qué crees que las conquistas de Napoleón contribuyeron a fomentar el nacionalismo?

6. Comparar y contrastar ¿Qué división económica se mantuvo fuerte en Italia?

7. ¿Por qué introdujo Bismarck programas de asistencia a medida que los alemanes se trasladaban para trabajar en las fábricas? Anota la respuesta en tu Cuaderno del estudiante.

La Revolución Industrial

Visual Glossary

Ideas clave

- Los nuevos inventos y fuentes de energía desencadenaron el surgimiento del industrialismo.

- Una forma de vida rural agrícola comenzó a dar paso a una sociedad industrial urbana.

- Los problemas causados por la industrialización condujeron a nuevas formas de pensar acerca de la economía.

Términos clave
- Revolución Industrial
- cercamiento
- socialismo
- comunismo

Destreza de lectura **Analizar causa y efecto** Toma notas usando el organizador gráfico en tu Cuaderno.

Una de las minas de carbón que proporcionaban combustible para la Revolución Industrial ▼

Una noche en 1811, una multitud irrumpió en una fábrica de Manchester, Inglaterra, y destruyó las nuevas máquinas tejedoras a vapor. Los atacantes eran tejedores, que temían que las máquinas los dejaran sin trabajo. Se sentían amenazados por las tecnologías que estaban cambiando sus vidas.

Comienza la revolución

Entre 1760 y 1840, se llevaron a cabo extraordinarios cambios en Gran Bretaña. Nuevas fuentes de energía permitieron que las máquinas reemplazaran a seres humanos y animales. Llamamos a este período la **Revolución Industrial**. Los efectos fueron de largo alcance. Transformaron la manera en que las personas vivían, viajaban y trabajaban.

Producción de alimentos y población La Revolución Industrial estaba vinculada a una revolución agrícola. Alrededor de 1700, los avances en los métodos de cultivo hicieron que fuera más fácil producir más alimentos. El aumento en la producción de alimentos produjo el crecimiento poblacional en Gran Bretaña y Europa. Una población mayor aumentó la demanda de productos como los textiles. Los textiles son telas que se han hilado o tejido para hacer ropa u otros bienes. Los comerciantes esperaban encontrar maneras más rápidas de producción. En Gran Bretaña, una serie de nuevos inventos lograron ese objetivo.

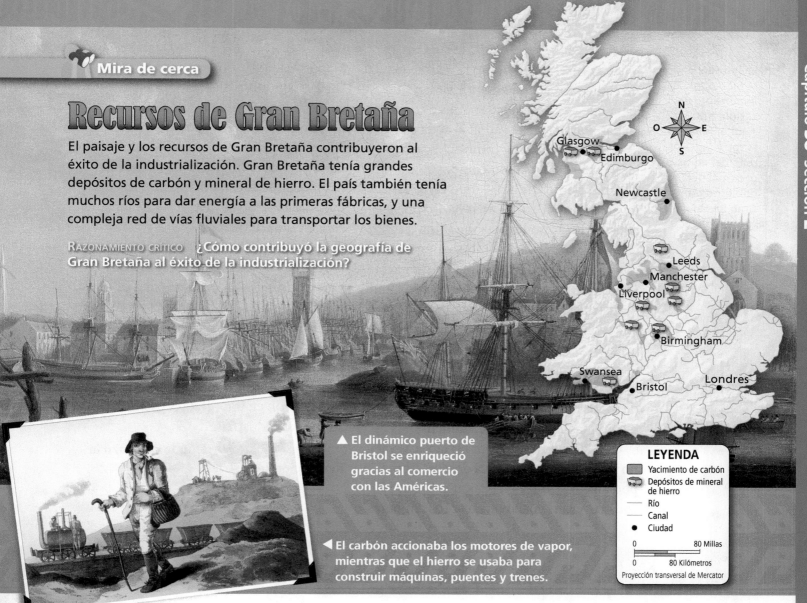

Mira de cerca

Recursos de Gran Bretaña

El paisaje y los recursos de Gran Bretaña contribuyeron al éxito de la industrialización. Gran Bretaña tenía grandes depósitos de carbón y mineral de hierro. El país también tenía muchos ríos para dar energía a las primeras fábricas, y una compleja red de vías fluviales para transportar los bienes.

RAZONAMIENTO CRÍTICO ¿Cómo contribuyó la geografía de Gran Bretaña al éxito de la industrialización?

▲ El dinámico puerto de Bristol se enriqueció gracias al comercio con las Américas.

◀ El carbón accionaba los motores de vapor, mientras que el hierro se usaba para construir máquinas, puentes y trenes.

Mapa: Glasgow, Edimburgo, Newcastle, Leeds, Manchester, Liverpool, Birmingham, Swansea, Bristol, Londres

LEYENDA
- Yacimiento de carbón
- Depósitos de mineral de hierro
- Río
- Canal
- • Ciudad

0   80 Millas
0   80 Kilómetros
Proyección transversal de Mercator

La industria se acelera El hilado y el tejido de telas siempre habían sido procesos difíciles, que se hacían sobre todo en el hogar. En 1767, James Hargreaves inventó la máquina de hilar, que podía girar el hilo con mayor rapidez. Inventores posteriores la mejoraron. Un trabajador podía crear cientos de veces más hilo que el que se podía producir en una sola rueda de hilado. Se comenzaron a construir fábricas, grandes edificios en los que muchas personas podían trabajar al mismo tiempo. Debido a que la energía del agua era una fuente inicial de energía, muchas de las primeras fábricas textiles se ubicaban cerca de las vías fluviales.

Sin embargo, las nuevas <u>tecnologías</u> hicieron el proceso de producción aún más rápido. En 1784, Edmund Cartwright desarrolló un telar a vapor para convertir el hilo en tela. La fabricación industrializada de textiles había comenzado.

tecnología *sust.,* el uso y conocimiento de las herramientas

899

La puntualidad se hizo más importante en el siglo XIX. Aquí se muestra la torre del reloj del edificio principal del gobierno de Gran Bretaña.

Nuevas fuentes de energía El nuevo telar mecánico era accionado por vapor, que es agua que se calienta hasta que se convierte en gas. Para crear el vapor, el agua era calentada quemando carbón. El carbón había sido usado como combustible durante cientos de años. Pero en 1712, el inventor británico Thomas Newcomen lo usó para accionar una máquina de vapor. En la década de 1760, el ingeniero escocés James Watt creó una máquina de vapor que podía usarse en una variedad de industrias. La máquina de Watt produjo la Revolución Industrial. Se usaba en las fábricas y minas. Además, accionaba barcos de vapor y locomotoras, o trenes.

Después de la década de 1820, la máquina de vapor permitió viajar y transportar bienes más lejos y más rápidamente.

Con la energía de vapor las fábricas ya no necesitaban estar cerca de ríos. Ahora podían construirse en cualquier lugar. Se construyeron muchas en las zonas mineras.

El industrialismo se propaga La Revolución Industrial que comenzó en Gran Bretaña, llegó lentamente al continente europeo. Las Guerras Napoleónicas de 1790 a 1815 dificultaron el desarrollo de la industria en el continente europeo. En los Estados Unidos, la industrialización se extendió rápidamente en la década de 1830.

Los primeros industriales debían gastar mucho dinero en máquinas complejas y en fábricas. En los primeros días de la Revolución Industrial, hombres ambiciosos como Samuel Slater y James Watt dependían de la familia, los amigos o los inversionistas para obtener el dinero. Los grandes bancos y gobiernos de Bélgica, Francia y Alemania se convirtieron en importantes promotores de las nuevas industrias.

Verificar la lectura ¿Dónde comenzó la Revolución Industrial?

Vidas cambiantes

La industrialización transformó la vida. Los migrantes de las granjas se despedían del trabajo irregular y estacional. En las ciudades, tenían que adaptarse a un entorno muy diferente y a una vida de trabajo regida por el reloj. *¿Cómo cambió la tecnología la vida?*

Los pobres vivían cerca de fábricas contaminantes, donde trabajaban. ▶

◀ Las personas dejaban el espacio abierto del campo para aglomerarse en las ciudades.

Formas de vida cambiantes

El principio de la Revolución Industrial no sólo alteró la producción y el comercio. Influyó profundamente en la vida de las personas.

El sistema de fábricas

Antes de la Revolución Industrial, la mayoría de los bienes se hacían en casa. Después de la industrialización, se hacían en fábricas, minas y otros lugares.

Las fábricas también cambiaron la naturaleza del trabajo. Los trabajadores tenían que <u>laborar</u> según estrictas reglas y horarios.

Como leíste en miHistoria, los dueños de las fábricas creían que las mujeres y los niños eran obreros ideales. Podían ser controlados más fácilmente. Se les pagaba salarios bajos por jornadas de 12 a 14 horas. Los niños y las mujeres solteras a menudo eran alojados por sus empleadores.

Cercamiento

El campo también cambió. Durante siglos, los agricultores habían cultivado alimentos en franjas pequeñas y estrechas de tierra. Todos pastaban su ganado en campos comunes. Después del siglo XVI, esto cambió. Los terratenientes cercaban grandes extensiones para la agricultura comercial. Este proceso, llamado **cercamiento**, ayudó a los terratenientes a enriquecerse.

Con granjas grandes, se usaron nuevas técnicas para mejorar la productividad. Se invirtió más dinero en maquinaria. También se crió ganado más grande para alimentar a poblaciones mayores.

Los cercamientos provocaron dificultades entre los pobres. Para sobrevivir, debían desplazarse a las ciudades. Los cercamientos convirtieron a Gran Bretaña en una sociedad fundamentalmente urbana.

laborar v., trabajar

El trabajo en las fábricas era disciplinado y mecánico. ▼

◄ El trabajo en las fábricas y la expansión de los ferrocarriles aumentaron la importancia de llegar a tiempo.

Dos naciones

Durante el siglo XIX, la brecha entre los ricos y los pobres en Gran Bretaña era tan grande que un escritor describió al país no como una nación, sino como dos. Una nación disfrutaba la riqueza de la industrialización. La otra estaba llena de personas que luchaban por sobrevivir.

¿Qué revelan las pinturas sobre la Gran Bretaña industrial?

◄ Los ricos y la clase media tenían mucho tiempo libre.

▲ Sin embargo, los trabajadores pobres y los desempleados sufrían de pobreza y hambre.

Expectativa de vida por ocupación

Ocupación	Edad promedio de muerte
Doctores	38
Abogados	38
Trabajadores manuales especializados	20
Obreros	17

FUENTE: Edwin Chadwick, *Informe sobre las condiciones sanitarias*

Primeras ciudades industriales Las ciudades no estaban preparadas para la avalancha de recién llegados. Las personas se apiñaban en hileras de casas estrechas, a menudo con cinco a diez personas en una habitación. Estas casas no tenían agua corriente ni baños. Hasta mediados del siglo XIX, las ciudades no tenían alcantarillado. Los desechos se arrojaban a las calles y a los ríos. El agua contaminada originaba enfermedades como el cólera, la fiebre tifoidea y el tifus. En este medio ambiente, la vida era corta. Además, la industria produjo contaminación. El novelista Charles Dickens describió una ciudad industrial típica:

> ❝ ... donde se tapió la Naturaleza tanto como se tapiaron en su interior aires y gases mortíferos ❞.
>
> —Charles Dickens, *Tiempos difíciles*

Sin embargo, las ciudades ofrecían algunas ventajas. Las empresas tenían acceso a la navegación, a ferrocarriles, trabajadores y clientes. Incluso para los pobres, la ciudad ofrecía mayores oportunidades que el campo, donde el hambre y la pobreza estaban aún más generalizadas.

Una sociedad cambiante La Revolución Industrial cambió la sociedad británica. La nobleza aún controlaba grandes extensiones de terreno, pero su importancia económica estaba en decadencia. El poder pasaba a los que poseían fábricas y empresas. La Revolución Industrial creó una clase media más grande.

También desarrolló una enorme clase obrera industrial formada, en su mayoría, por trabajadores no calificados.

Los trabajadores tenían salarios bajos, duras condiciones de trabajo y falta de protecciones sociales, como prestaciones por desempleo. Si se quejaban o trataban de negociar mejores salarios o condiciones de trabajo, podían perder sus trabajos. Los niños trabajadores eran especialmente vulnerables. Se iniciaron esfuerzos de reforma en la década de 1830, con la Ley de Fábricas británica de 1833. Ésta limitaba el tiempo que podían trabajar los niños menores de 13 años.

Verificar la lectura **¿Cómo cambiaron los cercamientos la vida rural?**

Pensadores económicos

Los cambios de la Revolución Industrial preocupaban y fascinaban a escritores y filósofos. Muchos analizaban las economías industriales. Otros sugerían soluciones para los nuevos problemas. Estas ideas se convirtieron en filosofías políticas o económicas, a veces llamadas ideologías. Con el tiempo, influyeron en la política y la cultura.

Economía *laissez-faire* Mientras la Revolución Industrial creaba riqueza y pobreza, muchos autores analizaban el capitalismo. El capitalismo se basa en la propiedad privada. En el capitalismo se usa la propiedad para competir por las ganancias en un mercado.

Su partidario más famoso era Adam Smith (1723–1790), un filósofo escocés. Smith creía que los gobiernos no debían interferir en la economía. La idea de que el gobierno debe apartarse de la economía se conoce con la frase en francés *laissez-faire* (dejar hacer).

▲ Niños trabajando en la industria minera

Ley de Fábricas	
Edad	**Horas**
Menor de 9 años	(Prohibido que trabaje)
9–13	No más de 9 horas al día
14–18	No más de 12 horas al día

FUENTE: *The Story of Great Britain* por Roy Strong

Smith y otros defensores de la libertad económica, que también era conocida como liberalismo en el siglo XIX, estaban a favor del libre comercio. No aprobaban los aranceles ni la política del mercantilismo. En el mercantilismo, los gobiernos regulaban, o controlaban, la competencia. En los siglos XVII y XVIII, Gran Bretaña y otras naciones practicaron políticas mercantilistas.

Los grupos empresariales e industriales apoyaron la doctrina del *laissez-faire*. Creían que un mercado libre y competitivo ayudaría a todos. Los sindicatos, que luchaban por mejores salarios y condiciones de trabajo, eran vistos como competencia restrictiva que perjudicaba la empresa privada. Así, la mayoría de los sindicatos fueron prohibidos en Gran Bretaña, Europa y los Estados Unidos hasta finales del siglo XIX.

my worldhistory.com

Primary Source

Una imagen de la sociedad

Trabajo de Ford Madox Brown muestra diversas clases sociales:

Ⓐ Aristócratas a caballo

Ⓑ Damas y caballeros de clase media

Ⓒ Trabajadores varones

Ⓓ Los pobres

miMundo: Actividad
Ciudad en auge

Socialismo La exigencia de mejores condiciones de trabajo inspiró una economía llamada **socialismo**. Bajo el socialismo, los trabajadores serían los propietarios de las granjas, fábricas y otras empresas. Los socialistas querían desarrollar un mundo en el que todos se beneficiarían de la riqueza. Los primeros socialistas creían en una mezcla de propiedad pública y privada.

Uno de los fundadores del socialismo era el dueño de una fábrica en Gales llamado Robert Owen. Owen puso sus creencias en práctica. Compró una fábrica de algodón en New Lanark, Escocia, y ofreció a los obreros buenos salarios y beneficios, así como educación para sus hijos.

Muchos socialistas querían mayores derechos políticos para los trabajadores. Louis Blanc, uno de los socialistas franceses más destacados, pensaba que el estado debía organizar las fábricas para dar empleo a todos los ciudadanos adultos.

Las ideas de Marx Después de 1848, el socialismo fue influenciado por los críticos más radicales de la sociedad industrial. Uno de ellos fue Karl Marx, el editor de un periódico alemán que se convirtió en uno de los filósofos más importantes del siglo XIX.

Según Marx, diferentes clases económicas tuvieron el poder en diferentes épocas históricas. Estas clases económicas estaban en conflicto constante porque los ricos tendían a aprovecharse de los pobres.

Marx consideraba que los propietarios abusaban de la clase obrera. A pesar de que estos propietarios eran una minoría, tenían la mayor parte del poder económico y político. Para alcanzar la igualdad, la clase obrera, también conocida como proletariado, tendría que derrocar al capitalismo.

Las ideas de Marx se difundieron mucho después de su muerte en 1883. En el siglo XX, algunos países adoptaron el **comunismo**, un sistema en el que el gobierno es propietario de todos los bienes y toma todas las decisiones económicas. En Rusia, su obra inspiró una revolución que derrocó al gobierno y condujo a una dictadura comunista que duró 75 años. El ascenso y la caída del comunismo moldearon la historia del mundo durante el siglo XX.

Mejores y peores épocas La Revolución Industrial creó un nuevo mundo. En poco tiempo, primero Gran Bretaña y luego los Estados Unidos y partes de Europa, se transformaron. En las ciudades, la pobreza, la contaminación, el hacinamiento, la mano de obra infantil y las enfermedades se convirtieron en problemas abrumadores. Escritores como Charles Dickens exigieron reformas.

Sin embargo, los beneficios eran innegables. En las naciones industrializadas, el nivel de vida ascendió. En el caso de

Gran Bretaña, el comercio generó riquezas asombrosas.

A medida que la industrialización se extendió por Europa, las naciones europeas comenzaron a buscar mercados más grandes. En la sección que sigue, leerás cómo esas naciones construyeron imperios económicos en el extranjero.

Verificar la lectura **¿Cuáles eran los objetivos del socialismo?**

La Gran Exposición de 1851, celebrada en Londres, exhibió los productos de la Revolución Industrial. ▼

Evaluación de la Sección 2

Pregunta esencial

¿Cuáles son las consecuencias de la tecnología?

Términos clave

1. Usa los siguientes términos para describir los cambios que se produjeron en el siglo XIX: Revolución Industrial, cercamiento, socialismo, comunismo.

Ideas clave

2. ¿Qué nueva fuente de energía impulsó la Revolución Industrial?

3. ¿Qué fuerzas expulsaban y atraían a las personas a las ciudades?

4. ¿Qué escritor escribió sobre una revolución comunista?

Razonamiento crítico

5. **Analizar causa y efecto** ¿Cómo influyeron los cambios agrícolas en la Revolución Industrial?

6. **Comparar puntos de vista** ¿Sobre qué asuntos es posible que hayan diferido el obrero de una fábrica y el dueño de una fábrica?

7. ¿Cómo cambió la Revolución Industrial la vida de las personas? Anota la respuesta en tu Cuaderno del estudiante.

Imperialismo y nacionalismo

Ideas clave
- La industrialización fue un factor fundamental en el surgimiento del imperialismo.
- Las naciones europeas se repartieron casi toda África y gran parte de Asia.
- La dominación europea provocó el surgimiento de movimientos nacionalistas.

Términos clave • imperialismo • concesiones • diplomacia de los cañones

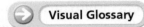 **Visual Glossary**

Destreza de lectura **Identificar las ideas principales y los detalles** Toma notas usando el organizador gráfico en tu Cuaderno.

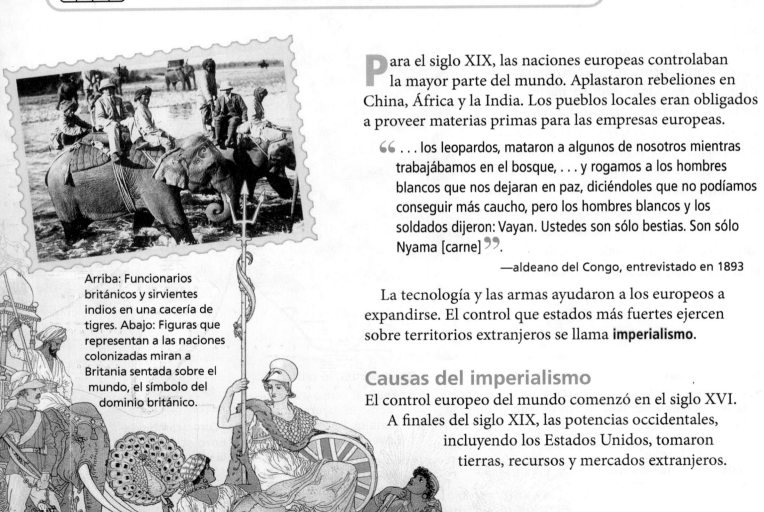

Arriba: Funcionarios británicos y sirvientes indios en una cacería de tigres. Abajo: Figuras que representan a las naciones colonizadas miran a Britania sentada sobre el mundo, el símbolo del dominio británico.

Para el siglo XIX, las naciones europeas controlaban la mayor parte del mundo. Aplastaron rebeliones en China, África y la India. Los pueblos locales eran obligados a proveer materias primas para las empresas europeas.

> 66 . . . los leopardos, mataron a algunos de nosotros mientras trabajábamos en el bosque, . . . y rogamos a los hombres blancos que nos dejaran en paz, diciéndoles que no podíamos conseguir más caucho, pero los hombres blancos y los soldados dijeron: Vayan. Ustedes son sólo bestias. Son sólo Nyama [carne] 99.
>
> —aldeano del Congo, entrevistado en 1893

La tecnología y las armas ayudaron a los europeos a expandirse. El control que estados más fuertes ejercen sobre territorios extranjeros se llama **imperialismo**.

Causas del imperialismo

El control europeo del mundo comenzó en el siglo XVI. A finales del siglo XIX, las potencias occidentales, incluyendo los Estados Unidos, tomaron tierras, recursos y mercados extranjeros.

Industrialismo Europa necesitaba las materias primas para elaborar sus productos industriales. África, Asia y América Latina eran importantes fuentes de caucho, algodón y aceite de coco y de palma. Estas regiones también se convirtieron en lugares importantes para que los europeos vendieran sus productos.

Muchas naciones europeas producían cada vez más bienes a costos más bajos. Tenían que hallar nuevos mercados que compraran sus productos. Uno de los mercados más grandes eran los Estados Unidos, un país joven con una población en crecimiento. África, Asia y América Latina eran menos prósperas, pero también tenían grandes poblaciones.

Nacionalismo Los británicos encabezaban la carrera por el imperio. En 1820, Gran Bretaña controlaba gran parte de la India, el sur de África, Australia y el Canadá. El creciente imperio de Gran Bretaña alarmó a otras naciones europeas. Temían ser dejadas atrás en la carrera por posesiones en el extranjero.

El nacionalismo impulsó la competencia por el control de tierras. Las victorias militares se convirtieron en temas populares de artículos periodísticos y libros. Esto ayudó a unificar a las poblaciones europeas y a crear las identidades nacionales.

Raza y religión Había tres razones principales para el imperialismo. La primera era que los europeos creían que su cultura era superior. Los occidentales veían al mundo dividido entre los pueblos "civilizados" y los "no civilizados". Creían que el imperialismo introduciría los beneficios de la civilización moderna al mundo.

Sin embargo, los imperialistas no querían exportar la industrialización. No querían crear potencias industriales rivales.

La superioridad cultural estaba vinculada al racismo. Muchos blancos o caucásicos consideraban inferiores a los asiáticos, africanos y otros. Algunos creían que algunas razas eran más "evolucionadas", o desarrolladas, que otras.

Los misioneros cristianos también ayudaron a difundir la cultura occidental. Los misioneros construyeron iglesias, escuelas y hospitales. El deseo de cristianizar al mundo proporcionaba otra importante justificación, o excusa, para la conquista imperial.

Verificar la lectura **¿Cómo justificaban los europeos el imperialismo?**

Necesidad de materias primas

Búsqueda de nuevos mercados

Razones para el imperialismo

Competencia por el imperio

Sentimientos de superioridad cultural

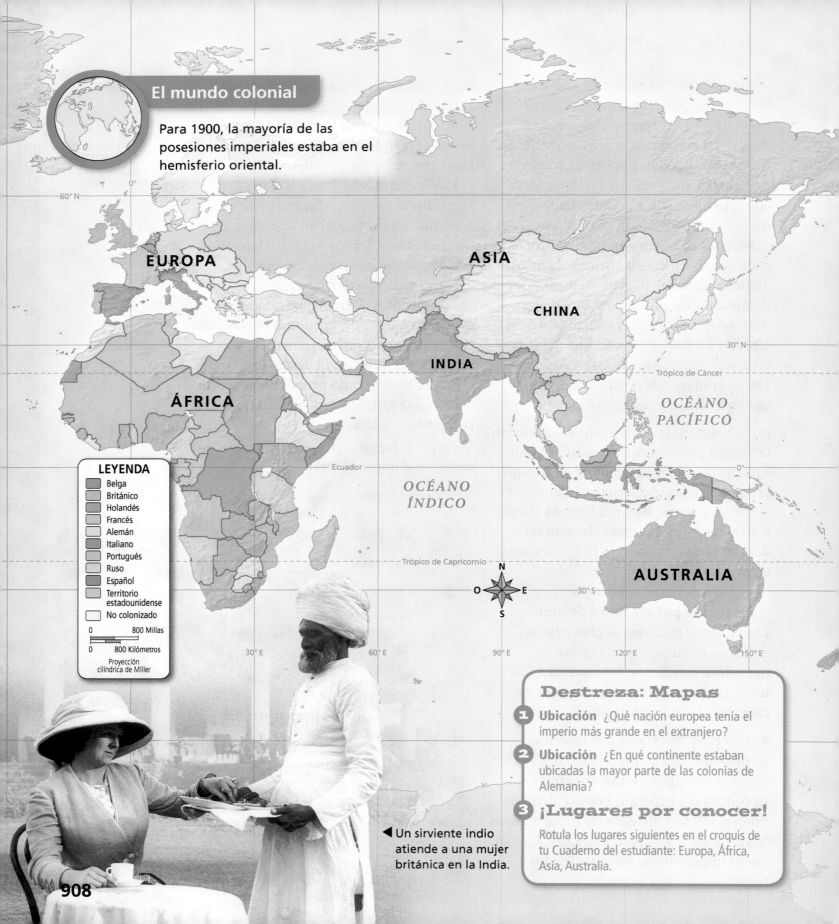

El mundo colonial

Para 1900, la mayoría de las posesiones imperiales estaba en el hemisferio oriental.

EUROPA

ASIA

CHINA

60° N

0°

30° N

Trópico de Cáncer

INDIA

ÁFRICA

OCÉANO PACÍFICO

Ecuador

0°

OCÉANO ÍNDICO

Trópico de Capricornio

N
O E
S

30° S

AUSTRALIA

LEYENDA

- Belga
- Británico
- Holandés
- Francés
- Alemán
- Italiano
- Portugués
- Ruso
- Español
- Territorio estadounidense
- No colonizado

0   800 Millas
0   800 Kilómetros
Proyección cilíndrica de Miller

30° E   60° E   90° E   120° E   150° E

◄ Un sirviente indio atiende a una mujer británica en la India.

908

Destreza: Mapas

1 **Ubicación** ¿Qué nación europea tenía el imperio más grande en el extranjero?

2 **Ubicación** ¿En qué continente estaban ubicadas la mayor parte de las colonias de Alemania?

3 **¡Lugares por conocer!**

Rotula los lugares siguientes en el croquis de tu Cuaderno del estudiante: Europa, África, Asia, Australia.

Repartición del mundo

Los europeos llevaban siglos estableciendo puestos comerciales en todo el mundo. Querían comerciar, pero también necesitaban materias primas para sus fábricas. Para proteger su comercio y el <u>acceso</u> a las materias primas, los europeos comenzaron a tomar control de África y Asia.

África colonial En África occidental, los estados europeos llevaban mucho tiempo comerciando con esclavos. Cuando esto se prohibió, buscaron otras formas de comercio.

La mayor parte del comercio se realizaba en las costas de África del norte y África occidental. Los occidentales rara vez se aventuraban al interior. Con el tiempo, descubrieron los ricos terrenos agrícolas y minerales más allá de la costa.

Nuevos descubrimientos y tecnologías permitieron a los europeos explorar el interior de África. Se descubrió que la quinina, un medicamento hecho de la corteza de un árbol de América del Sur, era un tratamiento eficaz para la malaria. Los barcos de vapor les permitieron viajar más lejos y más rápido por los grandes ríos de África, como el Congo, el Níger y el Nilo. Los telégrafos les permitían mantener contacto con el mundo exterior. Por último, las armas occidentales más sofisticadas les daban una gran ventaja sobre los africanos.

Para la década de 1870, los británicos, franceses, belgas y alemanes construían colonias al interior de África. En 1884, los representantes de las naciones europeas se reunieron en Berlín, Alemania, para desarrollar normas para dividir los territorios africanos. En dos décadas, más de 100 millones de africanos y el 90 por ciento de sus tierras estarían controlados por las potencias europeas.

La India británica La colonia más valiosa de Gran Bretaña era la India, la "joya de la corona" de su imperio. Era un vasto territorio con una enorme población que incluía a hinduistas, musulmanes y sijs, entre otros. Desde el siglo XVII hasta 1858, la Compañía Inglesa de las Indias Orientales, una empresa patrocinada por el gobierno, aumentó el control sobre la India. Con el respaldo del ejército británico, eliminó la competencia extranjera en la India.

Después de la Rebelión de los Cipayos en 1857, un motín de soldados indios que servían en el ejército británico, el gobierno británico estableció un control directo de la India. Miles de funcionarios británicos gobernaban la India. Los soldados y policías británicos garantizaban la seguridad. Los británicos desarrollaron una red ferroviaria de 25,000 millas, junto con un sistema telegráfico y postal. Pero algunos indios veían a los británicos como ocupantes.

Migración europea Otras potencias europeas adquirieron colonias en Oriente Medio, Asia y el Pacífico. Con el aumento de la población de Europa, muchos pobres emigraron a estas colonias y estados independientes. Durante el siglo XIX, más de 60 millones de europeos emigraron a América Latina, los Estados Unidos, el Canadá, Nueva Zelanda y a algunas áreas de Asia y África.

Verificar la lectura ¿Cómo obtuvieron los europeos el control de regiones distantes?

acceso, *sust.,* capacidad de alcanzar o conseguir

my worldhistory.com

Places to Know

909

LE PETIT PARISIEN

SUPPLÉMENT LITTÉRAIRE ILLUSTRÉ

LES BOXEURS CHINOIS

▲ Arriba a la izquierda: Infantes de marina alemanes luchan contra los Bóxers en 1900. Arriba a la derecha: La portada de una revista francesa muestra a los Bóxers destrozando las vías del ferrocarril.

Sureste y este de Asia

En el sureste y este de Asia, muchos países tenían gobiernos fuertes que se oponían a la influencia de la cultura occidental. Sin embargo, las potencias occidentales usaron armas avanzadas para abrir estas regiones al comercio y a la influencia cultural.

El sureste de Asia Los holandeses tomaron las Indias Orientales (la actual Indonesia) en 1799. Obligaban a los campesinos a producir cultivos de exportación.

Entre 1858 y 1893, los franceses tomaron Vietnam, Laos y Camboya y las llamaron Indochina francesa.

Esferas de influencia en China China tenía poca necesidad de bienes occidentales. Su economía era en gran parte autosuficiente. China restringía el comercio extranjero al puerto de Cantón, donde se llevaba a cabo a través de comerciantes chinos. Para la década de 1830, los británicos querían vender bienes manufacturados y opio, una droga adictiva que se cultivaba en las plantaciones británicas de la India. Cuando China quiso detener el tráfico del opio, los británicos le declararon la guerra.

A partir de 1839, la armada británica cerró muchos puertos chinos. La Guerra del Opio terminó con la derrota de China. Las ventas de opio se reanudaron y el gobierno chino tuvo que abrir cinco puertos al comercio internacional, pagar a los británicos millones de onzas de plata y entregarles la isla de Hong Kong.

Después de que los británicos y los franceses ocuparon la capital de China, Pekín, en 1860, los chinos ofrecieron **concesiones** adicionales, o derechos comerciales, a los europeos. Los chinos perdieron una parte del control sobre su país. Los franceses, los alemanes y los rusos se unieron a los británicos en el control de los grandes puertos de la costa china, manteniendo "esferas de influencia" separadas.

La Rebelión de los Bóxers En 1899, un grupo de rebeldes chinos se levantaron contra los extranjeros y los misioneros. Conocidos como los Bóxers debido a sus rituales de formación, se aliaron con la emperatriz china y tomaron el control de Pekín. Los Bóxers ejecutaron a muchos diplomáticos occidentales antes de que una alianza de tropas occidentales los derrotara.

La diplomacia de los cañones en el Japón Al igual que los chinos, los japoneses restringían el contacto y el comercio con Occidente. Alarmados por la agresión británica contra China en la década de 1830, los japoneses mantuvieron esta política de aislamiento. Sin embargo, en 1853, Matthew Perry, un oficial naval estadounidense navegó hasta la bahía de Tokio. Exigió relaciones diplomáticas y concesiones comerciales. Bajo la amenaza de bombardeos con las armas de sus barcos, los japoneses accedieron. Las potencias occidentales a menudo recurrían a este tipo de **diplomacia de los cañones**, que consiste en amenazar con usar la violencia para obtener concesiones, cuando no podían obtenerlas por medios pacíficos.

En 1867, una serie de daimyo japoneses, o líderes, querían reformas.

Derrocaron al gobierno y restauraron el poder del emperador. En esa época, el emperador Meiji era sólo un niño, fácilmente controlado por los daimyo. Abrieron el Japón a la cultura extranjera. Mediante la introducción de la ciencia y la tecnología occidentales en las escuelas japonesas, los daimyo esperaban competir económicamente con Europa y los Estados Unidos. En 1889, los grupos industriales patrocinados por el gobierno llamados *zaibatsu* (camarilla adinerada) aumentaron la producción dramáticamente. Los textiles y las maquinarias fluían de las fábricas japonesas, abasteciendo a gran parte de Asia. El ejército japonés también creció.

Verificar la lectura **¿Cómo respondieron los japoneses al imperialismo occidental?**

aislamiento, *sust.,* el estado de estar separado de los demás

El comodoro Matthew Perry tallado en un colmillo ▶

◀ Una estampa japonesa muestra la llegada de Matthew Perry, quien abrió el comercio con el Japón.

Los imperios se DERRUMBAN

Después de perder la mayor parte de sus posesiones americanas, las potencias europeas ampliaron sus imperios en África y Asia. Pero para la década de 1960, el dominio europeo se había derrumbado en todas partes.

◀ En 1801, Toussaint L'Ouverture liberó la tierra que hoy es Haití.

Simón Bolívar liberó gran parte de América del Sur en 1824. ▶

El nacionalismo se extiende

El deseo de crear estados-nación produjo movimientos independentistas en Europa. En el siglo XIX, los ideales nacionalistas se extendieron por todo el mundo. Esto ayudó a los no europeos a derrocar el régimen colonial.

Las Américas La Guerra de Independencia estadounidense fue la primera rebelión exitosa contra un imperio europeo. A principios del siglo XIX, otras naciones de las Américas obtuvieron su independencia.

El esclavo liberado Toussaint L'Ouverture encabezó una rebelión exitosa contra los franceses en lo que hoy es Haití. Luego vino un movimiento independentista en América del Sur liderado por Simón Bolívar.

Sus victorias sobre los españoles condujeron a la creación de la Gran Colombia, una asociación de naciones de América del Sur. Pero en 1828 la nueva nación comenzó a desmoronarse.

El Brasil declaró su independencia en 1822. El primer rey del Brasil independiente,

Pedro I, era el hijo del monarca portugués. Los descendientes de los europeos continuaron gobernando el país.

Muchos países latinoamericanos como México y el Brasil fueron gobernados por caudillos, o dictadores militares, en el siglo XIX. Con el apoyo de los gobiernos y las empresas europeas y estadounidenses, estos militares aplastaron las sublevaciones. Las naciones latinoamericanas eran en gran medida colonias económicas de Europa y los Estados Unidos.

El nacionalismo indio En la India, los británicos necesitaban ayuda para gobernar a la población. Fundaron escuelas para capacitar a los indios para la administración. Otros indios estudiaban en Gran Bretaña. Muchos se convirtieron en funcionarios públicos. Pero esta nueva élite comenzó a exigir igualdad de derechos. Los indios formaron el Partido del Congreso Nacional Indio para obtener igualdad de oportunidades en el Servicio Civil indio y para ayudar a los pobres.

miMundo: Actividad
Investigador imperial

El Japón

◀ Los japoneses derrotaron a Rusia en 1905, la primera victoria de una potencia asiática sobre un estado occidental.

La India

Gandhi lideró protestas contra el dominio británico en la década de 1920. ▶

A principios de la década de 1890, un joven abogado indio con formación británica llamado Mohandas Gandhi viajó a Sudáfrica. Asumió la causa de sus compatriotas, que trabajaban como siervos por contrato. Como allí muchos indios sufrían la discriminación y la intolerancia, pidieron ayuda a Gandhi. Este fue el inicio de los esfuerzos de Gandhi para lograr justicia social. Pronto desarrolló la idea de la *satyagraha*, o el uso de protestas no violentas para resistir las políticas imperialistas. Cuando regresó a la India en 1915, luchó por la independencia de la India.

Los imperios se debilitan La Primera Guerra Mundial debilitó a Europa. Mientras tanto, los movimientos nacionalistas crecían en todo el mundo. La Segunda Guerra Mundial dejó a Europa demasiado pobre para mantener sus imperios. En las décadas de 1950 y 1960, los imperios europeos se derrumbaron.

Verificar la lectura **¿Quién lideró la lucha por la independencia de la India?**

Evaluación de la Sección 3

? Pregunta esencial
¿Cuáles son las consecuencias de la tecnología?

Términos clave

1. Usa los siguientes términos para describir el colonialismo y el nacionalismo: imperialismo, concesiones, diplomacia de los cañones.

Ideas clave

2. ¿Qué tipo de recursos querían los imperios europeos?

3. ¿Cómo ayudó la tecnología a los europeos en la exploración de África?

4. ¿Dónde se llevaron a cabo las primeras rebeliones contra el dominio europeo?

Razonamiento crítico

5. Sintetizar ¿Cuál es la conexión entre la Revolución Industrial y el imperialismo europeo?

6. Analizar causa y efecto ¿Cómo fortalecieron accidentalmente los británicos la oposición a su gobierno?

7. ¿Cómo usaron la tecnología las potencias occidentales para construir imperios? Anota la respuesta en tu Cuaderno del estudiante.

La Segunda Revolución Industrial

Ideas clave

- Los nuevos inventos y métodos de producción provocaron una Segunda Revolución Industrial.

- La industria creó un mejor nivel de vida, así como problemas sociales.

- A finales del siglo XIX, los trabajadores y otros grupos se organizaban para conseguir reformas.

Términos clave
- línea de montaje
- integración vertical
- sindicato
- huelga
- casa de vecindad
- sufragio

> **Visual Glossary**

Destreza de lectura **Resumir** Toma notas usando el organizador gráfico en tu Cuaderno.

Nueva York, 1885: El transporte más rápido y el alumbrado eléctrico transformaron la vida a finales del siglo XIX. ▼

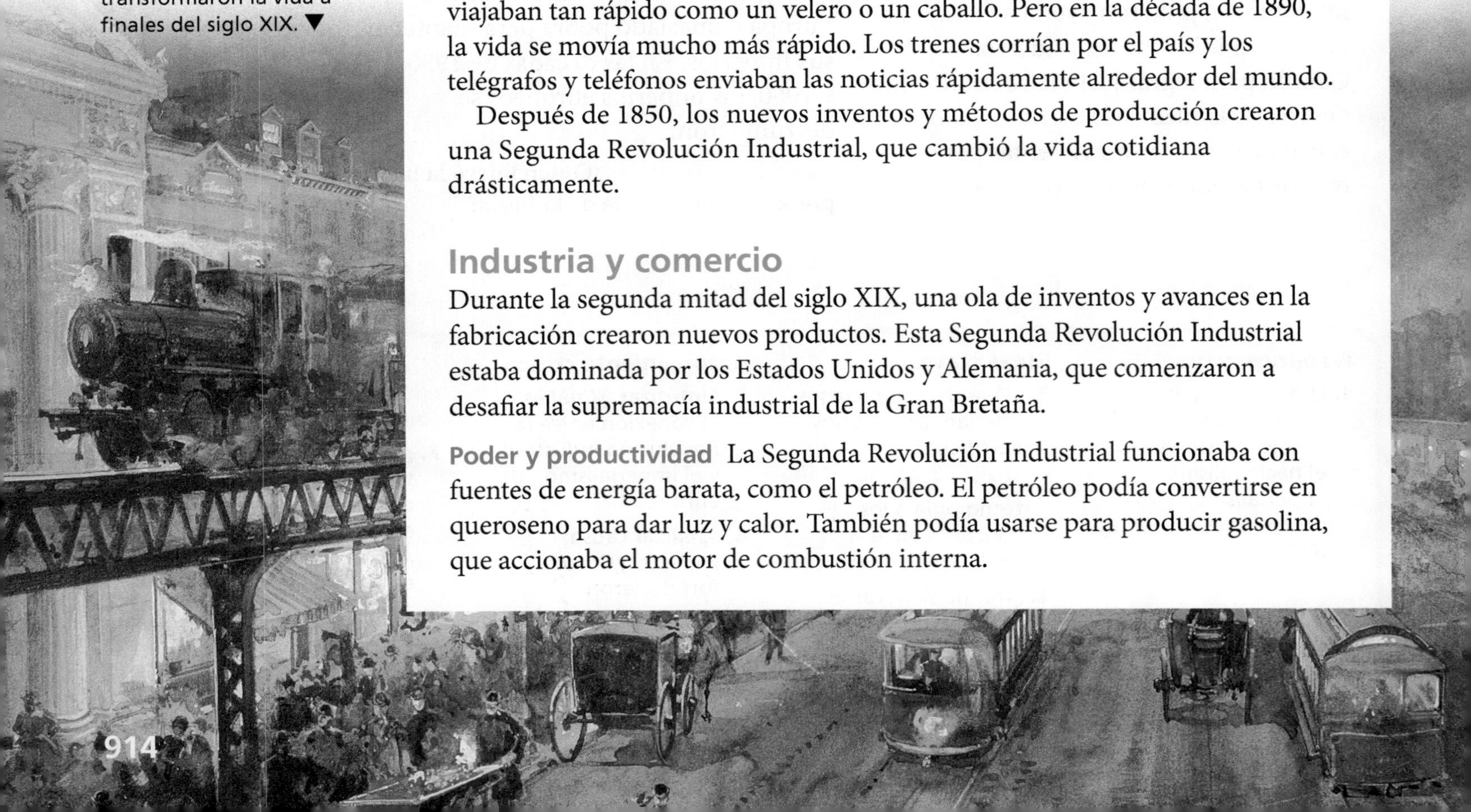

Un adolescente estadounidense en la década de 1820 habría crecido en un mundo lento. A principios del siglo XIX, las personas y las noticias viajaban tan rápido como un velero o un caballo. Pero en la década de 1890, la vida se movía mucho más rápido. Los trenes corrían por el país y los telégrafos y teléfonos enviaban las noticias rápidamente alrededor del mundo.

Después de 1850, los nuevos inventos y métodos de producción crearon una Segunda Revolución Industrial, que cambió la vida cotidiana drásticamente.

Industria y comercio

Durante la segunda mitad del siglo XIX, una ola de inventos y avances en la fabricación crearon nuevos productos. Esta Segunda Revolución Industrial estaba dominada por los Estados Unidos y Alemania, que comenzaron a desafiar la supremacía industrial de la Gran Bretaña.

Poder y productividad La Segunda Revolución Industrial funcionaba con fuentes de energía barata, como el petróleo. El petróleo podía convertirse en queroseno para dar luz y calor. También podía usarse para producir gasolina, que accionaba el motor de combustión interna.

A principios de la década de 1860, el científico inglés Michael Faraday desarrolló el primer generador de energía eléctrica. Inventores posteriores descubrieron cómo producir luz y calor de la electricidad. Thomas Alva Edison desarrolló una bombilla de luz de alta calidad. Nikola Tesla mejoró la transmisión de energía eléctrica.

El motor de combustión interna y el generador eléctrico impulsaron los primeros automóviles, en la década de 1880. Veinte años más tarde, Henry Ford y Ransom Olds desarrollaron la producción de línea de montaje. Una **línea de montaje** es un proceso en el que un producto se ensambla a medida que avanza por una línea de estaciones de trabajo. Esto ayudó a acelerar el proceso de fabricación. Como los productos eran más fáciles y más baratos de producir, se vendían a precios más bajos.

Nuevos inventos Muchos nuevos inventos cambiaron la vida de los estadounidenses y los europeos. Henry Bessemer desarrolló un proceso para la producción masiva de acero. El acero y los motores eficientes permitieron construir barcos más grandes. Los ferrocarriles se construían más rápido y a menor costo. Así, las redes ferroviarias se extendieron por Europa, América y partes de Asia y África. Esto resultó en una expansión económica y más empleos.

La comunicación también mejoró. El telégrafo transmitía señales eléctricas que se decodificaban en mensajes. La información era enviada rápidamente a grandes distancias.

Mira de cerca

Inventos 1850—1910

Durante la Segunda Revolución Industrial, las nuevas tecnologías reestructuraron el mundo. Muchos de los nuevos inventos se crearon en los Estados Unidos, que se convirtió en una de las principales naciones industrializadas.

RAZONAMIENTO CRÍTICO **¿Qué inventos enumerados abajo prepararon el camino para las máquinas que usas o ves todos los días?**

1851 Isaac Singer presenta la primera máquina de coser para uso doméstico.

1867 Se inventa la primera máquina de escribir.

1876 Alexander Graham Bell inventa el teléfono. ▶

1878 Thomas Alva Edison crea una bombilla de luz eléctrica segura.

1888 Se inventa la cámara de imágenes en movimiento. ▶

1901 Guglielmo Marconi envía la primera transmisión de radio de larga distancia.

1903 Los hermanos Wright efectúan exitosamente el primer vuelo de avión.

1908 Se produce el modelo T de Ford. ▶

915

◄ La torre del edificio de la Metropolitan Life Insurance de 1909 fue uno de los primeros rascacielos.

Para 1900, unas décadas después de la invención del teléfono, millones de personas usaban este nuevo invento.

Grandes empresas Las empresas necesitaban dinero para construir fábricas y comprar equipos costosos. Para conseguirlo recurrieron a los inversionistas. Un inversionista es una persona que presta dinero a una persona o negocio con la esperanza de obtener una ganancia.

Las corporaciones comenzaron lo que se llamó **integración vertical**, la compra de empresas de suministros para reducir costos y mantener sus precios bajos. Las refinerías de petróleo compraban no sólo los pozos petroleros que las abastecían, sino también las estaciones de servicio donde se vendían los productos de la refinería.

La electricidad y el petróleo sustituyeron al vapor como fuente de energía. John D. Rockefeller, se convirtió en el hombre más rico del mundo después de fundar la Standard Oil Company en 1870. Ésta dominó la industria petrolera de los Estados Unidos.

Andrew Carnegie fue otro industrial estadounidense que se hizo muy rico. Fundó la Carnegie Steel Company, que producía acero, el nuevo material de construcción.

Algunas empresas se unieron para formar *trusts*. Los *trusts* eliminaban a competidores más pequeños al reducir los precios. Una vez que sus rivales eran forzados a cerrar sus negocios, los *trusts* subían los precios aún más. Las pequeñas empresas y las tiendas no podían competir con los *trusts*.

Verificar la lectura **¿Por qué ayudó la línea de montaje a crear productos más baratos?**

La sociedad industrial

La Segunda Revolución Industrial subió los niveles de vida y alentó las migraciones a través de los océanos en busca de trabajo.

Un nivel de vida más alto Durante el siglo XIX, el tamaño y la riqueza de la clase media se expandieron rápidamente. Para finales del siglo XIX, los trabajadores empezaron a disfrutar la prosperidad industrial. Como muchos tenían dinero para gastar, nació la sociedad consumista moderna.

Alemania invirtió en la industria química para desarrollar nuevos productos. Los consumidores podían comprar gran variedad de jabones, ropa

◄ Los primeros rascacielos eran construidos en torno a marcos de acero, que podían resistir el inmenso peso. Los elevadores eléctricos facilitaban el acceso.

Aumento en la altura de los rascacielos

Altura (pies)

	1885	1890	1894	1899	1908	1909	1974

Edificio Home Insurance Co., Chicago
Edificio Manhattan Life Insurance, Nueva York
Edificio World, Nueva York
Edificio Park Row, Nueva York
Edificio Singer, Nueva York
Edificio Metropolitan Life Insurance, Nueva York
Torre Sears, Chicago

Año

FUENTE: Consejo de Edificios Altos y Hábitat Urbano

▲ Los rascacielos se construían más altos cada año.

Aprendizaje del siglo XXI

▲ Parque de atracciones de Coney Island, uno de los muchos lugares en donde los consumidores pasaban su tiempo de ocio.

y productos de papel más baratos. Había más bienes para el <u>consumidor</u>.

La atención médica también mejoró. Joseph Lister descubrió que esterilizar los instrumentos quirúrgicos ayudaba a prevenir infecciones. Robert Koch, un médico alemán, desarrolló la teoría microbiana de la enfermedad, con la ayuda de los descubrimientos de Louis Pasteur, un químico francés. Ambos destacaban la importancia de la limpieza en la prevención de enfermedades. Para principios del siglo XX, las personas tenían vidas más largas.

Desplazamiento de personas A finales del siglo XIX, el éxito en la producción agrícola en Europa creó un inesperado desastre: demasiados alimentos. Esto produjo la caída de los precios, que a su vez creó desempleo. Millones de europeos en busca de trabajo emigraron a América

del Norte y del Sur. Más de 50 millones de personas abandonaron Europa. Más del 90 por ciento emigró a América del Norte y del Sur, entre 1860 y 1914. Chicago y Nueva York se hicieron cada vez más diversas.

Después de 1880, la mayoría de los inmigrantes europeos provenían del sur de Europa y de Europa oriental, como Italia, Grecia, Hungría y Rusia. Los emigrantes enfrentaban duras condiciones mientras cruzaban los océanos. Apretujados en los barcos, muchos se enfermaban. A su llegada, eran inspeccionados para determinar si estaban sanos para ser admitidos en el país elegido. Muchos eran enviados de regreso.

Verificar la lectura ¿Cómo cambiaron las ciudades durante la Segunda Revolución Industrial?

▲ Las personas tenían dinero para gastar en revistas y otras publicaciones.

consumidor *sust.,* alguien que compra productos

miMundo: Actividad Diálogo de expulsión y de atracción

my worldhistory.com

21st Century Learning

917

Reformas 1850–1890	
Década de 1850	Los sistemas de alcantarillado con arrastre de agua se introducen en las ciudades estadounidenses.
1852	Massachusetts es el primer estado que exige que todos los niños asistan a la escuela.
1889	Jane Addams funda Hull House en los barrios pobres de Chicago para ayudar a los necesitados.
1890	La Ley Antimonopolio Sherman establece que es ilegal que las corporaciones estadounidenses formen *trusts*.

▲ Niños de escuelas públicas de Nueva York hacen gimnasia en el Bronx, 1897.

La presión por la reforma

En las ciudades de rápido crecimiento aumentaron las tensiones. Las crisis económicas provocaron desempleo, pobreza y hambre. Los ciudadanos exigían mejor educación, saneamiento y salarios más altos.

Los trabajadores en la era industrial Las ciudades ofrecían riqueza a algunos. Sin embargo, la mayoría enfrentaba una vida de trabajo mal pagado en las fábricas. Las empresas a menudo reducían el número de obreros necesarios, aceleraban las líneas de producción o reducían los salarios.

Los trabajadores forman sindicatos Los trabajadores comenzaron a organizarse para exigir mejores salarios y condiciones de trabajo. Formaron **sindicatos**, organizaciones para ayudar a los trabajadores a lograr un objetivo común. Si las empresas no negociaban, a veces los

empleados se declaraban en **huelga**, una suspensión del trabajo para forzar a una empresa a cambiar sus políticas. Aunque los primeros sindicatos eran ilegales, los tribunales poco a poco les concedieron el derecho a negociar.

Leyes sobre el trabajo infantil A los niños se les pagaban salarios bajos. Como también a menudo se enfermaban o lesionaban, los británicos aprobaron la Ley de Fábricas en 1833. Para principios del siglo XX, Europa y los Estados Unidos aprobaron leyes para proteger a los niños trabajadores.

Educación y salud A principios del siglo XIX, los niños de estos países no tenían que ir a la escuela. Sin embargo, muchos nuevos trabajos requerían educación. Los reformadores exhortaron a la creación de las escuelas públicas para enseñar a los niños a leer y a escribir. Para principios del

mi Mundo
CONEXIONES

En 1900, **5,468,000** estadounidenses trabajaban en fábricas. En 2009, menos de 12 millones de estadounidenses tenían trabajos en fábricas.

siglo XX, había educación pública gratuita y obligatoria en Europa y los Estados Unidos.

Un obstáculo para mejorar la salud pública y eliminar las enfermedades eran los barrios marginales. En las ciudades estadounidenses, muchos vivían en **casas de vecindad**, viviendas que tenían pocas ventanas y escasa ventilación. Escritores como Jacob Riis compararon estas casas con una inundación que amenazaba a la sociedad. Hizo un llamado a la reforma:

> 66 Sólo conozco un puente que nos transportaría con mayor seguridad, un puente cimentado en la justicia y construido con corazones humanos 99.
>
> —Jacob Riis,
> *Cómo vive la otra mitad*

Derechos de la mujer Durante el siglo XIX, las mujeres tenían poco acceso a la educación y carecían del derecho al voto. Tras la Convención de Seneca Falls de 1848 en Nueva York, las mujeres se organizaron para obtener la igualdad. El movimiento de mujeres por el **sufragio**, o el derecho al voto, creció a finales del siglo XIX.

▲ La Exposición Colombina Mundial, celebrada en Chicago en 1893, puso de manifiesto la creciente fuerza industrial de los Estados Unidos.

La revolución continúa La Revolución Industrial creó el mundo impulsado por máquinas en el que vivimos. De hecho, vivimos una tercera revolución industrial, basada en la microelectrónica. ¿Quién sabe qué cambios traerá esta revolución? Sólo una cosa es segura: así como la industria transformó las vidas en el siglo XIX, viviremos para ver un mundo muy diferente al de nuestra juventud.

Verificar la lectura **¿Por qué formaban sindicatos los trabajadores?**

Evaluación de la Sección 4

? **Pregunta esencial**

¿Cuáles son las consecuencias de la tecnología?

Términos clave

1. Usa los siguientes términos para describir la Segunda Revolución Industrial: línea de montaje, integración vertical, sindicato, huelga, casa de vecindad, sufragio.

Ideas clave

2. ¿Qué inventos cambiaron la vida después de 1850?

3. ¿Por qué se hicieron más baratos los productos?

4. ¿Cómo eran las condiciones de trabajo en el siglo XIX?

Razonamiento crítico

5. **Analizar causa y efecto** ¿Por qué se aceleró el ritmo de vida durante finales del siglo XIX?

6. **Inferir** ¿Por qué querían los dueños de las fábricas emplear a niños?

7. ¿Cómo cambió la tecnología la vida a finales del siglo XIX? Anota la respuesta en tu Cuaderno del estudiante.

Evaluación del capítulo

Términos e ideas clave

1. Recordar ¿Qué estado alemán proporcionó el liderazgo que unificó a Alemania?

2. Resumir ¿Cuáles eran los objetivos de la **Carbonería**?

3. Explicar ¿Por qué ayudó el **cercamiento** a aumentar las poblaciones urbanas en la Gran Bretaña?

4. Comentar ¿Cómo cambió la naturaleza del trabajo durante la Revolución Industrial?

5. Resumir ¿Cuáles fueron algunas de las razones económicas para el crecimiento del **imperialismo**?

6. Explicar ¿Por qué se resistían los chinos al comercio a gran escala con Occidente?

7. Recordar ¿Qué fuentes de energía impulsaron la Segunda Revolución Industrial?

8. Comentar ¿Cómo influía la **línea de montaje** en la producción?

Razonamiento crítico

9. Analizar causa y efecto ¿Qué papel desempeñaron los comerciantes en el lanzamiento de la Revolución Industrial?

10. Sacar conclusiones ¿Por qué crees que las organizaciones sindicales se prohibieron hasta finales del siglo XIX?

11. Inferir ¿Por qué crees que había tanto descontento laboral en el siglo XIX?

12. Conceptos básicos: Migración ¿Qué factores motivaban la migración a las ciudades?

Analizar elementos visuales

Estudia la pintura de la derecha. Luego contesta las siguientes preguntas:

13. ¿Qué signos de industrialización puedes observar?

14. ¿Cómo sabes qué tipo de industrialización se lleva a cabo? ¿Son fábricas, minas, o ambas?

15. ¿Cómo es probable que esa industrialización haya cambiado este paisaje?

Pregunta esencial

miMundo: Actividad del capítulo

Entender la situación Sigue las instrucciones de tu maestro para analizar cada caricatura política. Usando las Tarjetas de actividades, junto con las secciones 1 a 4 y myworldhistory.com, comentarás los temas presentados en cada caricatura. Luego dramatiza cada caricatura al asumir la personalidad de las personas u objetos en la imagen. Interpreta un *sketch* en el que actúes los temas de tu caricatura.

Aprendizaje del siglo XXI

Busca información en la Internet

Con un compañero, elige uno de los inventos descritos en este capítulo. Usa la Internet para investigar información sobre cómo ese invento cambió la vida de las personas. Presenta tus conclusiones a la clase.

Preguntas basadas en documentos

Success ⭐ Tracker™
En línea en myworldhistory.com

Usa tu conocimiento de las naciones, la industria y los imperios y los Documentos A y B para responder las Preguntas 1 a 3.

Documento A

" ¿Puede alguien negar que hay más justicia, más orden material y moral, más equidad, más virtud social en África del norte desde que Francia llevó a cabo su conquista?"

—Jules Ferry, 1885

Documento B

" Para salvar a los cuarenta millones de habitantes del Reino Unido de una sangrienta guerra civil, nuestros estadistas coloniales deben adquirir nuevas tierras para asentar al excedente de población".

—Cecil Rhodes, 1895

1. En el Documento A, el autor cree que

   A Francia debe otorgar a las colonias su independencia.

   B las colonias francesas son una carga.

   C el dominio francés beneficia a África del norte.

   D hay más justicia en Francia que en África del norte.

2. El Documento B muestra que Cecil Rhodes creía que las colonias británicas

   A estaban provocando la guerra civil en el Reino Unido.

   B podían aliviar el crecimiento demográfico en el Reino Unido.

   C debían enviar a los inmigrantes británicos a otras colonias.

   D debían enviar su excedente de población al Reino Unido.

3. **Tarea escrita** ¿Qué revelan los Documentos A y B juntos sobre las actitudes coloniales?

my worldhistory.com

Self-Test

Capítulo 31

Guerras y penurias

Pregunta esencial

¿Cómo debemos manejar los conflictos?

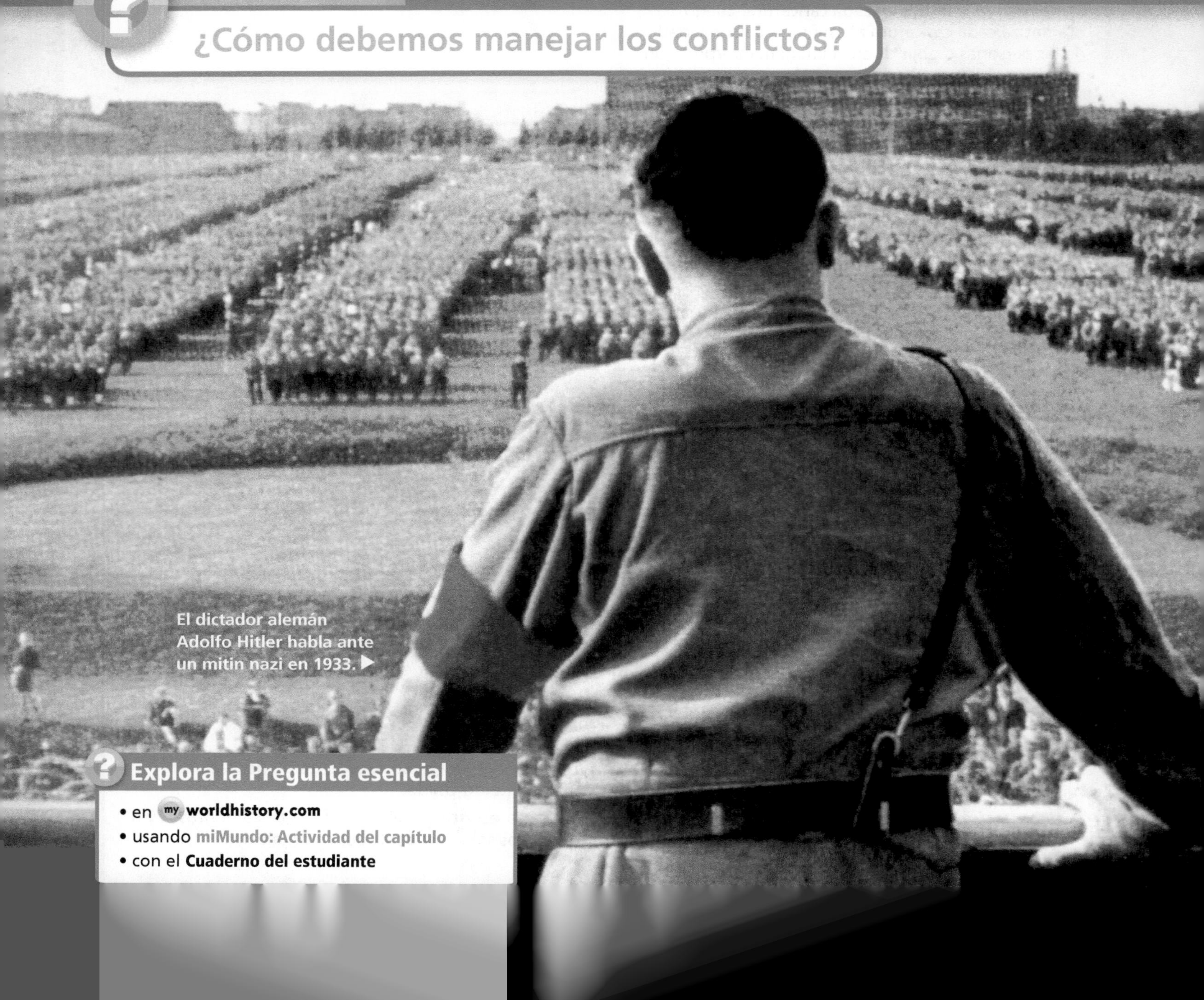

El dictador alemán Adolfo Hitler habla ante un mitin nazi en 1933. ▶

Explora la Pregunta esencial

- en **worldhistory.com**
- usando miMundo: Actividad del capítulo
- con el **Cuaderno del estudiante**

El mundo en guerra

1914 El archiduque de Austria Francisco Fernando es asesinado.

1929 La bolsa de valores de los Estados Unidos se colapsa.

1939 Alemania invade Polonia.

1910   1920   1930   1940   1950

1918 Termina la Primera Guerra Mundial.

1933 Adolfo Hitler llega al poder en Alemania.

1945 Termina la Segunda Guerra Mundial.

Ana Frank: *Vivir en la clandestinidad*

Ana Frank escribía rápidamente en su diario, tratando de captar los pensamientos de su mente de 13 años. Su diario era lo único que impedía que se volviera loca mientras vivía con su familia en un escondite secreto.

Ana y su familia eran judíos alemanes. Cuando Adolfo Hitler asumió el control del gobierno alemán, los Frank temieron lo peor. Hitler y su partido nazi tenían prejuicios contra los judíos y rápidamente aprobaron leyes para suprimir sus derechos. La familia de Ana huyó a Ámsterdam, en los Países Bajos. Allí estaban a salvo.

Hitler soñaba con un imperio. Los ejércitos alemanes invadieron Austria, Checoslovaquia y Polonia. Estalló una guerra mundial. En mayo de 1940, Alemania invadió los Países Bajos y comenzó a perseguir a los judíos. Cuando a la hermana mayor de Ana se le ordenó presentarse en un campo de trabajo forzado nazi, la familia Frank decidió pasar a la clandestinidad.

Junto a la oficina del Sr. Frank había un estrecho apartamento de tres pisos, invisible desde la calle. Ana, su hermana y sus padres se mudaron a este espacio, que llamaron el anexo secreto. Vivirían en la clandestinidad durante más de dos años.

my worldhistory.com

Timeline/On Assignment

Alemania invade los Países Bajos en mayo de 1940. Holandeses temerosos observan mientras los soldados alemanes marchan por las calles de Ámsterdam.

Los Frank viven bajo el régimen nazi durante dos años antes de huir de su casa y esconderse en el anexo secreto.

A los Frank se les unieron otros judíos, tres miembros de la familia van Pels y un hombre llamado Fritz Pfeffer. El plan era sobrevivir hasta la derrota nazi.

Sus condiciones de vida eran apretadas e incómodas. Ana se sentía atrapada viviendo en un minúsculo apartamento con otras siete personas. Temerosos de ser capturados, no podían salir a la calle.

Ana trató de mantenerse ocupada leyendo y estudiando. Pasó muchas horas escribiendo en su diario descripciones de sus sentimientos, esperanzas y temores.

Escribió sobre la rutina diaria cuyo objetivo era mantener seguro al grupo. El despertador sonaba a las 6:45 A.M. y todos se preparaban para el día. Cuando los trabajadores de la oficina llegaban a las 8:30, tenían que permanecer en completo silencio hasta que los trabajadores se fueran a un lugar distante del edificio. A las 9:00 podían desayunar.

A la 1:00 P.M., todos se reunían alrededor del radio para escuchar las noticias de la guerra. A la 1:15, comían algo, lavaban los platos y tomaban una siesta. En lugar de dormir, Ana escribía en su diario.

Sobre las 5:30 P.M. comenzaba lo que Ana llamaba "nuestra libertad vespertina". Los trabajadores se iban y el grupo podía bajar a las oficinas. Después de la cena, escuchaban las noticias antes de ir a la cama a las 10:00 P.M. Algunas noches Ana no podía dormir y yacía despierta escuchando a los otros roncar.

Esta rutina duró más de dos años. A pesar del aburrimiento, la falta de suministros y el miedo, Ana seguía creyendo que un día sería libre de nuevo. Escribió en su diario:

> 66 Es un milagro que no haya abandonado todos mis ideales, parecen tan absurdos y poco prácticos. Sin embargo, me aferro a ellos, porque sigo creyendo a pesar de todo, que las personas son realmente buenas de corazón 99.

—de *El diario de Ana Frank* por Ana Frank

Ana escribió la última entrada el 1 de agosto de 1944. Tres días después, alguien los traicionó. La policía alemana irrumpió en el anexo y arrestó a todos. Los nazis los enviaron a campos de concentración.

Con ocho personas viviendo en un espacio muy pequeño, la vida en el anexo secreto es apretada y difícil.

Ana observa un magnífico castaño de Indias en el patio trasero del edificio, soñando con el día en que podrá salir de su escondite.

De las ocho personas que se habían escondido en el anexo secreto, sólo el padre de Ana sobrevivió el encarcelamiento de los nazis y el asesinato de millones de judíos durante la Segunda Guerra Mundial. Ana murió de una enfermedad durante su encarcelamiento en un campo de concentración alemán, sólo unas semanas antes de que el campo fuera liberado por las tropas británicas. Tenía 15 años.

Con base en esta historia, ¿cómo crees que el conflicto de la Segunda Guerra Mundial influyó en las personas en Europa? Mientras lees el capítulo que sigue, piensa qué indica la historia de Ana sobre la vida durante la Segunda Guerra Mundial.

⊙ **myStory Video**

Acompaña a Ana, a su familia y amigos en la clandestinidad.

my worldhistory.com

myStory Video

Primera Guerra Mundial

Ideas clave
- Los crecientes conflictos llevaron a Europa al borde de la guerra en 1914.
- La guerra de trincheras y las nuevas armas produjeron un prolongado y mortal estancamiento.
- Después de ganar la guerra, las Potencias Aliadas trataron de debilitar a Alemania y de evitar guerras futuras.

Términos clave
- Primera Guerra Mundial
- guerra de trincheras
- militarismo
- propaganda
- Potencias Centrales
- reparación

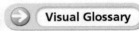
Visual Glossary

Destreza de lectura **Identificar las ideas principales y los detalles** Toma notas usando el organizador gráfico en tu Cuaderno.

▲ Los carteles británicos (arriba) y estadounidenses (abajo) exhortaban a las personas a unirse al ejército.

Al inicio del siglo XX, Europa llevaba años en paz. Pero una sangrienta guerra estaba en camino. La **Primera Guerra Mundial** (1914–1918), o la Gran Guerra, fue el primer conflicto global. Mató a millones y reconfiguró gran parte del mundo.

Causas de la Primera Guerra Mundial

En 1914 Europa estaba al borde de la guerra. Los crecientes conflictos entre las potencias europeas fueron el resultado de cuatro factores principales: el imperialismo, el nacionalismo, el militarismo y las alianzas.

Imperialismo y nacionalismo Como leíste en el capítulo anterior, a finales del siglo XIX, las potencias europeas controlaban gran parte del mundo. Este imperialismo fue causado por deseos territoriales, de materias primas y de nuevos mercados. También había sentimientos de nacionalismo, o devoción por la propia nación o grupo cultural. El orgullo nacional alimentó el deseo de nuevas tierras y dio lugar a disturbios.

Militarismo y alianzas Para proteger sus colonias y rutas comerciales, los europeos construyeron poderosas fuerzas militares. Esta política de agresivo fortalecimiento militar se conoce como **militarismo**. En toda Europa, los ejércitos y las armadas crecieron de manera espectacular. Por ejemplo, Alemania y Gran Bretaña competían por construir enormes armadas. Desarrollaron armas nuevas y potentes para terminar los combates rápidamente.

El creciente poder militar tenía nerviosos a todos. Para protegerse, los países europeos iniciaron un complicado sistema de alianzas. Una

Alianzas europeas y concentración militar, 1914

LEYENDA
- Potencias Aliadas
- Potencias Centrales
- Naciones neutrales
- 100,000 soldados

0 — 400 Millas
0 — 400 Kilómetros
Proyección cónica conforme de Lambert

Destreza: Mapas

1 **Ubicación** ¿Por qué se preocupaban los alemanes por la alianza entre Francia y Rusia?

2 **Lugar** ¿Tenían las Potencias Aliadas o las Potencias Centrales alguna ventaja militar importante en 1914?

---

alianza es un acuerdo entre diferentes personas, organizaciones o estados para trabajar juntos para alcanzar metas comunes. Los miembros de la alianza por lo general acceden a defenderse unos a otros.

Por ejemplo, la Triple Alianza fue un acuerdo entre Alemania, Italia y Austria-Hungría. En respuesta, Gran Bretaña, Francia y Rusia formaron la Triple Entente.

Esperaban que estas alianzas ayudaran a prevenir la guerra. De hecho, tuvieron el efecto contrario. Los países más poderosos de Europa estaban divididos en dos alianzas. En una atmósfera tan tensa, era posible que hasta un pequeño desacuerdo condujera a una guerra generalizada.

Verificar la lectura ¿Cómo influyeron las alianzas en Europa a principios del siglo XX?

Estalla la guerra

La guerra comenzó en el sureste de Europa, donde los serbios y otros pueblos eslavos gobernados por Austria-Hungría tenían fuertes sentimientos nacionalistas. El 28 de junio de 1914, fue asesinado el archiduque austríaco Francisco Fernando de Habsburgo.

El asesinato que provoca la guerra En respuesta, Austria-Hungría le declaró la guerra a Serbia. Las alianzas arrastraron a otros países al conflicto. Rusia protegía a Serbia. Alemania, aliado de Austria-Hungría, declaró la guerra a Rusia. Alemania y Austria-Hungría eran las **Potencias Centrales**. Rusia, Francia, Serbia y Gran Bretaña eran las Potencias Aliadas. Otros países, como los Estados Unidos, eran neutrales.

neutral, *adj.*, no alineado con ningún lado

estancamiento, *sust.,* situación sin posibilidad de progreso

Artillería de gran alcance era lanzada desde muy atrás del frente. ▼

Se desarrolla un estancamiento Al comienzo, los alemanes entraron en Francia. Pero en septiembre de 1914, en la Primera Batalla del Marne, los aliados hicieron retroceder la invasión alemana. Esto terminó con las esperanzas alemanas de una rápida victoria en la línea de batalla que se extendía desde Bélgica hasta la frontera suiza, conocida como el frente occidental. La guerra en este frente se convirtió en un <u>estancamiento</u>.

Un nuevo tipo de guerra Ambas partes cavaban trincheras profundas para protegerse del fuego enemigo. La **guerra de trincheras**, o la lucha desde zanjas cavadas en el terreno, no era nueva. Pero nunca había sido tan grande.

En las trincheras los soldados vivían con ratas y piojos, en condiciones de salubridad deficientes.

    " Nuestras condiciones de vida eran asquerosas. . . . Había ratas tan grandes como gatos y si tenías cualquier equipo de cuero. . . lo roerían. Durante los cuatro meses que estuve en Francia, nunca me di un baño ".

—soldado británico Harry Patch, citado en *The Faces of World War I*

Las nuevas armas hicieron que la Primera Guerra Mundial fuera más mortal que otras guerras. Las ametralladoras podían acribillar a muchos soldados a la vez. La artillería de largo alcance disparaba a gran distancia.

Mira de cerca

Guerra de TRINCHERAS

DEATH VALLEY

◄ Una señal con agujeros de balas identifica una trinchera.

Durante cuatro años, millones de soldados cavaron millas de trincheras a través de Bélgica y el norte de Francia. Los soldados comían, dormían, luchaban y morían en sus trincheras. A medida que la guerra se prolongaba, las trincheras se hacían más profundas y más complejas.

RAZONAMIENTO CRÍTICO ¿Cómo influyeron las nuevas armas en la Primera Guerra Mundial?

◄ Los tanques blindados podían aplanar las cercas de alambre de púas y rodar a través de las trincheras.

▲ Los soldados usaban palos, tablas y sacos de arena para sostener las paredes de las trincheras y protegerse del fuego enemigo.

Tal vez la nueva arma más temida era el gas venenoso, que cegaba y asfixiaba.

También usaban nuevas máquinas de guerra. Los trenes, carros y camiones facilitaban el transporte de los soldados. Allí, los tanques blindados se movían dentro del área de trincheras opuestas, llamada tierra de nadie, para atacar las trincheras enemigas. Aviones y dirigibles, o aeronaves grandes llenas de gas, se usaban para observar y bombardear desde el aire. Se montaron ametralladoras en los aviones y luchaban en los cielos. En el mar, los submarinos atacaban los barcos.

Otros frentes En 1915, el Imperio Otomano y Bulgaria se unieron a las Potencias Centrales. En el frente oriental, en Europa oriental, las Potencias Centrales luchaban contra Rusia. La Primera Guerra Mundial fue un conflicto mundial. La mayoría de las batallas ocurrieron en Europa, pero también en África, Asia y Oriente Medio.

Los aliados recurrieron a sus colonias para obtener tropas, trabajadores y suministros. Algunos súbditos coloniales luchaban con la esperanza de obtener la independencia después de la guerra. Otros se mostraban renuentes a servir a los líderes coloniales.

El océano Atlántico y el mar del Norte eran campos de batalla. Los submarinos alemanes hundieron cientos de barcos aliados para cortar el abastecimiento de los aliados. Los barcos británicos trataban de detener los envíos de materias primas a Alemania.

miMundo: Actividad
Carta a casa

Los soldados de ambos bandos llevaban máscaras de gas para protegerse del gas venenoso. ▼

Las ametralladoras de fuego graneado eran armas devastadoras. Abajo se muestran artilleros alemanes en 1914. ▼

Un soldado británico cena en las trincheras. ▼

my worldhistory.com

Primary Source

929

Efectos de la guerra

Una enfermera atiende a soldados heridos en un hospital belga, 1914. ▶

▲ La casa de esta familia en Lens, Francia, muestra la devastación que produjo la guerra en Europa.

La vida en el frente interno Al principio, se pensaba que la guerra terminaría pronto. A medida que se prolongaba, las naciones enfocaron sus recursos en el esfuerzo bélico.

Los gobiernos aumentaron los impuestos y pidieron prestado dinero para pagar los costos de la guerra. Necesitaban jóvenes para el ejército. Los alimentos y otros productos eran racionados, o limitados, para que los soldados recibieran un suministro constante.

Para ganar apoyo para la guerra, ambos lados usaron la **propaganda**, o la difusión de ideas para favorecer o perjudicar a una causa. La propaganda exhortaba a los ciudadanos a prestar dinero al gobierno. Denunciaba las crueldades del enemigo.

Con millones de hombres en el ejército, muchas mujeres comenzaron a trabajar por primera vez. Algunas trabajaban en las fábricas de suministros militares.

Verificar la lectura ¿Qué era la guerra de trincheras?

La guerra termina

Para 1917, tres años de guerra habían destrozado a ambos bandos. Alemania enviaba adolescentes y hombres mayores al frente. El Reino Unido estaba casi en quiebra. Una revolución en Rusia la obligó a retirarse de la guerra.

Los Estados Unidos entran en la guerra
Los Estados Unidos se habían mantenido neutrales en los primeros años de la guerra, pero decidieron apoyar a los aliados en abril de 1917. Con la ayuda estadounidense, los aliados poco a poco obligaron a los alemanes a retroceder.

Para finales de 1918, el gobierno alemán se había colapsado y las Potencias Centrales pidieron la paz. El 11 de noviembre de 1918, la Primera Guerra Mundial terminó. Más de 10 millones de soldados habían muerto y unos 20 millones estaban heridos.

Los tratados de la posguerra Después de la guerra, los aliados se reunieron para escribir tratados de paz. Tenían diversos objetivos. El líder francés Georges Clemenceau quería debilitar a Alemania para que nunca más pudiera amenazar a Francia. También quería que Alemania pagara **reparaciones**, o el pago de los daños de la guerra. Woodrow Wilson, el presidente de los Estados Unidos, quería la paz sin humillar a los vencidos.

La idea de Clemenceau prevaleció. El Tratado de Versalles obligó a Alemania a aceptar la responsabilidad de haber causado la guerra. Hizo que pagara enormes reparaciones y limitó el tamaño del ejército alemán.

Europa, 1914

Europa, 1920

Los tratados cambiaron el mapa de Europa y Oriente Medio. Se formaron nuevos países y territorios a partir de tierras que habían sido gobernadas por Alemania, Austria-Hungría, el Imperio Otomano y Rusia. Leerás más sobre algunos de estos cambios en la siguiente sección.

Las Potencias Aliadas también crearon la Liga de las Naciones, una organización internacional destinada a mantener la paz. La Liga era una de las metas del presidente Wilson, pero muchos estadounidenses temían que la adhesión a la Liga de las Naciones arrastraría a los Estados Unidos a guerras futuras en el extranjero. El gobierno de los Estados Unidos se negó a ratificar la adhesión estadounidense. Sin la participación de los Estados Unidos, la Liga se debilitó en gran medida.

Verificar la lectura **¿Cuál fue el momento decisivo más importante de la guerra?**

Destreza: Mapas

1 **Región** ¿Cómo cambió Europa después la Primera Guerra Mundial?

2 **¡Lugares por conocer!** Rotula los lugares siguientes en el croquis de tu Cuaderno del estudiante: Alemania, Rusia, mar Báltico, Imperio Otomano, Italia, Reino Unido.

Evaluación de la Sección **1**

Pregunta esencial

¿Cómo debemos manejar los conflictos?

Términos clave

1. ¿Cómo ayudó el militarismo a provocar la Primera Guerra Mundial?

2. ¿Cómo usaban los países la propaganda para apoyar el esfuerzo bélico?

Ideas clave

3. ¿Por qué estaba Europa cerca de una guerra en 1914?

4. ¿Qué produjo el largo estancamiento en el frente occidental?

5. ¿Qué hizo el Tratado de Versalles?

Razonamiento crítico

6. **Analizar causa y efecto** ¿Cómo influyeron las nuevas armas en la Primera Guerra Mundial?

7. **Resolución de problemas** ¿Cómo trataban los líderes aliados de prevenir guerras futuras?

8. Describe las causas, el desarrollo y los efectos de la Primera Guerra Mundial. Anota la respuesta en tu Cuaderno del estudiante.

my worldhistory.com

Places to Know

931

Revolución y Depresión

Ideas clave
- Una revolución en Rusia dio como resultado la formación del primer estado comunista del mundo.
- El nacionalismo y el deseo de cambio produjeron levantamientos en todo el mundo.
- La Gran Depresión causó dificultades en todo el mundo y contribuyó al crecimiento de los gobiernos totalitarios.

Términos clave
- bolcheviques
- mandato
- Gran Depresión
- Nuevo Trato
- totalitarismo
- fascismo

→ **Visual Glossary**

Destreza de lectura Resumir Toma notas usando el organizador gráfico en tu Cuaderno.

Los años anteriores y posteriores a la Primera Guerra Mundial fueron tiempos de cambio. Los movimientos nacionalistas aumentaron, las economías se colapsaron y los líderes antidemocráticos tomaron el poder y trataron de expandir sus territorios.

La Revolución Rusa

En 1914, Rusia se extendía de Europa oriental al océano Pacífico. Pero la Primera Guerra Mundial debilitó su economía. Muchos soldados rusos se quedaron sin municiones. Millones murieron. Rusia sufría escasez de alimentos y combustible.

Guerra y revolución en Rusia

Agosto de 1914
Rusia entra en la Primera Guerra Mundial.

Marzo de 1917
Una revolución obliga al zar Nicolás II a abandonar el poder.

El derrocamiento del zar El sufrimiento de la guerra y la ira contra el severo gobierno de los zares provocaron una revolución. En marzo de 1917, los manifestantes marcharon exigiendo alimentos. Se convirtió en una rebelión y el zar Nicolás II tuvo que renunciar. Un gobierno provisional asumió el poder, pero los revolucionarios tenían otros planes.

Los bolcheviques toman el control Los **bolcheviques**, un grupo radical socialista encabezado por Vladimir Lenin, derrocó al gobierno en noviembre de 1917. Los bolcheviques querían un país socialista, o un país donde todos se benefician de la riqueza de la sociedad.

Los bolcheviques se retiraron de la Primera Guerra Mundial y formaron un gobierno comunista. Bajo el comunismo, el gobierno es dueño de las propiedades y toma las decisiones económicas. Los bolcheviques terminaron con la propiedad privada de la tierra. Los campesinos cultivaban la tierra y los trabajadores controlaban las fábricas.

Nace la Unión Soviética Después estalló una guerra civil entre los bolcheviques y sus oponentes. Los bolcheviques triunfaron. En 1922, unificaron la mayor parte del antiguo Imperio Ruso en la Unión Soviética, un estado comunista.

Verificar la lectura **¿Quiénes fueron los bolcheviques?**

Descontento generalizado

A principios del siglo XX surgieron movimientos nacionalistas en China, México, Irlanda y otros lugares. Querían vivir sin control exterior.

Tres rebeliones En China, la Rebelión de los Bóxers de 1899 fracasó, pero el nacionalismo se extendió. En 1911, una revolución derrocó la dinastía Qing. Sun Yixian, conocido como Sun Yat-sen, se convirtió en presidente de la República China.

Noviembre de 1917
Los bolcheviques de Lenin derrocan al gobierno.

Noviembre de 1920
La Guerra Civil Rusa termina con una victoria comunista.

Diciembre de 1922
Se forma la Unión Soviética.

933

México estaba casi totalmente controlado por compañías extranjeras. Muchos vivían en la pobreza. En 1910, las protestas y una rebelión contra el dictador Porfirio Díaz lo expulsaron del poder. Una nueva constitución hizo reformas, pero aún había pobreza.

En Irlanda, los nacionalistas se rebelaron contra los británicos en 1916. Comenzó una lucha de seis años por la independencia. En 1922, los británicos concedieron la independencia a la Irlanda católica, pero mantuvieron la Irlanda del Norte protestante.

Mandatos de la posguerra El fin de la Primera Guerra Mundial creó un sistema de **mandatos**, o territorios administrados por las Potencias Aliadas. Gran Bretaña y Francia tomaron colonias alemanas en África como mandatos. El Japón y Australia tomaron las islas del Pacífico. En teoría, los mandatos dependían de otros países temporalmente. En realidad, eran colonias.

Oriente Medio Los aliados tenían mandatos en Oriente Medio, gran parte del cual había sido controlado por el Imperio Otomano. Tras ayudar a los

Oriente Medio, década de 1920

UNIÓN SOVIÉTICA

Mar Negro

40° N

TURQUÍA

35° N

CHIPRE

Mar Mediterráneo

LÍBANO

SIRIA

PALESTINA

IRAQ

TRANSJORDANIA

30° N

KUWAIT

PERSIA (IRÁN)

25° E 30° E 35° E 40° E 45° E 50° E 55° E

Destreza: Mapas

1 **Lugar** ¿Qué mandatos eran franceses? ¿Qué mandatos eran británicos?

2 **Región** ¿Cómo crees que estos mandatos pudieron conducir al conflicto?

LEYENDA
- Mandato británico
- Mandato francés
- ✡ Asentamientos judíos

0   200 Millas
0   200 Kilómetros
Proyección cilíndrica de Miller

◀ Un granjero judío en el mandato de Palestina, 1934

Mustafa Kemal, líder de los nacionalistas turcos ▶

aliados en la guerra, los árabes querían su independencia. Cuando Gran Bretaña y Francia tomaron mandatos en tierras árabes, éstos se sintieron traicionados. En la posguerra, hubo rebeliones contra el imperialismo.

Los aliados quisieron dividir la península turca entre Grecia y otras naciones. Pero los nacionalistas turcos, dirigidos por Mustafa Kemal, derrotaron a los griegos y declararon independiente a Turquía en 1923.

Mandato de Palestina

Un centro de conflicto era el mandato británico de Palestina. A finales del siglo XIX, los judíos comenzaron a desplazarse a la región. Para comienzos del siglo XX, un movimiento nacionalista árabe también se estaba desarrollando en la región.

Durante la Primera Guerra Mundial, los aliados hicieron promesas contradictorias a árabes y a judíos. Prometieron a los árabes un reino en Oriente Medio. Sin embargo, en 1917 los británicos emitieron la Declaración Balfour, que apoyaba "un hogar nacional para el pueblo judío" en Palestina.

Gran Bretaña estableció reinos árabes en Iraq y en Transjordania, que formaba parte del mandato de Palestina. Pero ni los árabes ni los judíos estaban contentos porque los aliados no respetaron sus promesas. Los árabes querían gobernar el mandato. Los judíos querían un país propio como hogar nacional judío. Con el aumento de las poblaciones árabes y judías, se desarrollaron conflictos.

Verificar la lectura **¿Qué eran los mandatos?**

▲ La acelerada inflación de principios de la década de 1920 provocó que el dinero alemán tuviera tan poco valor que los niños lo usaban como bloques de construcción.

De prosperidad a depresión

Después de la Primera Guerra Mundial, Alemania enfrentaba muchos problemas económicos. Había perdido territorio, personas y recursos. Debía miles de millones de dólares en reparaciones, o pagos por los daños de la guerra. Alemania imprimió mucho dinero para apoyar su economía. Pero con tanta moneda en circulación, el dinero alemán perdió su valor. A finales de la década de 1920, una crisis financiera se propagó rápidamente en todo el mundo.

Una crisis financiera se desarrolla en los Estados Unidos

Durante la década de 1920, la economía de los Estados Unidos crecía dramáticamente a medida que las fábricas pasaban de producir material de guerra a bienes de consumo. Automóviles, radios y lavadoras transformaron la vida estadounidense.

935

La Gran Depresión

Para la década de 1930, la crisis económica que había comenzado en los Estados Unidos afectó a gran parte del mundo. Millones de personas perdieron sus trabajos. Las personas hambrientas visitaban los comedores populares o esperaban en las filas de pan para recibir comida gratis del gobierno o de grupos de ayuda.

RAZONAMIENTO CRÍTICO ¿Cómo crees que la Depresión pudo haber provocado inestabilidad política?

▲ Fred Bell, un millonario que perdió su fortuna en el desplome de la bolsa de valores, vendía manzanas para mantenerse.

◄ La Depresión llevó a la pobreza a muchas personas, como a la familia estadounidense de esta fotografía de 1936.

Desempleo: 1928–1938

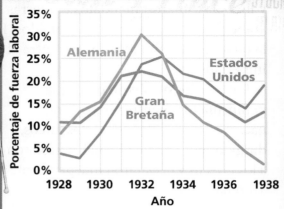

Porcentaje de fuerza laboral

Alemania
Estados Unidos
Gran Bretaña

Año

FUENTE: *Estadísticas históricas de los Estados Unidos; Estadísticas históricas europeas*

Destreza: Gráficas

¿Qué país tuvo el mayor desempleo en 1932? ¿En 1938?

Aprendizaje del siglo XXI

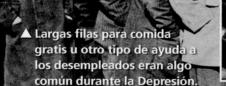

▲ Largas filas para comida gratis u otro tipo de ayuda a los desempleados eran algo común durante la Depresión.

▲ La Administración para el Avance de Obras Públicas (WPA), empleaba a millones de estadounidenses en proyectos de obras públicas.

Muchas personas compraron acciones, o participaciones de propiedad en compañías, para obtener ganancias a medida que los precios aumentaban. Al principio, los precios de las acciones se dispararon. Pero la economía de los Estados Unidos tenía debilidades ocultas. Por ejemplo, las fábricas estaban produciendo más bienes de los que podían vender.

A finales de 1929, la bolsa de valores de los Estados Unidos se desplomó. Muchos perdieron fortunas. Las personas que habían pedido prestado dinero no podían pagar sus deudas. Los bancos quebraron y los negocios cerraron. Millones perdieron sus trabajos. Comenzó la **Gran Depresión**, una grave crisis económica que se prolongó durante toda la década de 1930.

Una Depresión mundial Para proteger a los agricultores, el gobierno estadounidense impuso <u>aranceles</u> a los productos agrícolas importados. Éstos perjudicaron a Europa, por lo que los países europeos impusieron aranceles sobre las mercancías extranjeras. El comercio mundial se desaceleró, y el desempleo aumentó. Un estadounidense escribió:

> 66 Es bastante difícil conseguir un trabajo en estos días. Por supuesto, puedes trabajar si quieres trabajar por nada. Tuve una oportunidad el otro día: veinticinco centavos la hora, setenta horas a la semana. . . . No le tengo miedo al trabajo, pero me gusta que me paguen 99.

> —Sr. Coburn, entrevistado por el Proyecto Federal de Escritores, 1939

Respuestas de los gobiernos En los Estados Unidos, el presidente Herbert

Hoover no pudo controlar la crisis. En 1932, con Franklin D. Roosevelt como presidente, el papel del gobierno federal aumentó.

Roosevelt introdujo el **Nuevo Trato**, un enorme conjunto de programas económicos y sociales del gobierno. Con el Nuevo Trato, el gobierno contrataba a desempleados para proyectos de obras públicas como la construcción de caminos y parques. Roosevelt también comenzó la Seguridad Social, un programa que pagaba a los trabajadores una pensión después de su jubilación. Añadió nuevas regulaciones a los bancos y a la bolsa de valores para tratar de prevenir futuras crisis financieras.

Gran Bretaña y otras naciones europeas también incrementaron el gasto público para poner fin a la depresión. El gobierno británico ofrecía pagos de asistencia social a los desempleados. Muchos trabajadores en Francia y Gran Bretaña se unieron a sindicatos para defender sus salarios o beneficios.

Verificar la lectura ¿Por qué se desplomó la bolsa de valores de los Estados Unidos?

arancel, *sust.,* un impuesto sobre los bienes y servicios introducidos en un país

Surge el totalitarismo

Líderes políticos extremistas llegaron al poder en algunos países. Durante la década de 1930, líderes totalitarios controlaban la Unión Soviética, Italia, Alemania y el Japón. Bajo el **totalitarismo** un gobierno tiene el control total sobre su pueblo.

Stalin y la Unión Soviética Después de la muerte de Lenin en 1924, Stalin asumió el poder en la Unión Soviética. Stalin introdujo una serie de planes quinquenales para mejorar la economía. La economía estaba bajo control gubernamental.

937

La propagación de la TIRANÍA

En las décadas de 1920 y 1930, poderosos líderes tomaron el control de la Unión Soviética, Italia, Alemania y el Japón. Querían ampliar sus países usando la fuerza si era necesario. El mapa de esta página muestra el territorio controlado por estos cuatro países en 1939.

Agresión generalizada, 1939

Proyección cilíndrica de Miller

1 Gobernó la Unión Soviética con mano de hierro

2 Asumió el control de todos los aspectos de la vida en Italia

3 Trató de construir un poderoso imperio alemán

4 Dirigió la invasión japonesa a China

miMundo: Actividad
Evidencia del totalitarismo

Stalin asumió el control de toda la agricultura soviética. Quería que los campesinos cultivaran en las granjas estatales o en granjas colectivas que grupos de campesinos operaban y poseían. Cuando algunos se resistieron los envió a campos de trabajos forzados, donde murieron más de 1 millón de personas. El gobierno también incautaba el grano de los que se resistían a Stalin, dejándolos morir de hambre. Más de 5 millones murieron de hambre sólo en Ucrania.

El fascismo en Italia El nacionalismo italiano condujo al fascismo. El **fascismo** es un sistema político que hace hincapié en la fuerza nacional, el poder militar y la creencia de que el estado es más importante que el individuo. Los fascistas usan propaganda y violencia para alcanzar sus objetivos. Creen que un dictador, un líder con poderes ilimitados, debe gobernar. En la década de 1920, el fascista Benito Mussolini asumió el poder en Italia. Recordó las glorias del Imperio Romano y quiso que Italia fuera poderosa.

La Alemania nazi Como muchos alemanes, Adolfo Hitler creía que Alemania había sido tratada injustamente después de la guerra. También sentía que el gobierno de la posguerra era débil. Quería construir un Imperio Alemán.

Hitler se convirtió en líder del Partido Nazi, un pequeño partido político alemán. La ideología de Hitler, o sistema de creencias, incluía el nacionalismo extremo, el racismo y el antisemitismo, o prejuicios contra los judíos. Culpaba injustamente a los judíos de los problemas económicos de Alemania.

En 1933, Hitler se convirtió en dictador de Alemania. Controlaba la vida alemana, los periódicos, las emisoras de radio y encarcelaba o asesinaba a sus opositores.

Hitler y los nazis querían expulsar a los judíos de Alemania. El gobierno nazi eliminó los derechos de los judíos. En 1938, los nazis dirigieron disturbios antijudíos en Alemania y Austria.

Destruyeron sinagogas, o lugares de culto judío, y negocios de judíos. Cerca de 100 judíos fueron asesinados durante los disturbios.

El militarismo en el Japón Al final de la Primera Guerra Mundial, el Japón era una gran potencia. Pero no tenía recursos naturales que sustentaran la industria moderna, lo que le obligaba a importarlos. Para obtener estos recursos, los líderes del Japón querían expandirse.

Para finales de la década de 1920, los líderes militares tenían cada vez más control del gobierno. En 1931, el Japón invadió Manchuria, una región rica en recursos naturales al noreste de China. A finales de la década de 1930, ocupaba parte del este de China. Estaba listo para agresiones futuras.

Verificar la lectura ¿Cómo trataban Hitler y los nazis a los judíos?

▲ Los nazis obligaban a los judíos a llevar estrellas amarillas para identificarse.

Evaluación de la Sección 2

Pregunta esencial

¿Cómo debemos manejar los conflictos?

Términos clave

1. ¿Qué querían los bolcheviques en Rusia?
2. ¿Qué es el totalitarismo?
3. ¿Qué era el Nuevo Trato?

Ideas clave

4. ¿Qué causó la Revolución Rusa?
5. ¿Por qué hubo conflictos en Oriente Medio después de la Primera Guerra Mundial?
6. ¿Cuáles fueron los efectos de la Gran Depresión?

Razonamiento crítico

7. **Comparar y contrastar** Compara y contrasta el gobierno de Stalin en la Unión Soviética y el gobierno de Hitler en Alemania.
8. **Resumir** ¿Qué sucedió en Rusia entre los años 1914 y 1922?
9. ¿Cómo influyeron el conflicto y el cambio en las personas de todo el mundo entre 1910 y 1940? Anota la respuesta en tu Cuaderno del estudiante.

Segunda Guerra Mundial

Ideas clave
- Las agresiones del Japón y Alemania produjeron el estallido de la Segunda Guerra Mundial.
- Durante la guerra, el mundo se enteró de la campaña de Hitler para asesinar a millones de judíos y otros.
- Los Estados Unidos y la Unión Soviética desempeñaron un papel clave en la derrota de las Potencias del Eje.

Términos clave
- Segunda Guerra Mundial
- Potencias del Eje
- apaciguamiento
- pacto de no agresión
- *blitzkrieg*
- Holocausto
- genocidio

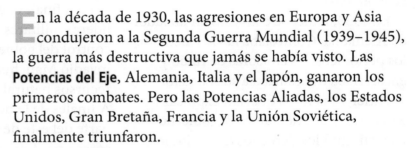 Visual Glossary

┼┼┼┼┼┼┼ **Destreza de lectura Secuencia** Toma notas usando el organizador gráfico en tu Cuaderno.

En la década de 1930, las agresiones en Europa y Asia condujeron a la Segunda Guerra Mundial (1939–1945), la guerra más destructiva que jamás se había visto. Las **Potencias del Eje**, Alemania, Italia y el Japón, ganaron los primeros combates. Pero las Potencias Aliadas, los Estados Unidos, Gran Bretaña, Francia y la Unión Soviética, finalmente triunfaron.

Las tropas alemanas marchan a través de Praga, Checoslovaquia, en marzo de 1939. ▼

La agresión conduce a la guerra

A principios de la década de 1930, el Japón, Italia y Alemania expandieron sus territorios. La guerra estaba cerca.

El expansionismo japonés Militares y nacionalistas extremistas controlaban el Japón en la década de 1930. Querían construir un poderoso imperio. El Japón invadió extensas áreas de China. Planeaba expandirse hacia el sureste de Asia, una zona rica en caucho y petróleo.

Agresión en Europa En Italia, Benito Mussolini invadió Etiopía en 1935. En España, el fascista Francisco Franco, ayudado por Alemania, Italia y Portugal, comenzó y ganó una guerra civil. En 1939, creó un gobierno fascista.

Agresión del Eje, 1942

LEYENDA

- Territorio controlado por los aliados
- Territorio controlado por el Eje
- Naciones neutrales
- → Avance del Eje

0 — 400 Millas
0 — 400 Kilómetros
Proyección cónica conforme de Lambert

Destreza: Mapas

1 Movimiento Resume los avances del Eje que se muestran en este mapa.

2 Lugar Describe el territorio controlado por las Potencias del Eje en 1942.

▲ Una mujer checa llora mientras saluda reacia a los invasores alemanes.

En Alemania, Hitler quería crear un nuevo Imperio Alemán. Tomó el control de Austria en 1938. Luego de Checoslovaquia. Los líderes europeos temían la agresión alemana, pero optaron por una política de **apaciguamiento**, o ceder a las demandas de un agresor con la esperanza de prevenir la guerra. Los líderes de Gran Bretaña y Francia usaron este argumento para convencer a Checoslovaquia de entregar parte de su territorio a Hitler. Sin embargo, Hitler se apoderó del resto de Checoslovaquia en marzo de 1939.

Estalla la guerra En agosto de 1939, Hitler y el líder soviético Iósev Stalin firmaron en secreto un **pacto de no agresión**, o un acuerdo en el que cada parte se compromete a no atacar a la otra. Hitler y Stalin acordaron no luchar entre sí. También acordaron repartirse Polonia y otras partes de Europa oriental.

Luego, el 1 de septiembre de 1939, Hitler envió tropas alemanas a Polonia. Dos días después, Gran Bretaña y Francia declararon la guerra a Alemania. Había comenzado la guerra más sangrienta de la historia.

El ataque alemán La invasión de Polonia demostró la estrategia militar alemana del *blitzkrieg*, "guerra relámpago" en alemán. Un *blitzkrieg* comenzaba con aviones bombardeando ciudades, fábricas y otros objetivos. Luego, los tanques y la artillería entraban rápidamente en las áreas rurales. Seguían los soldados alemanes a pie. El

941

censurar, *v.,* evitar que un material objetable sea revelado

miMundo: Actividad
Carteles de propaganda

blitzkrieg en Polonia fue tan rápido que ni Gran Bretaña ni Francia pudieron ayudar a Polonia. Polonia estaba controlada por Alemania y la Unión Soviética

En la primavera de 1940, los alemanes invadieron los Países Bajos, Bélgica y Francia. Durante meses, los bombarderos alemanes atacaron ciudades británicas mientras Hitler planeaba invadir Gran Bretaña. Pero Alemania no pudo derrotar a las fuerzas aéreas británicas y Hitler tuvo que abandonar sus planes de invasión.

Guerra en el este Después de su fracaso en Gran Bretaña, en junio de 1941, Hitler rompió su acuerdo con Stalin y envió 3 millones de soldados a la Unión Soviética. Los ejércitos de Stalin no estaban preparados y los alemanes se adentraron en territorio soviético.

Los ejércitos del Eje también atacaron otras regiones. Los japoneses arrollaron en Asia y el Pacífico. Los italianos y alemanes invadieron el norte de África. Conquistaron Grecia y Yugoslavia. Para 1941, las Potencias del Eje controlaban la mayor parte de Europa.

Verificar la lectura ¿Cómo comenzó la Segunda Guerra Mundial?

La marea cambia

Los Estados Unidos fueron neutrales en los primeros años de la guerra. Tras la Primera Guerra Mundial, muchos estadounidenses no querían involucrarse en otro conflicto exterior. Sin embargo, enviaron ayuda militar a los aliados. También prohibieron la venta de material de guerra al Japón.

Los Estados Unidos en la guerra Los japoneses estaban furiosos con los Estados Unidos. Creían que amenazaban su expansión e independencia. El 7 de diciembre de 1941, los japoneses bombardearon una base militar estadounidense en Pearl Harbor, Hawái. Murieron más de 2,400 personas y se destruyeron barcos y aeronaves. Los Estados Unidos declararon la guerra al Japón. En una semana, los aliados del Japón, Alemania e Italia, declararon la guerra a los Estados Unidos.

El frente interno Los Estados Unidos y los aliados dedicaron todos sus recursos al esfuerzo bélico. Millones lucharon por sus países. Aunque las mujeres no podían servir en combate, muchas trabajaron como pilotos y otros puestos fuera de combate.

Las mujeres empezaron a trabajar en las fábricas que producían material de guerra. Muchas fábricas detuvieron la fabricación de bienes civiles, y comenzaron a fabricar barcos, aviones y armas. Para producir suficientes suministros para la guerra, los gobiernos racionaron, o limitaron, los alimentos y bienes que se podían comprar.

Incluso los gobiernos democráticos limitaron los derechos de los ciudadanos y censuraron a la prensa. Como en la Primera Guerra Mundial, los líderes usaron la propaganda para ganar apoyo. Los Estados Unidos impusieron restricciones a los estadounidenses de ascendencia japonesa, alemana e italiana. Más de 100,000 japoneses-estadounidenses, fueron retenidos en campos de internamiento.

▲ Millones de mujeres trabajaban en fábricas.

¡No le entra en la cabeza!

El frente interno
estadounidense

Mientras millones de estadounidenses luchaban en el extranjero, los esfuerzos de los que estaban en el frente interno eran igualmente importantes en la lucha por la victoria. Barcos, aviones, municiones y otros suministros de guerra tenían que ser producidos en cantidades enormes. Todos los esfuerzos se centraban en la producción de los materiales necesarios para la guerra.

 Culture Close-Up

▲ El caricaturista Dr. Seuss trató de convencer a los estadounidenses de sacrificarse por el esfuerzo bélico.

Los carteles de propaganda exhortaban a los estadounidenses a hacer sacrificios en beneficio de las fuerzas armadas. ▶

Do with less— so they'll have enough!

RATIONING GIVES YOU YOUR FAIR SHARE

▲ Las fábricas estadounidenses empezaron a producir material de defensa, como estos tanques.

▲ Las personas plantaban "jardines de la victoria" como una forma de obtener sus propias frutas y verduras.

THIS IS A VICTORY GARDEN

my **worldhistory**.com

Culture Close-Up

977

Momentos decisivos de la
SEGUNDA GUERRA MUNDIAL

A principios de 1942, los aliados estaban en problemas. Los ejércitos alemanes controlaban gran parte de Europa y el Japón parecía imparable en el Pacífico. Pero con la ayuda de una serie de victorias aliadas, la marea estaba a punto de cambiar.

MIDWAY

Aviones estadounidenses dieron al Japón su primera gran derrota en la Batalla de Midway.

STALINGRADO

En Stalingrado, el ejército soviético hizo retroceder una invasión alemana.

Desembarco de Normandía

El Día D (Desembarco de Normandía), fue la invasión aliada masiva de la Europa continental en 1944.

944

Momentos decisivos 1942 y 1943 fueron momentos decisivos en la guerra. En junio de 1942, el Japón sufrió su primera derrota importante en la Batalla de Midway. Los estadounidenses destruyeron cuatro portaaviones y unos 250 aviones japoneses.

En Europa oriental, las tropas alemanas y soviéticas lucharon cruentos combates en la ciudad soviética de Stalingrado. En enero de 1943, los soviéticos rodearon a los alemanes, cortando sus suministros y forzando su rendición. Hicieron retroceder a los alemanes hacia Europa central.

A mediados de 1943 los aliados estaban a la ofensiva en todos los frentes. Atacaron a las fuerzas alemanas en África del norte e invadieron Italia. El gobierno italiano derrocó a Mussolini y pronto se rindió.

En Europa occidental, cientos de miles de tropas aliadas liberaron Francia el 6 de junio de 1944, con el Desembarco de Normandía, conocido como el Día D. En tres meses, más de 2 millones de soldados aliados habían desembarcado en Francia. Los ejércitos alemanes huyeron.

Verificar la lectura ¿Cómo apoyaron las mujeres estadounidenses el esfuerzo bélico?

El Holocausto

Cuando los aliados entraron en el territorio controlado por Alemania, encontraron horribles evidencias de los crímenes nazis. Hitler había seguido un programa para asesinar a los que juzgaba inferiores, en particular a los judíos europeos. El asesinato en masa de los nazis de 6 millones de judíos se conoce como el **Holocausto**. Los nazis también asesinaron a otros 5 millones de

El Holocausto

▲ Un soldado nazi arresta a un niño judío.

Campos de concentración nazis

0   400 Millas
0   400 Kilómetros
Proyección cilíndrica de Miller

ESTONIA
SUECIA
LETONIA
Mar Báltico
DINAMARCA
LITUANIA
Mar del Norte
Prusia oriental
PAÍSES BAJOS
POLONIA
ALEMANIA
BÉLGICA
CHECOSLOVAQUIA
LUXEMBURGO
FRANCIA
AUSTRIA
HUNGRÍA
SUIZA
RUMANIA
ITALIA
YUGOSLAVIA

LEYENDA
□ Campo de exterminio
□ Campo de trabajo forzado
— Fronteras internacionales, 1933

▲ Niños prisioneros en el campo de exterminio de Auschwitz-Birkenau en Polonia

personas, incluyendo eslavos, romaníes (gitanos), homosexuales y personas con discapacidades.

La "solución final" de Hitler A medida que los ejércitos alemanes tomaban el control de grandes zonas de Europa, millones de judíos quedaban bajo el control nazi. Al principio, los obligaron a vivir en guetos y campos de trabajo forzado. Pero en 1941, los nazis desarrollaron un plan conocido como la solución final: el asesinato de todos los judíos de Europa. Este exterminio deliberado de un grupo étnico, racial o religioso se conoce como **genocidio**.

Campos de exterminio Al principio, los nazis entraban en una ciudad y mataban a los judíos. Luego, Hitler hizo construir seis "campos de exterminio" en Polonia.

Los nazis transportaban por ferrocaril a los judíos y a otras personas a estos campos. Allí, algunos eran obligados a trabajar como esclavos y muchos morían de hambre o de enfermedades. La mayoría eran asesinados con gas venenoso en salas conocidas como cámaras de gas.

Aunque los aliados sabían que existían los campos nazis, sólo al final de la guerra se dieron cuenta de la magnitud y brutalidad del Holocausto. Cuando los aliados entraron en Europa, encontraron campamentos con miles de cadáveres, así como algunos supervivientes casi muertos. En total, los nazis asesinaron a unos 11 millones de civiles. El primer ministro británico Winston Churchill llamó al Holocausto:

❝ el crimen más grande y más horrible jamás cometido en toda la historia ❞.

—Winston Churchill

Verificar la lectura ¿Qué es el genocidio?

945

El fin de la Segunda Guerra Mundial

En los últimos meses de la Segunda Guerra Mundial, las fuerzas aliadas se movilizaron rápidamente hacia Alemania y el Japón. La guerra finalmente terminó en 1945 con una victoria aliada.

Finaliza la Segunda Guerra Mundial en Europa

LEYENDA
→ Avance aliado

ALEMANIA

Los líderes aliados Winston Churchill, Franklin Roosevelt y Stalin planean el mundo de la posguerra. ▼

▲ Soldados soviéticos izan su bandera en la capital alemana de Berlín, que tomaron a principios de mayo de 1945.

Una victoria aliada

Para el otoño de 1944, las tropas aliadas se dirigían a Alemania tanto desde el este como desde el oeste. En el Pacífico, las tropas aliadas se acercaban al Japón.

La victoria en Europa Después de liberar Francia, las fuerzas aliadas siguieron luchando rumbo a Alemania. Alemania lanzó un contraataque masivo en Bélgica en lo que se conoció como la Batalla de las Ardenas. Pero sólo frenaron el avance aliado durante seis semanas. Mientras tanto, el ejército soviético avanzaba desde el este. En mayo de 1945, los soviéticos capturaron Berlín, la capital alemana y Alemania se rindió. La guerra en Europa terminó oficialmente el 8 de mayo de 1945.

Victoria en el Pacífico El Japón controlaba gran parte del Pacífico. Sin embargo, los aliados tomaron la ofensiva después de la Batalla de Midway. Los estadounidenses usaron la estrategia de "ir de isla en isla": capturaban algunas islas japonesas y saltaban otras. Las islas capturadas actuaban como escalones a la siguiente isla. Así, los aliados poco a poco avanzaron hacia el Japón.

Esta estrategia era muy costosa y las bajas eran elevadas. Cuando el Japón no se rindió, los Estados Unidos usó un arma nueva y mortífera: la bomba atómica. En agosto de 1945, aviones estadounidenses lanzaron bombas atómicas sobre las ciudades japonesas de Hiroshima y Nagasaki. Murieron más de 100,000 personas. El Japón se rindió. La Segunda Guerra Mundial había terminado.

Después de la guerra Unos 50 millones de personas murieron durante la Segunda Guerra Mundial, incluyendo decenas de millones de civiles. Grandes áreas de Europa y Asia yacían en ruinas, con ciudades, fábricas, ferrocarriles y granjas destruidas. El mundo se enfrentaba a la difícil tarea de la reconstrucción.

En las últimas etapas de la guerra, los líderes aliados Franklin Roosevelt (Estados

◄ Soldados estadounidenses izan la bandera de los Estados Unidos durante la Batalla de Iwo Jima.

Finaliza la Segunda Guerra Mundial en el Pacífico

JAPÓN

OCÉANO PACÍFICO

LEYENDA
→ Avance aliado

▲ Un marinero y una enfermera celebran el fin de la guerra.

Unidos), Winston Churchill (Gran Bretaña), e Iósev Stalin (Unión Soviética) se reunieron para discutir el mundo de la posguerra. Como Stalin ayudó a ganar la guerra, Roosevelt y Churchill dieron a la Unión Soviética el control de Europa oriental. A cambio, Stalin se comprometió a celebrar elecciones libres en Europa oriental. Los aliados planeaban dividir temporalmente a Alemania en cuatro zonas de ocupación, que serían gobernadas por

las fuerzas aliadas. También decidieron que los líderes del Eje debían ser juzgados por crímenes de guerra.

Los aliados además acordaron la formación de una nueva organización mundial, las Naciones Unidas (ONU). Los objetivos de la ONU son promover la cooperación internacional y lograr la paz mundial.

Verificar la lectura ¿Cómo ganaron los aliados la guerra en el Pacífico?

Evaluación de la Sección 3

? Pregunta esencial

¿Cómo debemos manejar los conflictos?

Términos clave

1. Usa los siguientes términos en un breve párrafo que describa las acciones de Alemania durante la Segunda Guerra Mundial: Potencias del Eje, *blitzkrieg,* Holocausto, genocidio.

Ideas clave

2. ¿Por qué terminaron Francia y el Reino Unido con su política de apaciguamiento hacia Hitler?

3. ¿Qué era el Holocausto?

4. ¿Cómo ganaron las Potencias Aliadas la guerra en Europa?

Razonamiento crítico

5. Tomar decisiones ¿Cuál crees que fue el momento decisivo más importante en la Segunda Guerra Mundial? ¿Cómo produjo este suceso el final de la guerra?

6. Resumir ¿Cómo provocó la agresión del Eje el comienzo de la Segunda Guerra Mundial?

7. ¿Cuáles fueron los principales acontecimientos de la Segunda Guerra Mundial, incluidos los que condujeron a la guerra? Anota la respuesta en tu Cuaderno del estudiante.

947

Evaluación del capítulo

Términos e ideas clave

1. Resumir ¿Cómo condujo un complicado sistema de alianzas a la Primera Guerra Mundial?

2. Comparar y contrastar ¿En qué se parecen el **fascismo** y el **totalitarismo**?

3. Recordar ¿Qué países conformaban las **Potencias del Eje** y las Potencias Aliadas en la Segunda Guerra Mundial?

4. Explicar ¿Cómo usó Alemania el *blitzkrieg* para invadir Polonia?

5. Recordar ¿Por qué estaban muchas personas enfadadas en África y Asia por los **mandatos** después de la Primera Guerra Mundial?

6. Describir ¿Cómo influyó en las personas la **Gran Depresión**?

7. Explicar ¿Por qué querían las Potencias Aliadas que Alemania pagara **reparaciones** después de la Primera Guerra Mundial?

Razonamiento crítico

8. Resumir ¿Qué causó la Gran Depresión?

9. Secuencia Coloca los siguientes sucesos en orden cronológico, comenzando con el primero: desplome de la bolsa de valores de los Estados Unidos, principio de la Primera Guerra Mundial, ataque del Japón a Pearl Harbor, los bolcheviques derrocan al gobierno de Rusia y firma del Tratado de Versalles.

10. Comparar y contrastar Compara y contrasta las causas y los efectos de la Primera y la Segunda Guerra Mundial.

11. Conceptos básicos: Sistemas políticos Dos formas comunes de gobierno hoy en día son la democracia y el gobierno autoritario. ¿Cuál de estas dos formas tenían la Unión Soviética, Italia, Alemania y el Japón a finales de la década de 1930?

Analizar elementos visuales

Este cartel de propaganda estadounidense de la Primera Guerra Mundial exhorta a los estadounidenses en el frente interno a apoyar el esfuerzo bélico. Observa el cartel y contesta las siguientes preguntas.

12. Si no supieras nada acerca de cuándo y por qué fue creado este cartel, o quién lo creó, ¿qué pistas te podrían ayudar a entender el significado del cartel?

13. Con base en lo que has aprendido en este capítulo, ¿crees que este cartel es una ilustración realista de la lucha en la Primera Guerra Mundial? ¿Por qué?

14. ¿Cómo usa este cartel las palabras para tratar de fomentar el esfuerzo bélico de los Estados Unidos?

NOTHING STOPS THESE MEN
LET NOTHING STOP *YOU*

UNITED STATES SHIPPING BOARD — EMERGENCY FLEET CORPORATION

NADA DETIENE A ESTOS HOMBRES
NO DEJES QUE NADA TE DETENGA A *TI*

my worldhistory.com

Self-Test

? Pregunta esencial

miMundo: Actividad del capítulo

Diario de un conflicto Sigue las instrucciones de tu maestro para crear una revista sobre diarios de la Segunda Guerra Mundial llamada *Historias personales*. Recopila con tu grupo información sobre la guerra y citas reales de personas que la vivieron. Después crea una entrada de diario ilustrada que alguien pudo escribir durante la Segunda Guerra Mundial. Con tu grupo, organiza tus entradas de diario en una revista ilustrada.

Aprendizaje del siglo XXI

Busca información en la Internet

Después de que los alemanes conquistaron Francia durante la Segunda Guerra Mundial, algunos franceses continuaron luchando. Se conocen como combatientes de la resistencia; querían liberar a su país. Con un compañero, busca información sobre éste y otros movimientos de resistencia durante la Segunda Guerra Mundial. Después, escribe un breve informe sobre lo que aprendiste.

Preguntas basadas en documentos

Success Tracker™
En línea en myworldhistory.com

Usa tu conocimiento de la Primera Guerra Mundial, la Segunda Guerra Mundial y los Documentos A y B para responder las Preguntas 1 a 3.

Documento A

SOLDADOS sin armas

SOLDIERS *without guns*

Documento B

" La primera idea que revoloteó en mi mente era que había llegado el fin del mundo. . . porque el amanecer se había vuelto de un espantoso color rojo carmesí. Cuando empecé a entrar en razón, vi cuatro o cinco chorros de fuego que pasaban a través de la trinchera en la que había estado tan sólo un minuto antes. Se escuchaba un horrible silbido y un desagradable humo negro aceitoso salía del borde de la llama. Estaban usando lanzallamas".

—teniente británico Gordon Carey, 1915, citado en *The Faces of World War I*

1. ¿Qué sugiere este cartel sobre las mujeres estadounidenses en la Segunda Guerra Mundial?

 A que su trabajo era esencial para el esfuerzo bélico

 B que su papel era mínimo

 C que en la Segunda Guerra Mundial se permitió a las mujeres ser soldados

 D que trabajar en las fábricas era más importante que servir en las fuerzas armadas

2. ¿Qué está describiendo Gordon Carey en el Documento B?

 A ir de una isla a otra

 B la guerra de trincheras

 C los campos de concentración

 D el totalitarismo

3. Tarea escrita ¿Cómo influyeron los conflictos en las personas durante la Primera Guerra Mundial y la Segunda Guerra Mundial?

El cambiante mundo de posguerra

¿Qué es el poder? ¿Quién debe tenerlo?

? Explora la Pregunta esencial

- en my worldhistory.com
- usando miMundo: Actividad del capítulo
- con el Cuaderno del estudiante

En 1961, Alemania Oriental construyó el Muro de Berlín para aislar al Berlín Oriental comunista del Berlín Occidental libre.

Las décadas de la posguerra

1947 India y Pakistán obtienen su independencia.

1949 Se forma la OTAN; China se convierte en comunista.

1975 Termina la guerra en Vietnam.

1991 La Unión Soviética se desintegra.

1945   **1960**   **1975**   **1990**

1957 Ghana obtiene su independencia.

1961 Se construye el Muro de Berlín.

1989 Los alemanes derriban el Muro de Berlín.

Los dos mundos de *Jomo Kenyatta*

Este es un relato novelado de los acontecimientos en la vida de Jomo Kenyatta, quien encabezó la lucha por la independencia de Kenia del Reino Unido.

Los tambores comenzaron a sonar al atardecer. Luego, con los fuegos artificiales, el cielo se iluminó de color. La emoción crecía. Guerreros pintados se movían alrededor de hogueras. Los hombres agitaban vasijas de calabazas secas rellenas con frijoles ¡chika chika chika! Las mujeres cantaban.

Casi a la medianoche, los tambores, los cantos y los fuegos artificiales se detuvieron. El silencio era profundo en el parque Mitchell, en las afueras de Nairobi, la capital de Kenia. Allí se habían reunido cincuenta mil kenianos. Cuando llegó la medianoche, todos contuvieron la respiración.

A las doce, se iluminó la bandera presidencial de la recién creada República de Kenia. Kenia ya no estaba bajo el dominio colonial británico. Ahora era una *jamhuri*, una república libre. Jomo Kenyatta, quien sería el primer presidente de la nueva república, miraba las dos lanzas cruzadas en la bandera. Su nombre significaba "lanza en llamas" y él era como una lanza en el costado del dominio colonial.

Jomo Kenyatta de pie frente a la nueva bandera de Kenia.

my worldhistory.com

Timeline / On Assignment

951

Los padres de Kenyatta lo llevan al hospital de una misión, donde los médicos europeos le tratan una infección en la pierna.

Kenyatta observa la portada de su libro: *Frente al monte Kenia*. La portada lo muestra con una túnica tradicional, sosteniendo una lanza.

Mientras los fuegos artificiales estallaban de nuevo en lo alto, Kenyatta recordó su primer contacto con los europeos. Ocurrió hacía unos 60 años (no estaba muy seguro de su edad). Como a los 10 años, una infección le quemaba los huesos. Sentía sus piernas muy débiles y su columna vertebral en llamas. Sus padres lo llevaron a un hospital administrado por misioneros europeos y ellos lo trataron bien.

Mientras sanaba, los misioneros le enseñaron inglés. Kenyatta los quería tanto que cambió su nombre de nacimiento de Ngengi al nombre británico de Johnstone. Al convertirse en un joven, se abrió paso entre el mundo tradicional de su aldea y el mundo colonial moderno. En este segundo mundo, trabajó como carpintero, condujo una motocicleta y continuó su educación europea.

Mientras los tambores retumbaban de nuevo, Kenyatta recordó cuando de joven fue a Londres para hablar en contra de un plan para unificar Kenia con otras dos colonias. Estudió en la Escuela de Economía de Londres, donde obtuvo un título en antropología. También visitó la Unión Soviética y se reunió con los nacionalistas de otras colonias africanas que estaban deseosos de liberar sus tierras del dominio extranjero.

Cuando fue a Londres, era conocido como Johnstone. Pero eso cambió en 1938. Escribió un libro, *Frente al monte Kenia*, para celebrar las tradiciones kenianas y explicar cómo los europeos les habían robado la tierra. Adoptó el nombre de Jomo Kenyatta: "lanza ardiente", y posó para la portada del libro con una túnica tribal tradicional y una lanza, porque quería decirle al mundo: "¡Escuchen a África!"

Regresó a Kenia como un conocido escritor y activista y fue calificado de comunista y terrorista. Fue acusado de liderar el movimiento Mau Mau, que había provocado un sangriento levantamiento contra los europeos en un intento por hacerlos salir de Kenia. Él lo negó y dijo que los europeos podían quedarse, si trabajaban con los kenianos y obedecían las mismas leyes.

Cuando fue arrestado, lo que sorprendió a Kenyatta fue que las autoridades no lo asesinaran. En cambio, fue condenado a nueve años de trabajos forzados. Cuando lo liberaron, fue desterrado a un pueblo remoto. Sin embargo, el movimiento hacia el autogobierno no podía ser detenido, ni su voz silenciada. En el exilio, se convirtió en el hombre más poderoso de Kenia. Tres años después de su liberación, su sueño estaba a punto de hacerse realidad.

Soldados británicos llevan a Kenyatta a prisión durante la rebelión Mau Mau.

Al año de la independencia, Kenyatta jura como presidente de Kenia. Sostiene un matamoscas, un símbolo tradicional de autoridad.

Kenyatta ahora era mayor, tenía canas en la barba. Miró la bandera ondeando en la cálida noche keniana. Sabía que fácilmente podría iniciar una guerra contra los colonos. Podía, si quería, encender un fuego que ardería por toda África. Pero no quería venganza. Quería *harambee*, una palabra en *swahili* que significa "Trabajemos juntos".

Se le ocurrió que a lo largo de su vida había tenido dos culturas en sus manos. Un año más tarde, cuando realizó su juramento presidencial, sostuvo un matamoscas ceremonial tribal en una mano y una Biblia en la otra. Siempre había tratado de conservar los dos mundos sin destruir ninguno. Como primer presidente de Kenia, Jomo Kenyatta esperaba crear un país que pudiera hacer lo mismo.

¿Quién tenía el poder en Kenia antes y después de la independencia? Mientras lees el capítulo que sigue, piensa en la historia de Jomo Kenyatta y en lo que indica acerca de la necesidad que tienen las personas de controlar sus propias vidas.

 myStory Video

Aprende más sobre Jomo Kenyatta y el camino de Kenia hacia la independencia.

Los kenianos celebran su independencia con fuegos artificiales, bailes y desfiles.

La Guerra Fría

Ideas clave

- Durante la Guerra Fría, los Estados Unidos y la Unión Soviética competían por el poder político, económico y militar.

- La lucha entre los Estados Unidos y el mundo comunista produjo guerras en Corea y Vietnam.

- La carrera armamentista nuclear aumentó las tensiones de la Guerra Fría.

- La presión política y económica provocó el colapso de la Unión Soviética.

Visual Glossary

Términos clave
- Guerra Fría
- superpotencia
- libre empresa
- economía dirigida
- contención
- distensión
- glásnost

Destreza de lectura Secuencia Toma notas usando el organizador gráfico en tu Cuaderno.

Durante la Segunda Guerra Mundial, el dictador soviético Stalin y el presidente Truman se reunieron como aliados. ▼

Durante la Segunda Guerra Mundial, los Estados Unidos y la Unión Soviética cooperaron para derrotar a la Alemania nazi. Después, el conflicto entre las dos naciones dominó la política mundial de 1945 a 1991. Este período se conoce como la **Guerra Fría**.

Enfrentamiento entre superpotencias

La Unión Soviética y los Estados Unidos salieron de la Segunda Guerra Mundial como superpotencias rivales. Una **superpotencia** es un país con suficiente fuerza política, económica y militar para influir en los acontecimientos mundiales. Durante la Guerra Fría, nunca se enfrentaron en un conflicto militar pero compitieron por la influencia en los demás países.

Dos ideologías El conflicto entre las superpotencias tenía su origen en diferentes ideologías, o creencias. Los Estados Unidos favorecían la **libre empresa**, un sistema económico basado en la propiedad privada. Las decisiones económicas las toman los dueños de los negocios para obtener ganancias. Las naciones comunistas tenían **economías dirigidas**. El gobierno tomaban las decisiones económicas, como qué producir. La libre empresa y la propiedad privada estaban prohibidas.

Existían también diferencias políticas. Los ciudadanos estadounidenses disfrutan de un alto grado de libertad individual y opciones de partidos políticos y candidatos. La Unión Soviética era un estado totalitario. El Partido Comunista controlaba el gobierno, no toleraba la disidencia y quería difundir el comunismo en todo el mundo.

Primeras tensiones Durante la Segunda Guerra Mundial, los soviéticos ocuparon Polonia, Hungría y otras naciones de Europa oriental. El dictador soviético Stalin insistía en que fueran comunistas. El líder británico Winston Churchill describió la división de Europa:

> 66 [U]na *Cortina de Hierro* ha descendido en todo el continente. Detrás de esa línea están las capitales de los antiguos estados de Europa central y oriental. . . Todas se encuentran en lo que debo llamar la <u>esfera</u> soviética y están sujetas. . . no sólo a la influencia soviética, sino a un nivel muy alto y, en algunos casos, creciente, de control desde Moscú 99.
>
> —Winston Churchill, 5 de marzo de 1946

Bajo la presidencia de Harry Truman, los Estados Unidos trataron de evitar que la Unión Soviética se expandiera. Esta política se conoció como **contención**. Truman fortaleció las democracias europeas mediante el Plan Marshall, con el que enviaba alimentos y dinero a las naciones europeas que se recuperaban de la guerra.

Uno de los primeros enfrentamientos de la Guerra Fría se inició en 1948.

Tras la guerra, Alemania fue dividida en la Alemania Oriental comunista y la Alemania Occidental libre. Berlín también fue dividida, pero se ubicaba en la zona soviética. Para expulsar a los aliados de Berlín, Stalin bloqueó las carreteras y las vías férreas. En respuesta, los Estados Unidos y Gran Bretaña organizaron el puente aéreo de Berlín. Todos los días, aviones militares arrojaban alimentos y suministros a Berlín Occidental. Después de 324 días, Stalin puso fin al bloqueo.

Dos alianzas En 1949, los Estados Unidos, el Canadá y diez democracias europeas formaron la Organización del Tratado del Atlántico Norte (OTAN). Su objetivo era responder conjuntamente a cualquier ataque militar en Europa occidental.

En 1955, los soviéticos y siete países de Europa oriental formaron el Pacto de Varsovia, para sofocar rebeliones contra el dominio comunista en Europa oriental.

Verificar la lectura **¿Qué era el puente aéreo de Berlín?**

miMundo: Actividad
Dos formas de comprar

esfera, *sust.,* área de influencia

Destreza: Gráficas

El águila americana y el oso ruso eran símbolos conocidos. ¿En qué país era peligroso para un periódico criticar al gobierno?

Ideologías opuestas de la Guerra Fría

ESTADOS UNIDOS	UNIÓN SOVIÉTICA
Economía de libre empresa	Economía dirigida
Propiedad privada de los bienes	Propiedad estatal de los bienes
Sin empleo garantizado para los trabajadores	Empleo garantizado por el Estado
Elecciones libres con opción de partidos	Dictadura de un partido único
Libertad de prensa	El Estado controla los medios de comunicación; disidencia aplastada
Alto grado de libertad individual	Supresión de libertad de expresión y de religión

毛主席语录

QUOTATIONS FROM CHAIRMAN MAO TSE-TUNG

◀ Se esperaba que los comunistas chinos leales estudiaran los escritos de Mao sobre la revolución.

En 1966, Mao comenzó la Revolución Cultural. Bandas de estudiantes humillaban o golpeaban a las personas que consideraban enemigas del comunismo.

La China de Mao

Mao Tse-tung transformó a China en un estado comunista de partido único. En 1958, comenzó el Gran Salto Adelante para incrementar la producción agrícola y el rendimiento de las fábricas. El programa fracasó y contribuyó a una hambruna masiva.

RAZONAMIENTO CRÍTICO ¿Qué impresión de Mao proporciona el cartel de la derecha?

在毛澤東的勝利旗幟下前進

Este cartel de 1949 muestra a Mao después de su victoria sobre los nacionalistas.

La Guerra Fría en Asia

A medida que el imperialismo declinó después de la Segunda Guerra Mundial, Asia fue un foco de conflicto entre las dos superpotencias. Los dos "enfrentamientos" más grandes de la Guerra Fría tuvieron lugar en Asia.

China se convierte en comunista
Durante décadas, China estuvo desgarrada por los conflictos entre los nacionalistas y el Partido Comunista Chino. Los nacionalistas, liderados por Chiang Kai-chek, contaban con el apoyo de Occidente y de los líderes de negocios. Los comunistas, liderados por Mao Tse-tung, tenían apoyo entre los campesinos. Durante la Segunda Guerra Mundial, ambas partes se unieron para luchar contra los japoneses. Después reanudaron su guerra civil.

colapsar, v., desmoronarse; ceder

En 1949, los comunistas tomaron la capital, Pekín, mientras el ejército nacionalista colapsaba. Mao formó la República Popular de China comunista. Los nacionalistas se fueron a Taiwán.

Ahora, dictadores comunistas controlaban dos de las naciones más grandes del mundo.

Guerra en Corea Corea se dividió tras la Segunda Guerra Mundial. La Unión Soviética y China apoyaban a Corea del Norte. Los Estados Unidos apoyaban a la democracia de Corea del Sur.

En junio de 1950, Corea del Norte invadió Corea del Sur. El presidente Truman y las Naciones Unidas condenaron la invasión. La ONU envió tropas estadounidenses y surcoreanas para ayudar a Corea del Sur.

Al mando del general Douglas MacArthur, las tropas de la ONU aterrizaron por sorpresa cerca de la capital surcoreana de Seúl. Las fuerzas de la ONU empujaron a los invasores hasta la frontera china. Mao envió tropas para ayudar a Corea del Norte, obligando a la ONU a retroceder. Durante tres años, tropas norcoreanas y chinas enfrentaron a las fuerzas de la ONU. Las hostilidades terminaron en 1953. Ambas partes mantuvieron sus territorios.

Guerra en Vietnam Vietnam formó parte de la colonia francesa de Indochina desde 1888 hasta la invasión japonesa en 1940. Francia intentó recuperar la colonia después de la Segunda Guerra Mundial, pero los vietnamitas exigieron su independencia. Ho Chi Minh fue un líder comunista que lideró el movimiento nacionalista Vietminh.

Con el apoyo chino y soviético, el Vietminh comenzó una guerra de guerrillas contra los franceses. Los Estados Unidos y Gran Bretaña respaldaron a Francia. El Vietminh derrotó a los franceses en 1954. Después, Vietnam se dividió en Vietnam del Norte comunista y Vietnam del Sur no comunista. Los conflictos continuaron, con las victorias comunistas en el Sur.

Los Estados Unidos temían que si el comunismo triunfaba en Vietnam, otras naciones del sureste de Asia se convertirían en comunistas, como fichas de dominó. Esta idea se conoce como efecto dominó. Los Estados Unidos primero enviaron consejeros militares y, más tarde, tropas para apoyar a Vietnam del Sur. La participación estadounidense en la Guerra de Vietnam duraría hasta la década de 1970.

Verificar la lectura ¿Cómo se involucraron los Estados Unidos en la Guerra de Corea?

Conflicto en muchos frentes
La Guerra Fría se exacerbó en ocasiones durante las décadas de 1950 y 1960. Siempre estuvo presente la amenaza de una guerra nuclear.

Carrera armamentista y carrera espacial Los Estados Unidos desarrollaron y usaron la primera bomba atómica durante la Segunda Guerra Mundial. En 1949, la Unión Soviética probó su bomba atómica. Las dos superpotencias competían en una carrera armamentista para desarrollar armas nucleares más letales. Los Estados Unidos hicieron explotar la primera bomba de hidrógeno en 1952. Los soviéticos les siguieron en menos de un año. Además, construyeron misiles que podían lanzar armas nucleares a larga distancia.

También competían por el dominio del espacio exterior. Los soviéticos dieron el primer paso en 1957 cuando lanzaron el satélite *Sputnik I*. En 1961, el presidente John F. Kennedy prometió que los Estados Unidos descenderían en la Luna en una década. En julio de 1969, dos astronautas estadounidenses fueron los primeros en caminar en la Luna.

mi Mundo CONEXIONES

La construcción de defensas de los Estados Unidos durante la Guerra Fría incluía bases militares, silos de misiles y el sistema de carreteras interestatales.

En julio de 1969, un astronauta colocó una bandera estadounidense en la Luna.

La Guerra Fría de un vistazo: 1946–1989

① **1948–1949:** Aviones estadounidenses arrojaban suministros a Berlín durante el puente aéreo de Berlín.

③ **1956:** En Hungría, los luchadores por la libertad se rebelaron sin éxito contra el dominio comunista.

② **1951–1953:** Tropas estadounidenses lucharon en la Guerra de Corea.

④ **1962:** En la crisis de los misiles en Cuba, los soviéticos enviaron armas nucleares a Cuba.

ESTADOS UNIDOS

Cuba

El Salvador — Nicaragua

Chile

Trópico de Cáncer

Ecuador

Trópico de Capricornio

Puntos conflictivos en la Guerra Fría La Guerra Fría moldeó numerosos conflictos locales y regionales. Por ejemplo, los Estados Unidos y la Unión Soviética a menudo suministraban armas y ayuda financiera a bandos opuestos en América Latina y en las nuevas naciones independientes de África.

En Hungría, los luchadores por la libertad derrocaron a un brutal dictador comunista en 1956. Un nuevo presidente prometió elecciones libres, pero los soviéticos aplastaron la revuelta, terminando con la esperanza de democracia dentro del sistema comunista.

UNIÓN SOVIÉTICA

1 Alemania Oriental
Hungría
3

Turquía
Líbano   Iraq
Israel   Irán

7 Afganistán   CHINA

2 Corea

5 Vietnam

Camboya
Malasia

Zaire

Angola

CÍRCULO POLAR
ÁRTICO

N
O   E
S

LEYENDA
☐ Unión Soviética y aliados
☐ Otros países comunistas
☐ Estados Unidos y aliados
☐ Otros países no comunistas
✳ Puntos conflictivos de la
Guerra Fría

0   2,000 Millas
0   2,000 Kilómetros
Proyección cilíndrica de Miller

⑦ **1979–1989:** La invasión de Afganistán fue un desastre para la Unión Soviética.

⑥ **1979:** Una revuelta en Nicaragua derrocó a un gobierno amigo de los Estados Unidos.

⑤ **1955–1975:** La Guerra de Vietnam fue el conflicto militar más largo de la Guerra Fría

Destreza: Mapas

1 **Región** Identifica a tres aliados soviéticos fuera de Europa.

2 **Ubicación** Según el mapa, ¿por qué estaban los estadounidenses preocupados por los misiles soviéticos en Cuba?

3 **¡Lugares por conocer!** Rotula los lugares siguientes en el croquis de tu Cuaderno del estudiante: Unión Soviética, Vietnam, Corea.

my worldhistory.com

Places to Know

Berlín era una fuente de tensión. Miles de berlineses orientales huían a Berlín Occidental cada año. Para evitar esto, Alemania Oriental construyó un muro alrededor de Berlín Occidental en 1961. El Muro de Berlín fue un símbolo de la Guerra Fría.

El enfrentamiento más peligroso de la Guerra Fría fue la crisis de los misiles en Cuba. En octubre de 1962, el presidente Kennedy se enteró de que los soviéticos enviaban misiles nucleares a la Cuba comunista, a sólo noventa millas de la costa de Florida. Kennedy exigió al líder

En Vietnam, las conversaciones de paz comenzaron en 1968. Las últimas tropas estadounidenses se retiraron en 1973. Dos años después, Vietnam del Norte derrocó al gobierno de Vietnam del Sur. Vietnam se reunificó como una nación comunista.

Durante la década de 1970, el presidente Richard Nixon buscaba la **distensión**, o reducción de tensiones entre los Estados Unidos y la Unión Soviética. Una serie de acuerdos sobre armas limitaron el tamaño de los arsenales nucleares. Ambas partes acordaron cooperar en las misiones espaciales y el comercio aumentó entre los bloques. La distensión terminó en 1979, cuando la Unión Soviética invadió Afganistán.

Verificar la lectura ¿Cuál fue la causa de la crisis de los misiles en Cuba?

Termina la Guerra Fría

La Unión Soviética decayó en la década de 1980. Después de nueve años de combates, las tropas soviéticas se retiraron derrotadas de Afganistán. La fallida guerra, junto con la ineficiencia económica, creó problemas financieros. Los ciudadanos soviéticos enfrentaban escasez de alimentos y bienes de consumo.

La Unión Soviética también enfrentaba la presión de los Estados Unidos. El presidente Ronald Reagan favoreció medidas más enérgicas contra el "imperio del mal" soviético. Los Estados Unidos apoyaron a fuerzas anticomunistas en lugares como Afganistán y Nicaragua.

Gorbachov intenta la reforma En 1985, Mijaíl Gorbachov se convirtió en el nuevo líder soviético. Trató de

En 1989, los alemanes finalmente derribaron el odiado Muro de Berlín.

soviético Nikita Khrushchev que retirara los misiles. Barcos estadounidenses y soviéticos se acercaban uno al otro en el Caribe y el Atlántico. Durante 13 días, la guerra nuclear parecía inminente. En el último minuto, Khrushchev retiró los misiles.

Deshielo y congelación Las negociaciones entre Kennedy y Khrushchev durante la crisis de los misiles en Cuba abrieron posibilidades de nuevas conversaciones. En 1963, los soviéticos y los estadounidenses firmaron un tratado y acordaron poner fin a las pruebas de armas nucleares en la atmósfera. La Guerra Fría continuó, pero la diplomacia disminuyó las tensiones.

reformar el sistema soviético. Aunque era comunista, disminuyó el control estatal de la economía. Al permitir cierta libre empresa y reducir la corrupción, esperaba crear una sociedad más dinámica. Al final, la política debilitó la autoridad central del gobierno soviético.

Gorbachov favorecía la **glásnost**, la política de permitir un debate abierto sobre el sistema político soviético. Pensaba que la libertad de expresión y las elecciones libres fortalecerían el comunismo. Además, trabajó con el presidente Reagan para mejorar las relaciones con los Estados Unidos.

El colapso de una superpotencia Para finales de la década de 1980 la Unión Soviética perdía control sobre Europa oriental. Las naciones del Pacto de Varsovia exigían la glásnost. A diferencia de dirigentes anteriores, Gorbachov no interfirió en las elecciones de Europa oriental ni envió tanques o tropas para aplastar los esfuerzos de reforma.

Polonia, Checoslovaquia y Hungría votaron por derrocar a los gobernantes comunistas. En 1989, los alemanes orientales derribaron el Muro de Berlín. Poco después, Alemania se reunificó como una nación democrática.

Los votantes soviéticos rechazaron a los candidatos comunistas. Una a una, las 15 repúblicas que conformaban la Unión Soviética declararon su independencia. Los comunistas de línea dura trataron de derrocar a Gorbachov, pero fracasaron. El 25 de diciembre de 1991, la Unión Soviética dejó de existir. El colapso de la segunda superpotencia del mundo puso fin a la Guerra Fría.

Verificar la lectura **¿Cómo trató Gorbachov de reformar la Unión Soviética?**

Gorbachov (izquierda) y Reagan firman un tratado para el control de armamento. ▼

? Pregunta esencial

Evaluación de la Sección 1

Términos clave

1. Escribe oraciones usando uno o más de los términos clave. Tus oraciones deben explicar cómo se relaciona cada término con la rivalidad entre los Estados Unidos y la Unión Soviética después de la Segunda Guerra Mundial.

Ideas clave

2. ¿Por qué organizaron los Estados Unidos y Gran Bretaña el puente aéreo de Berlín?

3. ¿Por qué se involucraron los Estados Unidos en la Guerra de Vietnam?

4. ¿Qué causó la crisis de los misiles en Cuba? ¿Cómo terminó?

Razonamiento crítico

5. **Categorizar** Identifica tres sucesos de la Guerra Fría que resultaron en victorias para los Estados Unidos y dos para el comunismo.

6. **Sacar conclusiones** ¿Tuvo Gorbachov éxito como líder de la Unión Soviética? Explícalo.

¿Qué es el poder? ¿Quién debe tenerlo?

7. Durante la Guerra Fría, ¿quién tenía el poder político y económico en el sistema soviético? ¿Cómo se diferenciaba esto del sistema estadounidense? Anota la respuesta en tu Cuaderno del estudiante.

Nuevas naciones

Ideas clave

- Los imperios coloniales de Europa se colapsaron después de la Segunda Guerra Mundial.

- En la India, la independencia dio lugar a conflictos entre hinduistas y musulmanes.

- La mayoría de las naciones africanas obtuvieron su independencia pacíficamente, pero algunas enfrentaron conflictos armados.

- Oriente Medio enfrentó disputas por los recursos del petróleo y conflictos entre Israel y sus vecinos árabes.

Términos clave • panafricanismo • nacionalización • reconocer

Visual Glossary

Destreza de lectura Analizar causa y efecto Toma notas usando el organizador gráfico en tu Cuaderno.

Los imperios coloniales de Europa se derrumbaron en las décadas posteriores a la Segunda Guerra Mundial. Cada vez más africanos y asiáticos insistían en la igualdad y la independencia.

El león y la figura de Britania, que asemeja a la de una diosa, simbolizaban el Imperio Británico en su apogeo. ▼

El fin del imperialismo

Antes de la Segunda Guerra Mundial, potencias europeas coloniales como Gran Bretaña y Francia controlaban gran parte de Oriente Medio, Asia del sur, el sureste de Asia y África. La guerra debilitó su capacidad para gobernar las colonias y la conquista japonesa de gran parte de Asia mostró que los europeos podían ser derrotados.

Los imperios europeos se tambalean Existieron muchas razones para el declive del imperialismo. Las colonias eran costosas de mantener y de defender. La prolongada guerra agotó las finanzas de Europa, así como su voluntad para pelear. Los movimientos nacionalistas en las colonias se fortalecían, a medida que exigían el mismo derecho a la democracia que los aliados habían luchado por defender.

La Guerra Fría debilitó aún más al imperialismo. La Unión Soviética trató de ampliar su influencia al apoyar a las colonias en sus luchas contra el dominio europeo. Líderes estadounidenses como Truman también se oponían al imperialismo.

Después de la guerra, las naciones europeas trataron de recuperar el control de sus colonias asiáticas, pero enfrentaron un creciente nacionalismo. En Indonesia, Achmed Sukarno encabezó un movimiento de independencia contra los Países Bajos.

La India obtiene su independencia En la India, el movimiento nacionalista liderado por Mohandas Gandhi ganó fuerza. La mayoría de los nacionalistas se negaron a cooperar con Gran Bretaña durante la Segunda Guerra Mundial. Las protestas y la resistencia no violenta mostraron que la India sería difícil de controlar. Cansados de la guerra, los líderes británicos negociaron con los nacionalistas indios.

El movimiento nacionalista de la India estaba dividido entre la mayoría hinduista y la minoría musulmana. Aunque Gandhi era hinduista, esperaba que compartieran el poder. Pero el líder musulmán Muhammad Ali Jinnah temía que no recibirían un trato justo en una nación dominada por hinduistas, y favorecía la creación de un estado musulmán independiente.

Después de que estallaron disturbios religiosos en 1946, se crearon dos naciones distintas: la India hinduista y el Pakistán musulmán. Ambas naciones se independizaron en 1947. Jinnah fue el primer ministro de Pakistán. Jawaharlal Nehru, colaborador de Gandhi, fue el primer ministro de la India.

Hubo un costo: millones de hinduistas emigraron a la India y millones de musulmanes cruzaron a Pakistán. Los resentimientos estallaron en violencia. Más de un cuarto de millón de personas fueron asesinadas. En 1948, un extremista hinduista asesinó a Gandhi.

El sureste de Asia La colonia británica de Malaya, en el sureste de Asia, era rica en caucho, estaño, madera y otros recursos. Cuando los japoneses salieron de Malaya en 1945, los británicos trataron de retomar el poder y reparar los daños

Nehru observa la nueva bandera de la India en 1947.

La **India** se convierte en una nación

Cuando la India celebró su independencia en 1947, su nuevo primer ministro Jawaharlal Nehru proclamó: "Una nueva estrella se levanta, la de la libertad en Oriente". La condición de nación provocó conflictos con Pakistán.

Cuando Gandhi fue asesinado, Nehru dijo: "La luz se ha ido de nuestras vidas".

La migración masiva de hinduistas y musulmanes entre la India y Pakistán generó violencia.

generalizado, *adj.,* que ocurre en muchos lugares

a las industrias del caucho y el estaño. A partir de 1948, un ejército nacionalista malayo comenzó a luchar y, ante la oposición <u>generalizada</u>, Gran Bretaña tuvo que negociar. En 1957, Malaya obtuvo su independencia y en 1963, cambió su nombre a Malasia.

Birmania había sido una colonia británica desde principios del siglo XIX. Un movimiento nacionalista liderado por Aung San, primero luchó junto a los japoneses para expulsar a los británicos, y luego junto a los británicos para expulsar a los japoneses. A pesar de que Aung San fue asesinado en 1947, el país obtuvo su independencia al año siguiente.

Los Estados Unidos no tenían colonias formales, pero controlaban las Filipinas.

Estas islas habían estado ocupadas por los españoles, contra quienes los filipinos se rebelaron en la década de 1890. Durante la Guerra Hispano-Estadounidense, el ejército estadounidense ayudó a los filipinos a derrotar a los españoles. Sin embargo, luego los Estados Unidos tomaron su territorio. Durante la Segunda Guerra Mundial, las fuerzas japonesas expulsaron a los estadounidenses de las Filipinas. Los filipinos cooperaron con los Estados Unidos para derrotar al Japón en el Pacífico. Al finalizar la guerra, los Estados Unidos renunciaron a sus pretensiones en las Filipinas y la nación se independizó.

Verificar la lectura **¿Por qué se dividió la India británica en dos naciones?**

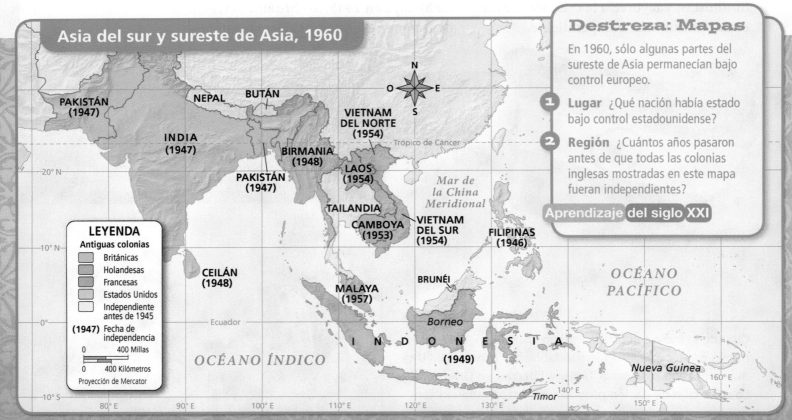

Asia del sur y sureste de Asia, 1960

PAKISTÁN (1947)
NEPAL
BUTÁN
VIETNAM DEL NORTE (1954)
INDIA (1947)
BIRMANIA (1948)
PAKISTÁN (1947)
LAOS (1954)
Trópico de Cáncer
20° N
TAILANDIA
CAMBOYA (1953)
VIETNAM DEL SUR (1954)
FILIPINAS (1946)
Mar de la China Meridional
10° N
CEILÁN (1948)
BRUNÉI
OCÉANO PACÍFICO
MALAYA (1957)
Borneo
Ecuador
0°
INDONESIA
(1949)
Nueva Guinea
OCÉANO ÍNDICO
Timor
10° S
80° E   90° E   100° E   110° E   120° E   130° E   140° E   150° E   160° E

LEYENDA
Antiguas colonias
- Británicas
- Holandesas
- Francesas
- Estados Unidos
- Independiente antes de 1945

(1947) Fecha de independencia

0 — 400 Millas
0 — 400 Kilómetros
Proyección de Mercator

Destreza: Mapas

En 1960, sólo algunas partes del sureste de Asia permanecían bajo control europeo.

1. **Lugar** ¿Qué nación había estado bajo control estadounidense?

2. **Región** ¿Cuántos años pasaron antes de que todas las colonias inglesas mostradas en este mapa fueran independientes?

Aprendizaje del siglo XXI

Nuevas naciones en África

Cuando terminó la Segunda Guerra Mundial, las únicas naciones independientes en África eran Etiopía, Egipto, Liberia y la Sudáfrica gobernada por blancos. El resto del continente estaba gobernado por potencias europeas.

Transiciones pacíficas Desde la década de 1920, el nacionalismo africano creció de manera constante. Los nacionalistas apoyaban la libertad política y el orgullo por la cultura tradicional.

Muchos líderes nacionalistas, sobre todo en las colonias británicas, fueron educados en Europa. Las potencias coloniales esperaban formarlos como funcionarios coloniales. En su lugar, lucharon contra el imperialismo. Muchos se arriesgaban a ser encarcelados por buscar la libertad.

A principios de la década de 1950, Kwame Nkrumah de Ghana, lideró protestas no violentas y huelgas contra el gobierno británico. Los británicos lo arrestaron pero acordaron formar una legislatura electa. Los ghaneses eligieron a Nkrumah para la legislatura mientras estaba en prisión. Entonces, lo dejaron en libertad y Nkrumah comenzó a negociar con Gran Bretaña por el autogobierno. En 1957, Ghana se convirtió en la primera nación de África, al sur del Sahara, en obtener su independencia tras la Segunda Guerra Mundial. Nkrumah se convirtió en el primer presidente de Ghana.

Con el tiempo, la mayoría de las colonias africanas de Gran Bretaña obtuvieron su independencia de manera pacífica con huelgas y protestas no violentas.

Kwame Nkrumah encabezó la independencia de Ghana. Aquí se muestra frente a la bandera de Ghana.

Nkrumah favorecía el **panafricanismo**, la idea de que todos los africanos deben cooperar para poder progresar. Se le unió en este esfuerzo Léopold Senghor, el líder de Senegal, que obtuvo su independencia de Francia en 1960. Poeta y escritor de renombre mundial, Senghor reafirmó la belleza y el poder del patrimonio africano.

Conflictos armados No todas las naciones africanas lograron su independencia de forma pacífica. Kenia y Argelia lo lograron después de largas y violentas luchas.

En la Kenia gobernada por Gran Bretaña, los colonos se apoderaron de las tierras que usaba el pueblo kikuyu para la agricultura y la caza. Los colonos las usaron para plantaciones de café y té. Jomo Kenyatta y otros nacionalistas de Kenia protestaron por la pérdida de tierras y exigieron el fin del dominio británico. A finales de la década de 1940, algunos kenianos <u>desplazados</u>, conocidos como los Mau Mau, atacaron a los colonos

desplazar, *v.,* expulsar por la fuerza; apartar

británicos, así como a los africanos que trabajaban para el gobierno colonial. Pronto, decenas de miles de tropas británicas luchaban en Kenia. Los ingleses aplastaron el levantamiento Mau Mau en 1957, pero cedieron a las demandas de mayor libertad política. En diciembre de 1963, Kenia obtuvo su independencia. Jomo Kenyatta fue el primer presidente de Kenia.

Tal vez la batalla más violenta se produjo en Argelia, en África del norte. Colonia francesa desde la década de 1830, era asentamiento de más de un millón de franceses que se oponían al autogobierno de los argelinos. Una guerra de guerrillas contra los franceses comenzó en 1954. El ejército francés arrestó a decenas de miles de argelinos. Múltiples bajas y el costo de mantener una gran fuerza militar debilitaron el compromiso de Francia. Una mayoría de votantes, tanto franceses como argelinos, apoyaron la independencia. Argelia se independizó en 1962.

Argelinos son obligados a punta de pistola a mostrar sus tarjetas de identificación a un soldado francés. ▼

Retos de la independencia Las naciones africanas enfrentaban muchos desafíos. Después de décadas de dominio extranjero, pocos tenían experiencia en el gobierno y sólo una minoría contaba con educación formal. En consecuencia, las nuevas naciones no estaban preparadas para el autogobierno inmediato. La inestabilidad política y la corrupción eran comunes. Muchas comenzaron con constituciones democráticas, para terminar como dictaduras militares.

En la formación y el gobierno de las colonias, las potencias europeas por lo general favorecían a un grupo étnico sobre otro. Esta política de "divide y vencerás" desalentó la cooperación entre los pueblos colonizados. Luego de independizarse, algunas de las viejas rivalidades étnicas se convirtieron en una guerra civil. La Guerra Fría aumentó las tensiones. En algunos países, los Estados Unidos y la Unión Soviética ayudaban a bandos opuestos.

Las potencias europeas habían extraído los recursos naturales de África y construido algunas industrias independientes, bancos, institutos científicos o universidades. Así, las nuevas naciones no estaban preparadas para industrializarse. Para dar vivienda y sustentar a las poblaciones en crecimiento, muchos líderes africanos tuvieron que pedir ayuda a las Naciones Unidas y a naciones occidentales. Algunas naciones experimentaron con el comunismo y el socialismo, que a menudo desaceleraban los esfuerzos de desarrollo.

Verificar la lectura ¿Cómo obtuvo Ghana su independencia de la Gran Bretaña?

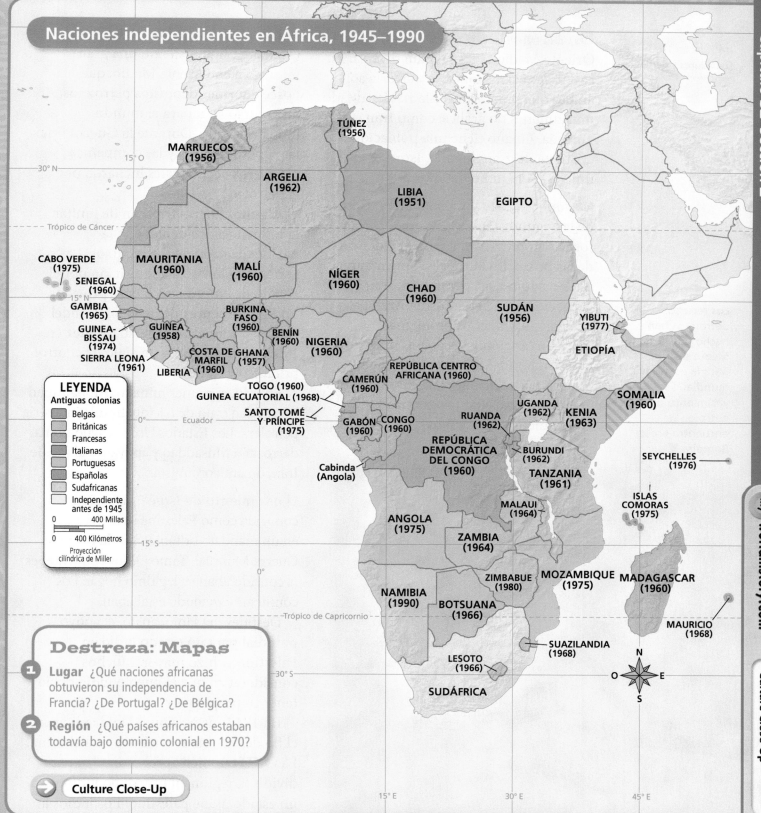

Naciones independientes en África, 1945–1990

TÚNEZ (1956)

MARRUECOS (1956)

ARGELIA (1962)

LIBIA (1951)

EGIPTO

30° N · 15° O

Trópico de Cáncer

CABO VERDE (1975)

MAURITANIA (1960)

MALÍ (1960)

NÍGER (1960)

CHAD (1960)

SUDÁN (1956)

YIBUTI (1977)

SENEGAL (1960)

15° N

GAMBIA (1965)

BURKINA FASO (1960)

ETIOPÍA

GUINEA-BISSAU (1974)

GUINEA (1958)

BENÍN (1960)

NIGERIA (1960)

REPÚBLICA CENTRO AFRICANA (1960)

SOMALIA (1960)

SIERRA LEONA (1961)

COSTA DE MARFIL (1960)

GHANA (1957)

CAMERÚN (1960)

UGANDA (1962)

KENIA (1963)

LIBERIA

TOGO (1960)

GUINEA ECUATORIAL (1968)

RUANDA (1962)

LEYENDA

Antiguas colonias

- Belgas
- Británicas
- Francesas
- Italianas
- Portuguesas
- Españolas
- Sudafricanas
- Independiente antes de 1945

0 ____ 400 Millas

0 ____ 400 Kilómetros

Proyección cilíndrica de Miller

SANTO TOMÉ Y PRÍNCIPE (1975)

GABÓN (1960)

CONGO (1960)

REPÚBLICA DEMOCRÁTICA DEL CONGO (1960)

BURUNDI (1962)

TANZANIA (1961)

SEYCHELLES (1976)

0° · Ecuador

Cabinda (Angola)

ANGOLA (1975)

MALAUI (1964)

ISLAS COMORAS (1975)

ZAMBIA (1964)

15° S

0°

ZIMBABUE (1980)

MOZAMBIQUE (1975)

MADAGASCAR (1960)

NAMIBIA (1990)

BOTSUANA (1966)

MAURICIO (1968)

Trópico de Capricornio

Destreza: Mapas

1 **Lugar** ¿Qué naciones africanas obtuvieron su independencia de Francia? ¿De Portugal? ¿De Bélgica?

2 **Región** ¿Qué países africanos estaban todavía bajo dominio colonial en 1970?

SUAZILANDIA (1968)

LESOTO (1966)

SUDÁFRICA

30° S

N O E S

15° E · 30° E · 45° E

→ Culture Close-Up

Oriente Medio

Oriente Medio es una región diversa. En casi todas las naciones, la mayoría son árabes que practican el islam. Hay estados musulmanes no árabes, como Irán y Turquía. Líbano tiene una población cristiana de gran tamaño. Israel es el único estado judío del mundo.

Naciones árabes y musulmanas Después de la Segunda Guerra Mundial, Siria y Jordania obtuvieron su independencia de las potencias europeas. Sin embargo, estas naciones, así como Irán, Iraq y las naciones de la península Arábiga, enfrentaban muchos problemas.

La corrupción y los golpes militares eran comunes. La Liga Árabe intentaba mejorar las relaciones entre las naciones árabes y desarrollar programas económicos y educativos.

Los recursos petroleros han hecho que Oriente Medio sea vital para la economía mundial. Este yacimiento de petróleo se encuentra en Bahréin. ▼

Tras el declive del imperialismo, Occidente siguió siendo una gran influencia en Oriente Medio, que posee enormes depósitos petroleros, un recurso vital para el mundo industrializado. Durante la Guerra Fría, las superpotencias y las compañías petroleras occidentales lucharon por el petróleo.

Algunos líderes trataron de limitar la influencia occidental con la nacionalización de sus recursos. La **nacionalización** es la adquisición por el Estado de empresas o bienes privados. En Egipto, el presidente Gamal Abdel Nasser nacionalizó el canal de Suez en 1956, poniendo fin a un siglo de control británico y francés.

En Irán, el primer ministro Muhammad Musaddaq trató de nacionalizar la industria petrolera. Los Estados Unidos ayudaron a derrocar a Musaddaq y apoyaron al sah de Irán, un anticomunista.

El nacimiento de Israel La región conocida como Palestina se convirtió en un mandato británico tras la Primera Guerra Mundial. Tanto judíos como árabes la consideraban su legítimo hogar. Los conflictos a menudo estallaban.

Después del Holocausto, el apoyo mundial para un estado judío en Palestina se hizo mayor. Muchos consideraban que el pueblo judío debía tener su propio país.

En 1947, las Naciones Unidas exigieron el fin del mandato británico en Palestina. La ONU también aprobó un plan para dividir la región en un estado judío y un estado árabe palestino. Los judíos lo aceptaron, pero los árabes lo rechazaron.

Los británicos abandonaron Palestina en 1948. Siguiendo el plan de la ONU, los judíos en Palestina declararon el estado independiente de Israel. Los Estados Unidos **reconocieron** rápidamente a Israel, es decir, accedieron oficialmente a tratar a la nueva nación como un estado legítimo con un gobierno legítimo.

> 66 El presidente Truman, al haberle otorgado el reconocimiento inmediato a Israel, encabeza al mundo en la extensión de la amistad a un pueblo que ha buscado por mucho tiempo y justamente merecido la libertad y la independencia 99.
>
> —Plataforma Democrática sobre Israel, 24 de octubre de 1948

La Unión Soviética y la mayoría de los demás países reconocieron a Israel. Sin embargo, los vecinos árabes se oponían a la creación de un estado judío en lo que consideraban como tierras árabes. Atacaron a Israel, pero éste derrotó a las fuerzas árabes.

Muchos árabes permanecieron en Israel como ciudadanos. Sin embargo, un gran número de árabes palestinos huyeron de Israel durante la guerra. Muchos terminaron en campos de refugiados en Egipto, Jordania o Siria. Un número igual de judíos huyeron de tierras árabes y se mudaron a Israel. Otras guerras árabe-israelíes seguirían en los próximos años.

Verificar la lectura ¿Cómo trataban Nasser y Musaddaq de limitar la influencia europea?

Soldados israelíes izan la bandera de su nueva nación en 1948. ▼

? Pregunta esencial

Evaluación de la Sección 2

Términos clave

1. ¿Cuál era el objetivo del panafricanismo?

2. Da un ejemplo de nacionalización.

3. ¿Qué significa cuando un país reconoce a otro?

Ideas clave

4. ¿Cómo debilitó la Segunda Guerra Mundial al imperialismo?

5. ¿Cómo provocó la independencia conflictos en la India?

6. ¿Qué desafíos enfrentaron las nuevas naciones de África?

Razonamiento crítico

7. **Comparar y contrastar** ¿Fue la independencia de Malasia, similar a la de Ghana o Kenia? Explícalo.

8. **Comparar puntos de vista** ¿Qué pensaron los árabes y judíos de Palestina sobre la creación de Israel?

¿Qué es el poder? ¿Quién debe tenerlo?

9. ¿Cómo están relacionadas muchas veces las luchas por el poder de una región con los recursos naturales? Da dos ejemplos. Anota la respuesta en tu Cuaderno del estudiante.

Evaluación del capítulo

Términos e ideas clave

1. **Comparar y contrastar** ¿En qué se diferencia una economía basada en la **libre empresa** de una **economía dirigida**?

2. **Describir** ¿Qué era la carrera armamentista?

3. **Explicar** ¿Cómo influyó la **distensión** en las relaciones entre las **superpotencias**?

4. **Resumir** ¿Qué pasó con los imperios coloniales europeos después de la Segunda Guerra Mundial?

5. **Explicar** ¿Por qué muchos líderes africanos favorecían el **panafricanismo**?

6. **Describir** Describe cómo un líder en Oriente Medio buscaba alcanzar el objetivo de la **nacionalización**.

Razonamiento crítico

7. **Tomar decisiones** Si tú hubieras sido el propietario de un negocio en la década de 1950, ¿habrías querido abrir una fábrica en los Estados Unidos o en la Unión Soviética? Da las razones de tu elección.

8. **Analizar fuentes primarias** Vuelve a leer las palabras del discurso de Churchill en la primera sección. ¿Por qué crees que llamaba a la línea que dividía a Europa una "Cortina de Hierro"? ¿Cómo se sentía al respecto? ¿Crees que Churchill habría favorecido la política de contención de Truman?

9. **Comparar y contrastar** Explica un aspecto similar y uno diferente entre las guerras de Corea y Vietnam.

10. **Comparar puntos de vista** ¿Crees que el dueño de una plantación de caucho en Malasia en 1947 habría apoyado la independencia? Explícalo.

11. **Analizar causa y efecto** ¿Cómo contribuyó la Segunda Guerra Mundial al nacimiento de la nación de Israel?

12. **Conceptos básicos: Civismo** ¿Cómo crees que el derrumbe de la Unión Soviética influyó en la vida política de las personas que vivían en Europa oriental? ¿Habría tenido el fin del imperialismo un efecto similar en las personas que vivían en las antiguas colonias europeas?

Analizar elementos visuales

Los dos hombres que se muestran en esta caricatura son John F. Kennedy (izquierda) y Nikita Khrushchev (derecha). La caricatura apareció en noviembre de 1962. Observa la caricatura y contesta las siguientes preguntas:

13. ¿Qué hay en la caja? ¿Cómo está representada por el artista?

14. ¿Qué están tratando de hacer los dos hombres?

15. ¿Qué suceso crees que es el tema de esta caricatura? Explica las razones por las que piensas esto.

16. ¿Cómo se relaciona esta caricatura con lo que pasó después de este suceso?

HAY QUE CONSEGUIR UNA CERRADURA PARA ESTA COSA

GUERRA NUCLEAR

Pregunta esencial

miMundo: Actividad del capítulo

Los grandes conflictos de la historia Sigue las instrucciones de tu maestro para obtener información sobre el papel del poder en los conflictos mundiales. Presenta un argumento para incluir el conflicto en el tema de portada de una revista sobre las lecciones de conflictos en la historia. Desarrolla y propón una imagen que muestre el conflicto en la portada de la revista.

Aprendizaje del siglo XXI

Resolución de problemas

Eres un ciudadano de la Unión Soviética a finales de 1991. Trabaja con un equipo de tres o cuatro estudiantes para hacer una lista de tres objetivos para tu país después de la caída del comunismo. Incluye al menos un objetivo político y un objetivo económico. Crea una presentación en la que describas cada objetivo y expliques por qué es importante.

Preguntas basadas en documentos

Success Tracker™
En línea en myworldhistory.com

Usa tu conocimiento del fin del imperialismo y los Documentos A y B para responder las Preguntas 1 a 3.

Documento A

" Si ustedes. . . trabajan juntos en un espíritu en que cada uno de ustedes, sin importar a qué comunidad pertenecen, sin importar qué relaciones tuvieron en el pasado, sin importar su color, casta o credo, son primero, segundo y por último ciudadanos de [Pakistán] con los mismos derechos, privilegios y obligaciones, no habrá límite a los progresos que realizarán".

—Muhammed Ali Jinnah, discurso ante la Asamblea Constituyente de Pakistán, 11 de agosto de, 1947

1. En el discurso anterior, ¿cuál es el objetivo principal de Jinnah?

A exigir la independencia de Gran Bretaña

B provocar conflictos entre hinduistas y musulmanes

C convertir a Pakistán en una nación fuerte

D exhortar a que la India y Pakistán permanezcan unidos

Documento B

" Debemos olvidar todas nuestras diferencias del pasado y trabajar juntos para construir la nueva Kenia del futuro. Donde haya odio racial, debe ser terminado. Donde exista animosidad tribal, será terminada. . . Si podemos crear este sentido de orientación e identidad nacionales, habremos recorrido un largo camino hacia la resolución de nuestros problemas económicos".

—Jomo Kenyatta, 29 de junio de 1963

2. ¿Cuál dice Kenyatta que es la clave para mejorar la economía de Kenia?

A fomentar el nacionalismo

B establecer un estado comunista

C dejar que cada tribu resuelva sus problemas

D expulsar a los británicos

3. **Tarea escrita** Tanto Jinnah como Kenyatta eran líderes de naciones de reciente independencia. Escribe un párrafo comparando sus objetivos para el futuro. ¿Por qué crees que se sentían así?

my worldhistory.com

Self-Test

El mundo de hoy

¿Cuáles son las consecuencias del comercio?

? **Explora la Pregunta esencial**

- en **my worldhistory.com**
- usando **miMundo: Actividad del capítulo**
- con el **Cuaderno del estudiante**

Vecinos indios participan en una videoconferencia.

Sucesos modernos clave

1993 Veintisiete naciones fundan la Unión Europea.

1994 Los Estados Unidos, México y el Canadá firman el Tratado de Libre Comercio.

2008 Muchas naciones entran en una recesión.

1980   2000   2020

1979 La Revolución Iraní derroca al sah.

1994 Termina el *apartheid* en Sudáfrica.

2001 Extremistas musulmanes atacan los Estados Unidos.

Sonia Gandhi: Un legado familiar

La India, el segundo país más poblado del mundo, también tiene una de las economías de más rápido crecimiento. El comercio y la industria están en alza. Para 2009, la India estaba lista para ser una de las naciones más influyentes del mundo. La mujer más influyente de la India era Sonia Gandhi.

Aunque nació en Italia, Gandhi lideraba tanto la coalición gobernante de la India como su principal partido político, el Partido del Congreso. La revista *Time* la nombró una de las 100 personas que transformaron el mundo. La revista *Forbes* la clasificó entre las mujeres más poderosas del mundo.

Forma parte de una familia con un alto sentido del deber. Es la viuda de Rajiv Gandhi. Él, su madre y su abuelo fueron primeros ministros de la India.

Sonia Maino se enamoró de Rajiv Gandhi cuando ella estudiaba inglés y él ingenieria en la universidad en Inglaterra. Más tarde recordó que de la India sólo sabía que había "serpientes, elefantes y la selva, pero no estaba segura de dónde estaba y qué era".

my worldhistory.com

Timeline/On Assignment

El primer ministro Jawaharlal Nehru habla a su nieto, Rajiv Gandhi.

Indira Gandhi asiste a una ceremonia conmemorativa con Rajiv, Sonia y sus hijos.

Rajiv y Sonia Gandhi saludan a sus partidarios en la campaña electoral de 1984.

Sonia y Rajiv se casaron en 1968. Aunque entró a una dinastía política, ella evitaba la política.

Cuando Sonia conoció a Indira, la madre de Rajiv, estaba nerviosa. Indira era primera ministra de la India. Al instante, ambas mujeres se cayeron bien. Para su boda, Sonia usó el sari de boda de Indira. El sari es un vestido tradicional de la India.

Indira adoraba la cocina italiana de Sonia y trataba de comer con su familia. Sonia se hizo cargo de las tareas domésticas como el cuidado de los saris. Sus hijos a veces jugaban cerca mientras Indira hablaba con los periodistas.

El padre de Indira, Jawaharlal Nehru, había sido primer ministro de la India y preparó a Indira para sucederle. De adolescente, Indira se esforzó por conseguir la independencia de la India de Gran Bretaña, lo que finalmente se logró en 1947.

Indira se convirtió en primera ministra en 1966. Fue la primera mujer en dirigir una democracia. Trabajando 18 horas al día, luchó por el progreso social y promovió la ciencia y la tecnología. Pero en 1984, sus enemigos la asesinaron. Rajiv habló esa noche: "Indira Gandhi ha sido asesinada. No sólo era mi madre sino la madre de toda la nación.

Sirvió al pueblo indio hasta la última gota de su sangre. . . . Indira Gandhi ya no está, pero su alma vive. La India vive". Rajiv era piloto de aviones comerciales y fotógrafo, pero dejó todo para continuar el trabajo de su madre.

Sonia le rogó que no se convirtiera en primer ministro. Pero la dinastía Nehru-Gandhi, rara vez rehuía el llamado del deber. Ella y Rajiv vivían rodeados de intensas medidas de seguridad, incluso sacaron a sus hijos de la escuela para instruirlos en casa. Sonia permaneció en un segundo plano, estudiando restauración de arte y trabajando para preservar el patrimonio artístico de la India.

En 1991, enemigos políticos asesinaron a Rajiv. Sonia, viuda con dos hijos, dejó de comer durante varios días y se recluyó. Creó una fundación para ayudar a las mujeres y los niños y publicó libros acerca de la familia Gandhi.

Al pasar los años, se reunía con mayor frecuencia con los líderes de la India. Al principio sólo escuchaba, después hizo preguntas. Con el tiempo, llegó a estar bien informada sobre los problemas de la India, como la pobreza generalizada.

Los partidarios de Sonia Gandhi celebran la aprobación de un proyecto de ley que amplía los derechos de las mujeres en la India.

No todo el mundo apoya a Sonia Gandhi. Sus opositores creen que su régimen es corrupto. Otros piensan que el dominio político de los Gandhi debe terminar.

Sonia no quería dedicarse a la política, pero en 1998 aceptó convertirse en líder del Partido del Congreso que Indira había dirigido. Dijo que no podía dejar que fracasara, se preparó estudiando los discursos de Indira y copiando su estilo de vestir. Muchos se opusieron porque había nacido en Italia, pero ella se consideraba india y tenía plena ciudadanía: "Nunca he sentido que me hayan mirado como extranjera. Porque no lo soy. Soy india".

Fue electa al parlamento ese año y demostró ser una líder fuerte. En 2004, rechazó el cargo de primer ministro y su hijo, Rahul, se convirtió en miembro del parlamento.

Sonia siguió involucrada en la política como líder del partido más importante. Algunas personas piensan que es posible que tenga más poder que si hubiera aceptado el cargo de primer ministro.

En 2008, unos mortíferos ataques terroristas sacudieron Bombay, una de las principales ciudades de la India. Sonia advirtió: "Nuestra paciencia no debe ser interpretada como debilidad. No toleraremos ningún acto contra la India". Actualmente, Sonia, una de las mujeres más poderosas del mundo, se dedica a mejorar la vida de los pobres.

Basándote en esta historia, ¿qué retos crees que influyen en la India hoy en día? Mientras lees el capítulo, piensa qué indica la historia de los Gandhi sobre el mundo de hoy.

 myStory Video

Aprende más sobre la India y la familia Gandhi.

Rahul (extrema izquierda) y Priyanka Gandhi (extrema derecha) acompañan a su madre.

975

Continuación de los conflictos

 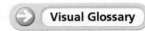
Destreza de lectura Resumir Toma notas usando el organizador gráfico en tu Cuaderno.

Un miembro de las fuerzas de mantenimiento de paz francesas con dos ciudadanos de Kosovo en 2004 ▼

Desde la Segunda Guerra Mundial continúan los conflictos en muchas regiones del mundo. Los conflictos étnicos ocurren entre diferentes grupos raciales y culturales. Otros conflictos surgen por el derecho a votar, a tener una educación o por practicar una religión.

Conflictos étnicos y nacionales

Para la segunda mitad del siglo XX, la mayoría de las antiguas colonias obtuvieron su independencia. Más tarde, el fin de la Guerra Fría produjo conflictos en varias naciones ex comunistas.

Europa oriental y la Unión Soviética En Europa oriental, Yugoslavia se convirtió en una nación comunista en 1946, bajo el liderazgo de Josip Broz Tito. El gobierno controlaba la economía y mantenía el orden. Varios grupos étnicos competían por los recursos. Un grupo étnico es un grupo de personas que comparten una raza, idioma o cultura común. Los principales grupos étnicos eran los bosnios musulmanes, los serbios y los croatas. Los serbios son cristianos ortodoxos y los croatas son católicos romanos.

Con la muerte de Tito en 1980 aumentaron los conflictos. En 1991, Yugoslavia se dividió cuando varias regiones declararon su independencia, creando una guerra entre grupos étnicos. Las Naciones Unidas enviaron fuerzas de mantenimiento de paz para ayudar a poner fin a los combates. Las actuales naciones de Serbia, Croacia, Macedonia, Eslovenia y Bosnia-Herzegovina formaron parte de Yugoslavia.

Partes de la antigua Unión Soviética también han tenido conflictos étnicos. Chechenia ha tratado de separarse de Rusia. Tayikistán y la República de Georgia han sufrido guerras civiles.

África La mayoría de las naciones africanas se independizaron del dominio europeo en la década de 1960. Las potencias coloniales establecieron fronteras sin tener en cuenta los grupos étnicos que allí vivían, y muchos de éstos compitieron por el poder.

Nigeria tiene la mayor población, abundantes recursos naturales y muchos grupos étnicos. Se independizó en 1960 y unos años más tarde, experimentó el primero de varios golpes militares.

En 1967, el grupo étnico igbo trató de formar su propio país. Cientos de miles de personas murieron en la guerra civil que sobrevino luego. Después de dos años y medio, Nigeria se reunificó. Si bien el conflicto continuó, el desarrollo económico y la estabilidad política dieron lugar a elecciones libres en 1998.

El Sudán tiene la mayor superficie. Al igual que Nigeria, el Sudán tiene muchos grupos étnicos. Desde su independencia en 1956, lleva casi 11 años en guerra. El gobierno está controlado por los musulmanes sudaneses que viven en el norte y se identifican como árabes. La mayoría de las personas del sur y el oeste pertenecen a grupos étnicos africanos.

En 2003, la guerra estalló en la región de Darfur. La competencia por la tierra y los recursos del agua provocaron tensiones entre pastores y granjeros. Los granjeros apoyaban a los rebeldes que atacaban objetivos del gobierno. Éstos querían una mayor participación en el poder político y económico. Apoyados por el gobierno, los pastores formaron grupos armados que a menudo atacaban a los civiles. Más de 300,000 personas han sido asesinadas y 2.5 millones más han huido.

estabilidad, *sust.,* el hecho de estar estable o ser poco probable que cambie

Fuerzas de mantenimiento de paz en Darfur

Darfur es una región en el oeste del Sudán. Ha estado en guerra desde 2003, lo que ha generado millones de refugiados. En 2007, las Naciones Unidas comenzaron operaciones de paz en Darfur. Las fuerzas de mantenimiento de paz protegen a las personas que no participan en los combates, les proporcionan alimentos y otros tipos de ayuda y tratan de avanzar el proceso de paz. Sin embargo, muchos habitantes de Darfur aún viven con temor a la violencia.

▲ Fuerzas de mantenimiento de paz ayudan a los refugiados en Darfur.

977

La India Después de su independencia de Gran Bretaña, la India fue controlada por el Partido del Congreso. El primer primer ministro, Jawaharlal Nehru, trató de reformar y modernizar a la India hasta 1964. Su hija, Indira Gandhi, llegó al poder en 1966.

En la década de 1980, los sijs, un grupo religioso, exigieron su independencia. Gandhi respondió con dureza y la asesinaron en 1984. Desde entonces, siguen los conflictos étnicos y religiosos, pero debido a la creciente prosperidad, el gobierno los puede controlar.

El conflicto también ha aumentado entre la India, de mayoría hindú, y su vecino musulmán, Pakistán. Hubo enfrentamientos violentos de 1940 a 1990 por reclamaciones de la provincia de Cachemira.

Verificar la lectura **¿Quién era Indira Gandhi?**

Luchas por los derechos humanos

En todo el mundo las personas han luchado por los derechos humanos, que incluyen libertades políticas y económicas.

Los Estados Unidos Durante gran parte del siglo pasado, los afroamericanos y otros sufrieron la discriminación legal, incluida la segregación. La **segregación** es la separación de razas en viviendas, escuelas y otros lugares. Los afroamericanos desafiaron la discriminación.

En 1954, la Corte Suprema dictaminó que las escuelas separadas eran inconstitucionales y que debían <u>integrar</u> a las razas. En 1964 se aprobó la Ley de los Derechos Civiles, que prohibió muchas formas de discriminación.

Sudáfrica En Sudáfrica, el gobierno dominado por blancos obligaba a los sudafricanos negros a vivir en reservas especiales. Más del 75 por ciento de la población era negra, pero las reservas incluían sólo el 13 por ciento de la tierra.

Los negros no tenían libertad de movimiento y necesitaban pases para trabajar. Las leyes limitaban sus derechos y dónde podían vivir. Este sistema político sudafricano que daba privilegios a los blancos fue llamado *apartheid*.

A partir de la década de 1950, el Congreso Nacional Africano (CNA) desafió el *apartheid*. El gobierno prohibió el CNA y envió a sus líderes, entre ellos Nelson Mandela, a prisión. Las protestas mundiales contra el *apartheid* aumentaron en la década de 1980. Muchas naciones presionaron al gobierno al negarse a comprar bienes sudafricanos.

Mandela fue liberado en 1990 y electo presidente en 1994 con el 60 por ciento de votos, en las primeras elecciones en las que todas las razas podían votar. Alentó a vivir en paz:

> 66 Hoy, todos, por nuestra presencia aquí y las celebraciones en otras partes del país y del mundo, conferimos gloria y esperanza a la recién nacida libertad 99.
>
> —Nelson Mandela, 10 de mayo de 1994

China Deng Xiaoping se convirtió en el líder de China en 1977. Trató de modernizar la tecnología, la agricultura y el ejército. También permitió las empresas comerciales, aumentando el comercio, la industria y el suministro de alimentos. En 1988, los ingresos chinos se habían duplicado.

integrar, *v.,* reunir

978

DERECHOS CIVILES:
Estados Unidos y Sudáfrica

Los líderes influyentes fueron importantes para los movimientos de derechos civiles. En los Estados Unidos, los líderes afroamericanos organizaban manifestaciones pacíficas y boicots contra la discriminación. En Sudáfrica, el Congreso Nacional Africano era un partido político que organizaba protestas, pero fue prohibido cuando algunas se volvieron violentas. *¿Cómo produjeron tácticas diferentes resultados similares?*

En la década de 1960, el Dr. Martin Luther King, Jr. encabezó una lucha no violenta por los derechos civiles de los afroamericanos en los Estados Unidos.

Nelson Mandela dirigía el CNA. Fue encarcelado durante más de 25 años. Después de su liberación, fue elegido presidente en 1994.

Deng y otros dirigentes del Partido Comunista no permitían la libertad de expresión ni elecciones libres. En 1989, más de un millón de personas protestaron en la capital china, Pekín. El gobierno envió al ejército a la Plaza Tiananmen. Hubo miles de muertos o heridos. Aún sigue la presión por mayor libertad.

China ha gobernado el Tíbet desde 1959. Los tibetanos han exigido su autonomía. En 2008, las protestas estallaron. Las fuerzas chinas arrestaron a muchos manifestantes, incluidos monjes budistas. Los líderes chinos responsabilizaron de la violencia al Dalai Lama, el líder religioso exiliado del Tíbet.

América Latina En las décadas de 1970 y 1980, líderes militares derrocaron a gobiernos electos en varias naciones de América Latina. Estos gobiernos a menudo violaban los derechos humanos, usando el secuestro y la tortura.

Un dictador militar, Augusto Pinochet, gobernó Chile de 1973 a 1990. En su enfrentamiento a comunistas y otros opositores, es posible que el gobierno haya estado involucrado en la desaparición de hasta 3,000 personas. En Argentina, el número de desaparecidos puede que sea tan alto como 30,000. En ambos países, los familiares de los desaparecidos siguen exigiendo respuestas y justicia.

A finales de las décadas de 1980 y 1990, los líderes militares y dictadores perdieron apoyo. Chile, Argentina, Brasil y otras naciones tienen ahora gobiernos democráticos estables.

Verificar la lectura **¿Qué problemas de derechos humanos enfrentaron Chile y Argentina?**

my worldhistory.com

Primary Source

979

Lucha por los derechos humanos:
Democracia

En el siglo XX, muchas personas comenzaron a pensar en la democracia como un derecho humano. En todo el mundo, las personas han protestado en contra de gobiernos no democráticos. Muchos manifestantes han arriesgado sus vidas. En China, el Partido Comunista controla todas las elecciones y los manifestantes son enviados a prisión. Irán es una teocracia, controlada por un pequeño grupo de líderes religiosos. Un consejo de clérigos islámicos decide quién puede postularse para un cargo. *¿Por qué es probable que las personas desafíen a sus gobiernos?*

Plaza Tiananmen, China, 1989
En 1989, manifestantes en Pekín exigieron libertades políticas y económicas. El 4 de junio, el gobierno envió tanques y tropas a la Plaza Tiananmen. Miles fueron muertos o enviados a prisión.

Conflicto en Oriente Medio

Oriente Medio ha estado en conflicto constante desde el final de la Segunda Guerra Mundial. La región ha sufrido varias guerras que han tenido un impacto más allá de la región.

Una región importante Oriente Medio tiene tres religiones importantes que se originaron allí: el judaísmo, el cristianismo y el islam, y muchos lugares sagrados.

También es importante económica y políticamente. Allí se descubrió petróleo a principios del siglo XX. Europa y los Estados Unidos necesitan el petróleo para los carros, fábricas y centrales eléctricas. Países como Arabia Saudita, Irán e Iraq obtienen mucho dinero de la exportación de petróleo. Desde la década de 1970, han adquirido una mayor influencia en la política mundial.

Enfrentamientos en naciones musulmanas
Antes de la Segunda Guerra Mundial, Europa había colonizado y controlado la mayor parte de estas tierras. La mayoría de las personas de la región eran musulmanas.

En la década de 1950, el nacionalismo se convirtió en una fuerza importante a medida que las naciones se independizaban. Algunos dirigentes, como Gamal Abdel Nasser de Egipto, querían crear estados modernos autosuficientes con identidades basadas en fronteras nacionales.

Bajo el gobierno de Nasser, Egipto básicamente era laico: el gobierno y la religión estaban separados. Sin embargo, algunos grupos querían que el islam fuera la base del gobierno. Uno de esos grupos, la Hermandad Musulmana, todavía tiene influencia.

Para 1970, la mayoría de las naciones de Oriente Medio estaban gobernadas por familias reales o dictadores militares. Algunos líderes religiosos islámicos se oponían a estos gobiernos laicos,

Irán, 2009
Después de una disputada elección presidencial en 2009, estudiantes y otras personas salieron a las calles para protestar por el resultado. Algunos manifestantes fueron golpeados, arrestados o asesinados.

argumentando la corrupción de la cultura occidental y que los países musulmanes debían seguir estrictamente la ley islámica. Algunos eran fundamentalistas islámicos. El **fundamentalismo** es un sistema de creencias basado en la interpretación literal de los textos sagrados. Algunos fundamentalistas también eran extremistas.

En 1979, revolucionarios islámicos derrocaron al gobernante de Irán, el sah Reza Kan Pahlevi. Su brutal dictadura y vínculos con Occidente lo hicieron vulnerable. El líder religioso ayatolá Ruhollah Khomeini tomó el poder. Rechazó la influencia occidental y creó un estado represivo basado en la ley islámica.

Israel y sus vecinos Desde la fundación de la nación judía de Israel, Israel y sus vecinos árabes han estado en conflicto permanente. Han librado guerras en 1948, 1956, 1967 y 1973. En 1967, Israel tomó el control de Cisjordania, la franja de Gaza, la península del Sinaí y los altos del Golán. Los árabes palestinos se oponían a la existencia de Israel. En 1964, se formó la Organización de Liberación Palestina (OLP) para destruir a Israel y asegurar un estado palestino. Sus miembros secuestraron aviones y mataron a civiles israelíes. En respuesta, Israel aumentó las medidas de seguridad.

Durante las décadas de 1970 y 1980, el gobierno israelí ayudó a los israelíes a construir viviendas en Cisjordania y la franja de Gaza, que habían formado parte del antiguo mandato británico de Palestina. Los palestinos se oponían a estos asentamientos.

Después de 1967, las naciones árabes acordaron no negociar con Israel. Pero en 1978, el presidente egipcio Anwar Sadat anunció que visitaría Israel. Al año siguiente, Egipto e Israel firmaron un tratado de paz. Egipto reconoció el derecho de Israel a existir. Israel devolvió la península del Sinaí a Egipto. Jordania después firmó su propio tratado con Israel. Aún hay naciones vecinas que niegan el derecho de Israel a existir.

En 1993, Israel y la OLP comenzaron un proceso de paz. La OLP se propone crear un estado palestino en el territorio ahora controlado por Israel. Israel exige que la OLP acepte el derecho de Israel a existir. A pesar del progreso, los extremistas han participado en ataques terroristas contra ciudadanos israelíes. El **terrorismo** es el uso de la violencia para crear miedo y lograr un objetivo político.

Verificar la lectura ¿Qué exportación produjo riquezas para Oriente Medio?

vulnerable, *adj.,* sujeto a la crítica o al ataque

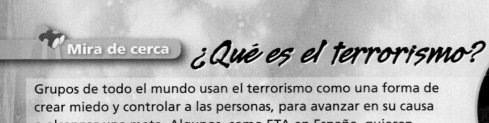

Mira de cerca

¿Qué es el terrorismo?

Grupos de todo el mundo usan el terrorismo como una forma de crear miedo y controlar a las personas, para avanzar en su causa o alcanzar una meta. Algunos, como ETA en España, quieren que una región sea independiente. Otros quieren controlar los gobiernos o cambiar la manera de pensar de las personas. El terrorismo por lo general no es exitoso. El mapa de abajo muestra algunos lugares de ataques terroristas.

RAZONAMIENTO CRÍTICO **¿Cuál es el propósito del terrorismo?**

D Una ceremonia en honor a las personas que murieron por una bomba en Moscú en 2009

A Desde 1996, un grupo rebelde marxista, las FARC (Fuerzas Armadas Revolucionarias de Colombia), lucha contra el gobierno colombiano.

B En 1998, un grupo que quería que Irlanda del Norte fuera parte de la República de Irlanda hizo estallar una bomba en un concurrido mercado, causando la muerte a 28 personas de todas las edades y procedencias. La indignación por el bombardeo produjo un acuerdo de paz.

C El 11 de septiembre de 2001, extremistas musulmanes estrellaron aviones contra el World Trade Center en Nueva York y el Pentágono en Washington, D.C.

LEYENDA
Algunos ataques terroristas en el mundo

✳ Ubicación del ataque terrorista (fecha)

0   2,000 Millas
0   2,000 Kilómetros

Proyección cilíndrica de Miller

Omagh, Irlanda del Norte (1998)

Moscú, Rusia (2010)

Londres, Inglaterra (2005)

Chechenia (en curso)

Burgos, España (2009)

Oklahoma City, OK., Estados Unidos (1995)

Nueva York, N.Y., Estados Unidos (1993, 2001)

Madrid, España (2004)

Estambul, Turquía (2003)

Tokio, Japón (2005)

Israel (en curso)

México (en curso)

OCÉANO ATLÁNTICO

Darfur, Sudán (2004–presente)

Bombay, India (2008)

OCÉANO PACÍFICO

Colombia (en curso)

Uganda (2010)

Filipinas (en curso)

Cabinda, Angola (2010)

OCÉANO PACÍFICO

OCÉANO ÍNDICO

La guerra contra el terrorismo

A algunos musulmanes les molesta el apoyo económico y militar que dan los Estados Unidos y las naciones europeas a algunos gobiernos de Oriente Medio. En la década de 1990, terroristas musulmanes ejecutaron ataques violentos contra las naciones occidentales y sus ciudadanos.

Ataques del 11 de septiembre En 2001, Al Qaeda, un grupo extremista musulmán, estrelló aviones secuestrados contra el World Trade Center en Nueva York, matando a más de 3,000 personas. Otro avión chocó contra el Pentágono. Los pasajeros de otro avión obligaron a los secuestradores a estrellarse en un campo de Pennsylvania.

El pueblo estadounidense estaba atónito. El presidente George W. Bush declaró una "guerra contra el terrorismo". Envió tropas para combatir a Al Qaeda en su base de operaciones en Afganistán, Asia central. El gobierno talibán en Afganistán proporcionaba seguridad para Al Qaeda. El talibán es un grupo fundamentalista islámico que controlaba gran parte de Afganistán.

Guerras en Oriente Medio Bush ordenó un ataque a Iraq en 2003. Acusó al dictador iraquí, Sadam Hussein, de colaborar con Al Qaeda y ocultar armas de destrucción masiva. Los Estados Unidos y sus aliados lo derrocaron pero no encontraron las armas.

Las tropas estadounidenses han salido de Iraq a medida que el gobierno democráticamente electo ha tomado posesión. Aún hay tensiones internas por asuntos de seguridad, corrupción y conflictos entre los grupos religiosos y étnicos.

Afganistán también tiene un gobierno elegido democráticamente. Debido a la corrupción y abuso del poder, algunos afganos se han unido al talibán. En Afganistán aún hay tropas estadounidenses.

Verificar la lectura **¿Cómo respondieron los Estados Unidos a los ataques del 11 de septiembre?**

Un soldado estadounidense muestra una cámara a niños iraquíes. ▼

Evaluación de la Sección **1**

Pregunta esencial
¿Cuáles son las consecuencias del comercio?

Términos clave

1. ¿Qué es el terrorismo?

2. Da un ejemplo de segregación.

3. ¿Qué es el fundamentalismo?

Ideas clave

4. ¿Por qué estalló la guerra en el Sudán?

5. Describe la lucha por los derechos humanos en China.

6. ¿Cómo ha influido el nacionalismo en Oriente Medio?

Razonamiento crítico

7. Inferir ¿Por qué existen muchos conflictos entre grupos étnicos?

8. Analizar causa y efecto ¿Por qué era el sah de Irán vulnerable a los fundamentalistas?

9. ¿Cómo usaron otras naciones el comercio para alentar a Sudáfrica a acabar con el *apartheid*? Anota la respuesta en tu Cuaderno del estudiante.

Sección 2

Cooperación y comercio

Ideas clave

- Las organizaciones internacionales han tenido éxitos ambivalentes en la promoción de la paz, la salud y los derechos humanos.

- Los países en vías de desarrollo y los países ex comunistas enfrentan retos en el logro de la estabilidad económica.

- La economía mundial interdependiente de hoy en día, plantea tanto riesgos como beneficios.

Términos clave • inflación • libre comercio • importación • globalización

 **Visual Glossary**

 Destreza de lectura Identificar las ideas principales y los detalles Toma notas usando el organizador gráfico en tu Cuaderno.

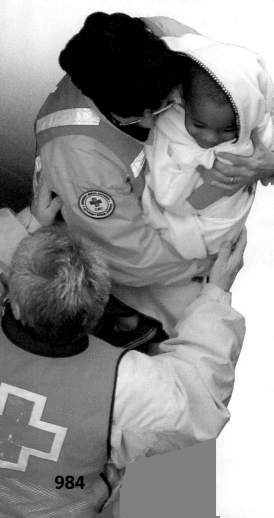

Trabajadores de la Cruz Roja ayudan a un niño. ▼

En las últimas décadas, la cooperación y la comunicación entre las personas de diferentes regiones y naciones se han incrementado. Estas conexiones tienen beneficios, pero han creado nuevos desafíos.

Organizaciones internacionales

Después de la Segunda Guerra Mundial, se formaron organizaciones internacionales para promover la paz mundial, la salud y los derechos humanos. Las Naciones Unidas es la mayor organización.

Las Naciones Unidas Los líderes aliados fundaron la Organización de Naciones Unidas (ONU). Fue creada en octubre de 1945, apenas dos meses después del fin de la Segunda Guerra Mundial.

Las Naciones Unidas y sus muchos organismos están involucrados en el progreso social, los derechos humanos y el mantenimiento de la paz. La ONU ha dirigido decenas de misiones ayudando a las naciones a terminar los conflictos y a mejorar sus economías.

Los Estados Unidos desempeñan un importante papel de liderazgo en las Naciones Unidas. Es uno de los cinco miembros permanentes del Consejo de Seguridad y la sede está en Nueva York. También es el mayor contribuyente al presupuesto anual de la ONU.

Las Naciones Unidas han creado decenas de organismos humanitarios, que tratan de mejorar las condiciones de salud y de vida de la población mundial. Entre los grupos más importantes está la Organización Mundial de la Salud (OMS). La OMS coordina programas de salud pública en todo el mundo, cuyo objetivo es acabar con las enfermedades contagiosas. También distribuye

Principales organismos de las Naciones Unidas

" El propósito de las Naciones Unidas es unir a todas las naciones del mundo para trabajar por la paz y el desarrollo, basándonos en los principios de justicia, dignidad humana y bienestar para todas las personas "

—Naciones Unidas "ciberbús escolar"

Asamblea General

La Asamblea General se reúne una vez al año. Cada una de las 192 naciones miembros dispone de un asiento y un voto. Las resoluciones aprobadas por la Asamblea General no son leyes. Sin embargo, muchos países tratan de seguirlas.

El Consejo de Seguridad

El Consejo de Seguridad tiene cinco miembros permanentes: Estados Unidos, Gran Bretaña, Francia, Rusia y China. Otros diez asientos rotan entre las demás naciones miembros de la ONU. El Consejo de Seguridad es responsable de mantener la paz.

La Corte Internacional de Justicia

La Corte Internacional de Justicia a veces es llamada la Corte Mundial. Sus 15 jueces son elegidos por la Asamblea General para decidir los casos que involucran a varias naciones.

La Secretaría

La Secretaría lleva a cabo el trabajo cotidiano de las Naciones Unidas. Está encabezada por el secretario general. El secretario general también puede presentar problemas directamente al Consejo de Seguridad.

El Consejo Económico y Social

El Consejo Económico y Social lleva a cabo las actividades económicas, educativas, culturales y de salud de la ONU. Supervisa varias de las agencias humanitarias y otras, como la Organización Mundial de la Salud y el Banco Mundial.

▲ (Foto de arriba) La Asamblea General

◄ El Consejo de Seguridad

medicamentos para tratar a los enfermos y vacunas que previenen enfermedades.

Otras organizaciones Existen muchas otras organizaciones humanitarias que no son patrocinadas por los gobiernos. Estos grupos se llaman organizaciones no gubernamentales (ONG).

El Comité Internacional de la Cruz Roja es una de las organizaciones no gubernamentales más antiguas. Fue fundado en 1863 para brindar atención médica a los soldados heridos. Hoy en día, trabaja con los numerosos comités nacionales de la Cruz Roja o la Media Luna Roja (como se llaman sus secciones) para ayudar a los civiles afectados por la guerra y por desastres naturales como terremotos y huracanes. Asimismo, promueve proyectos de salud, apoya actividades para la juventud y trabaja para prohibir las armas muy peligrosas.

Verificar la lectura ¿Qué es la Cruz Roja?

Desarrollo humano

Existen varias formas de definir si una nación está desarrollada o en vías de desarrollo. El Índice de Desarrollo Humano es una de esas formas. Según el Índice, las naciones desarrolladas tienen estas características:

- altos ingresos promedio por persona
- alto promedio de esperanza de vida
- alto porcentaje de personas que saben leer

Las naciones en vías de desarrollo tratan de mejorar en estos aspectos. Una forma de hacerlo es con el apoyo a la educación, que a menudo conduce a una vida mejor.

▲ El Reino Unido es una nación desarrollada. Estos estudiantes tienen acceso a muchos recursos.

▲ Uganda es una nación en vías de desarrollo. El gobierno ofrece educación a todos los niños.

Economías cambiantes

Desde el final de la Segunda Guerra Mundial, las naciones desarrolladas se han desplazado hacia economías basadas en los servicios y las finanzas. Las naciones en vías de desarrollo se han desplazado hacia economías basadas en la industria.

empresa, *sust.,* actividades comerciales

Diferencias económicas Casi todos los países se consideran desarrollados o en vías de desarrollo. La mayoría de las naciones en vías de desarrollo están en regiones que comenzaron a industrializarse desde la Segunda Guerra Mundial, como África, Asia y América Latina. Los Estados Unidos, Noruega, Australia, el Japón y el Brasil son naciones desarrolladas.

Los países en vías de desarrollo por lo general tienen un nivel de vida bajo: bajos ingresos, altas tasas de pobreza y acceso limitado al cuidado de la salud. Los países en vías de desarrollo enfrentan desafíos en la mejora de su nivel de vida. Las escuelas y los sistemas de salud son costosos y el dinero es a menudo escaso.

Hacia los libres mercados Entre 1945 y 1990, la población de la Unión Soviética y Europa oriental vivía bajo un sistema comunista político y económico con pocas opciones. El Partido Comunista elegía a sus líderes. No había libre <u>empresa</u> y las personas comunes podían comprar pocos bienes.

En 1991, cayeron los gobiernos comunistas de la Unión Soviética y otros países de Europa oriental. La Unión Soviética se dividió en varias naciones. Rusia es la más grande y poderosa.

Con la caída del comunismo, los gobiernos dejaron de controlar los precios. Las empresas privadas compraron industrias y comercios. Más personas abrieron empresas y más bienes estuvieron disponibles.

Al principio, el cambio a una economía de mercado ayudó principalmente a los antiguos líderes del Partido Comunista, que compraron la mayoría de las empresas, como minas y fábricas. Los cambios en el mercado no ayudaron a las personas

comunes. En cambio, los precios subieron y la producción bajó. Además, la corrupción era común y el crimen organizado aumentó.

A corto plazo, el nivel de vida bajó. Las personas que estaban acostumbradas a tener garantizados trabajos y viviendas ahora perdieron esos beneficios. El dinero tenía menos valor a causa de la **inflación**, o un aumento en los precios. Sin embargo, las personas tenían la libertad de salir y buscar mejores oportunidades. Una vez ajustada la economía, la situación mejoró y hoy están mejor que bajo el comunismo.

Nuevas potencias económicas Después de su derrota en la Segunda Guerra Mundial, el Japón reconstruyó su economía con la ayuda de los Estados Unidos, y se convirtió en el mayor éxito de Asia.

Varios factores contribuyeron al crecimiento económico del Japón. El gobierno prestó dinero a las industrias que quería desarrollar. Las empresas tenían la ventaja de que pagaban menos a sus trabajadores que lo que se les pagaba a los estadounidenses o a los europeos.

En la década de 1950, el Japón comenzó a exportar hierro, acero y ropa. Una década más tarde, las radios, los televisores y los carros japoneses se vendían en todo el mundo. Desde 1960, es uno de los líderes industriales del mundo. Singapur, Hong Kong y Corea del Sur también han tenido un enorme crecimiento.

China también es una potencia económica. Como leíste, bajo Deng Xiaoping, la economía se hizo más libre. Con una gran población y mano de obra de bajo costo, es un centro de manufactura. Exporta sus productos e invita la inversión extranjera.

Sin embargo, su éxito ha tenido un costo. Los extranjeros y ciudadanos chinos han criticado al gobierno. Dicen que viola los derechos humanos y permite que se contamine el medio ambiente. En todas las regiones manufactureras hay altos niveles de contaminación.

Verificar la lectura ¿Cómo se reconstruyó el Japón?

La nueva economía mundial

La globalización ha hecho del mundo un gran mercado con muchas conexiones. Una característica de la economía mundial es la transición al **libre comercio**, el comercio entre las naciones sin impuestos o aranceles a las importaciones. Una **importación** es un bien o servicio producido en un país y vendido en otro.

Tratados de libre comercio Algunas naciones han firmado tratados de no interferencia en el comercio. El Tratado de Libre Comercio (TLC) eliminó las barreras comerciales entre los Estados Unidos, el Canadá y México. El acuerdo de 1994 estableció un calendario para deshacerse de todos los aranceles comerciales.

Existe un acuerdo de libre comercio aún más grande en la Unión Europea (UE). Formada en 1993, la alianza tiene 27 países miembros. Suiza, Noruega y varias naciones de los Balcanes son los únicos países europeos que no son miembros.

Las naciones de la UE se han comprometido con el libre comercio y la libre circulación de sus ciudadanos, que no necesitan pasaporte para viajar dentro de la UE. Dieciséis naciones miembros usan una moneda común, el euro.

▲ El euro es la moneda de 16 naciones europeas.

987

¿Cuáles son las consecuencias del libre comercio?

El libre comercio es una parte importante de la economía mundial. Muchos economistas sostienen que hace más prósperas a las personas, pero otros creen que perjudica a las naciones, a los trabajadores y al medio ambiente. Quieren reglas para asegurar que el comercio sea justo, pero a menudo no saben bien qué significa eso.

> ❝ [E]s el momento de hacer un comercio más justo. Lo que el mundo necesita es. . . un sistema de comercio que haga más para combatir la pobreza, la desigualdad extrema y un modelo de globalización que margina a gran parte del mundo ❞.
>
> —Kevin Watkins, en *The Economist*

RAZONAMIENTO CRÍTICO **¿Cómo influye el libre comercio en los ciudadanos de los Estados Unidos?**

Organizaciones económicas Para que una economía global funcione bien, las naciones deben acordar ciertas reglas básicas. Desde el final de la Segunda Guerra Mundial, varias organizaciones buscan garantizar la estabilidad y mayores oportunidades para el libre comercio.

El Fondo Monetario Internacional (FMI) vigila el sistema financiero mundial, que incluye bancos, bolsas de valores y otros instrumentos financieros. Tiene 187 países miembros y presta dinero y asesora a países con problemas económicos.

El Banco Mundial se centra en la estabilización de la economía mundial. Forma parte de la ONU y presta dinero a proyectos de países en vías de desarrollo, como suministrar agua potable, construir escuelas, capacitar maestros, administrar recursos naturales o construir caminos.

La Organización Mundial del Comercio (OMC) crea las reglas para el comercio internacional y ayuda a los países a negociar acuerdos comerciales. La OMC cuenta con más de 150 miembros.

Algunas críticas a estas organizaciones es que, para recibir ayuda, las naciones deben hacer cambios como el cese del apoyo del gobierno a la industria nacional. Los cambios perjudican a los pobres y dan demasiado poder a las grandes corporaciones.

Desafíos de la globalización Aunque la economía mundial y el libre comercio se han expandido, la brecha entre ricos y pobres no ha disminuido. Muchas áreas de América Latina, Asia y África padecen altos niveles de pobreza.

La **globalización** se refiere a los crecientes vínculos entre las personas y las economías de todo el mundo. Las corporaciones de las naciones desarrolladas han invertido en fábricas y otros negocios en las naciones en vías de desarrollo, como China, México y Tailandia, que hacen productos de exportación.

Sin embargo, en muchos de los países en vías de desarrollo los trabajadores reciben salarios muy bajos, hay aumento de la contaminación debido a leyes medioambientales débiles y los pobladores sufren problemas de salud.

En regiones desarrolladas de América del Norte y Europa, se han perdido trabajos y las empresas privadas han trasladado sus fábricas a áreas de salarios bajos.

Nueva crisis económica A principios de 2008 hubo una crisis en la economía mundial. Ésta mostró cuán <u>interdependientes</u> se han vuelto las naciones. Miles de empresas fracasaron, fluyó menos dinero, los ahorros se redujeron y cayeron las bolsas de valores de todo el mundo.

La crisis comenzó cuando los precios de las viviendas en los Estados Unidos bajaron después de subir por casi una década. Muchas personas que pidieron dinero prestado para comprar sus propiedades, no pudieron pagar. Las casas fueron embargadas por las instituciones financieras que dieron los préstamos.

Al no recibir el pago de los préstamos, los bancos y otras instituciones tuvieron problemas y ya no pudieron prestar más. Se perdieron empleos y bajaron los precios de las acciones. Se creyó que hasta bancos y negocios importantes fracasarían.

Los gobiernos de los Estados Unidos, Gran Bretaña y otros países trataron de estabilizar el sistema financiero. Prestaron miles de millones de dólares a los bancos, compañías de seguros y otros negocios. El resultado no es claro. Para 2010, hubo señales de recuperación, pero el desempleo siguió siendo elevado.

Verificar la lectura **¿Qué inició la crisis económica?**

mi Mundo
CONEXIONES

En octubre de 2009, la tasa de desempleo en los Estados Unidos alcanzó el 10.2%.

interdependiente, *adj.,* que depende de la cooperación

Evaluación de la Sección 2

? Pregunta esencial

Términos clave

1. ¿Cómo influye la inflación en las personas?

2. ¿Cómo se relacionan las importaciones con el libre comercio?

3. ¿Qué es la globalización?

Ideas clave

4. Describe un logro de una organización internacional.

5. ¿Qué desafíos enfrentan las naciones en vías de desarrollo?

6. ¿Cuáles son algunos de los beneficios de una economía mundial interdependiente?

Razonamiento crítico

7. **Comparar puntos de vista** ¿Por qué es posible que algunas personas estén a favor y otras en contra del Banco Mundial?

8. **Sacar conclusiones** ¿Por qué la ONU ha creado organismos humanitarios?

¿Cuáles son las consecuencias del comercio?

9. ¿Cómo ha influido el libre comercio en las naciones en vías de desarrollo? Anota la respuesta en tu Cuaderno del estudiante.

Sección 3

La gente y los recursos

Ideas clave	• Las computadoras y otras tecnologías han dado lugar a un mundo más interdependiente.	• Las cuestiones medioambientales y el consumo de energía crean importantes desafíos para el futuro.	• La migración y el crecimiento de la población han cambiado las culturas y planteado desafíos.

Términos clave • ingeniería genética • deforestación • desertización • cambio climático • occidentalización

Visual Glossary

Destreza de lectura Analizar causa y efecto Toma notas usando el organizador gráfico en tu Cuaderno.

Los teléfonos celulares portátiles actuales son más poderosos que las primeras computadoras que ocupaban habitaciones enteras. ▼

El final del siglo XX vio cambios drásticos en tecnología que todavía nos afectan. Los cambios demográficos, la competencia por los recursos y un entorno cambiante plantean desafíos para el siglo XXI.

Revoluciones en la tecnología de información

En las últimas décadas, los avances tecnológicos han cambiado la vida de las personas en todo el mundo. Algunos de los avances más importantes se refieren a la computación y a la tecnología de información.

Evolución de la computadora Los seres humanos dependieron durante miles de años de dispositivos sencillos para contar. Para la década de 1920, las empresas habían reemplazado estos dispositivos con calculadoras mecánicas que podían sumar, restar, multiplicar y dividir.

Durante la Segunda Guerra Mundial, los laboratorios en Europa y los Estados Unidos crearon las primeras computadoras electrónicas para resolver ecuaciones complejas para tareas militares. Solían ocupar todo un cuarto y almacenaban información en miles de tarjetas perforadas.

A principios de la década de 1960, la placa de circuito electrónico permitió la creación de computadoras más pequeñas. Las placas contenían dispositivos eléctricos en miniatura, llamados transistores, en diminutas pastillas de silicio, que sustituyeron a miles de pies de cables. Se usaban en las computadoras de gobiernos y empresas, y luego en las primeras computadoras personales fabricadas durante 1970.

Las computadoras se volvieron más populares a medida que se hacían más pequeñas y menos costosas. En la década de 1980, las corporaciones IBM y Apple desarrollaron computadoras personales con sofisticados programas de software. En las dos décadas siguientes, millones de personas en todo el mundo empezaron a usar las computadoras.

La Revolución de la Información A finales de la década de 1960, los investigadores del gobierno de los Estados Unidos desarrollaron la primera red de computadoras para conectar computadoras científicas y militares. El programa creció en las décadas de 1970 y 1980. Los científicos intercambiaban información en lo que llamamos la Internet.

Uno de los primeros usos prácticos de la Internet fueron los programas para enviar correo electrónico o *e-mail*. A principios de la década de 1990, la Web mundial permitió la comunicación por computadora entre personas. La Web es un sistema que vincula documentos e imágenes de sitios web en todo el mundo, en computadoras conectadas a la Internet.

En una década, cientos de millones de personas en todo el mundo usaban computadoras para los negocios, las comunicaciones personales, el arte y el entretenimiento. Pronto se dieron cuenta de que se podía usar para vender y comprar cosas. Crearon categorías de empresas nuevas, como las redes sociales.

El acceso a las computadoras y a la Internet se ha generalizado en los países desarrollados. El desafío es aumentar el acceso de las regiones en vías de desarrollo. Incluso en los Estados Unidos, muchos no pueden pagar las computadoras y la Internet. En un mundo de casi 7 mil millones de personas, se estima que sólo 2 mil millones tienen acceso a la Internet.

Verificar la lectura **¿Cuándo se inventaron la Internet y la Web mundial?**

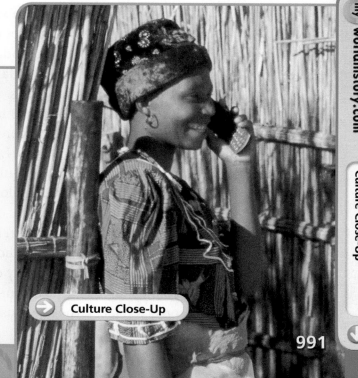

Una mujer en Botsuana usa un teléfono móvil. ▼

CAMBIARON AL MUNDO:
Teléfonos celulares

Los teléfonos celulares han cambiado drásticamente millones de vidas. Algunos de los usos más creativos se iniciaron en las naciones en vías de desarrollo. Cuando la mayoría de los estadounidenses los usaban sólo para hablar, en la India, Botsuana y otras naciones en vías de desarrollo se usaron para la banca, buscar trabajo y hacer negocios. Una antena de telefonía móvil puede tomar el lugar de millas de cables. Un observador de las Naciones Unidas dijo: "Tan pronto como una persona posee [un teléfono celular] adquiere una ventana al mundo entero". En Botsuana, hay menos de 150,000 teléfonos fijos, pero están en uso casi 1.5 millones de teléfonos celulares.

Culture Close-Up

991

◄ Trabajadores del cuidado de la salud dan una vacuna oral a niños en Afganistán.

GRAN ADELANTO MÉDICO:
Las vacunas mejoran la vida

Las vacunas contienen versiones debilitadas de las enfermedades y permiten que el cuerpo desarrolle defensas naturales. Hasta el siglo XX, muchas personas vivían con el temor del contagio de enfermedades como la viruela y la poliomielitis. En la década de 1950, gobiernos y organizaciones en todo el mundo se unieron para luchar contra la viruela a través de programas de vacunación. En 1980, la Organización Mundial de la Salud declaró que la enfermedad estaba erradicada. Hoy en día, la viruela no existe más que en los laboratorios. La Organización Mundial de la Salud también ha apoyado la vacunación para combatir la poliomielitis, el paludismo y otras enfermedades.

▲ En 1960, personas en los Estados Unidos hacían fila en los autos para recibir inyecciones en clínicas para la vacunación contra la poliomielitis.

Revoluciones en la medicina

La tecnología médica y los tratamientos avanzaron a finales del siglo XX, mejorando la calidad de vida. Las naciones desarrolladas han sido las más beneficiadas. Pero los países en vías de desarrollo tambien han podido controlar más enfermedades a medida que aparecían nuevos fármacos y vacunas.

El contacto global aumenta el alcance de la tecnología médica, pero también propaga las enfermedades. El Síndrome de Inmunodeficiencia Adquirida (SIDA) ha matado a más de 25 millones de personas desde que comenzó a propagarse a nivel mundial en 1981. En la década de 1990 se produjeron medicamentos que desaceleraron el brote y que han prolongado la vida de personas infectadas con el VIH, el virus que causa el SIDA.

Nuevas técnicas quirúrgicas usan prótesis, o dispositivos artificiales implantados en el cuerpo, para reemplazar caderas, rodillas y otros miembros. También se hacen trasplantes de corazón, riñones y otros órganos vitales.

Algunos de los avances más importantes se relacionan con la ingeniería genética. La **ingeniería genética** es el proceso de alterar el ADN humano o vegetal. Ha dado nuevos fármacos para la diabetes, las enfermedades cardíacas y el cáncer. Estas tecnologías plantean cuestiones éticas. Por ejemplo, muchos se preocupan de que los científicos usen las nuevas tecnologías para clonar seres humanos o que los alimentos genéticamente modificados tengan efectos imprevistos en la salud.

Verificar la lectura ¿Qué es la ingeniería genética?

Competencia por los recursos

Las personas siempre han competido por los recursos vitales. Desde 1970, la creciente demanda de petróleo y otras materias primas ha provocado crisis <u>periódicas</u>.

Fuentes de energía La tecnología ha creado mayor necesidad de energía. Las fuentes de energía han cambiado: primero se usó la madera, pero al arriesgar los bosques, se usó el carbón. Hoy en día, se usa el petróleo como combustible para la iluminación, la calefacción, la industria y el transporte. El gas natural es otra fuente.

El carbón, el petróleo y el gas natural son combustibles fósiles formados bajo la tierra durante muchos siglos, a partir de materia que una vez estuvo viva. No son renovables y se acabarán cuando el suministro de la Tierra se agote.

En el siglo XX, el consumo mundial de energía se duplicó cada diez años. Se construyeron cientos de centrales nucleares en el mundo como alternativa al carbón y al petróleo. Algunas personas cuestionan la seguridad de la energía nuclear debido a los efectos de la radiación y la posibilidad de accidentes en las centrales nucleares.

Existen alternativas a los combustibles fósiles y a la energía nuclear. Las fuentes de energía eólica, solar, geotérmica e hidroeléctrica son recursos renovables. No se acaban, casi no contaminan ni dañan el medio ambiente.

El suministro de agua El agua es esencial para sustentar la vida humana. Se han construido ciudades y pueblos cerca de ríos y lagos. Sin embargo, el acceso al agua potable se ha convertido en un desafío debido al aumento de la población.

Debido a que a menudo las fuentes de agua potable se han agotado y contaminado, es un gran desafío en el mundo proporcionar agua potable.

Las personas y las naciones compiten por los recursos de agua. Por ejemplo, el río Colorado se inicia en las montañas Rocosas. Provee tanta agua a granjas, fábricas y ciudades que para cuando llega a México es sólo un cauce seco.

En los países en vías de desarrollo, donde hay muchos pobres, el agua es fundamental para la supervivencia. Las Naciones Unidas y otras organizaciones ayudan a países de África, América Latina y Asia a conseguir agua y a mantenerla limpia.

Verificar la lectura ¿Qué recursos son importantes para todo el mundo?

periódico, *adj.,* que sucede de vez en cuando

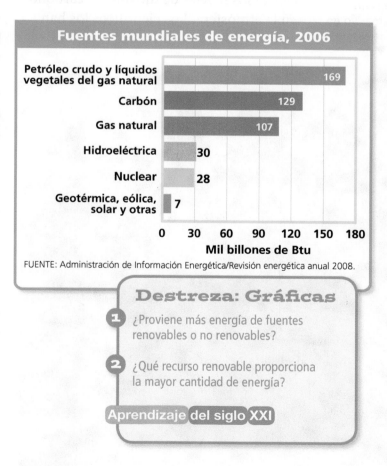

Fuentes mundiales de energía, 2006

Fuente	Mil billones de Btu
Petróleo crudo y líquidos vegetales del gas natural	169
Carbón	129
Gas natural	107
Hidroeléctrica	30
Nuclear	28
Geotérmica, eólica, solar y otras	7

FUENTE: Administración de Información Energética/Revisión energética anual 2008.

Destreza: Gráficas

1 ¿Proviene más energía de fuentes renovables o no renovables?

2 ¿Qué recurso renovable proporciona la mayor cantidad de energía?

Aprendizaje del siglo XXI

Protección del medio ambiente

Los recursos naturales de la Tierra son necesarios para sustentar la vida humana. Proporcionan alimentos, refugio, medicinas y otras necesidades fundamentales. Sin embargo, su obtención a menudo causa contaminación y otros problemas para el medio ambiente.

Contaminación y desechos La contaminación es una amenaza clara y grave para la salud humana y el medio ambiente. La quema de combustibles fósiles (carbón, gas y petróleo) produce contaminación del aire, que genera lluvia ácida que daña los lagos y ríos de agua potable.

Los combustibles fósiles también elevan los niveles de dióxido de carbono en la atmósfera. Los científicos los han vinculado con un ligero aumento de la temperatura promedio de la Tierra.

Otros peligros son que los buques petroleros y las plataformas pueden dañarse, provocando derrames de petróleo, que suelen matar peces, aves y otros animales salvajes en áreas extensas. Un enorme derrame dañó el golfo de México en 2010.

Los productos industriales pueden contaminar, como generar desechos tóxicos al quemarse, o los químicos usados en su fabricación pueden dañar la salud. Recientemente, las industrias han fabricado productos "verdes", que pueden volverse a usar o ser eliminados sin contaminar.

Deforestación y desertización En las regiones desarrolladas, muchos bosques han sido desmontados por la tala o la quema para crear tierras de cultivo, pueblos y ciudades. Los bosques del norte de Europa desaparecieron hace años.

La tala de bosques o **deforestación**, se lleva a cabo a gran escala. En África occidental, Indonesia y la región amazónica del Brasil, se desmontan las selvas para la agricultura y la ganadería.

Como la contaminación, la tala de bosques crea problemas. Las aves y otros animales pierden su hábitat. Como la lluvia se origina en las selvas, la deforestación contribuye a las sequías.

Las sequías continuas conducen a la expansión de los desiertos, o **desertización**. Debido a que los desiertos son tierras improductivas, las personas de tierras afectadas por la sequía migran, aumentando la presión demográfica.

Aves cubiertas de petróleo después de un derrame de petróleo masivo en el golfo de México en 2010 ▼

La deforestación y desertización aumentan los niveles de dióxido de carbono. Como hay menos árboles que lo consuman, se cree que con el tiempo estos altos niveles pueden hacer que la Tierra sea más caliente.

El tema del cambio climático El **cambio climático** se refiere a las tendencias a largo plazo en los patrones del clima, incluyendo cambios en la temperatura, las precipitaciones, los patrones del viento o la frecuencia de las tormentas. El clima cambia por varias razones como la cantidad de radiación, o calor, que emite el Sol y las variaciones en la órbita de la Tierra.

Las personas influyen en el clima por la quema de combustibles fósiles y el uso de aerosoles, que incrementan los niveles de gases de efecto invernadero en la atmósfera. Los científicos han notado que la temperatura global promedio se eleva a medida que los gases aumentan.

El cambio climático ocurre de manera natural, pero se cree que las temperaturas promedio están aumentando más rápido que antes. Si esto continúa, los patrones de lluvia podrían cambiar y las tormentas podrían ser más fuertes. El derretimiento de los casquetes polares y los glaciares de montaña podrían causar inundaciones y el crecimiento de los mares.

Es difícil determinar la causa exacta del aumento de las temperaturas. Los patrones climáticos son muy <u>complejos</u>. Hay un intenso debate sobre las causas del cambio climático y lo que se debe hacer. Los científicos creen que se deben reducir las actividades que producen gases de efecto invernadero.

CAMBIO CLIMÁTICO:
¿Cuál es la controversia?

La mayoría de los científicos coinciden en que el cambio climático se produce cada vez más rápido y no se pueden predecir sus consecuencias. Estos científicos exhortan a las personas a limitar actividades como la quema de combustibles fósiles, que se cree es una de sus causas. Algunos funcionarios aceptan este argumento. Otros dicen que el cambio climático es un fenómeno natural que podría ocurrir sin la actividad humana. Dicen que limitar el consumo de energía frenaría el crecimiento económico.

> 66 **El clima de la Tierra está cambiando. . . . En las últimas décadas ha ocurrido un calentamiento más rápido. Es muy probable que la mayor parte sea el resultado de las actividades humanas** 99.
> —Agencia de Protección Ambiental de Estados Unidos

> 66 **Creo que el clima de la Tierra está cambiando, pero por razones de variación natural. . . . [E]l género humano se ha. . . adaptado a él desde que el hombre ha caminado sobre la Tierra** 99.
> —Rep. Joe Barton

El Protocolo de Kyoto es un acuerdo internacional entre muchas naciones que se centra en la reducción de las emisiones de gases de efecto invernadero.

Algunos se oponen a los esfuerzos para hacer frente al cambio climático. Creen que sería muy costoso y dañaría la economía. Otros se oponen a leyes que obliguen a las personas a cambiar sus hábitos.

Verificar la lectura ¿Qué es el Protocolo de Kyoto?

complejo, *adj.*, difícil de entender

Cambios en la población

A principios de este siglo, la población mundial había aumentado a 7 mil millones de personas. El más reciente crecimiento demográfico se ha producido en naciones en vías de desarrollo, pero también tiene consecuencias para las regiones desarrolladas.

Crecimiento demográfico

agotamiento,
sust., consumo o destrucción gradual

La contaminación y el <u>agotamiento</u> de los recursos dificultan el suministro de alimentos, agua y refugio, especialmente en los países en vías de desarrollo. El crecimiento demográfico a menudo empeora estos problemas.

En la década de 1960, alrededor del 70 por ciento de las personas vivían en países en vías de desarrollo. Hoy en día, el 80 por ciento vive en países en desarrollo. África tiene tres veces más población que en la década de 1960. Los países en vías de desarrollo tienen un alto porcentaje de jóvenes, así que su población seguirá aumentando.

Muchas naciones, en especial en los países en vías de desarrollo, no pueden mantener poblaciones más grandes.

Más de mil millones de personas carecen de alimentos básicos, agua y refugio. Más de 2 mil millones carecen de saneamiento básico. Las Naciones Unidas y otras organizaciones intentan mejorar la producción de alimentos en estos países.

Urbanización y occidentalización

Las ciudades han atraído a las personas desde siempre debido a las oportunidades que ofrecen. En los dos últimos siglos, la población mundial que vive en ciudades ha aumentado del 3 al 50 por ciento. El 80 por ciento de los estadounidenses viven en ciudades o suburbios.

Las ciudades de países en vías de desarrollo como África, Asia y América Latina, a menudo duplican o triplican su tamaño en una década. Las personas se sienten atraídas a las ciudades porque hay mejores posibilidades de encontrar alimentos, refugio y trabajo. Muchos recién llegados se mudan a barrios marginales o barracas improvisadas.

Estas ciudades son centros de negocios y de entretenimiento donde se habla inglés, y la medicina y la tecnología occidentales son influyentes. Algunas personas de estas regiones critican la **occidentalización**, o la adopción de valores occidentales que sustituyen a los nativos.

Destino de migrantes internacionales, 2005

África
Asia
América Latina y el Caribe
Estados Unidos y Canadá
Europa
Oceanía

0%   10%   20%   30%

FUENTE: Departamento de Asuntos Económicos y Sociales de las Naciones Unidas/División de Población

Destreza: Gráficas

¿Qué continente fue el destino de la mayoría de los migrantes internacionales en 2005?

Algunos elementos de la cultura occidental, como la democracia, son atractivos para muchos, pero otros ideales, como el individualismo, pueden entrar en conflicto con valores importantes de otras culturas. En respuesta, algunas personas se han resistido a las ideas occidentales y al uso de sus productos.

Patrones de migración Las personas han migrado, o se han desplazado de un lugar a otro, desde hace miles de años. Pero la tendencia se ha acelerado en los últimos 500 años. El comercio de esclavos del Atlántico y las migraciones europeas del siglo XIX transformaron el mundo. Hoy en día migrar es más fácil debido al avance en el transporte y la comunicación.

Muchos migrantes proceden de naciones en vías de desarrollo donde escasean trabajos, viviendas y alimentos. Estos factores empujan a las personas a migrar.

Es posible que las personas que viven en el campo, en las naciones en vías de desarrollo, se muden a zonas urbanas dentro de la misma región, o a países desarrollados. Muchos migrantes son

Migrantes participan en una ceremonia para convertirse en ciudadanos de los Estados Unidos. ▶

Por qué migran las personas

Factores de EXPULSIÓN	Factores de ATRACCIÓN
• Falta de vivienda y empleo • Suministro deficiente de alimentos • Inestabilidad política	• Trabajos mejor remunerados • Mejores condiciones de vida
Regiones de EXPULSIÓN	**Regiones de ATRACCIÓN**
América Latina, México, África, Europa oriental, China, la India	los Estados Unidos, el Canadá, Europa occidental, Australia, el Japón, Rusia

hombres jóvenes y solteros que buscan empleo y no tienen intención de quedarse permanentemente.

Casi todos buscan mejores condiciones de vida. Como muestra la gráfica de la página opuesta, muchos viajan a América del Norte, Europa o Asia.

Verificar la lectura **¿Por qué migran las personas?**

Evaluación de la Sección 3

Términos clave

1. ¿Qué es la ingeniería genética?

2. ¿Cómo ocurre la desertización?

3. ¿Qué es la occidentalización?

Ideas clave

4. ¿Cómo ha conducido la tecnología a un mundo interdependiente?

5. ¿Qué desafíos plantean para el futuro las cuestiones ambientales y el consumo de energía?

6. ¿Cuáles son los desafíos relacionados con la migración?

Razonamiento crítico

7. **Tomar decisiones** ¿Qué tecnología crees que será la más importante en el siglo XXI? ¿Por qué?

8. **Comparar puntos de vista** ¿Cuáles son las ventajas y las desventajas de migrar a otro país?

? Pregunta esencial

¿Cuáles son las consecuencias del comercio?

9. ¿Cómo está relacionado el comercio con la occidentalización? Anota la respuesta en tu Cuaderno del estudiante.

Evaluación del capítulo

Términos e ideas clave

1. Explicar ¿Qué le sucedió a Yugoslavia?

2. Recordar ¿Qué es el **fundamentalismo**?

3. Describir Describe los principales organismos de las Naciones Unidas.

4. Explicar ¿Qué es una ONG? Da un ejemplo.

5. Comentar ¿Qué hacen los organismos humanitarios?

6. Resumir ¿Cuáles son los argumentos a favor y en contra de la **ingeniería genética**?

7. Explicar ¿Qué es el **cambio climático**?

Razonamiento crítico

8. Comparar y contrastar ¿En qué se diferenciaba el *apartheid* de la segregación en los Estados Unidos?

9. Analizar causa y efecto ¿Cómo cambiaron las economías europeas orientales después del comunismo?

10. Resolución de problemas Describe uno de los desafíos que enfrentan las personas en el siglo XXI. ¿Cómo lo solucionarías?

11. Conceptos básicos: Comercio ¿Qué son las barreras comerciales? ¿Cuáles son los argumentos a favor y en contra de estas políticas de gobierno?

Analizar elementos visuales

El desarrollo humano significa la oportunidad de los ciudadanos de una nación de llevar vidas productivas y alcanzar su máximo potencial. Observa el mapa y contesta las siguientes preguntas:

12. ¿Qué regiones tienen altos niveles de desarrollo humano?

13. ¿Qué regiones tienen un desarrollo humano bajo?

14. Compara el desarrollo humano en América del Sur con el desarrollo humano en África.

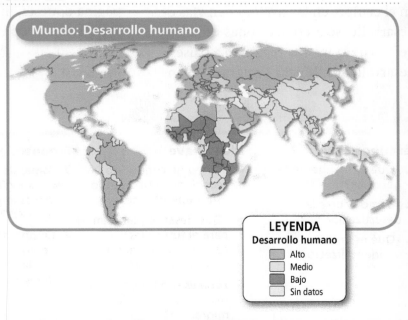

Mundo: Desarrollo humano

LEYENDA
Desarrollo humano
Alto
Medio
Bajo
Sin datos

Pregunta esencial

miMundo: Actividad del capítulo

Conferencia de la juventud para el cambio
Investiga temas que son importantes para los jóvenes de todo el mundo. Los temas son los derechos humanos, el libre comercio, la pobreza, la paz y el medio ambiente. Después, usa lo que has aprendido para escribir un informe clasificando estos temas en orden de importancia.

Aprendizaje del siglo XXI

Busca información en la Internet

Busca tres sitios Web diferentes para obtener información sobre las Naciones Unidas. Encuentra por lo menos uno que haya sido creado por las Naciones Unidas y uno que sea un sitio de noticias que informe sobre las actividades de las Naciones Unidas.

Preguntas basadas en documentos

En línea en myworldhistory.com

Usa tu conocimiento del mundo de hoy y los Documentos A y B para responder las Preguntas 1 a 3.

Documento A

Estar en la internet es una ventana al mundo entero.

Documento B

"Las bendiciones de la interactividad tienen un costo. . . . El costo es la privacidad. Muchos usuarios de la Internet lo ignoran. Sin darse cuenta de cómo funcionan las conexiones a la Internet, los navegadores, los sitios Web, los *plug-ins* y otras herramientas, no saben qué, cuánta o cuán reveladora es la información que comparten cuando están en línea".

—Jim Harper, "Comentarios de apertura de la oposición", *The Economist*, 25 de agosto de 2010

1. ¿Cuál es la idea principal de esta caricatura?

   A La Internet hace que sea fácil para las personas encontrar información sobre ti.

   B La Internet te permite hacer amigos con personas de todo el mundo.

   C Todavía hay muchas personas que no tienen su propio acceso a Internet.

   D Las personas que pasan todo su tiempo en la Internet a menudo ignoran a sus propios vecinos.

2. Según el documento B, ¿qué tema debería preocupar a los usuarios de la Internet?

   A usar tecnología obsoleta

   B gastar demasiado dinero para conectarse

   C compartir información privada con desconocidos

   D recibir malas conexiones a la Internet

3. **Tarea escrita** Basándote en los Documentos A y B y tu propio conocimiento, explica en un párrafo si el beneficio de usar la Internet vale el riesgo.

El impacto de la industria y la tecnología

Idea clave
- La Revolución Industrial produjo tanto ventajas como desventajas. Las consecuencias de la tecnología moderna también han sido positivas y negativas.

Las nuevas tecnologías e invenciones de la Revolución Industrial mejoraron en gran medida la vida de las personas. Pero también crearon nuevos problemas. Por ejemplo, el crecimiento de las fábricas en Londres, Inglaterra, produjo contaminación del agua y del aire. Estos problemas se describen en el primer extracto, una carta de 1855 a un periódico de Londres. En las últimas décadas, muchos gobiernos han aprobado leyes para proteger el medio ambiente. En el segundo extracto, Wangari Maathai, la fundadora de un movimiento para proteger el medio ambiente de África, describe las formas en que la tecnología moderna puede ser usada para mejorar la vida.

Un grabado de 1865 de la contaminación en Inglaterra

Lee el texto de la derecha. Haz una pausa en cada letra encerrada en un círculo. Luego, responde la pregunta con la misma letra que está a la izquierda.

A Identificar los detalles Describe la apariencia del río.

B Inferir A juzgar por esta descripción, ¿cómo crees que era vivir o trabajar cerca del río Támesis?

C Resumir En tus propias palabras, explica la queja de Faraday.

opaco, *adj.,* que bloquea la luz, nublado
suciedad, *sust.,* mugre
fermentar, *v.,* cambiar químicamente

Contaminación industrial

❝ El aspecto y el olor del agua me obligaron a prestarles atención. La totalidad del río era un fluido <u>opaco</u> marrón

A pálido. . . . Cerca de los puentes, la <u>suciedad</u> se envolvía en nubes tan densas que eran visibles en la superficie, incluso en agua de este tipo.

El olor era muy malo y estaba por toda el agua;. . . todo el

B río era en ese momento una alcantarilla. . . .

He pensado que es mi obligación registrar estos hechos, para llamar la atención de quienes ejercen el poder o tienen la responsabilidad de las condiciones de nuestro río; no hay nada figurado en las palabras que he empleado ni nada parecido a la exageración; son la simple verdad. . . .

C [S]eguramente no se debe permitir que el río que fluye por tantas millas a través de Londres se convierta en una alcantarilla <u>fermentada</u> ❞.

—Michael Faraday, carta a *The Times* (Londres), 7 de julio de 1855

Lee el texto de la derecha. Haz una pausa en cada letra encerrada en un círculo. Luego, responde la pregunta con la misma letra que está a la izquierda.

D **Analizar causa y efecto** ¿Cómo sería posible que la "educación en ciencia y tecnología" permitiera a las personas mejorar las condiciones del medio ambiente?

E **Inferir** ¿Por qué crees que Maathai hace hincapié en la educación de "los jóvenes de África"?

F **Resumir** Según Maathai, ¿qué debe hacer África para mejorar su uso de la ciencia y la tecnología?

---

cultivar, *v.,* cuidar de

innovación, *sust.,* una nueva idea, método o dispositivo

capacidad, *sust.,* habilidad, destreza

facilitar, *v.,* hacer más fácil

Cambio para mejorar

❝ Una de las maneras en que los amigos de África pueden ayudar es **D** haciendo que la educación en ciencia y tecnología, así como la asistencia técnica necesaria, esté disponible y sea asequible para los países africanos. Los gobiernos africanos también tienen una responsabilidad. A menos que <u>cultiven</u> un entorno que fomente y apoye la creatividad y la <u>innovación</u>, sus países quedarán rezagados, a pesar de la enorme cantidad de recursos a su disposición, en un mundo donde domina la tecnología. Lograr esto implicará el aumento de las <u>capacidades</u> de los **E** jóvenes de África a través de la educación, en particular en las áreas de ciencia y tecnología. . . .

Mientras los africanos están usando la tecnología celular de forma productiva para <u>facilitar</u> los negocios y transferir dinero, y algunos empresarios africanos son cada vez más ricos gracias al establecimiento de conexiones de teléfonos celulares, incluso en zonas remotas, los africanos en conjunto siguen solamente hablando por teléfonos celulares, no fabricándolos. . . . Una forma de asegurar que los países africanos sean más autosuficientes y competitivos es que las naciones industrializadas transfieran tecnología, dando prioridad a las tecnologías verdes, **F** a las naciones que son tecnológicamente menos avanzadas ❞.

—Wangari Maathai, *El reto para África*, 2009

Analizar los documentos

1. **Inferir** ¿Qué partes del segundo documento revelan el punto de vista de Maathai o el propósito de escribir este pasaje?

2. **Tarea escrita** Revisa cada documento y resume la evidencia textual que apoya la siguiente declaración: Los gobiernos, los negocios y todos los ciudadanos comparten la responsabilidad de usar la tecnología con prudencia.

Niños usando una computadora portátil

Sé un *guardián de los medios de comunicación*

Tu misión El cartel de abajo fue creado por el gobierno de los Estados Unidos durante la Segunda Guerra Mundial. Examina la manera en que transmite su mensaje. Luego conéctate a la Internet y evalúa un artículo u opinión sobre un tema de esta unidad.

¿Puedes creer todo lo que ves, escuchas y lees en la televisión, en los medios impresos o en la Internet? Al comprender cómo analizar el contehido de los medios de comunicación, puedes aprender a detectar los mensajes prejuiciados, o parcializados, y persuasivos. Esto te puede ayudar a evaluar si las cosas que ves, escuchas o lees en los medios de comunicación son ciertas o no. Cuando examines algo de los medios de comunicación, trata de responder las siguientes preguntas:

- ¿Quién es el autor?
- ¿Quién es el público al que se dirige?
- ¿Qué palabras o frases usa?
- ¿Cómo usa las imágenes?
- ¿Cuál es el mensaje general?
- ¿Está tratando de persuadirme de alguna manera?
- ¿Es prejuiciado o falso?

¡Podemos hacerlo!

PASO 1

¿Cuál es el mensaje?

Estudia con cuidado el cartel, examinando el texto y los elementos visuales. Responde las siguientes preguntas mientras analizas el cartel: ¿Quién creó el cartel? ¿Quién es el público al que se dirige el cartel? ¿Contiene el cartel colores o símbolos que ayudan a transmitir su mensaje? ¿Trata el cartel de apelar a tus emociones? Considerando las palabras y las imágenes en conjunto, ¿cuál es el mensaje general del cartel?

PASO 2

¿Está prejuiciado el mensaje?

Evalúa cómo usa el cartel técnicas de persuasión. ¿Se usan ciertos colores, símbolos o imágenes de otros medios para decir algo importante o transmitir una idea? ¿Es la ilustración realista o exagerada? ¿Qué palabras se usan para transmitir el mensaje? ¿Te alientan estas palabras a sentirte de cierta manera? Considera si tu reacción se basa en hechos o en opiniones y sentimientos.

PASO 3

¿Son exactos los mensajes en línea?

En el mundo de hoy, puedes acceder a la información al instante. Pero esa información puede no ser exacta. Por eso es importante analizar cuidadosamente el contenido de los medios de comunicación. Para practicar esta destreza, pide a tu maestro que te sugiera fuentes en línea para buscar un artículo o una opinión sobre un tema de esta unidad. Después, analiza el artículo o la opinión como lo hiciste con el cartel. Usa tus descubrimientos en un debate en clase.

ÚLTIMAS NOTICIAS

El mundo: Mapa político

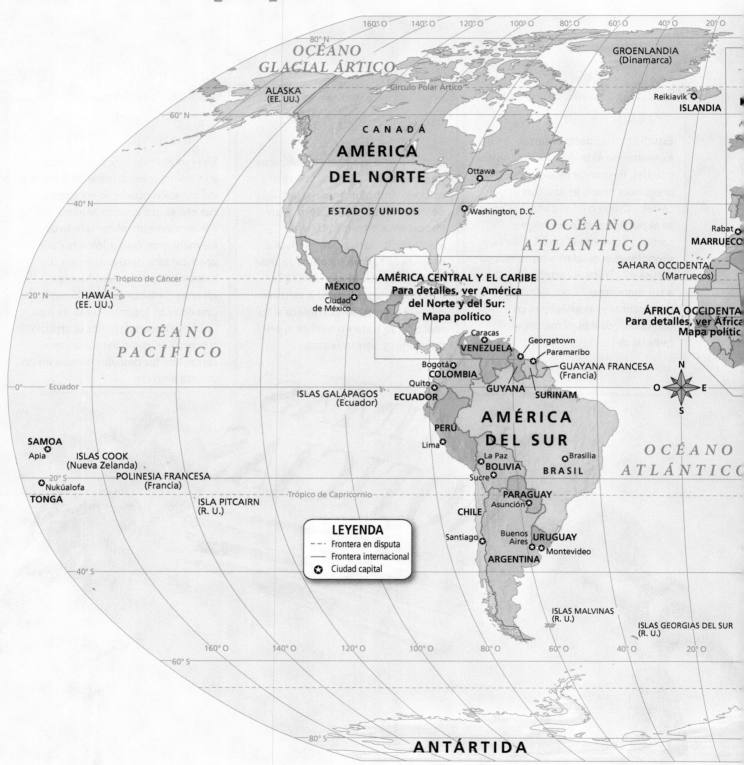

OCÉANO GLACIAL ÁRTICO

Círculo Polar Ártico

ALASKA
(EE. UU.)

CANADÁ

AMÉRICA
DEL NORTE

Ottawa

ESTADOS UNIDOS

Washington, D.C.

GROENLANDIA
(Dinamarca)

Reikiavik
ISLANDIA

OCÉANO
ATLÁNTICO

Rabat
MARRUECO

SAHARA OCCIDENTAL
(Marruecos)

Trópico de Cáncer

HAWÁI
(EE. UU.)

MÉXICO
Ciudad
de México

AMÉRICA CENTRAL Y EL CARIBE
Para detalles, ver América
del Norte y del Sur:
Mapa político

ÁFRICA OCCIDENTAL
Para detalles, ver África
Mapa polític

OCÉANO
PACÍFICO

Caracas
VENEZUELA

Georgetown
Paramaribo

GUAYANA FRANCESA
(Francia)

Bogotá
COLOMBIA

Quito

ISLAS GALÁPAGOS
(Ecuador)

ECUADOR

GUYANA

SURINAM

N

O   E

S

Ecuador

PERÚ

Lima

AMÉRICA
DEL SUR

OCÉANO

ATLÁNTICO

SAMOA
Apia

ISLAS COOK
(Nueva Zelanda)

La Paz
BOLIVIA
Sucre

Brasilia

BRASIL

POLINESIA FRANCESA
(Francia)

Nukúalofa

TONGA

Trópico de Capricornio

ISLA PITCAIRN
(R. U.)

PARAGUAY
Asunción

CHILE

LEYENDA
- - - Frontera en disputa
——— Frontera internacional
✪ Ciudad capital

Santiago

Buenos
Aires

URUGUAY

Montevideo

ARGENTINA

ISLAS MALVINAS
(R. U.)

ISLAS GEORGIAS DEL SUR
(R. U.)

ANTÁRTIDA

1004

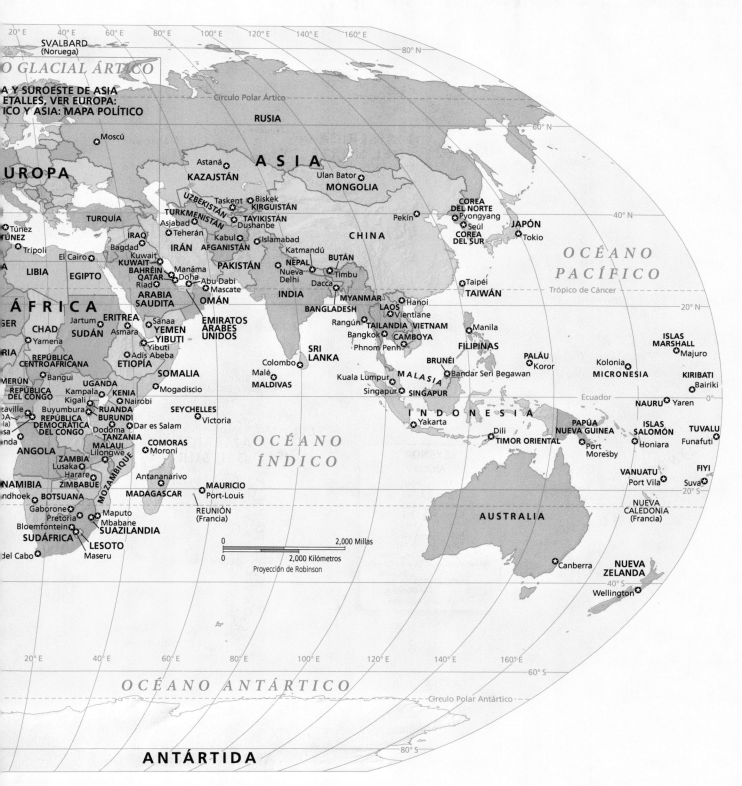

SVALBARD
(Noruega)

O GLACIAL ÁRTICO

A Y SUROESTE DE ASIA
ETALLES, VER EUROPA:
ICO Y ASIA: MAPA POLÍTICO

Círculo Polar Ártico

80° N

60° N

RUSIA

⊕ Moscú

EUROPA

ASIA

⊕ Astaná

KAZAJSTÁN

Ulan Bator ⊕
MONGOLIA

COREA
DEL NORTE
Pyongyang ⊕

40° N

Túnez
TÚNEZ
⊕ Trípoli

TURQUÍA

UZBEKISTÁN
Taskent ⊕   ⊕ Biskek
TURKMENISTÁN   KIRGUISTÁN
Asjabad ⊕   ⊕ TAYIKISTÁN
            Dushanbe

Pekín ⊕

Seúl ⊕
COREA
DEL SUR
⊕ Tokio

JAPÓN

OCÉANO
PACÍFICO

IRAQ
Bagdad ⊕
El Cairo ⊕
Kuwait
KUWAIT ⊕
BAHRÉIN
QATAR   Manama ⊕
        Doha ⊕
Riad ⊕   Abu Dabi ⊕
         ⊕ Mascate
ARABIA
SAUDITA   OMÁN

⊕ Teherán

IRÁN   AFGANISTÁN
Kabul ⊕   ⊕ Islamabad

PAKISTÁN

Katmandú ⊕
       NEPAL ⊕ BUTÁN
Nueva   ⊕ Timbu
Delhi ⊕ Dacca ⊕

INDIA

CHINA

Taipéi ⊕
TAIWÁN

Trópico de Cáncer

LIBIA   EGIPTO

ÁFRICA

GER

CHAD
Yamena ⊕
SUDÁN

Jartum ⊕ ERITREA
          Asmara ⊕
⊕ Sanaa YEMEN
         YIBUTI
Yibuti ⊕
⊕ Adís Abeba
ETIOPÍA

MYANMAR
BANGLADESH

SRI
LANKA
Colombo ⊕
Malé ⊕
MALDIVAS

LAOS
Hanoi ⊕
Vientiane ⊕
Rangún ⊕ TAILANDIA VIETNAM
Bangkok ⊕ ⊕ CAMBOYA
Phnom Penh ⊕
FILIPINAS

Manila ⊕

PALÁU
⊕ Koror

ISLAS
MARSHALL
⊕ Majuro

Kolonia ⊕
MICRONESIA

KIRIBATI
⊕ Bairiki

20° N

EMIRATOS
ÁRABES
UNIDOS

SOMALIA

⊕ Mogadiscio

BRUNÉI

MALASIA
Kuala Lumpur ⊕ ⊕ Bandar Seri Begawan
Singapur ⊕
SINGAPUR

Ecuador

NAURU
⊕ Yaren

RIA
REPÚBLICA
CENTROAFRICANA
⊕ Bangui

MERÚN
REPÚBLICA
DEL CONGO
Kampala ⊕
Kigali ⊕
raville   Buyumbura ⊕
DA   RUANDA
la)   BURUNDI
sa)   REPÚBLICA
nda   DEMOCRÁTICA
      DEL CONGO

UGANDA
KENIA
⊕ Nairobi

Dodoma ⊕
TANZANIA
⊕ Dar es Salam

SEYCHELLES
⊕ Victoria

INDONESIA
⊕ Yakarta

PAPÚA
NUEVA GUINEA
Port
Moresby ⊕

ISLAS
SALOMÓN
⊕ Honiara

TUVALU
Funafuti ⊕

OCÉANO
ÍNDICO

Dili ⊕
TIMOR ORIENTAL

ANGOLA

MALAUI
Lilongwe ⊕
ZAMBIA
Lusaka ⊕
Harare ⊕
ZIMBABUE

COMORAS
⊕ Moroni

MOZAMBIQUE

Antananarivo ⊕

MADAGASCAR

MAURICIO
Port-Louis ⊕

VANUATU
Port Vila ⊕

FIYI
Suva ⊕

20° S

NAMIBIA
ndhoek ⊕
Gaborone ⊕
Pretoria ⊕
Bloemfontein ⊕
SUDÁFRICA
del Cabo

BOTSUANA

Maputo ⊕
⊕ Mbabane
SUAZILANDIA

LESOTO
Maseru

REUNIÓN
(Francia)

AUSTRALIA

NUEVA
CALEDONIA
(Francia)

0   2,000 Millas
0   2,000 Kilómetros
Proyección de Robinson

Canberra ⊕

NUEVA
ZELANDA

40° S

Wellington ⊕

20° E   40° E   60° E   80° E   100° E   120° E   140° E   160° E

60° S

OCÉANO ANTÁRTICO

Círculo Polar Antártico

80° S

ANTÁRTIDA

El mundo: Mapa físico

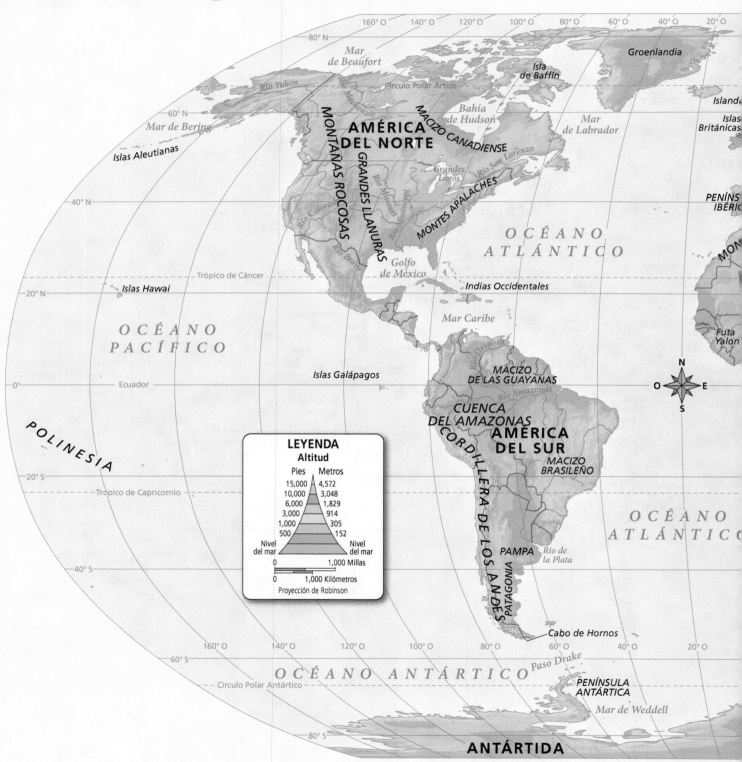

80° N

160° O 140° O 120° O 100° O 80° O 60° O 40° O 20° O

Mar de Beaufort

Groenlandia

Río Yukón

Círculo Polar Ártico

Isla de Baffin

Island

60° N

Mar de Bering

AMÉRICA DEL NORTE

MACIZO CANADIENSE

Bahía de Hudson

Mar de Labrador

Islas Británicas

Islas Aleutianas

MONTAÑAS ROCOSAS

GRANDES LLANURAS

Grandes Lagos

Río San Lorenzo

40° N

Río Colorado

Río Missouri

Río Mississippi

MONTES APALACHES

PENÍNS IBÉRIC

OCÉANO ATLÁNTICO

MON

Río Bravo

Golfo de México

Trópico de Cáncer

20° N

Islas Hawai

Indias Occidentales

OCÉANO PACÍFICO

Mar Caribe

Futa Yalon

Río Orinoco

MACIZO DE LAS GUAYANAS

N

0°

Ecuador

Islas Galápagos

Río Amazonas

O   E

S

CUENCA DEL AMAZONAS

AMÉRICA DEL SUR

LEYENDA
Altitud

Pies	Metros
15,000	4,572
10,000	3,048
6,000	1,829
3,000	914
1,000	305
500	152
Nivel del mar	Nivel del mar

MACIZO BRASILEÑO

P O L I N E S I A

20° S

Trópico de Capricornio

CORDILLERA DE LOS ANDES

OCÉANO ATLÁNTICO

0   1,000 Millas

0   1,000 Kilómetros

Proyección de Robinson

PAMPA

Río de la Plata

40° S

PATAGONIA

160° O 140° O 120° O 100° O 80° O 60° O 40° O 20° O

60° S

Cabo de Hornos

OCÉANO ANTÁRTICO   *Paso Drake*

Círculo Polar Antártico

PENÍNSULA ANTÁRTICA

Mar de Weddell

80° S

ANTÁRTIDA

20° E   40° E   60° E   80° E   100° E   120° E   140° E   160° E

OCÉANO
GLACIAL ÁRTICO

Mar de Kara

Círculo Polar Ártico

80° N

ESCANDINAVIA

Mar
Báltico

ANURA DEL NORTE DE EUROPA

Río Ob

Río Yeniséi

SIBERIA

Río Lena

MONTES CHERSKI

60° N

MONTES URALES

PES EUROPA

Río Volga

ASIA

MONTES ALTÁI SHAN

Lago
Baikal

Río Amur

Mar
de Ojotsk

Mar Negro   CÁUCASO

Mar de Aral

MONTES TIAN SHAN

Mar
Caspio

MONTES KUNLUN SHAN

DESIERTO DE GOBI

Mar
de Japón
(Mar
Oriental)

Hokkaido

40° N

AS

KUSH
INDICO

Mar Mediterráneo

MESETA
DE IRÁN

HIMALAYA

MESETA
DEL TÍBET

LLANURA
DEL NORTE
DE CHINA

Río Huang

Mar
Amarillo

Honshu

AHARA

Golfo
Pérsico

PENÍNSULA
ARÁBIGA

Río Chang

Mar
de la China
Oriental

OCÉANO
PACÍFICO

Mar Rojo

MESETA
DE DECÁN

Mar
de la China
Meridional

Taiwán

Trópico de Cáncer

SAHEL

Río Nilo

MACIZO
ETÍOPE

Mar Arábigo

Golfo
de Bengala

PENÍNSULA
DE INDOCHINA

Mar
de Filipinas

20° N

ÁFRICA

Sri
Lanka

Islas
Filipinas

MICRONESIA

CUENCA
DEL CONGO

Río Congo

Lago
Victoria

Península
de Malaca

Llanura
del Serengeti

Sumatra

Borneo

Célebes

Nueva
Guinea

0°

OCÉANO
ÍNDICO

Mar de Java

Java

Islas Menores
de la Sonda

Mar de Arafura

Nueva
Guinea

MELANESIA

Río Zambeze

Madagascar

AUSTRALIA

Mar de Coral

20° S

DESIERTO DE
KALAHARI

GRAN DESIERTO
DE ARENA

GRAN CORDILLERA DIVISORIA

Trópico de Capricornio

GRAN DESIERTO
VICTORIA

Mar de
Tasmania

Cabo de
Buena Esperanza

Nueva
Zelanda

40° S

GRAN CORDILLERA DIVISORIA

Tasmania

20° E   40° E   60° E   80° E   100° E   120° E   140° E   160° E

60° S

OCÉANO ANTÁRTICO

Círculo Polar Antártico

80° S

ANTÁRTIDA

América del Norte y del Sur: Mapa político

ASIA

OCÉANO GLACIAL ÁRTICO

Estrecho de Bering

Mar de Beaufort

GROENLANDIA (Dinamarca)

EUROPA

Mar de Bering

ALASKA (EE. UU.)

Bahía de Baffin

Círculo Polar Ártico

Gran Lago del Oso

Gran Lago del Esclavo

Mar de Labrador

CANADÁ

Bahía de Hudson

Lago Winnipeg

Grandes Lagos

Ottawa

Toronto

Chicago

Ciudad de Nueva York

Washington, D.C.

OCÉANO ATLÁNTICO

ESTADOS UNIDOS

San Francisco

Río Ohio

Los Ángeles

Río Mississippi

Dallas

HAWÁI (EE. UU.)

Trópico de Cáncer

Río Bravo

Golfo de México

Nassau

BAHAMAS

La Habana

CUBA

MÉXICO

JAMAICA

REPÚBLICA DOMINICANA

PUERTO RICO (EE. UU.)

ISLAS VÍRGENES NORTEAMERICANAS (EE. UU.)

SAN CRISTÓBAL Y NIEVES

ANTIGUA Y BARBUDA

GUADALUPE (Francia)

DOMINICA

MARTINICA (Francia)

SANTA LUCÍA

BARBADOS

SAN VICENTE Y LAS GRANADINAS

GRANADA

TRINIDAD Y TOBAGO

GUAYANA FRANCESA (Francia)

Ciudad de México

Kingston

Belmopan

BELICE

HAITÍ

Santo Domingo

Puerto Príncipe

GUATEMALA

HONDURAS

Guatemala

Tegucigalpa

Mar Caribe

San Salvador

NICARAGUA

Caracas

EL SALVADOR

Managua

Panamá

VENEZUELA

San José

Georgetown

OCÉANO PACÍFICO

COSTA RICA

Paramaribo

PANAMÁ

COLOMBIA

Bogotá

SURINAM

0°-Ecuador

GUYANA

ISLAS GALÁPAGOS (Ecuador)

Quito

ECUADOR

Río Amazonas

BRASIL

Río São Francisco

Lima

PERÚ

La Paz

Brasília

BOLIVIA

Lago Titicaca

Sucre

Río Paraná

20° S

Trópico de Capricornio

Río de Janeiro

CHILE

PARAGUAY

São Paulo

Asunción

0 1,000 Millas

0 1,000 Kilómetros

Proyección acimutal equivalente

Santiago

URUGUAY

Montevideo

OCÉANO ATLÁNTICO

Buenos Aires

Río de la Plata

ARGENTINA

LEYENDA

— Frontera internacional

✪ Ciudad capital

○ Otra ciudad

ISLAS MALVINAS (R. U.)

Cabo de Hornos

Tierra del Fuego

180° 160° O 140° O 120° O 100° O 80° O 60° O 40° O 20° O 0°

80° N

40° N

20° N

0°-Ecuador

20° S

40° S

América del Norte y del Sur: Mapa físico

ASIA

OCÉANO GLACIAL ÁRTICO

GROENLANDIA (Dinamarca)

EUROPA

Estrecho de Bering

Mar de Beaufort

80° N

Mar de Bering

Islas Aleutianas

Monte McKinley 20,320 pies (6,194 m)

Cordillera de Alaska

Golfo de Alaska

Río Mackenzie

Gran Lago del Oso

Gran Lago del Esclavo

Bahía de Hudson

Bahía de Baffin

Isla de Baffin

Estrecho de Davis

Mar de Labrador

Círculo Polar Ártico

Terranova

MONTAÑAS ROCOSAS

Macizo Canadiense

Lago Winnipeg

GRANDES LLANURAS

Grandes Lagos

40° N

Gran Cuenca

Río Missouri

Río Colorado

Río Mississippi

Río Ohio

Montes Apalaches

OCÉANO ATLÁNTICO

Islas Hawái

Trópico de Cáncer

20° N

Baja California

Sierra Madre Occidental

Sierra Madre Oriental

Río Bravo

Llanura Costera

Golfo de México

Golfo de California

Península de Yucatán

Cuba

La Española

Antillas Mayores

Antillas Menores

OCÉANO PACÍFICO

Mar Caribe

0°–Ecuador

Istmo de Panamá

Río Orinoco

Macizo de las Guayanas

Islas Galápagos

CUENCA DEL AMAZONAS

Río Amazonas

CORDILLERA DE LOS ANDES

Río São Francisco

Lago Titicaca

Macizo Brasileño

20° S

Gran Chaco

Río Paraguay

Río Paraná

Trópico de Capricornio

Aconcagua 22,834 Pies (6,960 m)

Pampa

Río de la Plata

OCÉANO ATLÁNTICO

Patagonia

40° S

Islas Malvinas (R. U.)

Cabo de Hornos

Tierra del Fuego

N O E S

LEYENDA
Altitud

Pies	Metros
15,000	4,572
10,000	3,048
6,000	1,829
3,000	914
1,000	305
500	152
Nivel del mar	Nivel del mar

Frontera internacional

0   1,000 Millas

0   1,000 Kilómetros

Proyección acimutal equivalente de Lambert

180° 160° O 140° O 120° O 100° O 80° O 60° O 40° O 20° O 0°

Estados Unidos: Mapa político

OCÉANO GLACIAL ÁRTICO

Círculo Polar Ártico

RUSIA

Estrecho de Bering

60° N

180°

Mar de Bering

Río Yukón

Alaska

CANADÁ

○ Anchorage

Golfo de Alaska

Juneau ★

0 — 300 Millas
0 — 300 Kilómetros
Proyección acimutal
equivalente de Lambert

160° O   140° O

120° O   110° O

Seattle ○
Olympia ★   Spokane ○
Washington
Portland ○   Río Columbia   Helena ★
Salem ★   **Montana**
Eugene ○   Billings ○
Oregón   Río Snake   Boise ★   **Idaho**
Pocatello ○   **Wyoming**
Casper ○
Gran Lago Salado   Salt Lake ★ City   Provo ○
Sacramento ★   ★ Carson City   **Nevada**
San Francisco ○   **Utah**   **Colorado**
San José ○   Río Colorado
Fresno ○
California   Las Vegas ○
Los Ángeles ○   Santa Fe ★
Arizona   Albuquerque ○
San Diego ○   Phoenix ★   **Nuevo México**
Tucson ○   Las Cruces ○
El Paso ○

LEYENDA
— Frontera internacional
— Límite estatal
✪ Ciudad capital
★ Capital estatal
○ Otra ciudad

O ← N → E
S
(rosa de los vientos)

OCÉANO PACÍFICO

MÉXICO

22° N
Kauai
Honolulu ★   *Molokai*   La escala es la misma que en el mapa.
Hawái   *Maui*
20° N
Hilo ○
OCÉANO PACÍFICO   *Hawái*
160° O   158° O   156° O   154° O

0 — 200 Millas
0 — 200 Kilómetros
Proyección cónica de Albers

CANADÁ

Dakota del Norte

Bismarck★ Fargo○

Minnesota

Dakota del Sur
Pierre★

St. Paul
Minneapolis○

Green
Bay○

Sioux Falls○

Wisconsin

Madison○

Milwaukee○

Lago
Superior

Michigan

Grand
Rapids○

Lansing★
Detroit○

Lago
Hurón

Maine

Augusta★

Vermont
Montpelier★ New
Hampshire

Portland○

Concord★

Nueva
York

Albany★

Rochester○

Buffalo○

Boston○

Massachusetts
Providence★
Rhode Island

Hartford★
Connecticut

Ciudad de Nueva York

Iowa

Cedar
Rapids○

Chicago○

Fort
Wayne○

Nebraska

heyenne

Omaha○
Lincoln○

Des★
Moines

Illinois

Springfield★

Indiana

Indianapolis★

Ohio

Columbus○

Dayton○

Cincinnati○

Pennsylvania

Harrisburg★

Pittsburgh○

Trenton★
Nueva Jersey

Philadelphia○

Baltimore○
Washington○
D.C. Maryland

Dover○
Delaware

Annapolis★

Virginia
Occidental

Charleston★

Richmond★

Virginia

Norfolk○

lorado
rings

Topeka★

Kansas
City○

Jefferson★
City

San Luis○

Kansas

Wichita○

Missouri

Río Ohio

Frankfort★

Louisville○

Kentucky

Knoxville○

Nashville★
Tennessee

Raleigh★

Carolina del Norte

Charlotte○

Oklahoma
City★

Tulsa○

Fort Smith○

Memphis○

Río Tennessee

Carolina del Sur

Columbia★

Oklahoma

Arkansas★

Little Rock○

Birmingham○

Atlanta★
Augusta○

Charleston○

Fort○○Dallas
Worth

Shreveport○

Mississippi

Alabama

Jackson★ Montgomery★

Georgia

Columbus○

Savannah○

OCÉANO
ATLÁNTICO

Texas

Luisiana

Austin★

Mobile○

Tallahassee★

Jacksonville○

Baton★
Rouge

Gulfport○

Nueva Orleans○

Houston○

San○
Antonio

Golfo de México

Orlando○

Florida

Tampa○

Miami○

Río Platte

Río Missouri

Río Arkansas

Río Red

Río Mississippi

Río Bravo

Missouri

Lago Michigan

Lago Ontario

Lago Erie

50° N

40° N

30° N

100° O

90° O

80° O

70° O

1011

Europa: Mapa político

LEYENDA
Frontera internacional
⊛ Ciudad capital
○ Otra ciudad
0   200 Millas
0   200 Kilometros
Proyección cónica conforme de Lambert

OCÉANO GLACIAL ÁRTICO

Mar de Barents

Círculo Polar Ártico

Laponia

Mar Blanco

ISLANDIA
Reikiavik

ISLAS FAROE
(Dinamarca)

SUECIA

FINLANDIA
Tampere

Golfo de Bothnia

Helsinki

San Petersburgo

RUSIA

Nizhni Novgorod

Samara

NORUEGA
Bergen

Oslo

Estocolmo

Golfo de Finlandia

Tallin

ESTONIA

Moscú

Mar del Norte

Gotemburgo

LETONIA
Riga

Glasgow

REINO UNIDO

DINAMARCA

Mar Báltico

LITUANIA

Vilna

Minsk

IRLANDA
Dublín

Manchester

Copenhague

KALININGRADO
(Rusia)

BIELORRUSIA

Birmingham

HOLANDA

Hamburgo

Varsovia

Kíev

Londres

La Haya

Amsterdam

Berlín

POLONIA

Donets'k

Canal de la Mancha

Bruselas

BÉLGICA

ALEMANIA
Frankfurt
LUXEMBURGO

Praga

UCRANIA

OCÉANO ATLÁNTICO

París

REPÚBLICA CHECA

ESLOVAQUIA

LIECHTENSTEIN

Viena
Múnich

Bratislava

MOLDAVIA

Mar de Azov

Mar Caspio

FRANCIA

Berna

AUSTRIA

Budapest

HUNGRÍA

Kishinev

Golfo de Vizcaya

SUIZA

Lyon

Milán

ESLOVENIA

Liubliana

Zagreb

RUMANIA

Timişoara

Belgrado

Bucarest

Constanţa

Mar Negro

CROACIA

Toulouse

Marsella

SAN MARINO

BOSNIA-HERZEGOVINA

Sarajevo

SERBIA

Priština

Río Danubio

BULGARIA

PORTUGAL

ANDORRA

MÓNACO

Madrid

ITALIA

Roma

MONTENEGRO

Podgorica

KOSOVO

Skoplie

Sofía

Estambul

TURQUÍA

Ankara

ASIA

Barcelona

Córcega

Nápoles

Tirana

MACEDONIA

Lisboa

ESPAÑA

ALBANIA

GRECIA

Sevilla

Islas Baleares

Cerdeña

CIUDAD DEL VATICANO

Mar Tirreno

Mar Jónico

Atenas

Gibraltar
(R. U.)

Sicilia

La Valeta

Mar Mediterráneo

MALTA

ÁFRICA

70° N

60° N

50° N

30° N

20° O

10° O

0°

10° E

20° E

30° E

40° E

Europa: Mapa físico

OCÉANO GLACIAL ÁRTICO

Mar de Barents

Península de Kola

ISLANDIA

Círculo Polar Ártico

70° N

Mar Blanco

Mar de Noruega

Macizo Jotúnheim

PENÍNSULA ESCANDINAVA

MONTES URALES

60° N

20° O

Islas Faroe

N
O · E
S

Golfo de Botnia

Lago Ladoga

Islas Shetland

Lago Vänern

Golfo de Finlandia

Río Dvina Occidental

Río Volga

Mar del Norte

Isla Gotland

Jutlandia

Mar Báltico

LLANURA DEL NORTE DE EUROPA

Meseta Central Rusa

Irlanda

Gran Bretaña

Sjælland

50° N

Río Támesis

Río Elba

Río Vístula

OCÉANO ATLÁNTICO

Canal de la Mancha

Río Rin

Río Oder

Río Dniéper

Río Volga

Río Sena

Río Danubio

Río Dniéster

Río Don

10° O

Golfo de Vizcaya

Río Loira

Macizo Central

A L P E S

Montes Cárpatos

Mar de Azov

CÁUCASO

Mar Caspio

Río Garona

Mont Blanc 15,781 pies (4,810 m)

Alpes de Transilvania

Crimea

Monte Elbrús 18,510 pies (5,642 m)

Pirineos

Río Duero

Río Ebro

Río Ródano

Río Po

Alpes Dináricos

Apeninos

Río Danubio

Mar Negro

ASIA

Meseta

PENÍNSULA IBÉRICA

Córcega

Mar Adriático

PENÍNSULA ITÁLICA

Montes Balcanes

PENÍNSULA BALCÁNICA

Bósforo

Río Tajo

Río Guadalquivir

Cerdeña

Islas Baleares

Mar Tirreno

Montes Pindo

Dardanelos

Mar Egeo

LEYENDA
Altitud

M a r

Sicilia

Mar Jónico

Peloponeso

Pies | Metros
10,000 | 3,048
6,000 | 1,829
3,000 | 914
1,000 | 305
500 | 152
Nivel del mar | Nivel del mar

M e d i t e r r á n e o

Islas de Malta

Creta

0   200 Millas
0   200 Kilómetros

Proyección cónica conforme de Lambert

ÁFRICA

30° N

0°

10° E

20° E

30° E

40° E

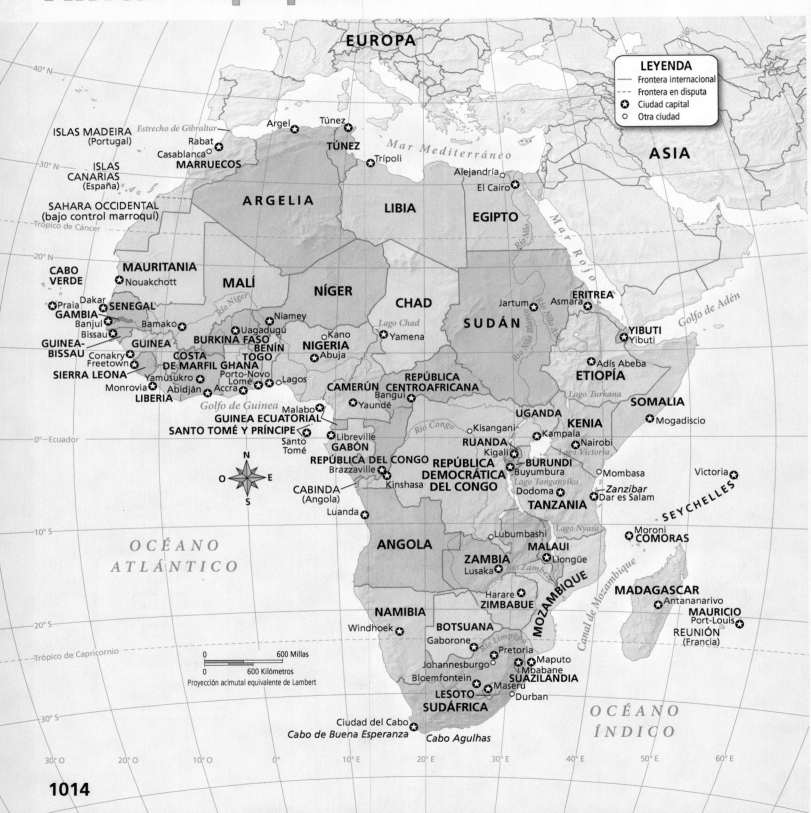

África: Mapa político

EUROPA

ASIA

LEYENDA
Frontera internacional
Frontera en disputa
★ Ciudad capital
○ Otra ciudad

ISLAS MADEIRA (Portugal)

Estrecho de Gibraltar

Argel ★
Túnez ○
TÚNEZ
Rabat ★
Casablanca ○
MARRUECOS
Trípoli ○

Mar Mediterráneo

Alejandría ○
El Cairo ★

ISLAS CANARIAS (España)

SAHARA OCCIDENTAL (bajo control marroquí)

ARGELIA

LIBIA

EGIPTO

Trópico de Cáncer

CABO VERDE
Nouakchott ○
MAURITANIA

MALÍ

NÍGER

CHAD

Río Nilo

Mar Rojo

Golfo de Adén

Praia ★
Dakar ○
GAMBIA
SENEGAL
Banjul ★
Bamako ★
Bissau ★

Río Níger

Niamey ○

Kano ○
Yamena ★
NIGERIA
Abuja ★

Lago Chad

Jartum ○
SUDÁN
Asmara ★
ERITREA
YIBUTI
Yibuti ○

Río Nilo Blanco
Río Nilo Azul

GUINEA-BISSAU
Conakry ★
Freetown ★
GUINEA
BURKINA FASO
Uagadugú ★
BENÍN
TOGO
COSTA DE MARFIL
GHANA

Adís Abeba ★
ETIOPÍA

SIERRA LEONA
Yamusukro ★
Monrovia ★
Abidján ○
LIBERIA
Porto-Novo ★
Lomé ★
Accra ★
Lagos ○

REPÚBLICA CENTROAFRICANA
CAMERÚN
Bangui ★
Yaundé ★

Lago Turkana
SOMALIA
Mogadiscio ★

Golfo de Guinea

Malabo ★
GUINEA ECUATORIAL
SANTO TOMÉ Y PRÍNCIPE
Santo Tomé ★
Libreville ★
GABÓN

Río Congo
Kisangani ○

UGANDA
Kampala ★
KENIA
Nairobi ★

RUANDA
Kigali ★
BURUNDI
Buyumbura ★

Lago Victoria

Ecuador

REPÚBLICA DEL CONGO
Brazzaville ★
Kinshasa ★
REPÚBLICA DEMOCRÁTICA DEL CONGO

Mombasa ○
Victoria ★

CABINDA (Angola)

Dodoma ★
Zanzíbar ○
Dar es Salam ○
TANZANIA

Lago Tanganyika

SEYCHELLES

Luanda ★

OCÉANO ATLÁNTICO

Lubumbashi ○

Lago Nyasa

Moroni ★
COMORAS

ANGOLA

ZAMBIA
Lusaka ★
MALAUI
Liongüe ★

Río Zambeze

Harare ★
ZIMBABUE

MADAGASCAR
Antananarivo ★
MAURICIO
Port-Louis ★

NAMIBIA

BOTSUANA
Windhoek ★
Gaborone ★

Río Limpopo

Pretoria ★
Maputo ★
Mbabane ★
SUAZILANDIA

Canal de Mozambique

MOZAMBIQUE

REUNIÓN (Francia)

Trópico de Capricornio

Johannesburgo ○
Bloemfontein ○
Maseru ★
Durban ○
LESOTO
SUDÁFRICA

Ciudad del Cabo ★
Cabo de Buena Esperanza
Cabo Agulhas

OCÉANO ÍNDICO

N
O E
S

0   600 Millas
0   600 Kilómetros
Proyección acimutal equivalente de Lambert

1014

África: Mapa físico

EUROPA

Estrecho de Gibraltar

Islas Canarias

Montes Atlas

Mar Mediterráneo

Canal de Suez

Depresión de Qattara

Trópico de Cáncer

Montes Ahaggar

Montes Tibesti

Desierto de Libia

Desierto Arábigo

Río Nilo

Mar Rojo

Islas de Cabo Verde

S A H A R A

Río Senegal

Río Níger

S A H E L

Lago Chad

Río Nilo Blanco

Río Nilo Azul

Lago Tana

Golfo de Adén

Futa Yalon

Río Volta

Río Benue

Tierras Altas de Etiopía

Altiplanicie de Adamaua

Sudd

Golfo de Guinea

Bioko

Río Ubangui

Río Congo

Lago Alberto

Lago Turkana

Santo Tomé

Ecuador

Cuenca del Congo

Lago Victoria

Monte Kilimanjaro
19,341 pies(5,895 m)

N
O   E
S

Gran Valle del Rift

Llanura del Serengeti

Zanzíbar

OCÉANO ÍNDICO

Lago Tanganica

Lago Malau

Islas Comoras

OCÉANO ATLÁNTICO

Río Zambeze

Canal de Mozambique

Madagascar

Mauricio

Reunión

Desierto de Namibia

Delta del Okavango

Río Limpopo

Desierto de Kalahari

Trópico de Capricornio

Río Orange

Drakensberg

Cabo de Buena Esperanza   Cabo Agulhas

LEYENDA
Altitud

Pies	Metros
10,000	3,048
6,000	1,829
3,000	914
1,000	305
500	152

Nivel del mar · Nivel del mar

— Frontera internacional

--- Frontera en disputa

0 — 600 Millas

0 — 600 Kilómetros

Proyeccion acimitual
equivalente de Lambert

40° N
30° N
20° N
10° S
20° S
30° S

30° O   20° O   10° O   0°   10° E   20° E   30° E   40° E   50° E   60° E

Asia: Mapa político

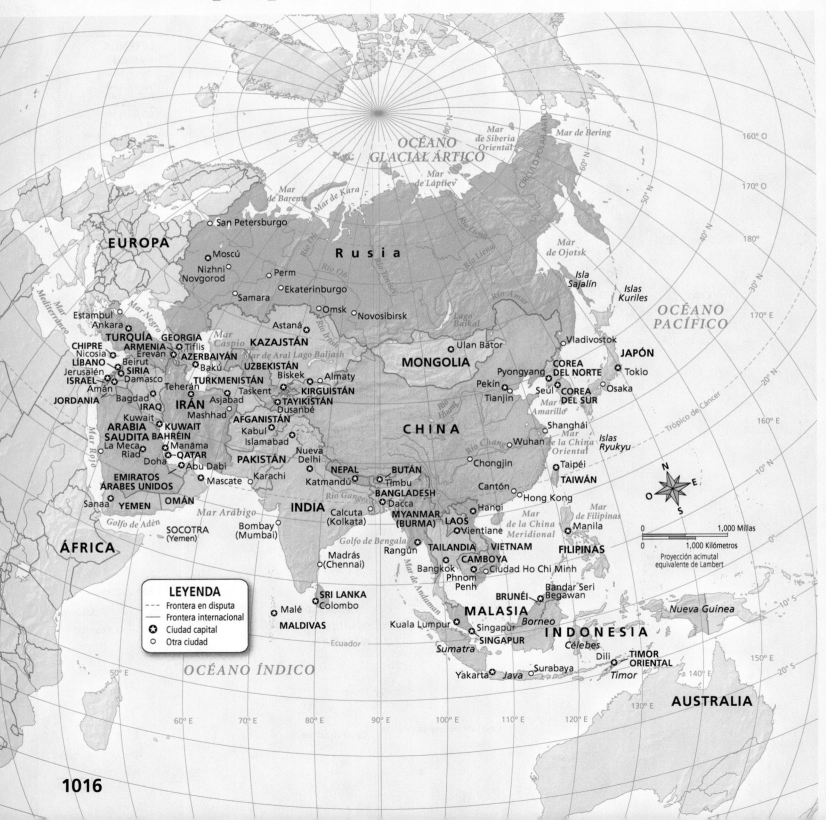

EUROPA

Rusia

San Petersburgo
Moscú
Nizhni Novgorod
Perm
Samara
Ekaterinburgo
Astaná
Omsk
Novosibirsk

Mar de Barents
Mar de Kara
OCÉANO GLACIAL ÁRTICO
Mar de Siberia Oriental
Mar de Láptiev
Mar de Bering

Río Ob
Río Yenisei
Río Lena
Río Amur

Mar de Ojotsk
Isla Sajalín
Islas Kuriles

OCÉANO PACÍFICO

Estambul
Ankara
TURQUÍA
Mar Negro
Mar Caspio
KAZAJSTÁN
Mar de Aral
Lago Baljash

CHIPRE
Nicosia
ARMENIA
Ereván
Tiflis
GEORGIA
AZERBAIYÁN
Bakú
UZBEKISTÁN
Biskek
Almaty
KIRGUISTÁN

Ulan Bátor
MONGOLIA

Vladivostok
JAPÓN
COREA DEL NORTE
Pyongyang
Pekín
Tianjin
Seúl
COREA DEL SUR
Tokio
Osaka
Islas Ryukyu

LÍBANO
Beirut
SIRIA
Damasco
Jerusalén
ISRAEL
Amán
JORDANIA
Bagdad
IRAQ
Teherán
IRÁN
Mashhad
Asjabad
TURKMENISTÁN
Taskent
Dusanbé
TAYIKISTÁN

Kuwait
KUWAIT
ARABIA SAUDITA
BAHRÉIN
La Meca
Manama
Riad
QATAR
Doha
EMIRATOS ÁRABES UNIDOS
Abu Dabi
Mascate
OMÁN
AFGANISTÁN
Kabul
Islamabad
PAKISTÁN
Nueva Delhi
Karachi

CHINA
Río Huang
Río Chang
Shanghái
Wuhan
Chongjin
Chongqing
Taipéi
TAIWÁN
Cantón
Hong Kong
Mar Amarillo
Mar de la China Oriental

Sanaa
YEMEN
Mar Rojo
Mar Arábigo
Golfo de Adén
SOCOTRA (Yemen)
ÁFRICA

Bombay (Mumbai)
INDIA
Madrás (Chennai)
Nueva Delhi
NEPAL
Katmandú
BUTÁN
Timbu
BANGLADESH
Dacca
Calcuta (Kolkata)
Río Ganges

MYANMAR (BURMA)
Rangún
LAOS
Vientiane
Hanoi
VIETNAM
Mar de la China Meridional
Mar de Filipinas
Manila
FILIPINAS

Tropico de Cáncer

Madrás (Chennai)
TAILANDIA
Bangkok
CAMBOYA
Phnom Penh
Ciudad Ho Chi Minh

SRI LANKA
Colombo
Malé
MALDIVAS

Golfo de Bengala
Mar de Andamán

BRUNÉI
Bandar Seri Begawan

MALASIA
Kuala Lumpur
Singapur
SINGAPUR
Borneo
Sumatra
Célebes
INDONESIA
Nueva Guinea

Yakarta
Java
Surabaya
Dili
TIMOR ORIENTAL
Timor

OCÉANO ÍNDICO
Ecuador

AUSTRALIA

LEYENDA
- - - Frontera en disputa
— Frontera internacional
✪ Ciudad capital
○ Otra ciudad

0   1,000 Millas
0   1,000 Kilómetros
Proyección acimutal equivalente de Lambert

N O E S

160° O
170° O
180°
170° E
160° E
150° E
140° E
130° E
120° E
110° E
100° E
90° E
80° E
70° E
60° E
50° E
50° N
40° N
30° N
20° N
10° N
10° S
20° S

Asia: Mapa físico

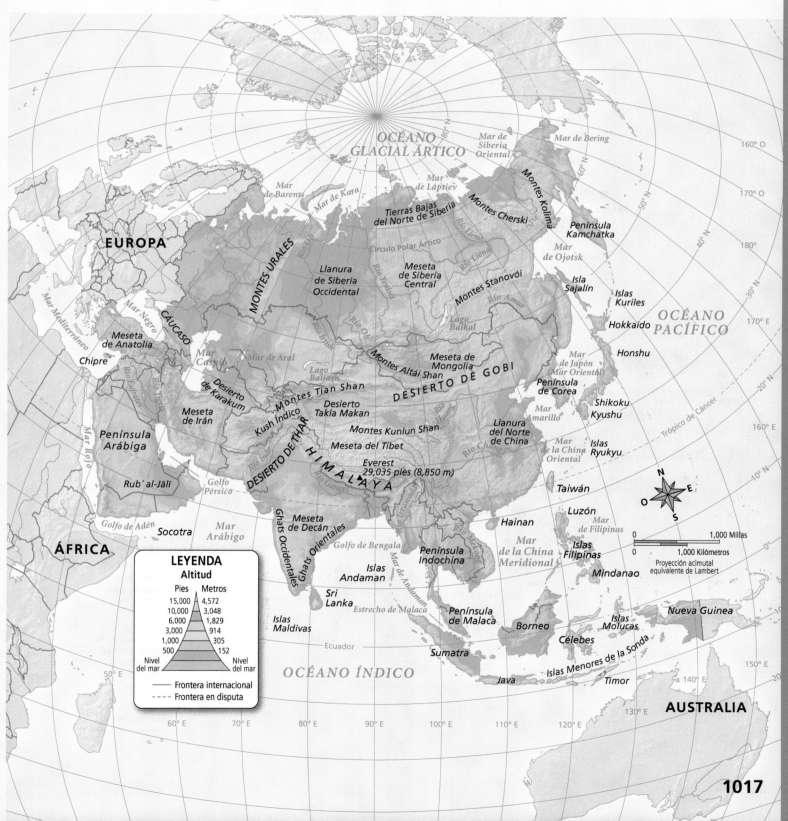

OCÉANO GLACIAL ÁRTICO

Mar de Siberia Oriental

Mar de Bering

Mar de Barents

Mar de Kara

Mar de Láptiev

Montes Kolima

Tierras Bajas del Norte de Siberia

Montes Cherski

Península Kamchatka

EUROPA

MONTES URALES

Río Ob

Círculo Polar Ártico

Río Lena

Río Lena

Llanura de Siberia Occidental

Meseta de Siberia Central

Montes Stanovói

Río Amur

Mar de Ojotsk

Isla Sajalín

Islas Kuriles

Río Yeniséi

Río Irtish

Río Ob

Lago Baikal

Meseta de Mongolia

OCÉANO PACÍFICO

Mar Negro

CÁUCASO

Mar Caspio

Meseta de Anatolia

Mar de Aral

Lago Baljash

Montes Altái Shan

DESIERTO DE GOBI

Mar de Japón (Mar Oriental)

Hokkaido

Honshu

Chipre

Desierto de Karakum

Montes Tian Shan

Desierto Takla Makan

Península de Corea

Shikoku Kyushu

Meseta de Irán

Río Éufrates

Río Tigris

Kush Índico

Mar Amarillo

Mar Mediterráneo

Río Indo

DESIERTO DE THAR

Montes Kunlun Shan

Río Huang

Llanura del Norte de China

Islas Ryukyu

Península Arábiga

Mar Rojo

Meseta del Tíbet

HIMALAYA

Everest 29,035 pies (8,850 m)

Río Chang

Mar de la China Oriental

Río Ganges

Mar de Japón

Taiwán

Golfo de Adén

Socotra

Mar Arábigo

Ghats Occidentales

Meseta de Decán

Ghats Orientales

Golfo de Bengala

Río Irawadi

Península Indochina

Luzón

Mar de Filipinas

Hainan

ÁFRICA

Rub´ al-Jālī

Golfo Pérsico

Islas Andaman

Mar de Andaman

Río Mekong

Mar de la China Meridional

Islas Filipinas

Mindanao

Sri Lanka

Península de Malaca

Nueva Guinea

Islas Maldivas

Estrecho de Malaca

Borneo

Islas Molucas

Célebes

Ecuador

Sumatra

Islas Menores de la Sonda

OCÉANO ÍNDICO

Java

Timor

AUSTRALIA

Montes Altái Shan

N O E S

0 — 1,000 Millas
0 — 1,000 Kilómetros
Proyección acimutal equivalente de Lambert

Trópico de Cáncer

LEYENDA
Altitud

Pies	Metros
15,000	4,572
10,000	3,048
6,000	1,829
3,000	914
1,000	305
500	152
Nivel del mar	Nivel del mar

—— Frontera internacional
- - - Frontera en disputa

50° E 60° E 70° E 80° E 90° E 100° E 110° E 120° E 130° E 140° E 150° E 160° E 170° E 180° 170° O 160° O

50° N 60° N 40° N 30° N 20° N 10° N

Australia y el Pacífico

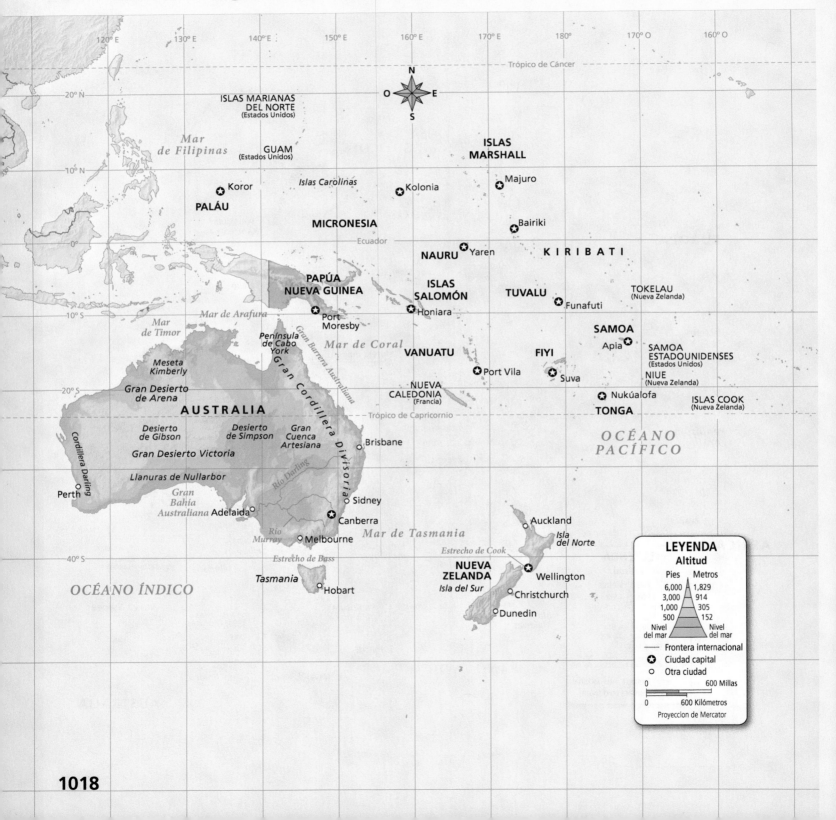

ISLAS MARIANAS DEL NORTE (Estados Unidos)

GUAM (Estados Unidos)

Mar de Filipinas

ISLAS MARSHALL

⊛ Majuro

⊛ Koror

Islas Carolinas

⊛ Kolonia

PALÁU

MICRONESIA

⊛ Bairiki

Ecuador

NAURU ⊛ Yaren

K I R I B A T I

PAPÚA NUEVA GUINEA

ISLAS SALOMÓN

TUVALU

TOKELAU (Nueva Zelanda)

Mar de Arafura

⊛ Port Moresby

⊛ Honiara

⊛ Funafuti

SAMOA

⊛ Apia

Mar de Timor

Península de Cabo York

Mar de Coral

VANUATU

FIYI

SAMOA ESTADOUNIDENSES (Estados Unidos)

Meseta Kimberly

⊛ Port Vila

⊛ Suva

NIUE (Nueva Zelanda)

Gran Desierto de Arena

NUEVA CALEDONIA (Francia)

⊛ Nukúalofa

ISLAS COOK (Nueva Zelanda)

AUSTRALIA

Tropico de Capricornio

TONGA

OCÉANO PACÍFICO

Desierto de Gibson

Desierto de Simpson

Gran Cuenca Artesiana

○ Brisbane

Gran Desierto Victoria

Llanuras de Nullarbor

Río Darling

Cordillera Darling

○ Perth

Gran Bahía Australiana

Adelaida ○

○ Sidney

○ Auckland

Isla del Norte

Río Murray

○ Melbourne

Mar de Tasmania

⊛ Canberra

Estrecho de Cook

OCÉANO ÍNDICO

Estrecho de Bass

NUEVA ZELANDA

Isla del Sur

⊛ Wellington

Tasmania

○ Hobart

○ Christchurch

○ Dunedin

LEYENDA
Altitud

Pies	Metros
6,000	1,829
3,000	914
1,000	305
500	152
Nivel del mar	Nivel del mar

----- Frontera internacional

⊛ Ciudad capital

○ Otra ciudad

0   600 Millas

0   600 Kilómetros

Proyeccion de Mercator

Región polar del norte

150° E · 120° E · Círculo Polar Ártico · 90° E · 60° E · 30° E

ASIA

EUROPA

Río Lena

Montes Cherski

Mar de Láptiev

Mar de Kara

Península de Kola

Mar de Barents

Mar Báltico

Islas Siévernaia Zemliá

Nueva Zembla

Tierra de Francisco José

Cabo Norte

PENÍNSULA ESCANDINAVA

Islas de Nueva Siberia

OCÉANO PACÍFICO

Montes Kolimá

180°

Mar de la Siberia Oriental

Isla Wrangel

OCÉANO GLACIAL ÁRTICO

Svalbard

Mar de Noruega

Mar de Bering

Península de los Chukchis

Mar de los Chukchis

Polo Norte

Mar de Groenlandia

Islandia

Islas Aleutianas

Isla St. Lawrence

Estrecho de Bering

Polo Norte Magnético +

Isla Ellesmere

Groenlandia

Estrecho de Dinamarca

Isla Nunivak

Beaufort Sea

Montes Brooks

Islas de la Reina Isabel

Bahía de Baffin

Península de Alaska

Río Yukón

Isla Banks

Isla Kodiak

Montes de Alaska

Río Mackenzie

Isla Victoria

Isla de Baffin

Estrecho de Davis

Golfo de Alaska

MONTAÑAS ROCOSAS

AMÉRICA DEL NORTE

150° O · 120° O · 90° O · 60° O

LEYENDA
Altitud

Pies	Metros
15,000	4,572
10,000	3,048
6,000	1,829
3,000	914
1,000	305
500	152
Nivel del mar	Nivel del mar

Banquisa

Frontera internacional

0 · 600 Millas
0 · 600 Kilómetros

Proyección acimutal equivalente de Lambert

Región polar del sur

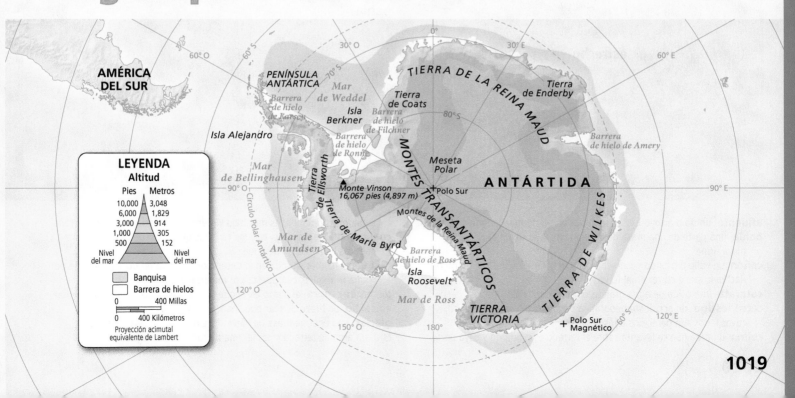

60° O · 30° O · 0° · 30° E · 60° E

AMÉRICA DEL SUR

PENÍNSULA ANTÁRTICA

Mar de Weddel

TIERRA DE LA REINA MAUD

Tierra de Enderby

Barrera de hielo de Larsen

Tierra de Coats

Isla Berkner

Barrera de hielo de Filchner

80° S

Barrera de hielo de Amery

Isla Alejandro

Barrera de hielo de Ronne

Meseta Polar

ANTÁRTIDA

90° O

Mar de Bellinghausen

Tierra de Ellsworth

▲ Monte Vinson 16,067 pies (4,897 m)

MONTES TRANSANTÁRTICOS

Polo Sur +

90° E

Círculo Polar Antártico

Tierra de María Byrd

Montes de la Reina Maud

TIERRA DE WILKES

Mar de Amundsen

Barrera de hielo de Ross

Isla Roosevelt

Mar de Ross

TIERRA VICTORIA

+ Polo Sur Magnético

120° O · 150° O · 180° · 150° E · 120° E

LEYENDA
Altitud

Pies	Metros
10,000	3,048
6,000	1,829
3,000	914
1,000	305
500	152
Nivel del mar	Nivel del mar

Banquisa

Barrera de hielos

0 · 400 Millas
0 · 400 Kilómetros

Proyección acimutal equivalente de Lambert

1019

Accidentes geográficos e hidrografía

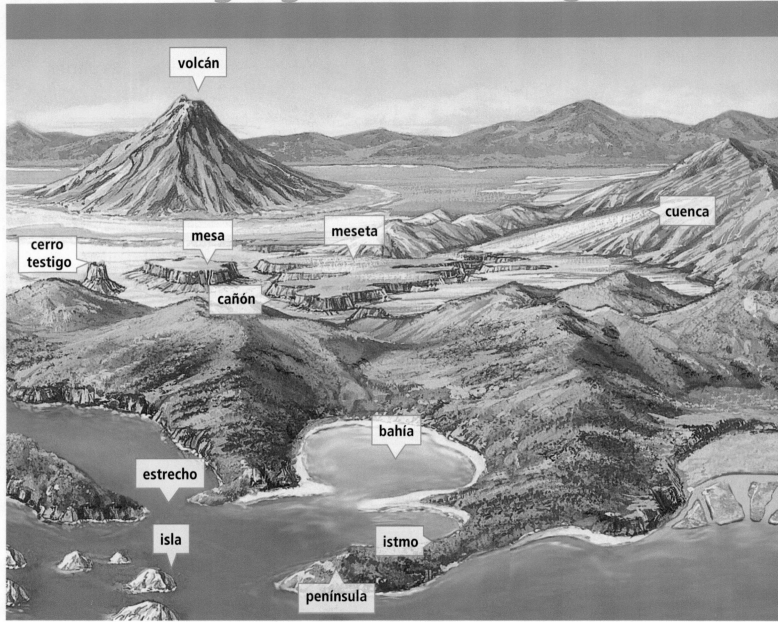

- volcán
- cuenca
- cerro testigo
- mesa
- meseta
- cañón
- bahía
- estrecho
- isla
- istmo
- península

afluente un río o arroyo que desemboca en un río más grande

bahía una parte de una masa de agua mayor, que se extiende hasta tierra firme

cañón un valle profundo y estrecho con lados muy inclinados; un río o riachuelo suele correr en el fondo

catarata una caída de agua grande, o rápidos muy escarpados

cerro testigo un accidente geográfico pequeño, alto y plano arriba, cuyos lados son parecidos a los peñascos

colina un área que se levanta sobre el terreno circundante y cuya parte superior es redonda; es más baja y menos escarpada que una montaña

cuenca un área más baja que los terrenos que la circundan; algunas cuencas están llenas de agua

delta una llanura situada en la desembocadura de un río, usualmente de forma triangular, compuesta por material depositado por el agua

desembocadura el punto en el que un río conecta con un lago o el mar

estrecho un brazo de mar que conecta dos masas grandes de agua

glaciar una enorme masa de nieve y hielo que se mueve lentamente

isla un área de terreno completamente rodeada por agua

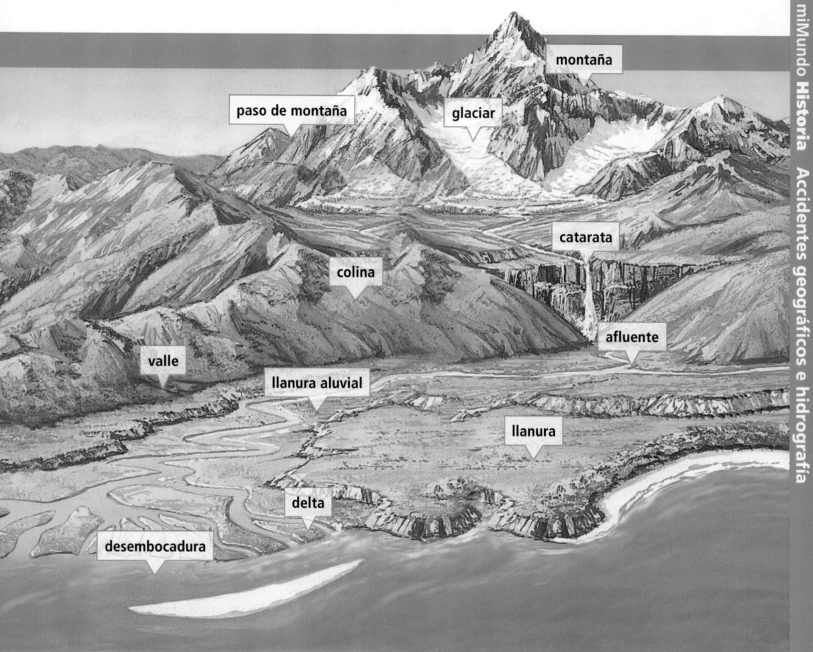

istmo una estrecha faja de tierra que conecta dos áreas mayores

llanura un área grande de terreno plano o de suaves ondulaciones

llanura aluvial una amplia llanura situada al lado de un río, que se forma con el sedimento que resulta de una inundación

mesa un accidente geográfico alto, plano encima, tiene lados similares a los de un acantilado; es más grande que un cerro testigo

meseta un área grande y plana que se levanta sobre el terreno circundante; tiene al menos una ladera escarpada

montaña un accidente geográfico que se eleva al menos 2,000 pies

(610 metros) sobre el terreno circundante; es usualmente ancha en la base y se eleva hasta formar un pico estrecho o una cresta

paso de montaña un espacio entre montañas

península un área de terreno rodeada casi por completo por agua y conectada a tierra firme por un istmo

valle un terreno bajo situado entre montañas o colinas; terreno que ha sido drenado por un río

volcán una abertura en la superficie de la Tierra que emite lava, ceniza y gases que vienen del interior

Glosario

A

abdicar renunciar al poder (p. 878)
abdicate to step down from power (p. 878)

abjurar retractarse de algo (p. 742)
recant to withdraw or take back (p. 742)

Academia escuela de filosofía fundada por Platón (p. 345)
Academy school of philosophy founded by Plato (p. 345)

acción porción de la propiedad de una compañía (p. 37)
stock share of ownership in a company (p. 37)

acrópolis "ciudad alta" en griego; la parte elevada de una ciudad griega de la antigüedad, donde se ubicaban los edificios públicos y las defensas (p. 305)
acropolis "high city" in Greek; the upper part of an ancient Greek city, where public buildings and the city's defenses were located (p. 305)

Acta de Supremacía el acta de 1534 que convirtió al rey en jefe de la Iglesia de Inglaterra (p. 751)
Act of Supremacy the 1534 act that made the king of England the leader of the Church of England (p. 751)

acueducto canal que transporta agua por largas distancias (pp. 393, 594)
aqueduct channel that moves water over a long distance (pp. 393, 594)

acupuntura terapia que utiliza agujas para curar enfermedades y controlar el dolor (p. 287)
acupuncture therapy that uses needles to cure sickness and stop pain (p. 287)

adaptarse cambiar (p. 70)
adapt change (p. 70)

agricultura de tala y quema método agrícola en el que los árboles y otras plantas de un terreno se cortan y queman, y la ceniza se usa como fertilizante (p. 583)
slash-and-burn agriculture farming method in which trees and other plants on a plot of land are cut down and burned and ash is used for fertilizer (p. 583)

ahimsa evitar hacerle daño a un ser viviente (p. 216)
ahimsa avoiding doing harm to any living thing (p. 216)

ahorrar reservar dinero para el uso futuro (p. 36)
saving setting aside money for future use (p. 36)

Alejandría ciudad fundada por Alejandro Magno en Egipto (p. 336)
Alexandria city founded by Alexander the Great in Egypt (p. 336)

alfabeto conjunto limitado de letras o símbolos, cada uno de los cuales representa un sonido (p. 136)
alphabet small set of letters or symbols, each of which stands for a single sound (p. 136)

alfabeto cirílico alfabeto utilizado sobre todo en las lenguas eslavas, como el ruso, el búlgaro y otras (p. 443)
Cyrillic alphabet alphabet used mostly for Slavic languages such as Russian and Bulgarian, as well as for other languages (p. 443)

aliado estado independiente que colabora con otros estados para lograr un objetivo militar o político común (p. 118)
ally independent state that works with other states to achieve a shared military or political goal (p. 118)

alianza acuerdo formal entre personas o naciones para ayudarse unos a otros (p. 871)
alliance a formal agreement between people or nations to help one another (p. 871)

alianza pacto vinculante (p. 171)
covenant binding agreement (p. 171)

amor filial devoción de los hijos hacia sus padres (p. 265)
filial piety devotion of children to their parents (p. 265)

anatomía estudio de la estructura del cuerpo y sus órganos (p. 157)
anatomy study of the structure of the body and its organs (p. 157)

Andes cadena montañosa que recorre el borde occidental de América del Sur (p. 602)
Andes a mountain range that runs along the western edge of South America (p. 602)

animismo la creencia de que la naturaleza está dotada de alma (p. 75)
animism belief that the natural world is full of spirits (p. 75)

antropología estudio de todos los aspectos de la humanidad, especialmente el desarrollo y la cultura (pp. 9, 58)
anthropology study of humankind in all aspects, especially development and culture (pp. 9, 58)

anulación decreto oficial de la terminación de un matrimonio (p. 750)
annulment an official act ending a marriage (p. 750)

apaciguamiento aceptar las condiciones de un agresor con la esperanza de evitar una guerra (p. 941)
appeasement giving in to the demands of an aggressor in the hope of preventing war (p. 941)

apartheid sistema político que otorgaba privilegios a los blancos en Sudáfrica (p. 978)
apartheid political system that gave privileges to whites in South Africa (p. 978)

arancel impuesto a las importaciones o las exportaciones (p. 35)
tariff tax on imports or exports (p. 35)

archipiélago grupo de islas (p. 548)
archipelago group of islands (p. 548)

aristocracia clase hereditaria de gobernantes, "gobierno ejercido por los mejores" en griego (p. 305)
aristocracy hereditary class of rulers, Greek for "rule by the best people" (p. 305)

armada flota de barcos de guerra (pp. 753, 829)
armada a fleet of warships (pp. 753, 829)

arqueología estudio científico de las culturas antiguas mediante el análisis de artefactos y otros tipos de evidencia (p. 9)
archaeology scientific study of ancient cultures through the examination of artifacts and other evidence (p. 9)

arqueólogo científico que estudia la vida humana del pasado mediante el examen de los objetos que las personas dejaron (p. 58)
archaeologist scientist who studies human life in the past by examining the things that people left behind (p. 58)

artefacto objeto hecho por un ser humano (pp. 6, 60, 608)
artifact object made by a human being (pp. 6, 60, 608)

artesano trabajador especializado que ejerce un oficio manual (p. 146)
artisan skilled worker who practices a handicraft (p. 146)

asesino persona que mata a una figura pública (p. 833)
assassin person who murders a public figure (p. 833)

Augusto título usado por los emperadores romanos, significa persona venerable o con muchos honores (p. 383)
Augustus title used by Roman emperors meaning venerable or greatly honored person (p. 383)

autoritario gobierno en el que todo el poder es ejercido por un individuo o grupo pequeño (p. 23)
authoritarian government in which all power is held by a single person or a small group (p. 23)

ayllu en la sociedad inca, conjunto de familias emparentadas que juntaban sus recursos para satisfacer sus necesidades (p. 607)
ayllu in Incan society, a group of related families that pooled its resources to meet people's needs (p. 607)

B

bárbaro término usado por los griegos y romanos para referirse a los pueblos que no compartían sus culturas (p. 416)
barbarian word used by Greeks and Romans for all people who did not share their cultures (p. 416)

barbecho tierra que se deja sin sembrar (p. 683)
fallow unplanted land (p. 683)

barniz capa protectora hecha de la savia de un árbol especial (p. 286)
lacquer a protective coating made from the sap of a special tree (p. 286)

barra de escala sección de un mapa que indica la correspondencia entre las distancias que se muestran en el mapa y las distancias reales del terreno (p. 12)
scale bar section of a map that shows how much distance on the map represents a given distance on the land (p. 12)

barracas alojamientos militares (p. 320)
barracks military housing (p. 320)

barrera comercial obstáculos para la entrada de bienes y servicios a un país (p. 35)
trade barrier something that keeps goods and services from entering a country (p. 35)

1023

Glosario (continuación)

Batalla de Maratón victoria griega sobre el ejército persa que terminó la Primera Guerra Médica (p. 329)
Battle of Marathon Greek victory over the Persian army that ended the First Persian War (p. 329)

Batalla de Salamina victoria griega sobre la armada persa durante la Segunda Guerra Médica (p. 330)
Battle of Salamis Greek victory over the Persian navy during the Second Persian War (p. 330)

bautismo limpieza ritual que se realiza sumergiéndose en agua (p. 403)
baptism ritual cleansing by plunging into water (p. 403)

beduino nómada árabe (p. 451)
Bedouin Arab nomad (p. 451)

bien mueble propiedad (p. 821)
chattel property (p. 821)

bizantino término usado por los historiadores para describir el Imperio Romano oriental después de la caída del Imperio Romano occidental (p. 432)
Byzantine word used by historians to describe the eastern Roman empire after the fall of the western Roman empire (p. 432)

blitzkrieg término alemán que significa "guerra relámpago"; estrategia alemana de ofensiva rápida durante la Segunda Guerra Mundial (p. 941)
blitzkrieg German term for "lightning war"; the German strategy of rapid assault during World War II (p. 941)

boicot negarse a comprar determinadas mercancías en señal de desaprobación o para tratar de cambiar una política (p. 869)
boycott refusing to buy certain goods to show disapproval or try to change a policy (p. 869)

bolcheviques grupo radical del partido socialista ruso que apoyó a Vladimir Lenin (p. 933)
Bolsheviks a radical Russian socialist group that supported Vladimir Lenin (p. 933)

bono certificado emitido por una compañía o un gobierno que promete pagar el dinero prestado con intereses (p. 37)
bond certificate issued by a company or government promising to pay back borrowed money with interest (p. 37)

boyardo terrateniente noble de Rusia (p. 839)
boyar landowning Russian noble (p. 839)

Brahman en la religión hindú, la conciencia cósmica suprema, fuerza espiritual, o Dios (p. 215)
Brahman in Hinduism, the supreme cosmic consciousness, spiritual force, or God (p. 215)

brahmán miembro de la casta más alta en la India, compuesta de sacerdotes (p. 209)
Brahmin member of the highest Indian caste grouping made up of priests (p. 209)

brahmanismo religión de la India védica, basada en sacerdotes y rituales, especialmente sacrificios a los dioses (p. 212)
Brahmanism religion of Vedic India, based on priests and rituals, particularly sacrifices to the gods (p. 212)

brújula instrumento con una pieza de metal imantada que señala el norte, usado en la navegación (p. 535)
compass device with a magnetized piece of metal that points to the north, used for navigation (p. 535)

budismo religión que se desarrolló a partir de las enseñanzas de Siddhartha Gautama, el Buda (p. 538)
Buddhism religion that developed out of the teachings of Siddhartha Gautama, the Buddha (p. 538)

budismo mahayana secta budista que se concentra en la compasión de Buda (p. 227)
Mahayana Buddhism Buddhist sect that focuses on the compassion of the Buddha (p. 227)

budismo teravada secta budista que se concentra en la sabiduría de Buda (p. 227)
Theravada Buddhism Buddhist sect that focuses on the wisdom of the Buddha (p. 227)

burocracia sistema de numerosos funcionarios que ejecutan las normas y reglamentos del gobierno (pp. 147, 236, 516)
bureaucracy system of many government officials who carry out government rules and regulations (pp. 147, 236, 516)

bushido término japonés que significa "el camino del guerrero"; código estricto de conducta que guiaba las acciones de los samuráis (p. 559)
bushido "the way of the warrior," a strict code of conduct that guided samurai behavior (p. 559)

C

caballería soldados que combaten montados a caballo (p. 124)
cavalry soldiers who fight while riding horses (p. 124)

caballero guerrero montado a caballo (p. 642)
knight warrior mounted on horseback (p. 642)

califa significa "sucesor" en árabe; título utilizado por los líderes de la comunidad musulmana seguidores de Mahoma (p. 463)
caliph title meaning "successor" in Arabic, used by leaders of the Muslim community who followed Muhammad (p. 463)

caligrafía arte de escribir con letra bella (pp. 286, 473)
calligraphy art of beautiful writing (pp. 286, 473)

cambio climático cambio en los patrones del clima, los cuales incluyen la temperatura, las precipitaciones, los patrones del viento, o frecuencia de las tormentas (p. 995)
climate change change in weather patterns, including changes in temperature, rainfall, wind patterns, or storm frequency (p. 995)

caos desorden y confusión total (p. 260)
chaos total disorder and confusion (p. 260)

capitalismo economía que se basa en la propiedad privada y en el uso de la propiedad para competir por beneficios o ganancias en un mercado (p. 780)
capitalism economy based on the private ownership of property and the use of property to compete for profits or gains in a market (p. 780)

carabela nave pequeña y ligera diseñada por los portugueses, especialmente efectiva en viajes largos (p. 768)
caravel a small, light ship developed by the Portuguese that performed well on long voyages (p. 768)

caravana grupo de personas que viajan juntas (p. 495)
caravan group of people traveling together (p. 495)

Carbonería organización secreta dedicada a la independencia italiana (p. 896)
Carbonari a secret organization dedicated to Italian independence (p. 896)

Carta Magna documento que prometía a los barones ciertos derechos (p. 662)
Magna Carta a document that promised barons certain rights (p. 662)

cartografía técnica de trazar mapas y globos terráqueos (p. 767)
cartography the science of making maps and globes (p. 767)

casa de vecindad conjunto de apartamentos con pocas ventanas y escasa ventilación donde la gente vivía hacinada (p. 919)
tenement tightly packed apartment building that had few windows and little ventilation (p. 919)

casta clase social fija en la que nace una persona (pp. 209, 504)
caste fixed social class into which a person is born (pp. 209, 504)

catarata formación de rápidos rocosos (p. 144)
cataract group of rocky rapids (p. 144)

cazador-recolector persona que vive de la caza de animales y la recolección de plantas (p. 64)
hunter-gatherer person who lives by hunting animals and gathering plants (p. 64)

censurar prohibir ideas peligrosas u ofensivas, o retirar materiales de obras publicadas o impedir su publicación (pp. 277, 726)
censor to ban dangerous or offensive ideas, or remove material from published works or prevent its publication (pp. 277, 726)

cercamiento proceso por el cual los terratenientes cercaron grandes áreas de tierra para la agricultura comercial (p. 901)
enclosure the process in which landowners enclosed large areas of land for commercial farming (p. 901)

chatría miembro de la segunda casta más alta en la India, compuesta de guerreros y gobernantes (p. 209)
Kshatriya member of the second-highest Indian caste grouping, made up of rulers and warriors (p. 209)

chií miembro de un grupo religioso islámico que apoyaba a Alí como primer califa y que ahora constituye una minoría musulmana (p. 463)
Shia member of an Islamic religious group that supported Ali as the first caliph and now forms a minority of the world's Muslims (p. 463)

chinampa isla artificial construida por los aztecas (p. 591)
chinampa artificial island built by the Aztecs (p. 591)

ciencia conocimientos sobre el mundo natural (p. 48)
science knowledge of the natural world (p. 48)

circunnavegar dar una vuelta completa en barco alrededor de algún lugar (p. 767)
circumnavigate to sail completely around (p. 767)

ciudad-estado estado independiente que consiste en una ciudad y el territorio aledaño (pp. 22, 112)
city-state independent state consisting of a city and its surrounding territory (pp. 22, 112)

ciudadanía membresía en un estado o comunidad que confiere derechos y obligaciones civiles y políticos a las personas (pp. 243, 315)
citizenship membership in a state or community which gives a person civil and political rights and obligations (pp. 243, 315)

ciudadano miembro legal de un país o ciudad-estado (pp. 26, 304)
citizen legal member of a country or city-state (pp. 26, 304)

ciudadela área fortificada (p. 204)
citadel fortified area (p. 204)

civilización sociedad compleja con ciudades, un gobierno organizado y trabajadores con destrezas especializadas (p. 93)
civilization complex society that has cities, a well-organized government, and workers with specialized job skills (p. 93)

clan grupo de familias con un ancestro común (pp. 72, 550)
clan group of families with a common ancestor (pp. 72, 550)

clase social grupo de personas que tienen una condición económica similar (p. 95)
social class group of people living in similar economic conditions (p. 95)

clero personas entrenadas y ordenadas para el servicio religioso (p. 631)
clergy people who are trained and ordained for religious services (p. 631)

cocina estilo de comida (p. 281)
cuisine style of food (p. 281)

Código de Caballería normas de conducta en la Europa medieval que requería que los caballeros fueran valerosos, leales y honestos (p. 642)
chivalry code of conduct in medieval Europe that required knights to be brave, loyal, and honest (p. 642)

Código de Hammurabi conjunto de leyes que regían la vida en Babilonia (p. 121)
Hammurabi's Code a set of laws that governed life in the Babylonian empire (p. 121)

Código de Justiniano código de leyes publicado por el emperador bizantino Justiniano (p. 441)
Justinian's Code a law code published by the Byzantine emperor Justinian (p. 441)

Código napoleónico conjunto de leyes creadas durante el reinado de Napoleón que protegía las libertades fundamentales y garantizaba la igualdad ante la ley (p. 877)
Napoleonic Code a set of laws set up during Napoleon's reign that protected basic freedoms and guaranteed equality before the law (p. 877)

colonia grupo de personas que viven en un nuevo territorio que tiene vínculos con un estado distante (p. 135)
colony group of people living in a new territory with ties to a distant state (p. 135)

colonización establecimiento de nuevos pobladores y su cultura en otros territorios (p. 770)
colonization establishment of new settlers and their culture in other territories (p. 770)

comercio compra y venta de bienes y servicios (p. 158)
commerce buying and selling of goods and services (p. 158)

comercio intercambio de bienes y servicios en un mercado (p. 34)
trade exchange of goods and services in a market (p. 34)

comercio de las especias rutas de comercio marítimo y terrestre por las que se llevaban especias y condimentos de África y Asia a los mercados europeos (p. 806)
spice trade sea route and overland trade routes from Africa and Asia that brought spices and seasonings to the European markets (p. 806)

comercio triangular ruta colonial de comercio entre Europa y sus colonias en las Indias Occidentales y África, en donde las mercancías se cambiaban por esclavos (p. 816)
triangular trade colonial trade routes among Europe and its colonies, the West Indies, and Africa in which goods were exchanged for slaves (p. 816)

competencia lucha entre los productores por el dinero de los consumidores (p. 30)
competition struggle among producers for consumers' money (p. 30)

comunismo sistema político y económico en el que el Estado posee toda la propiedad y toma todas las decisiones económicas (pp. 23, 905)
communism political and economic system in which government owns all property and makes all economic decisions (pp. 23, 905)

concesiones otorgamiento de derechos comerciales (p. 910)
concessions trading rights (p. 910)

Concilio de Trento una serie de reuniones que empezaron en 1545 para encontrar maneras de revivir la autoridad moral de la Iglesia católica y detener el avance del protestantismo (p. 748)
Council of Trent a series of meetings called beginning in 1545 to find ways to revive the moral authority of the Catholic Church and stop the spread of Protestantism (p. 748)

concreto material de construcción fabricado mediante la mezcla de piedras pequeñas y arena con piedra caliza, arcilla y agua (p. 392)
concrete building material made by mixing small stones and sand with limestone, clay, and water (p. 392)

confucianismo sistema de creencias basado en la ideología del filósofo chino Confucio (pp. 265, 539)
Confucianism a belief system based on the ideas of the Chinese thinker Confucius (pp. 265, 539)

conquistador soldado explorador de origen español (p. 770)
conquistador Spanish soldier-explorer (p. 770)

consenso acuerdo entre los miembros de un grupo (p. 565)
consensus agreement among the members of a group (p. 565)

constitución sistema de reglas y principios básicos que establece la organización de un gobierno (pp. 21, 370, 871)
constitution system of basic rules and principles by which a government is organized (pp. 21, 370, 871)

cónsul uno de los dos altos funcionarios y líderes militares en la República romana (p. 374)
consul one of two top officials and military leaders in the Roman republic (p. 374)

consumidor persona o negocio que compra o consume productos (p. 29)
consumer person or business that buys, or consumes, products (p. 29)

contención política de los Estados Unidos de tratar de detener la expansión de la Unión Soviética más allá de las zonas que ya tenía bajo su control (p. 955)
containment United States policy of trying to keep the Soviet Union from expanding past those areas already under its control (p. 955)

contrabandista persona que comercia de forma ilegal (p. 533)
smuggler person who trades illegally (p. 533)

Contrarreforma movimiento para fortalecer las enseñanzas y estructura de la Iglesia católica (p. 746)
Counter-Reformation a movement to strengthen the teachings and structure of the Catholic Church (p. 746)

contrato social acuerdo implícito, no escrito, entre el pueblo y su gobierno que concede los derechos y deberes de cada uno (p. 865)
social contract an unwritten agreement between people and their government that assumes rights and duties for each (p. 865)

convento comunidad religiosa para mujeres conocidas como monjas (p. 634)
convent religious community for women known as nuns (p. 634)

conversión cambio sincero de opiniones o creencias, especialmente en el campo religioso (p. 405)
conversion heartfelt change in one's opinions or beliefs, especially in religion (p. 405)

Corán libro sagrado del islam (p. 454)
Quran holy book of Islam (p. 454)

corazón cultural lugar donde se originan los rasgos culturales y desde el que se difunden hacia las culturas y regiones aledañas (p. 46)
cultural hearth place where cultural traits begin and from which they spread to surrounding cultures and regions (p. 46)

coro en el teatro griego de la antigüedad, grupos de personas que comentaban sobre la acción de la obra y aconsejaban a los personajes (p. 342)
chorus in ancient Greek drama, a group of people who commented on the action of a play and advised the characters (p. 342)

corsario barco privado comisionado por un gobierno para atacar y capturar barcos enemigos, especialmente los barcos mercantes (p. 807)
privateer privately owned ship commissioned by a government to attack and capture enemy ships, especially merchants' ships (p. 807)

costo de oportunidad costo de lo que se pierde al elegir una opción (p. 29)
opportunity cost cost of what you have to give up when making a choice (p. 29)

Creciente Fértil región con buenas condiciones para cultivos que se extiende desde las áreas de la costa del Mediterráneo, hacia el este por Mesopotamia (que hoy se conoce como Iraq) hasta el golfo Pérsico (p. 110)
Fertile Crescent a region with good conditions for growing crops that stretches from the Mediterranean coast east through Mesopotamia (modern Iraq) to the Persian Gulf (p. 110)

crédito arreglo que permite al consumidor comprar algo y pagarlo durante un plazo de tiempo (p. 37)
credit arrangement in which a buyer can purchase something and pay for it over time (p. 37)

credo afirmación de creencias (p. 436)
creed statement of beliefs (p. 436)

criollo en las colonias españolas de las Américas, una persona descendiente de colonos españoles que había nacido en las Américas (p. 799)
creole person in Spain's colonies in the Americas who was an American-born descendant of Spanish settlers (p. 799)

cristiandad gran comunidad de cristianos extendida en el mundo entero (p. 639)
Christendom large community of Christians spread across the world (p. 639)

cronología lista de sucesos organizados en el orden en que ocurrieron (p. 4)
chronology list of events arranged in the order in which they occurred (p. 4)

crucifixión método romano de ejecución clavando a una persona a una cruz de madera (p. 404)
crucifixion Roman method of execution by nailing a person to a wooden cross (p. 404)

Cruzadas serie de campañas militares para establecer el control cristiano de la Tierra Santa (p. 664)
Crusades a series of military campaigns to establish Christian control over the Holy Land (p. 664)

cuenca área en forma de cuenco o vasija (p. 590)
basin bowl-shaped area (p. 590)

culto a los ancestros práctica religiosa de honrar los espíritus de los muertos (p. 263)
ancestor worship religious practice of honoring the spirits of the dead (p. 263)

cultura creencias, costumbres, prácticas y comportamientos de una nación o un grupo de personas determinado (pp. 42, 66)
culture beliefs, customs, practices, and behavior of a particular nation or group of people (pp. 42, 66)

cuneiforme sistema de escritura usado en Mesopotamia que emplea símbolos de forma triangular para representar ideas y objetos (p. 115)
cuneiform Mesopotamian system of writing that uses triangular-shaped symbols to stand for ideas or things (p. 115)

D

daimyo señor terrateniente local en el Japón feudal (p. 557)
daimyo local landowning lord in feudal Japan (p. 557)

dalit miembro de la casta más baja de la India, compuesta por personas dedicadas a trabajos sucios o desagradables (p. 210)
Dalit member of the lowest Indian caste grouping made up of people who did dirty or unpleasant jobs (p. 210)

Declaración de Derechos inglesa lista de derechos constitucionales de los ciudadanos de Inglaterra (p. 849)
English Bill of Rights a list of the constitutional rights of England's citizens (p. 849)

deforestación pérdida de bosques que contribuye a las sequías (p. 994)
deforestation a loss of forests that contributes to droughts (p. 994)

deificar declarar oficialmente dios a una persona (p. 390)
deify officially declare a person to be a god (p. 390)

delta llanura plana que se forma en el lecho marino donde un río deposita sedimento a través de los años (p. 145)
delta a flat plain formed on the seabed where a river deposits material over many years (p. 145)

demanda interés en un bien o servicio determinado (p. 29)
   demand desire for a particular good or service (p. 29)

democracia tipo de gobierno en el que los ciudadanos tienen el poder político (pp. 22, 314)
   democracy form of government in which citizens hold political power (pp. 22, 314)

democracia directa tipo de gobierno en el que los ciudadanos participan directamente en los asuntos diarios del gobierno (p. 317)
   direct democracy government in which citizens take part directly in the day-to-day affairs of government (p. 317)

democracia representativa democracia en la que el pueblo elige representantes que redactan las leyes de la nación (p. 317)
   representative democracy democracy in which people elect representatives to make the nation's laws (p. 317)

denominación grupo religioso (p. 412)
   denomination religious group (p. 412)

derecho consuetudinario conjunto de leyes basadas en costumbres y decisiones judiciales, en vez de leyes aprobadas por una asamblea legislativa (p. 663)
   common law a body of law that has developed from custom and from judges' decisions rather than from laws passed by a lawmaking assembly (p. 663)

derecho divino creencia de que Dios les dio a los monarcas el derecho de poder absoluto (p. 834)
   divine right the belief that God gave monarchs the right to absolute power (p. 834)

derechos naturales los derechos que toda persona posee desde que nace (p. 865)
   natural rights rights that belong to all people at birth (p. 865)

desertización expansión de los desiertos (p. 994)
   desertification spread of deserts (p. 994)

déspota tirano o dictador (p. 530)
   despot a tyrant or dictator (p. 530)

dharma el deber de una persona o lo que es correcto para él o ella (p. 216)
   dharma a person's duty or what is right for him or her (p. 216)

Diáspora conjunto de comunidades judías que viven fuera de la antigua patria judía; viene de una palabra griega que significa dispersión (p.184)
   Diaspora Jewish communities outside the ancient Jewish homeland, from a Greek word meaning dispersion, or scattering (p.184)

difusión cultural propagación de los rasgos culturales de una cultura a otra (pp. 46, 136)
   cultural diffusion spread of cultural traits from one culture to another (pp. 46, 136)

dinastía serie de monarcas pertenecientes a la misma familia (pp. 147, 502)
   dynasty a series of rulers from the same family (pp. 147, 502)

diplomacia de los cañones amenazar con utilizar la fuerza de las armas para obtener concesiones (p. 911)
   gunboat diplomacy threatening to use firepower to gain concessions (p. 911)

dique muro construido para contener el agua (pp. 256, 591)
   dike wall to hold back water (pp. 256, 591)

distensión reducción de las tensiones entre los Estados Unidos y la Unión Soviética (p. 960)
   détente relaxation of tensions between the United States and the Soviet Union (p. 960)

diversidad variedad cultural (p. 47)
   diversity cultural variety (p. 47)

domesticar cambiar el crecimiento de las plantas o la conducta de los animales de maneras que los hagan útiles para los seres humanos (p. 83)
   domesticate change the growth of plants or behavior of animals in ways that are useful for humans (p. 83)

E

ébano madera negra del África occidental (p. 163)
   ebony black wood from West Africa (p. 163)

economía ciencia que estudia cómo la gente satisface sus deseos y necesidades (p. 28)
   economics study of how people meet their wants and needs (p. 28)

economía sistema usado por una comunidad para producir y distribuir bienes y servicios (p. 91)
   economy system that a community uses to produce and distribute goods and services (p. 91)

economía de mercado economía en la que los consumidores y los productores toman todas las decisiones económicas (pp. 32, 783)
   market economy economy in which individual consumers and producers make all economic decisions (pp. 32, 783)

economía dirigida sistema económico en el que el gobierno central toma todas las decisiones económicas básicas (pp. 33, 955)
command economy economy in which the central government makes all basic economic decisions (pp. 33, 955)

economía mixta economía que combina elementos de los sistemas económicos tradicional, de mercado y dirigido (p. 33)
mixed economy economy that combines elements of traditional, market, and command economic systems (p. 33)

economía monetaria sistema económico en el que las personas usan moneda corriente en lugar de trueque para comprar y vender bienes (p. 522)
money economy economic system in which people use currency rather than bartering to buy and sell goods (p. 522)

economía tradicional economía en la que la gente toma decisiones económicas de acuerdo a sus costumbres y hábitos (pp. 32, 783)
traditional economy economy in which people make economic decisions based on their customs and habits (pp. 32, 783)

Edad Media período entre la antigüedad clásica y los tiempos modernos, aproximadamente de 500 a 1500 D.C. (p. 628)
Middle Ages period between ancient times and modern times, roughly from A.D. 500 to 1500 (p. 628)

edicto orden pública oficial dada por un rey u otra autoridad (p. 753)
edict an official public order made by a king or other authority (p. 753)

éforo hombre encargado de las operaciones cotidianas del gobierno en Esparta (p. 319)
ephor man responsible for the day-to-day operation of the government in Sparta (p. 319)

ejército regular un ejército permanente compuesto por soldados profesionales (p. 127)
standing army a permanent army of professional soldiers (p. 127)

encomienda derecho que el gobierno español cedía a sus colonos en América para que éstos percibieran el tributo o trabajo que debían pagar los indígenas americanos (p. 798)
encomienda right granted by the Spanish government to its American colonists to demand labor or tribute from Native Americans (p. 798)

enviado representante de un gobierno ante otro gobierno (p. 280)
envoy representative of a government sent to another country (p. 280)

epístola carta formal; escritos que forman parte del Nuevo Testamento (p. 409)
epistle formal letter, several of which form part of the New Testament (p. 409)

erudición altos estudios y aprendizaje (p. 495)
scholarship formal study and learning (p. 495)

escasez tener una cantidad limitada de recursos para satisfacer un consumo ilimitado (p. 28)
scarcity having a limited quantity of resources to meet unlimited wants (p. 28)

esclavitud control y propiedad de algunas personas por otras (p. 308)
slavery ownership and control of other people as property (p. 308)

Escritura texto sagrado (p. 176)
Scripture sacred writing (p. 176)

escritura meroítica uno de los alfabetos más antiguos del mundo, inventado en la antigua Nubia (p. 162)
Meroitic script one of the world's first alphabets, invented in ancient Nubia (p. 162)

escultura estatua u otra pieza de arte hecha de arcilla, piedra o materiales similares (p. 155)
sculpture statue or other free-standing piece of art made of clay, stone, or other materials (p. 155)

especialización concentración en una cantidad limitada de bienes o actividades (pp. 30, 88)
specialization act of concentrating on a limited number of goods or activities (pp. 30, 88)

especialización laboral división de trabajos y destrezas en la sociedad (p. 491)
labor specialization division of jobs and skills in a society (p. 491)

estado región que tiene un gobierno común (p. 22)
state region that shares a common government (p. 22)

estado militarista sociedad organizada con el propósito de hacer la guerra (p. 319)
military state society organized for the purpose of waging war (p. 319)

estado-nación estado que es independiente de otros (pp. 23, 892)
nation-state state that is independent of other states (pp. 23, 892)

estamentos los tres grupos que conformaban la sociedad francesa en la época de la Revolución Francesa: el clero, los nobles y la gente común (p. 874)
estates the three groups that made up French society at the time of the French Revolution: the clergy, the nobles, and the common people (p. 874)

estandarizar establecer normas para hacer cosas de manera más uniforme (p. 275)
standardize to set rules to make things more similar (p. 275)

estela gran pilar de piedra (pp. 131, 501)
stele grand stone pillar (pp. 131, 501)

estepa territorio extenso de llanuras (p. 524)
steppe vast area of grasslands (p. 524)

estrategia plan de largo plazo para obtener un objetivo (p. 235)
strategy a long-term plan for achieving a goal (p. 235)

estrecho paso angosto comprendido entre dos tierras por el cual se comunican dos grandes masas de agua (p. 432)
strait narrow body of water that cuts through land, connecting two larger bodies of water (p. 432)

ética creencias sobre el bien y el mal (pp. 44, 170, 411)
ethics beliefs about what is right and wrong (pp. 44, 170, 411)

Evangelio uno de los primeros cuatro libros del Nuevo Testamento, que describen la vida y las enseñanzas de Jesús (p. 409)
Gospel one of the first four books of the New Testament that describe the life and teachings of Jesus (p. 409)

excomulgar excluir a una persona de una Iglesia o comunidad religiosa (p. 654)
excommunicate to exclude a person from a church or a religious community (p. 654)

exilio separación de la patria (p. 184)
exile separation from one's homeland (p. 184)

Éxodo huida de los israelitas de la esclavitud en Egipto (p. 173)
Exodus escape of the Israelites from slavery in Egypt (p. 173)

exportación bien o servicio que se produce en un país y se vende fuera de los límites del país (pp. 35, 133)
export good or service produced within a country and sold outside the country's borders (pp. 35, 133)

F

factores de expulsión y de atracción los factores de expulsión obligan a la gente a dejar su casa, mientras que los factores de atracción animan a la gente a desplazarse a nuevos lugares (p. 810)
push-pull factors push factors motivate people to leave their homes, while pull factors attract people to move to new locations (p. 810)

falange formación militar griega compuesta de soldados a pie fuertemente armados que se movían juntos como una unidad (p. 313)
phalanx Greek military formation of heavily armed foot soldiers who moved together as a unit (p. 313)

faraón rey del antiguo Egipto (p. 147)
pharaoh king of ancient Egypt (p. 147)

fascismo sistema político que enfatiza la fuerza nacional, el poderío militar y la creencia de que el Estado es más importante que el individuo (p. 938)
fascism a political system that stresses national strength, military might, and the belief that the state is more important than the individual (p. 938)

federalismo forma de gobierno en la que el poder es compartido entre el nivel local y el nacional (p. 755)
federalism a form of government in which power is shared between local and national levels (p. 755)

feminismo el concepto de que las mujeres deben gozar de los mismos derechos que los hombres (p. 866)
feminism the idea that women should enjoy the same rights as men (p. 866)

feudalismo sistema social estricto en el que los terratenientes dan a las personas tierras u otras recompensas a cambio de servicios militares o de trabajo (p. 557)
feudalism a strict social system in which landowners grant people land or other rewards in exchange for military service or labor (p. 557)

feudo propiedades otorgadas por un señor feudal a un vasallo (p. 642)
fief estate granted by a lord to a vassal (p. 642)

filosofía estudio general sobre el conocimiento y el mundo; en griego significa "amor por la sabiduría" (p. 262)
philosophy general study of knowledge and the world; Greek for "love of wisdom" (p. 262)

foro área abierta en una ciudad de la antigua Roma llena de edificios públicos, templos y mercados (p. 366)
forum open area in a Roman city filled with public buildings, temples, and markets (p. 366)

fósil restos conservados de personas, animales o plantas de la antigüedad (p. 58)
fossil preserved remains of ancient human, animal, or plant (p. 58)

foso trinchera llena de agua usada como parte de una fortificación (p. 433)
moat trench filled with water as part of a fortification (p. 433)

fuego griego una mezcla química que ardía en el agua y era usada por el Imperio Bizantino contra los barcos enemigos (p. 435)
Greek fire a chemical mixture that burned in water which was used by the Byzantine empire against enemy ships (p. 435)

fuente primaria información sobre un suceso que proviene directamente de una persona que experimentó el suceso (p. 6)
primary source information that comes directly from a person who experienced an event (p. 6)

fuente secundaria información sobre un suceso que no proviene directamente de una persona que experimentó el suceso (p. 6)
secondary source information about an event that does not come directly from a person who experienced that event (p. 6)

funcionario persona que trabaja para el gobierno (p. 279)
official person who holds a government job (p. 279)

fundamentalismo sistema de creencias basado en la interpretación literal de los textos sagrados (p. 981)
fundamentalism a system of beliefs based on literal interpretation of sacred texts (p. 981)

G

ganancias dinero que sobra después que una compañía deduce los costos de operar el negocio (p. 30)
profit money a company has left over after subtracting the costs of doing business (p. 30)

genocidio exterminio deliberado de un grupo étnico, racial o religioso (p. 945)
genocide the deliberate extermination of an ethnic, racial, or religious group (p. 945)

geólogo científico que estudia los materiales físicos de la Tierra, como el suelo y las rocas (p. 59)
geologist scientist who studies the physical materials of the Earth itself, such as soil and rocks (p. 59)

gladiador hombre que combatía en espectáculos públicos en la antigua Roma (p. 398)
gladiator man who fought as part of public entertainment in ancient Rome (p. 398)

glásnost política de Mijaíl Gorbachov de permitir un debate abierto sobre el sistema político soviético (p. 961)
glasnost Mikhail Gorbachev's policy of allowing open discussion about the Soviet political system (p. 961)

globalización incremento de los vínculos entre las personas y las economías de todo el mundo (p. 988)
globalization the increase in links between people and economies around the world (p. 988)

gobierno grupo de personas de un país o área que tienen el poder de crear y hacer cumplir las leyes (p. 20)
government group of people who have the power to make and enforce laws for a country or area (p. 20)

gobierno ilimitado estructura gubernamental en la que no existen límites sobre las acciones del gobierno (p. 21)
unlimited government government structure in which there are no effective limits on government actions (p. 21)

gobierno limitado estructura gubernamental cuyas acciones están limitadas por la ley (p. 21)
limited government government structure in which government actions are limited by law (p. 21)

grabado forma artística en la que se graba un diseño en una placa de metal usando una aguja y ácido (p. 724)
engraving an art form in which an artist etches a design on a metal plate with a needle and acid (p. 724)

Gran Cisma separación de la Iglesia ortodoxa oriental y la Iglesia católica romana en 1054 (p. 439)
Great Schism split between the Eastern Orthodox and Roman Catholic churches in 1054 (p. 439)

Gran Depresión grave crisis económica mundial que se prolongó durante la década de 1930 (p. 937)
Great Depression a deep, worldwide economic slump that lasted through the 1930s (p. 937)

Gran Muralla China largo muro que recorre lo que fue la frontera norte del Imperio Chino en dirección este-oeste (p. 275)
Great Wall long wall running east and west along the Chinese empire's northern border (p. 275)

granero edificio especial usado para almacenar granos (p. 202)
granary special building used to hold grain (p. 202)

granjero arrendatario persona que paga renta, ya sea en dinero o cosecha, para poder cultivar en la tierra de otra persona (p. 308)
tenant farmer person who pays rent, either in money or crops, to grow crops on another person's land (p. 308)

greco-romano que combina elementos de las culturas y tradiciones griega y romana (pp. 395, 501)
Greco-Roman something that combines elements of Greek and Roman culture and traditions (pp. 395, 501)

gremio asociación de personas que comparten un interés común (p. 686)
guild association of people who have a common interest (p. 686)

griot músico y narrador africano que usa canciones y cuentos para registrar la historia y la herencia cultural, además de entretener (p. 499)
griot African musician-storyteller who uses music and stories to track heritage and record history as well as entertain (p. 499)

grupo de interés grupo que busca influir en las políticas públicas en algunos asuntos (p. 27)
interest group group that seeks to influence public policy on certain issues (p. 27)

grupo étnico grupo de personas que comparten una cultura, un idioma y una identidad (p. 505)
ethnic group group of people who share a distinct culture, language, and identity (p. 505)

guerra civil guerra entre grupos de un mismo país (p. 382)
civil war war between groups from the same country (p. 382)

Guerra Civil Inglesa serie de batallas que duró desde 1642 hasta 1651 (p. 846)
English Civil War series of battles that lasted from 1642 to 1651 (p. 846)

Guerra de los Cien Años guerra cruenta entre Francia e Inglaterra que duró desde 1337 hasta 1453 (p. 695)
Hundred Years' War destructive war between France and England that lasted from 1337 to 1453 (p. 695)

Guerra de Sucesión Española guerra en la que Luis XIV de Francia ganó el control de España para su nieto (p. 835)
War of the Spanish Succession war in which Louis XIV of France won control of Spain for his grandson (p. 835)

guerra de trincheras combate que se libra desde fortificaciones cavadas en el terreno (p. 928)
trench warfare fighting from trenches (p. 928)

Guerra Fría conflicto entre los Estados Unidos y la Unión Soviética, que dominó la política mundial (p. 954)
Cold War conflict between the United States and the Soviet Union that dominated world politics (p. 954)

gueto área separada de una ciudad donde se fuerza a vivir a los miembros de una minoría (p. 749)
ghetto separate section of a city where members of a minority group are forced to live (p. 749)

gurú pensador o maestro (p. 213)
guru thinker or teacher (p. 213)

H

hábeas corpus orden judicial de llevar a una persona arrestada ante un juez o una corte (p. 663)
habeas corpus a court order to bring an arrested person before a judge or court (p. 663)

hajj peregrinación que realizan los musulmanes a la ciudad santa de La Meca (p. 456)
hajj pilgrimage made by Muslims to the holy city of Mecca (p. 456)

hégira emigración de Mahoma con sus seguidores de La Meca a Medina (p. 453)
Hijra Muhammad's migration with his followers from Mecca to Medina (p. 453)

helenística forma de cultura griega que surgió después de las conquistas de Alejandro (p. 337)
Hellenistic the form of Greek culture that emerged after Alexander's conquests (p. 337)

herejía creencia rechazada por la doctrina oficial de la Iglesia (pp. 669, 858)
heresy a belief that is rejected by official Church doctrine (pp. 669, 858)

hipótesis suposición lógica (p. 347)
hypothesis logical guess (p. 347)

historiador persona que estudia el pasado (p. 4)
historian person who studies the past (p. 4)

Holocausto asesinato en masa de 6 millones de judíos cometido por los nazis durante la Segunda Guerra Mundial (p. 944)
Holocaust the mass murder of 6 million Jews by Nazis during World War II (p. 944)

huelga dejar de trabajar como medio de presión para que una empresa cambie su política laboral (p. 918)
strike a work stoppage intended to force a business to change its policy (p. 918)

hueso oracular hueso animal o caparazón tallado con caracteres escritos que se usaba para predecir el futuro en la antigua China (p. 257)
oracle bone animal bone or shell carved with written characters that was used to predict the future in ancient China (p. 257)

hugonote protestante francés (p. 752)
Huguenot French Protestant (p. 752)

humanismo en el Renacimiento, movimiento cultural basado en el estudio de obras clásicas (p. 716)
humanism a cultural movement of the Renaissance based on the study of classical works (p. 716)

I

ícono imagen sagrada, usualmente un retrato de Jesús o de un santo (p. 436)
icon a holy image, usually a portrait of Jesus or a saint (p. 436)

iconoclasta "destructor de imágenes", persona que se oponía al uso de íconos en el rito cristiano (p. 437)
iconoclast "image-breaker," person who opposed the use of icons in Christian worship (p. 437)

iglú vivienda en forma de cúpula construida con bloques de nieve por los indígenas norteamericanos que habitan en el Ártico (p. 612)
igloo domed house made from blocks of snow by Native Americans who lived in the Arctic (p. 612)

ilota persona originaria de Mesenia forzada a trabajar como siervo agrícola en Esparta (p. 319)
helot Messenian person forced to work as a lowly farmer by Sparta (p. 319)

iluminación en el budismo, estado de sabiduría perfecta (p. 221)
enlightenment in Buddhism, a state of perfect wisdom (p. 221)

imperialismo control de territorios extranjeros por estados más fuertes (p. 906)
imperialism the control of foreign lands by stronger states (p. 906)

imperio estado que incluye a varios países o territorios (pp. 22, 118, 381)
empire state containing several countries or territories (pp. 22, 118, 381)

imperio de la ley idea de que todos los miembros de una sociedad, incluso los ricos y poderosos, deben obedecer la ley (p. 123)
rule of law idea that all members of a society—even the rich and powerful—must obey the law (p. 123)

Imperio Habsburgo tierras de la familia real de Habsburgo (p. 828)
Habsburg empire the lands of the Habsburg royal family (p. 828)

importación bien o servicio que se vende en un país pero se produce en otro (pp. 35, 133, 987)
import good or service sold within a country that is produced in another country (pp. 35, 133, 987)

impresión con bloques primera forma de impresión inventada en China, en la que el texto se tallaba en un bloque de madera (p. 535)
block printing early form of printing invented in China in which text was carved into a block of wood (p. 535)

incentivo factor que motiva a la gente a actuar de cierta manera (p. 29)
incentive factor that encourages people to behave in a certain way (p. 29)

individualismo creencia en la importancia del individuo por encima de la comunidad (p. 718)
individualism the belief in the importance of the individual as opposed to the larger community (p. 718)

indulgencia especie de anulación del castigo por los pecados cometidos (p. 741)
indulgence a kind of cancellation of punishment for sin (p. 741)

industria artesanal negocio que utiliza gente que trabaja en casa con su propio equipo (p. 782)
cottage industy business that uses people who work at home with their own equipment (p. 782)

inflación alza general de los precios (pp. 31, 415, 780, 831, 987)
> **inflation** general increase in prices (pp. 31, 415, 780, 831, 987)

ingeniería genética el proceso de alterar el ADN de seres humanos o plantas (p. 992)
> **genetic engineering** the process of altering human or plant DNA (p. 992)

ingreso dinero recaudado de la venta de bienes y servicios y de impuestos (p. 30)
> **revenue** money earned by selling goods and services and by taxes (p. 30)

inmunidad defensa natural contra las enfermedades (p. 774)
> **immunity** natural defense against disease (p. 774)

Inquisición una serie de investigaciones diseñadas para encontrar y juzgar herejes (p. 670)
> **Inquisition** a series of investigations designed to find and judge heretics (p. 670)

integración vertical práctica de las corporaciones de comprar empresas de suministros con el fin de reducir costos y mantener sus precios bajos (p. 916)
> **vertical integration** the practice of corporations buying up companies that supplied them in order to trim costs and keep their prices low (p. 916)

interacción humanos–medio ambiente manera en la que los seres humanos influyen en su medio ambiente y viceversa (p. 11)
> **human–environment interaction** how people affect their environment and how their environment affects them (p. 11)

intercambio colombino intercambio de personas, plantas, animales e ideas entre los hemisferios oriental y occidental (p. 776)
> **Columbian Exchange** exchange of people, plants and animals, and ideas between the Eastern Hemisphere and Western Hemisphere (p. 776)

interdependencia dependencia de cada país o grupo entre sí (p. 159)
> **interdependence** dependence by each country or group on the other (p. 159)

interés precio que se paga por el dinero prestado (p. 37)
> **interest** price paid for borrowing money (p. 37)

invertir usar el dinero con la esperanza de obtener ganancias futuras (p. 37)
> **investing** act of using money in the hopes of making a future profit (p. 37)

irrigar suministrar agua (pp. 49, 112)
> **irrigate** to supply water to (pp. 49, 112)

J

jerarquía sistema de rangos asignados a los miembros de un grupo según su importancia (p. 606)
> **hierarchy** system for ranking members of a group according to their importance (p. 606)

jeroglífico símbolo usado para representar una palabra, idea o sonido (pp. 152, 587)
> **hieroglyphic** symbol that stands for a word, idea, or sound (pp. 152, 587)

jesuitas orden religiosa fundada por Ignacio de Loyola en 1534, también conocida como la Compañía de Jesús (p. 746)
> **Jesuits** a religious order founded by Ignatius Loyola in 1534, also known as the Society of Jesus (p. 746)

Juegos Olímpicos en la antigua Grecia, competición atlética celebrada cada cuatro años en honor a Zeus (p. 340)
> **Olympic games** in ancient Greece, an athletic competition held every four years in honor of Zeus (p. 340)

juez en la Biblia hebrea, se refiere a un líder que podía organizar a los israelitas para defender su tierra (p. 182)
> **judge** in the Hebrew Bible, a leader who could rally the Israelites to defend their land (p. 182)

Juramento hipocrático juramento hecho por los estudiantes de medicina en el que prometen practicar su profesión de una manera ética (p. 349)
> **Hippocratic oath** oath taken by medical students swearing to practice medicine in an ethical way (p. 349)

justicia equidad o trato equitativo (p. 180)
> **justice** fairness or fair treatment (p. 180)

K

Kaaba santuario de La Meca que es el lugar sagrado más importante del islam (p. 453)
> **Kaaba** a shrine in Mecca that is the most important Islamic holy site (p. 453)

Glosario (continuación)

kabuki tipo de teatro japonés dirigido a agricultores, comerciantes y a las personas comunes (p. 563)
kabuki Japanese drama aimed at farmers, merchants, and other common folk (p. 563)

kami divinidad o espíritu que representa una fuerza de la naturaleza en la religión japonesa (p. 550)
kami god or spirit who represents a force of nature in the Japanese religion (p. 550)

kan gobernante mongol (p. 524)
khan Mongol ruler (p. 524)

karma en el hinduísmo, efecto de las acciones de una persona en su vida actual y en las anteriores (p. 216)
karma in Hinduism, the effect of a person's actions in this and in previous lives (p. 216)

L

laicismo idea de que la religión no debe ser el centro de los asuntos humanos (p. 717)
secularism the view that religion need not be the center of human affairs (p. 717)

laico no religioso (p. 654)
secular nonreligious (p. 654)

legión unidad básica del ejército romano, formada por 4,500 a 5,000 soldados fuertemente armados (p. 369)
legion basic unit of the Roman army, consisting of 4,500 to 5,000 heavily armed soldiers (p. 369)

legismo antigua filosofía china según la cual se requiere de un líder y de un sistema legal fuertes, y no de valores morales, para mantener el orden social (p. 276)
Legalism an ancient Chinese philosophy stating that a strong leader and a strong legal system, not moral values, are needed to create social order (p. 276)

lengua romance idioma que deriva del latín, como el francés, el español, el portugués o el italiano (p. 397)
Romance language language that developed from Latin, such as French, Spanish, Portuguese, or Italian (p. 397)

lengua vernácula idioma hablado en circunstancias informales (p. 717)
vernacular everyday spoken language (p. 717)

ley natural idea de que hay leyes en la naturaleza que son esenciales tanto para el mundo natural como para los seres humanos (p. 692)
natural law idea that there are laws in nature that are basic to both the natural world and human affairs (p. 692)

leyenda sección de un mapa que explica el significado de sus símbolos y áreas sombreadas (p. 12)
key section of a map that explains the map's symbols and shading (p. 12)

libre comercio eliminación de las barreras comerciales (pp. 35, 987)
free trade removal of trade barriers (pp. 35, 987)

libre empresa sistema económico basado en la propiedad privada y en el que los individuos toman decisiones económicas (p. 954)
free enterprise economic system based on private ownership of property in which individuals make economic decisions (p. 954)

Liga de Delos alianza militar liderada por Atenas (p. 331)
Delian League military alliance led by Athens (p. 331)

Liga del Peloponeso alianza militar liderada por Esparta (p. 331)
Peloponnesian League military alliance led by Sparta (p. 331)

linaje grupo de personas que descienden de un ancestro común (p. 505)
lineage group of people descended from a common ancestor (p. 505)

línea cronológica línea marcada con una serie de sucesos y sus fechas (p. 4)
timeline line marked off with a series of events and their dates (p. 4)

Línea de demarcación línea imaginaria establecida por el Tratado de Tordesillas, que dividía el mundo fuera de Europa en dos zonas, una controlada por España y otra por Portugal (p. 802)
Line of Demarcation line set by the Treaty of Tordesillas dividing the non-European world into two zones, one controlled by Spain and one controlled by Portugal (p. 802)

línea de montaje proceso en el cual un producto es ensamblado a medida que pasa por una fila de estaciones de trabajo (p. 915)
assembly line a process in which a product is assembled as it moves past a line of workstations (p. 915)

lingotes metales preciosos fundidos en forma de barra (p. 772)
    bullion precious metals melted into bars (p. 772)

loes material polvoroso que puede formar tierra (p. 254)
    loess a dustlike material that can form soil (p. 254)

lugar combinación de características humanas y no humanas en un sitio determinado (p. 10)
    place mix of human and nonhuman features at a given location (p. 10)

M

magistrado funcionario de gobierno encargado de hacer cumplir las leyes (p. 371)
    magistrate government official who enforces the law (p. 371)

mandamiento una orden de hacer algo (p. 174)
    commandment an order to do something (p. 174)

mandarín persona con alto grado de educación que pasaba los exámenes del servicio civil y trabajaba para el gobierno (p. 519)
    scholar-official highly educated person who passed civil service examinations and worked in the government (p. 519)

mandato territorio administrado por una potencia aliada después de la Primera Guerra Mundial (p. 934)
    mandate a territory administered by an Allied power after World War I (p. 934)

Mandato Celestial en la antigua China, derecho a gobernar concedido a una dinastía por el Cielo, la más alta fuerza de la naturaleza (p. 258)
    Mandate of Heaven in ancient China, the right to rule given to a dynasty by heaven, the highest force of nature (p. 258)

mandato judicial orden de una corte de justicia (p. 663)
    writ a court order (p. 663)

manípulo unidad de 60 a 120 soldados en una legión romana que podía actuar con independencia en la batalla (p. 369)
    maniple unit of 60 to 120 soldiers within a Roman legion that could act independently in battle (p. 369)

mantra palabra, canto o sonido sagrado que se repite numerosas veces para ayudar al crecimiento espiritual (p. 569)
    mantra sacred word, chant, or sound that is repeated over and over to advance one's spiritual growth (p. 569)

mapa histórico mapa con el propósito particular de dar información acerca de un lugar en un momento determinado de la historia (p. 15)
    historical map special-purpose map that provides information about a place at a certain time in history (p. 15)

mapa localizador sección de un mapa que amplía un área del mismo (p. 12)
    locator map section of a map that shows a larger area than the main map (p. 12)

marfil material blanco duro hecho de colmillos de elefante (p. 159)
    ivory hard white material made from elephant tusks (p. 159)

mártir persona que muere por sus creencias (p. 407)
    martyr person who dies for his or her beliefs (p. 407)

masacre matanza de un gran número de gente indefensa (p. 868)
    massacre the killing of a large number of helpless people (p. 868)

mecenas alguien que da dinero u otro tipo de apoyo a una persona o grupo (p. 714)
    patron someone who gives money or other support to a person or group (p. 714)

medieval en latín significa "edad media", relacionado con la Edad Media (p. 628)
    medieval from the Latin for "middle age," relating to the Middle Ages (p. 628)

medio ambiente lo que hay en los alrededores (p. 70)
    environment surroundings (p. 70)

meditar calmar o aclarar la mente, con frecuencia mediante la concentración en un único objeto (p. 221)
    meditate calm or clear the mind, often by focusing on a single object (p. 221)

mercado intercambio organizado de bienes y servicios entre productores y consumidores (p. 30)
    market organized way for producers and consumers to trade goods and services (p. 30)

mercantil referente al comercio o los negocios (p. 712)

mercantile related to commerce or trade (p. 712)

mercantilismo política económica según la cual una nación se fortalece por medio del control de su comercio, agricultura, industria y moneda (p. 779)

mercantilism economic policy in which a nation gains strength by controlling its trade, agriculture, industry, and money (p. 779)

mercenario soldado que combate a cambio de dinero, en lugar de hacerlo por su país (p. 419)

mercenary soldier who fights for pay rather than for his or her country (p. 419)

meseta gran extensión de terreno, generalmente plano, que se eleva sobre la tierra circundante (p. 488)

plateau large, mostly flat area that rises above the surrounding land (p. 488)

Mesopotamia planicie ancha situada entre los ríos Tigris y Éufrates en el Iraq actual (p. 110)

Mesopotamia wide, flat plain in between the Tigris and Euphrates rivers in present-day Iraq (p. 110)

mestizo persona de las colonias españolas de las Américas descendiente de indígenas y europeos (p. 799)

mestizo person in Spain's colonies in the Americas who was of Native American and European descent (p. 799)

metalurgia ciencia que se ocupa de la extracción de metales y su uso en la creación de objetos útiles (p. 247)

metallurgy science that deals with extracting metal from ore and using it to create useful objects (p. 247)

meteco extranjero en una ciudad-estado griega, con frecuencia un mercader o artesano (p. 308)

metic foreigner in a Greek city-state, often a merchant or artisan (p. 308)

método científico método que consiste en el uso de la observación, la experimentación y un razonamiento riguroso para obtener nuevos conocimientos (p. 861)

scientific method a method of using observation, experiments, and careful reasoning to gain new knowledge (p. 861)

método socrático forma de enseñanza en la que el maestro hace preguntas a los estudiantes continuamente para obligarlos a pensar con más claridad (p. 345)

Socratic method form of teaching in which the teacher asks students question after question to force them to think more clearly (p. 345)

mezquita lugar de culto islámico (p. 458)

mosque Islamic house of worship (p. 458)

migración desplazamiento de personas de un lugar a otro (p. 68)

migration movement of people from one place to another (p. 68)

milicia grupo de ciudadanos que se entrenan para luchar de forma voluntaria en casos de emergencia (p. 869)

militia an army of citizen volunteers who train to fight during emergencies (p. 869)

militarismo política de agresivo desarrollo militar (p. 926)

militarism a policy of aggressive military buildup (p. 926)

misionero alguien que intenta convertir a otras personas a una religión en particular (pp. 442, 636, 762)

missionary someone who tries to convert others to a particular religion (pp. 442, 636, 762)

misiones comunidades dedicadas a la difusión de la fe o a educar y proteger a las personas (p. 801)

missions communities dedicated to spreading the faith or to educating and protecting people (p. 801)

mita en el Imperio Inca, sistema de pago de impuestos por medio del trabajo (p. 607)

mita system Incan system of payment of taxes with labor (p. 607)

mitología colección de mitos o historias que la gente cuenta sobre sus dioses o héroes (p. 338)

mythology collection of myths or stories that people tell about their gods and heroes (p. 338)

moksha liberación de la reencarnación (p. 216)

moksha liberation from reincarnation (p. 216)

momia cadáver preservado sin descomponerse (p. 151)

mummy a body that has been preserved so it will not decompose (p. 151)

monarca absoluto gobernante con poder total sobre el gobierno y la vida de la población (p. 828)
absolute monarch ruler with complete power over the government and the lives of the people (p. 828)

monarquía tipo de gobierno en el que el Estado está regido por un monarca (p. 23)
monarchy form of government in which the state is ruled by a monarch (p. 23)

monarquía absoluta sistema de gobierno en el que el poder del monarca es ilimitado (p. 592)
absolute monarchy system of government in which the monarch has unlimited power over the government (p. 592)

monarquía constitucional sistema de gobierno en el que las leyes de la constitución limitan los poderes del monarca o emperador (p. 849)
constitutional monarchy system of government in which the laws in the constitution limit the monarch's or emperor's powers (p. 849)

monasterio comunidad religiosa retirada (pp. 226, 634)
monastery secluded religious community (pp. 226, 634)

moneda corriente dinero que se usa como medio de intercambio, usualmente en forma de billetes y monedas (p. 129)
currency money that is used as a medium of exchange, usually bills or coins (p. 129)

mongoles nómadas de las estepas al noroeste de China (p. 524)
Mongols nomads who came from the steppes northwest of China (p. 524)

monje hombre que dedica su vida a la adoración de Dios (p. 502)
monk man who dedicates himself to worshiping God (p. 502)

monopolio control de la producción de un bien o servicio por parte de una sola persona o grupo (p. 285)
monopoly single person or group who controls the production of a good or service (p. 285)

monoteísmo creencia en un solo Dios (p. 170)
monotheism belief in a single God (p. 170)

monzón viento de estación que trae lluvia al subcontinente índico durante partes del año (p. 201)
monsoon seasonal wind that brings rain to the Indian subcontinent during parts of the year (p. 201)

moros musulmanes de España (p. 672)
Moors the Muslims in Spain (p. 672)

mosaico diseño formado usando pequeñas tejas de vidrio, piedra o cerámica (p. 396)
mosaic design formed with small tiles of glass, stone, or pottery (p. 396)

motín revuelta, especialmente de soldados y marineros contra sus oficiales (p. 819)
mutiny revolt especially of soldiers or sailors against their officers (p. 819)

movimiento manera en la que las personas, los bienes y las ideas van de un lugar a otro (p. 11)
movement how people, goods, and ideas get from one place to another (p. 11)

mulato en las colonias españolas de las Américas, persona que tenía ascendencia africana y europea (p. 799)
mulatto in Spain's colonies in the Americas, person who was of African and European descent (p. 799)

N

nacionalismo sentimiento de unidad como nación (p. 892)
nationalism feeling of unity as a nation (p. 892)

nacionalización adquisición por el Estado de empresas o bienes privados (p. 968)
nationalization takeover of businesses or property by the government (p. 968)

navegación arte de conducir un barco de un lugar a otro (p. 135)
navigation art of steering a ship from place to place (p. 135)

nirvana estado de paz beatífica sin deseo o sufrimiento (p. 224)
nirvana a state of blissful peace without desire or suffering (p. 224)

nivel de vida nivel de comodidad que posee un individuo o una sociedad (p. 49)
standard of living level of comfort enjoyed by a person or society (p. 49)

noh tipo de teatro japonés que gustaba a los nobles y los samuráis (p. 563)
noh Japanese drama that appealed to the nobles and samurai (p. 563)

nómada persona que se desplaza de un lugar a otro sin un hogar permanente (pp. 66, 524)
nomad person who moves from place to place without a permanent home (pp. 66, 524)

norma comportamiento que se considera normal en una sociedad determinada (p. 42)
norm behavior that is considered normal in a particular society (p. 42)

Nuevo Testamento escritos incluidos en la Biblia cristiana que cuentan la historia de Jesús y sus primeros seguidores (p. 408)
New Testament writings that form part of the Christian Bible which tell the story of Jesus and his early followers (p. 408)

Nuevo Trato inversión masiva del gobierno de los Estados Unidos en programas económicos y sociales durante la Gran Depresión (p. 937)
New Deal massive collection of economic and social government programs in the United States during the Great Depression (p. 937)

número símbolo usado para representar una cantidad (p. 245)
numeral symbol used to represent a number (p. 245)

números arábigos sistema de escritura de números que usamos hoy en día (p. 472)
Arabic numerals the system of writing numbers we use today (p. 472)

O

oasis lugar del desierto donde se halla agua (p. 450)
oasis place in the desert where water can be found (p. 450)

observatorio edificio usado para observar el cielo (p. 589)
observatory building for observing the sky (p. 589)

obsidiana cristal volcánico natural que se usaba para hacer cuchillos muy afilados y puntas de lanzas y flechas (p. 583)
obsidian natural volcanic glass used to make very sharp blades for spears and arrows (p. 583)

occidentalización establecimiento de valores occidentales que reemplazan los valores autóctonos (p. 996)
Westernization the establishment of Western values that replace native ones (p. 996)

oferta cantidad disponible de un bien o servicio (p. 29)
supply amount of a good or service that is available for use (p. 29)

oligarquía tipo de gobierno en el que un grupo pequeño de personas tienen el poder (p. 312)
oligarchy government in which a small group of people rule (p. 312)

Oráculo de Delfos sacerdotisa de Apolo que los griegos de la antigüedad creían capaz de predecir el futuro (p. 340)
Delphic oracle a priestess of Apollo believed by the ancient Greeks to predict the future (p. 340)

oratoria arte de dar discursos (p. 397)
oratory art of giving speeches (p. 397)

orden mendicante orden fundada para combatir la herejía y para predicar a la gente corriente (p. 689)
mendicant order order founded to fight heresy and to preach to ordinary people (p. 689)

ortodoxia creencias religiosas establecidas o tradicionales (p. 419)
orthodoxy traditional or established religious beliefs (p. 419)

P

pacto de no agresión acuerdo mediante el cual cada parte se compromete a no atacarse entre sí (p. 941)
nonaggression pact agreement in which each side promises not to attack the other (p. 941)

paganos seguidor de una religión politeísta (p. 636)
pagan follower of a polytheistic religion (p. 636)

paisaje cultural área geográfica moldeada por la gente (p. 42)
cultural landscape geographic area that has been shaped by people (p. 42)

palacio de Versalles palacio construido por Luis XIV de Francia como residencia real y sede del gobierno francés (p. 837)
palace of Versailles palace built by Louis XIV of France as the royal residence and seat of the French government (p. 837)

palo brasil árbol que se encuentra en las regiones tropicales, cuya madera es valiosa para la producción de una tintura púrpura o roja (p. 803)
brazilwood a tree found in tropical regions whose wood is valuable for the production of purple or red dye (p. 803)

panafricanismo movimiento que promueve la cooperación de todos los africanos para progresar (p. 965)
pan-Africanism idea that all Africans should cooperate in order to make progress (p. 965)

papa líder de la Iglesia católica romana (p. 438)
pope leader of the Roman Catholic Church (p. 438)

papiro superficie para escribir similar al papel, llamada así por los papiros, juncos que crecían en la ribera del río Nilo en el antiguo Egipto (p. 153)
papyrus a writing surface similar to paper named after the papyrus reed that grew along the Nile River in ancient Egypt (p. 153)

parábola historia con una moraleja religiosa (p. 409)
parable story with a religious moral (p. 409)

parentesco conexión basada en relaciones de familia (p. 505)
kinship connection based on family relationships (p. 505)

parlamento asamblea de representantes encargados de hacer leyes (p. 663)
parliament an assembly of representatives who make laws (p. 663)

partición división (p. 843)
partition to divide up (p. 843)

participación cívica tomar parte en asuntos del gobierno (p. 27)
civic participation taking part in government (p. 27)

partido político grupo que apoya a los candidatos que postulan a cargos públicos (p. 27)
political party group that supports candidates for public offices (p. 27)

paso del noroeste ruta marítima hacia Asia a través de lo que hoy es Canadá (p. 808)
northwest passage a water route to Asia through present-day Canada (p. 808)

paterfamilias hombre de más edad en una familia romana, que tenía poder absoluto sobre su familia (p. 376)
paterfamilias oldest man in a Roman family who had absolute power over his family (p. 376)

Paz Romana período de estabilidad del Imperio Romano (p. 391)
Pax Romana period of stability in the Roman empire (p. 391)

península Ibérica península en la que se ubican España y Portugal hoy en día (p. 672)
Iberian Peninsula the peninsula where present-day Spain and Portugal are located (p. 672)

peninsular persona nacida en España que era miembro de la clase más alta en las colonias españolas de las Américas (p. 799)
peninsular member of the highest class in Spain's colonies in the Americas (p. 799)

percusión polirrítmica tipo de percusión que combina dos o más ritmos diferentes al mismo tiempo (p. 509)
polyrhythmic drumming type of drumming that combines two or more different rhythms at the same time (p. 509)

peregrinaje viaje por devoción a un lugar sagrado (p. 655)
pilgrimage journey undertaken to worship at a religious place (p. 655)

peregrinos protestantes ingleses que rechazaban la Iglesia de Inglaterra y dejaron Inglaterra para establecer colonias en América del Norte (p. 809)
Pilgrims English Protestants who rejected the Church of England and left England to build colonies in North America (p. 809)

período lapso de tiempo resaltado debido a un suceso o desarrollo específico que sucedió durante ese tiempo (p. 4)
period length of time singled out because of a specific event or development that happened during that time (p. 4)

Período de los Reinos Combatientes período de gran conflicto en la antigua China que abarca aproximadamente de 481 A.C. a 221 A.C. (p. 260)
Warring States period a period from about 481 B.C. to 221 B.C. of great conflict in ancient China (p. 260)

perspectiva lineal sistema matemático para representar el espacio tridimensional en una superficie plana (p. 729)
linear perspective a mathematical system for representing three-dimensional space on a flat surface (p. 729)

peste bubónica infección mortal propagada por las pulgas que habitan en las ratas (p. 696)
bubonic plague a deadly infection spread by fleas that live on rats (p. 696)

Peste Negra epidemia de peste bubónica que causó la muerte de cerca de un tercio de la población europea entre 1347 y 1352 (p. 696)
Black Death epidemic of the bubonic plague that killed as many as one third of all Europeans between 1347 and 1352 (p. 696)

picaresca serie de episodios cómicos que usualmente incluyen un personaje travieso (p. 733)
picaresque a series of comic episodes usually involving a mischievous character (p. 733)

pictografía imagen que representa una palabra o idea (p. 257)
pictograph a picture that represents a word or idea (p. 257)

pirámide estructura con lados triangulares (p. 154)
pyramid structure with triangular sides (p. 154)

poblar habitar un lugar (p. 68)
populate to become an inhabitant of a place (p. 68)

poesía lírica canciones poéticas (p. 342)
lyric poetry poetic songs (p. 342)

polis ciudad-estado en Grecia (p. 304)
polis Greek city-state (p. 304)

politeísmo adoración de muchas deidades (pp. 114, 338)
polytheism worship of many gods or deities (pp. 114, 338)

política arte y práctica de gobernar (p. 305)
politics art and practice of government (p. 305)

porcelana cerámica blanca y dura de muy alta calidad (p. 523)
porcelain a hard white pottery of extremely fine quality (p. 523)

Potencias Centrales alianza entre Alemania y Austria-Hungría durante la Primera Guerra Mundial (p. 927)
Central Powers alliance between Germany and Austria-Hungary during World War I (p. 927)

Potencias del Eje Alemania, Italia, Japón y sus aliados durante la Segunda Guerra Mundial (p. 940)
Axis powers Germany, Italy, Japan, and their allies during World War II (p. 940)

potlatch ceremonia de festín y entrega de obsequios en la cultura indígena norteamericana del noroeste (p. 613)
potlatch feasting and gift-giving ceremony in northwestern Native American culture (p. 613)

predestinación idea de que Dios determinó hace mucho tiempo quién obtendrá la salvación (p. 743)
predestination the idea that God had long ago determined who would gain salvation (p. 743)

prehistoria época anterior a la invención de la escritura (pp. 5, 58)
prehistory time before humans invented writing (pp. 5, 58)

prejuicio (o parcialidad) preferencia injusta o disgusto por algo (p. 7)
bias unfair preference for or dislike of something (p. 7)

presupuesto plan que muestra los ingresos y los gastos para un período de tiempo (p. 36)
budget plan that shows income and expenses over a period of time (p. 36)

Primera Guerra Mundial primer conflicto verdaderamente global, llamado también la Gran Guerra, que se libró entre 1914 y 1918 (p. 926)
World War I first truly global conflict, sometimes called the Great War, which was fought between 1914 and 1918 (p. 926)

productor persona o negocio que fabrica y vende productos (p. 29)
producer person or business that makes and sells products (p. 29)

profeta persona de quien se cree ha sido elegida por Dios para enseñar la verdad a la gente (p. 177)
prophet person believed to be chosen by God to bring truth to the people (p. 177)

propaganda difusión de ideas a favor o en contra de una causa (p. 930)
propaganda spreading of ideas to promote or to harm a cause (p. 930)

proporción uso de elementos equilibrados o simétricos para formar un diseño agradable (p. 728)
proportion using balanced or symmetric elements to form a pleasing design (p. 728)

proverbio dicho que contiene sabiduría (p. 507)
proverb wise saying (p. 507)

provincia territorio que se encuentra bajo la administración de un país más grande (p. 236)
province territory that is under the control of a larger country (p. 236)

puritano protestante inglés que quería reformar la Iglesia de Inglaterra (p. 846)
Puritan English Protestant who wanted to reform the Church of England (p. 846)

Q

quetzal ave tropical colorida (p. 586)
quetzal colorful tropical bird (p. 586)

quipu tipo de registro utilizado por los incas que consiste en cuerdas anudadas (pp. 604, 774)
quipu record-keeping device made of knotted strings, used by the Incas (pp. 604, 774)

R

rabino maestro espiritual de la religión judía (p. 178)
rabbi Jewish religious teacher (p. 178)

racionalismo creencia de que el conocimiento se adquiere por el uso de la razón en los procesos del pensamiento (p. 856)
rationalism the belief that knowledge is gained by thinking things through using reason (p. 856)

radical alguien que tiene ideas extremas (p. 876)
radical someone who has extreme ideas (p. 876)

rasgo cultural idea o manera de hacer las cosas que es común en una cultura determinada (pp. 42, 119)
cultural trait idea or way of doing things that is common in a certain culture (pp. 42, 119)

razonamiento inductivo proceso de observar hechos específicos y basarse en ellos para establecer principios generales o normas (p. 860)
inductive reasoning the process of looking at specific facts and making general principles or rules based on those facts (p. 860)

Rebelión de los campesinos fracasada revuelta de campesinos contra los señores feudales en Inglaterra, en 1381 (p. 699)
Peasants' Revolt unsuccessful revolt by peasants against feudal lords in England in 1381 (p. 699)

recesión crecimiento cero o crecimiento económico negativo por un período continuo de seis meses o más (p. 31)
recession zero or negative economic growth for six or more months in a row (p. 31)

reconocer compromiso oficial de tratar a una nueva nación como un Estado legítimo con un gobierno legítimo (p. 969)
recognize officially agree to treat a new nation as a legitimate state with a legitimate government (p. 969)

Reconquista movimiento para expulsar a los musulmanes de España (p. 674)
Reconquista the movement to drive the Muslims from Spain (p. 674)

rectitud cualidad de comportarse o vivir de una forma éticamente correcta y obedecer la ley de Dios (p. 180)
righteousness acting or living in a way that is ethically right and obeys God's laws (p. 180)

recurso existencia de algo que puede usarse según se necesite (p. 93)
resource supply of something that can be used as needed (p. 93)

recurso natural material útil que se encuentra en el medio ambiente (p. 490)
natural resource useful material found in the environment (p. 490)

reencarnación renacimiento del alma en un nuevo cuerpo (p. 216)
reincarnation rebirth of a soul in a new body (p. 216)

Reforma movimiento religioso iniciado en el siglo XVI para la reforma de la Iglesia católica (p. 740)
Reformation a religious movement that began in the 1500s to reform the Catholic Church (p. 740)

regente alguien que gobierna un país cuando el gobernante no puede hacerlo, con frecuencia debido a su edad (p. 551)
regent someone who governs a country in the name of a ruler who is unable to rule, often because of age (p. 551)

región área con al menos una característica física o humana que es unificadora, como el clima, los accidentes geográficos, la población o la historia (p. 11)
region area with at least one unifying physical or human feature such as climate, landforms, population, or history (p. 11)

región cultural área en la que predomina una sola cultura o rasgo cultural (p. 42)
culture region area in which a single culture or cultural trait is dominant (p. 42)

Glosario (continuación)

religión creencias y prácticas de los seres humanos acerca de la existencia, la naturaleza y la adoración de un dios o dioses (pp. 44, 94)
religion people's beliefs and practices about the existence, nature, and worship of a god or gods (pp. 44, 94)

religión establecida religión oficial apoyada por el gobierno (p. 379)
established religion official religion supported by the government (p. 379)

Renacimiento del francés "renacer"; se refiere a un período de revitalización cultural en Europa entre los siglos XIV y XVI (p. 713)
Renaissance French for "rebirth"; refers to a period of cultural revival in Europe from the 1300s to the 1500s (p. 713)

reparación compensación que se otorga por los daños causados por una guerra (p. 930)
reparation payment made for war damages (p. 930)

república forma de gobierno en la que los ciudadanos tienen el derecho a votar y a elegir funcionarios (p. 366)
republic form of government in which citizens have the right to vote and elect officials (p. 366)

Restauración regreso al poder de la monarquía inglesa después de la Guerra Civil Inglesa (p. 848)
Restoration the return to power of the English monarchy after the English Civil War (p. 848)

resurrección retorno a la vida (p. 402)
resurrection coming back to life (p. 402)

revolución cambio completo en la forma de pensar, trabajar o vivir (p. 82)
revolution a complete change in ways of thinking, working, or living (p. 82)

Revolución Gloriosa derrocamiento incruento del rey Jacobo II de Inglaterra en 1688 (p. 849)
Glorious Revolution the bloodless overthrow of King James II of England in 1688 (p. 849)

Revolución Industrial período de cambio entre 1760 y 1840 en el que nuevas fuentes de energía permitieron la mecanización y el reemplazo del trabajo manual y el uso de animales (p. 898)
Industrial Revolution a period of change between 1760 and 1840 in which new sources of energy allowed machines to replace the muscle power of humans and animals (p. 898)

rosa de los vientos diagrama de una brújula que indica la dirección (p. 12)
compass rose diagram of a compass showing direction (p. 12)

rotación de cultivos práctica de alternar el uso que se le da a un campo de cultivo (p. 683)
crop rotation practice of changing the use of fields over time (p. 683)

rotación trienal sistema de siembra inventado en la Alta Edad Media, que incrementó la cantidad de tierras que podrían ser cultivadas cada año (p. 683)
three-field system system of planting invented in the High Middle Ages which increased the amount of land that could be planted each year (p. 683)

Ruta de la Seda red de rutas comerciales que atravesaban Asia (p. 280)
Silk Road series of trade routes that crossed Asia (p. 280)

S

sabana pradera con árboles dispersos que pueden sobrevivir períodos de sequía; se encuentra en las áreas tropicales que tienen estaciones secas (p. 489)
savanna parklike landscape of grasslands with scattered trees that can survive dry spells, found in tropical areas with dry seasons (p. 489)

sabbat día de la semana establecido para el descanso (p. 181)
Sabbath weekly day of rest (p. 181)

sacramento rito sagrado en el cristianismo, como el bautismo o la comunión (p. 638)
sacrament sacred rites of Christianity, such as baptism and communion (p. 638)

samurái guerrero altamente entrenado en el Japón feudal (p. 557)
samurai highly trained Japanese warrior in feudal Japan (p. 557)

santo persona reconocida como especialmente sagrada (p. 637)
saint person believed to be especially holy (p. 637)

santuario lugar de veneración religiosa (p. 567)
shrine place of worship (p. 567)

sarissa pica macedonia de 18 pies de largo (p. 335)
sarissa 18-foot-long Macedonian pike (p. 335)

sátira obra literaria que se burla de su tema, con frecuencia los vicios o los absurdos de la vida (pp. 398, 723)
satire work of literature that makes fun of its subject, often mocking vice or folly (pp. 398, 723)

secta subgrupo de un grupo religioso mayor (p. 743)
sect a subgroup of a major religious group (p. 743)

segregación separación de las escuelas, tiendas y otros servicios de acuerdo a la raza (p. 978)
segregation the separation of schools, stores, and other services according to race (p. 978)

Segunda Guerra Mundial guerra librada entre 1939 y 1945, que fue la guerra más destructiva que el mundo haya visto (p. 940)
World War II war fought between 1939 and 1945 which was the most destructive war the world has ever seen (p. 940)

señor de la guerra gobernante militar (p. 259)
warlord military ruler (p. 259)

señorío propiedad autosuficiente de un señor medieval (p. 643)
manor self-sufficient estate of a medieval lord (p. 643)

separación de poderes teoría de dividir el poder del gobierno entre más de una rama o poder del gobierno (p. 865)
separation of powers the theory of dividing government power between more than one branch of government (p. 865)

sequía largo período de tiempo extremadamente seco (p. 609)
drought long period of extremely dry weather (p. 609)

servicio civil personas que trabajan para un gobierno (p. 280)
civil service the people who work for a government (p. 280)

sharia ley islámica (p. 459)
Sharia Islamic law (p. 459)

shogún poderoso líder militar japonés que a veces tenía más poder que el emperador (p. 557)
shogun powerful Japanese military leader who often had more power than the emperor (p. 557)

siervo persona que está legalmente forzada a vivir y trabajar en la tierra de su señor (pp. 643, 838)
serf a peasant who is legally bound to live and work on land owned by a lord (pp. 643, 838)

siervo por contrato inmigrante pobre que aceptaba trabajar de cuatro a siete años a cambio de su pasaje a las colonias (p. 813)
indentured servants poor immigrants who paid for passage to the colonies by agreeing to work for four to seven years (p. 813)

sinagoga casa de reunión y culto de las comunidades judías (p. 186)
synagogue Jewish house of worship (p. 186)

sindicato organización que une a los trabajadores para alcanzar un objetivo común (p. 918)
union organization to help workers achieve a common goal (p. 918)

sintoísmo religión tradicional que se originó en el Japón (p. 566)
Shinto traditional religion that originated in Japan (p. 566)

sismómetro instrumento para medir terremotos (p. 287)
seismometer a tool to measure earthquakes (p. 287)

sistema de mérito sistema en el que las personas son contratadas y ascendidas por su talento y destrezas, en lugar de por su riqueza o estatus social (p. 519)
merit system system in which people are hired and promoted based on talent and skills, rather than wealth or social status (p. 519)

sistema decimal sistema para contar basado en unidades de diez (p. 245)
decimal system counting system based on units of ten (p. 245)

sistema federal sistema de gobierno en el que el poder se divide entre los gobiernos central, regional y local (p. 24)
federal system system of government in which power is divided among central, regional, and local governments (p. 24)

sistema fluvial un río principal y los ríos y arroyos que desembocan en él (p. 201)
river system main river and all of the other rivers and streams that drain into it (p. 201)

sistema unitario sistema de gobierno en el que un gobierno central tiene la autoridad de hacer leyes para todo el país (p. 24)
unitary system system of government in which a central government has the authority to make laws for the entire country (p. 24)

socialismo sistema económico en el que la propiedad de las granjas, fábricas y otros negocios la tendrían los trabajadores y no los particulares (p. 904)
socialism an economic system in which workers, rather than private individuals, would own farms, factories, and other businesses (p. 904)

sociedad patriarcal sociedad en la cual los hombres rigen las familias y las personas establecen sus orígenes a través de ancestros masculinos (p. 376)
patriarchal society society in which men rule their families, and people trace their origins through male ancestors (p. 376)

soneto poema de catorce versos con un patrón de rima fijo (p. 732)
sonnet a poem of 14 lines with a fixed rhyming pattern (p. 732)

stonetown palabra usada para describir ciudades-estado suajilis y sus casas de piedra de varios pisos (p. 503)
stonetown word used to describe Swahili city-states and their multistoried stone houses (p. 503)

subcontinente territorio amplio que se distingue del continente al que pertenece (p. 200)
subcontinent a large landmass that is set apart from the rest of the continent (p. 200)

súbdito persona gobernada por un monarca (p. 237)
subject person under the rule of a monarch (p. 237)

sudrá miembro de la cuarta casta más alta, compuesta por agricultores y personas dedicadas al trabajo manual (p. 209)
Sudra member of the fourth-highest caste grouping, made up of farmers and people who did manual work (p. 209)

sufismo estilo de vida islámico que enfatiza el control de los propios deseos, renunciando a los apegos mundanos y buscando la cercanía a Dios (p. 471)
Sufism an Islamic lifestyle that emphasizes controlling one's desires, giving up worldly attachments, and seeking nearness to God (p. 471)

sufragio derecho a votar (p. 919)
suffrage voting rights (p. 919)

sultán título de un gobernante de un país musulmán (p. 465)
sultan title for a ruler of a Muslim country (p. 465)

suní miembro de un grupo religioso islámico que apoyaba a Abu Bakr como el primer califa y que ahora constituye la mayoría de musulmanes del mundo (p. 463)
Sunni member of an Islamic religious group that supported Abu Bakr as the first caliph and now forms a majority of the world's Muslims (p. 463)

sunna tradiciones y enseñanzas que muchos musulmanes atribuyen al profeta Mahoma (p. 455)
Sunnah traditions believed by many Muslims to come from the prophet Muhammad (p. 455)

superávit excedente (p. 88)
surplus extra (p. 88)

superpotencia país con suficiente poderío político, económico y militar para influir en los acontecimientos mundiales (p. 954)
superpower country with enough political, economic, and military strength to influence world events (p. 954)

T

Talmud colección de enseñanzas orales y comentarios sobre la Biblia hebrea y la ley judía (p. 178)
Talmud collection of oral teachings and commentaries about the Hebrew Bible and Jewish law (p. 178)

taoísmo filosofía que sigue el Tao, es decir, el orden natural del universo (pp. 266, 538)
Daoism a philosophy of following the Dao, that is, the natural way of the universe (pp. 266, 538)

tecnología instrumentos y destrezas usados por las personas para satisfacer sus necesidades y deseos (p. 64)
technology tools and skills people use to meet their needs and wants (p. 64)

teocracia gobierno en el que rige el poder religioso (p. 744)
theocracy a government run by religious power (p. 744)

teoría heliocéntrica teoría que afirma que el Sol está en el centro del universo (p. 858)
heliocentric theory the theory that places the sun at the center of the universe (p. 858)

terraza parcela de tierra nivelada que se corta en una colina y se cultiva (p. 602)
terrace strip of level land cut into a slope that is planted with crops (p. 602)

terrorismo uso de la violencia para crear temor y lograr un objetivo político (p. 981)
terrorism the use of violence to create fear and achieve a political goal (p. 981)

testaferro persona que aparenta estar a cargo cuando en realidad otra persona tiene el control (p. 555)
figurehead person who appears to be in charge when someone else is really in control (p. 555)

textil tejido (p. 469)
textile woven fabric (p. 469)

tierra firme área que forma parte de un continente (p. 549)
mainland area that is a part of a continent (p. 549)

tipi vivienda portátil de forma cónica usada por los indígenas norteamericanos que vivían en las Llanuras (p. 611)
tepee portable, cone-shaped home made by Native Americans who lived on the Plains (p. 611)

tiranía uso injusto del poder; en la antigua Grecia, el gobierno controlado por un gobernante firme (pp. 21, 314)
tyranny unjust use of power, or in ancient Greece a government run by a strong ruler (pp. 21, 314)

toga vestimenta que los hombres adultos usaban, envolviéndose en ella, como símbolo de ciudadanía romana (p. 371)
toga garment that adult men wore wrapped around their bodies as a symbol of Roman citizenship (p. 371)

tolerancia voluntad de respetar costumbres y creencias diferentes (pp. 239, 866)
tolerance willingness to respect different beliefs and customs (pp. 239, 866)

topografía características físicas de un lugar (p. 628)
topography physical features of a place (p. 628)

Torá primeros cinco libros de la Biblia hebrea (p. 170)
Torah first five books of the Hebrew Bible (p. 170)

totalitarismo idea de que un gobierno debe tener control total sobre la vida de su pueblo (p. 937)
totalitarianism idea that a government should have total control over the lives of its people (p. 937)

tradición oral antecedentes culturales e históricos de una comunidad, transmitidos por cuentos hablados y canciones (pp. 9, 507)
oral tradition community's cultural and historical background, passed down in spoken stories and songs (pp. 9, 507)

traición grave acto de deslealtad a la patria (p. 847)
treason the betrayal of one's country (p. 847)

transahariano a través del Sahara (p. 491)
trans-Saharan across the Sahara (p. 491)

Tratado de París tratado de 1763 que puso fin a la Guerra de los Siete Años y que dio por resultado el dominio británico de las Américas (p. 815)
Treaty of Paris treaty of 1763 that ended the Seven Years' War and resulted in British domination of the Americas (p. 815)

Tratado de Tordesillas tratado firmado por España y Portugal en 1494 por el que se dividían entre ellos el mundo fuera de Europa (p. 803)
Treaty of Tordesillas treaty signed between Spain and Portugal in 1494 which divided the non-European world between them (p. 803)

Travesía intermedia parte de la ruta del comercio triangular en la que los esclavos eran transportados desde África a las Américas (p. 819)
Middle Passage the leg of the triangular trade route on which slaves were transported from Africa to the Americas (p. 819)

tributo pago u obsequio a un poder mayor (pp. 128, 532)
tribute payment or gift to a stronger power (pp. 128, 532)

Trinidad dícese de las tres personas o formas de Dios de acuerdo con las creencias cristianas: Dios padre, Dios hijo y Espíritu Santo (p. 411)
Trinity the three persons, or forms, of God according to Christian belief: God the Father, Jesus the Son, and the Holy Spirit (p. 411)

trueque sistema de comercio en el cual las personas intercambian bienes directamente, sin usar dinero (p. 113)
barter trading system in which people exchange goods directly without using money (p. 113)

U

ubicación absoluta posición exacta en la Tierra según la longitud y la latitud (p. 10)
absolute location exact position on Earth in terms of longitude and latitude (p. 10)

ubicación relativa ubicación de un lugar con respecto a otro (p. 10)
relative location location of a place relative to another place (p. 10)

universidad escuela o grupo de escuelas que imparte enseñanza académica a los niveles más altos (p. 692)
university school, or group of schools, that trains scholars at the highest levels (p. 692)

urbanización desplazamiento de personas de las áreas rurales a las áreas urbanas (p. 520)
urbanization movement of people from rural to urban areas (p. 520)

utopía lugar imaginario e ideal (p. 722)
utopia an imaginary, ideal place (p. 722)

V

vaishia miembro de la tercera casta más alta de la India, compuesta por terratenientes, banqueros y comerciantes (p. 209)
Vaishya member of the third-highest Indian caste grouping, made up of landowners, bankers, and merchants (p. 209)

vasallos en la Europa medieval, señores nobles que recibían terrenos de otros señores nobles a cambio de sus servicios (p. 641)
vassals in medieval Europe, noblemen who received land from other noblemen in return for their services (p. 641)

Vedas colección de cientos de himnos sagrados compuestos por los arios de la antigua India (p. 207)
Veda collection of hundreds of sacred hymns composed by the Aryans of ancient India (p. 207)

vetar detener o cancelar las acciones de un funcionario o agencia de gobierno (p. 371)
veto stop or cancel the action of a government official or body (p. 371)

vida cívica actividades relacionadas con nuestra sociedad o comunidad (p. 27)
civic life activities having to do with one's society and community (p. 27)

villa casa de campo grande (p. 377)
villa large country home (p. 377)

virrey representante que en nombre del rey gobernaba una de las provincias de España en las Américas (p. 797)
viceroy representative who ruled one of Spain's provinces in the Americas in the king's name

vivienda comunal casa de tipo rectangular construida por los indígenas norteamericanos del Noreste y hecha de madera y corteza o caña (p. 610)
longhouse rectangular type of home built by northeastern Native Americans, made from wood and bark or mats made of reeds (p. 610)

W

wigwam vivienda de los indígenas norteamericanos del noreste, fabricada con troncos de árboles jóvenes curvados y amarrados entre sí, para formar una estructura redonda cubierta con corteza de árboles o caña (p. 610)
wigwam a home made by Northeastern Native Americans, formed by bending the trunks of young trees and tying them together to make a round frame covered with bark or reed mats (p. 610)

Z

zar emperador ruso (p. 838)
tsar Russian emperor (p. 838)

zigurat templo de Mesopotamia de forma piramidal, hecho de ladrillo (p. 114)
ziggurat brick, pyramid-shaped Mesopotamian temple (p. 114)

Índice

Las letras después de algunos números de página se refieren a lo siguiente: *t* = tabla; *g* = gráfica; *m* = mapa; *i* = ilustración; *c* = cita.

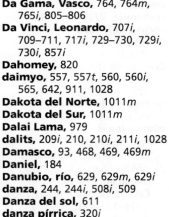

Índice (continuación)

Índice (continuación)

Índice (continuación)

Índice (continuación)

Reconocimientos

The people who made up the **myWorld History team**—representing composition services; core design, digital, and multimedia production services; digital product development; editorial; materials management; marketing; and production management—are listed below.

Leann Davis Alspaugh, Sarah Aubry, Deanna Babikian, Paul Blankman, Alyssa Boehm, Peter Brooks, Susan Brorein, Kathy Burnett, Megan Burnett, Lori-Anne Cohen, Stephanie Corrigan, Bob Craton, Brett Creane, Glenn Diedrich, Joseph Elie, Frederick Fellows, Jorgensen Fernandez, Thomas Ferreira, Jorge Frisancho, Patricia Fromkin, Tom Gibbons, Marielle Guiney, Mary Ann Gundersen, Rebecca Hall, Christopher Harris, Susan Hersch, Scott Howe, Paul Hughes, G. Martha Indacochea, Katharine Ingram, Linda Johnson, Nancy Jones, Lynne Kalkanajian, Patrick Keithahn, Courtenay Kelley, John Kingston, Stephanie Krol, Martha Leibs, Ann-Michelle Levangie, Salena LiBritz, Cheryl Mahan, Dmitry Mangeym, Courtney Markham, Candi McDowell, Constance J. McCarty, Rich McMahon, Natalie Moravek, Alison Muff, Karla Navarrete, Andrew Newcomb, Pak Nicodemus, Xavier Niz, Kathy Nordmeyer, Mark O'Malley, Jen Paley, Celio Pedrosa, Ana Luz Pérez-Durán, Kasia Pilat, Judith Pinkham, Aaron Price, Sareeka Rai, Vicki Riske, Rashid Ross, Ana Seguí-Schiller, Alexandra Sherman, Owen Shows, Melissa Shustyk, Tony Smith, Ted Smykal, Emily Soltanoff, Mark Staloff, Donald Suhr, Frank Tangredi, Simon Tuchman, Elizabeth Tustian, Merle Uuesoo, Dan Wilson, Heather Wright

Maps

XNR Productions, Inc.

Illustrations

Peter Bull, Kerry Cashman, Marcos Chin, Dave Cockburn, Rory Hensley, Kurt Huggins and Zelda Devon, Frank Ippolito, Jeremy Mohler, Goñi Montes, Craig Phillips, Tin Salamunic, Marc Scott

Photography

FRONT COVER LB, Jon Hrusa/epa/Corbis; **RB,** Workshop of Jacques Louis David/Bridgeman Art Library/Getty Images; **B,** Elenhil/iStockphoto; **RT,** Stephanie Pilick/dpa/Corbis; **RM,** Danny Lehman/Corbis; **ML,** Danita Delimont/Alamy; **RB,** The Bridgeman Art Library/Getty Images; **RT,** Stephanie Pilick/dpa/Corbis;

FRONTMATTER: Pages i–xxxi iii–v, Pearson Education; **vi, T,** ZZ/Alamy; **R,** GoGo Images Corporation/Alamy; **L,** Martin Gray/National Geographic Stock; **vii,** SuperStock/age fotostock; **viii,** Richard Hook/Dorling Kindersley; **ix,** Shutterstock, Inc.; **x,** Imagebroker/Photolibrary, New York; **xi,** Hemis/Alamy; **xii,** Katja Kreder/Glow Images; **xiii,** Shutterstock, Inc.; **xiv,** Ancient Art & Architecture/DanitaDelimont.com; **xv,** John Warburton-Lee Photography/Alamy; **xvii,** Chris Hellier/Corbis; **xviii,** JTB Photo/PhotoLibrary Group Ltd; **xix,** Harold R. Stinnette Photo Stock/Alamy; **xx,** The Art Archive/Gift of Mrs. William B. Miles/Museum of the City of New York/32.275.2; **xxi, L,** Bettmann/Corbis; **R,** Herwin Crasto/Reuters/Corbis; **xxv, MB,** Erich Lessing/Art Resource, NY; **R,** Shutterstock, Inc.; **xxvi, LB,** Paolo Koch/Photo Researchers, Inc.; **MB,** Museo Archeologico Nazionale, Naples, Italy/Alinari/The Bridgeman Art Library; **RB,** Karl Johaentges/age fotostock; **xxx, B,** The Granger Collection, New York.

CORE CONCEPTS: Pages xxxii–1, bkgrd, Image Source/Getty Images; **xxxii, R,** Digital Vision/Getty Images; **1, L, R,** Gavin Hellier/Getty Images; **2, RT,** Jim Zuckerman/Corbis; **LT,** Digital Vision/Getty Images; **B,** El Comercio Newspaper, Dante Piaggio/AP Images; **3, RT,** Photo courtesy of Brian McCray; **LT,** Ira Block/National Geographic/Getty Images; **TM,** University of Oregon/AP Images; **4, LB,** The British Museum/Dorling Kindersley; **LB,** O. Louis Mazzatenta/National Geographic Stock; **RB,** Ivonne Wierink/Shutterstock; **M,** Giles Stokoe/Felix deWeldon/Dorling Kindersley; **5, RT,** Dagli Orti/Picture Desk, Inc./Kobal Collection; **M,** Andy Crawford/Dorling Kindersley, Courtesy of the University Museum of Archaeology and Anthropology, Cambridge; **RB,** Getty Images/De Agostini Editore Picture Library; **6, LB,** Bettmann/Corbis; **LM,** Bettmann/Corbis; **8, LT,** Sean Hunter/Dorling Kindersley; **B,** Martin Gray/National Geographic Stock; **R,** Robert F. Sisson/National Geographic Society; **9, LB,** O. Louis Mazzatenta/National Geographic Stock; **LB,** Anders Ryman/Corbis; **10,** Saul Loeb/AFP/Getty Images; **18, RT,** Kim Sayer/Dorling Kindersley; **B,** Tom Sliter/The Stennis Center for Public Service Leadership; **RT,** Phil Sandlin/AP Images; **19, LT,**

Reuters/Hans Deryk; **RT,** Photo courtesy of Anne Marie Sutherland; **20, LB,** Art Resource/Musée du Louvre; **RB,** Spc Katherine M. Roth/HO/epa/Corbis All Rights Reserved; **21, L,** Todd Gipstein/Corbis; **R,** Imaginechina via AP Images; **22, R,** Pool/Anwar Hussein Collection/Getty Images; **L,** Karel Prinsloo/AP Images; **23,** John Leicester/AP Images; **24, T,** Kim Sayer/Dorling Kindersley; **M,** L. Clarke/Corbis; **B,** AP Photo/Douglas Healey; **25, M,** White House Photo Office; **T,** Wally McNamee/Corbis; **B,** The Collection of the Supreme Court of the United States; **26, B,** Jeff Greenberg/PhotoEdit; **T,** William Whitehurst/Corbis; **27, RB,** Wally McNamee/Corbis; **28, LB,** LWA/Getty Images; **BM,** Ariel Skelley/Blend Images/Corbis; **BM,** fotog/Getty Images; **RB,** Getty Images; **29, RT,** Brigitte Sporrer/zefa/Corbis; **32, B,** Dennis MacDonald/PhotoEdit; **M,** Bruno Morandi/age fotostock; **33, T,** Reuters/KNS Korean News Agency; **34, B,** SuperStock/age fotostock; **35, LB,** The Seattle Times/Newscom; **RB,** Photo by Wang Kai/ChinaFotoPress/Newscom; **36, LB,** Ed Kashi/Corbis; **37, RT,** Hou Jun/Newscom; **40, B,** Interfoto/Alamy; **RT,** Sylvain Grandadam/age fotostock; **LT,** Sergei Bachlakov/Shutterstock, Inc.; **41, TM,** Photo courtesy of Joanna Baca; **RT,** David Muench/Corbis; **RT,** Photo courtesy of Joanna Baca; **42, LT,** Gavin Hellier/Getty Images; **LB,** Pearson; **BM,** Pearson; **RB,** Pearson; **43, All,** Pearson; **46,** Stephane De Sakutin/AFP/Getty Images; **47, TM,** Dmitry Kosterev/Shutterstock; **RT,** Dave King/Dorling Kindersley; **RM,** Luchschen/Shutterstock; **RB,** Dorling Kindersley; **BM,** Owen Franken/Corbis; **RB,** James Marshall/Corbis; **48, L,** Alistair Duncan/Dorling Kindersley; **LB,** Michael Holford/Dorling Kindersley; **RB,** Bruce Forster/Dorling Kindersley\Courtesy of the National Historic Oregon Trail Interpretive Center; **49, LB,** Swim Ink 2, LLC/Corbis; **RB,** Matthew Ward/Dorling Kindersley.

CHAPTER 1: Pages 54-77, 54, Robert Harding Picture Library Ltd./Alamy; **55,** Border Mike P. Shepherd/Alamy; **59, M,** www.CartoonStock.com; **59, R,** James King Holmes/Photo Researchers, Inc.; **59, L,** Scott Camazine/Photo Researchers, Inc.; **70, Inset,** Sisse Brimberg/National Geographic Stock; **62, TR,** David L. Brill; **58,** Colin Keates/Dorling Kindersley, Courtesy of the Natural History Museum, London; **61, B,** Richard T. Nowitz/Photo Researchers, Inc.; **61, T,** The Art Archive/Richard Hewitt Stewart/NGS Image Collection; **61, M,** AFP/Getty Images; **62, TL,** Patrick Robert/Corbis; **62, TM,** Jack Maguire/Alamy; **62, B,** Andrew Woodley/Alamy; **64,** Tom McHugh/Photo Researchers, Inc.; **65, B,** John Reader/Photo Researchers, Inc.; **65, T,** The Art Archive/National Anthropological Museum Mexico/Gianni Dagli Orti; **66,** John Reader/Photo Researchers, Inc.; **68,** Hamid Sardar/Corbis; **70, R,** Richard Hook/Dorling Kindersley; **70, L,** Lynton Gardiner/Dorling Kindersley, Courtesy of The American Museum of Natural History; **71, L,** Malcolm McGregor/Dorling Kindersley; **71, R,** Dave King/Dorling Kindersley, Courtesy of the National Museum of Wales; **71, Bkgrnd,** The Art Archive; **73, Bkgrnd,** Photographer/National Geographic Society; **73, Inset,** (t) age fotostock/SuperStock; **73, Inset,** (b) Alberto Paredes/Alamy; **74, T,** Tomsich/Photo Researchers, Inc.; **74, B,** Pascal Goetgheluck/Photo Researchers, Inc.; **76,** CartoonStock; **77,** Prehistoric/Getty Images.

CHAPTER 2: Pages 78-99, 78, Paolo Koch/Photo Researchers, Inc.; **83, T,** Juniors Bildarchiv/Alamy; **83, T4,** Juniors Bildarchiv/Alamy; **63,** Shutterstock, Inc.; **82,** Imagebroker/Alamy; **83, T1,** Shutterstock, Inc.; **83, T2,** Delphine Adburgham/Alamy; **83, T3,** imagebroker/Alamy; **83, T5,** Shutterstock, Inc.; **83, T6,** Shutterstock, Inc.; **83, BM,** Shutterstock, Inc.; **83, BL,** Shutterstock, Inc.; **83, BR,** Frank Lukasseck/Getty Images; **83,** Shutterstock, Inc.; **84, M,** Dave King/Dorling Kindersley, Courtesy of The Museum of London; **84, B,** Shutterstock, Inc.; **84, T,** Ancient Art & Architecture/Danita Delimont; **86,** Sonia Halliday Photographs/Alamy; **87, BR,** Pictures of Record, Inc.; **87, M,** Chris Forsey/Dorling Kindersley; **87, BL,** Marion Bull/Alamy; **87, T,** Gianni Dagli Orti/Corbis; **89,** Mike Cumberbatch/Alamy; **90,** The Art Archive/Archaeological Museum, Baghdad/Gianni Dagli Orti; **91,** Nik Wheeler/Corbis; **92, BL,** The Art Archive/Gianni Dagli Orti; **92, T,** Georg Gerster/Photo Researchers, Inc.; **92, BM,** The Art Archive/National Museumm Karachi/Alfredo Dagli Orti; **92, BR,** The Art Archive/Hunan Provincial Museum/Granger Collection; **95, T,** The Art Archive/Egyptian Museum, Cairo/Dagli Orti; **95, M,** Bettmann/Corbis; **95, B,** PhotoEdit; **96, B,** Borromeo/Art Resource, NY; **96, M,** Emil von Maltitz/Alamy; **96, T,** Richard Hutchings/PhotoEdit; **97, L,** Royal Ontario Museum/Corbis; **97, M,** British Library/HIP/The Image Works; **97, R,** Pearson Education; **99, L,** Shutterstock, Inc.; **99, R,** Shutterstock, Inc.

UNIT 1 PRIMARY SOURCE: **Pages 100-101, 100,** AFP/Getty Images; **101,** Ancient Art & Architecture/Danita Delimont.

UNIT 1 CLOSER: **Pages 102-103, 102, RB,** British Museum/Art Resource, NY; **MR,** AAAC/Topham/The Image Works; **TL,** Gabe Palmer/Alamy; **102, RT,** Alamy Images; **102, Bkgrnd,** Shutterstock, Inc.; **103, Bkgrnd,** Design Pics Inc./Alamy; **103,B,** Uden Graham/Redlink/Corbis.

CHAPTER 3: **Pages 106-139, 106 B,** age fotostock/Superstock, **110, Bkgrnd,** Cheryl Diaz Meyer/Dallas Morning News/Corbis; **113, Inset,** The Art Archive/Musée du Louvre, Paris/Gianni Dagli Orti; **115, T,** Dorling Kindersley; **115, Inset,** The Art Archive/Musée du Louvre, Paris/Dagli Orti; **115, M,** The Art Archive/Musée du Louvre, Paris/Gianni Dagli Orti; **116, T,** Dorling Kindersley; **118, LB,** Scala/Art Resource, NY; **119, Bkgrnd,** The Art Archive/Musée du Louvre, Paris/Gianni Dagli Orti; **119, Inset,** The Art Archive/Archaeological Museum, Baghdad/Gianni Dagli Orti; **120, L,** The Bridgeman Art Library; **120, R,** Mesopotamian/Louvre, Paris, France/Giraudon/The Bridgeman Art Library International; **121, Inset,** Louvre, Paris, France/The Bridgeman Art Library International; **122,** The Art Archive/Musée du Louvre, Paris/Gianni Dagli Orti; **125, B,** The British Library/Photolibrary; **126, BM,** The Art Archive/British Museum/Alfredo Dagli Orti; **130,** Dorling Kindersley; **131, RB,** mtr/Shutterstock, Inc.; **133,** Ancient Art and Architecture Collection; **136, RT,** The Bridgeman Art Library International; **137, R,** Pearson.

CHAPTER 4: **Pages 140-165, 140,** nagelestock.com/Alamy; **144,** The Art Archive/Egyptian Museum, Cairo/Gianni Dagli Orti; **146,** Paul Almasy/Corbis; **147,** The Art Archive/Luxor Museum, Egypt/Gianni Dagli Orti; **148,** The Art Archive/Egyptian Museum, Cairo/Gianni Dagli Orti; **150, M,** The Art Archive/ Egyptian Museum, Cairo/Gianni Dagli Orti; **150, BR,** Dorling Kindersley; **150, BL,** Dorling Kindersley; **150, T,** SSPL/The Image Works; **150, Bkgrnd,** Shutterstock, Inc.; **151,** The Art Archive/Egyptian Museum Turin/Gianni Dagli Orti; **152,** The Art Archive/Musée du Louvre, Paris/Gianni Dagli Orti; **153, R,** The Art Archive/Musée du Louvre, Paris/Gianni Dagli Orti; **153, L,** DeA Picture Library/Art Resource, NY; **154, BL,** Shutterstock, Inc.; **154, T,** Shutterstock, Inc.; **154, BL,** The Art Archive/H.M. Herget/NGS Image Collection; **155, L,** The Art Archive/Dagli Orti; **155, R,** Richard Bonson/Dorling Kindersley; **155, Bkgrnd,** Shutterstock; **156, T,** The Art Archive/Ragab Papyrus Institute Cairo/ Gianni Dagli Orti; **156, BR,** Science Museum/SSPL/The Image Works; **156, BL,** SSPL/The Image Works; **156, Bkgrnd,** Shutterstock, Inc.; **157,** SSPL/The Image Works; **158,** Erich Lessing/Art Resource, NY; **159, RT,** SSPL/Science Museum/ Art Resource, NY; **159, LB,** Shutterstock, Inc.; **159, LT,** Werner Forman/Topham/ The Image Works; **160,** Biosphoto/Lorgnier Antoine/Peter Arnold, Inc.; **161,** Mary Evans Picture Library/Alamy; **162, ML,** imagebroker/Alamy; **162, T,** John Warburton-Lee Photography/Alamy; **162, B,** Bildarchiv Preussischer Kulturbesitz/Art Resource, NY; **162, MR,** Werner Forman/Topham/The Image Works; **163,** Topham/The Image Works; **164,** The Art Archive/Gianni Dagli Orti.

CHAPTER 5: **Pages 166-189, 166,** PhotoStock-Israel/Alamy; **166, Bkgrnd,** Shutterstock, Inc.; **166, Bkgrnd,** Shutterstock, Inc.; **167,** Border Shutterstock, Inc.; **168,** Border Shutterstock, Inc.; **170,** The Art Archive/Corbis; **172,** Private Collection/Look and Learn/The Bridgeman Art Library International; **173, TL,** The Art Archive/Private Collection/Gianni Dagli Orti; **173, TR,** Private Collection/Look and Learn/The Bridgeman Art Library International; **173, BL,** Private Collection/Look and Learn/The Bridgeman Art Library International; **173, BR,** Private Collection/Look and Learn/The Bridgeman Art Library International; **173, Bkgrnd,** Shutterstock, Inc.; **174,** The Granger Collection, New York; **175,** Private Collection/Look and Learn/The Bridgeman Art Library International; **176,** Israel images/Alamy; **177, T,** By kind permission of the Trustees of the Wallace Collection, London/Art Resource, NY; **177, B,** The Art Archive/St Pierre Church, Moissac, France/Gianni Dagli Orti; **177, M,** Victoria & Albert Museum, London, UK/The Bridgeman Art Library International; **177, Bkgrnd,** Shutterstock, Inc.; **177, Bkgrnd,** Shutterstock, Inc.; **178, R,** The Art Archive/Bodleian Library, Oxford; **178, L,** Israel images/Alamy; **178, Bkgrnd,** Shutterstock, Inc.; **178, Bkgrnd,** Shutterstock, Inc.; **179, M,** Michael Newman/ PhotoEdit; **179, B,** Phil Schermeister/Corbis; **179, T,** Shutterstock, Inc.; **180, BL,** Shutterstock, Inc.; **180, TR,** Israel images/Alamy; **180, TL,** Photodisc/Getty Images, Inc.; **180, BR,** Bill Aron/PhotoEdit; **180, Bkgrnd,** Shutterstock, Inc.; **181,** Dorling Kindersley; **182,** Mary Evans Picture Library/The Image Works; **183,** SuperStock; **185, BR,** Sean Creech; **185, BM,** Nelson Hancock/Rough Guides/Dorling Kindersley; **185, TM,** Greg Balfour Evans/Alamy; **185, BL,** Bettmann/Corbis; **185, TL,** Photo by Anne Frank Fonds - Basel/Anne Frank House, Amsterdam/Getty Images; **185, M,** Mark Zylber/Alamy; **185, TR,** Pushkin Museum, Moscow, Russia/The Bridgeman Art Library International; **185, Bkgrnd,** Shutterstock, Inc.; **185, Bkgrnd,** Shutterstock, Inc.; **186, Bkgrnd,** Shutterstock, Inc.; **187,** Jeff Greenberg/The Image Works.

UNIT 2 PRIMARY SOURCE: **Pages 190-191, 190,** North Wind Picture Archives/ Alamy; **191, B,** Alinari Archives/The Image Works.

UNIT 2 CLOSER: **Pages 192-193, 192, T,** Wayne Hutchinson/Alamy; **L,** Ira Lippke/Newscom; **RB,** AP Wide World Photo/John McConnico; **193, Bkgrnd,** America/Alamy.

CHAPTER 6: **Pages 196-229, 196,** Imagebroker/Photolibrary; **200,** commoner28th/Getty Images; **201, R,** Andy Crawford/Dorling Kindersley; **203, Bkgrnd,** Robert Harding Picture Library/SuperStock; **203, RB,** Jonathan Mark Kenoyer/Doranne Jacobson International Images/Courtesy Department of Archaeology and Museums, Government of Pakistan.; **203, TL,** The London Art Archive/Alamy; **204, Inset,** The Art Archive/National Museumm Karachi/ Alfredo Dagli Orti; **206, LB,** Indian School/India Office Library, London/Ann & Bury Peerless Picture Library/The Bridgeman Art Library International; **208,** Vivek Sharma/Alamy; **209, LB,** The Art Archive/National Museumm Karachi/ Alfredo Dagli Orti; **209, RT,** The Art Archive/National Museumm Karachi/Dagli Orti; **210, LB,** Simon Bracken/Dorling Kindersley; **210, M,** Mark Edwards/Peter Arnold Inc.; **210, RB,** William Albert Allard/National Geographic Society; **210, RT,** Jim Zuckerman/Alamy; **211,** Villard/Sipa; **212, LB,** dbimages/Alamy; **213, TR,** Pep Roig/Alamy; **213, RB,** David Wells/Alamy; **213, B,** Dinodia Images/ Alamy; **214, T,** Oriental Museum, Durham University, UK/The Bridgeman Art Library International; **215, L,** Réunion des Musées Nationaux/Art Resource, NY; **215, M,** The Art Archive/Musée Guimet, Paris/Gianni Dagli Orti; **215, R,** The Cleveland Museum of Art, 2001, Purchase from the J. H. Wade Fund. 1930.331.; **216, BL,** Lynn Saville; **217,** Robert Harding Images/Masterfile; **218,** British Museum/Art Resource, NY; **219,** Keren Su/China Span/Alamy; **220,** Friedrich Stark/Alamy; **221,** The Art Archive/Musée Guimet, Paris/Alfredo Dagli Orti; **222, T,** Christine Osborne; **222, Inset,** Hugh Sitton/Corbis; **223, RB,** Ray Moller/ Dorling Kindersley, Courtesy of the Powell-Cotton Museum, Kent; **225, R,** Luca I. Tettoni/Corbis; **225, L,** Peter Brown/Alamy; **225, TR,** Friedrich Stark/Alamy; **225, LT,** Ben Pipe - Premium/Alamy; **227,** Photosindia.

CHAPTER 7: **Pages 230-249, 230,** Trans-World Photos/SuperStock; **232, B,** Nancy Carter/North Wind Picture Archives; **234,** Kamatís Potpourri; **235,** Burstein Collection/Corbis; **236,** Yogesh S. More/age fotostock; **237, R,** Indian School/National Museum of India, New Delhi, India/Giraudon/The Bridgeman Art Library International; **237, L,** Nikreates/Alamy; **238, M,** The British Library Board; **238, L,** Philip Baird/Anthropology, Archeology and Art; **238, R,** Mary Evans Picture Library/The Image Works; **239, R,** Sudharak Olwe/Dinodia Photo Library; **239, L,** Erich Lessing/Art Resource, NY; **240, Bkgrnd,** Paule Seux/ Hemis/Corbis; **240, B,** Atlantide Phototravel/Corbis; **240, MR,** SEF/Art Resource, NY; **240, ML,** David Pearson/Alamy; **240, TL,** Shutterstock, Inc.; **240, MM,** Joerg Boethling/Alamy; **240, TR,** Angelo Hornak/Corbis; **241,** age fotostock/ SuperStock; **242,** Ancient Art & Architecture/Danita Delimont; **244, L,** Eddie Gerald/Alamy; **244, M,** The Art Archive/Bodleian Library, Oxford/The Bodleian Library; **244, R,** Dorling Kindersley; **245, T,** The Trustees of the British Museum; **245, L,** Angelo Hornak/Alamy; **245, R,** Angelo Hornak/Alamy; **246, M,** Eye Ubiquitous/Alamy; **246, T,** British Library/HIP/The Image Works; **246, B,** Bob Daemmrich/PhotoEdit, Inc.; **247, T,** Luca Tettoni/Corbis.

CHAPTER 8: **Pages 250-269, 250,** The Art Archive/Hunan Provincial Museum/ Granger Collection; **254,** The Art Archive/Musée Cernuschi Paris/Gianni Dagli Orti; **256,** Art Directors & Trip/Alamy; **258,** The Art Archive/National Palace Museum, Taiwan; **260, Bkgrnd,** Réunion des Musées Nationaux/Art Resource, NY; **261, L,** The Art Archive/Jean Vinchon Numismatist Paris/Gianni Dagli Orti; **261, R,** Erich Lessing/Art Resource, NY; **261, M,** Erich Lessing/Art Resource, NY; **262,** Dorling Kindersley; **262,** Ingram Publishing/age fotostock; **263, LB,** Look Die Bildagentur der Fotografen GmbH/Alamy; **263, L,** Ivy Close Images/Alamy; **264, RB,** Chinatopix/AP Wide World Photos; **264, RT,** Jacques Langevin/Sygma/ Corbis; **264, Bkgrnd,** Shutterstock; **266, M,** Karl Johaentges/age fotostock; **266, TR,** View Stock/age fotostock; **266, LT,** AFP Photo/Frederic J. Brown/ Newscom; **267, Inset,** Look/age fotostock; **267, T,** Look/age fotostock.

CHAPTER 9: **Pages 270-291, 270,** National Geographic Society; **274,** Masterfile; **275, B,** Tomb of Qin shi Huang Di, Xianyang, China/The Bridgeman Art Library International; **275, T,** Ancient Art & Architecture/DanitaDelimont.

Museum of Art/Art Resource, NY; **437, L,** Directphoto.org/Alamy; **437, R,** Roger Cracknell 01/classic/Alamy; **438, B,** Buddy Mays/Alamy; **438, T,** Jonathan Little/Alamy; **440,** The Art Archive/San Angelo in Formis Capua Italy/Alfredo Dagli Orti; **441, T,** Robert Harding Images/Masterfile; **441, B,** Harvey Lloyd/Getty Images; **442, L,** Mary Evans Picture Library/The Image Works; **442, R,** Massimo Listri/Corbis; **443,** DeA Picture Library/Art Resource, NY; **444,** The British Library/HIP/The Image Works.

CHAPTER 15: Pages 446-477, 446, JTB Photo Communications, Inc./Alamy; **450,** Tim E White/Alamy; **452,** Getty Images; **454,** Louise Batalla Duran/Alamy; **455, R,** Photolibrary, New York; **455, L,** Réunion des Musées Nationaux/Art Resource, NY; **457, T,** Werner Forman/Art Resource, NY; **457, ML,** Photolibrary, New York; **457, MM,** Chas Howson/The British Museum/Dorling Kindersley; **457, MR,** Louise Batalla Duran/Alamy; **457, B,** Suhaib Salem/Reuters Newmedia Inc./Corbis; **458,** World Religions Photo Library/Alamy; **460,** Private Collection/The Bridgeman Art Library International; **462, AP,** Photo/Amr Nabil; **463,** akg-images/British Library; **464, L,** Ryan Rodrick Beiler/Alamy; **464, R,** mediacolor's/Alamy; **465, L,** Private Collection/Archives Charmet/The Bridgeman Art Library International; **465, R,** The Art Archive/Bodleian Library, Oxford; **466,** Kharidehal Abhirama Ashwin/Shutterstock, Inc.; **467, T,** PhotosIndia.com LLC/Alamy; **467, B,** akg-images/British Library; **468,** DeA Picture Library/Art Resource, NY; **470,** The Art Archive/National Museum, Damascus, Syria/Gianni Dagli Orti; **471, L,** The Granger Collection, New York; **471, R,** The Art Archive/Bodleian Library, Oxford; **472, L,** The British Museum/HIP/The Image Works; **472, R,** The Art Archive/University Library, Istanbul/Gianni Dagli Orti; **473, BL,** The Metropolitan Museum of Art/Art Resource, NY; **473, T,** Werner Forman/Art Resource, NY; **473, BR,** The Metropolitan Museum of Art/Art Resource, NY; **473, BM,** Werner Forman/HIP/The Image Works; **474, BL,** Alexander Ryabintsev/Shutterstock, Inc.; **474, ML,** Sailorr/Shutterstock, Inc.; **474, BR,** Naiyyer/Shutterstock, Inc.; **474, T,** Aztec Images/Alamy; **475, MR,** Massimiliano Lamagna/Shutterstock, Inc.; **477,** Rehman/Shutterstock, Inc.

UNIT 6 PRIMARY SOURCE: Pages 478-479, 478, North Wind Picture Archives/Alamy; **479,** Photononstop/SuperStock.

UNIT 6 CLOSER: Pages 480-481, 480, B, age fotostock; **480, RT,** Andres Rodriguez/Alamy; **480, LT,** Dorling Kindersley; **480, LT,** Shutterstock, Inc.; **481, B,** katatonia82/Shutterstock, Inc.; **481, T,** Dorling Kindersley.

CHAPTER 16: Pages 484-511, 484, Dirk Bakker; **488,** Ariadne Van Zandbergen/Alamy; **489, TR,** Jon Arnold Images Ltd/Alamy; **489, TL,** Michael Dwyer/Alamy; **489, B,** Michael Nichols/National Geographic Society; **490, B,** Remi Benali/Panos Pictures; **490, Inset,** John Warburton-Lee Photography/Alamy; **491,** CDA/Guillemot/akg-images/The Image Works; **492,** Sylvaine Poitau/Alamy; **493, R,** Neil Cooper/Alamy; **493, Inset,** Greenshoots Communications/Alamy; **494,** Cover of Sundiata by David Wisniewski. Copyright (c) 1992,by David Wisniewski. Reprinted by permission of Clarion Books/Houghton Mifflin Company. All rights reserved.; **495, R,** Alamy; **495, L,** The Granger Collection, New York; **498, BL,** Nik Wheeler/Corbis; **498, BR,** Sebastien Cailleux/Corbis; **498, M,** Bob Krist/Corbis; **498, T,** dbimages/Alamy; **498, Bkgrnd,** mediacolor's/Alamy; **500,** Radu Sigheti/Reuters/Corbis; **502, ML,** The Art Archive/Marine Museum, Lisbon/Gianni Dagli Orti; **502, MR,** Javed A Jafferji/Impact/HIP/The Image Works; **502, B,** J Marshall - Tribaleye Images/Alamy; **502, T,** Robert Harding Picture Library Ltd/Alamy; **504,** Florin Iorganda/Reuters/Corbis; **506, L,** Charles & Josette Lenars/Corbis; **506, M,** Ancestor screen "(duen fobara)", from Abonnema village, Nigeria. The Minneapolis Institute of Arts. The John R. Van Derlip Fund; **506, R,** Melanie Gaertner/Peter Arnold Inc.; **508, BR,** Dorling Kindersley, Courtesy of the Pitt Rivers Museum, University of Oxford; **508, BM,** John Elk III/Alamy; **508, T,** M. & E. Bernheim/Woodfin Camp & Associates; **508, ML,** Judith Miller/Dorling Kindersley/Jo De Buck; **508, MR,** Ray Moller/Dorling Kindersley, Courtesy of the Powell-Cotton Museum, Kent; **508, BL,** GFC Collection/Alamy; **511,** The Granger Collection, New York.

CHAPTER 17: Pages 512-543, 512, John Warburton-Lee Photography/Alamy; **516, LB,** The Art Archive/National Palace Museum, Taiwan; **517, RT,** The Art Archive/Genius of China Exhibition; **517, LB,** Royal Ontario Museum/Corbis; **519, RB,** The Granger Collection, New York; **519, RT,** Bridgeman-Giraudon/Art Resource, NY; **519, M,** ChinaStock Photo Library; **521, Inset,** The Art Archive/Freer Gallery of Art; **521, B,** Nico Smit-2/Alamy; **522, LB,** Robert Harding Picture Library Ltd/Alamy; **522, MR,** The Trustees of The British Museum; **522, ML,** Private Collection/The Bridgeman Art Library International; **522, TL,** Images & Stories/Alamy; **522, TR,** The British Museum/Art Resource,

NY; **524, LB,** architectural i/Alamy; **526, Bkgrnd,** Demetrio Carrasc/Dorling Kindersley; **526, RM,** The Board of Trustees of the Royal Armouries; **526, BL,** Ms Pers.113 f.29 Genghis Khan (c.1162-1227) Fighting the Tartars, from a book by Rashid-al-Din (1247-1318) (gouache), Persian School, (14th century)/Bibliothèque Nationale, Paris, France/The Bridgeman Art Library International; **526, RRT,** James L. Stanfield/National Geographic Society; **526, RRB,** Dorling Kindersley, Courtesy of the Churchill College Archives, Cambridge University; **526, Inset, Bkgrnd,** Shutterstock; **526,** The Board of Trustees of the Royal Armouries; **528, Inset,** Shutterstock, Inc.; **529, Inset,** The Art Archive/Bibliothèque Nationale Paris; **530, LB,** John Henshall/Alamy; **531, T,** Dorling Kindersley; **531, B,** Shutterstock, Inc.; **532, LT,** Liu Liqun/ChinaStock; **533, Inset,** ChinaStock/Photolibrary; **534, LB,** Shutterstock, Inc.; **535, RB,** British Library Board. All Rights Reserved (Picture number 1022251.611)/Dorling Kindersley.; **535, Bkgrnd,** Shutterstock, Inc.; **536,** Burstein Collection/Corbis; **537, TR,** Laurence Pordes/Dorling Kindersley, Courtesy of The British Library; **537, RB,** Image Source/Getty Images; **537, L,** The Art Archive/British Library; **537, M,** Ashmolean Museum, University of Oxford, UK/Bridgeman Art Library International; **537, TM,** Alan Hills/The British Museum/Dorling Kindersley; **538, Inset,** Ru Suichu/ChinaStock; **538, L,** Interfoto/Alamy; **539,** Mary Evans Picture Library; **540, CC,** ChinaStock Photo Library; **540, TM,** Shutterstock, Inc.; **540, MR,** Barnabas Kindersley/Dorling Kindersley; **540, TR,** Shutterstock, Inc.; **540, BM,** Neg./Transparency no. 273708. Photo by H. S. Rice. Courtesy Dept. of Library Services, American Museum of Natural History.; **540, LB,** The Granger Collection, New York; **540, T3,** Tim Brightmore/Alamy; **540, B,** Shutterstock, Inc.; **540, ML,** Indianapolis Museum of Art, USA/Gift of Mr and Mrs Eli Lilly & J.W. Alsdorf/The Bridgeman Art Library International; **540, TL,** Images & Stories/Alamy; **541, R,** Panorama Media (Beijing) Ltd./Alamy; **542,** The Art Archive/Freer Gallery of Art.

CHAPTER 18: Pages 544-571, 544, Corbis RF/age fotostock; **548,** AP Photo/Shizuo Kambayashi; **549, B,** amana images inc./Alamy; **549, T,** Radius Images/Alamy Images; **550, T,** Robert Harding Picture Library Ltd/Alamy; **550, ML,** The Granger Collection, New York; **550, MR,** Kimball Art Museum. Fort Worth, TX/Art Resource; **551,** Tim Graham/Getty Images; **552,** Howard Sochurek/Time Life Pictures/Getty Images; **554,** Werner Forman Art Resource, NY; **555,** Asian Art & Archaeology, Inc./Corbis; **556,** The Art Archive/The Granger Collection, New York; **558, T,** Dorling Kindersley; **558, TR,** The Granger Collection, New York; **558, Bkgrnd,** Réunion des Musées Nationaux/Art Resource, NY; **558, L,** Kyodo/AP Wide World Photos; **559,** Dorling Kindersley; **560,** Vidler Steve/age fotostock; **561, Bkgrnd,** Dorling Kindersley; **563, LB,** Michael Boyny/Photolibrary, New York; **563, BM,** Douglas Williams/Photolibrary; **563, BR,** Axiom/Photolibrary; **564, TL,** Koichi Kamoshida/Getty Images; **564, TR,** Koichi Kamoshida/Getty Images; **564, TL,** The Granger Collection, New York; **564, BL,** The Granger Collection, New York; **564, BC,** Pacific Press Service/Alamy; **564, RB,** Bruno Vincent/Getty Images; **566, T,** Yoshitsugu Nishigaki/Photolibrary, New York; **566, M,** Emilio Ereza/age fotostock; **566, B,** Dorling Kindersley; **567, T,** Can Balcioglu/Shutterstock, Inc.; **567, RB,** imagebroker/Alamy; **567, LB,** Neale Cousland/Shutterstock, Inc.; **568,** Dorling Kindersley; **569,** John Lander/Alamy.

UNIT 7 PRIMARY SOURCE: Pages 572-573, 572, Réunion des Musées Nationaux/Art Resource, NY; **573,** S.Nicolas/age fotostock.

UNIT 7 CLOSER: Pages 574-575 574, TR, Jon Arnold Images Ltd/Alamy; **574, MR,** Robert Harding Picture Library Ltd/Alamy; **574, RB,** Art Resource; **574, LB,** The Granger Collection, New York; **575, B,** Andrey Burmakin/Shutterstock, Inc.; **575, Bkgrnd,** JL Images/Alamy.

CHAPTER 19: Pages 578-597, 578, Matt Sjoberg/Photolibrary, New York; **582,** Werner Foreman/Topham/The Image Works Credit Line: Werner Forman Archive/Anthropology Museum, Veracruz University, Jalapa; **583, L,** Kenneth Garrett/National Geographic Society; **583, R,** Michel Zabe/Conaculta-Inah-Mex Authorized reproduction by the Instituto Nacional de Antropologia e Historia/Dorling Kindersley; **585, B,** Michel Zabe/Conaculta-Inah-Mex, Authorized reproduction by the Instituto Nacional de Antropologia e Historia/Dorling Kindersley; **585, T,** Werner Forman/Art Resource, NY; **586,** Tony Crocetta/age fotostock; **587, BL,** The Art Archive/Bibliothèque de líAssemblée Nationale Paris/Gianni Dagli Orti; **587, T,** Jonathan Gordon/Alamy; **587, BR,** Danita Delimont/Alamy; **588, L,** Hemis/Alamy; **588, R,** Dorling Kindersley; **589,** The Art Archive/National Anthropological Museum Mexico/Gianni Dagli Orti; **590,** blickwinkel/Alamy; **591, B,** The Art Archive/Museo Ciudad Mexico/Alfredo

Text Credits

Grateful acknowledgment is made to the following for copyrighted material:
Page 153 *Tale of Sinhue and Other Ancient Egyptian Poems* translated by R.B. Parkinson. Used by permission of Oxford University Press.
Page 168 & 169 Used from *Tanakh: The Holy Scriptures: The New JPS Translation to the Traditional Hebrew Text,* copyright © 1985 by The Jewish Publication Society, with the permission of the publisher.
Page 171 Used from *Tanakh: The Holy Scriptures: The New JPS Translation to the Traditional Hebrew Text,* copyright © 1985 by The Jewish Publication Society, with the permission of the publisher.
Page 174 Used from *Tanakh: The Holy Scriptures: The New JPS Translation to the Traditional Hebrew Text,* copyright © 1985 by The Jewish Publication Society, with the permission of the publisher.
Page 177 Used from *Tanakh: The Holy Scriptures: The New JPS Translation to the Traditional Hebrew Text,* copyright © 1985 by The Jewish Publication Society, with the permission of the publisher.
Page 179 Used from *Tanakh: The Holy Scriptures: The New JPS Translation to the Traditional Hebrew Text,* copyright © 1985 by The Jewish Publication Society, with the permission of the publisher.
Page 183 Used from *Tanakh: The Holy Scriptures: The New JPS Translation to the Traditional Hebrew Text,* copyright © 1985 by The Jewish Publication Society, with the permission of the publisher.
Page 189 Used from *Tanakh: The Holy Scriptures: The New JPS Translation to the Traditional Hebrew Text,* copyright © 1985 by The Jewish Publication Society, with the permission of the publisher.
Page 191 "Psalm 23 & 24" from *The Holy Bible: New Revised Standard Version.* Copyright © 1952 (2nd edition, 1971) by the Division of the Christian Education of the National Council of the Churches of Christ in the United States of America. All rights reserved.
Page 216 *Bhagavad-Gita,* translated by Barbara Stoller Miller, translation copyright © 1986 by Barbara Stoller Miller. Used by permission of Bantam Books, a division of Random House, Inc.
Page 216 *Bhagavad-Gita,* translated by Barbara Stoller Miller, translation copyright © 1986 by Barbara Stoller Miller. Used by permission of The Estate of Barbara Stoller Miller.
Page 266 #s 8 (4.1 extract), 19 (6l.), 20 (1l.), 51 (5l.), 67 (9l.) from *Tao Te Ching* by Lao Tzu, A New English Version, with Foreword and Notes by Stephen Mitchell. Translation copyright © 1988 by Stephen Mitchell. Used by permission of HarperCollins Publishers.
Page 266 #s 8 (4.1 extract), 19 (6l.), 20 (1l.), 51 (5l.), 67 (9l.) from *Tao Te Ching* by Lao Tzu, A New English Version, with foreword and notes by Stephen Mitchell. Translation copyright © 1988 by Stephen Mitchell. Used by permission of Stephen Mitchell care of Michael Katz.

Page 266 #s 8 (4.1 extract), 19 (6l.), 20 (1l.), 51 (5l.), 67 (9l.) from *Tao Te Ching* by Lao Tzu, A New English Version, with foreword and notes by Stephen Mitchell. Translation copyright © 1988 by Stephen Mitchell. Used by permission of Pan Macmillan, London.
Page 269 #s 8 (4.1 extract), 19 (6l.), 20 (1l.), 51 (5l.), 67 (9l.) from *Tao Te Ching* by Lao Tzu, A New English Version, with foreword and notes by Stephen Mitchell. Translation copyright © 1988 by Stephen Mitchell. Used by permission of Stephen Mitchell care of Michael Katz.
Page 269 #s 8 (4.1 extract), 19 (6l.), 20 (1l.), 51 (5l.), 67 (9l.) from *Tao Te Ching* by Lao Tzu, A New English Version, with foreword and notes by Stephen Mitchell. Translation copyright © 1988 by Stephen Mitchell. Used by permission of HarperCollins Publishers.
Page 269 #s 8 (4.1 extract), 19 (6l.), 20 (1l.), 51 (5l.), 67 (9l.) from *Tao Te Ching* by Lao Tzu, A New English Version, with foreword and notes by Stephen Mitchell. Translation copyright © 1988 by Stephen Mitchell. Used by permission of Pan Macmillan, London.
Page 271 *Records of the Grand Historian: Qin Dynasty* by Sima Qian, translated by Burton Watson. Copyright © The Chinese University of Hong Kong.
Page 277 *The Book of Lord Shang: A Classic of the Chinese School of Law* by Yang Shang, translated by Jan Julius Lodewijk Duyvendak. Copyright © London: Arthur Probsthain.
Page 280 *Records of the Grand Historian: Qin Dynasty* by Sima Qian, translated by Burton Watson. Copyright © The Chinese University of Hong Kong.
Page 283 *Pan Chao: Foremost Woman Scholar of China* translated by Nancy Lee Swann. Copyright © Center for Chinese Studies, The University of Michigan.
Page 285 *The History of the Former Han Dynasty* by Pan Ku, translated by Homer H. Dubs, Jen T'ai and P'an Lo-chi. Copyright © Waverly Press.
Page 289 *Records of the Grand Historian: Qin Dynasty* by Sima Qian, translated by Burton Watson. Copyright © The Chinese University of Hong Kong.
Page 323 *The World of the Ancient Greeks* by John Camp and Elizabeth Fisher. Copyright © Thames & Hudson.
Page 323 *A History of the Ancient Greeks* by Don Nardo. Copyright © Lucent Books.
Page 353 *A History of the Ancient Greeks* by Don Nardo. Copyright © Lucent Books.
Page 353 *The World of the Ancient Greeks* by John Camp and Elizabeth Fisher. Copyright © Thames & Hudson.
Page 361 *Cicero: A Portrait* by Elizabeth Rawson. Copyright © Cornell University Press.
Page 385 Used by permission of the publishers from *Diary and Autobiography of John Adams: Volume 2-Diary 1771-1781,* edited by L.H. Butterfield, Leonard C. Faber, and Wendell D. Garrett, pp. 1, 57, 58, Cambridge, Mass.: The Belknap Press of Harvard University, Copyright © 1961 by the Massachusetts Historical Society.
Page 389 "Acts 5: 22 & Acts 5: 23-25" from *The Holy Bible: New Revised Standard Version.* Copyright © 1952 (2nd edition, 1971) by the Division of the Christian Education of the National Council of the Churches of Christ in the United States of America. All rights reserved.
Page 390 *Ancient Roman Statutes* by Allan Chester Johnson, Paul Robinson Coleman-Norton and Frank Card Bourne. Copyright © University of Texas Press.
Page 404 "Matthew 22: 37-39" from *The Holy Bible: New Revised Standard Version.* Copyright © 1952 (2nd edition, 1971) by the Division of the Christian Education of the National Council of the Churches of Christ in the United States of America. All rights reserved.
Page 411 "Matthew 5: 3-6, Matthew 5: 43-44 & Matthew 7: 12" from *The Holy Bible: New Revised Standard Version.* Copyright © 1952 (2nd edition, 1971) by the Division of the Christian Education of the National Council of the Churches of Christ in the United States of America. All rights reserved.
Page 440 *Defense of Byzantine Africa from Justinian to the Arab Conquest* by Denys Pringle. Copyright © British Archaeological Reports.
Page 442 *The Russian Primary Chronicle* translated by Samuel Hazzard Cross and Olgred P. Sherbowitz-Wetzor. Copyright © Mediaeval Academy of America.
Page 448 *Travels in Asia and Africa 1325-1354* by Ibn Battuta, translator H.A.R. Gibb.
Page 449 *The Adventures of Ibn Battuta: A Muslim Traveler of the Fourteenth Century* by Ross E. Dunn. Copyright © University of California Press.
Page 452 Excerpt from "96:1-3" from *The Koran* translated by N.J. Dawood.